ATHANASII KIRCHERI
SOC· IESV
OE D I P I
AEGYPTIACI
Tomus III.

THEATRVM HIEROGLYPHICVM,
HOC EST,
Noua & hucusque intentata
OBELISCORVM
Coeterorumque Hieroglyphicorum Monumentorum, quæ tùm Romæ, tùm in Aegypto, ac celebrioribus Europæ Musæis adhuc supersunt,

INTERPRETATIO

Iuxta sensum Physicum, Tropologicum, Mysticum, Historicum, Politicum, Magicum, Medicum, Mathematicum, Cabalisticum, Hermeticum, Sophicum, Theosophicum; ex omni Orientalium doctrina & sapientia demonstrata.

Felicibus Auspicijs

FERDINANDI III.
CAESARIS.

ROMÆ,
Ex Typographia Vitalis Mascardi, Anno à Partu Virgineo MDCLIV.
SVPERIORVM PERMISSV.

AD EMINENTISSIMOS
ET SERENISSIMOS
SACRI ROM. IMP. PRINCIPES
ELECTORES,
DOMINOS MEOS CLEMENTISSIMOS.

BELISCORUM erectionem, quam in præsentia executuri sumus, ad eos spectare fas est, per quos stetit Sacri Romani Imperij ad hoc vsque temporis intemerata Maiestas. Vobis etenim, Serenissimi, debet omnis Germania, quòd diuturno lassata bello, per tot rerum discrimina, cladium vicissitudines, dubios præliorum euentus eluctata, lætam aliquando tandem ad pacis Oliuam frontem erexerit, & veterum non immemor triumphorum in præclaro immutabilique statu sese confirmârit. Id vnum quippe seu pace, seu bello spectastis, ne quid de dignitate pristina Gloriosissimi Imperij vlla fortunæ calamitate iret imminutum. Si gladium vaginâ vacuum spectauit Danubius, Albis & Mœnus sanguine discolores longo tempore defluxerunt, & Rhenus funeribus illachrymatus est; eo omnia consilio prouenerunt, vt concussione isthâc tam vehementi, longâ annorũ serie collectam eluuiem fortissima Natio in circumiecta maria feliciter exoneraret. Spectent igitur ijdem Vestræ conscij virtutis fluuij defixa vtrimq; in ripis trophæa, surrectas Pyramides, excitatos Obeliscos, & veterem dolorem nouâ fælicitatis à Vobis procuratæ memoriâ consolentur. Id pariter inter alia præclarissimum fuerit Ferdinando III. Cæsari, cuius auspicijs hoc Operis, quantum demum est, fuimus emoliti, spectari in eodem hoc gloriæ perennis Theatro, Vestræ monumenta virtutis, & totidem illius, quam ipse obtinet, bases, & solidissima fulcra Maiestatis.

A 2 Non-

OEDIPI ÆGYPTIACI

Nonnullæ Authoritates Doctrinæ Hieroglyphicæ in huius decursu Operis exponendæ.

I.

Aristoteles in mystica sua Theologia iuxta mentem Ægyptiorum à Platone oretenus accepta. l. 14. c. 14.

Sapientes Babylonij, & Ægyptij acumine mentis introspexerunt intellectualis Mundi species complexi scientiâ aliunde traditâ, vel ex seipsis inuentâ, quam etiam professionem ipsi sibi vendicarunt ; siquidem enarraturi aliquid vtebantur doctrinâ intellectuaria, non autem humanaria vt nonnulli alij, qui consulentes eos, adhuc non sibi visi sunt satis firmiter discere ex sententijs locutione redditis, conceptus animorum acceptos scribebant, vti oculatâ fide legimus, in lapides per figuras, idem in omnibus scientijs artibusque facientes, quos locabant in templis tanquam paginas perlegendas, talesque aderant libri eorum vtensiles ; quod fecerunt, vt indicarent etiam, quòd intellectus agens immaterialis creauit omnia secundùm propriam essentiæ cuiuslibet rationem, similitudinemque, quale optimum fuit, pulcherrimumque documentum, per quod vtinam etiam indicarent, quâ ratione attingerent formas illas mirandas & absconditas, sic enim illorum sacramentum esset laude dignius, qualis conditio paucis viris contingit.

II.

Iamblichus l. de mysterijs Ægyptiorum.

Imitantes Ægyptij ipsum vniuersi naturam fabricamque Deorum, ipsi quoque mysticarum reconditarumque notionum imagines quasdam in symbolis conficiendis ostendunt, quemadmodum & natura rationes occultas in apparentibus formis, quasi symbolis exprimit, & Dij veritatem idearum per manifestas imagines exprimunt. Cùm ergo perspiciant, superiora omnia, inferiorum similitudine delectari, atque insuper optent, à superioribus bonitate repleri, quatenus pro viribus imitetur, meritò & quasi conuenientem Superis modum agendi pro viribus offerunt, quando occulta mysteria rerum abditarum, symbolis inferunt manifestis, in quibus interpretandis dimitte voces, accipe sensus. Et fol. 354. Iam verò hæc non oratione rationeque nuda speculari solent ; sed admonent insuper atque docent, ad excelsiora communioraque & superiora fato, naturam nostram progredi ad ipsum Deum, Opificemque Mundi ; quatenus neque materiam ferat secum, neque aliud quicquam præter opportuni temporis obseruantiam, idque sacrorum opera nos consequi docent, atque simul efficiunt. Tradidit hanc quoque viam nobis ipse Mercurius, sed interpretatus est eam Propheta Bitis Ammoni Regi inuentam in adytis templi, in vrbe Sain Ægypti ; literisque sacris, id est, hieroglyphicis insculptam, præbuit quoque nobis nomen DEI discurrens per vniuersum.

III.

Plotinus l. 8. Enneadis 5. c. 6.

Δοκοῦσι δέ μοι ἢ οἱ Αἰγυπτίων σοφοὶ, ἤ τι ἀκριβεῖ ἐπιστήμῃ λαβόντες, ἔτε ἢ συμφύτῳ ἐπὶ ὧν ἐϐέλοιν ἐν σοφίας δείκνυσαι. Μὴ τύποις γραμμάτων διεξοδεύουσι λόγοις καὶ προτάσεις. Μὴ δ᾽ μιμουμένοις φωνὰς ἢ προφορὰς ἀξιωμάτων κεχρῆσθαι· ἀγάλματα δὲ γεάψαντες ἐν τοῖς ἱεροῖς ἕν τινα

ὀρμάματ۰ ἀἴωλμα ἐκτυπώζαντες ἐν τοῖς ἱεροῖς, τὴν ἐκείνη διέξοδον ἐμφαίνει. ὡς ἄρα τὶς καὶ
ἐπιςήμη καὶ σοφία, ἕκαςον ἔςὶν ἄγαλμα, καὶ ὑποκείμενον, καὶ ἀθρόον, καὶ διανόησις, ἐ δὲ βού-
λουσις. Ὕςερον δὲ ἀπ' αὐτῆς ἀθρόας οὔσης, εἴδωλον ἐξαλιζόμενον ἐν ἄλλῳ ὄθεν. Καὶ λόγον αὖ ἐν
διεξόδῳ κὴ ζιὰ αἰτίας, δι' ἃς τὰ τοιαῦτα ἔχει, ὡς τὸ καλῶς οὕτως ἔχοντ۰ ζ γεγεννημένα θαυμάζει.

Videntur verò mihi Sapientes Ægyptiorum ſiue conſumata quadam ſapientia, ſiue naturali etiam mentis inſtinctu, ubi conſtituerunt ſapientiæ myſteria
nobis ſignificare, non uſi fuiſſe figuris literarum ſignificaturis ſermonis diſcurſiones & propoſitiones quaſdam, & imitaturis voces pronunciationeſque regularum,
ſed potiùs deſcribentes imagines rerum ſingulas ſingularum, eaſque depingentes,
in ſacris clam rei ipſius diſcurſum ſignificaſſe. Quòd videlicet ſcientia & ſapientia quædam, ſit unaquæque imago ſiue exemplar, & ſubiectum illud ſpectaculum
totum unà collectum, neque ſit excogitatio quædam, neque conſilium. Poſtea verò
ab ipſa imagine exemplari, ſiue ſapientia ſimul tota, ſimulachrum in alio quodam
fiat iam euolutum, atque loquens in diſcurſione quadam, & cauſas propter quas ita
res inſtitutæ ſint inueniens, dum videlicet diſpoſitio rerum, quòd ita ſe benè habeat, mouet admirationem.

IV.

Simeon Ben Iochai in libro Zohar:

כהני מצרים פרשו חכמתם באותיות תבונתן תבונות
החיות והעשבים וכל מיני כלים והוא סימני ד' העולמים
ומהם א' העולם אצילות וב' העולם המלאכים וג' העולם
הגלגלים וד' העולם ד' טבעות וכל אלו ד' עולמים חכמי
מצרים פרשו במשלי החיות ובחידות הדו וג׳ידו כי האחר
בהאחר וכלן סעדו כי גבוה מעל גבוה שומר והוא אדון
ורבון ויוצר כל העולמים וכל מה בהם:

Sacerdotes Ægypti explicabant ſapientiam ſuam per ſigna, quorum ſimilitudines ſunt ſimilitudines animalium, & herbarum, & omnis generis inſtrumento-
rum, & fuerunt ſigna 4 Mundorum, quorum 1 Mundus emanationis, 2 Mundus Angelorum, 3 Mundus Orbium, & 4 Mundus 4 Elementorum, & omnes
iſtos 4 Mundos Ægyptij explicabant in parabolis animalium, & in ænigmatis de
ijs loquebantur, indicantes quomodo unus in altero ſit, & quomodo omnes teſten-
tur, quòd excelſus ſuper excelſum ſit cuſtos, & ipſe eſt Dominus & Magiſter,
& plaſmator omnium Mundorum, omniumque quæ in ijs ſint.

V.

Mor Iſaac c. 6. Philoſophiæ:

ܕܐܠ ܣܪܗܠ ܩܗ ܡܩܝ ܫܠܡ ܡܬܟܠܐ ܘܡܩܡܩܡܩܐ ܘܡܝ ܩܠܐ ܠܪܚܬܣܝܗܐ
ܣܩܟܝܗܠܐ ܘܡܩܠܫܣܗܐ ܩܘܬܗܡܐ ܡܬܟܠܐ ܚܥܪ ܐܬܡܠܐ ܡܗܝ ܡܪܗܩܩܐܠܐ
ܒܩܠܩܡܩܗܠ ܘܡܪܝܣ ܗܗܝ ܝܟܗܡܐ ܚܩܢܝܗܐ ܘܕܡܝܬܗܐ ٭

Scientiæ Magicæ ratio à ſupremis perficitur potentijs, unà cum potentijs terrenis, familiaritatem ac conuenientiam ſupernis cum inferioribus, quæ ſub Luna
ſunt, habentibus; & ipſa fuit ſapientia Philoſophorum Ægypti, ſculpta in ingentibus ſaxis.

Aben-

VI.

Abenuafchia l. de feruitute Ægypti.

وإن كثيرين اهل هذا بلى لايعرفون ما يدل عليه هذا اللغز وذلك ان تعليم ليس اهل مصر قربوهم بل رجل طرقنا قبل زمان طويل من ارض كنعن وكان مبرزا في الحكمة وفي نحو والمساحة والحساب والهندسه والموسيقي وفي فلسفة وصاير العلوم المتداولة التي سماها الاوايل التعاليم واهدوا هذه الصورة قربا بالله

Vtique multi è populo huius regionis ignorant, quid significent huiusmodi ænigmata, atque hoc, quia indigenæ non consecrarunt illa, sed vir quidam ad nos se recepit olim ex terra Canaan, is erat eximius in Sapientia, & in Grammatica, Geometria, Musica, Arithmetica, Philosophia, & reliquis scientijs significatis, quas Antiqui notant disciplinas; & hic dono obtulit has figuras, vt Deo essent sacræ.

Artis Hermeneuticæ, siue Interpretatiuæ Hieroglyphicorum Suppositiones.

1   Hieroglyphica Ægyptiorum doctrina nihil aliud est, quàm arcana de Deo, diuinisque Ideis, Angelis, Dæmonibus, cœterisque Mundanarum Potestatum Classibus ordinibusque scientia, saxis potissimùm insculpta.

2   Hieroglyphica symbola ad exemplar naturæ instituta, non literis, syllabis, vocibus, periodis, sed conceptibus Idealibus latentium mysteriorum sensus efformant.

3   Symbola Hieroglyphica in Obeliscis, cœterisque monumentis Ægyptiacis, non temerè, ἀλόγως καὶ ἄτάκτως congesta sunt, sed summâ connexione formatorum conceptuum sacramenta exhibent.

4   Hieroglyphica iuxta Mundorum varietatem & analogiam, quam ad inuicem habent, varios sensus inuoluunt, id est, vnum & idem symbolum, v. g. Accipitris pro appositarum conditione notarum, non Siderei tantùm, sed & Archetypi, Intellectualis, Ethici, Politici, Chimici Mundi Solem indicat, ita vt dictum symbolum & Osirin supramundanum, & Sidereum, & Hylæum ex æquo iuxta intentam analogiam exprimere possit. Quod idem de Iside, Mophta, Anubi, cœterisque Deorum monstris; idem de crateribus, aquis, vasis, cœterisq; sentiendum est.

5   Hieroglyphica symbola non tantùm sublimiũ erant significatiua sacramentorum; sed & naturalem quandam efficientiam habere credebantur, tùm ad Genios bonos quibuscum occultam, & in abdyta naturæ abysso latentem sympathiam habere putabantur, attrahendos; tùm ad contrarios & antitechnos Genios, ob eorundem cum ijs antipathiam, coërcendos profligandosque.

6   Hieroglyphica symbola nihil aliud quàm prophylactica quædam signa, omnium malorum auerruncatiua, ob mirificum catenarum mundialium consensum connexionemque, esse existimabantur.

Hisce præmissis, iam tandem diuini Numinis auspicio, Opus cœptum, difficile sanè, & Herculeis etiam formidandum humeris ordiamur.

OEDIPI AEGYPTIACI
SIVE
THEATRI HIEROGLYPHICI
Tomus III.

PRAEFATIO

AD SAPIENTISSIMVM

FERDINANDVM III.
ROMANORVM IMPERATOREM
IVSTVM, PIVM, FELICEM.

*ANDIMVS tandem*, Sacratissime Cæsar, *polymorphum Hieroglyphici Morphei Regnum*; *Theatrum inquam immensa monstrorum varietate refertum*; *non dico nudis naturæ monstris, sed ænigmaticis vetustæ sapientiæ Chimæris ita adornatum, vt inde immensos scientiarum thesauros sagacia ingenia, non sine literarum bono, eruere posse confidam.* Hic *Bubasticus Canis*, *Saiticus Leo*, *Mendesiorum Hircus*, *Crocodilus fœdo faucium hiatu formidabilis*, *diuinitatis, naturæ, animarumq́ occultos, sub vmbratili imaginum ludibrio, vetustorum Sapientum sensus, aperiunt*, Hîc *sitibundæ Dipsades, Aspides virulentæ, Ichneumones callidi, Hippopotami crudeles, monstrosi Dracones, ventrosus bufo, implicatus conchæ limax, hirsutaque campe, sine numero spectra, miram in naturæ sacrarijs seriem & ordinem exhibent*. *Occurrunt hîc mille rerum exoticâ quâdam metamorphosi transformatarum species, in alias & alias imagines figuris hominum conuersis, & in se rursum nexu mutuo resectis; vbi feritas cum humanitate, hæc cum affectata diuinitate, diuinitas denique, vt cum Porphyrio loquar, per omnium rerum species transiens, cum omnibus videtur monstrosum meditata coniugium*; *vbi nunc variegatâ facie sublimis, caninam ceruicem attollens hic gerit Cynocephalum, ille turpis Ibidis, aut Accipitris rostratâ laruâ indutus, magni Iouis alitem agit; alius virgineâ blandiens facie in Scarabæi indumento Scorpionis mentitur*

acu-

aculeum. Cæteri diuersis in vnam ridiculo sanè figmento commentatis rerum speciebus nunc triformes Sphynges, nunc, vt multa paucis complectar, Chimæras ϒαγχλεοντι-δϱακοντες; alij ex Plutonis officina veluti prodeuntes λυκο-κυνο-λεοντε, Cerberos referre videntur. Nec desunt informes Isiacorum Canopi, immodica corporis distensione prominentes totos ventres diceres. Quid amplius? videres hic turpem illum oblonga Cercopithecum cauda, pileo textili, Crocotijsque Phrygijs Catamiti pastorculi specie indutum varijs modis gesticulantem. Videres & enormi crassitie bouem, omnipotentis Deæ fæcundum Numen, gestuoso incessu, alis agglutinatis, conspicuum, veluti volatus affectantem; vtrumque ijs symbolis adornatum, vt illum quidem Bellerophontem, hunc autem Pegasum diceres, tamen rideres vtrumque. Verbo quidquid fæcunda portentorum mater Ægyptus excogitauit vnquam, aut poëseos ludibundam finxit ingenium, in hoc pantomorpho naturæ theatro nobis ob oculos sub allegorico occultæ significationis velamine positum contemplamur. Quis porrò horridam hanc rerum faciem intuens non animo protinus cadat? Quis huic se monstrifero deserto per inhospita tesqua, asperos calles, innumeros præcipitiorum scopulos, sine viarum perito duce tutò committat? Quis theatra hæc ingressus, cum tot monstris & portentis impunè congredi audeat, & non nisi plumbeis obtusisque instructus pugionibus, temerè, vt ita loquar, ἰσιατιζων? video ego totius naturæ consultum Plinium hoc succubuisse prælio; video quoque solertem naturæ scrutatorem Ælianum, Marcellinum quoque & Hermapionem Cymbalum Mundi, aliosque Heroas ad primum conflictum mox animum de victoria adipiscenda quasi despondentes sese ingenioso, seu mauis callido effugio subduxisse. An non igitur in hoc agone meritò ab omnibus temerarius veluti Icarios ausus attentaturus audiam? Sed macte animo.

Q. Col. l. 22.

Α᾿λγεα μὲν ὁ δρα ποσσὶ Θεοὶ θέοας αἰθεροποιϊν
Ε᾿θλὰ δὲ πολλὸν ἄποθε, πόνον δὲ τε μέσσον ἔλασσαν.

Incommoda enim ante pedes Dij posuerunt hominibus,
Commoda verò valdè procul, in medio autem laborem statuerunt.

In tanta caligine audendum est aliquid, &
Quid nostri valeant humeri, quid ferre recusent,
periclitandum: vbi vires humanæ deerunt, aderit diuina bonitas, quæ vti ad hoc ab ineunte ætate me instimulauit, sic & gratiam, vt quod eius ope fieri posse cogitaui, perficiam, concedet. Sed vt paulò apertiùs mentem meam exponam, diuino Numinis auspicio, ad vltimum & vnicum intentionis nostræ scopum, in quem tam operoso binorum Tomorum apparatu hucusque collimauimus, id est, ad practicam hieroglyphicorum interpretationem, meliori quo fieri poterit modo & methodo perficiendam, progredimur. Opus sanè arduum, & innumeris difficultatibus inuolutum, ante vicennium Reipublicæ literariæ promissum, iam tandem fide solutâ exhibitum. Quod Sacratissime Cæsar, iussisti, pro mea tenuitate ingenij executus sum; vt proinde non tam mea, quàm Tua, quicquid in hoc Opere excellens comperietur, voluntate, Tuâ in literatos propensæ voluntatis significatione, singulari, subsidiorum munificentiâ partum dici debeat; grataque cognoscat posteritas Te in hac durioris temporis propagatione diuinitus à Deo electum, vt quod nullus

THEATRVM HIEROGLYPHICVM.

lus ante Te Cæsarum, aut viribus vllis, aut potentia obtinere potuit, Tu obtineres, Tu conficeres, Tu omnibus numeris compleres & absolueres.

Verùm idem mihi hic contigiſſe videtur, quod Iſidi, quæ cùm omnia constanter certamina superasset, Titanum ſæuitiam effugere nequiuit. Perdomitis ego supradictis monstris, cruentis belluis constanti labore subiugatis, dum Osiridem restauro, Titanum crudelitate inuaditur Horus, fœtus tanto labore conceptus. Dum, inquam, in sublimi illa, atque hucusque intentata hieroglyphicorum, Typhonis ſæuitia, hoc est, temporum iniquitate dispersorum perditorumque reuocanda scientia laboro, domitiſq; iam omnibus difficultatum monstris Osiridem perditum in integrum restituo; Horum Titanum iniquitate perdo, id est, fœtum hunc propria industria, labore summo, conatu pertinaci, studio denique contento partum, iniqui rerum censores eripere omnibus modis fortaſſis conabuntur. Nam in materia hac vti noua, rara, curiosa, ac rerum eximiarum abundantia & copia plena, sic inuidiæ veluti fulgidæ gloriæ concomitantis vmbræ quàm maximè expoſita, Aristarchorum quorundam peruersa iudicia & reprehensiones Momicas, quas nemo vnquam Doctorum, in tam arduo & glorioso puluere desudantium effugere potuit, minimè defuturas præuideo; quorum tamen impugnationes curandæ non sunt: tametſi enim omnem in hoc Opere perfectionem fortaſſe non attigerim, non tamen nescio humanarum virium terminos circumscriptos, & non nihil eſſe prodire tenus, si non datur vltra. Nam de præsentis argumenti vel præstantia, vel vtilitate, quam eorum explicatio & cognitio adfert, si pro dignitate diſſerere velim, nullus vnquam exitus reperietur. Esto itaque, non poſſe me, non poſſe alium quempiam totum hoc mysteriorum pelagus exhaurire, latique exporrectum ambitum omninò perlustrare; ideonè præclaro & laborioso incepto deſistendum, quod vni præstare negatum sit? minimè. Summè hallucinantur illi, qui nihil dignum, pretiosum nihil reputant, nisi quod omnibus numeris absolutum fuerit; illi nequaquam homini in hac rerum caducitate constituto, sed in alteram vitam abstracto, huiuſmodi perfectionem reseruatam eſſe sibi persuadeant. Deſinant itaque tantæ molis argumentum mihi exprobrare, rerum, quas ignorant, impugnatores. Deo laboro, qui vt quod aggreſſus sum, ad exitum perducere poſſim, pro infinita clementia concedet. Tu, Cæsar, iuſsiſti, cui non obtemperare, nefas rebar. Totus literarum penè Orbis ad progrediendum me extimulauit; quid moror? Prodeat itaque Opus, in quo quicquid erroneum, mancum, mutilum & imperfectum, id totum meæ insufficientiæ; quicquid perfectum, & admiratione dignum, Deo Opt. Max.
adſcribas velim.

DIA-

OEDIPI ÆGYPTIACI

aculeum. Cæteri diuersi i[...]
bus nunc triformes Sphyng[...]
monstra quorum ; aly ex Pl[...]
referre videntur. Nec d[...]
stone prominentes rotos v[...]
illum oblonga Cercopitheco[...]
flosculi specie indutum v[...]
bouem, omnipotentis De[...]
conspicuum, veluti volat[...]
illum quidem Bellerophor[...]
que. Verbò quidquid fo[...]
aut posteos lubibundam f[...]
ob oculos sub allegoric[...]
Quis porrò horridum han[...]
huic se monstriferò deser[...]
tionum scopulos, siue visu[...]
sis, cunctos monstris &[...]
obtusissque instructus pug[...]
totius naturæ consultum[...]
naturæ scrutatorem Atla[...]
Mundi, aliosque Heroas a[...]
secundà quasi deSpondentes[...]
non igitur ta hoc agen[...]
tatus sis auxiliam ? Sid m[...]

Q Cal I:1.   Κ'ἀλιν ἀὴ oἷς
              Εὔαλ δ'ὰνὰ[...]

Incommoda enim[...]
Commoda verò v[...]

In tanta caligine audendu[...]
Quid nostri valea[...]
periclitandum: ubi vire[...]
ab incunte ætate me institu[...]
taui, posticiam, concedet[...]
Numinis auspicio, ad v[...]
tam operosò bonorum Tom[...]
cum hieroglyphicorum int[...]
do perficiendam, procreai[...]
inuolutum, ante vicennia[...]
ta exhibitam. Quod Sac[...]
curus sum ; vt proinde c[...]
con pentur, voluntate, T[...]
lari, ubfidiorum munifice[...]
T e in hac duriosu tempo[...]

THEATRVM HIEROGLYPHICVM.

[...]s, aut potentia obtineri potuit, Tu obtinu-
isti, complères & absolueres.
vi letur, quod Isidi, quæ cùm omnia con-
sauitium effugere nequiuit. Perdomitis
is constanti labore subiugatis, dum Osiri-
oditur Horus, fatus tanto labore concre-
que hucusque intentata hieroglyphicorum,
uiquitate dispersorum perditorum que renu-
ommbus difficultatum monstris Osiridem-
um Titanum iniquitate perdesidest, sumu
conatu pertinaci, studio denique contento
omnibus modu fortessi conabuntur. Nam
ac rerum exuuiarum abundantia & copia
a concomitantis vmbræ quàm maximè ex-
eruersa indicia & reprehensiones Momicas,
i arduo & glorioso puluere desudantium,
euidos ; quorum tamen impugnationes cu-
n in hoc Opere perfectionem fortasse non-
arum vltimum terminos circumscripsero, &
latur vltra. Nam de præsentis argumenti
um explicata & cognitioni adfers si pro di-
s exitus vsperatur. Esto itaque, non posse
hoc mysteriorum pelagus exhaurire, satque
are ; ideonè præclaro & laborioso incepto
m sit ? minimè. Summè hallucinantur
reputant, nisi quod omnibus numeris absolu-
n hac rerum caducitate constituto, sed in-
fectionem reseruatam esse sibi persuadeant,
tum mihi exprobrare, rerum, quas ignoran-
ed aggressius sum, ad exitum perducere
. Tu, Cæsar, iussisti, cui non obtemperare,
Orbis ad reputandum me extimuluit;
quò quicquid erroneum, mancum, muti-
mea insufficientiæ ; quicquid perfe-
dignum, Deo Opt. Max.
bas velim.

B   DIA-

OEDIPI ÆGYPTIACI
DIATRIBE PROLVSORIA.
De Hieroglyphicis in genere.

CAPVT I.

De Etymo, origine, & propagatione Hieroglyphicæ doctrinæ.

Hieroglyphicum quid sit.

HIEROGLYPHICVM, ἀπὸ τοῦ ἱερὸς καὶ γλύφειν, id est, à Sacrâ sculpturâ deriuatum, nihil aliud est, quàm *Rei sacræ symbolum saxis insculptum*. Dicitur *Symbolum*, vt mysteriosi sensus ratio indicetur. Dicitur *rei sacræ*, vt differentia inter symbola sacra

Parabolarum genus duplex apud Ægyptios.

& profana constituatur. Fuit enim duplex Ægyptiorum parabolarum genus, vnum δημῶδες, quod tritas & vulgares similitudines complectebatur; alterum ἱερὸν, sacrum, hoc est, è sanctiori quadam & magis arcana

Hieroglyphicæ quid incise sint Ægyptijs.

doctrinâ depromptum. Nam Ægyptios non, vt multi sibi hucusque falsò persuaserunt, historias, non laudes Regum & Principum, non artes liberales, non aliud denique huius generis commentum, sed res sacras, vel ad diuinæ naturæ proprietates, vel ad Angelorum Geniorumque ordinum, præsidiorumque distributionem, vel ad Theurgiæ, expiationumque sacrarum rationem spectantes, incidisse, paulò post apparebit.

Hieroglyphica non saxis tantùm sed alijs etiam materijs incisa.

Dicitur *saxis insculptum*, non quòd alijs quoque materijs ea non inscripserint (nam & ligneis, papyraceis, testaceis, inuolucrorumque fascijs fimbrijsque ea insculpta reperio; sed quòd totam hieroglyphicæ doctrinæ substantiam vt plurimùm templorum parietibus & valuis, Obeliscis, Deorum simulachris, saxeisque tabulis, ad ea toti posteritati contra omnes temporum iniurias duratura sincere exhibenda inciderint. Ea verò quæ priuato Ægyptiorum vsui deseruirent, cuiusmodi amuleta sunt omnibus communia, pro facultate cuiusque cuicunque materiæ insculpebantur.

S. Cyrillus.

Cyrillus l. 9. aduersus Iulianum: *Fuisse*, inquit, *apud Ægyptios quosdam ænigmatum magnâ industriâ & grauitate præditos, quos illi nominare solent* ἱερογλύφους, *qui templis & Obeliscis notas insculpebant, non vulgaribus vtentes literis, sed alijs figuris rerum naturas effingentes, prudentiorum augebant scientiam.*

Sapientiæ studium omnia vno floruit apud aliquos.

Quis porrò Hieroglyphicorum fuerit Author, tametsi vberrimè in Obelisco Pamphilio deciderimus, quia tamen ibidem nonnulla omisimus, ea hîc opportunè inserenda putaui. Notandum itaque, nullam vnquam ætatem extitisse tantis ignorantiæ tenebris inuolutam, quæ non aliquem sapientiæ radium veluti per nubes emissum, saltem refracto subluftrique lumine vibraret. Est enim illa blanda conciliatrix, & quasi sui læna scientiæ illecebra, quæ hominem tanquam saginati corporis inutilem belluam perpetuò ad pastum nugatoriasque curas abijci minimè patitur, sed quandam honestatis faciem infixit pectori; quæ si excitata fuerit crebriùs,

briùs, illos, quos in animis hominum cernimus scientiæ igniculos, non obscurè ventilabit. Atque hinc omnes artes scientiæque floruerunt, quibus animus contra sarcinam corporis, & istam salebrosam rerum exilitatem fortiter eluctatus effecit, vt lux ingenij in præclarissimis studijs adolesceret, tandemque ad formam scientiæ magis commutatam non mollibus quidem cliuis, sed varijs difficultatum anfractibus contenderet. Inter cœteros tamen mortalium neminem fortiorem in hac agonistica literarum meta fuisse Hermete Trismegisto, ex Obelisco Pamphilio passim probatum fuit. Siquidem nihil adeo ipsi incumbebat, quàm vt Sapientiam à primæuis Mundi Patriarchis traditam, omnium earum rerum, quæ in rebus humanis desiderari poterant, longè præstantissimam instauraret, & ne à plebeis ingenijs contaminarentur, hieroglyphicarum figurarum inuolucris ita implicaret, vt solis, quos ipse dignos aptosque iudicaret, suæ sapientiæ medullam aperiret; reliquis extra ordinis Sacerdotalis à se instituti cancellos positis, cortice tantùm relicto. Cùm enim hunc Mundum ex tanta rerum varietate coagmentatum, quasi scenam politissimis imaginibus distinctam, contemplatus intueretur; rectè huiusmodi rerum creatarum simulacra τȣ̃ Θεȣ̃ σύμβολα, quæ ipse nobis per tot obiectas sui species inureret, totidemque literas magno diuinitatis fulgore illuminatas, quibus illud æternæ Mentis Numen nomen suum consignaret, pronunciandas esse putauit. Atq; hinc prima hieroglyphicæ συχειώσεως rudimenta prodierunt; quæ à primis Patriarchis, Adamo, Enoch, Noëmo, Chamo adumbrata, ab Hermete omnibus numeris absoluta, in liberaliorē formam per stupendam Hieroglyphicorum architecturam exurrexerunt; quæ tanti semper deinceps inter Ægyptios fuit celebritate nominis, vt nec Moysen eam doctrinam dedignatum, vel ipse sacer textus adstruat, qui Moysen omni Ægyptiorum sapientiâ præditū dicit, quam Philo in libro de vita Moysis, cuius verba alibi adduximus, aliam non fuisse dicit, quàm occultam Philosophiam, descriptam literis, vt vocant, hieroglyphicis, Τὴν διὰ συμβόλων φιλοσοφίαν ἧς ἐν τοῖς λεγομένοις γράμμασιν ὑποδείκνυσι, καὶ διὰ τῆς ζώων ὑποδοχῆς, ἃ καὶ Θεῶν τιμῆς γεραίρουσι; id est, Notis animalium quæ ipsi venerantur pro Numinibus. Vt vel ex hoc capite pateat quàm vetusta illa sit sapientia, quæ vel ipsum Moysen discipulum habuerit. Hermetem verò huius literaturæ Authorem fuisse, vel ipse Plato in Phædro docet, quem & Thautum siue Thoth vocat, & Philo Biblius, qui Sanchoniatonis, Authoris vetustissimi, Moysi synchroni, historiam Græcè vertit, Tautum siue Hermetem Trismegistum symbolicæ literaturæ primum Doctorem apertè docet; quæ omnia fusissimè in secundo libro Obelisci Pamphilij comprobata sunt, ad quem Lectorem, ne eadem toties repetere cogamur, remittimus. Cùm itaque hieroglyphica doctrina, eorumque Author multò ante Moysis tempora iam floruerit; certò ille alius esse non potuit, quàm Mercurius Trismegistus (quem Arabes ادريس Adris vocant) Sacerdos, Philosophus, & Rex maximus Ægypti, quemque tempore Abrahæ, Misraimo primo Pharaone rerum in Ægypto patiente, floruisse, in toto hoc Opere sat superque demonstratum fuit; quod Iamblichus primo de mysterijs capite, confirmat, vbi Pythagoram, & Platonem, Eudoxum, cœterosque Græciæ

Sacerdotibus solis hieroglyphica doctrina communicata à Trismegisto.

Hieroglyphicæ doctrinæ origo.

Moyses hieroglyphica doctrina instructus. Philo.

Hermes Trismegistus Author doctrinæ hieroglyphicæ. Plato. Philo Biblius.

Philosophos suam philosophandi rationem, ex colunis Hermetis seu Mercurij, (vtique à nullo alio Hermete, nisi ab illo, quem descripsimus) didicisse, apertè docet; quem & ideo non immeritò totius literaturæ parentem nullo non tempore tota posteritas confessa est. Vide Obeliscum Pamphilium l. 2. cap. 1. 2. 3. vbi dicta hucusque omnigenis authoritatibus comprobantur. Quibus quidem præmissis, iam differentia, quâ literatura diuersarum Gentium ab Ægyptiaca Sacerdotali differat, assignanda est, vt multorum ea de re scrupulus eximatur, qui putant Chinensium, Brachmanum, & Mexicanorum literas verè hieroglyphicas notas esse.

CAPVT II.

Quomodo Hieroglyphica à cœteris diuersarum Gentium literis distinguantur, & potissimùm in quo Characteres Sinensium ab Hieroglyphicis differant.

<small>Characteres significatiuos conceptuum omnes ferè gentes habent.</small>

Nullam ferè esse Gentem adeo barbaram, nullam Nationem ita incultã, quæ non suis ad conceptus sibi inuicem manifestandos characteribus vtatur, experientia temporum nobis innotuit. Non loquimur autem hîc de literis & characteribus certo quodam Alphabeto constitutis & definitis, sed de characteribus significatiuis, integrum alicuius rei certæ conceptum inuoluentibus. Et his præ reliquis Orbis terrarum gentibus, tres

<small>Sinenses, Brachmani, Mexicani potissimùm.</small>

vsas esse Nationes constat, videlicet Sinenses, Brachmanes, & Mexicanos; de quorum literis & characteribus hoc loco disseremus, ab Sinis exordium auspicaturi.

Characteres Hieroglyphici Sinensium.

<small>Sinensium characteres quando instituti.</small>

Sinenses ex Annalium suorum temporumque concatenatione, primam literarum inuentionem ponunt trecentis ferè annis post diluuium; quarum primus institutor & Rex fuit nomine Fohi. Ita habetur in libro de successione Regum. Et prima characterum forma habetur in libro de formandarum literarum Chinicarum ratione, quem dum hæc scribo, mihi communicauit negotiorum causa ex Sinarum Regione Romam profectus R. P. Michaël Boym Polonus è Soc: IESV, tùm linguæ Sinicæ, tùm rerum omnium ad dicti Regni mores & consuetudines pertinentium peritissimus; à quo quàm plurima ad Sinensium legendi atq; scribendi rationem spectantia oretenus excepi; ex quibus ea tantùm, quæ instituti mei propria sunt, describam; reliquas quæ Sinarum Regnum, eiusque politiam, atque linguæ rationem concernunt, Lector curiosus copiosissimè descripta reperiet in dilucidatione summaria rerum Sinicarum, à memorato Patre vberrimè & curiosissimè concinnata.

<small>Chami posteri colonias misisse videntur in Sinas.</small>

Dixi trecentis ferè post diluuium annis, eodem ferè tempore, quo filij Noëmi Mundo dominabantur, in vniuersi Mundi fines imperium
pro-

propagantes, primam literarum inuentionem ab Imperatore Fohi detectam, non nisi à Noëmica stirpe eam edocto. Nam vti in primo Tomo relatum fuit, Cham primus ex Aegypto in Persiam, & hinc in Bactriam colonias suas transtulit, quem & eundem cum Zoroastre Bactrianorum Rege constituimus; Bactriana autem vltima Persidis Regio, Mogorum Regno contermina, ea loci opportunitate sita est, vt ex ea facilè in Chinam, vltimam habitati Orbis terrarum Nationem, colonias, atque vnà prima literarum elementa, quæ à Patre Cham, & Mercurio Trismegisto Mesraimi filij sui Consiliario, primoq; hieroglyphicorum institutore, tametsi imperfectè didicerant, transferre potuerint. Certè vt ad hoc credendum inducar, magni momenti argumentum sunt veteres isti Sinensium characteres, hieroglyphicorum in omnibus æmuli. Primò siquidem ex omnibus rebus mundialibus primos Sinas characteres suos construxisse, tùm ex Chronicis ipsorum patet, tùm ipsa characterum forma sat superque demonstrat; siquidem non secus ac Ægyptij ex animalibus, volucribus, reptilibus, piscibus, herbis, arborumque ramis, funiculis, filis, punctis, circulis, similibusque characteres suos, aliâ tamen & aliâ ratione dispositos formabant. Posteriores verò Sinæ rerum experientia doctiores, cùm magnam in tanta animalium, plantarumque congerie confusionem viderent; Characteres huiusmodi variè figuratos, certis punctorum lineurumque ductibus æmulati, in breuiorem methodum concinnarunt, quâ & in hunc vsque diem vtuntur. Quorum quidem tantus est numerus, vt hodiè è summorum literatorum numero non habeatur, qui ad summum octuaginta characterum millium notitiam non possederit; atque adeo, quantò quis plurium literarum cognitionem habuerit, tantò coeteris doctior habeatur. E quibus tamen decem millia ad idioma perdiscendum, vt tolerabiliter conuersari possit, sufficiunt. Porrò literas Sinæ nullâ ratione in Alphabeti morem, vti coeteris Nationibus consuetum est, dispositas, neque voces ex literis & syllabis compositas habent; sed singuli characteres singulis vocibus & nominibus respondent; adeoque tot characteribus opus habent, quot res sunt, quas per conceptû mentis exponere volunt; vt si totum Calepinum in eorum idioma quis vertere attentaret, cum tot diuersos & differentes characteres habere oporteret, quot voces ibi differentes sunt. Neque aut declinationibus, aut coniugationibus vtuntur; cùm hæc omnia, vti paulò post videbitur, in ipsis characteribus implicentur; atque adeo magna memoria præditum esse oportet, cui vel ad aliquam saltem mediocrem eruditionem Sinis propriam pertingere sit animus; vt proinde non immeritò illi, qui per summos labores, & totum vitæ tempus in characteribus addiscendis impendentes ad summam eruditionem peruenerunt, primos in Regni administratione gradus titulosque sortiantur.

Sinensium characteres hieroglyphicis similes.

Sinensium characterum multitudo ingens.

Sinensium characteres singuli singulis vocibus respondent.

Vete-

CAP. II. 12 OEDIPI ÆGYPTIACI

Veterum Sinicorum Characterum Anatomia.

Sinicorum charactcrum veterū exempla.

Sinenses Antiqui ex omnibus rebus characte. es efformabant.

Dixímus in præcedentibus, Sinas primæuos characteros suos ex omnibus rebus, quæ visui obijciuntur, assumpsisse, atque ex vario tantùm harum rerum congestarum ordine & dispositione mentis suæ conceptus manifestasse. Hinc igneæ naturæ argumentum tractaturi, serpentibus, aspidibus, & draconibus vtebantur, qui tali aut tali ordine & dispositione digesti, tale & tale quid significabant. In aëreis rebus describendis, volucrum varia dispositione; in aqueo argumento, piscibus; in vegetabili natura describenda floribus, folijs, ramis; in sideribus, punctis seu circulis, quorum singuli singulas stellas exprimebant, vtebantur; in reliquis indifferentibus argumentis ligna, globos, fila certa lege disposita adhibebant. Verùm vt hæc luculentiùs pateant, hîc primæuos veterum Sinarum Characteres apponendos duxi, vt differentiam illorum à modernis, & hieroglyphicis Ægyptiorum luculentiùs videat curiosus Lector. Moderni enim non ampliùs figuratis eiusmodi characteribus vsi videntur, sed certis quibusdam ductibus linearum, qui tamen ductus figuratarum literarum Antiquis vsitatarum propè referrent, vti in sequentibus figuris apparet, in quibus litera A eosdem ductus imitatur, quos figurata litera B veterum. Idem apparebit in litera C modernorum, comparata ad literam veterum D, vti & E ad F, & G ad H, & I ad K, quarum vtraque flumen significat ex certa dispositione piscium, quam moderni per literam I ex similibus literarum ductibus efformatam imitantur.

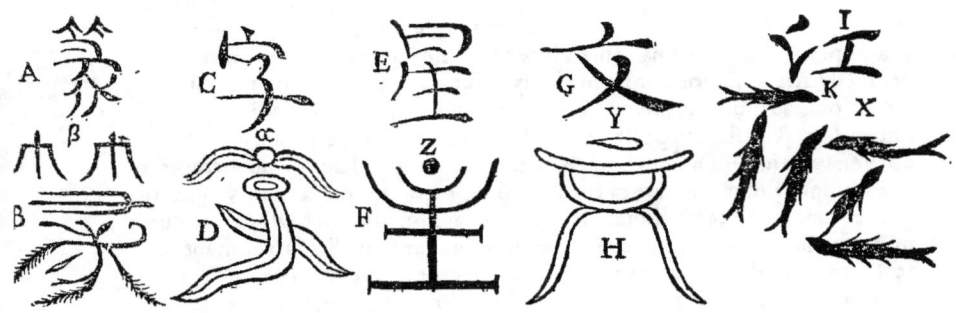

Huiusmodi itaque characteres figuratos, quâ dispositione diuersorum animalium figuratas primæui ad conceptus suos manifestandos ordinabant, eâdem posteri non quidem animalium, sed certis linearum punctorumque tractibus, exhibebant, vti dictum est, qui mos in hunc vsque diem permansit, vt videre est in figuris paulò ante propositis A B C D E F G H I K, vbi loco ramorum, foliorum, piscium certo ordine dispositorum, moderni certis tractibus vtuntur, similibus tamen & quodammodo parallelis. Sed ad institutum nostrum reuertamur.

Disse-

THEATRVM HIEROGLYPHICVM.   13   CAP. II.

Differentia inter Sinenses & Hieroglyphicos Aegyptiorum characteres.

D Iximus in præcedentibus, verisimile esse, posteros Chami colonijs in vltimam vsque Sinarum regionem propagatis, vnà quoque & literas propagasse; non tamen tantò, quantò Aegyptiorum hieroglyphica, mysteriorum apparatu adornatas; sed quantum sufficiebat ad conceptus mentis exponendos, rudi Minerua comparatas. Certè inter Sinenses characteres Crux, quæ tanto apud Aegyptios in honore habetur, sæpissimè spectatur, vti figura O docet, quæ non secus ac apud Ægyptios denarium numerum significat, perfectionis symbolum. Huic si subijciant aliam lineam, vt in N compareat, efficitur character qui terram significat. Si aliam lineam superiùs inferiori parallelam, vt in M comparet, adijciant, efficitur character qui Regem significat. Si lineolam, vt in L apparet, adijciant huic figuræ, character efficitur qui gemmam significat. Qui tres vltimi characteres vti in suo genere perfectionem quandam indicant, ita non incongruè per crucem constituuntur.

10 decem	xᵛe	O	
Terra	heᵃ	N	
Rex	uàm	M	
Petra gemma	yú	L	

Crux ansata, & statua Serapidis inter Sinensium characteres.

Et tametsi non secus ac Aegyptij ex varijs animalium, vegetabilium, instrumentorumque congerie, sensa mentis suæ exposuerint; magna tamen inter vtramq; scribendi rationem differentia extitit. Ægyptij enim hieroglyphica nequaquam in communi conuersatione adhibebant, neq; licitum erat vnicuiq; eadem addiscere; sed qui ex lege & instituto politico ad id deputabantur; neque enim temerè, aut ἀλόγως animalium figuris vtebantur, sed per occultas eorum virtutes & operationes, summa in natura rerum, vti ex toto Opere patet, mysteria significabant. Præterea literæ hieroglyphicæ non simplices voces, aut nomina, sed integros conceptus ideales inuoluebant; ita Scarabæum intuentes, non animal, aut Solem præcisè, sed occultas operationes, quas non tantùm Sol materialis in hoc sensibili Mundo, sed & archetypus in intelligibili Mundo efficit, intelligebant. Quæ omnia in Sinensium characterum structura deficiunt; cùm hi præcisè solùm ad vocum nominumque simplices conceptus indicandos, nullo alio sub ijs latente mysterio, instituti sint. Non nego tamen, Sinas subinde diuersorum characterum significata ita adaptare, vt inde ingeniosæ allusionis significatio emergat, quæ tamen ad subtilitatem, hieroglyphicorumque argutas allusiones minimè accedunt, vti ex sequentibus literarum compositionibus patet; vbi character G, idem significat, quod afflictum esse, & componitur ex duobus characteribus B & A, quorum ille cor, hic portam significat; quasi di-

Differentia inter characteres sinensium, & hieroglyphica Ægyptiorum.

Characterū Sinensium exēpla varia, eorumque explicatio.

Porta		門 A
Cor	sīn	心 B
Afflictus	muén	悶 C
Homo	gín	人 D
Rex	uam'	王 E
Perfectus	teiuén	全 F
Amore alicuius captus. Mulier, filum, verbum.	liuén	妛 G
Sol	g'e	日 K
Luna	yu'e	月 I
Claritas	mín	明 H

dicerent, portam cordis clausam esse; homo enim, dum in afflictione constitus est, omnes spiritus intra cordis portam concentrati sentit, vnde timor, metus, afflictio. Iterum dum hominem perfectum indicare volunt, characterem F formant, qui ex characteribus D & E, quorum hic hominem, ille Regem significat, componitur; quo indicare volunt, Regem inter homines solum perfectum esse. Rursus, character G hominem indicat amore alicuius captum, & ex characteribus tribus componitur, quorum vnus *a* mulierem, alter *b* filum, tertius *c* verbum indicat; indicaturque hoc ipso, quòd sicuti filo seu chorda res attrahimus materialiter, & verbo moraliter homo hominem, sic mulier virum. Hoc pacto character H idem significat quod claritatem; componiturque ex characteribus I & K, quorum ille Lunam, hic Solem indicat, quasi omnis ab hisce luminaribus Mundi claritas scaturiat. Innumeros alios huiusmodi characteres habent Sinæ, ex diuersorum characterum coagmentatione compositos, quibus non sine ingenio ad arcanas rerum significationes alludunt; quos consultò omittimus.

His itaque expositis, nè quicquam circa hoc argumentum scitu dignum omisisse videamur, paulò fusiùs de Sinicæ linguæ ratione discurrere hoc loco visum fuit, præsertim cùm non tàm meâ voluntate, quàm aliorum

THEATRVM HIEROGLYPHICVM.   15   CAP.II.

rum complurium instantibus precibus, ad id præstandum sollicitatus adigar.

Cùm itaque lingua Sinica mirum in modum æquiuoca sit, vnum- *Sinica lingua*
que verbum sæpe decem, sæpe viginti res differentes, sola accentus di- *difficillima.*
uersa prolatione enunciata, significet, illa suprà quàm dici potest, difficilis redditur, & non nisi summo labore, intenso studio, & cnm mille
reflexionibus addisci potest ab exteris. Mandarina toti Regno commu- *Mandarinorum Sinen-*
nis est, eiusque principalis vsus est in Curijs & aula Regis, quæ sunt Pa- *sium lingua.*
quini, & Nanchini, estque in toto Regno eadem, quæ in Hispania Castellana, & in Italia Toscana. Characteres toti Regno Sinarum, vti & Iapo- *Character*
niæ, Coreæ, Conchinchinæ, Tonchini communes sunt; idioma diuersissi- *Sinensium idem cum*
mum est: hinc Iapones, Conchinchinæ, Coreæ, & Tonchini gentes, libros *Iaponiorū, &*
& literas hoc characterum genere scriptas intelligunt quidem, sibi tamen *aliarum Nationum adia-*
mutuò loqui, ac se inuicem intelligere loquentes non possunt; non se- *centium.*
cus ac figuræ numerorum toti passim Europæ vsitatæ ab omnibus intelliguntur, tametsi voces, quibus pronunciantur, diuersissimæ sint; characteres enim signa sunt conceptuum rerum omnibus communium. Hinc
aliud est, nosse characteres Sinicos, aliud Sinicâ linguâ loqui; posset enim *Sinensium*
externus quidam bonâ memoriâ præditus, & studio coniuncto, ad sum- *character*
mam eruditionem ex librorum Sinicorum lectione peruenire, tametsi *cat diuersa*
neque loqui, neque linguam intelligere posset. Quia tamen idioma in *pro varia_*
Dei causa negotiantibus Apostolicis Viris omninò necessarium est; hinc *tatione.*
iuxta Musicas notas, *vt, re, mi, fa, sol, la*, ascensus descensusque Sinicorum *Accentus re-*
accentuum in pronunciatione obseruatorum, quibus in linguæ difficul- *ropęis ad Sini-*
tate superanda iuuarentur, notas inuenerunt; quas supra Europæo modo *cos characte-*
scriptas dictiones Sinicas, sequenti modo exprimunt ¯,-,`,´,˘. Prima no- *res pronun-*
ta, quinque, Sinicorum accentuum,¯ respondet Musico *vt*, & sonus seu *ciandos.*
enunciatio Sinicè vocatur chō p'ím, quasi dicas, prima vox prodiens
æqualis. Secunda nota - respondet Musico *re*, & sonus Sinicè vocatur
p'ím xím, quasi dicas, clara vox æqualis. Tertia nota ` respondet Musico *mi*, & sonus Sinicè dicitur xàm xím, id est, alta vox. Quarta nota ´
respondet Musico *fa*, Sinicè dicitur Kiù xím, id est, abeuntis alta vox.
Quinta nota ˘ respondet Musico *sol*, Sinicè dicitur gĕ xím, id est, ingredientis propera vox. Sic verbi gratia vnica dictio, ya, scripta Europæis literis, notis quinque superioribus affecta, enunciari debet diuersis vocibus & accentibus, quemadmodum conscribitur ab Sinis diuersis characteribus. Vt significationes diuersas eadem pronunciata dictio ingerat
auribus audientium, oratio verò paulatim prolata Musices referat ad tactus tempora. Ex monosyllabis dictionibus (nulla enim apud Sinas polysyllaba) ordinatam
harmoniam. Figuras quinque vocalium seu accentuum
suprà positorum expressimus hìc vt vides.

Dens	yá 牙
Mutus	yā 啞
Excellens	yă 雅
Stupor	yá 訝
Anser	yă 鵝

Dictarum notarum ope exteri linguam addiscunt,
quanto tamen cum labore, quantisque reflexionibus,
facilius est cogitare, quàm calamo depingere. Sinæ

C   verò

vero huiusmodi accentuum virgulis non vtantur, sed ad huiusmodi pronunciationes, vti ferè omnes nationes, à pueritia assuescunt, quanquam illorum literati quamlibet literam accentu sibi debito pronunciandam non solùm in actu exercito, verùm & in actu signato sciant & doceant. Mirantur autem Europæos pronunciata verba eorum, literis Latinis scribere posse, & tam genuinè repræsentare; & cùm, vti diximus, & suo & nostrate Alphabeto careant, quilibet ipsorum character prima litera esse potest, & media, & vltima, cùm vnaquæque vocem, & dictionem integram significet; quæ quidem voces magnam habent significationum varietatem; v. g. hæc vox y, minimùm triginta differentes significationes pro diuersitate literarum & pronunciationis habet. Iterum prima litera v. g. Chùn in lingua Mandarina aliter, aliter in Iaponia, aliter in Regnis differentibus pronunciatur, tametsi idem semper significet. Sic qui videt hanc literam ⟨char⟩, format conceptum cún, quod idem est, ac reuereri; & sic de alijs; ⟨char⟩ & hinc est quod dixi, qui vnam ipsorum linguam vnà cum literis nouit, non solùm in totum Regnum Sinarum, verùm in multa alia scripto peragrare poterit. Sed his propositis iam tempus est, vt veterum Sinarum characteres examinemus.

Characterum antiquissimorum Chinensium explicatio.

Characterum antiquissimorū Chinensiū explicatio.

Sinenses antiqui Ægyptiorum more varijs rerum naturalium figuris vrebantur ad scribendum.
Sinensium imperator primus charactere ex serpentium figuris inuenit.

PRimævi Sinæ, vti dixi, Ægyptios, à quibus descendebant, secuti, scripturam suam non literarum compositione, sed figuris, ex varijs rebus naturalibus compactis, peragebant, quibus quot conceptus rerum, tot signa diuersa respondebant. Primus Sinarum Imperator Fohì certum quoddam characterum genus inuenit, ex serpentibus & draconibus confectum, quo vsum ferunt Annales Sinici; vnde & liber, quem de rebus Mathematicis & Astrologicis conscripsit, draconum liber dicitur: Characterum formam hic apponimus, signanturq; literis A B C D E, qui quidem characteribus modernis Sinarum, numero 3 signatis, sic explicantur: Fohì xilùm xù, hoc est, Fohì draconum liber. Vides hic serpentes mirè intricatos, & in formas varias, pro diuersitate rerum, quas illis significabant, transformatos; tametsi vix sint inter Sinas, qui eorum notitiam habeant, vtpote nimia vetustate deperditorum.

Characteres Sinenses ex agriculturæ rebus desumpti.

Secunda priscarum literarum forma ex agriculturæ rebus desumitur concinnaturque, quo priscus Sinarum Rex nomine xìm Nûm, in describendis rebus ad agriculturam pertinentibus vsus est; & nomina Sinica numero 4 signata satis indicant, vt sequitur: Chum xu xìm Nûm çò, id est, agriculturæ literas xìm Nûm Rex fecit; id est, similibus scripturis vsus est; characterum forma si-

THEATRVM HIEROGLYPHICVM.

signatur literis F GH I K, & hoc ordine legi debent, vti sequitur 1 colum.

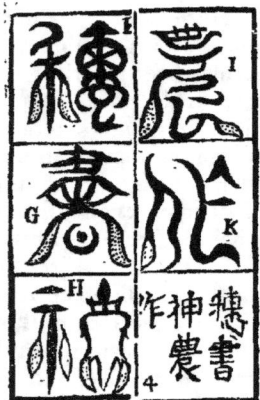 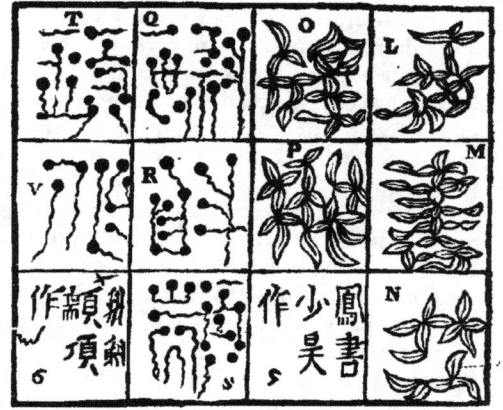

Figuræ quæ continent 2, 3 & 4 formas characterum.

Tertia literarum forma, ex alis Auis, quæ Fum hoam dicitur, omnium quam oculus spectare potest, pulcherrimæ, vario pennarum alarumque situ constructa est; atque hisce notis vsus esse Xau-hoam Imperator priscus, librumque de volucribus hisce literis concinnatum scripsisse dicitur. Ita characteres Sinici numero quinto signati exprimunt; Fum xù Xau hoam çò, id est librum, Fum hoam, Xau hoam fecit, & hisce ac similibus characteribus conscripsit; characteres prisci signantur literis L M N O P, & hoc ordine legi debent; moderni verò characteres Sinici eos explicant eo modo quo dictum est. Vide binas columnas, vlt. & penult.

Quarta priscorum characterum forma exhibetur signis Q R S T V, ex ostreis & vermiculis constructa; ita Sinici characteres signati numero 6, totidem literis eos explicant: Liteù Chuen kim çò, hoc est, notæ ostrearum & vermiculorum, quos Chuen kim Rex fecit, & librum hisce & similibus exarauit. Vide columnas binas suprà exhibitas.

Quinta characterum vetustorum forma exhibetur in sequenti pagina literis X Y Z A B, ex herbarum radicibus composita; & hisce prisci vtebantur, in literis & libris conscribendis; atque hoc pacto eos explicant Sinica nomina signata numero 7. Kim yun hoam ty chuen, id est, literæ quibus scribebant literas & libros.

Sexta characterum forma, signata literis C D E F G, componitur ex decurtatis auium vestigijs, quibus vsus est olim Rex Choam ham; ita Sinici characteres signati numero 8 explicant: Choam ham miao cye chi; id est, Choam ham ex auium decurtatis vestigijs descripsit libros. Figura sequitur.

Septima characterum forma, ex testudinibus constructa signatur literis H I K L M; quos inuenit Yao Rex. Sic explicant nomina Sinica signata numero 9: Yao yn quey çò, id est, Yao Rex per testudines fecit literas. Figura quoque sequitur.

C 2 Octa-

CAP. II.   18   OEDIPI ÆGYPTIACI

Octaua forma characterum signatur literis N O P Q R ex auibus & pauonibus; ita indicant Sinicæ notæ numero 10 signatæ; Su gney niao cyò chuen; id est, Su historiæ per auium & pauonum literas describebantur.

Nona characterum forma signatur literis S T V X Y, & ex herbis, alis, & fascijs constructa videtur; ita Sinicæ notæ numero 11 significant; cha yè fi mien çò, id est, herbarum, alarum, fasciarum literæ.

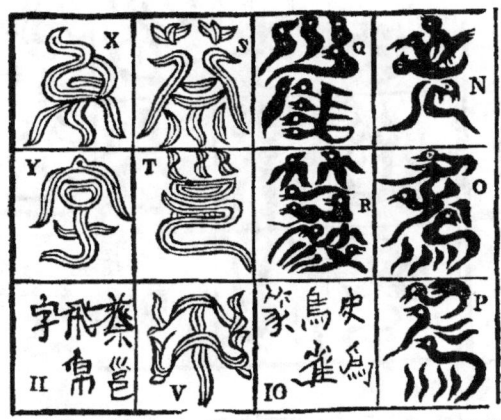

Decima characterum forma signata literis Z A B C D, sic à Sinicis literis 12 numero signatis exponitur: çò xi ho ki uen, id est, has literas çò Author tabularum quarundam recordandi gratia componebat. Vide sequentem figuram.

Vndecima characterum forma signata literis E F G H I, exhibet notas stellarum & plantarum; ita explicant Sinici characteres numero 13.

çu

THEATRVM HIEROGLYPHICVM.   19   CAP. II.

çu guey ſym ſo chuen, id eſt, de çu guey, literæ plantarum & ſtellarum.

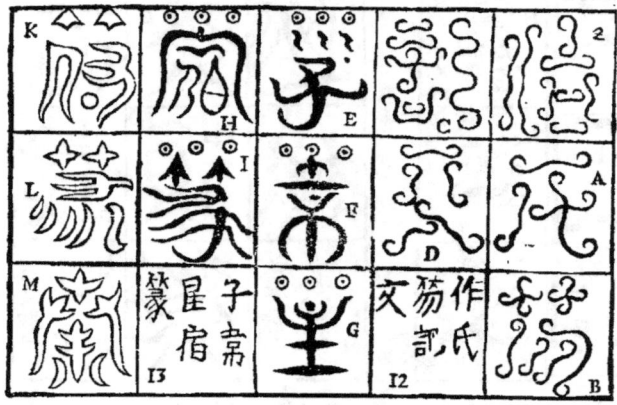

Duodecima characterum forma literis K L M N O ſignata, vocantur literæ edictorum, olim vſitatæ; ita docent Sinica nomina numero 14. Fu chuen tay uen chi, id eſt, literæ edictorum, priuilegiorum, & magnarum compoſitionum.

Decima tertia characterum forma ſignata literis P Q R S T exprimit literis numeri 15. Yeu çau chi cyen tao.

Decima quarta forma ſignata literis V X Y Z A B C D, ſunt literæ quietis, lætitiæ, ſcientiæ, diſcurſus, obſcuritatis, claritatis; ita exponit numerus 16. Ngan lo chi ſu yeu min ſym quey.

Decima quinta literarum forma ſignata E F G H I ex piſcibus compo-
poſi-

posita fuit ; ita numerus 17 explicat, Ngun kiam mien lien cyeu, id est, obscuri fluminis, & piscium squamatorum coaceruationis literæ.

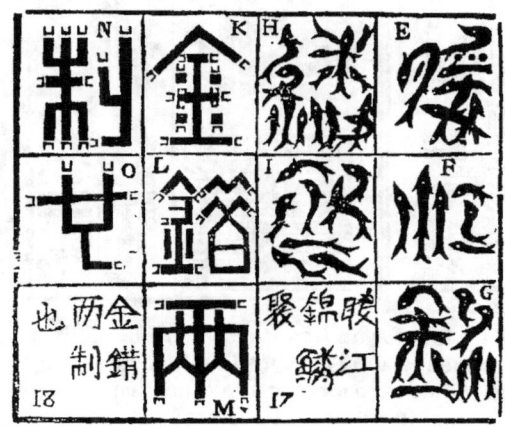

Decima sexta literarum forma signata literis K L M N O, vti legi non potuit, ita nec compositio, & structura literarum innotescere valuit.

Decimæ septimæ & vltimæ formæ characteres, signatæ literis A B C D E F G H I K, dicuntur literæ sigillorum, quibus in sigillandis literis, aut in inscriptionibus magnificis vtuntur. Litera A xàm, sursum dicitur, B fàm, id est, regula ; C ta, magnus ; D chuen antiqua litera ; E chien diarium ; F mao, modus ; G xè, ornatus ; H li, cognomen ; I su, ille ; K fàm, id est, regula.

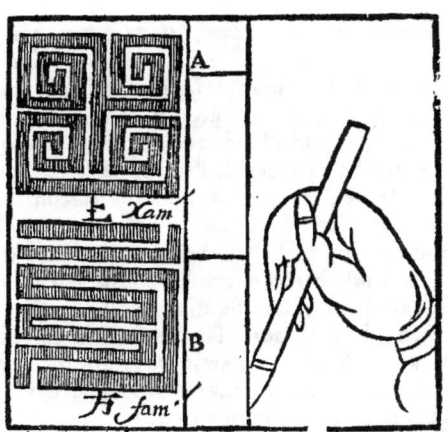

Manus ad scribendum applicatio, Sinis vsitata.

At-

THEATRVM HIEROGLYPHICVM.

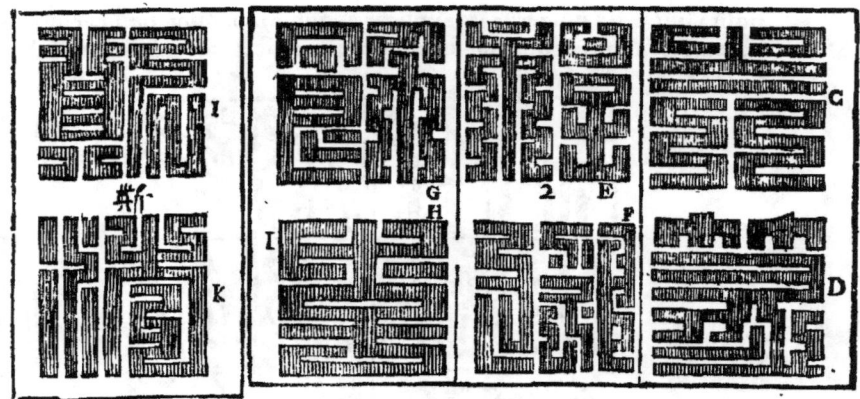

Atque hæ sunt formæ literarum veteribus Sinis vsitatarum; quas hic fusiùs exponendas duxi, vt correspōnsus cum hieroglyphicis luculentiùs pateret. Quòd verò manum ad pictam cum penicillo intueris, scias Sinenses non vti nostratibus calamis, neque atramento, verùm in lapide marmoreo tantillum de nigro colore atterunt ad imbuendum penicillum, quem eâ ratione, cùm scribunt, aut potiùs cùm pingunt, digitis tenent, vti in præcedenti figura apparet. Plura de huius linguæ proprietate, vti & varia lectionis peragendæ specimina vide in Opere de monumenti Sinici vetustissimi interpretatione; nolui enim hîc plura addere, nè Lectorem curiosum ad alia properantem diutiùs detinerem, & quia dicta huc vsque abundè declarant Sinensium characterum ab Hieroglyphicis differentiam, conuenientiamque.

CAPVT III.

De literis Brachmanum, siue Gymnosophistarum.

INter antiquissimos Hieromantas sapientiæ laude cumprimis illustres fuêre Gymnosophistæ, quas posteri Brachmanes dixerunt. Et quod apud Chaldæos Magi, apud Hebræos Cabalistæ, apud Græcos Philosophi, apud Ægyptios Sacerdotes & Prophetæ, hoc apud Indos fuerunt Gymnosophistæ. Hi enim, vt est apud Philostratum & Xenophontem, relicto fallaci insipientium hominum consortio, omnium deliciarum, opum, commoditatum posthabitis voluptatibus, soli Sapientiæ studio incumbentes, vitam in deserto Orientalis Indiæ agebant; erant ijs in cibum herbarum radices, fructus, similiaque quæ benigna mater Tellus ijs suppeditabat vitæ subsidia; aquâ saluberrimâ sitim extinguebant; pro domo antrum, pro cubili terra graminibus folijsque instrata. Hisce itaque vitæ institutis ad magnam rerum notitiam peruenerunt; atque insignia naturæ sacramenta, nè sibi solis vixisse viderentur, certo scripturæ gene-

Gymnosophistæ seu Brachmanes.

Xenophons.

Eorum viuendi ratio.

Brachmanum seu Gymnosophistarum character.

genere posteris consignarunt, ijs tamen obscuritatum velaminibus inuoluto, vt solis Sapientibus ad ea penetranda aditus daretur. Quoniam
verò huiusmodi signa non exiguum vel ipsis Sapientibus negotium face-
sere possunt, Oedipi esse ratus sum, nonnulla ex ijs hoc loco exponere,
vt quid per ea indigitauerint, & quomodo ab Ægyptiorum hieroglyphica literatura distinguantur, Lectori curioso patefiat. Has notas primè
mihi communicauit D. Franciscus Stellutus, quas ex peruetusto Codice
olim pro sua curiositate ingenij, atque erga reconditiores literas affectu
Excellentissimus Cæsius Dux Aquæ Spartæ excerpi curauerat; quarum
& magnam mihi copiam ex India Orientali ante sex circiter annos eno-
dandas transmiserat P. Antonius Ceschius, religione eximius, atque omni
virtutum & scientiarum genere instructissimus, è Societate nostra Sacerdos, qui eas ex monte quodam Indiæ, quem Montem Pagodum dicunt,
in territorio Chaulensi situm, extraxerat. Est autem dictus Mons totâ
Indiâ celeberrimus, & confluxu hominum illuc peregrinationis causâ
confluentium frequentissimus, ita ex omni parte plenus, vt non nisi ex
vno latere ad interiora aditus pateat; totus quantus huiusmodi characteribus inscriptus, qui apud omnes in magna veneratione & cultu sunt. Has
itaque, pro suo erga boni communis promotionem affectu, memoratus
Pater Ceschius exscriptas ad me transmisit, vt meam in ijs exponendis industriam experiretur.

Mons Pagodū in India.

Quæritur igitur; an huiusmodi characteres verè hieroglyphici sint?
Respondeo, dupliciter hieroglyphica considerari posse; vel vti signa sacra
tantùm rerum arcanarum; vel vti sunt magnorum mysteriorum signa,
ex animalium, plantarum, instrumentorum, similiumque occulta structura composita; & hæc propriè hieroglyphica dici possunt; huiusmodi
enim characteres non tantum rerum mysteriosarum sunt indices, sed &
ipsi in mystica sua structura, earum, quas indicant, rerum proprietates continent; & tales fuerunt characteres hieroglyphici Ægyptijs proprij.
Brachmanum verò characteres tametsi res arcanas indicent, non tamen
propriè hieroglyphici dici possunt; cùm tantùm nudæ & simplices dictarum rerum notæ sint, arbitraria dictorum Sapientum institutione dictis
rebus impositæ, vt paulò post videbitur, sicut characteres quos magica
sigilla vocant. Sed vt hæc apertiùs deducantur, paulò altiùs ordiri visum est.

Brachmanū seu Gymnoso-phistarum characteres vtrum sint hieroglyphici

Sapientes illi siue traditione ab Ægyptijs acceptâ, siue propriâ inuen-
tione & studio acquisita scientia, triplicem Mundum ponebant, Intelligibilem, Cœlestem, Elementarem. Quos quidem tres Mundos ita sibi inuicem subordinatos credebant, vt inferior Mundus influatur à Cœlesti,
& hic ab Intelligibili; adeoque nihil in Sublunaris Mundi sinu delitesce-
ret, quod non suum in Sidereo Mundo astrum haberet, à quo influeretur,
neque astrum, cui in Intellectuali Mundo non responderet Intelligentia,
& astri Cœlestis, & Elementaris dominatrix. Quæ sententia, vt in præcedentibus diximus, prorsùs Ægyptiaca est. Hinc duodecim signis Zodiaci, septem Planetis, & Elementaris Mundi rebus, certas quasdam lite-

Mundum triplicem ponebant Sapientes.

Characteres rebus Cœle-stibus appro-priati à Sa-pientibus Brachmani.

ras

THEATRVM HIEROGLYPHICVM. 23 CAP.III.

ras aſſignarunt; quibus cui ſigno, aut planetæ quæuis res ſubiecta foret, dignoſci poſſet; præterea ſingulis tam ſignorum duodecim, quàm ſeptem planetarum proprietates, effectus, & operationes, vt paulò poſt videbitur, literis indicarunt. Hoc pacto res ad Medicinam, Agriculturam, Oeconomiam, Politicen, Ethicam, & Scientias pertinentes, totidem literis expreſſerunt; v. g. quos Saturnus, quos Iuppiter, quos Mars, quos Sol, Venus, Mercurius, Luna, in ſingulis duodecim ſignis Zodiaci effectus operarentur, determinauerunt; neque aſtris tantùm multùm tribuerunt, ſed & ipſis Cœlis nullo ad aſtra habito reſpectu. Sed iam ſingularum memoratarum rerum characteres ſubiungamus.

Et primò quidem characteres Mundi triplices hi erant, quorum prior Mundum Intelligibilem, alter Sidereum, tertius Elementarem exprimit. Vniuerſum verò ſic exprimebant ☐. Verùm characteres principalium Mundi partium hic apponamus, nè quicquam curioſarum rerum omiſiſſe videamur. *Characteres triplicis Mundi iuxta Brachmanas.*

	Mundus Intelligibilis		Aqua
	Mundus Sidereus		Terra
	Elementaris		Animantes
	Vniuerſum		Homines
	DEVS		Senſitiua natura
	Angeli		Vegetatiua
	Dæmones		Exhalationes
	Cœlum		Vapores
	Stellæ		Lapides
	Ignis		Metalla
	Aër		Materia

Quas verò hi characteres myſticas rationes contineant, penetrare non licuit; vnde veriſimiliùs eſt, inter Magicos characteres connumerari, pactum implicitum vel explicitum inuoluentes; cuius rei cauſa patet ex Arabum Magia, qui huiuſmodi characteribus & libros, & amuleta referciunt, vti in Cabala Saracenica oſtendimus, eoſque vocant حروف الهند *haruf elhend*, id eſt, literas Indicas.

1. Notæ ſequentes ſunt ſecundùm effectus Saturni in duodecim ſignis diſpoſiti, & indicant omnia ea, quæ ei quouis modo ſubiecta ſunt. Aliud enim Saturnus in Ariete, aliud in Tauro, Geminis, & Cancro, aliud in alijs ſignis operatur. In Ariete itaque notæ ei competentes indicant, in animæ bonis, profunditatem ingenij, mutationibus tamen expoſiti; in Tauro falſas apparentias, & viſus deceptionem; in Geminis indicant characteres, itinera equo vel curru inſtituenda; in Cancro, dexteritatem, *Characteres Saturni effectus ſignificantes.*

D

CAP. III.   OEDIPI ÆGYPTIACI

tem, calliditatemque & velocitatem in negotijs; in Leone, prosperam negotiorum expeditionem; in Virgine infirmitates, tædia, dolores; in Libra, nuptias, amores, conuersationes exercendas; in Scorpione, cibi & potus moderamen; in Capricorno seriam rerum curam; in Aquario, felicem à peregrinatione reditum; in Piscibus, carceres & captiuitatem significat, vt in sequenti tabula patet.

Figuræ variatio		Perennis amor
Mutatio eiusdem		Stabilis libido
Deceptio visus		Mensa vacua
Apparitio falsa		Cibus
Equus		Potus
Velox iter		Extinctio
Currus		Occupatio
Localis motus		
Velocitas		Carcer
Nuncius		Reuocatio
Epistola		Reditus
Infirmitas longa		Detentio
Dolor seu tædium		Clausura

Characteres Iouis effectus significantes.

2. Notæ sequentes explicant effectus ad Iouis influxum pertinentes, per duodecim signa Zodiaci dispositi. In Ariete Iuppiter concedit regimen, iustitiam, consilia, prudentiam; in Tauro, vel Leone regnum, eiusque amissionem; in Geminis, vel Virgine, varias negotiorum agitationes; in Capricorno, vel Libra occultorum apertionem; in Aquario, vel Scorpione vitam & sanitatem; in Sagittario, vel Piscibus doctrinam vel sapientiam, vt sequitur.

		Rectitudo
Gubernatio		Lex
Regimen		Præceptum
Iustitia		Statutum
Æquitas		Sanctio

Characteres Martis effectus significantes.

3. Notæ sequentes explicant effectus ad influxum Martis spectantes iuxta duodecim signa dispositi. In Ariete, bellum, tumultus, seditiones; in Tauro, Geminis, Cancro, Leone, & Virgine, cædes violentas,

cru-

THEATRVM HIEROGLYPHICVM. CAP. III.

crudelitatem, exterminium; in Libra vsque ad Arietem, ira, terribilia, varia.

♂	Bellum		Incendium
	Seditio		Excidium
	Cædes		Casus atrox
	Tumultus		Ærumnæ
	Rapina		Vastatio

4. Notæ ad influxum Solis pertinentes, & iuxta duodecim signa dispositæ indicant in omnibus signis potentiam, regimen, maiestatem, & quæcunque regno conseruando necessaria sunt, vt ex sequentibus patet. *Characteres effectus Solis significantes.*

☉			
	Politica		Liberalitas
	Regimen		Clementia
	Maiestas		Fauor
	Imperium		Iustitia
			Rectitudo

5. Notæ ad influxum Veneris pertinentes, amicitias, amores, voluptates, & similia, beneuolentiam, gratiam, formam respicientia bona indicant. *Characteres effectus Veneris significantes.*

♀			Pulchritudo
	Amor		Affabilitas
	Amicitia		Prodigalitas
	Beneuolentia		Generatio
	Gratia		Filij
			Bonum commune

6. Notæ quæ ad influxum Mercurij spectant, respiciunt omnia ea, quæ ad acquirendas scientias, artesque pertinent, vt sequitur. *Characteres effectus Mercurij significantes.*

D 2   Ars

CAP. III.

⚷	Dolosa mens
Ars	Verfatile ingenium
Natura	Scientia abdita
Inueſtigatio	Confilium
Argutia	Ratio

Characteres effectus Lunæ significantes.

7. Notæ ad influxum Lunæ pertinentes, ea propriè, quæ circa humidam naturam verfantur, refpiciunt, vt fequitur.

Humiditas	Inſtabilitas
Fœcunditas	Temperies mala
Vegetabilium vbertas	Ainmalium fœtura
Arborum bitumen	Frigus
Intemperies	

Characteres Brachmanum ad cœlos & ſidera ſpectantes.

Sequuntur modò alij characteres, quos ipſiſmet Cœlis & orbibus, non ſideribus attribuebant. Primò ſeptem Cœlos influxibus refertos, in quibus Cabalici effectus & proprietates ipſorum recondebantur, varijs literarum combinationibus comparatos exhibebant. In primo Cœlo Lunæ, quod *Samayn* vocabant, ſeptem generales influxus ſuis notis expreſſi continebantur; quorum prima influentia dicebatur à Gymnoſophiſtis *Lorpeny*, & res ad medicam rem pertinentes exhibebat. Secunda *Tyegara*, & res odibiles continebat. Tertia *Dana* nominata, res ad ſcientias pertinentes. Quarta *Kalamia* dicta, res, quæ ad amores pertinent, indicabat. Quinta *Aſtimor* circa loquelam verſabatur. Sexta *Bartaz* de itineribus tractabat. Septima *Broel* interpretationis negotia aſſignabat.

Lunæ cæli effectus ſecundùm Brachmanes.

Mercurij cæli effectus.

Influentiæ cæli Mercurij.

Secundum Cœlum Mercurij, quod *Raquia* vocant, duodecim generales influxus continet, quorum vnuſquiſque ſuas ſibi notas aſſignatas habet, vti ipſi putant, magnarum virtutum. Prima influentia à Gymnoſophiſtis vocatur *Armad*, & pacis ſignificationes habet. Secunda *Ibory*, & proportiones notat. Tertia *Lycy*, res ad ſeparationes pertinentes tractat. Quarta *Iſary*, ad miſerum ſtatum pertinentia exhibet. Quinta ad labores, & *Quym* dicitur; Sexta *Abythaur*, ad ſecuritatem. Septima *Bathaya*, ad fugam. Octaua *Abracy*, ad cuſtodiam. Nona *Iguedy*, ad defenſionem. Decima *Laobry*, ad vindictam. Vndecima *Rabdy*, ad reſtitutionem. Duodecima *Artinomy*, res ad ſanationem pertinentes continet.

Ter-

THEATRVM HIEROGLYPHICVM.

Tertium Cœlum dicitur *Suaquyn*, & Veneris sphœra est; tres generales influentias cum notis suis continet. Prima *Itasuny* dicta, refrigerationis negotium exhibet. Secunda *Lyathy*, motum notat; Tertia *Idalquy*, ad visum pertinentia sibi vendicat. *Veneris cœli effectus & influentiæ.*

Quartum Cœlum Solis *Laon* dictum, duas influentias obtinet. Prima *Abrastas* res de diuinatione. Secunda *Paratpyel* res de consilijs agitandis exhibet. *Solis cœli effectus & influentia.*

Quintum Cœlum Martis *Mahum* dictum, notas habet duodecim, quibus influxus in duodecim menses indicantur. *Martis cœli effectus.*

Sexti & Septimi Cœli influxus in exemplari desuerunt; in alio tamen exemplari Sextum siue Iouis Cœlum *Telut* dictum, has sibi figuras obtinet: [figures] Cœlum Septimum Saturni *Araboh* dictum ali as figuras continet. Habet præterea complures alios characteres, quibus duodecim signorum Zodiaci, duodecim mensium, hebdomadum, horarum tùm diurnarum, tùm nocturnarum influxus indicantur. Verùm cùm illa peculiarem tractatum requirant, & non adeo ad nostrum institutum conferant, & tempori, & sumptibus parcentes, consultò omisimus. Atque ex hac Gymnosophistarum schola, Arabes plerasque suas notas magicas, quas & Indicas nominant, & nullis non periaptis inscriptas, excerpserunt; de quibus fusiùs tractatum vide in Cabala Saracenica, vbi etiam, vnde extracti sint, & vnde primitiuam suam originem habuerint, indicatum reperies. Huiusmodi characteribus totus mons in India, quem Pagoda Canarim vocant Lusitani, eò quòd ab Orientalibus populis Dijs esset dicatus, exaratus cernitur, vti à teste oculato P. Ioanne Maracci, qui dum hæc scribo, Romæ Indiæ procuratorem agit, oretenus intellexi; tametsi dictæ notæ à nullo hucusque indigenarum intelligi potuerint; nec mirum; sunt enim ex earum numero literarum, quæ loco literæ, integram certæ alicuius rei significationem exhibent, vti ex interpretatione præcedentium patuit. Montis saxeam planitiem huiusmodi characteribus Veteres Indiæ Sapientes insigniebant, ea de causa, quòd putarent, hasce notas insignem virtutem & potestatem obtinere ad montem in Deorum, quibus dicabatur, tutela & inuiolabili costodia, conseruandum. Huiusmodi characteres sunt qui circa Crucem S. Thomæ Apostoli sanguine effigiatam incisi spectantur Meliaporæ in Narsinga; quarum interpretationem vide in Prodromo Copto folio 108, adductam. Atque hæc sunt quæ de Gymnosophistarum seu Veterum Brachmanum notis, dicenda existimaui. *Iouis & Saturni cælorū characteres.*

Mons Pagodum plenus characteribus Gymnosophistarum.

CAPVT IV.

De Literatura Mexicanorum, & an proprie hieroglyphica dici possit.

<small>Mexicana lingua, & littera</small>

NOuæ Hispaniæ indigenæ infinita penè idiomatum varietate inter se discrepant; quæ non tantùm dialectis variant, sed planè inter se dissident. Inter eas verò excellit Mexicana, quæ & vicinis Nationibus, & longinquis, postquam Mexicani Imperij sui fines longè latèque propagarunt, tam communis esse cœpit, quàm in Europa Latina, & in Oriente Arabica, ita vt in singulis ferè Prouincijs Interpretes illius habeantur, quos *Naquatlatos* vocant. Porrò licet Mexicani characteribus literisque, vtpote scriptoriæ artis ignari, destituantur; quibusdam tamen picturis mentem suam exprimere conati sunt. Hisce enim primò Chronologiam Regum, rerumque ab ijs gestarum memoriam; deinde redditus & tributa regni, vrbiumque; demum liberorum instituendorum leges posteris consignarunt, vti paulò post videbitur. Cùm itaque dicti characteres ex varijs animantium, herbarum, instrumentorum, similiumque figuris constructi sint; plerique hanc literaturam prorsùs hieroglyphicam esse sibi persuaserunt. Verùm hanc opinionem falsam esse, ex ijs, quæ paulò post adducemus, sat superque patebit. Siquidem certum est, nihil sub ijs latere arcanis rationibus inuolutum; sed figuræ ipsæ positæ, ipsas quasi actiones seu seriem rerum gestarum exprimunt, & non secus ac picturam quandam rei gestæ exhibent. Verùm vt & hoc loco ad oculum rem demonstremus, nonnullas figuras ex varijs Mexicanæ historiæ Scriptoribus extractas, explicandas duxi, vt instituti nostri ratio luculentius patefiat.

<small>Mexicani picturis loco litterarū vtuntur.</small>

<small>Mexicani characteres seu figuræ non sunt hieroglyphicæ.</small>

<small>Numerorum notæ apud Mexicanos.</small>

Numeri sic exhibebantur à Mexicanis. Vnus circulus O vnitatem; duo circuli OO binarium; tres circuli OOO, ternarium notabant, & sic deinceps quemlibet numerum tot circulis exprimebant, quot numerus in se vnitates continebat. Numerum 20 sic exprimebant ⌐, huiusque notæ multiplicatione perueniunt ad 200 vsque, siquidem nota hæc bis posita 40; ter posita 60; quater posita 80; quinquies posita 100; decies posita 200 significat. Hæc quibus rebus apponebatur, tantum tributi istarum rerum soluendum significabant, vti sunt piperis, farinæ, fragorum, armorum, similiumque, quæ passim in libris eorum de tributi persolutione Regi facienda, habentur. Hæc figura ☩ 400 significabat; bis posita 800; ter posita 1200; quater posita 1600 indicabat, & sic de cœteris. Sequens verò figura operosissima sanè, 8000 significat. Numeros alios præterquam dictos inter tributaria eorum monumenta reperire non potui. Habebant tamen, vt suprà dixi, alios, quibus in annorum computu vtebantur, numeros, per circulos indicatos. Quod vt pateat; Nota, Mexicanos annum in octodecim Menses distribuere consueuisse, quorum vnusquisque viginti diebus constabat, quæ in

<small>Annorum notæ apud Mexicanos.</small>

<small>Mexicani annum in 18 menses diuidebant.</small>

se

THEATRVM HIEROGLYPHICVM; 29 CAP. IV.

se inuicem ducta totius anni curriculum constituebant 360 dierum; reliquos dies quinque superfluos intercalabant, neque quicquam operis illis diebus, Acosta teste, faciebant; sed otio & Genio tantummodò indulgebant. Eosdem dies in tredecim dierum classes, vt ita dicam, distinguebant, & præscripto exiguo circulo instar O, toties, quoties opus erat, multiplicato, ordinem & numerum mutabant. Annos quoque in similes classes atque secula distribuebant; constituebaturque ipsorum seculum quatuor eiusmodi classibus, id est, annis duobus supra 50; nec tamen in annorum descriptione pluribus, quàm quatuor figuris seu notis, scilicet casæ, cuniculi, cannæ seu arundinis, & cultri vtebantur, vt sequitur; & sic annorum tredecim classem ipsi pingebant.

Acosta.

Seculorum classes apud Mexicanos.

1 Cuniculus
2 Arundo
3 Culter
4 Casa
5 Cuniculus
6 Canna
7 Culter

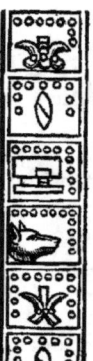

8 Casa
9 Cuniculus
10 Arundo
11 Culter
12 Casa
13 Cuniculus

Vltimo autem die quarti seculi sui 52 annorum, omnia vasa sua confringebant, ignemque extinguebant. Nam cùm à maioribus suis accepissent, Mundum seculari anno interiturum, id quinquagesimo secundo quouis anno operiebantur. Itaque totam noctem peruigilabant, metuentes ne vnquam ampliùs elucesceret; Sole verò oriente, buccinis tibijsque lætitiam suam testabantur, & festum celebrabant, Dijs suis gratias agentes, quod nouum adhuc sæculum Mundo prorogassent; noua sibi vasa & supellectilia alia comparabant, nouumque ignem à Sacerdote petebant; quæ omnia confirmat Samuel Purchas, in Opere de Mundi descriptione & peregrinationibus Anglicè descriptis, tom. 3. l. 5. c. 7. fol. 106. his verbis: *In the order and rule of the partitions Wich are numbred for yeares, that partition Where there is a branch Wit à foottlicke à floWer, it doth signifie à bitter and vnfortunate yeare, Which the Mexicans had, and did feare, sayng that their predecesseurs time out of minde did giue them Warning that such yeares Which befell euery tWo and fiftich yeare Were dangerous, and vnfortunate, and bitter yeares. Becaufe that in such yeares Were floods generally, and likeWise darkenesse of de_*

Mexicani singulis sæculis suis Mundi interitum expectabant.

Samuel Purchas.

Eclips

Eclips of te Sunne ; and vniuersall eantquakes. and like Wise in such yeares they made, great sacrifice and ceremonies to their Goods, and gaue them salues to repentance, and did abstaine from all vices against the nery day and houre of such à yeare. In the Which day generally they put out all their lights and fires till that day Were past; and being passed they kindled neW lights bring hat out of à moan taaine by à Priest. Hoc est: In ordine & regula partitionum, quibus numerantur anni, illa partitio, in qua est ramus cum cauda floris, significat annum acerbum & infelicem, quem timent Mexicani, asserentes se à maioribus accepisse eiusmodi annos, qui semper post 52 annos reuertuntur, esse maximè periculosos, acerbos, & infortunatos, quia in huiusmodi temporibus sunt inundationes vniuersales, obscurationes quoque ob ecclipses Solis, & vniuersales terræmotus eueniunt: & istis annis magna sacrificia & cæremonias obtulerunt Dijs, pœnitentiam quoque egerunt abstinentes ab omnibus vitijs in ipsum diem & horam istius anni, quo die extinxerunt omnia lumina, & ignes, donec transijsset; quo transa-

<small>Mexicani quomodo seculum suum 52 an: pingebant.</small>

cto accenderunt iterum lumina. Denique hoc 52 annorum seculum ita ad memoriam distinguebant. Circulo ducto ex centro pingebant Solem, & ab eo ad circumferentiam ducebant lineas quatuor, Orbem diuidentes in quatuor partes æquales, suis coloribus distinctas, viridi, cæruleo, rubro, & fusco, quæ singulæ ad oram circumferentiæ distinctæ erant in tredecim interualla, & suis notis, vt suprà patuit, distinctæ, ac singulos annos extra circulum rudi pictura adumbrabant, quo quicquid memorabile accidisset, notabant; atque ita rerum gestarum memoriam ad posteros transmittebant.

<small>Mexicanorũ Mensium nomina.</small>

Mensium Nomina.

1	*Tlacaxipenalizitli*	10	*Vchpaniztli*
2	*Toxcaetli*	11	*Pachtli*
3	*Hueitozeuzli*	12	*Hueipachtli*
4	*Toxcali*	13	*Quecholli*
5	*Ezalioalitzli*	14	*Panquecaliztli*
6	*Tecuilhuicintli*	15	*Hatemuztli*
7	*Hucitecuilhuitli*	16	*Tititl*
8	*Miccathuitcintli*	17	*Vzcalli*
9	*Vcimiccailh*	18	*Coauitleuas*

<small>Mexicani anni initium.</small>

Initium anni ipsis à nostro Martio, iuxta Acostam 26 Februarij. Menses autem non modò ista nomina, sed & suos characteres habebant, plerumque à festis sumptos, quæ in illos incidebant, aut ab anni tempestatibus.

Viginti quoque illi dies singuli sua nomina & notas habebant:

1 Gladiolus	*Cipratli*	4 Lacertus	*Acuetzapalin*
2 Ventus	*Hecatl*	5 Anguis	*Cohuathl*
3 Casa	*Calli*	6 Mons	*Mozquintli*

7 Cer-

7	Ceruus	Maçatl	14	Leo	Occlotl
8	Cuniculus	Tuchtli	15	Aquila	Cohau
9	Aqua	Atl	16	Bubo	Coçcaquabuitli
10	Canis	Itzcuintli	17	Templum	Olin
11	Simia	Oçumatli	18	Cultellus	Texpathl
12	Scopæ	Malinalli	19	Pluuia	Quinuitl
13	Canna	Acatl	20	Rosa	Xuchitl

Quæ omnia vera esse Gomara prodit his verbis: *Eosdem hos dies & annos in tredecim dierum Classes distinguebant, & præscripto exiguo circulo instar literæ O, & toties, quoties opus erat multiplicato, ordinem & numerum notabant; annos quoque in similes Classes atque secula distribuebant; constabatque illorum seculum quatuor huiusmodi Classibus, id est, 52; nec tamen in annorum descriptione pluribus quàm quatuor figuris seu notis vtebantur, Casæ, Cuniculi, Cannæ, & Cultelli.* Annorum tredecim Classem vide supra pagina 29.

Samuel Purchas verò in tertia parte peregrinationis Anglicè his verbis hosce tredecim annos describit: *Concerningh the pictures of bleW in the margents of this historie it is to be vnderstood that euery seuerall space or partition, doth signifie one yeare ond they bee the numbring of yeares; it is to be onderstood that euery seuerall space or partition signifie the one seuerall yeare, ond so they accounted el numbred euery yeare seuerally, prouding to thirteene rondles. And from thence they began againe at the beginning in their accompt from one point or rondle, and so accordingly they did proceede in numbering againe, till they came to thirteene; and althoug that in the partitions or spaces seuerally, there be diuers figures yet the principall accompt of numbering, is that of accompt of de pictures or rundles there in contained; and althoug the names of de yeares that they giue to euery partition, from the number of the first point thill the thirteenth.* Id est, *Quantum ad picturas cæruleas ad marginem huius historiæ, aduertendum est, singula loca aut partitiones significant annum, & esse annorum numerum: ita vt loca seu partitiones sigillatim acceptæ significent totidem annos, & sic procedunt vsque ad tredecim circulos, & iterum incipiunt ab vno puncto seu circulo vsque ad tredecim, quamuis autem in singulis locis seu partitionibus sint diuersæ figuræ, præcipua tamen ratio numerandi sumitur à numero figurarum seu circulorum qui in illis continentur, quamuis nomina annorum, quæ attribuunt singulis partitionibus, ab vno vsque ad 13 sint.*

Limbus figuræ O Q R S T repræsentat numerum 51 annorum, quibus regnauit Thanuch; quorum symbola iam suprà exposuimus; figurarum verò intra limbum contentarum significationes eæ sunt, quæ sequuntur. A significat Regem Acacitli, B Quapan, C Ocelopan, D Aquexotl, E Tecincuh, F Tenuch, G Xominitl, H Xocoyol, I Xiuch caqui, K Atotl. Qui sunt decem primi gubernatores & fundatores Mexici. L Tenochtitlan, repræsentat arma, quibus vtebantur in acquisitione loci Tunal. N Aquilam significat, quæ ibidem nidulabatur; O habitationem siue mansinem eorum; P populum exhibet, loci Colhuacan; Q alterius

Mexicanæ picturæ interpretatio.

CAP. IV. 32 OEDIPI ÆGYPTIACI

terius loci dicti Tanayncan; Z Regem Tanuch, qui vi armorum acquisit dicta loca; b indicat subiectionem & subiugationem istorum populo-

Typus Scripturæ Mexicanæ, quæ primordia fundationis Mexicanæ Ciuitatis indicantur.

Alterius Mexicanæ figuræ interpretatio.

rum; PTYX significat vallum ex coaceruatione variorū paludis reiectamentorum, quæ vi ventorum in hunc locum coaceruata formam crucis Andreanæ exprimebant. Ex quo patet, hanc non tam scripturam, quàm memorialia quædam signa ad historiam obiter indicandam, demonstrare.

Anno 1377 Tanucho succeffit II Rex Mexici Acampichtli; qui Mexicanam potentiam summè promouit, ob quatuor Ciuitatum subiugationem, in captiuitatem abductis earum Regibus; atque hanc historiam narrat sequens Schematismus, cuius hæc est interpretatio. B Regem II. Mexici Acampichtli dictum indicat; A, N, O, gnomon in 21 quadrata receptacula, vt suprà diuisus, indicat 21 annos, quibus hic Rex Regno præfuit; C indicat scutum & arma, quibus vsus est in expugnatione quatuor Ciuitatum, quæ signantur literis D G H I, cum figuris P Q R S, quæ sunt dictarum Ciuitatum insignia; nomina Ciuitatum sunt D Quaunathuac; G Mizquic; H Caitlahuiac; I Xochimilco; E denuo Regem Acampich veluti expugnatorem dictarum quatuor Vrbium D G H I, & quatuor earundem possessorum; quæ per quatuor capita F K L M

expri-

THEATRVM HIEROGLYPHICVM. 33 CAP. IV.

exprimuntur, captiuitate & subiugatione triumphantem. Ex quibus patet hanc scripturam seu literaturam Veterum Mexicanorum nihil aliud

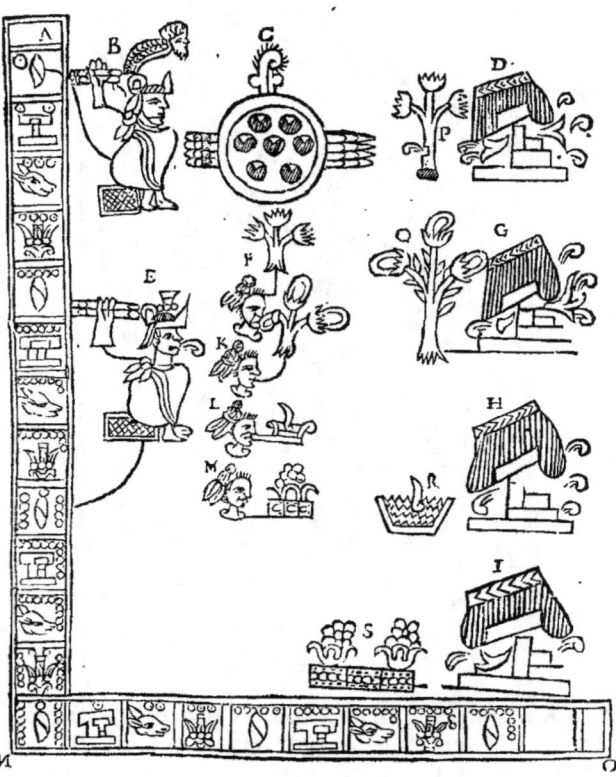

esse, quàm rudem quandam rerum gestarum per suas proprias imagines exhibitionem, nullo mysterio, subtilitate ingenij, aut eruditione fultam. Non secus reliquorum Regum historias exhibent, quas consulto omittimus.

Habent Mexicani certas leges, iuxta quas filios suos educare solent, quæ in his & sequentibus figuris exprimuntur. Primò enim mox ac mulier quædam pepererit, puer ponitur in cunis; post quadriduum verò obstetrix accipit puerum nudum, & portat in hortum, in quo supra aquas crates strata est arundinibus, & viminibus contexta; hæc vbi puerum lauerit, tres pueri assidentes, oriza, fragis, similibusque patriæ fructibus instructi, nomen puero imponere ab obstetrice iubentur. Postea obstetrix monstrat puero instrumenta omnis generis, quibus pater eius exerceri solitus

Alia Mexicana pictura continens leges filios educandi.

E 2

CAP. IV. 84 ŒDIPI ÆGYPTIACI

litus est, quorum quædam ad rem militarem, alia ad alia exercitia pertinent, annuiturque ipsi hisce se exercere debere, si vitam tolerare velit. Post has cœremonias obstetrix reportat puerum ad matrem bene lotum; parentes verò in templo eum sistunt, & Sacrificulo, pædagogoque imbuendum tradunt. Verùm iam singula explicemus.

A, significat matrem puerperam; C puerum cunis expositum; B, videlicet circulares figuræ, significant quatuor dies, quos puer transegit; D obstetricem quæ puerum portat ad aquas lauandum; E significat instrumenta tàm militaria, vt scutum cum sagittis X; quàm alia, vt secu-

Typus scripturæ Mexicanæ qua filiorum educatio rudi pictura exprimitur.

res, forcipes, cultros, hamos, & similia suis literis signata, quibus puer vti debebit, cùm ad aptam illis ætatem peruenerit; F G H tres pueri sunt fonti assidentes, & nomen infanti imponentes, placentis, fragis, oriza instructi; quæ se offerunt in I, arundines sunt, & vimina colligata in cratem, super quam vas aqua plenum, è quo lauatur puer; M storeæ quibus texendis occupari debet; K scopæ; L colus, quâ si fœmina fuerit, occupari debet; N sacrificulus est; O infans in cunis offertur in templo; P Magister puerorum cuius curæ commendatur; Q Pater; R infantis mater. Sic procedunt, continuando figuras educationem vlteriorem infantis

tis exprimentes, vsque ad eius annum decimum quintum; quibus transactis, manumissus & in suam libertatem adscitus, propria industria vxorem ducta vitam transigit; quorum omnium imagines hoc loco apponerem, verùm cùm illæ ex præcedenti sine vllo negotio pateant, superuacaneum esse ratus sum, librum inutilibus figuris, & ad rem nostram non adeo pernentibus refercire; quare historiam pædotribicam Mexicanorum verbis tantùm explicare sufficiat.

Post hanc itaque figuram aliam ponunt veluti paginam quandam, cuius figuris exprimitur, quomodo puer aut puella trium aut quatuor annorum educanda sit, nimirum admonitionibus sequentibus; & certa ijs panis, videlicet dimidij portio statuitur, vbi tertium annum attigerint; integer verò panis, quando quadriennium compleuerint; quæ omnia per imagines rerum faciendarum explicant; hinc matrem ponunt infantis inuolutam & sedentem, eo habitu quem in præcedenti figura A monstrat; triennium aut quadriennium tribus aut quatuor circulis, vti quatuor circuli in præcedenti figura ostendūt, indicant, ad quos cùm peruenerit puer, admonitionibus vrgetur, eique quotidie statuitur integri panis portio, significata certâ figurâ. Puellâ verò mater ad exercitia sexui congrua sollicitat, integra quotidie statuta panis portione; dum verò puerum in nautica & piscatoria arte exercendum indicant, scaphæ figura cum adnexo hamo id indicant. Colus verò & textoriæ artis supellex puellam in ea exercendam docet. Porrò vbi puer quinque annorum fuerit, qui per quinque circulos indicantur eidem appositos; pater eius docet pueros in portandis rebus ad forum; iisque tribuitur in dies panis integer. Mater autem instituit puellam filiam quinquennem in modo filandi. Vbi verò puer fuerit sex annorum, qui per sex circulos indicantur; pater eius docet ipsum rationem vendendi fructus patriæ proprios, scutorumq; conficiendorum modum, & deputatur ei quotidie panis vnus cum dimidio; mater verò docet filiam suam artem filandi. Vbi verò 7 annorum, qui per septem circulos indicantur, fuerit puer, pater eius instruit eum in arte piscandi, vti nassa quam in manu tenet, docet. Mater autem docet filiam artem filandi gossipium; vtrique autem quotidiana cibi portio statuitur panis vnus cum dimidio. Vbi vides nullum prorsùs mysterium subesse figuris, imò simplices tantùm actiones exprimere. Puero octo annorum, qui per octo circulos notantur, pater eius castigationem per spinas fruticis cuiusdam, qui vocatur Maquez, nisi benè se gesserit, minatur; similiter mater filiæ; & quotidianus victus panis cum dimidio vtrique deputatur, vti omnia figuris ipsis expressa monstrant. Nouem verò annorum puerum incorrigibilem & refractarium, pater spinis Maquez torquet, similiter mater filiam. Decem annorum, puerum pater eius castigat baculo ob inobedientiam & negligentiam in commissis rebus; similiter mater filiam ob negligentiam in filando commissam. Non secùs procedunt in reliquis muneribus, vsque dum, vt dixi, manumissus vxorem duxerit; quæ omnia per actionem ipsarummet imaginum exprimuntur; quæ nè in re inutili & oppidò ridicula, moras traham,

ham, consultò omitto. Qui plura huiusmodi desiderat, is consulat Itineraria Mexicana, & Samuelem Purchas in descriptione Mexici, vbi omnia fusiùs descripta, & figuris suis expressa reperiet. Et quoniam solùm differentiam inter Sinenses & Mexicanos characteres nobis demonstrare propositum erat, eaque ex dictis sat superque Lectori curioso constat ; hisce relictis ad alia transeamus.

CAPVT V.

Tabulæ æneæ ex Museo Clarissimi Viri Ioannis Galuani Iuris Consulti Patauini extractæ interpretatio.

Prior Pars.   *Altera Pars.*

Hanc præsentem Tabulam æneam exoticorum characterum varietate intricatissimam Excellentissimus Vir Ioannes Rhodius pro sui in boni communis promotionem affectu & zelo, ex celebri Museo inclyti Viri Ioannis Galuani IurisConsulti Patauini extractam non ita pridem
ad

THEATRVM HIEROGLYPHICVM. 37

ad me tranfmifit, vt fi fieri poffet, tantæ myfteriorum fub ijs reconditorum caligini aliquam lucem adferrem ; cuius amicæ voluntati vti refragari non licuit, ita fummâ quoque indagine ad arcana huius tabulæ facramenta penetranda omnes animi ingenijque vires applicui. Res itaq; fic fe habet.

Conftat Chriftianos ex Maurorum & Arabum fanguine originem trahentes, imagines facras vti olim, ita nunc conftruere confueuiffe ; quas magnæ virtutis effe aiebant, & potentiffima veluti quædam amuleta aduerfus malignas Dæmonum poteftates (ramus haud dubiè veteris illius Magiæ, quam Gnoftici Mundo impiè obtruferunt, fucceffiuâ quâdam traditione ad hæc poftera tempora propagatam) quas muris locorum infeftorum, domuumque parietibus affigebant, aut etiam pectori alligatas magnâ veneratione geftabant ; quemadmodum in Magia hieroglyphica fusè explicatum eft, vbi & nonnulla huiufmodi haud abfimilia Schemata adduximus. Nefcio tamen, quâ fuperftitione in tranfuerfum acti facras huiufmodi imagines minimè effectum fuum fortiri poffe fibi perfuaderent, nifi vanâ quâdam obferuantiâ eas occultis quibufdam ex Cabaliftarum Magorumque Schola depromptis characteribus deformarent. Apud hofce enim nil fine characteribus rectè peragi videas. Quam quidem impiam confuetudinem non aliundè nifi ex fuperftitiofa Arabum Gente, cuius confortio perpetuò vtebantur, hauferant ; & nè ipfis in inftitutis confentirent, fatis magnum quid fibi præftitiffe videbantur, fi ad facra Religionis Chriftianæ myfteria portentofos huiufmodi magnæ efficaciæ characteres applicarent, his enim coniunctis, facram Imaginem maiorem vim & robur acquifituram fimpliciùs fibi imaginabantur. Huiufmodi Chriftianorum fuperftitionem fat fuperque cruces, medalia, tabulæ facræ, partim Hebraicis nominibus, partim alijs Magicis characteribus, portentofifque Angelorum nominibus vnà cum Chrifti & Beatæ Virginis imaginibus infignitæ, quæ paffim ad me ex diuerfis Mundi partibus tanquam ad eorundem fimiliumq; Interpretem tranfmittuntur, quæque fuo tempore forfan oportuniùs prodemus, teftantur. Atq; ex harum numero hæc præfens tabula vna quoque fuit, amuletumque geftatile fuiffe, foramen A, & alicui rei appenfum, luculenter oftendit. In huius tabulæ anteriore parte B A C primò videas Chriftum Dominum antiquo ritu fedi infidentem, cuius caput radiofo circundatur orbe, quem nimbum Veteres vocaffe alibi diximus, facie velatâ, manu eleuatâ quafi benedictionem impertientem ; alterâ manu abfconditâ. Per nimbum radiofum diuinitatis maieftatem, per faciem velatam, humano intellectui inacceffam fignificabant, per extenfam manum benedicentem mifericordiam, per abfconditam, iuftitiam eiufdem, ob pœnitentiæ fpem tardantem, innuebant. In cornibus B C, duo Angeli ponuntur velatâ pariter facie, quorum prior, B, Gabrielem, alter, C, Michaëlem, vti ad vtriufque latus literæ appofitæ docent, fignat ; Saluator verò feptem characteres circumpofitos habet, quibus feptem Spiritus Apocalyptici fignantur; quorum nomina funt Sebtaël, Zedakiël, Madamiël, Schemfiël, Nogaël,

Co-

Quinam fuerint Melchitæ?

Interpretatio tabulæ.

Cochabiel, Leuaniel, & Intelligentijs septem planetarum respondent; sunt autem characteres ex Gymnosophistarum Schola profecti, hoc pacto per ♈ Intelligentiam ♄ exprimunt; per ♎ Intelligentiam ♃; per ♑ Intelligentiam ♂; per ♌ Intelligentiam ☉; per ♀ Intelligentiam ☿; per ♍ Intelligentiam ☿; per ♈ Intelligentiam ☽ indicant. Sed hæc varijs in locis huius Operis passim exposita sunt. Porrò quatuor characteres in quatuor Angelis positi indicant quatuor Mundi partium Intelligentias Præsides, & sunt Mahaziel, Azaël, Sauiel, Azazel. Horum virtute, vti est apud S. Irenæum, impiè putant, Christum Verbum Dei influere in mysticum Ecclesiæ suæ Mundum; quæ aptè sanè per imagines Beatæ Virginis & D. Ioannis Euangelistæ velatis faciebus conspicuas, perq; Lunam duplicem cruci colligatam innuuntur; quo influxus Malcuth archetypi, id est, Lunæ supercœlestis, in mysticum Ecclesiæ Mundum, vti in Cabala docuimus, notatur, quod factum fuisse innuitur mediante cruce & passione Dominicâ. Characteres verò ⲁ v Græci sunt, atque idem sonant, quod α & ω Alpha & Omega, principium & finis, viuificator omnium, vti Arabica vox مهي Mehi docet, & complementum omnium, quæ crux siue denaria decussis, vti in Arithmeticâ exposuimus, indicat; quæ sunt attributa Christo appropriata.

Atque hæc est mysterij, quod sub prima huius tabulæ parte continetur, expositio: vbi, imaginibus sacris characteres Spirituum mysticos, Cabalicos, Græcos, Hebræos, Arabicos vnà mixtos conspicis, non forsan temerè, sed quia hoice maiorem sacris imaginibus iunctos efficaciam acquisituros ex solita, ipsisq; insita superstitione credebant; quod & in hunc vsque diem multis Christianis Orientalium partium vsitatum nouimus.

Altera verò pars Magicis characteribus deturpata, vti indigna fuit, quæ lucem aspiceret, præsertim quòd nil Ægyptiacum contineret, ita hîc quoque minimè apponenda fuit. Quare ad alia.

CAPVT VI.

Characterum quorundam in Cruce descriptorum interpretatio.

MIsit non ita pridem ad me Constantinopoli P. Franciscus Bonamorus Crucis Schema, Magicis, vt ipse putabat, figuris transformatum; obnixè rogans, vt interpretatione meâ aliquam tantis tenebris lucem adferrem; feci quod petiuerat; & dico hanc scripturam minimè Magicam, sed Illiricam esse, illius generis, quam Seruianam aut S. Cyrilli vulgò vocant, & monogrammatico stylo ligatam & concatenatam; lingua verò Bulgara antiqua est eadem cum illa, quam in Sacris suis Rutheni

THEATRVM HIEROGLYPHICVM: 39 CAP.VII

ni,Mosci,Bosni,coeteraeque vicinarum gentium Nationes vsurpant. Verùm cùm huic Crucis Schemati aliud haud absimile hìc Romæ mihi enodandum oblatum fuisset, illud hìc oportunè exponendum duxi,nè quicquam curiosarum rerum in hoc Opere omisisse videamur, & si quandoq;
in manus curiosorum similia crucis Schemata inciderint, interpretationem eorum hìc promptam paratamque inueniant. Crucis figura ea est
quæ sequitur.

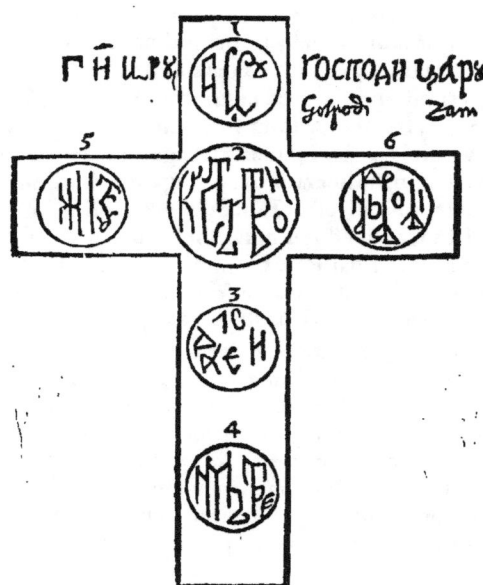

Nomina exoticis characteribus transformata signantur numeris 1 2 3 4
5 6, eorumque sensus hìc est in lingua Bulgarica, quæ & Illirica est, vnà
cum interpretatione Latina.

1	ГОСПОДИ ЦАРУ	Gospodi Czaru	Domine Rex
2	КАРСТБ ТВОИ	Karst tuoy	Crucem tuam
3	ДАЛ ЕСИ	Dal esi	Dedisti
4	НАМ	Nam	Nobis
5	. . . . .		Terribilem
6	НАД ДИАВОЛЫ	Nad Diauoly	Super Diabolos.

F   Fron-

Frontem Crucis fignatam numero 1 hæc abbreuiata nomina tenent ГH ЦРѲ, id eſt, *Goſpodi Czaru , Domine Rex* .

Literæ numero 2 notatæ hæ funt, КРСТЪ ТЦОИ , id eſt, *Karſt tuoy, Crucem tuam* .

Literæ 3 numero fignatæ hæ funt, АαΛ ЄСИ , id eſt, *Daleſi, Didiſti* .

Literæ 4 numero fignatæ hæ funt, ИαМЗ , id eſt, *Nam, Nobis* .

Literæ 5 numero fignatæ funt ИdАβ , id eſt, *Nad, Super* .

Literæ 6 loco fignatæ funt ΔΙαΒΟΛЫ . , id eſt, *Diauoly, Diabolos* .

CAPVT VII.

De Armenorum Characteribus Hieroglyphicis .

Llatum eſt, dum hæc ſcribo, ad me Schema quoddam characteribus in omnia animalium genera transformatis plenum ; quos cùm multi hieroglyphica ſibi perſuaderent, ego tandem diligenti indagine ſingulis excuſſis, inueni, id nihil aliud referre, quàm literas Armenorum maiuſculas ſeu capitales ordine Alphabetico digeſtas. Fuerunt autem characteres mihi propoſiti ſequentes , quorum priores, figuratos explicant ; ſecundi characteres maiuſculos Armenorum. Schema in ſequenti pagina contemplare .

Verùm vt res luculentiùs pateat , Notandum, Armenos triplici literarum genere vti ſolere. Primum vocatur Բաարդիր *Poluerchir*, id eſt, orbicularis litera ſeu rotunda, quo paſſim vti ſolent . Secundum dicitur Նաարդիր *Noderchir*, id eſt, Notariorum litera , quo nomine ſignificantur expeditiores literæ,quæ currentes vocantur. Tertium genus appellatur Երկաթագիր *Ergathachir*, ferrea ſcilicet litera, per quod deſignantur maiuſculæ literæ, quæ ferri inſtar durant magis , difficiliùſque obliterantur. Quoniam verò maiuſculæ literæ apponi conſueuerunt in principijs Capitum ſeu Scripturarum, vocantur illæ præterea alio nomine Գլխագիր *Chelhhachir* , id eſt, Capitalis litera . Rurſus eædem, quia delineantur interdum vario florum apparatu , appellantur etiam Ծաղկագիր *Zakghachir* , florens nimirum litera. Hæ eædem vocantur ſubinde etiam Գազանագիր *Chaſſanachir*, id eſt, litera belluina, quia nimirum ſub varijs belluarum, volatilium, reptiliumque figuris exhibentur. Atque huius generis ſunt literæ quæ paulò poſt ſequuntur. Quarum hìc nonnullas adiungendas duxi, nè quicquam in hoc

THEATRVM HIEROGLYPHICVM.   CAPVT VIII.

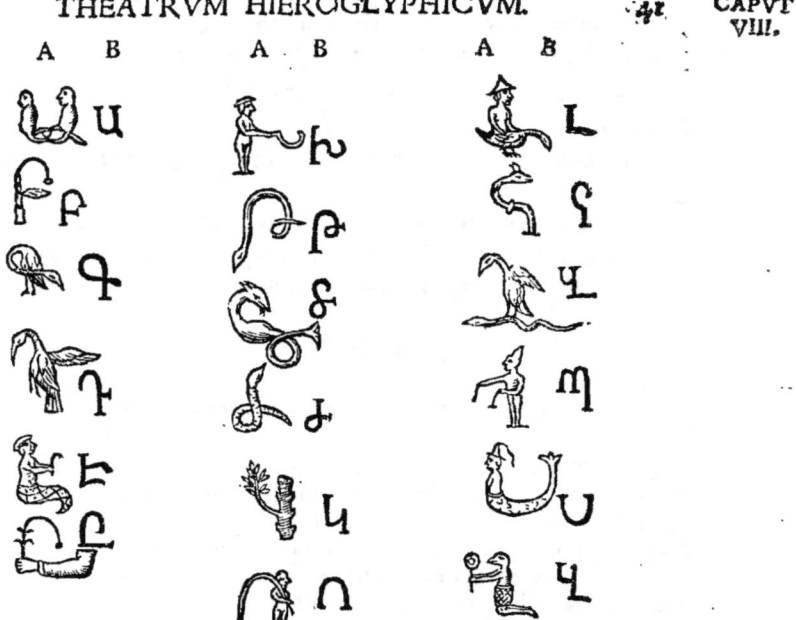

hoc Opere rerum peregrinarum omisisse videremur. In hoc Alphabeto *Armenorum literæ figuratæ.*
Columna A refert Armenorum characteres figuratos, Columna vero B,
eorundem maiusculos; ex quorum ductibus facilè patet, huiusmodi figuratos characteres esse eos ipsos quos diximus; minimè autem hieroglyphicos; cùm ex phantasia pictoris, pro commoditate literæ, & du-
ctuum ratione, prodierint, & ex Ritualibus Armenorum luculenter patet, vbi initiales literas, vt plurimùm, hoc phantastico literarum Schemate expressas reperies.

CAPVT VIII.

De alijs falsorum hieroglyphicorum Schematismis.

Misit non ita pridem ad me Clarissimus Vir D. Harstorpherus Pa-
tritius Norimbergensis folium hieroglyphicis refertum, quod ex
Gallico Authore, libroque quem Polyphilum vocat, extraxit; Authot-
que ea ex Ægyptiorum monumentis extraxisse asserit. Verùm ego singula summo studio examinando, tandem minimè inter hieroglyphicorum ea album reponenda reperi, sed vel ab Authore conficta, vel aliunde
extracta esse, is facilè sibi persuadebit, qui hieroglyphicorum rationem
rite calluerit; de quibus quidem Lectorem monere volui, ne falsa per-
F 2   sua-

suasione illusus, legitima pro illegitimis sibi compararet. Figuras non addo, cùm quilibet eas in citato loco libri reperire possit, habentur enim fol. 48. & separatim in Polyphilo, Gallicâ lingua conscripto Opere.

DIATRIBE II. PRAELVSORIA.

De Alphabeto mystico Aegyptiorum, & lingua Copta.

PRæmissa hieroglyphicorum cum alijs populorum diuersorum scripturis comparatione, iam ad instituti nostri tramitem reuertamur. Duplex itaq; linguæ genus Ægyptijs in vsu fuisse, alibi satis probatum fuit; prius commune & omnibus vsitatu; ad humani commercij vsum constitutum, suitq; lingua seu idioma Ægyptiacum, quod Coptum seu Pharaonicum appellatur; alteru solis Sacerdotibus, Prophetis, & Hierogrammatæis, similibusque Sacerdotalis ordinis, quibus ad regnum spes erat, quod & hieroglyphicum appellamus, vsitarum. De illo priùs hoc loco disseremus, de altero deinceps dissertaturi. Ita Aegyptijs natura comparatum suit, vt quemadmodum nihil in omnibus eorum institutis sine mysterio peragebatur, ita & in lingua communi, vti ex Alphabeto eorundem, mysteriosa literarum institutione ita concinnato, vt nulla ferè in eodem litera reconditorum sacramentorum non vndiquaque plena reperiretur, patet. Et tametsi in Obelisco Pamphilio amplè de illo tractauerimus, quia tamen multa, experientiâ longâ rerum magistrâ, consideratione dignissima interim ocurrerunt, ea hoc loco opportunè interserenda duxi.

De primæuis Aegyptiorum literis variæ diuersorum sunt opiniones, quas in Obelisco Pamphilio fusè prosecuti sumus. Omnes tamen in hoc consentiunt, plerasque ex sacrorum animalium forma, incessu, aliarumque corporis partium sitibus & symmetria desumptas. ita Demetrius Phalaræus, qui septem vocales assignans, septem Dijs consecratas ait, cœteras ex animalium forma desumptas. Eusebius astruit idem; & Author Scalæ magnæ siue Dictionarij Ægyptiaci apertis verbis id demôstrat, in principio suæ Scalæ his verbis: ⲭⲏⲙⲓ ⲧⲓⲟⲓ ⲛⲟⲕⲧⲉⲣⲉⲁ ϩⲉⲛ ⲡⲓⲟⲭⲏⲙⲓ ⲛ̄ⲧⲉⲩⲕⲥⲓⲟⲛ ⳨. Ægyptus primos suos characteres ex figura desumpsit animalium. Verùm vt instituti nostri contextus luculentiùs pateat, nonnulla de primæua literarum institutione ex Obelisco Pamphilio repetenda duximus.

Ferunt prisci Ægyptiarum rerum Scriptores, inferiorem Aegypti partem mari olim tectam fuisse; Osirim autem primum Aegypti Regem, cùm ex ingenti limi, arenarumque ex Aethiopia aduectarum coaceruatione Nili defluxu facta, hunc maris sinum, nescio quid terrestre parturire cerneret, Nili aquis in alueos deductis, terram intermediam ab aquis separatam, habitatoribus non aptam tantùm, sed & iucundam reddi-

THEATRVM HIEROGLYPHICVM. 43

didisse; ingenti verò serpentum è putrefacto limo natorum copia locum continuò infestum reddente, cùm multi quotidie serpentum morsibus, inter quos & Osiridis Nauarchus Canopus, perirent; Osirim magnam vim Ibidum hisce locis immisisse, qui deuoratis serpentibus locum breui tempore expurgatum à periculis immunem reddiderunt. Multiplicatis itaque Ibibus, cùm posteri notarent dictas aues in varias sese formas iuxta diuersam corporis situm transformare; accedentibus multis alijs ab Ibide receptis beneficijs, eum Genium seu Ahathodæmona Aegyptij, à figura quam pedibus exprimebat, appellantes, in sacrum animalium album retulerunt, locumque ipsum à nomine Agathodæmona appellarunt; quod Ptolomæus hisce verbis docet: Δέλτα μέγιστον ὀκᾶνο καλᾶ) καθ᾽ὁ ἐκτρέπει) ὁ μέγας ποταμὸς λιδόμχ.Θ- Ἀγαθὸς Δαίμων. *Delta magnum vocatur id, iuxta quod diuertitur fluuius dictus Agathodæmon.* Ibis igitur diuaricatis cruribus, & rostro ijs transuersim inserto exprimit primam Alphabeti Aegyptiaci literam, hoc pacto, A, quod idem sonat ac ἀγαθὸς Δαίμων. Ita Plutarchus Sympos: 5. Ἴβις τε ποιεῖ τῇ τῷ ποδῶν ἀποστάσει πρὸς ἀλλήλους, καὶ πρὸς τὸ ῥίμ[Θ- ἰσόπλευρον τρίγωνον. *Ibis,* inquit, *pedum diuaricatione eorum inter se, & cum rostro comparatione, triangulum refert æquilaterum.* Et lib. 9. Sympos: q. 3. Ἑρμῆς λέγε) Θεῶν ἐν Αἰγύπτῳ γραμμάτα πρῶτ[Θ- εὑρεῖν, διὸ καὶ τῷ τῷ γραμμάτων Αἰγύπτιοι πρῶτον Ἴβιν γράφουσι, ὡς Ἑρμῇ (Ἀγαθοδαίμονι) πεποικυῖαν. *Mercurius primus Deorum in Ægypto traditur inuenisse literas, at jue adeo Ibin Ægyptij primam literam faciunt Mercurio, videlicet Agathodæmoni, conuenientem.*

Secunda litera fuit desumpta ex Ibidis collo cum rostro transuerso, quod cùm normam referat, ⲣ̄ⲙⲉⲧ dixêre; significat enim, vti ex Dictionario nostro Coptico patet, ⲣ̄ⲙⲉⲧ nihil aliud quàm normam, siue regulam mensurationibus perficiendis aptam. Cùm itaque Mercurius vti literarum, ita & Geometriæ Author fuerit, aptè secundam literam, normam Geometricam constituit, ex Ibidis collo & rostro desumptam. Innuit hoc apertis verbis Clemens Alexandrinus libro 5. Stromatum: Ἀριθμῶν γὰρ ὁμοίως καὶ μέτρα μάλιστα τῆς ζώων ἡ Ἶβις ἀρχὴν παρέχειν τοῖς Αἰγυπτίοις δοκεῖ ὡς τῶν κύκλων λοξάς. *Numerum enim inuentionis & mensuræ maximè ex animantibus videtur præbuisse Ægyptijs, sicuti ex circulis obliquis.*

Tertia litera fuit desumpta ex diuaricatione pedûm Ibidis, omissa rostri insertione: sic enim cum plano terræ exactè Δέλτα exprimebat, vt proinde locum hunc Aegyptij mari vicinum non alio nomine, quàm Delta insigniuerint, & posteri hanc appellationem vsque ad nostra tempora retinuerint; putabant enim Aegyptij Mercurium sub Ibidis forma, varias literarum formas humano generi tradidisse, ac inter cœtera per formam Δ, quomodo Nilus diuidendus sit, vt tellus illa aquis paludibusque submersa fructifera redderetur, & hominum habitationi apta, docuisse. Vnde forsan à ⲍⲁⲗⲉⲧⲓ quod Copticè nihil aliud, quàm bonum agrum significare reperio, nomen huic literæ ⲍⲁⲗⲧⲉ fuerit impositum. Certè Delta ab Ibi sumptum, Pausanias apud Pierium lib. 17. docet his verbis: *Est & alia ratio, cur Ægyptum hieroglyphicè significarent Ibes, nempe cùm ea regio*

regio Delton à Δ *Græcæ linguæ figura nuncuparetur, eam cum Ibibus similitudinem habet, quòd alites h.e literam eo incessu pedum interstitio ad æquales trianguli lineas deducto, signare videntur, idemque rostrum patefactam signat. Et libro* 47. *de septem literis:* Mercurium, inquit, qui primus literas Ægyptijs communicauit, Ibim primam literam esse voluisse ; refert siquidem ea incessu triangularem effigiem, cruribus ita dispositis, vt suo loco dictum est, *et quæ prima apud nos et Græcos litera est, ad Isoscelu trianguli faciem accommodatur.*

Quarta litera.
Theogenes.
Quarta litera erat V, desumpta ex apertione rostri Ibidis, & nostrum Y referebat ; ex rostris enim volucrium figuras & characteres desumptos, Theogenes in hymno Solis testatur his verbis ; ὃς ἐδίδαξας γραμμὰς καὶ γράμματα ἐκ τοῦ ῥύγχου τῶν ὀρνίθων. *Qui docuisti lineas et literas ex rostro auium*. Ibis siquidem aperti rostri hiatu primò docuit Ægyptios vsum circini, qui apud ipsos symbolum erat mensuræ rerum, & processus naturæ ex inferioribus ad superiora, vt in sequentibus fusè docebitur.

Quinta litera.
Quinta litera erat apud ipsos O, & Græcorum Omicron respondebat : obseruabant enim hoc animal aut clystere se purgans, aut plumas dissipatas ordinans, collo in circulum contorto figuram illam quam ipsi in numerum literarum referentes ⲟⲫ dixerunt, vt Author Dictionarij nostri meminit, quem postea allegabimus, exprimere ; quamuis alij velint, hanc literam quoque ex Solis figura fuisse desumptam. Habemus itaque quinque literas in vna Ibi diuersas figuras exhibente, repræsentatas, quas ipsi in numerum literarum retulerunt ; vt proinde nemo miretur, hoc animal tanto apud Ægyptios in honore fuisse. Primò enim totam id Geometriam, processumque quantitatis Ægyptijs indicasse verisimile est ; lineas quidem varia colli, pedûmque longiorum porrectione ; angulos rostri, pedûmque diuaricatione ; triangulos rectilineos per duo crura, quibus diuaricatis dum rostrum transuersim inscrit, triangulum æquilaterum efficit ; rationemque quantitatis triangularis per sectionem factam perfectè exprimit ; quæ sunt prima Geometriæ tùm speculatiuæ, tùm practicæ fundamenta. De cœteris verò mysterijs huius volucris fusè suis locis actum est.

Ibis in honore apud Ægyptios.

Sexta litera.
λεβαι
Sexta litera erat Λ, quæ Λ Græcorum respondet, exprimebaturque à diuaricatis pedibus Ibidis, vnde & λεβαι dicta fuit, quæ Aegyptiacè progressum significat ; Ibis enim ambulans hunc referebat characterem, vnde & inuentio cubiti Aegyptiaci siue Ibiaci ; ex vestigijs enim huius animalis in limo littoris fluminis relictis, mensuram sumpserunt cubiti, & contraponitur præcedenti literæ V, ex quarum coniunctione nascitur X altera litera, frequens in Obeliscis, quâ animæ Mundi processum versus inferiora, & iterum ad superiora indigitabant. Sed hæc, suis locis ex professo tractata vide.

Ibi prima litera dicta Ægyptijs.
Atque hinc patet, cur Plutarchus, Clemens, alijque Ibin primam literam dixerint : ex hac enim non literas tantùm, sed & hieroglyphicorum arcanam rationem ipsos didicisse, alibi dicitur ; sumitur enim litera

apud

THEATRVM HIEROGLYPHICVM.

apud illos non pro figura simplici alicuius literæ, sed pro integro Systemate hieroglyphico, quòd cùm vnum esset, varia tamen & maxima sui forma exhibebat Ibis. Hinc soli Mercurio, vti Deo, rerumque maximarum inuentori eam dicabant. Sed de Ibi vide quæ in proprio Hierogrammatismo lib. 4. Obel: Pamph: disseruimns; cœteræ verò literæ hoc pacto inuentæ traduntur.

Ibis Mercurio dicata.

Ex omnibus Authorum monumentis constat, Bouem ob insignia beneficia ab Aegyptijs diuinis honoribus cultum, adeo vt Osirim sub Bouis forma varias res ad humanam vitam sustentandam necessarias, homines docuisse crediderint. Vnde curiosiùs figuram, vt ipsis solitum erat, obseruantes, tres characteres deducebant: ex cornuum curuitate ◯, quod Sima vocabant, hoc est symbolum Lunæ; deinde frontem quadratam ☐, quam O magnum appellabant; nam varia huius figuræ symbolo mysteria referebant. Hoc verò cum cornibus coniunctum, alium characterem ijs suppeditabat, quem ℵ, à figura bouis vocabant, & Græcorum α respondebat; talem enim vocalem mugitus bouis exhibebat: suit enim ℵ non litera tantùm simplex, sed litera idealis hieroglyphica, multos & varios conceptus implicans, vti in explicatione eius patebit: quæ ita se habere Plutarchus asserit lib. 9. Sympos. q. 3. vis verbis. Καδμὸν φασὶ, τὸ ἄλφα πάντων προτάξαι διὰ τὸ τῶν Φοινίκων, ὅτω καλεῖν τὸν βοῦν, ὃ δ'εὕτερον ἀλλ' ζίτον (ὥσπερ Ἡσίοδος.) ἀλλὰ πρῶτον τίθεσθαι τῶν ἀναγκαίων. *Cadmum ferunt ideo Alpha primam literam posuisse, quod* ℵ *ita lingua Phœnicum dicitur, quem non secundum aut tertium, vt Hesiodus, sed primum locum inter res necessarias existimabant.*

Litera 7 & 8.

ℵ Quid significet in lingua Phœnicum. Plutarchus.

Tertium apud Ægyptios animal sacrum fuit Accipiter, ex quo similiter characteres tùm vulgares, tùm symbolicos mutuatos legimus. Et caput quidem cum rostro dedit literam, quam in Alphabeto Scima vocabant, id est, visionem, eò quòd per Accipitris caput, quod hunc characterem exprimebat, Deum omnia videntem, vt in præcedentibus fusè ostensum fuit, occulta allegoria indicarent; quæ varia authoritate alibi comprobantur.

Accipiter quale, literas dederit.

Scima 9 litera

Quartum animal canis erat; sub quo etsi magna mysteria exhiberent, & ex illo quoque literam desumerent; qualem tamen inde deduxerint, comperire non licuit.

10 Litera Canis quas literas dederit.

Atque hæc erant quatuor illa animalia celeberrima, quæ literas, eò quòd præcipuas literas ex ijs addidicissent, appellabant, eaque in Comasiarum solemnitatibus circumferre solebant. Quæ omnia Clemens lib. 5. Stromatum comprobat his verbis: Ἣ δὲ κἂν ἢ καλουμέναις παρ' αὐτοῖς Κωμασίαις τῶν Θεῶν χρυσᾶ ἀγάλματα, δύο μὲν κύνας, ἕνα δὲ ἱέρακα, καὶ ἶβιν μίαν περιφέρουσι, καὶ καλοῦσι τὰ τέσσαρα τῶν ἀγαλμάτων εἴδωλα τέσσαρα γράμματα. *Iam verò in ijs, quæ ab alijs vocantur Deorum Comasiæ, aureas Deorum imagines, duos quidem canes, vnum Accipitrem, & vnam Ibim circumferunt, & vocant quatuor illa simulachra, quatuor*

Quatuor animalia sacra.

Clemens.

lite-

OEDIPI ÆGYPTIACI

literas, in honorem videlicet Mercurij, qui ex eorum forma prima literarum elementa ingeniosè & mysticis rationibus referta extraxerat.

Decem literæ ex quatuor animalibus extractæ.

Habemus itaque decem literas ex quatuor dictis animalibus deductas. Reliquas verò literas ex cœteris animantibus, vel etiam instrumentorum similitudine deducebant. Ex Arietis, quem Amun, siue Iouis Hammonij habitaculum dicebant, literam desumebant quæ respondebat nostro B; cuius literæ sonum pronunciationemq; discebant ex voce eiusdem animalis. Certè etymologicorum Interpretem huc respexisse verisimile est, dum ita canit:

Vndecima litera ex Arietis cornibus desumpta.

Ὁ διλιθὼς ὥσπερ προβάτων βῆ βῆ λέων βαδίζει.
Stolidum tanquam pecus Be Be dicens ambulat.

Duodecima litera Zeuta.

Hinc Pierius quoque ouem secundam Ægyptiorum literam fuisse asserit.

Porrò à Serpente deducebant aliam literam, quam Zeuta vocabant, hoc est, vitam, eò quòd Serpens vitæ symbolum apud eos esset, respondebatque ζ Græcorum; ita autem Coptitæ eam formant ⲍ; quæ omnia suis locis demonstrantur.

Decimatretia litera Thoth dicta.

Præterea circulo igneo transuersum serpentem includentes literam efformabant, quam Thauta vocabant, hoc est, literam Thoth; respondebatque Θ Thitæ Græcorum; erat hic vnus ex maximè mysticis characteribus, quo per circulum igneum, Mundum; per Serpentem verò, Mundi conseruatorem occultè indigitabant. Quæ omnia fusè prosequitur Pherecydes Syrus, in libro, quem de Ophionibus & sacris Ægyptiorum inscripsit. Sed audiamus Eusebium l. 1. c. 7. circa finem, ad verbum omnia describentem:

Eusebius.

Παρὰ Φοινίκων δὲ καὶ Φερεκύδης λαβὼν τὰς ἀφορμὰς ἐθεολόγησε περὶ τοῦ παρ᾽ αὐτῷ λεγομένου Ὀφιονέως Θεοῦ, καὶ τῆς Ὀφιονιδῶν, περὶ ὧν αὖθις λέξομεν. Ἔτι μὴν οἱ Αἰγύπτιοι ἀπὸ δ᾽ αὐτῆς ἐννοίας τὸν κόσμον γράφοντες, περιφερῆ κύκλον ἀεροειδῆ, καὶ πυρωπὸν χαράσσουσι, καὶ μέσον τεταμένον ὄφιν ἱερακόμορφον, καὶ ἔστι τὸ πᾶν σχῆμα, ὡς τὸ παρ᾽ ἡμῖν Θῆτα; τὸν μὲν κύκλον κόσμον μηνύοντες; τὸν δὲ μέσον ὄφιν συνεκτικὸν τούτου ἀγαθὸν δαίμονα σημαίνοντες. Pherecides quoque de Phœnicibus efformationes accipiens edoctus diuinitùs de Deo, quem Ophionea dicebant, & de Ophionidibus mirum in modum disseruit; de quo alio loco dicemus. Verùm Ægyptij vniuersum depingentes Mundum, hac ipsa inducti sententia, in circulum astralem, igneumque in superficie circumfusum serpentem forma Accipitris extendunt, vt sit Θ Thitæ Græcæ literæ figura consimilis, magnitudinem Mundi, ac formam per circulum significantes; per serpentem verò qui in circulo positus est, bonum dæmona conseruatorem omnium, cuius virtute Mundus contineatur, significantes.

Decimaquarta litera.

Porrò ex huiusmodi symbolo siue litera, aliam efformabant, quam ⲫⲣⲁⲛ ⲍ hoc est, amorem vocabant; respondebatque Græcorum Φ. Verùm cùm huius literæ maxima mysteria alijs locis exposuerimus, hic ea tantùm indicasse sufficiat; Lector interim Prodromum consulere poterit, vbi huius characteris arcana fusè descripsimus, quod & fusiùs in præcedentibus præstitimus.

Præterea multos characteres non ex animalibus, sed ex similitudine rerum,

rerum, quas referebant, defumptos reperio; vt litera M, quam ⲙⲉⲩⲓ ⳨ id eſt, aquam vocant; refert enim hic character fluxum aquæ κυειολοιικως. Talis eſt & character Ϫ, quem ϩⲁⲛϥϯ vocant, id eſt, catenam, hanc enim formâ & ſimilitudine ſua refert, ac ſæpe, vti & præcedens, inter hieroglyphica Schemata occurrit. Sed hæc ſuo loco. Non ſecus literam N & P, illam ex ſimilitudine Pyramidis geminæ, hanc ex Harpagonis ſimilitudine diſcebant. O verò & C non ex Ibide tantùm & Boue, vti paulò ante dictum eſt, diſcebant, ſed Clemente teſte, literæ erant κυειολοιικὴ ex ſimilitudine Solis & Lunæ deſumptæ. Verba eius ex lib. 5. Stromatum allego. Οἱ βύλον] ἵεάφειν τὸν ἥλιον, ποιῶσι τὸν κύκλον. Καὶ τὴν σεληνὴν σημάνοντες ϫῆμα κεράτωδές, κατὰ τὸ ϫῆμα κύειον ἰεάφωσι. *Qui Solem ſcribere volunt, circulum pingunt; qui Lunam, figuram cornigeram, iuxta propriam formam referunt*.

Sequitur tandem litera Tautica omnium myſterioſiſſima, quæ T Græcorum correſpondet; cuius ſtructuram & myſteria, cùm in Prodromo Copto, vti & proprio Hierogrammatiſmo in IV. Libro Obeliſci Pamphilij fuſè deſcripſerimus, eò Lectorem remittimus, ne in tanta rerum dicendarum mole temporis iacturam faciamus.

Atque hæ ſunt primæ Ægyptiorum literæ & elementa, quibus non ſolùm vulgò conſcribebant epiſtolas, ſed & ſub ijs magna myſteria ſolis Sacerdotibus nota innuebant myſticis ſymbolis referta. Verùm vt vnicâ Synopſi, quæ huc vſque dicta ſunt, intuearis, tabulam apponendam duximus, ſingula exactè exhibentem.

Primæua literarum Ægyptiarum fabrica, & inſtitutio facta, à Tauto ſiue Mercurio Triſmegiſto.

Character Zoographus.	Figura literarum vulgaris.	Græcorum ad eas affinitas.
I.	ⲁ̅ ⲁⲅⲁⲑⲟⲥ ⲇⲁⲓⲙⲱⲛ dicitur, id eſt, Bonus Dæmon.	A
II.	ⲅ̅ ⲅⲛⲱⲙⲧ dicitur, id eſt, Norma.	Γ
III.	ⲇ̅ ⲇⲉⲗⲧⲁ dicitur, id eſt, Bonus ager.	Δ

Marginalia: Decima quinta litera ⲙⲉⲩⲓ dicta: Decimaſexta litera ϩⲁⲛϥϯ Litera 17. & 18. vti & litera 19 & 20 quales.

IV.		ϒ Proceſſus inferiorum ad ſuperiora ſymbolum eſt.	Y
V.		O οφή dicitur, id eſt, Mundi Dominus.	O
VI.		λ λαβαα dicitur, Proceſſus ſuperiorum ad inferiora.	Λ
VII.		X Proceſſus animæ mundi ἄνω ᾗ κάθω.	X
VIII. IX.		C Lunæ ſymbolum. □ ϛ O magnum.	Σ Ω
X.		σ σιεα dicitur, id eſt, Viſio.	σ Σ
XI.		B βαεεη dicitur, id eſt, Fœcunditas.	B Βαβ
XII.		ζ ζεϛτα dicitur, id eſt, Vita.	Z

XIII.

XIII.	⊖ (wavy line in circle)	Θ ⲑⲉⲣϥ dicitur, id est, Litera Thoth.	Θ ☉ Thita.
XIV.	(oval with wavy lines and X)	Φ ⲫⲣⲗⲟ dicitur, id est, Amor.	Φ φ
XV.	(two wavy lines)	M ⲙⲱⲩ Aqua, Litera est κυϱιολογικὴ τȣ ὕδατ(Ȣ).	M μὶ
XVI.	(chain)	Ζ ζανατι dicitur, id est, Catena.	Ζ ξὶ
XVII.	N	N Litera, idē est, ac processus rerum elementarium, ἄνω κ͗ κάθω, siue vegetabilium processus.	N νὶ
XVIII	P	P κυϱιολογικὴ ἁρπαγ(Ȣ). Figura desumpta ex harpa- gone, quo Osiridis corpus ex vndis extractum.	P ῥῶ.
XIX.	(sun)	O Sol.	O
XX.	(moon)	C Luna. Signa κυϱιολογικά.	Σ
XXI.	T ♀ ✝	T⳿⳿ Litera Thoth siue Tauti Dei, Thau Hebræorum.	T

Primus itaque character seu litera, ex diuaricatione pedûm Ibidis, & rostro eiusdem transuersim inserto, inuenta, Ἀγαθὸς Δαίμων dicebatur, id

50 OEDIPI ÆGYPTIACI

id est, *Bonus Dæmon* initialibus literis sub vna comprehensis; hic enim præter dictarum vocum capitales, vt dixi, literas, eius quoque portionis figuram, quam Δ passim siue ⲁⲁⲗⲟⲩⲓ Copticè, hoc est, *Bonum agrum* vocant, exprimit; atque huius generis literarum vt plurimùm ex tribus vel perseæ, vel papyri ramusculis seu thyrsis, in figuram primæ literæ Alphabeticæ, quam sic exhibebant, adaptatis compositam in solemnitatibus Comasiarum Deorum statutis, ac potissimùm Mercurio Ιβιμόρφῳ, ex cuius auis figura inuenta erat, præferebant, quam & Hieralpham vocabant. Sed iam singulas Alphabeti hieroglyphici literas subiungamus.

A

I

Hic character idem significat, quod Ἀγαθὸς Δαίμων, id est, *Bonus genius*; & componitur ex initialibus literis A & Δ. Si enim producitur Δ litera, fiet A, quod in se monogrammaticè continet Δ & A; inuenitur autem hæc litera hieroglyphica in omnibus ferè Aegyptiacis inscriptionibus, potissimùm in Obelisco Barberino, Lateranensi, Flaminio, Mahutæo, Mediceo, vt infrà sui loci dicetur, quam & Hieralpham imposterum vocabimus.

II

Hic character Aegyptiacè ⲛⲁⲉⲉⲧⲥ, id est, *Norma* dicitur, & propriè gamma Græcorum literam exprimit; quo quidem hieroglyphicè nihil aliud indicatur, quàm Symmetria rerum huius Vniuersi; vnde Mundi sensibilis moderatoris Hori manibus passim insertus spectatur: quemadmodum enim normâ, siue gnomone, omnia iustâ mensurâ & proportione disponuntur in Architectonicis operationibus, ita Vniuersi Genius in Mundi sensibilis fabrica, omnibus iustam dat proportionem, mensuram, pondus.

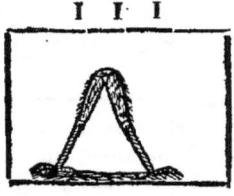

III

Character hic ⲁⲁⲗⲟⲩⲓ dicitur, id est, *Bonus ager*, & eam Aegypti partem, quam Δέλτα vocant, indicat; quia ea regio præ omnibus alijs Aegypti Prouincijs, tùm maximè salubris, tùm rerum omnium humano generi necessariarũ ferax est; ex Ibidis ibidem passim stabulantis incessu inuentus; quia verò bonorum omnium vbertas à supremis Potentijs influitur in hæc inferiora, aptè eam per pyramidalem, elementum ex diuaricatione Ibidis pedúm inuentum, exprimebant.

Ibis

THEATRVM HIEROGLYPHICVM. 51

IV

Ibis apertura rostri, quam instrumentum circini dixerunt, occasionem ipsis præbuit inueniendi literam Y, quo charactere processum inferiorum ad superiora rectè indicabant, à centro nimirum ad circumferentiam; Ibis enim dum vna rostri parte in arena infixa, alterius circumductione nescio quid circulare in arena relinqueret, vti in animalium obseruandis actionibus studiosissimi, ita & circini instrumentum, & centri ad circumferentiam motus occasionem inde ipsos reperisse, mirum non est.

V

Character hic ⲟⲫⲧ dicitur, quod Aegyptiacè idem est, ac Dominus Orbis; æquiualet Græcorum O micron; ex Ibide pariter emanauit; Ibis siquidem subinde collum ita torquet, vt circulum imitari videatur; quod cùm notarent Aegyptij, à Mercurio in Ibin transformato, de insigni quopiã mysterio se moneri, superstitiosiùs persuadebant, ac proinde ipsi ⲟⲫⲧ nomen imposuerunt, quod idem est, ac Mundi Dominus: alludit ad hoc Plutarchus lib: de Osiride & Iside, dum nomen Omphis (veriùs dices Ophta) explicat.

Plutarchus.

VI

Hæc litera Aegyptijs ⲗⲁⲃⲍⲁ dicitur, & præcedenti opposita est; sicut enim præcedens processum inferiorũ ad superiora, ita hæc superiorum ad inferiora processum indicat Constituitur autem ex diuaricatione pedũ Ibidis, ex qua Aegyptij primùm Aegyptiaci cubiti, vti in Mechanica diximus, mensuram in arena progressu Ibidis impressam, inuenerunt; quæ suo loco pulchrè ex Abenephio probauimus. Inuenitur autem passim hoc signum inter hieroglyphica, vt suo loco dicetur; respondetque hæc litera τῷ λάμβδα Græcorum & Coptitarum.

VII

Ex binis præcedentibus literis nascitur composita litera decadica, siue veriùs decussis, quâ Aegyptij processum animæ Mundi ἄνω καὶ κάθω expresserunt; ex Ibidis gestibus pariter inuenta; Ibis enim diuaricatis pedibus consistens, & aperto rostro, & collo dorso innitente, dum aperto ore crepitat,
hanc

hanc figuram exprimit. Vide quæ de hoc numerico hieroglyphico fusius disseruimus in Arithmetica hieroglyphica. Respondet autem hæc litera ηρ' χ Græcorum, aut Latinorum X.

Bouis caput exprimit hic character, & Aegyptijs idem significat ac litera ϰ; quamquam nonnulli quoque hanc literam pro ω vel ȣ accipiant; Aegyptiorum tamen sententiæ verius standum existimo, cùm ad caput Bouis cornutum litera ϰ propiùs accedat. Notat autem coniunctionem Solis & Lunæ, ita quidem, vt caput Bouis Solem, cornua verò Lunam significent. Verùm cùm de his passim toto hoc Opere dictum sit, ad loca propria Lectorem remittimus.

I X

Hic character ⲥⲓⲉⲉ dicitur, id est, *Visio*, & respondet literæ Coptitarum Ο, & πρ' Σ Græcorum: ex capite Accipitris fuit inuentus; qui cùm acutissimi visus sit, recte literam hanc isti Numini, quod visu omnia Mundi receptacula penetraret, id est, Soli consecrarunt: Sol enim diffusione radiorum omnia fouet, animat, conseruat, iuxta illud: Η'λι^Ͼ δ'παντ' ἐφορᾷς, ϰ̓ πάντ' ἐπακούεις.

X

Character hic Ægyptiacè ϧⲗⲉⲉⲛⲥ dicitur, id est, *Fœcunditas*; est enim ex Arietis capite, quod Amun vocabant, deductus, qui cùm fœcunditatis symbolũ sit, recte is capite Arietis cornibus in ϧ literam tortis exhibetur. Vnde & colligo, hoc nomen ϧⲗⲉⲉⲛⲥ compositum esse, ex ϧ videlicet & ⲗⲉⲉⲛⲥ quasi diceres, B litera Ammonis. Verùm de hisce vide, quæ in proprio Hierogrammatismo Obelisci Pamphilij fusius egimus.

X I

Hic character Ægyptiacè ⲍⲉⲥⲧⲁ, id est^q, *Vita* dicitur; nam vti in Hierogrammatismo Serpentis docuimus, fuit Ægyptijs Serpens symbolum vitæ; vnde mirum non est, ex Serpentis tortuoso corpore

THEATRVM HIEROGLYPHICVM. 53

re hanc originem suam traxisse . Sed de hoc vide citatum locum .

X I I   Hic character Ægyptijs ⲱⲣⲧϯ ⲭ id est, litera Tauti dicitur ; & hieroglyphicè nihil aliud significat, quàm vitam Mundi, quam Serpens circulo inclusus notat; spectatur autem huiusmodi hieroglyphicum passim in Obeliscis, cœterisque monumentis Aegyptiacis, vti suo tempore ostendemus .

X I I I   Ex præcedenti charactere natus est præsens character; quem Aegyptij ⲫⲟⲗⲟⲥ id est, *Amorem* vocant, ostendit enim, omnia Mundi membra, per vitam vniuersalem, amore connecti ; vnde & Sphæra amoris indigitatur ; de qua pluribus tùm in Obelisco Pamphilio, tùm in Prodromo, alijsque huius Operis locis egimus .

X I V   Hic character Aegyptijs ⲙⲱⲩ ⲭ id est, *Aqua* dicitur, quia fluxum aquæ exprimit, atque adeo κυριολοσικὸν τȣ ὕδατ(Ȣ) σύμβολον est, respondetque M Coptitarum , Græcorum, Latinorumque ; quo inter hieroglyphica nihil occurrit frequentiùs .

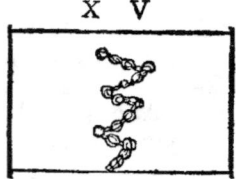

X V   Hic character Aegyptijs ⳅⲁⲛⲧⲥ ⲭ id est, *Catena* dicitur, eò quòd catenam circulis connexam exprimat, & est κυριολοσικὸν ὁ σείρας τῶ̃ν Θεῶν σύμβολον, vti Psellus in Zoroastreæ Philosophiæ expositione docet, & respondet Græcorum ξ.   *Psellus.*

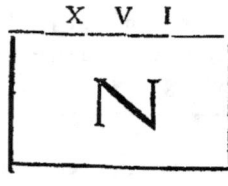

X V I   Hæc litera idem est ac rerum elementarium processus ἄνω ᾗ κάτω, quam figuram, cùm folio 387 Obel. Pamph. amplè exposuerimus, superuacaneum esse ratus sum, ijs hìc diutiùs immorari.

Κυριο-

OEDIPI ÆGYPTIACI

XVII

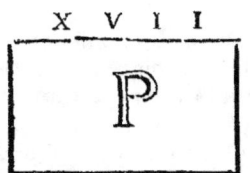

Κυριολογικὸν τῦ ἅρπαγ☉ σύμβολον est, ideo & harpagonis figura descripta fuit, quo Osiridis corpus à Typhone in fluenta Nili coniectum, ab Isi extractum fuit, frequentissimumque est inter hieroglyphica, & ⲡ Coptum, Græcumque exprimit. Quare hæc de eo pauca sufficiant.

XVIII

Hæ duæ literæ κυριολογικά, τῦ Ἡ'λίω, καὶ τῆ σζλήνης σύμβολα, quid repræsentent, ex ipsorum figuris cognoscitur, nimirum Solem & Lunam, & eadem sunt, ac ⲟ & ⲥ Copticæ literæ. Videntur hæ literæ in peruetusto fragmento ab immortalis memoriæ Viro Nicolao Perciscio transmisso, quod hîc apponam; vbi vides quatuor statuas Serpente in circulum contorto inclusas, cum characteribus ⊕, & figura
I
in medio |ⲟⲥ|, quæ tametsi in Supplemento Prodromi, & Obelisco Pamphilio exposuerimus, ea tamen hoc loco veluti proprio vberiùs exponenda duximus,

Figura hieroglyphica à Porescio missa.

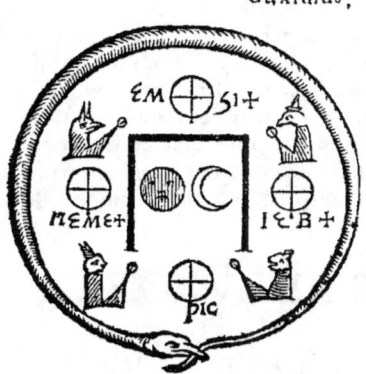

Constat Ægyptios sua Deorum nomina passim duobus descripsisse nominibus Copticis, ⲫ︤ϯ︥ ⲟⲥ ⲛⲟⲥ︤ϯ︥ quorum illud Deum hoc Dominum explicamus. Prius ⲫ︤ϯ︥ monogrammaticè ⊕ sic expressum habetur in Schemate,
I
quatuor Mundi plagis oppositum. Inscriptiones verò seu nomina dicto charactere monogrammatico apposita, exhibent quatuor Mundi plagarum Numina, ⲛⲉⲙϩⲓⲫ︤ϯ︥ Nemhiphta, ⲫⲣⲏⲫ︤ϯ︥ Phriphta, ⲛⲓⲉⲫ︤ϯ︥ Niephta, & ⲛⲉⲙⲉⲛⲫ︤ϯ︥ Nemenphta, id est, Genius Septentrionis, Genius Austri, Genius Orientis, Genius Occidentis. Media verò figura |ⲟⲥ| idem significat ac Coptum vocabulum ⲛⲟⲥ ϯ id est, Dominus; symbolicè verò per ⲡ domum hanc mundanam, per ⲟ Solem, per ⲥ Lunam, teste Clemente Alexandrino l. 6. Stromatum indicant; Serpente verò annuum cyclum, teste Horo signant; quibus argutè quidem innuunt, Dominos huius mundanæ do-

Clemens Alex:
Horus.

domus esse Solem & Lunam in medio constitutos, vt omnes Mundi partes ab hisce benignè influentibus participarent; vnde & ㅠ inferius apertum est, ad significandum, influxum & emanationem à superioribus in inferiora fieri, non contrà. Quòd itaque Mundi anima, & Vniuersi Spiritus in hac mundana domo influit, id per asseclas eius Genios quatuor Mundi plagarum Præsides, aptè disponitur, ac singulis pro recta proportione distribuitur; quod denique dispositum aptèque distributum est, id Mundi Domini Sol & Luna ad omnigenam rerum generationem perducunt.

XIX. 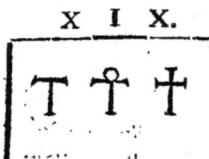 Litera ⲦⲀⲨ, id est, Thoth seu Mercurij dicitur, & T Hebræorum, Græcorumque T exactè respondet, de quo integro tractatu vide Obeliscum Pamphilium; vt proinde superfluum sit de eodem fusiùs hìc agere.

Atque hæ sunt 22 literæ, quarum in conscribendis, consignandisque rebus ad commune hominum commercium pertinentibus vsus erat, quæ & simul hieroglyphicis inscriptionibus seruiebant. Ex quibus manifestè patet, literas has, vtpote quæ mysteriosâ quâdam structurâ constabant, hieroglyphicorum quoque vsum habuisse, atque ijsdem nomina integra concinnata hieroglyphicis inscriptionibus inseruisse, quæ vti in Obelisco Pamphilio fol. 147 vbertim probata sunt, & in sequentibus interpretationibus suo loco & tempore demonstraturi sumus, sic eadem hoc loco iterare superuacaneum duximus.

Literæ Ægyptiorum inseruiebant etiam hieroglyphicis inscriptionibus.

DIATRIBE III. PRAELVSORIA.

Quòd literæ Aegyptiacæ à Cadmo primùm in Græciam traductæ, & de linguæ Coptæ antiquitate.

Magna sanè inter Authores de literis Græcis, vnde originem suam habuerint, controuersia est; alij enim Cecropi, quidam Inacho, nonnulli Palomedi earundem inuentionem adscribunt. Nos, vt paucis eam expediamus, asserimus, omnem tùm literarum, tùm scientiarum notitiam, primùm ex Ægypto in Græciam introductam. Et literas quidem alias esse non potuisse aio, quàm mysticas illas, quas paulò antè adduximus;

Græcarum literarum & scientiarum origo ex Ægypto.

56 OEDIPI ÆGYPTIACI

Herodotus. Cadmus ex Ægypto literas traduxit in Græciam.

mus; quæ quidem ad quemlibet animi conceptum scripto exprimendum sufficiunt; tametsi Græci temporum successu semper alias & alias, vti ex Alphabeto illorum patet, adiecerint. Atque has literas vsui communi accommodatas, neglectis animalium figuris, per Cadmum ad Græcos primùm translatas, ex Herodoto in Terpsichore & alibi patet; quæ & ideo Cadmæa grammata, vel vt Herodoti verbis vtar, Φοινικήϊα τȣ͂ Κάδμȣ γεάμματα dicuntur. Vnde & consensus ille vetustissimus totius Græciæ sa-

Cadmus Græcarum literarum inuentor

tis conuincit, literas à Cadmo Græcos accepisse; neque causa est, cur rem tam manifestam aut negemus, aut Zetzæ neganti assentiamur; qui duplici argumento probare nititur, Græcos ante Cadmum literas habuisse. Prius est, quod Oraculum redditum fuerit Cadmo: Φεάξεο δὴ μηδὲν ἀιδάοιο ἐιδὸνε Κάδμȣ. Alterum argumentum; quòd Bellerophon antiquior Cadmo scriptas tabellas de sua cæde attulit. Vtrumque argumentum futile est, & à Poëtis vtrumque fictum. Quare Cadmeæ literæ vocatæ, si Cadmo Authori acceptæ non referuntur? Et si Cadmus Author est, aut saltem primus doctor & index earum in Græcia, quomodò ante Cadmum literas habuêre Græci, cùm vetustiores nusquam, quàm Κάδμȣ γεάμματα vocentur? Quibus omnibus subscribit Clemens Ale-

Clemens.

xandrinus lib. 1. Stromatum: Κάδμȣ δὲ Φοίνιξ ἐςὶν, ὦ τῶν γεαμμάτων Ἑλλήνων εὑρέτης, ὡς φησὶν Ἔφοξ. Vnde etiam Herodotus scribit, literas fuisse vocatas

Herodotus. Cadmus & Phœnix Ægyptij.

Phœnicias: fuisse autem Cadmum & Phœnicem Ægyptios, S. Hieronymus testatur, eos temporibus Iosuæ floruisse, & Cadmum vnà cum fratre Phœnice Thebis Ægyptiorum, vnde oriundi erant, in Syriam profectum fuisse; vt verisimile sit, tempore Othonielis è Phœnicia in Græciam venisse, atque ibi in memoriam Thebarum Ægyptiarum, Thebas Bæotias condidisse, relicta fratri Phœnici Phœnicia, à quo & nomen obtinuit. Ægyptij autem Viri literas alias, quàm quas à puero in Ægypto didicerant, tradere non potuêre. Cadmum igitur fuisse primum illum, qui Græcos literis Ægyptijs perfecte imbuit, nulli dubium esse debet. Fuisse autem in Græcia ante Cadmum semen quoddam seu rudimentum aliquod harum literarum, fuisseq; iam tunc in Græcia doctissimos Viros, ex

Philo.

Philone patet, qui refert in vita Moysis, ex Græcia ad eius instructionem doctissimos quosuis magnis promissis vocatos fuisse. Vel itaque proprias tunc temporis habuêre literas, siue à Cecrope primo Atheniensium Rege ex Ægypto illatas, siue ante eum ab Inacho introductas, vnde fabulam postea emersisse (literas Græcos habuisse ante Cadmum) verisimile est; siquidem Cecrops & ipse Ægyptius, Cadmo ferè vno seculo an-

Cecrops Aegyptius.

tiquior, & Moysi, teste Eusebio, synchronus, ideo, Tetza teste, Διφυής dictus fuit, quòd Græcam & Ægyptiacam linguam ex æquo calleret. Hunc etiam βυλαξείας ex Ægypto in Græciam vnà cum alijs cœremonijs transtu-

Pausanias.

lisse, Author est Pausanias; de quo & Tetzes ita canit.

Πρῶτος ἁπάντων Ἀτθικῆς ὁ Κέκροψ Βασιλεὺς
Ὁ πρῶτος, ὁ καλύμενος καὶ διφυὴς τοιῶςε
Ἢ ὅτι μέγεθος ἀνδρῶν δύο πρὸς μῆκος εἶχεν
Ἢ ὡς Ἑλλάδος ἔμπειρος, καὶ Αἰγυπτίας γλώσσης.

Pri-

Primus omnium Atticæ Cecrops Rex, & primus, qui vocatur Διφυὴς, eò quòd magnitudinem virorum duorum in longum haberet, & quòd Græcæ & Ægyptiacæ linguæ peritus esset.

Literas igitur Græcas ab Ægyptijs primùm profectas, ex dictis patet. Vtrum autem lingua Græca quoque ab Ægyptiaca processerit, meritò quispiam dubitare posset. Affirmatiuam in Prodromo Copto capite quarto asseruimus; Verùm quotidianâ experientiâ instructior tandem comperi, linguam Ægyptiacam ex matribus vnam αὐτόχθων cum nulla alia affinitatem, quantum quidem ex idiotismo, coniugatione, & inclinatione nominum colligere licuit, habere: neque nos mouere debent vocabula Ἑλληνισμὸν redolentia, vocesque Græcanicæ passim in Lexico occurrentes. Siquidem huiusmodi vocum cum Copticis vocabulis commistionem, primùm Alexandri Magni & reliquorum ex Ptolomaica stirpe prodeuntium Regum, Ægypto potiuntium temporibus, ex frequenti, quod ipsis cum Græcis vltrò citròque commeantibus, trecentorum & ampliùs annorum spacio intercedebat, commercio contigisse, alibi fusè docemus, & Coptitæ circa id à me consulti id ipsum affirmant. Non itaque verba mea in Prodromo Copto hoc sensu intelligi velim, quasi asseuerem, Græcam linguam ad Ægyptiacam eâ se ratione habere, vt Chaldæa v.g. lingua ad Hebræam, aut Italica ad Latinam, sicuti quidam opinati sunt; quarum hanc Latinæ, illam Hebraicæ linguæ filiam esse, nemo nisi dictarum linguarum imperitus inficiabitur: non enim sentio Græcam ab Ægyptia originem suam immediatè traxisse; multò minùs Græcam linguam Ægyptiam corruptam dicendam arbitror. Sed totam similitudinem vtriusque ad inuicem ex vocum commistione, vt dixi, contigisse is nouerit, qui vnam cum altera ἀκριβεστέρως contulerit: Possunt enim aliquæ linguæ ijsdem vocibus alteri linguæ vsitatis vti, etiamsi ipsæ quoad substantiam toto, vt aiunt, cœlo discrepent: ita Germaniea multas voces Latinas, Italicas, Gallicas interserit; Latina quoque Græca vocabula libens suscipit, cùm tamen vtraque diuersissima sit ab ijs linguis, à quibus mutuatur; quæ fusiùs alibi tractata reperies. Quin & lingua Copta non Græcis tantùm vocabulis, sed & Latinis, Arabicis, Hebraicis, Samaritanisque, ex vicinarum, vt reor, nationum consortio vtitur. Verùm cùm hoc linguæ Coptæ Argumentum peculiari Opere, quod Linguam Coptam restitutam vocamus, pertractauerimus, ad illud Lectorem remittimus, ex quibus facilè sagax Lector cognoscet, quæ vocabula Græcæ, quæ originis Ægyptiacæ sint.

Verùm hoc loco omittere non possum, quin ea interseram, quæ summus Vir Petrus à Valle, & amicus, dum viueret, singularis in 11. Epist. Itinerarij sui de lingua Coptica asserit; congrua sanè ijs quæ iam in præcedentibus docuimus. Verba eius Italica sunt sequentia. *Poiche siamo in questo proposito di lingue, voglio dire a V. S. vn'altra curiosità delle mie Mumie, che l'accennai di sopra, quando promisi di parlare delle lettere Egittie. Hà dunque da sapere, che qui in Egitto, frà quei Christiani, che hò nominati altre volte Costi, hò trouato vna lingua particolare, con vna scrittura, i caratteri della quale,*

Vtrum lingua Ægyptiaca à Græca processerit, num contra.

Petrus à Valle.

quale, tanto di forma, quanto di nome, sono tutti Greci (benche alterati vn poco nella pronuntia) eccetto di otto, che ne hanno di più de' Greci, di pronuntia, e figura differenti: frà i quali ancora, volendo io per curiosità hauerne vn poco di cognitione, ci hò trouato qualche corrispondenza con le cose Greche, e di tali particolari, de' quali ne anche da' Greci poteua saper la ragione. Verbi gratia: Scriue questa lingua Costa i suoi numeri arithmetici con le lettere dell'Alfabeto, come fà a punto la Greca: ma i Greci, non hauendo tante lettere, che bastino ad esprimere tutti i numeri, V. S. sà, che suppliscono con altre figure, e particolarmente il 6. lo segnano con vn ϛ. Sigmatau. Però io dico, se le lettere non bastano, che si trouino da i Greci altre figure, và bene: ma perche mettere così presto il ϛ al numero di sei, e non seguitare l'ordine delle lettere, fin che ce ne sono, essendoci tempo di supplire a quelle, che mancano, nel fine? Di questo, non trouo Greco, che mi sappia dar la ragione: ma sì ben l'hò trouata nella scrittura de' Costi: perche l'Alfabeto loro hà vna lettera al sesto luogo, che i Greci non l'hanno; la figura della quale è a punto vn ϛ, però essi la chiamano So, e la pronuntiano come S, ma dal Sigma in qualche cosa differente: e così giustamente questa figura viene ad occupare il sesto luogo frà i numeri dell'arithmetica. De hilce fusè tractatum vide in Prodromo Copto. Di più la figura che li Greci mettono per 90. non è molto dissimile dalla lettera, che vi mettono i Costi. In somma, da questi, e da altri indity, raccolgo, che senza dubbio, ò la scrittura Costa dalla Greca, ò la Greca dalla Costa hà origine, benche le lingue siano frà di loro affatto diuersissime. Che i Greci habbiano dato la scrittura a i Costi, ne dà indtio il loro nome moderno, che è Greco, e secondo alcuni non vuol dire altro che Tagliato; e dicono che fossero così chiamati, perche questi Christiani che sequitarno già l'heresie d'Eutiche e di Dioscoro, prima del battesimo vsauano di circoncidersi; da che gliarono anche nome di Christiani della Cintura, cioè dalla cintura in sù, perche da quella in giù, per la circuncisione, pareuano più tosto Ebrei. Di più sappiamo, che Alessandro edificò Alessandria, e lasciò colonie in Egitto, che poterono insegnare a i popoli la scrittura loro, & anche in parte la lingua; già che nella Costa si troua par ben spesso alcun vocabolo Greco, ma pronuntiato all'antica, co'i distonghi stesi, con la H per sono di E, e con simili circonstanze, che da i Greci moderni, per mille inditij, conosciamo essere state mutate. Ma in contrario poi vedo, che i Costi ne i loro libri si chiamano Egittij, come accennai nel principio; e che forse il nome di Costo, ò per ingoranza e corrotto, ouero per burlargli come Circoncisi, è stato dato loro da i Greci moderni, causato dalla somiglianza delle voci; perche la parola Costo, che in Greco può significar Tagliato, si assomiglia vn poco al nome ⲅⲩⲡⲧⲓⲟⲥ Guptios, cioè Egittio, co'l quale essi in lingua loro si chiamano; e più anche a Cubti, che e la voce significatrice pur di Egittio, con cui son chiamati dagli Arabi. La qual parola Cubtì, potrebbe anche essere, che dagli Arabi per auuentura fosse stata dedotta dal nome della Città Coptos, che in Egitto, cioè nella Thebaide, era vn tempo principale, e commune di Egittij, e di Arabi, secondo Strabone. Che, se ben mi par duro, che a tutti li Egittij quella Città, la quale non si sà che fosse mai la reggia de tutto'l paese, hauesse potuto dare il nome, quantunque lo desse ad vna sola Prouincia, di cui era capo, che a detto di Tolomeo da essa prendeua il nome di Coptites nomos; tuttauia non sarebbe impossibile,

Strabo.

Ptolomaeus.

che

THEATRVM HIEROGLYPHICVM. 59

che gli Arabi, che tanto l'haueuano in prattica, applicando idiotescamente, come spesso si suol fare, il nome di vna parte al tutto, con quello, che era proprio de i soli cittadini di Coptos, città nell'Egitto a loro più delle altre nota, haueffero in lor lingua tutti li Egittij vsato di chiamare: e che questo vso poi anche dentro all'Egitto si sia fatto familiare, dopo che di quello gli Arabi s'impatronirono; la lingua de' quali hoggi communemente da tutti vi si parla; perche questa Cofta, ò Egittia, frà di loro steffi è perduta; e solo hanno in effa alcuni libri sacri, dicendo ancora la Messa in quella lingua: ma perche poco, ò nulla l'intendono, sono tutti i libri tradotti in Arabo, e l'Euangelio, con l'Epistola, che è necessario d'intenderfi, lo leggono due volte, in Cofto, & in Arabo, come il Papa, che nelle Meffe solenni lo fà leggere in Greco, & in Latino. E questa perdita della lingua Cofta è auuenuta, perche li Arabi, quando si fecero padroni dell'Egitto, la prohibirono affatto, che nè anche si parlaffe, per introdur la loro, come a punto è seguito; Vide Prodromum Copticum verbis Petri a Valle in omnibus subscribentem. Effendo dunque i Cofti Egittij, dobbiamo creder, che siano molto antichi; e si sà, che i popoli dell'Egitto sono affai più antichi di quelli della Grecia; la quale antichità di ragione douerebbe seguitare anche la scrittura: e non è inuerifimile, che i Greci dagli Egittij l'habbiano hauta; poiche Cadmo, che ne fù a i Greci primo inuentore, la portò dalla Fenicia, che non è dall'Egitto molto lontana, doue allhora per auuentura i medefimi caratteri, che in Egitto, poteuano vfarfi: anzi senza dubbio è da creder, che si vfaffero, già che Diodoro Siculo chiaramente afferma, che Cadmo haueua origine da Thebe di Egitto; e si vede, che per questo alla città che in Grecia ei fabricò, pur Thebe mise nome. E che gli Egittij in quei tempi haueffero lettere, dobbiamo crederlo, poiche si sà che furono sempre huomini dotti. Mi conferma in questa opinione dell'antichità della scrittura Cofta la ragione, che hò detta del ϛ incognita a i Greci, e la pronuntia de' diftonghi, e della lettera H, e dell'Y, che tutte moftrano antichità grande, e maggiore almeno di quella del nome Cofto, che senza dubbio è moderno. In somma, c'è da dire; e la questione è curiofa. Quod verò antiquitatem huius linguæ maximè comprobat, sunt nonnullæ voces Aegyptiæ, quæ subinde inter hieroglyphica occurrunt; de quibus vide Prodromum & Supplementum eius, Obeliscum quoque Pamphilium. Et confirmat nostram sententiam Petrus à Valle in citata epistola his verbis. Ma sopra tutto le mie Mumie danno vna gran botta, alla seconda opinione fauoreuole; cioè, che la scrittura de' Cofti sia antichiffima, e forse più della Greca; perche in vna delle due Mumie, che presi intere, trà gli altri ornamenti e pitture, come già raccontai, ci hò trouato anche lettere Cofte ⲉⲣⲧⲥϫⲭⲥϯ che io le conobbi subito; e son quelle lettere Egittie, che diffi, del nome proprio, conforme io stimo; e questo me la fece tanto più piacere. E la mia Mumia è antichiffima senza dubbio, e fin di quei tempi che in Egitto si vsauano i hieroglifici: il che si proua, non solo dagl'idoletti dipinti, e dalla memoria, che c'è nelle historie di questo modo di sepellire; ma dall'hauer'io steffo nel pozzo medefimo, donde è stata cauata la Mumia, trouato e preso con le mie mani quella testa di tela incollata, soura la cui fronte vi sono molti caratteri hieroglifici, e quel caffone di legno di vn' altro corpo, che, come diffi di sopra, di hieroglifici è pur tutto intagliato; e se stauano tutte queste cose in vn pozzo, senza dubbio erano del medefimo tempo. Cosa, che proua non solo l'antichità della scrittura Cofta; ma

Diodorus Siculus.

vn'alvn'altro particolare ancora, non men bello: cioè, che i hieroglifici in quei tempi non fossero altrimenti lettere comuni degli Egittij, come forse alcuni hanno pensato; ma che fosse vn'altro modo recondito da esprimere i concetti occultamente, quasi come le nostre Imprese; ouero, se pur'erano lettere (come io credo) che fussero caratteri sacri, non adoperati comunemente in tutte le cose; conforme Diodoro Siculo, e molto prima di lui Herodoto ci hà lasciato scritto, che gli Egittij haueuano due sorti di lettere, sacre, e profane; e che la popolare, e comune lettera Egittia di quel tempo fosse questa Costa, della quale io parlo. Che se ben Herodoto nell'istesso luogo dice, che gli Egittij al contrario de'Greci scriueuano dalla destra alla sinistra, il che nella scrittura de'Costi non auuiene; può esser nondimeno, che egli ciò intenda della scrittura sacra de'hieroglifici, non ispecificando d'intenderle amendue: e l'ordine de'hieroglifici nello scriuersi, come senza dubbio dee cominciar dall'alto in giù, così forse, doue sono più linee di essi, o vna linea sola per trauerso, dee proceder dalla destra alla sinistra, come Herodoto dice, e come intendo, che auuiene ancora de'caratteri de'Cinesi. Però sia come si voglia, di questa scrittura Egittia de'Costi, io ne tengo già appresso di me alcuni pochi libri, cioè il Salterio intero di Dauid, l'Euangelio intero di San Giouanni, & alcuni altri, che tornando in Italia con la gratia di Dio, potrò mostrargli, e leggerli a chi ne fosse curioso, e tenergli almeno per ornamento della mia libreria. Ma tra gli altri vno, che ne hò, e che stimai gran fortuna di trouarlo, il quale contiene da quattro Autori, che scriuono in Arabico (breuemente in vero, ma forse a sufficienza, trà tutti insieme) la Grammatica di questa lingua Egittia; e di più due Vocabolarij con circa a sei mila voci Egittie, le più importanti, interpretati pur fedelmente da tempo antico in Arabico. se in Roma, ò altroue, doue della lingua Arabica comincia pur ad essérui qualche intelligenza, vi trouasse mai chi co'l mezo di essa potesse questo mio libro in Latino interpretarce; e, come io non manchero di vsarne diligenza, potessimo per mezo delle stampe propagarlo, e comunicarlo in tutto'l Mondo a i Letterati; spererei che in tal modo anche questa perduta e morta lingua Egittia de'Costi si potesse al Mondo risuscitare, con notabil beneficio e delle belle lettere per la sua antichità, & anco della Chiesa, per esser le poche reliquie, che di questi Egittij hoggi restano, Christiani antichissimi, e di tempo molto antico dalla Chiesa Romana separati. Quicquid hoc loco desiderat Petrus à Valle, id in Thesauro linguæ Aegyptiacæ, quam & linguam Aegyptiacam restitutam vocamus, ex ipsius dicti Petri Archetypo, quod in hunc finem mihi concesserat, vti in Præfatione dicti Thesauri patet, præstitimus. E, come hanno tutta la Sacra Scrittura in questa lor lingua, e molte altre cose ancora, che alla religione appartengono; tutto quello, che frà di loro si trouerà conformarsi con noi, sarà di grande argomento contro gli Heretici moderni dell'Europa, che in tante cose da noi discordano, nelle quali tuttauia i Christiani oltremarini, e separati di noi per tanti secoli, si vedono ad ogni modo con noi conuenire. Hà inteso V. S. in diuersi propositi lunghissime digressioni, che con altri, che con lei, non le haurei fatte giammai; perche discorsi simili alli orecchie di certi poco intendenti, paiono, & io lo sò, mere pedanterie; & al gusto degli altri bisogna in questo Mondo accommodarsi, almeno in apparenza. Hæc Petrus à Valle. Restat tantùm hoc loco enodandum.

Diodorus Siculus.
Herodotus.

Herodotus.

Vtrum

THEATRVM HIEROGLYPHICVM.   61

*Vtrum hieroglyphica lectionem quandam vt in alijs scripturis confi-
ciant, & quomodo lectio instituenda.*

CVm hieroglyphica symbolicos & mysticos conceptus per signa quædam summâ ingenij felicitate inuenta explicent, illa certè nequaquam syllabis, vocibus, periodis constare possunt, vti iam sæpe sæpius probauimus contra eos, qui nescio quibus argumentis persuasi, sub hieroglyphicis historias & laudes Regum contineri simpliciùs credunt. Nam vt rectè Iamblichus, cùm Ægyptij mysteria occulta symbolis inserant manifestis, in ijs interpretandis dimitte voces, accipe sensus. Sed hoc ita se habere, iam aliquot exemplis enodandum duxi. Sequens figura

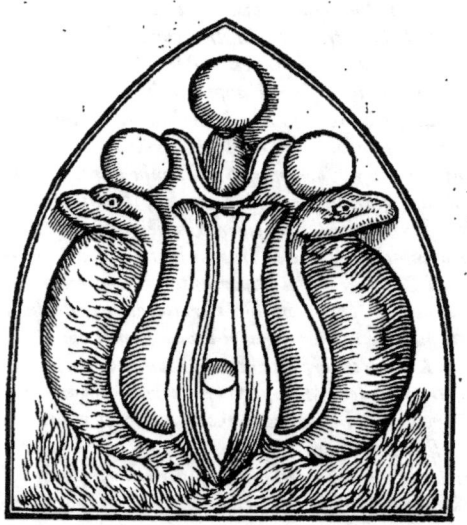

tutulus est, & partim Deorum capitibus imponitur, partim seorsim occultam suam significationem habet. Nam hâc figurâ Isiaci templi Romæ coronidem insignitam fuisse reperio, ex innumeris saxis, quibus hæc figura insculpta cernitur, & duo adhuc in meo spectantur Museo; separati quoque sæpe sæpius huiusmodi tutuli spectantur in minutiorum characterum limbo Tabulæ Isiacæ, vt suo tempore videbitur. Figura constat ex flamma, binis aspidibus sphæras in capite gestantibus, & fasciculo gramineo cum flore & fructu, quibus globus imponitur. Hic character hieroglyphicus est, non literâ, non syllabam, aut vocem, sed integrum idealem sensum animo oggerens; & ille est, qui sequitur. [Deorum natura æterna & immortalis vitam, ignem, calorem, motum, rerum vbertatem omnibus ritè eos colentibus tribuens.] Erat autem non tantùm dictarum rerum significatiuum, sed & insuper adiunctam habebat efficaciam, quo

posito

posito mox per occultam symbolorum rationem Dijs mirificè acceptam, id se, quod significabant symbola, obtenturos credebant ; significabat præterea non operationes tantùm, quas in Mundo Archetypo, sed & quas in Sidereo & Elementari efficiebat. Tutulus enim se solo Mundi Archetypi rationes indicat ; Accipitri impositus, Siderei Mundi virtutes ; Isi verò impositus, aut Nephti, aut Elementaribus Genijs, Elementares indicabat operationes ; & sic sentiendum est de omnibus alijs hieroglyphicis, vt in serie huius Operis exponetur. Hinc ea hieroglyphicorum natura est, vt deorsum, sursum, dextrorsum, sinistrorsum, & quocunque tandem situ ponantur, sensum suum integrum & perfectum sortiantur, pro diuersorum subiectorum quibus incidebantur conditione, quemadmodum de simplicibus characteribus suprà retulimus. Nam in Obeliscis vt plurimùm perpendiculari situ in columnis suis exhibebantur ; in tabulis verò marmoreis, planum situm & Horizonti parallelum obtinebant ; in statuis verò mistum ex omnibus, perpendicularem, horizontalem, decliuem, sparsum interruptumque ordinem seruabant literæ ; quod & in Tabula quoque Bembina videre est, vti suo loco dicetur.

Quod cùm dico, nemo sibi persuadeat velim, characteres ideo temerè & sine ratione positos ; minimè ; erat enim summa symbolicorum huiusmodi characterum connexio, & mirifica dispositio, quâ semper vnus conceptus alterum excipiebat. Verùm cùm ea sufficienter, nisi ipsâ praxi explicari non possint, Lector curiosus hæc omnia luculentiùs in secutura mox hieroglyphicorum monumentorum interpretatione intuebitur, & quæ dixi, vera esse ipso experimento doctus comperiet.

DIATRIBE IV.

Hierogrammatismorum reliquorum quæ in Obelisco Pamphilio expositi non fuerunt, Interpretatio.

Hierogrammatismi in Obel. Pamph omissi explicantur.

CVm in Obelisco Pamphilio plerosque Hierogrammatismos hieroglyphicos amplè & copiosè exposuerimus, nonnullos tamen omiserimus ; hic opportunè inserendos existimaui, nè quicquam, quod ad hieroglyphicum negotium pertinet, omisisse videremur. Et quod quidem ad sacrorum animalium quadrupedum hierogrammata spectat, omnia exhibita esse ibidem nouerit Lector ; quare ad auium quarundam, insectorum, plantarum, instrumentorum describendos Schematismos, calamum conuertamus.

THEATRVM HIEROGLYPHICVM. 63 CAP. I.

CAPVT I.

Meleagridis, & Anseris Hierogrammatismus.

Qvid proprie Meleagris sit, varij varie exposuerunt; alij Meleagrim Pauonem dixerunt; nonnulli Gallum Indicum; alij Pharaonicam Gallinā; alij Stymphalides aues; Penelopes alij dixerunt. Certè quid Meleagris propriè sit, figura hieroglyphica huius auis, inter hieroglyphica frequentissima, satis ostendit: Est enim nihil aliud, quàm volucris illa, quam vulgò gallinam Pharaonis appellant; cuius totum corpus coloris cerulei innumeris, ijsq; nigris conspersum maculis veluti quibusdam figuræ elegantissimæ & pulcherrimæ componitur, capite osseo, nescio quid triangulare mentiente, dorso in gibbum aliquantulum protuberante, collo longiusculo, & cauda exili; cuiusmodi hìc Romæ in viridarijs Principum spectantur, & non infrequenter in tabula Bembina, vt suo tempore videbitur. Has Isidi sacras testatur Pausanias in Phocicis. Nam Isidi Tithoreæ binæ quotannis nundinæ celebrabantur, Vere nempe, & Autumno; tertio verò ante vtrasque die, quibus eius penetralia introire fas erat, incolæ Tithorenses se arcano quodam ritu lustrabant, & eorum quæ proiecta erant superioribus nundinis extorum reliquias, in eundem semper locum deportatas defodiebant, atq; iste eis solennis dici ritus erat; postero verò die institores tabernas sibi ex arundine & fortuita quapiam materia erigebant; tertio postremùm die, qui ad eas nundinas venerant, supellectilem, & quoduis pecudum genus, vestem quoque, & argentum vendebant; pomeridianis verò horis ad sacra animum adijciebant, lautioresque, hoc est, ditiores, boues & capras, quorum tenuior res familiaris esset, Anseres & Meleagrides aues Deæ immolabant. Dicuntur Meleagrides, ob Meleagrum interfectum, ad cuius sepulchrum sorores eius plangebant; aiuntque Dianam eas in Meleagrides conuertisse; de quibus vide Mythologos, & Ouid. l. 8. met. Atque hæc quidem Græcorum de Meleagridis auibus sententia est; Ægyptij verò multò aliâ ratione de Meleagride Gallina philosophabantur. Cùm enim viderent, totum huius volucris corpus ineffabili quâdam symmetriâ constitutum, stellulisque toto corpore veluti in firmamento quodam distributis concinnatum; in eam venêre opinionem, Animam Mundi, quam ipsi Pantamorphum naturæ Genium appellabant, in huius sibi volucris corpore sedem constituisse, perque idipsum hominibus sagacibus auem se aperire circa eas res, quas tantâ maiestate, ordine, dispositione, & varietate fulgere intuerentur, putabat. Hinc Pantamorphę naturę Genio, seu fundo paterno hanc auem veluti aptissimum symbolum attribuebant. Triquetrum caput habet; ad indicandum tres triades; quibus fundum paternum constituebatur; corpus ceruleum habet gibbosum, seu in formam arcus effectum, quo firmamenti arcuatam & ceruleam superficiem notabant, non secus ac huius volucris corpus ceruleum, innumeris stellis exornatam. In Tabula Bembina capiti Pantamorphæ naturæ imponitur, cuius significatio

I suo

CAP. I.   64   OEDIPI ÆGYPTIACI

Abenephius.

suo tempore exponetur. Sæpe quoque contracto collo veluti dormire videtur. Sed audiamus Abenephium:

الدجاجه فرعون هي علامة الفلك الفلوكي

Gallina Pharaun illud est signum firmamenti siue stellarum fixarum. Vti enim firmamentum varijs stellis ornatum est, sic Gallina Pharaonis maculis veluti stellulis quibusdam variegata est; vnde Ægyptij per eam recte firmamentum, & præsidem eius significabant. Atque hæc de Meleagride siue Gallina Pharaonis sufficiant.

Anseris hierogrammatismus.

Anseris figura subinde quoque inter hieroglyphica conspicitur; quibus quidem Ægyptij nihil aliud indicabant, quam Gubernatorem cautum & vigilem; est enim Anser animal vigil, & ad minimos strepitus vocem tollendo gratitat, ad natandum apprimè à natura instructum; hinc Chœniscos appellabant illam nauis partem, quam puppim vocant, Anseris effigie ornatam, teste Bayfio. Fuisse autem inauratam effigiem Anserinam,

Lucianus. Anseris figura nauium puppes ornabantur.

Lucianus in Dialogo, qui πλοῖον ἢ ἐυχαὶ inscribitur, testatur; Ὡς δὲ ἡ πρύμνη μὲν ἐπανέςηκεν ἡ ῥέμα καμπύλη χρυσοῦν χήνισκον ὑπηκεό μένον. *Vt ipsa verò puppis sensim insurgit inflexa, aureo anserculo ornata.* Erat enim boni ominis nauis Anser in nauigationis negotio, & quemadmodum Anser facilè natando ad littus peruenit, ita & nauim felici progressu portum, quem peteret, obtenturam felici huius auspicio credebant. Hinc Anseres Isidi immolatas

Herodotus. Pausanias.

testantur Aristides, Herodotus, & Pausanias. Petrus Marsus apud Herodotum inquit, *Inueni Ægyptios Sacerdotes olim solitos bubulinis & anserinis carnibus vesci, à quibus Isis colitur, quam quidem Lunam esse volunt, cui insunt Lunaria fronti cornua. Anser enim eius temporis, quod est Lunæ proprium, id est, noctis silentium turbat.* & paucis interiectis verbis, Sanè, inquit, *Io Inachi Archiuorum Regis filia, à quo fluuius nomen accepit, a Phœnicibus rapta est, vt Herodoto placet, atq; in Ægyptum deducta; post mortem verò Isis est appellata, atque Ægypti Genius,* teste Seruio, *est habita;* vbi eius simulachrum sistrum manu tenens dextrâ, sinistrâ situlam bubulis præditam cornibus fuit; hæc in Busiri templum habuit, vbi ei rem diuinam aqua & igni Sacerdotes faciebant, in monumentum nauigationis, quá Io in Aegyptum delata est; quam ob causam factum est, vt Anser Isidi consecraretur, quæ aquis gaudere consueuit; sicuti Isis Nilo, cuius Genius est & Gubernatrix. Verùm cùm de Anseris hieroglyphico suo loco fusiùs dicturi simus, hoc loco dicta de Aufere sufficiant. Restabat de piscis hierogrammate dicendum; verùm cùm proprijs locis & occasionibus hoc argumentum fusè tractauerimus, hìc ei diutiùs immorari noluimus. Vide Obeliscum Pamphil. fol. 526. & in sequentibus, Obeliscos.

CA-

THEATRVM HIEROGLYPHICVM.

CAPVT II.
De Herbis & Plantis hieroglyphicis.

ÆGyptij mortalium curiosissimi, quemadmodum diuersos numeros diuersis Dijs, vt in Arithmeticis docuimus, dicare consueuerunt, ita mirâ quâdam ratione numeros huiusmodi mysticos rebus naturalibus ad prodigiosos effectus producendos applicabant; quod in vegetabilium argumento maximè patuit. Vnitatem siquidem supremo Numini & causæ causarum, ex quo, vti ex perenni quodam fonte, omnia profluunt, dicabant; Palladi dyadem; Mineruæ triadem; tetradem Apollini; pentadem Isi; hectadem Osiri; heptadem Mercurio; octadem Ammoni; & sic de cœteris numeris totidem Dijs dicatis idem iudicium esto. Post-hæc herbarum folia quem numerum obtinerent, inquirebant; & quæ herba numerum aliquem certo Numini dedicatum folijs adæquaret, illam eidem quoque consecrabant, tanquam ad œconomiam dicti Numinis pertinentem. Flores denique secundùm numerum foliorum, quibus ornabantur, vnà cum figura & colore examinabant; & si quem florem Numini alicui quoad numerum, figuram, colorem correspondentem nacti essent, illum eidem Numini tanquam maximè appropriatum consecrabant; hoc eidem sacrificia peragebant, tanquam ad sollicitandum Numen efficacissimo; quos tandem longâ experientiâ docti tanquam ad dictorum Numinum catenas pertinentes, sacro hieroglyphicorum albo adnumerabant. Simili ratione numerum internodiorum in thyrsis plantarum, thyrsorumque figuram, num rotundus, num trigonus, aut tetragonus esset, ritè disquirebant; quibus quidem cæremonijs iuxta analogiam dictarum rerum adhibitis, mirandos tùm in Medicina, tùm in somnijs per diuinationem, effectus se exhibere posse credebant. Siquidem de cura alicuius morbi consultaturi, antequam lecto se committerent, complures huiusmodi plantarum florumque characterismos ante se ponebant, Numina sollicitantes, vt quæ ex dictis herbis ad morbi medelam conducerent, per somnia monstrarent; & quæ in somnio occurrisset, illam ad curam morbi diuinitùs demonstratam arbitrabantur. Non secùs in alijs consultationibus procedebant, de quibus vide quæ ex varijs Authoribus in Magia, & Theologia hieroglyphica adduximus.

Præterea summè quoque characterismos singularum plantarum, cuinam is videlicet humani corporis membris responderet, idque meliùs exprimeret, vti in Medicina hieroglyphica fusè tradidimus, obseruabant. Hanc enim eidem membro maximè consentaneam esse existimabant, quæ figura sua extrinseca, & analogâ quâdam signaturâ id expressisset. Verùm vt huius aliquod tibi specimen præbeamus, hîc nonnulla herbarum schemata apponere voluimus, vt mens Ægyptiorum luculentiùs in Botanica doctrina innotesceret. Si quam itaque herbam cordi quoad figuram similem deprehendissent, eam cordis affectibus mederi certò certiùs sibi persuadebant; siquidem occulta sua signatura Numen illud quod cordi

Numeros Dijs suis dicabant Ægyptij

Folia & flores numeros Dijs congruentes habentes, dicabant ijsdem Ægyptij.

Plantarum & Herbarum vires per somnia inquirebant Ægyptij.

I 2 præes-

CAP. II. 66 OEDIPI ÆGYPTIACI

præeſſet, aduocari credebant. Cuiuſmodi erant Antoræ radices, vti ex præſenti figura patet. Iterum herba quæ figurâ ſuâ pulmones exprimeret, illam eandem remedium maximè appropriatum ad pulmonis morbos propulſandos eſſe arbitrabantur, cuiuſmodi erat à pulmonibus dicta Pulmonaria, vt ſequitur.

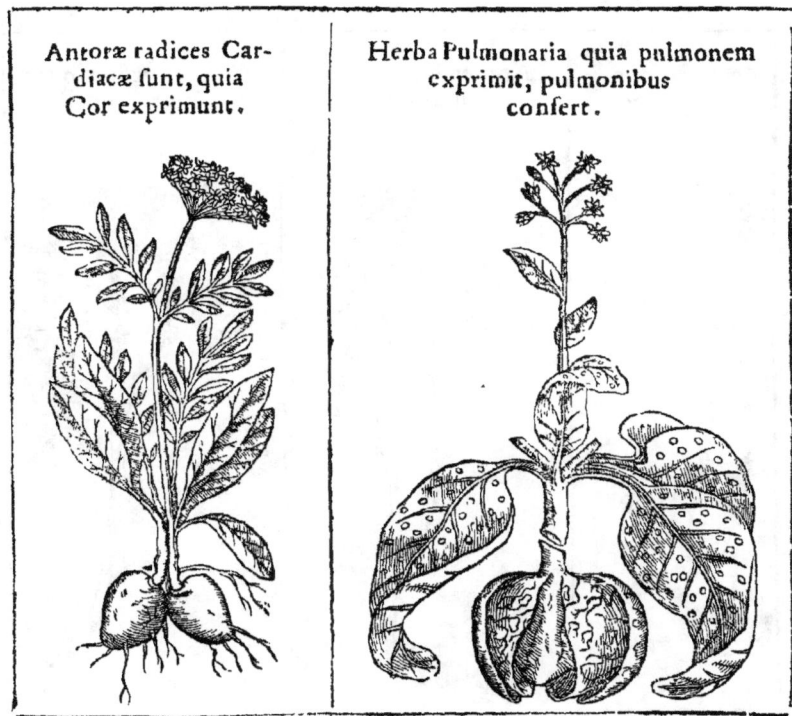

Antoræ radices Cardiacæ ſunt, quia Cor exprimunt.

Herba Pulmonaria quia pulmonem exprimit, pulmonibus confert.

Hoc pacto dentibus, oculis, veſicæ mederi dicebantur ſequentes herbæ: Dentaria, Anthemis, Colutea, ſeu Staphylodendrum Ægyptium, quia radicibus, floribus, folliculis, dentes, oculos, & veſicam exprimebant. Geneticis verò membris omnes orchidum ſpecies mederi credebant, quia membra genitalia radicibus ſuis referebant, vti ſequens Cynoſorchis docet. Hoc pacto Hermodactylum, quia radice ſuâ manus exprimit, vti figura docet, articularibus morbis, ſiue chiragræ prodeſſe dicebant. Profluuio capillorum ſiue Alopeciæ medebantur Adianto ſeu Polytricho, quia capillos exprimebat, vti ex figura ſequenti patet. Si quem verò Scorpius momordiſſet, eum radice Scorpionis, quam herbam nos Doronicum ſeu Aconitum pardelianches vocamus, curabant, quia radix huius herbæ figurâ ſuâ perfectam Scorpionis figuram & ſimilitudinem exprimit, vt figura

THEATRVM HIEROGLYPHICVM. 67 CAP. II.

ra appofita luculenter docet. Non fecùs de alijs plantarum fignaturis & characterifmis ratiocinabantur. Verùm cùm hæc omnia vberrimè in Medicina hieroglyphica tradiderimus, hic longiores efle nolumus; fed ad Plantarum Aegyptiorum, quarum in hieroglyphicis, & facrificijs ingens vfus erat, defcriptionem calamum admouemus.

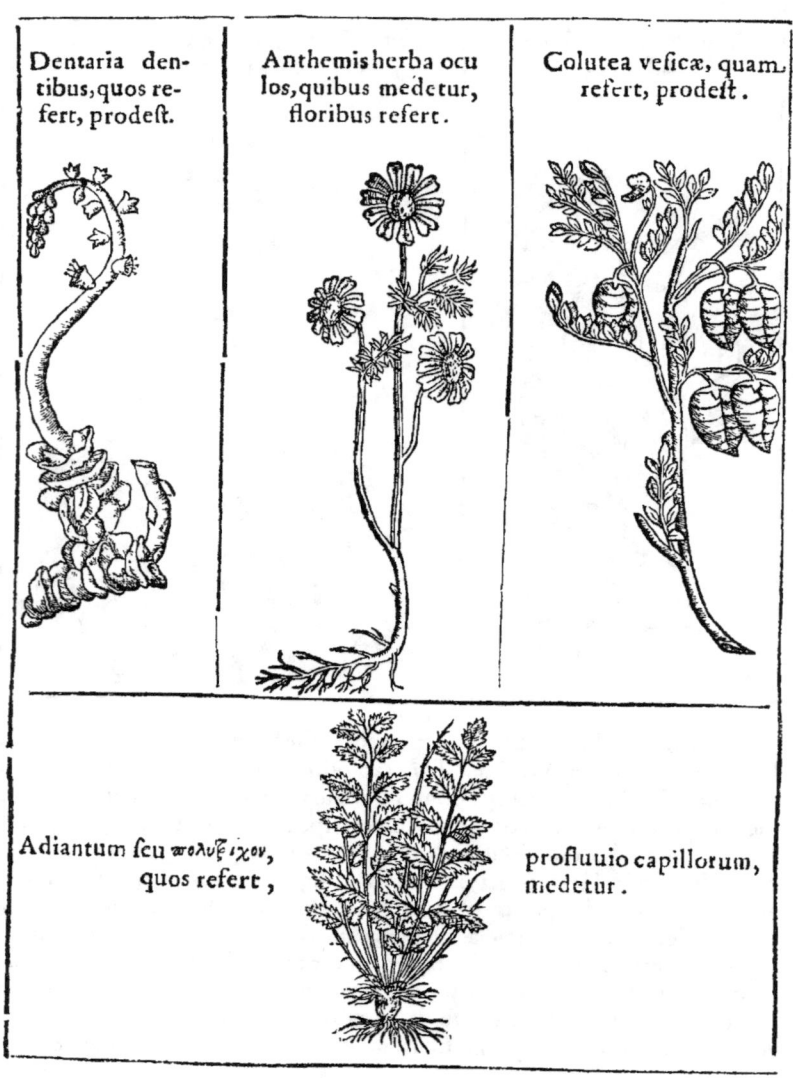

Dentaria dentibus, quos refert, prodeft.

Anthemis herba oculos, quibus medetur, floribus refert.

Colutea veficæ, quam refert, prodeft.

Adiantum feu πολύτριχον, quos refert, profluuio capillorum, medetur.

Cy-

CAP. II. 68 OEDIPI ÆGYPTIACI

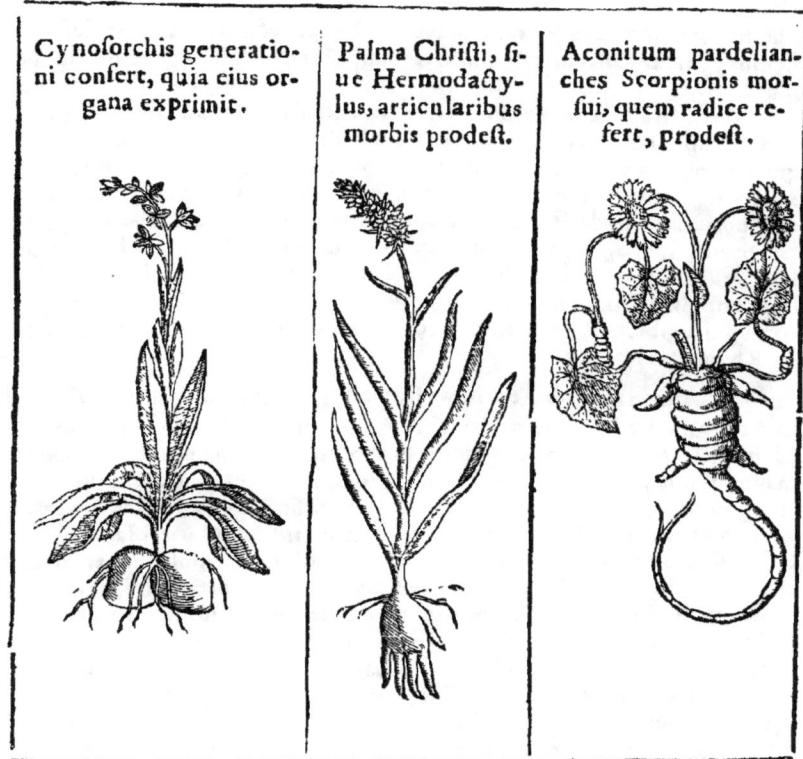

Cynoforchis generationi confert, quia eius organa exprimit.

Palma Chrifti, fiue Hermodactylus, articularibus morbis prodeft.

Aconitum pardelianches Scorpionis morfui, quem radice refert, prodeft.

De herbarum & plantarum viribus libri confcripti ab Ægyptijs.

De viribus herbarum, plantarumque Ægyptios Veteres plurimos confcriptos habuiffe libros, cùm Synopfis Codicum in primo Supplementi capite producta, tùm Author Scalæ magnæ fatis demonftrat, qui in denominationibus maioris momenti paffim allegat Codices, fiue Exemplaria antiqua his verbis:

※ ※ ——————————— وهبا في ذكه نسخه

Hoc autem vide in Exemplari antiquo. Quin & Chironis Ægyptij, quem alij Afclepium appellant, vetuftiffimus de herbarum viribus Codex, quem in fuo de plantarum proprietatibus libello paffim allegat Apuleius, id fatis demonftrat ; fiquidem denominationes plantarum omnes Ægyptiacas fiue Coptas effe, non aliâ probatione indiget, nifi mutuâ fingularum ad inuicem factâ collatione. Hifce alius Arabicus Codex Vaticanus fubfcribit, quem olim videre licuit beneficio Clariffimi Viri Domini Rainaldi I. V. D. & Bibliothecæ Cuftodis, in quo, cùm de occultis plantarum proprietatibus tractat, denominationes Ægyptiacas earundem adducit ita fimiles ijs, quæ adducuntur ab Apuleio, vt ex eodem Chironis fonte vtriufque doctrinam Codicis hauftam clarè pateat. Verùm

Libri Ægyptij de herbis & plantis.

THEATRVM HIEROGLYPHICVM.   CAP. II.

rùm nè Rempublicam literariam hac nouâ supellectilis accessione defraudemus, hìc earundem genuinam significationem subiungendam duximus.

Certè Aegyptios ex plantarum œconomia magnam hieroglyphicorum supellectilem congessisse, ex Obeliscis, tabulis, statuis sat superque demonstratur; quæ, quantum fieri potest, hoc loco exponenda duximus, nè in actuali hieroglyphicorum interpretatione Lectori confusionem potiùs, quàm claritatem adferant. Et de vegetabilium hieroglyphicis, ferula, iunco, papyro, eorumque thyrsis, ramis, baculis; item de loto, persea, scirpis; item de baculis, coronis, & alijs ex ijs fieri solitis, cùm amplissimè in Obelisco tractauerimus, ijs omissis, ad alias plantas hieroglyphicas ibidem omissas, describendas calamum conuertamus. Sed ad Rhombum.

§ I. ⲀⲔⲀⲔⲒⲀ planta Aegyptia est, quam Arabes سنط *Sant* appellant; in Aegypti locis à mari remotis nascitur, crescuntque huiusmodi arbores ad mori magnitudinem, ramosque sursum latiùs expandunt. Caudex magnitudinis pruni, corticem habet nigrum, asperum, acutissimisque spinis munitum; folia habet longiuscula, minutissimè incisa; flores paruos, at aureos producit, globulis lanuginosis præstantissimi odoris, platani globulis, si colorem demas, simillimos; semen siliquis, minoribus tamen charubijs inclusum gestat. Hanc herbam Aegyptijs sacram fuisse, & inter hieroglyphica receptam constat, eò quòd occulto quodam naturæ lusu Solem appetat; surgente siquidem Sole, non secus ac lotus & heliotropium, folia sua pandere solet, ad occasum verò ita ea arctè claudere, vt spinis quàm folijs verisimiliores sint; flos præterea lanuginoso capite suo radiosum Solis fulgorem proximè mentitur, vti in horto nostro domestico, vbi hæ arbores optimè proueniunt, obseruare summâ admiratione licuit; vnde Aegyptij inter Solares herbas annumeratam in sacrificijs, Solaribus Numinibus exhibitis, summâ diligentiâ vsurparunt, vt suo loco dicetur; siquidem Numina solaria huiusmodi herbis fidei suæ commissis, vti summopere delectantur, ita eadem illis ritu legitimo adhibitis efficaciter ob occultam naturæ similitudinem & analogiam, trahi existimabant. Vide quæ de hac planta vberiùs egimus in tabula Bembina.

Herbæ & plantæ Ægyptiacæ variæ.

§ II. ⲀⲚⲦⲒⲀⲖⲈⲤ planta Aegyptia est, quam nos eandem esse dicimus cum ea, quam Arabes & Syri قنطوريوس Græci quoque κενταύριον dicunt. Estque herba, quam vulgò nos Centauream minorem vocamus, de qua vide Matthiolum, Fuchsium, cœterosque Botanicos. Serapion Medicus Arabs his verbis eam describit:

Centauria.

Serapion Arabs.

قنطوريون هي خشيشة هيوفاريقون وهو الفودج للجملي ✿
Centaureum herba est similis Hyperico, & est certa quædam Mentha montana. Cui Aben Sina subscribit ijsdem penè verbis. Vaticanus Codex ita habet:

Aben Sina.

قنطوريون هي حشيشة وله ساق اكبر من شبر وزهر احمر الي لون القرفير

CAP. II.   OEDIPI ÆGYPTIACI

الفر فير فيريء شبيه بزهر النبات الذي يقال له للحمدس يسمومها المصريـ ـون
افطيمـ   ❊ ـس ─────────

Centaurium herba crus habet, cuius longitudo maior palmo, & flos rubescens instar purpuræ, & in flore similis apparet ei flori, qui appellatur Lachemdas; vocant eam Ægyptij Antims. Prophetas verò seu Hierophantas Aegyptios αἷμα ἡρακλῆς, hoc est, sanguinem Herculis appellasse, auctor est Chiron apud Apuleium citato libello c. 75.

Apuleius.

§ III. ⲁⲥⲟⲩⲧ planta est, quam teste Apuleio, Prophetæ Copti voce ⲟⲩⲣⲁⲛⲓⲭⲉⲁⲥ, id est, *Gloriam Cœli* appellabant; nos eandem esse dicimus, quam Arabes لسان الحمل linguam agni seu arietis, Græci ἀρνόγλωσσον πολύπλευρον, Latini plantaginem multineruiam appellant. Cui rei astipulantur Arabes citati Aegyptiorum Interpretes fidissimi. Serapion.

Plantago.

Seraphion Arabs.

لسان الحمل هي يسمى كثير الاضلاع ولو سبعه اضلاع وورقا الكبير
وجوهره مركب من مائيه وارضيه ويشمه مجد السما ❊

Lingua agni vocatur multarum costarum πολύπλευρον, habet enim septem latera seu costas, & folio magno constat; natura composita est ex aqueo & terreo, & vocatur *Gloria Cœli*. Codex Vaticanus eam vocat اسوت *Asuth* eodem nomine, quo supra Apuleius Aegyptios eam nominasse asserit; hanc eandem vocem refert Interpres Auicennæ Hebræus, quem habeo manuscriptum.

אסות שם העשב בלעז פלנטגוא:

Asuth nomen herbæ, *Latinis Plantago*. Vocatur autem ab Aegyptijs gloria Cœli, quia septem neruos habet veluti septem planetarum radios quosdam in se deriuatos, omnem planetarum vim obtinens; magnique in medicis rebus vsus erat, nec non in sacris, quæ septem Mundi Genijs peragere solebant. Videbis hanc herbam passim in Obeliscis, cœterisq; monumentis hieroglyphicis, vti suo loco exponemus.

Satyrion.

§ IV. ⲥⲉⲏⲛⲏ ✣ teste Apuleio, idem est ac Satyrion herba, eius generis, quam Arabes حصى الكلب, Græci κυνὸς ὀρχίδα, hoc est, *Testiculum Canis*, à bulbo vocant: Panion, teste Apuleio, vocatur ab Hierophantis, eò quòd vel manu tentum vehementer ad salaciam & libidinem excitet, vnde non malè quoque Satyrion à Satyris salacibus, & Panion à Pane, fœcunditatis Genio, etymon suum traxit. Vaticanus Codex:

Apuleius.

حصى الكلب يسمومها حكما مصر فنيون لانها تهيج الباء ❊

Testiculus Canis herba est, quam Ægyptij Sapientes vocant *Panium*, quia potenter excitat ad coitum. Cui Aben Sina suffragatur.

Aben Sina.

حصى الكلب تهيج الباء حصى لا يسكن الاجسو مرق للخس والعدس ❊

Testiculus Canis herba ita coitum excitat, vt non sedetur, nisi iusculo è lactucis & lentibus assumpto. Vocatur autem ab Ægyptijs ⲥⲉⲏⲛⲏ à Luna, eò quòd sicuti Luna influxu humoris sui fœcundi rerum sublunarium vegetabiliumque causa est, ita & inter plantas ⲥⲉⲏⲛⲏ humorem genitalem censeatur mouere. Hanc herbam pariter inter hieroglyphica reperio Hircino
capiti

capiti adiunctam, Mendesiorum Deo dicatam; quo aptè significabant, non aliam herbam meliori iure dicari Pani hircino, seu Deo foecunditatis, quàm eam herbam, quæ & foecunditatem præstat, & potenter geneticam vim in corporibus excitat. Hinc nihil eâ herbâ sacratiùs, nihil salubriùs habebatur, vti suo loco interpretabimur.

§ V. ⲟⲣⲧⲉⲃⲓⲟⲕⲏ vel, vt corruptè Apuleius, Ophitebioca, idem est, ac Pentaphyllum in lingua Ægyptia, quam & Hierophantæ nunc πτερὸν Ἴβιδος, id est *alam Ibidis*, nunc Ἑρμῆ βοτάνω, id est, *herbam Mercurij* vocant. Erat huius herbæ vsus maximus in sacris Mercurij, quam Hermanibim vocabant, id est, Ibin Hermeticam. Cùm enim Ibis ales esset, ob rerum maximarum inuentionem Mercurio dicata, in quam se transformatum humano generi varia reuelabat tùm ad literas, tùm ad Medicinam spectantia, vti in Alphabeto mystico docuimus; rectè eidem hanc consecrabant. Cur verò πτερὸν Ἴβιδος, *alam Ibidis* dicerent, hanc causam do, quia Mercurius Numen ἀντίτεχνον Typhonis est, quem per Crocodilum signabant, quemque Ibidis ala siderabat. Hanc herbam in sacris vsurpatam volunt, quòd sicut Ibidis ala, teste Horo, Crocodilum siderat, & immotum reddit, ita omnem malignam, noxiam, & exitialem vim Typhonis virtute & assistentiâ propulsabat, & inefficacem reddebat Hermanibis. Sed de hisce passim toto hoc Opere.

Pentaphyllũ

§ VI. ⲛⲉⲙⲉⲛⲉⲥⲧⲫⲉ nomen herbæ, quam corruptè *Nemestsphe* Apuleius vocat, alij *Nesphe*, in Ægyptiaca lingua appellatur *Pulchritudo, seu decor Cæli*; Hieromantæ eam, teste Apuleio, vocabant αἷμα Ἀθηνᾶς, *Sanguinem Mineruæ*; nihilque aliud est, quàm nostra Camæpythys. Author Vaticanus.

Camæpythys

كافيطوس فهو قصبان وزهر حمر الى السود وخضر دقاق وزهرة الطعم مع قبض جشير وحرافة نون المرارة وورقة عسيبة دب الى الارض لمصريون نصفا ۞

Camæpythys thyrsi & flores rubei declinantes ad nigrum & subuirides, flosque amari saporis cum stipticitate pauca, eiusque acumen saporis est subamari, & eius folia herbida, subtilia, repentia super terram, Ægyptijs dicitur Nespha. Cui consentit Hebræus quoque Aben Sinæ Interpres;

כמאפיטוס הוא ענפים יציץ אדום נוטה אל השחורה
או אל ירקות דקים ויציצו מר והטבעתו חם בשנית ויבש
בשלישית:

Camæpythys rami & flores rubri, declinantes ad nigredinem, & flos eius amarus, natura quoque calida est in secundo, & sicca in tertio. Huius herbæ vsus erat in sacris Mineruæ siue Isidis Saiticæ, ob occultas naturæ proprietates, quas dictam herbam cum hac Deastra habere putabant.

Artemisia herba.

§ VII. ⲁⲛⲉⲕⲉⲛ interpretamur ex Ægyptiaco *Bonum*, nihilque aliud est, quàm herba Artemisia, quam â bonitate ita vocant; Hierophantæ, teste Apuleio cap. 10. eam vocabant, nunc Bubasteoscordium, ⲃⲟⲩⲃⲁⲥⲧⲉⲟⲥ ⲕⲁⲣⲇⲓⲁⲛ id est, *Cor Bubasti*, nunc ⲛⲉⲥⲁⲡ erat autem Bubastus Vrbs Ægypti, in qua Dianæ & Canum cultus mirificè florebat, cui ideo non inconuenienter respondet Græcorum ἀρτεμισία, id est, *Dianæa:*

siue

siue igitur à Canibus, qui hanc herbam amant, & sibi ex ea medicinas, teste Antonio Musa, contra naturales morbos parant, siue à Diana sit primùm inuenta virtus huius herbæ, nihil interest; sufficit nobis demonstrare ⲁⲛⲉⲥⲉⲛ ⲃⲩⲃⲁⲥⲧⲉⲟⲥ ⲕⲉⲫⲁⲗⲁⲛ Ægyptiorum, & Artemisiam Græcorum prorsùs eandem herbam esse. Hierophantæ hanc herbam quoque αἷμα κρόνυ, id est, *Sanguinem Saturni* vocabant. ita Apuleius loco citato; & confirmat id Aben Sina, qui eam Saturninæ naturæ, & contra lassitudinem mirificâ vim obtinere asserit. Hæc herba Arabibus dicitur الدمسيسة Coptè quoque ⲧⲁⲣⲧⲉⲙⲉⲥⲓⲥ ⳽ & magno in sacris Isidis Bubasticæ in precio fuit habita; hac enim Isin, dum ad corpus Osiridis inquirendum Ægyptum peruagaretur, contra lassitudinem vsam, testatur Philadœmon l. de fuga Isidis; de quo & alibi in hoc Opere actum est.

Antonius Musa.
Apuleius. Aben Sina.

§ VIII. ⲥⲁⲫ︦ⳆSaphta, hanc vocem ex Copto interpretor, contra Deum, dicoque esse herbam, quam Græci & Latini Hyoscyamum vocant, Zoroaster, teste Apuleio, Τυφώνιον, eò quòd Typhoniæ naturæ sit, id est, ad insaniam excitans, & maximè diuinam in homine particulam, intellectricem videlicet facultatem sumpta corrumpens; vnde ad Typhonem placandum in sacris Ægyptiorum maximus huius herbæ vsus fuit; hac enim in sacris adytorum ritibus ter Crocodilum flagellare solebant, & conceptâ verborum formâ malignam Typhonis vim profligare, vti Author est Serapion Nicæus. Arabibus dicitur البنج, Coptitis ⲇⲟⲕⲉⲛⲉⲁⲉⲟ⳽⳽

Hyoscyamus.

§ IX. ⲥⲉⲫⲥⲉⲫ ⳽ corruptè apud Apuleium c. 19. *Sophosph*, eadem herba est, quam Arabes زراوند *Zeraund*, Latini, Græcique Ἀριστολοχίαν appellant. Codex Vaticanus:

Aristolochia.

زراوند حشيشة لمصريون صفصف طولها ندو من شبر ولون زهرة فرفيري
منتن الريح

Zarund herba Ægyptijs Saphseph, longitudo eius palmus, & color floris purpureus, grauis odoris. Aben Sina verò:

زراوند جلا ملطف مفتح مرفق جذاب يجذب الشوك

Zarund virtutis est abstergentis, aperientis, attenuantis, & attrahentis, trahit enim spinas & surculos. Hebræus Interpres Aben Sinæ ita dicit:

זראונט ביונית אריסטולוגיא במצרים ספסף עלין לעלי
הצמח שנקרא הביום והוא מין הלבלב:

Zarund, Græcè Aristolochia, Ægyptiacè Saphseph, florem alit similem flori, qui dicitur Habium, (forte Apium putat) *& est species Lablib.* Prophetas Ægyptios eam Ligeam appellasse, Author est citatus Apuleius.

§ X. ⲥⲉⲙⲙⲉⲉⲧⲱⲡⲓ in Ægyptiaca lingua denotat eam herbam, quam nos Chamæleam aut Mezerium vocamus; ita Codex Vaticanus:

Chamælea.

المزرين اسود في دما ليون لمصريون سامور

Metzerin nigrum herba est eadem cum Chamælea, Ægyptijs d Ela Samur. Hebræus etiam cum Marrubio confundit:

כמאלין הוא מן מהרוויון והוא שחור:

Chamæleon ex genere Marrubij, & est nigro colore herba. De hac, & præcedente herba, nullum inter hieroglyphica vestigium reperi.

§ XI. ⲉⲙⲓⲛⲓⲟⲛ Ægyptijs idem est ac herba Dracontæa; ita *Dracontæa.* Apuleius cap. 14. *A Græcis*, inquit, *dicitur Dracontæa, alijs Asclepias, alijs Pithonion, alijs Anchomanes, alijs Sancromaton, quibusdam Ancryssa, aliquibus Chereon, nonnullis Sceon*: *item Dorcadion, Prophetæ Typhonion vocant, alij Crocodilion, alij Ostanes*: *Zoroaster Theriophonon, Ægypty Eminion*; *Draconis sanguine fertur nata*. Dicitur autem Pythonion, eò quòd ex Pythonis serpentis sanguine nata feratur; Typhonion, quòd Typhonis, hoc est, igneæ naturæ sit; Crocodilion, quia amica Crocodilis; Θηροφονον, quia caustica quâdam vi occidit animalia eam sumentia. Sunt qui hanc Dracontæam cum Culcasia confundant; perperam; siquidem Culcasia, quam & natiuam Brassicam appellant, gratissimum sese præbet Aegyptijs edulium. Dracontæa autem, siue ⲉⲙⲓⲛⲓⲟⲛ idem ijs videtur esse, quod nobis Arum; quam herbam è genere Dracontææ esse Mathiolus docet & Clusius, quæ *Matthiolus.* & mordacitate quâdam igneâ seu causticâ vi maximè pollet; ita vt in insaniam eam sumentes ferè redigat, vnde & nomen Aegyptiacum videtur traxisse, quasi mente moueat: etsi quidam Arum quoque cum Colocasia confundant. Dicimus itaque Eminion, neque Colcasiam, neque Arum esse, sed Dracontæam maiorem, quæ & thyrso pellem maculatam, & flore, folijsque linguam serpentum refert, & eo ipso tempore è terra pullulat, quo serpentes; & eodem, quo serpentes, conditur. Aegyptiorum traditio est, sanguine ex vulnere ab Horo Typhoni inflicto, teste Apollodoro, natam esse; vnde non sine ratione Pythonion, Dracontæa, Typhonion dicitur; vsus eius erat in sacris, quibus Typhonem placare contendebant.

§ XII. ⲡⲉⲙⲥⲉⲙⲡⲧⲉ ✝ id est, *Donum Dei*; ita vocant Aegyptij *Verbenaca.* Verbenacam, herbam satis notam, & Magicâ quâdam vi præditam, corruptè ab Apuleio *Pemsempte* dictâ. Prophetas eam Iunonis lachrymam vo- *Apuleius.* calle Chiron Author est apud Apuleium: Græcè inquit, ἱερὰν βοτάνω, alij ἀριστερεὼν ὀρθὸν, alij διόδατον, alij περιστερεῶν, alij παίχρωμον, alij Colletis: Demetrius & Aesculapius Cyparisson, Pythagoras Erisceptron, alij Aristeron, Aegyptij Pemsempte, Prophetæ ἱερὸς δάκρυον. Dicitur etiam πεντέμφθα *Donum Dei*, & ἱερὰ βοτάνη, ab vsu, quia ea in sacrificijs vtuntur Aegyptij; ἀριστερεὼν, eò quòd Columbis sit amica & sympathica; παίχρωμον, quod vsus eius omnibus conueniat; Erisceptrum, vel meliùs, τὸ τοῦ ἔρωτος σκῆπτρον; *Sceptrum amoris*, quòd in philtris vsus eius adhiberetur; Lachrymæ Iunonis denique à Mythologis nomen inuenit.

§ XIII. ⲁⲛⲧⲟⲩⲉⲣⲙⲃⲉⲥⲟⲩⲥ Apuleius corruptè Antuermbesus, id *Buglossa.* est, *Lingua Bouis*, siue Græcè βούγλωσσον; hanc cum Hierophantis Chiron appellat γόνον τῦ ἀλίεως, *Semen Felis*; Arabes لسان الثور *Linguam Bouis*; eius vires vide apud Apuleium c. 41. De hac herba cùm nihil inter hieroglyphica repererim, de ea quoque ampliùs dicere superuacaneum esse ratus sum.

K 2 § XIV.

Marrubium.

§ XIV. ⲁⲥⲧⲉⲣⲟⲡⲏ ⳨ Ægyptiacè, idem est ac *Oculus Sideris*; eamque herbam dicimus, quam Latini Marrubium, πράσιον Græci, Hierophantæ nunc αἶμα τᾶ Ταύρε, *Sanguinem Tauri*, nunc γόνον τᾶ Ὥρε, id est, *Semen Hori*, appellant. ita Author Vaticanus.

فراسيون حشيشة مرة الطعم لمصريون استرب جارء في الثانيا يابس في الثلثة ※

Phrasium herba amari saporis, Ægyptijs Asterop, calida in secundo, sicca in tertio gradu. Cui adstipulatur Hebræus Aben Sinæ Interpres.

פראסיון הוא עשב בלועז מרוביום מרה מטעם מפתח וממרק ומתיך וממס ומחתך:

Id est, *Phrasium herba est Marrubium lingua extera, amari saporis, aperit, abstergit, liquefacit, resoluit, & incidit*. Dicitur Oculus Sideris, id est, Solis, eò quòd in sacris Hori magnus eius herbæ vsus. Vnde & Mystæ eam vocabant γόνον τᾶ Ὥρε, *Semen Hori*, quem nos Solem interpretamur alibi. Vtebantur hâc herbâ Sacerdotes in sacrificijs Hori & Serapidis, vti suo loco dicetur; pollet enim multùm Horæâ seu Phœbæâ virtute, id est, Solari, maximusque eius in Medicis vsus erat.

Scilla herba seu Cæpa muris.

§ XV. ⲥⲕⲓⲗⲗⲁ ⳨ nos eam herbam, quam Scillam vulgò vocant, interpretamur: Arabes eam vocant اسقيل *Eskil*, siue بصل الفار *Cæpam muris*, Hieromanthæ Ægyptij Τὸν ὀφθαλμὸν τᾶ Τυφῶνος, id est, *Oculum Typhonis* appellant. ita Apul. c 42. & Hali eam Scillam quoque putat.

اسقيل هو بصل الفار سمي بذلك لانه يقتل الفار وهو حريف قوي فقال قوم لانه العنصل لمصريون سليطا ※

Eskil est cæpa muris, ita dicta, quòd mures interficiat, & est acuta vehementer, & voluerunt aliqui eam esse Scillam, Ægyptijs dicitur Slitha. Vocatur autem Typhonia herba, ob summam nocendi vim, & facultatem prorsùs igneam, cuiusmodi Typhonem fuisse Plutarchus docet, lib. de Osir. & Iside. Ideo Ægyptij non malè hanc Typhonis oculum, cùm à colore igneo subflauescente, tùm à figura & qualitate adustiua, appellarunt. Nam vt rectè Aben Sina ait:

اسقيل لونه اصفر الى البياض ومنه خنس سمي قتل وطي يغضهم لانه البلميوس من اجل علامة التي وجدها ※

Eskil coloris flaui subalbescentis, & ex ea genus quoddam veneni prorsùs lethiferi, & putauerunt aliqui, quòd sit ipse bulbus Napelli, propter signum quod inuenerunt in eo. Interpres Hebræus dicta confirmat:

אשקיל הוא בצל עכבר חם בשלישית יבש בשנית ימתיך ומרקיק מאור:

Askil cæpa muris, calida in tertio gradu est, & sicca in secundo, estque resolutiua, & attractiua sanguinis, adustiua, vlceratiua, subtiliatiua, & incisiua, cum virtute vltra virtutem suæ calefactionis. Quos omnes effectus Typhonios esse, quis non videt? Hanc herbam Ægyptij Sacerdotes, teste Plutarcho, tanquam Typhonium quid & prorsùs exitiale, summopere detestabantur, tùm ob virulentiam huius plantæ, tùm ob contrarietatem, quam cum

Luna

THEATRVM HIEROGLYPHICVM. 75

Luna habet: crescente siquidem Luna, decrescit, & decrescente Luna crescit. Quæ itaque de cæpis narrat Plutarchus abominationi habitis apud Aegyptios, id nequaquam de cæpis ordinarijs, quo edulio nil in Aegypto tritiùs, sed de cæpa scillitica intelligendum esse scias; quam & non sine causa oculum Typhonis appellabant. *Cæpas quas abhorrebant Aegyptij.*

§ XVI. ⲥⲗⲉⲧ ϯ idem est ac Nasturtium nostrum, de qua herba vide Apuleium cap. 20. & Aben Sina, voce حرف aliosque Latinos Botanicos. *Nasturtium.*

§ XVII. ⲧⲁⲃⲟⲣⲓⲕ ϯ vox Ægyptia est, significans eam herbam, quam Arabes بابونج *Babungs*, Latini Chamæmillam, Græc. παρθένιον, ἀρυσό-λαβον, χρυσόκαλον vocant, cuius virtutes & proprietates vide apud Aben Sina voce citata, & Chironem apud Apuleium. *Chamæmilla.*

§ XVIII. ⲥⲧⲉⲗⲉϥϯ ϯ *Cura Dei*, corruptè Apuleio Thephin vel Themphin, eam herbam esse dicimus, quam Arabes *Basselraghi*, Græci πολύγονον, πολύκαρπον, χυλιόφυλλον, Mystæ γόνυ τε ἡρῴ@, *semen Herois* vocant, Latini denique Sanguinariam, Proserpinacam, à serpendo per terram ita dictam; quidam etiam Miserdiuinum vocant, de quibus vide Botanicos, voce Polygonon. *Sanguinaria herba.*

§ XIX. ⲡⲉⲗⲉⲗⲓⲁ ϯ vel vt Hierophantæ eam nominant, ⲕⲟⲫⲟ ϯ teste Chirone apud Apuleium, est idem ac Cyclaminus, de quibus suo tempore copiosior dabitur dicendi locus. *Cyclaminus*

§ XX. ⲉϣⲱⲟⲧⲓ ϯ corruptè Apuleio *Etui*, interpretamur capillum Veneris, siue πολυξίχον, quam & Græci ἀδίαντον Arabes بر شوشان *Barschiauschan* vocant: nascitur in locis humidis, & fontium parietibus familiaris est. *Capillus Veneris.*

§ XXI. ⲡⲓⲥⲓⲛⲉ ϯ vel ⲥⲏⲏⲣⲓⲛⲧⲉⲛⲏⲣⲓ ϯ herba est, quâ *Prolem Solis*, interpretamur, estque Heliotropium, teste Chirone apud Apuleium, qui & id ἡλιόστρεφον, quod ad Solem se continuò vertat, appellat; alij ἡλιέραν, id est, *Caudam Solis*, eò quòd vt animal Caudam, ita Sol hanc herbam sequi faciat. Vocatur & Sideritis, quòd sicut magnes ferrum, ita Sol hanc herbam trahat. Ægyptij hanc herbam in summo honore & æstimatione habebant, cùm absolutissimam flore suo Solis imaginem exhiberet. Hanc inter hieroglyphica optimo sanè iure Accipitri appictam reperio; est enim Accipiter Sol: herbæ verò flos Solis exhibet sponsam, quæ Solis amore rapta eum motu sollicitudinis pleno sequitur, tantâ constantiâ, vt in mensuræ temporis hieroglyphicum ideò eum assumpserint Ægyptij. *Heliotropiū*

§ XXII. ⲙⲉⲛⲓϥϯ ϯ idem est, ac *Genius Lunæ*, corruptè Apuleio *Emenipse*, estque ea herba, quam Dictamnum Latini, ἀρτεμίδιον, videlicet à Diana, quæ Lunæ Genius est, appellant Græci; vocatur & eadem de causa à Theophrasto σεληνογόν@, *Sperma Lunæ*. *Dictamnus. Theophrastus*

§ XXIII. ⲗⲟⲧⲟⲙⲉⲧⲣⲁ ϯ corruptè Apuleio *Lotonietra*, herba est, quam Nymphæam Ægyptiam vocamus, Lotusque dicitur, de cuius mira vi vide Theophrastum. Dicitur autem Lotometra, quòd Cœli cursum *Nymphæa, seu Lotus.*

sum, seu Solis suo flore quasi metiatur, eiusdem prorsùs virtutis, quà præcedentem plantam præditam docuimus. Arabes vocant نيلوفر *Nilufar*; etsi Nilufar distincta sit à Lotometra; hæc enim præbet edulium suauissimum Ægyptijs, ob vim tamen extinctiuam caloris noxia est. Est igitur Nilufar propriè idem cum nostra Nymphæa, quam Algam siue Papauer palustre vulgò vocant, à virtute extinctiua Veneris; quidam etiam clauum Veneris dixêre, vocaturque ab Ægyptijs ⲃⲓⲕⲓⲛ̅ⲧⲉ.

Nufar seu Nilufar herba

§ XXIV. ⲧⲣⲁ̄ⲝⲓⲁ id est, *Vinculum religionis*, eò quòd ab illicitis desiderijs carnis hominem vsus huius herbæ vindicet: ita Author Vaticanus.

نيلوفر هو كرنب الما ويسمي حب العروس وحراس النسك برد ورطب في
الثانيه شرابه ملطف جدا ٭

Nilufar Caulis aquaticus est, & vocatur Granum sponsi, & custodia continentiæ; frigidus & humidus in secundo gradu, & potus vehementis extinctionis est. Cui consentit Interpres Aben Sina Hebræus his verbis:

נילופר או ננופר עשב יצמח במי האגמים ויעיל להסר
הסרח ויחסר תאות ומפיא טפת הזרע בסגולה שבו :

Nilufar seu Nenufar herba est germinans in aquis palustribus, minuit luxuriam, frangit vehementer desiderium coitus, & congelat sperma, occulta quâdam proprietate, quæ in ipsa latet. Quibus consonant verba Dioscoridis. Νυμφάια & ἄλλοι ἢ ὕδασι ταύτιοις. Φύλλα δὲ ἔχει ὅμοια κιβωρίῳ σμικρότερα δὲ ἢ ἐπιμηκέστερα, πολλα ἐξέχοντα τῆς ὑδατος, πίνει δ' εἰ τὴν ῥίζαν καὶ πρὸς ὀνειρωγμοὺς ἐπιδάιτα᾽ γὰρ τούτοις. ἀτονίαν δ' ἐξάγει αὐδοίοις πρὸς ὀλίγας ἡμέρας, εἴ τις ἐνδεξεχῶς πίνοι. *Nymphæa*, inquit, *in paludibus, stagnantibusq́ aquis nascitur, folia habet Fabæ siue Loto Ægyptiæ similia, at minora, oblongioraque, plura ab vna eademque radice prodeuntia: bibitur contra Veneris insomnia, eadem enim omninò adimit, quin & aliquot continenter diebus epota, instrumenta generationi ita debilitat, vt omni tentigine sublata, frigidi ac impotentes reddantur, qui biberint.* De hac herba ita loquitur Prosper Alpinus in libro de plantis Ægyptijs c. 34. *Hanc*, inquit, *herbam eandem prorsùs cum Nymphæa, quam Arabes Nuphar appellant, existimo, in toto quidem flumine Nilo Ægyptia loca lambente, nulla alia planta est inuenta, quæ notas Loti præseferat, quàm Nymphæa ipsa, quæ profectò planta similis est, vt de Loto affirmat Dioscorides, Colocasia seu Fabæ Ægyptiæ; floremq́ fert album (loquor de maiori Nymphæa) lilio valde similem, quem his verbis expressit Theophrastus: flos candidus lilijs foliorum angustia proximus; verè enim hic maioris Nymphæ flos est, qui Sole occidente clauditur, atque sub aqua occultatur, atque oriente supra aquas assurgit, & foras exit, aperiturque; quod non modò in Ægypto, verùm in multis Italiæ locis in hac planta obseruatur, maximèque in locis circa Venetias, lacunosis & palustribus; valles siquidem Morgheræ & Mestri plurimas has plantas ferunt, in quibus quisque, quod à Theophrasto, Dioscoride, atque alijs multis de Loto dicitur, planè obseruari potest. Hanc herbam quoque Theophrastus dicit in Euphrate crescere, caulem ipsum & florem vespere mergi vsque ad medias noctes, totumque abire in altum, vt nè dimissa quidem manu possit inueniri, verti deinde, paulatimque suberigi, & ad exortum Solis emer-*

Prosper Alpinus

emergere extra aquam, ac florem patefacere, atque etiamnum exurgere, vt planè altè ab aqua abſit. Quid porrò Ægyptij per hanc herbam hieroglyphicè indigitauerint, fuſè in Tabulæ Bembinæ expoſitione declarabitur, & in Obeliſco Pamphilio paſſim de ea agitur.

§ XXV. ⲥⲟⲝⲙⲉⲟⲛⲁⲥ ❀ Mentaſtrum interpretamur, ab Hierophantis dictum σπέρμα τῶ Ἀπόλλωνος, in ſacris Ægyptiorum vſus eius perſrequens; Arabibus dicitur Naanaa, de quo Aben Sina. *Mentaſtrum.*

نعناع حار يابس في الثانية وفيه رطوبة فضيلة فجه قوه مسخنه قابضه
يمنع وإذا أترك ظافات منه في اللبن لم ينجبن ۞

Naanah calida & ſicca in ſecundo, & in ea humiditas ſuperflua, vſque in ea calefactiua, ſtiptica, prohibens; & cùm fruſta ipſius in lacte ponuntur, id nunquā in caſeum condenſabitur. Vocatur & SemenSolis ab ArabeAli, voce iam citata. Lego quoq; Mentham ab Hierophantis αἷμα καὶ γόνον τῶ Ἄμμωνος appellari. Vide Apul. c. 94. Vſus Mentaſtri ob odoris ſuauitatem, & phœbæam, quâ pollet, virtutem maximus erat in ſacrificijs Oſiridis Solaris, & Eubulus Ægyptius teſtatur lib. de odoribus.

§ XXVI. ⲥⲙⲉⲉⲓ ❀ idem eſt ac Seriphium, ſiue Abſynthium marinum: Ali id deſcribit his verbis: *Abſynthium marinum. Ali Arabs.*

اسمينتين ينمت في المصر كثيرا ومضمومًا سوى وحشمشه تسبه لورق السعين
وفيه مرارة وقبض وحرافة ۞

Abſynthium germinat multum in Aegypto, & vocatur Sumi, herba ſimilis folio Origani, & in ea amaritudo, & ſtipticitas, & acuitas ſumma. Hæc herba pulchrè expreſſa in tabula Bembina in manu Iſidis, cui ſacra erat, conſpicitur; eius myſtica ſignificatio erat, quòd ſicuti Iſis Luna temperat ſiccitatem Solis, aquas verò quibus influit, naturali quâdam acrimoniâ radiorum diſſoluit, ſubtiliatque; ita Seriphium, aquis malignâ qualitate imbutis impoſitum, eas corrigit, & à malignitate vindicat. Sed de hoc vide, quæ copioſiùs ſcripſimus in Obel. Pamph. & tabulæ Bembinæ expoſitione.

§ XXVII. ⲥⲫⲗⲟϥⲙⲓ ❀ hâc voce, teſte Chirone apud Apuleium, vocant Aegyptij herbam, quam nos vulgò Mercurialem vocamus, ſolutiuâ vi præditam; Myſtæ αἷμα βασιλῆον, id eſt, *Sanguinem regium* vocant. *Mercurialis herba.*

§ XXVIII. ⲥⲙⲝⲙⲙ ❀ idem eſt ac Bryonia, Officinis vitis alba, Arabibus فاسيرا *Phaſira*, cuius vires vide apud Botanicos. *Bryonia.*

§ XXIX. ϥⲉⲛⲣⲉ ❀ nihil aliud eſt, quàm Scolopendria, quam quidam cum Aſplero confundunt, eò quòd potu ſumpta ſplenem minuat, ſpleneticiſque proſit. Arabibus ۞ استقولوفندريون *Scolopendria.*

§ XXX. ⲉⲣⲉⲑⲟⲥⲁⲉⲙⲟⲛ idem, quod Cyclaminus eſt; ita ex Chirone Apuleius, Græcis πωδκίδων, Arabibus بيانس *Baiàns*, de quo vide Aben Sina, Serapionem, alioſque Botanicos Arabes. *Cyclaminus.*

§ XXXI. ⲡⲁⲛⲭⲁⲣⲁⲟⲓ eſt idem, quod *Omne bonum*, vel *ad omnia bonum*, eſtque herba, quam alij Origanum, alij Pulegium appellant. Vide Apuleium c. 93. Antonium Muſam, Colium Aurelianum, alioſque veteres Medicos. *Origanum ſeu Pulegium Apuleius. Anton: Muſa.*

§ XXXII.

Ruscus.

§ XXXII. ⲁⲗⲗⲉⲛⲩⲓⲥ ✤ corruptè Apuleio *Sremeros*, dicimus esse fruticem, quem Ruscum vulgò vocant. Græci μυρσίνιω ἀγείαν, *Myrtum syluestrem*, Arabes حارم, Aegyptij, teste Chirone apud Apuleium, ἅιμα Τιταίων, *Sanguinem Titanum*, vel *Myrtum Alexandrinam*, دم الكندش, vel etiam ἅιμα Ἴβιδος, *sanguinem Ibidis*, appellant. Hanc herbam in conflictu Deorum ex sanguine Titanum ortam, Author est Eubulus l. de Deorum in Aegypto metamorphosi. Ibidis verò sanguis vocatur, quia hic Crocodilos siderat, qui Titanes seu Typhoniā turbam exprimunt; quam virtutem cùm hæc præsens possideat, mirum non est, hanc ab Ibidis sanguine etymologiam nactam esse.

Cuscuta.

§ XXXIII. ⲁⲉⲛⲧⲟⲣⲟⲃⲟⲛ ✤ nos Cuscutam interpretamur, quasi diceres, ὄρόβον τῆς δένδρων, id est, *Orobum arborum*, siue ὀρόβει᾽αχια τῆς δένδρων, herbam arbores strangulantem, siue in arbores tyrannidem exercentem, cuiusmodi Cuscutam esse, nemo nisi ἀφυτόγνωμος ignorat. Sunt tamen, qui Smirnium, siue Olusatrum Ægyptios hoc nomine appellasse velint, sed perperam: est enim insignis inter has herbas differentia, vt peritis constat.

Portulaca.

§ XXXIV. ⲙⲟⲧⲙⲟⲩⲧⲓⲛ ✤ idem significat, quod *liberans à morte*: ita Portulacam Ægyptij vocabant: Hierophantes verò ἅιμα Ἄρεος, *sanguinem Martis*. Author Vaticanus.

بقلة للحمق حشيشة احر معرف لمصريون مدمون بارد في الثالثة رطب في الثانية

Portulaca herba nota, Aegyptijs Motmut: frigida in tertio, & humida in fine secundi. Vocatur autem Motmut in Ægyptiaca lingua, eò quòd febribus malignis, & omnibus inflammationibus Ægypto proprijs, mirificè & vnicè conferat. Sanguinem Martis vocabant Mystæ μ᾽ τὼ αἴτιφεσιν, eò quòd adustam & torridam seu Martiam bilem frigiditate atque humiditate suâ temperet, malignitatéq; eius expellat, teste Abē Sina فينفع من الحميات الحارة & quòd febribus calidis mirum in modum prosit. Hanc herbam in Tabulæ Bembinæ expositione cum mysticis suis rationibus illustratam vide.

Betonica.

§ XXXV. ⲥⲣⲁⲧⲟⲩⲣⲓⲁ ✤ quam corruptè Antonius Musa *Hierathiorine* vocat, Betonicam dicimus esse herbam, innumeris, vt cum Theophrasto loquar, virtutibus præditam; vnde non sine causa sacra Horo dicebatur Veteribus; quam & ψυχόβρφον, id est, *animi nutricem* haud incongruè dictā lego, quia capiti, quod intellectricis animæ sedes, & habitaculū est, mirificè confert. Verùm qui plura de viribus huius herbæ desiderat, consulat citatum Antonium Musam in particulari de ea conscripto libello, Apuleium, Theophrastum, Dioscoridem, aliosque veteres Botanicos.

Antonius Musa. Dioscorides. Apuleius. Theophrastus.
Coriandrum.

§ XXXVI. ⲟⲭⲉⲓⲟⲛ ✤ Coriandrum est: ita Arabes Botanici sæpè citati in voce كزبرة *Kazbare*, quod Coriandrum significat.

Atque hæc sunt, quæ de Aegyptijs plantis dicenda existimaui; quorum quidem in sequentibus hieroglyphicorum interpretationibus amplior fiet mentio.

SYN-

SYNTAGMA I. MENSA ISIACA,
SIVE TABVLA BEMBINA.

SERENISSIMO PRINCIPI
LEOPOLDO GVILIELMO
Archiduci Austriæ, Supremo Belgij & Burgundiæ Gubernatori, nec non Magno Teutonici Ordinis Magistro.

DOMINO MEO CLEMENTISSIMO.

IN aureis illis beatisque Ægyptiacæ felicitatis seculis ad regium dignitatis culmen euectis, post peractam inaugurationem, mox opulentum conuiuium parari solitum fuisse refert Athenæus; in quo quot fercula, tot symbolica virtutum regiarum, & ad regnum bene beatèque administrandum necessariarum schemata, stupenda hieroglyphicorum metamorphosi adornata ponebantur; vt Rex regium thronum subiens, insolenti hâc symbolorum paraph.si, veluti tacito quodam documento sollicitatus, quod ex commissi sibi officij administratione potissimùm competeret, id ex subtili hoc & pleno ingenij apparatu addisceret. Mensam hoc loco Augustæ Serenitati Tuæ, non ciborū corruptibilium, non eduliorum hominibus æquè ac brutis communium varietate stratam, apponendam duxi, sed vt cum priscis loquar, nectare & ambrosia refertam Deorum immortalium; ex qua quotquot gustassent, eos filiorum Dei consortio beatos, æternas in Elysijs campis choreas acturos sibi persuadebant Ægyptij. Quicquid enim in totius Ægyptiacæ Sapientiæ ambitu mirum arcanumque existit, id mirificâ quâdam Sacramentorum maiestate obuelatum in hac Mensa veluti in epitoma quadam spectandum exhibetur; vnicum proinde Sacerdotum Speculum, cuius contemplatione, quid in humanarum actionum administratione amplexandum, quid fugiendum, veluti ex vberrimo quodam diuini Numinis Oraculo se explorat uros confidebant. Quamuis verò hæc Christiano pectori, vtpote suis inuoluta superstitionibus, non admodum curanda sint; quia tamen in densissimis etiam tenebris, & lutulentis meandrorum ductibus subinde pretiosi nitent Carbunculi, id est, sub quadam typorum analogia, Christianæ fidei ac veræ religioni haud absimilia sacramenta elucescunt, quæ quo erga religionis cultum animo, quo erga Deum Cælitesque pietate & veneratione esse debeamus, haud obscurè nos instruunt; non omninò aspernandi duxerim. Cùm itaque, Auguste Princeps, magnæ menti Tuæ, quâ Orbem penè vniuersum virtutum Tuarum admiratione defixum trahis, ita comparatum sit, vt symbolicis ingenij lusibus data opportunitate obnixè indulgeas; certè cui maiori iure, quàm Tibi hanc præsentem Isiacæ Sapientiæ Mensam instruerem, inueni neminem. Quam quidem glorioso & heroico nominis Tui titulo tantò libentius consecro, quantò maiori gratitudinis obligatione me Tibi, ob innumera nullo non tempore collata beneficia, deuinctum esse sentio. Vale Belgij delicium, & seculi nostri Heroicum decus; & vnâ me sub Serenissimæ protectionis Tuæ scuto, vt cæpisti, foueto.

L   SYN-

SYNTAGMA I.

Mensæ Isiacæ, siue Tabulæ Bembinæ Interpretatio.

ΠΡΟΟΙΜΑΤΙΟΝ·

EXHIBEO tibi tandem, Lector curiose, iam dudum promissam veram & genuinam celeberrimæ illius Isiacæ Tabulæ, quam à Bembo Cardinale eius olim possessore, Bembinam vocant, interpretationem; cuius lectioni antequam te committas, hæc à te paucis contendo: Primò vt Tabulá in multiplices suas areas distinctá, nec non diligentissimè suis signatá literis ante te positá, verba cum figuris exactè conferas; deinde rationes ad mentem Veterum Ægyptiorum adductas, non perfunctoriè aut superficie tenus, sed alta mentis trutina sedulò ponderes & expendas; ordinem denique & rerum expositarum contextum, ea qua in rerum abstrusarum notitia diligentia fieri & potest & debet, obserues. Quæ si præstiteris, rectum quoque, sincerum, & ingenuum, nullis cauillis obnoxium de vera & genuina eiusdem à me peractá interpretatione iudicium te daturum confido. Vale, eaque fruere.

CAPVT I.

De nomine & origine huius Tabulæ Isiacæ.

ΕΤΜΕΘΟΔΕΡΩΣ in hoc libro processuri, ab ea Tabula interpretationis nostræ exordium ducere statuimus, à qua coeterarum ordine secuturarum rerum argumenta, veluti à fonte riui dependent. Tabula dicitur Isiaca, quia Isiacæ, hoc est, Ægyptiacæ Theologiæ summam continet; Bembina dicitur, eò quòd Bembus Cardinalis summo Reipublicæ literariæ bono eam primus ab interitu vindicatam Orbi protulerit. Nam à fabro quodam serrario, qui illam in Borboniana Vrbis direptione comparauerat, pretio non contemnendo redemptam, veluti admirandum quoddam veteris Sapientiæ monumentum in Museo suo rebus omnibus ad literarum, antiquitatumque notitiam spectantibus instructissimo vsque ad mortem conseruauit: quo satis functo tandem Duci Mantuæ cessit, in cuius Gazophylacio inter illustrium antiquitatum monumenta asseruata fuit, vsque ad annum 1630, quo in miseranda Mantuanæ Vrbis direptione ita euanuit, vt tametsi summo studio institum sit, vt sciretur, quid tandem de ea factum sit, in hunc vsque diem nemini explorare licuerit. Tabula longitudinem habuit quinque palmorum, latitudinem quatuor. Tota ærea fuisse perhibetur, & figuris partim encausto, quod Smaltum vocant, partim argenteis lamellis, quibus

Tabula Isiaca seu Bembina, cur ita appellatur.

Bembus Cardinalis Isiacam tabulam conseruauit.

Bembina tabula in direptione Mantuæ periit.

Bembinæ tabulæ magnitudo, materia, & ornamenta.

sigufigurarum ornamenta & habitus mirè condecorabantur, affabrè infertis, conftitiffe; quam & primus omnium cælator eximius Æneas Vicus Parmenfis, curâ Torquati Bembi, ad prototypi magnitudinem fummo ftudio ac diligentiâ æri incifam, Ferdinando I. Cæfari dedicauit. Hanc eandem deinde deficientibus exemplaribus denuò incidendam dedit Herwartius Ducis Bauariæ Cancellarius, quam & Theatro hieroglyphicorum infertam euulgauit; ex quo nos omni, quâ fieri potuit, diligentiâ eam in minorem proportionem traductam hîc curiofo Lectori exhibemus. Quod dum facimus, non parua difficultas exoritur, an à Veteribus Romanis, an ab Ægyptijs monumentum hoc, inter cœtera fanè celeberrimum, confectum fuerit? Non defunt, qui Tabulam hanc à Romanis concinnatam fentiant; alij ex Aegypto vnà cum alijs rerum Aegyptiarum monumentis, quibus vnicè Romani inhiabant, allatam, & in Ifidis templo pofitam afferunt. Atque hi veriùs mihi coniecturare videntur. Certè Tabulam in Aegypto à veteribus Hieromantis concinnatam, ipfarum figurarum ratio, & myftica compofitio, quin & artificium ftylufque pingendi, quæ Aegyptiacum ingenium prorfùs fapiunt, fat fuperque demonftrant, minimè verò à Romanis, quorum proprium erat, nunquam Aegyptiacum fimulachrum adeò purum effingere, quin femper nonnihil illi ex Latia Theofophia depromptum affingerent; quemadmodum paffim toto hoc Opere demonftratum fuit. Cùm itaque Tabula hæc præfens purè hieroglyphica fit, nec quicquam ex cœterarum Gentium literatura, aut fculptura, picturaue admiftum habeat; irrefragabiliter concluditur, illam ab Aegyptijs, & in Aegypto, & quod amplius eft, ante Cambyfis in Aegyptum factâ irruptione, eo videlicet tempore, quo maximè hieroglyphicæ literæ in Aegypto florebant, confectam effe. Accedit quòd ea confici non potuerit, nifi ab ipfis Hierogrammatiftis, quorum officium erat, hieroglyphicas infcriptiones difponere, difpofitas Obelifcis, faxis, valuis, menfis Templorum incidendas tradere; quæ quidem characterum notitia, cùm iam veterum Romanorum temporibus defecerit, certum eft, hanc à Romanis perfici nullâ ratione potuiffe; à prifcis itaque Aegyptijs confecta fuit.

Bembinæ tabula ex Aegypto fuit Romam tranflata.

CAPVT II.

Quæritur quem hæc tabula vfum habuerit apud Aegyptios.

ADyta Ægyptiorum, in quibus Sacerdotes facra operari, ritufque, & cœremonias fuas exercere folebant, fubterranea loca erant, fingulari quodam artificio ita conftructa, vt nihil non myfteriofi in ijs occurreret. Muri ex omni parte pleni tùm hieroglyphicis picturis, tùm fculpturis, in quorum medio ara erat pofita, cuius planum feu abacus erat hieraticis literis infignitus; iuxta menfam fauiffa feu cifterna erat facra, Nilotica aquâ, quæ per occultos meatus illuc deriuabatur, referta: in menfa ve-

Adyta Aegyptiorum Sacerdotum, qualia, & quibus rebus inftructa.

fa verò maximorum Numinum simulachra, & tota Geniorum concatenata series adeo reconditis symbolis exhibebantur, vt non tantùm, quemadmodum stultè sibi imaginabantur, summorum mysteriorum abditos recessus notarent, sed & ad quemcunque voluissent Geniorum, per horridas & execrandas adiurationes, analogosque ritus & cœremonias sistendum, efficaciam haberent infallibilem. In his itaque adytis seu remotis ab omnium hominum consortio recessibus docebatur Theologia illa mystica Ægyptiorum arcanior, hieroglyphicísque descripta symbolis, Sacerdotalis ordinis hominibus tradebatur. Quæ omnia testatur Arnobius cùm de Ægyptio Mago loquitur ; *Magus*, inquit, *suis clandestinis artibus omnia illa perfecit, Ægyptiorum ex adytis potentium Angelorum nomina & remotas furatus est disciplinas*. Clemens Alexandrinus de Pythagora disserens : Ὁ Πυθαγόρας ϖεριετέμνετο, ἵνα δὴ καὶ εἰς τὰ ἄδυτα κατῃδὼν τὴν μυσικὴν παρ' Αἰγυπτίων ἐκμάθῃ φιλοσοφίαν. *Pythagoras circumcisus est, vt in adyta intromissus mysticam ab Ægyptijs traditam disceret Philosophiam*. Iustinus Martyr quæst: ad Ortodoxos 25. Τίμια δὲ ἦν πότε παρ' Αἰγυπτίων μαθήματα ἱερογλυφικὰ καλούμενα ὑπὸ τοῖς ἀδύτοις ἢ τοῖς τυχοῦσι, ἀλλὰ ἐν τοῖς ἐξαιρέτοις ϖραδιδόμενα, ἀστενομία δὲ καὶ ἀστρολογία παρ' αὐτοῖς ὅτε χυδαῖα τε καὶ ϖεζα, καὶ ἀλόγαια μαθήματα λόγιστο. *Id temporis hieroglyphicæ disciplinæ in pretio erant apud Ægyptios, quæ in adytis tradebantur lectissimis quibusuis, non hominibus de triuio; Astrologia verò abiecta, circumforanea, & vulgaris erat apud eos*. S. Clemens ad Iacobum de Hæretico Mago quodam dicebat ; Εἰς Αἴγυπτον ϖορεύσομαι, καὶ τοῖς τῶν ἀδύτων Ἱεροφάνταις καὶ Προφήταις φιλιωθήσομαι. *Ibo in Ægyptum, & Adytorum Mystis, Sacerdotibus & Prophetis amicitia sociabor*. Neque tantùm adyta Ægyptiorum summè celebrabantur ab omnibus, sed & libri Magici, quibus coniurabant Dæmones, & sui eos iuris facere nitebantur Sacerdotes, vti memorat Lucianus in Philopseude: Εἶδόν τε τὰς βίβλους λαβὼν, εἰσὶ δή μοι Αἰγύπτιοι μάλα πολλαὶ ϖερὶ τῶν τοιούτων, καὶ εἰς οἰκίαν, καὶ ϖερχεσάμενος τὴν φερμένην ἑπάγω ἐπίρρησιν Αἰγυπτιάζων τῇ φωνῇ. *Domus infestabatur à Dæmone, ego autem accepi libros, quos plures huiusmodi apud se habebant, veni domum, & quàm maximè horrendo carmine Dæmonem exegi, vocem imitatus Ægyptiam*. Quinam alij sunt libri huiusmodi, nisi quos diximus, tabulæ varijs hieroglyphicis, id est, Magicis signis instructæ? Quæ adeo vera sunt, vt vel ipsa Sacra Scriptura Hebræis huiusmodi abominationes, quas in adytis ad morem Ægyptiorum in subterraneis locis exstructis peragere solebant, exprobrare videatur. Tale adytum fuit, quod Deus Ezechieli monstrabat c. 8. v. 7. *Et introduxit me ad ostium atrij, & ecce foramen vnum in pariete, & dixit ad me ; fili hominis, scinde parietem ; & cùm scidissem parietem, apparuit ostium vnum, & dixit ad me ; ingredere, & vide abominationes pessimas, quas isti faciunt, & ingressus vidi*.

וְהִנֵּה כָל־תַּבְנִית רֶמֶשׂ וּבְהֵמָה שֶׁקֶץ וְכָל־גִּלּוּלֵי בֵּית יִשְׂרָאֵל מְחֻקֶּה עַל־הַקִּיר סָבִיב סָבִיב:

Et ecce omnis similitudo reptilium, & animalium, & vniuersa idola domus Israël depicta erant in circuitu per totum. Quid hîc aliud nobis exhibetur, nisi absolutissima similitudo adytorum Ægyptiorum? quorum proprium erat, omnes mutos, valuas, tabulas, mensas, & altaria Deorum suorum imaginibus

SYNTAGMA I. MENSA ISIACA. 83 CAP. II.

nibus infignire, vt habet facer text: *Et feptuaginta Viri de Senioribus domus Ifraël; Et Iezonias filius Zaphan ſtabat in medio eorum ſtantium ante picturas, & vnuſquiſque habebat thuribulum in manu ſua, & vapor nebulæ de thure conſurgebat.* Vel vt Thargum habet: *Et columna nubis incenſi aſcendebat.* Quid aliud nobis exhibetur, niſi ritus & cœremoniæ Sacerdotum Aegyptijs Dijs in adytis fuis facrificantium? Atque ex his omnibus fatis luculenter patet, fuiſſe adyta inſtructa omni hieroglyphicæ doctrinæ ſupellectile, quâ quicunque ordinis Sacerdotalis gradibus apti cenfebantur, imbuebantur. Inter cœteras verò adyti partes aræ & menſæ hieroglyphicis potiſſimùm infigniebantur fchematifmis; nè id, in quo ſumma myſteria conficiebantur, myſterijs carere videretur. Atque talis fuit menſa noſtra Iſiaca, feu tabula, quam nobis exponendam aſſumpſimus; quæ vti totius adyti pars fuit præſtantiſſima, ita præ cœteris ſummâ curâ ac diligentiâ appabatur, vti hîc factum videmus. Menſam verò hanc aræ loco feruiſſe, inde conſtat, quòd Ægyptios fecuti Hebræi, Græci, & Latini, aras & menſas paſſim confundunt. Hebræos fortunæ menſam poſuiſſe, Iſaiæ cap. 65. v. 11. habetur: הַעֹרְכִים לַגַּד שֻׁלְחָן *Ponentes fortunæ menſam*: vti Thargom Vzielidis:

Thargum Vzielidis.

Adyta Aegyptiorum, hieroglyphicis inſtructa.

Menſæ adytorum Aegyptiacorum inſtructæ hieroglyphicis.

Tabula Bembina erat Menſa ſeu Ara in adytis Aegyptiorum Iſaiæ.

Thargum Vzielidis.

וְהַמְסַדְּרִין לְמָעֲוָות פְּתוֹרִין וְדַחֲלָתְהוֹם אַגָּנִים:

Idolis fuis menſas, & Dijs fuis terrificis crateres. Vbi plerique Rabbini menſas cum aris confundunt, vti Tomo I. fol. 354. fusè oſtendimus. Verùm vt hæc enucleentur:

Notandum, menſarum maximam fieri in omni antiquitate mentionem: erant enim Dijs confecratæ, & in locis facris religioſifque repoſitæ, fine quibus nihil conficiebatur; in his mactare, immolare, omnis generis vafa reponere folitum erat. Hinc à Græcis θυωροὶ, ἑδράζω θυωροὶ, appellabatur, id eſt, teſte Hefychio, menſa facris vſibus confecrata ἧ τὰ θυμφυλάσσω ᾳ, in qua ea, quæ Dijs offerebantur, reponebantur. vide Diogenem Laërt. in Pherecid. & Pollucem l. 4. de partibus Theatri. Arnob. l. 1. *Sacras*, inquit, *facitis menſas, falinorum appoſitu & ſimulachris eorum. Menſæ*, inquit Feſtus, *in ædibus facris ararum vicem obtinebant.* Vt proinde Cicero non fine ratione aras, focos, & menſas in Oratione de Aruſpicum refponſis appellare voluerit. *Deorum*, inquit, *ignes, ſolennes menſæ, abditi & penetrales foci.* Porrò menſam diuinis myſterijs aptam, Feſtus tradit Anclabrin fuiſſe dictam, vti & vafa quoque ænea, quibus Sacerdotes in facrificijs vtebantur, Anclabria, nimirum ab antiquo Plautino verbo Anclare feu Antlare, fiue id à Græco verbo αἰτλῶ, id eſt, *haurio*, fiue à priſca voce, *anculare*, quod idem ac *miniſtrare* fignificabat, deductum fuerit. Certè Deos Deaſque olim Anculos & Anculas, fiue miniſtras fuiſſe vocitatas, Feſtus fuprà citatus fat fuperque demonſtrat. Fuerunt autem diuerſis Dijs diuerſæ menſæ dedicatæ. Hinc menſas curiales Iunoni, quæ Κυρία dicebatur; menſas Mythriaeas apud Pollucem Mythræ; menſas Aphrodiſiæ Veneri; menſas denique Iſiacas, Iſidi confecratas, & vti diuerſis Dijs confecratas, ſic ex diuerſis materijs Dijs analogis confectas fuiſſe

Menſarum Sacrarum frequens apud Antiquos vſus.

Heſychius. Dio: Laërt.

Arnobius.

Feſtus. Cicero.

Menſæ facræ appellabantur apud Antiquos Anclabræ.

Menſæ diuerſæ diuerſis Dijs dedicatæ apud Antiquos. Pollux. Menſarum Dijs dedicatarum diuerſæ materiæ.

fuisse legimus. Hinc Ioui & Apollini mensæ aureæ; Dianæ, Veneri, Iunoni, argenteæ; reliquæ Deorum turbæ, marmoreæ; ligneæ denique Deorum pedissequis Numinibus destinabantur. Valerius Maximus non alia de causa Dionysium Syracusanum tanto habitum odio fuisse tradit, nisi quòd neglectâ religione mensas aureas & argenteas ex Apollinis templo sustulerit. Et Cicero de natura Deorum; *Iam mensas*, inquit, *argenteas de omnibus delubris iussit auferri, in quibus quòd more veteris Græciæ inscriptum esset, Bonorum Deorum, vti se illorum bonitate dicebat*. Idem Verrem mensas Delphicas è marmore, crateras ex ære pulcherrimos, vim maximam vasorum Corinthiacorum ex omnibus ædibus sacris abstulisse dixit. Erant itaque, vt multa paucis complectar, mensæ sacræ nihil aliud quàm aræ; quæ apud Veteres tanta semper in veneratione fuerunt, vt inde prouerbia promanârint, pro aris & focis decertare, id est, nullam rem tanti æstimandam, quàm eam, quæ Deorum immortalium Numinibus consecrata fuerit; & Aristophanis illud, Ἐν ἀχαρνεῦσιν οἷσιν ὔτε βωμὸς, ὔτε πίστις, ὔθ᾽ ὅρκ@ μέμα, *Quibus nec ara, nec fides, nec vlla durant fœdera*, de summè perfidis, quales Spartanos fuisse dicit, prolatum. Iurantes quoque manu aram tetigisse Virgilius docet:

Tango aras, medios ignes, ac Numina testor.

Et Cicero pro Flacco; *Is si aram tenens iuraret, nemo crederet*. Erant præterea aræ, siue sacræ Mensæ asyla & perfugia hominum sacrosancta. Cicero post reditum; *Qui nisi in aram tribunatus confugisset, vim Prætoris effugere non potuisset*. Idem pro Roscio; *Sicut in aram, sic confugit in eius domum*. Et in Tuscul. quæstionibus: *Tanta progenie orbatum, cùm in aram confugisset, hostilis manus interemit*. Ab ara itaque non licebat supplices abstrahere, cuiusmodi erat ara Concordiæ, cuius meminit S. Hieronymus, ad quam si quis confugisset, tanquam ad Cæsaris statuam, auelli inde eum nefas habebatur.

Ex his fusiùs forsan, quàm par erat, expositis, patet, ararum, mensarumque originem non aliunde quàm ab Ægyptijs profluxisse; quibus, vti dixi, solenne erat, mensas in adytis ponere, non qualescunque, sed hieroglyphicis affabrè adornatis, tùm ad reuerentiam ritibus & cœremonijs conciliandam, tùm ad potentiùs efficaciùsque Numina, quæ adiurationibus suis sollicitabant, quorumque imagines symbolicis habitibus ibidem exhibebantur, trahenda, institutas. Has in medio templi seu adyti ponebant, teste Aben Vaschia in lib. de seruitute Ægypti.

والفيلسوفوں مصر اقيموا في الهيكل المادبں منقوشہ في حروف الطيور

Et in templo erat mensa, in qua omnis generis literæ & figuræ animalium incisæ spectabantur. Atque talis haud dubiè mensa fuit hæc præsens tabula hieroglyphica ære fulgida, splendore diuinitatis, quæ in ea coli putabatur, prorsus æmula. Atque hæc de vsu tabulæ sufficiant.

CA-

SYNTAGMA I. MENSA ISIACA.

CAPVT III.

Argumentum huius Tabulæ, seu Mensæ Isiacæ.

IMitantes Aegyptij ipsam Vniuersi naturam, fabricamque Deorum, teste Iamblicho, ipsi quoque mysticarum reconditarumque notionum imagines quasdam in symbolis conficiendis ostendebant, vt quemadmodum & natura rationes occultas in apparentibus formis quasi symbolis exprimit, & Dij idearum veritatem per manifestas imagines explicant, ita & ipsi operarentur. Cùm ergo cognoscerent, quòd superiora omnia inferiorū similitudine delectentur, atq; insuper optarent à superioribus bonitate repleri; vt pro viribus ea imitarentur, meritò & ipsi conuenientē superis agendi modum pro viribus offerebant, dum occulta mysteria symbolis inserebant manifestis, in quibus interpretandis *dimitte voces, accipe sensus*. Hoc itaque cùm in more positum esset Aegyptijs, mensam hanc sacram construxerunt, cuius vti maximus in sacrificijs, Deorumque cultu vsus fuit, ita symbolis quoque summo ingenio excogitatis, vniuersam suam Theosophiam in ea exhibere visum fuit. Quemadmodum itaque in mensa opipara, omni ciborum exquisitissimorum apparatu instructa, nutritiua hominis facultas cibos in substantiam aliti conuertit; ita in hac sacra & mystica mensa Deorum immortalium conuiuio excepti Sacerdotes, dum æternarum incorruptibiliumque substantiarum naturam mirificis, summèque appropriatis symbolis expressam subtili intellectus indagine contemplarentur, per actionum ibidem expressarum similitudinem perfectâ ijs vnione coniungi putabantur; qui finis huius tabulæ fuit.

Docet itaque mensa hæc primò, omnem triplicis Mundi, Archetypi, Intellectualis, & Sensibilis constitutionem; quomodo videlicet Paterna Mens, seu suprema diuinitas, veluti ex centro quodam in vniuersam Mundorum, tam sensibilium, quàm insensibilium circumferentiam agitata, omnia moueat, omnia animet, ac omnia triadis suæ charactere insigniat. Deinde quomodo per fundum paternum ex tribus triadibus constitutum (quod fundum nonnulli Iynga, quidam ἀσιαρχίω παντόμερον; alij, vti Platonici, Mundi animam, Philo σοφίαν κοσμοτεχνίτιν appellant) vniuersa moderetur: & quomodo vnaquæque trias Patre, Potentia, & Mente, triade perfectissima, fontanæ triadi fidei, veritatis, & amoris complicata existat. Videbis quoque in hac mensa diuinarum Potestatum (quæ sunt diuinæ ac supremæ Mentis, Iyngisque Paternæ asseclæ & administræ, quæque ex Paterno fundo veluti ex vberrimo quodam Oceano in omnes Mundi semitas disperguntur) ordinem, dispositionem, administrationem, & præsidia. Hîc spectantur Mundorum Rectores singuli suis notati insignibus, ignei, ætherei, & materiales. Hic fontium Patres, quorum cura est, principia rerum omnium disponere, & conseruare, inuiolabiles naturæ leges fundare. Spectabis, Lector curiose, eorum Numinum, quæ Antiqui Zonia & Azonia, id est, quæ nulli certæ sphœræ alligantur, concatenatas series, singula suis insignibus adornata, & in triadas quasdam

sub

OEDIPI ÆGYPTIACI THEAT. HIEROGL.

sub fœminino & masculino sexu, ad Paternæ Mentis exemplar, disposita, & ad supremi Numinis vultum conuersa. Hanc Deorum Dearumq; fabricam Sacerdotes in adytis operantes sedulò & intentâ mente contemplabantur, vt catenas seu Syras singulorum dispositorum agminum addiscerent, comperirentque ; compertas appropriatis analogisque rebus ibidem præscriptis attractas sui iuris facerent. Nam in hac veluti in typo quodam monstrabatur, quibus ritibus & cœremonijs, quibus rebus quoduis Numen ad id quod intendebant, impetrandum sollicitarent. Hic Amilicti, hoc est, implacabiles quædã Potentiæ; hic Hypozoci, id est, succinctores siue sustentatores ; quarum illæ, teste Psello, nunquam ad hæc inferiora flectuntur, & in causa sunt, vt animæ ab affectuum illecebris neutiquam demulceantur ; hæ verò Mundum sustinent ; quarum immobilitate vis declaratur firma & stabilis, sustentatione verò, custodiæ atque conseruationis cura ; quas quidem facultates designant per solas Mundorum causas & immobilitatem. Quorum quidem Numinum Choros in dictas classes idealibus quibusdam hierogrammatismis digestas, certis anni, mensium, dierumque temporibus Abaco interseruerunt, vt quo quisq; tempore rite coli, inuocari, & aduocari posset, constaret, vt Iamblichus docet. Non enim tempus quodlibet cuilibet aduocando Dæmoni opportunum rebantur ; sed id, cui Dæmon, aut Numen præesse, & aliquam proprietatis analogiam habere credebatur. Horum enim inuocatione rite peracta, primò ante omnia Sacerdotes sapientiam & mentis petebant illuminationem ; quam adepti, ab omni fatorum necessitate se absolui, & Θεολήπτυς effici putabant, perpetuo Numinum consortio beatos. Secundò, hisce cœremonijs, ritibus, cultuque iuxta leges præscriptas religiosè peracto, futurorum prænotionem euentuum per varias diuinationum species se consecuturos sperabant, Numinibus hoc pacto cultis & inuocatis, vti credebant, iam per somnia, modò per, visibiles verasque rerum formas, modò per alia & alia signa, & occulta symbola, mentes eorum ad futurorum πρόγνωσιν illustrantibus ; ex hac infirmitatibus suis paratas reperire se putabant Medicinas ; in hac amuleta contra omnium malignorum Dæmonum assultus efficacissima se reposita habere iactabant. Vt vel ex hac fusiori forsan quàm par erat periocha, sat pateat, hanc mensam nihil aliud fuisse, nisi totius Ægyptiacæ Theologiæ, tùm practicæ, tùm theoriticæ, epitomen quandam & anacephalæosin, vti ex sequenti interpretatione patebit. Quam antequam aggrediar, protestor, nihil me ex propria opinione aut sententia hic allaturum, sed omnes fidelis Oedipi partes tantùm adimpleturum in rerum hucusque incognitarum expositione. Et licet pleraque Magicis, Diabolicisque superstitionibus inuoluta sint ; ea tamen hac cautela & circumspectione adducentur, vt nemini eas offendiculo futuras sperem ; imò Christianum Lectorem ex hisce mille Diaboli technas in animarum exitium structas, nescio sub qua religionis cultusque diuini larua abditas, clarè cogniturum, cognitas remis velisque cum summo animæ fructu & emolumento deuitaturum, confido.

CA-

CAPVT IV.

Tabulæ seu Mensæ Isiacæ diuisio.

COnsideratur primò tota hæc Tabula A B C D, formâ parallelogrammi, iuxta spacium intrinsecum, & extrinsecum. Intrinsecum spacium diuiditur in tres regiones, iuxta trinum supremæ mentis exemplar; superiorem videlicet, mediam, & inferiorem. Suprema Regio continetur literis E F, & continet duodecim figuras andromorphas, seu hierogrammatismos in quatuor triades diuisos, & varijs multiformibusq; symbolis adornatos. Secunda regio seu media, quæ continetur literis G H, iterum in tria spacia subdiuiditur: medium literis Γ Δ Θ Φ insignitum, continet 7 figuras principales O, Q, R, S, X, Y, Z, multiplici symbolorum apparatu adornatas; duo verò, quorum dextrum extremum literis G Λ Ξ Π, sinistrum verò extremú P H M N literis notatur, vario figurarum, ornamentorumq; apparatu concinnantur. Infima regio literis I K intercepta pariter, vti suprema, duodecim principalibus hierogrammatismis andropomorphis exhibetur; quorum explicationem paulo post adducemus.

Vidimus intrinsecam figurarum dispositionem; iam extrinsecam paucis quoque declaremus. Extrinsecam dispositionem tabulæ limbus obtinet, quo totius tabulæ seu Mensæ consistentia clauditur. Est autem limbus quadruplex, superior, inferior, dexter, sinister. Superiorem A C, inferiorem B D, dextrum A B, sinistrum C D literis signauimus: quorum singuli varias hieroglyphicas ideas continent, vt postea videbitur. Restat præterea alia subdiuisio minorum limborum, quæ mediam regionem G Ξ H N à superiori & inferiori discriminat, varijs hieroglyphicis notatorum; quorum superior signatur literis G H, inferior Ξ N; transuersi verò Λ Γ Π Δ, & Θ P Φ M literis signantur. Σϕής verò quæ limbo maiori subijcitur, tantùm ornamenti loco seruit. Atque hisce portionibus totius tabulæ Syntagma completur; quorum arcanas significationes eo ordine, quo eum subdiuisimus, paulo post exponemus.

CAPVT V.

Anatomia Tabulæ, siue de habitibus, ornamentis, tutulis, baculis, & tota πολυμόρφωσι, hierogrammatismorum, eorundemque differentijs.

DIfferunt figuræ in hac Isiaca tabula octo potissimùm rebus, formâ videlicet, situ, gestu, operationibus, vestitu, tutulis, baculis, denique circumpositis sibi hierogrammatis, floribus, virgultis, literis minutis, animalibus; quæ omnia exponenda sunt.

Forma differunt; aliæ enim siue puram, siue mistam humanam figuram

CAP. V.   88   OEDIPI ÆGYPTIACI THEAT. HIEROGL.

guram referunt, vt in superiori regione; media & infima, paucis exceptis, patet; aliæ diuersis animalium laruis transformatæ, vt in limbo quadruplici apparet.

Situs.   Situ differunt, dum aliæ stantes, aliæ sedentes, geniculatæ aliæ, aliæ nauibus vectæ, aut abacis varie figuratis insistentes, aliæ denique alio situ spectantur; quæ occultâ significatione, vt postea patefiet, non carent.

Gestus.   Gestu differunt; aliæ siquidem brachijs nunc eleuatis, iam pendulis & efficaciter contractis manibus, aliæ ad currendum, ad adorandum aliquid aliæ compositæ videntur.

Operatio.   Operationibus differunt; nam videas hìc nonnullas veluti imperiosè aliquid iubentes & imperantes, quasdam suppliciter nonnihil petentes, alias sacrificantes, alias denique offerentes, & supplici animo exhibentes.

Vestitus.   Vestitu pariter discrepant, omnes tamen Ægyptiaco ritu adornatæ; sunt, quæ maxima corporis parte nudæ, & tenui vestitu à pectore aut vmbilico ad genua vsque velantur veriùs, quàm vestiuntur; & hic habitus vtplurimùm in masculis figuris spectatur: fœminæ amictu à mamillis ad pedes vsque extenso, & ligaculis quibusdam humeris implicato spectantur: præterea huiusmodi vestimenta iam reticulata, modò pennigerâ texturâ, aut alarum volucrium varie inuoluto velamine, nonnunquam stelligero cruciferoque contextu, alijsque symbolis per totum elaboratâ spectantur; quæ omnia plena mysterijs esse postea patebit.

Tutuli.   Venio ad ornamenta capitis, vbi summa quoque varietas & diuersitas rerum consideratarum occurrit: quædam enim statuæ iam vittis planis, modò in conum turbinatis, quarum aliquæ albo, aliæ nigro colore imbutæ sunt, capiti impositis cernuntur; nonnullæ velo teguntur simplici, quædam bilimbari fascia in vertice fixa effinguntur: supra vela verò recensita tutuli exurgunt, non minori rerum varietate adornati; plerique pennigeri, aut herbacei, floreique φλογο-κυκλο-οφιόμορφοι, id est, plerique diffusione flammarum, viperarumque exurgentium, vti & sphœrico corpore insigniti. Baculi seu sceptra quoque, quæ in manibus portant, multùm differunt; sunt nonnulla capite vpupæ, quædam flore Loti insignita, alia in sagittæ formam adaptata; non desunt, qui plantas aut pennas loco sceptri portent, plerisque Tautico charactere, id est, Cruce ansata instructis, vti ex tabula patet. Habent singuli Hierogrammatismi varia symbolorum syntagmata apposita, quæ nos ad tria capita reducimus. Sunt primò animalia tùm quadrupedia, volatilia, reptiliaque, tùm ex his mista. Secundò sunt minuti characteres hieroglyphici, quorum alij simpliciter apponuntur hierogrammatismis, alij intra oualem figuram conclusi spectantur, quas sacras tabellas in Obelisco Pamphilio denominauimus, indicantque nescio quæ amuleta ac phylacteria, vt suo loco dicetur. Tertiò sunt aræ, columnæ, & mensæ sacræ, vasis, ampullis, vrnis, crateribus, floribus, plantis refertæ; quæ omnia vti maximis mysterijs turgent, ita meritò singularem interpretationem merentur.

Baculi.

Hierogrammata circumposita.

Atque hæc est anatomia, quam primò, antequam interpretationem

ordi-

ordiremur, ob oculos curiosi Lectoris exponendam duximus, nè tabulæ omnium mysteriosissimæ expositionem confusè, temerè, & sine digestione, illotis, vt aiunt, manibus aggressi videremur. Nihil porrò restat, nisi vt iam manum operi admoueamus, & datam iam tot annis fidem, tandem debito soluti, præstemus.

Vera & genuina Mensæ Isiacæ, siue Tabulæ Bembinæ Interpretatio.

ORdimur tandem diuini Numinis auspicio Isiacæ tabulæ interpretationem, iuxta eum ordinem, sub quo eam in præcedentibus partiti sumus; & nè in tanta rerum explicandarum varietate & multitudine confusionem incurramus, singulas tabulæ partes per octo paragraphos enucleandas duximus, authoritates rerum expositarum non semper apposituri, sed Lectorem ad eas alibi, tùm in Obelisco Pamphilio, tùm in præcedentibus Tomis adductas per marginales numeros inquirendas remittemus, nè in tanta rerum authoritatumque coaceruatione filum interpretationis, cum fastidio & confusione Lectoris, impediatur; authoritates tamen rerum nunquam alibi comprobatarum integras semper apponemus. De hoc primò Lectorem monere voluimus, nè eum consilij nostri ratio lateret. Ad rem igitur. DEVS Optimus Maximus votis nostris aspiret.

Methodus seruanda in tabulæ Bembinæ interpretatione.

DIVISIO I.

Figurarum mediæ regionis Tabulæ expositio.

Bembinæ tabulæ regio media explicatur.

ÆGyptij diuinitatem per omnia diffusam contemplantes dupliciter sumebant, vel prout in solitaria æternæ Mentis vnitate constituta, & ab omni materiali rerum consortio longè remotissima, sempiterno suiipsius felicitatis bono in ineffabili diuinitatis recessu gaudebat; vel prout ad rerum creatarum ordines respectum quendam dicebat; in quantum videlicet veluti ex centro quodam in vniuersas Mundorum series per administros asseclasque sibi Genios & Secundeos euolutus omnia moderatur, omnia animat, omnia fœcundat, omnia denique ad Vniuersi sustentationem sollicitat. Cùm verò trinam quandam in Deo potentiam ponerent, atque adeo diuinitatem supremam triformi quâdam, vt ipsi loquuntur, potestate in vna substantia constitutâ, & ab Hermete Trismegisto posteris sub magna silentij occultatione sibi traditam, à qua omnia dependerent, quaue veluti signaculo quodam ideali omnes Mundanarum classium, tam sensibilium, quàm insensibilium ordines notarentur,

Ægyptij diuinitatem per omnia diffusâ dupliciter considerabat.

Trinam in Deo potentiâ ponebant Ægyptij.

CAP. V. 90 OEDIPI ÆGYPTIACI THEAT. HIEROGL.

tur, apprime nóssent; hinc aptè singularum triadum in Vniuerso elucescentium Systemata pulchrè singulas suis sibi appropriatis symbolis adornatas in hac Tabula expresserunt, vt iam exponemus.

Magna Deorum porta in medio Bembinæ tabulæ explicatur.

In medio itaque Tabulæ veluti centro Thronum $a b c d l m$, siue magnam, vt vocant, Deorum portam, magna symbolorum architectura fabricatam conspicis; cuius suprema coronis seu frons $a b$ flammas in serpentum surrectarum formam diffusas exprimit. Secunda coronis $c d$ globo aligero; Tertia $e f$, & calx $l m$ throni eodem insigniuntur. Stolones throni octopartitis circulis, qui quadratis circumscribuntur, insigniuntur. Coronis tota binis columnis $e l$, & $f m$, albo-nigris gradibus distincta, & Isidis capite instructa innititur.

Figura fœmino medio Bembinæ tabulæ insidens explicatur.

Huic throno inseritur figura sub fœmineo habitu, ab vmbilico ad pedes pennigero femoralium habitu, ab vmbilico sursum, versus pectus, innumeris densatur vberibus (tametsi in schemate non benè exprimantur). Caput eius vittâ Ægyptiâ velatum, velo supraexpanditur meleagris, quæ volatum affectat; huius dorso calathus, ex quo emergunt duo perseæ folia,& bina cornua,quæ circulum Scarabæi figurâ notatum intercludunt: vnâ manu sceptrum **Loti** flore insignitum tenet, alterâ eum gestum exprimit, quo imperiosè aliquid iuberi solet: sedi insidet rasæ, & canis sedentis figurâ insignitæ. Sub throno Abacus spectatur, cuius limbus circulis octopartitis, vt dictum, notatur; intra Abacum figura ponitur accubans, ex Leone & Accipitre composita, pedibus anterioribus Canopum continens à tergore verò globus ὀφιπερόμορφος; supra caput figuræ ἱερακολέοντος. Luna sextilis, cui stella insistit, iungitur. Throno astant vtrimque binæ columnæ floridæ $V W$, quibus duo aspides surrecto pectore tumentes sacris vittis ornati, veluti throni excubitores assistunt.

Assecla throno medio Bembinæ tabulæ aditantes.

Vidimus Thronum seu portam magnam supremæ Mentis; iam asseclas eidem circumstantes, & ad thronum supremum veluti conuersos contemplemur: quorum vtrinque tres, O, Q, R à dextris, a sinistris X, Y, Z, apponuntur; ex quibus O & Z stantes eodem habitu amictuque circundati spectantur: medij verò Q Τρίμορφος, & Y αἰδεόμορφος, sedentium habitu pinguntur. Symbola quæ portant, & tutuli, quos capite gestant, & thronus cui insident, postea exponentur. Bina verò simulachra vtrimque throno summo vicina sunt R & X, eo situ, habituque symbolorum, quibus vides, insignita. Sed his ita ritè propositis, iam quid hoc hieroglyphico symbolorum apparatu Ægyptij notàrint, exponamus.

Thronus Bembinæ tabulæ medius seu magna Deorum porta, quid significet hieroglyphicè. Plutarchus, Plato.

Thronus paulò antè descriptus nihil aliud indicat, quàm supremæ Mentis triformis in vniuersas trium Mundorum semitas diffusionem, ex cuius euolutione nascitur Mundus hic, siue Vniuersum hoc sensibile, quam Plutarchus domum Hori, magnam Deorum portam Ægyptij appellant; quem quidem ex trigono archetypo profluere alibi ex Platone probatum fuit. Coronis suprema throni seu portæ in medio flammarum ὀφιομόρφων diffusarum, indicat, Mentem supremam luce & vita plenam, æternam, incorruptibilem, ab omni materiei contagione segregatam, iuxta illud Zoroastris:

Zoroaster.

Ἡνίκα μὲν βλέψης μορφῆς ἄτερ δίιερον πῦρ λαμπομένου συιρτηδὸν ὅλον κậ βύθεα κόζμε, κλῦθι

SYNTAGMA I. MENSA ISIACA.   CAP. V.

κλῦθι πυρὸς τὰν φωνάν. *Cùm videris absque forma sacrum ignem micantem, saltando per profunda totius Mundi, tunc aduertas ignis vocem.* Atque hic est ignis ille abstractissimus, & in sublimitate diuinæ essentiæ absconditus, iuxta illud Zoroastris: Ἑαυτὸν ὁ πατὴρ ἥρπασεν, οὐδ' ἐν ἑῇ δυνάμει νοερᾷ κλείσας ἴδιον πῦρ. *Seipsum enim summus Parens Deus rapuit, neque in sua Potentia intelligibili Ignem suum conclusit*, sed ipsum reliquis communicauit Mundis. πάντα γὰρ ἐισιν πυρὸς ἑνὸς ἐκγεγαῶτα, *omnia siquidem ex vno igne producta sunt.* Sed quomodo id factum fuerit, videamus. Ex centro in Mundos euolutus primò illum communicauit Mundo Intellectuali Angelico per Spiritum; secundò Mundo Sensibili; tertiò Elementari: quæ omnia pulchrè ex throni symbolis patent. Diximus, coronidem *b a* supremam ὀφι-φλογόμορφον, indicare Mundum illum Empyreum seu Archetypum luce & vita infinita refertum; ex quo euoluta triformis Dei natura, vti Ægyptij loquuntur, ignem vitamque suam Intellectuali Angelico Mundo communicauit; quæ per *c d*, coronidem secundam, & per globum κυκλο-πυρσόμορφον aptè indicantur; hic enim Mundus ab omni materiali fœce repurgatus non nisi mente & intellectu concipi potest. Ex hoc deinde triformis diuinæ essentiæ natura euoluta, se sensibili Mundo communicauit; & primò quidem diuinæ & paternæ Mentis fundo, Iyngi pantomorphæ, quam Platonici nunc primam Mentem, iam Verbum, modò animam Mundi, Philo etiam σοφίαν κοσμοτεχνίτιν vocat; quam congruâ sanè symbolorum congerie in medio throni Ægyptij, tanquam in centro vniuersæ naturæ, quam moderatur, posuerunt. Sedet primò, vt innuatur potestas & dominium: sedes canes fulget, quia Iynx hæc Isiaca, seu paternum fundum in astro Sothios refulget, teste Diodoro: femoralibus variâ alarum texturâ expressis velocitatem sublimitatemque operationum, quibus in vniuersas Mundi semitas se diffundit, indicat: ab vmbilico ad pectus vsque innumeris densatur vberibus, quibus vniuersam Mundi machinam, necessariarum rerum vbertate continuò alit nutritque: Zonæ collo circundatæ Orbes denotant cœlestes, quos continuo motu agitat: velo tegitur caput, ad abdita & inaccessa naturæ, quæ operatur, mysteria indicanda: Meleagridem volantem capite gestat, ad varietatem entium vniuersæ naturæ, quæ aptè per Meleagridis diuersicoloris pennas indicantur, significandam: Canistrum dorso Meleagridis insistens, abundantiam, quam profert; folia perseæ sapientiam, quâ omnia administrat; cornua Lunam, & Scarabæus circulo inclusus Solem exprimit; quibus ostenditur Solis & Lunæ subsidio eam omnium dictarum rerum varietatem efficere; dextrâ manu sceptrum tenet lotiferum, quo ad exemplar Paternæ Mentis omnia se moderari ostendit; Loti enim flos indefesso motu Solem noctu diuque, teste Theophrasto, sequitur: imperioso verò sinistræ manus gestu, omnia eius mandatis iussisque substare innuitur; nam vt rectè Zoroaster: Πάντα γὰρ ἐξετέλεσε πατήρ, καὶ νῷ παρέδωκα δευτέρῳ, ὃν πρῶτον κληίζετ᾽ ἔθνεα ἀνδρῶν. *Nam omnia Pater perfecit, & Menti tradidit secundæ, quam primam vocant nationes hominum.*

Atque hæc est vniuersæ naturæ mater Isis πανδεχής, παμμαςός, κερατοφό-

Mens suprema triformis quomodo trino Mundo se communicauerit.

Angelici Mundi symbola.

Sensibilis Mundi symbola.

Iyngis pantomorphæ, seu Animæ Mundi symbola. Philo.

Diodorus.

Authoritates congruas hîc omissas vide in Obelisco Pamph. l. 4. & 5. Tomo I. Œdipi fol. 190.

Vide Obeliscû Pamph. l. 5.

Theophrastus.

Zoroaster.

CAP. V.   OEDIPI ÆGYPT. THEAT. HIEROGL.

Isis mater vniuersæ Naturæ.

ἐγὼ, μηγενέτολω, Σῶθις καὶ ἀςερκύων; Omnia Dea Isis, iuxta illam suprà in Politica Ægyptiorum prolatam inscriptionem: Ἐγώ εἰμι παντογενοῦς, καὶ ἓν, καὶ ἰσόμδρον, ᾗ ὁ πέπλον ἐμὸν οὐδεὶς τῶν θνητῶν ἀπεκάλυψε. *Ego Isis omne sum id quod est, & fuit, & erit, & meum peplum nemo mortalium vnquam retexit*; quæ quidem nulli alteri, nisi fundo Paterno, hoc est, Iyngi intelligibili seu Verbo Paterno competere possunt. De quibus vide primum Tomum fol. 185, vbi omnia hucusque dicta fusis authoritatibus comprobantur. Hoc est idearum Mundialium penuarium, quod aptè insinuatur per throni seu portæ stolones *g h i k* & per quadrata, quibus circuli octupartiti inscribuntur, continuato ordine circumcirca depicta: nam per quadratum, quaternarium, per circulos octopartitos, octonarium numerum indicari, in Geometria hieroglyphica ostendimus, quæ simul iuncta dant 12, mundanæ perfectionis symbolum, exprimuntque singulorum partialium Mundorum ideas, quas vide citato loco in tractatu de Geometria hieroglyphica expositas.

Idearum Mundialium penuarium lynx pantamorpha.

Rerum Mundanarum vicissitudines columnis throni Pantamorphæ Iyngis exprimuntur.

Quoniam verò in Mundo elementari omnia, dierum noctiumque, tenebrarum, lucisque, consensuum dissensuumque vicissitudine; in æthereo, motuum contrarietate; in intellectuali verò, Numinum antitechnia, consono-dissonis, ad Vniuersi conseruationem subijciuntur; aptè sanè hanc per thronum indicatam mundanæ domus constitutionem binis columnis gradibus albo nigris distinctis fulcitam expresserunt; quâ vicissitudines rerum, consensuum dissensuumque leges, sine quibus Mundus consistere minimè potest, aptè indicarunt. Vide quæ de hisce fusiùs egimus l. 4. Obel. Pamph. Hisce columnis Ophioniorum Agathodæmonum V & W, thronum stipantium ὀφιόμορφα sub Serpentum seu Aspidum forma, schemata apponuntur; quibus indicatur vita rerum, quâ singula huius Vniuersi domus tùm sensibilis, tùm vegetabilis naturæ membra per calorem & humidum animantur, viuunt, conseruantur; Aspis enim animal viuacissimum humido calidi symbolum est; quæ omnia in Obelisco Pamphilio amplissimis authoritatibus exposita sunt. Columnis floreis insistunt, vt ostenderetur, quòd Agathodæmones Ophionei omnibus rebus, per vitam & animationem, consistentiam dent in Mundo inferiori, æthereo, & suo modo in intellectuali. Mundanæ huius domus throno Abacus subijcitur, Mundi Elementaris symbolum, & is superiorum Mundorum ideis influxiuâ virtute, per globum aligerum suprapositum aptè indicatâ, propagatis plenus; quæ aptè per limbum octupartitis circulis refertum indicantur. Intra Abacum ponitur T Leo accubans, capite Accipitrino, & nigro spectabilis velamine, cum reliquis hieroglyphicis, vt vides. Per Leonem, terreum animal, tellus rectè indicatur, per caput Accipitris spiritu igneo pollentis, ignis Elementum; in capite Lunam sextilem tenet stellâ insignitam, quæ Lunæ stellarumque subsidio omnia inferiora gubernari indicant; per Canopum verò quem anterioribus pedibus tenet, aqueum Elementum appositè signatur, in cuius capite flamma bipartita conspicitur, & supra flammam duæ pennæ, queis aëreum Elementum indicatur; quod quidem nihil aliud esse, quàm aquæ per igneum

Serpentes thronum stipantes Bembinæ tabulæ quid significent.

Obel. Pamph: l. 4. & 5.

Abaci throno subiecti schemata explicata.

calo-

SYNTAGMA I. MENSA ISIACA. CAP. V.

calorem resolutæ effluuium putant; globus verò ὁρι-κυκλο-πῖιεο͂μορϕ☉· totum hunc Elementarem Mundum per supremi triformis Numinis potentiam & animari, & conseruari indicat; huius enim particulari concursu vita & consistentia rebus, quæ per columnas floreas appositas innuntur, conceditur; quæ omnia cùm diuersis Oedipi locis, vti & in Obelisco Pamphilio authoritatibus omnigenis stabilita sint, eas hoc loco repetere superuacaneum esse existimaui.

Restant characteres hieroglyphici minuti, qui Isidi adscribuntur, explicandi; quorum superiores hunc sensum efficiunt: *Porta quadripartiti Mundi, quà Pantamorpha Mundi Anima ingressa, omnia diuinæ prouidentiæ oculo penetrat, vitam largitur per quadrifidi tum superioris, tùm inferioris Mundi quinas portas influendo.* Inferiores verò hunc sensum præbent: *Vinculum portarum Mundi superioris & inferioris, quo per Agathodæmonem Ibimorphum zonarum catena mouetur.* Atque hanc Pantamorpham Naturæ Matrem ita appositè in suis hymnis describit Orpheus, vt eam exponere voluisse videatur.

Characteres minuti Isidi throno insidenti adscripti.

> *Natura omnium mater Dea, artificiosa mater,*
> *Suscitatrix, honorabilis, multa creans, Dæmon, Regina,*
> *Omnidomans, indomita, gubernatrix, vbiq; splendens,*
> *Omnium rectrix, honorata, præstantissima omnibus,*
> *Incorrupta, primogenita, antiqua, claros viros cohonestans,*
> *Nocturna, multa vastans, lumen ferens, ægrè detenta,*
> *Quietum talis pedum vestigium voluens,*
> *Casta Princeps Deorum, fine carens finis,*
> *Communis quidem omnibus, incommunicabilis verò sola,*
> *Ipsa pater sine patre, virtute valde gaudens maximâ,*
> *Beneflorens, nexus, amicitia, multis mixta, sciens,*
> *Dux potens, vitam ferens, omnia nutriens puella,*
> *Sufficientia, iudicium, gratiarum celebris Suada,*
> *Ætherea, terrestris, & marina Regina,*
> *Amara quidem perniciosis, dulcis verò obtemperantibus,*
> *Sapientissima, omnium datrix, nutrix, vbique Regina,*
> *Incrementum nutriens, beata, maturorum verò dissolutrix:*
> *Omnium quidem tu pater, mater, nutrix, & alumna*
> *Statim generans, beata, semine abundans, maturitatis motus.*
> *Omnium artifex, figula, multorum creatrix, Veneranda Dea,*
> *Æterna, metus ferens, multa experta, prudens Dea,*
> *Semper fluente turbine celerem impetum agitans,*
> *Omnium seruatrix, circularis alienæ formæ arbiter,*
> *In throno sedens honorabilis, sola iudicatum perficiens,*
> *Supra sceptrigeros grauiter sonans optima.*
> *Intrepida, omnia domans, fatalis Parca, ignem spirans,*
> *Æterna vita, & immortalis prouidentia,*
> *Omnia tibi sunt: omnia enim tu illa sola facis.*

Sed

Sed Dea supplico te cum fortunatis temporibus,
Pacem, sanitatem, ducere, incrementum omnium.

Habes hic primæ potissimæque partis tabulæ huius interpretationem. Vidimus itaque quomodo supremum triforme Numen ex Archetypo in Mundum Angelicum, & ex hoc in æthereum, & hinc in hylæum seu Elementarem Mundum sese explicet; vidimus quomodo Menti secundæ Pater omnia tradiderit gubernanda; quosque effectus in Mundis recensitis perficiat; iam videndum est, quomodo, & per quos asseclas seu administros Spiritus fundum paternum, seu vniuersalis Mundi forma iam explicata, omnia in Mundo administret.

Fundum paternum quid sit secundùm Ægyptios.

Tenuerunt Ægyptij, vti tùm suprà, tùm in Theologia hieroglyphica copiosè ostensum fuit, fundum paternum nihil aliud esse, quàm Verbum Patris, quemque Mundi Spiritum Platonici vocant, Chaldæi Iyngem, alij alijs nominibus intitulant; atque hoc ex tribus triadibus esse compositum; quæ quidem triades nihil aliud sunt, quàm Geniorum triplici ordine distinctorum cœtus quidam, quorum singuli Patre, Potentiâ, & Mente, constant; εἶτα, inquit Psellus in Zoroastræis Oraculis, πατρικὸν τινα βυθὸν, σέβον ἐκ τριῶν τριάδων συλλαμβάνων, ἐκάςη δὲ τριὰς ἔχι πατέρα, δύναμιν, κỳ νοῦν. Quàm aptè verò hæc Ægyptij expresserint, iam aperiamus.

Fundum paternum ex tribus triadibus compositum. Psellus.

DIVISIO II.

Quomodo fundum paternum, id est, vniuersalis Mundi anima in hac tabula in tres Triades secundùm Aegyptios diuidatur, interpretatio.

Fundum paternum Geniorum cœtus diuisit in tres triades. Prima trias.

Fundum paternum, siue Verbum ex triformis supremi Numinis essentia procedens, vt Ægyptij volunt, eodem triadis charactere insignitum, vniuersales Geniorum siue intellectualium substantiarum cœtus pariter in certas triadum classes, teste Psello, disposuit. Et prima quidem trias elucet in figuris V, S, W, qui sunt Ophionei Agathodæmones, quibus, vti diximus, pantamorphus Mundi spiritus, seu fundum paternum stipatum, omnibus vitam motumque præstat, per eius in triplicem Mundum, intellectualem, æthereum, & hylæum siue elementarem processum, vti paulò antè enodauimus. Secunda Trias quâ stipatur, denotatur à dextris per tres figuras O, Q, R; tertia verò à sinistris per tres figuras X, Y, Z; qui sunt veluti choragi quidam sui triadici ordinis. Et quoniam singuli triadici ordines Patrem, Potentiam, & Mentem continent, aptè sanè per figuras Q & Y, ordinis sui Duces Patres intelliguntur; R verò & X Potentiæ sui ordinis, O verò & Z Mentes sui ordinis; qui omnes paterno fundo substant, & ad id conuersi mandata in ministerijs suis ritè obeundis postulant; atque adeo natura pantamorpha primò ex hisce tribus triadibus V S W, O Q R, & X Y Z, constituta intelligitur. Verùm singulorum officina & ministeria explicemus.

Secunda trias
Tertia trias.

Singulæ triades habent Patrem, Potentiam, & Mentem.

Binæ

SYNTAGMA I. MENSA ISIACA. CAP. V.

Binæ itaque triades O Q R, & X Y Z, thronum Pantamorphi Numinis, seu fundi Paterni, conuersis in eum vultibus, situ, gestu, nutu desiderium, quo fundi paterni iussa in res fidei suæ commissas exequi ambiunt, ostendunt; quarum duæ mediæ Q & Y suis in triadibus Patres vocantur, authoritatem enim & dominium, quod in triadis suæ choros obtinent, sessione satis declarant; O verò & Z figuræ mentes fœcundas, vt postea ex symbolis patebit, notant; R denique & X potentiæ efficaces in triadis suæ choro vocantur. Sed symbola singularum examinemus, à Patribus initium facturi. Patres medium in triade locum obtinent, tanquam Mundi sensibilis, vt Psellus loquitur, ductores, mentiumque, ac potentiarum, quæ eos circumstant, directores. Omnes, vt dixi, in fundi paterni thronum veluti in centrum, à quo profluxerunt, & à quo dominij authoritatem hauserunt, conuersis vultibus, tùm venerationis ergò, tùm iussa fundi paterni executuri.

Singularum Triadum Patres, Potétiæ, & Mentes explicantur.

Patres triadũ explicantur.

Primum itaque dextrum triadis schema, Q litera signatum, figuram Ἰβίμορφον, id est, sub Ibidis forma, sedi tessulato opere variè contextæ insidentem, exhibet; cuius caput flammam bisulcam, tutulo, circulo, binis hinc inde emergentibus serpentibus insigniram, & fascem pennis germinibusque compactum sustinet; manu dextrâ Tauticum crucis ansatæ characterem, sinistrâ sceptrum Isidis capite notatum præferente. Sub sede bini Crocodili in oppositas partes obuersi; veluti pressi procumbunt, quorum omnium explicatio hæc est. Per hominem Ibidis capite transformatum Mercuriale Numen, quem Ægyptij Hermanubin vocant, indicatur; nam vt rectè in Obelisco Pamphilio Hierogrammatismo de Ibide ostensum fuit, Ibidis caput humanæ figuræ appositum semper Mercuribin humidæ substantiæ Numen, vti suprà quoque in Astrologia Ægyptiorum docuimus, indicat. Sedet, quia summâ potestate pollet: sedem tessulatam ex albo-nigris quadratulis effectam occupat, quo indicatur, tametsi in natura rerum omnia consono-dissona sint, luce & tenebris, calido & frigido, & summâ rerum vicissitudine discrepent; ea tamen Hermanubidis virtute ita aptè disponi, vt summam modò symmetriam & pulchritudinem, sine qua Mundus consistere non potest, concilient. Hinc rectè de Mercurio Orpheus, *Qui Mundi habenas tenet, variegatâ sede splendidus.* Hinc, arbitror, Græci Mercurio virgam ex albo & nigro variatam attribuunt; quam quidem dispositionem mysticam fusiùs descriptam vide in Arithmetica hieroglyphica tractatu de Sigillis Arithmeticis. Abaco verò *n t*, sedi inserto figura Coturnicis spectatur; quæ cùm aduersarum rerum symbolum sit, nihil illâ aliud indicatur, nisi quòd Ibimorphâ virtute mala bonis, frigida calidis, & humidis sicca ita concilientur, vt summum Mundo inde emolumentum emergat. Manu dextrâ Tauticum characterem tenet, quo influxinæ virtutis à supremâ Mente sibi communicatæ potestatem se continere innuatur. Sinistrâ sceptrum tenet Isidis capite insignitum, quo potestatem ab Iside seu Pantamorpha natura, seu fundo paterno accepta se exercere in res fidei suæ commissas, ostenditur. Velamine caput tectũ habet, ad mysteriorum arcanarum-

Explicatio figuræ Ibimorphæ literæ Q notatæ.

Ibiformis homo quid significet.

Obel: Pamphị fol: 348.

Tessulata sedes Ibiformis Numinis quid.

Coturnix sedis Ibimorphæ figura.

Crux ansata, sceptrum, capitis ornamenta Pantamorphæ naturæ.

CAP. V. 96 OEDIPI ÆGYPTIACI THEAT. HIEROGL.

narumque operationum vim, quâ in Mundo pollet, demonstrandam; flamma verò è vertice diffusa igneam caloris vim ; serpentes è globo emergentes vitam, quâ Mundum sibi commissum animat ; pennæ velocitatem & subtilitatem, quâ omnia penetrat ; fascis verò floreus foecunditatem, quæ inde consequitur, notant. Binos Crocodilos throno suo subiectos, quasi calcare videtur : per Crocodilos Typhoniarum potestatum malitia, quam Ibimorphum Numen cohibet significatur, & virtute suâ ἀντιτέχνῳ prosternit ; Ibis enim, teste Horo, solo tactu alæ suæ Crocodilum siderat : quorum omnium authoritates fusè allegatas vide in Obelisco Pamphilio lib. 4. de Hierogrammatismo Ibidis, & l. 5. fol. 449. Est præterea Ibimorphos hic Nilotici incrementi Numen ἐπιπρωταῖον, quod, teste Diodoro, & Plutarcho, in Nilometrio, vbi octodecim gradus attigisset, foecunditatem maximam pollicebatur, quam & gradus octodecim albo-nigri S V sub pede figuræ Q aptè sanè indicant ; omnem verò ab hoc numero excessum vel defectum veluti sterilitatis omen habebant, cumque Typhonis vel exsiccantis adurentisque humorem, vel suffocantis humore nimio terram virtuti adscribebant : quæ pulchrè sanè indicantur gradibus illis octodecim, vt diximus, albo-nigris signatis literis S & V sub Numinis Ibimorphi pede, quo Crocodilos Typhonios, qui humoris foecundi defectum vel excessum, quibuscunque possunt modis, procurare student, inhibere nititur. Verùm ad reliquas huius triadis asseclas procedamus. Diximus triades singulas fundi paterni tribus constare, Patre, Potentia, & Mente ; & Patrem seu Ducem triadis Ibimorphum Numen iam exposuimus ; quare ad Mentem triadicam explicandam calamum conuertimus. Mens huius triadis indicatur in tabula per literam O, sub foemineo habitu, quæ ab vberibus ad pedes amictu appropriato inuoluta, mammillam turgentem porrigit, collum eius varijs monilibus exornatur, manu dextrâ penneum sceptrum superiùs curuatum tenet, sinistrâ gestum imperantis exprimit ; velo Ægyptio tegitur, verticique superpositum habet craterem, ex quo emergunt bina cornua, quæ circulum comprehendunt phallo insignitum, cui superstant duæ pennæ ; præterea alam quadruplicem ex lumbo deriuatam versus terram in Crocodilos extendit ; apponitur ei columna cum amphora Ægyptia, quam sequitur inscriptio hieroglyphica ; quibus denique omnibus superponitur P, androsphynx, bisulcam flammam è vertice diffundens. Quæ omnia quid significent, explicandum est.

Figura itaque O Mentem indicat foecundam hypozocam siue succinctricem. Est autem Mens alicuius triadis nihil aliud, nisi conceptus Ibimorphi Numinis à diuina Mente communicatus, quo iuxta ideam à paterno fundo sibi impressam, in naturæ dispositione operatur, vt in Theologia Ægyptiorum docuimus. Foemineo incedit habitu, mamillâ turgente, ad indicandam nutrimenti abundantiam quâ omnia quadruplicis Mundi systemata sustentat, quæ quadruplici illa alarum compage, & infernè demissa aptè sanè indicantur ; hâc enim Typhonia vis nociua, & foecunditati quadantenus contraria, per Crocodilum indicata, sideratur.

Sce-

SYNTAGMA I. MENSA ISIACA. 97 CAP. V.

Sceptrum penneum manu tenet sinistrâ, quâ dominium in aërem primùm, deinde in subiectam sibi humidæ substantiæ œconomiam, per vas Niloticum columnæ insistens significatam, quasi rerum omnium sustentaculum, exprimitur; quæ & suprascripto minuto charactere hieroglyphico signantur, quorum hic sensus est: *Naturæ totius aëreus Agathodæmon vim suam communicat aqueæ substantiæ, eam fœcundando.* Præterea velato vertice craterem sustinet, craterem supremi Numinis, ex quo bonorum omnium profluit vbertas, vt Hermes in Pimandro docet. Cornua bouina Lunam notant, phallus in circulo interclusus diuinam quandam vim, fœcundatiuam Lunæ inexistentem, cuius ope mens hypozoca omnia velocitate per pennas indicatâ penetrat. Inter O verò hypozocam Mentem, & Q Ibimorphon Numen, P androsphynx ponitur, in supremo Numine ideaignis vtriq; substituto sibi Numini communicata, nihilq; aliud est, quàm diuinæ Mentis supremæ igneus quidam intellectus vigor, quo substituta sibi Numina signata, in operationibus suis exequendis infallibili lege progrediuntur, dum omnia ita attemperare ad diuinæ legis normam archetypam student, vt inde Mundi harmonia & pulchritudo elucescat; quod & minuti characteres hieroglyphici androsphyngi appositi docent, quorum sensus est: *Vitam, cœlestem diuinus arbiter humidæ substantiæ potenti virtutis suæ sigillo impressit.* Hisce expositis restat enodanda figura R, quæ in hac triade potentiam exhibet, virilemq; habitum mentitur, sinistro brachio demisso, manuq; efficaciter contractâ, sinistrâ sceptrum florigerum gestat, velato vertice tutulum gerens floribus & pennis compactū, ex quo vtriuq; dependet globus trigono seu pyramidi annexus, abacoq; insistit, rerum sibi subiectarū symbolis adornato. Sed explicemus singula. Itaque figura R Potentiam exhibet triadis Ibimorphæ, quia potestati eius omnia subduntur, & Ibimorphi Numinis mandata circa Mundi administrationem in executionem deducit; ideo diuaricatis pedibus quasi currere videtur, summam suam promptitudinem hoc veluti symbolo innuendo; nuda pingitur, quia eius essentia ab omni terrena contagionis labe immunis solâ mente apprehenditur; baltheo stelligero circumdatur, quâ vis eius, vti Tomo 2 fol. 189. docuimus, in Sidereo Cœlo notatur; brachium dextrum pendulum, & manus efficaciter contracta, summam eius in inferioribus disponendis tutandisque efficaciam notat; sinistrâ florigerum sceptrum tenet, quo in vegetabilem naturam dominium exprimitur, quod idem tutulus florido-pennaceus indicat; cirri bini annexos cum globo trigonos continentes indicant, omnes operationes & ministeria, quæ in Mundo sensibili Potentia hæc exercet, ex archetypo trigono profluxisse, vt ex Platone tom. 1. fol. 151. ostendimus. Abacus cui insistit, suis hieroglyphicis hunc sensum exprimit. *Summâ velocitate per cœlestem Zonam se humido Momphtæ regno, & piscinæ sacræ Ibimorphi insinuat, quâ actione cuncta aluntur, & sustentantur.* Figura denique S intra figuras Q & R posita, Accipitrem volantem, & reticulato velo insignem exhibet, qui pedibus virgam circulum peruadentem tenet, quâ supremæ Mentis archetypæ igneâ quâdam vi pollentis idea notatur, siue qua trias Ibimor-

pha

Mentis hypozoës hieroglyphica inscriptio.

Trismegistus.

Androsphynx P tabu: Bem: explicatur.

Androsphyn- gis P minutis characteribus hieroglyphicis Singularum triadum potentiæ explicantur.

Potentia figuræ R notatæ explicatur.

Obel: Pamph: fol. 1.

vid. & 8 tom: 3.

Plato. Abacus potentiæ R explicatur. Accipiter volans, & litera S in tab:Bem: notatus explicatur.

pha nihil operari poffet in commiffa fibi humoris difponendi œconomia. Expofitâ itaque triade O Q R, iam pari paffu alteram triadem X Y Z exponamus.

Trias XYZ tab. Bembinæ explicatur.

Notandum itaque, quòd vti Trias O Q R principium actiuum habitu mafculino refert, ita hæc trias X Y Z fe habet per modum principij paffiui, vti habitus fœminilis refert; & pulchro tefe ordine refpiciunt.

Ægyptij & Græci vtroqi fexu fua Numina exprimebant.

Ægyptij fiquidem, vt in primo Tomo Syntagmate tertio relatum fuit, promifcuè fexum in Dijs fuis confundebant; à quo & Græci difcentes, Numina fua vtroque paffim fexu infignierunt. Qui quidem fexus ita accipiendus eft, vt illa Numina, quæ alijs fibi fubditis imperarent, fe per modum habarent principij actiui, fubdita verò permodum principij paffiui.

Numina fub habitu mafculino principium actiui, fub fœminino paffiuum fignificant.

Sic Luna, vti principium actiuum geneticarum in Elementari Mundo operationum eft, Lunus dicebatur; vti folaribus fubftat influxibus, Luna vocabatur, vt alibi probatum fuit. Refpectu itaque fuperiorum fibi Præfidum, fœmineum fexum mentiebantur; refpectu inferiorum fibi fubditorum Numinum, mafculinum. Quod pari pacto in hifce triadibus vfu venit: tametfi enim trias X Y Z fœminea fit refpectu triadis O Q R, refpectu tamen fibi fubditorum, mafculam vim obtinet. Hoc pacto figura Y fubditur quidem figuræ Q, vti principium paffiuum; refpectu tamen alterius fibi fubditæ triados principij actiui rationem obtinet, & Pater dicitur, vt optimè Pfellus notat. Sed vt explicationis inceptæ filum profequamur; figura Y Nephta Ægyptijs triadici fui chori Pater, & Rector Mundi dicitur, vti fymbola fat fuperque demonftrant. Velato tutulatoqi vertice fedet in throno, ad fummam fibi à Pantamorpha natura authoritatem in omnia commiffam, notandam: cui fubftat figura Genij ingeniculati, & in fupplicantis morem efformati, fedi inferta cum flore Loti; quo indicatur, fubdita fibi Numina ad exemplar præftituti fibi Patris feu ductoris omnia fua peragere, ficuti Loti flos, vti dictum eft, Solem perpetuo motu fequitur. Abacus cui infidet, Leonis figuram continet,

Pfellus, Nephta, litera Y in tabula Bembina explicatur.

Momphta humidæ naturæ Præfes in Abaco fig. Y tab. Bemb.

quem in Obelifco Pamphilio l. 4. hierogrammatifmo Leonis, Momphta diximus, id eft, Nilotici incrementi; & humidæ naturæ, à quo nomen habet, Præfidem; quo indicatur, huius Patris & Mundi directoris dominio Momphtam fubftare, & ab illo circa incrementa aquarum difponendi rationes & influxus, vt flos Loti indicat, accipere. Menfula cum binis Niloticis vafis, Nilotica facrificia; & penna Accipitrina, Solis fiue Ofiris, cuius Nephta foror & vxor eft, tefte Plutarcho, motum oftendit, quo incitatus Momphta, incrementa Nili promouet, & ad fœcunditatem adaptat; & minuti characteres fupra menfulâ ita exprimunt: *Catena Naturæ in quadrifilum Mundum, & hinc in aqueæ fubstantiæ œconomiam deriuatur.* Ex altera verò parte minuti characteres hunc fenfum faciunt: *Dominium Momphtæ in inferiorem Mundum, & Niloticum humorem virtute motûs Nephtæ & Ofiridis.* Sed vt ad figuram Nephta reuertamur; tenet illa dextrâ manu baculum Cucuphomorphum, varietatis in Mundo rerum indicem; finiftrâ crucem continet, influxiuæ fibi à fundo Paterno virtutis prophylacticum fymbolum, vti fufè in Obelifco Pamphilio de Cruce anfata integro

Plutarchus.

Characteres minuti hieroglyphici explicantur in Abaco Nephtæ. Nephtæ habitus, & geftus explicantur.

SYNTAGMA I. MENSA ISIACA.

gro tractatu oftendimus: è velato vertice flamma bifulca emergit, quâ igneæ mentis vis & abfcondita innuitur; huic triplex fuperponitur frugum tutulus, quam tutulorum compagem Scarabæus Accipitrinis alis expanfis confpicuus veluti ligat & connectit: per tres tutulos, terna in Ægypto meffis indicatur, quam Nephta virtute & motu Ofiridis fiue Solis, per Scarabæum alis Accipitrinis extenfum indicati, præftat, viuificando & fœcundando omnia. Figura Z mentem triadis exhibet Nephtæam, & prorfùs eadem eft cum figura triadis Ibimorphæ O iam expofitæ; quare expofitionem eius confultò omittimus. Figura X potentiam in triade Nephtæa exhibet paffiuam; hinc fœmineo habitu, turgente mamilla, baculo florigero, brachio pendulo cum manu efficaciter contracta fignatur; quorum fignificationes cùm in figura R oppofita explicata fint, non attinet dicere. Tutulus huius figuræ à priori figuræ R differt, & eft κυκλο-οφι-πτερόμορφος, id eft, circulo, ferpentibus hinc inde emergentibus, & pennigero vertice conftat; quo indicatur triformis Numinis vis Nephtææ Potentiæ communicata ad rectè operandum; quemadmodum & α Numidica auis guttata, & β Accipiter folaris Numinis idea, alarum extenfione confpicua, cum fceptro & cruce anfata, fatis indicant, ideam videlicet triformis Numinis, & Polymorphi Solis Archetypi, quâ imbuta Nephta, & eius Potentia, varietatem rerum mundanarum per influxus efficaciam, operantur.

Figuræ litera Z expreffa.

Figura litera X expreffa in tab. Bemb.

 Vides igitur quomodo fuprema Mens mentium archetypa ex fuo diuinitatis receffu veluti centro quodam euoluta in Angelicum feu intellectualium mentium Mundum progrediatur, ideis fuis omnes & fingulas imbuat, hinc per Verbum feu profundum fuum, Παυτίνης, Zoroaftro tefte, Ἰδέαις κεχαρισμένος, ὧν πηγὴ μία, Omnigenis ideis gratiofum, quorum fons vnus eft, fe in fenfibilem Mundum ingerat; per tres triadas, Patrum, Potentiarum, Mentium, quæ veluti arcanæ intimæque Pantamorphæ naturæ fiue profundi Paterni affeclæ funt, omnia gubernet, animet, fœcundet, & conferuet; vides affeclarum mentium in Pantamorpham Mundi dominam, ceu in fontem fuum atque originalem fcaturiginem conuerfarum, ad iuffa eius executioni mandanda, promptitudinem.

Anacephalæofis dictorum.

Zoroafter.

 Habes hîc itaque myfteria Paterni fundi fiue Verbi Paterni, quam Iyngem Chaldæi, Ægyptij Hephta, Platonici etiam animam Mundi vniuerfalem, alij alijs nominibus nuncupant: nam vt fuprà diximus, & in Theologia Ægyptiorum fusè deduximus, tenebant Zoroaftræi Ægyptij vnum rerum omnium principium, & id vnum & bonum concelebrabant; deinde Paternum quoddam profundum venerabantur, ex tribus triadibus conftitutum; atque vnamquamque triadem Patrem, Potentiam, & Mentem habere. Quibus tribus nominibus principia quoque prima nominantur. Hanc itaque triadem fecundam poft fupremæ Mentis triformis triadem Proclus & Damafcius fæpè adducunt, & duplici nomine appellant, νοητὸς καὶ νοερὸς, intelligibilem & intellectualem; in qua is qui Pater dicitur, primo Patri refpondet; quæ dicitur Potentia, Verbo, hæc enim Patris Potentia appellatur; qui verò Mens feu Intellectus nomina-

Paterni fundi varia nomina.

Proclus Damafcius. Triadis fecundæ duo nomina.

CAP. V.   OEDIPI ÆGYPT. THEAT. HIEROGL.

Trinitatis Sſ. myſterium ab antiquis expreſſum.

minatur, intellectui secundo & principio tertio respondet. Quæ omnia, confirmat Damascius his verbis: ϗ τὼ χαλδαικὼ ὑμνεμβώλων τριάδα, *secundum Chaldaicam trinitatem celebrem*; quæ ita intelligenda ſunt, vt ſit trias quædam in Mundo Intelligibili & ſupremo, quem Archetypum & Hempta Ægyptij nominabant, in quo Pater & Potentia & Mens vnum eſſent eſſentialiter, quemadmodum Orthodoxi de SS. Triade confitentur; in quo Opifex Mens Patri, Potentia Filio, Spiritus Menti responderet, à qua Archetypa Triade deinceps omnium creatarum rerum triades emanarent; in quibus Patrum ordo ſupremus, Patri ſupremo, quantum poſſet, ſimilis eſſet; Ordo ſecundus Potentiarum ſimilis eſſet, quantum liceret, Verbo ſeu Filio; tertius verò Mentium ordo Menti eſſet perſimilis; & ſic de cœteris: de qua triade Zoroaster dicit, παντὶ γὰρ ἐν κόσμῳ λάμπει τριας ἦς μονὰς ἀρχή. εἰς τρία γὰρ νοῦς εἶπε πατρὸς τέμνεσθαι ἅπαντα; *In toto enim Mundo lucet trias cuius Monas principium; in tris enim Mens dicit Patris ſecari omnia*. Verùm hæc omnia in Effatis Zoroaſtræis fuſè explicata ſunt to. II. fol. 132 quem conſule. Neque cogitandum eſt, in ſingulis triadibus tres tantùm

Genij multi in ſingulis tria dibus.

eſſe Genios, ſed innumerabiles ſub ſingulis ordinibus comprehenſos; quæ omnia ſymbolis ſuis in throno ſeu porta Pantamorphæ Naturæ expreſſa

Hecate, & Synochæ quid.

demonſtrantur; quam quidem Pantamorpham Naturam Zoroaster Hecaten quoque, ſicuti intellectuales mentes Synochas vocat. Eſt autem Hecate hoc loco nihil aliud quàm vnitas & idea virium, omniumque viuentium; Synochæ verò ſunt intellectus, qui ab Hecate acceptum influxum eius ignis, qui vitam donat, empyreo, æthereo, & hylæo Mundo infundunt, eoſque Mundos & continent, & continuant, & regunt, motumque vitalem eis largiuntur. Atque hæc quidem ſecretior Chaldæorum & Ægyptiorum Theoſophia.

Mythras Perſarum quid?

Hæc prorſùs conueniunt ijs, quæ Perſæ ab Ægyptijs edocti de Mythra medio inter ſex principalia Numina, Hempta, Amun, Oſirin, Iſin, Hermanubin, Nephta; Numina æquitatis, beneuolentiæ, veritatis, voluptatis, ſapientiæ, & diuitiarum poſito tradiderunt, de quibus vide Obeliſcum Pamphilium fol. 172. Tomum ſecundum de Zoroaſtræis Effatis, & Claſſ. VI. de Syſtematica Mundi, vt proinde ſuperfluum eſſe duxerim, hic eadem cum tædio Lectoris repetere.

DIVISIO III.

Explicatio Triadum Azoniarum.

Azoniarum triadum explicatio.

Explicato profundi Paterni myſterio & ſacramento, iam quid reliqua figurarum ac hierogrammatiſmorum ſyſtemata ſeparata indicent, videamus. Primum Syſtema ſignatur literis G A Ξ Π, alterum literis P H MN. Syſtema prius continet binas triades L, M, N; & GIA. Prior trias ſimulachra continet bina L, N, circumſtantia columnam M, albonigris gradibus Loti flore inſignitam, cui caput Pantamorphæ Naturæ Iſidis, ſiue profundi Paterni caput inſiſtit, quod portam vniuerſæ naturæ in

ver-

SYNTAGMA I. MENSA ISIACA. 101 CAP. V.

verticè gestat; trias verò G I K Apim continet, quam antè & pòst stipant duo simulachra varijs rebus instructa. Sed aperiamus arcanum.

Trias Azonia Hecatina.

Trias Azonia Hecatica.

HOc itaque hierogrammatismorum Systema separatum est, & Trias Azonia dicitur. Appellantur autem Genij huius triadis Ἄζωνοι, quod expeditè zona sua in zonis vtantur, & supra Deos conspicuos & sensibiles collocati sint, genus contradistinctum zonæo Deorum generi, quòd vti sensibiles Mundi partes inhabitat, ita zonas sibi præscriptas non egreditur. Trias itaque Azonia seu Hecatina continet tres Mentes, quarum nomina sunt ϕισκάοτις, κωμάς, & ἐκκλυσικὴ. Dij autem Ἄζωνοι illi dicuntur, Serapis, Bacchus, & Osiridis catena. ita Psellus in Oracula Chaldaica: Εἰσὶ ᾖ παρ᾽ αὐτοῖς καὶ ἄζωνοι ἐκά), ὡς ἡ ϕισκάοτις ἡ χαλδαϊκὴ, καὶ ἡ κωμὰς, καὶ ἡ ἐκκλυσικὴ. ἀζωνικοὶ δὲ παρ᾽ αὐτοῖς Θεοὶ, ὁ Σεράπις, καὶ ὁ Διόνυσ(Ϛ), καὶ ἡ τῦ Ὀσίριδ(Ϛ) σειρά. ἄζωνοι δὲ καλοῦν] οἱ ἀλύτως ἐξεξεσιάζοντες ᾖ ζώναις, καὶ ὑπεριδρυμένοι τῶν ἐμφανῶν Θεῶν. ζωναῖοι δὲ, οἱ ὡς ἐν ἱερατικῷ ζώνας ἀπολύτως σφζίποντες, καὶ τὰ τῇ δὲ διοικοῦντες.
Hæc tamen Azonia & Zonæa Numina alij aliter referut. Quomodo Ægyptij ea sumpserint, Systema hoc hieroglyphicum sat superque demonstrat, atque adeo à tanta Authorum confusione tandem nos liberat, cùm mens illorum vel ex ipsis figuris patesiat. Triadem itaque L, M, N, Hecaticam dicimus, eò quòd Pater huius, Hecate Ægyptia sit, quæ & à Psello ἐκκλυσικὴ dicitur; eò quòd hylæi Mundi veluti receptaculum quoddam sit; vnde & centrum omnium influxuum dicitur, & indicatur per simulachrum M, fœmineo vultu, auribus caninis, veloque nigro, quo cooperitur, spectabilis; tres zonas pectori colloque circumductas habet; in vertice portæ siue domus Mundanæ figuram portat; flori Loti, cuius thyrsus in modum columnæ albo-nigris gradibus distinctæ, deorsum loco Abaci in cordis candidi figuram terminatur, insistit; ex cuius columnæ medio tæniæ, bina perseæ folia, & totidem flores heliotropi emergunt. quid singula indicent, exponamus. Caput M Hecatem ecclysticen siue Isin significat, idemque ac profundum Paternum est, in quantum se tripartitis terrestris Mundi finibus ingerit; quod aptè per tres zonas pectori colloque circumdatas indicatur: nigro capitis velo circundatur, quia vires suas abstrusas in caliginosis terrestris Mundi partibus exerit; aures caninas habet, quia Hecatæ Canis dedicabatur, teste Macrobio, Natali Comite, Phornuto, Apollodoro; cœterisque Mythologis, & apertè docet Zoroastres, ἐκ δ᾽ ἄρα κόλπων γαίης θρώσκουσι κύνες χθόνιοι. Certè ex sinibus terræ prodeunt Canes terrestres. Affinguntur Hecatæ, quia ipsa est thesaurorum terrestrium custos & conseruatrix fidelissima. Verùm hæc omnia in Obelisco Pamphilio, Hierogrammatismo canis abundè demonstrata sunt. Portam quadratam continet, vt ostendatur, hanc esse portam, per quam omnis superiorum influxuum vbertas in mundanam domum deriuatur. Quia verò Mundus sensibilis innumeris rerum vicissitudinibus subiectus est, hinc aptè eidem columnam loti flore insignitam,

Mentes tres triadis Hecatinæ seu Azoniæ. Psellus.

Azonij Dij.

Hecates Ægyptiæ simulachrù explicatur.

Hecatis ornatus & habitus explicatur.

Macrobius. Natalis Comites. Phornutus. Apollodorus. Zoroaster.

cum

cum binis hinc inde floribus heliotropicis, queîs Solis motus indicatur, cuius virtute noctes diebus, & noctibus dies, consona dissonis, mala bonis, ita attemperantur, vt inde Mundus quadantenus sustentatus in suo vigore, & absolutissima harmonia, contrariarum perpetua lucta qualitatum, quarum symbolum sunt gradus albo-nigri, vt alibi probatum fuit, composita consistat. Columna abaci loco cordis figuram habet, in medio duo perseæ folia linguam mentientia; vt innuatur, naturæ huiusmodi Sacramenta, quæ sagax & sapiens natura inuenit, alto à profanorum notitia silentio occultanda esse. Columnæ assistunt asseclæ Genij L & N, quorum prior ζικόστις, alter κωμάς a Psello dicitur; vtriusque officium est, influxuum à suprema Hecate Ecclystice siue Patre triadis participatorum catenas in triplicem terrestris Mundi œconomiam deriuare, nutrimentumque singulis veluti per subterraneorum meatuum venas & receptacula distributum suppeditare: quæ quidem aptè insinuantur per tres Zonas collares, tripartitum videlicet sensitiuæ, vegetabilis, & mineralis naturæ regnum. Quid per tænias ex columna Hecatica deductas, per vbera tumentia & deorsum porrecta significetur, passim in hoc Opere dictum est. De tænijs ita apud Macrobium Pierius: *Hinc tæniæ illæ variæ multiplicesque Isidi dedicatæ, non septem tantum eas Lunæ facies, & Heliodorus nuncupat* ςωιάζων, γενέας, ἀνατολὼν &c. *sed etiam vim eius quæ circa materiem versatur, indicant, quæ scilicet gignit omnia, & omnia concipit, lucem quippe & tenebras, diem, noctem, vitam, mortem, principium, finem.* His itaque se asseclæ ex columna Hecatica albo-nigris gradibus distincta, quibus dicta significantur, cingunt. Nam vt Plutarchus asserit. *Est Isis seu Hecate Ægyptia ea naturæ pars, quæ quasi fœminea omnes in se recipit ortus, tanquam nutrix quædam & commune omnium receptaculum à Platone dicta, à plerisque alijs* μυσιονόμος, *innumeris prædita nominibus, quòd ratio eam in omnes formas speciesque vertat; cùm enim bonum intendat, & malum fugiat, sitque receptaculum subiectumq́, vtriusque, suâ tamen sponte ad melius tantùm vergit, seque præbet implendam conseruandamque influxibus & similitudinibus, quibus fœta, & rebus gignendis apta, gaudet & exultat*. Quibus quidem quæ hucusque dicta sunt, appositè respondent. Tutuli verò vtriusque figuræ L & N ex corona varijs lapidibus distincta capite supereminente, ex qua bini flores perseæ, flos loti vtrinque inclinatus, & medius recta sursum propagatus, indicant naturam triplicem cui dominantur. Sensitiua per florem loti indicatur; nam lotus ab Oriente in Meridiem, & hinc in Occidentem Solem immutabili lege sequitur, veluti sideris motum sentiendo; indicatur etiam, dictos hosce Genios ad exemplar Solis archetypi in omnibus ministerijs suis operationes suas instituere. Per folia perseæ indicatur natura vegetabilis. Corona denique lapidibus distincta mineralis naturæ gradum indicat. Atque hæc est triadis Hecaticæ tripertitum regnum, quod eorum curæ commissum est, cuius Pater siue Princeps Hecate Ecclystice, mens ζικόστις, κωμάς potentia dicitur, de qua ita Psellus: τῆς δὲ ζωογόνων ἀρχῶν, ἡ μὲν ἀκρότης ἡ ἄτη καλεῖ. ἡ δὲ μεσότης, ψυχὴ ἀρχική, ἡ δὲ ἀφάτωσις, ἀρετή ἀρχική. *Principiorum autem animalia procreantium summitas vocatur Hecate, id est, sensitiuæ*

tiuæ naturæ præſes; *Medietas, anima inchoatiua,* & eſt natura vegetabilis, vbi vita & motus, cui præſunt, primùm incipiunt: *Extremitas, virtus inchoatiua,* id eſt, mineralis naturæ vigor eſt, vbi vires & proprietates rerum, quæ proximè vitali gradui accedunt, dominantur: Καὶ ἄζωνοι ἐκά῀ εἰσὶν ἡ ἧ Τριεκδότις, ἡ κωμαὰς, καὶ ἡ Ἐκκλυστικη῀. Et ſunt Hecatæ ſine zonis primò Triecdotis, quæ tripartito regno ſufficientia præbet ſubſidia; ſecundò κωμαὰς, quæ viarum ſeu compitorum ſubterraneorum diſpoſitrix eſt; & Ecclyſtica cum Hecate eadem, in vtero ſuo veluti centro quodam omnia claudit; & vtroque ſexu pollet, vbere enim & velato capite foeminam, veſtitus & corporis conſtitutione marem exhibet; quæ & minutis characteribus iuxta literam M poſitis indicantur, quorum hic ſenſus eſt: *Triecdotis miniſterio trinâ compage & catenâ, cœleſtis crater in inferiorem humidam ſubſtantiam funditur.* Altera autem iuxta N literam inſcriptio hunc ſenſum habet: *Komas vniuerſas Mundi quadripartiti ſemitas proſpiciens, Genium piſcinæ ſacræ ad vitam inferiori Mundo concedendam, ſollicitat,* Atque hæc de Hecatica triade Azonia dicta ſufficiant; quare ad alia.

Hecatæ Azonæ tres, Triecdotis, Komas, Ecclyſties.

Characteres minuti hieroglyphici circa Hecatem in tab: Bemb: explicantur.

Trias Serapæa.

Trias Serapæa

TRiadum verò huic oppoſitarum prior ſeu inferior eſt ſignata literis Græcis ζ, η, θ, ſuperior literis γ, δ, ε. Inferior trias dicitur Serapæa, quia in ea Serapis, per caput monſtruoſum H indicatus, Patris officium habet, figura verò ζ Mentis, θ Potentiæ; & eſt fontana trias fidei, veritatis, & amoris, per Serapidis caput ex omni Mundi inferioris materia compoſitum, quale Beroaldus in Apuleium Alexandriæ fuiſſe tradit. Sed audiamus Beroaldum: *Apud Alexandriam templum fuit Serapidis opere fornicario conſtructum, & mirâ arte viſendum, in quo ſimulachrum Dei ita erat vaſtum, vt dextrâ parte vnum parietem, alterum lævâ perſtringeret, quod ex omnibus metallorum, lignorum, radicumque generibus compoſitum ferebatur; erat etiam dolo & arte compoſita feneſtella ab ortu Solis ita aptata, vt radius Solaris per eam directus os & labra Serapidis illuſtraret, ita vt inſpectante populo oſculo ſalutatus à Sole videretur.* Quæ ſanè deſcriptio non integram ſtatuam, ſed caput fuiſſe oſtendit, & mirâ induſtria transformatum, cuiuſmodi hoc loco apparet, in quo barba loco pilorum radicibus herbarum coagmentatur; oculi, naſus, aures omni lapidum, metallorumque genere, & muſiuo opere expreſſo, cernuntur; vertex tripartitâ pennâ ſuperbit, caput verò lotiferæ columnæ pariter in gradus albo-nigros diſtributæ innititur. Serapis hoc ſymbolorum apparatu hoc loco nil aliud indicat niſi Solem ſubterraneum, qui Græcis Pluto & Dîs nominatur, dominium ſuum in omnem ſubterraneam Mundi œconomiam exerens, vti capitis ex omnibus inferioris Mundi materiebus, ſat ſuperque demonſtrat compoſitio. Lotiferæ columnæ gradibus albo-nigris diſtinctæ inſiſtit, quo oſtenditur, Serapin triformis Numinis, per tres pennas, quas capite geſtat, ſibi communicatâ poteſtate inſignitû iuxta ideæ rationem in tri-

Beroaldus: Serapidis caput oſculo à Sole ſalutatum fuit.

Serapidis caput in tab. Bem. quid hieroglyphicè ſignificet.

O

tripartito regno suo, omnia disponere, consensuum dissensuumque leges eâ ratione, quâ suprà ostensum fuit, ordinare, per asseclas sibi assistentes ; quorum prior Serapæa mens foeminino habitu, veste ad talos vsque innumeris vberibus turgente induitur, thyrsumque superiùs incuruum manibus tenet, quo influxus Serapis in inferiora per Serapæam mentem transfusus, & nutrimentorum vbertas per multiplicia vbera expressa, indicatur ; ex nutrimento multiplici omnia in tripartito regno , per tres corollas pectori circumdatas indicato , animantur per potentiam Serapæam ☉, cuius operationes cum mente tertia communes sunt. Tutulum gestat vtraque ex spicis & binis pennis compositum, quo indicatur potestas in vegetabilem naturam, præsertim in frûmentum sibi commissa potestas & idealis ratio, iuxta quam ad triformis Numinis exemplar, quo imbutæ sunt, operantur ; tertia quidem mens Serapæa nutrimentum copiosum in vegetabilis naturæ incrementum conferendo ; ☉ verò potentia Serapæa vnicuique suam assignando proprietatem, vitam , motum ; quæ aptè per Serpentem ex fronte emergentem indicantur . Quæ omnia copiosè demonstrata sunt primò in Obelisco Pamphilio fol. 224. & Tomo I. fol. 194, aliisque passim locis. Porrò mens Serapæa M florem cum folijs perseæ appositum habet, cui rana insistit. Per ranam perseæ flori insistentem significatur, mentem Serapæam Nili dominam imperfectioribus præsidere rebus, easque non statim ad vltimum perfectionis gradum prouehere , sed id officij relinquere potentiæ Serapeæ . Quod vt intelligatur, sciendum Veteres materialem seu hylæam imperfectionem per ranam Niloticam indigitasse ; videre siquidem est plerumque huius generis animalia in limo vbi procreantur, alterâ parte ranam, altera verò imperfectum quid, terrestre, aut lutulentum, viuentique portiunculæ applicatum exhibere ; Nili omnibus hisce fidem facit inundatio, eo quippe detergente mures & varij generis animalia reperiuntur, inchoato opere terræ aquæque in parte corporis viuente, nouissimâ effigie etiamnum terrena ; in ranis verò quâlibet maturitate genitis natura semper imperfecta ; vt proinde mirum non sit , imperfectiorum rerum promotionem ranâ indigitatam fuisse. Ponitur rana supra perseæ folium sine fructu, qui vti cordis figuram, ita folium quod hìc ponitur , linguæ figuram, teste Horo, exhibet, : quo ostenditur, quòd sicuti folium sine fructu nihil prodest, nec linguæ sermo quicquam boni parturit, nisi corde alto præmeditatoque prodiêrit ; ita nec Serapæa mens , nisi accedat Serapæa potentia & virtus, cuius ope, quæ mens disposuit sapienter, potentia ad perfectionem & complementum perducit. Refert autem Serapæam potentiam figura signata literâ ☉, ijsdem prorsùs, quibus prior, symbolis imbuta . Habet sibi assistentem Cynocephalum manus eleuantem, Lunæ indicem. ita Horus: Σηµαίνετω ἀιατολίω γράφων βυλόμδροι, κυνοκέφαλον ζωογράφουσι σχήµατι τοιῷδε ἑςῶτα, καὶ τας χεῖρας εἰς οὐρανὸν ἐπαίροντα. *Lunam autem orientem indicare volentes, Cynocephalum hoc habitu stantem, manusque in cœlum tollentê pingunt.* Quo significatur, nutrimentum, quod vtero terrestri mens Serapæa inserit, ad perfectionem non peruenire, nisi Luna Serapææ po-

ten-

SYNTAGMA I. MENSA ISIACA.   105   CAP. V.

tentiæ, & menti, quæ funt Serapidis, id eft, fubterranei Solis virtutes, iuncta, id ad perfectionem & maturitatem perducat. Atque hæc eft Serapæa trias, quam Græci per Plutonem, Cerberum, & Proferpinam exhibuerunt, de quibus in Obelifco Pamphilio in Myftagogia abundè difceptatum eft, quem confule. Vbi vides Hecaticam triadem L, M, N, & triadem Serapæam ei oppofitam ζ, η, θ, ita comparatam effe, vt vtraque patres, mentes, & potentias androgynas, id eft, ex vtroque fexu compofitas habeat; per quod nihil aliud innuitur, nifi quòd refpectu fuperiorum aut inferiorum Numinum modò præfint, modò fubfint; quæ verò androgynæ, id eft, vtriufque fexus, vti L & N, per vbera fœminas, & per cœterum corporis habitum mares mentiuntur, actu & præeffe & fubeffe cenfentur, de quibus fusè Pfellum tractantem confule. *Serapæi patres Mentes, Potentiæ, cur androgynæ.*

Pfellus.

Trias Ofiriaca.

Trias Ofirica duplex in tab. Bemb.

HEcaticæ triadi fuperftat trias Ofiriaca; in qua primo omnipotentis naturæ fœcundum Numen, quo eum nomine appellat Apuleius, Apis occurrit, ijs prorfus fymbolis adornatum, quo eum in Obelifco Pamphilio in Hierogrammatifmo Bouis defcripfimus. Eft autem duplex trias, vna à dextris G, I, K, altera finiftra ex oppofita tabulæ parte γ, δ, ε. Bos fignatus litera I albo-niger, varijs fignis fymbolifque, quæ omnia in Obelifco Pamphilio fol. 259. & 260. defcripta reperies, infignitus, Ofiridis vim in Lunam influxiuam fignificat; quem bouem albonigris maculis variegatum, ζῶον τῆ Ὀσιείδ᾽ ἄγαλμα, *Viuum Ofiridis fimulachrum*, refert Eufebius, dictum fuiffe, quòd is per figna & fymbola quædam appropriata homines doceret, eofque de rebus neceffarijs humano generi inftrueret: quid enim aliud 29 figna, quæ Aelianus, Herodotus, Diodorus, Plinius, Eufebius recenfent, corpori eius impreffa fuiffe, nifi diuerfos in terra Lunæ folares effectus denotant? Quid aliud per cornua, nifi radij? Quid per Afpides infurgentes cornibus inclufos, nifi radij Lunæ Solares vitalibus influxibus pleni, innuuntur? Quid aliud per corollam dorfo bouis affixam, phallifque & circulis quadripartitis conflatam, nifi fœcunditatem fummam, quam rebus Sol & Luna conferunt, in quadripartitum Mundum diffufam, denotare voluerunt? Quid Crux anfata, amuletum Cruce anfatâ infignitum collo appenfum, nifi hunc auuerruncum Dæmonem effe, quo omnes aduerfæ poteftates hoc periapto veluti potenti fafcino fugentur profligenturque, notat? Stella verò quæ fupra dorfum Tauri ponitur alarum expanfione confpicua, oftendit Nephtæ fiue Veneris Ægyptiæ fummam in domo fuo, id eft, in Tauro rerum omnium tripartiti in Ægypto annui temporis fœcunditatem; quæ per tres phallos filo alato fideri fuffixos appofitè indicantur; de quibus ampliffimè tractatum vide in Tomo I. fol. 357. item de Apide fol. 194. & Phallophorijs fol. 229. & in Obelifco Pamphilio fol. 260. & paffim alijs in locis, vti indices Lectori curiofo fuggerent. In hac itaque

Apulcius.

Apis, feu Bos albo niger quid fignificet.

CAP. V. 106 OEDIPI ÆGYPTIACI THEAT. HIEROGL.

Triadis Osiriacæ Pater & asseclæ.
Psellus.
Diodorus.

que Triade Osiris pater est, & asseclæ sunt ⲙⲟⲩⲣⲓⲛ & ⲧⲣⲓⲧⲟⲗⲉⲙ, ita Ægyptij appellant; Psellus Μωρύνα & Τρίτομον, vt alibi dictum est; Diodorus Maronem & Triptolemum, quæ tametsi corruptissima nomina sint, summam tamen ad inuicem affinitatem habent; Diodorus sanè Maronem Osiridis socios & asseclas vinearum colendarum, Triptolemum verò agrorum colendorum, seminumque terræ mandatorum rationem docuisse ait; quæ aptè respondent Osiridis asseclis; est enim, vt iam alias susè probatum fuit, Osiris idem quod Bacchus siue Dionysius vini præses; est & agriculturæ institutor, iuxta illud:

Osiris idem quod Bacchus

Tibullus.

> *Primus aratra manu solerti fecit Osiris,*
> *Et teneram ferro sollicitauit humum.*
> *Primus inexpertæ commisit semina terræ,*
> *Pomaque non notis legit ab arboribus.*
> *Hic docuit teneram palis adiungere vitem;*
> *Hic viridem durâ cædere falce comam.*
> *Bacchus & agricolæ magno confecta labore*
> *Pectora tristitiæ dissoluenda dedit. &c.*

Asseclæ Osiriaci. Plato.

Sed ad asseclas Osiriacos redeamus. Vterque veste ad talos viminibus contextâ inuolutus apparet, quod, teste Platone, agricolarum Ægypti proprium est, & sensibiles ac materiæ immersos Genios indicat; quorum prior G litera signatus bouem manu sinistrâ ad benignè influendum sollicitare, dextrâ mandata ad ministerij sui res ritè peragendas exquirere videtur. Hunc autem præsidem esse liquorum, hieroglyphica minuta sat docent, quorum sensus hic est: *Liquoris cœlestis in inferiora propagator.* Assecla K Triptolemus sinistrâ poculum, dexterâ phallum bouis exhibet; per vas seu poculum liquor, per phallum fœcunditas notatur; quo rectè indicatur, fœcunditatem terræ sine liquoris accessu consistere nullâ ratione posse, neque vllam rerum vbertatem spondere, nisi influxu Osiridis per Maronem & Triptolemum, quæ sunt Triadis Pammeliæ Mens & Potentia; astrum verò, cui quadrans columellæ innixus, horarum discernendarum, adeoque totius temporis symbolum est, vti Clemens Alexandrinus l. 6. stromatum docet. Cùm verò in negotio agriculturæ summa temporis ratio habeatur, rectè triadi quadratum apposuerunt, quo temporis opportunitas obseruabatur. Porrò in opposita tabulæ parte alia trias γ, δ, ι, occurrit; quæ cùm ijsdem prorsus symbolis constet, eius explicationem omittendam duxi; differentia tantùm in hoc nonnulla occurrit, quòd bos albus Solem præcisè notet, Apin cœlestem, in quantum suâ virtute omnium rerum abundantiam exhibet. Verùm cùm de duobus bobus Mneui & Apide varijs locis tùm in hoc Opere, tùm in Obelisco Pamphilio hierogrammatismo bouis vberrimè tractum sit, illuc Lectorem remittimus, nè propositum nobis rerum explicandarum scopum, multitudine authoritatum iam alibi traditarum repetitione, confundamus.

Characteres hieroglyphici minuti Asseclæ Osiriaci.

Quadrans astronomicus in tab. Bemb. symbolum temporis. Clemens Alex.

Apis, seu Bos albus quid.

DI-

SYNTAGMA I. MENSA ISIACA.
DIVISIO IV.

Quòd septem Triades in media regione explicatæ nihil aliud sint, quàm septem Mundorum Genialium Systemata.

Rectè & sapienter Zoroaster. ἐν παντι τῷ κόσμῳ λάμπει ἡ τρίας; *In toto Mundo fulget trias*: ad archetypi siquidem supremi Numinis triformis rationem, omnes Mundanorum Systematum rationes conditæ sunt; hinc rectè subiungit, *trias indiuidualibus rationibus secta*. Sunt autem hæ triades nihil aliud, quàm quædam Systemata Geniorum, quos Mundos vocabant Ægyptij. Septem triades principales paulò antè explicatæ septem Mundis respódent principalibus, qui omnes ex archetypo intelligibili, & solo flore mentis comprehensibili Mundo triformi, vt Ægyptij loquuntur, profluxerunt; quem & empyreum vocant, quem per coronidem throni pantamorphæ naturæ, significatum esse diximus. Hunc sequitur prima trias Ophionia seu Iyngæa, quæ respondet Mundo vitali & empyreo, vti explicatum fuit, & est primus Mundus Intellectualis, quem & æthereum vocant Prisci, de quo Zoroaster, Ω᾽ πῶς κόσμος ἔχει νοεροὺς εὐχήνας ἀκαμπεῖς, *O quomodo hic Mundus Rectores habet inflexiles!* Ob constantiam videlicet, & inuiolabiles, quibus Vniuersum gubernant, leges & statuta. Altera trias Ibimorpha respondet Mundo secundo intellectuali seu æthereo, & humidam naturam contemplatur, secundúm analogicam quandam rationem & archetypam. Tertia trias Nephtæa Mundo tertio respondet intellectuali & æthereo, qui pariter humidum, sed foecundatiuum respiciunt. Et hæ sunt triades Mundorum æthereorum, quibus fundum paternum constare suprà ex Zoroastre docuimus. Sequuntur quatuor triades Mundorum sensibilium quæ materiei immerguntur, quarum priores duæ triades respondent Mundis Sidereis G, I, K, & γ, δ, ι, id est, Osiri & Isidi, Soli & Lunæ, per duos boues indicatæ, & sunt inferiorum Mundorum Rectores. Sequuntur duæ triades, Hecatæa L, M, N; & ζ, η, θ, Serapæa; quæ Mundis sublunaribus & subterraneis respondent, vti dictum est; atq; adeo sunt 7. Geniorum Mundi primariorū, quorum administratione vniuersa natura consistit, Triades. Quæ ita se habere, apertè Psellus ex mente Zoroastris, & Sanchuniaton Phœnix apud Philonem recitant his verbis: Αἰτοῦσι ἐπὶ δ᾽ φασὶ σωματικὰς κόσμος, ἐμπύρειον ἕνα κὴ πρῶτον, καὶ ζοῖς μετ᾽ αὐτὸν αἰθερίας, ἔπειτα ζᾶς ὑλαίας, ὧν ὁ ἔχατος χθόνιος εἴρη, καὶ μισοφανὴς ὃς ἐςιν ἰπὸ σελίνων ὅρος, ἔχων ἐν ἑαυτῷ κὴ τὴν ὕλην, ὃν καλοῦσι βυθόν. *Statuunt autem Ægyptij & Chaldæi septem Mundos corporeos (scilicet ab intellectualibus potentijs administratos) igneum vnum atque primum, post hunc tres æthereos, deinde tres materiales, è quibus vltimus terrestris dicitur, & lucis osor, qui locus est subtus Lunam, in se etiam materiam complectens, quem fundum nominant*. Suntque adeo cum triade archetypa, siue Mundo extra omnem corporeum limitem longè semotissimo, octo Mundi, quibus Vniuersum pri-

Zoroaster. Trias in toto Mundo fulget ex Zoroastro.
Septem triades tab. Bem. sunt septem Mundorum Genialium Systemata.

Mundus triformis seu empyreus. Tres triades Mundorum æthereorum. Mundus primus intellectualis.

Mundus secundus intellectualis. Mundus tertius intellectualis.

Quatuor triades Mundorum sensibilium.

Psellus.

Octo Mundi primarij juxta Ægyptios.

primariò administratur; qui quidem in media huius tabulæ regione ab Ægyptijs expressi cernuntur, vt sequitur.

I Trias, siue Mundus Archetypus igneus, & vitarum Mundus triformis, Hebræis אין סוף, *Mundus increatus, ex quo prodeunt.*

1 Ophionia trias V, S, W.		1 Mundus vitæ & ignis.
2 Ibimorpha trias O, Q, R.		2 Mundus in humidam substantiam influens.
3 Nephtæa trias X, Y, Z.		3 Mundus Nephtæus in fœcunditatem influens.
4 Isiaca trias G, I, Λ.	Quibus respondent	4 Isiacus Mundus Lunaris.
5 Osiriaca trias γ, δ, ε.		5 Osiriac. seu Solaris Mundus.
6 Hecatica trias L, M, N.		6 Mundus Hecatinus in vegetabilem naturâ influens.
7 Serapæa trias ζ, η, θ.		7 Mundus Serapæus subterraneam substantiam administrans.

Platonicorum de octo Mundis sententia.

De hisce Plato ex Ægyptiorum menté decretisque in Epinomide scribit, Philosophum scire oportere, quomodo septem circuli sub primo versentur; vnde in Timæo primum & exemplarem cum reliquis coniungens Mundis, octo circuitus ponit. Hanc eandem Ægyptiorum de septem Mundis & Mundo Archetypo triformi positionem confirmant Cabalistæ,

Cabalistarum de octo Mundis sententia.

qui aiunt, decem esse Mundos, quorum septem reuelati, tres absconditi sunt; per septem Mundos innuunt Mundos creatos; per tres absconditos, increatos, & vocantur Mundus emanationis; ita in Tikunin Zohar titulo Porta Eliæ:

Zorcaster Author.

ואמר רבון עולמים דאנת הוא חד ולא
בחושבן אנת הוא עילאה על כל עילאין סתים על כל
סתימים לית מחשבה תפיסה בך כלל אנת הוא דאפיקת
עשר תקונין וקרינן לון ספירין לאנהרא בהון עלמין סתימין
דלא אתגלייא ועלמין דאתגלייא ובהון אתכסייא מבני
נשא ואנת הוא דקשיר לון ומיחד לון ובגין דאנת מלגאו
כל מאן דאפריש חד מחבריה מאלין עשר אתחשיב
ליה:

Aperuit Elias, & dixit: Domine Mundorum, tu es ille ינוס *vnus extra numerum, tu es excelsus supra omnes excelsos, absconditus omnium absconditorum; nulla enim mens te comprehendere potest; tu es qui produxisti decem syntagmata Mundorum, ad illuminandum in ijs Mundos absconditos, qui non reuelati sunt, in reuelatis verò abscondis te à filijs hominum, & tu qui annexus es eis, & tu vnis te*

ijs;

SYNTAGMA I. MENSA ISIACA. 109 CAP. V.

ijs; *& quoniam tu es in intrinseco, quicunque separat vnum ab alio ex istis decem, reputatur ipsi ac si separasset teipsum.* Quo discursu, quem nos suprà archetypum diximus, eum Zohar dicit absconditum & non reuelatum, qui quidem trinus est, Mundus *Kether*, id est, *Corona*, Mundus *Binach*, id est, *Intelligentiæ*, & Mundus *Chochmah*, qui est *Sapientiæ*, qui tres vnum Mundum faciunt propter vnitatem essentiæ; reliqui septem ab hoc profluunt emanatione quâdam ineffabili, quemadmodum Botrillus in Iezira his verbis ostendit.

Botrillus.

אמנם גם הם כשאר כל העולמין נפרדים בפירוד
גמור מעולם האצילות כי העולם האצילות לא נתחדש
ולא נברא ולא נוצר ולא נעשה באשר שאר כל העולמות:

Verùm & hi omnes Mundi, sicuti reliqui, diuisi sunt diuisione & distinctione perfectâ à Mundo Archetypo seu diuino, quia Mundus Archetypus seu diuinus non innouatus, neque creatus, non formatus, neque factus est, sicuti reliqui omnes Mundi. Quòd verò hi Mundi singuli intellectuales potentias habeant in suas triades distinctas, quæ Mundis præsint, apertis verbis Simeon Iochaides Chaldæus Author Zohar monstrat de secretiori Veterum Philosophia tractans:

Mundi singuli habent suas Potentias in triades distinctas.
Simeon Iochaides.

וכל אחד ואחד נאמר עולם ויש לו שלשה אמות והוה סוד
גדול מופלא ומכוסה וחותם בשש טבעות וממנו יוצאים
אש ומים ומתחלקים זכר ונקבה שלש אמות אמש יסדן
ומהן נולדו אבות שמהן נברא הכל ואמש הוא אויר מים
אש שמים נבראו תחלת מאש וארץ נבראת ממים
והאויר מכריע בין האש ובין המים:

Et vnusquisque Mundus sunt ipsi tres matres, & hoc est secretum magnum, admirabile, & absconditum, sex signaculis obsignatum, & ex eis prodeunt ignis, & aquæ, quæ diuiduntur in marem & fœminam; tres matres אמש *fundamentum eorum, & ex ijs generati sunt patres, ex quibus creatum est omne illud, quod est in Vniuerso, & illud* אמש *est aër, aqua, ignis, mas & fœmina, Cœli primò creati sunt ex igne, terra creata ex aqua, & aër conciliator est inter ignem & aquam.* Et omnia ex libro Iezirah extraxisse videtur, vbi ijsdem penè verbis leguntur citata verba. Certè Iochaides hâc Cabalicâ descriptione adeo propè ad hieroglyphicam nostram exhibitionem hoc loco propositam accessit, vt eam non tam innuisse, quàm explicasse videatur. Sed examinemus singula. Quod prisci Cabalistæ per literas occultè & symbolicè exprimebant, id Ægyptij per figuras hieroglyphicas, vt in Cabala demonstratum fuit. Tria illa Matrum nihil aliud indicat, nisi paternum fundum tribus triadibus compositum; & hæc fuit traditio Veterum à primæui Mundi Philosophis propagata. Prima Trias ignem, vti diximus, vitalem notat, Pantamorphæ naturæ indicem; secunda trias notat aquam, cui Ibimorpha præest; tertia trias aërem, cui Nephta dominatur.

אויר
מים
שאש

Cabalistæ exprimunt per literas quod Ægyptij per hieroglyphicam, tab: Bemb:

Ex

CAP. V.   OEDIPI AEGYPT. THEAT. HIEROGL.

Trias matrū significat Patern in fundum tribus triadibus compositum. Cabalisticum effatum de Mundorum productione explicatur.

Ex prima triade ignea Cœli creati sunt, & terra ex aquis, id est, ex Ibimorpha matre, & aër seu Nephta, vel ipso Plutarcho teste, mediatrix est inter ignem & aquam. Vocat mirabile, magnum, & absconditum mysterium, quia proprietates archetypas respicit & innuit; sex signaculis obsignatum dicit, quòd quæcunque Deus sex dierum spacio in Mundo produxit, ijs comprehendantur; ex ijs ignem & aquas prodire dicit, quæ in marem & fœminam diuidantur, quia ignis & aqua sunt rerum omnium principia, ita vt ignea vis marem, & aquea fœminam notet: atque his præsunt patres, quibus omne quod in Vniuerso est, traditum creditur. Atque has esse fundi paterni triades, expressè his verbis docet:

Iochaides in Zohara & Iesira.

שלש אמות חקקן וחצבן וצרפן וחתם כהן שלש אמות
בעולם ושלש בשנה ושלש אמות בנפש זכר ונקבה:

Tres, inquit, *matres Deus exsculpsit, & exarauit eas, & combinauit eas, & obsignauit in ijs tres matres in Mundo, tres matres in anno, & tres matres in anima marem & fœminam.* Vbi vides eum promiscuè accipere matres pro patribus, & patres pro matribus, marem pro fœmina, & fœminam pro mare; vti tabula etiam Isiaca ostendit, vbi vides etiam virili habitu exhibita simulachra mammis turgere, velis ornari, & fœmininâ specie expressa, virilem habitum mentiri; quibus, vt dixi, nihil aliud innuitur, nisi quòd secundùm diuersum conceptum prout præsunt, mares, prout subsunt, fœminas exhibent; & hi sunt, qui Mundi, annorum, & temporum præsides constituuntur. Quæ omnia in Cabala fusiùs exposita vide. Pergit postea author citatus.

ומהן נולדו שבע משלושות מעלה ומטה. מורח ומערב
צפון ודרום והיכל הקדש באמצא והוא נושא את כולן:

Et ex his nascuntur septem triades, suprema, inferna, Orientalis, Occidentalis, Septentrionalis, & Meridionalis, & in medio templum sanctum sustinens omnia. Quid aptiùs ad nostram explicationem adferri possit, non video. Quid per templum sanctum in medio omnia sustinens aliud, nisi domus seu thronus Pantamorphæ naturæ in tabulæ medio expressa indicatur? quæ stipatur ab Oriente, Occidente, Septentrione, & Meridie, infernè, & supernè ab asseclis septem triadibus, seu septem Mundorum præsidibus, vti expositū fuit; quæ Chaldaico stylo prosequitur Iochaides his verbis:

והדא שבע מקרות דמנהון נצלו כל טבעה והשלשלות
דמנהון דבקו כל פתגמיא:

Zoroaster. Iochaides. Psellus. Iochaides videtur desumpsisse sua de Mundorū productione ex Zoroastro.

Et hi sunt septem fontes, ex quibus vniuersa natura profluit; & catenæ sunt, quæ omnia connectunt. Quæ sanè verissima esse ipse Zoroaster, ex quo forsan Iochaides hæc descripsit, in suis Oraculis, vti est apud Psellum, testatur his verbis: Σίβον δὲ οἱ Αἰγύπτιοι πηγαίας ἑπτά πίστεως, καὶ ἀληθείας, καὶ ἔρωτος, καὶ ἐπτὰ πηγὰς, καὶ ἀρχικὸν ἥλιον, ὅπο ὑλικῆς πηγῆς, καὶ ἀρχὰ ψυχῶν, καὶ πηγὰς αἰσθήσεως, καὶ πηγαίας κρίσεως, καὶ κεραυνίαν πηγάς, καὶ πηγὰς διοικήσεων, καὶ χαρακτηριζόσαν πηγὰς ἐμφάνδιχος τῆς αἴσω.

SYNTAGMA I. MENSA ISIACA. CAP. V.

ἴνώς οις συνδήμασι, ἢ πηξαίας ἀκρότητας, Ἀπόλλωνος, Ὀσίριδος, Ἑρμῆ, ὑλικὰς δὲ πηγὰς φασὶν κέντρων, ἢ στοιχείων. *Venerantur etiam Ægyptij triadem fidei, veritatis, & amoris, & septem fontes, Solem Imperatoriũ & à materiali fonte Archangelicum, fontem sensionis, & fontanum iudicium, & fulminum fontem, & fontem speculorum seu inspectionum, fontem characterum incognitis constitutionibus compositum, & summitates fontanas Appollinis, Osiridis, & Mercurij; materiales verò fontes dicunt centrorum & elementorum.* Ita vt per Solem Imperatorium, Solarem Mundum; per Archangelicum materialem, Lunarem; per sensuum fontem, Saturninum; per fontanum iudicium, Iouialem; per fulminum fontem, Martium; per speculorum fontem, Venerem; per characterum denique fontem, Mercurialem Mundum intelligat. Quæ quàm aptè septem triadibus, siue septem Mundorum Systematis in tabula expressis applicentur, ex explicatione suprà posita patet.

<small>Septem fontes quos venerabantur Ægyptij.</small>

Notandum tamen, has septem triades ita sumi ab Ægyptijs, vt secundùm analogiam quandam facilè tribus Mundis, Archetypo siue Ideali & Intelligibili, deinde Intellectuali Angelorum, denique Sensibili Mundo applicari possint: in Archetypo quidem vt Intelligentiæ, Patres, & Ideæ; in Intellectuali sub conditione intellectuali, & prout sunt Virtutes immediatæ ab Archetypo profluentes, quorum curæ Mundi septemplices commissi sint; in Sensibili sub conditione materiali considerantur. Verùm qui hæc enucleatiùs cognoscere desiderat, is adeat Classem de Cabala, aliósque passim tractatus in hoc Opere exhibitos. Atque hæc sunt, quæ de media huius tabulæ regione dicenda putaui; quare ad reliquas tabulæ regiones explicandas procedamus.

<small>Septem Ægyptiorum triades applicari possunt tribus Mundis, Archetypo, Intellectuali, Sensibili.</small>

DIVISIO V.

Supremæ Regionis tabulæ interpretatio.

Suprema Regio literis E F inclusa continet duodecim Rectores Mundi, in quatuor triades diuisos, qui duodecim signis & mensibus respondent. Prima trias P, S, V, dicitur Mendesia; & respondet tribus mensibus, ⲙⲉⲭⲓⲣ ⳨ ⲫⲁⲙⲉⲛⲱⲑ ⳨ ⲫⲁⲣⲙⲟⲩⲑⲓ ⳨ Secunda Trias X, Z, A, Ammonia dicitur, & respondet tribus mensibus ⲡⲁϣⲟⲛⲥ ⳨ ⲡⲁⲱⲛⲓ ⳨ & ⲉⲡⲏⲡ ⳨ Tertia trias B, C, E, Momphtæa dicitur, & respondet tribus mensibus ⲙⲉⲥⲱⲣⲓ ⳨ ⲑⲱⲟⲩⲧ ⳨ ⲡⲁⲟⲡⲓ ⳨ Quarta trias Omphtæa dicitur, & respondet tribus mensibus ⲁⲑⲱⲣ ⳨ ⲭⲟⲓⲁⲕ ⳨ ⲧⲱⲃⲓ ⳨ Atque hi sunt Rectores Mundi Siderei, quorum officium est, totius anni cursui, in rerum vnicuiq; conuenientium productione procuranda præesse. Sunt Genij administratores Pantamorphæ naturæ eo ordine, quo côuenit, in administratione rerũ dispositi: Τριας γ̀, teste Zoroastro, ἐν παντὶ τῷ κόσμῳ λάμπει· εἰς ἧς ἄρχει γῆς πατρὸς αἰδίου νῦ πάντα κυβερνῶν. Καὶ ἐφάνησαν ἐν αὐτῇ ἥ τ' ἀρετὴ, ἢ ἡ σοφία, ἢ ἡ πολύφρων ὑξείκεια, τῇ δὲ ῥέι ξιδόρος δέμας θεοῦ τ' οὐσίας. *Toto enim in Mundo lucet Trias. In tria namq; dixit Mens Patris æterni; Mente omnia gubernans. Et apparuerunt in ipsa Virtus, & Sapientia, & multiscia Veritas. Hinc fluit Triadis vultus ante essentia.*

<small>Suprema tab: Bemb: regio continet quatuor triades Rectorum Mundi.</small>

<small>Rectores Mûdi siderei, eorumque officium.</small>

<small>Zoroaster.</small>

CAP. V.

Post Iyngem enim siue Pantamorpham naturam fundi paterni in suas triades cosmicas diuisi, proximos esse Rectores Mundi, Psellus ex Zoroastro his verbis ostendit: εἶτα ὀξεῖν ἢ νοητῆ ἰυγξ μ{η} δὲ ταυτίω, οἱ συνοχᾶς, ὁ ἐρπύρι۞, ὁ αἰθέρι۞. κ{αὶ} ὁ ὑλαῖ۞. *Post intelligibilem Iyngem proximè sequuntur Mundi Rectores seu Ductores, ignei, ætherei, & materiales.* In duas Classes, aqueorum, & terrestrium, diuiduntur; atque hi influxu suo cœlesti continuas in quatuor elementis igne, aëre, aqua, terra combinationes moliuntur, varias inter se compositionū naturaliū miscellas adornāt, tùm ad Mundi concentum, tùm ad rerum omnium vbertatem procurandam intenti. Hi signorum & mensium Præsides, Mundum iuxta duodecim terminos administrant. Habent autem singulæ triades suum Patrem, aut matrem, suam Potentiam, & Mentem; quarum duæ medium patrem aut matrem semper veluti choragum suum respiciunt, vt ex tabula patet. Quòd verò hæ duodecim mensibus & signis præsint, his verbis ostendit Iochaides ex libro Iezirah, genuinus Ægyptiorum discipulus:

Psellus.

Rectorum Mundi triades habent suum Patrem, Mentem, Potentiam.

Iochaides. Rectores Mundi præsunt mensibus & signis Zodiaci.

וי״ב שערים חקקן וצרפן וצר בהם שנים עשר מזלות
בעולם סימן טשת מאב סעק גנד ואלו הן יב׳ חדשים
מנהיגין ועשה אותם כמין מדינה וערכם כמין מלחמה
וגם את זה לעמות זה עשה האלהים שלש אמות שהם
שלשה אבות שמהם יצא אש ורוח ומים:

Duodecim portæ sunt, exsculpsit, & combinauit, & formauit in ijs 12 signa cœlestia in Mundo, signa eorum sunt: טשת, *id est,* טלה שור תאומים, *Aries, Taurus, Gemini, trias prima: secunda trias* מאב, *id est,* סרטן אריה בתולה, *Cancer, Leo, Virgo: Tertia trias* מעק, *id est,* מזנים עקרב קשת, *Libra, Scorpius, & Sagittarius; quarta trias* גנד, *id est,* גדי דלי דגים, *Capricornus, Aquarius, Pisces. Et hi sunt duodecim moderatores, quos instar disposuit Ciuitatis, & direxit eos ad modum belli, & fecit vnum è regione alterius, tres matres quæ sunt tres patres, ex quibus egreditur ignis, spiritus, & aqua.* Ex his, ni fallor, luculenter apparet, duodecim figuras nihil aliud denotare, quàm duodecim Intelligentias anni Præsides in quatuor triades diuisas.

I trias Mendesia.

Verùm iam singula particulatim exponamus. Prima trias P, S, V, Mendesia est, & Hyemi respondet, cuius Patrem S, Mentem V, Potentiam P exhibet. Dicitur Mendesia à voce Ægyptiaca ⲘⲈⲚⲆⲎⲤ teste Herodoto, qua hircum nuncupant, vnde & Ciuitas, & Nomus Mendesius, nomen suum obtinuit, & hircus aræ M impositus id satis demonstrat. Hunc occidere videtur figura S Pater. Est autem hircus hieroglyphicè nihil aliud quàm fœcunda vis terræ primigenia anni, quà veluti primitias quasdam germina producit; quod in Ægypto tribus mensibus triadi Mendesiæ correspondentibus contingebat, teste Manetho, mense *Mechir*, *Phamenoth*, & *Pharnuthi*, quibus Mendesij hircos immolabant, veluti ineuntis anni felix auspicium. Cui astipulatur Ælianus l. 10, hist: c. 24. vbi capras fœminas capiti Isidis in delicijs esse, mares autem immolari, tradit. Hinc ad Græcos videtur manasse Capricorni in Cœlum translatio,

Herodotus.

Hircus hieroglyphicè quid.

Manetho.

Ælianus.

cui

cui mensis Mechir respondet. Sed de his amplè in Astrologia Ægyptiorû, & de Hirci hierogrammatismo fusè in Obelisco Pamphilio, quem consule. Simulachrum S, hircum cornibus tenet, quia vis Solaris per cornua indigitata,tunc temporis, tametsi sopita & cohibita, tamen moderata saltem, apta est ad herbas & gramina producenda. Ex velato vertice viperam emergentem continet, quia potestas Numinis occulta vi terræ incubans vitam præstat; tutulum florigerum capite tribus fasciculis compactum bisulcæ flammæ impositum gestat, quia summam herbarum trimestri hoc spatio colligendarum tùm hominibus, tùm iumentis vbertatem præstat. Asseclæ V sceptro lotifero, & fœmineo habitu, vbere turgente, id est, Menti commendat præsidium; est enim lotiferum sceptrum, vti sæpe diximus, symbolum conformationis, quâ ad ideam sibi præscriptam Mens in omnibus à Patre sibi præside commissis fidenter exequendis operatur. Assecla verò P habitu masculino, tutulo florigero, ὀφι-κυκλο-πτεροφόρῳ, & velo cum vipera emergente, ad hæc sceptro Cucuphamorpho fulgens, Potentiam exhibet, qua à mente præscripta in executionem deducit, vitam, calorem, cœteraque ad felicem germinum prouentum necessaria suppeditans. Vterque assecla P, V, Crucem ansatam gestat, symbolum Numinum apotropæorum; quia res contra aduersas potestates fidei suæ commissas defendunt, vti iam sæpe inculcauimus; quod & tabulæ sacræ, seu amuleta Q & T indicant. Notandum quoque, in omnibus triadibus masculum & fœminam reperiri; quo quidem nihil aliud nisi principium actiuum per marem, per fœminam passiuum indicatur, quibus generatio rerum perficitur.

Secunda Trias verno tempori correspondens est X, Z, A, & Ammonia dicitur, quia Ammoni consecrata est; cuius signum est Aries cum vase apposito, tribus thyrsis fructiferis insigni; & symbolum est caloris vehementis & fœcundi, quo fructus hoc trimestri in Ægypto maturantur; de quo sic Abenephi:

فالما يريدون جدادون لخر بعالم وكان يصروا صورة لحمل ⁂

Indicaturi calorem mundanum, Arietem pingebant. Quæ confirmat Rabbi Iehuda in Zohar, colum: 469 his verbis:

והמצריים היו עובדים מול טלה כבעל האש:

Ægyptij adorabant signum Arietis, igne armatum. Quæ confirmat ipsa bisulca flamma è vertice Arietis ventilata. Vide de Ammonio Ariete vberrimè tractatum in Obelisco Pamphilio fol. 269. & sequentibus. In hac itaque Ammonia triade X Patrem, Z, Matrem seu Mentem, A Potentiam exhibet. Figura X Pater Ammonius telo seu lancea cuspidata vim caloris Ammonij notat; phænicopterum niloticum manu sinistra tenet; quæ cùm abundantiam fructuum, cœterorumque prouentum notet, aptè per auem piscatricem, & varietate colorum mirabilem significatur, cuius mentionem facit in sua historia Heliodorus l. 6. Καὶ νυνὶ δὲ Θεῷ ὄρνιν τινὰ τοῦτον ὡς ἱερὸς νειλῷον Φοινικόπτερον ὁ φυλάττης ὁπιτασμα κομίζων. *Nunc verò Deo auem quandam*

CAP. V. 114 OEDIPI AGYPT. THEAT. HIEROGL.

Isis in prima tab. Bemb: regione sub fig. L.
Hyginius.

dam eiusmodi, vt vides, *Niloticum Phænicopterum, amicissimæ compaginem veluti quandam exhibens*; scilicet Matri Z Isidi, quam hoc trimestri ad frugum conseruationem cultam Hyginius tradit. Hæc habitu induitur ansatis Crucibus bifurcatis referto, quo influxuum multitudo, idealisque potestatis plenitudo notatur. Vas Niloticum dexterâ exhibet figuræ X Patri Ammonio seu Osiridi: Ammonem enim & Osiridem passim confundi, varijs huius Operis locis demonstratum est. Per vas Niloticum humoris præsidium notatur; petere velle videtur ab Osiride, vt calore suo eam imbuat, sine quo nulla rerum generatio expediri queat, vtpote quæ solo calido-humido perficiatur; calido se habente per modum principij actiui, humido verò per modum principij passiui. Nebride induitur Bassaridum more; per Nebridem maculatam nouelli fœtus animantium, quæ hoc tempore in Ægypto repullulant, aptè indicantur; adeo vt eandem ob causam Græci Ægyptiorum Simiæ Dionysio & Cybeli Nebrida attribuerint; de quibus vide Mystagogiam Ægyptiam, Obeliscum Pamphilium, & Genealogiam Deorum in primo huius Operis Tomo.

Figura A regionis primæ tab. Bemb.

Sequitur Isidem Ammoniam A figura, Potentiam in Triade notans; dextrâ pennam Ibidis, sinistrâ vas Niloticum gerens; per pennam vis apotropæa, quâ humidi tutorem se monstrat contra aduersas typhonias potestates, innuitur; pennæ siquidem Ibiacæ tactu, Horo teste, Crocodilus sideratur Typhonis symbolum. Fœmoralia tenet in formam coni

Horus.

radiosi porrecta, queis radiosa spermaticæ facultatis vis quâ in humidum pollet, signatur; symbolum Ægyptijs à similitudine herbarum, graminum, arborum, plantarum, in quibus vis spermatica nescio quid conicum affectat, dum omnia ex latiori basi in turbinem radiosâ fœturâ agitat; conus verò in formam quadrantis Astronomici elaboratus est, vt indicaretur, temporis rationem ad fructuum vberem prouentum cumprimis obseruandam esse. De tutulis figuræ Z & A vide suprà in Capite de tutulis, vbi, & in alijs locis passim, eos expositos reperies. Sed quid Cyno-

Cynocephalus.

cephalus Y indicet, videamus. Incipit Vernum tempus huius Ammoniæ triadis ab æquinoctio, cuius symbolum est Cynocephalus; ratio symboli est, quòd hoc animal tempore æquinoctij, quo duodecim horarum dies longus est, duodecies vrinam reddere, atque hoc duodeno mictu æqui-

Horus.

noctium iam adesse, monstrare soleat, quod Horus testatur his verbis:

Ἰσημερίας δὲ πάλιν σημαίνοντες, κυνοκέφαλον καθήμενον ζωγραφοῦσι ζῶον. ἐν γὰρ δυσὶ ἰσημερίαις τοῦ ἐνιαυτοῦ δωδεκάκις τῆς ἡμέρας καθ᾽ ἑκάστην ὥραν οὐρεῖ, τὸ δὲ αὐτὸ καὶ τῇ δυσὶ νυξὶ ποιεῖ.

Rursus æquinoctia significantes idem animal Cynocephalum sedentem pingunt, duobus enim anni æquinoctijs duodecies in die, per singulas nimirum horas vrinam reddit, idemque & noctu facit. quod aptè insinuatur per numerum sex circulorum quadripartitorum, cui insidet, Abaco, incisorum; sexies enim quatuor faciunt 24; Lunam sextilem in capite gestat, cum circulo cui serpens includitur, quo Solis & Lunæ coniunctio indicatur, quæ maximè in hac anni statione Ammonia veluti futuræ vbertatis prognosticon obseruabatur; nam Cynocephalus hoc tempore fremens, & maxima indignationis indicia præbens, dirum portendebat; ludens verò &

exul-

SYNTAGMA I. MENSA ISIACA.

exultans, bonum auspicij omen exhibebat. Vide quæ de his fusiùs Horus l. 1. c. 14. & nos passim tùm in Obelisco Pamphilio, de Hierogrammatismo Cynocephali, tùm in horologiographia Ægyptiorum egimus.

Sequitur iam Trias Momphtæa, Æstati correspondens, tribus figuris B, C, E, exhibita. Dicitur Momphtæa, quia Momphta incrementi Nilotici, vti fusè in Obelisco Pamphilio in Hierogrammatismo Leonis docuimus, præses Numen est; quod aptè sanè exprimit D Sphynx Nilotica. Sed audiamus verba Hori, qui lib. 1. c. 21. sic Nili inundationem describit: Νείλου δὲ ἀνάβασιν σημαίνοντες, ὃν καλοῦσιν Αἰγύπτιοι νοῦμ, ἑρμηνεύθὲν δὲ σημαίνει νέον· ποτὲ μὲν λέοντα γράφουσι; &c. ἐπειδὴ ὁ ἥλιος εἰς λέοντα γενόμενος, πλείονα τὴν ἀνάβασιν τῦ Νείλου ποιεῖ). ὡς ἐμφανίζοντος τοῦ ἡλίου τῷ ζωδίῳ τούτῳ τὸ δίμοιρον τοῦ νέου ὕδατος. πλημμυρεῖ πολλάκις. ὅθεν καὶ ἐπὶ χοληδόχοις, καὶ τοῖς εἰ Ϲαϊωγικαῖς τῶν ἱερῶν κρεῶν λεοντομόρφοις κατεσκεύαζον οἱ ἀρχαῖοι τῶν ἱερατικῶν ἑδρῶν ὑπίσα), ἀφ᾽ ὃν καὶ μέχρι νῦν κατ᾽ ἐγκύκλιον πλεονάζομεν ὑεζοντι. Nili insuper inundationem significantes, quem Ægyptia voce Nun (rectiùs μων) quod si interpreteris, nouum (veriùs aquas) sonat, appellant; modò Leonem pingunt &c. quod cùm Sol Leonem subit, ampliorem Nili faciat inundationem; quamdiu enim Sol in hoc signo persistit, sæpenumero in duplum ipsius Nili aqua excrescit, vnde & tubos canalesq; sacrorum fontium solent primæui hieromantæ Leonis figura fabricare. Hinc in hanc vsque diem dum pra immodica inundatione preces effunduntur, Leonis signo vti solent. Sphynx itaque sedens, alis, & Lunæ facie κερθεθῶ, id est, cornuta, & in circulum contorta, cui character Agathodæmonis inseritur, conspicua, hæc inquam nihil aliud quàm Intelligentiam Momphta, incrementi Nilotici Præsidem notat, qui hoc trimestri spacio maximè in Ægypto dominari, vt in Astrologia docuimus, credebatur. Lunam in capite gestat sextilem in circulum contortam, vt ostenderetur, coniunctione Solis & Lunæ intra 48 dies, quibus incrementum à principio ad finem durat, maximè vrgeri; characterem inclusum gerit in capite, quo indicatur, Agathodæmonem Momphtæo Numini subdelegatum influxibus huius maximè incitari; crescit autem continuò vtplurimùm 24 diebus, & totidem diebus decrescit; quæ sanè aptè indicantur per circulos sex quadripartitos basi inscriptos, qui 24, vti dictum fuit, notant, & hic numerus duplicatus 48 constituit, totius incrementi durationem. Verùm vt hæc omnia aptiùs confirmentur, reliquas figuras huius Momphtææ triadis ordine examinemus.

Tres sunt præsides, signatique literis B, C, E. C patrem notat, ὑποστατικὸν Numen: vittâ ornatur in calathi modum efformata, ex qua circa frontem serpens exit, binis Accipitrinis pennis & circulo intermedio; quæ omnia vigoris Solaris, vitæ calorisq; mundani, quo humidam Mundi substantiam imbuit, symbola sunt; dextrâ Crucem ansatam fert, tùm influxûs, tùm auerruncationis symbolũ; læuâ baculum cucuphomorphũ gestat, varietatis quam in humida substantia producit, notam; asseclas habet E mentem Isiacam, & B potentiam executricem. Isiaca mens E velo tegitur candido in modum vasis Nilotici protuberante; cui cornua bouina insistunt, cum intermedia stella, & binis pennis: dexterâ manu sceptrum pennigerum gestat, ex qua vtrinque duo triangularia sistra dependent.

CAP. V.　　116　　OEDIPI ÆGYPTIACI THEAT. HIEROGL.

Isiacæ Mentis hieroglyphica explicatur.

dent. Quid verò hæc omnia significent, exponam. Velum candidum indicat diuinitatis vim detectam; cornua bouina Isidi attributa, & ex vase Nilotico emergentia, indicant agriculturæ, cui præest, post incrementi abundantiam, felix auspicium; stella indicat Sothin, quam incrementi Nilotici prænunciam dicebant, atque ex ea totius anni secuturi statum diuinabantur; quæ omnia his verbis Horus confirmat l. 1. c. 3. Ἐνιαυτὸν δὲ βουλόμενοι δηλῶσαι, Ἶσιν τιτέσι γυναῖκα ζωογραφοῦσι. τῇ δ᾽ αὐτῇ καὶ τὴν Θεὸν σημαίνουσιν. Ἶσις δὲ παρ᾽ αὐτοῖς ἐςὶν ἀςὴρ Αἰγυπτιςὶ καλούμενος Σῶθις, Ἑλληνιςὶ δὲ ἀςροκύων, &c. Ἔτι δὲ κỳ διότι κỳ τὴν τότε τοῦ ἄςρου ἀνατολὴν σημειούμεθα περὶ πάντων τῶν ἐν τῷ ἐνιαυτῷ μελλόντων γενέσθαι. Διόπερ ἐκ ἀλόγως τὸν ἐνιαυτὸν Ἶσιν λέγοιςι. Porrò annum significaturi Isin, hoc est, mulierem pingunt, quo etiam Deam significant; est autem apud eos Isis sidus, quod Ægyptio nomine Sothis, Græcis verò astrocyon dicitur, quoniam in huiusce sideris exortu ea signis quibusdam obseruamus, quæ toto anno peragenda sunt, ideo non absque ratione annum Isin appellant. Diximus Sothin stellam

Sothis stella incrementi Nilotici prænuntia. Hyginus. Manilius.

Canis, prænunciam fuisse incrementi Nili; quia ad ortum huius Nilus inundare dicebatur, vti apud Hyginium & Manilium, de quo primo Tomo de Nili incremento actum est. Manu dextrâ sceptrum gerit pennigerum cum sistris triangularibus, quorum sonitu motus rerum, teste Plutarcho, & aduersarum potestatum Typhoniarum malignitas profligari credebatur. Verùm de sistrorum significatione mystica passim hoc Opere tractatum vide. Figura B pariter fœmineo habitu induta, dextrâ Seriphium seu Absinthium marinum exhibet, læuâ baculum seu thyrsum papyraceum, quo rerum necessariarum humano generi vbertas, vti in Obelisco Pamphilio probatum fuit, indicatur; capite Thermutin, id est, serpentem ἱερακόμορφον sustinet; quibus symbolis quid sibi voluerint, exponamus.

Seriphium seu Absinthium marinum. Theophrastus.

Seriphium seu Absinthium marinum, teste Theophrasto, circa initium mensis Thoth maxima copia in Ægypto prouenit, eiusque maximus in sacris ritibus cœremonijsque peragendis vsus erat, symbolumque erat antidoti contra putrefactionem; atque ideo Isidi & Mophtæ, tanquam Nili præsidibus dicatum, & ab Isiacis præferri consueuis-

Plinius. Dioscorides.

se apud Plinium & Dioscoridem legimus. nascebaturque in Taphosiri, id est, Ciuitate, quæ sepulchrum Osiridis dicitur, eiusque ope Osiridem à Typhone occisum ad immortalitatem reuocatum Plutarchus asserit. Vide de Seriphio plura in hierogrammatismo plantarum. Thermutis sacri Serpentis genus est, cuius velum Isidis, quo circundatur, index est; ἱερακόμορφος, id est, Accipitris capite insignitus pingitur; quâ arcanâ similitudine alluditur ad vitam, lucem, motum, quibus Agathodæmon

Thermutis significatio hieroglyphica

Ophionius, qui semper per huiusmodi thermutin indigitatur, influit in hanc potentiam Isiacam seu Nephtæam; hisce enim dum humidâ substantiâ per Nephten imbuitur, veluti occultâ quâdam vi Momphtæ seminaria animantur, & ad eam rerum varietatem, quam Nili fœcundum incrementum secum adducere solet, producendam disponuntur; hinc non malè Thermutidi Accipitris caput impositum fuit. Epies siquidem

Eusebius.

Hieromanta sapientissimus, vt est apud Eusebium, ita de eo scribit: Τὸ πρῶτον ὂν θείοτατον ὄφις ἐςὶν ἱέραξ ἔχων μορφὴν. Primum omnium diuinissimum

Ser-

SYNTAGMA I. MENSA ISIACA.

Serpens est, Accipitris formam habens. Verùm cùm de hisce passim innumeris tùm huius Oedipi, tùm Obelisci Pamphilij locis egerimus, Lector ea adire poterit, vbi ex omnigena doctrina Ophionia sacramenta descripta reperiet.

Quarta trias F, G, H, Omphtæa dicitur, & Autumno respondet. Est autem, vti in Astrologia demonstratum fuit, Omphta præses signi Libræ, quo post incrementum Nili terra humore prægnans paulatim ad fœcunditatē disponitur per Omphta Numen beneficum, vt quod exactā, singulisq; humoris fœcundi portionem congruam decernat; qui quidem Omphta per literā G indicatur, qui dextrā baculum seu thyrsum papyraceum tenens, læuā phallum oculatum portat; quibus nihil aliud indicatur, nisi quòd Omphtæ ministerio ea, quæ in præcedenti trimestri sapienter humoris benificio disposuit Momphta, tandem in executionem ab Omphta, Plutarcho teste, deducantur, id est, omnium rerum humanæ vitæ necessariarum vbertas per oculatum phallum, id est, prouidam spermaticæ virtutis actionem, resultet; cooperantibus asseclis suis F & H, quorum prior F, dextrā baculum Cucuphomorphum, læuā vas μελάγγειον, id est, terræ nigræ Ægyptiæ (sic enim Ægyptiam tellurem, teste Plutacho, vocant hieroglyphicè) portat, in quo humor receptus ad varietatem rerum per baculū Cucuphæ capite expressum disponitur, & agriculturæ felix auspicium, quod per caudas signatur bouinas, quibus figuræ G & F insigniuntur, sumitur; H verò Numen auerruncum seu apotropæum baculo lotifero, & mamilla turgens insignitur, ad dictam fœcunditatem, cuius tutelam agit, ab omni aduersitate Typhonia conseruandam. Verùm de Cucuphæ sceptro, de phallo oculato, de loto vide passim in Obelisco Pamphilio proprijs locis traditum. Atque hi sunt duodecim moderatores in quatuor triades diuisi, quorum ministerio totius anni decursus regitur & gubernatur.

IV Trias Omphtæa; Omphta præses signi ♎.

Plutarchus.

Omphtæ Asseclæ.

DIVISIO VI.

Regionis tertiæ interpretatio.

Tertiæ Regionis tab. Bemb. interpretatio.

Tertia Regio & inferior Isiacæ mensæ literis I K comprehensa, continet figuras duodecim, qui sunt duodecim perennium fontium Patres, qui & Mundi Ductores appellantur. Ita Psellus in Oracula Chaldaica, μετὰ δὲ τούτους οἱ πηγαῖοι πατέρες οἱ καλούμενοι κοσμαγωγοί. Qui quidem iterum in Triadas diuiduntur; Mundumque dodecapartitum in duodecim plagas distributum administrant, vnde & κοσμαγωγοὶ vocantur. Vnaquæque trias suam sibi Mundi partem administrandam sortita est; atq; trias quidem λ,μ,N, Orienti præest, opposita verò huic in tabula trias ♃ F H, Occidenti; ξ,O,Z, Boreæ; eiusq; opposita τ,Φ,χ, Meridiei siue Austro dominatur. Duæ priores triades λ,μ,N, & ♃, F,H, portis mysteriosis exhibitæ, vocantur magnarum Mundi portarum, id est, Orientis & Occidentis vagi

Fontium Patres 12. in quatuor triades diuisi.

admi-

administratores, vt postea probabitur; duæ verò intermediæ ξ. ο. ς. & τ, φ. χ, συςαται, id est, stabiles & fixi vocantur à Psello, quia dominium suum habent in oppositis sibi Septentrionis & Austri partibus stabilibus & fixis; Sol enim & Luna, cœterique errones, tropicos motionum suarum terminos dictis in partibus sortiuntur, vnde & Ductores harum triadum ☉ & ☽ sedere finguntur; quæ omnia pulchrè ex Ægyptiorum mente describit Iochaides in Zohar, vti & in commentarijs in Iezirah his verbis.

Iochaides.

Duodecim Angeli Mundi præsides, eorumque termini ex Iochaide.

וְהַמַּלְאָכִים שְׁתֵּים עֶשְׂרֵה בַּשָּׁנָה וּמְרוּתָם לִשְׂמֹאל לִ״ב גְּבוּלֵי עוֹלָם:

Et sunt duodecim Angeli præsides anni, & proprietates eorum, vt præsint duodecim terminis Mundi; termini verò hi sunt.

1	גְּבוּל מִזְרָחִית צְפוֹנִית:	7	גְּבוּל מַעֲרָבִית דְּרוֹמִית:
	Terminus Orientalis Septentrionis.		*Terminus Occidentis Meridionalis.*
2	גְּבוּל מִזְרָחִית דְּרוֹמִית:	8	גְּבוּל מַעֲרָבִית צְפוֹנִית:
	Terminus Orientalis Meridionalis.		*Terminus Occidentis Septentrionalis.*
3	גְּבוּל מִזְרָחִית רוֹמִית:	9	גְּבוּל מַעֲרָבִית רוֹמִית:
	Terminus Orientis superioris.		*Terminus Occidentis superioris.*
4	גְּבוּל מִזְרָחִית תַּחְתִּית:	10	גְּבוּל מַעֲרָבִית תַּחְתִּית:
	Terminus Orientis inferioris.		*Terminus Occidentis inferioris.*
5	גְּבוּל צְפוֹנִית רוֹמִית:	11	גְּבוּל דְּרוֹמִית רוֹמִית:
	Terminus Septentrionis superioris.		*Terminus Meridiei superioris.*
6	גְּבוּל צְפוֹנִית תַּחְתִּית:	12	גְּבוּל דְּרוֹמִית תַּחְתִּית:
	Terminus Septentrionis inferioris.		*Terminus Meridiei inferioris.*

וּמַרְחִיבִין וְהוֹלְכִין עַד עֲדֵי עַד וְהֵם זְרוֹעוֹת עוֹלָם:

Et dilatantur, & progrediuntur vsque in secula seculorum, & sunt brachia Mundi. Quorum & mentionem facit Abenephius his verbis:

Abenephi.

وكان لمصريون ذنت عشر جنود مدبرهم على رياح اربع الدنيا وذلت منهم جنولون لمشرق وذلت لمعراب وذلت لجنوب وذلت لسمال

Fuerunt autem Ægyptijs duodecim Præsides super quatuor Mundi plagas; tres præerant Orienti, tres Occidenti, tres Meridiei, & tres Septentrioni, & hi vocantur fontani patres, eò quòd ex his tanquam perennibus fontibus omne in inferiorem Mundum bonum promanet. Sed iam singula ordine exponamus.

Trias

SYNTAGMA I. MENSA ISIACA.

Trias Fontana Horæa, siue Porta magna Orientis.

Trias Fontana Horæa. Porta magna Orientis.

TRias λ, M, N, magna Mundi Orientalis porta dicitur; vbi vides portæ inclusum pueri formâ Horum, reticulatâ veste inuolutum, baculo crucifero Cucuphomorpho, gnomone, & lituo insignem, à tergore triangulo, ex quo globus emergit, dependente; portæ superliminari globus alatus inseritur, & latera portæ circulis quadrifidis, & pentagrammis stellis alternatim insertis exornantur, basi varijs hieroglyphicis insignitâ; quæ quid indicent, videamus.

Porta magna Orientis dicitur, quia per ipsam omnis lucis, vitæ, & motus ratio, quæ per globum alatū notantur, in quatuor Mundi partes, & quintuplicem entium ordinem diffusa, quæ per circulos quadrifidos, & stellas pentagrammas signantur, indicatur, vt alibi expositum fuit. Simulachrum M sub pueri forma Horum refert, id est, Solem, qui per Orientem veluti propriam portam ingressus, omnes Mundi partes vitæ & lucis radijs recreat: sub pueri forma vittâ spectabili pingitur, quia Sol in dies Mundo per ianuam vitæ restitutus quasi reiuuenescit, atque vnâ secum Mundum reiuuenescere facit: reticulatâ veste inuoluitur, quia ratio influxus & virtutes, quas Mundo confert, abditæ sunt & perplexæ, & humano ingenio imperuiæ: baculus quem portat, primò Cruce signatur, quòd cùm quatuor elementorum symbolum sit, aptè eo indicatur, virtutes suas Solem primò quatuor elementis communicare, quæ abditarum virium affluxu imprægnata magnam illam rerum varietatem proferunt, quæ per caput Vpupæ; cum summo ordine, symmetria, & ἐνεργεία, quæ per gnomonem; & denique cum mira harmonia, quæ per lituum pulchrè indicantur. Trigonum à tergore pendulum, Mundum significat, Platone teste, à trigono archetypo profluxisse. Vide huius figuræ expositionem tùm in Obelisco Pamphilio, tùm in Oedipo hoc varijs locis allatam. Basi cui insistit, hieroglyphica insculpta hunc sensum faciunt; *Vegetabilis naturæ parens, humidi custos* ὑποζευγῆς, *sacer Osiridis Nili tutor* ὑποζευγῆς *Mundorum, eorumque dominator, Polymorphos δαίμων necessariarum rerum vbertatem præbens*. Atque hæc est figuræ M significatio. Venio ad asseclas λ & N, quarum N fœmineo induta habitu, velato vertice, cui Accipiter insidet, insignis, quinque vasa Horo veluti porrigit. Per hanc Mens Horeæ triadis exprimitur; hæc enim lucem & calorem, per Accipitrem capiti insidentem expressum, ab Horo participatum, in quinque Mundi inferioris vasa, quæ sunt aquæ, aëris, & in terrestri globo inanimatarum rerum, vegetabilis naturæ, & sensitiuæ seminaria, iuxta rationem ab Osiride sibi præscriptam, distribuit. Fœmineo pingitur habitu, quia hæc intellectus Osiriaci seu Horæi veluti Idea quædam est, ad pariendum procliuis, & ad voluntatem Hori complendam paratam se exhibens; *Est enim, vt rectè Plutarchus dicit, Isis nihil aliud, quàm vis illa naturæ fœminea, & totius susceptrix generationis, propter quod* τιθήνη, *id est, nutrix*

Porta magna Orientis.
Horus, id est, Sol.
Plato.
Characteres hieroglyphici minuti in base Hori.
Asseclæ Hori.
Mens Horeæ triadis.
Plutarchus.

Plato.

trix, ἐγ παυδ'χῆς, id est, susceptrix à Platone nuncupata est; omnes enim ideas ἐγ imagines admittit, habetque congenitum amorem erga id, quod primum ac summum est inter omnia, quod sanè ipsum bonum est; ad hoc enim rapitur, hoc optat, hoc sequitur; quod verò malum est, fugit ἐγ aduersatur. Reliqua vide apud Plutarchum varijs locis allegatum.

Potentia Horææ triadis.

Simulachrum verò λ Potentiam Horææ triadis monstrat, baculo lotifero instructam, cuius flori Aspis ἱερκόμοφ⊙ insidet turgido pectore, cum stella in capite; læuâ vas pariter Niloticum tenet, fœmineo habitu, mamma turgente, & cidari in formam calathi concinnatâ, quam capite gestat. Per Aspidem seu Thermutin, vti iam sæpè dictum fuit, motus & vita rerum, quam Sol quotidie oriens, Mundo confert, indicatur; Aspis enim Ophionius, vt rectè Arius apud Eusebium, Ἐπίχυσις· ὅς ἀ ἀναβλίψεις, φωθὸς ζω παῦ ἐπλήρει, ἐν τῇ προστοίνῳ χώρᾳ αὐτῇ. ἐ τι καμμύσεις σκότ⊙ εἴωστο. Gratiosum animal est; id si palpebras erigebat, primogenitam omnem suam regionem replebat; cùm verò clausas teneret, tenebræ fundebantur. Ὅπω ὑπιδη δοκῇ ζωῆς, καὶ θανάτε κυρίσειν· διὰ τοῦτο αὐτὸν διὰ τῇ κεφαλῆς τῇ Θεῶν ἐπιτιθέασι. Quocirca cùm vitæ necisque potestatem habere videatur, meritò sanè Deorum capitibus inserebatur. Lotifero sceptro indicatur quòd iuxta præscriptam sibi ab archetypo Sole rationem agat. Hic cidarin quoq; capite gestat, in formam calathi concinnatam, quo præsidium & dominium in vegetabilis naturæ œconomiam signatur, cui fœcunditatem & vbertatem, vti fœmineus habitus, & mamma tumida sat ostendunt, largitur. Horus itaq; seu Mundus binis stipatus est asseclis, quorum λ vitæ & motus; alter N lucis & caloris curam ab Horo eis commissam habent; hinc Astrologi maximè hanc magnam Mundi Portam Orientalem, non sine ratione portam vitæ, caloris, lucis, & motus appellabant, & summo studio signorum stellarumque ortus, dum genethliaca nascentium hominum themata scrutarentur, tanquam vnicum κέλοτ⊙ suæ fundamentum, quem & Horoscopum dicebant, obseruabant, vti in Astrologia diximus, quam de hisce fusiùs tractantem consule.

Aspis Ophionius. Eusebius.

Porta Mundi seu Horoscopus Astrologorum.

Trias Fontana Æluromorphi.

Trias Fontana, siue Porta magna Occidentis.

Porta magna Occidentis.

Pater Portæ magnæ Occidentis.

Porrò opposita huic Horææ triadi, trias portæ magnæ Occidentis se aperit, quæ signatur literis ⚷, F, H. Fontanus parens F portæ includitur, cuius superliminare globo alato signatur, influxûs supremæ mentis symbolo; & latera quadrifidis circulis, quæ sunt quaternarij numeri, quibus Mundus constat, ideæ; in medio portæ simulachrum F fœmineo habitu, & felino vultu terrificum conspicitur, in cuius manu dextra baculus lotiserus, in sinistra Crux ansata fingitur; capite circulum Scarabæi imagine, & Serpente è globo emergente insignitum gestat. Sed quid singula sibi velint, iam aperiamus. Porta Occidentem notat, per quam Sol superius Hemisphærium reliquens, inferius petit, id est, Sol exiens

subter-

SYNTAGMA I. MENSA ISIACA. 125 CAP. V.

subterraneum Horizontem petit ; quæ omnia aptè indicantur per figuram F; in qua selinum caput Scarabæi imagine insignitum Solem occidentem signat ; felis enim siue. ælurus, lunare & nocturnum animal, teste Horo, suas potissimùm operationes noctu exercet. Quod vt intelligatur, paulò altiùs oriri visum est. Nouimus, post occasum Solis Lunam veluti in absentia eius vicariam agere. Est enim, vt iam in varijs locis huius Operis expositum fuit, Luna secundùm Ægyptios nihil aliud, quàm Solis quoddam speculum, in quod radios suos reuerberando terram, quam directo radio non posset, saltem reflexo seu vicario Lunæ soueret, sustentaretque ; atque hanc vicariam Solis per Lunam potestatem aptè exprimebant, per felis naturales proprietates ; hic enim iuxta cursum Solarem diurnum pupillas non tantùm explicat & contrahit, sed iuxta phasium lunarium incrementa & decrementa, oculorum pupillas mutat, noctu diuque venationi murium ex æquo intentus ; maximè verò ad occasum Solis huiusmodi mutationes subire videtur: vt vel hinc non sine causa Numen illud, quod Occidenti præsidet, felino capite expresserint. Sed audiamus Horum l. 1. c. 10, dicta hisce verbis confirmantem. *Felem*, inquit, *masculum iuxta varium Solis habitum & cursum pupillas commutare, ad ortum quidem Solis manè nonnihil extendi, sub Meridiem veluti rotundas fieri, Sole ad Occasum vergente obtusiores obscurioresque apparere.* Quasi iam Lunæ virtutis suæ curam Sol commiserit ; hinc & quæ apud Heliopolim est, Dei Solis statua, vti apud Pausaniam habetur, felis speciem exprimit; quam speciem & simalachrum F exprimit, cuius felino vertici circulus Scarabæi imagine insignitus insistit, quo Solem exhiberi, amplissimis authoritatibus in Obelisco Pamphilio cap. de Scarabæo docuimus. Qui quidem cum felino capite iunctus eam, quam diximus, Solis in Luna vicariam potestatem, quam post occasum Solis in terreno Mundo exercet, indicat, idque hinc patet, quòd Luna sit veluti Sol quidam nocturnus, qui terram, nè Solaris lucis totali influxu destitueretur, reflexâ virtute imbuat, terrenam molem Solis caliditate exsuctam, temperato humore reficiat, vnde vita rerum, per serpentem è globo emergentem indicata, rebus omnibus proueniat. Lotiferum sceptrum manu dextrâ tenet, quia Luna Solem in omnibus affectat. Quoniam verò tenebris nocturnis maximè aduersæ potestates dominantur, hinc sinistrâ Crucem ansatam fert; potentissimum contra eas amuletum & phylacterium. Fœminino habitu pingitur, & mammâ turgente, quia vis Solis ex Lunari corpore in terram influens, fœcunda est, & viuificâ vbertate nutrit, fouet, instaurat omnia ; hinc & fontanus pater seu mater fontana dicitur, quia fontem vberrimum Sol in occasu suo aperit, quo omnia irrigata in vigore suo conseruentur. Verùm audiamus hæc omnia pulchrè confirmantem Plutarchum : *Solis*, inquit, *radij in Lunam veluti in speculum quoddam coniecti, ad nos auctis viribus reuerberantur, quorum vis & efficacia docuit homines certo & opportuno tempore semina mandare terræ, ligna ad ædificandum apta cædere, agriculturæ operibus insudare.* Vnde artes vitæ, viuique humano necessarias exortas esse Columella lib. 1. docet.

Horus.

Luna Solis vicaria.

Felis Lunæ hieroglyphicū

Horus.

Felis simulachrum Heliopoli.

Pausanias.

Luna Sol nocturnus.

Lunaris statuæ habitus.

Plutarchus.

Columella.

Q 2 Asse-

CAP. V.   122   OEDIPI AGYPT. THEAT. HIEROGL.

Asseclæ triadis fontanæ Æluro morphæ. Mens Æluromorphi Numinis.

Asseclæ triadis huius Æluro-morphæ sunt ☿ & H. Simulachrum ☿ Mentem Æluromorphi Numinis exhibet, sinistrâ florigerum baculum, dextrâ phallum oculatum, capite tutulum gestat, flammâ bisulcâ; binis Aspidibus, stellâ, pennisque spectabilem: per phallum fœcunditas, per sceptrum in vegetabilia dominium, per tutulum φλοξι-οφι-ας-εχατι εϱυμοϱφον calor, vita, motus, quæ ex reflexo Solis in Lunam, cœteraque sidera lumine post occiduum Solem, causantur, aptè sanè indicantur.

Potentia Æluro-morphi Numinis.

Assecla H Potentia intellectualis, thyrsum papyraceum tenet manu sinistrâ, rerum necessariarum copiæ signum; dextrâ manu iussa matris seu patris, androgyni Numinis, mandata exposcit, ad res fidei suæ commissas & à mente præscriptas, in executionem deducendas; Aspidem seu Thermutin stellâ signatum capite gestat, quâ vita & motus rerum significatur, vti suprà explicatum fuit. Sed quid figuræ huius triadis literis *d, e,* Ω signatæ notent, videamus.

Triadis Æluro-morphæ figuræ quid significent. Canis sedentis figu.

d litera Canis sedentis figuram cum sistro exprimit, qui quidem hoc loco nihil aliud notat, quàm Horizontis lumine Solari destituti, siue portæ magnæ occiduæ custodem. Astipulatur hisce Plutarchus lib. de Osir. & Iside.

Plutarchus.

Circulus, inquit, *siniens, quem Horizontem vocant, Anubis est:* & non immeritò Cani comparatur, eò quòd cœlo terraque polleat: & in hac significatione eandem apud Ægyptios vim habere videtur Anubis, quam apud Græcos Hecate. σίστρυμ impositum habet, Typhoniæ malignitatis siue αιτιθέν Dæmonis, quem sonitus sistri profligare dicitur, symbolum, vti alibi amplè expositum fuit; huius enim vigilantiâ Horus Sol, id est, harmonia & ἐχεσοία Mundi Sensibilis, quam figura, *e,* vti ex suprà expositis patet, exprimit, in suæ perfectionis statu conseruatur.

Anubis apud Ægyptios idē quod Hecate apud Græcos.

Anubis αἰδεϱκυνιμοϱφ.

Quæ eadem exprimit Ω Anubis αἰδεϱκυνιόμοϱφ caninâ facie transformatus, qui manibus pendulis efficaciter contractis, in capite globum cum Serpente ex eo emergente, & pennâ Ibidis eidem superposita, gestans, portæ occiduæ adstat; quæ quidem nihil aliud quàm Anubidis in vtriusque Horizontis confinio vigilantiam notant, ex cuius efficaci operatione inferioris Mundi œconomia conseruatur, & Typhon in absentia Solis omnia maligna attentans, id est, Crocodilæa Typhonis vis, Ibidis veluti pennâ sideratur & extinguitur; hanc ob causam Ægyptij, Horo teste, foribus templorum simulachra Anubidis, veluti sacrorum, Deorumque Osiridis & Isidis custodis, admouebant.

Horus. Anubidis simulachrum ante templorum fores.

Vide quàm id Ω figura Anubidis Cynocephali aræ seu columnæ impositi, & ad magnam occidui Solis portam veluti vigilantis typus aptè exprimat? vt hinc proinde suam ille Hecatinus Cerberus apud Græcos & Chaldæos, originem inuenerit.

Genij occiduæ plagæ.

Patet itaque ex dictis, huius triadis exhibitionem nihil aliud exprimere, nisi Geniorum occiduæ plagæ præsidium; quorum præsidio Typhonia & Arimania vis profligata, Sol tametsi absens, in Luna tamen stellisque consuetas naturæ operationes perficiat, strenuè ad eiusmodi bonum, quibus vtrimque stipatur Asseclis H & ☿ (quorum hic fœcunditati, alter vitæ, luci, & calori præest, vti ex symbolis paulò antè explicatis patet) contra aduersas Potestatum technas, aduigilante Anube, corporis

ris Osiridis, vt Plutarchus asserit, custode. Apponam hîc testimonium Psselli, cuius verbis dicta ita comprobantur, vt ea explicasse videatur; ita autem in libello de Angelis & Dæmonibus loquitur: πᾶ̃σ͂αν ἤ τις κόσμιν χώραν τῷ ἀγγέλων ῶ̓Ϥ͂τα̇τω τ̇ριάδα συνέχει. τὴν ἀνατολικῆς χώραν οἱ ἀρχαῖοι ἐκτυποῦσι δὶ τῇ τοῦ παιδὸς ἰδέᾳ. τὴν δύσιν χώραν ἐκτυποῦσι. δίᾳ τοῦ δαίμονος ἠλιομόρφω ἀγάλματος, καὶ σημεῖα εἰςι τῷ ἡλίῳ δυσίμως ἰδιοτήτων. *Vnaquæque Mundi Regio triadem Angelorum Præsidum continet; Orientis regionem antiqui exprimebant per pueri formam; Occidentis per feliformem statuam; qua occidui Solis proprietates indicabant.* Reliqua verba postea adducentur; sed iam ad reliquas Mundi plagas describendas progrediamur.

Psellus

Trias Pandochæa
Quod Numen apotropæum Portæ Magnæ Septentrionis est.

Trias Pandochæa.
Porta magna Septentrionis

TRias signata literis ξ, Ο, Σ notat Borealium Geniorum præsidium & stationem; cuius medium simulachrum O sedi variegatæ insidens fœmineo habitu, vti ex mamma turgente luculenter patet, induta, veste Crucibus ansatis eius generis, quas bifurcatas vocamus, insignita fulget; Tauticum characterem manu dextrâ, sinistrâ baculum lotiferum tenet, velato vertice, & tutulo ei imposito spectabilis. Sedet, quia dominium habet in omnia Boreæ Regioni subiecta; & quia ibi Sol ad tropicum Boreum fixos & stabiles conuersionis suæ terminos habet; sedi variegatæ insidet, quia motus Solis ad Boream regionê compositione illa ex consono dissonis, vmbroso-lucidis totius harmoniâ causatur, totiusq; corruptionis & generationis, sine quibus Mundus subsistere non potest, originem notat. Cruces bifurcatæ, quibus vestis eius insignitur, Numen indicat supernis influxibus fœtum, quorum vires ex supramundano fonte, veluti ex vbere refertissimo in inferiora deriuantur. Crux ansata, apotropæi Numinis symbolum, maximam in Typhonijs potestatibus aduersis, in Borea regione Mundi stabulantibus, profligandis virtutem & potentiam enunciat; baculus lotiferus ad archetypi Solis exemplar omnia peragi signat; vnde humidæ substantiæ crater vitalibus influxibus fœtus, qui per tutulum crateri insistentem indicantur, omne Boreæ plagæ bonum adfert; quæ omnia sane graphicè his verbis describit Orpheus:

Apotropæum Numen Borealis Regionis Mundi.

Orpheus.

Σκηπτοῦχε κλεινοῖο πόλυ πολυώνυμα σεμνή
Ἣ κατέχεις κόσμιν μέσον θρόνον ὃς δ᾽ ἀπὸ ἄρκτυ.
Ἐννεάδος σήμαϊτρα ἔχεις.
*Qui poli incliti sceptra tenes, multis nominibus veneranda,
Quæ Mundi medium thronum tenes in Borea,
Enneados signacula tenes.*

Quid verò per Enneados sigillum indicent, audiamus. Dicit Hecatæus, vt est apud Clementem Alexandrinum, nouenario Boream plagam indicatam

Enneados sigillum.
Clemens Alex:

CAP. V.   124   OEDIPI ÆGYPTIACI THEAT. HIEROGL.

Nouenarius numerus Boream significat apud Ægyptios.

tam fuiſſe ab Ægyptijs, eò quòd hic numerus proximus ſit denario numero, quo bonorum omnium complementum notatur: hanc enim plagam Sole peragrante dies creſcunt, decreſcunt noctes, vnde copioſiſſima meſſis, fructuumque abundantia prouenit, incrementum Nili incipit, illudque vna bonorum omnium vbertas ſequitur. Fingunt itaque, Pandochen huius plagæ Genium nouem ſignacula habere, quibus ad bonorum omnium vbertatem portæ aperiuntur; nouem verò dicta ſignacula per ſymbola, quibus O figura Pandoches inſignitur, notantur. Primum ſignaculum eſt ſedes, dierum noctiumque viciſſitudinis ſignum; ſecundum, ſedi inſertus vegetabilis naturæ faſciculus; tertium, influxuum plenitudo, qui per Cruces biſulcas notantur; quartum Crux anſata, ſeu Tauticus character, contra Typhonias poteſtates amuletum efficaciſſimum eſt; quintu, ſceptrum lotiferum, ad Solis archetypi exemplar operandi ſymbolum; ſextum, craterem Mundanum, cui præeſt, notat; ſeptimum per Aſpides, vitalium ſeminariorum penetralia innuit; octauum, per Crucem biſulcam, Agathodæmonis Solaris adyta; nonum per pennas, intellectualium virtutum clauſtra ſignat. Quæ omnia ſuprà memoratus Pſellus confirmat his verbis: Ἡ δύναμις παιδεχὴς τῆς ἀρετῆς κυρίοι, ἐννέα σημαντρὶς σεβάσθω. Quæ quidem pulchrè conſonant ſymbolis ſcabello pedis, cui thronus innititur, inſculptis; vbi vides hoc ſignum IIIII ⊕, quo, vti in Arithmetica oſtendimus, nouenarium numerum Ægyptij exprimebant, ex quinque vnitatibus, & quadrifido circulo conſtitutum, quinque verò ad quatuor iuncta nouem conſtituunt; quod quidem ſymbolum nouies in dicto ſedis limbo inferiori expreſſum, ad nouem ſignacula indicanda tacitè alludit.

Pandoches Boreæ plagæ Genius, eiuſque nouem ſignacula.

Pſellus.

Aſſeclæ Pandoches.

Sed progrediamur ad aſſeclas Pandoches, quorum ξ, qui à dextris eſt, apotropæum Numen, cuius index Crux anſata eſt, notat, quod actiones ex Ideali Mundo per περικυκλόμορφον ſymbolum, quod capiti imminet, indicato ſuſcipiens, varietatem rerum, per Cucuphæ baculum ſignatam, quam Pandoches producit, contra Typhonias tempeſtates defendendam ſuſcipit. Aſſecla verò Σ à ſiniſtris Pandochi aſtans, dextrâ Coturnicem geſtat, tutulo in calathi formam concinnato, cui cucurbita cum capreolo inſiſtit. Per Ortygometram ſiue Coturnicem infauſta Typhonis machinamenta ſignificantur; habet enim huiuſmodi animal neſcio quam antipathiam cum Sole & Luna, vti Horus l. 2. c. 49 oſtendit, & Hecatæus his verbis notat. Τί ἀταξώτερον τῆ κηπαχῆ τ' ὀτρυγομήτρας κραυγῆς ᾧ καταφερομένης ἔτι ταύτης τῇ φωνῇ τῶν Θεῶν μεγαλότητος. *Quid indignius* κηπαχῆ *voce coturnicis, quâ Deorum magnitudinem quadantenus ſpernere & ridere videtur?* Vnde non ſine ratione in Typhonij faſtus ſymbolum eam aſſumpſerunt. Simulachrum itaque Σ Pandochi Numini triadis Boreæ patri, Ortygometram porrigit; quo quidem occultè ſumma illa, quam in Typhonijs poteſtatibus aduerſis in Borea regione ſtabulantibus, continuâ aſſiſtentiâ profligandis adhibet, cura, & ſollicitudo notatur, quâ iuxta Idealis influxus triformis Numinis per figuram *α*, ὀφι-κυκλο-πτεροςμορφον indicati, normam vnâ operantur, Σ Potentia, ξ Mens, & O Pater ſeu Mater triadis; quod

Coturnicis antipathia cū Sole & Luna.

& aptè

& aptè indicatur per ϱ baculum ἀμφίσκηπῖρον, id est, qui vtrinq; in sceptrum tùm versus O, tùm versus ξ porrectum desinat dominij vtrinque communis symbolum.

Trias Thaustica Austri domina.

PRocedamus ad vltimam huius regionis triadem, quæ literis T, φ, χ notatur, & denotat Geniorum seu Intelligentiarum Meridionalium præsidium & stationem, Triadi Boreæ contrapositam; cuius Patrem simulachrum φ, Mentem T, Potentiam χ notat. Pater huius Triadis, quemadmodum in Borea triade figura O, sedi vniformi tessalatæ insidet, sub figura ἱερακομόρφῳ mitra seu cidari spectabilis, læuâ thyrsum tenet papyraceum, dextrâ aliquid iubere videtur Mentem suam. Sedet, quia dominium obtinet absolutum in Meridionalem plagam, & etiam, quia in hac plaga ad tropicum Austri fixos stabilesque suæ dominationis terminos tenet. ἱερακόμορφος pingitur, quo Numen illud Solare omnia moderari tacitè insinuabant; est enim Accipitrina figura transformatum simulachrum, vti in Hierogrammatismo Accipitris Obelisci Pamphilij fusè probatum est, nihil aliud quàm Intelligentia Solaris, spiritu, luce, & vita abundans; vnde eum, teste Horo, Ægyptij Baieth & Thaustum vocabant; per ⲂⲀⲒⲈⲐ compositam vocem; quorum Ⲃⲁⲓ vitam, ⲉⲑ verò cor notat, tacitè innuebant, quòd sicuti anima vitæ fons sedem in corde potissimùm tenet, ita anima Mundi seu Thaustus hic præsens in Sole, corde megacosmi resideret; Hori verba sunt, l. 1. c. 7. Καλεῖ γὰρ παρ' Αἰγυπτίοις ὁ Ἱέραξ Βαιὴθ, τοῦτο δὲ τὸ ὄνομα διαιρεθὲν ψυχὴν σημαίνει, καὶ καρδίαν· τὸ μὲν γὰρ βαὶ ψυχὴ, καὶ δὲ ἤθ, καρδία. ἡ δὲ καρδία κατ' Αἰγυπτίους ψυχῆς περίβολος. ὡς δὲ σημαίνειν τὴν σύνθεσιν τοῦ ὀνόματος, ψυχῆς ἐγκαρδίας. *Siquidem Ægyptijs Accipiter Baieth dicitur, quod nomen diuisum animam & cor significat; Bai enim anima est, & eth cor; cor autem ex Ægyptiorum sententia animæ ambitus est. & l. 1. c. 6. Deum significaturi Accipitrem pingunt, tùm quòd fœcundum sit & diuturnæ vitæ hoc animal, tùm etiam quòd Solis præter cæteras volucres simulachrum esse videatur, vtpote peculiari quâdam atque occultâ naturæ vi, intentissimis in eius radios oculis prospiciens; inde etiam fit vt Solem interdum tanquam visus tutorem ac dominum Accipitris forma pingant.* Reliqua testimonia ex omnigena eruditione citata vide in Obelisco Pamphilio fol. 308 & sequentibus. Papyraceum thyrsum manu sinistrâ tenet, ad rerum omnium necessariarum, quam præstat, vbertatem significandam; cidaris capiti imminens circellorum multitudine insignita, ostendit eius in omnes Mundos dominium; & per cucurbitam eidem in formam calathi concinnatæ impositam, in humidum, vt alibi amplè demonstratum fuit, indicat actionem. Septenarius numerus ei dedicabatur olim, teste Manetho, quia vti in Arithmetica hieroglyphica docuimus, septenarius Soli consecrabatur; quia Sol totum Vniuersum, cuius symbolum est, moderari

puta-

[margin notes:]
Trias Thaustica Austri domina.
Pater huius Triadis.
Accipitrinum simulachrum est Intelligentia Solaris.
Horus. Baieth & Thaustus.
Accipiter Solem significat apud Ægyptios.
Septenarius numerus Soli consecratus.

putabatur; atque ideo in basis abaco hic numerus septenarius, hoc hieroglyphico Schemate III ⊕ III(vid. quadrifidum per circulum & tres vnitates vtrinque appositas, quæ simul 7 conficiunt) septies replicato, ad septem Entium ordines,in quos dominium suum exercet,indicandos, incisus spectatur; de quibus ita in suo Zohar Iochaides:

Iochaides.

בשבע האותיות חקק רוח עליון את עולם והצב וצרף
ויצר בו ז׳ כוכבים וימים בשנה ושערים בנפש ומהן
חקק שבעה רקיעים ושבע אדמות ושבע שבתות לפיכך
חבב שביעי תחת כל השמים:

In septem notis exarauit Mens suprema Mundum, & exsculpsit, & combinauit, formauitque in eis septem stellas in Mundo, & septem dies in anno, septem portas in anima, & ex ijs exsculpsit septem expansa, septem terras, septem sabbata, ideo dilexit septimum sub omnibus Cœlis. Asseclas habet T & χ. T fœmineo habitu & nebride indutus,dextrâ vas Niloticū,sinistrâ pennam Thausto monstrat. Per vas humor Niloticus, per pennam Accipitrinam Osiridis, virtus calefactiua Solis ad generationem rerum necessaria indicatur. Craterem in capite gestat, cui superponitur statua Hecates portam in capite gestantis, quam ambiunt & loti flores, & spicæ. Per portam indicatur magnum Pantamorphæ naturæ ostium, per quod in Hecaten omnes influxuum supernorum rationes deriuantur, & hinc in Isidem subterraneam, quam T figura exhibet. Est autem Hecates siue Isis subterranea idem hoc loco, quod Græcis προσερφών seu Proserpina, florum,fructuum, & totius vegetabilis naturæ domina; quæ aptè sanè signantur per craterem, & flores, spicasque 12, quas capite, caput Hecates circumdantes,gestat; quod non caret mysterio; per hoc enim notatur crateris Nilotici meridionalis vbertas, qui influxu superno ditatus, ex duodecim mensibus anni nullum infœcundum esse patitur, quin singulis per Isidem subterraneam Thausti vi grauidatam, aliquid in hominum emolumentum cedens producat; hanc affabrè sanè describit Orpheus in hymnis suis:

Asseclæ Thausti.
Mens Thausti.

Hecates seu Isis subterranea.

Orpheus.

Πλυτοδότειρα θεά ταχιόσορε, πανταδότειρα·
Σπέρμια, σωεῖτι, ἀλλοσᾶμα χλοόκαρπε
Ἧς πολλαὶ μορφαὶ πολυαθερμοι ιεροθάλλεις.

*Diuitiarum Dea datrix, spicarum nutrix, omnium largitrix;
Seminatrix, accumulans, præfecta arcis, germinare faciens fructum.
Cuius formæ multæ floribus abundantes sanctè virescentes.*

Potentia Thausti.

Altera Triadis figura, signata literâ χ, potentia Thausti dicta, fœmineo pariter habitu spectabilis, vestimento ex Accipitrinis alis confecto innoluta, manu dextrâ sceptrum lotiferum,sinistrâ Tauticum characterem portat; capiti eius imminet auis Numidica guttata, quam Gallinam Pharaonis vocant; supra eius dorsum crater, ex quo emergunt duo cor-

SYNTAGMA I. MENSA ISIACA. 127 CAP V.

cornua bouis cum intermedia stella Sothios ; quæ omnia quid sibi velint, exponamus.

Figura χ fœmineo habitu Isidem Niloticam refert; Accipitrinis alis inuoluta spectatur, quia Osiridis seu Thausti influxibus subdita, Plutarcho teste, continuò imbuitur; apotropæum Numen esse; eharacter Tauticus, quem sinistrâ gestat, luculenter, vt iam sæpius inculcatum est, monstrat ; aue Numidicâ seu Meleagride caput tegitur, quia astralium influxuum, siue stellati cœli, ob innumerabiles maculas quas corpore suo gerit, hieroglyphicum est, vt alibi probatum fuit : auis dorso impositum craterem continet, cui insistunt duo bouina cornua cum intermedia stella Sothios; per stellam, vt dixi, Sothis seu Ægyptiacè ϲιωϴις & caniculare sidus intelligitur, quod Isidi Niloticæ ita attributum legimus, vt teste Horo, Isin significaturi Ἀστροκύονα pingerent; quin & ipsa apud Diodorum de se ait, Ἐγὼ εἰμὶ ἐν τῷ τοῦ κυνὸς ἄστρῳ λάμπουσα. *Ego in astro Canis refulgens*. Inter Apidis bouina cornua ponitur, vt signaretur, Solis cum astrocyone, id est, Iside coniunctio, quâ incrementum Nili totius felicitatis complementum fit; quod apte quoque exponitur per figuram Y Scarabæum expansis alis continentem Sothin, id est, caninum astrum, & per Ibin C cum vase Nilotico, ex quo Seriphium seu Absinthium marinum emergit, pariter incrementi Nili indicem, indigitatur ; hac enim, Theophrasto teste, florente, Nilus exundare solet, cùm astro Canino nescio quam sympathiam agens ; & ideo, vt apud Eusebium legitur, Isidi, eò quòd aquas inuehat, Sirium attribuunt. Ibis autem est Nilotici Agathodæmonis nota, ex cuius naturali habitudine, magnum quoddam sibi promittunt de vitali influxu, per appositum globum Serpente fœtum, indicatum. Verùm de Sothi, Scarabæo, & Ibi fusè passim in hoc Opere, & Obelisco Pamphilio tractatum vide ; sunt enim Idealia quædam rerum agendarum supremi Numinis in hanc Meridionalem Geniorum triadem influentis schemata. Cur verò hisce symbolis triadem hanc expresserint, exponendum est. Notandum itaque Meridionalem plagam ab Ægyptijs in summa semper veneratione habitam ; quam nunc vrnam lucis, nunc Mundi craterem effluxumque, teste Plutarcho, vocabant. Est autem Ægyptus in Australibus partibus collocata, per cuius medium Nilus, quod Dei donum, & Osiridis effluxum dicunt, rectà ex Austro in Boream profluit : & Boream quidem dextram Mundi partem, Austrum verò sinistram vocant, quòd sicuti cor in homine sinistrum, ita fons vitæ Nilus in læua Mundi parte collocatur ; & ficulneo folio quoque exhibebant, cuius & fructus cordis, folium verò phalli similitudinem exprimit, quâ vitalium affluxuum fœcunditatem in Nilo expressam innuebant. Sed audiamus verba Plutarchi. *Putant enim, Xenophonte teste, Ægyptij, ex qua Sol oritur parte, Mundi faciem esse ; quâ spirat Boreas, dextram ; quâ Nilus, sinistram ; vnde non inconuenienter dicunt Ægyptij de Nilo, eum ortum à læua, in dextra perire : Nilus enim ab Austro profluens, læua Mundi parte, in Boreali tractu se mari miscens absorbetur. Osiridem autem, quem & Nilum dicebant, nigro colore fuisse tradunt, quòd id sit aquæ ingenium, vt terram, vestes, nebulas,*

Isis Nilotica.

Plutarchus.

Auis Numidica australiũ influxuum symbolum.

Sothis Isidi tribuitur.

Horus.

Theophrastus

Eusebius.

Meridionalis plaga ab Ægyptijs in veneratione habita.
Plutarchus.

Ægyptij vocant Boream dextram, Austrum sinistrã Mundi.

Plutarchus.

Osiris nigri coloris.

R cætera-

cæteraque quibus miscetur, denigret; vel ob colorem atrum, quo imbutum videtur humidorum elementum; atque eandem ob causam & Pos Neuis nigro imbuebatur colore: sed & ipsam Ægyptum ob terræ pinguedinem μγά χέων, id est, vas nigrum χηµίαν appellabant; quamuis alij cor quoque eo significent; est enim Aegyptus calida & humida, atque in Australibus Mundi partibus collocata, quas læuam Mundi partem suprà diximus, non secùs ac cor calidum & humidum in homine læuam adeptum est. Hinc Osirin seu Dionysium Mundorum dominum appellantes, nebrides sibi injicientes, thyrsosque arripientes in Orgyasmis quasi Deo afflati, vtebantur. Testatur autem Eudoxus, Ægyptios non solum Nilum, sed quidquid humidum est, Osiridis effluxum putare; quod significare volunt, aquâ vase pleno, & sacro die pro foribus posito, humidum verò principium Thrio folio ficulneo, quod & signaturam habet seu similitudinem membri genitalis, propinationem seu humoris significat inuentionem; notabant etiam hoc Regem, Australemque plagam; vnde & phallophoria originem traxerunt. Hæc Plutarchus; in quibus quæcunque de huius triadis Australibus mysterijs exposuimus, aptè conspiciuntur. Vides hic nebride indutam figuram T, Dionysij humidorum antistitis signum; vides thyrsum in manu Thausti ίεραχομόρφου; vides nigris velaminibus tecta Numina ad verba Plutarchi alludentia; nam vt rectè Anticlides in hymno Solis cantat.

Ἥλιος δὲ Νοτιουνίαξ, ἱεραξ πολύμορφε.
Sol Austri dominator, Accipiter multiformis.

Quia enim in Austro vis lucis & vitæ dominator, & inde affluxus Osiridis bonorum omnium complementum adfert; meritò sanè Accipitris forma Thaustus transformatus spectatur; gaudet enim Accipiter locis Meridiei subiectis, & sub Meridiem, cùm Sol altissimus est, is summa pariter, Æliano teste, aëris vestigia petere solet; hinc Thaustus in sedis antico latere oblongū cyathum insculptum tenet, qui inferiùs in formam cordis, & phalli speciem tendit; cuiusmodi figuram ex Plutarcho Thrio siue folium ficulneum esse docuimus; humor enim Nilotici cyathi in corde Ægypti conditus, rerum omnium vbertatem, quam flores & germina, quæ cyathum ambiunt, rectè significant, promittit.

Atque hæc sunt, quæ de tribus principalibus Mensæ Isiacæ regionibus dicenda existimaui; in quo minutorum hieroglyphicorum interpretationem studio & consultò omisimus ob rationes paulò post aperiendas. Nihil porrò restat, nisi vt ambitus quoque seu limbi schemata pari ausu exponamus.

SYNTAGMA I. MENSA ISIACA.

DIVISIO VII.

Limbi seu Ambitus Tabulæ Isiacæ interpretatio.

Imbus exterior literis **A B C D** inclusus, omnia iam explicataru trium Genialium regionum Systemata continet; in quo hieroglyphica varijs animantium, hominum, quadrupedum, volucrium, insectorum, plantarum, fontium figuris partim integris, partim mirâ quâdam metamorphosi transmutatis, vt paulò post videbitur, exhibentur; & nihil aliud indicat nisi Mundum Idealem siue Archetypum, omnigenis Idearum formis refertum; quas Ægyptij Iynges appellant; de quibus antequam ad ipsam explicationem progrediamur, paulò profundiùs præludere visum est. *Limbus exterior ABCD.*

Notandum itaq; primò, Ideas nihil aliud iuxta mentem Veterum, quàm quædam in Mente suprema rerum faciendarum exemplaria esse; vel aliter sic definimus; Idea est exemplar æternum rerum naturâ producibilium in diuina Mente collocatum, per quod cuncta à primo Opifice prodeuntia ei offeruntur, & producuntur ad extra. De quibus cùm copiosè in Theologia hieroglyphica, & in .VI. Classe de Systematica Mundorum, & potissimùm de Mundo Ideali dictum sit, hîc ea repetere superuacaneum esse ratus sum; quare hoc loco tantùm, quantum proposito nostro sufficit, nonnulla dictis in locis omissa ad maiorem rerum explicandarum notitiam adducere visum est. Ægyptij itaque primi mortalium Ideas asseruerunt, quos secuti sunt Orpheus, Pythagoras, & tandem Plato, qui maximam Academico cœtui dederunt disceptandi materiam; primò enim ordinem & dispositionem Vniuersi contemplantes, fieri non posse credebant, quin à Mente quadam suprema & infinita tam mirifica Mundi machina processisset. Mundi itaque Opificem, imitatum æternum exemplar, quod in Mente Opifice existebat, Mundum condidisse colligebant; insuper Mundum sensibilem cùm viderent omnia continentem, ad vnius necessariò similitudinem creatum sentiebant; id autem vnum, ad quod omnia referuntur, & quod omnia in se continet, Mundum Idealem dicebant in prima Mente refulgentem. Cùm verò ideæ in Mente diuina nequaquam considerari possint, vt accidentia in subiecto, vel vt forma in alia forma, quæ verè intelligibile esse dicitur; ideo in Mente, cuius proprium est intelligere, reperitur. Atque vt in Mente suprema sunt, imparticipatæ, in alijs mentibus participatæ dicuntur; nam participantur ab anima, sine qua huiusmodi mentes non reperiuntur: insuper in prima Mente solùm pendent à Deo, in sequentibus verò pendent à prima Mente, & ab Ideis in ea existentibus: demum in prima Mente Ideæ minùs inter se distinctæ sunt, in alijs magis magisque, prout à prima Mente longiùs recedunt, distinguuntur. Putabant autem Ideas à prima Mente in alias, vt à Sole radios in alias stellas diffundi, & vt à Sole per radios effunditur vis illustrandi, calefaciendi,

Ideæ quid sint iuxta Veteres.

Idearum assertores primi, Ægyptij.

Ideæ rerum omnium in mente Dei ex Antiquorum mente.

Ideæ imparticipatæ in Mete diuina, participatæ in alijs Mentibus.

di, cœteraque gignendi, quæ à Sole per lumen fieri dicuntur; ita à non participata Mente per Ideas diffundi putabant vim & facultatem in aliarum mentium Ideas similia producendi. Et cùm in singulis mentibus insint Ideæ omnes, in singulis etiam reperietur Mundus Intelligibilis, ita vt tot intelligibiles Mundi ex Ideis consurgant, quot mentes existunt.

Idea extra Mentis terminos non reperitur.

Sciendum autem & hoc loco, Ideam propriè sumptam extra Mentis terminos non ampliùs locum habere, sed dum à Mente descendimus ad animam, Ideæ in rationes mutantur; anima tamen mentis reddita compos ad Ideas consurgit, ijsque connectitur; sub anima collocari putabant naturam, & quia natura pendet ab anima, ideo in natura reperiuntur vestigia rationum, quæ semina nuncupantur, per quæ proximè gignuntur corporea materia includentia, in qua demùm materia ea, quæ ex seminibus generantur, Ideisque proportione respondent, nuncupantur imitationes, participationes, proximi materiæ termini, ac demùm vmbræ

Plato. Plotinus. Arnobius: Proclus. Numenius.

Idearum; de quibus vide Platonem in Timæo & Parmenide, cœterosque Platonicæ doctrinæ sectatores, Plotinum, Arnobium, Numenium, Proclum, & in Theologia Platonica Marsilium Ficinum, cœterosq; innumeros, qui hanc doctrinam fusè prosequuntur. Quæ omnia ab Ægyptijs

Iynges, & Sphynges vocabant Ægyptij Ideas.

promanasse, ex sequentibus patebit. Has Iynges vocabant, quas nunc supremæ Mentis rationes, nunc Paterni fundi ectypa dicebant, modò mundialium Classium catenarumque signacula nuncupabant; alij quoque Sphynges vocant: ita Clemens Alexandr. l. 6. strom. *Sphynges in sa*

Clemens Alex:

cris ponunt, ad indicandum sermonem de Deo, natura, similibusque esse obscurum & ænigmaticum. Has enim imagines polymorphas in crepidinibus seu co-

Sphynges in delubrorum & adytorum crepidinibus. Herodotus. Aristoteles.

ronidibus delubrorum, adytorumque parastatis, Herodoto teste, insculpebant; & Aristotele teste, vti paulò post allegabitur, veluti ideales conceptus ob oculos ponebant Sapientum; vt in adytis sacris operam dantes & θεολάτραις, non iam humani discursûs, sed mentium ab omni ma-

Sphyngium descriptio ex Proclo.

teria abstractarum modo, suprema Mundi entia contemplarentur. Sed ad Iynges reuertamur. Describit eas hisce verbis Zoroaster apud Proclum in Theologia, & 3. comment: in Parmenidem: *Mens Paterna producit intelligens summo consilio omniformes Ideas; hæ verò fonte ab vno euolantes exilierunt; à Patre enim erat consilium finisque, sed sunt diuisæ, intellectuali igne partitæ in alias intellectuales; Mundo namque multiformi Rex præposuit intellectualem typum incorruptum, cuius ad ornatum vestigium induxit formæ, per quæ Mundus apparuit, omnifariam Ideis gratiosus; quorum vnus fons, ex quo prodeunt diuersæ aliæ sine latitudine fluentes per Mundi corpora, quæ circa sinus ingentes examinibus similes feruntur mutatæ, circaque aliundè alia, conceptus intellectuales fonte à Paterno multùm decerpentes ignis florem informis temporis, summitas principigeniæ Ideæ prima à Patre scaturijt, huius per*

Proclus.

se florens fons. Quæ Proclus in hunc sensum explicat: *Per hæc declarauerunt Veteres Mystæ, vbi sit Idearum hypostasis, & quis sit Deus, qui fontem ipsarum vnum illum contineat, & quomodo ex hoc fonte prodijt multitudo, & quomodo Mundus factus est secundum eas, & quòd omnium motrices sint Mundanorum Systematum, & quòd omnes sint intellectuales per essentiam, & quòd*

per

per proprietates sint omnifariam. Intellectuales has causas Ideas dixerunt, & ipsum typum Mundo dedisse, & eas esse conceptus Patris; manent enim in intellectionibus Patris, & prodeunt ad Mundi opificium, & quia omnium factibilium continent causas, omniformes dicuntur; à fontanis verò Ideis aliæ prodierunt, quæ per partes sortitæ sunt Mundi opificium, & dicuntur examinibus apum similes, quia sunt secundorum genitrices. Hinc Zoroaster in Oraculis. *Zoroaster.*

Νοϵμδραι ἄγϵς παζοϑϵν νοϵυσι και αυται,
Βυλαις αϕϑϵίϵωσι κινϵμδυαι, ὡςε νοηζαι.
Πρωτη παζος ιβληζαι, ὡς δ'αυτο ϑαλης πηγη.

*Intellectæ Iynges à Patre intelligunt & ipsæ.
Consilijs ineffabilibus motæ vt intelligant.
Primus à Patre scaturijt huius per se florens fons.*

Sed explicemus singula. Ideas itaque Paterna Mens produxit; nam vt *Ideas paterna* rectè Proclus, dum se Deus animaduertendo seipsum gignit, in se simul *Mens produxit.* generat omnia, intelligens summo consilio omniformes ideas; in prole enim illa Dei, vt Plato loquitur, quam & semen vniuersale Mundi vocat, *Plato:* insunt propria omnia membrorum semina; quæ volendo tanquam bonum diffusiuum sui, quando vult, ad extra producit, cœteris ordine Entibus communicans. Hinc rectè Zoroaster dicit, has ab vno fonte euolantes exilire; sicuti enim Sol in se lucendo illuminat omnia, sic suprema Mentium Mens intelligendo, atque volendo seipsam, & scit, & efficit omnia. Quæ quidem vti in Deo essentialiter vnitæ sunt, ita ad extra productæ, diuisæ, vt Zoroaster loquitur, intellectuali igne in alias intellectuales Mentium ordines transfusæ; vt quod in Mente suprema esset vnum & vnitate multiplex, id in Mundo iuxta ineffabilem diuinæ dispositionis ordinem esset omniforme, & secundùm formales quasdam rationes distinctum, atque adeo omnia extra Mentem supremam incorruptis diuini conceptus signaculis, iuxta quæ inuiolabili lege operaren- *Deus omnis* tur, insignirentur; sic enim Mundus in sua pulchritudine & decoris *rerum fons* ordine conseruatus, omnigenis Ideis gratiosus apparet: nam quemadmodum ex fonte varij riui, qui tamen à fonte essentialiter dependent, deducuntur; ita ex vberrimo & infinito diuinæ Mentis fonte & pelago, innumerabiles diuinæ bonitatis riui per totius Vniuersi Entia substantiasque deriuantur, vt rectè Zoroaster sensit, quibus Vniuersum vnicè conseruatur, animatur, fœcundatur.

Cur verò Zoroaster eas Iynges seu Ideas examini apum compa- *Iynges seu* ret, paucis accipe. Apes regem habent, cuius imperio parent omnes, quæ *Ideæ examini* quidem distributis officijs in hoc vnum omnes incumbunt, vt naturæ *apum comparatæ à Zoroa-* opus, id est, mel mirâ industriâ conficiant. Ita in Ideali Mundo Rex *stro.* supremus Idearum multitudine fœtus, eas in proxima sibi Entia transfundit; hæc Ideis insignita, hoc vnum satagunt, vt imperio regis pareant, &

ad

CAP. V. 132 OEDIPI AGYPT. THEAT. HIEROGL.

ad exemplar participatū omnia in Mundi œconomia rectè adminiſtrent; vt Mundus formarum varietate imbutus, eum ornatum, & diſpoſitionis pulchritudinem, quam omnes admirantur, præſtet. Iynges enim ineffabilibus conſilijs, vt Zoroaſter dicit, motæ, dum Patris in ſe pulchras ſimilitudines contemplantur, eas pariformi diffuſione in Mundum Senſibilem, eiuſque vniuerſa membra deriuant. Has itaque Iynges ſeu Ideas vt aptè exprimerent Ægyptij, eas varijs occultiſque ſymbolis indigitarunt, vt ſapientes contemplationibus aſſueti, dum eas intuerentur, ſine diſcurſu aut conſultatione totius abditæ ſignificationis ſeriem apprehendentes, ad beatarum Mentium exemplar Θεώμορφοι euaderent; quæ pulchrè ſanè Plotinus l. 8. c. 5. explicat his verbis: Οὐ ταύτον δεῖ νομίζειν ἐκεῖ ἀξιώματα ὁρᾶν τοὺς Θεοὺς, ἐδ᾽ ἔτι τοὺς ἐκεῖ ὑπεροδαίμονας· ἀλλ᾽ ἕκαςα τῶν λεγομένων ἐκεῖ καλὰ ἀγάλματα, οἷα φαντάζεται τις ἐν τῇ σοφοῦ ἀνδρὸς ψυχῇ ἔι ἀγάλματα δὲ ὑγεγραμμένα, ἀλλὰ ὄντα. διὸ καὶ τὰς ἰδέας, ὄντα ἔλεγον ἔι οἱ παλαιοὶ καὶ οὐσίας. Nemo igitur exiſtimare debet in Mundo Intelligibili vel Deos ipſos, vel habitatores illic alios pluſquàm felices ibi quaſdam propoſitionum regulis contemplari, ſed ſingula quæ illic eſſe dicuntur, veluti exemplaria quædam & ſpectacula ſeu ſimulacra pulchra intuentibus ſeſe offerre, qualia forſan imaginetur aliquis in animo ſapientis viri exiſtere. Dico autem non ſimulachra depicta, ſed exiſtentia; quapropter Ideas antiqui Entia & Eſſentias appellabant. Hinc Sacerdotes Ægyptij ad ſignificanda diuina myſteria non vtebantur characterum nobis ſimili forma, vti ſuprà fuſè probatum eſt, ſed integris herbarum, plantarum, animalium, aut ex his multiplici tranſformatione compoſitorum figuris; ad indicandum, quòd ſupremum Numen archetypum ſcientiam rerum non habet tanquam excogitationem de re multiplicem, ſed tanquam ſimplicem vnius rei formam. Sed audiamus verba Plotini. *Videntur verò mihi Sapientes Ægyptiorum ſiue conſummatâ quâdam ſapientiâ, ſiue naturali etiam Mentis inſtinctu, vbi conſtituerunt ſapientiæ myſteria nobis ſignificare, non vſi fuiſſe figuris literarum, quæ ſignificarent ſermonis diſcurſiones, & proprietates quaſdam, & quæ imitarentur voces pronunciationeſque regularum, ſed potiùs deſcribebant imagines rerum ſingularum, eaſque depingentes in ſacris, clam rei ipſius diſcurſum ſignificabant; quòd videlicet ſcientia & ſapientia quædam ſit vnaquæque imago & exemplar, & ſubiectum illud ſpectaculum totum vnâ collectum, neque ſit excogitatio quædam, nec conſilium; poſtea verò ab ipſa imagine exemplari ſiue ſapientia ſimul tota, ſimulachrum in alio quodam ſtatim euolutum, atque loquens cum diſcurſu quodam, & cauſas propter quas res ita inſtitutæ ſint inueniens, dum videlicet diſpoſitio rerum, quòd adeo benè ſe habeat, mouet admirationem; hinc ait eum admiraturum ſapientiam, qui conſiderauerit, quomodo ipſa non habens eſſentiæ ſuæ cauſas, propter quas ita ſe habeat, ſiue agat, ita tamen ſe habeat, ſicuti ſe habent ea, quæ ſecundùm eam efficiuntur; quæ quidem diſpoſitio ex inquiſitione vix tandem aut vllo modo manifeſta fit, quòd videlicet ſic ſeſe res habere oporteat; ſed oportet in Mundo Intelligibili ante omnem inquiſitionem & argumentationem ita ſeſe habere atque exiſtere.* Plot. l. 8. *Supra Cœlum corporeum in Cœlo incorporeo ſunt duplices Dij, ſcilicet intelligibiles, atque intellectuales; illi quidem ſunt Ideæ, hi verò intellectus omnes æternâ Idearum contemplatione beati; intellectus enim*

diui-

Iynges ſeu Ideas Ægyptij varijs ſymbolis expreſſerunt.

Plotinus.

Ægyptij cur hieroglyphicis figuris vterentur ad ſignificanda diuina myſteria.

Plotinus.

SYNTAGMA I. MENSA ISIACA. CAP. V.

diuinus sic in se Ideas deriuat, vt totus conseruetur in singulis, sed sub alia & alia proprietate; nec tam dicendum est, ideas esse in intellectu, quàm intellectum ipsum ipsas ideas existere, omniformem videlicet ex vniformi seipso mirabiliter, vt Hermes loquitur, prodeuntem. Et sicuti in intelligibili Mundo omnia intellectus sunt, ita in cœlesti Mundo intellectuali, omnia sunt cœlum: illic terra cœlum est, illic mare, animalia, plantæ, homines, cœlum sunt, quicquid denique est illius cœli, cœleste est; quilibet Deorum, illic est omne; illic quodlibet est Vniuersum; quodlibet enim ibi magnum est, cùm & paruum ibi sit magnum; ibi Sol, stellæque omnes, vnaque stella Sol est, & stellæ similiter omnes. Miratus est huiusmodi Ægyptiorum doctrinam ipse Aristoteles, qui in Theologia sua mystica ad mentem Ægyptiorum disserens l. 14. c. 14. inter alia hæc habet: Inter entia superni Mundi nullum est substantialiter nobilius altero, sed omnia sunt illic secundùm formam optimam; sicuti formæ inexistentes animo architecti effectrices sunt pares, & differunt ab effectis, id est, figuris parieti insculptis; ideo in huiusmodi formas supernas prisci exemplaria, qualia Plato narrauit esse substantias essentiasque inferiorum, Sapientesque Babylonij & Ægyptij acumine mentis introspexerunt, intellectuales Mundi species complexi, scientia aliunde tradita, vel ex se ipsis inuenta, quam & professione sibi ipsis vendicarunt; siquidem enarraturi aliquid, vtebantur doctrinâ intellectuali, non discursiuâ ad morem hominum, vti nonnulli alij, qui consulentes eos adhuc non sibi visi satis firmiter discere ex sententijs locutione redditis, conceptus animorum acceptos scribebant, (vt oculatâ fide legimus) in lapides per figuras, idem in omnibus artibus scientijsque facientes, quas locabant in templis tanquam paginas perlegendas, talesque aderant primò libri eis vtensiles; quod fecerunt, vt indicarent, quòd intellectus agens immaterialis creauit omnia secundùm propriam essentiæ cuiuslibet rationem similitudinemque; quale optimum fuit pulcherrimumque documentum, per quod vtinam etiam indicarent, quâ ratione formas illas mirandas & absconditas attigerint; sic enim illorum sacramentum & laude dignius, qualis conditio paucis viris contigit. Quæ sanè verba ita Plotini suprà allegatis congruunt, vt Plotinus ex Aristotele ea descripsisse videatur; quibus quidem vterque ad abdita hieroglyphicorum significata alludit: nam vt rectè Iamblichus: *Imitantes Ægyptij ipsam Vniuersi naturam, fabricamque Deorum, ipsi quoque mysticarum reconditarumque actionum imagines quasdam in symbolis conficiendis ostendunt, quemadmodum & natura rationes occultas in apparentibus formis quasi symbolis exprimit, & Dij veritatem idearum per manifestas imagines explicant. Cùm ergo perspiciunt, superiora omnia inferiorum similitudine delectari, atque insuper optent à Superioribus bonitate repleri, quatenus pro viribus offerunt, quando occulta mysteria symbolis inserunt manifestis, in quibus interpretandis dimitte voces, accipe sensus.* Figuræ itaque hieroglyphicæ nihil aliud sunt, quàm externæ quædam formæ notionum diuinarum, rationumque idealium veluti signa quædam; non secùs ac formæ rerum naturalium sensibiles, quæ in lapidibus, herbis, plantis, animalibus, stellis sese exerunt, intrinsecè signant abditarum virium proprietatumq; admirandarum rationes, quæ nihil aliud, quàm diuinæ mentis rationes ideales, & vt S. Dionysius ait, quædam diuinarum virtutum specula sunt, quorum
con-

In cœlesti Mundo intellectuali sunt Cœlum.

Aristotelis doctrina de Ideis secundùm Ægyptios.

Hieroglyphicis figuris cur vsi Ægyptij ex Aristotele.

Iamblichus.

Hieroglyphicæ figuræ quid sint.

S. Dionysius.

contemplatione mens in abdita intelligibilis Mundi arcana exſurgit. Nam vt rectè Hermes in Pimandro: *Ne præcipuum Dei nomen tibi deſit, neque ignores id, quod plurimis occultum videtur, eſſe perſpicuum, nam ſi nuſquam pateat, vtique nihil erit; quodcunque ſe aſpectui offert, genitun eſt; quod verò latet, ſempiternum exiſtit; neque enim hoc opus eſt, vt appareat, cùm eſſe nunquam deſinat; ante oculos quidem id reliqua ponit, ipſum verò ſecretum manet, vtpote quod vita ſempiterna fruatur; in lucem plenam educit omnia, in alytis deliteſcit, phantaſiæ tamen exprimit ſingula; etenim phantaſia ſolùm circa ea, quæ genita ſunt, verſatur, in qua præter generationem omninò nihil exiſtit, etiam cùm id ingenitum phantaſiæ incomprehenſibile; cùm verò per ipſum omnia clareſcant, per omnia ſurſum atque in omnibus fulget, iiſque præſertim apparet, quibus notitiam ſui communicare voluit.* Quid nomen Dei, niſi vis cum eſſentia Dei identificata in vniuerſi Mundi membra diffuſa? & vt Suidas ait, ambulans per Vniuerſum? de quo in Cabala ſuſiùs, vbi quicquid de diuinis Nominibus, de decem Sephiroth, probatum eſt, ad ideas diuinas reſpicit. Verùm, vt dixi, de his Cabalam conſule, vbi omnia ſuſè pertractata reperies. Cùm itaque, vti Ariſtoteles ait l. 14. c. 15. Theologiæ ſuæ myſticæ, Ægyptiorum de ſupernis rebus ſapientia ſit admiranda, tempus iam locuſque poſtulant, vt quid per figuras illas polymorphas in limbo tabulæ expreſſas ſignificauerint, exponamus.

Expoſitio Limbi tabulæ Iſiacæ.

Antequam interpretationem noſtram auſpicemur, priùs hoc loco adducere viſum fuit locum Porphyrij lib. 4. de Abſtinentia, vbi paucis verbis, totius expoſitionis noſtræ ſummam attingere videtur; ſic autem inquit: *Ab hac itaque exercitatione, & cum Deo coniunctione, perfectè nouerunt Ægyptij, non per hominem ſolùm diuinitatem tranſiuiſſe, neque animam in ſolo homine in terra habitaculum obtinuiſſe, ſed etiam propemodum per omnia animalia pertranſire; vnde etiam ad Deorum fabricam, omne animal vnà cum homine aſſumpſerunt, in qua & brutorum, & hominis, & auium, item & hominis corpora commiſcuerunt; ſingula enim apud eos ſimulachra vel vſque ad collum humanam ſpeciem præferunt, caput verò vel auis, vel leonis, vel alterius alicuius animalis corpus exhibet; quibus videlicet ſignificant, hæc ex Deorum ſententia habere inter ſe ſocietatem; atque adeo cognata tam manſueta, quàm agreſtia animalia, non ſine diuina quadam voluntate eſſe.* Φανερὸν γὸ ὅτι τῶν Αἰλουρίοις ἱερωμένας πάντα σημαίνειν ἐν τῷ ἱερῶν ἀρχῆς αὐξείχειν, ὅτι ἐκ τῷ ποικίλων εἰς ἓν συναμφόσων, καθὼς ὑπὲρ ἐν τῷ χρῆμα ἀνθρώπινον τῷ ἱερακος, ἔτε τὸ ἰβιδῷ κεφαλέῳ, ἡ εἰμοῖς κατέλειβον. *Manifeſtum enim eſt, Ægyptios Hieromantas omnia ſacrorum arcana ſignificare ex varijs in vnum conſtitutis rebus, veluti ad hominis formam, capita Accipitris, aut Ibidis, aut ſimilibus aſſumptis.* In omnibus enim ijs rebus, in quibus diuina ratio circa manifeſtum quendam effectum elucebat, illam eandem ad diuinæ notionis intellectuſque ideam ſignandam aſſumebant: atque hoc pacto per vniuerſas mundialium claſſium ſemitas peruagati, eas quærebant idealium catenarum rationes, quibus videlicet diuina Mens

omnia

SYNTAGMA I. MENSA ISIACA.

omnia in quadruplici Mundorum serie elucescentia, quibusque singulas mysticas rerum catenas, à supremis ad infima vsque Entia Idearum signaculis connecteret, quibus inuentis, vti Deus omnia in omnibus est, ita vniuersi Mundi Entia cum suprema Mente, à qua essentialiter dependerent, idem esse denotabant; quorum quidem notitia pro fine habebat Θεομόρφωσιν καὶ Θεολληψίαν totius humanæ diuinæque felicitatis complementum, vt infrà exponetur.

Superioris Limbi interpretatio.

Quemadmodum itaque totius mensæ periochen Limbus ambit, eodem pacto Idealis Mundus totius naturæ systema; diuiditurque in quatuor partes, superiorem, inferiorem, latus dextrum, & latus sinistrum; quas omnes ordine exponemus, à superiori interpretationis nostræ exordium auspicaturi.

Signatur limbus superior literis A C, in quo prima figura signatur numero 1. & Canis sedentis cum sistro vasi Nilotico insistente, situm obtinet; à cuius tergore phallus oculatus, & stipatur vtrinque, hinc loti, illinc perseæ folio; quæ quid indicent, paucis accipe. Per florem loti, exemplar in diuina Mente existens indicatur, iuxta quod omnia ad extra producta suas operandi regulas conformant, sumptâ similitudine à loti natura; est enim, Theophrasto teste, flos candidus, lilijs foliorum angustiâ proximus; verè enim hic maioris Nymphææ flos est, qui Sole occidente clauditur, atque sub aqua occultatur, atque oriente suprà aquas surgit & foras exit, aperiturque, motum Solis accuratissimè mensurando, vnde & ab Ægyptijs λοϱμίςεα, id est, lotus mensuratrix dicitur, de quo vide fusè tractatum in huius Operis tractatu de herbis Ægypti hieroglyphicis. Ex mira itaque huius herbæ proprietate, Ægyptij Sapientes Ideam exhibituri, loti florem pingebant, ad indicandum omnes Ideas, & rerum naturalium formas, ita ad formam formarum, Idearumque Ideam, supremam Mentem, & archetypum Solem, sese habere, sicuti loti flos ad Solem sensibilem; archetypum enim Solem omnia infallibili & ineuitabili lege semper in Mundana republica rectè administranda sequuntur. Flos loti tenuissimo cauliculo innititur, quo indicabant, Idearum rationes ab omni materia abstractas, Soli intellectuali contemplationi insistere. Vbicunque itaque in hac tabula hunc loti florem inueneris (inuenitur autem passim & frequentissimè) hoc eos symbolo alludere ad ea, quæ diximus, nouerit Lector. Porrò ex altera parte perseæ folium reperitur pendulum; quod vt explicetur, notandum, perseam arborem folium, teste Horo, vti varijs locis ostendimus, linguæ, fructum verò cordi similem habere; per cor anagogicè primæ & supremæ Mentis intellectum, per linguam verbum quod producit, indicabant; intellectus verò seu conceptus paternus seipsum concipiendo, producit verbum, in quo omnes Idearum rationes explicantur ad extra; sicuti enim arcana cordis per linguam exprimuntur, ita intellectus per verbum, vt

S dixi,

Limbi superioris Tab. Bemb. interpretatio.

Canis sedentis in limbo superiori tab. Bemb. interpretatio.

Loti flos Solem sequitur.

Theophrastus

Loti flore Solem sequente Ægyptij quid indicent.

Persea arbor.

CAP. V.   136   OEDIPI ÆGYPT. THEAT. HIEROGL.

dixi, omnes exhibet rerum existentium notiones, quas & in vniuersos Mundi ordines bonitate quâdam communicatiuâ imprimit, vt singuli iuxta communicatas sibi Idearum notiones in Mundi bonum conseruationemque cooperentur. Quia verò Mundum sine foecunditate sterilescere necesse est, hinc custodem virtutis foecundatiuæ, quo à Deo imbutus est, ei conseruandæ necessarium adhibuit ; hocque exemplar Anubico Geniorum choro, vt secundùm id operarentur, attribuit. Atque totam hanc rationem aptè sanè exhibet per Canis sedentis, & mammis turgidi, cum sistro apposito figuram. Canis Anubin, vt sæpissimè dictum est, signat, phallus verò dorso eius appensus foecunditatis Osiriacæ custodiam ; Canis sedens cum sistro, & phallo dorso eius appenso, notat Anubicam virtutem, Osiriacæ foecunditatis conseruatricem & propagatricem, communicatam sibi à triformis Numinis supremo intellectu, quæ per globum alatum serpentiferum vnà cum sceptro Serpentibus apposito luculenter patet ; de quo cùm vberrimè in Obelisco Pamphilio fol. 398. egerimus, eò Lectorem remittimus. Sed quia istiusmodi symbolum frequentissimè in huius tabulæ limbo occurrit, paucis hoc loco id explicandâ duxi, nè toties idem repetere cogamur. Symbolum κυκλο-οφι-πτεομορφον, id est, globus hic exhibitus alis & Serpentibus conspicuus, nihil aliud notat, nisi primam Mentem, & supremam omnium causarum causam, à qua veluti à vitarum omnium, omnium Idearum fonte infinito, omnia in omnia sempiterno quodam effluxu deriuantur. Hunc Idealem eius conceptum non incongruè exhibent per circulum, alas, Serpentem : sicuti enim ex centro circuli omnes lineæ ad circumferentiam ducuntur, ita ex circulo hoc, cuius centrum vbique, circumferentia nusquam, per verbum suum aptè Serpenti comparatum, & spiritum Pantamorphum per alas indicatum, Idealium rationum radij in vniuersam Mundorum naturam diffusi singulas substantias, tam sensibiles, quàm insensibiles, virtutum suarum signaculis notant ; hinc enim vniuersa Mundi vita dependet, vt suprà probatum est. Aptè itaque hoc symbolum Ideale diuinæ Mentis singulis simulachris superposuerunt, vt ostenderent, nullum in Mundo ens existere, quod non essentiæ suæ rationes à supremo omnium influxu participasset.

Sed iam ad institutum nostrum. Secunda figura exhibet figuram Accipitris Hori capite insignitam, quâ nihil aliud indicatur nisi Sphynx Horæa(quam & Zoroaster Iyngem dicit) Idea prouidentiæ Mundi sensibilis, Plutarcho teste, & Psellus confirmat his verbis : Ἴυγξ ἐστὶν ἡ πρόνοια τοῦ κόσμου αἰσθητικοῦ. Quo quidem Ideali signaculo à supremo triformi Numine insignito necessariarum copiam iuxta primi exemplaris præscriptum, concipit ; nam vt rectè Zoroaster, Iynges à Patre intellectæ intelligunt, id est, à Patre Idealibus rationibus imbutæ, iuxta earundê immutabilê legem Vniuerso prouident. Quoniam verò ignea vis Mundo omninò necessaria est ; hinc aliud Ideale symbolum huic apposuerunt, signatum numero 3. & Leo est cum globo alato superposito, & loti floribus hinc inde appositis. Quid per loti florem, & globum alatum indicetur, paulò antè exposui-

Canis Anubin significat.

Globus alatus cum Serpentibus & sceptro quid significet.

Accipitris figuræ in limbo superiori tab. Bemb. interpretatio Plutarchus, Psellus.

Zoroaster. Iynges a Patre intellectæ intelligunt. Leonis in supremo limbo tab. Bem. interpretatio.

SYNTAGMA I. MENSA ISIACA. 137 CAP. V.

posuimus; quid per Leonem, iam explicemus. Leo, vti in Obelisco Pamphilio fol. 184 docuimus, hoc loco notat vim illam archetypi corroboratiuam in potentias terrestres agentem, seu Solis igneam vim, quam & Mophtæam vocant, qua in humidum, illud promouendo, agit, quo terra impraegnata veluti ex diuturna tabe conualescit, & ad fruges ferendas apta redditur & idonea: est enim, Horo teste, Leo animal terreum igneis spiritibus plenum : si enim mundana machina isthoc humido-igneo careret, totum perire dissoluique necesse foret : vt itaque ab hoc interitu vindicaretur, Mophtæa Intelligentia, vt signaculo ideali insignita, huic sibi commisso officio inuiolabiliter incumberet, opus fuit; quod & aptè per ramum herbæ, qui Ægyptijs ακακια dicitur, exprimitur, cuius folia noctu ad absentiam luminis Solis ita clauduntur, vt spinas verius quàm folia referat, interdiu verò mox ad Solis praesentiam laetà propagine expanduntur; ramus vasi Nilotico insistit, quo indicatur, quòd si igneus spiritus ab humore absit, omnia contabescere necesse sit, eo verò praesente omnia foecundè luxuriare. Porrò cum Mophtæa Intelligentia non immediatè sed per sub delegatam sibi Intelligentiam operetur, custodiam executionemque rerum sibi commendatarum tradit Nephtæ, cuius ministerio intra terram ad foecunditatem disponitur; quæ aptè exhibentur per 4 & 5 figuras; vbi vides florido canistro impositum phallum oculatum, Nephtam verò ingeniculatam cum vase in sinistra, veluti adorabundam fidei suæ commissum foecunditatis thesaurum suscipere; vt quod à Mophta sibi concessum, id ipsa bisulcâ flammâ è capite emergente, id est, igneâ mentis vi compleat. Sequitur numero 6 signata figurà, Agathodaemon Ophionius, ex Aspidis corpore, & capite Accipitrino, alijsque expansis spectabilis, quod lucis, & vitæ, motusque symbolum esse, alibi copiosè probatum est. Quia verò spiritus hic igneus sine humido consistere non potest; hinc aptè bouinum caput ei supposuerunt, quod symbolum Lunæ esse alibi passim dictum est, idque cornua satis manifestant: indicant itaque, spiritum vitæ & lucis non priùs efficaciae suæ effectum sortiti, nisi vbi Lunari corpori coniunctus fuerit; Luna enim excessiuam lucidorum, igneorumque spirituum potentiam humiditate temperat, vt effectum suum in inferiori Mundo obtinere possint. Vide de hoc symbolo fusiùs tractatum in Obel. Pamph. f. 514.

Figura 8 numero notata, Rana est aræ insidens, thyrsis papyraceis hinc inde stipata, cum globo quem Serpens circumdat, apposito; quæ quidem symbola indicant materiem infimum formarum receptaculum, imperfectum adhuc, & omni forma priuatum; symbolo à similitudine Niloticæ Ranæ deducta, quam omnium insectorum imperfectissimum dicebant, eò quòd sola Rana inter animantia, in primis ortus sui incunabulis media parte nescio quid terrestre trahat, reliquo animata, & in lutum limumque redigibilis sit. Sed de his vide quæ superiùs de Rana tradidimus. Hinc rectè Ægyptij lutum indigitantes Ranam pinxerunt, ex luto vti genitam, ita & in lutum resolubilem; quæ omnia pulchrè innuisse videtur Iamblichus his verbis: *Quando itaque lutum in sacris nominant,*

S 2

nant, aut inducunt, hic intellige Mundi corpus atque materiam, genitalemque virtutem huic infertam, & quasi pariter agitatam atque fluentem, aut etiam causam principalem, & quasi loco fundamenti præpositam, elementorum elementaliumque virtutem; cùm hoc igitur tale sit, Deus ipse generationis, totiusque naturæ virium omnium, quæ insunt elementis, causa, vtpote qui hæc omnia supereminet, immaterialis ipse, indiuisus, immobilis, & ingenitus, totusq́; ex seipso, & in seipso totus, hæc omnia perspiciens antecedit, & ducit, in se cuncta complectens.

Globus Serpente circumdatus.

Omnia hæc respicere videtur globus Serpente circumdatus Ranæ superimpositus; suprema siquidem Mens ideali actionis suæ influxu materiam concipiens, eam omnimodis formis imbuit, & ex imperfecta perfectam reddit, sine quibus nec consistere posset, neque generationibus rerum aptari. Hinc Ægyptij Ranam rectè Isidi sacrarunt, tanquam Intelligentiæ rerum omnium formatrici, matrique omnium, & in festo inuentionis partium Osiridis, Herodoto teste, Sacerdotes thyrsis papyraceis & arundineis, inter quos Ranis stabulare maximè consuetum est, aras ornant; occultè insinuantes genitalis humoris copiam, quam à matre omnium expetebant; quæ appositè sanè per duos thyrsos Ranam stipantes indicantur. De loto & persea, quæ idealis influxus symbola sunt, suprà dictum est.

Ranam Isidi consecrabant Ægyptij. Herodotus.

Figura 9 & 10 Androsphynx & figura ingeniculata.

Sequitur 9 & 10 figuræ, videlicet αἰδερφυγξ sedentis habitu, & figura ingeniculata, Lunâ sextili capite insignitâ, pennam Ibidis manu gerens, cum loti & perseæ folijs intermedijs. Androsphynx ex Leone & humanâ facie composita, alis conspicua, denotat Intelligentiam Solarem corroboratiuâ vi pollentem, quæ influxu ideali à suprema Mente sibi communicato, qui per lotum & folia perseæ indicatur, vnà cum Nephta Lunari subdelegato sibi Numine humidum terrestre, rude adhuc, impolitum, imperfectumque, ad intentum tandem finem perducit.

Figuræ 11. 12. 13. 14. naui impositæ.

Porrò figuræ signatæ numeris 11. 12. 13. 14. naui impositæ spectantur, & sunt Bos Neuius, cum globo alato serpentifero, perseæ folijs stipatus; gubernator nauis contum in manibus tenens, signatur numero 11; figura numero 14 signata, pennam in manu, in capite Lunam sextilem habet; prora nauis loto, puppis Accipitrino capite loco tutuli pennam & Aspidem gestante, insigniuntur; boui adstat quadrans Astronomicus. Quid singula velint, paulò altiùs ordiri visum est.

Nauis Barys apud Ægyptios celeberrima. Plutarchus. Herodotus.

Nauis hæc celeberrima Ægyptiorum Barys, est nauigij papyracei, teste Plutarcho, genus, quo in sacris, Herodoto teste, vtuntur; & in tabula medium limbi locum tenet, quam omnia symbolica animalia, & Ideales schematismi vtrinque veluti supremam Ideam respiciunt; quæ vti primum locum inter superioris limbi figuras obtinet, ita & eandem primò ante omnia explicasse oportebat, nisi ordinis ratio in tabula præscripta aliud suasisset. Omnia itaque in limbo hucusque partim explicata, partim explicanda symbola huc respiciunt.

Nauis puppis Accipitrino capite insignita.

Sed explicemus singula. Nauigij puppis capite Accipitrino, in cuius capite penna & Aspis, insignitur; deinde sequitur planta sacra Ericæ; post hanc Horus conto nauigium impellens; medium nauigij bos

obti-

SYNTAGMA I. MENSA ISIACA. 139

obtinet, perseæ folijs hinc inde stipatus, cuius dorso globus ὀφιο-πτερόμορφος imminet, & quadrantem Astrologicum appositum habet; figura 14 ingeniculata manibus pennam Accipitris, capite Lunam cum vipera emergente portat; claudit tandem schemata Loti flos puppi insistens. Omnia hæc symbola Ideas exprimunt, quibus à supremo Numine per administros suos vniuersa Mundi machina continuò gubernatur, conseruaturque. Nauis supremarum defluxionum in vniuersas Mundi semitas diffusarum vehiculum innuit; puppis Accipitrino capite pennâ & Aspide insignita, lucis, & vitæ, motusq;, quo omnia pernicitate suâ conficit, vbertaté; prora loti vel meliloti flore spectabilis similitudinem, qua omnia ad diuinæ Mentis Ideam operantur, vti dictum est, occultè indigitat. Gubernator nauis Horus est, illa videlicet Mundi aut Solis vis, quæ partium anni singulis rebus congruam constitutionem moderatur; Apis seu bos Osirin, vel animam Mundi, vel Solaris Numinis supremam Mentem exprimit; hunc sequitur Isis Lunam in capite gestans, & pennam Accipitris in manu, quâ Solis eam coniugem esse innuitur, vt alibi fusè expositum fuit. Nam vt rectè Diodorus apud Eusebium: *Osiris & Isis Sol & Luna secundùm Ægyptios sunt, à quibus trinis temporibus, vere, æstate, & hyeme, inuisibili modo circumductu Mundus gubernatur, & omnia nascuntur, aluntur, augentur.* Hinc aptè quadrantem Astrologicum boui apposuerunt, temporis symbolum, quod agriculturæ operibus aptum seligebant; tempora, teste Diodoro, quamuis inter se aduersentur, mirâ tamen concordiâ annum conficiunt; horum autem Deorum alter ignis & spiritus, alter humidi & sicci, vterque verò aëris temperiem producere dicitur, quibus omnia & oriuntur, & conseruantur. Osirin autem & Apim eundem esse, Plutarchus testatur his verbis: *Tolerabilius sentiunt, qui per Apim significant rapido motu citari Vniuersum; plerique Sacerdotes in idem aiunt recidere Osirim & Apim, enarrantque & docent nos;* ὅτι δ'μορφον εἰκόνα χρὴ νομίζειν τοῦ Ὀσίριδος ψυχῆς τὸν Ἄπιν. *Apin putandum esse formosam animæ Osiridis imaginem*. Sed de Boue vberrimè tractatum vide in Obelisco Pamphilio, Hierogrammatismo de Boue, & Tom. I. Oedipi Syntagm. 3. de Apide. Nihil igitur aliud hoc ideali schematismo indicare voluerunt Ægyptij, nisi triformis Numinis per globum alatum indicati, in vniuersas Mundi semitas diffusionem, ordine tamen quodam singulari. Primò enim sese exerit in animam Mundi per Apin significatam; deinde in Horum & Isin, id est, Solem, Lunam, cœterasque stellas; ac tandem in omnia reliqua inferioris Mundi membra, quibus præsunt, diffundit: horum enim administratione tùm temporis dispositio, tùm omnium generationes expediuntur, vti dictum est. In naui vehuntur, quia motus horum in humido. ita Eusebius: *Solis*, inquit, *imaginem in naui collocant, quæ Crocodilo fertur, vt per nauigium motus in humido, per Crocodilum autem potabilis aqua significetur, in qua Solem ferri contendunt.* Sed totam hanc idealis significationis expressionem appositè sanè, si quicquam ad nostram rem, Iamblichus exponit, qui omnia hieroglyphica huius ita aptè describit, vt id explicasse videatur; sic enim ait: *Proinde vbi Deum introducunt, nauis*

CAP V.

uis gubernatorem, principatum significant; Mundi gubernatorem: sicuti enim gubernator à naui & gubernaculo segregatus, vno quodam facilique momento mouet vndique, & regit dirigitq́ nauem; ita Deus ipse desuper, videlicet à primis naturæ principijs, præcipuas motionum causas exhibet. Quoniam verò partes cœli omnes, animaliaque cœlestia, & totius Vniuersi motus, ipsumque tempus, secundum quod Mundus ipse mouetur, cuncta denique iis continentur in totis, vires à Sole discendentes accipiunt, alias quidem commixtas in ipsis, alias autem commixtionem exuperantes; ideo has quoque symbolicus significandi modus adducit, verbis quidem solis Solem designans, secundum animalia cœlestia figurari, formasque vicissim commutare per oras, interea verò monstrans immutabilem eius simulque totam per totum Mundum traditionem. Sed quoniam quæ suscipiunt, alia quidem alibi circa impartibilem seruantur Dei traditionem, atque ipsa pro diuersitate naturarum, motionumque suarum multiformes accipiunt à Sole potentias; propterea symbolica traditio vult per donorum multitudinem vnum ingredi Deum, atque per potentias multiformes vnam Dei adesse potentiam; quapropter inquit ipsum vnum eundemque consistere; vices verò formarum, transfigurationesque in suscipientibus asserit resultare; ideo illum secundum animalia & ad oras commutari ait, quasi circa Deum mutationes eiusmodi varientur secundum diuersa receptacula Dei. Eiusmodi vtuntur Ægyptij non solum in ipsis Deorum proprijs visionibus, sed & in precibus etiam leuioribus, quæ eundem sensum habent, atque per talem symbolicam mysticamque culturam ad Deos supplicandos accedunt. hactenus Iamblichus; quæ vberius explicata vide in Classe III. fol. 183.

Figura 15.16. 17.

Sequuntur nauem alia tria schemata, signata numeris 15. 16. 17. quorum prius Hori ingeniculati figuram exhibet, alterum Accipitrem seu Thaustum, cuius dorso Serpens globo circumuolutus, tertium caput Hircinum aræ impositum, thyrsis floribusque id stipantibus. Quibus quidem nihil aliud indigitatur, nisi Solaris Numinis in Mundum sensibilem vis & efficacia. Et Accipiter quidem, vti iam sæpe dictum suit, symbolum est vitæ lucisque, quæ in Sole eminet, & per Serpentem globo circumuolutum exprimitur; siquidem luce calor & vita in Mundo, qui per Horum ingeniculatum notatur, confertur; hinc ingeniculatus est, quia Mundus hic sensibilis se ad animam Mundi, quæ in Solari corpore sedem suam figit, habet, sicuti anima ad corpus; hinc Horus Thausto, eiusque influxibus se quodammodo subdere gestit. Quid flos Meliloti, cum perseæ folijs, & acaciæ ramo Accipitri apposito indicent, iam sæpe dictum suit. Sequitur hæc caput Hircinum aræ impositum, quo Mendesia vis innuitur. Est autem Ægyptijs Mendes, ⲘⲈⲚⲆⲀⲔⲈ, idem quod Hircus, quem & ⲤⲒⲘⲈⲚⲆⲀⲔⲈ dicunt, id est, Hircum sacrum, atque adeo quem Græci Πάνα, Ægyptij ⲤⲒⲘⲈⲚⲆⲀⲔⲈ vocant, id est, fœcunditatis præsidem. Adiungitur Thausto, quia quæ Thaustus in Hori mundana domo sapienter disposuit, per calorem, lucem, & motum; id Simendes seu Pan virtute suâ fœcundatiuâ, vnumquodque iuxta seminalium rationum conditiones excitans, in vberrimam rerum omnium copiam repullula-

Accipiter, Serpens globo circumuolutus, Horus ingeniculatus.

Caput Hirci aræ impositū. Simendes Ægyptijs idem quod Græcis Pan.

stere

SYNTAGMA I. MENSA ISIACA. 141 CAP V.

scere curat. Aræ impositus est, quia summo in honore ab Ægyptijs, teste Herodoto, habebatur, thyrsique Satyriacis, quos & aræ circumpositos vides, teste Pausania, sestum eius celebrabant; quæ in Obelisco Pamphilio in Hierogrammatismo Hirci copiose prosecuti sumus.

Herodotus. Pausanias.

Porrò hanc Thausto-Mendeticam ideam sequitur idealis **Ammonis** typus, qui aptè per numeros 18, & 19 exprimitur; & Aries est, bisulcam è capite flammam euentilans, cum globo alato, dorso imminenti, flore loti intermedio; præcedit hunc figura 18 ingeniculata, tutulo in calathi, cui cucurbita imprimitur, formam spectabilis, manu dextrâ vas Niloticum, sinistrâ pyramidem gestans. Tutulus, vas, & pyramis denotant, hunc calido-humidi præsidem esse, vase humorem, pyramide ignem denotante, in quibus cùm totius generationis vis & potestas consistat, rectè præses eius constituitur: ingeniculatus est, quia Ammoniæ Intelligentiæ minister est: nam vt rectè Iamblichus: *Opifex intellectus, qui & veritatis dominus est, atque sapientiæ, quatenus in generationem progrediens occulam, latentium rationum potentiam traducit in lucem, Amun Ægyptiacâ linguâ vocatur.* Atque per Arietem aptè significabatur, igneum animal foecundumque; de cuius multiplici significatione cùm in Hierogrammatismo Arietis fusè disseruerimus, ea hic repetere noluimus. Exhibet itaque hoc ideale Schema, quomodo triforme Numen supremum in Ammoniam potestatem primò, & hinc in subdelegatos sibi ministros, ad humido-calidi perfectam actuationem influat. Hinc Sacerdotes mense Pharmuthi, quo Sol Arietem ingreditur, Ammonium influxum in se deriuantes, ampullis Niloticis vario florum frugumque habitu ornatis sacra peragebant, vti in Calendario Ægyptiaco diximus, & hoc loco per floream columnam numero 20 signatam, in qua ampulla Nilotica insistit, exprimuntur.

Figura 18. & 19.

Ammoniæ Intelligentiæ minister ingeniculatus.

Iamblichus.

Figura 20.

Sequuntur modò figuræ 21 Cynocephali, 22 Hori, cum 23 fonte vitigineo Hecates, & tandem 24 ἱερακο-λεοντοσφύγξ, cum Canopo quem præfert; quibus indicatur, quomodo triforme Numen influat in aqueæ & igneæ substantiæ œconomiam, & fontanos patres; quomodo etiam inde resultet fons vitigineus, cuius deriuatione omnia quæ in Mundo sunt, conseruentur. Quæ vt intelligantur, sciendum est, si ignis & calor in Mundo tantùm forent, totum Mundum siccitate perditum iri; contrà si sola Mundo humiditas dominaretur, Mundum putrefactione necessariò destructum iri. Sapienti itaque consilio à suprema Mente constitutum fuit, vt calidum humido aptè temperaretur, atque adeo Mundus huiusmodi miscellæ temperie conseruaretur; quæ per dicta symbola apposite indicantur. Globus alatus triformis, vt iam suprà dictum fuit, influxum exhibet; & primò quidem in Solem & Lunam, seu quod idem est, in Intelligentiam Solis & Lunæ, cuius symbolum est Sphynx ἱερακόμορφος. seu Accipitriformis, cum Luna in capite, & Aspide inter cornua Lunæ circulo inclusa; qua Solis & Lunæ, siue calidi & humidi, ad Mundum vitalibus influxibus animandum, vnita vis sub ministerio Momphtæ intelligitur; quæ maximè Sole in Leonem ingrediente in Ægypto, vti

Figura 21, 22, 24.

Humidi & calidi temperie Mundus conseruatur.

Globus alatus. Sphynx Accipitri-Leoniformis.

in

CAP. V. 142 OEDIPI ÆGYPTIACI THEAT. HIEROGL.

Figura 25. Canub.

in Leonis Hierogrammatifmo diximus, viget: in terram deriuata vlterius actuanda committitur Præsidi Canub seu Canopo ministro Momphtæ, quem figura 24 exhibet; cuius officium est spiritus igneos aquæ substantiæ commistos, per vniuersas mundanæ domus semitas diffundere: quia verò id sine Hori, quem 22 figura exprimit, & Lunaris Intelligentiæ temporum constitutricis mediatione fieri non potest; hinc rectè huius symbolum Cynocephalum sedentem ponunt, cum adiuncto psilio herba,

Cynocephalus cum psilio Lunaris Genij symbolū.

quæ cum folliculis suis caput Simiæ referat, apposite ei adiuncta fuit in sacrificijs ad Genium similitudine rerum attrahendum; de quibus vide Obeliscum Pamphilium fol. 301.; hic enim vti ob duodenum mictum horas æquinoctiales demonstrat, ita ob sympathiam, quam ad Lunam habet, meritò Lunaris Genij tempus lunaribus operationibus aptum vnà cum Horo constituentis symbolum euasit. Vbi & notandum, figuras 21 & 22, id est, Cynocephalum & Horum, vtrumque vase in manu instructum, contraponi figuræ 24, eò quòd Hieraco sphynx cum Canopo se habeant per modum principij actiui seu formæ, Cynocephalus verò & Horus per modum principij passiui seu materiæ, ex quorum congressu

Zoroaster. Fons vitigineus.

fons 23 vitigineus emergit, liquore vitali omnia alens & sustentans; de quo Zoroaster: *Fons fontium, & fontium cunctorum matrix, continens omnia, vnde affatim exilit generatio multifariæ materiæ, inde tractus prester subtilis ignis flos, Mundorum indens cauitatibus, omnia namque inde, incipit deorsum tendere radios admirandos.* Et deinde Intelligentias paulò antè expositas his verbis describit: *Est enim quoddam intelligibile, quod oportet te intelligere mentis flore; est enim roboris circumquaque lucidi potentia, mentalibus fulgens sectionibus; indusa igne ignem vinculorum, vt temperet fontanos crateras, & amore implet omnia, examinibus similes feruntur, prorumpunt per Mundi corpora.* Quæ omnia amplissimè explicata vide in Sphynge mystagoga fol. 335. & sequentibus; quem quidem fontem aptè Hieromantæ expresserunt figura 23 per ampullam sacram aræ impositam, ex qua in duo vasa liquor vtrinque effunditur, fonsque Hecatinus vitigineus appellatur à Zoroastro citato loco, cuius magnus in sacrificijs vsus erat.

Limbi sinistri Tab. Bem. interpretatio. Situs figurarum hieroglyphicarum attendendus.

Interpretatio Limbi sinistri.

Limbus hic continet varios Hierogrammatismos naturarum compositarum, id est, variè transformatos: in quibus maximè situs attendendus est, vti & in cœteris limbi selidibus; alij enim stantium sedentiumque, alij cubantium, nonnulli currentium, volantiumque situm exprimunt; qui omnes magnam in significationibus suis energiam habent. Sed cùm hæc alibi indicauerimus, ijs relictis ad interpretationem nos accingamus.

Idealia schemata Geniorum ignis & aquæ. Figura. 25. 26. 27.

Limbi itaque præsentis ovis continet Idealia schemata Geniorum ignis & aquæ, & quomodo ijs Vniuersum subsistat. Figuræ numeris 25. 26. 27. signatæ exhibent influxum supremi Osiridis in Mundum sensibilem; Osiridem supremum exhibet Leo sedens, sub Accipitris capite,

cum

cum appofito loti flore & perfeæ; figura 27 Horum exhibet, id eft, Mundum fenfibilem, Ofiridis, in quod influit, fubiectum: herbam Ofiriten in manu tenet, quæ eft herba femper & folia, & flores, & fructus tenens immarcefcibiles; in medio aræ pofita fpectantur pyramis, cum ramis Acaciæ vafis impofitis, aram thyrfis papyraceis ambientibus. Indicant itaque, quòd ficuti Sol irradians Mundum hunc fenfibilem, omnia animat, nafci flores & fructificare facit; ita radius Mentis fupremæ per Leonem Accipitriformem indicatus, robore, vitâ, luce, Mundum intellectualem implet; hic ijs imbutus Mundum fenfibilem ijfdem imbuit; ad intellectum enim fupremæ Mentis omnia fiue intelligibilia, fiue fenfibilia, mirificè mouentur, non fecus ac radius Solis mox ac loti florem, ac folia acaciæ percufferit, ea vi quâdam ineuitabili fecum trahit. Leo terreftre animal igneum indicat ignem elementarem; fedet, quia poteftatem habet in omnia fphæræ fuæ fubiecta; Accipitris caput habet, quia ignis elementaris, influxus fui rationes ab igne intellectuali fupremæ Mentis, vitæ totius vniuerfi arbitro, vti Serpens globo circumpofitus oftendit, accipit. Horus ingeniculatus Ofiriten herbam ei monftrat, quo geftu indicatur, Mundum fupremæ Menti fubiectum effe, & veluti principium paffiuum fummo quodam defiderio teneri, ab eodemque varijs rerum formis impleri defiderare, quæ per Ofiriten herbam indicantur. Ara cum pyramide, & acaciæ ramis oftendit facrificij rationem, quâ dicta Numina follicitantur, follicitata attrahuntur.

Radius Mentis diuinæ omnia implet

Leo ignem fignificat.

Horus ingeniculatus Ofiritem herbã tenens.

Porrò figura 28 Leo accubans eft, Lunari fchemate coronatus, cui globus alatus imminet floribus circumdatus. Leo accubans cum vafe Nilotico oftendit igneam Intelligentiam nullum prorfus effectum fortiri poffe, nifi Intelligentia Lunaris eidem fe adiunxerit; in hanc triforme Numen influit potentiam corroborandi & fœcundandi humidum in ordine ad generationem rerum, & maximè Nilum refpicit; Sole enim in Leonem æftuantiffimum ingrediente, humidum exuberat, quo terra exufta veluti refocillatur, corroboratur, & ad generationem rerum difponitur; quod congruè fanè per figuram 29. fcil. Ranam aræ impofitam, cum phallo dorfo eius imminente, exprimitur; Rana enim in facris Ægyptiorum, vti fuprà expofitum fuit, idem quod lutum feu materiam primam, imperfectam, formifque vacuam indicat, quæ hâc Intelligentiâ Lunæ-Solari illuftrata omnigenis formis repletur, & fœcundatur, vti phallus monftrat.

Figura 28. accubãs.

Figura 29. Rana.

Sequitur figura 30 Sphynx quadruplici alarum veftitu fpectabilis, quarum duæ expanfæ volatum, aliæ duæ compofitæ quietem indicant. Per Sphyngem feu Iyngem Intellectus fupremus indigitatur crateris Hemphtæi præfes; per alas expanfas intellectus vitaliffimi volatus, quo in vniuerfa Mundi membra intimè penetrat, indicatur; per compofitas alas quies & immobilitas notatur, eft enim fupremus Intellectus fine motu omnia mouens, fine volatu omnia penetrans, fine loco omnia locans, fine difcurfu omnia percurrens; ab hac, vti figura Horæa 31 indicat, Mundus fenfibilis omni vitalium influxuum genitura repletur; quæ aptè

Figura 30. Sphynx.

Figura 31. Horus.

T per

per vas Niloticum, Serpentem ex fronte emergentem, & bisulcam flammam innuuntur; atque adeo quæcunque in Mundo sensibili continentur, vti exemplaris primi signaculo imbuta sunt, ita ad idem, in Lotometræ siue Heliotropij morem vertuntur. Vocatur & hæc Iynx, verbumque diuinum est, quòd omnia perfectibilia perficit, quia omnia efficit: creat enim omnia principia essentiæ cuiuslibet entis, vtpote actor Vniuersi, atque vtriusque Mundi; nam vt rectè l. 10. c. 1. philosophiæ Ægyptiacæ legitur, singulis pro gradus capacitate vitam, potentiam, & dignitatem infundit, vnde ens quantò illi propinquius, tantò capacius est; quare omnium capacissimum necessariò illi dignitate substantiæ, & perpetuitate constantiæ immobilitatisque propinquissimum est; quod medium inter authorem primum, productaque cœtera existens, præ omnibus, & ante omnia influxum vitæ ac dignitatis suscipit, quem deinde reliquis inferioribus infundit; hinc non sine ratione hanc Iyngem sequitur Leontosphynx Leonino corpore, & Accipitrinâ facie, aliique conspicua, in morem currentis, sinistrâ obelum, dextrâ prostratum sibi Serpentem tenens; quo aptè indicatur supremi Intellectus, & ignis archetypi, in ignem Sidereo-elementarem influxus idealis; ita vt per Accipitris faciem ignis sidereus, per Leoninum verò corpus ignis elementaris & terrenus indicetur, obelo vim radiorum denotante; quo quidem influxu vitalium operationum seminaria per serpentem prostratum indicata, aperiuntur: nam vt citato loco Theologiæ Ægyptiacæ legitur; *Iynx continet lumen roburque veritatis maximum in essentia spirituali simplici absolutaque, quod verò inferius sequitur, roboris honorisque gradu existit luminis paucioris propinquiorisque corporalitati perfectæ compositionique veræ.* Hæc Leontosphynx, vtpote naturæ magis hylææ, semper sibi comparem Intelligentiam requirit, quæ mox sequitur numero 33 signata, & est Ibis cum globo alato, in quam archetypum triforme Numen vim humefactiuam infundit; adeoque Leontosphyngi necessariò coniungitur, vt sine ea esse non possit; hinc enim totius vegetabilis naturæ systema gubernatur & regitur; quæ per fasciculum herbaceum floribus plenum Ibidi appositum innuuntur.

Sequitur figura 34 ἀσπιδόσφυγξ alis expansis, erecto corpore, & ex Aspide & humana facie mirè transformata; quæ insequi videtur figuram 36 Meleagridem, demissis alis, & vestitu reticulato expressam, pedibus præferens sceptrum ex loto & penna compositum, globo serpentifero illi imminente. Per Aspidosphyngem, vitæ, caloris, motusque exprimitur præsidium; per Meleagridem subiectam eidem, seminalium rationum præses Intelligentia notatur, desumptâ similitudine à varietate, quam præfert, & a macularum varietate quâ corpus eius imbuitur: in hanc enim Aspidosphynx influens, varietatem rerum quæ in Mundo conspicitur, efficit: hinc quoque fons vitigineus originem sumit figura 35 expressus; qui per aræ impositam phialam expressus, dum aquam vtrinque in subiecta vasa fundit, mox vegetabilem genituram in summam luxuriem prouocat: Crucem habet superpositam, vti & fons suprà expli-

SYNTAGMA I. MENSA ISIACA.

plicatus, numeroque 23 signatus, quâ in quadruplicis Mundi faciem diffusio notatur; quâ vniuersam naturam irrorat, aptè per Crucem, id est, denarium numerum indicatam, vt in Arithmetica docuimus. Hinc Sacerdotes ad vitales Aspido-sphyngis, Meleagridisque Intelligentiæ influxus attrahendos, hunc eundem fontem in sacris adytorum festiuitatibus, non sine occultis mysteriorum significationibus studiosâ præparatione adhibebant, vti suo loco demonstrabitur; est enim hic, teste Zoroastro, fons fontium, vitali foecunditate plenus; solo Deo nutriente silentio colendus.

Interpretatio inferioris Limbi.

Inferioris Limbi tab. Bemb. interpretatio.

Limbus inferior continet idealia decem Deorum coniugia, eorumque operationes facultatesque, quibus Vniuersum administrant. Videbis hîc semper iuxta singulas figuras lotometræ, perseæ, & acaciæ folia; quæ cùm conuersionem inferiorum ad superiora significent, nil amplius hîc dicam de illis, cùm ea omnia in antecedentibus explicata sint.

Idealia decē Deorum coniugia.

Primum coniugium est Aspido-sphyngis cum Horæa Potentia num. 37 & 38 signata; quorum significata in antecedentibus exposita sunt.

Figura 47. & 38. Aspidosphyngis cum Horæa Potentia coniugium

Secundum coniugium est Horææ Intelligentiæ cum Momphta; intelligebant autem per Horum & Momphta, vt iam sæpe expositum fuit, vim illam Archetypi, vti globus alatus indicat, corroboratiuam in potentias terrestres agentem, seu Solis supramundani vim, quâ in humidum, illud promouendo, agit, quâ terra imprægnata veluti ex diuturna tabe conualescit, & confortata ad fruges serendas apta redditur; quod quidem ideale coniugium apprimè figuræ 39. 40. 41. exhibent, vbi Horum reticulatâ veste tectum, capite pueri, veluti lecto quodam incubantem intuemur, cuius lecti anterior spondæ pes Leoninus est, & capiti Leonino ita coniungitur, vt vnam statuam conficere videantur; posterior verò lecti sponda, posteriorem Leonis pedem refert, cauda in Lunæ sextilis figuram reflexa; sub lecto verò tres Canopi siue hydriæ polymorphæ ponuntur, quarum prior humano, altera Accipitrino, tertia Canino vultu insigniuntur. Quæ omnia nihil aliud significant, quàm descensum triformis Numinis, vel animæ Mundi, in Horum seu Solem, & Solis in Nilum per virtutem Leoninā Momphta, qua igneo cum humido coëunte in lecto Mophtæo, omnium rerum geniturę excitantur, & ad rerum generationem disponuntur. Lecti huius Mophtæi asseclæ & custodes sunt Canub αἰδ'ϛ περσωπ©, Osiris ἱεραϰόμορφ© Niloticus, & Anubis κυνοπρσωπ©, Nilotici Genij. Per Anubidem prouidentia & custodia; per Osirin Niloticum vis Lunæ mixta Sole, siue Osiris, seu Nilus cum Isi seu terra; per Canub beneficus humidi Genius, teste Plutarcho, indicantur, & Horapollo his verbis testatur: *Tres autem hydriæ positæ aut cœlum, aut terram, quæ aquæ copiam scaturiat, Nilum similem cordi facientes, linguâ prædito; cordi quidem, quoniam princeps hæc apud illos habetur totius corporis pars, vti Nilus totius Ægypti dux est & princeps; linguæ autem, quòd hæc*

Figura 39.40 41. coniugium Horææ Intelligentiæ cum Momphta. Horus lecto incubans.

Lecti Momphtæi asseclæ

Plutarchus. Horapollo.

hæc perpetuò in humido esse gaudeat. Quæ omnia tùm vasa Canopica exhibent in cordis linguæque figuram protuberantia, tùm flos loti cum perseæ folio, quorum illa cordis, hæc linguæ speciem exprimit, luculenter indicant. Ex hoc enim mystico coniugio materia prima, seu lutum mysticum per Ranam aræ impositam significatum, etiamsi ex se & sua natura imperfectum, ignobile, & ἄμορφον existat, hoc tamen vitali influxu fœcundatum, totum omnigenis formis relucet. Mundus enim sensibilis per ingeniculatam statuam 41 significatus, præter humidum maximè ignei & calidi est appetens, eoque imbui gaudet; hinc supplicare videtur; hinc pyramidem ignis notam, & Ranam, Horomomphtæi ostendit, & quid appetat, occulto gestu innuere videtur.

Figura 42.43 44. coniugiũ Mentis Mneuiæ cũ Horo, Bos Mneuius.

Tertium coniugium est Mentis Mneuiæ cum Horo crateris Hemphtæi præside; quæ numeris 42. 43. 44 indicantur. Bos Mneuius Vniuersum, vt alibi fusè ostensum fuit, significat; cuius dorso expansis alis incubat Meleagris, Mens videlicet Vniuersi dominatrix: Ideas enim à triformi Numine sibi inditas, indit Vniuerso. Atque huius ministerio fons seu crater Hemphtæus, id est, supremi Numinis Mundis aperitur, vnde bonorum omnium abundantia, quorum bonorum dispensatorem agit Horæus Genius numero 44 expressus Mneuiæ Mentis minister; hic enim humidum, quod ex supramundano cratere hausit, in omnia Mundi membra diffundit, vti ex operatione patet.

Figura 45.46 coniugium Mentis Ibiacæ cum Momphta.

Quartum coniugium est Mentis Ibiacæ cum Momphtæa Intelligentia; quæ per numeros 45 & 46 indicantur; quo iterum mediante triformis Numinis influxu humidum, igneo ad generationem rerum miro modo coniungitur; humidum, cui præest Ibis ὑδεσπίζων@ cum vase Nilotico, quod pedibus tenet, figura 45 exhibita notat; ignem verò Leo, virili facie sedens, alisque conspicuus innuit. Sed hæc suprà quoque fusiùs explicata vide.

Figura 47 48 49. Nauis Ammonia.

Quintum Nauis est Ammonia, quo Ammon & Horus coniuncti, per Vniuersum delati, id fœcunditate replent. Ammonem fœcunditatis præsidem refert Aries biceps bisulcâ flammâ fulgens; Horum nauis gubernatorem exprimit figura 47. Aries biceps est, quia tùm superiorem, tùm

Aries biceps Ammonem refert.

inferiorem Mundum respicit; nam vt rectè in Hierogrammatismo Arietis Obelisco Pamphilio fol. 273 docuimus, non tantùm Ammun latentium rationum arcanas vires in Mundo superiori intellectuali disponit, sed & caloris Mundani, quo generationes rerum in Mundo per ascensum descensumque perpetuum promouentur, in Mundo sensibili curam habet; vnde non sine causa biceps pingitur cum flamma in capite bisulca, quæ igneæ virtutis calorisque diffusionem notat tùm in dicto superiori, tùm inferiori Mundo. Sed de hisce fusè citato loco in Obelisco Pamphilio. Puppis nauigij Accipitrino capite, & tutulo ei imposito fulget, quo Horus & Ammun indicantur esse lucis, igneique caloris per vniuersi Mundi penetralia, vectores; quæ operationem suam effectusque sortiuntur constitutis temporibus, quæ per appositum quadrantem Astronomicum innuuntur.

Sextum

SYNTAGMA I. MENSA ISIACA.

Sextum coniugium Momphto-Mendesiæ Mentis indicant figuræ 50 & 51; Momphtam figura 50, Mendetem verò Circus aræ impositus notat: quo sicuti in Ammone fœcunditas calidi seu ignei, sic in Hirco humidi denotatur fœcunditas; quæ Momphtæ Nilotico, Leonino caloris humidi præsidi coniuncta, fœcunditatem inferioris Mundi demonstrat.

Septimum coniugium Lunæ-Solare, per figuras 52 & 53 exprimitur, vbi Horus bisulcam flammam capite, manu sinistrâ pyramidem gestans, Ibin Lunari charactere insignitam respicit. Vbi nota, Ibin hoc loco non Lunam hanc materialem significare, sed supramundanam Intelligentiam, immediatè triformis Numinis influxui, vti globus alatus monstrat, subiectam, cui Horus subest, & ab ea humido ideali repleri ipso gestu suo appetit; cùm sine humore ignea substantia subsistere minimè possit. Quod verò Ibis Intelligentiam Lunarem notet, in Obelisco Pamphilio fusè ex omnigena eruditione expositum est. Quomodo verò hos Genios in sacris attraherent Sacerdotes, tutulus figuræ 54 indicat.

Octauum coniugium, quod numeri 55 & 56 indicant, est Anubicæ Mentis cum Mente Lunæ-solari Cynocephala; hæc Intelligentia ideali à supremo Numine sigillo insignita tempori præesse dicitur, quo vnicuiq; ipsi proprium congruumq; influxum præstat: nam, vt Horus ait, Cynocephalus horas mictu metitur, coniunctionis Solis & Lunæ tempus cognoscit, ad exortum sideris gaudet & exultat, contrà, occasu luget & tristatur; vt proinde non sine ratione Mentem horum præsidem per Cynocephalum expresserint. Figura verò 55 Anubin exhibet, cuius munus est, vt quæ Cynocephala Mens iuxta tempus vnicuique proprium sapienter disposuit, Anubis sagaci consilio, & inuentionum industriâ in Mundi bonum conuertat; vnde ad hosce Dæmones siue placandos, siue aduocandos, varijs herbis, floribus, frugibus, teste Pausania & Simocato, in sacrificijs vtebantur Sacerdotes, quæ ara 57 fasciculo florigero exornata satis indicat.

Nonum coniugium est Animæ Mundi cum Mundo sensibili. Animam Mundi notat figura 59; sensibilem Mundum figura 58. Anima Mundi, siue Spiritus Vniuersi, ex Scarabæo constat & capite Hori, chelis tabulam continente, in quo literis Coptis legitur verbum ⲪⲢⲀⲆⲞⲨ per Scarabæum significabatur firmamentum, per quinque circulos collo annexos quinque planetæ, per caput Hori Sol, per Lunarem figuram capiti impositam Luna, per Crucem circulo impositam Elementa; quibus quidem nihil aliud nisi spiritus memoratus, omnia Mundi membra virtute suâ penetrans, animans, & amore connectens, innuitur. Verùm cùm hunc Hierogrammatismum integro tractatu in Prodromo Copto, alijsque huius Operis locis iuxta singulas partes exposuerimus, eò Lectorem curiosum remittimus. Continet quoque sensibilis Mundi, iuxta cœlestium globorum ordines, dispositionem, vti ex citatis locis patet.

De-

CAP. V.

Figura 60. Mens Sothiaca.

Decimum. Sequitur Mens Sothiaca, siue Canicularis, numero 60 signata, custos omnium; de qua in præcedentibus fusè actum est.

Limbi dextri lateralis tab. Bemb. interpretatio.

Limbi dextri lateralis interpretatio.

Numina apotropæa seu auerruncea. Figura 61. & 62 Genius Horæus, & Ophionia Mens.

Continet hic Limbus Numina apotropæâ siue auerruncatiuâ vi pollentia; quâ quicquid in Mundo excessu vel defectu peccatur, eorum ope ad mediocritatem deducitur. Figura 61 Genium Horæum indicat, Ophioniæ Mentis, quæ figurâ 62 exprimitur, excessum temperantem; cuius symbolum loti flos est, cuius fructus eius naturæ est, vt si Soli semper foret expositus, siccitate nimiâ destrueretur; contrà, si semper sub aqua lateret, nimiâ humiditate vis eius suffocaretur; hinc de die Solis motum affectans, ad eius præsentiam, humore sub aquis contracto exuitur; & nè omni prorsùs humido priuetur, sub noctem veluti macerandus denuò aquam petit, donec æquali caloris humorisque temperamento perfectionem suam consequatur. De figura 63, quæ eadem est cum figura 30, cùm iam dictum sit, ad citatam figuram Lector accedat.

Figura 63.

Figura 64, 65 & 66. Accipiter sacer.

Fig. 64 Accipitris vultu, amictu humano, & ☽ schemate capiti imposito spectabilis, secespitam manu dextrâ tenet, sub gestu minatorio, quo Agathodæmonem Orimazium fugare, siue lucis & calido-humidi superflua in Vniuerso, quod per Bouem Mneuium indicatur, resecare videtur constitutis temporibus, quadrante apposito significatis; de quo passim tùm toto hoc Opere, tùm in Obelisco Pamphilio dictum est. Orimazis character Lunari cornui superpositus A, Agathodæmonis nota est, vt alibi diximus; Luna Accipitris coniuncta vultui coniunctionem notat Solis & Lunæ, quâ plerumque magnæ in Mundo alterationes contingere solent, Arimaniâ quâdam virtute referto, quam secespitâ seu cultro sacro Orimazes lucis & vitæ dominus in Mundi bonum interimit: ac proinde hunc Agathodæmonem Sacerdotes sacris operaturi tutulo venerabantur, pennis Accipitrinis, stellâ, bouinis cornibus, & perseæ folijs compacto, vti tutulus figuræ 65 monstrat.

Figura 67, 68, & 69 Horæus & Niloticus Genius.

Fig. 67 & 69 sequ. quarum illa Horæum, hæc Niloticum Genium sub Ibidis forma signat; indicantque Niloticum incrementum Horæo Dæmone ad temperiem redigi; cuius sicut excessus vel defectus necessariam infert penuriam, ita temperies summam fœcunditatem; innuuntque hoc occultissimo sanè symbolo Lunariæ herbæ Ibidi apposito, quam quindecim folia ad plenilunium vsque singulis diebus proferre, totidemque vsque ad Nouilunium perdere tradunt; quòd si plura aut pauciora tulerit, pro certo habent, intemperiem inde secuturam notabilem. Hinc Sacerdotes in sacris ad hosce Genios placandos tria vasa Nilotica, teste Horo, ponunt; in quorum vno flos conuoluuli heliotropij symbolum est vtriusque Agathodæmonis attrahendi aptum, vt in hieroglyphicis herbis docuimus.

Horus. Figura 70. Anubis. Herba ⲗⲉⲟ·ⲧ- ⲗⲉⲟ·ⲥ- ⲧⲓⲥⲉ·

Figura 70 Canino capite transformata Anubin signat, quæ manu herbam sustinet, quam ⲗⲉⲟ·ⲧⲗⲉⲟⲥⲧⲓⲛ Ægyptij, Hierophantæ ἄιμα Ἄρεως,

san-

SYNTAGMA I. MENSA ISIACA. CAP V

sanguinem Martis dicunt; & ita dicitur, quòd adustam, torridam, seu Martiam bilem frigiditate atque humiditate suâ mirificè temperet; de qua consule tractatum de herbis hieroglyphicis.

Figura 71, ex Scorpione & homine composita, indicat malignam in Sole latentem adustiuamq; potentiã per Scorpionem indicatam,quam Anubis Genius ἀποτροπαῖος, & Osiridis custos, dissipat atque profligat, cuius herba Motmutin symbolum est. Momphtæa verò Potentia per n. 72 indicata, terrenum corpus humore nimio prægrauatum sentiens, immoderatum Solis feruorem, radiosque adustiuos in id deriuat, quò fit, vt Sol feruore nimio vacuatus, Momphtæa verò substantia feruore Solis superfluo incisa diminutaque, nimio humore liberetur, atque adeo vtrique temperies inducatur. Est enim hoc vnicum naturæ medicamentum, quo venena caustica subinde in vsus à natura intentos assumuntur; neque enim quidquam, vti Proclus ait, adeo in natura superfluum est, quod non in alterius mundani corporis defectum substitutum, in eius emolumentum cedat, vti alibi tractatum fuit: quæ omnia sapienti consilio apotropæi Genij administrantur.

Figura 71. & 72. Homoscorpius.

Proclus.

Figura 73 & 74 Horum exhibent, qui Hippopotamum floreo virgulto immorantem, configit; quo ἀντιτεχνία inter Horum & Typhonem indicatur: Hori enim & Osiridis ἀντίθεον Numen Typhonem exprimere volentes, Hippopotamum pingebant: cùm enim hoc animal nociuum cognoscerent, & ad damna inferenda natum; præterea astutiâ & impietate immane, perfectè Typhonis naturam exprimeret; Typhonem per id ab Horo seu Osiride domitum confixumq; haud incongruè notabant; per Osirin siquidem Nilum, per Typhonem vim illam malignam, putridam, perniciosam, quâ segetes frugesque inficerentur, occultè innuebant, quam siue Horus, siue Osiris Nili apotropæus Genius conficiebant. Sed vide, quæ de Hippopotamo vberiùs in proprio Hierogrammatismo disseruimus in Obelisco Pamphilio.

Figura 63. & 74 Horus Hippopotamũ configens.

Atque hæc est summa tabulæ Isiacæ, siue Theologiæ Ægyptiacæ, cuius reconditi sensus, vt paulò fusiùs enuclearentur, per totidem Capitula eos exponendos duxi, nè quicquam ad reconditam eruditionem necessarium omisisse videremur.

Au-

Auctarium de sensu Anagogico, Magico, Ethico, alijsque vsibus, quibus seruiebat hæc Tabula.

§ I.

De sensu Anagogico sub tabula latente.

<small>Anagogicus sensus tabulæ Bembinæ.</small>

<small>Mundus quadruplex Ægyptiorum.</small>

Quadruplicem Mundum Ægyptios statuisse, varijs passim locis huius Operis docuimus, videlicet Archetypum, Intellectualem, Sidereum, & Elementarem; quibus tota rerum vniuersitas continebatur. <small>Archetypus.</small> Archetypus Mundus, diuinus, infinitus, immutabilis, æternus, incorporeus dicebatur intellectus diuinus triformis Numinis, omnes inferiores reliquos Mundos in se sub vnitate naturæ simplici & essentiali, continens, vtpote ex quo tanquam vena rerum omnium creatrice, quicquid est, fuit, aut erit, procedit; è cuius immensæ bonitatis Oceano cuncta profluunt, cuncta existunt, cuncta animantur, cuncta conseruantur; in cuius intellectu omnes Mundi, tam intellectuales, quàm sensibiles, sub idealibus & archetypis rationibus ita vniti existunt, vt nihil in rerum natura sit, aut esse possit, quod non ibidem tanquam effectus in sua causa lateat. Quæ quidem omnia symbolis materialibus vario figurarum contextu coagmentatis, abditisque similitudinum catenis, in hac tabula exhibentur: quam emanationum congeriem primò pantamorpha Mundi natura, seu fundum paternum ex tribus triadibus constitutum ante omnia participauit, vti schematismi sacri <small>Mediæ regionis tab. Bem. schemata sunt specula diuinarum virtutum.</small> mediæ regionis tabulæ exhibent; quæ quidem nihil aliud sunt, quàm diuinarum virtutum specula, quæ in intelligibili archetypo elucescunt; idealiumque notionum signacula, quibus primæ post Deum mentes insigniuntur, vt ad diuini exemplaris normam operentur. Ab his duodecim Mundi Rectores <small>Supremæ regionis tab. Bemb. schemata sunt diuinarum intellectionū Ideæ.</small> in suprema tabulæ regione contenti, omnes influxus participant; & in archetypo nihil aliud sunt quàm diuinarum intellectionum ideæ, à bonitate & pulchritudine infinita emanantes, iuxta quas inferiora administrant. Sequuntur fontani Patres, portarum magnarum Vniuersi conseruatores, qui omnes in inferiori regione tabulæ exhibiti, iuxta ideas in <small>Infimæ regionis tab. Bem. schemata sunt fontani Patres.</small> Mente paterna existentes, influuntur, influxumq; Mundi plagis communicant. <small>Limbus tab. Bemb. continet Ideas in Mente diuina existentes.</small> Limbus autem continet ideas in Mente diuina existentes, quibus omnia Mundorum particularia respiciuntur, vt dictum est. His autem omnibus nihil aliud indicant, nisi concatenationes entium à supremo vsque ad infimam materiam. Quomodo autem per occulta symbola id demonstretur, videamus.

Notum est ex Theologia Ægyptiorum, omnia quomodocunque bonum

num participantia, primum præcedere bonum; quod quidem nihil aliud est, quàm ipsum bonum illud, quod omnia appetunt, vltra quod, vti nullum aliud ens est, ita neque bonum; prima videlicet causa causarum; hæc verò causa sine bonitate nec consistere, nec concipi vllâ ratione potest, cùm bonum sit diffusiuum sui, vnde rerum omnium productio; producere autem minimè posset, nisi in se contineret omnium tùm productorum, tùm producendorum multitudinem, cùm nemo quod non habet, dare possit. Quæ omnia pulchrè per Lotometram Loti, Acaciæ, Heliotropia, Perseæ flores & folia, quæ occulto quodam motu ad cœlestia corpora feruntur & conuertuntur, quibus tota tabula referta est, innuuntur. Hinc apertè patet, omnia esse in Deo, Deum in omnibus omnia, omnia idem in omnibus, & quodlibet in quolibet; siquidem in Mundo Angelico seu Intellectuali eadem sunt entia, quæ in Mundo sensibili, sed spirituali & inuisibili modo; in archetypo Mundo diuino, supramundano, increato, infinito, incomprehensibili, tùm Angelicus, tùm Sensibilis vnum sunt, & simul, modo diuino & perfectissimo. Infima ergo monstrant superna, corporalia declarant intellectualia, & inuisibilia, per ea, quæ facta sunt, conspiciuntur. Atque hæc causa fuit, cur Ægyptij sensibilibus inferioris Mundi simulachris, variâ transformatione constitutis, vsi sint: nam per inferiorum & terrestrium naturas & proprietates Ægyptij ascendebant in naturas & proprietates superiorum & cœlestium; sunt enim hæc inferiora externa & visibilia exemplaria, superiorum notæ, & inuisibilium internorum symbola, quibus à corruptibilibus ad incorruptibilium entium virtutes traducebantur: nouerant enim, totam creaturam, & hanc vastam Mundi machinam, in qua Creator omnium Deus inuisibilis nobis se videndum, audiendum, gustandum, odorandum, & tangendum exhibet, nihil aliud esse, quàm vmbram Dei, & interni paradisi figuram & ectypon; quòd verò in archetypis omnia inuisibili & spirituali modo, quæ in Mundo sensibili, corporeo induta amictu apparent, contineantur, ipsum naturæ lumen ijs probabat. Cùm enim quadruplicem Mundum statuerent, Archetypum, Intellectualem, Sidereum, & Elementarem, vnumque in altero intuerentur; inferiores à superioribus regi, viriumque suarum influxus suscipere necessarium cognoscebant, ita vt ipsa Archetypa & Opifex omnium Mens per fundum suum primo, deinde per Deos secundos, id est, Intelligentias, cœlos, stellas, elementa, animantia, plantas, metalla, lapides, infinitæ potentiæ suæ virtutes exinde refundat; adeoque per continuum ascensum descensumue, nunc ex Deo ad creaturas, ex intellectualibus ad externas formas, veluti à centro ad circumferentiam deuoluebantur; modò ex infimis rerum aspectabilibus formis ad inuisibiles formas veluti ex circumferentia ad centrum ferebantur; adeoque vel in vno seminis grano totum Vniuersum intuebantur: sicuti enim in vno inuisibilis seminis grano arborem totam, cum radice, trunco, ramis, folijs, floribus, fructibus complicatam intuebantur; ita in Intellectuali natura omnium inferiorum rerum formas & semina modo spirituali seu intellectuali compli-

Bonum primum & impart cipatum Deus.

Deus omnia continet, & est omnia in omnibus.

Inferiora continentur in superioribus.

Ægyptij per inferiora ascendebant ad superiora.

Mundus visibilis vmbra inuisibilis Dei.

Inferiora à superioribus gubernari intelligebant Ægyptij.

plicata contemplabantur; cuius rei symbolum erat phallus toties in tabula exhibitus, quem Intellectualis Mundi simulachra præferunt, vel appositum habent, quo res omnes seminalibus rationibus refertæ indigitabantur: Angelus enim omnia secum gerit & habet, Angelico & spirituali modo, imò totam Mundi machinam in se complicat; imò quicquid natura, & ars per naturam potest, id etiam Angelus supra naturam & artem constitutus & eleuatus, præstantiori modo potest. Cùm itaque talis sit Angelus, certè primam & supremam causam, ex seipsa existentem, independentem, omnia secum inuisibili & incomprehensibili modo, in diuinitatis suæ abysso, & in fontali vnitate simplicissimè complicare censeri debet, tanquam eum, qui est omnia in omnibus, prima scilicet & vltima rerum causa; omne enim causatum, vt Ægyptij loquuntur, manet in sui causa, & progreditur ab ipsa, & conuertitur ad ipsam, vt flos loti ad Solem; cùm omnis progressus per similitudinem secundorum ad prima efficiatur. Nam à supremo intellectu per fundum suum paternum, primò prodijt lux, id est, Angelicus Mundus; ex luce illa inuisibiles rerum virtutes, quas nonnulli astra vocant; ex astris Mundus sensibilis ex quatuor Elementis compositus; & sic omnia sunt in omnibus suo modo, & vnum manet in altero, sicut semen in arbore, & arbor in semine; omnia corpora seu elementa visibilia sunt in astris inuisibilibus seu spiritualibus elementis, & astra sunt in corporibus; astra sunt in Angelis, & Angeli sunt in astris; Angeli sunt in Deo, & Deus est in Angelis. Sicuti igitur in Deo omnia sunt diuinè, & in Angelis angelicè; ita in Mundo sunt omnia corporaliter, & contrà. Tota Mundi machina in Deo est, Deus in Angelis Angelus, in astris astra; & sicuti semen est arbor complicata, & arbor est semen euolutum; ita Deus est Mundus complicatus, & Mundus, vt ita dicam, Deus euolutus. Nam vt rectè Proclus: *Omnis diuini ordinis proprietas per omnia permeat fœcunda, & dat seipsum omnibus deterioribus generibus*. Id est, in suprema omnium Mente, vis fœcundatiua v. g. est in Angelis, suo modo, in animabus, in cœlo, elementis, & ex his compositis, animalibus, plantis, lapidibus, cœterisque entium gradibus, in singulis suo modo; defert enim vnumquodque à propria proxima causa proprietatem, secundùm quam illa substantiam sortita est: lapis enim fœcundatiuæ virtutis est particeps, in quantum ei multiplicari conuenit materiali fœcunditate; planta verò eiusdem particeps est vitaliter, animal sensitiuè, cœlum motiuè, anima rationaliter, Angelus intellectualiter, Deus superessentialiter, vniformiter, & diuinè, & vniuersa series eandem habet potentiam ab vna diuina causa, vti Theologia Ægyptiorum l. 10. c. 2. ostendit. Idem dicendum est de reliquis diuinis emanationibus; omnes enim diuinarum progressionum series ad ipsarum principia assimilantur, circulum sine principio & fine seruantes per conuersionem ad sua principia; quæ omnia in tabula per artificiosum occultissimorum symbolorum contextum, vti exposuimus, indicantur. Atque hæc ita sensisse Ægyptios, Theologia ipsorum à Platone discipulo primùm exposita, & ab Aristotele conscripta his verbis l. 8. c. 3.
osten-

ostendit. Dicimus itaque quòd Mundus hic sensilis totus est imago alterius; quare cùm iste sit vividus, tantò magis oportet alterum illum viuere; si enim hic exstat perfectus, ille etiam perfectior, siquidem immittit illi vitam, potentiam, perfectionem, & perpetuitatem. Quòd si Orbis supremus est summè absolutus, procul dubio etiam entia illius absolutiora sunt cæteris hic existentibus. Illic igitur superstant alij cæli adepti virtutes stellares, quales cæli huius Mundi, præterquam quòd illi sunt altioris speciei, lucidiorisque ac maioris, neque inter se distant, sicuti isti, sunt enim incorporei; illic quoque existit terra, non inanimata substantia, sed vivida sunt in eo animalia, cuncta naturalia terrestriaque, quæ istic, sed alterius speciei & perfectionis; sunt plantæ satiuæ, hortensesque & aquæ profluentes, vt animata; sunt item animalia aquatica, sed nobiliora, illic existit aër, in eoque animalia propria simpliciter viuentia, atque omninò immortalia; & tametsi animalia quidem illa sint his connaturalia, sunt tamen honorabiliora ijsdem, vtpote intellectualia, perpetua, atque inalterabilia. Quòd si quispiam obijciens dicat, vnde Mundo superiori insint plantæ cœli, reliquæque prænarrata; Respondebimus, Mundo superiori perfecto inexistere omnia, quoniam in eo fuerunt à primo Authore, absolutoq́ue, atque inexistente producta; adsunt igitur ibidem intellectus animæq́ue omnes, nec subest defectus, qualis indigentia & corruptio; siquidem entia illic sunt plena vbertate, robore, & collætitia, vtpote sublimita in vita, & ab vno fonte coarta, ac insignita vna qualitate complexa omnes alias, vt sapores dulces, odores suaues, colores perspicuos, sonos harmonicos, res tactiles, cæterasque perfectiones; neque ibidem partes se inuicem vexant, neque inter se miscentur, neque mutuò se corrumpunt; rerum seruantur singulæ perfectè secundùm rationem optimam habitus essentialis discretæ; cùmque sint simplices, continent tamen multas rationes absque intima pluralitate sui & augmento, quali multiplicantur augenturque corpora. Hucusque Theologiæ Ægyptiacæ Author; sed non omnia quæ hic dicit, probanda sunt.

Mundus visibilis imago inuisibilis.

Inferiora excellentiori modo sunt in superioribus ex Aristotele.

§. II.

De vsu Idearum huius Tabulæ, & emolumento inde in Medicina, Physica, Astrologia, Ethica, emergente.

Idearum tab. Bemb. vsus & vtilitas.

VT præclaræ & eminentissimæ naturæ sunt Ideæ, ita plurimas & eximias per eas Ægyptij cognoscebant vtilitates; quæ omnes in tres gradus, iuxta triplicem tabulæ regionem, distinguuntur. Primus pertinet ad mentem increatam; secundus ad ordinem rerum, postremus ad hominem. Si ad primum conuertimur, Ideæ ad mentis cognitionem, & functiones munerum eius plurimùm conducere videbimus; Mens enim in se conuersa per Ideas cognoscit omnia, cognoscens producit, productaque curat & seruat; demptis Ideis, nec de cognitione diuinæ Mentis, nec de rerum ab ea dependentium statu, nec de prouidentia rectè sen-

Ideæ tab. Bemb. tres gradus.

Primus gradus pertinet ad Mentem increatam.

Secūdus gra-
dus pertinet
ad ordinem
rerum.

Ideæ confe-
runt ad nexū
rerum.

sentire possumus. Si cum Ægyptijs secundum gradum consideramus, inueniemus fatum & leges ab Ideis duci immutabiles: cùm enim in natura sit constans & rectus ordo, non casu ei conueniens, debet ab ordine aliquo primo, firmo, constanti & immutabili is dependere; huiusmodi est ordo Idearum in prima Mente. Insuper multùm Ideas conferre putabant ad nexum rerum quæ ab ijs pendent, ad ascensum descensumque graduum naturæ, & consequenter ad antipathiam & sympathiam singularium Mundi partium, quæ non sine admiratione à nobis conspiciuntur.

Magia natura-
lis apud Ægy-
ptios originē
duxit à cogni-
tione sympa-
thiæ & antipa-
thiæ rerum.
Ideæ confe-
runt ad gene-
rationē rerū.

Ex qua sympathia ducit ortum magia naturalis; quæ apud Ægyptios Sapientes nullo non tempore in summo pretio fuit. Præterea conferunt Ideæ ad generationem rerum; non enim semina gignerent animalia, aut plantas, nisi vim formandi, vt paulò antè probatum fuit, includerent; eam autem non includerent, nisi ab anima reciperent; ab anima eam recipere non possunt, nisi in ea contineretur; non contineretur, nisi eam reciperet à mente munere Idearum, Mens demum ab ipso vno Idearum capite. Accedit, quòd initia rerum mortalium prima debent esse æterna, alioquin non essent initia; non autem darentur propria rerum principia æterna, nisi darentur Ideæ. Insuper conducunt Ideæ, vt res, quæ in materia sunt vmbræ, alicubi verè sint; quæ in Materia fluunt, alicubi firma permaneant; quæ cum corpore solùm, sint insensibiles, id est, intelligibiles; quæ cum materia carent perfectione, per aliquid absoluantur & perficiantur. Demum si ad tertium gradum conuertamur, plu-

Tertius gra-
dus pertinet
ad hominem.
Ideæ cōferūt
ad intelligen-
dum.

rimas ex Ideis in eo refulgere vtilitates conspiciemus: conducunt enim ad eius scientiam; nec enim homo intelligendo essentias rerum, nisi in eius anima rationes Ideis correspondentes essent insertæ, attingere posset; sensibus enim sola externa accidentia offeruntur. Vnde, nisi anima per rationes ad Ideas eleuetur, & cum mente iungatur, neque proprie scire, nec intelligere dici potest, sed tantùm rectè vel perperam opinari. Ex hoc nexu animæ cum mente & Ideis dependet, quòd homo contemplationi deditus, dominatur & imperat corpori, non suo tantùm, sed & cæterorum naturâ constantium. Demum ex rationum Idearum-

Ideæ confe-
runt ad diui-
nationem
iuxta Ægy-
ptios.
Plotinus.

que serie ortum in homine ducit diuinatio & Prophetia, quàm tanto studio sectabantur Ægyptij, vt postea dicetur; vt mirum videri non debeat à Plotino dictum, intellectum contemplantis hominis, quamuis videatur esse in Oriente, tamen ea conspicere posse quæ fiunt in Occidente; & cùm sit in vno loco, mirificè operari posse in alio plurimùm distante, ac insuper sua cognitione alios mouere; homo enim tùm verè contemplatur, cùm iungitur cum suo principio, in eoque per animam reperitur, in quo non distant, sed eminenter iuncta sunt ea, quæ apud nos distare videntur, adeo vt per causas ea videat, quæ alijs in effectis conspicere vix datum est.

Materiam
duplicem
inesse rebus
putabant
Veteres.

Ex hac mirabili rerum inferiorum cum medijs & supremis connexu, Ideatorumque ad Ideam Idearum conuersione, veteres Sapientes deducebant, duplicem singulis Entium gradibus inesse rationem; vnam visibilem, inuisibilem alteram; visibile autem ab inuisibili procedere tanquam

quam à generante generatum; atque hoc posito, ab externo veram interni fabricam, id est, Mundi maioris & minoris veram anotomiam concludebant. Nam terreum hoc corpus sensibile, non est (vti ipsi putant) propriè elementum, sed corpus elementi; propriè autem dictum elementum est vita & spiritus, in quo astra seu inuisibiles rerum virtutes, & spermaticæ rationes latent, quibus omnia, vnumquodque iuxta speciem suam, producuntur. Hoc pacto vniuersa vegetabilis naturæ soboles nihil aliud est, quàm fructus inuisibiles elementi; astrorumque, siue inuisibilium virtutum, quæ sub corporibus sensibilibus veluti animæ sub corporibus latent, fructus sunt; habent enim singuli fructus sua semina & astra insensibilia, ex quibus immediatè producuntur. Pari ratione aqua non ex elemento corporeo, sed ex interno suo & astrali elemento omnes producit in terrestris Mundi matrice mineralium corporum fœtus. Aëreum elementum ex interno & astrali suo elemento tanquam vitæ balsamo, omibus vitam largitur & consistentiam, vtpote sine quo nihil subsistere possit. Igneum elementum ex interno suo & astrali elemento, omnibus reliquis Mundialibus corporibus lucem & calorem confert. Nam vti Ægyptij loquuntur, sicuti terra profert ex suo interno elemento folia, flores, & fructus; ita elementum igneum, ex suo interno elemento produxit in natura rerum, in firmamento, cœterisque Cœlis astra sensibilia. Atque hinc emanarunt catenæ illæ heracleoticæ, quibus omnia ad vnam aliquam ex diuinis virtutibus pertinenta referunt; de quibus cum susissimè tùm in Cabala, tùm in Medicina Hieroglyphica, disseruerimus, ea hoc loco minimè repetenda duxi; quare eò Lectorem remittimus. Ex hac pariter Idealium rationum connexione deducebant, quomodo vniuersum Mundum vel in minimam petram contrahere possent; ijsdem prorsus, quibus vniuersum pollet, viribus, proprietatibusq; ditatam; de quo vide Alchimiam Ægyptiorum; & de magicis telesmatis, Astrologiam hieroglyphicam consule.

Vegetabilia fructus inuisibiles elementi

Elementata ex internis elementis profecta.

Catenæ heracleoticæ vnde originem ducant.

§ III.

De Theurgico seu Magico sensu, quo Sacerdotes in hac Isiaca tabula sacrificiorum instituendorum rationem, rituum adhæc cœremoniarumque dispositionem per occultum symbolorum contextum exhibebant.

Sensus theurgicus seu magicus eorum, quæ in Tab. Bembina continentur.

Magnum quid & ineffabile sub recta & illibata sacrificiorum exhibitione latere putabant prisci Sacerdotes; vnde si vel vnicam ex ritibus cœremoniam non rectè peragerent, totum theurgicum opus in irritum labi certò sibi persuadebant, teste Iamblicho. Hinc tanta in sacrificijs rectè & legitimè instituendis, cura, tanta animæ corporisque dispositio, tantæ purificationes, lustrationes, expiationes. Cùm enim sacrificia magnam, imò necessariam cum ordinibus rerum, Deorumque ca-

Sacrificiorum ritè peractorum vis iuxta Veteres.

Iamblichus.

Sacrificatui ad quid attenderint.

catenis dependentiam connexionemq; habere cognoscerent; certè non aliâ ratione magis votorum suorum se compotes futuros rebantur, quàm si ad exemplaria singulorum ordinum, idealesque rationes sua sacra instituerent. Nôrant etiam, primos Hieromantas diuino quodam furore raptos, ea tali ordine, talibusque mysterijs adornata adinuenisse, vt ipsæ primæ rerum ideæ mystico symbolorum contextu exhibitæ, opus faciendum connotarent. Quæ omnia in hac Mensa Isiaca ob oculos ponebant in adytis sacrificantium, vt ex eâ singulorum Deorum rationes discerent, & iuxta præscriptas leges sacrificia peragerent. Quoniam enim singuli Deorum ordines suis symbolis, gestibus, habitibus, ornamentis, quibus vniuscuiusque naturam, proprietatem, actionem exprimerent, instituti essent; hinc æquum iudicabatur, analogico & prorsus simili rerum habitu, in conspectu Deorum, dum sacra faciebant, comparere, vt tandem, quod prætenderent, consequerentur, hoc symbolico apparatu, quo nihil potentius, nihil efficacius, nihil ad Deos Geniosque attrahendos vehementius esse posse credebant: gaudent enim superiora inferioribus, tanquam causæ effectibus suis; gaudent inferiora superioribus, tanquam ijs, à quibus vnicè dependent, quorumque influxibus substant; de quibus cùm amplissimè in præcedentibus Classium argumentis egerimus, eò Lectorem remittimus. Mystæ itaque adyta sua, quæ loca¹ erant recondita, & ab omni humano consortio semota, eâ industriâ constituebant, vt nihil ferè esset in rerum natura, quod ibi non contineretur: Et primò quidem pauimentum inferioris seu hylæi Mundi œconomiam, symbolico ei conueniente apparatu, vtpote ex omni mineralium lapidumque generibus adornato, riuulisque fœcundo, exhibebat; parietes Siderei Mundi symbolis exprimebantur; Tholus genialis Mundi rationem exhibebat; in cuius medio ara posita, veluti centrum referebat emanationum supremæ Mentis; quæ deinde in omnium Mundorum peripheriam diffundebantur; atque adeo adyta nihil aliud quàm vniuersas Mundorum series repræsentabant, ad quorum notitiam nemo aptus censebatur, nisi qui relictis sensibus, rerumque caducarum cura deposita, totum se intra se reciperet; quod adyta ipsa reconditis suis recessibus notabant. In sacrificijs itaque simili, quo Deos referebant, habitu comparebant. Corpora figurarum seminuda & macilenta docebant, Sacerdotes nudos ab omni sensibilium rerû cura esse debere, abstinentiæq;, quâ concupiscentia voluptatum refrænatur, deditos. Verenda tecta tenent, ad animi corporisque puritatem, quâ instructos esse oportebat, indicandam. Capita velata habent, ad indicandum terrenarum rerum curam, quæ pilis inutilibus corporis excrementis notabatur, prorsus repudiandam, vnde & Sacerdotes rasos esse oportebat. Tutulos in capite gerebant, floribus, pennis, serpentibus, stellis, animalibus, flammis, circulis, vasis, alijsque similibus, quibus Geniorum proprietates, & ideales rationes exprimuntur, compactos; quos in sacrificijs pariter imitabantur Sacerdotes, illisque notabatur, Sacerdotem continuò supernas Deorum ideas, quæ per tutulos notantur, speculari debere; hoc enim facto, se in eam intelligentiam,

SYNTAGMA I. MENSA ISIACA.

tiam, quàm continuò mente voluebant, transformari, eidemque vniri, & quodammodo identificari sibi persuadebant; vnitos verò, & iam consortio Deorum adscriptos, omnem se felicitatis metam θεομόρφως attigisse rebantur. Exempli gratia; ad Mundi trahendam animam spiritumque Vniuersi, coram imagine e symbolorum apparatu adornata, quem solium in medio tabulæ & asseclis eius exhibet, sacra faciebant; & sic operationum similitudine, hymnorumque analogicè concinnatorum, animam Mundi infallibiliter se trahere posse, ad id, quod volebant, arbitrabantur; & sic de cœteris tabulæ regionibus, Deorumque simulachris statuebant. Hinc ex vniuersis mundialium rerum seriebus eas tantùm ad eum Deum trahendum aptas asserebant, quem res singulæ sub dictis seriebus exprimebant. Cùm enim hæc omnia sub idea, quam respiciebant, inuoluta & complicata laterent, ex necessitate naturæ Genios ijs rebus, quæ ipsis analogæ forent, tractos se sistere posse putabant; vt vel hinc Oraculorum scientiam, originem suam sumpsisse luculenter pateat, vt alibi dictum fuit; non secus ac chorda tacta, consimiles & æquisonas mouet & incitat, tametsi intactas. Præterea ideam quam res congestæ exprimebant, dum contemplarentur, mens eorum Ideæ principi connectebatur, & per vnionem intellectualem Deiformis reddita, omnia in prima Idearum Idea cognoscebat; vnde in animis eorum nascebatur, vti putabant, prophetia & diuinatio, quâ de futurarum rerum euentibus, dissitorumque locorum successibus, malisque impendentibus, determinatum iudicium se dare posse credebant. Cùm enim in Mente suprema omnia sint simul & indistantia, futuraque tanquam præsentia sint; necessarium fore iudicabant, vt mox ac mens seu humanus intellectus in supremæ Mentis intellectusque contemplatione absorberetur, consequenter per hanc Deificam vnionem omnium futurorum scientiam adipisci posset. Præterea omnia in tabula expressa simulachra nihil aliud erant, quàm amuleta, seu prophylactica quædam periapta, quæ dicto analogico rerum apparatu mox vt essent consecrata, superiorum Potestatum, quas referebant, virtutem in eadem ineuitabili quâdam necessitate deriuari; ijsque omnes malorum occursus, Geniorum, quos notabant, subsidio auerti, credebant; de quibus cùm curiosè in Magia & Theologia hieroglyphica, ex omnigena authoritate actum sit, eò Lectorem remittimus. In occultorum morborum cura magnæ huiusmodi magica schemata efficaciæ & virtutis esse putabant; Genij enim quibus sacra dictis ritibus & cœremonijs persoluebant, putabantur ijs præuiâ dispositione expiatis in somno apparere, & de medela morborum edocere eos; quemadmodum de Epie sacro Scriba narrat Astrampsychus. Hic Isin de morbo incurabili consulens, noctu eandem astantem vidit, cornibus bouinis, tutulo florigero, veste variegatâ, eo prorsus modo, quo eam hieroglyphicè adornatam in adytis ponebant spectabilem; manibus ipsi Motmutin herbam, morbi quem patiebatur vnicum medicamentum offerebat; quam à somno vigil cùm inuenisset, & se, & quotquot eo morbo infectabantur, eius applicatione à manifesto mortis periculo liberauit. Hoc eodem pacto, de omnibus difficultatibus & dubijs Deos confulebant, per fimulachra myftico ritu adornata, quorum Ideas intentâ mente dum contemplarentur, per varia figna, nutus, geftus, de veritate vel falfitate, vel in fomno, vel mentis raptu fe commonefieri credebant. Vide de his plura in Medicina & Magia hieroglyphica. Hinc nullus ferè, qui non huiufmodi icunculas fecum geftaret, reperiebatur; de quibus in fequentibus fufiùs. In quibus tamen femper ferè Dæmon occultâ fraude ad animas huiufmodi cultu fuperftitiofo illaqueandas fe immifcebat; vnde meritò huiufmodi ab Ecclefia tanquam Diabolicæ artis illufiones prohibentur, & damnantur.

§. IV.

De fignificatione minuti characteris hieroglyphica, quem fimulachra paſſim appofitum habent; quoque interiores duo limbi infcripti confpiciuntur.

Characterū minutorum hieroglyphicorum tab. Bemb. fignificatio.

IN hac tabula fingulis ferè fimulachris adfcripti videntur minuti quidam characteres hieroglyphici; quibus & medius tabulæ mediæ regionis ambitus G H I K fignatur; de quibus hoc loco agendum eft, nè quicquam in huius menfæ expofitione Lectorem curiofum celaffe videamur. Notandum itaque, quod & alibi innuimus, characteribus Ægyptijs ita fuiffe comparatum, vt non more Græcorum, vel Latinorum, fenfum latentem per literarum contextum exhibuerint; fed abfconditum fuiffe fub ijs Idealem quendam conceptum, vt mox ac intuerentur vnum ex ijs, in abditæ fignificationis notitiam venirent; vt fi Accipitris figura occurreret, de abditis Solaris Numinis proprietatibus, ex infitis huius volucris facultatibus, omiffo vlteriori difcurfu, iudicium formarent, vt in proprio Accipitris Hierogrammatifmo docuimus. Notandum fecundò, hos characteres ex omnibus rebus, quorum vfus in facris erat, fuiffe affumptos, tanquam Deorum recondita fymbola: vti enim analogas Mundorum catenas, refpiciebant, ijfque connectebantur, ita magnam quoque ad Deos follicitandos, vim & efficaciam in Theurgica operatione continere credebantur. Et primò quidem vfus eorum fuit, in dictis Idealium notionum conceptibus formandis; fecundò, in amuletis fabricandis, quæ fimilibus characteribus paffim infignita fpectamus, vt in fequentibus aperiemus; tertiò, loco hymnorum & adiurationum erant, quibus Numen aliquod certum follicitabant; atque huiufmodi hymnos feu adiurationes fignificant minuti illi characteres, quos omnibus ferè fimulachris appofitos vides. Exempli gratia, prima fig. fuperioris regionis tabulæ fignata lit. P. duplicem minutorum characterum ordinem appofitum habet, quorum prior

Characteres hieroglyphici conceptuum notæ.

Characteres hieroglyphici ex omnibus ad facrificia fpectantibus affumpti. Characterum hieroglyphicorum vfus varij.

figna-

SYNTAGMA I. MENSA ISIACA. 159

signatus litera Q, sacræ tabulæ inclusus amuletum notat, quo ad Numina Mendesia propitianda vtebantur. Secunda inscriptio signata litera R, hos characteres; quorum primus tænias Osiridis, secundus Cœlum, tertius Canopicum vas, quartus hemicyclum, quintus Serpentem, sextus volucrem in vase Nilotico, significant: quorum sensus est; *Varietas operationum Solis & Lunæ ex cœlesti Mundo descendit in humidam Canubi substantiam, quo influxu in inferiori Mundo vita datur, & hanc adaptat disponitque Genius Niloticus ad fœcunditatem rerum.* Hunc autem Sacerdotes Ammonio choro sacrificaturi verbis hoc modo conceptis pronunciabant: *Per tænias Osiridis cœlestis, per motum Canub, per Ophioniam vim, per sacrum Nili Accipitrem, te adiuramus, vt hoc vel illud nobis concedas.* Deinde illa eadem lapidi cuipiam appropriato, aut idolo, aut alteri cuipiam materiæ inscribebant, cuius amuleti gestatione, Dæmonem inuocatum propitium se habere, Magicâ superstitione sibi persuadebant. Quòd verò Ægyptij per characteres, Orpheus eorum discipulus passim suis in hymnis obseruauit; qui postquam Deorum virtutes longo discursu descripsit, tandem in fine precatoriam formam adiungit, hisce & similibus conceptis verbis: Ἀλλὰ θεὰν λίτομαι σεμνὴν βασίλισσαν ἐλθεῖν ϛώπηϛιν ἐπ' ἱερῷ τῷ μυϛῇ. Plurimùm enim hymnis tota tribuebat antiquitas, tanquam vnico ad Deos quà placandos, quà sollicitandos, incitamento. Atque tales exhibuisse minutos hosce hieroglyphicos characteres fusiùs explicarem, si Operis augmentum quouis modo id permitteret; ad singula enim horum symbolorum significata authoritatibus comprobanda necessarium foret, nouum Opus condere. Nè itaque Lector tanta rerum multitudine confundatur, harum significationes hoc loco non tam explicare, quàm indigitare visum fuit. Accedit, quòd consultò singula non explicem; cùm enim occultas Dæmonum adiurationes & inuocationes implicatas haberent, tenebris quàm luce digniora existimaui, nè incauto Lectori priscæ Magiæ addiscendæ occasionem dare videri possim.

Sed antequam hoc præsens argumentum concludam, aliud non minùs consideratione dignum in præsenti tabula occurrit; & est limbus interior, medius inter supremum limbum varietate figurarum insignem, quem iam explicauimus, & inter tres regiones interiores quas terminat, ambitu mysterioso spectabilis; vbi vides varijs ductibus more Scriptorum innexas iam florum, modò stellarum, paulò post vultuum variorum imagines; vbi inter cœtera apparet caput Serapidis cum modio in capite, quod paulò post mediantibus floribus & stellulis sequitur caput Isidis, seu Pantamorphæ naturæ, eo prorsùs modo, quo in binis columnis mediæ regionis M & H infra boues expressa spectantur; & hoc ordine in circuitu limbi identidem repetuntur. Quæritur itaque, vtrum hic limbus ornatûs tantùm causa, an ad aliquid sublimius significandum institutus sit? Respondeo, Ægyptiorum ingenio ita comparatum fuisse, vt nihil, quantumuis etiam exiguum, mysterijs carere voluerint; & ex dicto limbo patet:

tet: qui tametsi ornamenti tantùm gratia appositus videatur, habuit nihilominus & is occultam quandam ad Theolophiam characteristicam, inter quam mediat, allusionem, dum videlicet ductibus illis, quibus principalia Deorum simulachra innectuntur, tacitis veluti quibusdam signis innuunt, à suprema Pantamorpha Mente vsque ad vltimum Serapidem, Osirin videlicet subterraneum, quem Plutonem diximus, omnes Mundorum intermediorum series mirâ quâdam concatenatione necti, atque eâ ratione aptari, vt à primo omnium Numine, ad vltimum vsque per intermedia, influxus agentium ac patientium similitudine expressi, miro quodam ordine in vniuersas Mundorum semitas diffundantur; atque adeo nihil sit, quod non vitæ, motus, actionisq; suæ principia à tam benefica & necessaria diffusione participet. Habes itaque propositi limbi, non tam ornamenti, quàm mysteriosæ significationis typo expressam interpretationem. Nihil igitur restat, nisi vt Isiacæ tabulæ expositione peractâ, iam pari passu, ausuque, Obeliscorum enodationem, cum bono Deo, ordiamur.

FINIS EXPOSITIONIS TABVLÆ ISIACÆ.

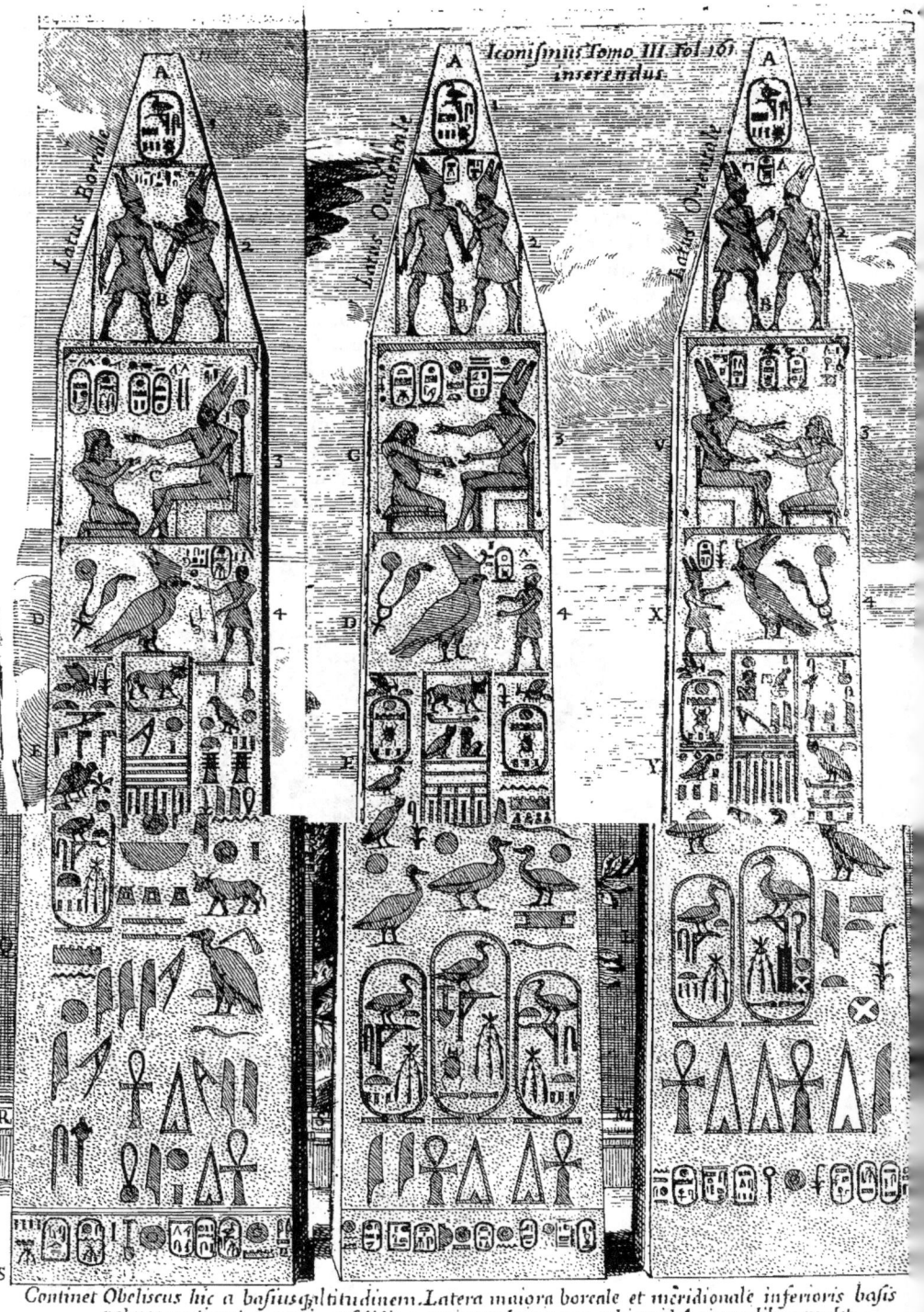

Continet Obeliscus hic a basi usq; altitudinem. Latera maiora boreale et meridionale inferioris basis palmos continent 13 1/2 unius et soliditas continet palmos 15129 cubicos id est 1031029 libras pendet.

SYNTAGMA II.
OBELISCVS RAMESSAEVS,
SIVE LATERANENSIS.

POTENTISSIMO, ET INVICTISSIMO
FERDINANDO III.
Romanorum Imperatori semper Augusto,
Iusto, Pio, Felici.

BELISCVM omnium maximum nulli meliori iure, quàm TIBI, SAPIENTISSIME CAESAR, Regum maximo, inscribendum duxi. Hoc saxeum trophæum alij ante Te Monarchæ, Regiæ veluti quoddam magnificentiæ symbolum, erexerunt quidem; at Tu illud post tot sæcula, ex saxo tandem barbaro fecisti humanum, ex muto eloquens; mortuo reddidisti vitam, dum Tua munificentia, quod conditum in eo, aperuisti; quod inaccessum prius, reserasti; quod tenebris inuolutum, elucidasti. Summo itaque merito Tuo præ cœteris digniori, nouus hic erigitur Obeliscus, posteris quidem ad exemplum, Tibi ad nunquam intermoriturum Augusti nominis Tui honorem & gloriam.

SYNTAGMA II.
Obeliscus Ramessæus, siue Lateranensis.

PRAEFATIO.

V M *in Obelisco Pamphilio de Obeliscorum figura, mysterijs, proportione, mensura, cæterisque proprietatibus fusè actum sit; nihil amplius hoc loco restare videtur, nisi, vt primò singulorum ibidem propositorum historiam; deinde quoque eorundem mysteria & arcanas significationes exponamus; quod in hoc Syntagmate nos facturos pollicemur. DEVS Opt. Max.* adsit ausibus nostris, & cœpta secundet.

CAPVT I.

Historica relatio Obelisci Ramessæi siue Lateranensis.

<small>Obelisci Ramessæi historia.</small>

Nno post diluuium 1097, ante humani generis salutem 1297, surrexit in Ægypto Rex Ramesses Sothis filius, qui patris secutus exemplum cùm plures Obeliscos erexisset, neque sibi satisfactum esset, dignas tanto Rege cogitationes alto fouens pectore, animum adiecit ad erigendum alium, omnium, siue mysticas rationes, siue molis vastitatem spectes, & mysteriosissimum, & maximum eorum, qui vnquam in Ægypto constituti fuerunt. In cuius excisione, elaboratione, erectione viginti millia hominum laborasse feruntur. Et quoniam verebatur, nè in erectione tanta moles summo pondere frangeretur, proprium filium suum acumini alligari curauit, vt Architecti reuerentiâ filij, eiusque conseruandi amore instimulati cautiùs circumspectiùsque tanti momenti opus peragerent. ita Plinius l. 36. c. 8. De huius Regis vita, moribusque abundè tractatur in Obelisco Pamphilio.

<small>Ramesses Sothis filius erigit Obeliscum omniū maximum.

Ramessæo Obelisco erigendo 20000 hominum operam impendunt. Ramesses alligat filium acumini Obelisci. Plinius.</small>

Atque hæc quidem prima fuit Obelisci Ramessæi erectio, quæ facta fuit Thebis in templo Solis, in quo permansit vsque ad tempus, quo Constantinus Magnus Orbi illuxit.

<small>Constantinus M. Constantinopoli circū fabricatur.</small>

Anno itaque post Christum 334 Constantinus Magnus Cæsar, animi magnitudine, quâ pollebat, impulsus, cùm Vrbem Byzantinam, à nomine suo deinde dictam Constantinopolim, Romæ in omnibus, siue magnitudinis, siue mirandorum operum, quæ in ea spectabantur, magnificentiam & maiestatem spectes, prorsus similem moliretur; inter alia memoranda Circum quoque, ad Romani Circi Maximi exemplar fabricare constituit; quod & perfecit. Cùm verò omnes Romani Circi Obeliscis suis adornarentur; nè & suo illi nouiter constructo Circo deforet suus, in Ægyptum Architectos propediem misit, vt quos reperirent melioris no-

<small>Constantinus M. mittit in Ægyptum ad quærendum Obeliscum.</small>

tæ

tæ Obeliscos, Constantinopolim nouam suam Romam adducerent. Verùm cùm prædecessores Cæsares, Augustus, Caius Caligula, Caracalla, iam maiores omnes & integriores Romam adduxissent, sibique inutiles, & temporis diuturnitate corrosos, vti & minores superesse viderent; penè conclamato negotio dum perplexi hærent, tandem ab indigenis antiquitatum peritis certiores fiunt, Thebis vnum adhuc, omnium, quotquot in Ægypto facti essent, maximum, in templo Solis constitutum, superesse; cui vel summus Cambysis furor, reliquis omnibus igne deprauatis, vni pepercerat: dum enim Vrbem expugnaret, atque incenderet, ventumque esset incendium ad crepidines Obelisci, extingui iussit ignem, molis reuerentiâ, qui Vrbis nullam habuerat. Hic Obeliscus, tùm à Ptolomæis, tùm ab ipsis Romanis, siue ob religionem, siue ob inauspicatum, quod inde sibi adsciscere verebantur, augurium scruatus, integer illæsusque permanserat; verùm Constantinus nouâ fidei luce imbutus, & diuinæ gloriæ zelo ardens, Ethnicæ religionis superstitiones nihili ducens, eum loco suo auulsum Alexandriam, tanquam opportunum gloriæ suæ monumentum futurum, deportari curauit, hinc opportunè Constantinopolim mox deferendum, vbi nauis tantæ molis deuehendæ capax construeretur. Verùm vti humanarum rerum dispositiones sunt incertæ, ita Constantinus quoque morte præuentus, in executionem, quod conceperat opus, deducere non potuit.

<small>Ramessæus Obeliscus à Cambyse liberatus ab incendio.</small>

<small>Constantinus M. curat deferri Obeliscu Ramassæum Alexandriam</small>

Distributis itaque tribus suis filijs Imperio Romano, Constantino Italia, Illyricum, & Africa; Constanti Gallia, Hispania, Britannia; Constantio Asia, Thracia, & Ægyptus obtigit. Constantinus tertio Imperij sui anno occisus Aquilegiæ, fratrem Constantem Regni reliquit successorem. Sed & ipso à Magnentio ad Pyrenæos montes interempto, Constantius ad vindicandam mortem fratrum suorum, coacto exercitu Magnentium adortus ita vicit & prostrauit, vt is omnibus amissis, & desperatione actus, sibiipsi vim inferens decesserit. Constantius itaque tam solenni victoriâ elatus, subiugatisque hostibus cùm totum Romanum Imperium sui iuris fecisset, Mediolanum contendit, vbi aliquantisper moratus Romam, quam nunquam viderat, adeundi magno ardebat desiderio. Quam & summâ pompâ ac magnificentiâ ingressus, cùm Vrbem tot palatiorum, templorum, porticuum, thermarum, amphitheatrorum, circorum, fontiumque monumentis decoram & splendidam contemplatus fuisset, omniaque fama maiora reperisset; admiratione tantorum operum attonitus, nonnullum magnificentiæ quoque, in signum adeptæ victoriæ, primique sui in Vrbem aduentus, monumentum in eadem relinquendi accendebatur desiderio. Consilijs itaque vltro citroq; initis, in mentem venit relictus à Constantino patre Obeliscus in Constantinopolitanæ vrbis ornamentum Thebis auectus; qui cùm omnibus Romanis Obeliscis maior & integrior æstimaretur, æquum videbatur, vt quem nulla Augusti Cæsaris, reliquorumque Romanorum Imperatorum potentia loco mouere potuisset, eum Romam conductum excelsus Constantij animus & potentiæ magnitudo erigeret. Itaque intentione suâ

<small>Constantius Imperator Romā venit.</small>

<small>Obeliscum Ramessæum Alexandriæ relictum deportari iubet Romam.</small>

cum

CAP. I. 164 OEDIPI ÆGYPTIACI THEAT. HIEROGL.

cum Architectis communicata conclusum fuit, vt quantocyùs Romam conduceretur. Quapropter summâ celeritate nauem illam omnibus seculis memorandam, & trecentis remis instructam, tantæ molis conductricem fabricati, impositum onus ad portum Romanum Ostio Tyberino adiacentem summâ felicitate conduxerunt. Illinc per Tyberim ad vicum vsque Alexandri delatum, hinc verò curribus scytalisque impositum onus, tandem infinitâ hominum multitudine in Circum maximum fuit promotum; vbi deposito Obelisco ab Augusto erecto, qui in medio Circi ab eodem statutus fuerat, in eius locum suum erexit Constantius; depositum verò Augusti Obeliscum, spacio trium passuum remotum denuò erexit, vt tantò Constantius Augusto potentior, quantò Obeliscus Obelisco eminentior vnum cum altero comparanti demonstraretur. Verùm de operosâ huius Obelisci erectione, de hominum, machinarumque multitudine vide Ammianum Marcellinum l. 17. quem ad longum allegamus in Obelisco Pamphilio fol. 84. Partium huius Obelisci in Circo maximo erecti symmetria, quemadmodum ex dimensione Michaëlis Mereati pater, qui eum tempore Sixti V. quo detectus fuit, exactè dimensus est, sic se habet. Supra pauimentum Circi maximi, fundamento priùs iacto, basis sternebatur, & supra hanc abacus ex marmore candido; qui vnà cum base decem palmorum à pauimento altitudinem obtinebat; supra quem alius abacus ex pyrite variegato imponebatur, forma cubi, latior tamen aliquantulum, ad altitudinem comparatus; videlicet altitudinem $13\frac{1}{4}$, 16 verò palmorum latitudinem habebat, ex sex frustis compositus, cùm integrum tantæ magnitudinis frustum non suppeteret; sequebantur supra hanc cubicam basin, quatuor sustentacula, quos Astragalos vocant, ex metallo fusa, $1\frac{1}{4}$ palm. alta, in quatuor angulis hinc inde disposita, quibus tota Obelisci moles innitebatur; cuius mensura ea est, quæ sequitur.

Obeliscus erigitur in Circo Maximo.

Mensuræ Obelisci Ramessei eiusque partium.

Abacus 1. ex marmore candido.
Abacus 2. ex pyrite.

Astragali.

Totius Obelisci altitudo.

Totius Obelisci longitudo exactè dimensa continebat 148 palmos; quibus si astragalos, & abacos, basesque adijciamus, comperiemus totum Obeliscum à terra vsque ad fastigium, tempore Constantij fuisse palmorum circiter $173\frac{1}{4}$, qui resoluti in pedes dant 132; & tantam quoque totius altitudinem molis fuisse Pub. Victor docet. Obelisco pila aurea imposita fuisse fertur, quâ fulmine deiectâ, in eius locum posteà à Constantio figura ex metallo inaurato, in formam flammæ versatilis substituta fuit. In basi continebantur 24 versus Hexametri, in singulis lateribus sex, quos cùm in Obelisco Pamphilio produxerimus, data opera eos hìc omittendos duxi.

Obeliscus Rameseus à Gothis prosternitur.

Hic itaque Obeliscus Constantij, Gothorum immanitate prostratus, vti ponderis magnitudine intra paludosum solum ad 24 palmorum profunditatem subsedit, ita quoque ab hominum & oculis & memoria vsque ad Sixti V. Pontificis tempora adeò euanuit, vt non, nisi obscura quædam ex Historicis indicia, hoc in loco eum constitisse, testimonium dederint.

Ita-

SYNTAGMA II. OBEL. RAMESSÆVS. 165 CAP. I.

Itaque Sixtus V. Pontifex incredibili animi magnitudine præditus, cùm magnis rebus ex insito sibi ingenio gerendis animo æstuaret, Romamque pristino suo splendori restituere aggrederetur, post multa & stupenda monumenta ferè intra paucos annos in Vrbe relicta, tandem vti ad Obeliscorum omnium, ita & ad huius quoque, quem alicubi in Circo maximo terrâ obrutum latere ex antiquarum rerum peritis cognouerat, erectionem animum adiecit; itaq; vt quæreretur sine mora, Architectis præcepit. Paratum fuit in hunc finem primò ferrum longissimum, acutissimumque ad instar prægrandis subulæ, quo paludoso solo infixo, ex renisu ferri de latente Obelisco iudicium formaretur. Tentatum negotium, præter opinionem omnium feliciorem successum sortitum est: nam intra pauxillum temporis, ferri ope deprehensus Obeliscus, mox terrâ erutâ, magnâ hominum multitudine se noctu diuque impigrè applicante, detectus fuit, in tria frusta diffractus: qui tamen ob subterranearum aquarum redundantiam, paludosíque soli inconstantiam meritò summum Architecto metum rei feliciter gerendæ intulit; summâ tamen eius industriâ, & validâ operariorum manu, quorum pars terrâ eruendâ, pars aquarum diluuijs exhauriendis, pars denique Obelisco per ergatas attollendo continuò occupabatur, factum est, vt Obeliscus tandem per partes erutus lucem viderit; adeoque non minorum eum eruisse, quàm erexisse sumptuum laborisque opus fuit. Primum fragmentum erat $65\frac{1}{2}$ secundum $43\frac{1}{2}$, tertium simul cum pyramidio 39. palmorum fuit, quæ addita dant Obelisci altitudinem 148 palmorum. Basis Obelisci suiipsius ruinâ detrita, mutilata, & summè corrupta, cùm tantæ moli sustinendæ vix sufficere posset, hinc ad quatuor palmorum longitudinem, eum resecare oportuit, vt basis haberetur ei fulciendo apta. Vnde Obeliscus decurtatus, minorem à priori altitudinem sortitus est, quam & in hunc diem retinet 144. palmorum. Obelisco itaque eo, quo dixi, labore eruto, non minor eum in Campum Lateranensem peruehendi, ob cliuosam viæ longitudinis 1050 perticarum constitutionem, labor superfuit; omni tamen difficultate euicta in locum constitutum conductus fuit; vbi erectus, in hunc vsque diem perseuerat, eâ figurâ, formâ, dispositione, prout in Iconismo hic apposito patet; cuius mensuræ epilogismus est, qui sequitur.

A Sixto V. P. M inquiritur & inuenitur in Circo maximo.

Eruitur diffractus in tria frusta.

Singulorum fragmentorû magnitudo.

Obeliscus Ramesseus decurtatur 4. palmos.

Erigitur que in Campo Lateranensi.

Epilogismus Symmetriæ Obelisci Ramesszi.

Obeliscus à basi ad pyramidium, sublatis primò quatuor palmis ex longitudine, habet altitudinem	130 palmorum.
Pyramidium verò	14 palmorum.
Obeliscus totus à basi vsque ad vltimum fastigij punctum	144 palmorum.
Obeliscus à terræ planitie vsque ad vltimum fastigium	182 palmorum.

Symmetriæ Obelisci Ramesszi epilogismus. Obelisci Ramesszi altitudo.

Lati-

Latitudo sic se habet;

Duo latera basis maiora sibi opposita latitudinem habent 13 1/2 palm.
Duo latera basis minora sibi opposita latitudinem habent 12 1/3 palm.
Duo basis pyramidij latera maiora sibi opposita latitudinem habent   9 1/4 palm.
Duo basis pyramidij latera minora sibi opposita latitudi-   7 3/4 palm.
Totus Obeliscus continet palmos cubicos siue solidos 15129, qui pendent 1310094 libras. Et hoc est pondus molis totius Obelisci.

Atque hic est Obeliscus ille tot Scriptorum elogijs celebratus, cuius antiquam à Constantio factam inscriptionem in Obelisco Pamphilio protulimus; quare nihil restat, nisi vt & modernas inscriptiones, quas ibi omisimus, hic apponamus.

Inscriptiones Obelisci factæ à Sixto V. Pont. Max.

In facie Australi, quæ Porticum Ecclesiæ S. Ioannis respicit, hæc ponitur inscriptio.

CONSTANTINVS
PER CRVCEM
VICTOR,
A S. SYLVESTRO HIC
BAPTIZATVS,
CRVCIS GLORIAM
PROPAGAVIT.

In facie Orientali, quæ respicit Scalas sanctas.

FL. CONSTANTIVS AVGVST.
CONSTANTINI AVG. FIL.
OBELISCVM A PATRE
LOCO SVO MOTVM,
DIVQVE ALEXANDRIÆ
IACENTEM,
TRECENTORVM REMIGVM
IMPOSITVM NAVI
MIRANDÆ VASTITATIS,
PER MARE, TYBERIMQVE

MA-

MAGNIS MOLIBVS
ROMAM CONVECTVM,
IN CIRCO MAX.
PONENDVM
S. P. Q. R. DD.

In facie Boreali, quæ viam ad S. Mariam Maiorem refpicit.

SIXTVS V. PONT. MAX.
OBELISCVM HVNC
SPECIE EXIMIA,
TEMPORVM CALAMITATE
FRACTVM, CIRCI MAX.
RVINIS HVMO LIMOQVE
ALTE DEMERSVM, MVLTO
IMPENSV EXTRAXIT,
HVNC IN LOCVM MAGNO LABORE
TRANSTVLIT,
FORMÆQVE PRISTINÆ
RESTITVTVM
CRVCI INVICTISSIMÆ
DICAVIT
A. M. DLXXXVIII. PONT. IV.

In facie Occidentali, quæ Hofpitale S. Ioannis refpicit.

FL. CONSTANTINVS
MAXIMVS AVG.
CHRISTIANÆ FIDEI
VINDEX ET ASSERTOR,
OBELISCVM AB ÆGYPTIO REGE
IMPVRO VOTO
SOLI DEDICATVM,
SEDIBVS AVVLSVM SVIS,
PER NILVM TRANSFERRI
ALEXANDRIAM IVSSIT,
VT NOVAM ROMAM
AB SE TVNC CONDITAM
EO DECORARET
MONVMENTO.

CAPVT II.

Obelisci Lateranensis interpretatio.

Argumentum Obelisci Lateranensis.

HErmes Trismegistus, vti iam in Politica Ægyptiorum ostendimus, non profanæ tantùm, sed & sacræ de Deorum cultu, doctrinæ institutor, cùm Regnum Ægypti necdum, vti in primordijs rerum vtplurimùm contingere solet, solidis ac firmis stabilitum legibus, nec vlla politica disciplina instructum comperiret; vti bono communi natus videbatur, ita seriò secum expendit, quomodo exactam viuendi formam Regno libero adhuc & summè dissoluto inducere posset. Quod quidem non nisi per saluberrimarum legum, quibus infrænis populi impetus, quasi repagulis quibusdam contineretur, conditionem fieri posse credidit. Cùm verò, quâ fuit summi ingenij perspicacitate, aduerteret, nullam legem, nisi ad archetypam in diuinæ Mentis Idea latentem ordinata & disposita fuerit, subsistere posse, neque diuina lex nisi per religiosam quandam, & ad omnem iustitiæ normam compositam vitam obtineri possit; sacram quandam atque oppidò mysteriosam doctrinam, quam & hieroglyphicam posteri dixerunt, summo studio, nec minori ingenij subtilitate elaboratam, teste Clemente Alexandr. 42 libris comprehensam, quibus vniuersa Politicæ & Philosophiæ Ægyptiacæ ratio continebatur, condidit. Verùm enim verò cùm humanam in legibus seruandis caducitatem probè nosset, vt conditarum à se legum perpetuos successores haberet, Sacerdotum hominum sagacissimorum, sapientiâque, ac longâ rerum experientiâ exercitatissimorum, quibus solis post mortem Regis, ad Regni successionem aditus foret, instituit Collegium, quibus legum normam tradidit, eosque iuramento adegit, nè præter ordinis sui homines, eandem vlli alteri communicarent; quibus & Regni Coadiutores in quinque Classes diuisos adiunxit; leges verò nè bellorum turbinibus, similibusque infelicibus Regnorum euentibus deperderentur, saxis incorruptibilibus ceu æternùm duraturis insculpsit; de quibus vide Tom. I. de Politica Ægyptiorum fol. 114.

Atque ex hisce Obeliscis hic Lateranensis vnus est à Ramesse erectus, qui à Patre Sothi Obeliscorum instauratore Sacerdotali doctrinâ instructus, ex libris Mercurialibus, quos apud Sothin superstites fuisse, in Obelisco Pamphilio ex Sozomeni, Eusebij, Africani, aliorumque authoritate probauimus, optima quæuis, quæ ad politica Regnorum, quà disponendorum, quà conseruandorum dictamina spectant, excerpta, vti maximi in rebus humanis momenti, ita maximo omnium qui facti sunt, Obeliscorum, veluti æternùm duratura insculpsit.

Exhibet itaque primò Obeliscus hic, quomodo politicus Mundus ad Mundi archetypi & siderei rationes ordinandus sit, vt subsistere possit,

Trismegistus condidit doctrinam hieroglyphicam.

Eamq; tradidit Sacerdotibus.

Prohibendo ne alios præter sui ordinis homines eam doceret.

Et saxis insculperent.

Ramesses Obeliscum maximum hieroglyphicis adornari iubet ad politicam spectantibus.

Obeliscus Ramesseus continet rationem ordinandi Mundi Politicum & Archetypum.

cùm

cùm nullum Regnum, aut Imperium, nisi in religione fundetur, consistere possit; Metum enim Deorum plurimùm ad subditos in officio continendos valere, nórant Ægyptij. Præterea vti archetypi Mundi Ideæ infallibiles sunt, & omnes iustitiæ partes nulli errori obnoxias ineffabili quâdam ratione complectuntur; ita humanas leges iuxta normam & immutabile exemplar primæ legis in Mente diuina existentis conditas infallibilem quoque effectum sortiri credebant. Supremum enim omnium Numinum Numen, dum Vniuersum tantâ legum æquitate gubernat, tantâ prouidentiâ disponit, tanto amore & beneuolentiâ conseruat, quid aliud nobis exhibet, nisi Monarchici status absolutisimū quoddam exemplar? Quid Genialis seu Angelicus Mundus, in tot Classes distributus, in tam varia munia & ministeria distinctus, tam admirabili ordinum dispositione conspicuus, in quo tametsi varij atque disparati dominij & subiectionis gradus sint, omnes tamen hoc vnicum satagere videntur, vt simul vnâ voluntate & scopo concatenati, in Vniuersi conseruationem conspirent; quid aliud nisi absolutissimum Aristocratici dominij exemplar, cuius tota felicitas vnio est & concordia Optimatum; stabilimentum eius, boni communis in singulis amor & cura? Quid denique sensibilis hæc Mundi machina ex astrorum orbitis, elementorumque corruptibilium mobili & instabili miscella composita, nisi democratici status formam exhibet, tanto periculiosiorem, quanto factiosorum hominum tumultibus magis expositam videmus?

Leges humanæ ad diuinæ legis normam conduræ vim habent.

Monarchici status exemplar Deus.

Aristocratici status exemplar Angeli.

Democratici status exemplar Mundus sensibilis.

Ægyptij itaque hæc attentiùs considerantes, illum non immeritò statum conseruationi aptiorem censuerunt, qui archetypæ Monarchiæ similior, & mutationibus minùs obnoxius foret; in qua Angelici Spiritus, vnius Monarchæ, summi rerum moderatoris nutui parent, horum verò singulæ rerum creatarum in hoc sensibili Mundo classes, absoluto & perfecto dominio subijciuntur; summo studio, vt ad hanc Monarchici status normam, veluti exemplar quoddam suam adornarent Monarchiam, sedulò incumbebant. In qua Rex Monarcha Numinis supremi loco architectonico quodam intellectu omnia moderabatur; Sacerdotes Optimates, siue politici Mundi Ciues, qui sunt Cantores, Horoscopi, Hierogrammatistæ, Stolistæ, & Prophetæ, veluti quintuplici ordine distribuebantur; populus verò, tametsi in varia munia distinctus, vni tamen Monarchæ arbitrio relinquebatur. Atque hæc omnia Obeliscus exhibet. His enim ritè adornatis, Regnum Ægyptiacum in sua pace & inconcussa felicitate perduraturum sibi persuadebant. Exhibent autem hæc omnia Ægyptij in Obelisco per duodecim columnas, quarum singula latera tres continent, quæ tribus supradictis Mundis competunt. Docetur in hoc, quomodo ad rationes archetypi intellectûs, Sacerdotes, quibus ad Regnum spes foret, inaugurari debeant; & quibus ritibus & cœremonijs consecrandi: deinde quomodo pantamorpha natura tribus Mundis sese insinuet, vnde vita & felicitas dictorum Mundorum resultat.

Monarchicū statum Ægyptii curant.

Monarchiæ Ægyptiacæ membra Rex, Sacerdotes, Populus.

Obelisci Ramessæi argumentum.

Proponitur autem hoc veluti prototypon quoddam, vt iuxta id leges

CAP. II.   170   OEDIPI AGYPT. THEAT. HIEROGL.

Ofiris, Ifis, Horus, Typho in Mundo politico quid.

ges Regno falutiferas condant; & intelligant, quâ ratione Ofiris & Ifis Typhoniæ ty, annidi refiftant, & Horus, vti & Ofiris à Typhone occifus, ad vitam renocentur. Per Ofirin intellectum architectonicum Regis indicant, per Ifin prudentiam, per Horum leges falutiferas, per Typhonem, omne Regno perturbando importunum intelligunt. Quocirca fi Reipublicæ ftatus quandoque à fuæ felicitatis faftigio per diffidia, & factioforum hominum perduelliumque proditiones ceciderit; quibus modis fimilia boni communis detrimenta præcauere debeant, aut quibus ritibus & cœremonijs præfides locorum Genij contra omnia aduerfitatum pericula, placandi fint, Obelifcus docet. Quemadmodum enim fu-

Rex omnibus fui Regni rebus adeffe debet.

premum Numen per polymorphum fpiritum omnibus fefe mundialis machinæ membris infinuat, diffidentia concordat, languidis & ferè defperatis rebus vitam largitur, omnia in omnibus eft; ita Rex per præfectorum à fe fuper fingulas Regni Prouincias conftitutorum curam & vigilantiam omnibus & fingulis per dictamina fubditorum Regis intellectui conformia, adeffe & ineffe debet. Hinc enim amor & concordia na-

Concordia regnorum vnde.

fcitur; hinc vnanimis ad quafcunque Regno obnoxias perduellium machinationes profligandas confpiratio, quæ eft falus & vnicum Regni fulcimentum. Fit tamen fubinde, vt ob iniquitatem & iniuftitiam Regis

Diffidia regnorū vnde.

commiffam fubditorum dictamina fint difformia, vnde mox Typhoniæ confpirationes bono communi contrariæ nafcuntur, quæ vti paulatim à lege fupremi Numinis recedunt, ita ruinæ & exitij Regni proxima quædam veluti profcænia funt. Præfides enim à fuprema Mente conftituti Genij, legis humanæ à diuina, difformitate abfterriti, mox commiffam fibi prouinciæ tutelam deferunt; & deleto in Principe diuini intellectus & voluntatis charactere, omnia fufque deque vertuntur; authoritas Principis erga fubditos deperit; quâ pereunte, quid aliud Regno, nifi

Ægyptij antè confultatio. nes Deos facrificijs placabant.

fumma confufio, defolatio, & rerum omnium ἀταξία fupererit? Hinc Ægyptij de rebus magni momenti confulturi, facrificijs priùs purgati, ritibufque ac cœremonijs præuijs Deorum Oracula, quid agendum, follicitabant. Nôrant enim leges à Deo hominibus infpirari, quod ampliffimè in fuis de legibus Dialogis deducit Plato ab Ægyptijs edoctus; fic

Plato.

Prouidentiæ Dei argumentum.

enim ex Trifmegifti ea de re traditis fermonibus ratiocinabantur. Si natura, quæ nihil aliud eft, quàm infimum diuinæ prouidentiæ inftrumentum, adeo prouidè incedere videtur, vt non feipfam ducat, fed ab ipfâ prouidentia ducatur, fines omnium, ordinefque & in feipfa præfcribat, & naturæ prout voluerit, infcribat; fi inquam, natura talis neque abundet fuperfluis, neque in rebus deficiat neceffarijs; certè diuinam prouidentiam in rebus neceffarijs nunquam defecturam in confeffo eft; necef-

Leges neceffariæ hominū focietatibus.

faria autem eft humano generi, aliter non potenti viuere, congregatio mutua; erit haud dubiè congregationi procul à lege fubitò perituræ, lex fummè neceffaria: at legibus diuina authoritas pariter neceffaria eft, ne vel negligentiâ obfolefcant, nec fraude & violentiâ confringantur; cui quidem diuinæ comparandæ authoritati, tùm fanctimoniâ vitæ, tùm pœnâ fupra humanas vitas formidandâ neceffaria fuit. Si enim diuina prouidentia

finsingulis elementorum, plantarum, animalium, membrorum vsibus necessaria prospexit; multò diligentius per prouidentiam animalium speciei diuinitatis quadantenus participi, in sanciendis legibus saluti hominum tantopere necessarijs, deesse non debuit. Nam vt rectè Plato dicit. *Nullus Princeps iustam Ciuitatis nauem quolibet turbine, procellis, & periculis innumeris agitatam, absq; cœlesti flamine ad portum vsq; perducere potest.* Deus ergo O.M. tùm occultis animarum inspirationibus, tùm miraculis manifestis, quoties necessitas exigit, & reuelat mysteria legum, & sancit palam atq; promulgat, tanquam legum exordium primum, & vltimus earundem finis; sine quo res humanas publicas, nec rectè componi posse, nec compositas durare, certum est. Hinc tanto studio legum Authorem in hoc præsenti Obelisco, quà ritibus, quà cœremonijs imitari, diuinumque cultum tam impensè curare student, vt in decursu interpretationis videbitur. Atque hæc est summa in hac Mercuriali columna contentorum. Nihil porrò restat, nisi vt difficillimi, atque perquàm ardui argumenti aleam cum bono Deo subeamus.

Plato.

Deus leges dat hominibus.

CAPVT III.

Nota ad Lectorem de interpretationis statuendæ ratione.

ORdimur tandem cum bono Deo Obeliscorum interpretationem, quorum gratia tanti operis molem & apparatum construximus. Et vt debitam in eo methodum seruemus, ab ijs inchoabimus, qui veterum Authorum monumentis summam famam consecuti sunt, cuiusmodi primo merito loco sese offert Obeliscus Lateranensis; in cuius interpretatione forsan in Aristarchos quosdam incurram, qui seuerioribus obelisme configent, vel ex hoc capite, quòd non omnia & singula suis authoritatibus fusè stabilierim. Sed non vereor morosorum hominum insolentiam, cùm eum, qui difficiles & inaccessos hosce adytus cognôrit, de difficultatibus Dei gratia superatis gratias debitas habiturum potius, quàm Authorem inscitiæ condemnaturum esse confidam. Est hic Obeliscus tot tamque obstrusis rebus refertus, vt si singula fusè deducere voluissem, Tomus ingens & vastus ad ea comprehendenda non suffecisset; quod tametsi, si temporis ratio permisisset, non mihi fuisset difficile, quia tamen futurum videbam, ex tanta Authoritatum coaceruatione, interpretationis filum ita intricari, ita confusum reddi, vt qui posteriora legerit, priorum connexum neutiquam sit percepturus, atque adeo tædio nimio à lectione verius alienari, quàm allici Lectores posse; ideo rebus maturè ponderatis consultius visum est, tantam rerum, quæ in hoc præsenti Obelisco continentur, farraginem succinctè & breuiter explicare, vt sic rerum in eo tractandarum connexio Lectoris animo sinceriùs sese ingereret, filumque non interruptum, rebus ordine dispositis, sine impedimento & perturbatione intellectum Lectoris dirigeret; quod in magna authoritatum coaceruatione ἀδύνατον esse videbam. Et cùm hieroglyphica sæpissime ea-

Interpretationis Obeliscorum ratio.

Ramessæi Obelisci interpretatio difficilis ob res obscurissimas quas continet.

Obelisci Ramessæi interpretandi ratio

eadem occurrant, satiùs ea statim in principio explicare, & authoritatibus congruis stabilire visum fuit, nè in interpretationis decursu eorundem comprobationem toties repetere cogeremur. Nè tamen ea pro libitu explicasse viderer, vbique ferè loca & authoritates tùm Obelisci Pamphilij, tùm præcedentium Tomorum, vbi proposita symbola exactè exposuimus, allegandas duxi; vt si rationis cuiuspiam symboli cognoscendi desiderium quempiam incederet, locum vbi id expositum sit, reperire possit; si quæ verò alibi non exposita symbola occurrerint, ea semper congruis adiunctis authoritatibus explicare & stabilire contendimus. Quod dum facimus, DEVM Opt. Max. luminis supremi datorem obnixè exoramus, vt ingenij nostri tenebras discutiat, in arduis adsit, vt quæ ad diuini nominis ipsius gloriam fieri posse cogitauimus, ea cum sperato fructu exhibeamus.

PRAELVSIO.

Qua nonnulla ad meliorem rerum in Obelisco tractandarum notitiam præmittuntur.

Oualis figura in Obelisco Ramesseo. Sacra tabula hieroglyphica

Occurrit sæpe sæpius in Obelisco præsente figura oualis, hoc quo vides hieroglyphicorum apparatu instructa; quam nos sacram tabulam appellare consueuimus. Erat autem sacra tabula certorum hieroglyphicorum complexus quidam, magnæ efficaciæ & virtutis, eò quòd eius vsu Numina non aliá meliori ratione, quàm hoc vel simili, conciliari posse sibi persuaderent. Erant autem huiusmodi tabulæ pro argumentorum, quibus Obelisci insigniebantur, diuersitate differentes. Et dicuntur sacræ tabulæ, eò quòd vt plurimùm ex Obeliscis excerptæ, separatis tabulis aut ligneis, aut lapideis in vsum prophylacticorum inciderentur. Sed quid præsens hoc ouatum schema sibi velit, aperiamus.

Ouatæ figuræ interpretatio.

Ponitur primò intus Ibis supra gnomonem seu normam, seu parastatam mechanicam, in Alpha literæ formam transformatam; huic adiungitur iam incuruus baculus, nunc vncinus, modò pala agricultoria; quibus subiungitur triplex ramus inuersus cum tribus terminis, loco quorum vtplurimùm ponitur figura Scarabæi, subinde etiam omittitur, vt in col. I. è regione O & P videtur. Quorum quidem Idealis sensus ita se habet.

Leges & scientiæ necessariæ ad regnorum conseruationem. Hermes cur gnomoni insistat.

Hermes seu Mercurius Agathodæmon Literarum, Arithmeticæ, Geometriæ, & Mechanicæ inuentor, partitionis anni in duodecim signa & menses Author, primus Ægypti Legislator. Sunt enim rerum memoratarum inuentiones ad Rempub. rectè beatèque administrandam cumprimis necessariæ, cùm Regna vt consistant, nec literis, nec scientijs & artibus, nec legibus carere possint, aut debeant; adeoq; rectè Ibis seu Hermes insistit gnomo-

Plutarchus.

ni, primò quia, teste Plutarcho, Agathodæmon est, quod figura gnomonis ex A & Δ composita sat demonstrat, vt alibi fusè dictum fuit: secundò

quia

SYNTAGMA II. OBEL. RAMESSÆVS. CAP. III.

quia gnomon primam in Alphabeto literam notat, cuius, vti & omnium aliarum literarum, inuentrix fuit Ibis, id est, Mercurius: tertiò quia gnomon hic geometricum instrumentum est, ad rectè aptèque singula dimetienda, distribuendaque inuentum; est enim Πάσης τ μερήσεως ὥρατης Ἑρμῆς ἰβιακὸς, vti rectè Plutarchus docet. Exprimit & hic gnomon instrumentum mechanicum, lapidibus extollendis in altum accommodatum, quem Tollenonem vocant mechanici; cuius authorem Hermetem facit in suis Mechanicis Hero Byzantinus. Vides igitur, quare Ægyptij Ibidem in hoc schemate supra gnomonem, variorum ab Hermete inuentorum symbolum, posuerint. Hermetem quoque in figuram Ibidis transformatum, sub huius A figura primùm comparuisse in Ægypto, multaq; & varia docuisse, in Alphabeto mystico ostensum fuit in præcedentibus adducto. Figuræ A adiungitur baculus incuruus, vel lituus. Vbi notandum, esse in Ægypto, vti Theophrastus docet, certum quoddam arundinis genus, quod & ob leuitatem modò loco baculi superiùs artificiosè incuruati, modò ob concauitatem emedullatam loco litui in sacris vsurpabant. Atque hoc hieroglyphico symbolo nihil ferè frequentiùs & vsitatiùs occurrit. Et per baculum quidem superiùs incuruum, absolutum Numinum in inferiora influentium dominium, & summam, quam per hunc influxum rebus inducebant, symmetriam harmonicam indicabant. Quod aptè sanè per hunc arundineum canalem suprà versus inferiora incuruatum exprimebant. Hinc pasim hunc baculum fistularem, vti & normam, manibus Hori insertum videas, vti in tabula Bembina exposuimus; vt ostenderent, Horum symmetriæ & harmoniæ totius Vniuersi Authorem. Verùm hoc vberiùs in loco citato positum vide. Hanc eandem ob causam, hunc baculum fistularem Hermanubi apponūt, vt eum esse totius numeri, ponderis, mensuræ, ac musicæ authorem occultè innuerent. Quoniam verò nihil in humanis rebus ritè constitui potest sine temporis exacta distributione; hinc perseæ ramum triplicem inuersum, in quorum vnoquoque quatuor folia, supponunt. Et perseæ quidem ramus Hermeti, Isi, & Osiri sacer erat, vti in Obelisco Pamphilio fol. 364 ostendimus; singulique quaterno foliorum ambitu conspicui, quibus tempus anni in tres partes, Veris, Æstatis, & Hyemis diuisum, quarum singulæ in quatuor menses pariter diuisæ, totius anni decursum signabant. Triplex erat, quia tribus anni totius moderatoribus Isi, Osiri, Mercurio consecrabatur, id est, Soli, Lunæ, Mercurio: Solis enim ac Lunæ motu per duodecim cœli domicilia annuo spatio facto,

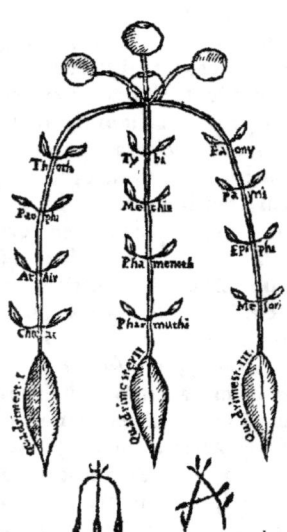

omnia

omnia conficiuntur; & Mercurio quoque, quæ est ratio dirigens omnia ad finem suum; vnde perseæ folia linguæ, & fructus cordis figuram obtinent, quâ sapientia Mercurij in legibus tùm naturæ dirigendis, tùm politico Mundo imponendis apposite notatur. Cuius diuisionis Authorem Diodorus Hermetem fuisse refert. Quo aptè insinuabatur, omnes naturalium, humanarumque rerum actiones operationesque tempori substare, in quo sub terminis præfixis, totius naturæ, & politici Mundi leges veluti in cardine quodam versantur. Ramis autem perseæ notatur, quia, Theophrasto Authore, persea singulis tribus anni portionibus nouos & nouos fructus profert, virore perpetuo gaudens. Verùm de hoc symbolo fusissimè tractatum vide in Obelisco Pamphilio fol. 363. Sequuntur tres termini; quibus primò tripartitum anni tempus, quod à supremi Mundi legibus constituitur, indicatur; de quibus fusè in Obelisco Pamphilio fol. 425. In politico verò Mundo hi tres termini leges indicant ad superioris Mundi leges constitutas. Hinc leges eædem Ægyptiacâ voce & leges, & termini vocantur; cuius ratio erat, totius Ægypti frequentibus terminis, ob Nili omnia confundentis inundationem, diuisio, vt hoc pacto per terminos, veluti positiuas quasdam leges, vnicuique quod suum erat, exactâ iustitiæ mensurâ distribueretur; erantque termini eandem ob causam sacri Mercurio, vt vel hinc originem Hermarum agnoscas, quæ erant quadrangulæ statuæ Mercurij, quæ loco terminorum in agris poni solebant, de quibus vide fol. 392. primi Tomi Oedipi. Hemycicla verò facies semper superioris terræ faciem siue Horizontem notat.

Ex his, ni fallor, luculenter patet cur tanto in honore hanc sacram tabulam Hermeticam habuerint Ægyptij, quia mysticè omnia Hermetis in humanum genus collata beneficia abditissimo symbolorum contextu signat, ac proinde summæ virtutis & efficaciæ esse putabatur ad dictum Numen propitiandum, attrahendumque.

Occurrit & alia quædam tabula sacra in hoc Obelisco, quam paucis describendam duxi, nè postea cùm in eam inciderimus, eadem repetere cogamur. In ouata figura primò ponitur circulus, deinde muri duocim, aut septem, aut quatuor apicibus spectabilis figura, quam ab apicum numero iam δωδεκάπυργον, modò ἑβδάπυργον, nunc τεξάπυργον vocamus. Huic supponitur subinde solius Scarabæi figura, nonnunquam Scarabæus cum tribus terminis, aliquando cum Nilometrio, aut cum figura A; quæ quid indicent, aperiam.

Sphæra indicat supremi, inuisibilis, & abstractissimi Numinis essentiam, vt in Hierogrammatismo circuli docuimus; ex qua omnia in omnes Mundos bona profluunt, & veluti ex centro quodam incomprehensibili emanant. Sequens figura muri δωδεκάπυργος siue duodecim apicum primò notat duodecim cœli mansiones, siue duodecim domus Zodiaci, quæ Siderei Mundi arces dicuntur, quarum custodes sunt Genij singuli à supremo Numine deputati, quibus totius anni gubernatio, iuxta leges ab Authore naturæ ipsis præscriptas, committitur. Ponitur subinde in sa-

cra

SYNTAGMA II. OBEL. RAMESSÆVS.

cra tabula figura ἑβδ'άπυργ☉, quo septem planetarum arx & propugnaculum præsidibus suis instructum innuitur. Est interdum τεξάπυργ☉, quo quatuor elementorum regnum indicatur. His itaque tribus propugnaculis, cùm vniuersa natura contra noxias potestates defendatur, aptè sanè eam muri figura πολυπύργυ expresserunt. Quemadmodum enim supremum Numen primò in duodecim Siderei Mundi virtutes & potestates, sic istæ in heptapyrgi regnum influunt, & vtrique in elementarem quadripartitum Mundum; ex qua vnione, & perpetua influxus mutui communicatione, vniuersa Mundi machina vt conseruetur, necesse est. Ad leges itaque horum trium, Siderei, & Elementaris Mundi propugnaculorum, Ægyptij veluti ad exemplar quoddam conuersi, suam politicam disponebant, vti iam docemus.

    Ægyptij itaque expressuri regnum, aut vrbem, muri figuram ponebant, duodecim, vel septem, vel quatuor apicibus distinctam, quæ per totidem veluti coronæ radios quosdam in figura expressos indicantur; atque hanc figuram frequentissimè in subiecto ponunt Obelisco. Per murum δωδεκάπυργον, siue duodecim turrium, aut apicum, indicant analogiam ad dodecapyrgon cœleste, tùm idealis Mundi, tùm Zodiaci in Sidereo Mundo, duodecim mansionibus veluti distincti; per murum heptapyrgum siue septem turrium, septem planetarum mansiones, ad quarum ideam Respublica instituenda; per murum tetrapyrgum quatuor Elementorum Regiones, quæ sunt veluti exemplar quoddam, iuxta quod Respubl. gubernanda sit. Quemadmodum enim duodecim Zodiaci mansiones varijs differentibusque proprietatibus instructas vnus Sol perlustrat, & ad vnionem in Mundo conseruandam animat; ita & Princeps in Regno suo maximâ curâ diuersorum populorum ingenia, eorumque diuersitate discrepantium animos in vnitatem & concordiam animare debet. Haud secùs de heptapyrgo, & tetrapyrgo ratiocinandum est. Quæ omnia adeo appositè Plato Dialogo 5 de legibus demonstrat, vt ad huiusmodi hieroglyphica respexisse videatur. Nam ex Ægyptiorum doctrina Vrbem regiam in medio regionis ponendam præscribit, quam & in duodecim partes diuidendam censet, totamque similiter regionem. Sed audiamus Platonem hoc loco prorsùs Αἰγυπτιάζοντα, cùm inquit: Τὸ μὲν δὴ μετ' τοῦτο, ϖρῶτον μὲν τἑῶ πόλιν ἰδρύσθαι δεῖ δ χώρας ὅτι μάλιςα ἐν μέσῳ, ἢ τ'ἄλλα ὅσα ϖρόσφορα πόλει τῆ ὑπαρχόντων ἔχοντα τόπον ἐκλεξαμένου & ϖοιῆσαι τε ἢ εἴπειν ἐδὲν χαλεπὸν μὴ δὲ ταῦτα μέρη δώδεκα δ'ιηεῖςθ, θέμενον ἑςίας ϖρῶτον ἢ Διὸς ϖῦ Ἀθηνᾶς ἱερὸν, ἀκρόπολιν ὀνομάζοντα, κύκλον ϖεριβάλλοντα, ἀφ'οὗ ᾳ δώδεκα μέρη τέμνειν τἑὼ τε πόλιν αὐτἑὼ ἢ πᾶς τἑὼ χώραν. Id est, Postea Vrbs primùm in medio regionis maximè constatur, delecto in loco, qui cæteras quoque opportunitates complectatur, quas *et* concipere *et* designare minimè difficile est; deinde in partes duodecim distributio fiat, vt Vestæ prima Ioniq́, atque Mineruæ consecretur, *et* illa vrbis pars Arx nuncupetur, *et* septo diligenter muniatur. Et ex eo vrbem *et* regionem in duodecim partes distribuant. Et paulò post: Νεμῶσι δὲ δὴ ἢ τὰς αἴθέρας δώδεκα μέρη, τἑὼ δ' ἄλλης ἑςίας εἰς ἴσα ὅτι μάλιςα τὰ δώδεκα μέρη συντάξαμενοι ὑπογραφῆς ϖαίτων γεωλήψης, ἢ δὴ τὰ μετ' ἆτα δώδεκα Θεοῖς δώδεκα κλήρυς θέντας, ἐπανομάζαι ἢ καθιερῶςαι τὸ λαχὸν μέ-

Z

Murus ἑβδ'άπυργ☉.

Murus τεξάπυργ☉.

Muri figura significat regnum, aut ciuitatem in Obeliscis.

Murus duodecim septem quatuor apicum quid significet.

Plato. Vrbs regia qualis ex Platone esse debeat.

Plato.

ἑκάςῳ τῇ ϑεῷ καὶ ψύλλω αυτῶ επωνομάζει. τέμνειν δὲ αὖ καὶ τα καὶ τα τ πόλεως δ' ἀδ'ε-
κα τμήματα ὃν αὐτὸν τρόπον ὄνπερ καὶ τὴν ἄλλην χώραν δ'ιενειμῳ ἢ δύο νέμεϑῃ ἕκαςον οἰκήσεις
τὰς δ' ἐγγὺς τε μέζε, καὶ τὴν τῆς ἐχάτων· ἢ τὴν μῶ καϑιερίζειν ὅτω τέλος ἴχην. Id est,
*Vici præterea in 12 partes erunt distribuendi, sicuti & cæteræ ciuium facultates;
vt ex 12 partium constitutione cursuum lustrationes commodiùs peragi possint.
Duodecim quoque partes duodecim Dijs erunt deinceps attribuendæ; & vnaquæque pars ex eius Dei nomine, cui illa obtigerit, erit nuncupanda; vt Tribus ipsa
sit suo & tutelari Deo cognominis; sed & duodecim vrbis membra, sicuti in reliqua regione factum est, singulatim in duas habitationes fuerint diuidenda, quarum
vna circa medium sit, altera circa extremum; & habitationis quidem ordo &
ratio hunc in modum conformetur.* Atque hæc est ciuitatis & regionis alicuius ad supernas ideas constituendæ ratio, quam Plato fundandam censuit. Sed cur in partes duodecim? vt intelligas molem tantam, tamquæ
laboriosam Vniuersi ipsius auxilio indigere, quo est in sphæras duodecim
distributum; eodem prorsùs modo ciuitatem aut regnum terrestre ad
imaginem Regni cœlestis esse gerendum; cœlestis autem Ciuitas, inquit
Plato, in signa duodecim, quasi in duodecim tribus est distributa; nec
abs re Dijs duodecim, vti Ægyptij suum Regnum, ita Græci suum suis
duodecim Dijs, qui duodecim signis præessent, consecrarunt, imò verò
sex Dij, sexque Deæ, quorum nomina sunt:

Iuno, Vesta, Minerua, Ceres, Diana, Venusque,
Mars, Hermes, Nephtun, Vulcanus, Osiris, Apollo.

Præpone iam singulis singula, membris quidem nostris signa, signis præterea Deos; & intelliges per hæc, ciuitatem aut regnum totum non
aliter vnum ex ciuibus & incolis, quàm vnum corpus ex multis membris
esse debere; alia verò Numina masculina, alia fœminina dici, vt cognoscas, & quæ ad materiam passionesque, & quæ ad formas actionesque,
pertineant, à Superis gubernari. Verùm cur Plato præcipuam vrbis ar-
cem Vestæ, Ioui, & Palladi dat? vt intelligas, in diuinis tres omniù fontes
existere. Vestam quidem essendi fontem, Iouem viuendi, & Palladem
intelligendi; atq; in his omnibus auxilium à Superis obtinendum. Quæ
omnia ex Ægyptiorum disciplina profluxisse, in sequentibus aperietur.
Quæ enim Græci per trinam Numinum Vestæ, Iouis, & Palladis assistentiam, ea Ægyptij Isi, Horo, & Osiri indigitabant; his enim omnia gubernari docebant. Hinc mysticè tres terminos, tres circulos, tres vrnas,
tres secures,, tres pennas, & similia dedicabant; leges cœlestes & terrestres, per terminos; potestatem trinam diuinam in omnia, per tres circulos; per vrnas, in humidam substantiam dominium; per pennas, per
omnia & in omnia penetrationem significantes. Sequitur murum poly-
pyrgum Scarabæus, Regis fortitudine mascula inclyti symbolum; qualem
Osirim fuisse Diodorus describit; de quo cùm amplissimè in Hierogrammatismo Scarabæi Obelis. Pamphil. disseruerimus, eò Lectorem
remittimus.

Tres termini circuli, vrnæ, secures, pennæ.

Scarabæus quid?

Est

Est itaque hæc sacra tabula nihil aliud, nisi Idea quædam politiæ Cœlestium Numinum, iuxta quam inferiorem politicum Mundum, vt subsistere possit, instituendum indigitant. Nam vt rectè Plato Dial. 11. de legibus ostendit, Lex omnis humana à Deo adinuenta & constituta est, eam seruantibus præmium, præuaricantibus verò pœnam proportionatam statuens. Est enim Deus totius Mundi artifex, totumque in seipso complectitur, ideoque inspicit singula, nè quis confidat præuaricando posse latere; perque omnia circumuoluitur, nè quis speret, manus eius post delictum subterfugere posse; est enim omnium legum fundator, *Recta* (verba Platonis sunt) *definiens, & peragens*, id est, rectâ quâdam regulâ determinat singula. Et primo quidem singulis naturæ suæ modum, quæ, qualia, quot, quantáque sint, & vbi, & quando, & quomodo moueantur; deinde animis quid agendum sit, quidque cauendum, determinat; quam quidem determinationem legem esse constat rerum omnium penes Deum omnium authorem, eamque eodem actu ab ipso Deo sanciri, quo & omnia ab eo intelliguntur, & fiunt, actu scilicet circulari; quem Timæus ait esse diuinæ Intelligentiæ naturalem ex seipsa videlicet seipsum respicienti, seque respiciendo omnia semper conspicienti. Forsan verò vltra circularem motum Deo internum subinsinuat motum quoque rectum, rerum à Deo processum, Deique per res omnes influxum, ideo recta, dixit, definit, & peragit; & motum rectum à circulari pendere signauit, quo & perspicaciter seruatores legis, præuaricatorésque discernantur, & efficaciter quid potissimum debeatur cuique, decernatur. Quod quidem iudicium, quoniam potenter & discernit, & decernit, ineuitabilis sequitur peccatorum vltio, & obseruantium præmium. Obseruatio autem legis in hoc consistit, vt subditus perfectè se Deo similem reddat, similem, inquam, per temperantiæ puritatem, quâ tanquam regulâ & amussi omnia sua metiatur; siquidem mensura, quod & Pythagoras dicit, omnium optima iudicatur, simillimúmq; Deo efficit animum; quæ est mensura omnium, præcipuè nobis, qui videlicet eatenus vel prosequi, vel fugere debemus singula, quatenus diuinæ Menti, voluntatíque vel congrua, vel dissona censentur. Hinc illud in Platonis epistola, *Sapienti quidem viro Deus lex est, insipienti verò libido*. Quæ omnia pulchrè exhibentur in sacra tabula, vbi oualis figura Mundum denotat, architectonicum diuinæ Mentis intellectum Ibi gnomoni insistens; huius enim dispositione omnia quæ in Mundo sunt, symmetriam & proportionem exactissimam acquirunt, harmonicámque constructionem per baculum fistularem indicatam, singula consequuntur. Hic vitam, mensuram, operationúmque efficaciam largitur influxiuam, polypyrgis cœlestibus, eorúmque præsidibus munimen & custodiam; ad quam inferioris Mundi legislator intellectus, per Scarabæum & tres terminos indicatus, in omnibus actionibus respicere debet, ijs suffulciri, nè in actionibus humanis ex se cœteroquin oppidò fallacibus, errorum incurrat præcipitium. Sed hæc alibi fusiùs ex Platone prosecuti sumus, qui & apertè dicit, se ex Antiquorum hæc monumentis extraxisse, quibus aliud non videtur indicasse,

Z 2

se, nisi Hermeticam & Orphaicam doctrinam, quæ, vti in Sphynge Mystagoga demonstrauimus, exactè hæc omnia continet. Si enim Orphaicos de Ioue, de lege, de iudicio, de iustitia & Nemesi hymnos legeris, hæc ad verbum omnia inuenies. Sed hæc de maximè in hoc Obelisco hieroglyphicis Schematis obuijs, dicta sufficiant.

CAPVT IV.

De inscriptione, & diuisione Obelisci.

PRAELVSIO.

Obelisci Ramessæi diuisio

Obeliscus hic præsens quatuor habet latera, iuxta quadripartitam Mundi partem disposita, quorum vnumquodque in tres denuò columnas distinguitur. Hanc diuisionem præcedit inscriptio tribus loculamentis contenta, quorum duo A & B in pyramidio, tertium C, in principio columnæ continetur; estque in omnibus Obelisci lateribus eadem, hanc ob causam, vt Authores Obelisci, ex omnibus Mundi partibus statim in oculos incurrerent, & ad doctrinam in eo Deorum immortalium beneficio traditam summo studio seruandam animarentur.

Inscriptio seu Epigraphe tribus loculamentis contenta.

Prima inscriptionis Obelisci Ramessæi pars.

Prima inscriptio immediatè sub apice pyramidij sub A, figura ouali conclusa tenetur, hoc symbolorum apparatu. Ibis insidet gnomoni in formam literæ ∆ composito, cui figura formam muri referens supponitur, & è regione huius baculus curuus; quibus tres limites, vnà cum Scarabæo, subiunguntur; quibus quidem symbolis nihil aliud indicatur, nisi Mercurius Agathodæmon potens dominator, & politicarum legum conditor, hieroglyphicæ doctrinæ institutor, ex cuius libris columna hæc extracta fuit & concinnata. Sed hoc ita esse, iam omni studio nobis stabilire incumbit.

Ibis Mercurium significat.

Ibis Mercurium significare, innumeris huius Operis locis ostensum fuit, & in Hierogrammatismo Ibidis Obelisci Pamphilij id copiosis authoritatibus demonstratum. Mercurius siquidem sub Ibidis forma hominibus comparere, varijsq; corporis gestibus, variarum rerum inuentionem edocere putabatur; vnde istiusmodi animal sacrum Mercurio ab omnibus habebatur. Certè Plato in Protagora apertè dicit, sub Mercurij nomine genus humanum leges primùm accepisse. Vide Horum l. 1. c. 10. in fine, & c. 36. Plutarchum de Osiride & Iside, & Alphabetum Ægyptiorum mysticum suprà exhibitum. Horus: Καρδίαν βουλόμενοι γράφειν, ἶβιν ζωογραφοῦσι, τὸ γὰρ ζῶον Ἑρμεῖ οἰκεῖον, πάσης καρδίας, καὶ λογισμοῦ δεσπότη. ἐπεὶ καὶ ἡ Ἶβις αὐτῷ καθ' αὑτὸ τῇ καρδίᾳ ὁδὸν ἐμφερής, περὶ οὗ λόγος ἐπὶ πλεῖστος παρ' Αἰγυπτίοις φέρεσθαι.

Plato. Horus. Plutarchus.

Cor volentes indicare, Ibin pingunt, quod quidem animal Mercurio attributum ac dicatum est, cordis omnisque rationis præsidi & moderatori; nam & Ibis per se magna ex parte cordi similis est, de qua plurimi apud Ægyptios agitantur sermones. Sedet supra gnomonem, in hieralphan transformatum. Et

Ibis gnomoni insidens.

Alpha

SYNTAGMA II. OBEL. RAMESSÆVS. CAP. IV

Alpha quidem ⅄ ex Δ & A compositum Agathodæmonem notare, in Alphabeto mystico, & alibi ostendimus; cuiusmodi ipse ab omnibus Ægyptijs existimabatur. In formam gnomonis adaptatur, vt ostenderent eum omnis iustitiæ, quâ actiones humanæ vnicè diriguntur, authorem esse, & potissimùm hanc in politica rerum administratione, quæ per symbolum in muri formam concinnatum aptè notatur, prorsùs necessariam esse. Quia verò hæc sine viribus & potentia administrare non potest, hinc appositè ipsi è regione baculus curuus, potentiæ dominijque in inferiora symbolum, adiungitur; infra quæ tres limites cum Scarabæo ponuntur. Per limites tres indicatur ratio archetypi intellectus, quo non secus ac Sol, in triplicem Mundum, Intellectualem, Sidereum, & Elementarem agit; ita inquam Sol politicus, qui est in archetypo intellectu Legislator, & aptè per Scarabæum exprimitur, in triplicis generis homines, in seipsum, in Optimates, & populum agere debet, vim suam, quâ Mundi corpus vnicè sustentatur, exerendo. Nam vt Porphyrius loquitur lib. de abstin. Αἰγύπτιοι δὲ ἱερόθηκα τὸν κάνθαρον, ὡς εἰκόνα ἡλίῳ ἔμψυχον. Ægyptij colebant Scarabæum sicut viuam Solis imaginem. Quod symbolum non tantùm Soli huic sensibili, sed & Archetypo, & ex quo emanauit, Politico Soli secundùm quandam analogiam attribui debet. Accedit quòd idem Scarabæus significatione ad mores translata idem, teste Horo lib. I. cap. 10. quod patrem, & masculam virtutem notet, quæ Regno administrando vnicè necessaria est; quâ paterno affectu, & bellicâ fortitudine Rex omnia Regno aduersa amolitur. Hinc Ælianus l. 10. c. 15. & Plutarchus libro de Osir. & Iside apertè docent, Viris bellicosis sculpturam annuli Scarabæum fuisse, quòd maribus vniuersis pro patria pugnandum sit; quemadmodum Mercurium Ægyptij, non solùm Legislatorem, sed & summum Numen tutelare, & Agathodæmonem, à cuius proinde cultu & veneratione totius salus Ægypti dependeret, præstare putabant. Hinc epigraphe seu inscriptio præsens non incongruè Mercurio fiebat, ijs symbolis adornata, quæ & diuinas Mercurij virtutes exhiberet, & vnâ eundem ad Ægyptum fidei suæ commissam defendendam, hoc veluti potentissimo quodam periammate sollicitaret.

Baculus curuus dominij signum.

Scarabæus Solis symbolum.

Horus.

Ælianus. Plutarchus.

Scarabæus sculptus in annulo quid significarit.

Secundum spacium in singulis pyramidij lateribus duorum hominum figuras mitratas, & lineis amiculis indutas exhibet, qui inter se de magni momenti negotijs tractare videntur. Certè hos Sacerdotes esse Ægyptiorum, ex Apuleio & Plutarcho liquet, quos mitrato vertice conspicuos fuisse, & lineis tunicis vsos, apertè docent, hic in Isi & Osiri, ille in sua Metamorphosi. Erat autem, vti Eucherius asserit, κίδαρις pileus Sacerdotalis ex bysso, quem nonnulli tiaram, quidam etiam mitram vocant. Atque hanc sapientiæ symbolum fuisse, Author est Hesychius Hierosolymitanus, eò quòd in cerebro sapientiæ organum esset à natura constitutum. Quo quidem Sacerdotes, vtpote ad regni administrationem electos, perpetuò & vnicè sapientiæ studio vacare debere, ostendebatur; lineis, non laneis vestimentis indutos, quòd hæc ex lana excrementitia animalium superfluitate, Sacerdotum puritati contraria, origi-

Secunda inscriptionis Obelisci Ramessæi pars.

Apuleius. Plutarchus. Sacerdotes Ægyptij mitrati. Eucherius.

Cidaris seu mitra Sacerdotalis sapientiæ signum. Lineum amiculum Sacerdotis Ægyptij puritatis symbolum.

nem

nem sumerent; illa vero ex lino, quod benefica matre tellure, immediatè pullularet primò florem cæruleum ætheris colori similem, deinde thyrium, qui variè præparatus tandem telam suppeditaret, vestibus Sacerdotalibus conficiendis, teste Plutarcho & Porphyrio, conuenientissimam; hæc enim amicula candoris & eximiæ puritatis, quæ in Sacerdotibus perpetuò Deorum consortio gaudentibus, elucere debebat, symbolum erant. Sacerdotes itaq; dictos duos mitratos exprimere nullum dubium est ei, qui quæ de habitu Sacerdotum in primo Tomo disseruimus, rectè perceperit. Imò verisimile est, vti & Michael Mercatus putat, has Sacerdotum figuras Sothin & Ramessem filium eius, Reges & Sacerdotes Ægypti, exprimere: hi enim primi fuerunt, qui post cladem omnibus seculis memorandam, Deo per Mosen Pharaonicam contumaciam vindicante, per Ægyptiorum in mari rubro submersionem, ducentis ferè post annis, Regnum Ægyptium pristino splendori & magnificentiæ restituerunt. Nam continuò cum Sacerdotibus conuersabantur & ipsi Sacerdotes, librosque Hermeticos, quos vndique conquisitos apud se inæstimabilis thesauri loco habebant, summo studio ad auitæ religionis, quæ sub hieroglyphicis symbolis comprehendebantur, instauranda dogmata euoluerunt. Nam vt rectè Plato in libro de Regno ostendit, nullus apud Ægyptios ad Regni administrationem admittebatur, nisi Sacerdotis titulo gauderet; imò si quis ex alio genere Regnum vi vsurpasset, eum post Regni assumptionem sacris initiari oportebat, vt & Rex esset & Sacerdos. Nam, vt Platonis verbis vtar, *Sacerdotum & Vatum ratio magnanimitate, intelligentiâ, & claritate abundat, propter eorum, quæ tractant, magnificentiam*. Hinc, teste Plinio, collato studio & labore hi duo Reges & Sacerdotes primi fuerunt, qui octo Obeliscos, quos in Obelisco Pamphilio enumeramus, extruxerunt. Verùm Ramesses à Sothi patre suo apprimè instructus, aliquid sublimius animo voluens cùm prædicti Obelisci animi sui magnitudinem non adæquarent, maximum omnium hunc Obeliscum politicâ doctrinâ ad Regni salutem conseruandam necessariâ instructum, Thebis erexit. quæ ita se habere Plinius refert his verbis: *Postea, inquit, & alij Regum in supradictâ Vrbe, Sothis quatuor numero quadragenum octonum cubitorum longitudine; Ramesses autem, quo regnante Ilium captum est, quadraginta cubitorum, idem digressus inde vbi Mneuidis Regia, posuit alium longitudine vndecenis pedibus, per latera cubitis quatuor; opus id fecisse dicuntur 20000 hominum*. Hæc quæ de Sothi patre, & Ramesse filio diximus, ita se habere, docet Manethon apud Africanum in fragmento Bibliothecæ Pereiscianæ. Σῶθις ἐβασίλευσεν ἔτη ξζ', ὃς ἤγειρε πολλὰς τὰς πυραμίδας. ὅ τι καὶ ἀποβλέπης εἰς Θεοὺς ἐξένετο, καὶ τὴν ἱερὰν ἐνεγκάτω ἐράφειν βίβλον, ὣς ὡς μέγα χρῆμα ἐν Αἰγύπτῳ ἱστορῶν ὁ ἐκτησάμενος. *Sothis 63 annis regnans, multas erexit pyramides* (intellige Obeliscos); *hic enim primus Deorum contemplator, de Dijs sapienter pronunciabat, & sacrum librum mandauit conscribi, quem veluti ingentis pretij rem in Ægypto existens possidebat.* Quæ omnia confirmat Abenephius Arabs, cuius verba vide in Obelisco Pamphilio in prolegomeno historiæ Obelisci. Cùm itaque Sothis & Ramesses, Reges & Sacerdotes Ægypti, vnicè

sacram

sacram hieroglyphicorum doctrinam vnanimi consensu primi promouerint; verisimile est, Ramessem ad æternam rei memoriam se patremque in hoc præsente Obelisco insculpere voluisse, vt coniectis in hanc inusitatam Obelisci molem oculis, quantum ipsis deberent Ægyptij posteri, perpetuâ recordationis gratitudine, animo reuoluerent.

Post hanc epigraphen primo loco in Obelisco occurrit quadratum loculamentum signatum litera C, in quo figura capite mitrato conspicua, & nuda, throno insidens, aliam ante se genibus prouolutam extensis brachijs in modum petentis & obsecrantis quidpiam, habet; cui benedictionem impertiri videtur; in muro verò variæ videntur ouatæ figuræ, quas sacras tabulas nuncupamus; quæ quidem nihil aliud sunt, quàm sacra quædam amuleta ad Deos propitiandos constituta. Dicimus itaque, hosce schematismos in quatuor Obelisci faciebus prorsus eosdem, nihil aliud denotare, nisi primò quidem Mundum Genialem, eiusque munimen veluti exemplar quoddam polities; secundò ipsum adytum Ægyptiorum, in quo Sacerdotes ijs, quos vides, ritibus & cœremonijs inaugurabantur; & eo quidem modo, quem exponemus.

Quadratum loculamentū litera C signatū in Obelisco Ramesseo.

Ritus quibus inaugurabātur Sacerdotes Ægyptij.

Primò Sacerdos supremus, cidari seu tiarâ, sapientiæ symbolo conspicuus, throno insidebat, potestatis summæ symbolo, supremi Numinis Hemphta vices referens; hoc enim Numen in adyto, pari symbolorum apparatu effigiatum tenebant; quo indicabant, supremi huius Numinis in omnia rerum à se productarum genera supremum ius, absolutissimum dominium, omniumque sibi subditarum rerum necessariam dependentiam, sine cuius concursu & benigno influxu nihil subsistere possit: nudum exhibetur, quia id ab omni rerum materialium contagione longè remotissimum, nullius indigum, sibiipsi solum sufficiens est.

Hemphta supremum Numen.

Ab hoc Intellectualis Mundus Sidereus & Politicus, quicquid boni habet, secundùm analogiam quandam participat. Hinc Sacerdotes, vt actiones eorum huic supremo Numini conformiores essent, in adytis suis, ad supremi Numinis iam memorati similitudinem, inaugurationes suas, cœteraque sacra peragebant; quæ quidem nullam vim aut efficaciam obtinere sibi persuadebant, nisi analogo symbolorum apparatu peracta fuissent. Et vt operationes eorum in sollicitatione Deorum maiorem vim haberent; sacras quasdam tabulas ijs hieroglyphicis, quæ maximè Numini, quod vrgebant, congruebant, adornatas, in adytis ponere solebant; quas tùm ex abdita sacramentorum, quæ ibidem peragebantur, virtute, tùm Deorum particulari influxu, magnam vim acquirere putabant ad id, quod à Numine petebatur, impetrandum. Sed de arcana adytorum dispositione vide fol. 393 primi Tomi, alijsque passim locis tùm Oedipi, tùm Obelisci Pamphilij, quorum omnium opticas delineationes in tractatu de Mumijs Ægyptiacis exhibitas contemplare. His itaque præmissis, iam particularem Obelisci interpretationem tandem bono aspirante Numine auspicemur.

§ I.

§ I.

Primæ Columnæ primi lateris Borealis interpretatio;

Latera singulæ guia Obelisci Ramessæi diuisa in ternas columnas. Prima columna.

Notandum itaque primò, singula huius Obelisci latera in ternas columnas, & separatas ab inuicem, diuisas esse; quarum prima, quæ denotatur Aspide ex globo emergente, & quæ flexu facto se Cruci ansatæ seu Tautico characteri insinuare videtur, & supremum in columna locum obtinet, exhibet nobis supremi Numinis Archetypum Mundum, è quo exiens in vniuersas entium classes, ea animat, viuificat, conseruat.

Secunda columna. Tertia Columna.

Secunda columna Accipitre denotatur; quo Sidereus Mundus indicatur, cuius moderator Sol est, qui in subiectam sibi Elementaris Mundi œconomiam, virtutem ad Archetypi Numinis Ideam exerit. Tertiâ columnâ Sacerdotis figura præsignatâ, Mundus Politicus denotatur, quo Rex Sacerdos, ad vtriusque tùm Archetypi, tùm Siderei Mundi rationes Politicum Mundum, statumque rerum publicarum ordinat. Atque hæ tres figuræ, triplicem Mundum, Archetypum, Sidereum, & Politicum, referentes, in vnoquoque latere Obelisci primum locum, vnaquæque in appropriata sibi columna, obtinent, suntque veluti dicti triplicis Mundi quædam epigraphe.

Notandum secundò, cùm ob multitudinem figurarum, singulas literis suis distinguere non potuerimus, ad confusionem vitandam, nos in margine singula latera literis Alphabeti distinxisse, quæ tribus columnarum spacijs essent communes, sicque in singulis columnis figuræ parallelæ eandem literam respicerent. Quibus præmonitis, iam primam lateris Borealis columnam, cuius primum spacium D litera signatur, exponamus.

D

Aspis è globo emergens, & Cruci ansatæ se insinuans.

Prima figura in columna lateris A Borealis, è regione D, Aspis est è globo emergens, & Cruci ansatæ se veluti insinuans; quo supremum Numen archetypum notatur. E globo euoluitur Aspis, quia Deus è sphæræ diuinæ & interminabilis veluti centro quodam euolutus primò Mundo Angelico, deinde Sidereo, (qui duo Mundi aptè per duos circellos sphæræ impressos indicantur) se insinuans, ex hisce demum in Mundum inferiorem Hylæum seu Elementarem, qui per Crucem ansatam, seu Tauticum characterem pulchrè notatur, descendit; atque hinc deniquè

Virgilius.

sursum elatus suæ sphæræ restituitur; vt vel huc Virgilius allusisse videatur.

Principio Cælum, ac terras, camposque liquentes,
Lucentemque globum Lunæ, Titaniaque astra,
Spiritus intus alit, totumque infusa per artus
Mens agitat molem, & magno se corpore miscet.

Aspidem autem hunc, supremum Numen esse, quod omnia virtute suâ per-

SYNTAGMA II. OBEL. RAMESSÆVS. 183

peruadat, expressè docet Horus l. 1. c. 2. *Mundum exprimere volentes, serpentem pingunt, qui suam ipsius caudam rodat, varijs interstinctum squamis; per squamas quidem stellas, quibus Cœlum Mundusque distinctus est, obscurè innuentes. Cæterum hoc animal non secus ac terra grauissimum est, leuissimum autem ac maximè lubricum in morem aquæ. Insuper vt serpens quotannis pelle, simulque senio exuitur; sic & annus vertens, qui Mundi circumactu producitur, immutatione facta renouatur, ac veluti reiuuenescit. Quòd verò velut cibo, suo vtatur corpore, significat id, quæcunque Dei prouidentia in Mundo gignuntur, ea rursum in eadem resolui, & tanquam immutationem sumere.* Quo quidem symbolo non Mundum tantùm hunc sensibilem, sed & insensibilem archetypum, & intellectualem Geniorum, sidereum, & elementarem secundùm quandam analogiam expressisse videntur. Circulus quidem diuinæ Mentis motum ad extra denotat; aspis multiplici squamarum ordine distinctus, primò stellas in archetypo, quæ diuina attributa & perfectiones sunt, dein in Mundo intellectuali diuersos beatarū Mentiū exercitus; denique in sidereo astra, in elementari varias inferioris Mundi entium gradus rectè designat. Atquæ hæc omnia supremum Numen peruadens, vti suâ sapientiâ gubernat, sic eadem summa prouidentia conseruat. Quæ omnia fusè explicata vide in Obelisco Pamphilio fol. 370.

Proximè ab Aspide in spacio D sequitur papilio Dracontomorphus cum thyrso papyraceo, quo Pantamorphæm seu omniformem naturam, seu potentiam denotabant, in quam proximè & immediatè supremum Numen influit. Hanc Platonici animam Mundi, Ægyptij verò arcaniores fundum paternum vocant, ex tribus triadibus compositum, vt in tabula Bembina exposuimus; eò quòd per tres Mundorum triades insinuata omnibus vitam & motum tribuat. Quomodo autem, & cur Ægyptij huic papilioni, vilissimo animali, tot ac tantas excellentias & prærogatiuas attribuerint, amplè ostendimus in Obelisco Pamphilio fol. 500, quò Lectorem curiosum remittimus, ne semper eadem exscribere cogamur cum excessiuo Operis incremento. Adiunctum papilio habet papyraceum seu iunceum thyrsum, quo rerum necessariarum vbertas, quam in Mundorum memoratorum entia, pantamorpha natura ideis referta, confert, notatur. vide cit. loc. Suprema itaque natura naturans primò se pantamorphæ huic naturæ communicat, quæ vim participatam transfert in inferiores Mundorum Horizontes, quos duo hemicycli infra papilionem positi, notant; virtutem Pantamorphæ participat Agathodæmon trium sectionum, vt Ægyptij vocant; & Agathodæmonem quidem notat figura *A*, vti in Alphabeto mystico & alibi varijs in locis docuimus; tres verò secures sequentes indicant trinam dicti Agathodæmonis potentiam, quâ, quidquid in triplici Mundo Typhonium seu Bebonium est, resectum extirpatur. Atque hoc ita esse, ostendit huius Agathodæmonis statua, oppidò frequenter inter hieroglyphicos schematismos obuia; quæ sub forma humana, oblongâ veste inuoluta, manu dextrâ gnomonem, sinistrâ securim tenet; quibus symbolis pulchrè sanè huius Agathodæmonis officium exprimitur, quod est, iniusta æquare, *δικαιοῦν* seu in-

CAP. IV

Horus.

Serpens caudam suam mordens.

D
Papilio Dracontomorphus cum thyrso papyraceo.

Papyraceus seu iunceus thyrsus.

Agathodæmō per literam A significatur.

Secures tres.

incomposita rite componere, ἄκρατα ad perfectam temperiem redigere; quæ quidem symbola in sequentibus Syntag. de Canopis hieroglyphicis amplius describimus. Græci certè Iouis Labradæi simulachro, non aliunde nisi ab Ægyptijs edocti, securim, teste Pausania, adiecerunt; est enim Labris Lydorum linguâ nil aliud, nisi securis, ac proinde optimo iure Labradæum, ab effectu videlicet, quo Mundum resectis superfluis & inutilibus expolit & exornat, appellandum censuerunt.

Iouis Labradæi simulachrum. Pausaniæ.

Porrò Agathodæmoni potentis sectionis coniunguntur Genij concordiæ, qui aptè, teste Horo lib. 1. c. 8. per duas Cornices exprimuntur; quorum ope, recisis omnibus malignis, Mundi in sua prosperitate & incolumitate subsistunt & conseruantur, salus & vita conceditur; quæ omnia indicantur per symbola inter E F contenta. Quoniam verò hæc felicitas & concordia diu conseruari non potest, Numinibus ἀντιτέχνοις in dissidiorum concitatione strenuè inuigilantibus; hinc Ægyptij Momphtæi Numinis simulachrum, quod iuxta F ponitur, sacro ritu consecratum ἀντιτέχνοις Dæmonibus, qui aptè per Noctuam significantur, opponere solent. Est autem in singulis Mundis Momphta idem, quod vis efficax, robusta, vigilans, & prorsus Martia, siue in Mundo Archetypo diuinæ Mentis; siue in Intellectuali eorum Geniorum, quos hypozocos siue succinctos vocat Zoroaster; siue in Mundo Sidereo Martij sideris Præsidis; siue in Elementari, ignea seu Orimazæa vis, Arimaniæ, quam Noctua indicat, potestati ἀντιτέχνῳ: hâc enim omnis inimica Arimaniarum potestatum vis profligatur & perimitur: desertur enim per omnes Mundorum semitas, singula corroborando animandoque; vnde aptè eius defluxus exprimitur per baryn nauim, quæ sub Noctua immediatè ponitur; ac proinde Ægyptij quotannis simulachrum huius barys per fluenta Nili, in terra verò trahæ impositum sub incrementi Nilotici principium de ciuitate in ciuitatem, multis cœremonijs, vt Manethon refert, transportatum, tandem in Isidis templo, iuxta statuam eiusdem collocabant; quæ omnia aptè exhibentur per baryn & Sacerdotem cum stella, & traha seu vehiculo, & denique per mulierem nudam, seu Isidem throno insidentem, & manu baculum Cucuphæ capite insignitum, varietatis rerum indicem, præferentem. Quia verò Arimania seu Typhonia Mundorum vis, dominio potens & ipsa per Mundos diuagata, nihil intentatum relinquit, vt Geniorum concordiæ, Momphtæ & Isiaci Numinis hucusque memoratorum catenas perfringat, vti symbola inter H & I conclusa indicant; hinc sacram tabulam, efficacissimum amuletum præscribunt, estque oualis figura, quam I litera indicat, in quâ sphæra, murus, & Scarabæus, cum tribus limitibus ponitur; vbi circulus semotum Deitatis recessum, Scarabæus Osirin, murus Politicum Mundum, tres termini leges triplices, Monarchicas, Sacerdotales, & populares, in quas tota Ægyptiorum politica resoluebatur, quas vti terminos quosdam humanæ rationis præterire non licebat, indicant.

Concordiæ Genius duæ cornices.

Momphtæû Numen quid.

Barys nauis.

Sacerdos cû stella.

Ibis throno insidens.

Tabula sacra.

Figuræ inter I, K, L comprehensæ in Obelisci Rameseæi latere Boreali.

Sequuntur symbola inter I, K, L comprehensa, muri figura cum baculo incuruo, sceptro conico cum circulo, quæ sequitur sceptrum αὐτόμορφον, id est, id est, capite Hircino conspicuum, cum quadrifido Mundo, & hydroschemate, quæ Serpens, hemicyclum, sceptrum simplex, oculus, & muri figura, cum tribus circulis sequuntur; quæ omnia effectus indicant sacræ tabulæ, videlicet firmum præsidium, diuini regiminis miram fœcunditatem in quadripartitos Mundos diffusam, humidi vitam, diuini seu archetypi intellectus vigilantiam supra trium Mundorum administrationem politicam; quâ Arimania vis, quam Noctua sequens exprimit, exterminatur.

Symbola post Noctuam inter spacia L, M, N, comprehensa sunt, figura sedis, hemicyclum, cum quadrangulo, & penna, quadrifidus Mundus, cum tribus terminis, binis semicyclis, circulo, & tribus securibus, quæ sequitur murus septem apicibus distinctus, cum hydroschemate, & penna, quæ sequuntur duæ fauissæ & cycloides, caput Hori, vultur, oculus, hydroschema, serpens, anser. Quæ nihil aliud, quàm abditas in Archetypo Mundo latitantes virtutes significant, vti explico. Est in Archetypo Mundo, non secùs ac in reliquis Mundis, Regia potestas, quæ indicatur per throni figuram, infima superis coniungens; est penna Ibidis, id est, vis profligatiua malorum in ternas quadrifidi Mundi leges diffusa, cum trina excisionum potestate in septem arces superioris & intellectualis Mundi, quæ per murum septem apicibus insignem indicantur (alludunt ad hoc, quòd sicuti in Mundo Sidereo sunt septem planetarum arces, sic & in Archetypo secundùm analogiam simile quippiam reperitur) à quo supramundano munimine aqua scaturit Osiridis in piscinas cœlestes, quæ sunt principium veluti quoddam passiuum, in vtero suo omnium generabilium rerum semina excludente, vti recte l. 1. c. 11. de Vulture tradidit Horus. Quoniam verò cœlestes piscinæ concipere non valent, nisi oculo cœlestis Osiridis continuò foueantur; hinc oculus rectè positus est, sub quo hydroschema, serpens, anser, traha, Isis throno insidens cum sceptro Cucuphomorpho; hinc enim humida substantia vitam acquirit, influxusque eius per cœlestia penetralia deriuatus, in Isidem descendit, totius inferioris substantiæ, varietatifque in ea producibilis matrem. Quæ symbolis intra O & P inclusis luculenter indicantur; humore enim fœcundat, quod hydroschema, cum sceptro testiculis insignito indicat; vitam præbet, vti Serpens docet; Anubidis benignus influxus & vis benefica, per Canem iacentem, & brachium extensum significata, & simul Osiridis vitalis motus per Accipitrem, & Serpentem adiunctum indicatus, in vniuersum Mundum per Hori caput indicatum, transfunditur; ita diuinus Hermes Agathodæmon dominio præpotens, sacrorum, temporum, legumque conditor sapientissimus docuit, quæ inter P & S onalis figuræ inclusa symbola significant, quæ in sequentibus fusiùs explicabuntur. De reliquis, quæ sequuntur, symbolis, in fine explicationis huius Obelisci fusiùs agetur.

Vides igitur curiose Lector, quomodo in hac prima columna supremum triforme Numen amore quodam se ad extra communicandi agitatum, se principalibus Mundorum Genijs communicauerit, ideis suis explepleuerit, Mundorum curam reliquerit; ac primò quidem influxum suum deduxit in Pantamorpham Mundi naturam omnium moderatricem; hæc in Agathodæmonem potentiſſimæ virtutis quæ ad profligandā extirpandaq; mala apta eſt, transfundit, quâ Mundorum pax & vnanimis conſpiratio conciliatur per Genios concordiæ; hi in Momphta ad concordiam conſeruandam tranſmittunt in Momphtæi Numinis imperium, cuius officium eſt, aduigilare contra omnes aduerſas & Typhonias poteſtates, quarum ſtudium eſt, concordiæ partum diſtribuendi & extirpandi. Harum machinationibus Nephta, Oſiris, Horus, Iſis, ſinguli in appropriatis ſibi Mundis obſtant, rerumq; ſibi commiſſarum curę inuigilant; vnde ex hac Geniorum concatenatorum conſpiratione, Mundi ab omni confuſione & perturbatione immunes conſiſtunt; vnica & perfectiſſima, ad quam Hermes politicum ſtatum ordinari debere præſcripſit, idea & exemplar, vt in tertiæ columnæ explicatione patebit. Sed his ita expoſitis, iam ſecundam Siderei Mundi columnam auſpicemur.

§. II.

Secundæ columnæ lateris Borealis interpretatio. Siderei Mundi Numinum connexionem monſtrat.

Secundæ columnæ primi lateris Borealis Obeliſci Rameſtæi interpretatio.

Accipiter tutulatus.

IN ſecunda columna primi lateris Borealis primum locum obtinet Accipiter tutulatus; qui in hoc Senſibili Mundo choragum agit, Solare videlicet Numen, quem Oſirin vocant, vt iam ſæpe dictum eſt. Inſidet quadrangulo parallelogrammo, cui inſeruntur bos, brachium extenſa manu conſpicuum, cum hieralpha, cui appoſitus eſt circulus, cum I. Quadrangulum hylæum Mundū cui dominatur notat Bos Apidem, Oſirin terrenum Cœleſti ſubdelegatum, cuius beneficâ vi per brachium extenſum notatâ, & à Cœleſti Oſiri participatâ omnium in inferiori Mundo neceſſariarum rerum vbertas emanat. Hinc ab Ægyptijs non incongruè Agathodæmon inferioris Mundi dicitur, vt A figura cum globo & I ſuppoſita docent. Verùm hanc eandem figuram cùm in omnibus ferè Obeliſcis ſequentibus expoſituri ſimus, eamque in Obeliſco Pamphilio fol. 442 expoſuerimus, eò Lectorem remittimus.

Bos Apidem ſignificat.

Aſpis, & Accipiter dormiēs

Sequitur quadrangulum Aſpis ſquamato pectore ſurrecta, frequenter, vti in hoc, ita & in alijs Obeliſcis obuia, ponè quam Accipiter, qui contracto collo veluti dormire videtur, aſſidet. Per hunc Oſiris indulgens, per Aſpidem, teſte Euſebio, Agathodæmon Ophionius indicatur; quæ duo in vnam ſtatuam conflata Ægyptij in ſolemnitatibus Comaſiarum, ἱερακόμορφον, id eſt, Aſpidem Accipitris capite horrendam producebant; de quo Arius apud Euſebium his verbis: *Primum, idque diuiniſſimum animal eſt Serpens Accipitris formam habens, valdè gratioſum; id ſi palpebras erigebat, primogenitam omnem ſuam regionem replebat; cùm verò*

Euſebius.

clau-

SYNTAGMA II. OBEL. RAMESSÆVS. 187 CAP. IV

clausos tenebat oculos, tenebræ fundebantur. Sed explicemus mysterium. Osiris cœlestis iniquâ mortalium vitâ offensus subinde dormire rebus fidei suæ commissis videtur; vnde magna Mundo incommoda & perturbationes nasci, eo verò vigilante, omnia veluti lætitiâ compleri necesse est; dormiente Osiri, Aspis subdelegatus eius Agathodæmon vitæ mortisque arbiter, omnia inferiora conuellit, dissipat, & vt Horus l. 1 c. 2. ait, solo flatu interimens omnia: Osiri verò conuenientibus cœremonijs culto, omnia Mundo bona proueniunt; vnde Ægyptij meritò singulari cultu tam implacabile Numen mulcere solebant: quod si intra sacra oculos tenuisset clausos, summorum id infortuniorum, quæ regnum subire debebat, omen erat; oculis verò patulis, & benignis, iucundisque visum, magnam promittebat bonorum in Regno vbertatem. Appositè itaque hoc loco diuina symbola ponuntur; quorum Accipiter Osiris denotat clementiam, bonitatem, pietatem, & beneficentiam; Aspis verò Martio rigore tumidum, vti squamatum pectus, quod surrigit, satis ostendit, iustitiam, seueritatem, & rigorem summum Osiridis, qui tunc primùm emerserit, quando clementiâ & pietate Osiridis depositâ, rigor iustitiæ in Mundum influxerit. Tunc enim in Cœlo malignorum influxuum coaceruatio, in elementorum verò Mundo, summa rerum dissidia, sterilitas in terris, contagio in aëre, in rebus publicis tumultus ac seditiones mox nascuntur; quæ aptè sanè per sequentem Noctuam è regione literæ F indicantur; quæ, vti iam sæpe dictum fuit, Typhonis, id est, omnium malorum symbolum est; hic enim trino sceptro præualens, Osiris craterem, quem Accipiter cum subiecto cratere exprimit, exsiccare omnibus modis laborat. Vnde imminentibus huiusmodi calamitatibus Sacerdotes Osiridis Σᾶρων, id est, catenam, quam Sacerdos cum apposita figura catenæ exprimit, id est, Geniorum iuxta ternas triplicis Mundi leges dispositorum catenam continuis sacrificijs sollicitare solent: his enim primò polymorpha Mundi natura, per Papilionem alatum δεικονόμορφον, indicata attrahitur, & rerum necessariarum vbertas, quæ per thyrsum papyraceum indicatur, expulsis malis, conceditur. Ad quod plurimùm sequens tabulæ sacræ amuletum ouatæ figuræ inclusum confert; & est, circulus, murus septem cuspidibus conspicuus, cum Scarabæo: per circulum suprema diuinitas; per murum septicuspidem, septem principalium Mundi Geniorum præsidium, quibus Solare Numen per Scarabæum expressum vnicè dominatur, exprimitur. Vidimus amuletum, iam effectus quoque eiusdem examinemus. Sequitur ouatam figuram murus duodecim cuspidibus insignis, quas arces Ægyptij nominant, Arabes برجس berugts; Græci πύργυς, turres, vt alibi, & potissimùm in Obelisco Pamphilio fol. 510 ostensum fuit. Per hoc duodecim Geniorum, qui Zodiaci signis præerant, notatur præsidium, quòd huius amuleti vsu, septem planetariorum Numinum cum hisce dodecadespotis concatenatorum seriem trahi putarent. Sequitur penna, cum hydroschemate duplici, ansere intermedio, & sceptro testiculato, quæ sequitur Serpens, baculus incuruus, & persea tribus ramis conspicua, cum binis

hydro-

<small>Aspidis cultus apud Ægyptios.

Horus.

F
Noctua Typhonis symbolum.

G
Osiridis catena.

H
I

Amuletum columnæ secundæ lateris Borealis ad lit. I.

Figuræ inter literas K & L cōprehensæ.
K
L</small>

hydroschematis, Serpente, Ibide, Noctua. Quibus quidem symbolis aliud non indigitatur, nisi effectus, qui attractum illum consequitur, humidi superlunaris in Genium Lunarem per Ibin expressum traductus, quo foecundantur, & viuificantur omnia, & totius anni, cui praeest, & per
M duodecim menses distributi decursu, quem triplex ramus indicat, vita omnibus conceditur. Lunaris siquidem Genius per Ibidem, Typhoniam Noctuae vim profligat, fortis Latrator Anubis accubans quadrifidi Mun-
N di custos, in Typhoniae Noctuae machinationes pariter inuigilans, catenam canalium Osiridis, rerum omnium necessariarum prouidi Numinis,
O vti & Hermanubin ad subueniendum mouet; quorum duorum Geniorum efficax est sacrae tabulae sequenti prophylacticum & periaptum at-

Amuletum columnae sec. lateris Borealis ad lit. O.

tractiuum. Sed symbola eius explicemus. Ibis Alpbae in formam normae adaptatae insidens notat Mercurium Agathodaemona exactum omnium dispositorem; Scarabaeus Osirin, cuius instrumentum in palae figuram eidem superpositum agriculturae index est; triplex ramus, 12 menses, quibus vterq; & Hermanubis, & Scarabaeus Osiris Mundū peragrantes totius anni decursu, rerum omnium vbertatem praestant. Totius huius speculationem vide magna authoritatum farragine comprobatam in Obeli-
P sco Pamphilio fol. 363. Huius enim periommatis vi, efficacia dodecadespotarum Zodiaci per murum δωδεκάπυργον in inferioris Mundi sacras piscinas, quae per circulum hemicyclum, & tria trapezia perforata indi-
Q cantur, deriuatur; de quibus cùm alibi fusè dictum sit, modò sileo. Re-
R liqua symbola inferius posita, vt sunt, Alpha cum duabus pennis, Crux ansata cum pyramide, & vrna Nilotica ansata, cum penna, pariter ad dictas supernas virtutes trahendas efficacissima amuleta sunt ex mente Aegyptiorum, vt paulò post dicetur.

§ III.

Tertiae columnae lateris Borealis interpretatio. Politicum Mundum exhibet:

E regione
D IN tertia columna lateris primi Borealis primo loco ponitur Sacerdotis figura ex eorum numero, quos Stolistas vocant, teste Clemene Alexan.
Clemens Alexand. Stolistarum officium.
lib. 6. Strom. iustitiae cubitu & calice ad libandum instructi; quorum officium erat, ad ea omnia, quae ad sacras disciplinas & instituta pertinebant, inuiolabili rigore seruanda, & illibato vigore custodienda sollicitare; praeterea de rerum publicarum, negotiorumque politicorum administratione ex sacris libris decreta, bono communi proficua, & ad regni stabilimentum conducibilia depromere. Ad quod ritè praestandum duo potissimùm requirebantur, iustitiae cubitus, onerum, officiorum, praemiorumque regni summâ aequitate & iustâ mensurâ distribuendorum symbolum; alterum erat cultus diuinus, totius felicitatis politicae finis & sco-
D pus vltimus. Exprimit haec ipsa Sacerdotis ad Numina conuersi, atque
ex-

extensâ manu voluntatem eorum veluti explorantis figura; cubito iustitiæ ad omnes iustitiæ partes complendas se promptum paratumque
exhibet, omne studium in hoc ponens, vt ad normam tùm Archetypi, tùm
Siderei Mundi omnia ritè adaptet ; appositas habet sacras tabulas seu
amuleta, quibus fretus omnia se executioni iuxta Deorum voluntatem
daturum confidit; norma paulò post sequitur, iustitiæ & æquitatis
symbolum ; pala normæ iungitur, è regione Apidis, quâ innuitur, in rebus publicis rectè administrandis nihil adeo necessarium esse, quàm agriculturæ opera, quibus Mundi Politici corpus quadantenus sustinetur &
conseruatur. Sequitur Accipiter inter duos globos, Osiridis vtriusque
Siderei & Elementaris Mundi Numinis, à quo leges sumit Rerumpubli-
carum benè administrandarum. Leges verò inscribebantur duabus columnis, in singulis quatuor leges potissimùm cernebantur, vti è regione
E patet.

 Per has figuras indicant Sacerdotes mystæ, columnas Hermeticas,
seu Isiacas, in quibus octo leges maximi momenti inscribebantur, vti
Iamblichus testatur, & Plato lib. 4 Dialog. de legibus, iuxta Antiquorum traditionem recenset; & sunt. Prima, prouidentiam nunquam
deesse hominibus, modò sibiipsi non desint. Secunda, Regibus super-
biam & lasciuiam, quæ ex summa rerum licentia & potestate vtplurimùm
originem suam ducunt, summopere vitandam esse. Tertia, sicuti bestiæ
non possunt à bestijs absque humano pastore, sic nec homines ab homini-
nibus absque Deo Duce optimè gubernari ; sine quo omnis vita miserabilis & laboribus plena efficitur ; præ omnibus itaque alijs vnicè diuinus
cultus & religio, tanquam finis vltimus politiæ, amanda & quærenda.
Quarta, ipsa Mentis distributio est lex quædam, cui in omni & priuata,
& publica gubernatione obtemperandum ; Quinta, nullæ constitutiones
appellentur leges, nisi commune bonum procurent. Sexta, qui obser-
uantiùs parent legibus, his magistratus, maximèque diuini cultus munera
committantur. Septima, interitus Ciuitati vel Regno paratus est, in qua
non leges Magistratibus, sed Magistratus legibus dominantur. Octaua,
non nisi prudentiâ conspicuis & Senibus esse committendum Magistratum. Atque hæ sunt leges Hermeticæ, seu leges insculptæ columnæ Isiacæ, quas Plato suis inseruit Dialogis de legibus, quemadmodum Marsilius susè in suis præfationibus demonstrat, & Iamblichus lib. de myster.
apertè docet ; quas quidem octo leges vti hic, sic & hieroglyphicè expressas in sequentibus Syntagmatis planiùs exhibebimus. Quoniam verò quatuor legum in columna poni solitarum meminit Herodotus in Clio,
eæque hieroglyphicis hoc loco apprimè exprimuntur ; eas hic opportunè explicandas duxi.

 In more positum erat Ægyptijs, teste Herodoto in Clio, columnæ
inscriptas monstrare quadruplices leges studiosè obseruandas, quas binæ
columnæ quatuor sceptris transuersis exornatæ monstrant, quarum prima Mundo Sidereo, altera Politico, qui leges suas à Sidereo accipit, conuenit. Est autem lex quadruplex, Regia, Sacerdotalis, Nilotica, agri-
cul-

cultoria; quibus veluti columnis vniuersa Regni felicitas sustinetur, hisce veluti sceptris quibusdam omnia in Regno administrantur; & hæ quatuor leges sequentibus symbolis indicantur. Prima thyrso papyraceo, quâ Regia lex indicabatur, & symbolum erat, vnicam Regis curam esse debere, de rebus Regno conseruandis necessarijs prouidere; ex hac enim felicitas Regni & pax resultabat, & summus omnium erga Regem prouidum & benignum, affectus. Secunda Sacerdotalis lex innuitur per duas pennas Accipitris, quas Sacerdotes sacris operam dantes, in capite, teste Clemente Alexand. l. 6. Strom. gestare solebant; per quas quidem nihil aliud indicabatur, nisi sacræ contemplationis studium, & diuini cultus cura, sine qua Regnum diu consistere minimè posse, rectè nôrant, sat benè secum geri sentientes, si per religiosum cultum honore & reuerentiâ Dijs exhibitâ eos sibi conciliarent, à quibus totius Reipubl. salus, bonorumque omnium affluxus prorsùs dependeret, vtpote apud quos omnium esset constitutum arbitrium. Tertia Nilotica lex ad Prophetas spectabat, quæ appositè sanè per vas Niloticum, cuius figuram collo, aut brachijs, tanquam rem sacerrimâ gestare solebant. Hoc vas præ cœteris portabant Prophetæ, quorum officium erat, sacris præesse, librosque quos Sacerdotales vocant, & continent leges, & Deorum cultum, & vniuersalem Sacerdotum doctrinam, custodire; vectigalium quoque distributioni præerant. ita Clemens Alex. l. 6. Strom. quem vide allegatum quàm susissimè Tomo I. fol. 117. Nilotica verò lex continebat Nili, Geniorumque eius Præsidum cultum, quem statutis anni diebus populo intimare debebant Prophetæ; præterea de fertilitatis aut sterilitatis ex incremento Nili prouenientis quantitate, iudicium ferre; quòd si fertilitatem sponderet, debitis sacrorum solemnitatibus Deorum beneficia testari; sin sterilitatem, Deorum iram placare, & aliunde de noua Regno annona prouidere. Quarta lex erat Agriculturæ, & indicabatur per sequentem traham, instrumentum georgicum, quo vnanimis subditorum conspiratio notabatur in ijs rebus impigro labore exequendis, à quibus omnium salus & felicitas dependeret, cuiusmodi agriculturæ studium erat; cuius tres potissimùm sunt Præsides; Mendes, qui indicatur per Hircinum caput, & fœcunditati præest; Momphta, qui indicatur per *M* symbolum κυριολογικόν, & aquæ, ac humidæ naturæ præest; & Osiris cœlestis cum brachio extensâ manu Capreolum vitis tenente, cui subiungitur rastrum agriculturæ instrumentum ad glebas diffringendas aptum; Osiris enim teste Tibullo lib. 1.

Primus aratra manu solerti fecit Osiris,
Et teneram ferro sollicitauit humum.
Primus inexpertæ commisit semina terræ, &c. vt suprà.

Vnde Ægyptij ad beneficam eius vim innuendam, brachium extensum cum manu Capreolum vitis tenente ponebant, vti copiosissimè ostendimus in Obelisco Pamphilio fol. 442. & in primo Tomo de Nilo. Mendes ita-

itaque per Hircinum caput, Momphta per *M* figuram, & Osiris per brachium extensum significata Numina potissimùm in agriculturæ studio inuocabantur, triniíque trium Mundorum legibus præesse dicebantur; vti aptè exponitur per tres terminorum triades sub rastro positorum. Hi autem omne bonum à Pantamorphæ naturæ præsidio, quod per Papilionem δραχονόμορφον notatur, vt iam sæpe diximus, hauriebant, cuius periamma erat sequens sacra tabula ouata, intra quam circulus, murus ἐπίσταυρος, & Scarabæus cum tribus terminis, cuius in præcedentibus expositam interpretationem vide. Sequitur figura instar laquei, estque potentiæ Osiriacæ index, quâ Typhon subiugatur; & exprimuntur per chordam, brachium, & Noctuam; hoc vitalis Osiridis potestas per Mundi semitas delata, varietatem quadrifido Mundo confert; quæ omnia per brachium extensum, Serpentem, temonem, vas Niloticum funiculo suspensum, pennam, & segmentum circuli, sceptrum Vpupæ capite insignitum, & figuram circularem cruciformem indicantur, & omnia ad politicam hoc pacto traducuntur. Tabula sacra cultum diuinum indicat, ouata figura Mundi rationem, quam Archetypus Principis intellectus in omnibus imitari debet, quod enim diuinus in omnibus intellectus, hoc intellectus Principis in Mundo Politico. Murus quod in Mundo Sensibili per septem planetarum regimen indicat, id in Politico statu per septem diuersorum hominum; & ex ordine quidem Sacerdotum erant, Cantores, Horoscopi, Sacri Scribæ, Stolistæ, Prophetæ, ex plebæo ordine Milites, Agricolæ, Artifices; quorum officia singula fusè descripta vide in Politica Ægyptiorum Tom. 1. fol. 115. His enim vniuersa Regni moles sustinebatur. Per Scarabæum verò Rex masculâ virtute, & summâ fortitudine, & prudentiâ præditus indicabatur, cuius directione tota politici status moles legum veluti præfixis terminis agitabatur; per chordam verò quæ ouatam figuram sequitur, leges innuuntur; per brachium extensum Principis liberalitas & beneficentia, quibus solis omnes Typhoniæ coniurationes dissipantur; beneficentiâ siquidem, & legum quâdam æquitate & iustitiâ, vita Mundo Politico inducitur. Quæ omnia fusiùs sequentibus symbolis indicantur.

G

H

I
Politica documenta.

Scarabæus Rege denotat.

I

Sequuntur duo capita Accipitrina, de quibus ita Horus: *Martem verò & Venerem notantes, duos pingunt Accipitres, eorum marem Marti, fœminam Veneri comparantes, in quo non secus ac Sol ter denarium numerum explet in congressu Lunæ, ita Accipiter in fœmina, quæ si vel tricies in die à mare comprimatur, ab eo digressa inclamataque paret iterum.* Ægyptij itaque hoc symbolo significare volunt Solis actiones in Politico Mundo imitandas esse, qui sicuti in Luna influxibus suis imprægnanda triginta dies consumit, ita Rex Regnum suum singulis mensibus salubrium consiliorum intimatione imprægnare debet; leges enim & consilia, quantò crebriùs repetita, tantò firmiores in subditis radices agunt. Sequuntur iam vas Niloticum funiculo appensum, cum penna Accipitris muro imminentia; quo leges Niloticæ indicantur politico regimini necessariæ, cùm humidum immortalium Numinum donum sit, quo Ægyptus destituta,

K
Horus.
Accipitrina capita duo quid significent.

Rex Solé imitari debet.

L
Vas Niloticú funiculo appensum.

tuta, vt interiret, necesse est. Summo itaque Osiris & Momphta, quo,
duos Niloticos Genios Accipiter & Leonina statua indicant, honore colendi sunt, ob beneficentiam humidi, vnde vita rerum redundat; & ob
beneficentiam legum, vnde vita pariter Reipul. statui emergit; sine legibus enim fieri non potest, vt conseruari possit; quæ omnia aptè insinuantur per symbola inter K, L, & M contenta, vt Lectori vnum cum
altero comparanti patebit. Sequuntur porrò Accipiter cum flagello,
cui supponitur hydroschema, Serpens, duæ Noctuæ, Scarabæus, Serpens,
Noctua, sceptrum testiculatum, tres limites, hydroschema, claudit agmen
Ibis. Quæ symbola ita interpretor. Osiris auerruncus Genius (hunc
enim aptè exprimunt Accipiter cum flagello illi antepofito) in vitalem
humorem tripotens (quæ per hydroschema, sceptrum, Serpentem, & tria
sceptra indicantur) Typhoniam vim in Austro & Borea stabulantem,
per duas Noctuas & binos terminos indicatam, vnà cum subordinato sibi
terreno Osiri, per Scarabæum indicato, ita Typhonem profligat, vt tamen eum viuere patiatur. Alludunt hoc ipso ad politicum Regni statum, cui subinde bonum est, aduersarijs premi, cùm aduersitates huiusmodi Reges vigiles, prudentes, & ad omnes aduersariorum machinas
penetrandas circumspectos; contrà diuturna pax, & bonorum omnium
abundantia improuidos, languidos, & somnolentos reddat: idem enim
in Politico Mundo Typhonem præstare nôrant, quod in Sidereo Martem
ad Solem & Iouem comparatum, qui tametsi malignus, virulentus, &
prorsùs perniciosus sit, sua tamen in siderea œconomia emolumenta
confert, vti in Politica Ægyptiorum fusè traditum fuit. Typhon enim
non adeo sterilis est, vt non suam fœcunditatem habeat; quæ quidem
nihil aliud est, quàm exactissima legum ab Hermete præscriptarum in
subditis obseruatio, quâ vnà cum iustitiæ rigore vigente, dû omnes in commune bonum, & contra Typhonem vigilant, rectam inde rerum admini-
strationê in Politico Mundo resultare necesse est; vnde perquàm appositè
hæc per Scarabæum, & Serpentem, & Sceptrum testiculatum, quibus Noctua intermediat, vti & per tres limites, sceptrû Momphtëû, hydroschema,
& Ibin expresserunt. Concluditur itaq; idealis discursus, per sacræ tabulæ schema inter O & P, intermedium, quod cùm in præcedentibus exposuerimus, hic eidem diutiùs immorari noluimus. Symbola quæ sacram
tabulam sequuntur, sunt, murus cum penna, Bos, Ibis, Serpens, Alpha
cum duabus pennis, & pyramis cum Cruce ansata; quibus sacræ tabulæ
effectus indicantur, qui sunt attractus Apidis, Hermetici Agathodæmonis, & vitalis Animæ Mundi influxus, vt aliàs probatum fuit. Vides itaque ex hoc ideali tertiæ columnæ discursu, quomodo Ægyptij leges suas
tùm ad Archetypas, tùm ad Siderei Mundi leges, appositè adaptare conati fuerint?

CAPVT V.

Interpretatio secundi lateris Meridionalis Obelisci Lateranensis.

Habet hoc latus Meridionale Obelisci Ramessæi siue Lateranensis figuras A, B, & T communes prorsùs & easdem cum figuris primi lateris Borealis A, B, C; quorum significatio cùm in præcedentibus fusè exposita sit, eam hic minimè repetendam duximus. Post epigraphen itaque A, & duorum Regum Ægypti Sothis & Ramessis huius Obelisci erectorum consultationes B, inaugurationemq; Sacerdotum in adyto T, notatu dignum occurrit, quòd Sacerdos inaugurandus flexis genibus supremi Numinis vices gerenti Sacerdoti mitrato, & throno insidenti supplicare videtur ad influxu suo imbuenda duo punica poma, aut veriùs papaueracca capita, quæ manibus gestat. Quæritur itaque, quid sibi voluerint duobus istis pomis granatis, aut papaueraceis capitibus? Respondeo, eos nihil aliud intellexisse, nisi Regnum: sicut enim in pomo granato, seu papauere natura perfectissimam coronam effinxit, intra corticem verò innumeros inclusit acinos in diuersa quædam receptacula dispertitos, reuera tamen cortice veluti muro quodam omnes vnitim conclusos; ita in statu politico sub vna quidem corona diuersi status, diuersæ conditionis homines, quà officijs, quà muneribus distincti continentur; qui quàm diu sub cortice regni, quæ est legum obseruantia, simul continentur, tam diu publici status vigent & conseruantur; si verò læso cortice vel vnum receptaculum læsum fuerit, totum computrescere necesse est. Ita Eusebius; *Papauer Ciuitatis symbolum fuit, quia vti in ciuitate multi homines habitant, sic in papaueris capite, quasi intra eadem mœnia, multa sunt semina; & vt Ciuitas in vicos & domus est distributa, sic & papaueris caput in multas intus partes est diuisum, multaque interstitia habet.* Pierius verò in hunc locum ita commentatur: *Papauer quidem Cererem, atque adeo terram omnem humano commercio habitatam hieroglyphico suo referebat; neque hoc vna tantùm de causa; orbicularis enim figura eius, perinde ac terræ, protuberat, vndecunque conuallibus quibusdam veluti subsidentibus, montium quodammodo iugerumque specie, locorumque reductorum effigie, interiora denique folliculis quibusdam distincta gerit, veluti etiam nationes hominum & fluuijs, & montibus, & vrbibus dispertiuntur: innumera præterea includit semina veluti homines, quæ iustitia & legum latione administrantur,* De malo verò punico ita disserit: erat autem illud præcipuum eius mali symbolum, vt populos gentesque varias vno Collegio congregatas significaret; id ea de causa factum putem, quòd grana illa sine folliculis quibusdam aliquo numero ab ijs segregata, Prouinciarum veluti limites quosdam præ se ferre videantur; & singula homimum vel Collegia, vel Nationes potiùs iuribus disitas ab alijs distinguere; varij enim loculi Circo quodam suo descripti cum granis suis, varias ibidem gentes, suis quasque finibus terminatas indicant. In solennibus

Latus Meridionale Obelisci Ramessæi

A
B
T
Melogranata, & papauera. cea capita Regnorum vnionem denotât.

Eusebius.

Pierius. Papauer terræ symbolum

Mali punici symbolum.

CAP. V.

Mala punica, seu papauera offerebant Sacerdotes Ægyptij.

nibus itaque festis de rerum publicarum statu in adytis consulturos Sacerdotes, siue papauera, siue mala punica supremo Numini obtulisse, vel ex hoc adducto Schemate patet, dum similia genibus flexis offert Numini, abdito quodam symbolo innuens, earum potissimùm rerum curam habendam esse, quæ occulta siue papaueris, siue mali punici significatio exprimebat, & de quibus hoc in Obelisco essent tractaturi. His itaque præmissis, iam ternas huius lateris Australis columnas interpretari auspicemur.

V
Columna prima lateris secundi Obelisci Ramessæi.

- Primo columnæ loco è regione V, Sacerdos mystico habitu indutus, throno insidet, Accipitrem veluti extensis brachijs excipiens; quo indicatur Politici Mundi Principem rationes legum ab Osiri, id est, Siderei Mundi anima accipere, quemadmodum hic à Pantamorpho Mundi spiritu omnia peruadente, qui per Aspidem signatur. Et in præcedente quidem latere, Archetypus Mundus primum locum in prima columna obtinet, qui virtutem suam Sidereo Mundo secundæ columnæ communicatam, tandem in Politicum Mundum tertiæ columnæ influit, hoc veluti defensu quodam in binas Mundorum series facto. Hoc verò latere, Politicus Mundus ascensu facto à Politico Mundo in Sidereum, & hinc in Archetypum, ex singulis, regnis benè beatèque administrandis, necessarias rationes legesque elicit. Quod quomodo faciat, iam exponendum restat.

§. I.

Interpretatio primæ columnæ secundi lateris Australis, quæ Politicum Mundum exprimit.

Finis cuius gratiâ homo conditus à Deo optimus.

CVm Deus atque natura hominem agendo producant, eum certè producunt vt agat; agat, inquam, gratiâ diuinorum. Quemadmodum verò alius finis est, cuius gratiâ natura efficit pollicem, alius cuius gratiâ manum, siue pedem, aliusque rursum, ad quem totum efficit hominem; sic alius finis est, ad quem hominem dirigit singularem, alius quoque ad quem familiam, item alius, ad quem Ciuitatem atque Regnum; alius denique finis ille existimandus est optimus, cuius gratiâ Deus totum genus humanum procreauit. Nemo verò existimet, cùm proprij cuiusque cœtus sit finis, nullum esse totius; cùmque humanæ vitæ partibus insit ordo, in Vniuerso vitæ genere esse confusionem; & cùm partes ob finis vnius intentionem inter se habeant vnionem, eâdem carere Vniuersum, atque adeo dispersum disiunctumque manere. Quamobrem necesse est,

Finis hominis in actione cir- ca optima consistit.

certum esse humani generis finem, eumque in actione quadam circa perfectiora consistere, per quem & superiora pro viribus imitetur, & diligenter inferiora gubernet, scientiâ quidem naturalia perscrutetur, prudentiâ verò disponat humana, pietate autem diuina colat atque veneretur. Quæ quidem perfectio absoluta tot tantisque adminiculis indiget, vt neque

que à paucis quibusdam, neque à multis, sed ab vniuerso simul hominum genere duntaxat possit expleri; neque enim fieri potest, vt tā diuersæ gentes per media tam diuersa ad vnum omnium communemque finē perducantur, nisi ab vno per vnam quandam legem cunctos in vnum pariter conducente. Hinc Ægyptij Monarchicum statum præ cœteris, vtpote ad diuini Numinis, cui quàm simillimus est, exemplar adaptatum, semper magni fecerunt; quod & Plato in libro de Regno approbat, vbi dum Mundi Monarcham quærit, Architectum producit in medium, cuius arbitrio & directione diuersæ conditionis homines, tametsi diuersis rebus artificialibus differant, in vnius tamen arbitrio & directione eius subditi, in vnum finem, qui est tùm fabricæ extructio, tùm eiusdem conseruatio, conspirant. Hinc statim in prima columna symbolum ponitur, Papilio Dracontomorphus cum papyraceo thyrso, quo ad omnia ea, de quibus hucusque discurrimus, respiciunt. Est hoc animal variæ metamorphoseos legibus, vti in Obelisco Pamphilio ostendimus, subiectum; hinc aptissimum meritò Pantamorphi spiritus est symbolum; sic enim principalis totius naturæ Monarcha, omnia operans in omnibus, entia innumera diuersitate dissidentia, summâ pace gubernat, disiuncta summâ vnione in vnum congregat, & ad desideratam singula felicitatem perducit. Atque hoc primum fuit Ægyptijs propositum politici dictaminis exemplar, quòd Regem semper ob oculos habere oportebat, vt inde regiminis sui rationes exciperet, & iuxta eas operaretur. Insinuabant itaque hoc symbolo, Regis Monarchæ esse, dictamine suo omnia in omnibus sibi subditis operari, Protei more ex omnibus omnia factum; quòd aptè per Papilionis Ægyptij metamorphosin exprimunt; hoc enim vniformis subditorum ratio fiebat rationi Regis, sine qua vniformitate Regnum vt consistat, impossibile est, vt rectè Plato docet in citato libro; quod quidem dictamen nihil aliud est, quàm singularis Monarchæ prouidentia, quâ singulis subditis prospicitur de singulis rerum necessariarum vsibus; quæ aptè per thyrsum papyraceum notatur Papilioni appositum. Deinde cùm Regni limites varijs hostium insidijs infesti sint, neque humanis consilijs omnia pericula euadi queant; necessariò cultus Deorum immortalium adhibendus est, atque eorundem ira, si quando iniquitates populi efferbuerint, solitis religiosis ritibus placanda, vel vltrò summa ijs ad succurrendum insita pronitas, populi religione aduocanda. Et limites quidem Regni aptè indicantur per quaterna segmenta, & segmentum medium, ad quatuor Mundi Sensibilis horizontalia segmenta, quibus analoga sunt, & per sequentem proximè sacram tabulam, quam in præcedentibus passim explicauimus, disposita. Sequitur sacram tabulam murus δωδεκάτυρζ@, Regni Siderei symbolum, quod indicat, ciuile regimen ad eius exemplar componendum. Sequitur baculus incuruus dominij à Superis concessi symbolum; sequuntur tres pennæ cum *A* figura, quo symbolo Agathodæmonis Momphtæi virtutes in Regni negotijs exequendis imitandum esse innuitur. Hic enim supremi Osiridis minister sublimitate conditionis suæ omnia supereminet, subtilitate omnia penetrat,

CAP. V 196 OEDIPI ÆGYPTIACI THEAT. HIEROGL.

trat, celeritate motus omnia conficit, quæ funt dicti Agathodæmonis
Z proprietates per tres pennas indicatæ; imitandum & Momphræum Numen per ftatuâ Leoniformem; hic Agathodæmonem per hieralpha, quod manu geftat, indicat, qui dominio à Superis fibi commiffo, vti baculus incuruus illi fuperpofitus indicat, maximam in humidam Nili fubftantiam vim exerit, vnde magna Vrbibus atque agriculturæ commoda, vti
Plutarchus. fymbola Z, innuunt, profluunt; hinc quotannis, tefte Plutarcho, ftatuam eius Bary per Nilum deducebant, tanquam beneficum Ægyptiæ
Barys nauis. telluris Numen, vt Barys expreffa, & binæ manus extenfæ fat indicant. Per Baryn nauem indicabant politicum Regnum fummâ curâ gubernari debere, vt inde dicta emolumenta refultent, ac Vulturis inftar politico cœlo affiduò incubare, & inuigilare contra Typhonias machinationes
A debere. Sequitur figura globi, è cuius fundo duo pedes emergunt; quo
Globus, è cuius fundo duo pedes emergunt. fymbolo, vti in Obelifco Pamphilio oftenfum fuit, occultus fupremi Numinis per vniuerfas Mundi femitas motus exprimitur, Regibus vnicè imitandus: Regi enim ad intima Regni fui penetralia fenfibilis proceffus minimè neceffarius eft; fed pedes eius effe debent rectæ rationis dictamina, quêis dum falubria Regno inftituta conduntur & promulgantur, Rex meritò totum Regnum peruadere, & præfentia fuâ omnes animare cenfebitur; & hoc eft, fupremi Numinis occultum per vniuerfi Mundi femitas motum imitari. Et tametfi hic motus fupremi Numinis occultus fit, maximè tamen is, & fenfibili quâdam ratione elucefcit in Pantamorpha Mundi natura per varietatem effectuum, quam præftat, quæ per fe-
Papilio. quentem Papilionem indicatur; ad innuendum, Principem in conftitutionum fuarum executoribus, Confiliarijs, & Præfectis, per effectus, quos
B iuftitia, & legum obferuatio caufat, potiffimùm elucere debere. Vnde tabula facra præfcribitur dictorum ectypon, & diuino Ofiridi Legiflatori attrahendo potentiffimum periapton; quod in præcedentibus expo-
C fitum fuit. Sequuntur facram tabulam duæ Noctuæ, quibus intermediat globus cum binis fegmentis; quibus indicatur, portantes eam, Ofirim Ifinque de periculis, dirifque euentibus Regno imminentibus (quæ per Noctuas aptè indicantur, vt fufè Hierogrammatifmo Noctuæ docuimus)
Noctua in fomno vifa malum omen. vt de rebus maturè difpicere poffint, monere. (Nam vt Manethon refert, fi quis Sacerdotum in fomno Noctuam vidiffet, id omninò dirum & inaufpicatum habebatur) Regefque de Typhonijs machinationibus à
Abenephius. fupradictis tutelaribus Numinibus quadantenus edoceri, vt tempeftiuè, quibus modis ijs refiftere poffent, profpicerent. ita Abenephius Arabs lib. de feruitute Ægyptiaca.

وقالوا ان الهاما في ببشر مفطا الاهم وبقوا ان مفطا جيدي الهاما جبشر
كلما جستقبل على بني الناس

Dicebant enim Ægyptij, quòd Noctua nuncia fit Numinis Hemphta, quæ
D *eft prima apud eos diuinitas, & annunciatrix omnium, quæ euentura effent hominibus.* Dira itaque oftenta per Noctuam indicata, Momphta Niloticum Numen profligare putabatur; vnde eius ftatuam fupponunt No-
ctuis

SYNTAGMA II. OBEL. RAMESSÆVS.

ctuis Leonino capite & flagello confpicuam ; hoc enim Numen omnia, quæ terræ, aquis, ciuitatibus, aris dira diris ominibus portendit Noctua, auertere, & in bonum conuertere credebatur, vti ex D, fymbolis patet. Sequuntur hæc tres portæ cum quinque limitibus ; quo indicatur tribus portis Agathodæmonis Ophionei quinque leges fuiffe incifas, quas recitat Ariftæus Memphita, vt eft apud Paufaniam ; quarum prima erat, catenam Deorum trahe ; fecunda, fafciculum papyraceum cuftodi ; tertia, fupernum infernumque Horum benefica Numina liga ; quarta, Accipitres binos probè imitêre ; quinta, beneficientiâ Horum ftringe, quod fiet, fi ad quadrifidam Mundi plagam facra ei obtuleris. Quàm hæ quinque leges aptè exhibeantur per fymbola, aperiamus. Cycloides figuræ fupra E cum quinque terminis pofitæ, indicant tres portas Agathodæmonis Ophionei, qui vnus erat è miniftris Momphta, vt Ariftæus afferit ; hifce à Sacerdotibus incidebantur quinque leges cum primis obferuandæ, & publicæ adminiftrationis felicitatem refpiciebant. Prima lex, *Catenam Deorum trahe*, appofitè exhibetur per figuram E in morem catenæ efformatam, quæ definebat in ocularem figuram ; per catenam, concatenatio Geniorum Mundi, cuius vertex oculus fupremæ Mentis archetypus eft, diuina videlicet prouidentia, indicabatur, quam trahendam lex præfcribit ; Deorum autem catenam trahere, nihil aliud eft, quàm ordinem rerum in Mundo cognofcere, eundemque affiduò contemplari ; ex huius enim contemplatione veluti attractu quodã Deorum affeclę fe fiftunt in omnibus poftulatis tuis obedientes ; potiffimùm fi facra illis inftitueris, operationibus Geniorum Mundi analoga, vti paffim in toto hoc Opere docuimus. Secunda lex, *fafciculum papyraceum cuftodi*, quam thyrfus è regione catenæ exprimit ; oftendimus autem in fuperioribus, thyrfum papyraceum nihil aliud indicare quàm rerum omnium abundantiam ; & hoc ideo, quia ex papyro Ægyptij omnia vfibus humanis neceffaria præparabant, & fymbolum erat Pantamorphæ naturæ, quam Papilio in Draconis morem tumidus innuebat, & cui femper appofitum inuenies. Itaque papyraceum thyrfum cuftodire, nihil aliud fignificat, quàm fummo ftudio incumbendum effe primoribus Regni, vt de omnibus rebus vitæ humanæ neceffarijs, fi fubditos in pace & tranquillitate conferuare velint, prouideant. Tertia lex erat, *Horum fupernum infernumque benefica Numina liga*; quæ fanè aptiffimè per laqueum capiti Hori adiunctum, cui paulò infrà mediante Serpente aliud caput ponitur cum duabus manibus extenfis, indicantur. Horus, vti paffim in toto hoc Opere docuimus, nihil aliud eft, quàm Senfibilis Mundus, qui, tefte Plutarcho, duplex eft, Horus fuperior, id eft, Sidereus, & inferior, id eft, Elementaris. Hunc itaque lex ligare præcipit ; quo nihil aliud innuitur, nifi ordines rerum inferioris Mundi applicare fuperioris ordinibus per certam quandam analogiam, atque demum politicum ftatum iuxta dictorum analogiam per legum ad amuffim vtriufque adaptarum difpofitionem conftituere. Quarta lex eft, *Accipitres binos imitare*; quæ aptè per binos Accipitres e regione F exprimuntur ; bini autem Accipitres, tefte Horo,

Quinque leges tribus portis incifæ, Paufanias.

Primæ legis hieroglyphica.

Secundæ legis hieroglyphica. Papyraceus thyrfus abundantiam fignificat.

Tertiæ legis hieroglyphica.

Horus duplex fuperior & inferior.

Quartæ legis hieroglyphica.

ro, quem in præcedentibus citauimus, concordiæ symbolum erat, quam lex præcipit, discere ab Accipitrum natura mirabili, quam apud Horum l. 2. c. 8. vide. Hâc enim Numinum beneficentiâ, vti brachium extensum significat, Horus, ad necessariarum rerum vbertatem concedendam ligatur, quæ symbola inter F & G pulchrè indicant. Quinta lex erat, *iuxta quadrifidam Mundi plagam sacra instituæ*; quæ lex exprimitur per circulum cruciatum sub G, cui aræ figura adiungitur cum tribus terminis; quæ omnia fusè indicata sunt Tom. I. Syntagm. 3. de sacrificijs Ægyptiorum.

Concordiæ symbola Accipitres bini. Quintæ legis hieroglyphicæ.

G

Sequitur hæc Serpens, atque statua Isis auerrunca, vti flagellum in manibus docet, cum sceptro papauereaceo; quibus symbolis Isidis apotropææ cultus potissimùm persuadetur: Isis enim, teste Diodoro, legum inuentrix est, & ideo legifera passim vocitatur; sceptrum verò, vti paulò suprà ostendimus, papauereaceum indicat politicam administrationem, in qua quod in capite papaueris corona, id in politico statu Rex, aut Princeps; quod in capite contenta semina, id in politica subditi; quod denique folliculi distincti in papauere, id diuersæ iurisdictiones in politico statu; atque adeo appositè Iìs papauereaceum sceptrum appositum habet. Huiusmodi leges si seruâris, per scalam Hermeticam Accipitrinâ pennâ elatus, dominij felicitatem obtinebis, quæ per alam, scalam, & baculum incuruum exprimitur; vitalis humor rerum omnium abundantiam conferet, vti hydroschema cum Serpente, & thyrsus papyraceus indicant. Sequitur denique Ibis cum Serpente, & Nilotico vase, sceptro trinodi, & terminis binis; quæ indicant, leges Hermeticas in hac columna descriptas, vitam præbere, & salutem toti dominio Nilotico, qui est Ægyptiæ felicitatis finis.

Isis legum inuentrix. Diodorus. Papauereaceū sceptrum significat politicam administrationem.

H

I

§. II.

Secundæ columnæ lateris secundi Australis interpretatio, & continet Niloticas leges.

Columna secunda lateris secundi Obelisci Ramessæi.

PRimum mediæ columnæ locum obtinet Siderei Mundi anima Accipiter, qui quadrangulo insidet, Elementaris Mundi, cui dominatur, symbolo; in quo subordinatos sibi Genios habet, Apidem, beneficum Numen, qui Mendesio sceptro Typhoniæ sterilitatis perniciem fœcunditate suâ propulsat; quæ per bouem, extensum brachium, Noctuam, & Hircini capitis sceptrum aptè exprimuntur, vti alibi explicatum fuit: habetque se per modum epigraphes; quæ ita legetur: *Siderei Mundi dominatori Osiri, & Elementaris Mundi Genio Apidi benefico & fœcundo, Typhoniæ sterilitatis propulsatori.* Hâc peractâ incipit symbolicæ literaturæ contextus, vt sequitur. Osiri dormiente vti omnia tristi luctu tabescunt, ita eo vigilante omnia viuifico lucis radio tacta, interno quodam gaudio turgida dilatantur; quæ indicat Accipiter dormien-

V

Accipiter quadrangulo insidens.

X

Y

Accipiter dormiens.

mientis specie è regione Y comparens ; cuius symbolum in præcedenti- *Ophionius Agathodæmon.*
bus expositum vide. Hinc Ophionium Agathodæmona, qui per Aspi-
dem ipsi assidentem exprimitur, precibus & sacrificijs sollicitare solent,
ad Osirin iratum & dormientem à somno auocandum; Deorum catena
ad rerum necessariarum defectui consulendum trahenda est, in huius
enim catenæ oculatæ vertice prouidentia habitat, cuius virtute Osiris
excitatur, virtus Ophionia instauratur, & Typhonia vis expellitur; quæ
omnia per symbola inter Y & Z posita, catenam oculatam, thyrsum
papyraceum, Noctuam cum amuleto Nilotici vasis ansati, significantur.

Est in Sidereo Mundo crater Osiridis beneficus, cuius defluxus Z
benignos quicunque in inferiorem piscinam deriuare nôrit, is Mompha *Crater beneficus Osiridis.*
vtrumque, & cœlestem, & terrenum attrahet, & per Pantamorpham na-
turam rerum necessariarum abundantia replebitur. Hic crater exprimitur per figuram immediatè sub Accipitre è regione Z posita, radiorum-
que diffusione veluti stillicidijs quibusdam profusis conspicuam, quam
liberalem crateris cœlestis diffusionem manus extensa notat; infra quam
figura piscinæ cum tribus quadrangulis est, quæ notant receptum in inferiori Mundo, iuxta tripartiti anni conditionem, crateris effluxum;
nam huius stillicidio crateris quicunque particeps fuerit, is sibi Mom- A
phta vtrumque, per duo Leonina capita, cœlestem & terrenum, tùm crateris superioris, tùm inferioris piscinæ custodem propitium habebit; &
Mundi vitam ad rerum abundantiam concedendam attrahet; quæ per
Papilionem, & thyrsum papyraceum indicantur, vti iam sæpius dictum
est. Sed mysterium paulò luculentiùs exponamus. Hic crater cœlestis *Crateris benefici mysteria.*
nihil aliud est, quàm Siderei Mundi receptaculum, omnigenâ influxuum
varietate refertum, qui continua in inferioris Mundi receptacula seu ci-
sternas sacras (piscinas seu fauissas vocant veteres Hieromantæ) bene-
uolâ Osiridis manu distribuuntur in omnia Mundi membra. Quia tamen
nihil tam salubre est, nihil tam benignum, cui Typhoniæ potestates non
aliquid malignum & perniciosum inferant, quo benigna ab Osiri com-
municati crateris munera corrumpuntur; ideo contra eas Mompha, id
est, Nilotici incrementi, atque adeo totius humidæ substantiæ Præses sa- B
crificijs placandus est, & anima Mundi ad copiam rerum expulso Typhone suppeditandam, attrahenda; quod fieri posse credebant per subiectas binas sacras tabulas in locis Typhonijs potestatibus infestis expositas, quarum prior circulum, ἐπίαπυργον, Scarabæum, circulũ cum Niloscopio
continet ; vbi circulus seu globus diuinæ Mentis prouidentiam notat,
cuius fœcunda vbertas in septem cœlestiũ planetarum arces seu crateres diffunditur; Osiris autem per Scarabæum notatus, eam ex crateribus
supernis in infernas Niloticas piscinas & fauissas deriuat, Politici Mundi
exemplar, ad quod Regnum disponi debet. Altera verò tabula, cùm ad C
idem alludat, eaque iam in præcedentibus sat superque exposita sit, ea
prætermissa ad sequentia progrediamur.

Harum enim intuitu tabularum sacrarum suprema Mens, oculus
Mundi, vitalem humorem, qui per hydroschema & Serpentem innuitur,

D auget; omnem aduſtiuam & Beboniam vim Noctuinam tollit, præterea perpetuò Zodiacū virtute ſuâ influit; & hinc in Nilotica fluenta, per tria vaſa, teſte Horo, notata, humoris vitalis receptacula, & tandem vitam deſideratam per motum influxiuum dodecapyrgi in ciſternas ſiue fauiſſas

Fauiſſæ ſacræ. ſubterraneas, per tria receptacula hemyciclo ſuppoſita tranſmittit. Erant autem fauiſſæ ſeu ciſternæ ſacræ in ſubterraneis adytorum penetralibus,

E quædam receptacula, quæ ex Nilo per occultos meatus originem ſuam traducebant, quarum aquæ vti Dijs immortalibus conſecratæ erant, ita præ omnibus Mundi aquis ſummam energiam habere putabantur. Verùm de huius fauiſſæ conſtitutione vide quæ copioſè tradidimus in Obeliſco Pamphilio fol. 473. In hiſce fauiſſis columnæ Nilometriæ erant poſitæ, ex quarum gradibus tempore incrementi Nilotici, Sacerdotes

Nilometriæ columnæ. de futura anni conſtitutione diuinabant. Sed hæc non incongruè per ſcalam Nilometriam certis gradibus diſtinctam, quam Sacerdos ei aſſiſtens

Niloticæ leges. contemplari videtur, exprimuntur. Per has itaque Niloticas magni momenti leges ante omnia Regno alicui rerum neceſſariarum abundantiam procurandam eſſe cenſebant, quâ durante, Regnum conſiſteret, ſubditi in pace & tranquillitate viuerent, Principemque ob prouidentiam erga ſubditos debito amore & beneuolentia proſequerentur; his verò deficientibus, nihil aliud, niſi murmura, ſeditiones, ſimiliaque Reipublicæ nocumenta, Regnum in vltimam ruinam ducere poſſe exiſtimabant. Sed iam ad filum.

F Sequitur poſt Nilometriam columnam ὑδρόφιον ſchema, ex aqua &

Hydrophium ſchema. Serpente conflatum, & eſt vitalis humor; cui cùm Typhonia vis Noctuina contraria ſit, Porta adyti temone Canub inſignienda, & cœleſti-

G bus triplicis Mundi legibus adornanda, vulturis imagine, naturæ principio paſſiuo; ad aram quoque cœremoniæ ſolitæ iuxta quadruplicem Mundi plagam peragendæ. Hoc pacto Typhon à Regno profligabitur.

H Quæ omnia ijs ſymbolis, quæ inter F, G, & H continentur, ſignifican-

Corona papaueribus, & perſeæ folijs ornata. tur. Vides è regione H veluti coronæ figuram, tribus papaueraceis capitibus, & binis perſeæ folijs intermedijs ornatam; quibus oſtenditur, Regem ſemper memorem eſſe debere ſuorum ſubditorum, vt eos vnione

I gubernet, ſapientia dirigat, beneficentia conciliet, Niloticas leges exactè, veluti Regni fulcimentum, ſeruari curet; ſic Typhone fœcundita-

K tis Ægyptiæ aduerſario, prouidentiâ Regis propulſato, vita rerum per influxum ſupernarum poteſtatum in inferiorem Mundum hylæum, factum, ſummo omnium emolumento conceditur.

§ III.

§ III.

Tertiæ columnæ lateris secundi Australis interpretatio.

Apicem huius columnæ tenet Aspis, è circulo emergens, & omnia Mundi membra penetrans, symbolumque exhibet Pantamorphæ naturæ, seu, vt Platonici volunt, animæ Mundi; quod symbolum cùm iam sæpius explicatum sit, hic immorari noluimus. Hæc sub se habet anserem sacræ tabulæ insistentem, quo notabant potentiâ animæ Mundi immediatè in Osirin influere; hic in Mercurialem œconomiam, vti ouata sacræ tabulæ figura, Ibide gnomoni Alphamorpho insidente conspicua ostendit, & magnæ virtutis periaptû est, vti dictum fuit. Mercurij enim supramundani munus est, à Pantamorpha natura & Osiri ipsi concessum, omnia rationis libra ponderare, & ad symmetriam adaptare, annui temporis emolumenta disponere; id quod in sidereo regno idem præstat Mercurius, & in Politico Mundo Mercurij minister Rex; adeo vt nihil in inferiori Mundo sit, quod non eminentiori quodam modo in superioribus Mundis sit, ac proinde superioris Mundi Ideæ, exemplaria quædam sunt, ad quæ inferiores, atque adeo politicus Mundus adaptari debeant, sine quibus consistere inferior non posset, ab ijs veluti à causis essentialiter, vt Scholæ loquuntur, dependens. Atque tale exemplar est hæc tabula sacra, toties in hoc Obelisco proposita, cuius effectus iam exponamus; & sunt sequentes: primò felix præsagium; secundò necessariarum rerum suppeditatio; tertiò malorum fuga. Prius ipsum Nilometrium cum adiunctis signis; secundum Accipiter cum thyrso papyraceo; tertium Noctua explicat. Deinde sacrorum cura sequitur, per aram, & pennam adiunctam signata, vt alibi dictû est; his enim diuina prouidentia per oculum indicata, dum occulto motu per duos pedes indicato, omnes Mundi semitas peruadit, humorem vitalem, quem hydroschema & Serpens notant, fugata Noctua Typhonia, craterem Mendesium fœcunditate refertum, ex tribus Mundis per tres circulos signatis, in Politicum Mundum, qui per sceptrum, cui caput papauereaceû impositû est, & Serpens transuersus insistit, notatur, deriuat; hâc enim appositè sanè indicatur, vitam ex cratere supramundano in subordinatos sibi Mundos, & tandem in politicum statum deduci, cuius vita sunt, rectum dominium, & legum obseruatio in subditis, agriculturæ quoque studium, cui in regni conseruationem impigrè incumbitur, vnde fœcunditas in quadripartitam Mundi faciem resultat, quæ per tres palas, hircini capitis sceptrum, & figuram cruciatam indicantur. Osiris & Horus cœlestis, vitalis humoris præsides attrahuntur per 2 tabulas sacras C, D, magnæ virtutis; ijsque prouidentia Pantamorphæ naturæ conciliatur. Verùm horum significata vide iam suprà declarata. Sequuntur sacram tabulam hydroschema, Serpens, Alpha Geniale, cycloi-

Aspis è circulo emergens.
V
Anser sacræ tabulæ insistens.
X

Mercurij munus.

Y

Z
A

B
C
E

des

des, manus extensa cum pyramide, cui subiungitur lepus dormiens; quæ symbola ita explico. Vitalis humor Nili per Agathodæmonem cœlestem, beneficâ vi influitur in Regem regno suo inuigilantem; siquidem teste Horo l. 1. c. 26. Ἀνοίξιν δ᾽ ἐ θέλοντες δηλῶσαι λαγωὸν ζωγραφῶσι, διὰ τὸ πάντοτε ἑαυτοῦ ὀφθαλμοὺς ἀνεωϊγότας ἔχειν τοῦτον τὸ ζῶον. *Patulum aut apertum quid significare volentes, leporem pingunt, quòd semper apertos oculos habeat hoc animalis genus.* Vnde teste Pierio, Regis vigilantia supra suum regnum eo indigitatur. Manus autem Pyramidem tenens beneficum influxum, vti fusè in Obelisco Pamphilio traditum est, indicat. Reliqua symbola, cùm iam in præcedentibus explicata sint, explicanda non duximus, cùm ea quiuis, qui præcedentia probè intellexerit, seipso explicare & interpretari possit.

Horus. Lepus vigilantis Regis symbolum.

CAPVT VI.

Interpretatio lateris tertij Occidentalis, in quo infestæ Typhoniæ potestates, & Reipub. perturbatrices exhibentur, & quomodo eæ superandæ sint.

A
B
C
D

IN hoc latere tertio Occidentali, figuræ A B C D prorsùs eædem sunt, quæ in reliquis lateribus; quare cùm eas in primo latere exposuerimus, hîc eas repetendas non duxi. Quare ad trium columnarum in hoc existentium interpretationem calamum conuertamus.

§ I.

Lateris tertij Occidentalis columnæ primæ expositio.

MErcurius malos & bonos Dæmones Mundo dominari asseruit, maximè in plaga Occidentali, tanquam tenebrarum quas diligunt, origini proximâ stabulantes, vt Theupolus Academ. quæstionum libro fol. 115 ex Mercurio recitat, & doctrinæ Hermeticæ in huius Obelisci latere congruit. Nam & noxios, & salutiferos Genios statuit, & veteres statuas ijs confecisse ait, quas Deorum loco colerent. Genios itaque malos status politici perturbatores in hoc latere Occidentali posuit, ostendens quomodo eorum technæ superandæ sint, & quibus modis & rationibus hi propulsandi, illi verò aduocandi.

Columnæ primæ lateris tertij Obelisci Ramessæi interpretatio. Trismegistus. Dæmones boni & mali Mundo dominantur ex Trismegisto.

E

Itaque in prima columna ponitur polymorphæ naturæ symbolum, Papilio, cui subiungitur iam sæpè expositum sacræ tabulæ Schema, veluti prophylacticum quoddam contra Typhonias potestates. Sequuntur tres volucres, quarum prima Passer, secunda Noctua, tertia Cornix; irreconciliabilis simultatis symbolum. Nam vt rectè Horus asserit, Noctua dissidet

Discordiæ symbolum. Horus.

SYNTAGMA II. OBEL. RAMESSÆVS.

det à Passere, dissidet & à Cornice. Vtrumque ostendamus. Pierius ita *de Noctua & Cornice loquitur*: *Si hostes duos capitali odio detrimenta, & insidias alterum alteri sempiternis indignationibus molientes, manusque mutuarum cædium sanguine commaculantes, notare vellent Ægyptij Sacerdotes, Noctuam & Cornicem ponere censuerunt, quarum vsq; adeo immortales inimicitiæ sunt, vt & hæc, & illa in mutua semper damna odium exerceant. Cornix enim interdiu oua Noctuæ rapit, assumitque sibi conscia Noctuam interdiu cæcutire; & Noctua contra, noctu oua Cornicis inuadit, quæ suffuratur vt edat: sicque altera interdiu, altera noctu potentior, vnde confusum vtriusque sanguinem coire non posse, sunt qui sibi persuadeant.* ita Pierius. De Passere verò & Noctua sic Horus disserit. *Hominem qui ad proprium patronum confugiat, nec eius subleuetur auxilio, monstrare cupientes, Passerem & Noctuam pingunt; hic enim dum Aucupum venatione petitur, ad Noctuam accurrit, à qua mox opprimitur.* An non hisce symbolis aptè insinuatur tyrannica rerum politicarum administratio, appositè per Typhoniam Noctuam expressa? Quid aliud Passer nisi simplicem denotat populum, qui varia afflictione agitatus, dum confugium suum apud male sanum Principem quærit, tantum abest, vt tutum ibi refugium inueniat, vt potius ab eodem mox opprimatur, vel iniusta pecuniæ exactione, vel alijs grauaminum intolerabilium impositionibus; vnde odium populi versus Principem prorsùs nascitur irreconciliabile, & ex consequenti seditiones, tumultus, cædes, aliaque Reipublicæ detrimenta; quæ Regno vltimum exitium portendunt. Hunc tyrannicum Regis animum aptius adhuc exprimit sequens è regione F symbolum Coturnicis cum thyrso papyraceo, rerum regno necessariarum ex prauitate Regis defectus symbolum. Huius volucris malignitatem hisce verbis graphicè describit Horus l. 1. c. 49. ἀκαθαρσίαν δὲ γράφοντες ὄρτυγα (sic enim meliora exemplaria habent, vt alibi à nobis demonstratum fuit, non ὄρυγα) ζωογραφοῦσι. *Porrò impium scelestumque animum notantes, Coturnicem pingunt*. Auis sanè Ægyptijs tantò inauspicatior, quantò in Deos immortales irreuerentior habebatur; non impuritate tantùm infamis, sed quòd impuritati Deorum contemptum, odiumque religionis adiunctum haberet, tantoperè ab Ægyptijs execrabile. Nam quotiescunque Luna oritur, inauspicatos clamores, teste Horo, excitat aduersus eam, non quòd saluere Deum iubeat, aut laudibus Dijs debitis prosequatur, sed manifestissima dat indignationis aduersus eam signa; quòd apud ipsos magnæ dabatur impietati, cùm summo Lunam cultu prosequerentur. Ante omnia terram fodicat, pupillasque sibi identidem conscribillat, vtpote Lunæ impatiens, quam nè quidem aspectu dignatur; idem cum Solis diuini sideris exortu præstat. Hæc eadem in solitarijs, quibus afficitur, locis, si quem limpidæ aquæ fontem repererit, simul ac biberit, aquam reliquam rostro pedibusque corrumpere, lutosamque reddere, puluere in eam ingesto, nititur, nè cuipiam alteri animali ad potum appetatur. Quo sanè aptè tyranni malitiam, auaritiam, & prauitatem occultè docuerunt, qui non bonum commune & politicum pro scopo habet, sed propria commoda in omnibus sectatur.

Nam

Tyrannis ex Aristotele.

Nam vt rectè Aristoteles ostendit, Tyrannis nihil aliud est, quàm Regnum ex Principis impietate in labem & corruptelam degenerans; cùm Princeps ἀυτάρκης bonorum omnium vbertate affluens, non indigentium populorum commoda, sed suiipsius quærit; vnde mox inquietudo populi, ex inquietudine murmuratio, seditio ex murmuratione, ex seditione bellum, ex bello vltimum tandem Regno exitium patet. Tyrannus Coturnicis instar, Solis Lunæque iura despicit, dum dictamini rectæ rationis contrarias leges imponit; terram fodicat, dum thesauros bono publico debitos in proprios vsus absumit; quid aliud est, aquam limpidam turbare & lutosam reddere, nisi tranquillitatem publicam oneribus intolerabilibus disturbare, aliorum bonis inuidere, adeoque quibuscunq; modis & medijs eorum intercipiendorum occasionem operire? Sed & hæc omnia sequentia symbola inter F, G, H, I inclusa sat docent, oculus

F

videlicet, sceptrum tuberosum, quadratum, segmenta bina minus & maius, tres secures. Per oculum & sceptrum prouidentia Regni sublata, suprema medijs, media infimis consusa, trinâ veluti excisione per tres secures, omnium interitum adducunt; Passer ad Noctuam aduolans mox

G

opprimitur, quæ per auem cum penna è regione G pulchrè indicantur; vita cœlestis Osiridis Regni norma confunditur, vti Serpens, cycloides,

H

& duo pistilla opposita notant. Tres temones H Regni ad normâ triplicis Mundi constituti, & prosperi conductus symbolum, per transgressionem legum, quæ sunt veluti termini quidam humanis actionibus constituti, contrariæ vitæ actione, oppositis Serpentum motibus notatâ, per-

I

uertuntur. Osiris I intellectus de rerum necessariarum vbertate prouidens cœlo coërcetur, vnde legibus supernis infernisque confusis benefica vis, & ab vrbibus, & à vitali humore agriculturæ necessariò desistit; quibus quidem malis nullum aliud remedium superesse videtur, nisi tri-

K

formis Numinis religiosus cultus, vti tripus, & amuleta vasorum Niloticorum, cum statua mitrata indicant. Statua Hemphta dominio potens

L

in tripartitum anni tempus, & Leoniformis Momphta vitalis motus principium & prouidentia Noctuam Typhoniam, id est, omnia aduersa tùm à δωδεκαπυρσῳ trium Mundorum Zodiaci cœlestis, tùm ab Elementari inferiori Politicoque Mundo ad eius exemplar constituto eliminabunt. Vitalis humoris præses Isis rerum necessariarum Agathodæmon, vitam Mundorum contritam tùm munificentiâ, tùm benedictione resuscitabit per prouidentem naturæ progressum, qui propriè Isidi, vnde nomen ha-

M

bet, & pes inter terminos positus satis innuit, vti & statua M cum thyrso papyraceo binis Serpentibus intra bina pistilla constitutis, & bina brachia, quorum prius manum extensam, alterum in modum benedicentis

Horus.

eleuatâ tenet, indicant. Hac enim Typhon & Nephtys, vt Horus explicat l. 1. c. 8. per duos Accipitres aut Cornices indicati, nuptiali lege coniuncti, è Nilo religiosè culto rerum necessariarum abundantiam pro-

O

ducunt; Nilo ad temperiem, si quando excesserit, ducto, Osiriaca prouidentia adustiuam Noctuæ vim per Anubidem beneficam, quadruplicis

P

Niloticæ aquæ præsidem, abigit, vnde canales Osiris rerum necessaria-

rum

SYNTAGMA II. OBEL. RAMESSÆVS. CAP. VI.

rum prouisoris & custodis complebuntur; ad quod efficax erit prophylacticum, quod sequitur, iam sæpe expositum.

§. II.

Interpretatio secundæ columnæ tertij lateris Occidentalis.

IN hac columna Siderei Mundi mala, & eorundem antidota indicantur, exemplumq; est Politico Mundo ad imitandum propositũ. Est enim in siderea œconomia vis quædam maligna, tùm ex siderum dispositione, & irradiatione, tùm ex præsidum Geniorum contrariorum influxu resultans, quâ omnia inferiora subinde horrendum in modum vexantur. Quomodo verò huic fatali necessitati, quam Ægyptij asserebant, occurrendum sit, & quomodo à fato absolui possint, columna explicat. Et primò quidem quadrangulo insidens Accipiter, vt iam sæpe dictum est, Elementarem Mundum indicat, cui Siderei Mundi anima Osiris dominatur. Ponuntur autem intra dictum quadrangulum bos, cum brachio extenso, Noctua, & statua Momphtæ; quibus indicatur nescio quæ antipathia ignis & aquæ, quarum vtralibet si præualet, magnas calamitates importari certum est; estque fatalis quædam necessitas, vt dicunt; de qua paulò altiùs disceptare visum fuit.

Porphyrius docet, Ægyptios motui stellarum arbitrium nostrum supposuisse; quod quomodo intelligendum sit, Iamblichus libro de mysterijs ex Mercurialibus sententijs siue doctrina Hermetica explicat. *Duas*, inquit, *homo animas habet, vt Mercuriales literæ, id est, Hieroglyphicæ docent; vna quidem est ab intelligibili primo, quod est Hemphta supremus omnium & primus intellectus, ipsius Opificis potentiæ particeps; altera verò ex vita cœlestium nobis indita, in quam & anima diuinorum speculatrix irrepit. Anima itaque à Mundis in nos descendens, Mundorum quoque circuitus sequitur; quæ verò ab intelligibili veniens intelligibiliter adest, illa geneticum circuitum supereminet; atque per hanc à fato soluimur, & ad intelligibiles Deos ascendimus, & religionem habemus ad æterna teudentem.* Nequaquam igitur putandum est, omnia insolubilibus necessitatis vinculis, quod fatum vocant, colligari; habet enim anima principium in se proprium, quo ad intelligibile sese conferat; & descendit quidem ab his quæ gignuntur, ad ipsum verò Ens accedit atque diuinum; neque Dijs propriè, vt Iamblichus ait, fatum conuenit, quos tanquam à fato soluentes in templis, sacrifque, & statuis venerabantur Ægyptij; sed fatum peragunt naturæ quædam vltimæ à Dijs descendentes, atque generationi, Mundique corporei miscellæ implicatæ. Hinc Ægyptij non sine ratione omnem Dijs sanctimoniam adhibebant, vt ipsi quidem soli per intellectualem persuasionem dominantes necessitati, mala ijs à fato imminentia soluerent. Non enim totum in natura fati ligatum est, sed est & aliud principium animæ, & natura & generatione præstantius, per quod & Dijs se posse copu-

CAP. VI.   206   OEDIPI ÆGYPTIACI THEAT. HIEROGL.

copulari, mundanum ordinem superare, sempiternam vitam agere, atq, supramundanam Deorum actionem participare posse arbitrabantur. Cùm verò fatum non solùm particularem hominis, sed maximè vniuersalem alicuius Regni statum respiciat; hoc loco ostendit, quomodo Reipublicæ status à fato solui possit. Sed iam tempus est, vt dicta hieroglyphicis expressa ostendamus.

Papilio, seu musca Ægyptiaca,& polymorphus sensibilis Mundi Dæmon.

F   Post quadrangulum itaque è regione F, Papilio Dracontomorphus seu musca Ægyptia occurrit, sub cuius pedibus Serpens, quem sequitur nullibi non obuia sacra tabula, & iam sæpius exposita. Per Papilionem, vti aliàs docuimus, polymorphus Sensibilis Mundi Dæmon in vitas rerum dominio potens, fati totius dominus indicatur. Cùm enim omnibus sese inuoluat & implicet Sensibilis Mundi corporibus, influxuque gubernet singula, vti sacra tabula ostendit; per globum quidem Intelligentias præsides, per δωδεκάπυργον Siderei Mundi, globorumque cœlestium, potissimùm Zodiaci œconomiam, & per Scarabæum Osirin inferiorem denotant. Fatum autem cùm conuersioni & dispositioni siderum sit alligatum, nemo eius fatalem influxum secundùm opinionem Ægyptiorum iuxta præscriptas à necessitate leges effugere potest; est enim polymorphus hic Dæmon solo Intelligibili Mundo inferior: hinc Sacerdotes Ægyptij, totos sese impendentis fati tempore ad intelligibilem Mundum conferebant. Et fatum quidem, teste Horo, exprimebant per figuram Stellæ, Mundum verò Intelligibilem per globum tripodi insistentem, solo triformis Numinis supremi, vitalis & intelligibilis Mundi dominatoris munere gubernatum. Hunc Sacerdotes, quos figura humana extensis brachijs in obsecrantis morem effigiata notat, ritibus & cœremonijs non sensibilibus, sed intrinsecis varijs intellectualibus operationibus contra fatales Noctuæ Beboniæ machinationes sollicitabant; huic, vti sequentia symbola, tres termini, ara, penna, quadratum, segmentum, circulus monstrant, sacra peragebant mystica; per pennam, eleuationem mentis; per aram nudam, mentem testabantur ab omni humanæ contagionis labe immunem; per quadratum, stabilem mentis in Deum erectæ quietem, & inconcussam constantiam, teste Pierio; per tres terminos, cum segmento & globo, legum diuinarum seu Mercurialium obseruationem illibatam. Et per pennam, id est, mentis eleuationem fatalis heptapyrgi influxus superatur; per quadratum & inconcussam constantiam Noctua Bebonia eliminatur; per legum obseruantiam terminis indicatam, fœcundum quoddam dominium conceditur in Nilotici vitalis humoris œconomiam, quo violentia Noctuæ à dodecapyrgo trium Mundorum prohibetur, in vitæ custodiam catena vitalis Agathodæmonum contra aduersarum potestatum catenam trahitur; per legum Isiacarum exactam obseruantiam in columnis Isiacis descriptarum) his enim vitæ destructrix Noctua cedit) vitalis humor conceditur. Oportet autem Sacerdotes hoc pacto negotium instituere. In adytis compareant toti intellectualibus operationibus dediti, gestus exprimant Hemphta supremum Numen; nudi sint, vt se ab omni terrenæ mistionis inuolucro immu-

Horus.

Fati hieroglyphicum.

Sacerdotum ritus & cœremoniæ in adytis.

SYNTAGMA II. OBEL. RAMESSÆVS.

immunes, & quàm simillimos Numini constituant, aquis mundissimis loti, vti figura inter N & P notat; portæ adyti duplici Anubidis, id est, Canis imagine insignitæ sint; quo occultè alludebant Sacerdotes, teste Horo l. 1. c. 39. 40. 41. eos, qui hoc munere fungi voluerint, oportere multa meditari, assiduèque omnibus Canum more allatrare, nullique gratificari in ijs, quæ legum strictam obseruantiam concernunt; intentisq; in Deorum simulachra oculis prospicere, ad eos in omnibus actionibus suis imitandos: valuæ quoque templi eo sint artificio constructæ, vt seipsas ad voluntatem Sacerdotum, quando id voluerint, in operatione sacra aperiant claudantque, nihilque adeo sit, quod non ingenium & operationem intellectualem sapiat; prophylacticam potissimùm illam sacram Hermeticam tabulam continuò ob oculos habeant propositam, animo imprimant, & locis publicis insculptam venerentur. Atque hæ sunt leges in hac columna contentæ.

§ III.

Tertiæ columnæ tertij lateris Occidentalis interpretatio; & continet leges, quibus Numina sollicitantur ad Ægypti salutem.

PRæmisso itaque polymorphi Dæmonis per sacram tabulam cultu; postea sequuntur heptapyrgum, pennæ, quatuor statuæ quatuor Larium principalium, quæ sunt imagines portatiles veluti fascijs inuolutæ, quas vario cultu, vt alibi dictum fuit, prosequi solebant, & Theraphim in sacris literis, ab Ægyptijs Serapes dicebantur; quæ omnia fusè iam exposuimus in Pantheo Hebræorum, tractatu de Theraphim, & in sequentibus peculiari tractatu exponemus. Cultus itaque horum in Vrbium salutem præcipitur; quibus Apollinis τριαρῶν, & triformis Numinis trioræi cultus adiungendus est. De Appoline triorææo per Accipitrem & tres terminos expresso vide Pausaniam; de triformi Numine per tripodem & tres terminos expresso, vide quæ in præcedentibus egimus. His enim propitiatis, Cœlorum fata propitia habentur apud illos. Præterea Momphta necessariarum rerum abundantiæ præses per solitas cæremonias à Sacerdotibus sæpius adiuretur; hoc enim catenæ beneficorum Numinum attrahuntur, fugatis aduersis omnibus, & inauspicatis Noctuæ moliminibus; prouidentia suprema per canales occultè influens in opera culturæ Ægypti, per vitalem humorem, & per beneficam vim, Osiris rerum omnium vitæ humanæ necessariarum largitoris. Porrò Noctuâ Principi, Reipub., & liquori vitali Coturnice insidias tendentibus, sacris dictis inuigilandum; per hoc enim vis maligna dissipabitur, Coturnix diris deuouebitur, per sacras trium vigiliarum leges, quas in adytis seruare oportebat, de quibus in Politica Ægyptiorum fusiùs disceptatum est. His enim vitalis prouidentia vitalis humoris hostem Typhoniam Noctuam

&ctuam à trium Mundorum œconomia exturbabit, vnde vita politico Mundo, Sacerdotibus quoque Niloticis sacris strenuè incumbentibus, vitalis liquor primò deriuabitur in Osirin cœlestem, & hinc in Horum, & sacrorum vi peractorum in Momphta Mendemq; seu Hircum sacrum, & ab his in quadripartitam Mundi plagam; ad quæ plurimùm conferunt sequentia prophylactica, quæ omnia symbolis inter literas N, O, P, Q, R, inclusis indicantur; quorum significata cùm iam sæpè exposita sint, ea cum tædio Lectoris minimè iteranda duximus.

CAPVT VII.

Quarti lateris Orientalis Obelisci Ramessæi interpretatio.

Quartum latus Obelisci Ramessæi continet remedia contra Typhoniam vim.

Continet hoc latus remedia contra Typhonias & Bebonias machinationes; quæ fiunt per religiosum Deorum beneficorum cultum; & per Numinum catenæ tractum. Explicatis itaque iam in præcedentibus imaginibus in A, B, V, X, loculamentis positis, primam lateris assumpti columnam explicemus.

§. I.

Columnæ primæ lateris quarti Obel. Ramess. interpretatio.

Interpretatio primæ columnæ lateris quarti Orientalis.

Cuius primo loco sæpe sæpius propositus & explicatus Papilio, vnà cum sacræ tabulæ ectypo, occurrit; post quam sequitur Accipiter
Y inter tres circulos, & tres quadranguli, quibus Osiris trium Mundorum superiorum & inferiorum seu hylæorum moderator indicatur; qui Noctuam Beboniam Mundorum crateri insidiantem perpetuò insectatur,
Z tanquam iurisdictioni suæ subiectorum iniustum inuasorem. Osiris enim
A hisce vitam dat, leges eis statuit; cuius vxor Isis est, Niloticæ substantiæ dominatrix; quorum affecla Anubis vigil rerum custos. Hæc Numina conuenientibus sacris culta, dodecapyrgi defluxum mouent, & vita-
B lem fœcunditatem spondent. Osiris anni quadripartiti moderator Noctuam à benefica piscinæ & canalium benificentia remouet; Apotro-
C pæum Numen Momphta vitalem humorem Hori regno vndique permi-
D scet; Hermanibis inuigilat Noctuæ crateri trium Mundorum insidianti,
E nè canalibus cœlestibus vitalibus noceat, ad bonorum per tres fasciculos notatorum vbertatem procreandam in Mundis inferioribus. Huic simi-
F liter Noctuæ inuigilat moderator anni Osiris, & Coturnicis Beboniæ malignitatem, canalibus inferioribus insidiantem, sistrorum strepitu pellit;
G vti figura è regione G docet. Hinc enim & agricultura, & vita dodeca-
H pyrgo vigebit, expulsis Bebonijs malis; occultus diuinitatis motus, per pedes cycloidi insertos notatus, peruadens vitalem liquorem canalibus
I insitum animabit, Anubidis sacris ritibus culti, prouidentia liquorem
vita-

vitalem conseruabit, vi & efficaciâ sequentis sacræ tabulæ iam sæpius expositæ.

§ II.

Secundæ columnæ quarti lateris Orientalis interpretatio.

Accipiter insidet quadrangulo, in quo statua Isidis, & Coturnicis, cum Alpha & duabus pennis includitur. Quo sanè nihil aliud primâ fronte indigitatur, nisi dominium, quod Osiris Accipitrinus obtinet in Elementarem Mundum, cuius Isis, id est, tellus principalem sedem tenet, totius naturæ inferioris & hylææ sulcimentum. Qui autem Isidem pro Luna accipiunt, hi per Isidem intelligunt, præcipuum in Mundum hylæum, vtpote cui confinis est, dominium, actiuum rerum omnium, Lunæ subiectarum principium; cui in præcedentibus dixi Coturnicem, id est, Typhoniam quandam vim Lunari humiditati contrariam esse; quo quidem nihil aliud intelligitur, nisi rerum in sublunari Mundo maximis alterationibus, & contrarijs qualitatibus obnoxiarum simultas; vbi frigida cum calidis pugnant, humentia siccis, regni hylæi contrarietati & antipathiæ ita necessarijs, vt Mundus inferior sine ijs consistere minimè possit. Discant ex hoc politici, ad vigilantiam in Regno conciliandam, & vigorem animi roborandum, subinde necessarios esse infestos regni hostes; hoc enim pacto leges exactiùs obseruantur, Rex vigilantior & cautior redditur in regni administrandi cura, & ad contrariæ factionis machinas circumspectior. Si enim solum in Mundo inferiori frigidum, aut calidum, aut humidum, aut siccum regnaret, omnia deficere necesse foret; ita in regno, vbi nullus hostis ibi languor & otiū, vbi nullus metus, ibi luxus & discordia, quæ sunt vicina quædam veluti regni totius præcipitia, interitum regno vltimum portendentia. Innuunt hoc pulchrè, teste Plutarcho, Ægyptij per Isidem & Typhonem, qui Isis Hori fortitudine captum Typhonem, regno Ægyptiaco vltimum exitium molientem, tantum abest vt occiderit, vt potius, tametsi non vndequaque liberum dimiserit, eum tamen, tanquam necessarium curæ & vigilantiæ in regno administrando incitamentum, ad cautelam detinuerit; quæ omnia hucusque exprimit in quadrangulo, statua Isidis cum Coturnice. Verùm de his vide, quæ pluribus egimus in Politica Ægyptiorum Tom. I, Synt. II. fol. 30.

Quæ omnia, sequentibus quadrangulum symbolis, declarantur, hoc verborum sensu: si Accipitre dormiente, Ophioneus Princeps surrectâ ceruice vigilet, Momphta Leoniformis dominetur, Agathodęmones commissæ sibi gubernationi insistant, Osiris crateri naturæ inuigilet, Cœlo dominetur Horus beneficus, polymorphus Dæmon per sacram tabulam, cui insistit, heptapyrgum, & Nili incrementa, & dodecapyrgon influxu suo fœcundet; tunc Noctua depulsa ab Vrbibus, & Nili incrementis vita

CAP. VII

F   ta cœlestis liquoris per prouidentiam Osiridis tripartiti anni, & tetra-
pyrgi, id est, quatuor Elementorum præsidis, quadrifidi influxus benefi-
G   centia obtinebitur, Noctua Bebonia vincietur, Chenosiris vigil per an-
serem volantem, & Scarabæum indicatus, motu omnia penetrans,
Coturnicem importunam, ac humidæ substantiæ insidiantem continebit,
H   prouidentiâ suâ Mundi tripartiti legibus prospiciet, dodecapyrgi piscinis
I   & fauissis vim noxiam remouens, oculo vigili humorem vitalem con-
K L seruabit; ad cuius attractum L sequens præscribitur prophylacticum.

§. III.

Tertiæ columnæ lateris quarti Orientalis interpretatio;
& continet malorum originem:

Columnæ tertiæ lateris quarti Obel. Ramessiauterpretatio.

Archetypus Mundus nullum continet malum. *Plutarchus.*

Quod vt intelligatur, notandum est, in Archetypo Mundo nullum esse malum, nec ab eo quicquam malorum seu defectuum procedere effectiuè, sed omne malum Sensibilis Mundi operationes cœteroquin bonas, tanquam rubigo, teste Plutarcho, ferrum consequitur. Dispositionê itaque Siderei Mundi, vt fati, ita malorum, & aduersorū omnium causam, ratione dispositionis suæ, vti in Politica docuimus, censent Ægyptij; quibus quidem alia ratione occurri non potest, nisi exacto religionis cultu, prout in hac columna præscribitur.

    Primo itaque loco post Aspidem, & Idealis Mundi Pantamorphi
X spiritus symbolum, occurrit baculus incuruus, cum capite Hircino, & va-
Y se Nilotico, & tribus pennis, quibus succedit Noctua, cui subduntur tria brachia, intermedijs tribus terminis; quibus aprè indicatur, esse in Mundo supremo Pantamorphæ naturæ fœcunditatem quandam Mendesiam, Nilo supramundano congruam, & à triformis Numinis mente proficiscentem, à qua bonorum omnium copia profluit; quæ tamen mox ac in Sensibilem Mundum propagata fuerit, nescio quid malignitatis contrahat, per Noctuam indicatum, & triplici diuinæ Mentis beneficentiæ vitali, vti tria brachia monstrant, contrarium; quæ quidem maligna vis
Z in Cœlorum motibus contrarijs agitatorum dominio patet; quâ beneficentia Numinis in hylæis Mundis quadantenus coërcetur. Vis hæc maligna in δωδικαπύργῳ legibus elucescit, in quo vti signa signis, ita domus do-
A mibus, & mansiones mansionibus Deorū contrariæ reperiuntur: horum enim influxu in inferiorem Politicum Mundum, mala subinde, veluti triplici vehiculo inuecta multiplicantur, αἰτισέχνων Numinum potentiâ, quæ humidæ substantiæ communicata varias contagionis pestiferæ species,
B per Scorpionis figuram signatas, politico statui infert. Prouidentia tamen
C cœlestis virtute suâ omnibus medebitur, si catenas Genialium Numinum
D traxerint, si frequentibus cœremonijs Sacerdotes pro anni dispositione,
E & Regni legibus dictos Genios sollicitauerint: his enim Noctua conte-
F retur; Coturnix importuna Sacerdotum industriâ fugabitur; tres Excubi-

cubitores, Chenoſiris, Anubis, & Hermanibis, per tres anſeres indicati, vnà cum Iſide Genio auerrunco, vita vitalibus influxibus fœta, Noctuam Typhoniam cœleſtis vitæ prouidentiæ contrariam diſpellent; beneficentia vitali fœcundus Oſiris, humorem vitalem inferioris Mundi Oſiri conferet; hic in auxilium polymorphum Mundi ſpiritum ſacræ vi tabulæ ſequentis, & per legum in columna Iſiaca deſcriptarum obſeruationem, attrahet; atque hoc modo Noctuâ malorum omnium beboniâ profligatâ, rerum vbertas quadrifido Mundo reſtituetur.

G
H

Ex his omnibus hucuſque propoſitis interpretationibus luculenter patet, hunc Obeliſcum hieroglyphicis ſuis prænotatum nil aliud, quàm Regni politici, ad ſupernarum mentium exemplar inſtituendi rationem monſtrare; neque enim vllum Regnum conſiſtere poſſe exiſtimabant, niſi in religione, qui eſt ſupremi Numinis cultûs, fundatum. Quæ omnia adeo clarè lib. 10 de legibus Plato exponit, vt ad Ægyptiorum normam reſpexiſſe videatur. Compertum enim habemus, rerum in natura elucescentium ordinem vbique à ratione pendere, & ordinem quidem nuſquam & nunquam interruptum à præpotente ratione, ordinem denique commodum, congruum, & mirificâ vnione omnia connectentem ab optima ratione emanare. Cùm itaque Vniuerſi tùm diſpoſitio, tùm progreſſio ordinatiſſima ſit, ac ſemper & vbique talis, neque id ſine ſumma commoditate; neceſſe eſt Mundum ab optima potentiſſimaque ratione diſponi atque moueri. Cùm verò vnum ſit Vniuerſum, vnum verò à diuerſis non fiat, niſi ab vno; conſequens eſt ſummam eſſe eiuſmodi rationem. Eſſe præterea rationes plures diuinas ſub ſumma ratione diuina, vti in vno Mundano opere, ratione ſummâ ordinato, complures ſunt globi ſpecie inter ſe, & virtute multiplici diſtincti, omneſque mirâ ratione ordinati, adeo vt Mundi quodammodo multi in ampliſſima videantur Mundi vnius circumferentia contineri; pariter multi Mundorum quaſi anguſtiorum rectores deinceps diſpoſiti ſub vno ampliſſimi Mundi Rectore comprehendantur. Qui ſanè cùm non duntaxat ordinatior ſit, ſed ipſe, vt ita dixerim, immenſus ordo; ordinatore, quàm ordinato, multò magis gaudet. Quocirca ſi multis in Vniuerſo ordinatis proculdubio delectatur, multis quoque eum ordinatoribus delectari neceſſe eſt; quippe cùm ampliſſimi Regis excellentiſſima in hoc amplitudo conſiſtat, vt non anguſtos tantùm ſeruos, ſed amplos quoque multoſque infra ſe Reges habeat. Cùm præterea ſupremum Numen, quæ facit, intelligendo faciat; ac ſi totum facit, totum quoque intelligat; ſi cognoſcat totum, cognoſcet & partes, ex quibus totum conſtat; ſi partes, ergo neceſſarias particulas, ex quibus partes coaleſcunt: poteſt ergo, & ſcit Vniuerſum gubernare, qui ſcit & poteſt eidem prouidere: totum verò gubernare, niſi gubernatis partibus, non poteſt; non negligit itaque minima gubernare, qui facere minima non neglexit. Neque difficilis eſt gubernatio, cui facilis eſt procreatio. Nam quantò plùs à Deo dependent opera Dei, quàm artis, vel naturæ opera ab arte, vel natura; tantò omnibus & ſingulis diligentiùs prouidet, vtpote per cuius prouidendentiam cœtera quoque id habent, vt similiter suis quæque prouideant. Cùm itaque hæc prouidentia circa politicum quoque corpus sit, cuius gratia reliqua omnia constituta sunt; certum est, Regnum quoddam ad diuini intellectus & prouidentiæ exemplar conditum, non alia firmiore fundamento niti posse, quàm analogo quodam ad supremæ Mentis, reliquarumque mentium subordinatarum normam, ordine constitutum. Qui finis fuit & scopus rerum in hoc Obelisco, sub occulto symbolorum contextu demonstratarum.

Atque hæc sunt, quæ nobis in hoc Obelisco Lateranensi veneranda Ægyptiorum antiquitas per Ramessem Regem filium Sothis, legenda & intelligenda proposuit. Poterit etiam Lector Politicam Ægyptiorum, Tom. I. Syntag. II. traditam consulere, vbi omnia fusiùs tradita reperiet.

FINIS SYNTAGMATIS SECVNDI.

SERENIS.^{MI} ET POTENTIS.^{MI} RI HVNC OBELISCVM PSAMMIRTAEV[...]
[...] è Soc. Iesu eiusdē interpres.

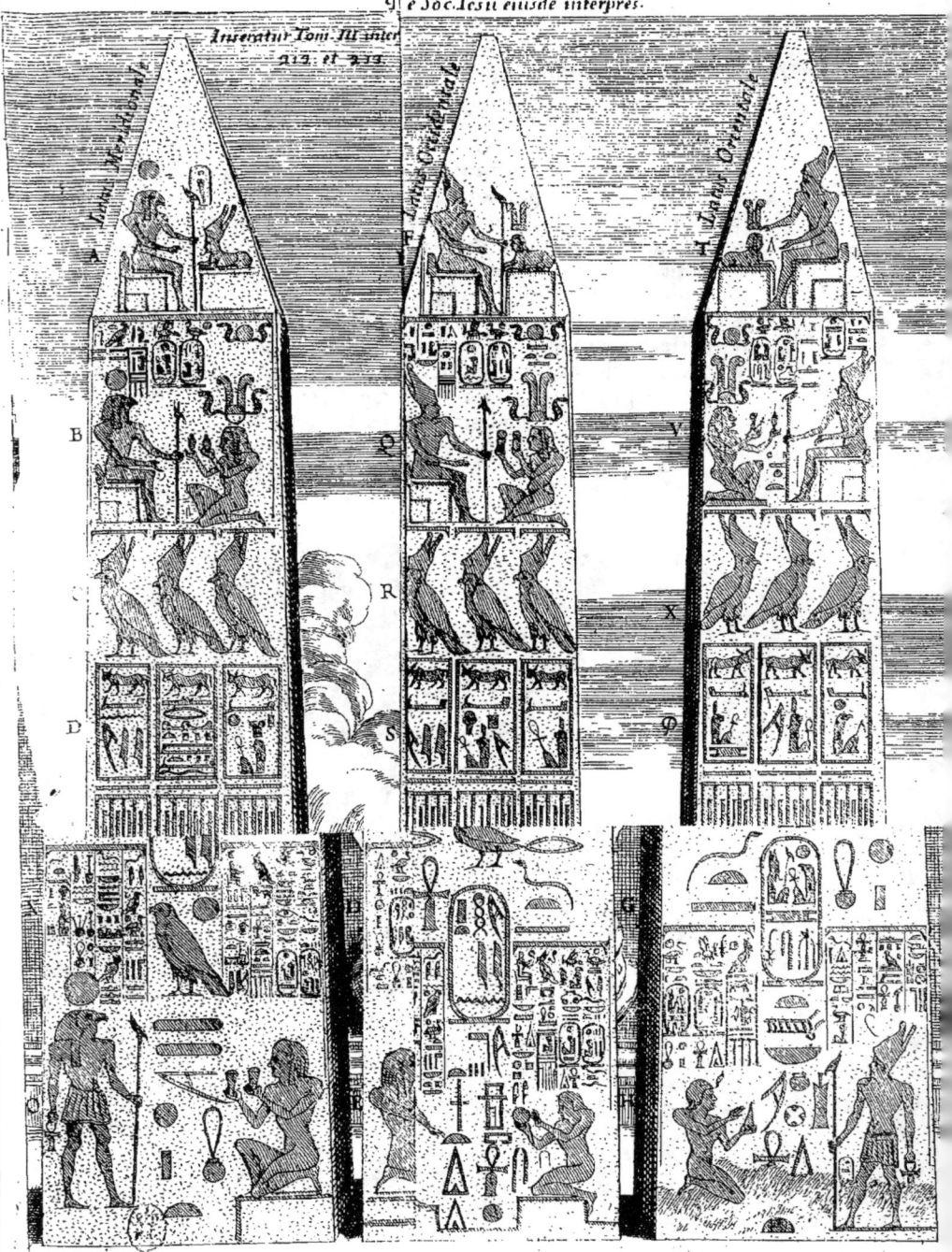

Obeliscus praesens à basi usq; ad pyramid[...] pyramidion 10 palmoꝝ accedat, tota eiusdem altitu[...] uti olim 110 palmorum longitudinem, it[...]iori, ubi pyramidion con[...]git 6½ lat. obtinet. Duo uero mino[...] opposita latera in inferiori Basi 9½. In su[...] quantitas exurgit.

SYNTAGMA III.
OBELISCVS FLAMINIVS,
OLIM SENNESERTAEVS.

AD AVGVSTISSIMVM
FERDINANDVM IV.
Regem Romanorum.

ERDINANDO Quarto Regi Augusto præsentem erigo Obeliscum, iam olim ab Augusto Cæsare ex Aegypto deductum, & in Circo maximo, immortalitati nominis eius, honoris veluti trophæum quoddam erectum. Augustos, Obeliscos erigere; Augustis, eosdem consecrare decet: vt quemadmodum Obelisci, insolenti sua altitudine cœlum ferire videntur; sic Reges vltra communem hominum conditionem, nil nisi altum, sublime, gloriosum, arduum sapere, ex hoc veluti symbolo quodam discerent mortales. Quod vti Tu, AVGVSTISSIME REX, præstas; ita me occulto quodam mentis præsagio impulit, vt quanta Mundus de Tua sibi Heroica virtute polliceatur, hoc Flaminio Obelisco, veluti abdito quodam & abstruso symbolo, posteritati comprobarem. Vale.

SYNTAGMA III.

Obeliscus Flaminius, olim Sennesertæus.

CAPVT I.

Historica relatio Obelisci Flaminij.

PLINIVS hunc Obeliscum à Rege Ægypti Sennesertæo erectum l. 36. c. 9. asserit his verbis: *Is autem Obeliscus, quem D. Augustus in Circo maximo erexit, excisus est à Sennesertæo, quo regnante Pythagoras in Ægypto fuit, 125 pedum & dodrantis, præter basin eiusdem lapidis.* Putat itaque Plinius, hunc Obeliscum à Sennesertæo fuisse erectum, eumque vltimum post deuastatam à Cambyse Ægyptum, Regem fuisse. Verùm cùm alij Amasin, vti Herodotus; alij Nectanebum, vti Diodorus, vltimum Ægypti Regem fuisse asserant, quomodo hæc conciliari possint, aut debeant, non video. Nequaquam itaque verisimile est, Obeliscum tam celebrem eo tempore, quo Ægyptiacum Regnum ad interitum iam declinabat, fuisse erectum, cùm Reges tam conclamato rerum statu de Obeliscis non dicam erigendis, sed nè cogitandis quidem animum adijcere potuerint. Quando itaque hic Obeliscus, & à quo Rege erectus fuerit, aperiendum duxi. Dico itaque, hunc Obeliscum non à Sennesertæo, sed à Psammirtao fuisse erectum; Plinium verò vocum similitudine delusum, vnum pro altero posuisse, certum est. Nam cùm vigesimæ sextæ Dynastiæ tertium Regem, quem Manethon Psammum, Ctesias Amirten vocat, rerum Ægypti potitum esse, ex Chronologia nostra constet; verisimile est, duobus nominibus Psammo & Amirteo in vnum confusis Psammirtau emersisse, corruptè verò Sennesertçum. Vixit autem hic Rex 1527, vel vt alij 1622 circiter annis post diluuium, circa principium Olympiadum, & conditæ Vrbis, à Sesostris Imperio quasi 340 annis, vti ex Chronologia Regum Ægypti primo Tomo & Syntagmate exhibita patet. Atque hic Psammus Amirtæus siue Psammirtao hunc Obeliscum eo ipso tempore, quo summo in Ægypto hieroglyphica doctrina in flore erat, erexit, quicquid Plinius dicat. Neque Pythagoram sub hoc in Ægypto Philosophatum, sed sub Amasi Rege, quatuor videlicet ante Cambysis in Ægyptum irruptionem annis, plerique melioris notæ Chronographi docent. Verùm de his, vti & de Plinij errore circa Obelisci mensuram, copiosiùs tractauimus in Obelisco Pamphilio fol. 72. & 73.

Fuit autem à Psammirtao hic præsens Obeliscus primò erectus in Heliopoli, inde verò eũ Cæsar Augustus abstractũ Romæ in Circo maximo erexit; quem tandem iniuriâ temporum prostratum, terrâque obrutum, felic. record. Sixtus V. erutum, in campo Flaminio erexit eo modo, quo dicemus.

Post-

SYNTAGMA III. OBEL. FLAMINIVS. CAP. I.

Postquam Summus Pontifex Sixtus V. vnà cum Obelisco Ramesseo hunc Obeliscum præsentem in eodem Circo maximo terra obrutum detexisset, varijque Romanæ Vrbis Campi illi destinarentur; eum tandem in Campo Flaminio propè portam Vrbis primariam, atque ædes D. Mariæ vulgò del Popolo, tùm quia summam eo in loco Romanæ Vrbis maiestatem, vel ad primum exterorum ingressum conciliabat, tùm quia tres principales Vrbis Plateas respiciebat, erigere visum fuit. Erecto itaque Obelisco Ramesseo in Campo Lateranensi, huius mox in dicto Flaminio Campo erectionis initium datum fuit. Ac primùm quidem fundamentum iactum fuit moli insistendæ proportionatum, deinde fabrica lignea exstructa fuit Obelisco erigendo necessaria. Porrò supra fundamentum basis ex saxo Tyburtino 15 palmorum altitudinis, 22 verò palmorum latitudinis imposita fuit, ita vt sex gradus latitudinis tribus gradibus scalaribus hanc basin ambientibus, assignati fuerint, adeoque abacus extra scalas emergens, sedecim tantùm palmorum latitudinem obtinuerit. Supra hanc basin abacus quadratus quindecim palmorum altitudinis, tredecim latitudinis positus fuit, eratque idem abacus, supra quem Obeliscus olim erectus erat, suis inscriptionibus antiquis & nouis insignitus, vti paulò post videbitur; atque adeo tota basis à terræ superficie vsq; ad basin Obelisci est 38 palmorum, si coronidum basin & abacum ambientium altitudinem adieceris. Super hanc itaque substructionem Obeliscus impositus, qui olim 100 palmorum erat, modò 97 palmorum (ob tres palmos inferioris partis, qui temporis iniuria corrosi Obeliscum fundandum ineptum reliquerant, ademptos) altitudinem vsque ad pyramidium obtinet; quod cùm decem palmorum sit, totus Obeliscus 107 palmorum altitudinem hodie habet; ad quod si 38 palmos adieceris, tota structura à superficie terræ vsque ad apicem 145 palmorum altitudinem obtinebit. Mensura partium Obelisci hæc est. Bina latera inferioris basis maiora & opposita latitudinem habent 10 palmorum: & $\frac{3}{4}$; minora verò latera opposita $9\frac{1}{2}$ palmorum sunt; ad pyramidium verò duo maiora latera opposita nouem palmorum sunt & medij; duo minora opposita 6 palmorum $\frac{1}{3}$ sunt; ex qua symmetria facilè totius molis pondus elici potest. Fuit autem hic Obeliscus à Sixto V. die 25 Martij anno 1589 sacræ Cruci dedicatus, vt signum Crucis pilæ æneæ inauratæ ei impositum satis demonstrat, & ex figura suprà fol. 213. posita, & sequentibus inscriptionibus patet.

Obelisci Flaminij basis.

Altitudo eiusdem solius, & vnà cum pyramido.

Mensuræ singularum partium eiusdem.

Quo anno, & die erectus.

Inscriptiones Obelisci Flaminij.

Ad Orientalem plagam, quæ Basilicam S. Mariæ del Popolo respicit, hæc epigraphe legitur.

ANTE SACRAM
ILLIVS ÆDEM
AVGVSTIOR
LÆTIORQVE SVRGO,
CVIVS EX VTERO
VIRGINALI
AVG. IMPERANTE
SOL IVSTITIÆ
EXORTVS EST.

Ad plagam Occidentalem, quæ Tyberim respicit.

SIXTVS V. PONT. MAX.
OBELISCVM HVNC
A CÆS. AVG. SOLI
IN CIRCO MAX. RITV
DICATVM IMPIO,
MISERANDA RVINA
FRACTVM, OBRVTVMQVE,
ERVI, TRANSFERRI,
FORMÆ SVÆ REDDI,
CRVCIQVE INVICTISSIMÆ
DEDICARI IVSSIT
M.D. LXXXIX. PONT. IV.

Antiqua inscriptio sic se habet ab oppositis lateribus.

IMP. CÆS. DIVI F.
AVGVSTVS,
PONTIFEX MAXIMVS,
IMP. XII. COS. XI. TRIB. POT. XIV.
ÆGYPTO IN POTESTATEM
POPVLI ROMANI REDACTA
SOLI DONVM DEDIT.

Atque hæc de historica Obelisci Flaminij relatione sufficiant.

CAPVT II.

Argumentum Obelisci Flaminij.

CVm Ægyptij magnam in duodenario numero vim & potestatem repositam esse cernerent, omnia ferè sua huic symbola accommodarunt. Est enim duodenarius numerus, vt alibi diximus, totius Vniuersi symbolum; quo Angelicum Mundum dodecapartitum, duodecim Sphœras, duodecim signa Zodiaci, duodecim Cœli plagas, duodecim Elementorum portiones, exprimebant; hisce vnum supremum Numen omnium moderatorem præficiebant. Quæ omnia Plato Ægyptiorum discipulus cumprimis Dialogo VI. de legibus approbat, eaque Ægyptiorum mysterijs contineri Ficinus luculenter in præfatione, quam dicto VI Platonis de legibus Dialogo præfixit, demonstrat. *Laudat*, inquit, *Plato duodenarium numerum & Vniuersum illum, qui duodenario illi prorsus accommodatur, ideo, quòd duodecim sint apud eum Mundi sphæræ, & signa duodecim in Zodiaco; & partes duodecim in Elementis, siquidem quodlibet ex quatuor Elementis in tres diuiditur regiones, in summam, in infimam, atque mediam, non solùm situ, sed & virtute etiam differentes; adde Elementorum alterum duodenarium, quo & substantiæ Elementorum quatuor, & octo qualitates comprehenduntur. Qualitatum quædam masculæ sunt, videlicet calor, frigus, leuitas, grauitas; quarum primæ duæ alterationis principia sunt, sequentes duæ principia motionis ad locum; quatuor verò fœminæ sunt, quæ passioni magis subijciuntur, scilicet humor, siccitas, raritas, & densitas. Hoc verò totum Ægyptiorum mysterijs contineri Iamblichus asserit. Accedit quòd duodenario mensium numero Sol dominus planetarum, & cursum peragit proprium, & varios producit effectus. Denique singulas vult partes Ciuitatis ad Ægyptiorum normam Deo consecratas existimari, propriè verò duodecim Dijs, id est, duodecim Sphærarum animabus, item duodecim Zodiaci signa regentibus, rursus duodecim ordinibus Dæmonum cœlestia signa sequentium. Hinc Plato duodecim Vrbis portas circuitu Vniuersi imitari debere asserit, deinde Deorum, Dæmonumque exercitum sub Duce Ioue in duodecim ordines esse dispositum; concludit tandem Ciuitatis partes, tùm per duodenarium tribuum numerum, tùm verò per diuinum cultum bis quolibet duodenario mensium solenniter instauratum, sic ad Dei munera præparari, vt Dijs ipsis quasi insidentibus gubernentur.* Hæc de Platone Ficinus. Quæ sanè Obelisco nostro ita congruunt, vt ea Plato ex ijs descripsisse videatur. Quod vt ostendatur, sciendum

Ægyptios Mundum in duodecim plagas diuidere, teste Iamblicho, consueuisse, cui vnum omnium Moderatorem præficiebant, quem Hemphta siue Osirin supramundanum vocabant. Hunc omnia in omnibus agere, hunc in tres inferiores sibi Mundos continuò influentem omnibus vitam motumque conferre asserebant. Et quoniam calido-humidum quoddam in natura rerum in Sensibili Mundo elucescentium, veluti totius productionis fontem, & tanquam principium rerum omnium fundauit; hinc aptè sanè hæc per Obelisci supremum à vertice hierogrammatismum veluti epigraphen quandam indicabant; & Osiri supramundano, & Momphtæ summo, humido-calidi moderatori, qui tametsi in insensibili Mundo idem sint, in sensibili tamen ob effectuum diuersitatem disterunt, consecrabant. Hic itaq; in Mundum duodecapartitum per duodecim Genios Solares, qui per duodecim Accipitres notátur, primò influit; quibus vti totius Mundi machinæ præsidium commissum est, ita in eo omnia quoque diuersis iuribus moderantur. Ac primò quidem in duodecim signa Zodiaci, mensésque ijs correspondentes, deinde in duodecim plagas cœli virtutem suam exerunt. Hinc singuli Accipitres columnæ certæ plagæ correspondenti insident, quâ effectus, quos in tali & tali plaga Genius ei præses operatur, per hierogrammata occultâ ratione indicantur. Et quoniam omnium rerum mundialium apud eos arbitrium constitutum est, hinc magnâ curâ & religione eos prosequebantur, nè omisso cultu ijs debito, & religione neglectâ, influxus suos beneficos suspenderent, atque adeò contrariarum potestatum dominio subderentur.

Momphta summus influit in Mundū per 12 Genios Solares.

Vnde in hoc Obelisco leges sacræ & Hermeticæ ordinantur, quibus quomodo & quâ ratione, quibus ritibus & cœremonijs in adytis suis diuinus cultus instituendus sit, quibus modis sacri duodecim Solares Genij propitiandi, & si quandoque ob neglectam religionem indignationem incurrerint, placandi sint, & oppositarum virtutum molimina propulsanda, verbo, totum per symbola appropriata signatum continetur. Aptè itaque per duodecim Siderei Mundi Solares Agathodæmones, nihil aliud, quàm vnius Osiris diuersæ virtutes, quibus in inferiorem Mundum agit, signantur, quibus duodecim Elementaris Mundi terrestres Osires, per duodecim Apides indigitati correspondent, duodecim Horizontis plagarum præsides, qui virtutem à supremis virtutibus acceptam in reliquam inferioris Mundi œconomiam dispensant. Cùm itaque Sapientes Ægyptij viderent admirabilem quandam sensibilium rerum huius Mundi ad inuisibiles earum virtutes ordinè; sacram quandam & sacerdotalem doctrinam, Trismegisto duce, condiderunt, quam solis sui ordinis hominibus notam esse voluerunt. A Mundo itaque, vti Iamblichus docet, exordientes, Dijs Mundanis, distributione quatuor in Mundo Elementorum à communi sortitione secundùm mensuras Elementorum facta, à circumferentia circa centra in ordine reuolutâ, ad veritatem sacrificiorum facilem se accessum habituros confidebant. Cùm enim in Mundo essent, & vt partes continerentur in eo, quin & ab eo generari, atque à totis potentijs eius perfici se, quandamque vitæ naturæque portionem se ab eo consecutos intelligerent; in cultu diuino minimè Mundum Mundanósque ordines sibi prætermittendos duxerunt. Cùm enim viderent circa quamlibet duodecapartiti Mundi partem esse quidem corpus aliquod, inesse præterea vires corporibus incorporeas ordine distributas; hinc sacrorum leges, id est, similia similibus eâ industriâ distribuerunt, vt à summis ad ima per media omnes progrederentur, corpora quidem corporeis appli-

Leges sacræ in Obelisco Flaminio contentæ.

Solares Genij duodecim.

Iamblichus. Dij Mundi ab Ægyptijs culti

Leges de sacrificijs ritè instituendis ab Ægyptijs Sacerdotibus ponditæ.

applicando, propria videlicet vnicuique reddentes. Leges itaque sacræ Dijs sacrificia summâ diligentiâ institui debere, docent; siquidem Dijs in terram descendentibus omnes subiectas illis potentias vna moueri, & vt Iamblichus docet, vt præcursores pompasque præcedere credebant. Qui itaque vnicuique ex ijs non rectè & legitimè sacrificat, neque quod cuique congruit, distribuit, neque vnumquemque proprio quodam honore & cultu prosequitur; hunc Deorum præsentiam non assequi, sibi persuadebant: qui verò omnia sibi Numina propitia reddiderit, grata offerens vnicuique donaque simillima; hunc verè suâ spe minimè frustrari, sed diuinum Chorum integrâ plenáq; præsentiâ suscipere sibi imaginabantur. Vnde ex hoc capite religionis ritus minimè simplex esse debebat, sed παντόμορφος, & ex omni harmonia, cunctisque, vti Iamblichus loquitur, Mundi speciebus constitutus; nouerant enim quanta virium multitudo, Dijs descendentibus, excitari soleat; quæ quidem omni effectu destituebatur, si vel vnius ritus vel vnius cœremoniæ circumstantia à sacrificio omitteretur. Quia verò numerum Deorum humano ingenio incomprehensibilem sciebant, hinc vniuersam Geniorum seriem, duodenario numero comprehendebant, satis esse rati, si vel singulas duodecadum tùm Intellectualis, tùm Siderei, atque Elementaris Mundi Classes memorato religionis ritu, ad id, quod intenderent, coluissent; quemadmodum hic Obeliscus docet, vbi singulæ duodecadum Genialium Classes suas columnas habent, quibus ritus illis debitus describitur, vti ex contextu interpretationis patebit. Cultus verò hic præscriptus ea potissimùm beneficia respicit, quæ rerum humano generi necessariarum vbertatem, aëris salubritatem, & beneficum Nili incrementum, quam munificam Deorum pluuiam vocant, concernunt; quæ quidem obtineri non poterant nisi per optimam annui spacij dispositionem & temperiem, quam solo Deorum illius Præsidum munere se consecuturos sperabant; priuatum verò cultum, priuata quoque Deorum, quem quisque coleret, beneficia, vtpote sanitatis, prosperitatis, sapientiæ, diuinationis, ac tandem θεομορφώσεως beneficia consequebantur. Cultus verò peragebatur religiosâ sacrorum amuletorum gestatione; quæ tantâ virtute & efficaciâ pollere arbitrabantur, vt vel gestata, Numina potenter ad votis eorum annuendum, trahere crederentur. Ex quibus patet, quàm ex hac apparente religionis sanctimoniâ Diabolus longas superstitionum catenas ad animas in æternam ruinam trahendas texuerit, quàmque Deo Opt. Max. summè obligemur, quòd per incarnatum Verbum à tanta nos cœcitate eruere fuerit dignatus. Sed iam interpretationem ordiamur.

Numina singula similibus donis placabant Ægyptij.

Duodenariã Geniorum numerum cur elegerint Ægyptij.

Cultus Deorum publicus alia dona, priuatus alia requirebat.

Amuletorum gestatio.

CAPVT III.

Prodroma quarundam rerum, quæ sæpe sæpius in hoc Obelisco occurrunt, interpretatio.

Sacræ tabulæ seu ouatæ figuræ in Obeliscis.

Occurrunt haud infrequenter vti in hoc præsenti Obelisco, sic & in secuturis, Schemata quædam ouatæ figuræ, quas sacras tabulas Ægyptij vocabant, quarum hoc loco interpretationem præmittere visum fuit, ne in contextu interpretationis faciendæ, ob rerum de ijs dicendarum varietatem, Lectori confusionem ingereremus; quare in sequentibus semper ad hoc caput, occultorum symbolorum rationes nôsse volentem, remittemus. Erant autem sacræ tabulæ certa quædam symbolorum magis illustrium Syntagmata, quæ vti occultas Deorum operationes respiciebant, ita magnas quoque vires ad eos trahendos obtinere credebantur. Hinc eas separatim, tanquam eximium quiddam tùm in publicis Obeliscorum & Sphyngiù monimentis, tùm in adytorum parietibus incidebant, quæ deinde ex his veluti prototypis quibusdam excerptæ, diuersisque lapidibus incisæ, in priuatum vsum tanquam sacra quædam periammata gestabantur.

Duæ tabulæ sacræ celebriores A B. & C D.

Sunt autem duo potissimùm magnæ considerationis, quæ in nullis non Obeliscis occurrunt, & in hoc potissimùm sæpe sæpius, vt examinanti patebit, eo symbolorum apparatu, quem sequentia duo Schemata monstrant, adornata. Prius vocamus tabulam Momphto-Mendesiam; alterum Osiriacam, ad maiorem distinctionem, nominandam censuimus; & vti ferè semper Momphto-Mendesiæ tabulæ Papilionē A, polymorphi Dæmonis symbolum, ita Osiriacæ C Anserem, Osiris, & Isidis symbolum, impositum reperimus.

§. I.

Tabulæ sacræ Momphto-Mendesiæ expositio.

Momphto-Mendesia tabula.

Schema hoc litera B signatum, ouata figura insignitum est, quia vti per ouum, Mundum indicabant, ita per figuram eius, cui Schemata hieroglyphica includebantur, ouatam, eorum Deorum, quos symbola significant, in Mundo operationes occultè insinuabant. Figuræ verò eiusdem insertæ tres sunt; prima est baculus ἀγιόμορφ۞, id est, Hircino capite insignitus; secunda est statua Leonino vultu transformata, & Momphta, id est, humido calidi, vti & Nilotici incrementi, præsidem significat; tertia est Nilemetrium, quo Momphtæ in Nilum potissimùm dominium innuebant. Hircinum sceptrum denotat Numen, quod Ægyptij vocant Mendes (sic enim fœcundæ generationis Deum dicebant) & Numini, quod Græci Pana dicunt, æquiualet; de quo susè in

Hircini scepti significatio

Obeli-

SYNTAGMA III. OBEL. FLAMINIVS.

Obelisco Pamphilio fol. 274. & potissimùm in Mendesio Nomo, vti Tomo primo fol. 18. ostensum fuit, colebatur. Leonina statua Momphtam, id est, aquarum Numen denotat. Separata spectatur hæc tabula oualis seorsim, eò quòd maioris momenti mysteria contineat; ac proinde ob mysteriosam hanc symbolorum coaptationem, magnas ad Numen, quod referebat, sollicitandum, vires obtinere arbitrabantur, vsitatissimum amuletum. Quo cognito, rationes, ex quibus illa symbola constructa sunt, tempus postulat, vt aperiamus, vt Ægyptiorum in comminiscendis symbolis, ingenium luculentiùs, & simul intentio & finis, ob quem hoc pacto instituerunt, patefiat. Sed ad Rhombum.

Leoninæ statuæ significatio.

Primum locum in hac hieroglyphicorum congerie obtinent bina simulachra. Prius simulachrum Λεοντόμορφον, rude quidem illud & impolitum, sed quod pennato suo vertice, Crucisque ansatæ symbolo non obscurum diuinitatis argumentum præseferat. Simulachra verò illa hieroglyphica, data opera rudi quâdam elaborabant Minerua, cùm quia minutulas membrorum proportiones in saxo adeo duro insculpere difficile erat, tùm quòd si subtili vsi artificio sculpturam fecissent tenuiorem, facilè temporis rerum edacis diuturnitate, aëris adhæc, cœlique iniurijs obliterari potuissent. Ægyptij itaque cùm æternitatem in operibus suis affectarent, tantùm extrinsecis corporum lineamentis, & rudi quâdam rerum effigie contenti, symbola ita profundè saxis insculpebant, vt nihilominùs, quid sculpturæ innuerent, peritioribus rerum facile innotesceret; quod benè notandum.

Figuræ Obeliscorum cur ruditer & aliarate.

A B tab. Momphto-Mendesia.

C D tab. sacra Osiriaca.

Hanc autem iuxta interpretationem nostram superiùs factam Momphtæ Nilotici Numinis statuam esse, monstrat primò penna capiti supereminens, & Crucis ansatæ nota, & forma Leonina.

Notandum autem, duplicem hic Momphta considerari posse; supramundanum, & hylæum. Supramundanus, vti in Vniuersalis humidi substantiam dominium absolutè exercet, ita hylæus substitutus eius in inferiori Mundo humidæ substantiæ tutelam susci-

Momphta duplex, supramundanus, & Hylæus, quo ad effectum re tamen vnus.

CAP. III.   222   OEDIPI ÆGYPT. THEAT. HIEROGL.

Momphtæ habitus explicatur.

suscipit. Vtrumque hoc loco expressum videmus, vnum reuera Numen, tametsi effectibus diuersum. Per pennam quidem in capite assurgentem significabant, difficilem inuentu esse naturam eius, & nemini conspicuam, sed sublimem non modò supra sensum, verùm etiam supra humanæ intelligentiæ captum; humana verò forma eundem vitæ Authorem, & Motorem, qui intellectu comprehendi possit, circulatum indicabant: quoniam vt hominis corpus quidem cernitur, mens verò ipsa, quæ hominem à cœteris animantibus disiungit, cerni à nullo potest; sic etiam Dei

Dei effectus cerni, natura minime à nobis potest.

summi Opificis actiones & motus, quæ ipse in sacris literis posteriora vocat (non secùs, ac Aristoteles, effectus posteriora, causas verò priora nominat,) ab humano intellectu cerni possunt, Mens verò ipsa & diuina natura creatarum rerum moderatrix in huius corporis carcere absolutè cognosci non potest. Quod pulchrè apud secretiores Hebræorum Theologos innuitur per quinquaginta portas lucis, quas omnes præter vnam Moysen ingressum aiunt, vti in Cabala docuimus. Et ideo, te-

Deus cærulea veste indutus cur pingatur.

ste Porphyrio, cærulea veste indutum eum pingebant, vt cœlestem illum esse significarent, & in Cœlo habitare, nullius coloris, vel accidentis participem, nullo terrenæ mixtionis inuolucro vestitum, etiamsi nobis fortasse eum suscipere videatur, & modò irasci, modò placari, quemadmodum Cœlum ipsum, cùm nullius coloris sit, propter interualli longitudinem cæruleum videtur. Sed audiamus verba Porphyrij; sic enim dicit:

Porphyrius.

Ægyptiorum autem Deorum symbola talia sunt: Creatorem Ægyptij Emeph, (melius Hemphta) *appellant, cuius imaginem informa hominis faciunt colore cæruleo, Zonam tenentem, & sceptrum, cuius in capite pennam ponunt, significantes difficilem inuentu esse Creatorem, & nemini conspicuum, viuificum etiam, & Regem, & intelligibili motu circulatum. Hic Deus,* inquit, *ab ore ouum producit, à quo nascitur Deus, quem Ægyptij Phta, Græci Vulcanum appellant; significatur autem Ægyptijs ouo Mundus.* Vides igitur verticem penna sublimem, vides sceptrum, vides Crucis ansatæ mysteriosam notam. Per

Penna in capite Momphtæ quid significet.

pennam non solùm, vt Porphyrius vult, Deum inuentu difficilem significabant, sed quòd diuinæ essentiæ cognitio est ab humano intellectu remotissima: quia sicut penna Auium corpora in altum aërem, quò nos peruenire nequimus, eleuat; sic ineffabilis illa Dei essentia adeo est alta, & adeo intellectus capacitatem excedit, vt ad eam cum plena cognitione pertingere nullo modo possimus; vnde & Psalmographus monstraturus, quantum diuinæ essentiæ intellectus nostri exiguitatem excedat, dicit, quòd Deus volet supra pennas ventorum, & posuerit tenebras latibulum suum. Moses quoque, vt monstraret alta mysteria, symbolicâ quâdam methodo duos Cherubin cum extensis alis posuit super propitiatorium. vbi Thargum Hierosolymitanum præter ea, quæ in vulgata editione sunt, sic habet:

Exod. c. 37. Thargum Hierosol.

בחכמת רוח נבואה עבד ית כרוביא סתרין סתרין:

In sapientia Spiritus Prophetiæ, fecit Cherubin ab vtraque parte: quibus verbis magna quædam mysteria recondita significantur. Magnus ille Dionysius,

SYNTAGMA III. OBEL. FLAMINIVS.

nysius, mysticæ Theologiæ Princeps, animam omni terreno affectu exutam, pennæ comparat; *Penna*, inquit, *declarat & ducendi celeritatem, & quod cœleste est, & quod mouetur, & quod ab omni rerum terrenarum studio & cupiditate abhorret; propterea quòd sursum feratur; pennæ autem leuitas, id quod nulla ex parte est terrenum, sed totum sine admixtione & grauitate sursum efferat.* Porrò statuam prædictam sedentem finxerunt, insinuando per hoc, vt Porphyrius dicit, stabilem & incommutabilem virtutem; sedere autem fingitur, vt stabilis & incommutabilis virtus exprimatur; in manu sceptrum tenet, de quo fusè passim iam dictum est in præcedentibus; Leonino vultu est, ad vim potestatemq; quam in humidam substantiam, virtute sua corroboratiua tenet, adeoque Nilum, cui præest, indicandum, de quo fusè in Hierogrammatismo Leonis Obelisci Pamphilij, quem consule. Sceptrum Ægomorphon appositum habet, quo vis Mendesia indicatur, Mendes enim siue Hircum Ægyptij, Numen genitalis humoris præsidem dicebant; aptè verò coniungitur Momphtæ, siquidem nisi humidum fœcunditate polleat, frustra id in natura rerum institutum videtur, cùm omnium rerum generatio in humido & calido, vti dictum est, consistat; rectè itaque Momphtæa vis Mendesiæ tanquam ad generationem rerum necessariam adiungitur. Sed de his vide Obeliscum Pamphilium fol. 283. & alibi, vbi & de Momphta, & Mendes vberrimè discurrimus.

Dionysius Areopagita.

Momphta sedens cur fingatur, & Leonino vultu.

§. II.

Niloscopij expositio.

Sub Hircino capite in hieroglyphico Syntagmate instrumentum occurrit, cuius Abenuaschia meminit, & non malè aliqui Niloscopium interpretantur, cuius vestigia adhuc aliquibus in locis videntur. Verba eius Arabica hæc sunt:

فلما كاذوا جرىدون يصروا لجبله النيل كاذوا يصروا لمكيال الزياده النيل جصوره الذىب الاسر

Vt facundam naturam Nili monstrent, illam structuram ponunt, quâ incrementa Nili mensurantur. Idem Nilometrium Strabo hisce verbis describit: Συίκης νῆσος ἐν ἡ μίκαδία, καὶ ἐν ταύτῃ πόλις ἔχεζα ἱερον Κνεφιός, καὶ Νειλομέτριον ἐν μονολίθῳ κατασκευασμένον ὑπὶ τῇ ὀχθῇ τοῦ Νείλου σημειούντα τὰς μεγίστας δὲ καὶ ἐλαχίστας, καὶ τὰς μέσας. hoc est: *Altera Insula dimidium stadium in Nilo ante Syenem posita, in qua ea Vrbs, quæ Knuphidis templum, & Nilometrium habet; hic autem est puteus quidam in ripa Nili ex integro lapide constructus, in quo & maxima, & minima, & mediocria Nili incrementa denotantur.* Meminit huiusmodi instrumenti quoque post Herodotum, Diodorum, Apuleium, Plutarchum, Ioannes Leo Africanus, qui huius structuræ se oculatum testem dicit: sic enim ait: *E regione ciuitatis veteris in medio Nili Michios, hoc est, mensuræ, videtur insula, ex quâ pro ratione inundationis Nili, eius anni prouentum*

Niloscopij expositio.

Strabo.

Ioan. Leo Africanus lib. 8.

tum per totam Ægyptum certissimâ ratione à priscis Ægyptijs adinuenta colligunt. Verùm in describendo Niloscopio, vtpote re passim notissima, non moror; vnum me in Arabico textu Abenuaschiæ de Ægyptiorum cultura suspensum perplexumque summopere reddidit, neque quid per iacentis & caudati animalis imaginem voluerit, intelligere valui, donec variam antiquitatem consulendo, tandem id, quod erat, subolfaciens, occultum verborum contextum inuestigauerim. Vult autem Abenuaschia hisce verbis nihil aliud dicere, nisi quod fuerit in similitudinem Sphyngis, quod apud Authores inundationis Nili symbolum reperi.

<small>Sphynges quid fuerint apud Ægyptios.</small>

Erant autem Sphynges (sicuti apparet ex ijs, quæ Romam ex Ægypto deductæ passim hinc inde in Vrbe videntur) biformes statuæ, quarum prior humanam faciem, coetera Leonem referebat, vti in Syntagmate Sphyngum docemus. Erant autem hæ figuræ ab Ægyptijs expressæ, non quòd crederent, similia animalia vlibi reperiri, sed ad connotanda reconditiora mentis sensa. Sphynges itaque sic expressæ stationem Nili Ægyptum inundantis denotabant. Cùm enim in toto Iulio & Augusto Nili incrementa durarent, Sol autem dictis mensibus maxima ex parte Leonem & Virginem peragraret, genti ad portentosas & polymorphas rerum compositiones coeteroquin propensissimæ facilè fuit, ex Virgine & Leone formare monstra, quas Sphynges appellabant; erantque propriè statuæ Nilo consecratæ, ventribus incumbentes, quibus stationem inundantis Nili repræsentabant. Huiusmodi Sphynges videntur adhuc hodierno die in Horto Quirinali, ad fontem Capitolij, in Villa Burghesia.

<small>Nili inundationem apud Ægyptios demonstrabat. Sphynges qua occasione confictæ ab Ægyptijs.</small>

Harum Sphyngium magnus numerus, teste Plinio l. 36. c. 13, in Ægypto erat; quarum aliquæ ingentis molis in celebrioribus Ægypti locis, maximè verò circa loca, in quibus solet inundare Nilus, sicuti Heliopoli & Sai, & in deserto Memphitico, colebantur; in quo inter coeteras vna prodigiosæ magnitudinis 143 pedes longa, & 62 pedes lata. Videntur autem habuisse simul officium designandi incrementa Nili, vti ex verbis Abenuaschia apparet. Imò dicam aliquid ampliùs; illa ipsa figura Nilometrij, quam hic Ægyptij pro symbolo foecunditatis Nili posuerunt, rudi suâ effigie nil aliud insinuare videtur. Confirmat opinionem nostram Pierius, qui ait, Ægyptios ad significandũ incrementũ Nili, quod Ægyptiâ linguâ Nun significat, Leonis iacentis hieroglyphico vsos esse, aitque, quòd cùm Sol Herculei Leonis terga adit, Nili diluuium excitet, duplumque recentis aquæ Sole in eo signo commorante sæpius exundet, quæ vis aquæ per spaciosam Ægypti planitiem latè diffusa, solum eâ fertilitate grauidum reddit, quâ non tantùm indigenæ sibi alimentum colligant, sed magnam Orbis partem fame leuent; propter eam verò aquarum redundantiam, quam Leonis beneficio consequi se quotannis experiuntur, institutum est, & apud omnes Gentes vsu iam receptum, vt canales, tubique, & siphones, qui aquam eructant, per terebrata foramina in Leonina capita ad id locis opportunis adsculpi solita, aquam emittant, quæ Leonis rictibus euomi videatur. Atque hæc ita sese habere, testantur non pauci, qui in hunc diem Romæ visuntur, Leones ad

<small>Plinius.</small>

<small>Pierius lib. 1.</small>

<small>Leonis capita cur fontibus adhibita.</small>

radi-

radices Capitolij, & fontem iuxta Ædem Diuæ Virginis de Victoria, qui plenis rictibus aquam eructant. Nè verò in hieroglyphicis inscriptionibus semper integram Leonis, aut Sphyngis figuram ad Nili incrementum denotandum pingere cogerentur, ideo per ipsum eundem characterem, quo Ægyptij Astrologi Leonis signum præfigurabant, id est, per ♌ caudam Leonis, illud ponere consultiùs iudicarunt. Characteres enim Astronomos signorum & planetarum ab Ægyptijs primò excogitatos, suprà ostensum fuit, & Deenus in Monade hieroglyphica fusè probat, de quibus & nos ex professo in Astronomia Ægyptiaca. Sed & signum infrà positum (♒) id manifestè monstrat; hoc enim symbolum aquæ esse, a similitudine figuræ aquæ vndulatæ depromptum, alibi copiosissimè demonstratum fuit, & ob eandem causam ab Ægyptijs, & communi Astrologorum consensu & approbatione pro symbolo aquarum assumptum: quod & proinde vbicunque in hieroglyphicis occurrit, humidum refert. Sed de his fusiùs suis locis.

Deenus.

Aquarij & Leonis signa seu character.

Verùm posset quis hic obijcere, quid Aquario cum Leone? Huic respondeo: cùm Ægyptij excellentiam alicuius rei vellent demonstrare, eos id maximè per contrariorum appositionem fecisse. Nam cùm Nilum præ cœteris Mundi fluminibus mirandis quibusdam naturæ dotibus ditatum perspicerent, vtpote qui non tantùm totius anni decursu maxima fœcunditatis argumenta monstraret, sed maximè eo ipso tempore, quo Sol Leonino æstu inflammatus omnia adurit, & cùm reliqua omnia flumina humoris inopiâ deficiunt, ille omnia plenitudine suâ adimplere videatur, & contrà in Aquario maximũ habeat suæ diminutionis statum, reliqua verò flumina non nisi in Aquario, Leoni opposito signo, diluuijs essent obnoxia; ideo vt hanc præeminentiam Nili symbolicè exprimerent, Leonis signo supponere voluisse videntur signum oppositum Aquario.

Ægyptij verè excellentiam per contrariorum appositionem denotabant.

Leonis & Aquarij signa cur Nili inundationem significaret.

Quare siue hoc symbolum Nilometrium, siue Sphyngem, siue Leonem referat, perinde est, errare non poterit Lector, quodcumque elegerit; nam & Nilometrium, & Sphyngem, & Leonem singula inundationis hieroglyphica fuisse, paulò ante demonstrauimus; & potuit fieri, eas structuras eos construxisse, quæ & Sphyngem, & Leonem referentes, Nilometrij munere fungerentur; quod sanè simile quid fuisse & verba Authoris non tacitè, & Strabo lib. 17. Herodotus, alijque Antiqui, imò quotquot modò Nili statuæ inueniuntur, innuunt. Sed hæc omnia subtili Lectori vlteriùs inuestiganda relinquimus. Quare ad secundæ tabulæ sacræ interpretationem procedamus.

§ III.

CAP III.   226   OEDIPI ÆGYPTIACI THEAT. HIEROGL.

§ III.

Secundæ tabulæ sacræ Osiriacæ expositio.

Secundæ tabulæ sacræ Obelisci Flaminij expositio.

SI juxta Xenophontis præscriptionem, erga eos, à quibus beneficia vel minima recipimus, gratitudine quâdam debitâ obligemur, certè maximè erga Deum beneficentissimum, cuius beneficio omnia habemus, nos gratos esse debere non ratio tantùm dictat, sed & lege diuinâ ad id nos obligari sacra pagina manifestè docet. Agnouerunt id certè præ cœteris Gentibus Ægyptij, quorum erga diuina Numina gratitudinem, amorem, reuerentiam, propensum animum, ea dignè colendi studium & sollicitudinem luculenter demonstrat ille nunquam satis quæsitus Osiris, tot portentosi in sacrificijs peragendis ritus, tot polymorphorum Numinum figmenta, quæ & in præsenti hieroglyphico Syntagmate posteritati veluti vnicum suæ erga Numina colenda voluntatis testimonium relinquere voluisse apparet. Nam postquam diuinam illam Osiridis potentiam, ac in naturæ theatro elucescentem maiestatem, potissimùm in fœcunda Nili natura, symbolikῶς repræsentassent, aliud ei à latere adiungunt hieroglyphicum Syntagma veluti cultus diuini ectypon, quo eum, à quo tanta beneficia reciperent, dignis honoribus colendum hieroglyphicè expresserunt. Continentur autem in hoc hieroglyphico Schemate sex figuræ potissimùm consicerandæ: duæ statuæ, ferculum, triplicatus ramus, baculus seu thyrsus, & iuncus marinus.

Gratitudo erga Deum pro beneficijs

De duabus Statuis.

Tabulæ sacræ expositio.

PRima figura sub forma sedentis ἱερακόμορφος, id est, Accipitrino capite transformata, globum in capite sustinens, manibus Tauticum characterem tenet. Per ἱερακόμορφον Accipitrem intelligebant Osirin, vt iam sæpius ostensum fuit; per globum in capite, diuinitatem; per characterem Tauticum, motum seu influxum in Vniuersi Mundi penetralia. Altera figura est humano vultu, quæ tùm hîc, tùm in alijs Obeliscis variat; nam subinde calatho capiti imposito, nonnunquam pennato vertice spectabilis; in manibus iam literam A, modò sceptrum Cucuphæ capite insignitum tenet. Et nihil aliud hoc simulachro denotabant, nisi Osiridis asseclam, Solarem videlicet Agathodæmonem, cuius symbolum, quod manibus gerit, Alpha est; & cùm hic idem varietatis Mundanæ præses sit, hinc subinde sceptrum Cucuphomorphum in manibus tenet, eius symbolum; calathus verò seu cidaris potestatem in omnia tutelæ suæ commissa notat; pennatus verò vertex sublimitatem operationum, quibus incumbit, signat, vt suprà diximus. Opponitur huic è regione Osiris, vt ostendatur, omnem virtutum in Agathodæmonem hunc deriuatarum varietatem, immediatè ab ipso bonorum omnium affluxu, Osiri inquam supramundano procedere; quæ & conuersio vnius

ad

SYNTAGMA III. OBEL. FLAMINIVS.

ad alterum, & signum Tauticum, quod Osiris manibus tenet, huius diuini affluxus symbolum, apertè docet. Sed de his alibi fusiùs. Ansatæ Crucis symbolum siue Tauticum sigillum manu gerit, diuinæ mentis in vniuersas Mundi semitas se diffundentis symbolum. Hunc characterem ab Hebræis mutuatos esse Ægyptios verisimile est, vtpote curiosos figurarum obseruatores; vtrisque quidem mysticum, sed diuersorum mysteriorum significatione discrepantem. Falsum tamen est, characterem hunc apud Ægyptios significare, vitam venturam, quemadmodum vult Ruffinus, Suidas, alijque Authores; sed verisimile est, totum hunc rumorem exortum esse à Iudæis, qui tùm temporis Ægyptum exules peruagabantur; videntes enim signum hoc T toties in imaginibus eorum repetitum, passim salutem suam venturam ex Patrum suorum traditione interpretabantur. Nos illum characterem nihil aliud apud Aegyptios significasse dicimus, quàm, vt dixi, diuinæ Mentis in rerum omnium productione motum & diffusionem.

Character Tauticus ab Hebræis mutuatus.

Tauticus character quid apud Ægyptios significaret.

De Ferculo, seu Feretro.

Simulachris iam explicatis immediatè subijcitur ferculum, φέρετρον à Græcis dictum; quod symbolum fuit, diuinum honorem Dijs exhibendi. Solebant enim Aegyptij plerumque instrumenta illa, quorum in sacris vsus erat, pro symbolis hieroglyphicis assumere. Feretro enim vsos esse in statuis seu simulachris Deorum solenni pompâ circumferendis, ex Luciano, & Apuleio Isiacam pompam graphicè describente luculenter patet. Fuisse autem huiusmodi feretra cistarum ad instar, apparet ex eius in multis Obeliscis figura; & ex Apuleio colligitur fuisse cistam secretorum capacem, eò quòd Aegyptij in ijs occultare solebant opertanea sacra, quæ sic dicta, quòd operta essent, neque exposita profanorum oculis; quæ & à Græcis mysteria dicuntur, Suida teste, ἀπὸ τῦ μύειν τὸ σόμα à claudendo ore; quòd scilicet deceat eos, qui audiunt diuinas cœremonias, & religionis arcana, os obturare, nec vlli mortalium enunciare. Erant autem ijs inclusa phalli seu veretra ficulnea φαλλικὰ Osiridis & Isidis; quæ quid propriè fuerint, fusè alibi dictum est; vnde & huiusmodi cistæ à Suida dicuntur κίσαι ἱεραί, hoc est, cistæ sacræ, à quibus κισοφόροι dicebantur ij, qui eas baiulabant, qui ad beatum hoc ministerium ex selectissimis personis eligebantur; adeo quidem, vt Lampridius & Aelius Spartianus notent, huius etiam se pompæ choragum constituisse, sacrarumque honorem cœremoniarum non dedignatum olim Commodum Imperatoaem; Sacra enim Isidis coluit, vt & caput raderet, & Anubidis statuam portaret. Atque ex hac Comasiarum solennitate profluxisse Ithyphallia, Dionysij sacra Græcorum, testatur Plutarchus, qui phallum geri solitum ponè Virgines Canophoras, & phallicum Cani; erant autem Canophoræ Virgines ingenuæ, quæ canistra capite gererent, in quibus omnes primitiæ essent repositæ.

Ferculum seu feretrum, eiusq́; significatio hieroglyphica.

Lucianus. Apuleius. Opertanea sacra.

Cistophori, cistæ sacræ.

Ithyphallia. Plutarchus. Canophoræ.

Ferculum igitur illud vbicunque in hieroglyphicis occurrit, semper

per solennitates in honorem Deorum instituendas significat. Fuisse autem circumportatas quatuor simulachrorum aureas effigies, testatur Clemens Alex. videlicet duos Canes, Accipitrem, & Ibidem; ego arbitror, fuisse vnum Canem, vnum Lupum, vnum Accipitrem, & vnam Ibidem. Dictum autem est, duos Canes, ob similitudinem Lupi cum Cane; sic enim melius iuxta seriem historiarum Ægyptiarum progredi poterimus. Dictum autem esse quatuor literas apud Ægyptios, quasi diceres, quatuor Elementa; hâc enim coniunctione diuersa omnium rerum conceptus exprimuntur: hinc ex quatuor Elementorum contemperatione quicquid in rerum natura est, existit. Lupus autem denotat terram, quem terrestrem aiunt; Ibis aquam, Canis siue Anubis aërem, Accipiter ignem; quæ pulchrè sanè in Bembina tabula, cum ijs symbolis, & instrumentis, & feretris instructa, quemadmodum diximus, expressa sunt, vt suo loco dictum est.

Clemens.

De Ramo inuerso.

ÆGyptios in dicta Comasiarum solennitate ramos portasse, superius ex Clemente & Apuleio sat ostensum fuit quas (solennitates ὀχοφορείας vocabant) qui id testatur his verbis: Διὰ δὲ τῶ συμβόλων ὡς ὁ τε τροχὸς ὁ ςρεφόμβυ.⊙, ἐν τοῖς τῶ Θεῶν τεμβύεσιν εἰλκυσμβύ.⊙ ϖαρὰ Αἰγυπτίοις, καὶ τῶ Θαλλῶν τῶ διδομβύων τοῖς ϖροσκυνῶσι. *Per symbola autem vt ea rota, quæ vertitur in Deorum templis, quæ trahuntur ab Ægyptijs, & rami, qui dantur ijs, qui adorant.* Sic etiam Orpheus:

Ramorum ast queis sunt hominum terrestria curæ,
Non vno sunt facta loco in mente omnia circum
Voluitur, nec fas vna est consistere parte,
Sed quâ cœperunt cursum parte omnia seruant.

Ramorum festum in honorem Bacchi. Pausanias.

Certè apud Athenienses festus erat dies ramorum nomine insignis, quo in honorem Bacchi, teste Pausania, præferebantur ὄχοι, hoc est, tenues rami, maximè vitis, vnde ὀχοφορεία, id est, ramorum circumportationis celebritas, & ὀχοφόροι, seu ramiferi appellabantur pueri sacrorum ministri, qui acceptos vitis ramusculos ex Bacchi templis in Mineruæ Schirradis ædem deferebant, vt disertè testatur Scholiastes Nicandri: Ὀχοφόροι δὲ λίγον) Ἀθηνῶσι παῖδες ἀμφιθαλεῖς ἁμιλλόμβυοι κ᾿ φυλὰς, οἱ λαμβάνοντες κλήματα ἄμπελα ἐκ τῶ ἱερῶ τῶ Διονύσου ἔφερον εἰς τὸ τῆς συρραδ⊙- Ἀθηνᾶς ἱερόν. Quòd autem Deos venerantes, & manum, & ramum, secundùm veterem ordinandi ritum, Θεῷ admouerent, hinc D. Hieronymus rectè vertit; *Et applicabant ad manus suas ramum,* In signum scilicet adorationis, quam Soli præstabant. Hebræos quoque ijsdem cœremonijs in cultu Dei vsos fuisse in festo tabernaculorum, sacræ literæ referunt, & disertè testatur Ioseph l. 3. antiquit. hisce verbis: Ὁ λοκαυτώματα δὲ, καὶ θύειν τῷ Θεῷ τοὶς χαριστήρια φέροντας ἐν τ᾿ χερσὶν θερσιώδων μυρσίνης, καὶ ἰτέας συνκραδὴ Φοίνικ⊙- ϖεποιημβύην τὸ μῆλι τῶ τας ϖερσίας ϖροσιόντ⊙·

Festum tabernaculorum Iudæorum.

Victi-

SYNTAGMA III. OBEL. FLAMINIVS. 229 CAP.III.

Victimas Deo immolantes, & pro gratiarum actione sanctificantes, manibus interim gestant ramos myrti & palmæ, ex quibus mala perseæ dependebant: In quo siue Ægyptios Hebræos, siue hos illos imitatos fuisse, patet ex eo, quòd Horum ramis perseæ & loti venerabantur, vt significarent cor & linguam Deo dedicandam esse. Nam vt suprà dictum est, persea frontes habet in linguæ speciem acuminatos, fructus verò in cordis fermè effigiem deformatos. Hos & Æthiopes imitatos, patet ex Heliodoro, qui Reges aut Magnates excipientes obuiam venire ait loto coronatos, & palmarum ramos in honorem ipsorum quatientes; verba eius sunt: Τὰς κεφαλὰς τοῖς Νειλώοις λωτοῖς καταςρέψαντες, καὶ Φοινίκων θύρσους ἐν χερσὶ κατασείοντες. Itaque si quem insigni populi fauore honestatum, omniumque celeberrimo plausu & lætitia exceptum significare vellent; hunc φυλλοβολέμνον dicebant, quia non solùm ramos illos exhibebant, sed præterea folia & flores in benemeritos spargebant; quod genus, inquit, neque thus, neque aliam victimam offerebat, sed folia, veluti primam pubescentis naturæ lanuginem manibus decerptam, à qua herbæ, & fruges, atque omnia terrâ orta producuntur, & adolescunt. Atque hactenus de ramis in publicis solennitatibus circumportari solitis; iam locus postulat, vt de hieroglyphico nostro ramo, quid ille hic significet, agamus. Hic frequentissimus est, adeo vt vix pyramidem sine eius frequenti occursu inspicere liceat. De his cùm amplissimè in Hierogrammatismo de herbis Ægyptiacis Obelisci Pamphilij, & suprà in Obelisco Lateranensi egerimus, nonnulla hîc ex ijs, ad maiorem rerum intelligentiam, repetenda duxi.

Horus Ramis perseæ & loti Horũ venerabantur Ægyptij.

Heliodorus. Ramos manibus præferentes excipiebant Æthiopes Reges.

Ramus est triplex, & inuersus. Ramum perseæ arboris fuisse, & diuersam habuisse symbolorum significationem, ex ijs quæ sequentur, patebit. Persea est arbor peculiaris Ægypto, omne solum præterquàm patrium adeo respuens, tantaque dissidia cum reliquis terris habens, vt eis inserta veluti indignabunda, nec germina, nec fructus proferat; cuius descriptionem vide apud Theophrastum. *Est in Aegypto alia quoque arbor, persea dicta, aspectu magna formosaque, folio, flore, ramo, totáque figurâ potissimùm pyro vicina; nisi quòd altera folio perpetuo, altera deciduo est; fructus abunde parit, omnique tempore perficit, quippe nouos semper occupat, maturitas anniuersariorum afflatu conficitur, reliquam crudiorem auferunt atque recondunt; ex hac simulachra, & mensas, & reliqua similia faciunt.* Vnde patet, falsam esse eorum opinionem, qui putant, eandem esse arborem ex Persia in Ægyptum translatam; falsam quoque Pierij, aliorumque sententiam, eam cum malo Persico confundentium. His igitur ramis Aegyptij in solennitatibus vtebantur; his loco symbolorum vtebantur; hanc Isidi, teste Plutarcho, consecrabant, & Harpocrati, eò quòd ab ipsis primò sit plantata in Aegypto, non à Persa, vt perperam quidam interpretantur, sed ob maximas huius arboris vtilitates, quas iuxta foliorum triplici ramo insertorum numerum computabant. Primò quia simulachra Deorum, teste Theophrasto l. 4. c. 2. inde fiebant; secundò, eodem teste, mensæ templorum; tertiò litui; quartò Harpocratis folium inde construebatur; quintò ob fructus gustui gratissimos; sextò ob oleum inde

Ramus triplex, & inuersus in Obeliscis. Perseæ arbor.

Theophrastus l. 4. c. 2.

Perseæ ramo cur Ægyptij in solennitatibus & hieroglyphicis vtantur.

inde expressum magni vsus; septimò ob nucleos in varios sacrorum vsus; octauò folijs templa ornabant; nonò, ea simulachris prosternebant; decimò, arefacta igni alendo inseruiebant; vndecimò in Harpocratis ornamentum, vtpote quod nunquam in Bembina tabula abesse videtur, adhibebant; duodecimò denique, multa arcana, de quibus in sequentibus, per ea significabant.

Persea semper viridis.

Persea igitur primò semper viridis, nunquam decidua folijs, semper fructibus referta, semper floribus, cuius arboris egregiam indolem Aegyptij non malè repræsentasse videntur per triplicem illum ramum, quorum vnusquisque quatuor foliorum seu florum serie conspicuus, deorsum folijs vergentibus, sursum tribus veluti pomis seu fructibus arboris protuberantibus. Quo quidem totam nobis seriem plantationis seu seminationis rerum ob oculos posuisse videntur. Quid enim aliud per tres ramos notabant, nisi tres anni partes (in quas, iuxta Diodorum, annus, præter quadripartitam trium mensium diuisionem ab Aegyptijs diuidebatur) æstatem, hyemem, & ver? quarum vnaquæque iterum in quatuor menses dirimitur, per subnascentes istas quatuor foliorum vnicuique ramorum appictorum series significatas; quibus ramis rerum vegetabilium generatio significatur. Sicut enim semen perseæ (aut folia terræ indita) quatuor mensibus, hoc est, prima anni parte, nempe hyemali putrefactum, geniali concepto calore paulatim ad germina disponitur; secunda anni parte, hoc est, quatuor mensibus vernis in surculos, folia, calices, flores erumpit; & tertia demum anni parte, hoc est, quatuor æstiuis mensibus, in fructus protuberat, qui Etesiarum flatu ad maturitatem perducti nouam seminis copiam suppeditant pro reliquo anno; sic inquam omnis rerum vegetabilium generatio contingit. Primo enim conditum semen intra terram paulatim ad vitam disponitur; quo facto, in germina, folia, flores mox prorumpit; tertiò in fructus, qui est finis vegetalis animæ. Quem circularem vegetationis motum non malè quoque expressisse videntur per inuersam plantam; nisi enim arbor omnis & planta quodammodo inuertatur, & superiora inferiora fiant, iuxta dictum Hermetis, quod superius est, fiat inferius, & contra; hoc est, nisi fructus, & semen terræ reddantur; nunquam fructus producet, teste vel ipsomet omnis Sapientiæ fonte, *Nisi granum frumenti cadens in terram mortuum fuerit* &c. Fructus igitur in hisce ramis superiori loco sunt, ex quibus deinde semen terræ mandatur, vnde nouis succrescentibus ramulis, folijs, floribus, noui paulatim fructus quoque nascuntur. Atque ex hisce hactenus apparet, cur ramis perseæ in publicis solennitatibus vsi fuerint. Cùm verò frustra terræ mandetur semen, nisi Osiris ille cœlestis accedat, ac fœcundo suo influxu illud animet; ideo Osiridem & Isidem, veluti plantationis & seminationis huius arboris inuentores, statuunt. Ideo verò pro symbolo seminationis & plantationis hanc acceperint; siquidem Osiridem & Isidem ex indole & ingenio huius arboris reliquam seminationis rationem inuenisse Auctor est Abenephi, vti suprà patuit. Cùm igitur tot ac tanta bona secum adferat huiusmodi planta,

meri-

SYNTAGMA III. OBEL. FLAMINIVS. 231

meritò eam in solennitatibus in beneficij tanti ab Osiride præstiti memoriam circumtulerunt; hic enim:

> *Primus inexperta commisit semina terræ,*
> *Pomaque non notis legit ab arboribus.*

Cùm verò frustra omnis seminatio fiat, frustra omnis plantatio, nisi Osiris ille cœlestis accedens, motu suo illam viuificet; Isis quoque influxu suo fœcundo viuificatam humectando & vegetet, & augmentet; aut nisi, iuxta Plutarchum, Isis, hoc est, prægnans terra semine à Nilo, hoc est, ab alluuione & fœcundo defluxu animetur; hinc nè aut Osiris, aut Isis deesset, tanto sacrificiorum apparatu illos allectare contendebant; in hunc finem perseæ solaris arboris rami circumportantur; horum enim similitudine quâdam Osirin faciliùs influxum suum vegetabilibus daturum confidebant.

De sceptro recuruo.

HOc sceptri curui signum nos thyrsum ferulaceum interpretamur, quòd nimirum lituo ad instar sit recuruus; in Arabico enim Abenephi est الكسبة *elkasbe*, quòd per hoc nomen in Arabica virgultum, thyrsus, ferula, instrumentum hastile, pertica, virga, flagellum, vti ex Camus Arabum, & Granatensi Lexico apparet, significetur. Ferulam autem nos dicimus thyrsum ferulaceum, quia thyrsus non necessariò ex ramis vitium, sed quibusuis oblongis teretibusque caulium baculis assumptus, cuiusmodi ferulæ est, hasta dicebatur. Thyrsum autem dictum circumferebant, eò quòd thyrsus & ferula Baccho seu Dionysio Aegyptio attribuerentur, iuxta illud Statij:

Sceptrum recuruum.

Thyrsus ferulaceus.

Statius.

> *Qui molles thyrsos, Bacchæque cornua.*

Et alio loco:
> *Non tamen aut teretes thyrsos, aut mollia gesst*
> *Penthea.*

Item:
> *Mollia Nysæis armati brachia thyrsis.*

Ouidius quoque:
> *Et fronde virentes, conijciunt thyrsos.*

Ouidius.

Sidonius quoque:
> *Indica Echioneio Bromius rotat orgya thyrso.*

Circumportabant autem, & loco symbolorum habebant thyrsos ferulaceos, eò quòd eos portaret Dionysius; vnde & lib. 2. præparat. Euang. ab Eusebio Θυρσιφόρ@ seu Θυρσφόρ@, & Θυρσιυάξ, hoc est; *qui thyrso regnat*, dictus est. Hinc Orpheus in Hymnis ipsum cum thymiamate Styracis venerabundus inuocat his verbis:

Dionysius Θυρσιφόρ@ Θυρσιυάξ eur dictus Eusebius.

Gg Inuo-

Inuoco legiserum Narthicophorum Dionysium,
Laudatum Eubuli semen, cui nomina multa,
Sacratum castumque Misen, Dominumque verendum;
Qui mas & mulier, duplex Lysæus Iacchus,
Seu te sacratæ templum delectet Eleusis,
Seu Phrygia cum matre Deûm mysteria tractas;
Seu Cypri Cythæreia tenet te compta capillos;
Seu tu frugiferis campis lætaris honesta
Matre Dea tecum magnifera Iside gaudens,
Ægypti prope flumen.

Cur verò ferulaceus thyrsus Libero Patri seu Dionysio Aegyptio, quem nos eundem cum Osiride seu Sole in Ob. Pamph. demonstrauimus, assignetur, varij varias dant rationes. Eusebius ναρθικοφόρον, id est, feruligerum appellat, rationemque dat, quòd homines poti si in furorem agantur, ac se inuicem feriant, vt se mutuis vulneribus confodiant, ferulis vtuntur, quarum ictus lentus, sed non lethalis est. Plutarchus in Symposio aliam assignat rationem; ferulam & obliuionem Baccho dari, cui vel parum conueniat, errorum inter pocula deinceps reminisci, aut si qua in parte peccatum sit, puerilis & leuis reprehensio sufficiat; quin & pueri ferula castigentur. Alij dicunt, quòd ferula Baccho aptissima sit, vt infirmos ebrietate pedes leui hoc pedamento regant ebrij. A Latinis dicta ferula à ferendo, quòd illius caules senibus pedes ac scipiones essent. Theophrastus ita describit: *Ferula grandis admodum surgit, vnicaulis, & geniculata à genibus cauliculi, vt folia alternatim grandia multifida, capillamenti modo extenuata, maxima, vt quæ terræ proxima sunt, caulem amplexantia, vt arundines, semen Anethi, &c. In Ægypto cum magno prouentu fruticat; Ægyptiaci sunt caui, cæteri plerique fungosam intrinsecus obtinent medullam.* Sed nos hisce relictis videamus, cur Aegyptij hisce ferulaceis thyrsis pro symbolis vsi sint. Ac primò quidem Osiridi seu Dionysio Aegyptio attribuitur, eò quòd docuerit primò vitem plantare, ac eam thyrso ferulaceo veluti statumini sustentandæ viti aptissimo applicare. Cum enim ferulæ, iuxta Theophrastum, in Aegypto quinque aut sex cubitorum plerumque proueniant in magna copia, ijs Osiridem primò pedamentorum loco in satione vini vsum verisimile est. Thyrsus igitur ille ferulaceus symbolum fuit apud Aegyptios vini vitisq; vsus; hinc & promiscuè Osiridi & Isidi in tabula Bembina attribuitur; ad quem vsum etiam arundinem in Italia potissimùm cultam scribit Plinius; vel quòd ex eius interuallis coniugatis compingeretur septenis, vt Ouidius ait, fistula cannis. Ζύγην enim vocabant Antiqui coniunctam arundinem, paria & μεζυγίαν fabricandis Musicis instrumentis idonea. Horum cauis, teste Macrobio, teneros racemos vitis & hœderæ imponebant, vnde incuruabantur in superiori parte; quod mysterio non carebat. Præterea ex ferulaceis thyrsis eos lituos, sicuti ex arundinibus, concinnasse testatur Herodotus. Cùm autem Osiridi non vini tantùm inuentionem per thyrsos los ferulaceos, vt dictum est, significatam, sed & Musicæ quoque attribuerent, vt refert Diodorus; certè per nullum aliud symbolum meliùs eam exprimere valebant, quàm per ferulas & arundines, ex quibus Musica primam traxisse originem in Aegypto testatur Plinius, & Theophrastus; cùm vtraque flexum recipiat, vtraque caua in Aegypto prouenìat. Aegypto enim scatente palustribus locis, & proinde nequaquam carente herbis, dictis locis, in quibus ferulæ & arundines prouenire solent; cùm inter coetera deprehendissent, multa genera ferularum & arundinum, flexum recipientia, & intrinsecus caua, viderentque sono prouocando apta; tandem vtraque fistulis & lituis inueniendis crebra interueniente experientiâ, occasionem præbuit, iuxta illud Ouidij.

Herodotus. Arundo cur Baccho tribuatur. Musica in Ægypto inuenta. Plinius l. 16. c. 36. Theophrastus l. 4. c. 12.

Et leue cerata modulatur arundine carmen.

Vnde & Græcè καλαμ@, quæ vox passim à Latinis Poëtis quoque recepta, vt ait Manilius agens de vi Musicæ.

Et graciles calamos, & neruis insita verba.

De quibus vide innumeros passim Poëtas. Arundo apud Theophrastum vocatur ζυγίτης, quam Gaza vertit stramentariam, iugalemque nominandam existimat, quòd eâ vites in iugum alligarentur; quam nectendæ vitis rationem docet Collumella.

Gaza. Columella l. 4. c. 17.

Præterea Theophrastus cit. loco, duo genera facit arundinum: primum αὐλητικόν, quam tibialem Plinius interpretatur; & alterum πλόκιμον, id est, textilem, Gaza interptete, fortasse quòd ex eius folijs tegetes, & spiræ, atque alia id genus fierent; vbi Plinius affinitate vocum apud Theophrastum, pro πλόκιμ@ legit πλωτίαν, quasi natitantem arundinem. Sunt enim Aegyptij calami; teste Plinio, & Cretici, quos ζηνός appellant, eò quòd ab ijs optimè sagittæ quoque fierent. Has Theophrastus testatur loco citato, tempestiuè cædi solitas ante Antigenê, cùm adhuc simpliciùs tibia canerent sub Arcturo mense Septembris, sic enim cæsas multis post annis vtiles esse, multaque sonandi exercitatione indigere, sed ora linguarum conniuere, quod erat illis ad res populo significandas vtiliùs. Postquam verò varietas fictioque accessit, cæsura mutata est. Horum calamorum in Ægyptiacis solennitatibus vsitatorum meminit Apuleius his verbis: *Ibant & dicati magno Serapidi tibicines, qui per obliquum calamum ad aurem porrectum dextram, familiarem templi Deique modulum frequentabant*. Imò vt multa paucis complectamur, Ægyptij hoc thyrsorum ferulaceorum, qui partim manibus Deorum inserti spectantur, partim in festis solennioribus circumferri solebant, symbolo nil aliud denotasse videntur, nisi plantationem vitis, & Musicæ inuentionem, quam quidem non ita ad literam accipiebant, sed ad mysticos & anagogicos sensus prorsùs applicabant; sunt enim in singulis Mundorum ordinibus suæ plantationes, suæ vites, & harmoniæ, quo potissimùm alludebant

Arundinum duo genera.

Apuleius.

Thyrsorum ferulaceorum symbolum apud Ægyptios.

bant, vt in Sphynge myſtagoga in Zoroaſtris Oraculorum expoſitione dictum eſt.

In thyrſeo ſceptro Oſiridis tria conſideranda.

Attribuitur igitur Oſiridi ſceptrum ſeu thyrſus iſte fiſtularis, ad eius potentiam denotandam. Tria igitur ſunt conſideranda in hieroglyphico thyrſeo ſceptro. Primò potentia Oſiridis, cuius ſymbolum ſceptrum erat huius formæ; deinde ratio vitis plantandæ, & ad ferulam ſeu arundinem applicandæ methodus, quam inuentionem eius eſſe propriam ex varijs ſuprà probauimus. Secundò fiſtularum & lituorum compoſitio, quam Pana ſeu Mercurium primò ex calamis huiuſmodi confeciſſe variè quoque monſtratum eſt; ex eis poſtmodum Muſicæ profluxerunt proportiones. Tertiò demum, loco ſceptri quoque in manu Oſiridis & Iſidis videtur, & hoc pacto ſexies in tabula Bembina huiuſmodi thyrſus fiſtularis & ſceptrum recuruum in modum obliqui calami exporrectum repræſentatur, quo non inobſcurè potentiam, rerumque ab ipſis inuentarum vini & Muſicæ ſeu harmoniæ præſtantiam ſignificare voluerunt. Nihil igitur aliud eſt ſignum hoc, niſi thyrſus ferulaceus, aut arundineus, dictarum rerum ſymbolum hieroglyphicum, vti demonſtrauimus. Sed nunc ad tertium ſymbolum procedamus.

De Iunco Nilotico.

Iuncus Niloticus, ſeu papyrus quid ſignificet in hieroglyphicis. Plinius. Hermolaus. Donatus.

Tertium in ordine locum obtinet Iuncus Niloticus, vel mauis, ſcirpus leuis, & enodis papyrus, qui & à Plinio, Hermolao, & Donato cum papyro ſeu biblo confunditur; quo Ægyptij primò nihil aliud ſignificare voluiſſe videntur, niſi literarum ac ſcriptionis nobilem inuentionem, à Mercurio Ægyptio, ſeu mauis, Oſiride & Iſide primò repertum, vt teſtatur Diodorus: ſecundo rerum omnium neceſſariarum ſuppeditationem; ſiquidem ex papyro & ſcirpo, omnium propè rerum vſui humano neceſſariarum copia ſuppeditabatur; vnde eum ſemper Dæmoni polymorpho, per Papilionem dracontomorphum indicato, tanquam rerum neceſſariarum præſidi appoſitum ſpectamus. Eſt autem

Papyrus ſeu ſcirpus qualis planta.

planta leuis ὀξύχοινος, foliorum loco ſtilos, ſeu culmos, ſeu virgas profert erectas, rotundas, tenues, enodes, cubitum & ſeſquicubitum altos, herbaceo colore virentes, acutis cuſpidibus, candida medulla refertas, ellychnium referentes, & vſu ſupplentes. Theophraſtus inquit, *Scirpus*

Theophraſtus

eſt Iunci quædam ſpecies leuis & enodis, inde cribra faciunt in Ægypto. Alij Iuncorum vſum in naſſas marinas referuant; alij, Plinio teſte, iunci medullam in lucernarum lumina veluti ellychnium adhibent. Verùm cùm de hiſce amplè in Obeliſco Pamphilio tractauerimus, eò Lectorem remittimus.

Iunci Nilotici ſignificata.

Habet autem Iuncus hic tot ſignificationes, quot rebus appoſitus fuerit: aliam enim habet ſignificationem ſolus poſitus, aliam cùm cribro, aliam cum muſca, aliam cum alijs. Hoc loco adiunctis ſymbolis nonnulli putant inuentionem rerum ab Oſiride factam indicari, & nihil aliud

ſigni-

significari, nisi literarum nobile inuentum; qua id de causa, breuiter videndum est.

Constat Iuncum, seu scirpum, aut mauis, papyrum, (confunduntur enim hæc à plerisque Authoribus, vti ex Plinio Hermolaus Barbarus, & Donatus monstrant) plantam esse. Iuncus enim est leuis oxyschænus vulgaris, foliorum loco stolones, seu calamos, seu virgas profert rectas, rotundas, tenues, leues, enodes sesquicubitum altas, herbaceo colore virentes, acutis cuspidibus mucronatas, candidâ medullâ refertas, ellychnium referentes, & vsu supplentes; & talis papyrus est, nullaque in parte prouenire frequentiùs, quàm in Ægypto, testantur quotquot de ea scripserunt Botanici. Et hic Iuncus, ob egregias suas vtilitates, easque multifarias, pro varijs quoque passim symbolis assumptus est, vt in sequentibus fusè videbitur. Hoc verò loco positum, symbolum esse literarum ab Osiride inuentarum, testatur Horus ipse lib. 1. & 38. Αἰγύπτια ϐ γεάμματα δηλοῦντες ἢ ἱεεογεαμματία, ἢ πέρας · μέλαν, ϗ κόκκινον, ϗ χοίνον ζωγεαφῶσι. *Ægypti aut literas, aut sacrum Scribam, aut finem significaturi, atramentum, cribrum, & iuncum ponebant;* quæ omnia diuersas habent significationes. Ægyptiacas significat literas, quòd his omnis apud eos scriptura compleatur, iunco enim & non alio quopiam scribunt; libenter igitur assumebant pro symbolo literarum illud instrumentum, quod ijs primò scribendi dedisset occasionem; nec enim iuncus tantùm suppeditat calamos, sed & chartam, vtrumque enim ex eodem fieri testatur Theophrastus, & Plinius, & post hos Prosper Alpinus.

Atque hæc sunt sacrarum tabularum bina schemata, quæ cùm nullibi non, tùm in hoc præsenti Obelisco, tùm in cœteris occurrere soleant, opportunè ea hoc loco exponenda duxi, nè in contextu, vt dixi, interpretationis eorundem explicatio fusior remoram aliquam inijceret.

CAPVT IV.

Singulorum Obelisci laterum interpretatio.

§ I.

Epigraphes siue inscriptionis Obelisci interpretatio.

PRima huius Obelisci in singulis lateribus est humana figura throno insidens, baculum Cucuphæ seu Vpupæ capite insignitum tenens, cui è regione Androsphynx mitrata, & abaco incumbens apponitur; & in primo quidem latere Meridionali figura humana nuda, velato vertice ἱεεακόμοςϕ⊙, id est, Accipitrino capite transformata est, in reliquis humana facie gaudet. Quæ quid indicent, videamus.

Sæpe iam dictum fuit, & fusè demonstratum, simulachrum humanum Accipitrino capite transformatum, nihil aliud indicare, nisi Osirin, supre-

supremum Mundi Opificem, Solem illum supramundanum, vitam omnibus largientem. Sedet, quia potestatem in omnia obtinet; nudus est, quia nullo corporeæ passionis inuolucro vestitur; Accipitrino capite comparet, quia totius vitæ & motus vitalis causa est; velatur, quia essentia eius nullo vnquam ingenio inuestigabilis est; capite globum sustinet, quia æternus omnis principij & finis expers; baculum Cucuphæ capite insignitum est, quia tametsi omnium simplicissimam essentiam habeat, omnis tamen rerum in Mundo elucescentium varietatis causa est.

Plutarchus. Ponitur ἱερακόμορφος in latere primo Meridiano, quia, teste Plutarcho, Australis plaga est dextrum Mundi latus, regnum Osiridis, id est, Solis, vitâ & fœcunditate vberrimum, vnde & Nilus Plutarcho nil aliud nisi Osiridis affluxus est, bonorum omnium causa & origo; quæ & secundùm quandam analogiam non solùm de Sensibili Mundo, sed & potissimùm de supramundano Archetypo intelligenda sunt.

Androsphinx mitrata. Secunda figura Andro-Sphynx est mitrata, abaco incubans; qua Numen illud, quod Mompta dicebant, notatur, supremi Numinis Mens, Opifex totius humidæ substantiæ præsidio potens; ponitur humanâ facie, ad intelligentiæ vim monstrandam; Leonino corpore est, quia Sole Leonem ingrediente, effectum potissimum in Ægypto exerit in humoris abundantia, qua Ægyptiacam beat tellurem; incubat, quia Osiris supramundani potestatem, cuius minister est, hoc situ ostendit; mitrata est, ad ab Osiri sibi concessam potestatem in omnia humida insinuandam.

Epigraphe Obelisci Flaminij quid significet. Signat itaque Epigraphe huius Obelisci nihil aliud, nisi dedicationem Osiri & Momphtæ, quorum ille calido, hic humido Mundano præest, quibus totius Mundi machina in sua perfectione conseruatur. Porrò is intra pyramidium ponitur, vt super omnem rerum creatarum ambitum eum eminere, & in sola essentiæ suæ infinita abysso latere indicaretur, in quantum humidum calidum, cui præest, in abdito idealis rationis suæ conceptu nudè & simpliciter cognoscibile est. Ponitur in quatuor pyramidij faciebus, vt eius in quadripartitum Mundum vis eadem indicaretur.

B Spacium litera B signatū in Obelisc. Flam. Porrò in spacio pyramidij signato litera B in latere meridionali, denuò occurrit Osiris ἱερακόμορφος throno insidens, iisdem symbolis, quibus superius adornatus, cuius genibus aduoluitur humanæ figuræ simulachrum nudum, binis manibus Canopi statuunculam ipsi exhibens, velato vertice, cui tutulus pennatus, ex quo vtrinque Aspis emergit, impositus est. Quo quidem schematum apparatu significatur Osiris supramundani ad opus externum processus, qui fit, cùm iam Geniali seu Intellectuali Mundo se communicat, quæ est Isis supramundana, quam imago genuflexa refert. Genuflexa pingitur, tùm vt summa eius erga Osirin supramundanū obedientiæ promptitudo monstretur, tùm quia principium veluti quoddam passiuum est, in quod Osiris virtutem suam continuò influit; velata est, quia insensibilis substantiæ Intelligentia est, cuius peplum, teste Diodoro, nemo reuelauit; tutulum in vertice gerit κυκλο-οφι-πτεροµορφον,

quod

quod supremi Numinis triformis signaculum, quo signata rerum mundialium administratrix constituitur, & coniux Osiris; Canopi imagunculas exhibet Osiri, symbolum humidi, quo aptè sanè indicatur, Mundanum humidum nullam vim & efficaciam in rerum generatione obtinere, nisi accesserit virtus Osiris, & eam calore, motu, vitalique influxu foecundauerit; quod vt fiat, ei ingeniculata supplicare videtur. Geruntur hæc in adyto supramundano, quod spacium B exhibet, Intelligentijs, quas schemata ibidem picta monstrant, id est, idealium rationum simulachris refertissimo, & prototypon quoddam est Sacerdotibus, vt iuxta id operentur, propositum, quod in calce Obelisci faciunt. Sequitur spacium C tribus Accipitribus mitratis insignitum; quibus quidem nihil aliud nisi Siderei Mundi Solares Intelligentiæ, quæ tripartitæ Austri plagæ præsident, indicatur. Quod vt intelligatur, notandum est, Osirim multipliciter considerari posse; vel enim consideratur vti in primo loculamento A, & sic idem est cum Hemphta, & est supremum Numinum Numen triforme Sol supramundanus & archetypus, Iuppiter supremus, & omnium Rector & Moderator. Secundò est Osiris quidam in Intellectuali Mundo, quem Hermes παντόμορφον vocat, immediata videlicet supremi Osiridis imago & similitudo, cuius virtute & potestate omnia in Intellectuali Mundo geruntur. Tertiò est Osiris cœlestis, Siderei Mundi vita & anima, Solare Numen, cui Sensibilis Mundi administratio commissa est. Huic duodenarius cui præest, potissimùm consecratus est numerus; præest enim duodecim circuli magni mansionibus, duodecim plagis Mundi, per duodecim sibi simillimas potestates, quæ ideo hic quemadmodum & ipsæ, per duodecim Accipitres indicantur; est enim vna & eadem vis Osiris, quæ per duodecim Potestates seu Intelligentias Solaris Numinis asseclas in duodecim Mundi semitas, quibus singulæ præsunt, diffusa, vti mansionibus, ita effectu differentes operationes producit. Cidarim capiti impositam habent, ad supremam in omnia potestatem ab Osiri sibi communicatam demonstrandam. Est & hylæi Mundi Osiris, Elementaris œconomiæ præses, quem pulchrè sanè per Bouem exhibent; qui vim à supremo Osiri in Sidereum, & hinc concatenato quodam dominio in hylæum diffusam, per duodecim Intelligentias hylæas in vniuersam Elementaris Mundi miscellam distribuit, vnde omnium rerum vbertas & varietas nascitur. Quæ omnia aptè per duodecim Boues duodecim Horizontis plagis præsides, & Elementaris Mundi moderatores, indigitantur: per Bouem enim Osiris hylæus intelligitur, quia hic, iuxta Ægyptiorum traditionem in Bouem mutatus agriculturam, plantationem, insitionem, cœterasque humanæ vitæ necessarias artes primùm docuit, vti varijs in locis monstrauimus. Hinc singuli, quadrangulo, Elementaris Mundi symbolo, includuntur. In primo quadrangulo D, ponitur Bos, brachium extensum manu Capreolum tenente, cum hydroschemate, & A, duabusque pennis; quorum sensus hic est: *Intelligentia hylæa, Osiridis assecla, munificus & benignus, humanæ vitæ sustentator, Agathodæmon supremi Numinis*. In secundi quadranguli symbolis hic sensus

C
Spaciũ literæ C signatum Accipitres tres mitrati. Osiris multipliciter consideratur. Osiris supramundanus. Osiris Mundi intellectualis

Osiris Mundi Siderei.

Osiris Mundi elementaris.

Boues duodecim in Obelisco Flaminio.

Quadrangula 12 Obelisci Flaminij.
D
Quadrangula tria primi lateris.

CAP. IV. 238 OEDIPI ÆGYPTIACI THEAT. HIEROGL.

sus continetur: *Osiris hylæus, triplici dominio cœlitùs dato conspicuus, Vrbium custos, fauisse hylææ, iuxta triplicem anni dispositionem fæcundator, vitæque largitor*. In tertij quadranguli symbolis hic sensus habetur: *Osiris hylæus liberalis vegetalis naturæ largitor, Isin infernam influxu à supremo sibi Numine communicato imprægnans*.

<small>Quadrangula tria secundi lateris.</small>

In secundi lateris quadrangulo primo est bos, brachium, Anser, Leonina statua cum charactere Tautico; quorum sensus est: *Intelligentia hylæa, Osiridis assecla, beneficus custos rerum, Mompht a hylæus, influxum supernè acceptum reliquo Mundo hylæo communicat*. In secundo quadrangulo hic sensus continetur: *Intelligentia hylæa, Osiridis assecla, beneficus Momphta, Hori minister*. Tertium quadrangulum hunc sensum habet: *Intelligentia hylæa, Osiridis assecla, beneficus Agathodæmon supremi Numinis*.

<small>Quadrangula tria tertij lateris.</small>

In primo quadrangulo ʒ tertij lateris, vti eadem symbola occurrunt, quæ in primo quadrangulo primi lateris, ita eundem sensum referunt. In secundo quadrangulo tertij lateris hic sensus continetur: *Intelligentia hylæa, Osiridis hylæi assecla, beneficus Hori minister, Momphta, Agathodæmon*. In tertio quadrangulo tertij lateris symbolorum significatio hæc est: *Intelligentia hylæa, Osiridis assecla, beneficus Momphta, supremi Numinis influxum supernè communicatum in aërem distribuit*.

<small>Quadrangula tria quarti lateris.</small>

In primo quadrangulo φ quarti lateris symbola ita explicantur: *Intelligentia hylæa, beneficus Osiridis minister Momphta, communicatum sibi influxum in aërem diffundit*. In secundo quadrangulo quarti lateris ita habetur: *Intelligentia hylæa, Osiris benefici minister, Momphta, Agathodæmon, igneas qualitates humido Elementaris Mundi inserit*. In tertio quadrangulo quarti lateris symbolorum hæc significatio est: *Intelligentia hylæa, Osiris benefici minister, nociuam & excessiuam vim ignis profligat, moderatam & rebus proportionatam conciliat*.

<small>Duodecim intelligentiæ hylææ, & 12 amuleta.</small>

Ecce hæc sunt duodecim Intelligentiarum hylæarum munera, quibus Mundo inferiori singulæ prouident, suntque hæc quadrangula veluti totidem amuleta & phylacteria, tùm ad dictas Intelligentias propitiandas, tùm ad nociuas profligandas constituta.

Exposita itaque epigraphe Obelisci vniuersali, iam ad particularem singularum columnarum interpretationem nos accingamus.

§ II.

Columnæ primæ lateris Meridionalis interpretatio.

<small>Columna prima lateris Meridionalis Obel. Flam.</small>

<small>Figura literæ E.</small>

IN his columnis cœremoniæ & ritus singulis Intelligentijs exhibendi, effectusque qui ex huiusmodi religione emanant, proponuntur. In prima itaque columna primo loco duæ valuæ adyti, quibus duo Canes assistunt, occurrunt, cum ansato vase Nilotico, & penna, duobus Serpentibus mediante quadrangulo, catena, & statua Isidis. Quibus quidem symbolis appositè cultus innuitur in adytis persoluendus; Canes assistentes Pastophoros, teste Horo l. 4. c. 38. & 39. indicant, quorum officium erat, adytum custodire, statuarum sacrarum curam gerere, & om-

<small>Pastophororum, per Canes signatorum officia.</small>

ne-

SYNTAGMA III. OBEL. FLAMINIVS.

ne profanum & pollutum ab eo arcere, phylacteriorum Niloticorum dispositionem, administrationemq; ritus quoq; iuxta triplicem anni constitutionem decernere, vitales in inferiorem Mundum influxus iuxta Deorum catenas exponere; his enim præstitis, infallibilem Intelligentiæ Mercurialis, quæ & per Canes indicatur, cui litabant, attractum sibi spondebant, tùm per symbolorum ad dicta Numina analogiam, tùm ob ritus religiosi sacrificij perfectè administratos; ad quod plurimùm conferebant amuleta sequentia suprà explicata, quæ Momphto-Mendesio Genio, cui polymorphus Dæmon per Papilionem δρακοντόμορφον indicatus præsidebat, & Osiriaco, cui Chenosiris Anser præerat, consecrabant.

Post amuleta sequitur triplex ramus inuersus, cum thyrso ferulaceo, ala tenijs alligata, deinde fauissa, tres secures, porta, cum humana figura nuda eam ingredi cupiente; sequuntur tres portæ, hydroschema, tres termini, hemicyclus, duo sceptra. Per ramum inuersum, & thyrsum ferulaceum indicatur, Sacerdotem ad supramemorata Numina propitianda thyrso ferulaceo, & ramo inuerso, tripartiti anni præsidibus Osiri, Isi, & Mercurio sacro, instructum esse debere, alaque cum tenijs Orimazæis capiti impositis, ad fauissam trium hypozocorum siue succinctorum securibus muniendam, de quibus fusè tractatum vide in tabulæ Bembinæ expositione, & Theologia hieroglyphica. His enim rite peractis porta inferioris Mundi patebit, quæ per adyti portam indicatur; quin & tres portæ terrestres tripartiti anni dispositione in adytis constitutæ ad omnem felicitatem aperientur; Momphta, Mendete, Osiri, Horo, religioso sequentium sacrarum tabularum, quibus consecratæ sunt, vsu, cum reliquis sacris phylacterijs, charactere Tautico, pyramide, & vase Nilotico sacro cultis. Per sequentia verò Symbola N, O innuunt, quibus symbolis, sacrisque Schematismis, vti & sacris tabulis, adytum insignitum esse oporteat, vt sacrificia suum in ijs vigorem & efficaciam consequantur. Verùm de hisce fusiùs in fine expositionis huius Obelisci.

§. III.

Columnæ Secundæ Lateris Meridionalis interpretatio.

PRimo loco Ibis occurrit, cum Aspide surrecto, quem hydroschema, sceptrum tricuspe, schema δωδεκάπυργον, cum tribus vrnis, Serpente, sceptro, & duabus catenis; intermedia Sphæra, Accipitreque crateri insidente sequitur. Per Ibidem & Aspidem indicant, potestates quasdam latere in superiori Mundo, quarum prima humidi administratrix aptè per Ibin animal Lunare significatur, altera calidi vitalis præses per Aspidem signatur; illud Ibiacum, hoc Ophionium Agathodæmonem imposterum appellabimus. Harum virtute humido-calidum in δωδεκάπυργον, id est, in duodecim arcis magnæ stationes traducitur, vbi actuatus vitalis humor

humor supernus, per concatenatas Geniorum operationes in craterem
F Solis deriuatur: inde profligata Typhonia potestate, Agathodæmon
G cœlestium, & trium anni partium dispositor, polymorphum Numen rerum omnium vbertatem spondet, idque subsidio sequentis amuleti, vbi statua Momphtæ Leonino vultu, & penna, ansataque Cruce conspicua, δωδεκαπύργῳ præsidet.

H Isis duplici dominio potens, vehiculo aqueo in quadrifidam Mundi
I plagam diffusa, occulto motu duplicis dominij humidum ex fontano cratere deriuat in Nephtem vtriusque hemisphærij dominam; quæ omnia per mulierem throno insidentem, & duos thyrsos ferulaceos, hydroschema, temonem, ✷, & quadrifidum circulum, per pedem sursum in concham desinentem, ex qua humor scaturit, & figuram fœmineam ingeniculatam, cum duobus hemicyclis, indicantur. Primò enim 3 anni partium dominator potens Horus cœlestem piscinam & phialam iuxta terminos
K præscriptos occulto motu in vegetabilium naturam deducit. Quo fit, vt Hori prouidentia cœlestis trium anni partium statum vitali humori
L vndique ad summam felicitatem vigilantia suâ conducat, custos om-
M nium, ad quem placandum plurimùm confert sequens amuletum, in quo quadrifidi Mundi figura cum catena, & Alpha, duabus pennis, &
N hydroschemate continetur; quorum sensus hic est: *Agathodæmon catenam quadrifidi Mundi in aqueam substantiam motus velocitate traducit*; quâ Osiris per Accipitrem infrà positum indicatus cum sequentibus ibidem
O amuletis trahitur.

§. IV.

Columna tertia lateris Meridionalis Obel. Flam.

Columnæ tertiæ secundi lateris Meridiani interpretatio.

E PRimo loco denuò Ibiacus & Ophionius Agathodæmones occurrunt, quos sequitur Noctua cum transuerso brachio, strigilis sacra, & quadrifidi Mundi figura, Coturnix cum brachio transuersim posito; quorum symbolorum sensus est: *Agathodæmones Ibiacus & Ophionius Typho-*
strigilis sacra. *niam vim diuertunt à tertia Australis Mundi plaga*. Strigilis sacra, symbolum purgationis malorum, erat instrumentum multis dentibus instructum, quo sacra animalia pectinabantur, vt vel ex hoc capite locum inter hieroglyphica inuenerit; sicut enim strigili animalia ab omni immunditia liberantur, ita dicti Agathodæmones ab omni maligna & infesta potesta-
F te quadrifidi Mundi plagas emundant & purgant, Coturnicem Arimaniam potenti dextrâ profligant, vnde Vrbibus desiderata annonæ vbertas promanat à polymorpho Dæmone concessa: quia tamen potissimùm ex Nili incremento hæc prouenit, hinc amuletum sequens Niloticum Mompho-Mendesium, vti & Isiacum, quod sequitur, vsurpandum, & Nu-
G mina quæ exhibent, legitimis religionis ritibus colenda sunt; hinc enim
H beneficentia cœlestis in δωδεκαπύργον, id est, duodecim arcis magnæ mansiones

siones deriuatur, aduersa omnia à Nilotica fauissa diuertuntur, quadrifidus Mundus, δωδεκάπυρσον cœleste diuinarum potestatum subsidio annonæ adferunt vbertatem, per virtutem & efficaciam bonorum sequentium amuletorum, cœteraque quæ sequuntur symbola postea explicanda.

§. V.

Columnæ primæ secundi lateris Borealis interpretatio.

Primo loco securis occurrit superposita crateri sacro. Quod vt intelligatur, notandum est, inter Mundi ductores, teste Zoroastro, tres poni Potentias implacabiles, quos Ἀμηλίκτης vocant, atque hosce per tres secures exhibebant, ob summam violentiam & seueritatem, qua res secundùm rigorem à supremo Numine præscriptum administrant. Hi crateri fontano, teste Psello, præesse dicebantur, id est, immensæ piscinæ supramundanæ, ex qua omnia tùm sensibilis, tùm insensibilis Mundi membra irrigantur. Securis itaque primo loco posita Amilicton notat, piscinæ siue crateris præsidem, cuius sectione crater apertus Mendesio illabitur Regno; Mendes verò cùm fœcunditatis Numen sit, humorem piscinæ diffusum in tres anni partes ad annonæ, rerumque necessariarum abundantiā benignā manu distribuit; quæ omnia per securim, craterem, thyrsum ferulaceum, & baculum humano capite insignitum, per tres terminos, & iuncum marinum appositum, per folium perseæ, hydroschema, bina brachia extensa significantur. Nè verò nimiā Amilictorum vehementiā & seueritate nociuum quid suboriri possit, hinc polymorpho Numini vbertatis rerum præsidi, & cunctorum ab Amilictis perpetratorum dispensatori iterum duo sequentia sacrarum tabularum amuleta, Momphto-Mendesium & Isiacum, consecrant. Sequitur post sacras tabulas sceptrum, & manus extensa, quadratum cui hirundo includitur: quæ quid indicent, videamus. Narrat Herodotus, Diodorus, & Eusebius, in templis Ægyptiorum septa quædam fuisse, sacris animalibus nutriendis constituta, quæ septa tanta in veneratione fuerunt apud superstitiosam gentem, vt ea sacro dignata honore in adyta quoque sua transtulerit, in quibus non viua animalia, sed simulachra eorum, mysticis adornata symbolis, construere solebant, teste Pausania; Numina enim quæ referebant, vario cæremoniarum apparatu in ea includere se posse arbitrabantur. Tale septum refert hoc loco quadratum, cui sacram hirundinem inclusam spectamus; erat autem hirundo, teste Pierio fol. 162, beneficiorum ab Osiride & Iside in genus humanum collatorum symbolum; quòd videlicet ab ijs & Mundi leges, & agri colendi præcepta receperint, Architectonicæ artis regulas, & æquo cum reliquis iure vitam degere didicerint; quæ omnia hirundinis ingenium & indoles docet, vt Horus tradit. Harum itaque sacrarum tabularum vsu & applicatione, bene-

CAP. IV. 242 OEDIPI ÆGYPTIACI THEAT. HIEROGL.

beneficum dominium Osiridis includitur, constringitur, & iuris hominum ad beneficiorum ab Osiri & Isi præstitorum continuationem, virtute sacramentorum efficitur; Typhon omnium perturbator, & Coturnix Arimania profligantur, vita in naturæ terminos introducitur, Chenosiris Mundorum custos attrahitur virtute sacrarum tabularum; quæ ideo hîc repetuntur, ad earundem efficaciam demonstrandam.

Y
Z

A, B, C

§. VI.

Columna secunda lateris secundi Borealis.
Obel. Flam.

Columnæ secundæ lateris secundi Borealis interpretatio.

T

PRimo mediæ huius columnæ loco Ibiacus & Ophionius Dæmon ponuntur, sub quibus δωδεκάπυργος, cum hydroschemate, & laqueus, & statua Momphtæ, cum Ansere, quem Ægyptij Chenosirin non a Iunco, quem χοῖνον Græci vocant, eò quòd thyrsis iunceis hederâ circumplicatâ solennitatem Dionysij seu Osiridis peragere solebant; sed à voce Ægyptiaca ⲧⲓϫⲏⲛⲟⲥ ⲯ siue χῆν, quæ Anserem significat, nuncupant. Osirim itaque dicebant Chenosirim, quasi diceres Osirin Anserinum, eò quòd summâ, vti Anser, rebus fidei tuæ commissis curâ inuigilare soleat. Indicant itaque, duos Genios, Ibiacum & Ophionium, dodecapyrgi mansionum præsides, primum Momphtæ Leonini & Chenosiris statua constringi, ad sauissæ beneficæ curam & conseruationem, vt hydroschema, sauissæ figura, cum brachio extenso satis docent. Sequitur modò Accipiter, supra quem quadrans Astronomicus, infra Accipitrem statua Hori, cum temone, quæ sequitur cycloides, sceptrum, hydroschema, & denuò statua Momphtæ, cum penna, & Scarabæo. Per quadrantem, vti alibi diximus, tempus oportunum indicatur; per Accipitrem Osiris siue anima solaris, qui in Horum inferiorem, id est, in Mundum sensibilem, teste Plutarcho, deuectus, cœlos vita, Momphta Leoninum aquæ præsidem motu fœcundo Solarium operationum, per Scarabæum indicatarum, virtute imbuit; quæ polymorphus Dæmon deinde pro cuiusque rei natura & proprietate in omnia transformatus, in innumerabilem rerum varietatem & abundantiam propagat. Hinc ordinata est sacra tabula, in qua Momphta Leoninus, pennâ in capite conspicuus, dodecapyrgo inferiori præsidet, vbi circulus diuinitatis participationem, penna subtilitatem operationum, Crux ansata Mundani Spiritus defluxum, à superno dodecapyrgo in inferius dodecapyrgum superno analogum deriuatum, luculenter signat; quæ quidem Numina hucusque recensita quoad substantiam idem sunt, operationibus tantùm discrepantia: nam quod Ibiacus & Ophionius Genij in Mundo præstant Intellectuali, hoc in Mundo Elementari seu hylæo Momphta Leoninus & Chenosiris, quorum vterque humido-calido præest: & Momphta quidem igneâ qualitate pollens, nociuum humido inexistens frigus temperat; Chenosiris verò excessiuam caloris vim in humido inexistentem moderato frigore tempe-

V

X
Plutarchus.

Tabulæ sacræ explicatio in columna secunda lateris secundi Obel. Flam.

rat;

SYNTAGMA III. OBEL. FLAMINIVS.

rat; quod idem suo modo in superiori Mundo præstant Ibiacus & Ophionius Genij; quorum hic igneâ virtute refertus, vitam & motum præstat humido; ille verò excessiuâ virtute suâ temperat; in inferiori sub conditione hylæa, in superiori Mundo sub conditione quâdam analogâ ipsis congruâ.

Iterum quod Osiris Accipitrinum siue Solare Numen in Mundana Hori domo, id est, Sidereo Mundo præstat, hoc Momphta inferior siue hylæus, in hylæo Mundo; hinc aptè ei Accipitris penna, & Scarabæus adiunguntur, vt indicarent, Momphtam ad Accipitris siue Osiridis, id est, Solaris Numinis exemplar prototypon omnes suas operationes instituere. Quæ ideo fusiùs hîc deducenda duxi, vt si huiusmodi Numinum monstra Lector compererit, eo modo, quo dixi, intelligenda esse sibi persuadeat; neque contradictionem me incurrere putet, si quandoque vnum cum altero confuderim; quod & de sequentibus intelligi velim.

Sequitur sacram tabulam Ibis dodecapyrgo insidens, quo Mercuriale Numen Nilotici dodecapyrgi præses denotatur, vti tres vrnæ Niloticæ demonstrant. Hic enim Typhoniæ malignitatis profligator in inferiora deuectus, catenas Mundorum mouet, vnde Typhoniæ machinationes multiplici eius dominio in superno infernoque Mundo fractæ & contritæ consistere non possunt; quæ omnia per symbola inter Z & A inclusa, indicantur; catenâ siquidem vitæ cœlestis motâ Arimanium Coturnicis dominium infirmari necesse est, ob summam scil. prouidentiam quam habet, tùm de supernis, tùm infernis corporibus in Mundana Hori domo existentibus, siquidem omnium vitali oculo suo custos est, cui & ideo sequentem sacram tabulam consecrant, tanquam summæ efficaciæ amuletum, in quo *A* Agathodæmona Ibiacum, & catenæ figura. catenæ Numinum motorem, duæ pennæ cum hydroschemate diuinum in humido motum notant; per hanc enim catenam Ibimorphi Dæmenes, superioris, medij, & inferioris Mundi iuxta requisitam analogiam in vnum, ad Mundi conseruationem, conspirant. Ponitur autem in præcedenti sacra tabula *A* litera, quia ex Ibidis Mercurij viui habitaculi gestu inuenta fuit; catena ponitur, quia Mercurius vti Nuncius Deorum Græcis, ita Ægyptijs catenarum Genialium, quas Seras vocant, adaptator dicitur; duæ pennæ ponuntur, quòd pennæ Ibidis Crocodilum, Typhoniæ in humido malignitatis symbolum, siderent; cœtera symbola in fine huius Obelisci fusiùs explicabuntur.

§ VII.

§ VII.

Tertiæ columnæ secundi lateris interpretatio.

TErtiæ Borealis plagæ præses est Momphta Leoninus, dominium in trium partium anni constitutionem obtinens, vt baculus ferulaceus, & ramus inuersus notant; cui assistunt tres Amilicti per tres securo indicati, quorum virtute, Leonina seu Momphtæa vis in Mundum diffusa, magnarum virium incrementa sumit, virtute subsequentium duorum amuletorum; quorum vsu beneficus coelorum defluxus, omnem Typhoniam prauitatem fugat; Horus summâ curâ & vigilantiâ per hirundinem notata, coelestem defluxum firmat & sustinet, vti fuscina signat, benefica vita inferioribus dominatur, virtute subsequentium duorum amuletorum, iam sæpius repetitorum, & reliquorum symbolorum, vsu, quæ postea explicabuntur.

§ VIII.

Columnæ primæ lateris tertij Occidentalis interpretatio.

HVius columnæ prima pars ab I, vsque ad M, composita est ex medietate primæ columnæ lateris primi Meridionalis ab E vsque ad H. Secunda verò huius primæ columnæ tertij lateris pars, ab M, vsq; ad Q, composita est ex tertia columnæ primi lateris Meridionalis parte, vti priùs, ab E vsque ad H; adeoque vti tota constat ex medietatibus primæ & tertiæ columnæ primi lateris Meridionalis in vnum coniunctis, ita symbola quoque eadem prorsus eandem significationem habent, tametsi quoad effectus, quos mistura producit, differant, vt explico. Sicuti enim plaga Mundi prima lateris Austri, & plaga prima lateris Occidentis, ob vicinitatem in effectibus suis, similes sunt, effectu tamen discrepant; ita de præsidijs quoque Geniorum censendum: nam sicuti moderna Cosmographia, singulis Mundi plagis diuersas qualitates, v. g. Boreæ frigidum siccum, Austro calidum siccum, Orienti calidum humidum. Occidenti denique frigidum humidum assignauit; ita Ægyptij similium qualitatum Genios præsides singulis plagis assignabant, ex quorum tamen diuersa combinatione, diuersi effectus emanabant; quorum quidem statuas ex ijs animalibus compositas, quæ dictas qualitates referrent, erigebant, erectas cæremonijs prorsùs analogis colebant. Sic per Ibin collo contracto Genium humidi frigidi; per Aspidem calidi humidi; per Leoninum Momphta calidum humidum corroborantis; per Canem, mixtæ naturæ præsidem denotabant, vti ex symbolis in primis columnarum faciebus positis constat. Huiusmodi misturas in hisce duobus lateribus, Occidentali & Orientali, passim, vti paulò post dicetur,

repe-

reperies. Quæ omnia respiciunt ad variam præsidiorum Genialium mixturam, vti dictum est, quæ & in hunc vsque diem à Physicis diuersa combinatione pro cuiusque plagæ Mundi natura & proprietate præstatur. Sed ad filum interpretationis reuertamur. Hæc prima itaque columna lateris tertij Occidentalis, cùm idem prorsùs significet, quod primæ & tertiæ columnæ lateris primi Meridionalis medietates, harum verò significata amplè citato loco exposita sint, eò Lectorem remittimus; quare ad secundam columnam tertij lateris procedamus.

§ IX.

Columnæ secundæ lateris tertij Occidentalis interpretatio.

<small>Columna secunda lateris tertij Obel. Flam.</small>

PRima huius loci signa ab I vsq; ad K denuò eadem ferè sunt cum symbolis tertiæ columnæ primi lateris ab E vsque ad F, & secundæ columnæ ab F vsque ad G. Significant autem Genios intellectualis Mundi Ibiacum & Ophionium, malorum auerruncatores, vitam beneficam concedere tribus Mundi arcibus. Et primò quidem cœleste hoc beneficium conceditur dodecapyrgo, id est, duodecim arcis magnæ stationibus, ex quo deinde id tanquam principium passiuum cœli concauum suscipit; susceptum immittit in craterem Solis; cuius Agathodæmon cœlestem tandem humorem inferioris & hylæi Mundi receptaculis & veluti centris confert; in vitam verò animat Dæmon polymorphus virtute sequentis amuleti seu sacræ tabulæ; vnde vitalis humor deuectus in inferiora per quadrifidam Mundi plagam diffunditur; Typhonia vis dispellitur trium huius lateris columnarum in adyto consecrandarum virtute; quod si ritè perficiatur, Horus occulto motu per cœli semitas progressus, vitalem humorem benigno suo influxu deuehet per Siderei Mundi œconomiam iuxta ideales trium Mundorum rationes, quem deinde Agathodæmon Solaris piscinis magnis inseret; Hermanubis verò Mundanus custos, vitali dominio potens ad eundem recipiendum distribuendumque, inferiorum Mundorum portas aperiet; Typhonem humidi cœlestis dodecapyrgi expugnatorem cœlestis Chenosiris prouidâ suâ vigilantiâ fugabit, virtute & applicatione sequentis sacræ tabulæ, quam in præcedentibus duabus columnis explicauimus. Sed explicemus conceptus allegati symbola. Sceptrum ex quo Serpens emergit, vitale dominium indicat; remus, vehiculum quo influxus deriuatur; vas Niloticum, humorem; circulus in Crucem dissectus, quadrifidam Mundi plagam; Noctua Typhonem; Obelisci figura semper præsentem Obeliscum notat; sicuti hic tribus Obeliscis, tres columnæ vnius lateris signantur κυκλολογικῶς; Horus cum termino, Mundum Sensibilem; Vultur cœlum, id est, principium actiuum; tripus cum tribus terminis ideales rationes triformis Numinis; figura subtus hunc posita, piscinam sacram; statua ἱερακόμορφος semper Agathodæmonem Solarem, vti & Ibis Mercurialem indi-

<small>Genij intellectualis Mundi maiorum auerruncatores.</small>

<small>M Explicantur figuræ columnæ secundæ lateris tertij Obel. Flam.</small>

<small>O</small>

p indicat, cui supponitur figura candelabri, cuius vsus in adytis erat, & denotabat, quòd nunc sub quadranguli, nunc sub trianguli figura pari ratione sacrificium conficiebatur. Verùm cùm hæc omnia passim exposita sint in varijs huius Tomi locis, ea reiteranda non duxi.

§ X.

Columnæ tertiæ lateris tertij Occidentalis expositio.

Columna tertia lateris tertij Obel. Flam.

PRima huius columnæ tertiæ symbola ab I vsque ad M, eadem prorsùs sunt, quæ tertiæ columnæ secundi lateris Borealis à T vsque ad Y: præterea altera medietas huius tertiæ columnæ tertij lateris ab M vsque ad Q eadem symbola continet, quæ prima columna lateris secundi, à T vsque ad Y. Constituitur itaque tota hæc columna ex medietate tertiæ columnæ lateris secundi, & ex medietate columnæ primæ eiusdem lateris, vt vnum cum altero comparanti patebit. Quare cùm hæc citatis secundi lateris locis exposuerimus, eò Lectorem amandamus.

§ XI.

Columnæ primæ lateris quarti Orientalis expositio.

Columna prima lateris quarti Obel. Flam.

PRima columna loco primo Accipitrem crateri insidentem habet, quem sequitur thyrsus iuncinus, cum thyrso ferulaceo, & tribus terminis, & baculo ægomorpho; sequuntur deinde duo brachia, &c. quæ ferè conueniunt symbolis primæ columnæ secundi lateris à T vsque

Y ad Y, paucis exceptis, vti & symbolis tertiæ columnæ tertij lateris ab M vsque ad Q. Sed negotium breuiter exponamus. Accipiter crateri insidens præsidium crateris Solaris notat; tres termini cum iunceo thyrso, & baculo ægomorpho, fœcundam annonæ vbertatem; bina brachia beneficam vim polymorphi Dæmonis in inferiora, subsidio duarum sacra-

Z rum tabularum; harum enim religiosa obseruantia beneficus influxus, qui

A per manum pyramidion tenentem notatur, Isidis Dæmonis dominio præpotentis & auerrunci præsidium, quod per figuram in sede constitutam, & flagellum in manu tenentem, cum baculo ferulaceo à tergore, aptè indica-

B tur, in quadrifidam Mundi plagam deuectum, quæ per remum & circulum cruciatum signatur, & in subiecti dodecapyrgi præsides ad humorem æquâ portione distribuendum, quæ per Columbam, tria vasa, 3 terminos, & Columbam innuuntur, in bonum seminationis, & plantationis, iuxta trium anni partium distributionem faciendæ sollicitat; Amilicti verò seu tres implacabiles Potentiæ, quas tres secures notant, fauissam

C seu piscinam Horæam adaptabunt fauissis inferioribus, tùm hylææ, tùm

mysti-

SYNTAGMA III. OBEL. FLAMINIVS.

mysticæ in adyto constitutis, ad quam memorato Numinum influxui, porta aperitur virtute religiosæ cœremoniæ, & sacrarum tabularum sequentium, iam sæpe expositarum.

§ XII.

Columnæ secundæ lateris quarti Orientalis expositio.

IN hac columna primo loco polymorphus Dæmon cum binis iam sæpe expositis sacris tabulis occurrit. Horum itaque virtute & efficaciâ supremum Numen prouidentiam rerum, dodecapyrgi humorem, virtute potestatum astræarum præuijs cœremonijs Niloticis, à Sacerdotibus peractis, oculo cœlesti, id est, Osiridi Sidereo committit, qui eum actuabit, Horus verò vitam iuxta ideales rationes supremi Numinis benignè conseret; hinc Sacerdotes cœremonijs solitis, & corporum transformationibus ad Deorum analogis, recensitam Numinum catenam trahent, Horus cœleste Numen se sistet, Typhoniæ potestates piscinæ sacræ humori aduersantes, sacrarum cœremoniarum vi dispellentur, Mompta præsto erit vitali suo influxu dodecapyrgi Nilotici liquorem in inferiora deriuans, & omnia cœlesti liquore replebit, Agathodæmon terminorum Momphtæ assecla beneficentiâ suâ cœlestem & vitalem liquorem dodecapyrgi à Momphta deriuatum sauissæ seu piscinæ includet, vi oculi cœlestis Chenosiris, & efficaciâ sequentis tabulæ.

§ XIII.

Columnæ tertiæ lateris quarti Orientalis expositio.

PRima huius columnæ pars ab Y vsque ad A symbola conueniunt cum symbolis tertiæ columnæ lateris secundi & tertij, quæ cùm ibidem sint exposita, non morabimur; indicant enim, Momphta Leoninum, influxum supremi Numinis ope trium Amilictorum, & polymorphi Dæmonis, & sequentium tabularum sacrarum potestate attractiuâ in quadrifidi Mundi piscinam deriuare; Sacerdotes autem omnem hunc influxum cœremonijs suis ad ideales rationes diuini Numinis institutis sui iuris quodammodo facere, per canales Hori prouidentis humore vitali in inferiora deducto, & vi sequentium duarum sacrarum tabularum. Atque hæc est breuis tertiæ huius quarti lateris & vltimi Obelisci interpretatio.

CAP. IV.

Anacephalæosis expositionis Obel. Flam.

APFT

BQGV

Numismata è Museo Petri Stephanonij.

Anacephalæosis totius expositionis.

OStendimus in hoc Obelisco, primò, quâ ratione supremum Numen Hempta seu Osiris supramundanus archetypus, causa causarum, nunc Accipitrinâ, nunc humanâ facie conspicuus, vnà cum sua Sphynge, quæ est Mundi Opifex, influat primò in Mundum Genialem, quem figuræ in secundis spacijs B Q G V exhibent; & hinc in duodecim Intelligentias Solares totius naturæ duodecadis præsides, & tandem in Elementaris Mundi Hylæas Osiridis Intelligentias influat: qua veluti epigraphe quâdam præmissâ, postea ad particularia descenditur, docetúrque quâ ratione, aut quibus sacrificijs, ritibus, & cœremonijs concatenati hi Numinum chori dodecapyrgi præsides, contra Typhonias potestates sollicitandi, atque ad rerum omnium necessariarum vbertatem concedendam attrahendi sint. Inueni non ita pridem inter numismata Veterum ex Museo Petri Stephanonij extracta, Numum cui Zodiacus inscribebatur, intra quem, veluti naturæ duodecadis præsides, Iuppiter, Mercurius, Mars, Vulcanus inscribebantur, vt in sequenti schemate patet. Quod haud

dubiè ab Ægyptijs profectum; doctrina siquidem eadem est, tametsi diuersè à Græcorum Astronomis adumbrata. Quid enim aliud Osiris Accipitrinus, quàm Iuppiter? quid aliud Ibimorphon Numen, nisi Mercurius?

curius? quid aliud Amilicti implacabilis potentia, nisi Mars? & Momphta quid aliud nisi Neptunus, quibus totius naturæ dodecapyrgum commissum est? Vides Iouem medium inter Mercurium & Martem tanquam supremi Numinis asseclam, Neptunum verò tridente conspicuum, aquoso gaudentem imperio; siquidem singulæ ex hisce duodecim Obelisci columnis, aut vni plagæ ex duodecim Mundi plagis, aut vni ex duodecim arcis magnæ mansionibus respondent. Hinc adyta eorum nunc dodecangula, vti hîc, nunc octangula, quadrangula, aut etiam triangula, pro diuersorum Numinum cultu ita disponebantur, vt vnicuique lateri vna ex naturæ duodecade portio responderet; in qua Numinum mysticæ imagines eo ordine depingebantur, quo in Obelisco patet. Numina enim hoc analogo ad Mundi dispositionem apparatu, sacrificijsque singulis competentibus, mirum in modum ad votis eorum obsecundandum sollicitari sibi persuadebant; vt proinde eas non incongruè catenas vocauerint; eratque in hoc tota illorum arcanior philosophandi ratio veluti in cardine quodam sita. Sic in prima columna lateris primi, qui per congrua sacrificia Mercuriale Numen traxerit, traxerit & consequenter Isidem, polymorphum Momphta, Mendetem, Chenosirin &c. vti expositum est; quorum quidem tractu omnium bonorum felicitate se repleri existimabant; his tractis nullam aduersam potestatem subsistere posse credebant; his tractis per congruum vnicuique contemplationis studium, rerum omnium scientiam sibi pollicebantur; his tractis, maximè sibi manteuticam notitiam, quæ in futurarum rerum scientia consistit, acquirere se posse sibi imaginabantur, vti in Magia hieroglyphica susè actum est. Quæ sanè pulchrè comprobantur per illos Hierogrammatismos, qui in calce singulorum laterum huius Obelisci spectantur; quorum expositionem consultò in hunc locum distulimus. Qui sunt in primo latere, comprehenduntur literis N, O, in secundo latere D E, in tertio R S, in quarto G H. Quæ quidem spacia nihil aliud indicant, nisi Ægyptiorum Sacerdotum adyta, in quibus per legitima & maximè congrua sacrificia, ritus, & cœremonias alibi fusè descriptas, nihil aliud nisi dictorum Numinum attractionem intendebant. In hisce itaque adytis primò principalium Numinum varijs modis transformatorum simulachra ponebantur, quæ in prima & secunda columna per Osirin ἱερακόμορφον stantem, & ad fauendum promptum, vti & per Accipitrem, & per 3 Ibides in 2 col. indicantur; quibus Sacerdotes genibus prouoluti, Canopulos in formâ vasorum aptatos offerunt; hoc ipso insinuando, desiderare se ab Osiri beneficum humoris præsidium, humidæ substantiæ beneficam conseruationem, vtpote sine qua nihil in Mundo consistere possit.

Quoniam verò humidum sine calido nihil prodest, hinc in tertij & quarti laterum spacijs vltimis Osirin humanâ facie pingunt, cui Sacerdotes nudi aduoluuntur; primus quidem globum, alter pyramidem offert, quæ symbola sunt caloris humidum fœcundantis; ex his enim omnium rerum generatio oritur. Spectantur autem partim velati, partim vittati, ti, quorum illi habitu fœmineo humidi Numina, tanquam rerum principium passiuum, hi ignem sub forma masculina tanquam principium rerum actiuum Deastris suis exhibent. Nudi sunt, quia vt in tractatu de adytis dictum est, Sacerdotes sacrificia sua vt plurimùm nudi peragebant, vt Numina quæ sollicitabant, nullo terrenæ mistionis inuolucro vestita, ipsa nuditate simili, vel nuda similitudine exprimerent. in parietibus verò adytorum varia sacrarum tabularum Schemata ponebant, tanquam magni ad potentiùs trahenda Numina momenti, cuiusmodi in singulis quaternis lateribus videre est, signanturque literis $a\ b\ c\ d,\ e\ f\ g\ h$, &c. quæ omnia ex Obelisci latere extracta sunt, tanquam potentissima amuleta; quæque Sacerdotes inde extracta, Deorum particularibus statuis, vasis, abacis, diuersi generis lapidibus, metallicis testaceisque vasis incisa in vsum priuatum superstitiosæ plebi gestare præcipiebant, vti in decursu huius Operis exponentur vberiùs; quæ quidem hieroschemata hic non exponimus, cùm ea quisque, qui præcedentia ritè intellexerit, nullo negotio interpretari possit, vtpote quę omnia iam sunt exposita, & ex diuersis Obelisci columnis extracta, vt dixi, in calcem laterum, quæ adyta Ægyptiorum signant, sunt translata.

Sacræ tabulæ in fine columnarum Obel. Flam.

Consectarium de interpretatione facta ab Hermapione.

ATque hic est celeberrimus ille Obeliscus, quem Augustus ex Ægypto allatum in Circo maximo erexit; cuius interpretationem ab Hermapione factam recitat Ammianus Marcellinus his verbis: *Qui autem notarum textus Obelisco &c. Hermapionis librum secuti, interpretatum literis subijcimus Græcis.* Desiderabat iam dudum Augustus scire doctrinam in hoc Obelisco contentam, eamque ob causam vniuersam Ægyptum per viros literatos discusserat, si quem inueniret huius literaturæ hieroglyphicæ peritum. Obtulit se tandem Hermapion Grammaticus, quem Cymbalum Mundi vocant; qui cùm multa circa hæc promitteret, tamen ab omnibus, teste Strabone, risus fuit; hic tamen plus æquo sibi confisus huius præsentis Obelisci interpretationem attulit, quæ inseritur libris citati paulò antè Ammiani Marcellini, quamque in Obelisco Pamphilio fol. 149. Græco-latinam adducimus. Hæc interpretatio continet dedicationem Obelisci à Ramesse Soli factam, vbi & vtriusq; laudes continentur. Atque hanc interpretationem omninò falsam, suppositiam, & ne vestigium quidem earum rerum, quæ in hoc Obelisco continentur, continere, solus is nosse poterit, qui hanc nostram interpretationem cum Hermapionis expositione ἀκριβέστερος contulerit. Explicat is primò sex versus, qui quales in hoc Obelisco sint, dispicere non potui, nisi forsan columnas putauerit; sed cùm illarum duodecim Obeliscus exhibeat, non video cur illarum sex tantùm exhibuerit. Secundò vbi mentio primarum huius Obelisci figurarum, quæ epigraphes loco se habent, fiat, non reperio;

Ammianus Marcellinus.

vbi

SYNTAGMA III. OBEL. FLAMINIVS.   251   CAP. IV.

vbi duodecim Accipitres, & totidem Boues, qui in superiori Obelisci extremitate continentur, quorum duodecies repetita mentio fieri debebat, in Hermapionis interpretatione maneant, hucusque cognoscere non licuit; accedit argumentum Obelisci, quod nullâ ratione ei competere potest, cùm gesta Ramessis, Heronis, coeterorumque Regum, qui ibidem nominantur, nullibi exprimantur. Sacrarum tabularum 39 Schemata, quæ amuleta vocamus, quarum septendecim similes Momphto-Mendesiæ, sedecim Isiacæ Horo & Osiri, tres Momphtæ, tres Agathodæmoni catenæ magnæ consecratæ sunt, quibus totus Obeliscus refertus est, vbi inquam horum mentio fiat, nè καὶ quidem dignoscitur. Cùm præterea huiusmodi sacræ tabulæ eædem in plerisque alijs Obeliscis reperiantur, certè non video, quomodo illa historia Ramessis Regis, eiusq; Obelisci Soli sacrati erectionis historiam exprimere possit; vnde verisimilius est, hanc ab Ammiano adductam Hermapionis interpretationem vel suppositiciam ac commentitiam esse, vel alterius cuiusdam fragmenti hieroglyphici interpretationem esse, quæ huic Obelisco falsò fuerit attributa. Verùm nè iniuriam tùm Hermapioni, tùm Ammiano, qui eandem tanquam rem memorandam suis insertam historijs refert, facere videamur, hic interpretationem Hermapionis denuò ex Obelisco Pamphilio repetam, vt Lector meam interpretationem cum Hermapionis compositione comparando, tandem quam absonam, dissonamque ab Ægyptiorum ingenio doctrinam hæc Hermapionis interpretatio contineat, cognoscere possit.

Interpretatio Obelisci Sennesertei facta ab Hermapione Grammatico, extracta ex 16. lib.. Histor. Ammiani Marcellini.

V Erba itaque Ammiani hæc sunt; *Secutæque ætates alios transtulerunt, quorum vnus in Vaticano, alter in hortis Sallustij, duo in Augusti monumento erecti sunt; qui autem notarum textus Obelisco incisus est veteri quem videmus in Circo, Hermapionis librum secuti interpretatũ literis subiecimus Græcis.*

ΑΡΧΗΝ ΑΠΟ ΤΟΥ ΝΟΤΙΟΥ ΔΙΕΡΜΗΝΕΥΜΕΝΑ ΕΧΕΙ.
ΣΤΙΧΟΣ ΠΡΩΤΟΣ.

Τὰ δέ ἐςὶν ἃ Βασιλεῖ Ραμέςῃ δεδωρήμεθα, ὃν πᾶσαν οἰκουμένην μετὰ χαρᾶς βασιλεύων ἥλιος φιλεῖ, καὶ Ἀπόλλων κρατερὸς φιλαλήθης υἱὸς Ἥρωνος θεογέννητος κτίσης τῆς οἰκουμένης, ὃν ἥλιος προέκρινεν ἄλκιμος Ἄρεως βασιλεὺς Ραμέσης, ᾧ πᾶσα ὑποτέτακται ἡ γῆ μετ᾽ ἀλκῆς καὶ θάρσεος, βασιλεὺς Ραμέσης, ἡλίου παῖς αἰωνόβιος.

Versus Primus.

Hæc sunt, quæ Regi Ramesti donauimus, quem totum Orbem gubernans Sol & Apollo fortis, veri amator, Heronis filius ex Deo genitus, Conditor Orbis terrarum, quem Sol selegit fortis Martis Rex Ramestes; cui cum fortitudine & audacia subordinatus est Orbis terrarum Rex Ramestes filius Solis immortalis.

ΣΤΙ-

ΣΤΙΧΟΣ ΔΕΥΤΕΡΟΣ.

Ἀπόλλων κρατερὸς, ὁ ἐςὼς ἐπ' ἀληθείας δεσπότης διαδήματος· τ' Αἴγυπτον δοξάζας κοχτημμένος, ὁ ἀγλαιποιήσας ἡλίου πόλιν, καὶ κτίσας τὴν λοιπὴν οἰκουμένην, καὶ πολυτιμήσας τοὺς ἐν ἡλίου πόλει Θεοὺς ἀιδρυμένως, ὃν ἥλιος φιλεῖ.

Verſus Secundus.

APollo fortis, is qui reuera Dominus eſt diadematis, & Ægyptum gloriâ à ſe cumulatam poſſedit; is qui Solis Vrbem ſplendidam fecit, & reliquum Orbem terrarum condidit, & ingenti honore proſecutus eſt in Solis Vrbe Deos collocatos ac poſitos, quem Sol diligit.

ΣΤΙΧΟΣ ΤΡΙΤΟΣ.

Ἀπόλλων κρατερὸς ἡλίου παῖς μαμφωρής ὃν ἐν ἡλίω προέκρινεν, καὶ Ἄρης ἄλκιμος ἐδωρήσατο, ᾧ τὰ ἀγαθὰ ἐν παντὶ διαμένει καιρῷ, ὃν Ἄμμων ἀγαπᾷ πληρώσας τὸν νεὼν τοῦ Φοίνικος ἀγαθῶν· ᾧ οἱ Θεοὶ ζωῆς χρόνον ἐδωρήσατο. Ἀπόλλων κρατερὸς υἱὸς Ἥρωνος Βασιλεὺς οἰκουμένης Ῥαμέσης, ὃς ἐφύλαξεν Αἴγυπτον τοῦ ἄλλου ἔθνους νικήσας, ὃν ἥλιος φιλεῖ. ᾧ πολὺν χρόνον ζωῆς ἐδωρήσατο Θεοὶ, δεσπότης οἰκουμένης Ῥαμέσης αἰωνόβιος.

Verſus Tertius.

APollo fortis Solis filius, totus lucidus, quem Sol diligit, & Mars ſtrenuus donauit; cuius bona omni tempore permanent. Quem Ammon dilixit, cùm donari is expleuerit Phœnicis delubrum; cui Dei vitæ tempus largiti ſunt. Apollo fortis Heronis filius, Rex Orbis terrarum Rameſtes, qui ſeruauit Ægyptum poſtquam aliam gentem ſuperauiſſet. Quem Sol amat, cui longum tempus vitæ Dij largiti ſunt, Dominus Orbis terrarum, Rameſtes immortalis.

ΑΛΛΟΣ ΣΤΙΧΟΣ ΔΕΥΤΕΡΟΣ.

Ἥλιος Θεὸς μέγας δεσπότης οὐρανοῦ δεδώρημαί σοι βίον ἀπρόσκορον, Ἀπόλλων κρατερὸς κύριος διαδήματος ἀνείκαστος, ὧν αἰδεσιάζας αἰσθήνκων, ἐν τῇ δὲ τῇ βασιλικῇ δεσπότης Αἰγύπτου, καὶ ἐκόσμησεν ἡλίου πόλιν, ὁμοίως καὶ αὐτὸν ἥλιον δεσπότην οὐρανοῦ, συνετάγχυνεν ἔργον ἀγαθὸν ἡλίου παῖς Βασιλεὺς αἰωνόβιος.

Verſus Secundus.

SOl Deus magnus, Dominus cœli largitus ſum tibi vitam ſatietatis expertem; Apollo fortis Dominus diadematis incomparabilis. Quorum ſigna dedicauit in hac Regia Dominus Ægypti, & exornauit Solis Vrbem, itidem & ipſum Solem Dominum Cœli vna confecit opus bonum, Solis filius, Rex immortalis.

ΣΤΙΧΟΣ ΤΡΙΤΟΣ.

Ἥλιος Θεὸς δεσπότης οὐρανοῦ Ῥαμέστῃ Βασιλεῖ δεδώρημαι τὸ κράτος, καὶ τὴν κατὰ πάντων ἐξουσίαν. Ὃν Ἀπόλλων φιλαληθὴς δεσπότης χρόνον καὶ Ἥφαιστος ὁ τῶν Θεῶν πατὴρ προέκρινεν διὰ τὸν Ἄρεα. Βασιλεὺς παγχαρὴς ἡλίου παῖς, καὶ ὑπὸ ἡλίου φιλούμενος.

Ver-

SYNTAGMA III. OBEL. FLAMINIVS. 253 CAP. IV.

Versus Tertius.

SOl Dominus Cœli Ramesti Regi largitus sum potentiam, & in omnes dominatum. Quem Apollo veri amator, & Vulcanus Deorum pater selectum habuit propter Martem, Rex longè gratissimus, Solis filius est à Sole amatus.

ΑΦΗΛΙΩΤΗΣ ΠΡΩΤΟΣ ΣΤΙΧΟΣ.

Ὁ Ἀφ᾽ ἡλίε πόλεως μέγας Θεὸς ἐνεράνιος Ἀπόλλων κρατερὸς· Ἥφωνος υἱὸς, ὃν ἥλιος ἐξώγνησεν, ὃν οἱ Θεοὶ ἐτίμησαν, ὁ πάσης γῆς βασιλεύων, ὃν ἥλιος περιέκρινεν, ὁ ἄλκιμος, διὰ τὸν Ἄρεα Βασιλεὺς, ὃν Ἄμμων φιλεῖ, καὶ ὁ παμφῆ ἧς συγκείνας αἰώνιον Βασιλέα.

Versus Primus.

Magnus à Solis vrbe Deus cœlestis Apollo, fortis Heronis filius, quem Sol educauit, quem Dij honore prosecuti sunt, qui vniuerso terrarum Orbi dominatur, quem Sol selegit, inclytus propter Martem Rex, quem Ammon amat, & is, qui totus lucet, longæuum Regem esse iussit.

Atque hæc est Hermapionis interpretatio; quam cùm exactiori trutina cum hieroglyphicis Obelisco Flaminio insculptis examinassemus; inuenimus tandem id, de quo iam dudum suspicabamur, hanc interpretationem nullâ prorsùs ratione subsistere posse. Atque nè Authori tot Authorum monumentis celebrato iniuriam facere videamur, dicti Obelisci quatuor latera tu diligenter inspice, & verba cum figuris confer, videbisque quàm ineptè congruant, quàm difficulter cohæreant, quàm denique cuncta malè subsistant, quàmque longè absint à veritate. Vt proindè vehementer suspicer, Hermapionem loco interpretationis Obelisci, quamcunque aliam inscriptionem tanto audaciùs, quanto pauciores erant, imò vix vllus, qui eum de impostura insimulare possent, supposuisse. *Interpretatio Hermapionis falsa est, & quare.*

In Obelisco itaque quatuor consideranda sunt; primum est Argumentum seu thema Obelisci; secundum figuræ; tertium, latera quaterna; quartum, ordo & situs figurarum. Nullum ex his Hermapionem attigisse, hisce rationibus ostendimus. Ac primò quidem Argumentum Obeliscorum, laudes, victorias, triumphos, eximiaque facinora Regum, minimè continere, in præcedentibus diuersis locis fusè dictum est. Nam cùm hieroglyphica doctrina esset obscura, ænigmatica, mysteriosa, à profanorum intellectu longè remota, quam soli illi, quibus ad Regnum spes esset, quibusque rerum sacrarum cura erat commissa, callerent, quamque sub silentio maximo tenere, & sub pœna vitæ vlli alteri, præterquam sui ordinis hominibus propalare vetabantur; certè Obelisci Regum gesta continere non poterant. Temerarius itaque, nè dicam, stolidus omnium opinione foret, qui gesta & magnifica Principis aut Regis alicuius facinora ex se, & sua natura lucis appetentia posteritati, vel ad ea imitanda, vel ad excitandam virtutum in posteris admirationem, memoriamque con- *Hieroglyphica doctrina non continet laudes Regū*

ser-

CAP. IV.   254   OEDIPI ÆGYPT. THEAT. HIEROGL.

seruandam proposita traditurus, impenetrabili quodam scripturæ genere vteretur. Haud absimile de Ægyptijs iudicium, si laudes, gestaque Regum continerent, formare possumus. Quando itaq; Herodotus, Diodorus Siculus, Plinius, alijq; dicunt, in Ægyptiorum monumentis Regum gesta fuisse expressa, expensasque in varias fabricas & expeditiones per Orbem susceptas, sumptus quoque in allia, cœpasque sactos contineri; de Obeliscis nequaquam intelligunt, sed vel de pyramidibus, vel columnis, aut tabulis, lapidibusque templorum parietibus insertis, intelligebant. Nam in columnis similibusque, res præclarè gestas, historiasque, easque vulgari charactere Ægyptijs vsitato, quem nos Coptum appellamus, incidere solebant; cuiusmodi complures vide apud Herodotum & Diodorum. In Obeliscis verò solas res ideales, intellectualesque, & difficiles captu, easque sub obscurissimis figurarum inuolucris, vti in sequentibus apparebit, exhibebant. Cùm itaque Hermapion in dicto Obelisco nihil aliud quàm Regis Ramestis laudes & gloriam describat, vel ex hoc capite interpretationem menti Ægyptiorum Sacerdotum minimè correspondere posse, confestim apparet. Sed veniamus ad figuras. Hìc vides in initio Obelisci figuras poni humanas, situ gestibusuè sacrificantium actiones significantes; quæ cùm quatuor Mundi partibus correspondeant, singulę diuersis rebus instructę conspiciuntur. Sequuntur postea in singulis lateribus terni Accipitres, tutulis conspicui, vt hìc in figura apparet (vnius enim lateris figuras hìc posuisse sufficiat) quos sequuntur totidem boues, postea tria brachia extensa; adeò vt in singulis lateribus tres ordines & series seu columnæ contineantur; quæ cùm duodecim Geniorum Mundi per quatuor Obelisci latera indicatorum mysteria & arcana contineant, videat iam, qui vel exigua iudicij mica pollet, quomodò interpretatio Hermapionis illis accommodari possit: cùm enim sint duodecim Accipitres, & totidem Boues in circuitu insculpti, quæ haud dubiè vnam & eandem rem varijs solummodò effectibus differentem significent; debebat is duodecies nominare eandem rem; quod dum non fecit, neque vestigium quidem harum rerum elucescat, meritò falsa eius censebitur interpretatio.

Accedit quòd cùm in Obelisco quatuor latera sint, is verò sex ponat, impossibile est, interpretationem rebus consentire posse. Verùm si quis dicat, illum tres ordines in vno tantùm vel duobus lateribus contentos descripsisse, neque sic satisfiet difficultati, cùm nec sic verba cum figuris cohæreant. Atque in primo quidem latere quod Meridionalem plagam respicit, non tres, sed quinque ordines; in latere verò Orientem respiciente, vnum tantùm ordinem, vt in interpretationis contextu patet, describit; quæ quomodo cohærere possint, non video. Est itaque interpretationis series tota confusa & ἀσύστατος. Præterea verba interpretatiotationis singulis ordinibus suffixa, adeo ab hieroglyphicorum abhorrent stylo, ingenioque, vt vel primâ fronte appareat, verum esse non posse, quod adeo ab Hieromystarum disciplinis dissonum, remotumque est. Quæ enim figuræ Ramessem Regem, quæ tam gloriosa epitheta, tam speciosam verborum constructionem ostendant, comperire minimè licet. Quid enim Ramessi, quid Apollini, quid Vulcano, & Heronis filio, cum sacrificantium ritibus, cum Accipitribus, Bobus, cæterisque commune sit, non video. Accedit hisce, quòd verba illa, quibus Hermapion explicat singulos ordines hieroglyphicos, ad tantarum rerum, quas sub hieroglyphicis tegebant, significationem oppidò pauca sint. Ausim enim sanctè affirmare, tantam in singulis duodenis Obelisci ordinibus materiam contineri rerum reconditarum, vt ea non dicam folio, sed nè integro quidem volumine pro dignitate satis explicari possit: quæ omnia in huius Obelisci Sennesertei interpretatione satis, superque comprobauimus. Ex toto itaque hoc discursu, ni fallor, luculenter patet, interpretationem Hermapionis ab Ammiano Marcellino proditam, consistere nullâ ratione posse; quod probandum assumpseramus. Vtrum verò Hermapion hanc descriptionem ex alio quopiam Ægyptiaco monumento descripserit, quæ postea falsò huic Obelisco fuerit imputata, credat qui volet; nostrum erat, hanc adductam Hermapionis interpretationem, Obelisci hieroglyphicis minimè quadrare, aut adaptari posse, paucis hisce demonstrare, vt si obtrectatores nobis hanc interpretationem obijcerent, quid de ea statuendum sit, cognosceretur. Atque his apertè constat, quàm cautè in huiusmodi abditarum rerum expositionibus procedendum, & quòd non cuilibet datum sit hanc adire Corinthum. Similes interpretationes inueniuntur in Annij Viterbiensis Beroso apocrypho: verùm cùm illæ ab ipso Authore confictæ sint, indignas existimo, quibus adducendis & tempus, & charta teratur. Huius farinæ est Volaterrani inuentarum literarum Hetruscarum interpretatio, quæ non ita pridé prodijt. Alter Oedipus Ægyptius posteris temporibus fuit summus quidã vir Herwartius, qui tabulæ Bembinæ interpretationem aggressus, tàm infeliciter negotium expediuit, vt vel oppidò mirer, quid insigni Viro in mentem venerit, quòd tam absonam ab Ægyptiorũ intentione interpretationem molitus sit. Titulus libri est: *Admiranda Ethnicæ Theologiæ mysteria propalata*. Vbi Author lapidem Magnetem antiquissimis passim nationibus pro Deo cultum, & artem, quâ nauigationes Magnetis ope per vniuersum Orbem instituerentur, à veteribus Sacerdotibus Ægyptijs sub inuolucris Deorum Dearumque, & aliarum perindè fabularum cortice, summo studio occultatam esse, omnibus viribus demonstrare conatur. Ac primò quidem vult, per hieroglyphicam illam toto Orbe celeberrimam Bembinam tabulam nihil aliud Ægyptios veteres, nisi nauigationem per vniuersum terrarum Orbem, ope Magneticæ pyxidis, & Nauticæ seu Hydrographicæ tabulæ subsidio peractam, indigitasse; adeo vt characterismis illius tabulæ hieroglyphicæ nihil aliud, nisi plagas Mundi, ventosque significare voluerint; hoc autem vt probet,

Kk mirum

Herwartius alter interpres tabulæ Bembinæ, à scopo aberrat

Tabula Bembina non cõtinet magnetis mysteria, neque nauigandi artem.

mirum est, quàm in tota antiquitatis historia ad suum institutum detorquenda se fatiget, & quanto studio nisuque quæuis, velint, nolint, ad materiam suam applicare laboret; vt vehementer mirer, virum cœteroquin sapientem, atque antiquitatis peritissimum, variæque omninò lectionis, vel animo quidem hæc concipere potuisse. Quæ quidem non assero, quòd viro magno, doctissimo, & de Rep. Literaria optimè merito, quicquam detractum velim; laudandus enim in tanto viro in re omnium obscurissima summus conatus; sed hæc tantùm dicta velim, vt cognoscat Lector, quàm ad mentem Veterum congruas esse oporteat interpretationes, vt teretes aures, & emunctas Criticorum nares sustinere queant.

FINIS SYNTAGMATIS TERTII.

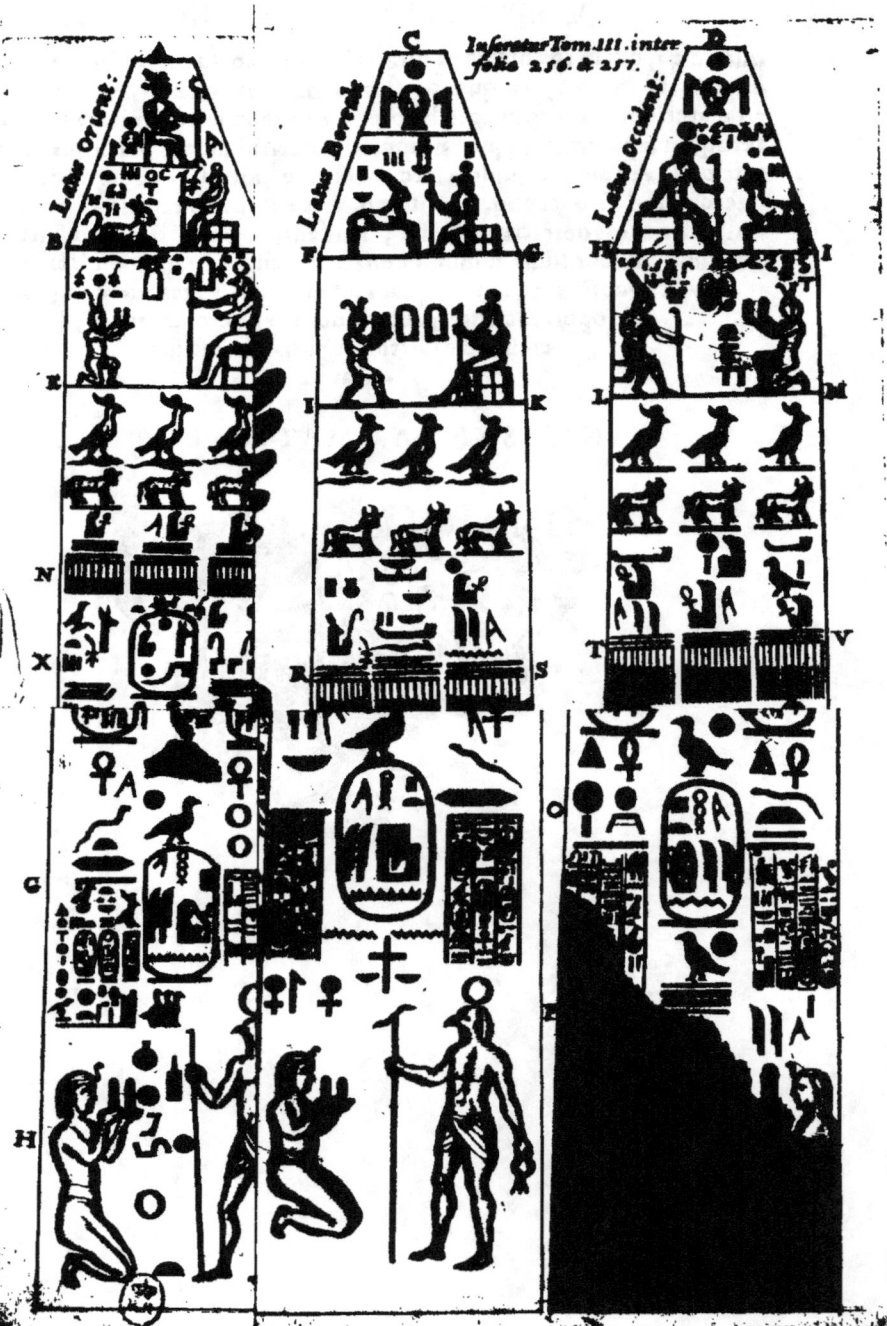

SYNTAGMA IV.
OBELISCVS SALLVSTIVS,
SIVE LVDOVISIVS.

SERENISSIMO, ET AD MAXIMA NATO
PRINCIPI
LEOPOLDO IGNATIO
Archiduci Austriæ, Ferdinandi III. Magni
Cæsaris Filio.

BELISCVM Augustæ Serenitati
TVAE erigo, dignum efflorescentibus in
tantilla ætate virtutibus trophæum; quibus quidem totum pænè Orbem ita rapis, vt maximum quid, sublime, heroicum
de insita illa TVA viuidæ indolis lætitia, de matura in tenello corpore prudentia, de insolita animi fortitudine, rerumque agendarum dexteritate sibi polliceatur; atque adeo stupore omnium iamiam Orbi rerum rectè gerendarum argumentis plenum, dignumque, in quibus enucleandis Historicorum ingenia suo se tempore exerceant, thema dictare incipias: Quæ quidem vti summa cum admiratione celebrari non semel audiui, ita nescio quo felici omine, monimentum hoc cedro perennius veluti gloriæ TVAE prodromum, atque vnà meæ in Augustam Serenitatem TVAM sinceriffimę obseruantiæ symbolum quoddam consecrandum duxi. Vale, Augustæ domus & Orbis delicium.

SYNTAGMA IV.
Obeliscus Sallustius seu Ludouisius.

CAPVT I.

De origine, erectione, translatione Obelisci Sallustij.

Sallustius Obeliscus à C. Caligula Romam aduectus, & à Claudio erectus. Ammianus inarcerianus.

CLAVDIVS CÆSAR prædecessorum suorum exemplum secutus, vt Vrbem nouæ magnificentiæ monimento exornaret, præter duos rasos Obel. in Mausoleo Augusti erectos, hunc præsentem quoq; in amœnissimo totius Vrbis loco exaltandum putauit. Innuit id Ammianus Marcell. l. 17. *Secutæque ætates alios transtulerunt, quorum vnus in Vaticano, alter in Hortis Sallustij, duo in Augusti monimento erecti sunt.* Quis vero primus eius in Ægypto erector fuerit, aut quo auulsus loco; omnia Historicorum monumenta silent: verisimile tamen est, eum vnà cum Vaticano Obelisco à C. Caligula peculiari naui, in hunc vnicum finem stupendæ magnitudinis constructa, fuisse Romam translatum, atque Caio fatis functo à successore Claudio in dicto loco, quem Sallustij hortum vocant, erectum, vti ex citato Ammiano Marcellino luculenter patet.

Ludouisius Obeliscus in Villa Principis Ludouisij, ideò qui Sallustius.

Modò in Villa Excellentissimi Principis Nicolai Ludouisij Ducis Plumbini, amœnitate & magnificentiâ spectatissima, terrâ penè obrutus, atque in duas confractus partes, iacet; quem & à loci possessore non incongruè Ludouisium appellantes, veluti perenne quoddam beneficiorum à Gregorio XV. Pontifice Opt. Max. in Societatem nostram collatorum monimentum, trophæumque perpetuum Ludouisiæ domus honori constituendum censuimus; quem & illustre Vrbis monimentum ante ædem Ludouisianam S. Ignatio consecratam suo tempore postera ætis, vti speramus, erectum videbit, & admirabitur.

Symmetria Obelisci Ludouisij seu Sallustij.

Symmetria Obelisci mediæ inter maiores & minores magnitudinis, à basi vsque ad pyramidion longitudinem habet Palmorum 72. inferioris basis latera singula sex palmorum cum dimidio latitudinem habent; est enim quadratus & ἰσόπλευρος, id est, æqualium laterum. Pyramidion ab angulis ad apicem quatuor palmorum est, vti & latera singula basis eiusdem pyramidij, quâ Obelisco coagmentatur; atque adeo totius Obelisci altitudo 76 palmorum exactè constituitur.

CAPVT II.

Argumentum Obelisci.

Continet itaque hic præsens Obeliscus, (qui in honorem fontanæ triadis, seu tribus summitatibus, qui sunt Osiris, Horus, & Isis Momphtæa, erectus est) quomodo fontanæ hæ summitates in triplicem Mundum influant, quos effectus in ijs operentur, quomodo, aut quibus sacrificijs, vt effectus faciliùs consequantur, colendæ sint. Quæ vt luculentiùs pateant, paulò altiùs ordiri visum est.

    Narrat Psellus in expositione Oraculorum Zoroastræorum, Aegyptios & Chaldæos tres fontanas summitates coluisse, ex quibus veluti ex perenni quadam scaturigine omnia Mundi bona emanarent; & has vocat summitates tres fontanas, videlicet, Hori siue Appollinis, Osiridis, & Mercurij. Σἰβον᾽ δέ και πηγαίας τριάδα πίστεως, και ἀληθείας, και ἔρωτ@, και πηγαίας ἐκροτητας Ἀπόλλων@, Ὀσιρίδ@, κ, Ἑρμῦ. *Venerantur quoque triadem fontanam fidei, veritatis, & amoris; & tres fontanas summitates Appollinis* (qui idem ac Horus est) *Osiridis, & Mercurij.* Nos Hori, Osiridis, & Isis Momphtææ, ex Obelisci inscriptione appellamus. Atque triadem primam Obelisci facies continet. Et vti abditum huius Philosophiæ sacramentum est, ita mirificis quoque symbolis adornarunt. Nam in Obeliscis propriè altissimarum rerum sacramenta, tùm in hoc, tùm in alijs insculpserunt, vt vel ipsa Obelisci figurâ prænotarent, otiosum minimè esse, quod tam insolenti symbolorum apparatu exhiberetur. Hæc itaque est Horæa Trias, cui Obeliscum consecrandum duxerunt; Trias ad Archetypi exemplar transformata; Trias fundi Paterni triadi, cuius ministra est, analoga, à qua non nisi effectuum diuersitate distincta est. Huic in reliquos triadicorum Numinum Choros potestas omnis concessa est, fidei, veritatis, & amoris. Trias vera; ita quidem, vt fides Horo, Osiri veritas, Isi Momphtææ amor pulchrè competat. Quæcunque enim in hoc Obelisco continentur symbola, ad hanc triadem respicere videntur, in qua Horus Mundanæ domus, entibus omnibus & singulis fideli cura, tanquam sibi commissis prouidet; Osiris in veritate disponit omnia; Isis Momphtæa omnia & singula amoris nectit consortio. Videbis hoc loco, quomodo trias hæc fontana, primò in Mundum Genialem, deinde ex hoc in Sidereum, & tandem in Hylæum Mundum influat, ministerijs in tres summitates distributis. In hoc patebit, quomodo ex Mundis demum in particularium entium œconomiam, iuxta quadruplicem Mundi plagam, quam latera Obelisci indicant, descendant; quasque in singulis operationes præstent. Intueberis tanquam in speculo quodam, quomodo Sacerdotes per mystica huiusmodi symbola, per sacras tabulas, ritus, & cœremonias in adytis peractas hanc Horæam triadem placârint, placatam ad omnem felicitatem obtinendam attraxerint. Atque hoc est præsentis huius Obelisci argumentum; quare nihil aliud restat, nisi vt rem ita se habere, sequenti interpretatione demonstremus.

CA-

CAPVT. III.

Obelisci Sallustij diuisio, & interpretatio.

Sallustij Obelisci diuisio.

Nota primò, hunc Obeliscum quatuor lateribus constare, quorum singula in tres columnas seu ordines hieroglyphicis Schematis insignes dirempta sunt, atque adeo totus Obeliscus, siue inscriptionem aut periochen, siue sacrarum tabularum schemata spectes, Obelisco Flaminio adeo similis est, vt eiusdem compendium iure dici possit; differentia tantùm nonnulla interuenit in minutioribus figuris, quæ tamen non ita magnam significationum diuersitatem inducunt, nec ita Sacerdotum intentionem immutant, vt quoad substantiam essentiamque rerum indicatarum diuersus dici possit, vt vnum cum altero comparanti patebit.

Sallustius Obeliscus compendium est Flaminij.

Obelisci quaterna latera literis A, B, C, D, signantur. Pyramidij trigona latera omnia, si primum A excipias, similibus prorsùs hierogrammatismis, memoratam triadem exprimentibus, signata sunt.

Hieroglyphica pyramidio Obel. Sallustij insculpta.

In primo trigono lateris Orientalis A B C vides statuam throno insidente n, cum tutulo & sceptro Cucuphomorpho, quę à latere annexum habet Hori caput, cum circulo, duobus stipatum vncinis; quem sequitur infrà alia figura ἱερακόμορφος, id est, Accipitrino capite insignita, è cuius regione Sphynx tutulata, abaco incumbens. In latere Meridionali primo loco Hori caput, duobus stipatum vncinis, cum circulo suprapostio; deinde eædem prorsus figuræ quæ in præcedenti; & in lateribus reliquis C F G, & D H I, Boreali & Occidentali, eædem prorsus tres figuræ, quæ in latere Meridionali B D E, sese offerunt.

Hieroglyphica lateribus Obel. Sallustij insculpta.

Infra trigonum pyramidij ponuntur quatuor spacia B C E F, D E G H, F G I K, & H I L M, in quibus hierogrammatismi prorsùs sibi similes sunt; videlicet simulachrum nunc ἱερακόμορφον, nunc γυνόμορφον, cubo insidens, cum adgeniculato simulachro binas statuas præferente; neque vlla inter has imagines differentia interuenit; quibus & variæ, vti vides, notæ interseruntur.

Has sequuntur in immediato spacio, in singulis lateribus, tres Accipitres, qui Serpentes pedibus premunt, ac tres Boues. Et in primo latere Boues sequuntur tres statuæ Accipitrinâ facie deformatæ, supposito vnicuique feretro. In secundo latere post Boues sequuntur symbola inter P Q literas intercepta. In tertio latere Boues sequuntur figuræ, eo habitu, quem vides, figuratæ. Similiter in quarto latere intra spacium T V. Atque adeo in omnibus lateribus eædem prorsus figuræ sese exhibent; quod mysterium vt patefiat, iam exponere conabimur.

CA-

CAPVT IV.

Hierogrammatifmorum qui in quaternis lateribus continentur, & secundùm præcedentem diuifionem prorsùs ijdem, fi minutiora quædam excipias, funt, interpretatio.

Nota Lector, quòd tametfi hæc omnia in Obelifco Flaminio expofuerimus, quem eundem prorsùs cum hoc reperimus, vti paulò poft patebit; quia tamen fubinde nonnulla differre videntur, ea hoc loco exponere vifum fuit.

In primo trigono A B C lateris Orientalis, primo loco fimulachrum occurrit, quod throno infidet cubico, fceptro Cucuphomorpho munitum, è latere caput Hori circulo infignitum duobus ftipatum vncinis, ante fe hieralpham monftrat; quod quidem in triade Hori Patrem poteftate infignem notat; hinc fedens imperiosâ dextrâ imperat, fceptro Cucuphomorpho varietatem rerum, quibus dominatur, innuens, inconcuffo dominio omnia gerit, vti fedes maieftate plenâ docet; magnus sanè Agathodæmon, vti hieralpha docet. Hori caput appofitum habet, vncino & baculo recuruo ftipatum, quia Intellectus Horæus eft, malorum omnium auerruncator; cuius Potentia fimulachrum Accipitrinum eft, pariter cubicæ fedi infidens, fceptro adunco munitum, & eft Potentia diuini Ofiridis Horæi virtute fuâ penetratiuâ omnia attingentis, dominio inconcuffo omnia gubernantis. E regione fua Sphyngem abaco incubantem habet, quæ eft Ifis Momphtæa, Mens Horæa, omnium quæ in intellectu & poteftate funt Ofiridis & Hori, executrix. Ex humano capite tutulato & Leonis figura componitur, quo robur & fortitudo in exequendis mandatis Hori & Ofiridis apprimè denotatur, vti in Obelifco Flaminio, quem confule, docuimus. Nam vt rectè Plutarchus docet, eft hæc Ifis Momphtæa nihil aliud, quàm vis illa naturæ fœminea, & totius fufceptrix generationis, vnde τιθήνη, id eft, nutrix, & πανδέχης, id eft, fufceptrix nuncupata fuit; omnes enim ideas & imagines admittit, habet enim congenitum amorem erga id, quod primum ac fummum eft inter omnia, ipfum videlicet bonum, ad hoc enim rapitur, hoc optat, hoc sequitur; quod verò malum eft, fugit & aduerfatur. Hinc trium Mundorum domina appofitè nuncupatur, quemadmodum fymbola suprà pofita docent ⊙ΙΙΙ ⲧⲟⲥ ⳨ vbi aduertat Lector, hæc fymbola ⲧⲟⲥ ⳨ fpacio A B C intericta, Copticam vocem effe, & dominiú fignificare, quod in Sole & Luna fuam potiffimùm poteftatem exerceat; eft & vox fœminini generis, ficuti ⲡⲟⲥ masculini. Verùm cùm has voces fusè varijs in locis expofuerimus, eò Lectorem remittimus. Vide de his in Aftrologia fol. 192. Atque hæc eft trias Horæa, Patre, Potentia, & Mente conftans. Horæa dicitur, quia Horus in Mundo intelligibili circa Mundanæ domus adminiftrationem potiffimùm occupatur; Trias verò eft, quia triformis fupremi Numinis figillo fignata, adminiftrationem suam, quemadmo-

CAP. IV. 262 OEDIPI ÆGYPTIACI THEAT. HIEROGL.

admodum & reliqui triadici Numinum Chori, peragit. Παντὶ γὰρ ἐν κόσμῳ λάμπει τριάς, ἧς μονὰς ἄρχει, toto enim in Mundo trias fulget, cuius vnitas principium est, vti sapienter docet Zoroaster.

Zoroaster.

Horum caput Sallustij Obelisci quid denotet. Trigonorum reliquorum Obelisci Sallustiani expositio.

In reliquis verò lateribus primo loco semper occurrit caput circulo insignitum, duobusque stipatum vncinis, quo pari pacto triadis Horææ Patrem notant, malorum omnium propulsatorem. Circulo notatur, ad diuinitatem eius insinuandam; puerili capite fingitur, quia Mundus, vti Plutarchus dicit, quotidie noua rerum generabilium prole veluti reiuuenescit; capite solo exprimitur, quia intellectus Horæus totum sensibilem Mundum, quem sub physico sensu refert, cognoscit, cognitis rebus prouidet, omnium malorum alicubi impendentium propulsator, vti duo vncini, quibus stipatur, auerruncationis symbola, luculenter docent.

Horus cur puerili forma exprimatur.

Vbicunque itaque caput puerile spectatur, circulo munitum, id Hori esse censendum est. Dixi puerile, quia vix vlla Hori statua reperitur, quæ non iuuenile quid præseferat, diuersis tamen symbolis adornata, pro effectuum, quos in Mundo generationibus rerum reiuuenescente operatur, diuersitate. Nunc enim eum reticulatâ veste in turbinem abeunte, nunc Sacerdotum vlnis finibusque veluti mammis applicatum sub pueri forma, quem lacte & pulticulis nutriebant (quæ cùm alibi recensita sint, hîc longior esse nolui) miris vtique à Sacerdotibus superstitionum ritibus cultû, formant; & hoc ideo, quia nisi Mundus quotidie noua generationis fœtura adolesceret, eum perire necesse foret. Hinc in paludibus Buti alitus memoratur, quia per vapores in sublime elatos resoluta humiditas Mundo necessaria est. Verùm cùm humiditas sine calido frustranea sit, hinc potentiæ Horææ est, in Mundo humido-calidum attemperare, vtpote in quo rerum omnium genesis consistit. Hanc Potentiam aptè refert Accipitrina statua sedi cubicæ insidens, quam paulò antè, & alibi sæpius iam exposuimus. Sphynx verò Horæa Isin Momphtæam exhibet, vti suprà diximus, Patris & Potentiæ conceptuum executricem: hinc incubitu Leonino calidum & humidum, Sole Leonem & Virginem percurrente, Nilo inundante, mirè roborat, fouet, animat, ad copiosam fœturæ exclusionem. Atque hinc Isis dicitur Momphtæa, quia in quantum humido-calido præest, Momphtæ, qui cum Nilotico Osiri vt plurimùm confunditur, cuius hoc tempore dominium maximè viget, vxor est, seu principium passiuum, in se rerum generabilium semina recipiens.

Isis Momphtæa.

Sed cur trias hæc Horæa, in trigono pyramidij latere ponitur? quia hæc trias Horæa ex tribus triadibus, quibus paternum sundum componitur, vna est, immediatè supremi triformis Numinis influxui substans; de qua vide copiosè tractatum in expositione mensæ Isiacæ fol. 94.

Hieroglyphica in quaternis Obel. Sallustiani lateribus eadem. Primi lateris expositio.

Porrò explicata prima Obelisci perioche & titulo, iam ad reliquos ordine hierogrammatismos procedamus; qui quidem cùm in quaternis Obelisci faciebus ijdem prorsùs sint, vnum eorundem exposuisse sufficiat.

In spacio itaque B C E F, simulachrum occurrit, Accipitrinâ facie transformatum, sedi cubicæ insidens, baculo munitum adunco, sinistrâ

quid-

SYNTAGMA IV. OBEL. SALLVSTIVS. 263

quidpiam iubere videtur,è cuius regione adgeniculata statua bouinis cornibus, binas statuas Accipitriformi Numini exhibet, quibus Genialis Mundus indicatur, in quem immediatè Horæa trias influit.

Atque per hasce figuras aptè indigitatur Intellectualis siue Genialis aut Angelicus Mundus, in quo singulorum ordinum Duces seu Choragi sunt, quibus reliqui inferiores ordines subijciuntur. Hoc pacto figura E subijcitur figuræ F, quod genuflexione sat testatur, mandata eius suppliciter expostulans. Et simulachrum quidem ἱερακόμορφον adunco sceptro, & nudum sedi quadratæ insidens, supremum Genialis Chori Principem virtute & potestate præpollentem, Accipitrinis oculis omnia lustrantem, & contra Typhonia mala sceptro auerruncatiuo formidabilem indicat; manu sinistrâ Genijs sibi subditis nonnihil imperare videtur; cuius diuinam ac præpotentem vim subiens E Genius ei subditus, mandata suppliciter exposcit; binos Canopulos, quæ erant vasa oblonga, tumida, & in formam pueri fascijs inuoluti adornata, præsidi suo igneâ vi pollenti exhibet, ea intentione, vt is viuifico suo calore humidæ substantiæ, quæ per vasa indicatur, animandi potestatem concedat, & quod à Genio, E, circa res sibi commissas inceptum est, influxu suo continuet. Eratque hoc exemplar quoddam rerum à Sacerdotibus in adytis faciendarum propositum. Modus operandi ad calcem laterum expressus habetur, vti postea videbitur.

Atque huiusmodi figuræ in singulis lateribus eædem sunt, si minutiores characteres excipias; hi enim indiscretâ quâdam religione, siue ob ornatum, siue ad Deorum attractum facilitandum, adijciebantur.

Sequuntur modò in spatio E F N O tres Accipitres, tres Boues, & tres statuæ sedentium habitu, cum charactere Tautico in manibus singularum; in singulis lateribus, tres, quæ faciunt 12. Et per tres quidem Accipitres, duodenarius arcis magnæ Geniorum Solarium numerus exprimitur, qui influxu suo, dum omnes Mundi duodecupartiti plagas, per quaterna Obelisci latera (quorum singula tres Accipitres continent, & simul iuncti duodenarium numerum constituunt) indicatas perlustrant, omnia animant, & ad fœcunditatem incitant. Sequuntur tres Boues in singulis lateribus, quibus duodenarius hylæorum Numinum Solarium Elementaris Mundi administratorum numerus cœlesti duodenario analogus exprimitur. Nam vt alibi me dixisse memini, erat Apis seu Serapis bouinâ figurâ spectabilis, veluti inferioris Mundi Solare quoddam Numen, Osiris hylæus, qui influxu à cœlesti Osiride participato, inferiora omnia igneo vigore, iuxta duodecupartiti Mundi plagas administrabat; hinc asseclæ eius omnes figurâ Bouis exprimebantur. De quo fusiùs in Obelisco Flaminio, cœterisque sequentibus Obeliscis actum vide. Statuæ verò tres Accipitrinæ Agathodæmonum sunt tutelarium, quos auerruncationis gratia, & ad Numina memorata maioris ordinis propitianda ponere, & exquisito cultu, quem feretra monstrant, prosequi satagebat Sacerdotum cerimoniosa industria.

In secundo latere B post tres Boues symbola spectantur differentia,

Eiusdem primi lateris reliquæ figuræ exponuntur

Boues duodecim Obelisci Sallustij.

quo-

CAP. IV.

Secundi lateris Obel. Salustij expositio.

quorum primum est Columba, quantum singulis competit distributionis ad æqualitatem symbolum; statua verò binis Canopulis vtraque manu exhibitis Accipitriformi Numini, quod in Obelisco abrasum est, supplicans, idem significat, quod figura G H, in eodem Obelisci latere; reliqua symbola iam passim exposita sunt.

Tertij lateris expositio.

In tertio latere spacio R S, varia symbola ponuntur, quorum sensus est: *Humidi præses & dominator, beneficentiâ suâ, vitam omnibus, & rerum necessariarum abundantiam præbens, per statuam Agathodæmonum eius ministrorum attrahitur.*

Quarti lateris interpretatio.

In quarto latere spacio T V, quaternæ Accipitrinæ statuæ characteribus Tauticis insignitæ ponuntur, & sunt Agathodæmonum siue beneficorum Geniorum, vti brachia extensa notant, simulachra, quæ ad dicta Numina attrahenda magnam vim habere putabantur.

Vides igitur quomodo ex enucleatis paulò antè symbolis Trias Horæa paterno fundo proxima, eiusque administra, iuxta archetypam rationem primò in Genialis Mundi cœtus, ex his in Siderei Mundi Numina Solaria, & per hæc in inferiores hylæi Mundi Agathodæmones, ordine quodam concatenato influat. Quæ cùm ita sint, iam quomodo eadem Numina in particulares entium gradus influant, quid operentur, quibus ritibus & sacrificijs attrahantur, videndum restat; quod quidem quàm fieri poterit, paucissimis per duodecim paragraphos, iuxta duodecim columnarum series, præstabimus.

§. I.

Columnæ primæ lateris primi Obelisci expositio.

Lateris primi columnæ primæ expositio.

PRimò è regione N Accipiter crateri suo insidens, cum sceptro hircino, & thyrso papyraceo, tribusque terminis, cum segmento sese exhibet, quem piscinæ sacræ figura sequitur cum ijsdem tribus terminis; hanc excipit polymorphus Dæmon, cum thyrso papyraceo, insidens tabulæ sacræ; quorum sensus hic est: *Sup. rnorum Numinum influxu crater Osiridis repletur, fæcundo eius dominio per tres anni stationes rerum necessariarum abundantia ex sacra piscina emanat, polymorphi Dæmonis ope procreata, qui & propitius redditur sequentis sacræ tabulæ positione & cultu, siue prophylactico Mompho-Mendesio.* Cuius mysteria vide in Obelisco Flaminio amplissimè descripta; sunt enim ferè omnia huiusmodi schemata prorsùs eadem, cum ijs, quæ fusè in præcedentibus Obeliscis iam exposuimus.

Porrò figuræ è regione Z, sunt tres termini, temo, brachium extensum, ὑβιάπυρον, globus cum retinaculo, tribus terminis, & volucre expansis alis volatum affectante; quorum sensus sequitur: *Per prophylacticam Mompho-Mendesij virtutem tres anni stationes beantur; septem planetarum arx magna diuinâ potestate repletur; virtute motus Numinis Solaris, cuius pro-*

SYNTAGMA IV. OBEL. SALLVSTIVS.

pitiationi sequens tabula B *sacra seruit*. Et est Horus ouali figuræ inclusus cum penna in capite, sub cuius pedibus figura Nilometrij. Oualis figura Mundum, vt aliàs diximus, indicat, cuius Mens Horus est, teste Plutarcho, quæ maximè in hoc detineri videtur, vt sufficientem humoris copiam singulis Mundi membris distribuat; quæ aptè per Nilometrium Mundani liquoris symbolum, cui insidet, signatur; eratque Sacerdotibus solenne prophylacticum Horo, quemadmodum sequens Osiri trahendo aptum, cuius interpretationem vide suprà fol. 220. vbi omnia amplissimè exposita reperies.

Deinde è regione C Serpens sequitur, cum claustro Accipitris, quæ vitæ cauea dicitur. Quod vt intelligatur, Sciendum est, Ægyptios Heliopoli in fani porticu Accipitres veluti Osiridi sacros, arcano religionis instituto coluisse; quo ostendebant, vitam ab Osiride minimè concedi, nisi obsequijs & religiosis sacrificiorum ritibus & cœremonijs priùs veluti deuicto, vinctoque: ex huius enim religionis actu Typhonia Bubo à duodecim magnæ arcis domibus arcebatur; quo facto Chenosiris, id est, Anserinus Osiris triplici Mundo intelligentiarum ope, vitam tribus inferioribus Mundis conferebat, quemadmodum symbola inter C & D inclusa indicant. Trahebatur & idem per sequentia sacræ tabulæ prophylactica, quorum prius E Mendesio-Momphtæum, gnomonem habet cum globo, Crucem ansatam cum litera M, deinde solitas statuas Accipitrinas cum capite Bouis infrà, è regione verò phialam, cui supponitur Nilometrium; quæ symbola hunc sensum exprimunt: *Symmetria Mundi ex influxu Momphtæ & Osiridis in humorem sacrum, & Mundani liquoris substantiam deriuatur terrestri Osiri communicata*. Cœterùm sacræ tabulæ prophylacticum literâ F signatum iam fusè paulò ante citato loco expositum est; vbi notandum, Anserem cum Serpente, quem rostro tenet, idem notare ac vitæ Mundanæ custodem.

Sequuntur modò è regione G varia minuta symbola vnà cum tribus prophylacticis seu sacris tabulis; quæ cùm in præcedentibus passim exposuerimus, Lector ipsa proprio Marte facilè exponere poterit. Quid verò minores in radice Obelisci imagines sibi velint, postea explicabitur.

Nota Lector, omnia symbola in hac columna à C vsque ad finem exhibita, eadem prorsùs esse cum symbolis columnæ primæ lateris secundi Obelisci Flaminij, quæ in eadem incipiunt à litera Y vsque ad finem.

Accipiter Heliopoli cultus.

§ II.

Columnæ secundæ lateris primi expositio.

Lateris primi columna secunda.

Vodecadicorum paulò antè memoratorum Numinum influxus primò in Pantamorphum rerum omnium necessariarum largitorem transfunditur, quem primò in secunda columna musca ⲥⲉⲣⲕⲛϭⲙⲉϧⲱ vnà cum thyrso papyraceo, vt in innumeris locis docuimus, demonstrat, & duobus sequentibus sacrarum tabularum prophylacticis attrahitur; quæ cùm iam fol. 220. exposita sint, non attinet repetere. Ex religioso cultu horum prophylacticorum, prouidentia dictorum Numinum, benefica Chenosiris ope, statuarumque Accipitrinarum influxu portæ aperiuntur domus mundanæ; cuius tabula sacra propitiatoria est sequens è regione B; Horus videlicet puer, id est, Mens Mundi Sensibilis, ouatæ figuræ, id est, Mundo inclusus; quæ omnia innuunt symbola inter literas Y Z A B inclusa. His enim motus sacer Chenosiris trium Mundorum curam suscipit, Typhoniam bubonem ab ijsdem sacrarum cœremoniarum ritibus propulsat, catenæ Typhoniarum potestatum propulsatrices agitantur, D porta domus magna Solis & Lunæ aperitur, sceptra Deorum eriguntur, catena vitæ, & prouidentia Osiris per canalem occultum deuehitur in inferius Hori regnum, cui propitiando sequens prophylacticum constituitur; Chenosiris ouali figuræ, in qua hieralpha cum catena, duabus pennis, Horus puer cum Taurico charactere, & hydroschemate continentur; quorum sensus est: *Agathodæmonum catena humidum Hori regnum influat*, Ad quod & operam suam conferant ternæ Chenosiricorum Numinum legiones. Hæc omnia symbolis inter B C D E F G interclusis significantur. Nota Lector, vbi hoc loco tres Anseres ponuntur, in Obelisco Flaminio eodem loco tres Ibides ponuntur. Hæc columna prorsùs eadem est (paucis exceptis, quæ tamen nihil in significatione rerum mutant) cum columna secunda lateris secundi Obelisci Flaminij.

Columna 2. lateris 1. Obel. Sallustij eadem cum columna 2. lat. 2. Obel. Flaminij.

§ III.

Columnæ tertiæ lateris primi expositio.

Columna tertia lateris primi.

Svprapositorum Numinum influxu Genius Solaris anni dominator, tres efficaces potentiæ piscinæ sacræ conseruatores, Pantamorphus rerum necessariarum largitor, attrahuntur mediante sacra tabula sequenti; quæ eadem est cum tab. col. 2. antè citata. Symbola verò sequentia ob rasum corruptumque Obeliscum latent. Sequuntur duæ aliæ sacræ tabulæ, quarum prior A canalem in Mundum deriuatum, Accipitrinam statuam, globum, & serpentem continet, eorumque sensus est: *Canalis crateris Osiriaci simul ac Mundo aperitur, tùm etiam vita Mundo inseritur.*

Alter

Altera B cum Chenosiri suprapostto continet caput Hori, statuam Accipitrinam, cum Cruce Tautica, infra quæ sceptrum incuruum, cum ramo triplici inuerso ; quorum sensus est : *Influxus Hori in Solem anni dominatoris anno abundantiam confert; Numinis prouidentia dodecapyrgum eâ industriâ gubernat, vt vterque Mundus superior & inferior, per dodecapyrgon vita & beneficentia Numinum imbuatur.* Ad quæ sollicitanda sequentia duo amuleta iam superiùs exposita præstant. Quæ quidem omnia ijs symbolis, quæ literis B C D E F continentur, indicantur. Reliqua minutiora symbola pariter signa sunt ad Numinum prophylaxin procurandam constituta.

Nota tamen Lector, hanc columnam extractam esse ex tertia columna lateris secundi Obelisci Flaminij.

Sed hoc loco maiores figuras exponamus ad radicem Obelisci positas ; quæ quidem prorsus eædem sunt cum ijs, quæ intra spatia huius Obelisci superiora B C E F, D E G H, F G I K, H I L M, continentur; hâc solùm positâ differentiâ, quòd figura ιερακόμορφος siue Accipitriformis, quæ in dictis spatijs sedet, hic eadem stat, tripodem ansatam manu sinistrâ gestans, in cœteris nulla prorsus differentia est. Hoc itaque vt exponatur mysterium, nota, Ægyptios Sacerdotes in adytis suis omnia ad archetyparum rationum, siue supramundanarum Potestatum exemplar, sacrificia sua instituisse ; quæ tantò putabantur futura efficaciora, quantò mystico illo symbolorum apparatu exhibebantur αἰαλυγώτερα siue veris exemplaribus similiora. Quare vt catenas illas Idealium mentium efficaciùs traherent, in adytis suis horâ & tempore Dijs oportuniore, eo suas actiones habitu adornare consueuerant, vt symbolico Numinum habitui quàm esset simillimus. Hinc seminudi, laruâ Accipitrinâ tecti, sceptris baculisque muniti, manu ansatam tripodem, influxus triformis Numinis indicem gestantes, mystica Numinum mœnia exhibebant; quibus alij ministri, inferioris ordinis Genios referentes, pariter nudi, ingeniculati aduoluebantur, vasa Deastrunculis similia offerentes; quibus quidem cœremonijs, & laruatâ repræsentatione, nihil ad trahenda Numina efficaciùs esse posse sibi persuadebant. Verùm cùm hæc omnia in Obelisco Flaminio fusè descripserimus, eò Lectorem remittimus.

Columna hæc extracta est ex columna tertia lateris 2. Obel. Flaminij.

Sacrificia qua ratione instituerint Ægyptii.

§. IV.

Columnæ primæ lateris secundi expositio.

Columna 1. lateris 2. Obelisci Sallustiani.

TOta hæc columna exscripta est ex prima columna lateris Occidentalis Obelisci Flaminij à K vsque ad Q, vti vnam cum altera comparanti Lectori patebit ; atque adeo vtramque ijsdem literis indigitauimus ; vnde qui huius interpretationem videre vult, citati Obelisci columnam adeat, vbi omnia exposita reperiet.

§ V.

§ V.

Columnæ secundæ lateris secundi expositio.

Columna 2. lateris 2. Obel. Sallustiani.

Tota hæc columna exscripta fuit ex columna secunda lateris tertij Occidentalis Obelisci Flaminij, vti vnam cum altera Lector comparare poterit; solâ & vnicâ differentiâ interueniente, quòd hic præsens Obeliscus rudem & imperitam sculptoris manum sortitus sit, alter verò, videlicet Obeliscus Flaminius, omnium vel minutissimarum rerum sculpturam exactissimam exhibeat; vnde non eodem seculo, multò minùs ab eodem Hieroglypta incisam fuisse, sat superque diuersitas sculpturæ docet.

§ VI.

Columnæ tertiæ lateris secundi interpretatio.

Columna 3. lateris 2.

Tota hæc columna exscripta fuit ex columna tertia lateris tertij Occidentalis Obelisci Flaminij, vti patebit ei, qui singula cum singulis exactè combinauerit.

§ VII. IIX. IX.

Columna prima, secunda, tertia, lateris Borealis.

Columna 1. 2. 3. Obel. Sallust.

Totum hoc latus Boreale respondet Meridionali; vt proinde illud explicasse, hoc explicasse sufficiat; explicationem verò habebis in Obelisco Flaminio citatis paulò antè locis.

§ X. XI. XII.

Columna prima, secunda, tertia lateris quarti.

Columna 1. 2. 3. lateris 4. Obel. Sallust.

Tota hæc columna extracta fuit ex prima columna quarti lateris Obelisci Flaminij; & tota columna secunda huius lateris pariter extracta fuit ex columna secunda lateris quarti dicti Obelisci Flaminij; & tertia tota ex tertia columna lateris quarti, vti ei patebit, qui vnum cum altero ἀκριβῶς ἱερῶς contulerit.

Confectarium primum.

EX dictis patet, ex hisce duobus Obeliscis, Sallustio & Flaminio, alterutrum ex altero, tanquam ex prototypo quodam, extractum esse. Quisnam verò alio antiquior sit, id certè facilè determinari non potest: verosimilius tamen videtur, hunc ex illo fuisse desumptum, vt suprà etiam innui. Obeliscus Flaminius magnam Sculptoris in genuinè exprimendis imaginibus peritiam præbet; hic verò præsens non adeo peritam manum Sculptoris adeptus est: interdum enim quasdam ita transformat, vt à vero alienæ videantur. Contrà in Obelisco Flaminio omissæ nonnullæ notæ spectantur, vti in trigonis pyramidij caput Hori cum duobus vncinis; quæ vtrum studio omissæ sint, vel vtrum armatura insigniùm Sixti Quinti eas texerit, nescio. Deinde in figura sacræ tabulæ, quæ vltimum in tribus primis lateribus Obelisci Flaminij locum tenet, post duas pennas Hori pueri figura, quæ in Sallustio Obelisco correspondentibus locis veluti antro cuidam inserta est, in Obelisco Flaminio omissa est. Verùm quid in alterutro Obelisco omissum, quid additum sit, curiosus Lector, sedulâ dictorum Obeliscorum ad inuicem comparatione, meliùs faciliùsque cognoscere poterit, quàm ego vel multis & superfluis verbis demonstrare; vnde binos hosce recensitos Obeliscos, vnum & idem argumentum continere, nobis indicasse sufficiat.

Obeliscus Sallustius & Flaminius ex se mutuo sumpti.

Differentia inter Sallustianum & Flaminium Obeliscum.

Confectarium secundum.

CVm in omnibus ferè Obeliscis similes symbolorum catenæ reperiantur; certum est omnium argumenta Ægyptiorum Theologiam respicere: vnde consequitur necessariò, Obeliscos minimè, quemadmodum multi hucusque sibi persuaserunt, historias & res gestas, laudesque Regum continere; sed plerosq; esse symbola diuinitatis vbique latentis, Geniorumque concatenationis notas, iuxta multiplices Mundorum series exhibitas. Vt proinde mirum non sit, neminem hucusque hieroglyphicorum expositionem attentare ausum fuisse; cuius quidem rei rationem aliam non inuenio, nisi quòd nemo Obeliscos, vti & cœtera Ægyptiaca monimenta ad inuicem ritè contulerit, & figuras cum figuris studiosè combinârit. Quod si, sicuti nos, ita alij fecissent, forsan iam dudum literatura illa arcanior Mundo innotuisset; cùm ex figurarum identitate, ferè in omnibus Obeliscis elucescente, simulachrorumque constitutione, situ, proprietate, cœterarumque figurarum idiotismo, non adeo difficile fuerit, in perfectam significationis omnium notitiam peruenire. Atque adeo iam pridem cessasset illa, tantopere Historicorum torquens ingenia, de vera hieroglyphicæ literaturæ significatione controuersia, dum plerique ferè Herodotum, Diodorum, Plinium secuti, Obeliscos non nisi Historicas Regum veterum commemorationes continere opinati sunt; quod tamen

Obeliscorum hieroglyphica continent Theologiam Ægyptiorum.

men falſum eſſe, ex dictis luce meridianâ clariùs patet. Verùm cùm hæc omnia amplis fuſiſque diſcurſibus tùm in propylæo agoniſtico, tùm in Anacephalæotico vltimo huius Operis Syntagmate, demonſtrauerimus, nè toties ijſdem repetendis tempus terere videamur, Lector ea adire poterit.

FINIS SYNTAGMATIS QVARTI.

Inseratur Tom. III inter folia 270 et 271.

Latus II. Orie[ntal] LATVS I. AVSTRAL. Latus IV. Septent.

SYNTAGMA V.
OBELISCVS OLIM VERANVS MODO BARBERINVS.

EMINENTISSIMO PRINCIPI
FRANCISCO
Cardinali Barberino, S. R. E. Vicecancellario.

RODIT *tandem*, Eminentissime Princeps, *Obeliscus verè* Tuus, *iam ab aliquot lustrorum curriculis desideratissimus.* Tuus *est, quantus quantus.* Tu *enim primus ab immemorabili eum tempore in agro Verano terris obrutum detexisti, emisti, luci tradidisti;* & *nè luci iam exposito, mystica eiusdem sculptura tenebris sepulta maneret, vel ob vnam hanc causam anno* 1635. è *Gallia me in Vrbem, eiusdem futurum interpretem, accersisti; in quo vti primum interpretationis specimen* Tibi *exhibere visum fuit, ita Obeliscorum deinceps exponendorum, atque adeo totius huius præsentis Operis prima meritò causa, occasio,* & *origo fuit.* Nè *verò ardui mihi impositi muneris laboribus cederem,* Tu *continuâ me beneuolentiâ animasti;* Prodromum Coptum *ad literarium Orbem mox* Tuis *sumptibus expedisti;* & *nè tanti ausus Opus necessariarum rerum inopiâ remoram pateretur,* Bibliothecam Vaticanam, Tuamque *propriam reconditorum* Codicum, *monumentorumque copiâ celeberrimam, semper apertam esse voluisti, ad Musea quoque* Tua *omni antiquitatum genere refertissima aditum reseristi: vt proinde summè me tantâ beneficiorum congerie obligatum sentiam. Cedat itaque Obeliscus hic Barberinus in æternum* Nominis Tui *honorem,* & *tanquam magnæ mentis* Tuæ *trophæum in nunquam interituros annos, in Orbe literario triumphet.* Vale.

SYNTAGMA V.

Obeliscus Veranus, seu Barberinus.

CAPVT I.

Historica Relatio Obelisci Barberini.

Obeliscus Barberinus in agro Verano repertus.

RANCISCVS Cardinalis Barberinus cùm Antiquariorum Romanorum nescio quibus coniecturis, alicubi in Agro Verano nobilem Obeliscum latere, intellexisset laudabili sanè conatu nullum non lapidem mouit, vt is inuentus discooperiretur. Quod factum fuit anno 1633. Siquidem in vinea quadam, cuius possessor erat Curtio Saccoccia, eo prorsùs in loco, vbi olim Circus Aureliani Cæsaris spectabatur, & modò non exigua eiusdem vestigia ex ruderibus dignoscuntur, detectus, erutus, persolutaque possessori eius non exigua summa pecuniæ, in Palatij Quirinalis, quod Barberinum vocant, aream delatus fuit, vbi & etiamnum in tria fragmenta ruptus perseuerat. Interea dictus Cardinalis à Nicolao Pereiscio, immortalis memoriæ Viro, de nouo hieroglyphicæ instaurationis, quod moliebar, argumento certior factus, instanter cum R. P. N. Mutio Vitellesco Soc. IESV Generali egit, vt me propediem Romam è Gallia vocaret, eâ spe fretus, vt specimine interpretationis in hoc nouiter detecto Obelisco dato, aliquid sibi certi de reliquis pari ausu exponendis polliceri posset: quod factum fuit. Obeliscum, mox ac appuli, diligentiâ summâ delineatum mihi interpreti aduenæ exponendum tradidit. Verùm cùm sine præuijs fundamentis in adeo incognitæ doctrinæ demonstratione, fidem meam vacillare possem viderem; post Prodromum Coptum, & idiomatis Pharaonici siue linguæ Coptæ restitutionem, tandem Oedipum adornandum censui, in quo quæ quouis modo ad tam insolentis Operis conatum pertinere videbantur, ex omnigena Orientalium traditione eruta, stabilire contendi, vt sic tandem multorum annorum lucubrationibus extortus partus eo rerum apparatu, quem opus arduum difficile, & intentatum suo veluti iure reposcebat, lucem aspiceret; quod Deo dante & Duce factum fuit. Quæ ideo fusius deducenda duxi, vt originem huius Operis, occasionemque aliam non fuisse, nisi præsentem hunc Obeliscum (quem ideo non incongruè Barberinum nuncupauimus,) posteri cognoscerent, eique proinde, cui inscriptus est, veluti primo promotori grates haberent. Verum de primo huius Obelisci in Ægypto Erectore hæc paucis, nostrâ coniecturâ, accipe.

Author Romam accersitur ad Obeliscum Barberinum interpretandum.

Oedipi Ægyptiaci adornandi occasio

CAPVT II.

De huius Obelisci Erectoribus.

Huius Obelisci tametsi nullus Scriptor mentionem fecerit, verisimile tamen est, vnum ex ijs octo Obeliscis esse, quos Sothin & Ramessem filium eius in Vrbe Solis erexisse Plinius refert. Verba eius sunt l. 36. c. 8. *Postea & alij Regum in supradicta Vrbe, Sothis quatuor numero quadragenum octonum cubitorum longitudine; Ramesses verò, quo regnante Ilium captum est, 40 cubitorum*, alios scilicet quatuor erexit. Octo verò promiscua Regni administratione ab vtroque erectos fuisse, & ex illis, quatuor à diuersis Imperatoribus Romam aduectos, in Obelisco Pamphilio fol. 58. ostendimus, videlicet Campo Martium horis demonstrandis destinatum ab Augusto; Sallustianum, teste Ammiano Marcellino, à Claudio; Pamphilium à Caracalla; & hunc Barberinum ab Aureliano; reliquis adhuc in Ægypto remanentibus. Hunc autem vnum ex quatuor Romam aduectis esse, hâc coniecturâ ducimur, quòd cæterorum Obeliscorum erectores ex Historicis nobis constent, de hoc autem nulla apud Historicos mentio fiat, atque adeo verisimile sit, hunc inter quatuor recensitos vnum esse, quem Aurelianus Cæsar inter quatuor istos minorem, cùm alius non suppeteret, Circo suo, prædecessorum suorum exempla secutus, intulerit. Nam vt citato loco ostendimus, cùm nullus olim Circus Obelisco careret, Circus autem Mundi figuram, & in eo Obeliscus Solem seu animam Mundi exhiberet; verisimile videtur, ne Circus Veranus hoc mystico symbolo careret, ab Aureliano hunc inter superstites Vrbis Obeliscos, & necdum erectos, maiorem, Circo suo illatum fuisse. Sed de his, vti dixi, vide citatum Obelisci Pamphilij locum.

Est autem hic inter mediocris ordinis Obeliscos, minimus; 66. palmorum longitudinem, 5 ad basin latitudinem obtinens; temporum iniurijs multis in locis varie corruptus, vti ex ectypo eius patet. Figuræ vbi integræ sunt, adeo ad viuum sunt insculptæ, vt nostris hisce temporibus insculptus videri possit.

margin: Obelisci Barberini erector Sothis & Ramesses.

margin: Obeliscus Barberinus in Circo Verano ab Aureliano erectus, videtur fuisse.

margin: Obelisci Barberini magnitudo.

CAPVT III.

Argumentum Obelisci Barberini.

Quemadmodum singulos Romanæ Vrbis ex Ægypto olim abductos Obeliscos, ab ijs locis, in quibus posteris temporibus vel erecti sunt, vel confracti adhuc iacent, appellimus; vt à porta viaque Flaminia, Flaminium, & Lateranensem ab Ecclesia, cui imminet Lateranensis &c. ita Obeliscum, quem Eminentissimorum Barberinorum Palatio adiacentem hic spectandum proponimus, meritò BARBERINVM appellare licuit; Obeliscum vti omnigenâ figurarum varietate admirabilem,

margin: Obelisci Barberini argumentum.

margin: Obeliscus Barberinus cur ita dictus ab Auchore.

bilem, ita præ cœteris omnibus cumprimis mysteriosum, ac reconditori symbolorum literatura refertum.

Quibus Numinibus dicatus.

Erectus est is à priscis Ægyptiorum Sacerdotibus ac Hieromantis, supremo Numini (quem παντόμορφον vocat Trismegistus, & Plato, alij Osiridem, aut Mythram Ægyptium, alij Animam Mundi, similibusque nominibus ἰσοτήφοις nuncupant) & 48. Genijs Mundi, dicti Numinis ministris, & Vniuersi veluti præsidibus, Quod vt intelligatur,

Stationes Deorum 48. ab Ægyptijs notatę in Cœlo. Aratus. Hyginius. Plutarchus.
Mundi latus Australe & Boreale.

Nota Ægyptios 48 Deorum stationes, quas Græci eos secuti postea ἀστερισμοὺς seu constellationes vocarunt, in Cœlo obseruasse, quas ex eorum instituto recitat Aratus & Hyginius, & nos in Astrologia Ægyptiorum, duobus Hemisphærijs exhibuimus; quorum 24 ponebant in Hemisphærio Australi, totidemque in Boreali. Australe Plutarchus vrnam lucis, Osiridis regnum, dextrum Mundi latus, salubre ac beneficum vocat; quod & primum in hoc Obelisco latus indicat, in cuius primo loco Osiris Accipitrino capite spectabilis, vti postea videbimus, occurrit : oppositum vero huic Boreale, sinistrum Mundi latus, maleficum, veneficum, fœminium, tenebrarum originem, Arimanij seu Typhonis regnum ex Ægyptiorum mente vocat; & 24. Numinum Osiridis ἀντιτέχνων stationem habet, quorum & mentionem facit Damascius, vt est apud Bulengerum

Bulengerus.

in Astrologia Chaldæorum, vbi ita loquitur : *Post Zodiacum circulum, alias 24. siderum stationes definiunt; quorum alteram partem ad Boream, alteram ad Austrum collocant, æque siderum numero, quæ sub aliorum sensum cadunt, in lucida regione viuentibus assignant, quæ aspectum fugiunt, in tenebrarum regno mortuorum esse volunt, atque hos vniuersi ordines constituunt. Hæ itaque vnà cum Sole eas annuâ reuolutione perlustrante, pyramidibus actionum suarum ἐξ ἀλλήλως obuersis, magnarum passim in hoc Mundo mutationum sunt causæ.*

Ouum Zoroastræum.

Atque hoc est Ouum illud Zoroastræum, id est, Mundus, in quo Orimazes 24 Deos, & Arimanius totidem ἀντιτέχνας condidit, bonorum malorumque commistionis causa. Fabulam vide apud Plutarchum lib. de Osiri & Isi, & fol. 176. Obelisci Pamphilij fusiùs pertractatam; quod & Chaldæi sub sequenti typo exhibuerunt.

Obeliscus Barberinus continet 48. stationes Deorum.

Ægyptij vero in hoc Obelisco in singulis Obelisci quaternis lateribus 48. Geniorum, quà beneficorum, quà maleficorum, stationes exhibent, ita vt singula latera eorum duodecim contineant, quæ per totidem stellas in singulis singulorum laterum frontibus indicantur; nihilque aliud sunt, quàm stationes Deorum, quas nos suprà in Astrologia Ægyptiorum duobus Hemisphærijs ad mentem Veterum exhibuimus; his enim Ægyptij putabant, omnia quæ in Mundo sunt, subijci, hisce omnia administrari, omnia contineri.

Argumentū Obelisci Barberini. Pantamorphum Numē & 48 Genij ministri.

Continet itaque OBELISCVS BARBERINVS primò Pantamorphi Numinis, & 48. Geniorum Mundi eius ministrorum effectus & operationes, notis hieroglyphicis expressas, quas mediantibus quatuor primis naturis seu elementis in inferiori Mundo exercent.

Secun-

SYNTAGMA V. OBEL. BARBERINVS. CAP. III.

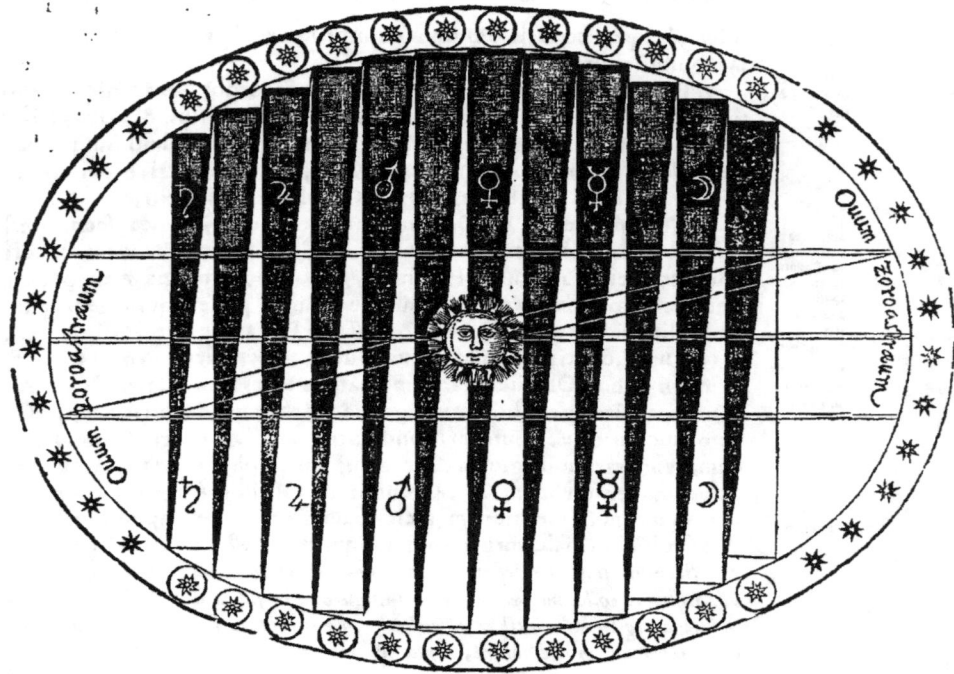

Secundò, in huius Obelifci hieroglyphicis Syntagmatis implicitè quoque docetur, quibus facrificijs, adiurationibus, cœremonijs, finguli dictorum Geniorum alliciendi, coniurandi, & in ftatuas compingendi fint. Item quibus inftrumentis, aut fupellectile in facris vti, quaue ex materia ftatuas illas certis in locis τετγρμβίμας, quas ϛαχοῖα Græci vocant, conftruere debebant, vt rebus Geniorum proprietatibus ฬ᷉ τלώ αἰαλογίας adaptatis allecti, vocitantibus Magis facilius obfequantur.

Tertiò quibus amuletis, phylacterijs, periaptis, ad malorum omnium auerruncationem, felicitatemque confequendam cùm publicè, tùm priuatim quifque illorum Geniorum colendus fit & inuocandus. Quæ omnia fub artificiofa fymbolorum architectura hoc in Obelifco propofita continentur: quorum aliqua eximia in naturali Philofophia ac Theologia Veterum pandunt myfteria; alia Magicis & fuperftitiofis artibus inuoluta, vtpote Dæmonibus occultè fefe eorum operationibus immifcentibus, cœcis mentibus feneftram pafsim ad omnem impietatem, iterque ad totius perditionis præcipitium aperuêre. Quæ tamen omnia eâ cautelâ & & circumfpectione à nobis explicabuntur, vt nec fcandalo tenerioribus mentibus hæc noftra interpretatio effe pofsit, nec præferfidis curiofifque ingenijs antiquorum Magiam addifcendi detur occafio.

Ritus & cœremoniæ quibus placandi.

Ratio figurarum magicarum.

Ratio amuletorum & phylacteriorum quibus colendi.

Diabolus fe mifcuit Magiæ naturali.

Authoris fcopus in Obelifcis interpretandis.

Quin

Quin potiùs futurum speramus, vt sicuti huius, ita omnium aliorum Obeliscorum, quorum enodationem molimur, ope, vtpote arcanis Ægyptiacæ, Pythagoricæ, Platonicæ, Chaldaicæ, Persicæ Theologiæ penetralibus reclusis, Antiquorumque detectis ac refutatis superstitionibus, omnes nostri temporis artium suspectarum, totiusque ματαιοτεχνίας officinæ, fraudibus & impostura Dæmonum ostensa, suapte sponte corruant. Atque hic noster primarius finis & scopus in hoc Opere censendus est.

CAPVT IV.

Breuis quatuor primorum & principalium Obelisci Systematum interpretatio.

Finis & intentio Obelisci erecti.

ANte omnia sciendum est, finem & intentionem eorum, qui hunc Obeliscum erexére, fuisse duplicem. Prima fuit, vt hisce profundissimæ sapientiæ suæ apud posteros relinquerent veluti μνημόσυνον, ac solertium animorum τεκμήριον quoddam, totamque posteritatem in primæuæ Sapientiæ admirationem deducerent.

Altera intentio fuit, vt hac veluti prophylactica quâdam imagine ab eo loco vel regione, in qua erectus erat, omnia sinistra & infortunata auerruncarent; quod quidem fiebat vel attractione Geniorum Mundi bonorum, vel fugatione noxiorum, quos bonis rectà oppositos credebant, Geniorum.

Genij 48 Mundi sub figura 48 stellarum. Asterismi 48 in Obelisco Barberino.

Quo præsupposito explicationem Obelisci felicibus auspicijs aggredimur. Ac primò quidem in fronte Obelisci supremo loco sese offerunt 48 stellæ πεντακτινοειδεῖς seu quinqueradiales, eâ proportione lateribus incisæ, vt latera singula earum comprehendant 12. Quo hieroglyphico schemate antiqua sapientia indigitat 48 vultus, qui 48 cœli vultibus, seu Asterismorum imaginibus (nam, teste Haly Rhodan, Ægyptiorum antiqui Astrologi tot in Mundo cœlesti vultus, quot in Elementari entium gradus sunt, ceu vultus terrestres cœlestibus substantes, descripsére) ὀφθαλμοὶ respondent. Quorum omnium proprietates, officia, actiones, influxus, rationes mysticas, & cur cuique stellæ quinque radios attribuerint, susè tùm dicemus, cùm particularem singularum notarum declarationem pandemus; nunc ea tantùm obiter indicasse sufficiat. Atque hi sunt 48 Genij præcipui totius naturæ præsides, in quatuor veluti δωδεκάδες cuspidatim eâ ratione ordinati, vt singulæ Geniorum δωδεκάδες singulis Mundi partibus & Elementis subiectis, iuxta analogiam proprietatum vtrisque communium, aptè respondeant.

Præcipui naturæ præsides

Schematismi hieroglyphici quattuor elementorum.

Porrò cùm Mundi anima παντόμορφος per astra seu Genios cœlestes in inferiora agere non possit sine medio; sub ipsis stellis, quæ Geniorum symbola diximus, Ægyptij immediatè schematismos hieroglyphicos quatuor primarum naturarum, seu, Elementorum, è quibus quicquid in Mundo Sensibili est, componitur, quæque sunt veluti prima obiecta, subiectaiectauè, in quæ dicta Mundi anima cùm per Astra & Genios cœlestes, tùm per propria sibi Numina elementaria, in Mundum inferiorem agit, non incongruè posuerunt.

SCHEMATISMVS I.

Genius Ignis.

AC primò quidem, quâ ratione, & quid Anima Mundi per Genios Solares seu igneos operetur in natura inferiori; quibus item sacrificijs ac cœremonijs, dispositionibusque præuijs ea allicienda sit, docet sequens hieroglyphicum schema in Obelisco signatum litera A, quod plagam respicit Meridionalem qualitate ei conformem.

Vbi Osiris seu Anima Mundi ἱερακόμορφος siue Accipitrino capite laruata, sellæ quadratæ insidens, dextrâ baculum κυκυφοκέφαλον, hoc est, Vpupæ capite insignitum; sinistrâ sigillum Tauticum, siue Crucem ansatam; capite sphæram, è cuius cauitate Serpens emergit, gestat. Quæ omnia symbola sunt, vti ex omnigena doctrina fusè in præcedentibus ostendimus, virtutis & efficaciæ, quam Mundi Anima, ministrorum suorum ope, ac mediante ignis elemento, in Mundo exercet.

Ac per Accipitrem quidem, auem igneis oculis coruscam, celerem, viuacem, ardui præcelsique volatus, singulas ignis tam cœlestis, quàm elementaris proprietates symbolicè connotant. Per baculum κυκυφοκέφαλον, tùm Regiam potestatem, tùm rerum vi caloris in Mundo productarum varietatem, cristâ Vpupæ omnigenâ colorum varietate imbutâ ἱερογλυφικῶς præfiguratam; Per ansatam Crucem, quæ è duobus, circulo videlicet & Cruce coalescit, motum Phta, videlicet Animæ Mundi, omnia quæcunque in Mundo sunt artificiosè disponentis, denotant. Ac per circulum quidem corporum cœlestium circularem motum, quo ea quadantenus animat, & ad influendum in inferiora apta reddit: per Crucem verò seu decussatas lineas, motum quem in inferiori Mundo ad generationes & productiones rerum, iuxta elementarium corporum conditionem, peragit, significant: est enim sublunarium rerum motus iuxta rectas lineas, vti in motu grauium & leuium, vel mediâ naturâ constantium, apparet; quorum illa partim deorsum, partim sursum πρὸς τὰς ὀρθὰς delata; hæc à grauitate & leuitate vtrinque ex æquo participantia mediam naturam nacta, & in latera veluti diffusa, appositè decussatas Crucis lineas exprimunt. Atque hoc vnico charactere ob dictas rationes totius naturæ processum non inconuenienter connotant; quare & hunc characterem quoque omnium hieroglyphicorum reputabant mysterio-

A

Systema rituum Genio igneo faciendorum rationem demonstrans.

Quid per caput Accipitris significetur.
Quid per baculum κυκυφοκέφαλον.

Quid per ansatam Crucem.

Mysteria grandia Crucis ansatæ.

steriosissimum, eumque vim præ cœteris maximam, cùm ad Genios bonos alliciendos, tùm ad fascinandos malos, obtinere arbitrabantur: hinc salutis symbolum, fascinum maximum, monogramma Phta, alijsque nominibus insignientes, in omnibus Obeliscis, statuis, tabulis, insculptum ponebant. Tempus me deficeret, si omnia huius characteris mysteria modò declarare vellem; quare qui plura desiderabit, consulat Obeliscum Pamphilium, in quo de eo integro tractatu, & Cap. 5. Prodromi nostri Copti seu Ægyptiaci, vbi pariter multis de eo egimus. Nunc ad institutum nostrum reuertamur. Per circulum porrò, è cuius profundo Serpens emergit, vim illam diuinam rerum conseruatricem vbique latentem, seu spiritum vitali calore intus cuncta alentem, & magno se corpore miscentem, innuunt. Per sedem quadratam, constantiam actionum indeficientem in omnibus denotant; per sedis verò basin quintuplici ansatæ Crucis charactere insignitam, quinque subiecta, in quæ potissimùm vim suam exerat, significare volunt: quæ sunt lapides, metalla, plantæ, animalia, rationalia. Atque hæc quoad Animæ Mundi, siue Genij Solaris seu ignei symbola. Quæ quidem omnia clariùs innotescent, vbi singula congruis testimonijs authoritatibusque stabilientur.

Quid per circulum in capite Idoli.

Quid per sedem quadratam.

E regione Idoli Pantamorphon referentis, sese offert figura Sacerdotis Isiaci, linteati, gestu precantis, dextrâ statuunculam tenentis, & insigniti tutulo vario, quem nos, à Serpentibus hinc inde ceruicem arduum subrigentibus, à sphæra media, à flamma vtrinque euentilata, & pennarum fastigio, vnico vocabulo consultò nominare voluimus tutulum ὀφι-κυκλο-φλογο-πτεϱομοϱφον; quo hieroglyphico schemate nihil aliud denotatur, nisi ratio sacrificiorum, quæ Sacerdotes & Hieromantæ ad Solares & igneos, sicut omnes alios, Genios placandos, alliciendosque, in adytis suis varijs cœremonijs ritibusque, vti iam sæpius dictum est, peragere solebant. Ac per lineum quidem habitum, summam eorum, qui sacris præesse debebant, puritatem ad placationem Deorum requisitam, denotant. Per stantis verò & precantis situm, seriam & constantem, denotamque in sacris obeundis voluntatem. Per statuunculam verò homunculi adorantis specie, quam manibus gestatam Genio Pantamorpho è regione consistenti quasi offerre videtur, denotatur, quomodo, aut quibus cœremonijs, aut quarum rerum commistione imagines & statuæ τετϱγμέναι, siue in alios vsus conducentes, construendæ sint, aut Genio præsentandæ, vt spiritu animata diuino vim imposterum obtineant contra malorum incursus prophylacticam; de quibus omnibus Magiam hieroglyphicam consule. Tutulus autem quem capite sustentat, ὀφι-κυκλο-φλογο-πτεϱομοϱφ@, indicat proprietates Animæ Mundi, seu virtutes, quas cognitas habere oportet, vt ijs rebus ἀναλόγως adaptatis sacrificuli Deos faciliùs alliciant; & ideo capiti imponitur Sacerdotum, ad innuendum sacrificia huiusmodi ratione & intelligentia perficienda; nihil enim Dijs magis placere credebant, quàm totius mentis & intellectus ad Deos cognoscendos, honorandos, sibique quouis modo vniendos seriam & constantem applicationem; cuius actionis veluti symbolum erat, vti diximus,

Sacerdos Isiacus linteatus.

Tutulus ὀφι-κυκλο-φλογο-πτεϱομοϱφος.

Lineus habitus quid denotet. Stantis ac precantis situs quid denotet.

Tutulus quid significet.

SYNTAGMA V. OBEL. BARBERINVS. 279

mus, tutulus ille multiformis. Ac per circulum quidem, seu Orbem medium immensam diuinitatis maiestatem; per flammas, vim peruadendi subtilem; per Serpentes, vitalem fœcunditatem; per pennas, in succursu promptitudinem, in agendo celeritatem, in dignitate denique supremam excellentiam, veluti tacitâ quâdam hymnodiâ confitentes signabant. Columna denique cupella ignis media Osiridem inter & Sacerdotem Isiacum, sacrificia significat igneo Genio fieri solita, sine igne nequaquam perficienda; delectatur enim eo Genius ignis tanquam re consimili, sicuti omnibus alijs rebus ipsi analogis, vt ante insinuauimus.

Est igitur totum hoc schema nihil aliud, nisi sacrorum Solari seu Genio igneo fieri solitorum arcana per hieroglyphica symbola repræsentatio, quod primo loco veluti epigraphen quandam, quâ quid in sequenti hieroglyphicorum Syntagmate contineretur, indicarent, ingeniosè posuerunt. Sed hæc de præsenti schemate dicta sufficiant; quarum expositionum authoritates cùm passim hoc in Opere adduxerimus, reiterandas non duxi.

SCHEMATISMVS II.

Aëreus Genius.

Porrò secundum schema præsens, respicit plagam Orientalem, aëreo Genio analogam, continetque ritus & cœremonias, quibus in sacris eorum aëreus Genius placandus allicienduʃque. Ac Idolum quidem seu imaginem Numinis aërei refert homo A, quadratæ sedi insidens, tutulo κυκλοπτερομόρφῳ, hoc est, ex circulo & pennarum fastigio constante insignitus; tenet autem dextrâ ansatam Crucem, læuâ thyrsum lini.

Ac per hominem insidentem sedi quadratæ, ac tutulo pennato insignem, indicatur Genius aëreus; tutulus pennatus eius in aërem dominium, circulus eum Vniuersi fulcimentum esse denotat. Per thyrsum lini aër quoque denotatur, habet enim florem cœruleum aëri similem, teste Plutarcho. Multa alia egregia in hoc thyrso lini mysteria considerabant, quæ alibi explicabimus. Quare ad Sacerdotis Isiaci B symbola nos conuertamus. Tenet ipse manu sinistra ansatam Crucem, ad faciliùs propitiandum Numen; dextrâ gestat phallum oculatum Osiridis, fascinum illud præpotens in nullis non sacris adhibitum, quo Osiridem Pantamorphum moueri credebant, ad mala auerruncanda, vt ab alijs rebus, ita ab aëre, quæ à Typhonijs spiritibus ei immitti solebant. Per mensam P denique, in qua præter oua, lecythi quoque cum ramo oleæ posita videntur, significant, aëreo

CAP. IV. 280 OEDIPI ÆGYPT. THEAT. HIEROGL.

aëreo Genio non sacrificandum nisi rebus aëreæ naturæ; gaudet enim ijs Genius aëreus, veluti rebus sibi analogis. Ouum enim præterquam, quòd aëreæ substantiæ sit, aëris quoque sphæram perfectè æmulatur, & quasi semen est aërearum animantium. Oleam quoque aëream esse notius est, quàm vt dici debeat. Lecythi verò seu vasa oleo plena adhibebantur in sacris cœremonijs, vel in lampadum accensarum, vel in Idolorum eo perlinendorum vsum. Flos verò loti columnam mensæ ambiens significat, sacrificia ad exemplar naturæ peragenda. Quæ omnia fusè & variè suis locis demonstrata sunt. Quare hæc de secundo Systemate sufficiant.

Ouum quid referat?
Olea.
Lecythi.
Flos loti quid

SCHEMATISMVS III.

Aquæ Genius.

Schema ritu ü aqueo genio perficiendorū rationem declarans.

T Ertius schematismus in Obelisco signatus litera C, respiciens plagam Occidentalem humidam frigidam, rituum aqueo seu Lunari Genio faciendorum rationem demonstrat.

Ibis.
Sextilis Luna

Eius symbola sunt Ibimorpha facies (Ibis enim auis Nilotica) sextilis Lunæ cornua capite fulciens, quibus in aquam ostenditur dicti Genij dominium, quæ iuncus Niloticus confirmat cum rana stagnantis Nili filia;

Thyrsus Niloticus.
Rana.

quorum mysteria omnia cùm in præcedentibus exposita sint, prætergredimur; quare ijs relictis ad Sacerdotem Isiacum D progrediamur. Est is fœmineo habitu indutus, manu dextrâ vas Niloticum, cum malo & velo Baridis sacri nauigij, tenens; quibus sibi prosperari volebant aquas, Nilum, ventos, nauigationem, similiaque. Mensa verò intermedia Canopis, vasis Niloticis, alijsque Nili symbolis referta monstrat, Genio aqueo sacrificia sine liquore Nili non peragenda; hisce enim cum trahi putabant. Hinc sacram lympham Nili non Canopis tantùm, sed & alijs vasis inclusam singuli domi suæ ad lustrationem expiationemque, teste Plutarcho, tenebant. Hinc brachium illud H, cum vase quod manu tenet, Mensæ impositum ad ripas Nili, veluti auerruncatiuum ponebant, Osiridis brachium symbolicè denotantes. Totum igitur schema hoc hieroglyphicum nihil aliud significat, nisi aqueo Genio sacrificandi rationem. Quod & Ibis, & Luna sextilis, & iuncus Niliacus cum rana, & vas Niliacum, & Baridis sacræ nauis vestigia, vnà cum mensa Canopis, sympulis, alijsque vasis referta, testantur. Lector figuram hanc in Obelisco incisam, omnia exactiùs exprimentem consulat; quæ primum locum A B in primo latere occupat. In hoc enim schemate sculptoris incuriâ nonnulla omissa sunt.

Vas Nilotic ū Baridis malus

Mensa sacra.

Brachium Osiridis.

SCHE-

SYNTAGMA V. OBEL. BARBERINVS.

SCHEMATISMVS IV.

Terræ Genius.

QVartus schematismus respiciens plagam Septentrionalem in Obelisco sequitur, & monstrat, quibus ritibus, aut quarum rerum exhibitione Genius terræ, seu Isis attrahenda sit. Schematismum sequentem, cùm in Obelisco nostro media ex parte abrasus sit, ex tabula Bembina depromentes mutuati sumus, & est media figura in tabula Bembina, quæ hoc loco refert Isidem Genium terræ, seu magnam Matrem; quæ omnia indicantur per calathum capiti impositum cum spicis, & tutulo floreo, & cornibus bouinis. Item per mammam turgentem; est enim Isis apud Ægyptios idem quod terra, teste Plutarcho. Ei spicarum & agriculturæ tribuitur inuentio; quæ aptè per calathum spicatum, & Taurina cornua significantur. Mamma turgens ostendit eam rerum omnium nutricem. Atque hæc quoad symbola Genij terræ, quæ in dicta tabula fusius explicata sunt.

Schema terræ sacrificandi rationem proponens. Isis Genius terræ.

Symbola eius calathus spicatus, & cornua bouis.

Sacerdos verò fœmineo habitu manu dextrâ tenet monogrammata, quæ sunt Phta & Μωθ: illo significant Animam Mundi; hoc terræ Genium, seu ipsam terram; referunt autem actiones Phta in terram. Porrò quid tutulus ille polymorphus, quid Crux, sedes, aliaque symbola significent, iam sæpe dictum est. Hoc vnicum bene notandum, per habitum fœmineum Sacerdotum significari Elementa fœminina, per masculinum masculina. Hinc ob dictam causam Sacerdotes igneo & aëreo Genio sacrificantes masculo indumento vestiuntur; aquco verò & terrestri, fœmineo; sunt enim illa Elementa masculina, hæc fœminina. Ex quo patet, quàm nihil in huiusmodi hieroglyphicis Syntagmatis Sacerdotes sine mysterio posuerint. Atque hæc sunt quæ in hisce quatuor schematis breuiter explicanda censuimus.

Monogrammata Phta, & Μωθ.

Habitus fœmineus Sacerdotum.

CAPVT V.

Interpretatio primi lateris Meridionalis.

NOta Lector, ordinem laterum in hoc Obelisco non se consequi, prout in Obelisco ordine incisi sunt, vitio Calcographi; sed iuxta numeros I. II. III. IV. pyramidij lateribus incisos. Ita vt primum latus huius Obelisci, non primum, sed tertium esse censeatur, prout inscriptio docet: *Latus primum meridionale*:: De quibus primò certio-

Laterum ordo in Obelisco Barberino.

tiorem reddere volui, ne primo Obelisci intuitu confundereris.

Primum itaque latus huius Obelisci meridionale, est vitæ, caloris, & totius humoris principium, prout primus Hierogrammatismus A B, suprà expositus, sat superque suis appropriatis symbolis demonstrat. Post quem deinceps latus in duas columnas, vti & omnia cœtera latera, diuiduntur; quorum explicationem iam molimur, à columna C disceptationis nostræ initium ducturi.

NOTA

In lateris primi Meridionalis schemata, quæ stationes Deorum Meridionalium continent.

<small>Latus primi Meridionale Obel. Barberini.</small>

<small>Explicat stationes 48. Deorum, earumq́ue effectus.</small>

Explicat hoc latus stationes Deorum, qui influunt in bonum agriculturæ, iuxta physicum, mysticum, & anagogicum sensum intelligendæ; & quibus cœremonijs attrahendi sint, & placandi in vtilitatem hominum; item, quos effectus operentur in inferioribus Mundis. Sex autem in qualibet columna exhibentur Genij, quibus ad dictum bonum consequendum honorem cultumque summo studio & cura exhibebant, Omphtæ, Isi, Api, Momphtæ, Nephtæ, Horo, seu Harpocrati, vti ex interpretatione patebit.

<small>Genij sex in qualibet columna Obel. Barber.</small>

In prima itaque columna, è regione C, spectantur duæ palæ, agriculturæ instrumenta, vnà cum figura humana vnà manu stateram, alterâ radium mensorium tenente, & Numen denotat, quod Omphta vocant, teste Plutarcho, & erat beneficum Numen, quod vnicuique iuxta leges iustitiæ, quod suum erat, tribuere credebant, cuius symbola sunt, statera & radius mensorius; cuius festum celebrant mense Paophi, hoc enim mense post inundationem Nili huius Numinis maxime beneficia recognoscebant, vt proinde non incongruè illud inter Zodiaci duodecim signorum Præsides vnum adnumerârint; de quo fusè egimus in Astrologia, & in anni Sothiaci descriptione, ad quam Lectorem remittimus.

<small>Palæ duæ, figura humana stateram & radium mensorium tenens.</small>

§ I.

Columnæ primæ, lateris primi expositio, & continet stationes Geniorum Omphtæ, Ammonis, Osiris, Anubis, Momphtæ bonorum terrenorum affluxu fœcundas.

<small>Columna prima lateris primi Obel. Barber.</small>

<small>Agriculturæ Genius.</small>

Primâ itaq; figurâ per duas palas, & Omphtam statera & radio mensorio instructum nihil aliud indicatur, quàm agriculturæ Genius bonorum terrenorum affluxum præstans, hylæisque mundis omnia ad mensuram & iustitiæ æquitatem commensurans. Hic est, qui damna

Ty-

SYNTAGMA V. OBEL. BARBERINVS. 283 CAP. V.

Typhonia Solis & Lunæ, suâ virtute superat, quod vel nimio calore exustum, irrigans, vel quod nimio humore suffocatum, exsiccans, omniaq; ad mediocritatê quandam reducens: quæ sanè aptè indicantur per Noctuam & Coturnicem, quarum illa Typhoniam vim adustiuam & perniciosam siccitatem, in Sole; hæc in Luna nimiam humoris affluentiam, seu vim quandam suffocatiuam, significat, quam vtramque Omphta superat, nimiamque humiditatem calore, vti & nimiam siccitatem humore ad mediocritatem reducto temperat, dominio in Solem & Lunam potens, vti bina sceptra è regione, D, ostendunt, quorum prius Luniforme, in Lunam, alterum Accipitriforme in Solem dominium notat, qui sunt inferioris Mundi, vt segmentum immediatè sequens notat, moderatores. Verùm de Noctua & Coturnice vide in proprijs Hierogrammatismis in Obelisco Pamphilio tractatum, & Horum l. 2. c. 24. Quia verò tellus horum omnium operationibus subiecta est, hinc statim supposuerunt Isin sedentem velato vertice conspicuam; in manu sinistra baculum Cucuphomorphum tenentem pingunt, quo indicatur, eam esse cooperatricem Mophtæ, & varietatis rerum causam in tribus inferioribus Mundis, animali, vegetali, & minerali, influxuque à Mompha in dictos Mundos iuxta iustitiæ normam disposito, esse conseruatricem; quæ aptè per hæc symbola △○○○△ è regione Isis posita indicantur. Quia tamen benefica Numina nil efficere putantur nisi perpetuâ cultus religionisq; obseruantiâ sollicitata; hinc Sacerdotes E, mense Paophi in adytis semina spargentes, fundum paternum ex tribus triadibus compositû inuocantes, fœcundum totius prouidentiæ Numen, totius naturæ ignem, à quo omnia progenita, situ corporis in mysticum numerum eidem competentem composito conformati, deinde, manibus post terga depressis, & ingeniculati sollicitabant: quæ omnia exactè per symbola, tres globos & duas figuras πυραμιδοειδεῖς signantur. Sed audiamus Damascium in sua Theologia sic disserentem: Ἱερεῖς ϰỳ μύςαι ἐν τῇ δ μηνὸς Παοφὶ ἐν ἀδύτοις σπέρματα προβάλλοντες βυθὸν πατέρα, ϰỳ Ἀμμῶνα δ πάσης φύσεως, ϰỳ πολυγονίας προστάτην ἐπικαλῶνται· ϰỳ τούτοις σημαίνουσι, παῖδα ἀπὸ ἑνὸς πυρὸς γεγονέναι. Sacerdotes & Mystæ in adytis mensis Paophi principio semina proijcientes, fundum paternum, & Ammon totius naturæ & fœcunditatis præsidem inuocant, innuentes hoc ipso, ab vno igne omnia progenita esse. Hinc appositè ponunt è regione E tres figuras quasi spargentes semina. Sed cur tres pingunt? videlicet ad arcanè significandum tres triadas, ex quibus fundum paternum componebatur, teste Zoroastro, de quo vide in Sphynge mystagoga fol. 147. & in expositione tabulæ Bembinæ; & significantur per figuram immediatè Sacerdotibus suppositam, cum tribus triadibus hoc pacto. III. III. III. paterni fundi, tribus triadibus compositi, notis: quas sequitur phallus oculatus, Numinis fœcundi omnia prouidentis symbolum, vt iam sæpe dictum fuit, & globus, ex quo binæ flammæ ventilantur; quæ omnia ab vno igne, quem Amun dicebant, progenita notabant. Sequuntur duo vestigia pedum, quibus superponuntur duo Rhomboides, & Serpentes; sequuntur item triangulum rectangulum cum duobus Rhomboidibus, catenâ, pennâ, phylacterio vasis

Nilo-

D
Sceptrum Luniforme & Accipitriforme.

Horus.
Isis sedens velata, baculum tenens.

Duæ pyramides, & tres circulares figuræ quid denotent.

Damascius.

E
Paterni fundi tribus triadibus compositi nota.

F
Vestigia pedum cum Rhomboidibus.

CAP. V.   284   OEDIPI AGYPT. THEAT. HIEROGL.

Nilotici; quibus indicatur, occulto Deorum memoratorum progressu agrorum influxum promoueri, vitam concedi, catenam phylacterio Nilotico obtineri. Occultum verò Deorum progressum per humana vestigia signari, Plutarchus docet, qui Isidem nil aliud quàm prudentem naturæ progressum dicit notare, cui & ideo semper duo pedum vestigia, vti ex varijs Romanis superstitibus marmoribus clarè patet, addebantur. Agrum autem, seu τὴν ἄρεραν, per quadrangulū signari, docet Horus l. 1. c. 3. vas verò Niloticum appendiculo ligatum, notat phylacterium Nilotico Numini propitiando aptum; hinc, vti Plutarchus ait, in pompa Isidis, vas aquarium præcedebat, cuius & figuram Sacerdotes manibus, collo, pectori affigebant. Sed hæc, & reliqua symbola passim alibi exposita sunt. Sequuntur sequentia symbola, vbi Isis denuo velata quasi sedentis positu binis sceptris & pala spectatur, quam tres termini cum sceptro incuruo, & Scarabæo sequuntur; infra quem cycloides, quadratum, Serpens, posterior pars Leonis; è cuius regione manus cum Capreolo vitis, quam sequitur Serpens, & χιασμὸς siue decussata Crux, Cornucopiæ, Coturnix inter duas pennas, quam tres termini cum binis pedibus globum alatum sulcientibus, cum vasis, segmentis, globis, Hydroschemate, Serpente, manu extensâ, pennâ, capite Hori sequuntur: quorum symbolorum hæc est interpretatio. Isis duplici dominio potens, frugifera Mundorum

F   influxum per Solis dominatoris cursum annuum accipiens, beneficum vitalis roboris augmentum in quadrifidam terræ faciem dispertit Cor-
G   nucopiæ, dispulsâ Coturnice infesta bebonia, supremi Numinis ductu
H   per alatum globum pedibus præpositum aptè signati, Mundis hylæis, & receptaculis eius vitalem humorem confert, cuius beneficio resuscita-
I K tur Horus, id est, Mundus Sensibilis. Sequuntur deinde inter literas K
L   & L, stationes Momphtæ, Isiaci septi custos, & Apidum Soli & Lunæ consecratorum, de quibus copiosè egimus fol. 258. Obelisci Pamphilij, quem consule. Quatuor verò pilas è regione Momphtæ thalamum vocant; teste Plinio, & nil erat nisi septum, in quo alebantur, teste Herodoto in Euterpe, sacri Boues, auguria populorum. Sed hæc omnia fusè tractata vide citato loco. Horum Boum prior Solem siue Osirin, alter Lunam seu Isin (ex quorum cultu variæ diuinationes instituebantur de anni tribus stationibus, vti tres termini notant) significant: his cœlestes influxus, craterisque defluxum concatenari credebant, vti symbola intermedia ostendunt, sc. catena cycloide inclusa cum vicina crateris figura, quo influxus septi sacri præses in humidam substantiam, & in quadripartitam Mundi faciem, occulto motu dispertiebatur catenarum humidæ substantiæ dominator; X Vniuersum seu quatuor Mundi partes; figura ingeniculata ipso corporis gestu Momphta Numen, pes occultum Numinis motum exprimit, vas infrapositum Momphtæ humidam substantiam, duæ catenæ humidum superius inferiori connectunt;
M   sceptrum cui M impositum vides, sceptrum Momphtæ vocatur; de
N   quorum mystica significatione cùm aliàs dictum sit, non immorabor. Potest & per figuram ingeniculatam intelligi ritus Sacerdotum, quo in-

ady-

SYNTAGMA V. OBEL. BARBERINVS.

adyti, Momphtæ Apidum custodes adolebant contra noxiam Typhoniam vim; quæ aptè per Crocodilos, qui inter N & M, spectantur, notantur; septem enim diebus Sacerdotes Apidis solennitati insistebant, quos Natales Apis vocabant, quâ durante nulla vis Typhonia nocendi locum habebat; & cùm Crocodilos Typhonis genuinum ectypon crederent, hinc fiebat vt Crocodili nullum hoc tempore damnum inferrent mortalibus, sed quasi mansuefacti, sacras sauissas accedebant, vti figura ostendit, inde aquam lingentes, quasi diei cultui vltrò subscribentes. Sed audiamus Plinium l. 8. c. 46. *Sunt*, inquit, *Apidi delubra gemina, quos thalamos vocant, auguria populorum; alterum intrasse lætum est, in altero dira portendit; responsa priuatis dat, è manu consulentium cibum capiendo; Germanici Cæsaris manum auersatus est, haud multò post extincti; cœtero secretus, cùm se proripuit in cœtus, incedit submoto lictorum, grexque puerorum comitatur carmen honori eius canentium, intellıgere videtur & adorari velle; hi greges repentè lymphati futura præcinunt &c. auream{q}, pateram argenteam{q} in loco, quæ phiala dicitur, mergentes diebus, quos habet Natales Apis; septem hi sunt, mirum{q} neminem per eos à Crocodilis attingi, octauo post horam diei sextam redire belluæ feritatem.* Quæ & hisce verbis confirmat Carystus de festis Ægyptiorum: Ἐν γενεθλίῳ τῦ Ἄπιδ<Θ> φασὶ τοὺς κορκοδείλυς ἐν τῇ Αἰγύπτῳ ϕραΐνεθς, καὶ μηδεὶς ἱερῶν τὴν κολυμβήθραν προσβαίνειν εἰ μὴ ἐν ταύταις τ ἡμέραις. *Ferunt in Ægypto Natalitijs diebus Apidis omnes Crocodilos mansuefieri, neque vllus sacram piscinam lingit, nisi hisce diebus.* Scitè itaque stationi Apidis stationem Typhoniam per Crocodilos indicatam hoc loco subiungunt, mysticè & anagogicè innuentes, tantam cultus Numinum, quæ sub figura Boum colebant, excellentiam esse, tantam energiam, vt nulla in Mundo violentia adeo truculenta reperiri possit, quam Sacerdotes cultorum Numinum ope freti, non doment, & perfecto dominio subiugent; quod appictum sceptrum satis ostendit, dominij in eos symbolum. Erat id sceptrum ex arundine, à qua naturali antipathiâ, vti Theophrastus refert, dissident Crocodili, & vel ad eorundem stridorem sistuntur. Dictis itaque diebus Api destinatis non Crocodili tantùm mansuescunt, sed & Cornix Typhonia crocitare desinit, potenti hâc Deorum catenâ & dominio profligata, quæ symbola catenæ, sceptri, Cornicis cum penna è regione N luculenter ostendunt. Hinc Sacerdotes hisce diebus sacra beneficis hisce Numinibus, quæ per duo brachia notantur, in adytis celebrantes, nudi, brachijs in formam Crucis conformatis, ad ansatam Crucem exprimendam, incedunt, vti figura ostendit; his enim ritibus cœlestes catenæ influxus, humoremque vitalem in inferiorem quoque Mundi partem, cui Nephte præest, deriuant; hisce dispulsâ Noctuâ ab humore vitali, attrahitur occultus dictorum Numinum per duodecim Mundi portas incessus; quæ omnia pulchrè sanè per Noctuam & hydro-ophischema, & funem cum quadrangulo in duodecim partes diuiso, cui bini pedes duplicati subduntur, è regione P, indicantur. Cœtera symbola quæ è regione literarum Q R S T interijciuntur, cùm iam nota, & sæpius exposita sint, non repeto, cùm ritus indicent Sacerdotum, & effectus in quadrifido

CAP. V.   286   OEDIPI ÆGYPT. THEAT. HIEROGL.

T fido Mundo, in aquis, aëre, terra, eiusque vegetabili natura, ex cultu
V consequentes; e regione V baculus Momphtæ comparet, & eiusdem statua ingeniculata cum modio in capite, & cum Leonis anteriori parte; ac robur & dominium summum ostendunt, cui & Sacerdotes thyrsis in for-
X mam nominis eius adaptatis, vti litera X monstrat, sacra faciunt hâc statione; reliqua symbola effectus quoque ex hoc ritu consequentes demonstrant.

§ II.

Secunda columna lateris primi Australis, eiusque interpretatio.

Columnæ secundæ lateris primi Obel. Barberini.

E Xhibentur in hac columna sex tutelarium Geniorum Præsidum sacrificia, & ritus ijs placandis necessarij, effectusque inde consequentes. Primus est tutelaris œconomiæ spermaticæ; secundus est Mercurius, naturæ vegetabilis cultos; tertius est polymorphus Dæmon; quartus terrestris Elementi custos; quintus Mompho-Ammoniæ œconomiæ seruator; sextus Anubici regiminis substitutus; quæ omnia sic se habere, ex interpretatione elucescet.

Geniorum sex tutelariũ sacrificia apta.

Tutelares sex eorumque nomina.

C
I. Statio. Tutelaris œconomiæ spermaticæ.

In prima itaque secundæ columnæ facie, è regione C, comparent ex symbolis Capreolus vitis cum catena, cui subditur phallus oculatus, & figura genuflexa veluti orans, quam sequitur mitratus Genius flagello munitus. Quibus quidem symbolis nihil aliud nisi spermaticæ naturæ præsidium, quæ in germinibus maxime elucescit, indicatur. Per Capreolum vitis cum binis Rhomboidibus nouella agrorum germina, per oculum & phallum oculatum supremi Numinis de successiua rerum fœcunda generatione, prouidentia; per figuram ingeniculatam, supplicatio Sacerdotum ad eandem prosperandam; per mitratam denique & flagello minitantem figuram Genius totius πολυγονίας præses, indicatur, qui hâc parte sedem stationemque sibi fixit. Sequentia symbola Elementa, quorum fœcunditati præest, indicant: per hydroschema aquam, per duos Scalenos genericos cum intermedio globo, virtutem geneticam siue spermaticam Mundo insitam; per duas pennas denique aërem notant, qui omnia quæ in Nilo sunt, in virtute sceptri Momphtæ vitæ largitoris, vique temonis Canub, & pennæ Baeth administrat. quæ totidem quatuor symbolis ordine positis indicantur. Sacerdotes vero ad dictum Genium deuinciendum nudi, expansis brachijs, vt figura è regione E monstrat, Tauticam Crucem effigiando, beneficam duorum recensitorum Numinum vim, & τῆϛ σειρᾶϛ ἐκείνων, id est, eorundem catena, vt Psellus docet, sollicitabant; & sic cœlestis Osiris beneficâ vim in cœlesté & vitalem humorem, diuiniq; prouisione oculi in hylæum cornucopiæ deriuabant; quæ pulchrè sane per symbola è regione F indicantur. Per cycloidem, hydroschema, & Serpentem, cœlestis vitalisque liquor; per oculum cum

Figurarum literæ C explicatio.

D

Baeth idem quod Acepiter seu Tauifus vide Horus l.1.c.7

E
Psellus.

F

cum globo, diuina in Mundo prouidentia, per figuram cornucopiæ, af- | Cornucopiæ
fluxus rerum elementarium fignatur. Nota hoc loco, vti alibi monui- | tribus modis
mus, cornucopiæ hoc triplici modo ab Ægyptijs depingi. Quando de- | pingitur ab
pingitur cum quatuor quadratulis illius orificio impofitis, vti hic, tunc fi- | Ægyptijs
gnificat Elementarium rerum affluxum, quæ ideo hylæum appellauimus; | Primus modus.
quando verò feptem quadratulis notatur, tunc denotat affluxum rerum | Secundus
cœleftem per feptem planetas caufatum; quando denique duodecim | modus.
quadratulis notatur, tunc duodecim fignorum Zodiaci affluxum indi- | Tertius modus.
cat, vt alibi dictum eft. Sequitur deinde inter F & G Serpens cum pue- F
ri veluti vittati figura, Capreolus cum globo fuperpofito & penna. Per G
Serpentem fpiritus vitæ, per puerum vittatum Horus, qui nullibi non
per pueri figuram indicatur; per globum & Capreolum, Mundus vegetabilium, per pennam motus indigitatur, quafi diceretur; virtute Sacer- Plutarchus.
dotum ἐχατιῃ Horum, id eft, Mundum fenfibilem, (fic enim eum Plutarchus appellat) generatione vegetabilium quafi continuò reiuuenefce-
re, per vitalem vim Vniuerfo, quæ per Serpentes & Crucem feu χιασμὸν,
aut decuffim notatur, infufam. Sequuntur duo pedes è regione G vnà
cum Noctua; Hori enim occulto per vniuerfas Mundi femitas proce-
dentis motu, Typhonia Noctua veluti ad diuinitatis præfentiam, per
globum indicatæ, difpellitur; vitalis liquor, per aquæ & Serpentis figuram
notatus, inferioribus Mundis per fupernum in inferiora influxum, quem
Tauticus character notat, per Ofirin obtinetur; quemque Typhoniæ
Noctuæ aduerfa vis, penitus extinctum cupit, illum fupremum Numen,
O
vnum rerum omnium principium, quod per globum & vnitatem I
notatur, reftituit à Sacerdotibus ritibus folitis attractum; quæ per figuram humanam, Serpentem, & manum extenfam innuuntur, ita vt fi- Genius
gura humana ritus Sacerdotum; Serpens vitam, vt iam innumeris locis Mercurialis.
diximus; manus extenfa, beneficam vim fignet. II. Statio
Genij
Sequitur iam ftatio Genij Mercurialis feu Hermetis in Ibidem tranf- Mercurialis.
formati, Typhonis ἀντίτυχος, qui per Noctuam indicatur, vt iam fæpe
diximus. Ibis infiftit prothyræo, vnà cum tripode triangulato, & cu- K
curbita è regione L. Subfequntur Sacerdos cum hydrofchemate, thyr- L
fo papyraceo, penna Accipitris, aure Bouis, cycloide, & è regione K,
calatho, fceptro alato, tribus terminis: quæ vt intelligantur, paulò altius ordiri vifum eft.

In delubri Mercurij, quem Ibis exprimit cirrata, prothyræo feu ve- Tripus myfti-
ftibulo, quod per tres trabes indicatur, ponebantur tripus myfticus, in cus in delu-
quo cucurbitæ, ad obteftandum triforme Numen Hemphta, offerebantur, rij cum cu-
quæ obteftationes feu adiurationes paulò poft fequentibus fymbolis indi- curbitis.
cabantur, fiquidem feftis Mercurio dicatis Sacerdotes conueniebant, tripodem ftatuentes cum cucurbitis. ita Paufanias: Ἐν τῷ τῷ Ἑρμῇ προθύρῳ ἱορ- Paufanias.
τάζωντες τὸν τρίποδα καθιδρύειν, καὶ σπονδίας προσφέροντες ἔτυχεν. In veftibulo Mercurij
folennia celebrantes tripodem ponebant, & cucurbitas offerebant. Tripodis figura, vt apparet, erat efformata ex globo, cuius trina fuftentacula triangulis

gulis effigiebantur. Quibus quidem nihil aliud indicabatur nisi supremum & inuisibile triforme Numen, Idæis fœtum: nam vti in Obelisco
Pamphilio exposuimus, erat globus diuini Numinis, & supremæ causæ
causarum, in æterna vnitatis suæ abysso absconditi symbolum; triangulum verò diuinitatis ad extra se diffundentis, vti & triangula trino ordine
in modum radiorum diffusa, omnium rerum ad æternum exemplar con-
formatarum, quæ ex centro globi in omnem rerum creatarum ambitum
distenduntur, symbolum erant; cuius sicuti in inferiori Mundo cucurbita, in cuius meditullio semina trino ordine distensa cernuntur, index
erat, ita sanè aptum ad occulta mysteria per hunc tripodem significandum, symbolum assumpserunt. Cùm præterea cucurbita Mercurialis
naturæ sit, non sine ratione eam Mercurio triformis Numinis interpreti,
prout analogica eius ratio suadebat, dedicandam statuerunt. Tribus
triangulorum connexorum seriebus tripus constabat, quibus siderei &
elementaris Mundi connexionem in catenarum formam à Deo supremo,
archetypo Mundo, causarum causa deductam, è cuius quoque centro
deducebantur, notabant; quibus vnicuique suum fatum destinabatur,
cuius preco & interpres Mercurius, Mercurij verò nuncia Noctua reputabatur, quam Prodromam Hemphta, & faustorum aduersorumque annunciatricem Abenephius dicit lib. de religione Ægyptiorum his verbis:

قالوا ان الهامة هي مبشرة همفطا الاهم الذي عندهم الاهون اولى وصدقوا ان
هي تبشر كل ما مستقبل على بني الناس

*Dixerunt Ægyptij, quòd Noctua est annunciatrix Hemphta Dei ipsorum,
quæ est Deitas prima apud ipsos, & credebant quòd annunciaret omnia, quæ
euentura essent supra filios hominum.* Ægyptij itaque non tantùm per Noctuam aduersi Numinis operationes indicabant, sed Hemphta, id est,
vniuersalis prouidentiæ nomen & Numen, quæ Noctuam, id est, nun-
cium suum ad homines certis temporibus mitteret, ijsque per eam futura significaret, de sinistris euentibus præmoneret, & quid instante quâdam calamitate prudenter agendum esset, suo cantu doceret; sapientiam
verò, cuius Mercurius præses est, quæ per Noctuam quoque indicatur,
vnicam esse iudicabant, quæ omnibus sinistris euentibus occurrere resi-
stereque possit.

In hoc itaque prothyræo Mercuriali, quod ante Mercurij delubra
passim spectabatur, mysticè per trium trabium interstitium, & tripode
adornatum, Sacerdotes ex Mercurio diuinæ voluntatis interprete, varia
circa futura diuinabant; prout symbola sequentia indicant. Sacerdos
nudus Deum ad concedendam futurorum præscientiam adiurabat, per
baculum Numinis polymorphi, per pennam Accipitris, per fluxum
Momphtæ, per aurem Apidis siue Bouis sacri, per cœlestem beneficentiam Osiridis, vegetabilium moderatoris, per sceptrum eius alatum; quæ
omnia per symbola è regione K posita indicantur. Deinde tres Sacerdotes, quorum duo in nomen Hemphta se transformabant, alter genuflexus
ante

ante tripodem ſtabat, ſupremum Numen pro calamitatum auerſione ſollicitabant. Deniq; vnus Noctuam dirorum annunciatricem veluti flagellabat, alter adiurationem ſupradictam denuo iterabat. Per baculum Genij polymorphi, rerum omnium neceſſariarum abundantiam; per pennam Accipitris, malorum auerſionem; per aurem Bouis ſacri, fœcundam rerum generationem, quæ per auditum Tauri contingit; (Taurus enim auditâ voce Vaccæ ſtatim ad fœcundum cum ea congreſſum ſollicitatur, teſte Horo l. 1. c. 47.) per cycloidem cum manu extenſa, & calatho capreolato, beneficam cœleſtis Oſiridis vim, poteſtatem in omnia habentis; per alatum ſceptrum, & tres terminos, deſpoticum in tripartitum anni tempus influxum, per motum Solis cauſatum, indicabant; quæ omnia cùm ſine influxu Hemphtæ, in quo omnia dicta continebantur, obtinere non poſſent, Sacerdotes ad dicti Numinis nomen exprimendum, membrorum totius corporis coaptatione ſe transformantes, ante tripodem, vt è regione L patet, ſacris operabantur, & Noctuā tripartito diei tempore ad dirorum auerſionem flagellabant, vti figura oſtendit. Vidimus itaque ritus & cœremonias; iam effectus videamus per ſequentia ſymbola denotatos. Primò per funiculum, cui globus annexus, & infrà craterem poſitum habet, diuini Numinis influxus in craterem Oſiridis; per ouum, cui ſuppoſitus Capreolus, fœcunda rerum genitura; per craterem, cui perſeæ flos ſupponitur cum figura Zanuti, id eſt, catenæ, ſignificatur Mercurialis affluxus, quem intendebant, in omnia catenæ ſuæ ſubiecta, & benefica vis, per duo brachia Anubidis, ſignificati per canem iacentem, & veluti rebus inuigilantem; liberalitas in rerum neceſſariarum ſuppeditanda copia per humorem triplicem, duos thyrſos papyraceos, & hydroſchema triplex indicatum; dominium & poteſtas per calathum capreolatum; per temonem directio vegetabilis naturæ in agris; per figuram ſupplicantem, & oculum cum cycloide, prouidentia cœleſtis in agros; per Chenoſirin Anſerem denique, vigilantia innuitur.

Sequitur iam ſtatio polymorphi Dæmonis, qui per Draconem alatum, & thyrſum papyraceum ſignificatur, qui & abundantiæ rerum humano generi neceſſariarum, vti aliàs fuſè interpretati ſumus, index eſt. Cœremonias huic faciendas ſtatuæ binæ denunciant; quibus anima aſſurgit ad incognita, ſeptum ſacri Bouis penetratur, catena cœleſtium Numinum trahitur, Coturnicis & Accipitris, id eſt, Lunæ & Solis Typhonia damna arcentur, Niloticus humor iuſtitiâ cœleſtis prouidentiæ circa agriculturam adminiſtratur: quæ omnia per ſymbola inter P & Q incluſa notantur, quorum ſignificatio iam ex præcedentibus conſtat.

Statio modò ſequitur è regione Q Genij terreſtris, per Canis anteriorem partem, cum litera H, & calatho capitis ornamento indicata; & hoc pacto Nephten ponebant, quam eandem cum Proſerpina dicunt Authores, capite canino conſpicuam. Nam, vt rectè Demophilus Author peruetus, Νέφθω Αἰγύπτιοι κυνόμορφον ζωογραφῶσι. H terram ſignificat, quaſi duabus columnis, aquea & terrea, firmiter compactam, cui Nephte dominatur, & fundatur ſupra tria fundamenta, quæ per tres terminos indi-

CAP. VI.   299   OEDIPI ÆGYPTIACI THEAT. HIEROGL.

indicantur, in formam pyramidis conftituta, funtque aqua, terra, & ignis; aqua conferuatur per cultum Nilo exhibitum, mala Typhonia pelluntur pennâ Ofiridis; tres verò anni partes omnibus vitam præbent; hinc altare huic Genio erigebant quadratum cum corona tricufpide, & pifcina facra, quæ fymbolis è regione R indicantur. In vitam verò animantur omnia occulto Deorum motu, potiffimùm Hori dominatoris humidi & ficci cultu, & Nephte præfidio, & vfu amuletorum, facræ Crucis anfatæ, Antennæ Kanub Noctuam profligantis periapto.

R
S
T

V. Statio Momphto-Ammonis.

Statio Momphto-Ammonia è regione T, cuius dominium fertur fupra calidum & humidum; hoc per figuram, fitulam in capite gerentem, illud per Arietis caput indicatur, quorum potentiam in opus deducit Scarabæus Ofiris: his enim omnium rerum generatio perficitur, & aduerfa omnia ei contraria per cultum dictorum Numinum profligantur.

V
VI. Statio Anubidis.

Anubidis ftatio è regione V oftenditur per Canis figuram incubantem, & inuigilantem rebus fibi commiffis, hoc eft, humori per quadrifidam terræ faciem diffufo, qui trium Elementorum, ignis, terræ, & aquæ cuftos eft, eorundemque per Vniuerfi femitas traductor, cui in prothyræo Hermetis ideo fequentes ftatuæ auerruncatiuæ Harpocratis, Hermetis Canicipitis tutelaris, & Ammonis ponebantur, cum appropriatis fymbolis, vt è regione X patet.

X

Horus.

Atque hic eft fymbolorum in primo Obelifci latere Auftrali contentorum contextus, quæ quidem nihil aliud indicant, nifi operationes & præfidia duodecim Geniorum tutelarium huic parti præfidentium, vti indicant duodecim ftellæ, quæ in vertice Obelifci ponuntur, & fymbola funt duodecim Geniorum. Nam, vt rectè Horus ait, ftellam pingentes Ægyptij, nunc Genium denotant, nunc fatum &c. vides quoque fex horum Geniorum in prima columna lateris, totidem in fecunda poni. Quibus demonftratis iam alterum latus exponamus.

CAPVT VI.

Lateris fecundi Obelifci Barberini interpretatio.

Lateris fecundi Obel. Barb. interpretatio.

Qvo in duabus columnis duodecim aëreæ naturæ Præfides Genij exhibentur, vnà cum operationibus eorum, ritibus, ac cœremonijs, quibus Sacerdotes eofdem allectare folebant. Et de primo quidem Obelifci fchematifmo A B, qui aërei Numinis Vfiarchi cultum explicat, fatis in præcedentibus egimus; reftat, vt reliquam aëreæ naturæ œconomiam in fequentibus duabus columnis contentam pari paffu profequamur.

§ I.

SYNTAGMA V. OBEL. BARBERINVS.

§ I.

Primæ Columnæ expositio.

Primò è regione A Columba cum stella absolutum aërei Genij symbolum est. Et per stellam quidem significari Genium, Horus asserit l. 2. c. 1. Ἄστρ παρ' Αἰγυπτίοις γεαφόμυνος, Θεὸν σημαίνει. *Depicta Ægyptijs stella Deum seu Genium significat.* & l. 1. c. 13. Θεὸν δὲ εἰκονόμιον σημαίνοντες ἢ εἰ μερίδιον, ἢ τὸν πέντε ἀριθμόν, ἀστέρα ζωγρφοῦσι. Θεὸν μὲν, ἐπειδὴ πρόνοια Θεῦ τὴν νίκην περιγίνεσθαι τῆς ἀστέρων, καὶ τῷ παντὸς κόσμου κίνησις ἐκ ταύτης.) δοκεῖ δὲ αὐτοῖς δίχα Θεῦ μηδὲν ὅλως συνεστάναι. ἐμμερίδιον δὲ, ὅτι καὶ αὕτη ἐκ ἀστέρων οἰκονομίας συνέστηκε.) Τὸν δὲ πέντε ἀριθμόν, ἐπειδὴ πλήθους ὄντος ἐν ἀστέρων, πέντε μόνοι ἐξ αὐτῶν κινόμενοι τὴν τῷ κόσμῳ οἰκονομίαν ἐκτελοῦσι. *Deum verò optime Mundanum vel benè ornatum significantes, aut fatum, aut quinarium numerum, stellam pingunt; Deum quidem, quòd Dei prouidentis victoriam decernit atque imperat, qua & siderum Orbisque vniuersi motus peragitur; existimant enim sine Deo nihil prorsus consistere. Fatum autem, quòd ex siderum cursu ac dispensatione constituatur. Quinarium verò numerum, quoniam cùm plurima in cœlo sidera sunt, sola ex his quinque motu suo Orbis pulcherrimam efficiunt distributionem.* Per Columbam verò aërem intelligit Horus Apollo l. 1. rationem ibidem dat, quòd adeò sinceræ & puræ naturæ sit, vt à nullo contagioso aëre, quemadmodum cætera animalia, infici possit; vt proinde optimè Columba cum stella, aëreum Numen indicet, estque hæc prima aërei Numinis statio. Statua verò sequens extensis manibus precantis more, sacrificantis indicat gestus, ad Deos, quos coniurat, commouendos, & ad malignos, quos Noctua notat, propulsandos; supplicare autem videtur pro humore vitali, vt hydroschema signat, vegetabili naturæ concedendo; temo verò cum penna ventum nauigationi necessarium notat; statua denique precantis more genibus innixa, Sacerdotem vel Hierophantem indicat; phœnicopterum monstrat, quod est symbolum Hori, quem Plutarchus spiritum dicit omnia virtute suâ alentem & conseruantem, esseque ipsam aëris temperiem, virtute Solis calefactiuâ attemperatam. Hinc phœnicopteron, id est, Horum in paludibus nutritum ferunt. Et profectò ita est; vliginosa enim tellus, & aquis redundans, vapores alit, qui ariditates & siccitates perimunt. Phœnicopterum sequitur statua velata sedentis habitu, & pennâ in capite, quæ est statua τετραςύμβολῳ, quâ phœnicopteron seu Horum trahi putabant, ob proprietates symbolicas eidem quàm maximè congruas, sensúsque hucusque dictorum erat: Genius aëreus vt auerruncatiuus sit malorum à Bebonijs spiritibus immissorum, fertilitati terræ, aquæ, limitibus agrorum, nauigationi, sacro ritu è rebus Horo congruis, statua amuletaria, in virtute sceptri Momphtæi, sceptri Agathodæmonis custodis limitum, & fauissæ sacræ, colendus est, vt sequentia symbola monstrant.

Statio trium Potentiarum Mercurialium è regione D, quæ per tres Ibides cirratas, quarum significationes in Obelisco Lateranensi exposuimus,

Columna 1. lateris 2. Obel. Barb.

A
Stella in hieroglyphicis quid significet.

Columba hieroglyphicè aërem significat.

I. *Statio aerei Numinis.*

B

Phœnicopterus Horū significat.

C

D
II. *Statio triū potentiarum Mercurialiū.*

CAP. VI.   292   OEDIPI ÆGYPTIACI THEAT. HIEROGL.

      mus, indicantur: vitalem liquorem in piscinas sacras occulto motu, &
E Sacerdotum cultu deriuari putabant, vti symbola E F indicant. Ex his
F verò in quadrifidam terræ faciem, vitam in camporum bonum & emo-
G lumentum deduci credebant, vti symbola G H docent: per cœremonias
H enim huiusmodi factas cornucopiæ quinque entium terrestrium abun-
I dat, vitalis liquor catenâ Geniorum aëreorum Hori asseclarum trahi-
K tur, vt è regione I K patet; benefica vis ritibus per sacram barram fa-
    ctis, & statuis amuletarijs à Sacerdotibus mystico ritu consecratis, & liquor
L vitalis vim summam obtinet; Noctua Bebonia subsistere non potest; quæ
M omnia per symbola inter L & M inclusa notantur. Quia verò à Sole &
N Luna subinde malignæ quædam qualitates, cuiusmodi per Coturnicem
O & Noctuam indicantur, insensibili motu per pedes indicato, impri-
    muntur; has oculus cœlestis, insito sibi liquore cœlesti, Osiris Scarabæi
    ope dissipat, beneficentiâ suâ vitam ijs ablatam, vniuersali dominio re-
P stituit (quæ per symbola inter P & Q inclusa aptè indicantur) & per Ge-
Q nium Anubicum, leporinis auribus omnia in lucem tandem apertam de-

Horus. ducit. Sic Horus l. 1. c. 26. Ἄνοιξιν δὲ θέλοντες δηλῶσαι, λαγωὸν ζωγραφοῦσι. διὰ τὸ
    πάντοτε τοῦς ὀφθαλμοὺς ἀνεῳγότας ἔχειν τοῦτο τὸ ζῶον. *Patulum autem quiddam significare volentes, Leporem pingunt, quòd semper apertos habeat hoc animalis genus oculos.*

III. Statio
Bebonij Genij. Sequitur modò statio Bebonij Genij per Coturnicem indicati, qui
    spermaticam naturam in aëreo Mundo, per ouum signato, latentem
R persequitur, quem ideo Sacerdos coniurat, è regione R, per sceptrum
    oculo insignitum omniuidentis Osiris.

IV. Statio
Isis, Osiris, &
Hori. Huic contraponitur statio Isidis per velatam fœminam, & Osiridis per
S Scarabæum, & Hori per cycloidem & Capreolum, quod idem significat ac cœleste germen, indicatorum. Sequitur

V. Statio
Agathodæ-
monis aërei. Statio Agathodæmonis aërei, qui per T Columbam indicatur.
VI. Statio
Nephtes. Estq; Statio Nephtes humoris subterranei conseruatricis, cuius est, hu-
    morem Niloticum conseruare, aëreorum Geniorum catenam mouere,
    geneticam vim singulis inferioris Mundi partibus inserere, vti symbola
T inter T & V monstrant. Ad recensitorum verò Numinum catenam solli-
V citandam sequentia sacrarum tabularum prophylactica præscribuntur,
    cum reliquis ritibus in adytis peragi solitis, quorum symbola cùm in
    præcedentibus iam exposita sint, Lectori expendenda relinquimus.

§ II.

Secundæ columnæ lateris secundi Orientalis interpretatio.

Columna
secunda late-
ris secundi
Obel. Barb.
A
I. Statio Genij
tutelaris nu-
bium,
Aereæ Pote-
states apud
Ægyptios.

PRimo loco comparet oculus cum statua flagello insignita, & nubis
figura cum manu & brachio extenso; quibus symbolis indicatur statio prouidentiæ Genij tutelaris nubium. Quæ vt intelligantur, sciendum est, aëreas fuisse apud Ægyptios potestates, quas magno cultu pro-

seque-

sequebantur. Horum officium erat, nubes attollere, & suo tempore incrementum Nili resoluere; nubes ab omni contagione seruare immunes, & malignas qualitates, quas Bebonia vis aduersa aëri impresserat, remouere. Et hanc beneficam vim primò per manum extensam, quâ liberalitas ostenditur; deinde per brachium, quo beneficum subsidium exprimitur, signabant; duæ penuæ velocitatem; oculus inter duo hydroschemata constitutus, effectûs in aqua impressi prouidentiam docet; aëreo dominio potens, vti sceptrum incuruum cum penna monstrat, mox atque per aërem, vehiculo, quod temo ostendit, defertur, geneticam suam vim, per triangulum rectangulum indicatam, in aquis latentem primò communicat aqueæ substantiæ, Bebonia vis contagiosa profligatur, vti symbola inter B & C notant.   B
 C II. Statio Genij auerruncatiuā malorum.

Sequitur iam alia prouidentia auerruncatiua malorum ab agris, è regione spectabilis; huius beneficio aërearum potestatum catena in bonum vegetabilis naturæ per resolutionem vaporum in campos exeritur; Typhonia vis à genetica virtute in humidæ substantiæ cisternis latente arcetur; quæ aptè sanè symbolis è regione D E F G H, explicantur, quorum nonnulla in Obelisco abrasa sunt.   D
 E
 F
 III. Statio Genij aerei.

Sequitur statio Genij pariter aërei è regione I & K, sacræ tabulæ fautor, quâ Bebonia vis conteritur; sacra verò tabula vim obtinet, liquorem vitalem in aëre condensandi, & geneticam vim sub eo latentem, ex Luna in vniuersam camporum œconomiam per Numinis beneficentiam traducendi. Quod fit per Genium trium fundamentorum, aquæ, terræ, ignis; hic genetica principia terræ, aquæ, & aëris aptè connectit, & cœlestem catenam aperit.   I
 K
 L
 M
 IV. Statio Genij trium fundamentorum.

Hic Genius trium fundamentorum accepto ab occulto cœlesti Numine Momphtæo, dominio, quod per cycloiden, ex qua duo pedes Leonini sceptrum tenentes prodeunt, notatur, liquorem vasis Nilotici ad germina, quæ per Capreolum, & reliqua symbola M N O P significantur, confert; siquidem aëreo vehiculo deuectus, cuius symbolum baris nauigij genus è regione P existit, vnà secum cœlestem catenam ad humorem Vniuersi, beneficâ suâ vi fœcundandum traducit. Hic idem trium fundamentorum Genius, è regione Q, Mundorum supernorum ad hylæorum mansiones deducit.   M
 N
 O
 P
 Q

Statio quinta Genij abrasa est, qualis tamen fuerit, symbola è regione T monstrant, cornu, pes, stella pentagona, & reliqua satis ex præcedentibus nota; lucis enim suæ abdito motu in quinque inferioris Mundi entia propagatur, fauissæ omni semotâ contagione, humore replentur, & trium fundamentorum portæ per quadrifidam terrestris corporis faciem, aperiuntur.   V. Statio Genij abrasa ex Obel. Barb.
 T

Sequitur vltima statio, trium terrestrium potentiarum, quæ aptè sanè per posteriorem trium Leonum partem exprimuntur, quarum cœlestis beneficentia, dominiumque in Typhonem aëreum maximè elucet, vnde ijs Momphtææ statuæ ponuntur, vnà cum sequenti sacræ tabulæ amuleto, cuius vsu cisternæ sacræ è regione X omni bonorum copia re-   VI. Statio terrestrium potestatum.
 X

plen-

plentur. Reliqua symbola vti abrasa sunt, ita interpretationis filum abruperunt. Et tametsi nullo pene negotio ea suæ sinceritati restituere potuissemus, nè tamen cuipiam nostra authoritate id præstitisse videremur, ingenuè ea omittenda duximus.

Vides igitur in hac Obelisci parte Orientali, duodecim aëreas Potestates ab Ægyptijs pulchrè exhibitas fuisse, vnà cum singulorum officijs, operationibus, & effectibus, eorumque propitiandorum methodo & ratione: quibus quidem expositis, iam ad tertij lateris expositionem calamum conuertamus.

CAPVT VII.

Tertij lateris Occidentalis Obelisci Barberini interpretatio.

Lateris tertij interpretatio Obelis. Barber.
Aquex naturæ Præsides 12. in latere tertio Obel. Barb.

Exhibentur in hoc Obelisco aqueæ naturæ præsides duodecim, in singulis binis columnis sex; quorum in prima columna locum primum obtinet Ibimorphum Numen, cuius cœremoniæ in primo & vniuersali schematismo C D exhibentur; cuius expositionem cùm suprà expoluerimus, eò Lectorem remittimus. Secundus est Momphta; Tertius polymorphus Dæmon; Quartus tutelaris eius assecla; Quintus fœcundum Numen spermaticæ rei præses; Sextus Typhonis statio; quæ singula ordine exponentur.

§ I.

Columnæ primæ interpretatio:

Columna prima Obel. Barberini.
I. Statio.

Primo loco se exhibent instrumenta agriculturæ, cum manu extensa, & Noctua, hydroschemate, baculo papyraceo, vase Nilotico, figura piscinæ magnæ: quorum hic sensus est: Ibimorphus Dæmon, Agriculturæ beneficus Genius, malorum auerruncator, aquarum trium inferiorum receptaculorum dominator, magnæ piscinæ, & naturæ humidæ Genius, Niloscopij contra aduersam vim conseruator, fœcunditatis cœlestis in inferiora propagator, Agathodæmon vigil, cœlestis decussis, id est, influxus vniuersalis prouisor, debitis ritibus & cœremonijs colendus. Exhibentur autem hæc omnia symbolis inter C D & E contentis. Per stellam Genius; per hydroschema & Niloscopij figuram, humidi à Typhonia Bubone tutelaris; per phallum oculatum inter duos globos, fœcunditatis ex supernis in inferiores partes per segmenta indicata, prouidentia; per A Agathodæmon; per Columbam cum erecto collo, & penna, vigilans rerum moderatio; per cycloidem & decussim, vniuersalis influxus peruasio; per duas tandem statuas variè transformatas, ritus & cœremoniæ ei exhiberi solitæ significantur.

II. Statio
F

E regione F sequitur vas Niloticum, cum Leonis anteriori parte, &
sce-

sceptro litera M insignito, quo Momphtæa statio significatur, vti ex symbolis patet, & iam sæpe declaratum est. Per vas humida substantia, per Leonis caput ipse Momphta, vti in Obelisco Pamphilio Hierogrammatismo Leonis fusè docuimus; sceptrum sit. M insignitum, eius in humidum denotat dominium; M enim, vti alibi docuimus, idem est Ægyptiacè ac Moi, quod aquam indicat, cuius & fluxilem naturam exprimit. Hunc Sacerdotes figura corporis in nomen eius transformata tanquam occulto motu omnia mouentem, & tanquam humoris vitalis largitorem vnicè venerabantur. Vbi nota, pedes semper occultum Deorum motum notare, vti passim iam in præcedentibus ex varijs authoritatibus demonstratum fuit. Sequitur iam è regione H, Capreolus, thyrsus, poculum Canopi figura efformatum, quod in Accipitris caput terminans aquam euomit. Quod vt intelligas, scias, Canopum cum Momphta eundem esse; quare eum nunc Leonino capite, nunc vasis instar ventricosi exprimebant. Leoninâ formâ capite expressus, notabat, eius potestatem trinam tùm maximè exeri, quando Nili incrementum instat, quod fit Sole Leonem ingrediente; hic verò instar poculi ventricosi, cuius in vertice coperculum Accipitrino notatur capite, quod aquam exprimit; quo quidem humidi calidi copiam, quam Accipitrinus Momphta rebus omnibus iuxta hylæorum catenam entium, & vitalem suiipsius statuam impertitur, indicat, vti statua cum Serpente inter H & I notat.

Polymorphi Dæmonis statio per Draconem alatum è regione I, vt iam sæpe exposuimus, indicatur, cuius officium est, formarum varietate & copia, adminiculante Horo, Mundum exornare, vitalem humorem conseruare, occulto vitæ præsidio, quod pedes sedi admotæ cum Serpente innuunt, Momphtæo dominio portam aperire.

Per tres pennas è regione K, hoc loco statio trium Intelligentiarum indigitatur: penna enim subinde ventum, nonnunquam aërem, interdum, vt penna Ibidis cum Crocodilo, vim cohibitiuam indicat; pennæ enim Ibiacæ tactu Crocodilus sideratur; aliquando, vti hic, simulachris adiecta Mentem seu Intelligentiam significat; quia sicuti, vt S. Dionysius quoque testatur, penna auium corpora in altum tolluntur, & in loca hominibus imperuia, ita Intelligentiæ circa perpetuam altissimarum rerum diuinissimarumque contemplationem versantur. Sed de his passim in hoc Opere. Primam itaque Intelligentiam refert Ibis cum statua velata scuticâ instructa, id est, Genium tutelarem Lunarem; è regione verò L simulachrum scuticâ munitum velatumque throno insidens, Intelligentiam terrestrem & tutelarem; penna Intelligentiam, sedes terrestre, id est, stabile & firmum; figura vel Nephten, vel Isin, scutica tutelam indicat rerum sibi commissarum. Figura verò sequens pariter vittata, & nouem quadrangulis circumdata, notat Intelligentiam Solarem, quam & Plutarchus in libro de Osiri & Isi Apopin fratrem Solis vocat: de qua & Phlegon in Zoroastrum: Ἄπωπας δύναμις ἐστὶ τεταγμένη ὑπὸ τῶν Χαλδαίων ἐκ τῶν τριῶν τριάδων, καὶ τῶν τριῶν δωδεκάδων συνηρημένη. *Apopas Dæmon Solaris est, à Chaldæis ex tribus triadibus, & totidem dodecadibus compositus.* Quæ vt intelli-
gan-

CA. VII. 296 OEDIPI AGYPT. THEAT. HIEROGL.

Apopas Dæmon Solaris ex tribus dodecadibus compositus.

gantur, sciendum, Ægyptios hæc omnia mystico figurarum apparatu adumbrasse, vt sequitur. Figura inter L & M velata Apopin Dæmonem Solarem notat, quem circumdant nouem quadrangula, tria inferius, tria M in medio, & tria superius; quæ sunt tres triades ex quibus componi dicitur; exhibent autem nouem Classes Geniorum ei subditorum, quomodo autem ex tribus dodecadibus componatur, videamus. Singula quadrangula quatuor constant lateribus, quæ in 9 ducta dant 36. nume-

Numeri XXXVI mysteria.

rum quem Plato tantopere, vti suprà in Obelisco Lateranensi expositum, deprædicat; & numerus erat circularis, propriè Soli competens. Vide quæ de hoc numero in Arithmetica de Sigillis planetarum vberrimè disseruimus. Voluntque Hieromantæ hoc numero significare & triades, & dodecades totius naturæ, à qua perfectionis suæ complementum haurit, vt sceptrum oculatum cum figura fulminis expressè docet, quo Solis penetrantem virtutem indicant, vnde & Sol à Zoroastro fons fulmineus rectè dicitur, vti in præcedentibus docuimus. Hic Genius per figuram è regione M pariter indicatus, tutulo ὀφι-κυκλο-πτεροµόρφῳ conspicuus, scuticam in manu tenet, throno insidens, insensibili, vti duo pedes throno appositi docent, motu occulto Mundum penetrat, cuius globus index est, portam humoris aperit, Noctuâ abacta dominium in quadrifidum Mundi faciem exerens.

Statio V. Hori statio, eiusque habitus explicatio

E regione N puer receptaculo impositus, prostratus, & stolâ circumdatus cernitur: quæ statio Hori dicitur: recitant enim Ægyptij, N Horum iuxta Butum inter stagnantes Nili lacunas, vaporibus & exhalationibus, Plutarcho teste, alitum; quo quidem occultè innuunt, Mundum hunc sensibilem sine humentis substantiæ alimonia consistere minimè posse. Puer pingitur, quia Mundus humore alitus indies quasi reiuuenescit; ac fluxili elemento (quod figuram Hori circumdans, fluxumq; aquæ veluti exprimens, clarè ostendit) veluti corroboratur; Osiridis enim virtute, quem Accipiter sequens notat, beneficâ, & directione motus sui dominatiui humor in sua receptacula virtute radiorum, quam apposita cornua notant, cogitur, vbi Mophtæ industria noua generationis

Sacrificia Horo facta.

primordia fundat. Hinc Sacerdotes Mophtæ ad hunc tam beneficum humorem obtinendum, Horo, id est, sensibili Mundo, sacrificia instituere solent, Plutarcho teste, vasa Nilotica portantes in capitibus, nomen-

Plutarchus.

que Dei transformatione corporis exprimentes, funiculos nodis, quos sacros vocant, intricatos soluentes, vt figura è regione O & P notat, & mentionem eorum Iamblichus facit; his enim solutis, Mundum sensibilem, id est, Horum, cuius caput funiculis suprapositum, index est, Typhonijs nodis, quibus intricatur, solutum iri fabulabantur. Quibus quidem peractis, vitalis humor per Serpentem & hydroschema, & geneticus, qui per virgam virilem indicatur, in humentis naturæ receptaculis Hori & Osiris virtute, qui per caput & Scarabæum indicantur, ad rerum omnium generationem actuatur. Reliqua symbola vti abrasa sunt, ita eorundem interpretationem consultò omittendam duxi, tametsi facilè ex ijs, quæ remanserunt, restitui poterant.

E re-

E regione V denuò occurrunt Momphtæa simulachra, quæ sequun- Statio VI.
tur tres Crocodili, piscinæ sacræ admoti, quæ est statio Typhonis mansuefacti ritibus & cœremonijs Hori. Cœtera desunt.

§ II.

Secundæ columnæ tertij lateris expositio.

IN hac columna catena hydrothea continetur: qua sex Numinum Statio prima
humenti naturæ contraria tutantium præsidium exhibetur. Ac Prouidentia hydrothea.
primò quidem prouidentiæ occurrit statio indicata per oculum, sedem,
statuam, & bina brachia, quorum prius infra se binas pennas habens, beneficam in aërem, alterum in aquam prouidentiam per oculum hydroschemati suppositum indicat; hac enim aëreo vehiculo, per temonem,
& pennam signato, humorem vasis hydrotici in Mundum & cœlestes regiones, quæ per Scarabæum, teste Horo, & per cycloidem cum binis
Rhomboidibus, indicantur, traducit, non obstantibus Noctuæ Typhoniæ
machinationibus, catenæ hydroticæ custos & vigil, vt Leporina figura
cum adiectis symbolis docet è regione E. E
 II. Harpoera
 tis statio.
Sequitur Harpocrates digito silentium suadens, cum pala, & vase
Nilotico, & Capreolo. Plutarchus hunc Genium imperfectæ naturæ, &
& vitio pedum impeditum, claudum pronunciat fuisse; quo indicatur,
terram imperfectam adhuc ad germina producenda aptam esse non posse, nisi humoris eidem abundantia superaffusa; quod quidé tunc contingit, cùm Horus occultá dominij sui propagatione catenam duodecim
cœli mansionum è regione G per dodecapyrgon indicatarum mouet. G

Sequentia symbola vti abrasa sunt, ita & sensum quoque abrum-
punt. Comparet tandem posterior pars Leonis, & statua variá gesticulatione conspicua, quam Sole posteriorem Leonis partem subintrante, fa-
bricandam ad effectus promouendos, sibi persuadent.
 III. Statio
 Anubis.
Sequitur tertia statio Anubis, humoris & vegetabilium vigilans custos, contra Coturnicem Beboniam influxum geneticum cohibentem, ad
quam propitiandam, statua adornanda est ad quaternos Mundi terminos
respiciens, vniuersalis influxus attractiua, vti symbola è regione K K
ostendunt; huius enim potestate & virtute vitali humor in omnia inferioris Mundi membra deriuabitur.
 IV. Statio
 Leonini
Sequitur statio Leonini Momphtæ, qui domus trium fundamento- Momphtæ.
rum naturæ tutator est, occultóque influxu, per pedem Leoninum cum
decussi, indicato, ab ea infaustam Noctuam profligat.
 V Statio Hori
Porrò aërei Mundi Intelligentia, & seminalis in eo latentis potesta- M
tis index est puer vittatus, cum Columba, ouo, & penna è regione M,
cuius assecla Momphta, qui vehiculo velato, seu nauigio quodam, quod
Barin vocant Ægyptij, spermaticam vim in aëre latentem, in humentis
naturæ substantiam per triplicem Mundi portam, radiorum & catenæ

cœle-

CA. VIII.

cœlestis beneficentiâ, vitalem defluxum traducit, infauſtaque omnia & aduerſa piſcinæ ſacræ ligat, occulto motu cœleſtia & terreſtria penetrando; quæ omnia ſymbolis inter M N & O incluſis oſtenduntur. Reliqua ſymbola è regione P, cùm in præcedentibus expoſita ſint, non attinet repetere. Simulachra verò è regione Q Sacerdotum membris in Geniorum nomen transformatis pro beneficio cœleſti ſupplicant, vt humorem ex tribus ſubterraneis receptaculis in agros, amuleti ſacri Nili vi deducant, vti ſymbola è regione R poſita demonſtrant.

N
O
P
Q
R

Statio VI.
Intelligentiæ
Lunaris.

Ibis ſceptro tenijs exornato inſidet, cui apponitur ſtatua velata cum penna in capite, quâ Intelligentia Mercurio-Lunaris indigitatur; teniæ diuerſi coloris, Lunarium operationum varietatem, cui dominatur, innuunt, vti in Obeliſco Pamphilo docuimus; quo nihil ad humorem educendum potentius. Sequentia ſymbola catenam rerum, ex omnibus naturæ rebus extractarum, quibus dicta hucuſque Numina attrahenda; aduerſa vel placanda, vel propulſanda ſunt, oſtendunt; quæ cùm omnia iam in præcedentibus ſint expoſita, facilè Lector ſeipſo interpretabitur.

CAPVT VIII.

Latus quartum Obeliſci Barberini.

Lateris quarti Septentrionalis Obeliſci Barberini interpretatio.

Exhibet hoc latus duodecim Genios terreſtres duabus columnis comprehenſos, eorumque operationes & effectus, cuius ſymbola vti ferè omnia ſunt eadem cum ijs, quæ in præcedentibus iam expoſita ſunt, ita ſuperuacaneum eſſe duxi, ſingula ſeorſim exponere; quare ſummatim tantùm eorundem interpretationem adducemus.

§ I.

Primæ columnæ quarti lateris Septentrionalis expoſitio.

Columna prima lateris quarti.

I. Statio.

IN prima columna, prima Genij terreſtris ſtatio abolita eſt; quantum tamen ex ſequentibus ſignis comperire licuit, fuit ille Genius, cui agrorum tutela commiſſa eſt, in quantum ij humoris indigi ſunt. Ita ſymbola D E docent, quæ cùm ſæpe ſæpius iam expoſita ſint, illa præterimus. E regione F per catenam, & Picum Martiam auem, indicatur ſtatio Genij, cui rerum ad agriculturam pertinentium catena ſubeſt, & per ſymbola inter F G H concluſa indicantur, quorum notitia ex præcedentibus patet.

D
E
F
G
H

II. Statio.
I K
L M

Hoc loco Genij rationem nè ſciremus, corruptio ſaxi nobis inuidit; ex ſequentibus tamen ſymbolis, literis I K L M comprehenſis patet, fuiſſe cœleſtem Intelligentiam, cui ſacratum piſcinarum, & nauigationis

cura

cura commissa sit ; Intelligentiamq; quæ humorem agris, & vitam aëreo M
spiritu iunctam infert notat, cui & tutela vicariatusque Osiridis terrestris
commissus sit.

 Porrò è regione N symbola primâ fronte occurrentia significant In- III. Statio.
telligentiam septorum sacrorum custodem; figuram cuius septi fusè expo- N
sitam vide in Obelisco Pamphilio. Erant autem septa restrictus quidam Septum sacro-
ex ligneis trabibus compacti, quibus sacra animalia in templis alebantur, rum anima-
& mysticè eam significabant regionem, quam sacra animalia exprimebant; potissimùm autem sacro Boui seu Apidi consecrabantur, erantque
terrestris Genij aptum agriculturæ præsidis symbolum, eorumque O
figuræ è regione N & O spectantur.

 Est hæc statio Sphyngis præsidis incrementi Nili, cuius incremen- Statio IV.
tum primò in piscina sacra comparebat, de cuius significatione in Obelisco Pamphilio amplissimè varijs in locis tractatum vide, eiusque opera- P
tiones ex symbolis inter P & Q partim integris, partim mutilis & destru- Q
ctis patent.

 Statio Typhonia è regione R per Crocodilum indicata, cuius sym- Statio V.
bola inter R S T comprehensa, iam ex præcedentibus, vtpote sæpe expo- R
sita, constant. S

 Inter T & V auis spectatur cùm ramo florigero Serpenti innixo, T
quibus Genius vitæ vegetabilium terræ exprimitur. Cuius symbola cùm Statio VI.
vsque ad vnum omnia iam exposita sint, nihil facilius erit, quàm ea pro- V
prio ingenio interpretati.

§ II.

Secundæ columnæ quarti lateris expositio.

Columna se-
cunda lateris
quarti.

PRimo loco è regione, D, occurrit terrestrium camporum, & malo- I. Statio.
rum ab ijs propulsator Genius, sauissæ, & piscinæ magnæ, quadri- D
fidæ terrestris faciei custos, Noctuæ abactor, vnà cum tribus asseclis bene- E F G
fico influxui cooperantibus. H I

 Sequitur Leoninus Momphta vigilans, cuius officium est machina- II Statio.
tiones Typhonis Cœlis, aëri, agrorumque vitæ insidiantis repellere, & K L
beneficio cœlesti naturæ terrestris terminos conseruare. M

 Sequitur custos septi sacri è cœlestibus terminis influxum præbens III. Statio.
quadrifido terrestri Mundo, & vitali humore omnia, ritibus, & sacrificijs, N
sacrisque amuletis prius sollicitatus, complens.

 Occurrit è regione O binarum duodecadum custos, & est simula- IV. Statio.
chrum inter duas duodecades, quæ per sex quadrangula, tria vtrimque, O
indicantur, inclusum; in cuius vertice ouum liquorem stillans, quo in- Ouum liquo-
nuitur eum ex ouo Mundano δωδοκαπύργῳ, id est, in duodenas naturæ su- rem stillans.
perioris & inferioris mansiones, spermaticos influxus deducere, vnde ex
vegetabilis naturæ penuario magna rerum necessariarum abundantia in

qua-

quadrifidam terræ faciem, vti & in piscinas, & sacra septa, præuio cultu deducitur.

P Q   Inter P & Q abrasa symbola; sequentia verò Genium Isiacum innuunt, beneficum esse in agros & vegetabilem naturam inde prouenientem, proinde amuletis, & sacra tabula vnicè colendum.

V. Statio.   Genius iam sequitur, cuius ope vitalis humor terræ, ad rerum generationem committitur, eiusque præsidio ab aëre, terra, & germinibus
R
S   Typhoniæ malignitas abigitur, vti symbola inter S & T inclusa docent.
T
V   E regione V statio Mercurij Canino capite conspicui, & Isidis velato vertice, manu pennam portantis; quibus ostenditur, humorem eorum ope omnibus terrenis Mundi receptaculis aptè distribui. Atque hæc sunt quæ de Obelisco Barberino adducenda duximus.

Consectarium Primum.

Geniorum 48 stationes respondēt 48. stationibus Deorum in Cœlo.

Vides igitur, quomodo in singulis lateribus duodecim Genij in Obelisci vertice per totidem stellas indicati exhibentur, qui in quatuor lateribus in vnam summam coniuncti 48 Genios totius naturæ cœlestis & elementaris constituunt; totidem videlicet, quot in firmamento stationes seu mansiones Deorum patriorum ponere solebant; vt proinde hæ 48 Geniorum stationes apprimè congruant ijs, quas in vtroque hemisphærio cœli Ægyptiaco in Astrologia exhibuimus. Putabant enim Ægyptij, certas quasdam in firmamento Deorum vniuersæ naturæ præsidentium stationes esse, ex quorum influxu omnia inferiora administrarentur, adeoque nullum esse entium gradum in inferioribus, qui non suum in firmamento præsidem haberet, suique conseruatorem. Quia tamen quæcunque in Mundo sunt, quatuor Elementorum promiscua communicatione per commistionem inuicem factam, constant; ita quatuor Elementorum huiusmodi præsides veluti earum ἄρχοντες in primis statim Obelisci faciebus & frontibus posuerunt, vtpote qui Duces essent & Principes sequentium in columnis singulis Numinum concatenatorum; ita vt singuli Archontes duodecim haberent veluti sibi connexam Numinum catenam, vti ex interpretatione patuit, quorum cura & tutela particulares quadruplicis hylæi Mundi œconomiæ administrarentur: vnde & ab Ignis Archonte Meridionali, reliqui duodecim vocantur igneæ naturæ Præsides; ab Archonte Orientali aëris Præside, aërei Mundi tutelares; ab Archonte Occiduo aquarum Præside, aquei Mundi tutelares; ab Archonte denique Boreo, terræ Præside, duodecim terrestris œconomiæ Præsides nominantur. Horum enim administratione vniuersam Sensibilis Mundi machinam conseruari putabant.

Deorum in firmamento stationes.

Archontes rerum præsides.

Con-

Consectarium Secundum.

Nota Lector, nos singula in hoc Obelisco contenta secundùm physicum tantùm sensum interpretatos esse, siue in quantum sensibilis Mundi faciem respiciunt; latent tamen, vt alibi quoque monuimus, sub his, & summa Archetypi Mundi mysteria, quæ omnia tamen facilè per analogiam quandam, eidem applicari possunt. Nam quæcunque in Sidereo, vel hylæo Mundo spectantur, in Archetypo Mundo sunt conditione diuinâ, id est, intelligibilia & solâ mente attingibilia, de quibus cùm in Cabala Hebræorum, Musica, & Theologia hieroglyphica vberrimè actum sit, eò Lectorem remittimus. Latent & in hisce Politici Mundi mysteria, quæ secundùm intentam analogiam alijs applicanda relinquo. Mirum tamen est, Ægyptios sub vnis & ijsdem symbolis sub analogicæ quâdam considerationis ratione, tam varia & diuersa exhibuisse. Vide citata paulò antè loca, & reliqua huius Operis argumenta, vbi passim hanc materiam agitamus.

Consectarium Tertium.

Patet denique ex hisce, Ægyptios Hieromantas, tùm ad illa iam in præcedentibus exposita, tùm potissimùm in Sidereo Mundo ad 48. Asterismos, quos stationes Deorum nominant, quosque in Astrologia Ægyptiorum fol. 208. sub duobus hemisphærijs exhibuimus, allusisse. Nam si bina hemisphæria citato loco exposita cum huius Obelisci schematis ritè contuleris, idem & Obeliscum, & dictos Iconismos continere luculenter apparebit; tametsi sub alio situ, dispositione, ordine, nominibus repræsentatum. Referunt enim Numinum stationes, in quibus ex particulari influxu in inferiora fidei tutelæque suæ commissa agere opinabantur, vnde & ⲛⲓⲉⲉⲩⲛⲓ ⲓⲧⲉϥϯ stationes seu mansiones Deorum, vti dixi, vocabantur, quod in ijs vigili curâ rebus sibi commissis intenderent.

Conclusio.

Habes itaque 48 Iconismorum ab Ægyptijs in cœlo positorum dispositionem, eorundemque physicas interpretationes, quas & secundùm analogiam quandam ad archetypas moralesque rationes accommodabant; ita vt per dicta Iconismorum symbola, intellectualis Mundus intelligatur, in quo distributis officijs vnicuiq; Geniorum choro competentibus, quos tùm in triplici Mundorum serie, tùm potissimùm in animarum sphæris effectus imprimunt, subtiliter insinuabant; hinc enim fatorum ordinem deducebant. Ex hisce Iconismis Geniorum ascendentibus de cuiuscunque Nati fortuna vel sato, infallibilem se coniecturam nôsse posse credebant. Hinc sollicitè singulas dictas Deorum stationes, mox vbi ab Horizonte emerserant, aut ascensione culminarent, quâ sacri-

Impia Ægyptiorum & Chaldæorum superstitio ac diuinatio ex Iconismis 48 stellarum.

sacrificijs, quà ritibus cœremonijsque placare contendebant: vti enim ex aduerso Geniorum ascensu, omnem Nati miseriam & calamitatem dependere credebant, ita ex beneuolo propitioque Agathodæmonum ascensu fortunam & felicitatem sibi pollicebantur; hinc illos sacrificijs, nè nocerent, placare; hos vt prodessent, appropriatis ijs rebus & sacrificijs attrahere contendebant. Cùm verò septem principalia planetarum Numina continuò nunc bona bonis, iam bona malignis, subinde maligna malignis coniungantur; hinc pro ratione coniunctionis prosperæ vel aduersæ de rerum euentibus prosperis & aduersis pronunciabant. Tota hæc Iconismorum congeries quatuor principalia Numina, quæ per quatuor primos quaternorum laterum schematismos indicantur, habebat, quorum virtute influxiuâ, tùm Geniorum concatenatorum in lateribus descriptorum series, tùm inferioris Mundi œconomia gubernatur. Sed hæc de Obelisco Barberino sufficiant.

FINIS SYNTAGMATIS QVINTI.

SYNTAGMA VI.
OBELISCVS CONSTANTINO-
POLITANVS
A Theodosio Imperatore in Hippodromo Byzantino erectus.

EMINENTISSIMO PRINCIPI
ANTONIO
Cardinali Barberino, S. R. E. Camerario.

HEODOSIANVM Obeliscum, ANTONI Eminentissime Princeps, Tibi, qui *Theodosianam animam repræsentas*, dico ac sisto. Interpretationem affero Ægyptiarum Notarum, vt qui non obscuris, sed apertis beneficentiæ characteribus perpetuum famæ monumentum inscripsisti, discas, etiam in postera secula transmitti, quidquid magnificentia operatur. Etenim Theodosius Cæsar magno animo præditus illum Constantinopoli erexit, vt suæ gloriæ symbolum consecraret; illum pariter ego accuratâ delineatione expressum iterum erigo, sed typis, non machinis; neque vni Byzantio, sed vniuerso terrarum Orbi spectandum, vt sit gloriæ Tuæ perenne hostimentum. Quamquam non eges hoc documento vt innotescas posteritati; neque hac Ægyptia mole vt appareas Orbi; Indoles Tua, & grandia moliens animus par Tibi theatrum excitabunt. Mihi potius consulere volui, ne hoc Opere, quo abditam Antiquitatem instauro, Te præterirem illaudatum, qui tam bene de nostra Societate mereris: neque enim antiquius aliud esse nobis debet, quàm gratam in Benefactores voluntatem ostendere. Vale Ecclesiastici Principatus gloria, & Romanæ Vrbis delicium.

SYNTAGMA VI.

Obeliscus Constantinopolitanus à Theodosio Imperatore in Hippodromo Byzantino olim erectus.

CAPVT I.

Historica relatio de origine & erectione Obelisci Constantinopolitani.

Obeliscus Constantinopolitanus.

POSTQVAM omnes ferè tùm Romæ, tùm in Ægypto superstites Obeliscos obtinuissem, solus Obeliscus Constantinopolitanus, quem à Theodosio Imperatore olim in Circo maximo Byzantij summâ magnificentiâ erectum fuisse legeram, ad Operis complementum desiderabatur. Et vti magno eius tenebar desiderio, ita nullum non lapidem moui, vt eiusdem compos fierem, nè omnibus iam obtentis, solum illum deesse dici posset. Mox itaque literas dedi ad Excellentissimum Dominum Simonem Renigerum, qui tùm temporis Cæsareæ Maiestatis apud Turcarum Imperatorem Constantinopoli Oratorem agebat; quibus obnixè flagitabam, vt operam suam in hoc Cæsareo Opere omnibus numeris absoluendo conferret; votis autem meis precibusq; satisfactú iri sciret, si Obelisci Theodosiani in Circo Byzantino adhuc superstitis delineationem propediem transmitteret. Cæsareus Orator pro summa humanitate sua, ac pro zelo Reipublicæ literariæ promouendæ, votis meis obtemperandum existimans, statim totum negotium Panaioti Nicusio Græco, Cæsarei Legati pro tempore in Curia Ottomanica interpreti, Viro sanè & linguarum peritiâ, & omnigenâ eruditione conspicuo, commisit, qui & ipse de Repub. lit. benè merendi occasionem minimè negligendam ducens, Obeliscum mox delineauit, delineatum propediem ad me Romam transmisit. Verùm vt quantâ curâ & sollicitudine vterque opus promouerit, patefiat; hic vtriusque literas ad posteritatis memoriam apponendas duxi.

Exemplar literarum Excellentissimi Viri Domini Simonis Renigeri Cæsarei apud Turcarum Inperatorem Legati.

Literæ Cæsarei Oratoris apud Turca.

Literas Admodum Reuerendæ Paternitatis Vestræ quarta Ianuarij datas paucis ante diebus, & valdè serò à P. Iacobo Capucino accepi: ex quibus intell. xi, & illud ipsum etiam ex P. Francisco Martino Soc. IESV oretenus mihi innotuit, Paternitatem Vestram delineationem & literaturam hieroglyphicam

Obe-

SYNTAG. VI. OBEL. CONSTANTINOPOL. 305 CAP. I.

Obelisci Theodosiani hic Byzantij erecti imprimis desiderare; cuius rei curam statim Interpreti nostro Cæsareo, Domino Panaioti Nicusio, aliàs bonarum artium amantissimo, commisi, quatenus delineationem illam omni cum diligentia confectam quò citiùs transmittere possem; sed literæ nimis tardè comparuerunt, adeoque officijs meis successu temporis, quoad fieri poterit, satisfaciam; interim prædictus Dominus Panaioti, qui iam pridem Paternitatis Vestræ notitiam & correspondentiam anhelauit, delineationem quam habuit propriam, hâc occasione anticipat, &, Deo volente, breui alia exactiori cum diligentia composita sequetur. Istæ hieroglyphicæ figuræ nullo peculiari colore aut pictura denotatæ, sed simpliciter insculptæ sunt. Si Paternitati Vestræ huius explicationem, aut aliud quoddam perspicacis sui ingenij specimen mihi communicare libuerit, gratiæ & summo fauori erit, promittens me cum Panaioti in alijs ad obsequia futurum, præsertim vbi qua in re Paternitatis Vestræ animus & voluntas nobis constiterit, cuius sacrificijs & deuotis precibus me demùm obnixè commendo. Constantinopoli 15 Iunij, 1654.

Admodum Reuerendæ Paternitatis Vestræ

Deuotissimus seruus

Simon Renigerus m. p.
Resid. Cæsar.

Literæ Panaiotis Nicusij, Cæsarei apud dictum Imperatorem Turcarum Interpretis.

Reu. P.

TRouandomi spesse volte nelle contemplationi delli Teoremi della sua Arte Magna Lucis & Vmbræ (che mi fu mandata, tre anni fà, d'Allemagna) non hò desiderato tanto altra cosa, quanto hò b'amato la conuersatione di V. P. R. mà non me lo promettevа la mia professione, essendo costretto di stare quì alla Corte Ottomana nelli seruitij di sua Sac. Ces. Maestà mio Clementissimo Signore. Hò pensato però di scriuerle, & al manco per lettere riuerirla, e dimandarle alcuni quesiti φιλόλογοι; mà non ardiuo di farlo senza occasione. Lodato sia pur il Signore, che mentre io non poteuo trouare l'occasione, me l'hà mandata tanto a proposito, che non potrei desiderare migliore: perche è gionta la lettera del Molto R. P. Chrisanio, & doppo pochi giorni è successa anche la di lei gratissima lettera scritta all' Illustrissimo Signore Residente Cesareo, per li gieroglifici della Colonna di Teodosio, li quali son stato commandato di procurare. Et ecco quì le mando vn χέδιον delli sudetti gieroglifici, che haueuo io fatto già doi anni fà per mia curiosità; & doppo li farò pingere con maggior diligenza, & con la pri-

Literæ Cæsarei Interpretis apud Turcam.

Qq 2 ma-

ma occasione li manderò, C'includo anche vn piccolo Trattato Arabico di جف Giaf, che è il più stimato appresso li Orientali in questa scienza. Queste due bagatelie spero che otterranno tanta gratia & familiarità appresso V. P. R. che per esse anche io spero d'entrare alcune volte à riuerirla per lettere. In tanto la supplico d'accettare questi χιδ^{ιω} (che così χιδ^{ιω} vengono da me chiamati) e la prego impiegarmi e commandarmi doue vaglio à seruirla in queste parti Orientali; & per fine la riuerisco humilmente. Da Constantinopoli 15 di Giugno, A. 1654.

Di V. P. R.

Deuotissimo seruitore,

Panaioti Nicusio Interprete
di sua Sac. Ces. Maestà appresso
la Corte Ottomana.

His tanquam authenticis literis præmissis, iam historicam relationem auspicabimur, quæ ita sese habet.

Historica relatio Obelisci Constantinop.

Theodosius Imperator, Constantini Magni Cæsaris gloriosa molimina secutus, cùm Constantinum Magnum Circum maximum Byzantij ad Circorum Romanorum formam construxisse eo animo intellexisset, vt eum Obelisco omnium maximo, quem Thebis Alexandriam iam deuexerat, veluti perenni quodam gloriosæ memoriæ suæ monimento condecoraret; satis verò functo Constantino, Obeliscum illum, quem Alexandriæ relictum Constantinus Byzantino Circo destinarat, Constantium filium eius Romam delatum in Circo maximo constituisse; nè Byzantinus ille Circus à Constantino summâ magnificentiâ constructus, & Romano prorsus in omnibus par, sine Obelisci ornamento indecorus remaneret: peritos rerum Viros in Ægyptum amandasse fertur, vt quotquot melioris notæ Obeliscos post Romanorum spolia reliquos reperirent, Constantinopolim deueherent. Quibus adductis mox celebriora Vrbis loca deputata sunt, inter quæ & Circus maximus vnus fuit, qui præsentem hunc Obeliscum excepit. De cuius magnificentia, magnitudine, Colossis, consule Petrum Gyllium Gallum in Topographia Vrbis Byzantinæ l. 11. c. xi. vbi omnia diligentiâ summâ & acri studio tractata leguntur. Nos ea solùm, quæ Obeliscos concernunt, ex eius Topographia hoc loco allegabimus; de quibus inter alia hæc adducit:

Petrus Gyllius.

In medio Circo, quem Græci Hippodromum appellant, Obeliscus ex Thebaico lapide factus extat, cuius cùm non meminerit antiqua regionum descriptio, meminerítque Obelisci Thebaici quadrati, quem ponit in V regione; arbitrarer hunc terræ motu euersum, translatum fuisse in Hippodromum à Theodosio post editam descriptionem regionum, nisi hæc Theodosianorum operum multorum meminisset,

SYNTAG. VI. OBEL. CONSTANTINOPOL: CAP. I.

fit, & nisi præteriret nonnulla in commemoratione regionum, quorum postea meminit in generali Vrbis descriptione. Habere itaque plures Obeliscos Constantinopolis potuit, ex quibus nunc superest ille Thebaicus, quem in V regione ponit antiqua regionum descriptio. Duos adhuc exstantes vidi, cùm primùm venissem Byzantium; vnum in Circo maximo, alterum intra claustrum Regium, in latere primi collis vergente ad Septentrionem, quadratum, ex lapide Thebaico factum, erectum iuxta domum vitriariarum officinarum Regiarum, sed paulò post euersum, & extra claustrum elatum vidi iacentem, longum 35 pedes, cuius singula latera, si bene memini, 6 pedes lata perimetrum illius efficiebant 24 pedum. Hunc Antonius Priolus Venetus nobilis emit Venetias exportaturus, & in foro Diui Stephani locaturus. Alter verò in medio Hippodromo pro meta in hunc diem exstat supra quatuor tesseras æneas latas quoquouersus sesquipedem, altas tantundem, sustentatas basi & stylobata. A solo duos gradus habet Stylobates, quorum inferior à terra altus est pedem vnum, cuius latitudo pedalis; superior gradus alios duos pedes, proiectus extra stylobaten quatuor pedes, & totidem digitos; gradus subiecti non sunt Stylobatæ, sed adiecti & adstructi veluti suggestus, vt apparet ex commissura, supra quos latus quoque versus 12 pedes stylobates eminet in altitudinem 4 pedum & 8 digitorum, & extra basin proijcitur sesquipedem. Præter hos quatuor pedes & sex digitos, stylobates pedalem altitudinem excedit non extra basin eminentem; nam ex summo Stylobata eminet striatura alta pedem & tredecim digitos quadrilatera, nempe ex perpetuo, vno, eodemque lapide constans, quo stylobates. Nam stylobates emittit suam supremam partem non solùm sesquipede strictiorem, quàm infimam, sed etiam angulis mutilatam, locoque quatuor angulorum diminutorum existunt quatuor lapides quadrati marmoris Thebaici rubentis, singuli alti sesquipedem, nempe quantum statura Stylobatæ, his quatuor angularibus lapidibus interclusa, qui cum intermedia parte suprema stylobatæ sustinent basin altam pedes 7 & 13 digitos, proiectam extra imum scapum Obelisci sesquipedem, quoquouersus patentem nouem pedes totidemque digitos; quæ tota insculpta est, vti stylobates, qui statuis eminentibus omnia latera incisa habet. Ex Septentrionali quidem latere expressæ sunt statuæ, duobus ordinibus sculptæ, quorum inferior continet 18 statuas, & duas ergatas; earum singulas quaterni homines versant vectibus, quibus funes ductarij circum ergatas voluuntur, Obeliscum iacentem trahentes. Tùm in eodem ordine sculptus est Obeliscus rectus, vt nunc est; tùm statuæ tres, quarum Constantinopolitani prædicant, vnam esse Magistri, alteram Discipuli, quem Magister, nisi interposita tertia persona retentus fuisset, castigare conatur, quòd se absente Obeliscum erexisset. In superiori ordine binæ ergatæ cernuntur cum ergatis inferioribus Obeliscum iacentem trahere, versatæ singulæ à quatuor hominibus circumuoluentibus validos funes, bene eminentibus loris expressos &c. Hunc Obeliscum posse etiam Byzantios machinatores in alium locum transferre incolumem, aduerti ex columna sita in dorso vallis Constantinopolitanæ, quæ parum cedebat Obelisco. Hanc à suis sedibus deijci in terram vidi, in hunc ferè modum (quo haud dubiè & Obeliscum erexerunt, aut erectum in alium locum transferre potuerunt.) Circa columnam, aliquo tamen interposito spacio, trabes ingentes crebras in quadrum dispositas, in solo defixas, columna ipsa excelsiores, erexerunt,

Obelisci Constantinopolitani Basis

Basis Obelisci Constantinop. ornatus.

Columnæ Constantinopoli erectæ.

xerunt, paribus interuallis inter se distantes; supra trabes imposuerunt transuersa tigna, omnia inter se firmissimè reuincta, ex quibus trochleas creberrimas appenderunt, per quas traiecerunt validos funes ab imo columnæ scapo ad summum surgentes, ad columnam strictissimè alligatos densis funibus, vt se contingerent, & transuersis rectos veluti tramis stamina secantibus, formam textilis operis repræsentantibus, extra quadraturam trabium similitudinem turris quadratæ gerentium. Ergatæ vtrimque multæ in terram defixæ erant, versatæ à multitudine robustissimorum iuuenum funes istos validos, quibus columna cingebatur, trahentium tam diu, quoad columnam à sedibus subtraxerunt; deinde sensim detrahentes in terram deiecerunt, & curribus impositam firmissimis, quos rotæ crassissimis ferris cinctæ sustinebant, traduxerunt incolumem in collem tertium ad Solimani Regis ædem ornandam. Sed ad Obeliscum redeamus.

Habet is in latere stylobatæ Occidentali Obelisci, teste Petro Gyllio, hoc epigramma Græcis literis incisum.

ΚΙΟΝΑ ΤΕΤΡΑΠΛΕΥΡΟΝ ΑΕΙΧΘΟΝΙ ΚΕΙΜΕΝΟΝ ΑΧΘΟΣ
ΜΟΥΝΩΣ ΑΝΑΣΤΗΣΑΣ ΘΕΟΔΟΣΙΟΣ ΒΑΣΥΛΕΥΣ,
ΤΟΛΜΗΣΑΣ ΠΡΟΚΛΟΣ ΕΠΕΚΕΚΛΕΤΟ, ΚΑΙ ΤΟΣΟΣ ΕΣΤΗ
ΚΙΩΝ ΗΛΙΟΙΣ ΕΝ ΤΡΙΑΚΟΝΤΑ ΔΥΟ.

Obelisci Constantinop. inscriptiones.

In latere verò Orientali ex opposita plaga, Latinum epigramma inscriptum videtur, veluti Græci epigrammatis interpres quidam, & sic sese habet, quantum legi potuit.

DIFFICILIS QVONDAM DOMINIS PARERE SERENIS
IVSSVS, ET EXTINCTIS PALMAM PORTARE TYRANNIS,
OMNIA THEODOSIO CEDVNT, SOBOLIQVE PERENNI.
TERDENIS SIC VICTVS, DVOBVSQVE DIEBVS
SVB IVDICE PROCLO SVBLIMES ELATVS AD AVRAS.

Basis Obel. Constantinop. ornatus.

Pergit porrò Author describere ornatum, quo Obeliscus condecorabatur. *In Meridiano*, inquit, *latere duplex ordo statuarum exprimitur; inferior quatuor currus, partim bijuges, partim quadrijuges habet, quorum vnum quemque vnus regit auriga; superior ordo continet duos Equites, tres pedites, togatos tres, Obeliscos duos, (Intellige pyramides duas) quatuor columnas in quadratum dispositas epystilia sustinentes. Iam verò ex Boreali basis latere sculpti sunt quatuor ordines, continentes 35 statuas togatas. Ex latere Occidentali eminent duo ordines, quorum inferior habet nouem statuas, supplices offerentes munera Regi, qui stat in superiori ordine cum statuis decem & sex. Latus Meridianum duobus ordinibus distinctum est, inferiore decem statuas togatas exprimente, superiori 20, togatas omnes, exceptis quatuor clipeatis. Latus Orientale habet in parte inferiori tres ordines; infimus continet decem & sex personas, alias viriles, alias muliebres saltantes, alias organa pulsantes; supra quas eminent duo ordinei capite tenus; puta spectatores. Superior ordo reddit 20 statuas; harum sex ab alijs, distinguuntur columnis; media coronam tenet manu. Supra basim extant quatuor tessera æneæ, quibus in quadratum dispositis totus Obeliscus sustinetur, cuius quidem quadrati singula latera ima lata sunt circiter*

citer sex pedes, ab imo ad summum sculpta notis Ægyptiacis. Reliqua Circi ornamenta vide apud citatum Authorem.

Ex hac relatione patet Obelisci totius symmetria. Cùm enim ex suppositione basis Obelisci singula latera habeant sex pedes, pes autem palmum $1\frac{1}{2}$ contineat, erit basis latitudo in singulis lateribus necessariò 9. palmorum. Cùm præterea in Obelisco Pamphilio demonstrauerimus, Obeliscorum altitudinem vsque ad pyramidium, decuplam esse ad basis latitudinem; 9 ducta in 10, dabunt 90 palmos, dicti Obelisci altitudinem. Et cùm pyramidion vtplurimùm altitudinem habeat lateri basis æqualem, basis autem 9 palmos habeat; Obeliscus necessariò 99, aut quasi 100 palmorum altitudinem obtinebit: cui si accesserint stylobata & striatura eius, quæ 9 pedes in altum extra pauimentum emergunt; erit totius Obelisci altitudo quasi 114 palmorum; siquidem vera esset dimensio Petri Gyllij, & pedem Gyllianum sesquipalmo Rom. æquari nobis certò constaret. Quicquid sit, assignatam mensuram supra solam hypotesin fundatam interim Lector accipiat, donec eximius Vir Panaiotus Nicusius suprà laudatus exactiorem nobis, pro sua diligentia, dicti Obelisci symmetriam exhibeat. Sed iam ad interpretationem dicti Obelisci expediendam progrediamur.

Obelisci Constantinop. symmetria.

CAPVT II.

Argumentum Obelisci.

Continet hic Obeliscus primò, quomodo ritus & cœremoniæ à Sacerdotibus ad Intellectualis siue Genialis Mundi normam & exemplar, tùm ad politicum regni statum rectè beatèque administrandum, tùm ad bonorum omnium vbertatem consequendam, ordinandi sint. Nam, vt suprà in expositione Obelisci Lateranensis ostendimus, cùm regnum quodpiam, nisi in diuini Numinis rationibus fundatum, longo tempore consistere minimè posse cognoscerent; Deo autem, Genijs asseclis, ministrisque nihil gratius acceptiusque esse posse, quàm si ad eorum Ideales rationes, omnes actiones suas tam priuatas, quàm publicas constituerent, ex Hermeticis libris didicissent; certè omne eorum studium & conatus eò vertebatur, vt quàm exactissimè, iuxta præscriptas sibi ab Hermete leges, omnia peragerent; minimè fieri posse sibi persuadentes, Numina votis suis vnquam desutura, quæ tanto rituum & cœremoniarum apparatu sibi conciliassent. Quæ omnia continentur in hoc Obelisco, vbi in lateribus A R H Y primo loco occurrunt figuræ, quarum quædam ingeniculatæ, aliæ partim stantes, partim ingeniculatæ mitrato vertice, vti & varijs gesticulationibus, veluti de magnis rebus consulturæ spectantur. Quæ quidem duplicem significationem habent: prima Agathodæmonum supramundanorum operationes exhibet; quorum alij sedere videntur, quia supremi Numinis influxui immediatè substant, alij stantibus

Obelisci Constantinop. argumentum.

Primi loculamenti figuræ.

bus veluti poteſtatibus altioribus ſibi præſtitutis ſubduntur, iuſſa ſupremi Numinis operturi; nonnulli mitrato vertice & baculis illuſtres ſunt, quia poteſtate à ſupremo Numine ſibi communicata pollent; hieralpha quaſi omnes adiunctum habent, quia Agathodæmones, vti dixi, ſupramundani ſunt, benefico ſupremi Numinis charactere inſigniti; varijs geſtibus quidpiam magni momenti conſulturi cernuntur, quêis quidem ſumma ſollicitudo, cura, ac diligentia innititur, quâ iuſſa Numinis promptè exequi deſiderant. Atque hæc eſt prima ſignificatio. Secunda ſignificatio exemplar quoddam Sacerdotibus propoſitum exhibet, quo ritus & cœremonias ſuas inſtituant; qui in adytis ſuis de rebus magni momenti Deos conſulturi eo prorſùs habitu, quo Numina ſymbolicè efformata ſpectantur, rem ſacram peragere monebantur; vt ſi eorum operationes eſſent Deorum operationibus αἰαλογώτεραι, ita maiorem quoque hoc pacto inſtituta ſacrificia effectum ſortirentur. Hinc nudi, mitrati, ſceptris inſtructi, nunc ſtantes, modò ingeniculati, varijſque geſtibus in variam ſpeciem transformati ſacra obire ſolebant. Quæ omnia vera eſſe, Iamblichus de myſterijs Ægyptiorum pulchrè docet, & nos in Magia & Theologia, vti & in Tabulæ Bembinæ expoſitione fuſè ex omnigena authoritate demonſtrauimus, ad quam Lectorem curioſum remittimus.

Secundi loculamenti figuræ.

Quoniam verò ſupramundanorum huiuſmodi Agathodæmonum operationes otioſæ forent, niſi in aliud tenderent; hinc in ſecundo loculamento quaternorum laterum B S I Z, aliam ſeriem Intelligentiarum exprimunt, quas Mundanas vocant, & ſenſibilis Mundi adminiſtrandi curam ſuſcipiunt. Hæ ſupramundanis immediatè ſubſtant, eorumque influxibus illuſtratæ, de rerum omnium neceſſariarum vbertate prouident; cuius ſymbolum eſt, Papilio δερκονθμορφῷ ferè ſingularum capitibus impoſitus; & Mundani Agathodæmones ſunt, vt hieralpha ipſis appoſitum docet. Quia tamen in hiſce Intelligentiarum choris, ordinis neceſſitate ſic poſtulante, alij præſunt, alij ſubduntur; Præſides rectè per tiaram & ſedem, poteſtatis ſymbola, indicantur; ſubditi verò miniſtrorum munere fungentes, tiara priuati, & ante Præſides ingeniculati, ſuam in ijs, quæ à Præſide iubentur, exequendis obedientiam, ſubiectionem, & promptitudinem, vel ipſo corporum poſitu ſat ſuperque ſignificant; hoc ipſo occultè, quid in Regno quopiam ritè adminiſtrando fieri oporteat, indigitantes. Quæ omnia cùm in Politica Ægyptiaca, vti & in expoſitione Obeliſci Lateranenſis ampliſſimè expoſita ſint, eò Lectorem remittimus.

Tertij loculamenti figuræ.

Iterum cùm Mundanæ Intelligentiæ in Mundana adminiſtratione proximè Sidereum Mundum influant; hinc proximè ſub ſecundo receptaculo tertium, C, videlicet Sidereum Mundum, non meliori ratione quàm per Accipitrem exhibendum duxerunt, id eſt, Oſirin cœleſtem, Solare Numen, poteſtate ſuâ vitam, motum, calorem in omnibus ſenſibilis Mundi partibus inſtillans. Nam hic in Oſirin hylæum ſiue elementarem, qui per Bouem & Aſpidem, ſtatuaſq; Agathodæmonum inferiorum aptè indicatur, virtutem ſuam propagat, ac veluti per miniſtros ſuos omnia animat, fœcundat, conſeruat.

Ve-

SYNTAG. VI. OBEL. CONSTANTINOPOL. CAP. II.

Verùm cùm hæc in alijs Obeliscis exposuerimus, ijs non immorabimur. Hoc loco alicui forta$$is dubium nasci posset, cur in tertio latere, in spacio K, non Accipitris, sed Bouis figura collocetur? Respondeo, nonsolùm Accipitrem Solaris Numinis symbolum fuisse, sed & bouem, vti fusè in Obelisco Pamphilio, in Hierogrammatismo Bouis, & in tabula Bembina in triadis Serapeæ interpretatione docuimus. Accipiter & Bos vnius & eiusdem Solis symbola fuerunt, non nisi diuersitate operationum distincti. Hinc sicuti Accipitrem Porphyrius ἔμψυχον τοῦ ἡλίου ἄγαλμα viuam Solis imaginem; ita Plutarchus Bouem ἔμψυχον Ὀσίριδος εἰκόνα, viuam Osiridis imaginem dixit, vti passim in hoc Opere dictum fuit; vt proinde Ægyptij hæc passim confuderint. Quæ tametsi verissima sint, quia tamen Ægyptij nihil sine optima ratione transigebant, ita quoque altiori quodam consilio adducti, loco Accipitris hoc latere Bouem posuisse videntur: quod expono.

In Boreali plaga, cui hoc latus obuertebatur, videlicet in inferiori Ægypto, pascuis & virescentibus agris fœcunda, maximè Bouis cultum viguisse, amplissimè in Syntagmate de Chorographia Ægypti docuimus; Osiris siquidem cœlestis, per Bouem indicatus, maximè in vbertate rerum præstanda, alijsque naturæ beneficijs concedendis virtutem suam exerebat, vt brachium cum Capreolo vitis Boui supposito pulchrè docet. Hinc non inconuenienter loco Accipitris, Bouem huic lateri Boreali insculpsère, vt Solis in agriculturæ operibus beneficia, cuius Bos symbolum erat, occultè innuerent; Accipitrem verò reliquis plagis calore & spiritu abundantibus obuerterent. Lector tamen vtramuis hîc propositam rationem sine errore tenere poterit.

Atque hæc est Epigraphe Obelisci, quâ indicabant, quòd sicuti à supremo Numine per Potentias superiores influxus ordine sanè mirifico continuatus per varias Mundorum constitutiones datur, ita quoque in Politico Mundo fieri deberet. In quo Rex quispiam supremi Numinis vices obtinens, per Proceres Regni influit in medij status homines, & per hos in plebem, singulis de necessarijs prouidendo. Atque hoc pacto institutum Regnum suo in vigore conseruari posse, vnicè sibi persuadebant. His itaq; ordine explicatis, iam ad columnas ordine positas explicandas procedamus.

§ I.

Lateris primi explicatio.

Nota Lector, hunc Obeliscum adeo similem esse Obelisco Lateranensi, vt non immeritò epitome quædam illius dici possit; cùm ferè eadem in hoc vbique occurrant hieroglyphicorum Syntagmata, quæ in illo, paucis tamen immutatis, vti iam apparebit. In lateris itaque primi columna post epigraphen è regione E frequentissimus ille Papilio oc-
cur-

CAP. II.   312   OEDIPI ÆGYPTIACI THEAT. HIEROGL.

F
G
H
I

currit, cum thyrſo papyraceo, quem è regione F ſequuntur duæ figuræ, ſtatua ſedens cum Accipitre ; huic è regione G alia ſtatua occurrit cum baculo incuruo, quam è regione H duæ pennæ cum hieralpha ſequuntur, & duobus ſceptris ; & è regione I ſacra tabula, globo, heptapyrgo, Scarabæo, & Niloſcopio inſignita. Quæ quid ſignificent, aperiamus.

Diximus quomodo per epigraphen Vniuerſalis diuini Numinis, in ſubditos ſibi Mundos, Intellectualem, Sidereum, & Hylæum, influxus indicetur. Sequitur itaque modò, quomodo in particularia Numina influat, & quomodo hæc rebus ſibi commiſſis prouideant ; inter quæ Principem ſanè locum obtinet Dæmon polymorphus per Papilionem indicatus, cuius munus proprium eſt ſingulis conſentaneam formam tribuere, tam in Sidereo & Elementari, quàm Politico Mundo. Quocirca tacitè per hunc indicârunt, quòd ſicuti in Mundo poteſtas quædam eſt, quam Platonici εἰδοθέαν vocant, quæ vnicuique quod ad conſeruationem ſui neceſſarium eſt, tribuit ; ita in politico Mundo eſt Archetypus Regis intellectus, qui per leges ſalutiferas, vnicuique quod ſuum eſt, tribuit. Vt enim politicum corpus in ſuo vigore conſeruetur, intellectui Regis conformis fieri debet intellectus ſubditorum, Platone teſte ; quâ conformitate efficitur, vt quiſque bono communi prouidendo laboret. Atque hanc politicam adminiſtrationem pulchrè notat Papilio, qui iuxta diuerſæ ætatis conditionem, alia & alia forma, prout ſuæ neceſſitas naturæ poſtulat, tranſmutatur. Quæ omnia vberrimè tractata vide in Obeliſco Pamphilio, alijſque huius Operis locis.

Polymorphi Dæmonis officia.

Porrò polymorphus hic Dæmon potiſſimùm ſuam in Sole ſedem, tanquam in principali naturæ inſtrumento fixiſſe videtur ; quod indicant binæ ſequentes ſtatuæ F accipitris, & ſtatua accipitrina. Nam in Sole ſe transformare dicitur in Accipitrem, quia vitæ, caloris, motuſque Solaris ſubſidio magnam efficit in inferioribus Mundis, qui per ſegmenta indicantur, rerum varietatem; cultuſque illi exhibebatur ſub Accipitrino ſimulachro F. Eſt enim dominio potens, vti ſtatua cum baculo incuruo docet; & Agathodæmon omnia penetrans, duplici ſceptro inclytus, vti duæ pennæ cum hieralpha è regione H monſtrant. Quoniam verò hic ſubinde ad indignationem permouetur ; ad eum placandum ſacram tabulam I, veluti propitiatorium quoddam monimentum poſitum eſt. Conſtat autem Orbe ſupremi Numinis indice, heptapyrgo in quod influit, Scarabæo Oſiris hylæi indice, & Niloſcopio in quod agit, & cuius cuſtos putatur. Sequuntur iam effectus ſacri geſtati periapti, ſegmentum K, heptapyrgon cum Serpente, ſegmento, circulo, & brachio, L Accipiter cum ſceptro & Serpente, M cycloides, oculus, & brachium, N ſecuris cum litera X, Serpens G cum cycloide, duo cornua Arietis, & Serpens P, tria receptacula piſcinæ ſacræ, cycloides cum heptapyrgo, & Q fauiſſa cum oculo & ſceptro ; quorum omnium ſenſus iſte eſt, qui ſequitur. *K Heptapyrgum tam in ſidereo, quàm Politico Mundo vita & beneficentia L Oſiridis viget; M cœleſtis diuinaq̃, & beneficæ prouidentiæ oculus; N Vniuerſum penetrando, vita cœleſti, & Ammoniâ fœcunditate P ſacra tri-*

F
H
I
K
L M
N X
G P
Q
K
L M
N

fore-

SYNTAG. VI. OBEL. CONSTANTINOPOL.   313   CAP. II.

formis Numinis piscinæ receptacula, heptapyrgi cœlestis Præsidum, sauissæ dominantium subsidio implet.

Scholium.

IN hoc itaque latere oftenditur, quomodo fupremum Numen in immediatas fupramundanas Intelligentias primùm, deinde per has in fenfibilis Mundi adminiftratrices, per has demum in Solaria fiderei Mundi Numina, & tandem per hæc in hylæā œconomiam influat; quod fig. in 1. latere A B C D notant. Deinde quomodo per polymorphum Dæmonem in Solare Numen, hoc eft, Ofirin, omnium inferiorum dominatorem & Agathodæmonem, vim fuam diffundat; hic in heptapyrgum, & Ofirin hylæum, & Niloticum, vti tabulæ facræ fymbola fignificant; vt proinde fi quandoque Numen offenfum fuerit, nullo meliori, quàm hoc amuleto id placari poffe contenderint. Vbi nota, has plerafque figuras in Obelifci Lateranenfis columna prima lateris primi contineri, tametfi fufioribus ibi fymbolis adornatæ fint. Verùm cùm innumeris locis dictæ figuræ iam expofitæ fint; operam perdam, fi alibi adductam authoritatum farraginem hoc loco repetiero. Quare ad fecundi lateris expofitionem progrediamur.

Epitome primi lateris.

ABCD

§ II.

Secundi lateris expofitio.

HVius lateris fymbola (pauciffimis exceptis) in Obelifco Lateranenfi ijs fymbolis, quæ in fecunda columna lateris fecundi à litera Y vfque ad B, & à C vfque ad E occurrunt, congruunt, vti vnum cum altero comparanti luculenter patebit.

Præmiffis itaque ac fuprà explicatis fymbolis, quæ in loculamentis fecundi lateris R S T V continentur; iam fequitur è regione W Afpis ftriata & furrecto pectore, cum Accipitre dormiente, quam fequitur thyrfus papyraceus cum Sacerdotis figura, & catena; hæc fequuntur Y Noctua, Z Accipiter crateri infidens, cum brachio Capreolum vitis manu tenente infra craterem pofito, tres termini, cum receptaculo pifcinæ facræ, & brachio extenfo capreolato; quod fequuntur duo capita Leonis, cum A Papilione, thyrfo papyraceo, & tabula facra B, quam fequuntur ordine, oculus C, retinaculum, Serpens, Noctua D dodecapyrgo infidens, tres vrnæ Niloticæ, Serpens, hydrofchema E, dodecapyrgum, fegmentum, & reliqua fymbola, eò prorfùs ordine, quo in columna fecunda lateris fecundi Obelifci Lateranenfis ab Y litera, vfque ad E fefe ordine confequuntur. Et indicant leges Niloticas Ægyptiaco Regno conferuando neceffarias. Verùm cùm iam fingularum interpretationem

Lateris 2. Obel. Conftant. expofitio.

YBCE

RSTV
W
YZ

AB
CD
E
YE

R r 2   cita-

citato loco exhibuerim, eam Lector suprà fol. 198 & sequentibus contentam consulere poterit.

§ III.

Tertij lateris expositio.

Lateris 3. Obel. Constant. expositio.

H I K L
M
N

Explicatis schematismis H I K L, iam reliqua tertij lateris schemata exponemus; vbi primo loco M Papilio iam sæpe sæpius memoratus, cum suo thyrso papyraceo, & sequente sacra tabula N, occurrit; quibus indicatur, polymorphum rerum necessariarum largitorem Dæmonem, placabilem fore huius amuleti vsu. Sacra tabula continet circulum, Scarabæum, bina sceptra, & hydroschema. Per circulum, suprema diuinitas; per Scarabæum cum adiuncto circulo, & bina sceptra, hylæus Osiris, eiusque duplex dominium in aqueam substantiam prænotatur; & & eâ ratione se habet ad polymorphum Dæmonum, vti principium passiuum ad actiuum: quod enim polymorphum Numen sapienter disponit, id hylæus Osiris, dum mille formarum discriminibus rerum inferiorum species exornat, summâ curâ exequitur. Sequitur modò è regione

O
P

O cycloides, hydroschema, circulus, & feretrum; quéis indicatur, ad cœleste humidum attrahendum, necessarium cultum dictorum Numinum adijciendum; his enim Noctua Typhonia P, quæ continuas insidias eidem struit, vnicè propulsatur; hâc propulsatâ, Q dominium catenæ Nu-

Q

minum per appropriatum Numini cultum trahitur, videlicet Horus be-

R

neficus R, per pueri caput indicatus, qui & piscinæ sacræ se inserit; Osiris amilictus placatur, cœloque in piscinam sacram hylæam dilapsus, occulto motu fœcundat aquas ad rerum omnium necessariarum vbertatem, tri-

R S

plici dominio potens, præstandam. Per Accipitrem inter R & S, & securim Osiris amilictus indicatur, estque vis quædam implacabilis potentiæ, quæ omnia superfluâ & malignâ vi prædita in Mundo resecat; cy-

T

cloides cœli index est, thyrsus verò T papyraceus, & piscina sacra, cui duo pedes adiuncti sunt, indicant occultum Numinis cœlo dilapsi motum in piscinam sacram, qua rerum necessariarum abundantia spondetur; tria sceptra triplex, vt iam suprà dictum fuit, notant dominium. Sequun-

V

tur hæc, figura V, porta Thausti, quæ in solennitatibus in adytis constituebatur, flammis conspicua, quam Thaustus, id est, Accipitrinum Numen, bono omine ingressum, vbertatem rerum per congruum Nili incrementum, quod Nilometrica scala ei adiuncta signat, spondebat. Hinc Sa-

W
X

cerdotes ante portam Mercurialem, quæ per literam W duobus Canibus munitam indicatur, varijs sacrificijs, quæ per X indicantur, intenti ad Numen propitiandum inuigilare solebant; X aram signat in arcus cœlestis similitudinem expressam, in cuius medio phiala sacrificij symbo-

Y

lum, quod iuxta leges Hermeticas, per tres terminos Y indicatas, peragere consueuerunt.

Vides

Vides itaque in hoc latere Numinum concatenatorum in vniuersas Mundi semitas diffusam beneficam vim; & quibus illa, si quandoque ad indignationem concitata fuerint, placanda sint. Vides quomodo polymorphus Dæmon in Osirin hylæum cœlestis humidi vim deducat; & quomodo horum cultu, subditorum illi Numinum intermediorum catena trahatur, Hori benefici, Osiris amilicti, Thausti, Mercurij; & quomodo per portas singulis attributas defluxus supernus, per præuiorum tamen sacrificiorum dispositionem ex vna in alteram deferatur. Sed hæc quoque descripta vide in expositione columnæ secundæ lateris tertij, Obelisci Lateranensis.

§ IV.

Lateris quarti expositio.

Schematismis V Z A B in hoc quarto latere suprà expositis, iam reliqua declaremus. Itaque è regione Citerum nullibi non obuius Papilio cum thyrso suo occurrit, quem E sacra tabula immediatè excipit; & indicat polymorphi Dæmonis in Mundum politicum influxum, vti sacra tabula E ostendit, circulo, heptapyrgo, Scarabæo cum circulo, & oculo insignita; quêis indicatur, quòd sicuti in Mundo sensibili, supremum Numen in heptapyrgum cœleste septem planetarum, quorum omnium Osiris dux est oculus Mundi; ita & in Solem politicum, id est, architectonicum Regis intellectum, & in septemplices Regni status, quos in Politica Ægyptiorum exposuimus, iuxta intentam analogiam influat. Quomodo autem id fiat, signa sequentia ostendunt, globus F ἐπι-κυκλα-πτερμοφορος, fauissa, oculus cum vase Nilotico, & sceptro, G Accipiter feretro insidens, H heptapyrgum, piscina, cycloides, corona, Noctua dodecapyrgo insidens &c. Globus itaque alatus, vti iam sæpe dictum fuit, triforme Numen indicat, siue tres in Deo potentias, vti Suidas docet; quæ cùm vnum sint rerum omnium principium, meritò ab eo veluti prædiuiti Oceano quodam emanant omnia. Sed hæc vti digna sunt consideratione, ita paulò altiùs de ijs philosophari visum est.

Expositum iam sæpius est, Ægyptios primos fuisse Theologiæ conditores, posteros verò, quotquot ex primi nominis Philosophis extiterunt, Ægyptiorum sacerrima veluti quædam dogmata amplexatos fuisse; & inter hos fuere Platonici, qui triadem diuinam, ad vnum omnes, Ægyptios secuti, confessi sunt. Quod vt appareat, Platonem hoc loco adducemus, qui l. 11. de legibus expressè asserit, Ioui supremo Mundi Architecto trinitatem quandam Numinum, quam δημιουργιαν, id est, opificiam vocat, semper astare; in qua quidem trinitate, prima sit Pallas, secundus autem Vulcanus, Mars verò tertius. Sed quemadmodum trinitas tota ad Iouem ipsum, à quo est, refertur; ita fermè Vulcanus & Mars referuntur ad Palladem. Viget in Marte potentia, in Pallade sapientia; in Vulcano no igneus spiritus; quæ tria ad ipsam Iouis artem, quâ Vniuersum perficit, requiruntur. Primum quidem ratio ipsa, per quam singula sit facturus; secundum efficax eorum, quæ conceperat, expeditio; tertium eorum, quæ in effectum expedienda sunt, salus & defensio. Ideam primi Palladem; secundi Vulcanum; tertij Martem nominant. Et quia vtrumq;, sc. tam conseruatio, siue defensio, quàm expeditio vel expressio rerum indiget ratione atq; sapientiâ; ideo Pallas & Vulcano & Marti præest. Quidquid enim vel à Vulcano fabricatur, vel à Marte, postquam fabricatū est, defenditur, & in sua forma seruatur, Pallade duce peragitur. Horum verò trium in arte diuina regnantium, tria quoque in natura videmus vestigia. Per Palladem quidem ordinem, quo singula disponuntur; per Vulcanum, efficacem progressum & promptum quasi portum, ad quæ omnia properant; per Martem deniq; munitissimam structuram à generantibus adhibitam genitis, & varia propugnacula naturâ propriam à contrarijs defendentia. Tria similiter in arte humana quidem omni, maximè verò ciuili esse debent; vt singula & sapienter, antequam fiant, excogitentur, & maturè strenuèque expediantur, & eâ formâ, quâ excogitata expromptaque sunt, seruentur atque fortiter defendantur. An non hæc aptè congruunt Trinitati supremæ quæ Ægyptijs Hemphta dicitur? Certè quos Ioui assi clas ponit Plato, Palladem, Martem, & Vulcanum, hos Ægyptij Hemphta, teste Iamblicho lib. de myst. ponunt, Amun, Phta, & Osirin; quorum Amun Opifex intellectus veritatis atque sapientiæ Dominus occultam latentium rationum potentiam traducit in lucem; Phta omnia sine mendacio peragens, omnia artificiosè simul cum veritate constituit, quem & Vulcanum vocant; Osiris verò bonorum effector, omnia virtute suâ corroborat, defendit, conseruat.

F   Sed vt ad institutum reuertamur; ab illo F triformi Numine, vt
    cum Ægyptijs loquar, à suprema illa piscina, ab oculo illo supramunda-
G   no omnibus prouidente, ab Osiride illo G Archetypo omnibus modis
H   colendo, H heptapyrgum illud ciuile cœlesti munimine roboratur; No-
K   ctua Typhonia K à dodecapyrgo ciuili, qui sunt Magistratus, propulsa-
N   tur; beneficentiâ Numinum ijs præsidentium, ab heptapyrgo quoq; ci-
    uili omnia aduersa reuocantur. N cœlesti vigilante Anubi, Horus
Vniuersi dominator vitam in omnes politici Mundi terminos diffusam largitur; vnde omnia animantur, omnia membra in boni communis curam inuigilant, qui est totus humanæ felicitatis finis.

Atque hæc sunt, quæ in hoc Obelisco Constantinopolitano hieroglyphicis figuris expressa continentur; quo Sacerdotes & ad solium Regni apti homines monebantur, vt Rempubl. suam ad supramundanarum rationum exemplar instituerent; & ad sensibilis Mundi œconomiam, si eam duraturam continuâ bonitate gaudere vellent, adornandam suscipererent; hoc enim pacto Numinum sibi præsentiam, & contra aduersa assistentiam, firmum semper præsidium se habituros confidebant.

FINIS SYNTAGMATIS SEXTI.

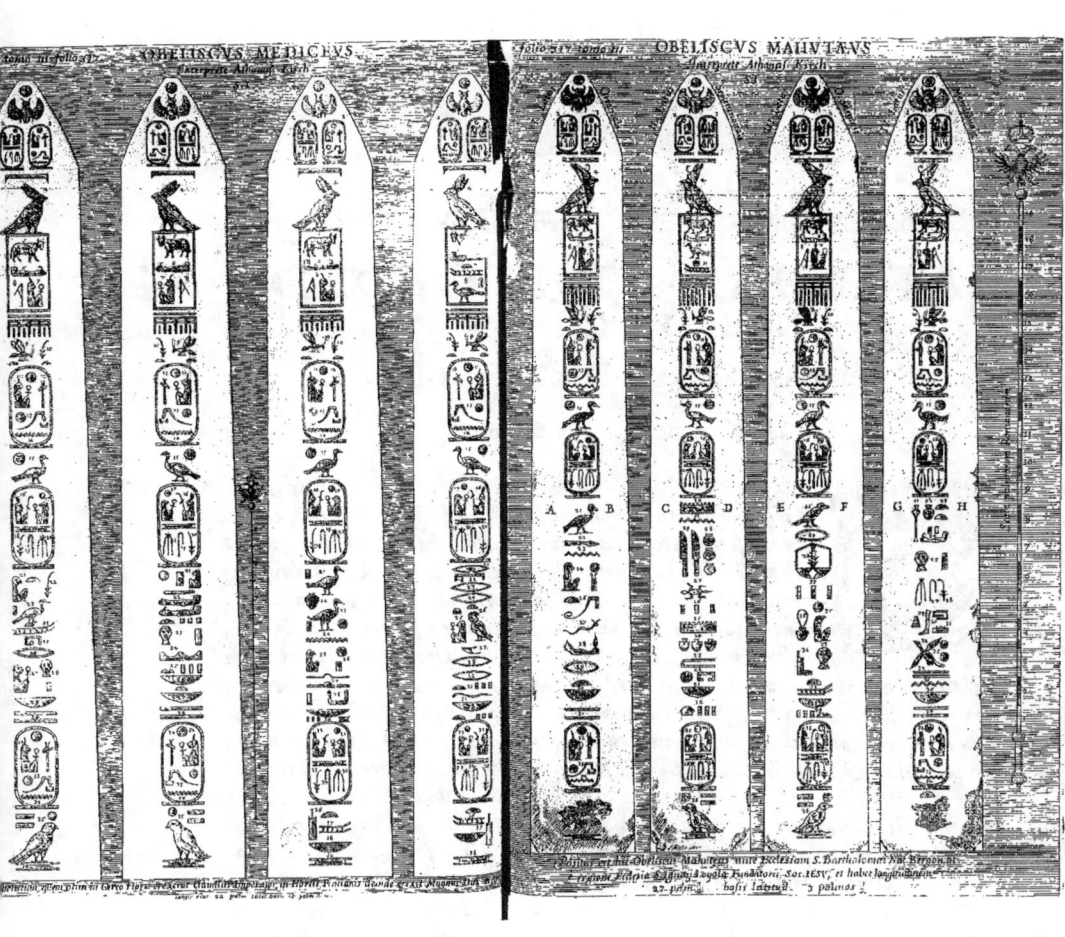

SYNTAGMA VII.
OBELISCI MINORES
ET SVNT
Monticælius, Mediceus, Mahutæus.

SERENISSIMIS HETRVRIÆ PRINCIPIBVS
MATTHIAE ET LEOPOLDO
MEDICEIS,
Sereniſsimi Magni Ducis Fratribus,

Dominis meis Clementiſſimis.

*BELISCVM Mediceum*, Principes Sereniſſimi, *in Viridario veſtro Pinciano, Regiâ sanè magnificentiâ excultio Romæ superſtitem, certè nulli meliori iure, vnà cum reliquis eidem ſimilibus, Monticælio, & Mahutæo, quàm* Vobis Sereniſſimis Principibus, Mediceæ, *id eſt, altæ proſapiæ domûs decoribus, nec non omni literaturâ genere ſpectatiſſimis, inſcribendum duxi. Quam quidem Obeliſcorum erectionem virtutum* Veſtrarum, *iam tot illuſtratarū ſpeciminibus, quèis Mundum decoraſtis, mira ſublimitas, merito iure poſtulare videbatur. Quis autem* Veſtram, *tum in bonarum artium ſtudia, eorumque cultores, benignitatem & humanitatem, tùm profuſi affectus ſinceritatem, verbis ſat dignis explicare queat? Certè vti in* Veſtra *glorioſa domo, veluti primis Sapientiæ incunabulis, bonæ literæ natæ videntur; ita earundem per vniuerſum Mundum propagatum emolumentum* Vobis *cumprimis adſcribi & poſſe, & debere, nemo Literatorum eſt, qui non fateatur. Accipite itaque huius præſentis Syntagmatis honori* Veſtro *immortali debitam conſecrationem, mei in Regios* Veſtros *animos ſinceri affectus veluti teſſeram quandam; & quem olim hîc Romæ inſolitâ beneuolentiâ proſecuti eſtis, eundem gratiæ & fauoris* Veſtri *dulcedine porrò fouere non deſinatis.*

SYN-

SYNTAGMA VII.

Obelisci minores, & sunt Monticœlius, Mediceus, Mahutæus.

CAPVT I.

De origine horum Obeliscorum.

IN Obelisco Pamphilio fusè demonstratum est, Trismegistum vti hieroglyphicæ doctrinæ Author fuit & institutor, ita primum quoque Obeliscorum erectorem fuisse, tempore Misraim & Misramuthisis. Quales tamen hi Obelisci fuerint, tametsi demonstrari non possit; verisimili tamen coniecturâ, minores fuisse, ducimur, minimè maiores: siquidem prima rerum principia non à magnis & perfectis, sed à paruis & imperfectis originem suam ducere, experientiâ notum habemus: succedentibus verò temporibus, crescente Regum superbia & magnificentia, semper maiores & maiores, non tàm hierogl. doctrinæ ostentandæ gratia, quàm ex insolentium molium magnitudine & vastitate, gloriæ apud posteros comparandæ ambitione, erectos fuisse. Cùm verò inferioris Classis Obelisci alij non reperiantur, quàm Monticœlius, Mahutæus, Mediceus, & alterius cuiusdam vicinis Collegio Romano ædibus inserta fragmenta; hosce omnes eodem tempore factos, partim ex doctrinæ symbolorumque, quibus insigniti sunt, identitate, colligimus, fuisseque veluti primæ nouæque ab Hermete adinuentæ doctrinæ multiplicata quædam exemplaria; habent enim omnes vti eosdem ferè characteres, ita doctrinam, quemadmodum ex interpretatione eorundem patebit. Cùm enim lapidis, cui incidebantur, substantia durissima esset, primisque illis temporibus, quêis artes necdum ad debitam perfectionem pertigerant, ad laborandum difficilis videretur; hinc à paruis Obeliscis eos incepisse verò haud absimile est; donec ars sculptoria frequenti exercitio prouectior, tandem Reges ad horum exemplar semper maiores & maiores exscindendos incitaret. Accedit ad hanc nostram coniecturam non exiguum argumentum, quòd inter omnes ferè Obeliscos, nulli rudiori Mineruâ & minori artificio incisi sint; apertissimum primi operis rudimentorum signum. Imò rem ita se habere, apertè Plinius docet l. 36. c. 8. his verbis: *Circa Syenen verò Thebaidis Syenites, quam ante pyropæcilon vocabant, trabes ex eo fecere Reges quodam certamine, Obeliscos vocantes Solis Numini sacratos, radiorum eius argumentum in effigie est, & ita nomine Aegypto significatur: Prius omnium id instituit Mestres,* sub intellige Misraim, *qui in Solis vrbe regnabat, somnio iussus, & hoc ipsum scriptum est in eo.* Examinemus singula. Primò dicit materiam Obeliscorum

rum fuisse saxum Syeniten πυςποικιλον, ob macularum varietatem ita dictum, quod genus saxi Itali, *Granito rosso* appellant; atque hoc verum esse docent reliqui omnes Romani Vrbis Obelisci; siquidem nullus nisi ex hoc variegato lapide durissimo elaboratus conspicitur. Solari Numini sacratos fuisse ait, quod verum est, imitatur enim acumine suo radios Solares, vnde Ægyptiacè ⲛ̄ⲧⲉⲃⲛⲏⲣⲕ, id est, *digiti Solis* vocantur. Primus id instituit Mesres, quem nos eundem cum Misraim esse dicimus, cuius Consiliarium & Scribam Mercurium Trismegistum fuisse in Obelisco Pamphilio vberrimè demonstrauimus; cuius & consilio monituque primùm doctrinæ à se inuentæ & institutæ Obeliscis incisæ primum hoc, quod diximus, specimen, in minoribus, vti conijcimus, dedit. Quod institutum tantopere videtur placuisse Misramuthisi filio, reliquisque Regibus, vt ad horum similitudinem semper alijs & alijs erigendis animum adiecerint. Misraimum verò diuino instinctu per somnium ad hoc præstandum fuisse incitatum, mera coniectura est, & figmentum ab Historico appositum; nisi hunc instinctum à Mercurio, qui ob suam Sapientiam tunc temporis veluti vnus è Deorum numero habebatur, Regis animo fuisse insertum dicamus; quod vti verisimile est, ita non facilè negauerim. Quòd verò Plinius dicat, hoc ipsum in Obeliscis primis hieroglyphicis symbolis exhiberi, falsum & commentitium est; cùm, vti ex interpretationis decursu patebit, nihil in ijs simile contineatur, nec contineri possit. Sed de hisce amplissimè traditum vide lib. 1. Obelisci Pamphilij). Quomodo verò hi Obelisci minores, & sub quo Cæsare Romam fuerint translati, vide citatum locum. Mensuram quoque eorundem æri incisam in schematismis Obelisci quærere, vt proinde nihil amplius restet, nisi vt interpretationem eorundem ordiamur.

CAPVT II.

Argumentum trium minorum Obeliscorum.

TRes dicti Obelisci quoad inscriptionem, adeo, si pauca excipias, similes sunt, vt qui vnum explicauerit, cœteros quoque explicasse dici possit. Sed ab argumento occipiamus.

Primò inscripti sunt hi Obelisci, Soli siue Osiridi Archetypo, rationemque quâ in subditos sibi Mundos, Genialem, Sidereum, Elementarem influat, ostendunt. Secundò quomodo per influxum in humidum, & calidum tùm rerum vitæ humanæ necessariarum varietas, tùm vbertas emergat. Tertiò per sacrarum tabellarum ouata schemata non duntaxat rationem, vt dixi, influxuum Solis istius supramundani in Mundum Genialem rectè & ingeniosè indicabant, sed & præterea vim & efficaciam figurarum, quas tùm publicè, tùm priuatim appropriato cultu gestarent, magni momenti subsidium, ad Osiridem illum supramundanum, Mundique Genialis asseclas trahendos putabant; harum præterea sacrarum tabula.

Argumentā Obeliscorum minorum. Montecœlis, Mahutæis Medicei.

CAP. III.   320   OEDIPI ÆGYPTIACI THEAT. HIEROGL.

bularum, dicta Numina tùm ad dictam rerum vbertatem, tùm ad varietatem rerum continuò impetrandam, allicere & placare, siquandoque iratæ fuerint, se posse sperabant.

CAPVT III.

Obeliscus Monticœlius, eiusque explicatio.

<small>Monticœlius Obeliscus.</small>

Obeliscus Monticœlius dicitur, quòd in hortis Matthæiorum Monti Cœlio incumbentibus erectus conspiciatur. Fuit hic primò situs in horto Aræ Cœli in monte Capitolino, quem inde Populi Romani licentiâ auulsum in sua Montis Cœlij viridaria iuxta cliuum Scauri transtulit, posteritatique consecratum Excellentissimus Dux Cyriacus Matthæius erexit. Fuit autem vnus ex 44 Obeliscis minoribus, quos Publ. Victor recitat à primis Imperatoribus Romam translatos. Qui vt magnificentior apareret, illum alteri columnæ ex simili lapide Memphitico, rubeis maculis variegato supposuerunt artifices; ita vt Obeliscus, qui per se consideratus, non nisi 10 palmos continebat, iam vnà cum columna eidem supposita 36 palmorum à stylobata vique ad vltimum fastigium, altitudinem habere comperiatur. Nos omissa figura totius Obelisci, eam tantùm partem, quæ hieroglyphicis signatur, ligno incidi curauimus, vti paulò post figura sequens docet.

<small>Monticœlij Obelisci hieroglyphica.</small>

Quatuor huius Obelisci sunt latera A, B, C, D, si vnam atque alteram figuram excipias, prorsùs, vt dixi, similia. Sub apicibus primo loco in singulis lateribus occurrit figura Scarabæi alis expansis, volandi actum exprimens, sphærâ capiti eiusdem superposita. Sequuntur deinde duo ouata schemata, quas sacras tabellas nominamus, intra singula pyramidij latera inclusa, varijs simulachris imbuta. Sequitur Accipitris tutulata figura immediatè sub pyramidio; insidet autem quadrangulo, ijs figuris, quas vides, adornata. Post hæc musca dracontomorpha, siue Papilio decantatissimus, vnà cum thyrso papyraceo, quem immediatè excipit ouatum schema ijsdem figuris, quibus tertium intra pyramidion schema adornatum; cui Anser sacer succedit alteri schemati ouato insidens; quod quidem idem prorsùs est cum secundo intra pyramidion schemate. Quid verò omnia hæc sibi velint, exponamus.

<small>1. Scarabæi volantis significatio.</small>

Scarabæi figura circulo insignita, quæ in quatuor lateribus immediatè sub apice Obelisci ponitur, epigraphes locum obtinet, & nihil aliud indicat, quàm Solem supramundanum, Osiridem Archetypum in diuinitatis suæ caligine veluti centro delitescentem. Circulum seu sphæram capiti suprapositam habet, ad æternitatem, immensitatem, & omnia ea quæ diuinitatis propria sunt, indicanda, vt in hierogrammatismo figurarum circularium ex professo, variæque authoritatis supellectile sat superque demonstrauimus. Scarabæum autem Solem supramundanum indicare, & viuam esse, Plutarcho teste, Osiridis imaginem, in Hierogramma-

<small>Scarabæus Solem supramundanum significat. Plutarchus,</small>

matismo Scarabæi amplè & copiosè ostensum fuit; quare nè vnam & eandem rem toties repetere cogamur, ad citatos tractatus curiosum Lectorem remittimus.

Post Scarabæum duo sacrarum tabularum schemata occurrunt; & sacræ tabulæ dicuntur, eò quòd non tantùm summorum mysteriorum indices essent, sed & insuper singularem vim & efficaciam ad Genios quà attrahendos, quà placandos habere putarentur; quorum expositionem vide in Obelisco Flaminio fol. 221. Ponuntur immediatè sub Scarabæo, vt ordo & series influxus diuini in Genialem Mundum immediatè sibi vti proximum, ita simillimum indicetur. Verùm quinam ij Genij sint, videamus.

Tabularum sacrarum sub Scarabæo positarum explicatio.

Primo loco intra ouatam tabulam, quam nos Osiriacam dicimus, & numero 3 signatur, duæ statuæ sedentium habitu spectantur. Prior humano vultu & velo spectabilis, binas in vertice pennas tenet, manu genibus innixa sceptrum tenet Cucuphomorphon. Quo quidem apparatu nihil aliud indicabant, quàm Genium humido-calidi Præsidem. Humano vultu pingitur, ad intellectualis potentiæ vim notandam, & ad Mundo de necessarijs prospiciendum, prouidentiam; binas alas in capite gerit, ad miram tùm superiori, tùm inferiori Mundo se communicandi agilitatem indicandam; situ est Ypsilomorphos, id est, in formam literæ Y, ad influxus à supremo Numine immissi receptionem, & in inferiorem Mundum diffusionem indicandam, vt alibi fusè probatum est; manibus sceptrum tenet Cucuphæ forma, quâ varietatem rerum, quam caloris vi dispersa Mundo communicat, indicari, alibi exposuimus. Altera statua ἱερακόμορφος est, id est, Accipitrinâ facie deformata, eodem quo prior situ & habitu, cui globus in vertice imminet, manibus tenens characterem Tauticum. Atque per hanc statuam Genium calido-sicci denotabant Præsidem: situs Ypsilomorphos idem, quod prioris statuæ situs signat; globus capiti imminens diuinitatis participationem; character Tauticus notat per omnia Mundi membra influxus participati distributionem. Supponitur ijs feretrum, quo dicta Numina summo honore colenda innuebant. Cur autem tanto illa honore digna existimarent, sequentibus tribus symbolis aptè demonstrant, quæ sunt primò ramus papyraceus, quo rerum omnium humano generi necessariarum abundantiam; secundò lituus arundineus seu baculus fistularis, quo temperiem & harmoniam rebus inducendam; tertiò, ramus perseæ triplex, quo tres anni partes significabant, quas dicti Genij administratione suâ fouebant, ad generationes rerum sollicitabant, & contra omnem aduersam vim defendebant; quæ omnia in Obelisco Flaminio ex omnigena eruditione comprobata sunt. Atque hæc est significatio primi schematis ouati. Alterum Schema ouatum, quod nos Momphto-Mendesium dicimus, & numero 2. signatur, constituitur simulachro λεοντομόρφῳ, id est, Leonis figurâ spectabili; situm cùm prioribus eundem obtinens, manu Tauticum characterem tenet; sequitur sceptrum ægimorphon, seu capite hircino insignitum. Priori Momphta, id est, Nilotici humidi præsidem

Genij Obelisci Monticœlij in primo schemate ornati.

Genius humido-calidi præses.

Genius calido-sicci præses.

Alterum schema ouatum Obelisci Monticœlij.

nota-

322 OEDIPI AEGYPT. THEAT. HIEROGL.

Obeliscus Monticœlius.

A   B   C
Latus I. Latus II. Latus III.

nota-

SYNT. VII. OBEL. MONT. MEDIC. MAHVT. 323   CAP. III.

D
Latus IV.

notabant. Pingitur Leonino vultu, quòd Sole in Leonem ingrediente incrementa Nilotica, seu inundationes contingant. Vide Obeliscum Pamphilium fol. 283. Situ Ypsilomorphus est, ob dictam paulò antè rationem; baculum hircino capite insignitum sibi adiunctum habet, ad harmonicam vim, qua omnia Mundi membra Geniali suo influxu foecundat, signandam; globus interpositus diuinitatem vtrique & Momphtæ & Mendeti communem indicat. Hos autem Genios Nilotici humidi præsides infrapositâ Nilometrij hieroglyphicâ figurâ satis demonstrat, vti paulò post exponetur.

Momphta, seu Nilotici humidi præses.

Notandum autem, in singulis Obelisci quaternis lateribus hæc bina ouata schemata eadem prorsùs replicari, vt virtutis influxiuæ in quadrifidam Mundi faciem, eadem denotaretur potestas; & ex Intellectualis Nili promptuario omnibus de rebus necessarijs prouideri, humores in proficuum temperamentum digeri, iuxta trium anni partium conditionem & naturã, signaretur. Ponuntur intra idem pyramidij trigonum vnà cum Scarabæo, vt Intellectualis Mundi Genios, omnium supremo Numini Osiridi supramundano proximos, tanquam naturæ eiusdem præ cœteris participes, innuerent. Nullaque sacra tabula hisce duobus frequentior est, in nullis non Obeliscis obuia.

Ouata schemata eadem in quatuor Obelisci Monticœlij lateribus repetuntur.

His expositis sequitur modò in quatuor Obelisci lateribus figura mitrati Accipitris; quo Solaris siue Siderei Mundi præsidem notabant. Insidet quadrangulo, vt Elementaris Mundi Genij, quibus dominatur, quadrangulo inclusi indicentur. Prima figura quadrangulo inclusa Bos est, Apidis, scil. Osiris hylæi siue culturæ telluris symbolum, vt suprà fol. 220 docuimus. Sequitur manus Capreolum vitis continens, beneficentiæ & liberalitatis Apidis symbolum. Subijcitur tandem A litera cum statua situ Ypsilomorpho, Momphtæ Leonino capite spectabilis, quo Nilotici incrementi præsidem Agathodæmona Ægypti notabant, & Alpha litera apposita apertè demonstrat; quem & agriculturæ Præsidē Scarabæus in III. lat. appositus docet. Habemus itaq; quomodo Archetypus Osi-

Accipitris, reliquorumq; symbolorum interpretatio.

4
5
6
7

ris,

ris, per Scarabæum volantem indicatus, influat in Mundum Genialem, & hic in Sidereum Mundum, cuius animam Osirin dicunt per Accipitrem mitratum notatum, & hic in Mundi Elementaris Genios Apidem, & Mophta; iam quid per sequentium symbolorum catenam indicent, videamus.

Morphæi regnum in Elementari Mundo elucet.

Quoniam itaque Morphei regnum proprie in Elementari Mundo elucet, in quo cùm iuxta Ægyptios generationis principium sit aqueum Elementum aptè per Nilum expressum, in quo calido-humidi fœcundatiuâ vi rerum generationes perficiuntur; hinc aptè sanè pro huius Morphei regno post quadruplicis Mundi epigraphen primo loco posuerunt Papilionem δϱακοντόμοϱφον cum caule papyraceo: & per Papilionem quidem formarum diuersitatis præsidem, Genium videlicet πολύμοϱφον notabant; per caulem papyraceum rerum omnium humano generi necessariarum copiam, de quo vide innumeris huius Operis locis fusè tractatum. Quoniam verò hæc rerum formarumq; diuersitas maximè in sublunaris Mundi aqueo Elemento elucet, hinc aptè posuerunt ouatam figuram, in quâ Mophtæ statua cum hircini capitis sceptro, quibus Mophta & Mendes notantur, quorum hic fœcunditatis, ille Nilotici humidi præses est, vt Nilometrium infrà positum exactè docet, quorum operâ & continuâ prouidentiâ tùm fœcunda rerum generatio, tùm necessariorum copia suppeditatur. Hinc in formam tabulæ ouatæ concinnatus est Hierogrammatismus Mophtæ & Mendetis, vt ostenderent, characterem hunc symbolicum, eam vim & efficaciam obtinere, vt incisus constirutusque in locis infestis, nulla aduersâ αυτιτέχνων Numinum violentia præualere possit, Genijs beneficis in res fidei suæ commissas sollicitè inuigilantibus, per arcanam hanc & mysticam symbolorum fabricam, naturæ & proprietati Geniorum analogam, attractis. Iterum cùm Solaris Genij assecla polymorphus Dæmon Mophtæ & Mendetis viribus, formarum diuersitatem ritè quidem peragat, sine Isidis tamen seu Lunaris Genij ope, eâ ad perfectionem desideratam perducere minimè possit; appositè sanè Anserem, quem & Chenosirin, id est, Anserinum Osirin vocamus, alteri ouatæ figuræ imposuerunt, quo aptè Solaris Numinis in Lunarem discum influxus & vigilantia notabatur; quam quidem melius efficaciúsque attrahendam non existimarunt, quàm per sequentem ouati schematis tabulam sacram, in qua Comasia Isidis statua binis pennis in capite conspicua, & sceptro Cucuphomorpho fulcita, promptum, velox, & subitaneum in varietate rerum procreando denotat subsidium. Habet hæc è regione Osiridis statuam Accipitrinam, & Tautico charactere insignitam, quo notatur, influxu Solari in vniuersa inferioris Mundi membra facto, post debitas honoris cultusque peractas cœremonias, quæ per feretrum signantur, tandem intentam rerum necessariarum copiam, per ramum papyraceum; per lituum, rerum temperiem, & trium partium anni felicè constitutionem, per triplicem perseæ ramum notatam, consequi. Atque hæc est idealis conceptus summa, quam per expositas in Obelisco Monticœlio elucescentes figuras signabant, quas supra cit. loco ex omnigena eruditione fusè stabiliuimus. Sequitur conceptus idealis Lectio.

Papilio Draconiformis.
9

Tabula sacra Mophro-Ammonia.
10

Tabula sacra.

Anser ouatæ figuræ impositus.
11

Tabula sacra.
12

1 Osi-

Osiris supramundanus in æternitatis centro delitescens; in Genialem Mundum veluti sibi vicinum, simillimum, & immediatum subiectum influit. Hic in Osirin sensibilis Mundi Numen, & animam, id est, Solem. Hic in elementaris Mundi Osirin Apidem beneficum Agathodæmonem, qui Osiridis participatam virtutem, in omnia inferioris Mundi membra distribuit. Huius minister & fidelis assecla polymorphus Dæmon varietate quam efficit, & cui præest, omnium rerum necessariarum abundantiam & copiam præstat. Quia verò benefica vis polymorphi Dæmonis variè ab aduersis virtutibus impediri potest; hinc tabula sacra Mophto-Mendesiâ gestari præcipitur, quibus humidum Niloticum robur & fœcunditatem ad bonorum affluentiam sine impedimento præstandam acquirit. Quia verò polymorphus Dæmon huic negotio prorsùs consiciendo insufficiens est; hinc Isidis concursus, cuius humiditate Mendetis siccitas temperetur, necessarius est; ad quod obtinendum sequens tabula sacra Osiriaca ordinatur, quâ quid in sacrificijs agendum sit, quomodo in Comasijs solennitatibus procedendum, docetur. Per hanc siquidem, eiusque intuitum, Osiris supramundanus intentam tandem rerum necessariarum copiam præstat.

Lectio conceptus Idealis Obelisci Monticœlij.

1
2
3
4
5
6
7
9
10
11
12

CAPVT IV.

Obeliscus Mediceus, eiusque interpretatio.

Mediceus Obeliscus.

OBeliscus Mediceus sic dicitur, quòd in hortis Pincianis Magni Ducis Hetruriæ in hunc diem erectus conspiciatur. Vnus fuit ex 44 minoribus Obeliscis, olim occasione maiorum Romam ex Ægypto, teste Publio Victore, translatis; putaturque primò in Circo Floræ positus, ex cuius ruderibus erutus, atque in Hortos Pincianos translatus, ibidem in ornamentum viridariorum erectus fuit: cuius quatuor latera æri incisa, Lectori contemplanda hoc loco vnà cum interpretatione subiungimus.

Norandum itaque, Obelisci huius primos nouem hierogrammatismos prorsùs eosdem esse cum hierogrammatismis Obelisci Monticœlij paulo antè explicati; ac proinde superuacaneum esse ratus sum, illos hoc loco repetere; quare hieroglyphicorum immediatè post nouem memoratos hierogrammatismos sequentium contextum, qui quidem in singulis Obelisci lateribus diuersus est, prosequemur.

Explicauimus paulò antè, quomodo Osiris siue Sol supramundanus in trium sibi subditorum Genialis, Siderei, & Elementaris Mundi œconomias influat. Exposuimus quem insculptæ sacræ tabellæ præterea vsum, vim, & efficaciam in dictorum Mundorum Genijs attrahendis habeant. Modò in reliquo contextu sequitur, quos dicti Genij, analogo priùs cultu attracti, effectus præstent, qui in diuersis Obelisci lateribus diuersi notantur. Itaque à latere primo incipiamus.

Post sacras itaque tabellas, id est, ouata schemata suprà recensita

sequi-

CAP. IV.

Primi lateris A, interpretatio.

sequitur 21 statua ἱερακόμορφος, cum 22 ramo papyraceo, quo Sol necessariarum rerum vsum præstans notatur, quam Ibis 23 succedit Isidis symbolum, hanc 24 traha sacra excipit; quibus indicant Isiacam vim ab Osiride motam, in abdita naturæ penetralia vectam (cuius signum figura 25 labyrinthi cum 26 cycloide) propagari; quam Mophta 27 Leoninus 28 hylæo Horo Duce acceptam ab Osiride & Iside in subterraneos Mundi sinus dispescit duplici 30 dominio veluti sceptro superno infernoque potens. Ad quod quidem bonum contra aduersas potestates facilius obtinendum sacra tabula præscribitur, cuius vsu cultuque in concedendis 34 sacri Nili donis 32 Mophta & Mendes ægocephalus, vnà cum 35 Osiride, debito priùs cultu peracto, veluti potenti incantamento allectantur.

Secundi lateris B, interpretatio.

Atque hæc est primi lateris expositio. Secundum latus post nouem Hierogrammatismos, & sacrarum tabularum phylacteria, has figuras obtinet : circulum, quadrangulum, & statuam ἱερακόμορφον cum sceptro; sequuntur 2 sceptra, hemicycloidis cum tribus quadratis, Horus hylæus cum quadrangulo, trabs tricornis, hemicycloides binæ cum binis sceptris, tabula sacra Mophto-Mendesia cum Accipitre bino sceptro instructo. Sed explicemus singula. Statua Accipitrina cum circulo & quadrangulo indicat Osiris hylæi vim ex Sidereo Mundo in hylæum cultu præuio propagari, hinc duplici beneficio in tres anni stationes diffundi, quam Horus hylæus, id est, Sol elementaris communicans per continuam ab Ortu in Meridiem vsque ad Occasum reuolutionem in subterraneis Horizontis partibus actuat, vtpote duplici dominio potens; quod vt quàm optimè fiat, sacra tabula Mophto-Mendesia præscribitur colenda gestandaque vnà cum sacra Osiridis statua.

Tertium latus C.

Tertij lateris reliqua correspondentia symbola, quæ post nouem primos Hierogrammatismos sequuntur, sunt duæ Ibides vase Nilotico diremptæ, cum hydroschemate, quadrangulo, & globo, quæ immediatè sequitur statua Accipitrina, cum quadrangulo, & globo; ac iugo bilancis, cui supponuntur duo brachia cum quadrangulo, segmento, cycloide, & tribus quadrangulis, & sacræ cistæ symbolo; sequitur deinde sacra tabella Comasia, quam excipiunt segmentum, temo, sacra traha, segmentum aliud, cum feretro. Explicemus singula.

Ibis siue Luna Nili Genius, & Ibis siue Isis mediante Nilo atque aqueo elemento Osiri, qui virtute ex Sidereo Mundo in hylæum transfusa, omnem superfluitatem temperat, cultuque hymnorum assiduo sollicitatus, trium anni partium stationes in inferiori Mundo, abundantiâ rerum beat; ad quod contra aduersas potestates obtinendum præscribitur sequens tabella sacra Comasia, cuius vsu prophylactico omnis promittitur felix rerum processus. Quem verò cultum adhibere debeant, vltima quatuor symbola apposita, temo, traha sacra, segmentum, feretrum, pulchrè ostendunt; per temonem, Osiridis per humidum vecturam notabant; per traham sacram, opera agriculturam concernentia; per segmentum, subterraneæ sobolis partum; per feretrum denique debitum insingulis cultum innuebant: quasi dicerent, Tunc Osiris & Isis vobis propitiabitur, cùm Niloticas in cultu fluminis cœremonias in terra per Comasiarum solennitates ritu & cultu dictis analogo, & iuxta præscriptas leges obieritis.

Quarti lateris reliqua symbola incipiunt à figura signata numero 21; *Quartum latus D.* & est oculus, cui subiunguntur figura labyrinthi, cum duobus cycloidibus, quas statua Accipitriformis cum Noctua sequitur; dein Alpha sacrum cum alijs binis cycloidibus, & tribus quadrangulis, Serpente, & quatuor alijs quadrangulis, quos vti in præcedente, sequitur idem ouatum sacræ tabulæ schema, cum traha, temone, segmento, feretro. Quid singula sibi velint, explicemus. Oculus cum labyrinthi figura indicat Osiridem totius naturæ oculum 23 in 24 cœlorum Orbitis omnia disponentem; cuius beneficus intuitus allectari putabatur per sequentem statuam Accipitriformem ypsilomorpham Tautico charactere insignitam, quo symbolo vti magnam vim obtineri iudicabant, ita Typhoniam vim & ἀντίσχυρον, quæ per Noctuam indicabatur, ijs prorsus profligari existimabant; quâ profligatâ, Agathodæmon siue bonus Genius cœlorum virtutes disponet in hylæis Mundis, vitam in inferioribus terræ iuxta trium anni temporum rationes; ad quod obtinendum, multùm proderit sacra tabula Comasia &c. vti in præcedenti latere dictum fuit. Atque hæc est perioche rerum in Obelisco Mediceo contentarum; contextum vt facilius cognoscas, idealis Lectionis rationem hîc ob oculos ponimus curiosi Lectoris.

CAPVT V.

Obeliscus Mahutæus eiusque expositio.

Obeliscus Mahutæus sic dicitur, quòd ad S. Mahuti Nationis Bergomatium Ecclesiam (sic enim Orientales S. Bartholomæum appellant, tametsi non desint, qui à S. Maclouio Britanniæ Episcopo, cuius primùm honori consecrata fuit, sub nomine S. Mahuti, corruptè dictam velint; de quo vide Pancirolum de Vrbis topographia) erectus conspiciatur: cuius Boreale latus dictam S. Bartholomæi Ecclesiam; Orientale, nouam Basilicam S. Ignatij Soc. IESV fundatoris; Meridionale, plateam, quæ Gymnasium Romanum Soc. IESV, & Cœnobium Dominicanorum interiacet; Occidentale verò Seminarium Romanum & plateam ad Pantheon ducentem respicit. Atque hic Obeliscus è fundamentis templi Isiaci erutus, vnus putatur fuisse ex 44 Obeliscis minoribus, de quibus in præcedentibus egimus, cuius proportionem, symmetriam, vti & hieroglyphica, quæ quaternis suis lateribus continet, eâ quâ fieri potuit diligentiâ æri incisa, hîc vnà cum interpretatione Lectori curioso exhibenda duximus.

Nota Lector, hunc Obeliscum omnia habere communia cum Obeliscis

liscis Monticœlio, & Mediceo paulò antè explicatis, exceptis ijs figuris quæ in quaternis lateribus signantur literis A B, C D, E F, G H. Figuræ in latere ex sunt, 21 Anser, 22 lancea, 23 hydroschema, 24 statua Leonina, 25 circulus cum termino, 26 canalis Niloticus, 27 Serpens, 28 brachium, flammam manu tenens, 29 cycloides, 30 segmenta, 31 sceptra; & hunc sensum faciunt. Chenosiris humidum custodit; Momphta diuina Intelligentia per canales Niloticos rebus vitam benefico inducit calore, cœlis, & inferioribus Mundi membris virtute sequentis amuleti.

Symbola in secundo latere, spatio C D inclusa, sunt 30 dodecapyrgon, 31 hydroschema, 29 duæ pennæ, cum tribus vasis 28 Niloticis, 27 Crocodilus, 26 tres termini, 25 dodecapyrgon, 24 tria vasa Nilotica, 23 fauissa, 22 piscina, 21 segmentum 32 cum tribus terminis. quorum sensus hic est. Ex præcedentium amuletorum vi, dodecapyrgon humidum, motu deducitur in Nilum, Typhone profligaro dodecapyrgon Nili sauissas & piscinas omnes implet, virtute sequentis amuleti, & potentia Osiridis summo semper honore colendi.

Symbola in tertio latere spatio E F inclusa, sunt 40 Accipiter cycloidi 39 insistens, 38 valuæ portæ, 37 tres termini, 36 vas ansatum, 35 statua Accipitrina; 33 caput humanum cum 34 ara, 32 traha, 31 segmenta cum tribus terminis. quæ hunc sensum inuoluunt: Accipiter cœlestis Osiris portas trium anni partium aperit, Agathodæmon verò Solaris, & Horus ritè culti, humorem inferioribus largiuntur, omnia virtute sequentis amuleti, & Osiridis singulari honore colendi.

Symbola in quarto latere G H spatio contenta ordine, hunc sensum exprimunt; 22 Humor 24 beneficus 25 Hori, qui 28 plantationis, 27 seminationis, & 26 anni dispositionis author est, 29 occulto motu inseritur 30 piscinis 31 vitalibus; vnde & 32 terrenum & 33 aëreum elementum fœcundo spiritu imbuuntur virtute sequentis amuleti.

Atque hæc est expositio Obelisci Mahutæi; quæ quidem symbola iam exposita, cùm pleraque in Obelisco Lateranensi contineantur, hìc ijs explicandis longior esse nolui.

FINIS SYNTAGMATIS SEPTIMI.

SYNTAGMA VIII.
OBELISCVS HELIOPOLITANVS,

Qui in hunc diem adhuc iuxta Mataréam, Vicum Cayro Aegypti vicinum, erectus conspicitur.

CELSISSIMO AC REVERENDISSIMO S. R. I. PRINCIPI
AC DOMINO, DOMINO

IOACHIMO ABBATI FVLDENSI,

Per Germaniam & Galliam Primati, nec non Imperatricis Augustæ Archicancellario,

Domino meo Clementissimo.

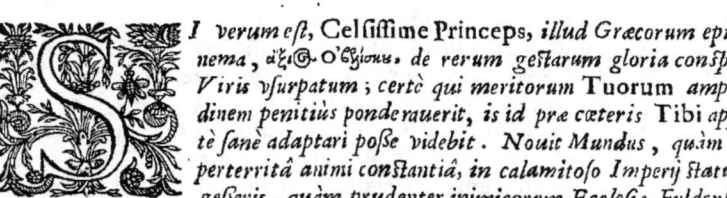

I verum est, Celsissime Princeps, *illud Græcorum epiphonema*, ἄξιος ὁ Ἐφέσιος, *de rerum gestarum gloria conspicuis Viris vsurpatum*; certò qui meritorum Tuorum amplitudinem penitiùs ponderauerit, is id præ cæteris Tibi appositè sanè adaptari posse videbit. Nouit Mundus, quàm imperterritâ animi constantiâ, in calamitoso Imperij statu Te gesseris, quàm prudenter inimicorum Ecclesiæ Fuldensi insidiantium technas eluseris, quantâ assiduitate Catholicæ Religionis bono Principatui Tuo inuigilaueris, imò in tanta animorum peruersione eum ab omni hæreseos contagione immunem conseruaris. Cùm itaque tantus sit Tuorum meritorum cumulus; nè indecorè, tùm erga Celsitudinem Vestram, cui iure naturali subdor; tùm erga patriam meam, ex qua & vitæ, & scientiarum primordia hausi, ingratitudinis conuinci queam; ecce præsentem Obeliscum veluti æternum gloriæ monumentum, nominis Tui splendori, erigendum duxi, in quo indelebili literarum sculptura virtutum Tuarum honor fulgeat, alijs ad exemplum, patriæ verò ad nominis nunquam interituri ornamentum. *Vale* Celsissime Princeps, *Imperij decus*.

CAP. I.   330   OEDIPI ÆGYPTIACI THEAT. HIEROGL.

SYNTAGMA VIII.

Obeliscus Heliopolitanus, qui in hunc diem adhuc iuxta Mataréam, Vicum Cayro Aegypti vicinum, erectus conspicitur.

CAPVT I.

De origine Obelisci Heliopolitani.

Heliopolitanus Obeliscus à quo delineatus.

Mataréa Ægypti.

Titus Liuius Burattinus multa hieroglyphica monumenta ex Ægypto allata communicat Authori.

Epistola Titi Liuij Burattini de Obelisco Heliopolitano.

E hoç Obelisco primam mihi relationem obtulit Perillustris & Generosus Dominus Matthias Balbiski, variarum Nationum, morumque Gentium notitiâ comprimis clarus; quem & dum Ægyptum lustraret, in lacuna quadam iuxta Mataréam (qui locus est Christi Seruatoris nostri & Virginis Matris commoratione, in hunc vsque diem celebris) inuentum, propriâ manu delineauit. Eundum spectauit P. Marcus de Luca ex Ordine S. Francisci de obseruantia, qui dum hæc scribo, oretenus mihi retulit, eum in lacu quodam erectum hieroglyphicis spectabilem occurrere, ad quem tamen non nisi certis anni temporibus, desiccatis videlicet ex inundatione Nili aquis in dicta lacuna receptis, aditus sit. Fuit hic nobilis cuiusdam Architecti Socius sæpius in hoc Opere laudati; & est D. Titus Liuius Burattinus, Matheseos, antiquitatum, linguarumque Orientalium peritissimus, cui quicquid in hoc Opere noui ex Ægypto allatum est, pariter acceptum referet Lector, vti tum in præcedentibus, tum sequentibus passim dicetur: qui & hodierno die Sereniss. Regis Poloniæ Architectum agit. Hic à me rogatus, vt quæ in Ægypto circa hieroglyphica monumenta notatu digna obseruasset, communicaret; quod summâ sané promptitudine & beneuolentiâ præstitit, dum non tantùm Obeliscorum reliquorum delineationes summâ industriâ & exactâ curâ factas misit, sed & multa alia suppeditauit, quibus hoc Opus summè locupletatum fuit. Inter cœtera verò monumenta duos Obeliscos delineatos mihi transmisit, vnum Heliopolitanum, alterum Alexandrinum; de illo priùs, de hoc postea ratiocinaturi sumus. Verùm vt Lector summam huius Viri diligentiam videat, hic eius verba, quæ ex Epistola ad me data extraxi, apponam. *Doi stadij lontano dalla Mataria, luogo famoso per l'albero del Balsamo, pochi anni fa morto (ma più è la commune fama, che iui si fermassero la Beatissima Vergine Maria con nostro Signore, e Santo Gioseppe, quando fuggirono la persecutione d'Erode) si veggono li vestigij d'vna grandissima Città, nel foro della quale si ritroua in piedi questo Obelisco di me misurato e disegnato, essendo li gieroglifici li medesimi da tutte*

quattro

quattro le parti; cosa che non hà questo d'Alleffandria. Questa antica Città li Arabi la chiamano عين شمس Ain Schemps, che vuol dire, Occhio del Sole; e può effere che sij l'antica Eliopoli, che si chiamaua Città del Sole, essendo ancor dalla parte di Leuante del Nilo, come anticamente si dice che sia stata Eliopoli. Quæ pulchrè consonant Arabum relationibus. Sed audiamus Abulfedam Geographum Arabem, cuius verba rem totam explicant.

Heliopolis antiquæ situs seu locus.

وعين شمس في زماننا رسم وليس بها ديار ويقال انها كانت مدينة فرعون وبها اثار قديمة من جملة من الصخور العظيمة وبها عمود مربع ويسمى مسلة فرعون طوله نحو ثلاثين ذراعا وهي عن القاهرة على نصف مرحلة وعندها ضيعة تسمى مطريه وهي عن القاهرة في جهة الشمالي وشرقي على النيل

Abulfeda.

Hoc est, *Ain Schemps siue Heliopolis, quam & Oculum, seu fontem Solis appellant, temporibus nostris desolata est, neque sunt in ea habitationes vllæ, & dicitur, quòd fuerit ciuitas Pharaonis; sunt in ea insignia antiquitatis monumenta, constructa ex lapidibus & saxis maximis; inter cætera verò columna quadrata, quæ vocatur Acus Pharaonis (id est Obeliscus) longitudo eius 30 cubitorum, estque à Cayro ferè media mergala; est etiam ibidem villa dicta Matarèa, sita ad latus sinistrum Orientalis Nili.* Dicitur autem Solis oculus, ob Solis in ea Vrbe cultum; & quòd in templo Solis speculum eâ arte constructum esset, vt id radiantem Solis faciem toto die referret, adeoque totum delubrum lumine suo illustraret; de quo vide Mechanicam Ægyptiorum, & primum Tomum Oedipi fol. 29. & 30. vbi de Heliopolitano Nomo multa notatu digna reperies.

CAPVT II.

De erectione & mensura Obelisci.

QVisnam Erector huius Obelisci fuerit, difficile asserere est; cùm in tanta antiquitatis caligine, præter coniecturas nil nobis superfit. Quantum tamen assequi possum, dicerem esse vnum ex ijs octo, quos Plinius Heliopoli Sothin & filium suum Ramessem erexisse memorat. Verba Plinij sunt: *Postea & alij Regum in Vrbe Solis, Sothis quatuor numero quadragenum octo cubitorum altitudine, Ramesses autem, quo regnante Ilium captum est, quadraginta cubitorum.* scilicet alios quatuor. Ex hoc testimonio Plinij luculenter patet, hunc præsentem Obeliscum verè vnum, ex illis quatuor esse quadraginta octo cubitorum: si enim cubitos 48 in palmos resolueris, obtinebis summam palmorum 96; & totidem palmorum Titus Liuius Burrattinus huius Obelisci, excepto pyramidio, altitudinem reperit; posito Plinium per 48 cubitos altitudinem tantùm trunci Obelisci intellexisse. Et primò quidem totius molis altitudinem ponit pedum Romanorum Capitolinorum 63, & præterea 150 earum partium, in quas totus Obeliscus diuisus esse censetur. Ponit præterea basin Obelisci $6\frac{644}{970}$ pedum dictorum, qui in palmos resoluti eorum circiter

Obelisci Heliopolitani erectio, & mensura.

Plinius.

Mensuræ Obelisci Heliopolitani.

CAP. III. 332 OEDIPI ÆGYPT. THEAT. HIEROGL.

citer 10 dant. Suprema verò latitudo lateris, vbi pyramidium contingit, $4\frac{224}{970}$ pedes habet, qui conficiunt 7 ferè pedes. Pyramidium deniquè $5\frac{49}{970}$ pedum eſt, qui faciunt quaſi nouem palmos ; atque adeò totus Obeliſcus altus eſt 105 palmos. Verùm hæc omnia exactiùs in ſymmetriâ Obeliſci hîc appoſiti, & à memorato Burattino delineati, elucescent.

Obeliſcus Heliopolitanus rudicer inciſus & cur.

Obeliſcus ſingulis in lateribus, vti Titus Liuius Burattinus obſeruauit, eadem prorſùs ſymbola tenet; quæ ſatis rudi Mineruâ ſaxo inciſa ſunt, vnde nonnulli opinati ſunt, hunc Obeliſcum nullâ ratione à Sothi erigi potuiſſe, cùm omnes Sothiaci Obeliſci ſymbolis admodum eleganter ſint inciſi, vti in Obeliſco Pamphilio patet. Hiſce reſpondeo ; ſicuti hodierno die ſunt Sculptores boni, ſunt & mali; ita & hunc Obeliſcum defectu meliorum, non adeo peritæ manus hieroglyptam artificem nactum eſſe, ita ferente temporum conditione ; non tamen inde ſequi, ab eodem Rege non fuiſſe inciſum. Potuit hoc etiam fieri hierogrammatiſtæ incultâ manu, quæ malè delineata ſymbola inconcinnam etiam in perito artifice inciſionem effecit, dum ea prout prototypon ferebat, genuinè inſculpſit: neque enim credendum eſt, ſemper eoſdem Hierogrammatiſtas & hieroglyptas, operam ſuam in inciſione ſymbolorum impendiſſe, ſed varios, vti & hodie vſu venit, dum experimento docemur, in Cancellaria alicuius Principis, vti diuerſi Scribæ ſunt, ita etiam valde differenti manu, ac ſtylo ſcribendi munus in commiſſis ſibi publicè ſcriptis expedire. Atque hæc eſt ratio, cur in omnibus Obeliſcis diuerſus quoque ac diſparatus hieroglypſeos ſtylus ſeruetur.

CAPVT III.

Argumentum huius Obeliſci.

Obeliſci Heliopolitani argumentum.

Dedicatur Intelligentiæ Solari.

OBeliſcus hic Solari Intelligentiæ, & aſſeclis eius Mercurio-Lunaribus dedicatus eſt. Et primò quidem oſtendit, quomodo Intelligentia Solaris in tripartitum anni tempus influat, coelumque vitali influxu impleat ; & quomodo inde polymorphi curâ omnium rerum neceſſariarum vbertas emanet. Secundò quomodo per ſacram tabulam propitiandus ſit ; & quomodo inde Mercurio-Lunaris vis ſopita per memoratum influxum excitetur, & conſeruetur. Tertiò quomodo per tabulam ſacram Mendeſiam, tres Mercuriales Potentiæ Agathodæmoni Intelligentiæ coniungantur ad vitalem influxum in ſuperiora inferioraque continuandum. Quartò, quomodo denuo per ſacram tabulam vis & poteſtas Anubidis templorum cuſtodis, prouidentia vitaliſque influxus concilietur. Quæ omnia vera eſſe, ex interpretatione patebit.

CA-

SYNTAGMA VIII. OBEL. HELIOPOLITANVS. 333 CAP. III.
Obeliscus Heliopolitanus.

Pars I. superior.   *Obelisci erectio.*   *Pars II. inferior continuata priori.*

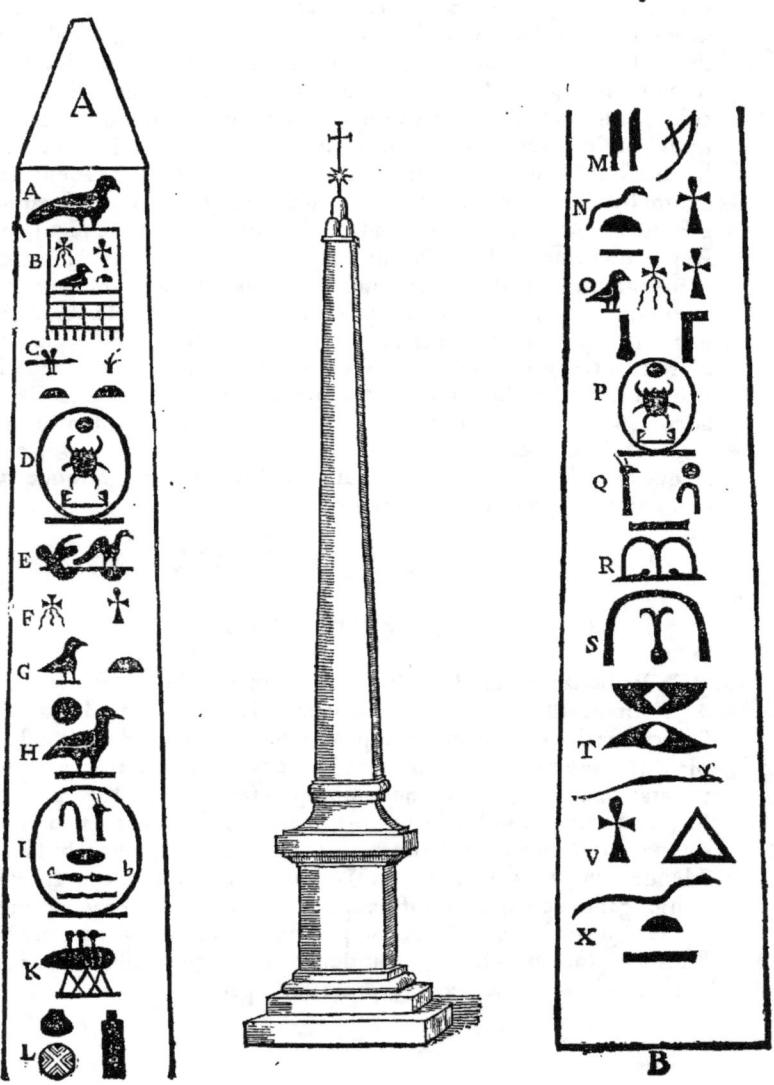

CAP. IV.   334   . OEDIPI ÆGYPTIACI THEAT. HIEROGL.

CAPVT IV.

Interpretatio Obelisci.

A
Obelisci Heliopolitani interpretatio.

Solis, seu Intelligentiæ Solaris hieroglyphicum, Accipiter. Horus l. 1. c. 6.

PRimo Obelisci loco, A, Accipiter occurrit; quem ferè vbique in singulis Obeliscis primo loco supra quadrangulum positum reperies. Vide Obeliscum Flaminium, Mahutæum, Mediceum, Monticœlium, cæterosque: & Solem vel eius intelligentiam semper notat. Nam vt rectè dicit Horus; Θεὸν σημαίνοντες Αἰγύπτιοι, ἱέρακα ζωγραφῦσι· Θεὸν μὲν ἐξ ὁ πολύγονον ἐν ᾧ ζῷον, καὶ πολυχρόνιον, ἔτι γε μἦ ἐπεὶ, καὶ δοκεῖ εἴδωλον ἡλίῳ ὑπάρχειν, ὦσπερ παιτᾷ ὦ πεπεινὰ πρὸς τὰς αὐτᾶ ἀκτῖνας ὀξυωποῦν. *Deum significantes Accipitrem pingunt; Deum, tum quòd fœcundum sit ac diuturnæ vitæ animal, tum etiam quòd præ cæteris volucribus simulachrum Solis esse videatur, vtpote peculiari quâdam atque occulta naturæ vi intensissimis in eius radios oculis prospiciens.* Sedet

B super quadrangulum B, in quo ramus triplex inuersus, Crux ansata, & Vultur spectantur, quo dominium & præsidium in inferiora denotantur. Et per ramum quidem inuersum denotatur tripartitum tempus anni, tribus Numinibus Osiri, Isi, & Mercurio dicatum; hæc enim anni Duces, influxum supremi Numinis, quem Crux ansata significat, in cœ-

Vultur cœlum significat. lorum primum, quod Vultur notat, deuehunt. Vulturem autem cœlum significare, quæ veluti mater & principium passiuum, omnem naturæ fœturam in se recipit, luculenter Horus ostendit l. 1. c. 11. Καὶ ὁ τῶν γυναικῶν γένος Θηλειῶν ἐςί, γένος μόνον δὶ ὅτι αἰτίαν, καὶ παντὶ Θηλυκῷ ζωδίῳ οἱ Αἰγύπτιοι γῦπα ὡς Βασίλειον ἐπιτιθέασι ἀφ' ὅ καὶ πᾶς Θεὰν γράφουσι Αἰγύπτιοι, μητέρα εὖ θέλοντες σημαίνειν γῦπα ζωγραφῦσι· μήτηρ δὲ ἐςὶ Θηλυκὲ ζώα, ἐρσινικῶν δὲ, ἢ γὸ ἄρσενος αὐτοῖς ἐν ἔςι τῶν λέγειν καθὼς φασίν τινων· ἐπεὶ τότων ἡ γένεσις οὐκ αἰδὲν ἐςί. *Quia & Vulturum genus fœmineum tantùm complectitur, ideo & cuiuis fœminei sexus animanti Ægypti Vulturem, vt in eo sexu principem & primarium apponunt, ex quo & Deam omnem significant. Insuper & matrem indicare volentes, Vulturem pingunt; est enim mater fœmineæ naturæ,* ἐρσινικῶν *autem, hoc est, cœlum (neque enim placet ipsis, vt dixi, masculino genere* ἐρσενὸν, *sed fœminino dicere) quoniam horum omnium generatio inde est.* Vides igitur quomodo Intelligentia Solaris virtutem suam influxiuam cœlo, quæ per Vulturem indicatur, primò communicet, & in eo veluti in vtero quodam seminalium rerum rationes efformet, quas deinde tripartitum anni tempus, Osiris, Isis, & Mercurij præsidum, qui per triplicem ramum notantur, curâ excludat. Verùm vide quæ de triplici ramo inuerso, de Cruce ansata, & Vulture, ex omnigena authoritate, tùm in Obelisco Pamphilio, tùm in hoc vltimo Tomo amplissimè demonstrauimus.

C
Dæmonis polymorphi hieroglyphicum.

Sequitur C Papilio dracontomorphus, cum thyrso papyraceo, quo Dæmonem polymorphum significare passim hoc Opere ostendimus; adiunctum habet thyrsum papyraceum, necessariarum rerum abundantiæ signum; quorum omnium rationes mysticas amplè descriptas vide in Obelisco Pamphilio fol. 500, & in Diatribe IV. huius Tomi passim. Quæcunque itaque Solaris Intelligentia in cœlo veluti vtero quodam

per

SYNTAGMA VIII. OBEL. HELIOPOLITANVS

per tripartitum tempus influxibus suis disponit, illa Dæmon polymorphus, vera illa Arabum Chalcodea, dum singulis rebus, in hylæis Mundis existentibus, formas proprias attribuit, in lucem educit; quam & ideo sacrâ tabulâ D allicere se posse sperabant. Continet autem sacra tabula Scarabæum, & duas statuas sibi infrapositas; Scarabæus Solis simulachrum exhibet, de cuius mysticis significationibus ex omnibus penè veterum Authorum monumentis, integro tractatu, vti & innumeris huius Tomi locis actum est; eratque Scarabæus amuletum ad Solare Numen trahendum potentissimum; & passim in collo, pectore, brachijs portabatur. Sed & de hoc inferius amplius disseremus. Simulachra bina tametsi rudi sculpturâ exhibita, qualia tamen fuerint, ex Obelisco Lateranensi, Mahutæo, alijsq; minoribus, vti distinctius repræsentata, collegimus. Vnum Leoninam faciem, Accipitrinam alterum exhibet, quæ & Solares Genios indicant. Supponuntur Scarabæo, vt ab ipso vim acquirant, tanquam à superiori inferiores & substituti. Sequuntur modò è regione E duæ figuræ, quarum prima Aspidem squamoso & turgido pectore conspicuum, altera Ibin contracto collo refert; quæ binæ figuræ sæpe sæpius & exactius sculptæ cernuntur in Lateranensis & Flaminij Obelisci vertice, vbi etiam significationem vberius expositam vide; indicant enim Ophionium & Ibimorphum, id est Luni-Solare Numen; ac per Aspidem quidem Solaris, per Ibin Lunaris influxus efficacia significatur, sine quorum commistione Mundus conseruari non potest: etenim cùm generatio rerum in humido & calido consistat; nec humidum sine calido, nec hoc sine illo effectum in natura rerum intentum obtinere potest, sed ideo sociantur, vt nimia per calorem Solis siccitas, humido-Lunari; nimia verò humiditas calido Solari quadantenus temperetur, & sic generationes rerum suum obtineant finem.

Hæc itaque Numina influxu supremi Numinis participato, seminalibus rationibus quadripartitum anni tempus in cœlesti concauo veluti in vtero quodam, disponunt, atque Chenosiri inferioris Mundi dispertiendas tradunt; quæ per symbola F G H aptè indicantur, & sunt ramus inuersus, Crux ansata, & Vultur, & Anser; quorum tria prima symbola eadem sunt cum ijs, quæ suprà in quadrangulo, B, continentur. Sequitur modò sacra tabula Mendesia I, in qua sceptrum incuruum, cum sceptro ægomorpho, id est, Hircino capite insignito, item oui, silicis sacri, & hydroschematis figuræ continentur. Per duo sceptra, dominium indicatur Mendes (sic enim Ægyptij Hircum sacrum & fœcunditatis Numen, teste Herodoto, Strabone, Eusebio appellant) per ouum occulta in Mundo rerum πανσπερμία; per sacrum silicem, ignis; per hydroschema, aqua denotantur; & idem quod priùs, calido-humidi coniunctionem indicant, sine qua Mendesia vis per sceptrum hircinum indicata, conseruari non potest; atque hoc pariter amuletum ad dicta Numina trahenda efficacissimum putabant. Erat autem sacer silex, instrumentum, quo ignem in adytis eliciebant, de quo alibi, erantq; bina in formam pistillorum esformata, quorum prius constabat ex chalybe, alterum ex ferro, quibus

CAP. IV.

D
Amuletū ad alliciendū Dæmonem Polymorphū.

Geniorum Solarium simulachra.
E

Ophionium & Ibimorphum Numen.

F
G
H
I
Mendesia tabula sacra eiusq; hieroglyphica.

Herodotus. Strabo. Eusebius.

Silex sacer quid.

CAP. IV. 336 OEDIPI ÆGYPTIACI THEAT. HIEROGL.

Paufanias.   inuicem illifis, efca ignem concipiebat; quorum mentionem Paufanias facit in Æolicis, vbi & χρυσόλιθον appellat: Ἐκ τῶ χρυσολίθε καὶ σιδήρε τῶ πυρὸς ῥιπίζμα. *Ex Chryfolitho & chalybe ignis fufcitabulum*. Ægyptij enim omnia ea inftrumenta, quorum in facris vfus erat, vtpote arcana quâdam fimilitudine ad Numinum rationem, quæ follicitabant, conftructa, inter facræ fculpturæ fymbola numerabant, vt alibi dictum eft.

K   Sequuntur è regione K tres Ibides, pedum intricato proceffu tria

Tres Ibides pedum diuaricatione exprimentes tria delta. △ △ △ exprimentes. (Hæ Ibides in Obelifco Lateranenfi, & Barberino, quæ hîc in vnum corpus coniunctæ videntur, ibi difcretæ confpiciuntur, vt proinde aliud hîc myfticum non lateat, nifi Sculptoris aut Hierogrammatiftæ arbitrium.) Quibus triplex Mercurialium Geniorum influxus exprimitur (his enim cura in humidam naturam, vti vas Niloticum infrà pofitum indicat, commiffa erat) quem in omnia Mundi membra, per

L   figuram L indicata, diftribuebant. Per temonem vafi Nilotico appofitum notabant, aquam vehiculum effe omnium occultarum virium humi-

Mercuriales Genij. do inexiftentium. Nota Lector, tres Mercuriales Genios dici, quòd à Genio Solari & Lunari æqualem virtutem & poteftatem participent; Mercurius enim omnium fe Geniorum officijs mifcet; vnde tres hi Mercuriales Genij ijdem funt cum ijs, quos paulò antè adduximus, folis effectibus differentes.

M   Porrò è regione M fequuntur duæ pennæ, cum hieralpha, quibus, vti iam fæpe diximus, Agathodæmones Intelligentiæ indicantur, quales

N funt tres memorati Mercuriales Genij; hi enim, vti N fymbola oftendunt, influxus vitales cœlo primùm inftillant, quibus deinde tripartitum anni tempus, influxu hoc impregnatum, effectus defideratos præftat ; quæ per

O fymbola O, Vulturem, ramum inuerfum, & Crucem iam tertiò repetita indicantur; vnde & facra tabula P illis propitiandis congrua, eadem eft

P cum ea, quam fuprà in D expofuimus. Hâc enim fœcundum Mendefij

Q Numinis dominium Q fuprà expofitum in I, vires acquirit, ad Mundum magna rerum varietate complendum, quarum in Mundana domo vigiles & conferuatores funt Anubici Genij, qui fcitè exhibentur per figuram

R R, quæ domum exprimit, in cuius portis duo Canes accumbunt; quæ quidem figura expreffiffima cernitur in Obelifco Flaminio in latere Meridionali è regione B; vbi & myfticam eius fignificationem expofitam vide.

Sequitur deinde S domus Ammonis, cum fceptro in medio cornibus

S Arietinis confpicuo, quo notatur, mediante facra tabula præcedente, at-

Mendes ab Ammone in quo differat. tractus Ammoniæ virtutis, id eft, fœcunditatis fpermaticæ; differunt autem Mendes ab Ammone in hoc folo, quòd quam vim fpermaticam contulit Ammon, illam Mendes in vberrimam luxuriantis naturæ fobolem producat, habentque fe per modum difpofitoris & executoris, tametfi reuera ijdem ab Ægyptijs fœcunditatis Numen habeantur. Horum itaque prouidentia vitalis influxus in vniuerfum Mundum deriuatur, vti oculus

T & Serpens T, anfata Crux cum pyramide, Serpens cum fegmento, & fceptro, iam fæpe expofitis fymbolis, docent.

Vi-

SYNTAG. VIII. OBEL. HELIOPOLITANVS.   CAP. IV.

Vides itaque in hoc Obelisco catenam quandam exhiberi Lunæ-Solarium Geniorum vnà cum Mercurialibus, quorum officium est, influxu suo à suprema Intelligentia Solari participato, per quandam concatenatam actionem, Vniuersum administrare; omnia conseruare; vnde non sine causa tanta Sacerdotum in ipsis propitiandis cura & industria. Atque hæc de Heliopolitano Obelisco dicta sufficiant.

Catena Geniorum Lunæ-Solarium & Mercurialium.

FINIS SYNTAGMATIS OCTAVI.

SYNTAGMA IX.
OBELISCVS ALEXANDRINVS.

ILLVSTRISSIMO ATQVE REVERENDISSIMO
DOMINO, DOMINO
IOSEPHO MARIAE SVARESIO,
Vasionensi, in Gallia Narbonensi, Episcopo.

INGRATITVDINIS procul dubio, Illustrissime atque Reuerendissime Præsul, *notam incurrerem, si ex hac literaria messe, quam Te potissimùm fauente & fouente excultam collegi, aliquem Tibi fasciculum non offerrem. Neque enim adeo me profunda cepit obluio, vt Tui in me affectus sinceritatem non meminerim, quàm videlicet ardenter olim egeris, vt Romam ego huius colligendæ messis gratia venirem.* Impetrasti quod volebas, *& simul satisfecisti Nicolai Peirescij votis, Viri illius totius sapientiæ sacrarij, qui per Te id ab Eminentissimo Francisco Cardinale Barberino ardenter poscebat; atque adeo meam simul excitasti industriam, mihique legem imposuisti, quà me in hunc laborum labyrinthum conijcerem vel inuitus.* Herculeum opus videbatur, nullisq́; planè viribus absoluendum; *adeoque non poteram non meæ metuere imbecillitati : sed prestò fuit laboranti diuinæ auræ susurrus. Immensum, intentatumq́; Oceanum sulcauimus, metam attigimus; atq́; idcirco, si quid in hoc Opere laudis est,* Tibi *non parum debeo. Aliò, & alias in curas, tametsi literarias, destinabar :* Tu, *suadente Peirescio effecisti, vt vnicè & impigrè in hanc incumberem. Palladem laudauit Antiquitas, quòd Argonautarum audaciam adiuuerit :* Tu Illustrissime Præsul, *non in hoc Opere mihi sis laudandus, qui & nauim, & artem instruxisti? Sit itaque hoc perenne meæ erga* Te *gratæ voluntatis monimentum; modicum quidem, sed ex animo promptum. Vale.*

SYNTAGMA IX.
Obeliscus Alexandrinus, eiusque interpretatio.

CAPVT I.

De origine, & primo Erectore huius Obelisci.

Obelisci Alexandrini duo supersunt.

VO adhuc Obelisci spectantur in Alexandrina Vrbe, alter erectus, alter semisepultus; de quibus ita Geographia Arabica:

وبالاسكندرية المسلتان فرعون وهما حجران على طولهما مربعان وعلامهما اضيق من اسفلهما وطول الواحدة منها خمس قيم وعرض قواعدها في كل واحد من وجوهها عشرة اشبار محيط الكل اربعون شبرا وحكى صاحب كتاب العجايب انهما منحوتتان من جبل تريم في غربي بلاد مصر وعليهما مكتوب انا جعمر بن شداد بنيت هذه المدينة

Sunt in Alexandrina Vrbe duo Obelisci, lapides videlicet quadrati, quorum partes altiores, strictiores sunt inferioribus, & longitudo eorum 5 perticarum (quæ Arabibus قيم dicuntur,) basis verò in omni latere seu facie 10 palmorum est, & circuitus 40 palm., & dicit Sahab in horto mirabilium, quòd Iaamar filius Schadad ædificauit hanc ciuitatem. Est autem قيم Kim arundo constans 20 palmis, qui in 5 Kim ducti faciunt præcisè 100 palm. altitudinem, quâ vterq; constat; & aptè sanè huic dimensioni latitudo basis 10 palm. in vtroq; congruit Obelisco, siquidem basis latitudo ad altitudinem in decupla proportione constituatur. Atq; ex his 2 Obeliscis vnus est, quem propriâ manu summâ diligentiâ dimensum delineatumq; non ita pridem ad me Romam transmisit, quem suprà laudaui, Titus Liuius Burattinus; de quo hisce verbis scribit: *Questi gieroglifici li copiai dal lato Occidentale dell'Obelisco d'Alessandria, che rimane in piedi, e li altri tre lati, per esser guasti dall'aria, non fù possibile, che li potessi disegnare, li quali sono tutti differenti, e perciò non credo che frà tutti li Obelisci, che hoggidì si ritrouano, vi fusse altro più adorno di questo.*

Obeliscus Alexandrinus à Tito Liuio Burattino ad Authorem missus.

CAPVT II.

De mensura & symmetria huius Obelisci Alexandrini.

Totius Obelisci altitudo à dicto Tito Liuio fuit inuenta 62 pedum Capitolinorum, cum $\frac{691}{970}$ in quales pes Capitol. diuisus assumebatur. Pyramidium est quinque pedum Romanorum cum $\frac{674}{970}$. Obeliscus à basi vsque ad pyramidion 57 $\frac{17}{970}$ pedum, basis 7 $\frac{746}{970}$ pedum, vti in figura apparet.

Obelisci Alexandrini mensuræ.

Epi-

340 OEDIPI ÆGYPT. THEAT. HIEROGL.

Pars I. *Obeliscus Alexandrinus.*

Pars II. continuata priori.

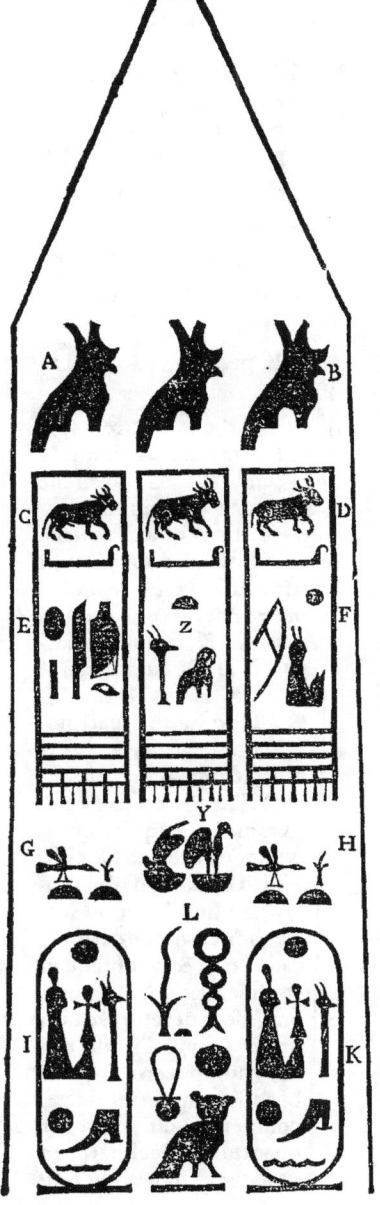
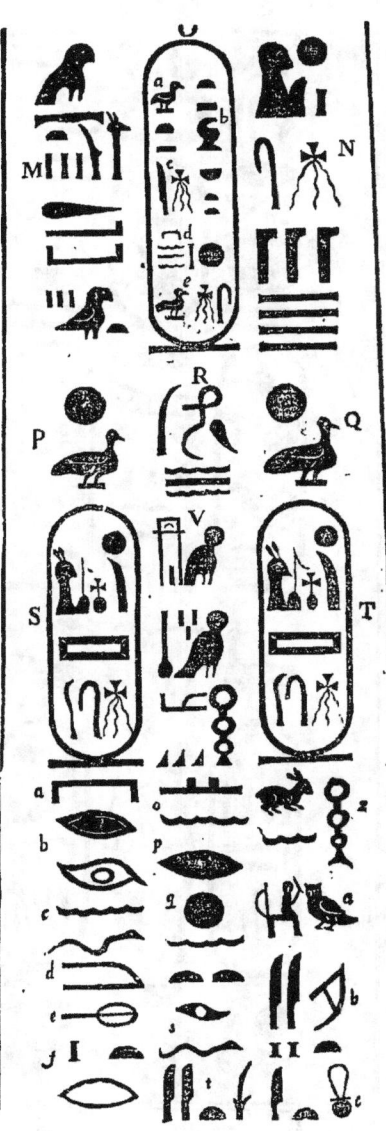

SYNTAGMA IX. OBEL. ALEXANDRINVS. CAP. II.

Pars III. inferior continuata prioribus.

Epilogismus totius Obelisci Alexandrini ex literis Titi Liuij Burattini.

Altitudo E O vnà cum pyramidio pedum Romanorum Capitolinorum $62\frac{691}{970}$

Altitudo F O pedũ $57\frac{17}{970}$

D L pedum $55\frac{257}{970}$

H M pedum $4\frac{263}{970}$

Latitudo G H pedum $7\frac{556}{970}$

I K pedum $7\frac{746}{970}$

M K pedum $0\frac{95}{970}$

Ad quantitatem singularum partium sustuli G H, ab I K, & remanent partes 190, cuius medietas sunt 95, quæ est quantitas lateris M K, paruuli trianguli M H K, cuius proportionis ope inueni latus L K maioris trianguli L D K, cùm sicuti K M ad M H, ita L K ad L D. Hoc itaque spacium L K duplicatum, & ab I K subtractum, remanere facit, L P, æquale à C D basi pyramidij. Atque hæc est symmetria totius Obelisci à Tito Burattino obseruata, nec sine ingenij Geometrici commendatione calculata; & nè quicquam consideratione dignum omisisse videretur, addidit situm Obelisci, qui quidem non præcisè quatuor Mundi plagas respicere compertus est, sed aliquantulum declinat, prout sequens figura ostendit.

CAP. II. 342 OEDIPI ÆGYPT. THEAT. HIEROGL.
Obelifci symmetria.

Pars superior.   Pars inferior continuata priori.

Nota ad Lectorem.

Cùm Obelisci altitudo, ob chartæ angustiam, hoc loco exhiberi non potuerit, eum in binas partes diuisum exhibere visum fuit. Dum itaque symmetriam eius in præcedenti facie descriptam legis, totum tibi Obeliscum erectum vt imagineris necesse est, vt hoc pacto demonstrationem verbis Burattini relatam, meliùs intelligas. Figura infrà posita, ostendit basin Obelisci, vnà cum inclinatione eiusdem à quatuor Mundi partibus.

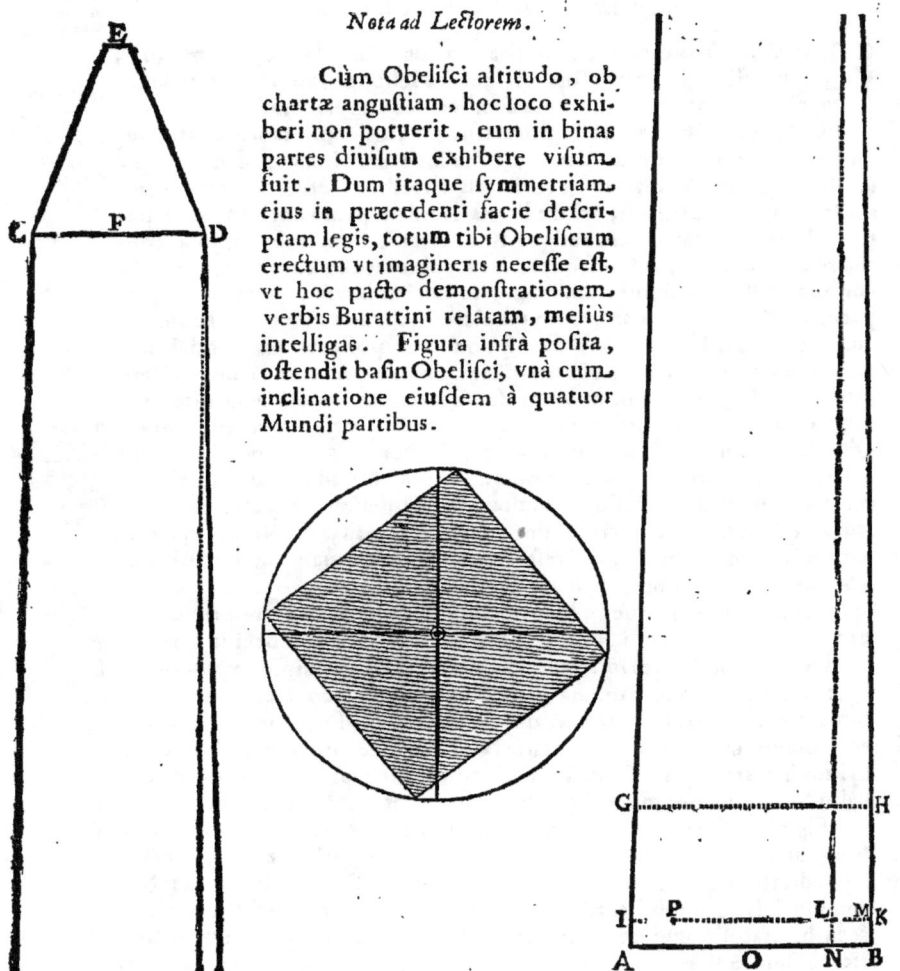

Atque hæc est symmetria Obelisci Alexandrini, quâ peractâ iam explicationem eiusdem ordiamur.

CA-

SYNTAGMA IX. OBEL. ALEXANDRINVS. 343

CAPVT III.

Interpretatio Obelisci Alexandrini.

  Hic Obeliscus eandem imperitam manum siue Hierogrammatistæ, siue Hieroglyptæ nactus est, quam Heliopolitanus in præcedente Syntagmate expositus: sunt enim symbola ita imperitè insculpta, vt non nisi ex alijs Obeliscis cognosci potuerint ; cuius vnum tantùm latus delineauit Titus Liuius Burattinus ; & habet tres columnas, sicuti Obelisci Lateranensis & Flaminius ; cœteris lateribus vetustate temporum, aërisque iniuria corruptis, vti ex literis eiusdem paulò antè adductis patuit. Verisimile tamen est, reliqua tria latera eadem ferè symbola continere ; ita quidem, vt si restituere meâ voluntate ea voluissem, id difficile non fuisset : indubitatum enim est, reliqua latera, primam epigraphen, vti & reliquarum sacrarum tabularum schemata, eadem habuisse ; quod vti dixi, difficile non fuisset, si non apud posteros malæ fidei notam inde contrahere me posse timuissem. Vt itaque maiori ingenuitate procederem, solùm huius mihi transmissi lateris delineationem interpretandam assumpsi. Cuius quidem argumentum prorsùs idem est, ac illud Obelisci Flaminij, de quo suprà videat Lector ; & continet duodecim Solarium Geniorum effectus & operationes in Mundana œconomia, ex eorundem præsidio & influxu resultantes ; quibusque singuli eorum cœremonijs & ritibus propitiandi sint ; singuli enim suas in circuitu quaternorum laterum plagas Mundi respiciunt, quas & à malorum incursu defendunt conseruantque. Sed ad Rhombum.

  Continentur itaque in hoc Occidentali Obelisci latere, primo loco tres Accipitres tutulati A B, rudi scalpro effigati, qui occiduæ plagæ præsides Genios Solares indicant, vti in Obelisco Flaminio exposuimus. Sedent supra tria quadrangula, in quibus primo loco tres Boues sunt, cum totidem expansis brachijs, quæ literis C D indicantur. Et per Boues quidem inferiora hylæa Solaria Numina indicantur, in quibus Osiris hylæus habitat, qui influxu à superioribus participato totam inferiorem hylæi Mundi œconomiam beneficâ manu animat & conseruat.

  Figura E simulachrum notat Hemphtæum ; Z Mendesiam malorum fœcunditati contrariorum propulsatricem ; F Agathodæmonem calidi suppeditatricem potestatem denotant. Qui tres Genij, tribus hylæis Numinibus Solaribus substituti sunt, vti in Obelisco Flaminio dictum est, vbi & authoritates singulorum reperies : ita vt per tres superiores Accipitres, 3 Genij Solares in Sidereo Mundo ; per 3 Boues, in hylæo Mundo ; per tria reliqua simulachra eorum affeclæ intelligantur ; quibus quidem si reliquorum laterum figuræ adiungantur, meritò ex his duodecim Geniorum catenis, vniuersi Mundi machina, iuxta entium correspondentium connexionem administratur & fulcitur.

  Sequuntur iam tres columnæ, cum suis tabulis sacris seu anathematis,

tis, quæ omnia in nullo prorsus differunt ab ijs, quæ in Obeliscis minoribus, Mahutæo, Mediceo, & Monticœlio, & in maiori Obelisco Flaminio
G passim occurrunt; in primo siquidem & tertio latere Papylio draconto-
H morphus cum thyrso papyraceo occurrit, cum sacris tabulis seu anathe-
I matis Momphto-Mendeijs I & K, quorum fusissimam explicationem de-
L dimus fol 220. In media verò columna primo loco Y Aspis Ophionei
K Dæmonis symbolum, & Ibis occurrunt, vnà cum reliquis symbolis inter L & O inclusis, quæ eadem in Meridionali Obelisci Lateranensis latere è regione Y posita reperies; quorum omnium interpretationem cùm citato loco dederimus, eò Lectorem remittimus. Has autem figuras easdem esse cum ijs, quæ in citatis Obeliscis reperiuntur, vt ostendam, nihil adeò aliud requiritur, nisi vt in fine huius Obelisci positas figuras distinctiùs expressas consulas, ex quarum comparatione ad inuicem factâ, veritas luculenter apparebit.

M   Sequuntur modò schematismi M O N, quorum prior M, & tertius
N N, eadem symbolorum serie exhibiti reperiuntur in latere Orientali
   Obelisci Flaminij, è regione Y, quorum & expositionem ibidem addu-
O ximus; medius autem schematismus sacræ tabulæ O inclusus. symbola

Geniorum humidi & calidi symbola.

quidem aliter disposita, sed minimè incognita, & vbique passim in Obeliscis obuia exhibet, & indicant symbola Geniorum humidi & calidi Præsidum, attractiua; his siquidem totius tripartiti anni status, *a*, calidi & ignei Præses, per Ibin, *b*, humidi & aquei Præses in inferioribus indicatur; per, *c*, triplicem ramum, tripartitum anni tempus, per pennam appositam, motu animandum; per, *d*, aquea substantia Mundi fulcimentum, quâ Chenosiris, *e*, tripartitum anni tempus adminiistrat, indicantur.

   Sequuntur tertiò Schematismi P Q R S V T, quorum prior & ter-
P tius sunt sacræ tabulæ anathemata Osiri & Isi consecrata, & eadem
Q prorsus sunt, quæ in citatis Obeliscis Flaminio, & minoribus Mahutæo &
R Mediceo passim occurrunt, vti vnum cum altero comparanti patebit, &
S ex adiuncto in fine schemate liquet; quorum & interpretationem citatis
T locis exhibitâ videat Lector. Medius schematismus RVT habetur pariter
V in Obelisco Lateranensi partim in lateris Borealis prima columna è regione M & N, partim in lateris Meridionalis media columna è regione F; & indicant Typhoniæ malignitatis ab humido sacrorum canalium, à portis sacrarum fauissarum, à terminis agrorum propulsationem, per catenam trium Geniorum tribus principijs generationis præsidentium, efficiendam. Sed hæc fusiùs citato loco vide pertractata.

Hieroglyphica lectio symbolorum Obelisci Alexandrini columbæ primæ.

Sequuntur modò in prima columna symbola *a b c d e f g*; quæ denotant effectus ex cultu Deorum per sacra anathemata peracto, quorum sensus est: Per has sacras tabulas cœlestis prouidentia vitalem liquorem in fauissam influit, amore supera & infera replet, fauissa sacra 4 Numinum Solarium custodia (quæ aptè sanè per 4 sceptra Accipitriuis capitibus insignita, & fauissæ *g* imposita indicantur.) seruatur, quorum benefica,

SYNTAGMA IX. OBEL. ALEXANDRINVS.

fica, *h*, vi per *i* tres Mundi terminos diffusa, *k* necessariarum rerum omnium abundantia per tripartitum anni tempus in *l* cœlestibus & terrestribus *n* duplici dominationis *m* vehiculo confertur.

Mediæ columnæ symbola sunt signata *o p q r s t u x y*, quorum sensus est: Aquæ cœlestis prouidentia per occultum vitalis humoris motum catenas pandit Pantamorpho, ope sacræ tabulæ *a b* sequentis, in qua Scarabæus siue Osiris dodecapyrgi præses, ouali includitur. Reliqua symbola inter *b* & *c* inclusa, cùm eadem sint quæ in Obeliscis minoribus & Lateranensi frequentissimè occurrunt, non attinet exponere, cùm iam sæpius exposita sint.

Hieroglyphica lectio symbolorum columnæ mediæ Obelisci Alexandrini.

In tertia columna symbola comprehenduntur literis *z a b c d e f g h i*; quorum sensus est: Custos catenæ Isis, quæ aptè per, *a*, throno insidentem figuram notatur, Noctuam Typhoniam profligat, Agathodæmon Intelligentia allicitur, ope primò Osiridis, inde sacri vasis gestatione, Mundus vterque eius benefica vi fulcitur, vita Mundo, fauissæ, & sacris cisternis infertur per sequentes sacrarum tabularum schematismos LM & NO; quæ vt in nullo ab ijs, quæ in citatis Obeliscis continentur, differunt, ita eandem quoque significationem habent, quam citatis locis vides. Atque hæc est perioche interpretationis huius præsentis Obelisci Alexandrini, quem quidem eadem prorsus in se mysteria continere, quæ Obeliscus Flaminius, paulò antè ex identitate symbolorum demonstratum fuit.

Hieroglyphica lectio symbolorum tertiæ columnæ Obelisci Alexandrini.

Scribit verò delineator huius, spacia latelaria T S & T V¹, referta fuisse minutissimis hieroglyphicis, quæ vti ob summam (nam temporum edacitate rasæ erant) corruptionem, assequi non licuit, ita quoq; de ijs iudicium nostrum interponere minimè visum est.

Consectarium I.

Hinc patet, hunc Obeliscum ferè esse compositum ex figuris Obeliscorum superiùs recensitorum, vt proinde identitas figurarum, identitatem significationis planè commonstret.

Consectarium II.

Hinc patet, ex Obeliscis veluti prototypis omnia schemata, quæ peculiaribus simulachris insculpta cernuntur, desumpta esse, solo situ subinde diuersa, qui tamen nullam in significando diuersitatem inducit, vti in principio huius Operis de symbolicæ literaturæ proprietate docuimus.

Nota denique, in abaco Obelisci, Arabicis literis hæc verba spectari مسمار فرعون, quæ idem notant quod, *Acus Pharaonis*; ita enim Arabes

Obeliscos vocant, quæ transscriptor eo ibi fine posuit, tanquam genuinum Obelisci apud Arabes nomen; quæ ideo appono, ne illa à Veteribus saxo incisa putares.

Visum fuit hìc apponere schemata distinctiùs expressa ex Obeliscis minoribus extracta, quæ in præcedenti folio inseri debebant.

Tabula Mophto-Mendesia.
Hoc ouatum schema respondet præcisè in Obelisco Alexandrino ouatis figuris I & K, vti & L & N.

Tabula Osiriaca.
Hoc ouatum schema respondet præcisè in Obelisco dicto ouatis figuris S & T, vti & M & O.

FINIS SYNTAGMATIS NONI.

SYNTAGMA X.
OBELISCVS FLORENTINVS.

EMINENTISSIMO PRINCIPI
IOANNI CAROLO
S. R. E. Cardinali Mediceo.
DOMINO MEO CLEMENTISSIMO.

*BELISCVM* hunc Florentinum vocò, quia Florentiæ in celeberrimæ Vrbis Museo primò detectus; vnde nulli meliori iure quàm Tibi, bonarum literarum consultissimo, eum inscribendum duxi. Etenim sicut olim Ἀθηναῖα Ἀθηναίοις, sic Florentina non nisi Florentinis debentur, vt vbi nullo non tempore reconditarum literarum viridaria culta sunt, ibidem detecta Ægyptiacæ Sapientiæ adyta Mundo inclarescerent. Nec mirum, cùm celeberrimo Florentino Athenæo præsit Trismegistus verè rediuiuus, Summus Hetruriæ Dux, religione, sapientiá, & Regiá affinitate ter maximus, cuius incitamento non tantum magna præstare possunt Inclytæ Vrbis Vestræ Sophi, sed ea factis Mundo sufficienter comprobare. Accipe itaque huius præsentis Obelisci, honori Tuo constituti, nouam erectionem; & si quid iudicio Tuo limatissimo minùs responderit, id pro innata Tibi prudentia Te excusaturum potius, quàm in malam partem accepturum prorsus confido, memorem illius: *In rebus arduis tantùm voluisse, sat esse.* Vale.

SYNTAGMA X.

Obeliscus Florentinus, eiusque interpretatio.

CAPVT I.

De Obelisci huius origine, inscriptionis ratione, & argumento.

Obeliscus Florentinus à Nardio transmissus.

OBILISSIMVS Ioannes Nardius, Magni Ducis Hetruriæ Medicus, primò hunc mihi Obeliscum præsentem, vnà cum innumeris alijs fragmentis hieroglyphicis, quorum in sequentibus passim mentio fiet, pro sua in Reipub. Litter. boni promotione, transmisit. Verùm vt omnia authenticis testimonijs suis constent, hîc epistolam eius subscribam, ex qua detecti Obelisci occasio luculenter patebit.

Adm. Reu. P. Athanasio Kirchero
Ioannes Nardius B. A.

Nardij epistola ad Authodem.

Remoror volens egregios tuos conatus nupero obsequio, Vir eruditissime, labentisque seculi decus. Nam qui te diu, multùmque insudantem versandis Ægyptijs cautibus conspicor, leuidensi munusculo allicio in præsens, quin auoco, improbumque laborem delinio, impotens manus admouere auxiliares tanto operi, quod esset in votis. Dant otia vires, præcinente Vate, forsanque nostris ex quisquilijs margaritas colliges tu, oculatissime indagator, qui lynceis tenebras ocellis immania saxa. Nihil ego te moror post hæc. Icones do Ægyptiacæ supellectilis, æneis tabulis septem notatas, olimque impressas ad calcem nostri Lucretij. His accedunt superpondij loco tricubitale Obelisci exemplar, tæniarum trium imago, stolæ fragmentum, calcatis insuper è gemmis expressæ figuræ, neque paucæ, neque incuriosæ. Viæ tædium leuabit ridicula Ammonis dodrantalis facies, impiger gladiator, tesseraque hieroglyphicis characteribus exarata. Postrema hæc cimelia apud nos sunt vnà cum cœlatis, quod tunc indicauimus, quum legitimis Dominis reliqua assignaremus. Gemmas vltrò commodauit Illustriss. Carolus Strozza, totius antiquitatis Promus condus, iure meritoque viuentis historiæ encomio silente inuidia honestatus; & quæ viri singularis est in omnes humanitas, conspirauit alacriter tua in commoda, Kirchere, nactisque opportunè Clarissimum Senatorem Philippum Vecchiettum, celeberrimi Musei hæredem meritissimum, exposito vix negotio summâ comitate cuncta nobis communicauit. Obuius primùm fuit marmoreus ex Prasalte Obeliscus, literis haud tibi ignorabilibus exsculptus, quas fideliter transcripsit Ioannes Baptista Balatrus, Serenissimi Magni Ducis Architectus insignis. Parem & nauauit operam sedulus artifex in Zonis imitan-

SYNTAGMA X. OBEL. FLORENTINVS. 349

tandis, quæ lnteæ sunt, atramentoque signatæ, integræ duæ sacris, tertia quæ mutila, popularibus (ni fallor) literulis notatæ, non absque hieroglyphicis tamen superstes in margine stolæ fragmentum viuidis adhuc renidet coloribus Hanc extendere, vt nosti, consueuére salitores à mucronata cartilagine ad tarsum pedis vsque curati defuncti; quod & videre est nostris in tabulis. Si quid intereà noui aut curiosi occurrerit, Oedipo tuo obstetricabor. Vale mi Kirchere, meque redama. Florentiæ, Idibus Februarijs, A. S. 1651.

Quomodo verò hîc expositus Obeliscus Florentiam ex Ægypto peruenerit, latet; verisimile est, posteris temporibus vnà cum Mumiacis cadaueribus, cœterisque monimentis Ægyptiacis, quorum non exiguam copiam ex Ægypto in Musei Florentini toto Orbe celeberrimi ornamentum Magni illi literatorum hominum Duces nullo non tempore compararunt, translatum fuisse. *Obeliscus Florentinus quomodo aduectus.*

Obeliscus tametsi paruus mole sit, tanta tamen rerum copia instructus est, vt maioribus haud quaquam cedere videatur: Quemadmodum verò notæ insolito characterum genere (qui tamen verè hieroglyphici sunt) quos à currente manu, currentes vocant, exaratæ sunt, ita adeò hoc insolens & intricatum negotium meum exercuit ingenium, vt in nullo alio Obelisco plus difficultatis, plus laboris & ingenij, quàm in hoc me posuisse fatear; neque fieri posse videbatur vt ad tam incognitæ literaturæ sensum pertingerem, nisi aliorum Obeliscorum politiores figuræ, quibuscum passim conueniunt, parturienti ingenio obstetricantes manus adhibuissent; quarum combinatione vnius ad alteram factà, tandem nodum gordium scindere, diuinâ bonitate cooperante, datum fuit. *Obelisci Florentini characteres currentes.*

Diuisio Obelisci

Obeliscus hic Florentinus, hieroglyphicis vndequaque turgidus, quatuor latera habet, quorum vnumquodque in binas columnas sectum est; pyramidion rasum squalet, nullo hieroglyphico schemate, quod epigraphes loco esse posset, insignitum, vti in cœteris passim videre licet; vnde statim sine præuia epigraphe, symbolorum contextus sequitur; cuius argumentum est concatenata quædam Numinum series, quæ vel ad bonum quod intendunt, obtinendum attrahere, vel ad malum propulsandum, sympathicâ quâdam symbolorum structurâ placare contendunt. *Obelisci Florentini diuisio, & argumentũ.*

CAPVT II.

Primi Lateris expositio.

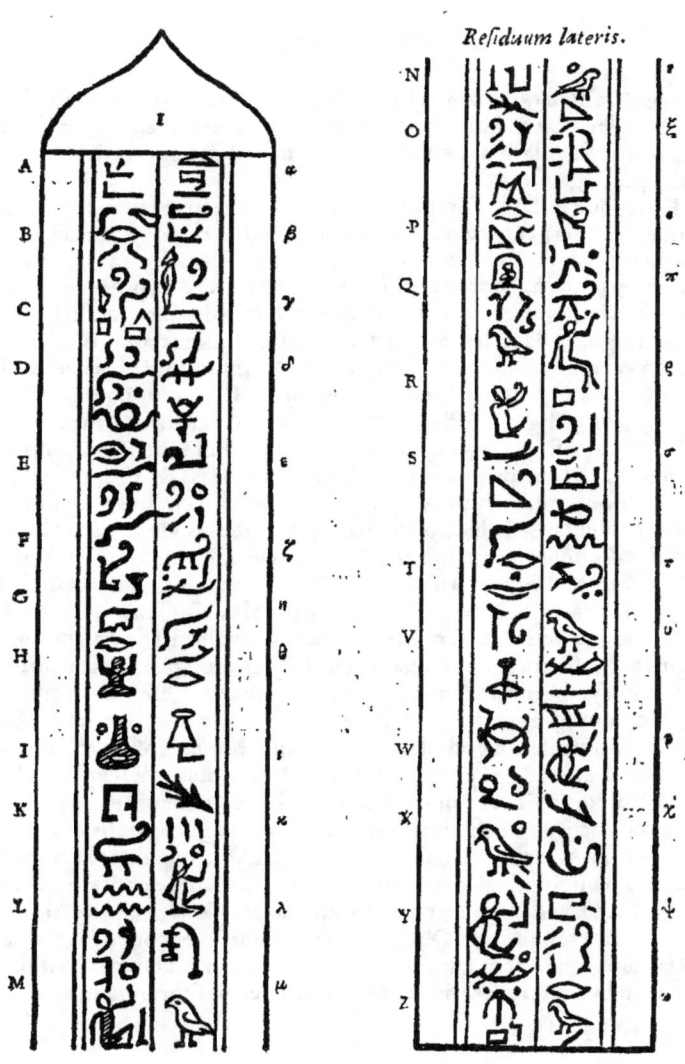

§ I.

SYNTAGMA X. OBEL. FLORENTINVS. 351 CAP. II.

§ I.

Columnæ primæ lateris primi, characteres, & expositio.

Characteres seu figuræ.

IN hoc Obelisco quidnam pessimè effigiatæ literæ notent, & cui figuræ in alijs Obeliscis respondeant, priùs hoc loco exponamus, vt hoc pacto ductibus singularum extricatis, faciliùs ad interpetrationis nostræ scopum pertingamus.

E regione A figura Serpentis occurrit, cum brachio extenso, quod sequitur alius Serpens, cum folio Perseæ, quod è regione B excipit cycloides, binis hinc inde Serpentibus adnexis; quæ figuræ in Obelisco Barberino pariter habentur politiùs efformatæ. C, Capreolum notat, cum tiara calathoide, & Serpente; quæ sequuntur duo parallelogramma, cum figura flagelli; & hoc verum esse, monstrat similis figura in Obelisco Pamphilio colum. 1. è regione B. Sequitur postea Serpens, sub quo globus, ex quo duo Serpentes emergunt; E, oculus cum baculo, & Serpente; F vestigium pedis, cum Serpente, & canali. G tutulus calathoides, cum infundibulo, cuiusmodi videre est in Obelisco Pamphilio 1. columna. Sequitur phallus oculatus cycloides, & H simulachrum erectis manibus, cum, I, phiala Nilotica, binisque circulis; K piscina sacra; cum sauissa, & L hydroschemate; Capreolus vitis, cum sceptro hircino; M gnomon cum sphæra, N simulachrum, cuiusmodi passim in Obelisco Pamphilio, cœterisque Obeliscis occurrunt; infra quod pes cum erectis brachijs, & tetradice. O Capreolus vitis, cum sceptro hircino, gnomone, & charactere Momphtæ. P cycloides, triangulum rectangulum, & figura Lunæ; quæ excipit Q Hircus, puer portæ insitus, quem hoc symbolorum habitu refert columna 2. Obelisci Pamphilij. Hunc sequuntur sceptrum Cucuphomorphum, vncinus, Serpens, Accipiter. R simulachrum genuflexum, cum brachio extenso, S triangulum, cum figura Lunæ, & Serpente. T cycloides, oculus. V sceptrum Vpupæ, & Capreolus vitis, cum sceptro cycloidem transeunte. W Scarabæi figura tractu currente exarata, cum globo ex quo canalis emergit, & Serpente. X Accipiter, cum circulo. Y simulachrum auerruncum, sub quo barys nauigium. Z ramus triplex inuersus, cum quadrato, & gnomone. Ecce hæ sunt figuræ currente charactere exaratæ, quas vti exposui, veras esse, reliquorum Obeliscorum, quibus cum concordant, schemata sat superque vnum cum altero comparantem docebunt. Nihil porrò restat nisi vt interpretationem breuibus verbis subiungamus.

Columnæ 1. lateris 1. characteres.

CAP. II.   352   OEDIPI ÆGYPT. THEAT. HIEROGL.
Expositio figurarum.

Columnæ 1. lateris 1. interpretatio.

Vita A benefica, B vita fructifera, fons vitarum, in vegetabilem naturam, C vita potestatiua Mundorum hylæorum, D vita Mundi totius penetratiua, E vitalis prouidentia, F occulto motu canales replens mundanos, G infundibulo naturæ fœcundatiuo anni, H per statuam Hempta illapsam in I phialam Mundorum, K in piscinas sacras & fauissas, occulto Numinis processu, L in humidam naturam deriuatur; vnde M fœcunditas vegetabilis naturæ, & symmetria Mundi, per N simulachri Nephtæi cultum, & legitimas cœremonias in virtute tetradicis (quæ est species Seriphij) resultat. O fœcunditas Mendesia, cum Momphtæa cœlesti, P geneticas operationes mouent in Mundo sensibili, qui Horus est, vnde varietas harmonica nascitur: influente Osiri, & R assecla eius Omphta benefico, S genetici Isis influxus deriuantur in T Mundum inferiorem, cui prouidet V varietatis & fœcunditatis Numen; Osiris verò subterraneus vitam à superiori Osiri cœlesti sibi communicatam ope Nephtes transuehit in tripartiti anni stationes, vnde fœlicitatis in inferiori Mundo complementum.

Scholion in explicationem factam.

Statuæ quæ ad literas H, N, Q, R, Y, omnes Deorum sunt auerruncorum, quarum singulas in Obelisco Pamphilio exposuimus. Ingeniculatæ sunt, quia inferioris ordinis cuiuspiam maioris Numinis dominio subiecti & ministri. Varios gestus exprimunt, nunc eleuando, nunc deprimendo manus; qui quidem gesticulatione efficacia, & intensum rei fidei suæ commissas quàm optimè & fidelissimè administrandi desiderium innuitur; iussa proinde sibi præstituti Numinis ardenter deprecari videntur. Vide Syntagma de Dijs auerruncis, in quo de ijs amplè disseruimus.

Serpentis symbolum varijs rebus appositum varia significat.

Nullum symbolum frequentius quàm Serpentis in hoc Obelisco occurrit; Serpentem autem vitæ symbolum esse, ex Horo, alijsque iam innumeris locis passim demonstrauimus; quod quidem pro vario apposito symbolorum variam significationem exprimit: nam Serpens appositus cycloidi, vitam cœlestem; hydroschemati, vitalem humorem; fauissæ, Nilotico vasi, aut sacræ piscinæ iunctus, vitalem Nili liquorem; & sic de cœteris, indicat. Vnde tametsi Obeliscus præsens nullam inscriptionem

Obeliscus Florentinus supremo Hemphtæ consecratus.

exhibeat, ex qua certo alicui Numini consecratus dici possit; ex significatione tamen symbolorum, notarumque contextu, eum Vitæ vitarum, id est, Numini supremo omnium Hemphta consecratum esse, certum est; cùm in toto hoc Obelisco de nulla alia re, quàm de vitali supremi Numinis influxu, & virtutum omnium viuificatore agatur, vti ex sequentibus patebit.

Tetradice qualis herba.

Inter literas N O figura instar virgæ posita videtur, quam nos tetradicem vocamus, cuius Plutarchus meminit, eaque Isin Osiridis corpus à Typhonijs machinis inter Nili fluenta occuluisse ait, & idem esse

ac

ac seriphium marinum, in Diatribe de plantis Ægyptijs, ostendimus, magnæque in sacris efficaciæ fuisse diximus, vtpote plantam ad lustrationes expiationesque quàm aptissimam.

Inter P & Q triangulum rectilineum occurrit, cuius mysteriosam significationem fusè descripsimus in Obelisco Pamphilio l. 3. & in Arithmetica hieroglyphica Class. 7. alijsque passim locis. Puer verò portæ inclusus, notat Hori mundanam domum, vti copiosè aliàs docuimus, & in Obelisco potissimùm Salustio, quem consule.

Inter D & E, nihil aliud nisi globus ille nullibi non occurrens, Serpentibus fœtus, & currente calami ductu solummodò expressus videtur, vti omnia alia in hoc Obelisco; significat autem vigorem vitalem, quo Mundi turgent viscera.

Pari pacto litera quæ è regione W spectatur, Scarabæum indicat, vim Solarem in inferiori Mundo absconditam, rudi ductu currentis manus quaternis tantummodò pedibus, quorum sex habet, delineatus; neque enim exactam alicuius symbolicæ figuræ descriptionem multùm curabant, dummodò mentis conceptum solis Numinibus cognitum quouis modo exprimerent. Atque hæc paucula sunt, quæ in facta interpretatione illustranda duxi; quare ad alteram columnam procedamus.

§ II.

Columnæ secundæ Lateris primi figuræ, & expositio.

Characteres, seu figuræ

Primo loco è regione, *a* occurrit cycloides cum quadrangulo, & duobus *β* brachijs extensis; sequitur puer *γ* piscinæ sacræ insistens, cum *δ* Serpente, & pede humano, & Crocodilo, & Cruce ansata. *ε* Statua vncino instructa, Capreolus vitis cum orbiculo. *ζ* Figura Ibis, cum *η* tribus Serpentibus. *θ* cycloides, cum *ι* Pyramide coronata, *κ* germen tetradix, cum tribus baculis. *λ* Statua auerrunca, *μ* Nilometrium, *ν* Accipiter, cum alio Accipitre, & trigono rectangulo. *ξ* Statua Momphtæ, cum binis brachijs erectis. *ο* Cidaris calathoides, & Serpens. *π* Ibis ambulans, statua auerrunca. *ρ* Quadratum, Capreolus, pes, segmenta. *σ* Duo brachia erecta, Crux ansata. *τ* Hydroschema, *υ* Accipiter, barys nauigium, feretrum. *φ* Statua, *χ* tetradix, Aspis surrecta. *ψ* Piscina sacra. *ω* Cycloides cum Accipitre. Vidimus figuras, expositionem singularum adiungamus.

Expositio figurarum.

Columnæ 2. lateris 1 expositio.

Coelestis α piscinæ dominator β munificus, Horus γ piscinæ sacræ custos, virtute sui occulti motus, δ Typhonem profligat; influxus supremi Numinis, Tautici sigilli virtute deriuatur in ε auerruncum Geniũ, vegetabilis Mundi dominatorem; ζ Ibiacum Numen η vitalibus operationibus omnia, κ religioso cultu præuio complet; robur & fulcimentum dat λ Momphtæa Potentia μ sacri Nili canalibus; ν Osiris geneticos motus per ξ Momphtam suscitat, precibus & cæremonijs ο Sacerdotum, incitatus; vnde & π Mercuriale Numen vneino auerruncum ρ hylæum Mundum occultâ vi peruagatur, σ hymnis & prophylacticis ritibus naturæ τ humor attrahitur; υ Osiris beneficus vehiculo in inferiora delatus, per simulachrum φ auerruncum, & operationem Seriphij χ, Ophionium vitæ fœcundæ largitorem piscinæ ψ sacræ immittit, vnde ω cœlestis caloris virtute omnia conseruantur.

Scholium in expositionem.

Figuræ α β γ habentur etiam in Obelisco Pamphilio, sed meliùs & politiùs incisæ; ex quo collegi, charactere δ Crocodilum notari, & rudi tractu in hoc Obelisco effigiatum potiùs quàm depictum. Idem iudicium sit de figura inter ζ & η, vti & de figura è regione π, quarum vtraque Ibidem notat, vti ex alijs Obeliscis obseruaui, vbi eædem prorsùs figuræ integriùs expressæ videntur. Litera ξ è regione figuram habet, quæ literam Copto ϗ similem exhibet, reuera tamen caput Leoninum exprimit, cuiusmodi in Obelisco Pamphilio bina spectantur in prima columna, velato vertice conspicuã. Figura verò inter χ & ψ rudi stylo exarata Aspidem tumido ventre surrectam exhibet, cuiusmodi passim in omnibus Obeliscis, potissimùm in tabula Bembina iuxta thronum Pantamorphæ naturæ positæ spectantur; vt proinde non aliâ ratione, quàm combinatione notarum ex alijs Obeliscis similium, in currentium huiusmodi characterum notitiam penetrauerim.

Nota Lector, literas vel numeros in dextra parte Obelisci lateribus appositos, ad primam columnam lateris; in sinistra verò ad secundam lateris columnam pertinere; quorum singuli figuras è regione sibi correspondentes indicant.

SYNTAGMA X. OBEL. FLORENTINVS.
CAPVT III.

Secundi lateris expositio.

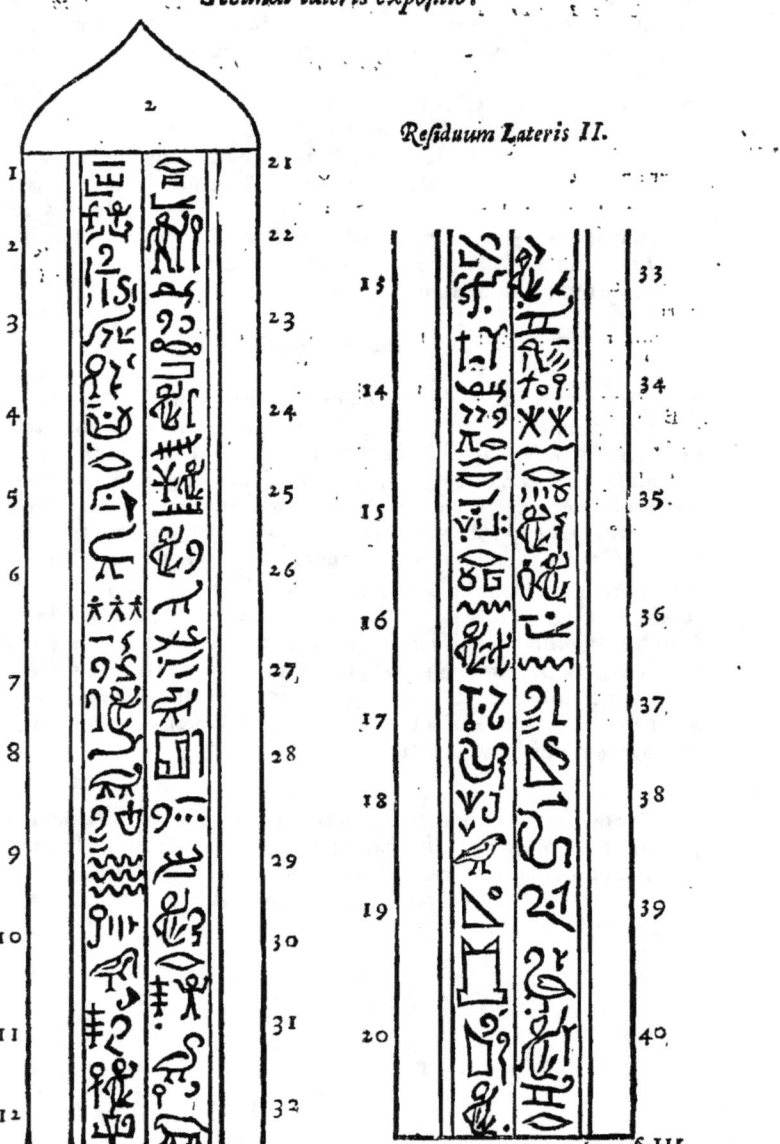

Residuum Lateris II.

§ III.

§ III.

Columnæ primæ lateris secundi anatomia, & expositio.

Characterum anatomia.

Columnæ 1. lateris 2. characteres.

1 Sceptrum cum tripyrga arce, brachio, thyrso papyraceo, & Cruce ansata. 2 Capreolus vitis, temo, sceptrum, Serpens tortuosus. 3 Serpens bicornis, vncinus, gnomon, cum flagello & harpagone. 4 Crater, cum 2 statuis, & oculo. 5 Serpens, cum penna, & sceptro. 6 Piscina sacra pedibus innixa, quam sequuntur 3 Cruces bifurcatæ, cum sceptro, & Serpente. 7 Capreolus vitis, quem sequuntur baculus, seu thyrsus incuruus, cum statua piscinæ sacræ auerrunca. 8 Hyæna, cum Capreolo vitis, & pala. 9 Tria hydroschemata, 10 Vncinus ansatus, & Ibis. 11 Sceptrum trinode, cum vncino & gnomone; cui subduntur 12 baculus cycloides; & huic subnectitur brachium, cum intermedia pyramide, 13 Serpens baculo circumplicatus, cum thyrso cruciato, & altero tragoide. 14 Barys nauigium, cum binis vncinis, & Capreolo vitis, duobus pedibus, cycloide, & Serpente. 15 Brachium cum cycloide, vase Nilotico, & piscina sacra. 16 Hydroschema, cum statua, & baculo Serpente complicato. 17 Sceptrum Accipitrinum, quod sequitur Aspis. 18 Tres flores Loti, quos sequitur Accipiter. 19 Triangulum cum ara. 20 Ara, Capreolus vitis, Serpens pendulus, cui subiungitur statua apotropæa.

Anatomiæ factæ expositio.

Columnæ 1. lateris 2. expositio.

1 Dominium tripyrgæ arcis beneficum per influxum suum in omnia Mundi corpora factum, vbertatem rerum omnium necessariarum confert. 2 Hinc in vegetabilis naturæ œconomiam, 3 vita rerum & harmonia exurgit, malis omnibus depulsis. 4 Cœlestis vitæ vehiculum est 6 occultus diuinitatis motus in piscinam sacram; influxus trinus & archetypus in vegetabilem Mundum deducitur per 7 Nephtam piscinæ sacræ conseruatricem, & rerum largitricem dominam, 8 omnis vicissitudinis & alterationis in humidæ naturæ receptaculis causam, 10 malorumque auerruncatricem, Ibiaci Numinis fidelem ministram. 11 Cœremonijs in sacra barra præuiè factis 12 auerruncum Numen confert igneam caloris vim, quæ Lunâ attemperante 13 vitam concipit fœcundam, influxusque 14 Ammonij vehiculum, quo occultus Numinis motus è cœlo in inferiorem Mundum beneficâ virtute suâ deducitur, beneficâ vi suâ 15 bonorum omnium complementum præstat; sacrum Nilotieum humorem in piscinis sacris augmentat, 16 in virtute simulachri prophylactici vitali influxu tumentis. 17 Osiris quoque atque Ophionij Dæmonis, qui vitæ, 18 caloris, motusq; authores sunt, mandata omnia iuxta 19 archetypi trigoni geneticas leges conformantur;

20 sa-

SYNTAGMA X. OBEL. FLORENTINVS.

20 facrificiorum rituumque tutelari appropriato exhibitorum vigore accedente.

Scholium in expositionem factam.

INter 8 & 9 figura quadrupes Hyænam refert, viciffitudinis & alterationis in inferiori Mundo fymbolum, tefte Horo, lib. 2. cap. 65. Τινὰ δ' ἄςαῖον, καὶ μὴ μδιόνζα ἐν ταὐτῷ, ἀλλ' ὁτὲ μδὺ ἰχυρὸν, δὲ καὶ θρασὺν, ὅτε ϟ ἀσθενῆ βυλόμδροι σημῆναι, ὕαιναν ζωογραφῦσι· αὕτη ϟ ὅτε μδὺ ἄρρην γίνε ͅ ὁτὲ δὲ θήλεια. *Inftabilem quempiam, neque in eodem confiftentem ftatu, fed interim robuftum & audacem, interim verò imbecillum & timidum, volentes fignificare, Hyænam pingunt; hæc enim nonnunquam mas eft, nonnunquam fœmina.* Quæ tametfi Horus hoc loco homini affignet; Ægyptij tamen more folito vniuerfali quâdam analogiâ, naturæ actionibus potiffimùm in fublunari Mundo continuæ alterationi viciffitudini fubiecto, in quo omnia mutuâ viciffitudine fefe, nunc maris, nunc fœminæ officia obeundo exercent, non incongruè Hyænæ ea fymbola appropriare voluerunt;nam vt rectè Oppianus lib. 3. de venat.

Horus.

Hyæna fymbolum incon ftantis.

Oppianus.

Θαῦμα δ', καὶ τὸ δ' ἄϋκζα περὶ ςιλπνοῖσιν ὑαίνης
Ἄρσενα καὶ θήλειαν ἀμοιβαδὸν λυκοφαῦσι.

Maius eò referunt etiam miraculum, Hyænas Alternis annis naturæ iura nouare, vt Ambiguus modò fiat mas, modò fœmina fœta. Cætera fymbola cùm nota fint, earum expofitionem confultò omitto.

§ IV.

Columnæ fecundæ lateris fecundi expofitio.

Anatomica defcriptio.

21 OCulus, cum quadrato, & brachio extenfo. 22 Simulachrum fceptrigerum, cum adiuncta claua, & nauicula. 23 Capreolus vitis, & femiluna, cui fubiunctus crater, & pifcina facra. 24 Statua prophylactica, cum barra facra. 25 Crux cornuta, cum ftatua, & quatuor vafis Niloticis. quæ omnia ordine eodem in Obelifco Barberino fpectantur. 26 Statua cum Capreolo, Ibide, & nauicula. 27 Ibis. 28 Porta cum vncino, Capreolo, tribus circellis. 29 Serpens. 30 Statua, cum adiuncta falce, & cycloide, barra facra, cum ftatua in crucem anfatam conformata. 31 Ibis. 32 Hyæna. 33 Statua auerrunca, cum traha. 34 Crux cum fceptro, quibus fubiunguntur binæ decuffes, quarum vertici linea imprimitur; fequitur Serpens, & cycloides, cum tribus terminis, & vafe Nilotico; quæ omnia & in alijs Obelifcis fpectantur.

Columna 2. literis 2. anatomia.

35 Sta-

35. Statua cum sceptro, cui Aspis insistit; hanc alia statua sequitur, cum phiala adiuncta. 36 Brachium extensum, cum hydroschemate. 37 Capreolus, cum pede humano. 38 triangulum rectangulum, cum Serpente, & Aspide surrecta. 39 Serpens, cum harpagone, & Ibide. 40 Statua, cum sceptro hirciniformi, feretro, & cycloide.

Exhibitorum symbolorum interpretatio.

Columnæ 2. lateris 2. interpretatio.

21 PRouidentiâ beneficâ 22 Momphtæi Numinis defertur 23 vegetatiua vis Lunæ in craterem piscinæ sacræ, & 25 Nilotica vasa per 24 25 26 appropriatas statuas auerruncas; 26 27 Mercurialia Numina vitali vehiculo 28 portis Mundanis illata, vegetabilis naturæ Mundis 29 vitalem conferunt influxum: 30 Statuæ auerruncæ vi, ritibusque per sacram barram peractis, cœlestis supremi Numinis influxus attrahitur; vnde Chenosiris influxu in inferiorem Mundum vicissitudo rerum emanat, per cultum, 34 ritus, & cœremonias sequentium simulachrorum: 33 35 36 his enim cœlestis humor, constituto 22 dierum tempore, in inferiora deriuatur; 36 hi beneficum humorem occulto motu iuxta 37 geneticas leges agitant; 38 Ophionio Dæmone, Hermanubi, & Ammoniâ Intelligentiâ opus perficientibus.

Scholium.

Barra sacra quid.

QVid sacra barra fuerit, sat superque in Obelisco Pamphilio ostensum fuit; erat enim instrumentum ligneum, instar capsæ decussatim sceptris intersectum, in quo tùm sua sacrificia, tùm suas diuinationes Hieromantæ peragere solebant; ad aliquid à Numine, cui litabant, impetrandum. Vnde prouerbium, ἐν τῇ βάρρᾳ μαντεία, *in barra diuinatur*, de ijs dicebatur, qui vigili curâ & impertæso labore ardua inquirunt.

Triangulum rectangulum gen.ticæ virtutis symbolum.

Vide Demophilum de ritibus Ægyptijs. Triangulum rectangulum, geneticæ virtutis symbolum apud Ægyptios fuisse, iam multis huius Operis locis ex Plutarcho demonstratum fuit; cuius basis principij passiui, cathetus actiui principij nota est, hypotenusa verò seu tertium latus ἐξ ἡγόνον, id est, *ex his genitum*, notabat. Verùm de his in Geometria hieroglyphica, alijsque passim locis tractatum vide.

Traha quale instrumentû.

Penultima huius columnæ figura traham refert, eratque instrumentum sacrum, quo sacra simulachra certis anni temporibus in triumphi speciem vectabantur, vt proindè in sacrum hieroglyphicorum album translata symbolum diuini cultus euaserit; vti & feretrum, de quo alibi vberrimè tractauimus.

Decusses binæ symbolum numericum.

Inter. 34 & 35 duæ decusses apparent; quæ symbola erant numerica, & ijs XXII. exprimebantur, vti in Arithmetica hieroglyphica ostendimus. Erant autem 22 dies ex veteri illis Oraculo deputati; inter quos Numina suos effectus monstrabant; quos si intra huius constituti temporis spatium non consequebantur, aut Numen minimè placatum, aut sacrificium non ritè institutum credebant. Hinc ad Numen placandum

SYNTAGMA X. OBEL. FLORENTINVS.

inter sacra virgas decussatim compositas cum ramo intermedio, quo 22 dierum tempore Numen veluti mouerent, circumgestare solebant. Oraculum Hecates Ægyptiæ vetus sic se habet, ex quo apertissimè ad dicta symbola allusum fuisse colligimus:

Obsopæus in lib. Oraculor.

Ἀλλὰ τέλει ξόανον κεκαθαρμένον ὡς σε διδάξω,
Πηγαίης ἀγρείοιο δέμας ποιει ἠδ᾽ ὑποκμιοι,
Ζώοισιν λεπτοῖσι κατοικιδίοις σκυλαρώταις
Σμύρνης, καὶ στυρακὸς, λιβανοιο τε, μίσμαζα ῥίψας,
Σὺν κείνοις ζώοισι, καὶ ἀθρίζας ὑπερλεω
Αὔξεος τέλει αὐτὸς ἐπευχόμενος τὴν δ᾽ ἀρχὴν
Δὶς δέκα μοι δὲ δύ᾽ ἡμέραι εἰσί. δὲ κλύω
Ὅσαι μορφαί μοι ζῴοις ζώοις σὺ κηδῶ
Καὶ σπίζεις ταῦτα τέλει. δάφνης δέ μοι αὐτοφυεῖ θλυ
Οἴκος ἐμοὶ χώρημα ποίει καὶ ἀγάλματι πολλὸν
Κεινῷ ἐπευχόμενος δ᾽ ὕπνῳ ἐπ᾽ ἐμὰ εἰσαθρήσεις.

Confice verò simulachrum purum, vt te docebo,
Ex ruta syluestri corpus fac, & adorna
Animalibus exiguis domesticis stellionibus,
Myrrhæ, & Styracis, thurisq́ miscellam tritam
Cum illis bestiolis, & collutam sub Lunam
Crescentem initia ipse, desuper dicens hæc vota,
Bis decem & duo dies sunt, & audio
Quot formæ mihi, tot animalia tibi impero,
Et sedulò illa perfice; de lauro autem mihi sponte nata,
Domus mea receptaculum fac; & simulachro multas
Illi preces fundens, & in somno me videbis.

CAPVT IV.

Tertij lateris expositio.

§ V.

Columna prima lateris tertij.

Anatomia Characterum.

PRima hæc columna *a* vncinum tenet cum oculo, circello, hydroschemate, *b* Serpente, Lunaribus fragmentis, Aspide. *c* Brachium extensum, oculus, vitis Capreolus, segmentum. *d* Statua auerrunca. *e* Accipiter, cum Aspide, & iterum Accipitre. *f* Nauicula; cum statua auerrunca, *g* Pedibus humanis, & Aspide. Atque hæ figuræ ab *f* vsque in *b* eædem sunt, quæ occurrunt in columna prima lateris secundi ab *v* vsq;

Columna 1. lateris 3. anatomia.

CAP. IV.   360   OEDIPI ÆGYPTIACI THEAT. HIEROGL.

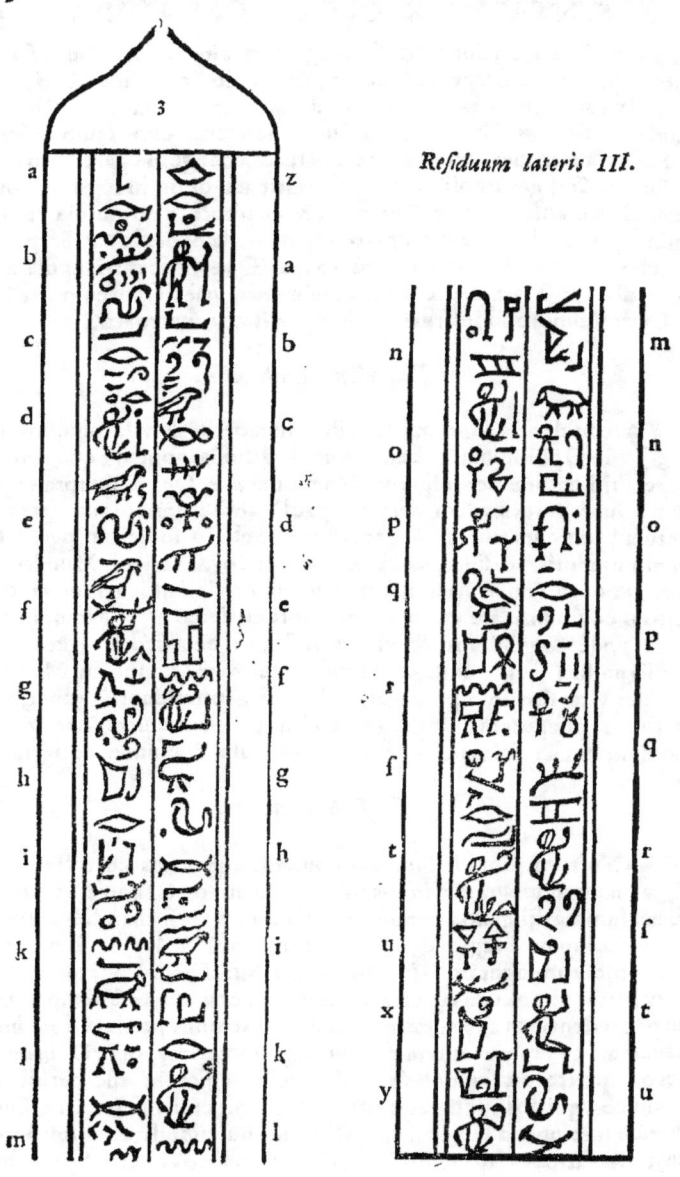

Refiduum lateris III.

ad

SYNTAGMA X. OBEL. FLORENTINVS.

ad ✠. *b* tiara Sacerdotis, cui subiungitur oculus, cum *i* binis statuis rudiconter effigiatis, & Serpente bicorni, Capreolo, circello. *k* Hydroschema, Hyæna, Canis iacens ruditer delineatus incubans. *l* Duo pedes, cum circello. *m* Crater. *n* Baculus incuruus, cum temone & traha. *o* Statua auerrunca, cum Cruce ansata, & triangulo capreolato. *p* Baculus, cui Serpens implicatus. *q* Ibis stipata binis brachijs. *r* Altare, cum Cruce ansata, hydroschemate, & quadrato, è quo bini pedes emergunt. *ſ* Circellus, cum sceptro serpentifero, & oculo. *t* Serpens, cum brachio extenso, & statua auerrunca. *u* Duæ Cruces triangulatæ, cum nauicula. *x* Tiara capreolata, cum mensa, vase, Capreolo, & sceptro *y* Cucuphomorpho instructa; denique statua auerrunca.

Expositio Anatomiæ.

a PRouidentia suprema cœlestem humorem *b* vita plenum deriuat in Ophionium *c* beneficum Agathodæmonem, quâ prouidetur vegetabili naturæ per influxum Numinum *d*, *e*, *f*, *g*, *h*, (suprà expositorum; sunt enim eadem cum ijs paulò antè in anatomia recensitis.) horum prouidam curam *h* Sacerdotum religio sollicitat per *i* statuas vitalis humoris præsides, vnde *k* vicissitudo & varietas Mundo enascitur, per occultam *l* Anubidis motionem & vigilantiam, *m* crater cœlestis *n* eo dominante cultu *o* Sacerdotum defertur *p* Momphtæo Genio; vnde & genitalis & vitalis influxus benefico *q* Hermanuphtæ consignatur; qui *r* influxum hunc occulto motu suo in Mundanos *ſ* canales vitæ dominio propagat, & beneficâ prouidentiâ gubernat, per statuæ *t* præpotentes influxus; quibus proderit cultus & religio Sacerdotum per sacrificia ritè & legitimè instituta, & Numini congrua.

Scholium.

OCcurrunt subinde symbola nonnulla, quos nos characteres Numinum monogrammaticos in Syntagmate de Canopis vocamus, vbi & eos summâ diligentiâ exposuimus: huius farinæ characteres sunt, qui in hac columna è regione *o*; *ſ*, *u* occurrunt. Sed vide Iconismorum Canopicorum figuram III, vbi omnes huiusmodi, vti & eorundem structuram expositam reperies. Cœteræ notæ vti ferè semper eædem in præcedentibus expositæ recurrunt, ita tempus perdam si eas hoc loco repetam. Vocamus autem eos monogrammaticos, quia Deorum citato loco expositorum symbola sunt, & magnæ efficaciæ esse perhibebantur apud eos, qui eos iuxta requisitum religionis cultum portare solebant. Verùm hæc omnia, id est, characterum huiusmodi compositionem, & mysticas rationes fusè expositas vide citato loco, id est, Syntagmate de Canopis.

§ VI.

§ VI.

Columnæ secundæ Lateris tertij Declaratio.

Columna 2. lateris 3. expositio.

IN hac columna secunda lateris tertij, à ʓ vsque ad *f*, paucis exceptis ferè eadem sunt cum ijs, quæ in secunda columna lateris secundi, à 21. vsque ad 28 ponuntur; & sunt pleraque in hac symbola æquiuoca, ad alterius columnæ iam recensitæ symbola significatione æquipollentia; quod facere varietatis causâ Ægyptijs est proprium, & ex alijs Obeliscis patuit: reliqua symbola enim in præcedentibus exposita sunt, & in eandem quasi significationem cadunt; ideo vlteriori quoque expositione non indigent.

CAPVT V.

Quarti lateris expositio.

§ VII.

Columna prima lateris quarti.

HOc latus præ reliquis, magnis tricis inuolutum reperi, adeo vt vix ad figurarum ductus rectè, nisi ex contextu reliquorum Obeliscorum, pertingere licuerit; pertigi tamen, Dei gratia, ad propositum Sphyngis mysterium, Oedipus tantò felicior, quantò maiora subeunda certamina in rebus omnium abstrusissimis. Anatomiam itaque exequor.

Anatomia.

Columnæ 1. lateris 4. anatomia;

1 SErpens, hydroschema, cum sceptro, laqueo, vncino. Sic habetur in columna quarta Obelisci Lateranensis. 2 Serpens, cum duobus circellis, & capreolo, figura monogrammatica, & vncino. 3 Vncinus, circulus, & figura monogrammatica; quæ quid sit, posteà declarabitur. Sequuntur duo sceptra, & altare cum vase suprà; quæ figuræ expressiùs habentur in Obelisco Barberino latere primo. 4 Serpentes duo. 5 Capreolus, figura humi iacens, Serpens, cycloides. 6 Tiara, triangulus, vnà cum Mercuriali monogrammate, de quo vide figuram tertiam Iconismorum Canopicorum. 7 Sceptrum temone stipatum, pedes humani sauissæ affixi, cum Cruce bifurcata, & Capreolo. 9 Statua auerrunca sceptrigera. 10 Characteres monogrammatici citato loco expositi, vnà cum 11 Serpente pendulo, & sauissa. 12 Crater, pes,

SYNTAGMA X. OBELISCVS FLORENTINVS. 363 CAP. V.

Residuum Lateris IV.

pes, lingua, vncinus, cycloides, character monogrammaticus. 13 Statua Accipitrina malè efformata, cum binis characteribus monogrammaticis cit. loco, quem 2 sceptra, cum intermedio capreolo, sequuntur. 14 Sceptrum Momphtæû, cum vncino, Serpente, quadrato, cycloide, sceptro. 16 Triangulum, cum Serpente, & tribus terminis. 17 Cidaris, tres circelli, cum

bra-

CAP. V.   364   OEDIPI ÆGYPTIACI THEAT. HIEROGL.

brachio interposito, cycloides, cum sceptro incuruo, vncino, Cruce bifurcata. 18 Coturnix, cum sceptris, capreolus, cycloides, tres termini. 19 Characteres monogrammatici, cum hydroschemate, alijsque monogrammis. 20 Statua Isis cum sistro. 21 Instrumenta auerrunca, vnà cum traha. Reliquæ figuræ cùm ex præcedentibus innotescere possint, consultò illas omittimus.

Expositio.

Columnæ 1, 1   **V**Italis liquoris potestas in Mundis conseruatur virtute Genij
lateris 4.   Momphtæi (hunc enim monogramma 3 & 4, & lectus Mom-
expositio.   phtæus, de quo vide Obeliscum Pamphilium fol. 284 indicat) 5 vitam enim vegetabilis naturæ piscinæ indit, hæc à vita coelesti per potestatem Agathodæmonis animatur ; indicat enim è regione 6 cidarim capreolatam cum hieralpha, (quam pulchrè expositam vides in Obelisco Barberino non vno loco.) Mercurialis monogrammatis virtute Numen deuehitur occulto operationum motu in piscinam sacram, per influxum 8 vegetatiuum Momphta, quæ est 9 statua (vti ex alijs Obeliscis patet) Leonino capite transformata cum sceptro Lotifero. 10 Ophionij monogrammatis vi influxus quoque defertur in 11 Ophioniæ piscinæ craterem 12 occulto motu, & prouidentiâ Numinis hieracomorphi, per statuam 13 linealibus solummodò ductibus pessimè efformatam indicati. 14 Momphtæ vitales actiones hylæo 15 Mundo insitæ 16 geneticorum effectuum causæ sunt ; est enim 17 potestas eius in Mundos sibi subiectos benefica, quos & prouidentia gubernat, & influxu perpetuo conseruat, 18 Bebonia mala à concinna vegetabilis naturæ œconomia dispellit, 19 coelestis vitæ influxum ligat, 20 per monogramma Isiaci Numinis 21 sacri sistri sono omnia infausta propulsantis, quod proinde omni honore colendum est; 23 hæc geneses promouet virtute humidi cui præest, 24 in Mundi hylæi, quem fulcit, portæ vitam ingerit, Osirin ad vitam reuocat virtute tetradicis, 25 sapienti rerum dispositione, quæ per folium & fructum perseæ indicantur, Vniuersum sustentans.

Scholium.

HÆ notæ tametsi propter rudem illam effigiationem veri literarum ductus videri possint, nullâ tamen ratione tales putandæ sunt, sed notæ sunt prorsùs similes illis, quas tùm in Obeliscis, tùm cœteris Ægyptiacis monumentis passim spectamus, id est, hieroglyphici minutioris genus quoddam. ita in hoc præsenti Obelisco lineas pro sceptris, puncta pro circulis, quaslibet tortuosas lineas pro Serpentis figura positas reperias ; pedes quoque humani non nisi lineæ videri possunt. Auget difficultatem hoc consideratione dignissimum, quòd sceptra, statuæ, volucres quam compositionem habeant, dispici nullâ ratione possit, ex
                                                                                         quo

quo tamen verus hieroglyphicæ literaturæ sensus eruitur; atque adeò ἀδύνατον fuisset, hanc adeo incertam & dubiam interpretationem moliri, nisi praxis longa, & experientia multorum annorum labore comparata per assiduam combinatoriæ artis applicationem, ex similibus hinc inde in Obeliscis cœterisque monimentis, Ægyptiacis schematicis inscriptionibus, nonnihil lucis attulissent; ex horum enim venatione, tanquam ad Ariadnæ filum dum mentis aciem dirigo, id tandem, quod primò fieri vix posse cogitabam, consecutus sum; atque adeo si quandoque aqua hæsit, non ideo Lector vitiosam interpretationem censere debet, cùm essentialis idealis conceptus ratio semper sibi constet, idémque contingit in hisce, quod in nobis vsitatis rerum descriptionibus, in quibus etiamsi verba, voces, & diuersa phrasis positio aliquid mutationis adferre videantur, essentialis tamen rerum descriptarum significatio eadem permanet. Quæ quidem hoc loco adducere volui, vt si quis Aristarchus hanc nostram interpretationem seuerioribus Obeliscis notare attentaret, huius instituti nostri rationem non ignoraret.

§ VIII.

Columna secunda lateris quarti.

Hæc columna à 30 numero vsque ad 33 easdem, paucis exemptis, figuras habet, quas columna 2. lat. 2. à numero 21 vsque ad 24; & à numero 39 vsque ad 42 eædem sunt, quæ in secunda columna lat. 2. à 30 vsque ad 32; in reliquis verò symbolis nihil adeo noui occurrit, quod in præcedentibus non sit expositum, Subiungamus tamen interpretationem.

30 Benefica Momphtæi Numinis prouidentia influxum suum defert in craterem piscinæ magnæ, per 33 statuam auerruncam in hylæo septo vitalis humoris custodem; 34 prouidentia Ophionij Numinis humorem vehiculo benefico deuehit in piscinas & fauissas sacras, & hinc in domus mundanæ seminaria, virtute statuæ triplici dominio præpotentis; 40 Chenosiris & 41 Hermanubis 43 radijs fœcundis vitam infundunt 44 hylæi Mundi receptaculis; cui accedit 45 Osiris prouidus humoris conseruator, qui 46 statuæ auerruncatiuâ virtute, Ophionio Numine, 47 Solaribusque Genijs 48 cooperantibus, in multiplicem fœtum actuatur. 49 Mendetis verò potestas & dominium, humidum 50 in hylæis Mundis iuxta 52 geneticas leges fœcundat & animat, quod est vltimum 53 complementum Osiridis hylæi, & sacrorum humidi receptaculorum, ad quod necessaria erat 54 statuarum appropriatarum positio, quarum virtute 55 humidum Osiris 56 virtute in locis 57 desideratis proueniret.

Conclusio.

EX huius itaque interpretatione Obelisci patet, quomodo vita Mundo, sine qua Mundus consistere nullâ ratione potest, concatenatorum Numinum ministerio in membra, per influxus vnicuique particulares, à supremo Numine participatos, infundatur; & quomodo omnia, quæ visu percipiuntur, ab ijs fœcundentur, animentur, multiplicentur; & quomodo semper superiora Numina suum in inferiores sibi subditos ministros influxum deriuent; inferiores verò, qui sunt præsides rerum Genij, singuli in suas sibi commissas partes, quas piscinas, crateres, sauissas vocabant, ad Mundi bonum traducant. Quia verò nonnunquam dicti Genij humanâ iniquitate offenduntur, pulchrè quoque ostenditur, quibus ritibus ac sacrificijs ij placentur, propitijque reddantur, ac proinde optatâ felicitate Numinibus fauentibus frui possint; qui est finis & vltimus hieroglyphicæ descriptionis
scopus.

FINIS SYNTAGMATIS DECIMI.

SYNTAGMA XI.
OBELISCI RASI
QVI SVNT
EXQVILINVS, ET VATICANVS.

EMINENTISSIMO PRINCIPI
FRANCISCO ANGELO
RAPACCIOLO,
S. R. E. Cardinali, Episcopo Interamnati.

ANTA virtutis eminentia est, Cardinalis Eminentissime, *tam potens Magnetismus, vt ignotos etiam & quantumuis dissitos in sui admirationem rapiat, suâ dulcedine demulceat, in discolis etiam atq́, refractarijs mores suauiter componat. Equidem non infrequenter de summa vitæ Tuæ innocentia, de sanctæ conuersationis, quâ omnibus præluces, exemplo, de disciplinarum omnium, quas capacissimo ingenio Tuo possides, culturâ tantò sanè illustriori, quantò arctius summo humanitatis atque beneuolentiæ Tuæ, quâ in literatos diffunderis, affectui iungitur, varia à varijs non sine voluptate intellexi. Vt proinde tantarum virtutum complexui inuidus non immeritò videri possim, si tam illustre Ecclesiastici Principis prototypon sine immortali Obelisci Tuis meritis debitâ erectione præterirem. Duplicem itaque Tuis virtutibus dignum erigo Obeliscum, Exquilinum & Vaticanum; qui tametsi nullis hieroglyphicæ literaturæ schematismis insigniantur, continent tamen nescio quid in se diuinum, & abditorum sacramentorum maiestate venerandum; quo, quæcunque cæteri innumerabili figurarum varietate exhibent veteris sapientiæ Oracula, eadem & hi veluti sub Sileno quodam vel solis mysticæ figuræ reconditis conceptibus exprimunt, verum proinde animi Tui eminentissimi ectypon quoddam, quo tametsi sub extrinseco velamine, pro insita Tibi modestia, virtutem tegas, tanta tamen eius in interiori animi centro diffusi fulgoris vis est & efficacia, vt ea non immeritò omnium corda veluti lucidissimo quodam radio accendere videaris. Sit itaq́, hoc triumphantis virtutis veluti monimentum quoddam alijs ad exemplum, Tibi ad immortalem nominis gloriam constitutum, atq́ vnâ mei in Te sinceri affectus τεκμήριον. Vale Ecclesiastici Principatus decus & gloria.*

CAP. I. 368 OEDIPI ÆGYPTIACI THEAT. HIEROGL.

SYNTAGMA XI.
OBELISCI RASI
ET SVNT
EXQVILINVS ET VATICANVS.
CAPVT I.

Obeliscus Claudianus, siue Exquilinus.

Obelisci rasi qui dicuntur.

BELISCI rasi dicuntur, qui nullo hieroglyphicorum apparatu præditi sunt. Causa fuit, vel quia Reges, quorum intentio quidem erat, eos hoc honore cohonestandi, aut morte præuenti, aut alijs impedimentis negotijsque distracti, id perficere non potuerunt; vel quia Hierogrammatistæ, aut Hieroglyptæ rudi sæculo qui id præstarent, defuerunt; vel quia ipsam figuram Obeliscorum oppidò mysteriosam, sufficientem putabant, ad arcana sub ijs latentia, intelligentibus & peritis Sacerdotibus insinuanda. Nam vti in Obelisco Pamphilio amplè demonstratum fuit, erat Obeliscorum figura adeo plena mysterijs, vt nullum esset in mundana œconomia mysterium, quod non vel numero laterum, linearum, angulorumque exprimerent; quæ vti hîc citato loco vberrimè demonstrauimus, ita hîc ijs repetendis longiores esse noluimus. Fuerunt autem ex Ægypto inter cæteros Obeliscos tres potissimùm rasi adducti, quorum duos Claudius Cæsar ad Mausolæum Augusti, tertium in Circo Vaticano Caius Caligula erexit. De prioribus primò dicemus, de tertio postea vberiùs differemus.

Rasi Obelisci duo à Claudio Cæsare adducti. Ammianus.

Duos itaque Obeliscos rasos ex Ægypto aduectos Mausolæo Augusti apposuit Claudius Cæsar. Ita Ammianus Marcellinus l. 17. *Secutæque ætates alios transtulerunt, quorum vnus in Vaticano, alter in hortis Sallustij, duo in Augusti Mausoleo erecti sunt*. Et tametsi nihil apud Historicos de hoc Claudij molimine legatur, nullos tamen præter hos illum erexisse, inde patet, quòd Strabo synchronus Augusto, cùm exactissimè Mausolæum descripserit, Obeliscorum tamen nullam mentionem fecerit; ergo à Pronepote Claudio, in æternam aui sui memoriam, à quo tanta beneficia receperat, erectos certissimum est, vti & in Obelisco Pamphilio ostendimus; quod & ex ipso Plinij testimonio constare potest, qui eorum his verbis meminit: *Sunt & alij duo, vnus à Smarre positus, alter ab Eraphio,* (veriùs Vaphrio) *sine notis, 48 cubitorum*. Cùm verò Plinius 70 ferè annis Augusto inferior eorum meminerit; inter hunc autem & Augustum præter Neronem & Claudium alij non intercesserint Cæsares, Neronemque alijs intentum nihil circa Obeliscos machinatum legamus; Claudium eos erexisse luculenter patet. Horum itaque duorum Obeliscorum, quos Claudius honori & immortalitati aui sui, in Mausolæo

Plinius.

SYNTAG. XI. OBEL. EXQVIL. ET VATIC.

soleo dedicauerat, vnum Sixtus V. in Exquilini collis ornamentum, ante Basilicam S. Mariæ Maioris erexit, eo situ & architecturâ, quam præsens tibi figura demonstrat.

Obeliscus Exquilinus seu S. Mariæ Maioris.

Symmetria & proportio Obelisci Exquilini.

Obelisci Exquilini symmetria & proportio.

Basis supra quam Obeliscus requiescit, à terra vsque ad basin Obelisci, est palmorum	36 & $\frac{2}{12}$
Obeliscus ab infima base vsque ad pyramidium, quod ei deest, palmorum	66
Obelisci inferior singulorum laterum latitudo palmorum	6
Obelisci singulorum laterum superior latitudo palmorum	$4\frac{1}{2}$
Totus Obeliscus à terra vsque ad ornamenta, quæ sunt montes, stella, Crux, Obelisco imposita, est palmorum	102

Coagmentatus est Obeliscus ex quatuor fragmentis, in quæ Gothorum deiectione discissus erat; quorum primum erat 45 palmorum; secundum 5 palmorum & $\frac{1}{2}$. Tertium 12. Quartum 3 & $\frac{1}{2}$, quæ totum Obeliscum integrant, vti ex additione patet, palmorum 66.

Inscriptiones Obelisci.

Inscriptiones Obelisci Exquilini.

Inscriptiones antiquæ in hoc Obelisco nullæ sunt; quæ verò à Sixto V. positæ sunt, ordine sequuntur.

In Meridionali latere, quod Basilicam Liberianam, & Sacellum S. Præsepis respicit, hæc inscriptio habetur:

CHRISTVS *per* *Crucem* *populo pacem* *præbuit*	*Qui* *Augusti pace* *In præsepi nasci* *voluit.*

Aaa 2   Ex

Ex parte Orientali hæc inscriptio habetur.

CHRISTI DEI
In æternùm viuentis
Cunabula
lætissimè colo,
qui mortui
sepulchro Augusti
tristis
seruiebam.

Ex plaga Boreali.

CHRISTVM DOMINVM
Quem Augustus
de Virgine
nasciturum
viuens adorauit,
seque deinceps
Dominum
dici vetuit,
adoro.

Ex parte Occidentali.

SIXTVS V. PONT. MAX.
Obeliscum Ægypto aduectum, Augusto
in eius Mausolæo dicatum, euersum deinde,
& in plures confractum partes, in via
ad S. Rochum inuentum, in pristinam
faciem restitutum salutiferæ Cruci
felicius
Hìc erigi iussit,
Anno M. D. LXXXII. Pont. III.

CAPVT II.

Obeliscus Moncoreus seu Vaticanus.

Obeliscus MONCORIVS seu VATICANVS, qui vnus ex omnium maximis est.

Huius historiam fusè pertractatam vide in Obelisco Pamphilio folio 70. & fol. 81. & vnus è rasis est, à Moncoreo Rege filio Sesostris, erectus primùm in Ægypto; deinde Romam aduectus à Caio Caligula Cæsare in Vaticano à se constructo, reerectus, quemque Augusto & Tiberio cognatis suis & antecessoribus dicauit, vti ex inscriptione patet, quæ ita sese habet:

Inscriptio Obelisci Vaticani.

DIVO CÆSARI DIVI IVLII F.
AVGVSTO, TIB. CÆS. DIVI
AVGVSTI F. AVGVSTO
SACRVM.

Obelisci Vaticani conductor & erector.

Conductor & Erector huius Obelisci (vti Pier Franciscus Gimbollarius l. de antiquitat. Tuscis, testatur) fuit Arnobius Florentinus, cuius epigragraphen suo tempore in base repertam fuisse asserit, his verbis conceptam:

> Arnobius Florentinus
> Huius miræ magnitudinis lapidem
> ex Aegypto naui argonautica
> aduectum suo ingenio
> ad astra euexit.

De veritate huius inscriptionis disputare nolo; certè Florentini nomen, necdum Caligulæ tempore in vsu fuisse, facilè ex serie temporum ostendi potest; adiungendam tamen hîc duxi, nè quicquam omisisse videremur rerum ad hunc Obeliscum pertinentium. Hunc tandem terra ferè semisepultum, à sede sua auulsum, ausu omnibus sæculis memorando, in Campo Vaticano è regione Basilicæ S. Petri per Dominicum Fontanam Architectum erexit Sixtus V. P. M. & est post Lateranensem, omnium qui visi sunt in hunc vsque diem, maximus, integer & incorruptus; cuius conspecta mole iam dudum præcedentibus sæculis Pontifices Nicolaus V. Paulus III. & Gregorius XIII. PP. MM. nihil non egerunt, vt eum oportuniori loco erigerent; sed in executionem nunquam redigere potuerunt, siue sumptuum magnitudine, siue impossibilitate exequendi operis abterriti. Hunc tamen pro ingenti animi magnitudine, tanto digna Pontifice, Architecti dicti summâ ingenij vi & industriâ confisus erexit, eo, qui sequitur, modo.

Obeliscum Vaticanum erigi curat Sixtus V. P. M.

Erectionis Obelisci Vaticani modus & ratio.

Obelisci Vaticani erectio

Sixtus V. Pontifex Maximus semper prægrandibus operum moliminibus intentus, cùm Obeliscorum erectionem agitaret animo, & Architectos timidiores ob difficultatem operis reperisset, hoc solo argumento operis possibilitatem conuincente vsus esse dicitur. Quod aliàs ab Ægyptijs Regibus & Romanorum Imperatoribus factum est, id nequaquam hisce temporibus denegatum videtur. Sed ex Historijs, Ægyptios nön vnum, sed plures, imò innumeros, & maiores Obelisc. erexisse constat, quos & Romani Imperatores secuti ex Ægypto adductos in Vrbis ornamentum denuò reerexerunt. Quod itaque olim factum fuit, & hodierno tempore tanto fœcundorum ingeniorum copia fieri posse, nemo dubitare debet. Quòd si prætenderit quispiam excessiuam sumptuum quantitatem, is non sibi persuadeat velim, tantâ nos æris penuriâ laborare, vt ea ab huiusmodi animum nostrum diuertat, quin potiùs exacuat, & ad, non dicam similia, sed maiora præstanda, dummodò nostrorũ studio & diligentiâ non destituamur, extimulet. Agedum Dominice Fontana, cuius ingenium iam antehac in multis occasionibus nobis innotuit, seriò

huic

CAP. II. 372 OEDIPI ÆGYPTIACI THEAT. HIEROGL.

huic negotio incumbere non defiftas, neque curæ tibi fit fumptuum magnitudo; fi vnus millio non fufficiat aureorum, addantur duo, aut quot eorum opus fuerint, dummodò quod imperamus, executioni mandetur.

Dominicus Fontana erigit Obelifcū Vaticanum.

Hifce verbis animatus Dominicus Fontana Eques Architectus, ex eo tempore feriò huic negotio incubuit. Et primò quidem, optimo fanè confilio, quantitatem molis dicti Obelifci per exactiffimam dimenfionem explorauit; quâ habitâ fe ad potentias mechanicas contulit, inter quas quidem, huic negotio expediendo oportuniores Ergatis machinas non inuenit; quarum etiam tantum numerum conftituit, vt potentia harum fimul iunctarum Obelifci pondus multis parafangis fuperaret. Porrò modus erectionis hic fuit, qui fequitur.

Pegma il Ca Quo fcus Va erectus Domi tana & Ar

vulgo ftello Obeliticanus fuit à nico Fon. Equite chitecto.

Modus erectionis Obelifci Vaticani

Primò fundamentum pro ratione loci pofitum erat quadrum, cuius vnum latus, maximi lateris latitudinem ter continebat, id eft, 36 palmorum erat.

Secundò in medio huius quadrati fundamenti extra profundum ad planitiem deducti, pofitus fuit abacus; fupra hunc bafis quadrata cum omnibus rebus ad Obelifcum fuftinendum neceffarijs.

Caftellum pro Obelifco Vaticano erigendo.

Tertiò, hoc peracto Caftellum Obelifco erigendo deftinatum hoc ingenio perficiebatur. Ex oppofitis Abaci lateribus, Ecclefiæ Diui Petri parallelis, octo foramina, quatuor vtrinque, intra interiora fundamenta vergentia relicta erant, æquali ab inuicem in vtroque latere interteruallo remota, quæ in figura exprimuntur per F G. eratque primus ordo trabium, quæ tamen in figura ob rationem opticam non comparent.

Quartò, in hisce octo foraminibus, quorum vtrinque quatuor relicta fuisse diximus, columnæ totidem fundabantur, id est, quatuor ab vtroque latere, tales, quales F A & C G monstrant primi ordinis trabes, vti foramina, sic & illæ inter se æquidistantes, eâ tamen proportione, vt mediæ duæ columnæ ex vtroque latere distantiâ suâ latitudinem Obelisci adæquarent, ea in parte, vbi latissimus est; hæ quidem columnæ latitudinem quatuor palmorum habentes, altitudinem Obelisci altitudine suâ aliquòusque excedebant, vt in figura apparet. Quoniam verò tantæ latitudinis & altitudinis trabes non semper suppetunt, hinc singulæ columnæ F A, G D, quatuor alijs trabibus in vnum ferreis retinaculis & funibus cannabinis, non secùs ac mali nautici, strictissimè compingebantur, vt sic ad onus sustinendum sufficientes forent. Quia tamen solis hisce columnis Architectus non fidebat; hinc in summitate octo harum columnarum alias quatuor trabes ordinabat, quæ binas ex vtraque parte columnas correspondentes arctâ commissurâ connectebant; vnde fiebat, vt columnæ sibi oppositæ hoc veluti arcto quodam vinculo connexæ, nullam introrsum paterentur ex Obelisci pendentis pondere inflexionem.

His trabibus quatuor alij transuersim trabes, A B C D, inserebantur, quarum officium erat, Obeliscum pendentem sustinere. Quoniam verò tota hæc machina necdum ad tanti oneris molem, robur sufficiens obtinuisse videbatur, hinc

Quintò, columnæ quatuor mediæ, vtrinque binæ, quatuor alijs trabibus veluti Arietibus quibusdam admotis fulciebantur, & in figura signantur literis F T V X. Extremæ verò columnæ angulares octo, vtrinque quatuor sub recto angulo comprehensis, fulciebantur, iuxta columnarum partitionem nunc maioribus, nunc minoribus, crassitie suâ columnarum crassitiem adæquantibus, & varijs retinaculis, circulis ferreis, funibus, transuersisque lignis arctissimè firmatis; eratque in medio tota fabrica Obelisco dirigendo peruia & aperta. Atque hæc est Castelli fabrica, quam veluti fundamentum quoddam totius machinationis præmittere necesse erat, machina tùm Obelisco ex primo situ auellendo, tùm in secundo loco erigendo, peropportuna.

Sextò, hisce peractis multorum operariorum labore stratum fiebat à primo Obelisci situ vsque ad locum Obelisco erigendo præparatum. Agger erat ex aggesta terra, vtrimque trabibus tabulisque ligneis firmiter, nè cedere posset, constructus, & hoc pacto dispositus, vt semper altiori & altiori ductu vsque ad basin, cui Obeliscus insidere debebat, extolleretur. His quoque peractis

Stratum seu agger ad Obeliscum Vaticanum promouendū

Septimò, ergatarum in Campo Vaticano plantatio, lectusque Obelisci fit, qui erat ex quatuor ingentibus arboribus, alijs transuersis trabibus in formam craticulæ insertis, rotisque subtus dispositis concinnatus, cui Obeliscus impositus ergatarum ope per dictum aggerem ad constitutum locum denoluebatur. Obeliscus duodecim longissimis ferreis,

Ergatæ pro Obelisco Vaticano eleuando.

ijs-

ijsque robustissimis perticis vestiebatur, quarum tres à singulis lateribus in longum Obelisci protensis vsque ad ¾ ducebantur; hisce transuersim tria alia ferrea cingula crassissima singulari industriâ circumcirca vncis ferreis, & retinaculis validis, quæ longioribus perticis annexa erant, eo fine, nè cingula loco dimoueri possent, arctè inserebantur; & nè Obeliscus ferreâ hâc armaturâ cinctus quicquam detrimenti accipere posset, infra ferream hanc vestem indusio è storeis contexto, inuoluebatur. Porrò ad cingula ferrea ex ea parte, quæ columnas respicit, trochleæ, quarum singulæ duobus orbiculis vestiebantur, appensæ erant, & numerum ergatarum numero suo adæquabant; totidem quoque trochleæ in supremis quatuor trabibus AB & CD, & totidem aliæ in radice machinæ disponebantur, quarum nos ad confusionem vitandam duas posuimus. Hisce tribus trochlearum ordinibus ritè dispositis, rudentes, singulis sui, applicabantur; rudentes trochleis Obelisci obuolutos excipiebant trochleæ trabibus affixæ, & ab his deriuabantur ad trochleas radici machinæ affixas; & hinc demum tympanis ergatarum circumuoluebantur. S locus ergatæ funem trochleæ vicinæ G circumplicatum trahebat, quæ superiori trochleę N, & trochleæ M in Obelisco circumducta videtur, & tractu machinæ Obeliscū paulatim ergatæ sollicitabant. Habebant ergatæ quatuor vectes longos, quibus ope partim hominum, partim equorum, machinæ in gyrum ductæ, rudentes tympano paulatim circumplicabant; quarum circūuolutione paulatim Obeliscus eleuabatur. Nè verò in opere tanti momenti, ergatæ inæquali motu agitarentur, ad sonū tubæ omnes ad machinam agitandam commonebantur, & ad campanæ machinæ affixæ sonum, agitationem inceptam vnâ omnes sistebant; sic fiebat, vt æquali motu & æquidiuturno tempore Obeliscus paulatim cornua sua erigeret. Quòd si vna ex ergatis, sune lentescente, non laborare deprehendebatur, omnibus reliquis quiescentibus hæc sola, donec reliquis æquitensum rudente nancisceretur, agitabatur. Hâc arte Obeliscum nunc eleuabant, nunc demittebant, modò ad arbitrium Architecti, quò volebant, inclinabant, & tandem supra quatuor Leones basi Obelisci prius implumbatos, eo situ, quem cum admiratione hodie intuemur, constituebant. Atque hic fuit modus & ratio, quo tùm Obeliscus Vaticanus, tùm cœteri, in Romanæ Vrbis ornamentum à Sixto V. immortalis memoriæ Pontifice, ingenti sanè ausu, erecti sunt.

De Ergatarum potentia ad Obelisci pondus comparata.

Pondus Obelisci Vaticani quomodo exploratum.

Constat in omni Mechanico negotio, potentiam machinarum, pondus, quod eleuandum suscipitur, superare debere. Hinc Architectus huius præsentis machinationis, necessariò primò Obelisci pondus exactè compertum exploratumque habere debebat; deinde ad id superandum numerum ergatarum ordinare. Pondus Obelisci hoc pacto reperiebatur. Ex lapide quem *granito rosso* vocant, & communis omnium Obeliscorum materia est, cubum palmarem formabat, quem diligentissimâ

simâ ponderatione peracta 86 librarum comperiebat; huius ope pondus totius Obelisci, eo modo, quo in Obelisco Pamphilio fol. 50 & 57 Geometrico ratiocinio demonstrauimus, inueniebat, videlicet primo cubicorum palmorum 11118, qui in 86 ducti libras pendebant 956148, quæ est totius Obelisci moles, & materiam 370 Carrucis (Carrettatas Romani vocant) onerandis sufficientem continet.

Porrò experientia constabat, singulas ergatas potentiam habere quasi 33000 librarum. Itaque 30 ergatæ huic operi dispositæ, ductæ in 33000, producunt 990000, potentiam ergatarum; ab his subducta 956148, scilicet pondus Obelisci, relinquunt 33852, qui est excessus, quo potentia ergatarum, pondus Obelisci superat. Præterea armaturæ ferreæ, quibus Obeliscus cum annexis trochleis & tabulis ligneis vestiebatur, pondus ferè ad 50000 librarum pertingebat, quæ Obelisci ponderi 956148 additæ constituunt pondus totius molis erigendæ librarum 1006148. hinc opus fuit 40 ergatis, quarum vnaquæque, vt dictum est, 33000 lib. potentiam habebat, quę in 40 ducta potentiam 1320000 librarum motiuam exhibent, quæ Obelisci pondus 313852 lib. excedebant.

Ergatarum potentia pondus superare debet.

His itaque præmissis, vltimo die Aprilis 1586, inuocato primùm diuini Numinis auxilio, erigendo Obelisco initium datum fuit, primò cum quinque vectibus, 40 ergatis, 75 equis, & 900 hominibus, partim Officialibus, partim fabris, & machinæ impulsoribus. Et primo quidem duodena ergatarum circumuolutione Obeliscus à pauimento promotus fuit ad duorum palmorum altitudinem, & consequenter 648 ergatarum circumuolutionibus, in constitutum locum fuit deductus. Singulæ agitabantur à duobus equis, & 20 ferè hominum applicatione. Totum Obelisci pondus vnà cum armatura, perticis ferreis, cingulis, trochleis, tabulis ligneis, ferè ad 206000 librarum pondus pertingebat.

Erectio actualis Obelisci Vaticani.

Epilogismus exactissimè, quantum fieri potuit, symmetriam & proportionem totius Obelisci, singularumque partium, vnà cum ornamentis exhibens in palmis Romanis.

Crux quam Sixtus V. Obelisco imposuit ex ære inaurato, vnà cum stella & montibus, est alta palmis	26
Crux sola alta palmis	10
Latitudo Crucis quoad brachia, palmis	8
Obeliscus vique ad pyramidion altus palm.	107½
Obelisci basis inferior Meridionalis lata palm.	12
Basis verò Orientalis	12
Occidentalis	13½
Lateris Borealis	13
Pyramidion alt. palm.	6
Basis pyramidij ex omni ferè parte est lata	8

CAP. II.   376   OEDIPI AEGYPT. THEAT. HIEROGL.

Ex quo colligitur, 2 in hoc Obelisco inferiora ad basin latera deinceps esse inæqualia, vnde basis Obel. non quadratũ, sed parallelogrammũ exprimit.

Soliditas totius Obelisci palmorum cubicorum   11118
Pondus verò nudi Obelisci librarum   956148
Totum pondus Obelisci armati librarum   1006148

Sustentaculorum, abacorumque proportiones.

Sustinetur Obeliscus extra fundamentum tribus abacis.
Primus abacus fundamento impositus ex marmore candido altus palm. $4\frac{1}{2}$
Abaci latitudo duorum laterum oppositorum palm. $22\frac{1}{4}$
Reliqua 2 latera opposita lata pal. 15
Vbi se restringit per certos gradus   13
Secundus abacus altitud. habet pal. 13
Latitudinem verò $12\frac{3}{4}$
Coronis huic circumposita alta   4
In superiori parte lata   15
In inferiori parte lata   13
Tertius Abacus altus palm. $11\frac{1}{2}$
Latus $12\frac{1}{2}$
Super hunc impositi sunt quatuor Leones ærei, & suffulciunt Obeliscũ; altitudo spacij $4\frac{1}{4}$
Tota hæc abacorum structura à pauimento vsque ad basin Obelisci, est palmorum $38\frac{1}{2}$
Totus Obeliscus à pauimento vsque ad vltimum pyramidij punctum, altus est palm. $152\frac{1}{4}$
Tota verò structura à pauimento vsq; ad vltimum punctum Crucis, est palmorum $178\frac{1}{2}$
Verùm totam hanc symmetriam expressam vide in præsenti figura.

In-

Basis Obel.
Abcus 3.
Abac. 2.
Abac. 1.

Inscriptiones Obelisci.

Inscriptio Occidentalis.

Christus vincit,
Christus regnat,
Christus imperat,
Christus
ab omni malo
plebem
suam defendat.

Inscriptio Meridionalis.

Sixtus V. Pont. Max.
Obeliscum Vaticanum
Dis Gentium
impio cultu dicatum
ad Apostolorum limina
operoso labore
transtulit.
Ann. MDLXXXVI. Pontif. II.

Inscriptio Orientalis.

Ecce Crux Domini,
fugite partes
aduersæ,
vicit Leo
de tribu Iuda.

Inscriptio Borealis.

Sixtus V. Pont. Max.
Cruci inuictæ
Obeliscum Vaticanum
ab impura superstitione
expiatum iustius & felicius
consecrauit.
Ann. M.D.LXXXVI. Pont. II.

FINIS SYNTAGMATIS VNDECIMI.

SYNTAGMA XII.

De fragmentis variorum Obeliscorum, quæ in Vrbe hodie supersunt.

EXCELLENTISSIMO ATQVE ILLVSTRISSIMO
COMITI

LAZARO HENCKEL.

Baroni Montis Sancti Georgij.

HOC de fragmentis Obeliscorum, quæ in Vrbe hinc inde dispersa spectantur, Syntagma, beneficiorum in me nullo non tempore collatorum memor, Tibi Excellentissime Comes, gratitudinis ergo dicandum statui; vt quantus fuerit Tuus in Republica literaria promouenda zelus, quanta in Literatorum conatibus fulciendis profusa benignitas, grate posteritati constaret. Vale bono communi diu superstes.

CAPVT I.

De Obelisco Campomartio subterraneo.

Obeliscus Campomartius subterraneus.

OBELISCVS hic sanè ingens, magnitudine Flaminio non cedit, & in hunc vsque diem spectatur in Campo Martio ad radices Montis Citatorij, ex parte S. Laurentij in Lucina, vbi basis eius incipit, & reliquam molem extendit vsque ad cellam Pallatij vulgò dicti de'Conti. Qui tametsi totus terrâ obrutus sit, per cellas tamen vinarias viciuarū domuū nonnullæ eius adhuc partes cernuntur. Fuit autem hic à Sothi Rege Heliopoli primùm erectus; quem postea Augustus inde auulsum Romam transuexit, atque vt tam nobilem molem debito honore condecoraret, eum in Campo Martio amplissimo & celeberrimo loco erexit, vt sicuti à priscis erectoribus Soli dedicatus putabatur, ita Soli quoque ad horas, quas in dicto loco sub amplissima horologij, æneis lineis conspicui, forma elaborauerat, commonstrandas loco gnomonis seruiret, cuius vertex à terra in 115 palmorum altitudinem erectus, aureoque globo insignitus spectabatur.

SYNT. XII. FRAGMENTA OBELISCORVM.

Verùm de origine, erectione, dein suo in monstrandis horis munere, de horologij forma & ratione, de magnitudine & symmetria huius Obelisci, alijsque, cùm amplissimè in Obelisco Pamphilio fol. 76. tractauerimus, eò Lectorem remittimus. Quare hoc loco solummodo adducemus exiguam illam Obelisci, quam nobis per cellam videre licuit, vnà cum symbolis suis delineatam portionem, & est illa, quæ sequitur.

Vbi primo loco intra tabulæ sacræ ouatam figuram occurrit Accipiter, cum baculo incuruo, laqueo, & segmento; & est amuletum Osiridis auerrunci. Sequitur deinde Serpens, segmentum, bina sceptra, crater, duo brachia in oppositas partes vergentia, oculus, hydroschema, Coturnix, duæ pyramides. Quorum sensus est: *Osiris rerum dominator vitam in craterem deriuat, beneuolè & mirificè omnibus affluentem, prouidentiâ suâ ab omni maligna & Bebonia vi immunem*. Atque hæc non nisi paucula symbola ex dicto Obelisco obtinere licuit. Et quoniam singula Obelisci latera vnicam tantùm epigraphen columnarum habent, ac proinde figuræ maximæ & distinctissimæ apparent; certè non exiguo adiumento tam distinctæ figurarum omnium expressio, ad multa dubia maiori luce declaranda, esse poterat; quare dolendum sanè est, omnibus penè quotquot in Vrbe superstites sunt, Obeliscis, huius Oedipi ope iam dilucidatis, hunc vnum præ cœteris & mole, & celebritate nominis maximum, vtpote tot veterum Scriptorum encomijs nobilitatum, lucem videre non potuisse, sed perpetuis condemnatum tenebris veluti in lethæa quadam fossa submersum, literarium Mundum abstrusis dogmatum suorum sacramentis defraudare. Verùm non dubito, venturum suo tempore magni & cordati animi Principem, qui tot iam sæculis despectæ sepultæque molis nobilitatem animo voluens, illum postliminio in eum honoris gradum, quo dignus est, toto Mundo literario applaudente, sit exaltaturus. Atque hæc sunt, quæ de hoc Obelisco paucis dicenda duxi; reliqua fusius vide in Obelisco Pamphilio citato loco.

Hieroglyphi-
ces nonnulla
Obelisci Cam-
pomarcij.

CAPVT II.

De Obelisci fragmento quod reperitur in Insula Tyberis.

POmponius Lætus in sua Topographiâ alterius cuiusdam Obelisci olim in Insula Tyberis erecti, qui loco mali nautici seruire videbatur, mentionem facit. Quod verum esse, experimentum me docuit; siquidem nouis semper & nouis Ægyptiacis monimentis detegendis summo mentis æstu agitatus, cùm dictæ Insulæ angulos penè omnes discussissem, tandem exiguum Obelisci fragmentum, ante Ecclesiam S. Bartholomæi, detexi, quod inter alias columnas, quæ data opera ante dictam

Obelisci frag-
mentum in
Tyberina In-
sula.

CAP. II.   380   OEDIPI ÆGYPTIACI THEAT. HIEROGL.

Basilicam ad rhedarum equorumque impetum cohibendum positæ sunt, versus partem quæ aditum ad Monasterium S. Francisci de obseruantia præbet, vltimum locum obtinet, & repaguli loco seruit. Fuit autem, vti Topographiæ Romanæ Authores scribunt, in medio Insulæ Tyberinæ seu Æsculapij, quam natura in figuram nauis adaptauerat, constitutus, vt arboris nauticæ formam exprimeret; quemadmodum & in Circis, qui Mundum referre videbantur, eandem ob causam constituebantur. Obeliscus fuit ex eorum Classe, qui Minores vocantur, cuiusmodi sunt Mahutæus, Monticœlius, Mediceus. Fuisse autem fragmentum ex ea parte, quæ proximè contingit pyramidion, auulsum, ipsa hieroglyphica inscriptio, quam hìc apponendam duxi, sat superque demonstrat; vbi vides in singulis lateribus primo loco quatuor Accipitres tutulatos eo prorsùs habitu, quo in recensitis minoribus Obeliscis occurrunt: in op-

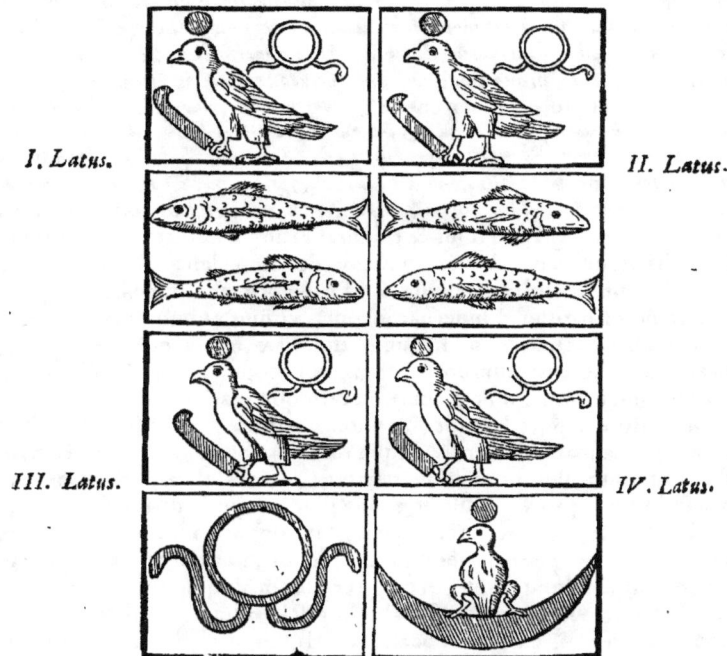

I. Latus.   II. Latus.   III. Latus.   IV. Latus.

positis verò lateribus sub Accipitrum figuris ponuntur duo pisces; in aliorum duorum oppositorum laterum vno, globus Aspidibus stipatus, in altero barys nauigium cum statua Accipitrina in medio collocata; quorum omnium typum in apposita figura contemplare. Quid in hisce schematis Accipiter, quid globus Serpentifer, & alius Aspidibus turgidis pectoribus surrectis stipatus significet, sæpius in aliorum Obeliscorum

SYNT. XII. FRAGMENTA OBELISCORVM. 381 CAP. II.

rum expositione dictum fuit. Quare quid pisces sibi velint, exponendum restat. Pisces ponuntur eâ symbolorum ratione, quâ in nullo alio Obelisco, aut monimento Ægyptiaco me obseruasse memini; quibus quidem ad nihil aliud, quàm ad eam malorum, quibus Osiris Accipitrinus vitæ author auertendis inuigilat, auerruncationem alludunt. Erat enim piscis symbolum τὸ Ὀσίριδος αἰτίχιν· siquidem Oxyrinchus, Phagrus, aut Lepidotus, quos hi pisces exprimunt, apud Ægyptios nullo non tempore in summa abominatione habiti fuerunt, eò quòd pudendum Osiridis à Typhone in Nilum proiectum deuorauerint: nam vt Plutarchus docet: Μόνον δὲ τῶν μερῶν τῇ Ὀσίριδος, τὸ Ἶσιν οὐχ εὐρεῖν τὸ ἀιδοῖον, ἐυθὺς γὰρ εἰς τὸν ποταμὸν ῥιφῆναι, καὶ γεύσαςθαι τόν τε λεπίδωτὸν αὐτῇ, καὶ τὸν φάγρον, καὶ τὸν ὀξύρυγχον, ὡς δὲ μάλιστα τῶν ἰχθύων ἀφοσιοῦσθαι, τὸν δὲ Ἶσιν ἀντ᾽ ἐκείνου μίμημα ποιησαμένω καθιερῶσαι τὸν φαλλόν, ᾧ καὶ νῦν ἑορτάζειν τοὺς Ἀιγυπτίους. De omnibus membris solum penem Osiridis non fuisse ab Iside repertum; hunc enim statim fuisse in Nilum abiectum, gustatumque à Lepidoto sine squameo, Phagro, & Oxyrincho piscibus, quos præ alijs piscibus execrantur Ægyptij; Isidem autem eius loco phallum eius imitatione confecisse, atque consecrasse, quo hodieque in sacris vtuntur Ægyptij.

Hinc Sacerdotes, Plutarcho teste, πάντων τῶν ἰχθύων ἀπέχον), πρῶτα δὲ μλως ἑνὰ τῶν ἄλλων Ἀιγυπτίων ἑκάτη περὶ τὴν αὐλίαν θύρας ὀπτὸν ἰχθὺν κατεδίον, καὶ ὁι ἱερεῖς οὐ γεύον), μὴ καζακαύσι δὲ πρὸς τὴν θυρῶν τοὺς ἰχθὺς. Sacerdotes omnibus piscibus abstinent; primi autem Mensis nono die, cùm Ægyptiorum reliquorum vnusquisque ante fores domus suæ assum piscem edat, Sacerdotes non gustant, sed an e ianuam ædium comburunt pisces. Cuius & rei duas rationes adfert: sacra altera, & subtilis, est quam paulò antè, ob deuorationem videlicet pudendi Osiridis, adduximus; altera manifesta & in promptu est, piscem cibi genus esse non necessarium, sed superuacaneum; viuunt enim in mari elementorum finibus excluso, quod neque Mundi pars sit, neque elementum, sed alienum excrementum corruptum & morbosum. Quod quidem in tantum abominantur, vt & Nautas, cœterosque maritimos homines ferre non possint, vtpote homines Typhoniæ naturæ; mare siquidem Typhonis spumam appellabant. Atque ex hoc Capite quoque piscem in odij symbolum assumptum fuisse, testatur Clemens Alexandr. l 5 Strom. In Sai (inquit) pro vestibulo templi Palladis huiusmodi symbola incisa fuisse, infans, senex, Accipiter, piscis, Hyppopotamus: puer & senex humanæ naturæ à pueritia vergentis ad senium, iterumque repuerascentis conditionem innuebant; Accipiter Deum, & quidquid in nobis diuinum est, & vitam ipsam signabat; piscis odium simul ac mortem, quod perniciem & exitium vocabant; Hippopotamus verò impudentem violentiam, & vehemens naturæ dissidium indicabat. Quæ quidem symbola ordine posita sic legebantur. *Nascimur, senescimus, viuimus, morimur, naturæ dissidio.*

Sed vt ad institutum reuertamur; pisces in hoc Obelisco propositi, vnà cum Accipitre mysterioso habitu conspicuo, αἰτιτέχίαν, quæ Osiridem inter & Typhoniam sobolem, cuiusmodi pisces erant, fœcunditatis Osiriacæ destructiuam intercedebat, significabant; atque adeo Osiris

nihil

CAP. III.   382   OEDIPI ÆGYPT. THEAT. HIEROGL.

nihil aliud, quàm vim quandam malorum omnium, quam in huiusmodi è spuma Typhonis prognata sobole obtinet, apotropæam potestatem signat. Est enim Osiris vis illa Vniuersi penetratiua, omnibus motu, caloreque fœcunditatem præbens. quæ aptè fané per globum Serpentiferum, aliumque orbem binis Aspidibus septum, innuitur. Et per nauim Barym, Accipitrinam statuam vehentem, quid aliud, nisi virtutis paulò ante memoratæ in humido potissimùm stabulantis, per vniuersas Mundi semitas traductionem innuunt? cui cùm Typhoniæ potestates per pisces indicatæ aduersarentur, Osirin ex omni parte ἱερακόμορφον contra eas veluti efficacissimum quoddam Alexiterium prophylacticumque amuletum ponendum censuerunt. Quæ omnia fusiùs exponerem, si totius Obelisci hieroglyphicum contextum ab interitu vindicatum videre licuisset, ex cuius concatenatorum symbolorum complexu solo veram & indubiam rerum significationem venari licet. Sed hæc de Obelisco Tyberino sufficiant.

CAPVT III.

De nonnullorum Obeliscorum fragmentis, quæ circa Collegium Romanum spectantur.

Obeliscorum fragmenta circa Collegium Romanum S. I.

STabat multorum annorum tempore ante portam posticam Collegij Romani paruum Obelisci fragmentum, donec tandem hoc anno, veluti publicæ plateæ non leue impedimentum, ab Ædilibus Vrbis sublatum, in Collegium translatum fuit, vbi spectandum proponitur. Fragmentum est sex palmis altum, parallelepipedum, cuius duo tantùm latera inscriptiones hieroglyphicas habent, cœteris duobus edacitate temporis corruptis. Inscriptiones verò in sequenti pagina tibi exhibemus Lector in figura A.

Præsens fragmentum B videtur è regione Ecclesiæ S. Ignatij, angulari lapidi domus cuiusdam Pharmacopæi inseruiens. Est septem palmis altum, quadrangulum, cuius duo tantùm latera spectantur, hisce hieroglyphicorum schematismis insignita, reliquis duobus lateribus muro insertis.

Tertium fragmentum è regione Collegij Romani & Palatij Saluiatini, via quâ ad plateam, quæ Cursus dicitur, tenditur, angulari domui lapidi inseruire spectatur, ex quo duo tantùm, vt in priori, latera cernuntur, reliquis duobus lateribus intra murum absconditis. Hieroglyphicæ apparentium laterũ inscriptiones, eæ sunt, quæ in appos. fig. C cernuntur.

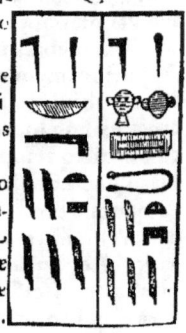

Quæ-

SYNT. XII. FRAGMENTA OBELISCORVM. CAP. III.

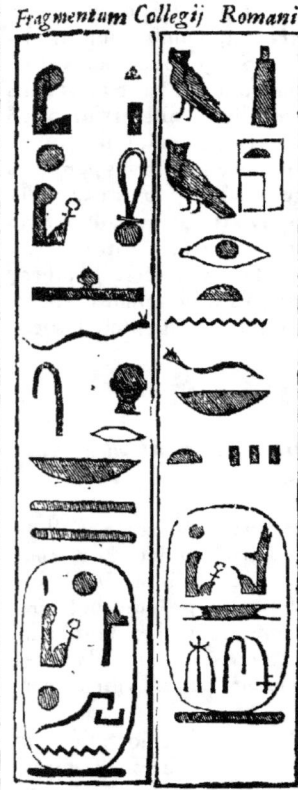

Fragmentum Collegij Romani.

Quæritur itaque hoc loco, vtrum hæc tria fragmenta vnius Obelisci sint, an diuersorum? Respondeo, diuersorum Obeliscorum esse, quia idipsum luculenter demonstrat & mensura fragmentorum, & hieroglyphicorum contextus: mensura siquidem nulli ex hisce tribus fragmentis competit, neque aptè committi possunt, fragmentis nunc ex superiori parte angustioribus, nunc in inferiori latioribus; quæ quidem difformitas partium, & in commissione disproportio apertè docet, vnius Obelisci fragmenta minimè esse posse. Accedit dispar fragmentorum color, quæ pariter indicant vnius Obelisci partes esse non posse. Secundò ex hieroglyphicorum contextu apparet, qui in singulis dictis fragmentis disparatam rationem habet. Vnde concludo trium diuersorum Obeliscorum hæc fragmenta fuisse, Obeliscos autem ex eorum numero esse, quos minores vocant, & æquales Mahutæo, ac Mediceo, quo ad magnitudinem, quorum 44 differentis magnitudinis Romam ex Ægypto delatos Publius Victor testatur. Vbinam verò locorum huiusmodi Obelisci erecti fuerint, paucis accipe.

In Obelisco Pamphilio contrarium diximus, quia tunc ita nobis videbatur modo re diligentius explorata, aliter reperimus.

Constat ex Topographiæ Romanæ Authoribus, eo in loco, vbi modò templum Beatæ Virginis, quod à Minerua nomen habet, & celeberrimum Ord. S. Dominici Cœnobium est, olim Isidis templum constitisse; in quo vti omnes religiones Ægyptiacæ (veriùs superstitiones) summo feruore exercebantur, ita omnigeno monstrosarum imaginum apparatu, Ægyptiorum more adornabatur, ita vt posteris temporibus ex nullo Romanæ Vrbis loco tanta Ægyptiorum simulachrorum copia eruta fuerit, quàm ex hoc loco; quod apertum & luculentum πολυμορφίας Ægyptiacæ, quæ in dicto templo vigebat, testimonium est. In hoc itaque delubro Isiaco haud dubiè inter cœtera Niloticæ religionis argumenta, & Obelisci quoque erecti fuerunt, quorum hæc fragmenta tantummodò supersunt, reliquis vel terræ subrutis, vel nouarum fabricarum fundamento iniectis. Lege quæ de hoc Isidis & Serapidis templo fusè tractant Pomponius Lætus, Boissardus, & P. Alexander Donatus in Topographia Vrbis Romæ, qui totum illud spacium, quod Collegium Romanum & Cœnobium Ordinis S. Dominici vsque ad Pantheon occupat, ad Isidis & Sera-

Obelisci minores 44. olim Romæ erecti.

Templum Isidis olim Romæ.

pidis regionem pertinuisse aiunt, & ingens antiquitatum Ægyptiaca‍rum copia, quæ dum hæc scribo, ex ruderibus loci effossa est, quarum‍que non exiguam partem in meo Museo spectandam exhibeo, luculenter demonstrat.

Hoc eodem loco erutum fuit vasis Nilotici fragmentum hierogly‍phicis notis refertum, ex quo apertè Niloticorum vasorum ratio & for‍ma dignoscitur. Videtur illic linea in duodecim partes distributa, in qua per interiorem vasis superficiem, vsque in fundum, duodecim ordi‍ne æqualiter inter se distantes veluti termini quidam eminentes dispo‍nuntur; qui termini haud dubiè vel ad incrementum decrementumque fluminis, vel ad horas in hydrologio commonstrandas, deputabantur. In exteriori verò vasis superficie, ad extremum vasis limbum, circulus est in 365 stellas diuisus, tot Geniorum, quot in anno dies sunt, singulorumque præsidum index. Sequuntur deinde varia Apotropæa Numina, quæ cùm aliàs exposuerimus, hîc ijs recensendis longior esse nolui, sed loco longioris discursus ipsam figuram apponam, vt sequitur.

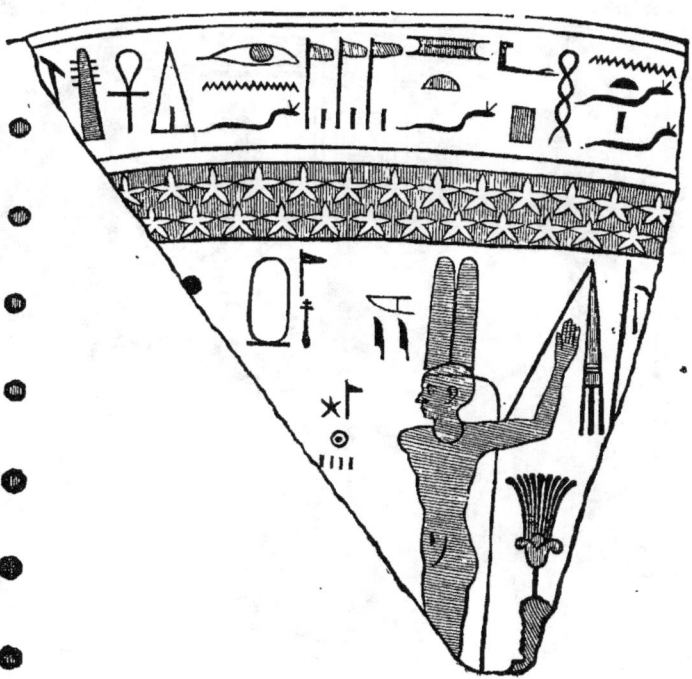

Fragmentum vasis Nilotici ex Museo Authoris.

Inter alia fragmenta magnæ considerationis sunt ea quoque, quæ in tabula VIII. proponit Nardius, ex Museo Gaddiano Florentino de‍prom-

SYNT. XII. FRAGMENTA OBELISCORVM. CAP. III.

prompta. Fragmenta funt ex lapide pyrite, & pari pacto margo vafis facri videntur fuiffe, quemadmodum ex rotunditate colligitur; in cuius

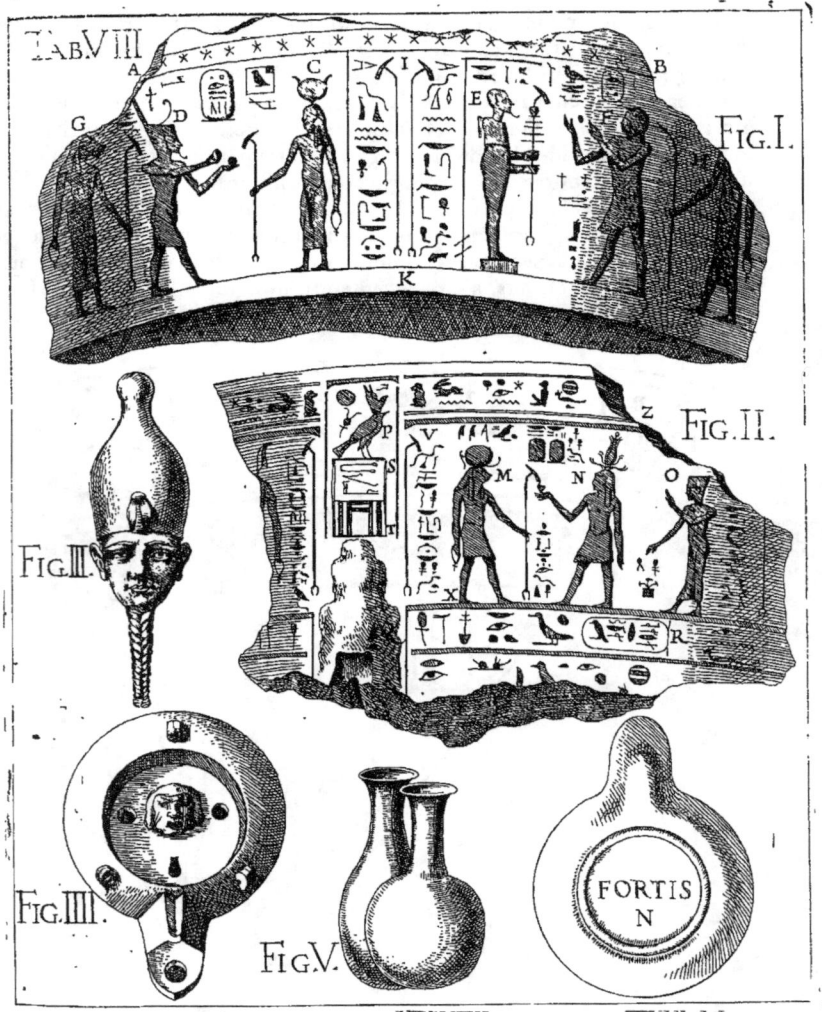

extima fuperficie fuperioris labri A B ftellæ, vt figura prima docet, in circuitu, non fecus ac in præcedenti, 365, quemadmodum ex portione circumferentiæ patet, totidem nimirum Geniorum, quot dies in anno, quo-

quorum & præsides sunt, constituuntur. Stellæ siquidem notam Genium indicasse, iam sæpius ex Horo, cœterisque Authoribus docuimus; infra quas stellas varia Numinum simulachra visuntur, quorum singula suis literis G D C E F H M N O notauimus, præcipua videlicet ab Ægyptijs coli solita, Deastrorum iam sæpe memoratorum. Statua, G, Canino capite, Cruce ansatâ, & sceptro Cucuphomorpho insignem Anubin, refert ; G Isidem globo & bouinis cornibus, quæ capite gestat, cœterùm fœmineo habitu, sceptro Cruceque ansatâ spectabilem ; è cuius regione simulachrum Genij Isiaci tiara calathoide venerabile, ambabus manibus Isidi duo porrigit vascula ; quo indicatur, terram, quam Isidem dicebant, muneri suo non satisfacturam, nisi Osiridis Nilotici humoris præsidis beneficium, quo fœcundatur, accepisset. Potest etiam per figuram D, Sacerdos intelligi, qui assumpta figura Osiridis, Isidem veluti sacro ritu, ad id, quod prætendebat, obtinendum sollicitabat. Porrò figura E Horum notat, vti iam sæpe expoluimus, cui Sacrificulus F sub forma Horæi Genij litare videtur, per circumfusorum symbolorum mysticam rationem obtestando ; quem sequitur alterius Numinis simulachrum H, fœmineo habitu indutum, & Nephtam indicat Hori ministram, ijs, quibus videtur, symbolis munitam. Columnæ verò I K, quarum vtraque baculum Cucuphomorphum præpositum habet, inscriptiones hieroglyphicæ vti sunt eædem, ita eandem significationem habent, eam videlicet, quam adiungo. *Agathodamon vitæ vniuersalis præses, humorem crateris magni diffundat ex superiori cratere, immensâ rerum varietate ditatum, cui dictus Agathodæmon præest, in inferiores crateres, ad vitarum fœcundam propagationem.*

Figura secunda aliud fragmentum exhibet, quod tamen superiori primæ figuræ exhibitæ non congruisse videtur, cùm stellas non contineat, sed intermedium vasis fragmentum fuisse verisimile est ; vbi M Accipitrinus Osiris cum Iside sua occurrit, eo prorsus modo, quo in Abacis Obeliscorum passim spectantur ; vt proinde tanquâ notissimorum, & iam aliàs non semel expositorum simulachrorum expositionem superuacaneam ducam. Quid Accipiter P quadrato S T insidens signet, in Obelisco Rammesseo, vbi ijsdem omninò figuris comparet, explicauimus. Hieroglyphicæ verò inscriptiones V & X cùm ferè eædem sint cum inscriptionibus I & K, sensum quoque non variant. Inscriptiones quoque limbis circumfusas P Z Q R, expositas vide in Sphyngis Burghesianæ interpretatione, cui congruunt.

Itaque omnes huiusmodi inscriptiones sacro vasi fuerunt insculptæ eo fine, quem iam sæpius diximus, quòd videlicet ad sollicitanda Numina magnam vim, ob occultam proprietatem Dijs maximè congruam, habere putarentur. Figura III. Hori caput refert. Figura IV. Lucernam Isidis capite insignitam ; de qua vide Syntagma de Lucernis Ægyptiacis. Sed hæc ex innumeris pauca de fragmentis sufficiant.

FINIS SYNTAGMATIS DVODECIMI.

SYN-

SYNTAGMA XIII.

De Mumijs, earumque conditorijs, & hieroglyphicorum, quibus inscribuntur, significatione.

EXCELLENTISSIMIS ET CELEBERRIMIS
VIRIS

IOANNI NARDIO
Magni Ducis Hetruriæ Medico,

IOANNI MARCO MARCI
Regni Boëmiæ Archiatro,

Nec non

Cœteris Clarissimis Viris Italiæ, Galliæ, Germaniæ, Belgij, Batauiæ, Daniæ, quorum, ob suam in subministranda huic Operi hieroglyphica supellectile collatam operam, in sequentibus Syntagmatis mentio fit, hoc de Mumijs Syntagma, gratitudinis ergo æternùm dicat & consecrat Author.

CAPVT I.

De Metempsychosi.

MOS erat Priscorum Ægypti Hierogrammatéon, corpora eorum, qui vel religione cultuque Deorum, aut beneficentiâ, cœterarumque rerum in patriæ vtilitatem cedentium collatione, in hac vita maximè celebres fuissent & conspicui, terrestrium quorundam veluti Deorum corpora certâ quâdam, & singulari studio ad hoc adinuenta aromatum misturâ, ad perennem durationem, contra omnem corruptionis labem ac putredinem, condire; condita subtili carbaso, varijs notis hieroglyphicis insignito depictoque, inuoluere; inuoluta denique

Mos condiendi cadauera Ægyptiorum

que

que Idolis hinc inde dispositis, veluti corporum conditorum custodibus, sub sacris pyramidum structuris condere. Quæ quidem nullâ aliâ probatione indigent, nisi præsentium horum schematismorum seu Mumiarum inspectione, quæ ab immemorabili tempore variâ vnguentorum commistione in Mumiam coalitæ, inuolutæ cernuntur subtili è lino telæ, certâ quâdam è cera, pice, ac pulte cretacea misturâ, cùm ad telam contra omnem corruptionem muniendam, tùm ad pingenda snotas, ac characteres hieroglyphicos facilius firmiùsque telæ imprimendos, superinductâ. In hac itaque tela dictâ ratione præparata primò imagines eorum, quos inuoluit, colore quodam perennante depictæ, manibus sacræ religionis symbola vna cum fructibus Dijs offerri consuetis gestantes spectantur. In reliqua tela nescio quæ redimicula veluti limbi quidam & lemnisci ex minutis, ijsque vitreis diuersorum colorum orbiculis assuti, vbique conspiciuntur. Sunt deinde Zonæ materiâ quæ gemmis assimilatur, vbique punctatim refertæ, quibus supernè linteamina illa fimbriata præcinguntur. Dictorum verò limborum intercapedine sacrorum animalium, aliorumque hieroglyphicorum characteres inscriptos videas. Hinc quidem Solis & Lunæ figuræ; inde, *Saturæ Serpentibus Ibis, effigiesque sacri nitet aurea Cercopitheci.* Hic Anubis Caninam ceruicem arduam attollens adest, adsunt Leones fœcundi Nili symbola, non deest Scarabæus lutulentus ille Orbis Opifex, ac perpetuæ Isidis pedissequæ Maleagrides. Forma denique totius Mumiæ trunca, & indistinctis pedibus, Hermæas statuas, vel clariùs infantis fasciolis circumligati imaginem ad viuum exprimere videtur. Qua quidem mysteriosissimâ rerum repræsentatione, occultum illum animarum per μετεμψύχωσιν, ad παλιγγενεσίαν regressum indigitabant, vti postea exponetur. Est autem μετεμψύχωσις nihil aliud, nisi animarum fatali quâdam necessitate corporibus alligatarum, donec magno illo Mundi anno reuoluto per παλιγγενεσίαν corporibus pristinis restituantur, reuolutio. Ægyptij enim hoc dogmate imbuti, animas eorum, qui sanctitate & sapientia in hac vita eminuissent, vitâ functas humana in corpora abire, sacrorum animalium, ac Deorum ibi vicariorum munere fungi, Ægyptum non secus ac dum sub humana forma adhuc degerent, magnis beneficijs cumulare, credebant. Hanc autem animarum in brutorum corpora migrationem tantum abest vt vilem & indignam censerent, vt potiùs nihil dignius & honorificentius eâ sibi contingere posse crederent; cùm & illa Deorum communia quoque habitacula fuisse, imò adhuc eos sub dictorum animalium laruis omnem terram circumire, hominum virtutes & vitia inspicere, teste Diodoro, assererent. Verba Diodori sunt: *Tradunt præterea, quinque illos Deos totum Orbem peragrare, nunc sacrorum animalium formis indutos, nunc in hominum speciem conuersos, mortalium sese oculis exhibere. Idque minimè fabulosum, sed facultati ipsorum conueniens esse; siquidem reuera hi sunt, qui omnem generationem efficiant.* Quod & Homerus in Ægyptum profectus, vti à Sacerdotibus accepit, sic in hunc modum fieri in opere suo Poëtico alicubi affirmat.

Hoſpi-

SYNTAGMA XIII. DE MVMIIS.

Hospitibusq́; Dei similes aliunde profectis
Introeunt Vrbes varia sub imagine formæ,
Vt videant, quæ praua Viris, quæ iusta gerantur.

Quemadmodum igitur dicta Numina, ob egregias virtutes & beneficia Ægypto in vita collata, per animalium sacrorum corpora μετεμψυχωτικῶς reuoluta in cœlum assumpta, diuinos honores meruerunt, vt impiè credebant; ita post mortem omnes, qui virtutes Heroum in vita æmulati fuissent, simili transitu, ad similes honores peruenturos esse asseuerabant. Vnde Mercurius Trismegistus in Pimandro: *Animarum humanarum*, inquit, *permultæ mutationes partim in melius feliciusq́ue, partim autem in contrarium. Nam reptilium quædam in aquatilia transmutantur; aquatilium animæ in terrestria migrant; terrenorum in volatilia scandunt; aëreorum vertuntur in homines, hominum deinde immortales animæ in Dæmones transeunt, demum in Deorum Chorum feliciter volant.* hæc Trismegistus. Quæ omnia confirmat Herodotus l. 2. *Hi primi extiterunt, qui animam dicerent immortalem, quæ de corpore mortuo subinde in aliud atque aliud corpus, vt quodque gigneretur, immigraret, atque vbi per omnia se circumtulisset, terrestria, marina, volucria, mersa in aliquod corpus hominis genitum introiret; atque hunc veluti circuitum fieri intra 3000 annorum spatium volebant.* E quibus patet, Ægyptios sensisse, Sanctorum animas in animalia sancta, reproborum verò in reproba & abominanda, veluti in Crocodilos, Asinos, Hippopotamos, pisces, vti de Typhone, & Ocho narrant, pro merito vniuscuiusque descendere. Atque hinc prodigiosa illa Ægyptiorum ζωολατρεία, veluti Canum, Accipitrum, Felium, (quos contra omnem Gentium consuetudinem communi cum mensæ adhibebant, exquisitissimis cibis nutritos) originem inuenit. Quæ superstitiosa dogmata paulatim ad Hebræos & Græcos serpentia, totum denique Mundum fanaticâ superstitione repleuerunt. Hebræi quidem, vtpote nouorum dogmatum præ cœteris appetentiores, ea in Synagogam trahentes, primi nouæ istius de reuolutione animarum subterraneæ, quam גלגולת הנשמות vocant, hæreseos fuerunt conditores: de qua sic Elias Leuita in Thisbi.

ומוה מה שאומרים בעלי הקבלה גלגול הנשמות
ורעתם שכל נשמה ונשמה נבראת שלשה פעמים ר״ל
יחיא מתגלגלת בגופי שלשה בני אדם וכן אומרים
שנשמתו של אדם הרשאון נתגלגלה בגוף דורשל המלך
ומדוד התגלגלה בגופו של משיח וכן אדם ר״ת אדם
דוד משיח וכן אמרו שהנשמות של בעלי עבירות יתגלגלו
בגופי בעלי חיים כל אחד לפי עונו:

Hinc est, inquit, *quod Authores Cabalistici disserunt de reuolutione animarum, quorum opinio est, vnamquamque animam tribus vicibus creari: quasi dicerent, quòd ea voluat se per corpora trium filiorum hominis; vnde sic dicitur, quòd*

CAP. I.   390   OEDIPI ÆGYPTIACI THEAT. HIEROGL.

Hebræorum figmentum de animarū transmigratione.
אדם Adam
ד Dauid
מ Messias

Pythagoras metempsychosin ab Ægyptijs hausit. Iamblichus.

Iuliani Apostatæ error circa metempsychosin. Platonis error circa metempsychosin.

Orphei, & Zoroastri opinio circa metempsychosin. Zoroaster. Persæ vocabant mystas Leones hyęnascoruos

Ægyptij Deos, Regesq; sub laruis animalium cognoscere satagebant. Philostratus.

Fabula de Rege Ægyptijs sub Leonis imagine circumeuntis.

quòd anima primi hominis volutauerit se in corpore Dauid Regis, & inde reuersura sit in corpus Messiæ, idque significari per literas, quæ sunt in voce אדם Adam, quarum vnaquæque integram dictionem constituit, Adam, Dauid, Messias. Dixerunt etiam, quòd animæ hominum præuaricatorum migrent in corpora animalium, vniuscuiusque animam secundùm id, quod peccauit. Atque hæc est opinio Cabalistarum. Porrò alter huius Philosophiæ apud Græcos Author fuit Pythagoras; quem à Canuphæo Ægyptio Sacerdote instructum, animalia quædam, veluti Gallos, Pauones, Boues, Picas, honore singulari culta familiari quoque ea dignatum alloquio, Iamblichus in eius vita narrat; quam quidem philosophandi rationem ita altè animo imbiberat, vt animam suam priùs in Pauone fuisse, & ex hoc in Euphorbum Troiani belli Ducem, ex Euphorbo in Homerum, ex Homero denique in Pythagoram transmigrasse, dicere non sit verecundatus. Iulianus verò Apostata Alexandri Magni animam in se reuolutam asserere solebat; & Helenam Troiani excidij causam in Tyriam quandam mulierem, Simon Magus asserebat. Plato, & ipse Ægyptiorum Sacerdotum discipulus, ausus est dicere, animam è corpore migrantem in id, quo abundauit, euadere; vnde inferre erat solitus, teste Olympiodoro, quòd arbor sit futurus, qui nutritioni deditus diu noctuque torpebit; Miluus, qui raptu viuet per concupiscentiam; Leo, qui egregiè militabit; Draco, qui crudeliter in genus humanum debacchabitur; Homo, qui ciuiliter viuet; Heros, qui naturalia scrutabitur; Dæmon, qui mathematica; Angelus, qui diuina: talis enim fiet animus, qualem induit habitum. Vnde Orpheus in ipso Mercurij terrestris hymno, κοινὸν τιναίων ἀνυπόστροφον οἶμον αιώλιας. Cocyti habitans irremeabilem necessitatis domum, animam, aiebat, post vitam adepturam, secundùm quod opera eius in vita. Cui consonant Zoroastri verba in libro cui titulus: Μαγικὰ λόγια τῶν ἀπὸ Ζοροάστρου μάγων Σοὶ γὰρ μέλλον θῆρες χθονὸς οἰκήσουσι. Vas inquam tuum habitabunt bestiæ terræ. Hinc Persæ in Mythriacis sacris, vt cognationem, quæ nobis est cum animalibus, alijs indicarent, mystas omnes sacrorum participes vocabant Leones, Hyænas fœminas, ministros Coruos. Ita Porphyrius l. 3. de abstinent. Τὴν μετεμψύχωσιν ἐν τοῖς τοῦ μύθου μυσηρίοις ὁμολογοῦσι· ἰδὼ γὰρ κοινότητα ἡμῶν τὴν πρὸς τὰ ζῶα αἰνιττόμενοι δ'ὅτε τῆς ζώων ἡμᾶς μετίσχειν εἰθάσιν ὡς τε μὲν μετέχοντας τῶν αὐτῶν ὀργίων μύστας καλεῖν λέοντας. Quæ omnia aliunde non nisi ab Ægyptijs promanarunt, qui Deos Regesque suos sub laruis animalium circumeuntes omnibus modis cognoscere studebant; cuius rei exempla hic aliquot adferre non ingratum me facturum esse existimaui. Huiusmodi scientiam Apollonium Thyanæum habuisse l. 2. eius vitæ Author Philostr. testatur. Nam Amasidem potentissimum quendam Ægyptiorum Regem sub Leonis forma ab eo cognitum, verbis sequentibus tradit. *Mirabile, inquit, illud est, quod in Ægypto adhuc existenti contigit Apollonio. Vir quidam Leonem mansuefactum ex loro veluti, Canem quocunque volebat, ducebat, qui non solum ei blandiebatur sed & cæteris omnibus, qui obuiam accessissent. Tali modo vir mercedē quærens multas iam lustrárat Vrbes, quin etiam templa ingrediebatur, quòd mundus à cædibus esset & impollutus; neque enim hostiarum sanguinem lambebat,*

SYNTAGMA XIII. DE MVMIIS.

bebat; & excoriatas atque in frusta sectas sacrorum carnes non attingebat. Sed mellitis placentulis, ac pane etiam, & bellarijs vescebatur; coctas quoque carnes edebat, & vinum quoque bibere visus est, cùm antiquam seruaret consuetudinem. Is itaque Leo ad Apollonium veniens, qui tùm forte in templo sedebat, & ad eius genua procumbens; blando strepitu deliniebat, & alijs quoque supplicare videbatur: quod videntes qui astabant, eum mercedis causa id facere arbitrabantur. Respiciens autem ipsum Apollonius; Hic, inquit, Leo me rogat, vt vos doceam, cuiusnam hominis animam habeat: est autem Amasis Rex Ægypti circa Saiticam Præfecturam. Quibus verbis auditis, Leo miserabiliter frendens lamentabilem rugitum edidit, tum dentibus infrendens lugere cum procul dubio videretur, lachrymarum vim fundebat. Demulcens igitur ipsum Apollonius: Ego, inquit, Leonem censeo Leontopolim mittendum esse, ibique in templo collocandum; Regem enim maximè in regiam belluam & Dijs sacram conuersum, tanquam egenum mendicare indignum iudico. Post hæc congregati Sacerdotes Ægypti, Amasidi sacrificabant, & belluam torquibus vittisque redimitam in interiorem Ægyptum misere, tibijs ante ipsum hymnos & carmina decantantes. Hæc Philostratus. Aliam Centir Arabs in libro qui intitulatur de seruitute terræ, في عبد مصر *De cultu Idolorum Ægyptiorum*, non minùs priori iucundam narrat de quodam Persa & Ægyptio iter facientibus, historiam. *Persa enim dum Scarabæum Ægyptijs sacrum, lutoso opificio per semitam occupatum fortè calcasset; Ægyptius calamitosum casum intuitus, manibus in cælum extensis, omnia Numina, ab hoc se scelere immunem esse, protestabatur. Persa verò, quid sibi protestatio illa vellet, rogante; Neque tu, inquit Ægyptius, vindictam Deorum, ob sacram & viuam magni Osiridis imaginem, in quo habitans, voluendo stercoream pilam, nos motus cœlorum, & omnem agriculturæ rationem docet, temerè & indignè tractatam formidas? Instructus itaque Persa imposterum cautiùs incessit, ne fortè Deastrum hunc stercoreum lædens indignationem Numinum incurreret.*

Egit stolidum hoc Metempsychoseos dogma tam altas in animis maleferiatorum hominum radices, vt per totum penè Orientem eas diffuderit. Nam Pythagoras ab Ægyptijs, à Pythagora Plato, ab his Saraceni, à Saracenis Brachmanes, Persæ, & vltimi Sinarum & Iaponum populi decepti sunt. Auicenna c. 2. l. de Alm chad, siue de conditione Animæ post vitam hanc, scribit à Mahumete dictum esse, animalia progredientia super terram, & aues suis alis volantes non aliud esse, quàm turbam copiosam hominibus similem, & in ipsius anima naturæ cum ijs communicationem. Atque quod in illius Saracenorum Principis Mahumedis Alcorano positum est, non priùs animarum humanarum in noua corpora transitum, finem esse habiturum, quàm Camelus per foramen acus penetrare possit, hoc idem, ait, nonnullos ita interpretari, vt significare voluerit, animam hominis vitiosi non priùs gratissimâ quiete frui posse, quàm per varia corpora iactata, à Camelo transierit in eum vermem, qui corporis sui tenuitate & paruitate per foramen acus possit penetrare: Non dicam hic de Iudæorum, Brachmanum, Sinarum metempsychoseos ridiculis commentis. Qui de hac materia plura desiderat, is adeat Theologiam

Centir Arabs

Historia de Persa Scarabæü calcäte.

Metempsychoseos dogma latissimè diffusum fuit.

Auicenna.

Mahumedis opinio de metempsychosi.

Poetarum fabulæ variæ ab Ægyptiorum metempsychosi originem traxere.
Diodorus lib. til. o. 6.

logiam hieroglyphicam, vbi hanc materiam ex profeſſo traditam reperiet. Præterea quidquid de Elyſijs campis, de ſtyge, eiusque fluminibus, de Mercurio animarum translatore Poëtæ finxerunt, id ab Ægyptijs originem traxiſſe Diodorus hiſce verbis demonſtrat: *Hus ab Orpheo ad Græcos traductis, Homerus Orpheum imitatus idem in ſuo Poëmate ſcribens, ait, Mercurium Cyllenium animas Heroum euocare, habentem virgam in manibus. Rurſusque, erant prope Oceani fluxum, & Leucados petram, Solisque portas, ſomnia populorum. Sequebatur virens pratum, vbi iuniorum erant animæ; ſimulachra mortuorum. Oceanum igitur Nilum vocat, quoniam ab Ægyptijs proprio nomine Nilus Oceanus appellatur. Solis portas Heliopolim dicit. Pratum verò habitationem confictam putat eorum, qui trans paludem delati ſunt, quæ Acheruſia nominatur. Et prope Memphim, circumque prata amœna, paludesq́; calamis plena. Proſequitur deinceps mortuos hæc incolere loca, quoniam Ægyptiorum ſepulchra maiori ſanè ex parte in eis locis ſint poſita. Corpora verò per fluuium & Acheruſiam paludem ad ſepulchrum delata, ibique condita, aliaque plura, quæ nunc etiam ſeruant Ægyptij, dant fabulis, quas Græci de inferis finxerunt, locum. Nam nauis quæ vectat corpora, Barys appellata; hæc apud Græcos eſt* בצלצא *ea. Obolum ait dari portitori, cui nomen inditum eſt ab incolis Charon. Aſſerunt circa hæc loca Hecates vmbroſæ templum eſſe, Cocyti portas, atque obliuionis, æreis vectibus diſtinctas. Eſſe & alias portas Veritatis, quas prope ſtatua ſit Iuſtitiæ absque capite. Multa quoque alia fabuloſa de Ægyptijs feruntur, quæ adhuc nomine & opere perſeuerant.*

CAPVT II.

Cur tanto ſtudio Cadauerum incorruptioni ſtuduerint Aegyptij.

Ægyptiorum cura in humandis mortuis.

Nvllam vnquam in Mundo Gentem fuiſſe reperio, quæ maiori curâ & diligentiâ corpora mortuorum conſeruare, maiori apparatu exornare ſtuduerit, quàm fuerit Ægyptia. Cuius rei cauſa inueſtiganda eſt; quod modò præſtabimus, vbi priùs nonnulla cognitu neceſſaria præpoſuerimus.

Ægyptiorum dogma de rerum reuolutione.

Suppono itaque primò, propria Ægyptiorum dogmata fuiſſe, primum Mundi ſtatum poſt 36000, vel vt alij volunt, poſt 40000 annos ad priſtinum ſtatum reuoluendum; à quibus id Plato edoctus ad poſteros traduxit, tametſi is animarum reuolutionem 10000 annorum circulo definiat: *In ijs autem omnibus*, inquit in Phædro, *quicunque iuſtè vitam egerit, ſortem poſtea nanciſcitur meliorem; qui verò iniuſtè, deteriorem; in idem enim vnde profecta eſt, cuiuſque anima annorum* 10000 *ſpatio, non reuertitur. Alas ſiquidem ante hoc tempus non recuperat, præter illius animam, qui philoſophatus eſt ſine dolo, vel vn i cum ſapientiæ ſtudio pulchritudinem amarit; Hi ſiquidem tertio ambitu mille annorum, ſi ter hanc ipſam deinceps elegerint vitam, ſic recuperatis alis poſt tria millia annorum euolant*

Plato. Platonis opinio de animarum reuolutione.

abeun-

SYNTAGMA XIII. DE MVMIIS.

abeuntes. Et quæ sequuntur. Abenephi verò dicit, animas singulis septem millibus annorum ex vera Ægyptiorum sententia per varia reuolutas corpora, tandem corpori quidem suo, sed non nisi summè ab omni corruptione conseruato, Numinumque assistentia munito restitui, vsque ad 49000 annorum, qui numerus septenarij quadratus est, quo animæ Ideæ tandem suæ restituentur æternùm beatæ. Hanc sententiam, seu veriùs dementiam, & Cabalistas amplexos esse, in Cabala docuimus; ad sex dies Creationis, & septem quietis, occultâ analogiâ alludentes.

Suppono secundò, ex eadem doctrina, vti in Astrologia docuimus, singulis septem millibus annorum, septem tutelarium principalium Ægypti dominatorum Mundi regimen finiri, & ad primum reuolui, vsque ad 49000 annos, vbi fit status consistentiæ rerum, ex mente Aegyptiorum. Horum verò regiminis mutatione in pristino quoque corporis statu mutationem fieri, id est, animam vitâ probè peractâ, post 7000 annorum intercapedinem, variâ reuolutione peractâ, corpus quidem suum in sepulchro relictum repetituram, sed ad altiorem sphæram promotam iri, vsque dum omnibus sphæris peragratis Ideæ suæ restituatur æternùm beata, nulli ampliùs Adrastiæ seu mutationis legi subiecta. Quæ omnia haud dubiè ab Aegyptijs accepta posteritati tradidit Plato his verbis in Phœdro. *Regula Adrastiæ Deæ, id est, ineuitabilis Numinis, hæc est, vt quæcunque anima Deum comitata, aliquid rerum inspexerit, ea vsque ad circulum alium sit indemnis; & si semper hoc facere queat, sit semper illæsa; si verò impotens assequendi non inspexerit, & casu aliquo vsa, repleta obliuione & grauitate grauetur; grauata autem pennas confregerit, in terramque reciderit; tunc prohibet lex, hanc in prima generatione, in aliquam brutalem ire naturam; sed iubet eam, quæ plurima viderit, in genituram viri Philosophi, aut pulchritudinis auidi, aut Musici, aut Amatorij; eam verò quæ secundo loco, in Regem legitimum, aut bellicosum Virum & Imperatorium descendere; tertiò in gubernatorem Reipublicæ; quartò in laboriosum Gymnasticum, aut Medicum; quintò in Vatem, aut Mystam; sextò in Poëtam, aut &c.* Et in Phædone: *Animæ malorum*, inquit, *circa sepulchra oberrare coguntur, pœnas dantes vitæ improbè transactæ. Itaque tamdiu circumaguntur, quoad cupiditate naturæ corporeæ comitante, rursum induant corpus. Induunt autem vt decens est eiusmodi mores, quales in vita exercuerunt.*

Quòd verò animæ iustæ de sphæra in sphæram promoueantur, probat ex Trismegisto Marsilius Ficinus in Theologia Platonica l. 17. c. 3. *Sicut enim*, inquit, *omnes Mundi sphæræ per animas variant formas, ac tandem proprios repetunt recursus; sic animæ nostræ animorum cœlestium similes varias formas corporum induunt, certisque curriculis temporum ijsdem, quibus antè, corporibus inuoluuntur*; quam palingenesiam regenerationem Zoroaster vocat; de qua multa Mercurius cum filio suo Tato disputat.

Sed ad propositam nobis materiam explicandam reuertamur. Ægyptij itaque in vita rectè sanctèque instituenda mirum in modum anxij, hunc vnicum scopum mysteriosâ cæremoniarum exhibitione in cadauerum

Aegypti tutelarium regiminis duratio.

Plato. Platonis doctrina de animarum transmigratione.

Animas de sphæra in sphæram migrare dicebat Trismegistus. Marsil. Ficin

Aegyptiorum in condiendis corporibus scopus.

rum conditura sibi præfixisse visi sunt, vt animæ eorum dignum meritis in reuolutione habitaculum post hanc vitam inuenirent, Deo quàm coniunctissimæ. Et quoniam ex traditione nôrant, animas vita improbè peractâ, circa sepulchra versari, corpus aliquod humanum, quod intrarent, operturas, ne Iudicis sententiâ, brutorum corpora, operationibus suis brutis condigna, subire, & vitam perpetuò miseram ducere cogerentur; hinc tantis cœremonijs, ac tantis conditorijs corpora æternitati destinabant. Præterea persuasum illis erat, animas, corruptioni obnoxia, aut in fauillas redacta, aut quouis modo mutilata corpora intrare minimè posse. Hinc tanta illis circa mortuorum corpora ab omni corruptionis labe immunia conseruanda cura & sollicitudo; hinc tantâ diligentiâ incumbebant, vt locis abditis, & contra omnes temporum iniurias munitissimis, ea omni priùs cœremoniarum solennitate expiata, totque Numinibus & tutelaribus Genijs contra aduersorum Numinum vim summo studio munita, tutò reconderent; spe firmâ freti, futurum vt reuolutione animarum ab Adrastiæ lege præscriptarum peractâ, ea denuò repeterent, & ad altiores sphæras promotæ, tandem tota reuolutionis periodo peractâ, ideæ suæ æternùm beatæ, nullis ampliùs mutationis & circumuolutionis legibus obnoxiæ restituerentur. Nam vti excellentissimus Medicus Ioannes Nardius ex Lucretio docet, *Ægyptij nefas rati vario exponere discrimini corpus illud, quod exactis tribus myriadibus futurum erat animæ reducis domicilium &c.* omni proinde ingenio formidatas arcebant iniurias, quæ tamen ex duplici fonte cùm oriri valerent, domestico scilicet atque externo, vtrique magnâ cautelâ prospexerunt. *Valentissimo primùm vnguine, altèque penetrante, obstabant putredini, cuius postrema soboles sunt caries & vermes, occursantibus verò eadem liturâ nouisq́ munimentis.* Certè adeo nullo non tempore prima Ægyptiorum indoles in ipsam immortalitatem & metempsychosin prona fuit, vt non tantùm firmiter à prædecessoribus sibi traditam crederent, sed & alijs Gentibus omninò eam persuaserint, ac inter cœteros Pythagoræ, qui hanc, vti dictum fuit, ad Græcos primùm, vt Herodotus luculenter docet, traduxit. *Perennitatis enim studiosissima gens Ægyptia*, ait Nardius, *cùm benè consultum præstantissimæ hominis portioni existimarent, diuersorij vicissitudine atque transmigratione, caducæ quantum in illis erat, opem tulere immensam, postq́ peracta, dispendiosâ curâ ac pompâ, funeram putrilaginem omnibus ingenijs à cadauere arcebant.* Nam Diodoro teste l. 2. paruifaciendum esse putant præsentis vitæ tempus, futuræ verò gloriam, quæ virtute comparatur, maximè æstimandam. Domus nostras *diuersoria* appellant, tanquam breui à nobis inhabitandas; defunctorum sepulchra sempiternas domus vocant. Ideo domus ædificandæ curam contemnunt, circa sepulchrorum magnificentiam summum studium operamque, vti Pyramidum vastissimæ moles, & inaudita Simandij sepulchra luculenter docent, impendunt. Sed hæc ita esse, ex sequentium schematum interpretatione luculenter patebit.

Ioannes Nardius.

Bitumine liniebant Ægyptij mortuorum corpora.

Herodotus.

SYNTAGMA XIII. DE MVMIIS.

CAPVT III.

De Mumiarum præparatione, id est, de modo condiendi cadauera.

§. I.

Modum condiendi & sepeliendi corpora defunctorum Aegyptijs vsitatum fusè describunt Herodotus in Euterpe, & Diodorus Siculus l. 1. c. 6. cuius & mentionem amplam fecimus Tomo primo de Politica Aegyptiorum. Eundem ritum Ioannes Nardius Medicus in commentarijs, in Lucretium circa finem fusè describit. Herodoti verba nos hoc loco ὡς ἒπος εἰπεῖν deducemus. *Luctus eorundem Aegyptiorum ac sepulturæ tales sunt. Quibuscunque domesticis aliquis decessit homo alicuius momenti, ibi omnis muliebris sexus familiæ caput sibi & vultum oblinit luto. Denique relicto domi cadauere, ipsæ per Vrbem vagantes se plangunt, succinctæ, nudatis mammillis, & cum eis proxima quæque. Altera ex parte viri, & ipsi expectorati se verberant. Interim neque lauantur, neque vinum aut cibum, nisi vilem sumunt, neque vestibus vtuntur splendidis. His actis, ita demum ad condiendum portant. Sunt autem certi ad hoc ipsum, qui hoc artificium facitant. Qui cùm ad ipsos cadauer portatum est, ostendunt his, qui portauerunt, exemplaria mortuorum lignea pingendo assimilata. Et eorum vnum accuratissimè fabrefactum esse aiunt, cuius ego nomen, si nuncupauero, haud faciam sanctè. Alterum illo inferius, ac viliores pretij. Tertium vilissimi. Sepulchrorum tres habentur species, sumptuosa, mediocris, humilis. In prima argenti talentum exponunt, in secunda minas viginti; in vltima parum quid sumptus erogant. Qui funera mortuorum curant, eo exercitio à maioribus tradito, funeris impensam domesticis descriptam ferunt, scrutantes quanti velint celebrari funus. Ante omnia incuruo ferro cerebrum per nares educunt, vt quàmque partem educentes, ita locum eius medicamentis explentes. Dehinc acutissimo lapide Æthiopico circa ilia conscindunt, atque illac omnem aluum protrahunt, mortuum verò exenteratum in Soli monstrant; hinc intestina in amnem abijciunt, non absque contestatione. Sol rerum Domine, vosque Cœlites, qui mortalibus lucis vsuram largimini, me accipite, & cœlestibus contubernalem addite; equidem piè, ac religiosè Numina à maioribus mihi commonstrata, semper, dum vixi, excolui, geniturae meae auctores semper honoraui, hominem occidi neminem, aut deposito fraudaui, nec aliud quicquam infandum patraui. Quòd si quid à me patratum est, edendo, bibendove, quod non oportuerit, id omne non meâ, sed huius causâ commissum est; simulque cum dicto arcam, in qua ventriculus erat conditus, in profluentem proijciebat, corpus reliquum, vt purum & labis immune condiens. Aluum vbi repurgarunt, ac vino Phœnicio expleuerunt, rursus odoribus contusis referciunt; tùm omenta complentes contusâ myrrhâ purâ, & cassiâ, & cœteris, excepto thure, odoribus iterùm consuunt. Vbi hæc fecere, saliunt intrò abditum septuaginta dies. Nam diutius*

Herodotus. Diodorus. Nardius.

Ægyptiorum modus condiendi ac sepeliendi corpora.

Sepulchrorū Ægyptiorum species tres, sumptuosa, mediocris, humilis. Sumptuosa sepulchrorū species.

CAP. III. 396 OEDIPI AEGYPT. THEAT. HIEROGL.

tius salire non licet. Exactis septuaginta diebus cadauer, vbi abluerunt, sindone byssina, incisis loris, inuoluunt gummi illinentes; quo Ægyptij glutinis loco plerumque vtuntur. Eo deinde recepto, propinqui ligneam hominis effigiem faciunt, in qua mox inserunt mortuum, inclusumque ita thesaurizant, id est, reponunt. Hi autem, qui mediocria volunt, nimium fugientes sumptum, ita comparant. Clysterem vnguine, quod è cedro gignitur, complent. Deinde ex hac aluum mortui, ipsam neque scindentes, neque extrahentes, sed per secessum, prebenso viæ posterioris hiatu, inserciunt: & tot, quot dixi, diebus sale condiunt: quorum dierum vltimo, cedrinum vnguen, quod prius ingesserant, ex aluo egerunt; quod tantam habet vim, vt vnà secum aluum, atque intestina tabefacta educat. Nitrum autem carnes tabefacit, mortuique tantum cutis & ossa relinquuntur. Vbi ista fecere, ex quo sic tradidere mortuum, nihil amplius negotij suscipiunt. Tertia conditura est adornandi eorum mortuum, qui tenuioris sunt fortuna. Dilutionibus ventrem abstergunt, arefaciuntque sale per septuaginta dies; deinde tradunt reportandum. Antequam sepeliatur corpus, prædicitur à Cognatis; tùm Iudicibus; tùm defuncti amicis sepulturæ dies. Asserunt verò illum, nomine mortuum appellantes, paludem transiturum. Adstantibus Iudicibus, amplius quadraginta numero, sedentibusque in præparato vltra stagnum hemicyclo, trahitur nauis ad id composita ab ijs, quibus ea cura iniuncta est, regente Magistro, quem suâ linguâ Ægyptij Charontem vocant. Vnde & Orpheum (quâ de re paulò post dicetur) asserunt cùm huic morem apud Ægyptios conspexisset, finxisse postmodum Inferos, partim quæ viderat imitatum, partim quæ ipse commentus esset. Perducta in stagnum naui, antequam conditur in arca cadauer, permittitur cuique volenti mortuum accusare. Si quis comprobatur malè vixisse, iudices sententiam ferunt, quâ censent corpus eius sepulchro priuandum. Qui deprehenditur iniustè crimen obiecisse, in quâ mulctatur pœnâ. Cùm deest accusator, aut per calumniam accusatum constat, Cognati finito luctu, ad laudes mortui vertuntur; nil de genere eius, sicut Græci consueuerunt, narrantes (existimant enim omnes Ægyptij pariter se nobiles esse) sed orientes à pueritia, in qua vitæ institutionem eruditionemque recensent; ad Viri ætatem descendunt, eius erga Deum religionem, iustitiam, continentiam, virtutesque cœteras commemorantes. Inuocatis verò Inferis Dijs, precantur, vt eum inter pios locent. Ad quæ verba omnis multitudo correspondet, gloriam mortui extollens, tanquam apud Inferos cum beatis semper futuri. Sepeliunt postea quique suos; hi in proprijs sepulchris; alij quibus ea desunt, domi apud firmiorem parietem arca corporis erecta. Qui verò ob crimen, aut fœnus sepultura prohibentur, domi absque arca ponuntur. Quos posteri ditiores facti, ac debita & crimina luentes, honorificè sepeliunt. Gloriantur enim Ægyptij suos parentes maioresue magnificè esse sepultos.

Mediocris sepulchrorum species.

Infima sepulchrorum species.

Sepeliendi ritus Ægyptiorum.

§ II.
De Mumia.

Mumia, vox persica, significat corpus exsiccatum & conditum.

Mumia siue مومیا vox Persica est, & idem notat, quod exsiccatum cadauer certâ ratione conditum, corruptionis expers. Cuius
virtu-

virtutes tametsi complures Medicorum copiosè descripserint, nulli tamen fuerunt, qui eorundem condiendorum rationem ac methodum non dicam tradiderint, sed nè attigerint quidem. Plerique cadauera, quas Mumias vocant, nullâ certâ conditurâ præparari, sed solo naturæ puro puto artificio ad hunc incorruptionis statum peruenire putant, eo, qui sequitur, modo. Est in TransNilana Africæ regione desertum ingens, sabuli, arenarumque cumulis in immensum exporrectum, vnde & sabulosi maris non immeritò nomen obtinuit; hæ siquidem arenæ ventis concitatæ tam sæuas subinde tempestates mouent, vt arenis in cliuos aggestis, turbinum violentia, & iumenta & viatores vnà cum mercibus suis, nullâ euadenti spe relictâ, viuos sepeliant. Expertus est, Herodoto teste, huius sabulosi maris sæuitiem Cambyses, toto ferè exercitu, in expeditione ad Ammonios factâ, æstuantis arenæ impetu absorpto. Refert Pomponius Mela de rupe quadam in hoc deserto existente, Austro consecrata, quæ simul atque vel manu tacta fuerit, Austro mox prouocato sæuissimas procellas moueat, sabulo in tantum intumescente, vt pelagus vndarum vorticibus, fluctuumque æstibus concitatum videri queat. Hanc rupem dum olim Sylli inconsultiùs adeunt, siue occultiori naturæ impetu, siue Magicis incantationum præstigijs, vento mox exoriente, & sabulosos cogente montes, ad vnum omnes extincti feruntur. Est & in hoc deserto Ammonium Oraculum, & Serapium, Sphyngesque ingentes, quarum aliæ vsque ad caput, aliæ ex dimidio arenâ obrutæ, Strabone teste, spectantur. Hoc itaque celeberrimum Oraculum consulturus olim Alexander Magnus, dum pleno aleæ itineri se accingit, ad illud quidem incolumis peruenit, sed quos milites ex suo exercitu non sabulosi pelagi turbines, hos æstus sitisque confecisse traditur. Sed vt vnde digressus, reuertar; in hoc sabuloso deserto dicunt nonnulli Mumias solius naturæ industriâ confici; dum aiunt, viatorum deserti tempestatibus extinctorum corpora tùm Solis, tùm feruentissimæ huius arenæ pinguioris virtute, longo tempore siccata tostaque in hunc statum ἀφθαρσίας degenerare. Sed tametsi subinde, in hoc Lybiæ deserto, huiusmodi à Sole exsiccata corpora reperiantur, illa tamen minimè Mumiæ dicendæ sunt; cùm Mumia propriè cadauer sit singulari arte conditum. Quæ qualis sit, iam aperiamus.

 Haly Medicus Arabs, in suo de medica humani corporis virtute libro, Mumiarum haud infrequenter meminit, easque incorruptionis munus, solius Asphalti, Opobalsami, Myrrhæ, simillimumque specierum beneficio adeptas esse asserit; quod tamen non de omnibus, sed ditiorum corporibus dicendum est. Certè solertissimus Philosophus & Medicus Ioannes Nardius hoc præ cœteris in Mumijs, tùm quas proprias domi suæ, tùm quas Magnus Dux Hetruriæ in Ergasterio suo opulentissimo tenet, experimentum sumpsit; corpora siquidem fascijs suis euoluta summo studio dissecuit, at præter Asphaltum nullo alio Aromatici generis apparatu condita reperit. Verba Authoris hic apponenda duxi; sic autem fol. 635 Commentariorum in Lucretium ait. *Speraui olim miram*

fra-

fragrantiam à medicato funere, tot tantisque infarcto aromatibus: Verùm spes me fefellit, solaque fuit obuia gummi graueolentis post denudatum cadauer. Quanquam verò non vnius illud erat sortis, & vetustati licet plurimùm darem, attamen non nisi gummi vestigia, quin coactas homogenei gummi glebulas, in ventre recens dissecto, obseruaui. Sciscitor interim curiosus caluariam, eodemque gummi intus illitam deprehendo: tunc verò me operam lusisse omnem liberè sum fassus; dum partes cadaueris singulas attentius examino, altèque gummi imbibitas video. Fregi, discerpsi, ossibus neque peperci, gummi vbique redolent atque sapiunt. Serus ego damnaui tandem propriam crudelitatem, longumque valedixi Ægyptijs technis. Quonam igitur modo solo Asphalto aut bitumine corpora incorruptionis donum consecuta sint, dubium est. Multi putant, salis adiuncti copiâ conseruata; at hoc subsistere non potest, cùm sal ita corpora facilè diffluant, vti ex historia patet, quam & Baronius ob euentum memoria dignum, historiæ Ecclesiasticæ inseruit. Dum in montibus Salisburgi fossili sale prægnantibus, fossores in subterraneis antris in fossam salinâ aquâ refertam, & satis profundam inciderent, aquamque in vsum coquendi salis deriuarent; contigit, vt inter euacuandum, humanum in ea corpus detegerent, prorsùs integrum, incorruptumque; cutis colore prorsùs niueo candebat; oculi aperti vitam ipsam spirabant; capilli pilique suis locis ab omni corruptione immunes; cœterùm totum corpus rigidum ad instar saxi. Stupefactis ad tam inusitatum naturæ prodigium fossoribus, res ad Bauariæ Ducem delata fuit, qui & ipse rei nouitate attonitus, portentique videndi desiderio percitus, illud propediem ad se deferri præcepit. Quod vbi factum, & iam triduo hoc salis figmentum, omnium oculis expositum fuisset; ecce id tandem aëris veluti impatiens intra paucos dies, in aquam resolutum, suoque elemento restitutum prorsùs diffluxit. Ex qua historia satis liquet, corpora salita tametsi certo tempore corruptioni resistant, longo tamen tempore defluere. Cùm itaque, teste Nardio suprà laudato, totum corpus Asphaltum seu bitumen oleat; id eo conditum, luculentum indicium est. Quomodo verò, & qua arte & industria hoc peractum sit, & quomodo per intimam substantiam corporis bitumen imbibitum, in duram & consistentem essentiam degeneret, id quidem difficile cognitu, at non inscrutabile. Nardius rem acu tetigisse videtur. Verba eius sunt: *Quandoquidem Asphaltus liquabile mistum est, caloreque præsente mollescit, præsertim si congener accedat substantia auxiliares in partes, quale est fluidum bitumen, quod Naphtam appellant. Vt igitur congruo in lebete iungebantur hæc simul, igne cogente, bituminoso immergebant balneo cadauer, macerabantque tamdiu, donec altè imbibisse conijcerent contubernalem liquorem. Neque controuertere fas est, dum hæc agerentur, an pepercerit tunc ignis cadaueris adipi atque carnibus: par namque est credere, bis liquescentibus insigne accessisse auctarium arescenti bitumini.* Non est nostrum in præsens litem dirimere de viribus Mumiæ, cuius debeantur celebratæ dotes, Asphaltone, an cadaueri; & si non dubitem valere indicatam miscellam turbas omnes plenissimè sedare, finemq́ controuersijs imponere. Exemptum tandem inde cadauer deponere cogeant superfluum hu-

morem

SYNTAGMA XIII. DE MVMIIS.

morem calidi ambientis opera, dum interim illius membra ad libitum componerent. Quæ verò me inducunt, vt prænarrato adhæream artificio, sunt æqualis illi bituminis distributio in singula membra, compacti adhuc bitumine crines, cilia, superciliaque in frustula eiusdem bituminis comæ nonnunquam hærentia. Atque hanc ego arbitror fuisse condiendorum, atque à corruptione conseruandorum corporum methodum; quam & apud Arabes me legisse memini; & consentiunt quæ & ego sæpenumero in Mumijs Petri à Valle obseruaui. Iam cryptas, in quibus condi solebant paulò antè dicta præparata corpora, examinemus.

CAPVT IV.

De Cryptis, locisque subterraneis, in quibus condi solebant Mumiæ, siue medicata corpora.

NOn satis erat Ægyptijs, cadauera dicto aromatum apparatu adornare, sed nè imposterum aëris, aquæ, caloris, temporumque iniurijs, aut animalium insidijs corroderentur, summâ sanè cautelâ, non in locis inundationi Nili expositis, non in patentibus campis latrocinio peruijs, sed vel in æternùm duraturis pyramidibus, vel in cryptis subterraneis summo labore in rupe viua excisis, vario priùs inuolucrorum fasciarumque amictu summâ ac vix imitanda industriâ velata infarcinataque reponebant. Sed locum condiendis corporibus destinatum priùs, deinde singula ornamenta exploremus. Locus cœmiterij, erant cryptæ subterraneæ, ex viuo, vt dixi, Alabastro excisæ, varijs concamerationibus, veluti ingentibus aulis discriminatæ, tam multiplicibus ambagum, viarumque gyris intricatæ, vt labyrinthus videri posset: cuius Ichnographiam non ita pridem ad me transmisit sæpe laudatus Titus Liuius Burattinus, qui pro laudabili sua curiositate, non sine sumptibus, dum Ægypti antiquitates inquirebat, & has quoque cryptas penetrauit, omnia singulari studio delineauit, delineata ad me, pro suo singulari Reipublicæ literariæ promouendæ zelo, transmisit. Verùm antequam figuram exponamus, eius primùm hoc loco epistolam Italico sermone conscriptam, deinde Ichnographiam subterraneæ fabricæ, hîc apponendam duxi, ex qua Lectori curioso cuncta luculentiùs patebunt.

Epistola Titi Liuij Burattini ad Authorem huius Operis, in qua quicquid circa subterraneas cryptas notatu dignum obseruauit, exactè describitur, vnà cum Ichnographia earundem.

Circa le Mumie sono diuerse opinioni, frà le quali la più commune è, che si ritrouino frà l'arene nell' Arabia deserta, e che sijno di quelli corpi, che sono sepolti in quelle quando spira il Vento Austrbrale. Quanto questi s'ingannano, non occorre manifestarlo, essendo notissimo l'errore loro à quelli, che sono stati nell' Egitto; essendo che le Mumie non sono altro, che li corpi imbalsamati dalli antichi Egittij, delli quali ancora hoggidì se ne ritroua nelle caue tanta gran quantità, special-

marginalia: Cryptæ in quibus Mumiæ reponebanour. — Epistola Titi Liuij Burattini de cryptis Mumiarum.

mente sotto, oue già era la famosa Città di Memfi, la quale era posta frà le pyramidi di Giza, e quelle delle Mumie, delle quali ne darò quel più minuto e vero raguaglio, che per me si potrà. Ogn'vno, che di leggere l'antiche historie diletto si prende, hauerà veduto, che doppo hauere li antichi Rè dell'Egitto, chiamati in loro lingua Faraoni, habitato per longo tempo nella famosissima Thebe, fabricorono poi la Città di Memfi dalla parte di Ponente del Nilo, essendo stata quella dalla parte di Leuante, oue poi habitarono fino al tempo d'Alessandro Magno, dal quale fù poi fabricata la Città appresso il mare Mediterraneo, che dal suo nome fù detta Alessandria, nella quale habitauano Tolomeo Lago suo Capitano con li suoi successori. Memfi adunque fù l'vltima Metropoli delli antichi Egittij, e per conseguenza appresso quella si vede maggior vestigio dell'antichità di quello si vede in niun altro luogo, perche li Greci vsauano altre cerimonie nell'essequie delli loro morti, che non li Egittij. Sotto, & attorno doue era quella Città, si vedono grandissima quantità di caue, oue sepeliuano li loro morti, tanto dell'ordine de'Sacerdoti, quanto quello de Caualieri; nelle quali entrauano per vn pozzo quadrato, mà tanto largo solamente, quanto vn huomo può allargare vn piede dall'altro, mettendo li piedi nelli buchi fatti dalle parti per quest'effetto, e che dal disegno si vede. La profondità frà di loro è diuersa, secondo che più e meno cauano, non hauendo però veduto di minor profondità, che di sei huomini; auuertendo che tutte queste caue sono fatte nella pietra, laquale è assai tenera, e di color bianco, e in questi deserti cauandosi sotto l'arena non più che per vn braccio, immediatamente si ritroua la pietra, nella quale, come di sopra hò detto, cauano li loro sepolcri, per li quali tutta la Città di Memfi restaua vuota con molto spatio ancor all'intorno di quella. Smontati nella caua si ritroua vn buco quadrato della capacità della caua, nella qual s'entra, ma chinato per la sua bassezza; la longhezza sua è varia, essendo in alcuni luoghi longo dieci piedi, in altri quindici, & in altri più e meno. Alla fine di questa s'entra in vna stanza quadrata fatta à volta, ogni lato della quale è intorno 15, e 20 piedi, e nella metà d'ogn'vno di questi quattro lati vi è della medesima pietra fatto vn focolare longo incirca piedi cinque, largo dci e mezze, e alto vno, e sono vno di rimpetto all'altro: sopra li quali poneuano li loro morti, posti alcuni in casse di pietra della sorte del medesimo monte, & alcuni di casse di legno di fico moro, il quale hà per natura di mai tardarsi. Queste casse tanto di pietra, quanto di legno, sono fatte à guisa della figura humana con le braccia distese come noi sepeliamo li nostri morti, tutti adornate di gieroglifici, & indorate; come ancora sono adornati di dentro li corpi inbalsamati, molti delli quali hanno sotto la lingua vna piccola lametta d'oro, di valore al più di doi ò trè Ongari; per ingordigia della quale li Arabi guastano tutti quelli corpi che possono ritrouare intatti, in molti delli quali non ritrouano nulla; e poi il rimanente del corpo vendono per vilissimo à Mercanti Maumettani, delli quali corpi nella Città di Cairo ne sono in grandissima quantità, che da Mercanti Christiani sono comprati per condurre in Italia. Tutte le casse di questi cadaueri hanno dal capo vn Idolo, e da piedi vn vccello, che pure adorauano; nel muro poi sopra la cassa, in alcune di queste caue sono delli gieroglifici, li quali credo fossero Epitafij scritti in lode delli defonti. In molte di queste stanze vi sono ancora oltre le quattro casse principali poste sopra le pietre, altre ancora poste in-

ter-

mè occurrunt. Hanc vocamus Osiriacam, illam Momphto-Mendesiam; & hîc

cora oltre le quattro casse principali poste sopra le pietre, altre ancora poste in-
ter-

SYNTAGMA XIII. DE MVMIIS.   CAP. IV.

terra, attorno quelle, e specialmente Bambini; e si deue auuertire, che di queste stanze, che corrispondono à vn pozzo, saranno 25, e 30, più e meno, vna appresso l'altra, poste nel modo, che dal disegno si vede; e perche non v'è altra luce, ne altra entrata, che il pozzo dalla prima stanza, ouero eaua in fuori, non v'è luce veruna, per questo bisogna portar seco delle candele, e buona guida, altrimente si và à pericolo.

Quæ Burattinus hactenus narrauit in epistola sua, in hoc præsenti schematismo exhibentur. Ichnographia monstrat structuram cryptarum, vnà cum abacis quibus corpora capsulæ inclusa imponebantur. Hoc in loco Ichnographia nouem cameras exhibet vacuis spatijs signatas, cuiusmodi vna est D, omnesque sunt æquales; singulæ habent in quatuor lateribus abacos marmoreos eius magnitudinis, quæ receptaculo, quo Mumia condebatur, recipiendo capax esset; hi abaci, vti & quatuor parietes singularum cauernarum in Ichnographia, signantur numeris 1, 2, 3, 4; quæ verò litera X notantur, murorum vestigia, supra quæ parietes assurgunt, significant. Hæc verò exactiùs spectantur in Scenographia, in qua S & T duæ cameræ sunt fornicibus suis instructæ. Intra quatuor muros cameræ S vides quatuor abacos A, O, P, K, quorum singuli sua medicata funera, id est, Mumias, eo quo scripsimus apparatu exornatas, continent. His vt plurimùm Idola spectantur apposita, & sunt fasciati quidam pueri tutelarium Deorum statuæ, ad caput; ad pedes Accipitrem reperies (de quibus fusiùs in sequentibus) horum enim assistentia corpus ab omni violentia immune futurum credebant. Secunda camera T totidem abacos continet, qui signantur literis L, M, N, B, in quibus medicata corpora posita vna cum Tutelaribus Dijs ijs appositis, vides. Q & R literæ duarum aliarum vestigia camerarum monstrant, & locum abacorum G & H; G monstrat accessum seu aditum in alias & alias cameras, quarum tantam esse multitudinem olim mihi retulit Michaël Schatta Ægyptius Coptita, earum sedulus inspector, vt ad multa milliaria sese extendant, & numero & magnificentiâ Romanis coemeterijs multò superiores; imò addidit nouas & nouas quotidie detegi. Hinc nonnulli in ea opinione sunt, subterraneos huiusmodi meandros ad ipsum Ammonio Oraculo ac Serapæo celeberrimum locum, magno Sacerdotum eò vltro citroque commeantium, & ab omni Solaris æstus, arenarumque turbinibus immunium commodo, fuisse exporrectos. Quod haud vero absimile ei videbitur, qui multa alia Ægyptiorum opera penitiùs fuerit contemplatus. Imò recitant nonnulli Arabes alibi citati, Heliopolim Memphi vnitam fuisse per occultum meatum, vel infra Nili aluum stupendo opere structum.

Sed ad cryptas reuertamur. Habent singula latera in ouali figura hieroglyphicos schematismos incisos, qui in Scenographia literis E, Y, Z, F, signantur, & nihil aliud sunt, quàm schemata, quas nos in Obeliscorum interpretatione sacras tabulas appellauimus; quarum prior E, & posterior F prorsùs eædem sunt cum illis, quæ in Obeliscis frequentissimè occurrunt. Hanc vocamus Osiriacam, illam Momphto-Mendesiam;

Eee 2   & hîc

Marginalia:
Ichnographia & Scenographia camerarum in quibus Mumiæ condebantur.

Cauernarum, in quibus condebantur Mumiæ, numerus ingens.

& hîc appositis, & ex dictis Obeliscis depromptis schematismis respondet. Reliquæ verò duæ Y & Z, quarum prior baculum Hircino capite cum cycloide & hydroschemate, alter Scarabæo cum globo insignitur, pariter ex Obeliscis excerptæ sunt, & ter in Obelisco Heliopolitano reperiuntur; quarum interpretationes cùm in citatis locis adductæ sint, ea Lecto consulat. Cur autem hæc hieroglyphica Nomina obliquo situ, non recto, muro incisa siant eo Numinum tutelarium inclinationem sympathicam, quam ad corporum conseruationem habebant, occulto veluti symbolo notabant. Erant enim hæc sacra quædam amuleta, magnæ apud ipsos efficaciæ & virtutis, vti suis loco probatum est, vt proinde mirum non sit, ea veluti prophylactica quædam funeribus fuisse apposita, ad conseruationem corporum vnicè conducentia.

Quæ omnia confirmant, quæ Excellentissimus Nardius in suo Lucretio adducit, & de memoratis subterraneis Ægyptiorum cœmiterijs memorat. Quorum quidem situm & dispositionem sequenti figurâ luculenter sanè expressum contemplare. A Memphis moderna, quæ Cayrus; B rudera antiquæ Memphis seu Babylonis; C Nilus ab Austro in Aquilonem præterfluens; D lapis cælatus, operaculum putei; E ostium per quod descenditur in camerata cubicula; F Arca lapidea hieroglyphicis signata, custos alterius ligneæ G; quæ visenda exponitur vnà cum simulachro stante, & tutelaribus Numinibus. Per E puteum descendit seruus, apprehensio funi insidentem humeris herum portans; hunc vbi deposuit, primò in ipsius putei latere foramen occurrit, per quod repentes, magnificum ingrediuntur cubiculum cameratum, cuius in medio sita erat arca illa marmorea, magnifico funere grauida. Hinc varia in cubicula multiplex patet aditus, ita vt subinde de reditu periclitetur viator, nisi filo Thesei ad exemplum vtatur Ariadnæ. In hac Crypta seu hypogæo adeò tutè collocabantur corpora, vt nec Nili inundatio, nec humiditas, quæ in torrido solo nulla est, quicquam officeret; fauebat artificium industriæ, plurima & super congesta arena, quibus incognitus reddebatur & locus, & locutum. Quæ omnia Excellentissimus Vir Petrus à Valle confirmat in Itinerario suo fol. 372. his verbis.

La mattina non era ancora vestito, che haueua più di cinquanta contadini attorno; e chi mi portaua idoletti, chi diceua di menarmi in vn luogo, e chi vn'altro: io daua spaccio a tutti; emi auuiai allegramente. Haueua con me, senza questi contadini, venticinque ò trenta huomini; perche oltrai miei, e alcuni soldati, che haueua menato per guardia (che i luoghi non son sicuri) molti amici

SYNTAGMA XIII. DE MVMIIS.

amici del Cairo mi si erano anche affilati appresso, quando seppero, che voleua an- dare: per la commodità, e per la sicurezza; & io di buona voglia li haueuo con-

Tab. I.

dotti. Andauamo dunque tutti armati come San Giorgi, che pareuamo vn'esser- cito. Giunti alle Mumie, andai scoprendo vn poco il paese; e viddi essere vna campagna grandissima, come le altre, di arena: & in essa, a passo a passo, per sepolpolture, non Piramidi, ma vi furono fatti anticamente di fabrica sotto terra infiniti pozzi profondissimi; nel fondo de'quali attorno attorno in volta, come nelle nostre cisterne, vi sono pur di fabrica alcune tombe, ò grotticelle basse, dentro alle quali riponeuano i corpi accommodati come appresso dirò, e sotterrati, per conseruarli meglio, nella medesima arena; con la quale poi riempiuano anche il pozzo, e lo copriuano tanto alto al pari del terreno, che non si vedeua, nè si cognosceua doue fosse. Et in vno di questi pozzi si poneuano molti e molti corpi, che doueuano esser forse tutti di vna famiglia, ò parentado; come facciamo noi, che per tutta la nostra gente hauemo particolari sepolture. Che fosse così, lo sò e per la relatione del Belonio, e per molti di questi pozzi aperti, e voti, che io viddi nella campagna; le Mumie, ouero corpi sotterrati de'quali, da i contadini, che di continuo li vanno cercando, erano stati in diuersi tempi trouati, e cauati. Non mi curai di scender, come fanno molti, e come dubito, che facess il Bellonio, in alcuno di quei pozzi voti; perche il mio principal desiderio era di vedere i corpi come stanno, per poter parlar di veduta, e non di vdito da que contadini ignoranti. Però, lasciando i pozzi voti a parte, & hauendo quantit di lauoratori prattichi con me, volsi far cauar da quelli in luoghi nuoui, per trouarne alcuno pieno, e non più tocco, se fosse stato possibile. Ma perche non sapendosi doue siano, bisogna cercare alla ventura; considerai doue il terreno mi pareua manco smosso, e men tastato (che si conoscono i segni doue tastano molte volte i contadini, e non trouano) e là, in diuersi luoghi che mi paruero più a proposito, diuisi i miei lauoratori, sparsi per vna gran parte della campagna; e per dar loro più animo, piantai là in mezo il mio padiglione, con determinatione, e promessa, che non sarei partito da quel luogo, se prima non hauessi trouato qualche cosa. E perche io solo no poteua esser per tutto, misi in guardia ciascuno degli huomini miei ad vna di quel le caue, che si teneuano, per assicurarmi di ogni fraude; & accioche mi chiamas se subito chi prima hauesse scoperto sepoltura, ò cosa di bello. Mentre si atten deua al lauoro con feruore, vno di quelli contadini, che dalla sera si era lasciat intendere di hauer non sò che cosa da vendermi, si accostò alle orecchie del mio In terprete, e gli disse pian piano, che egli haueua vna Mumia intera e molto bel la, che se io la voleuo comprare, me l'hauerebbe mostrata, che era là vicino ma che non voleua, che lo sapesse alcuno degli altri contadini, perche hauere bono voluto participare essi ancora del prezzo, che così deuono vsar frà di loro però che se io voleua vederla, bisognaua, che andassi senza loro doue egli mi uerebbe guidato. Rapportatemi queste parole dall'Interprete, fui subito contento e lasciato bon'ordine a tutti quei, che cauauano, presi con me Tomaso, e'l Pitto re, e seguitai a piedi il contadino, co'l quale vennero anche due ò tre suoi paren ti. Ci fecero caminar più d'vn miglio, e forse due; parendo a me molto lontano quel che egli, accennando co'l dito, diceua sempre quì, quì, quì, assai vicino. Ar riuammo finalmente in vn luogo, doue presso ad vn pozzo cauato, che mi disse essere stato scoperto da lui trè ò quattro giorni prima, di dentro a certa rena, sot to alla quale la teneua nascosta, cauò vna Mumia, ouero corpo intero di v huomo morto, che, per essere benissimo conseruato, e curiosissimamente adorno e con posto, a me parue cosa molto bella, e galante. Quæcunque hoc loco narra

Pe-

SYNTAGMA XIII. DE MVMIIS. CAP. IV.

Petrus à Valle, confentiunt ijs, quæ & olim Bellonius, & nuper Burattinus detexit. Afferunt præterea Arabum monimenta, tantam effe horum meandrorum multitudinem, vt quemadmodum fuprà diximus, fefe vfque ad ipfum Ammonij Oraculi templum extenderint; atque adeo totum hoc arenofum pelagus, fubtus vacuum fit, innumeris diftinctum corporum defunctorum receptaculis. Certè qui veteris Memphis vaftitatem, incolarumque frequentiam apud citatos Authores legerit, facilè fibi perfuadebit, minimè vero abfimile effe, quod tot Authorum teftimonijs ftabilitum eft. Sed ad propofitum. Pergit deinde Author minutim detectas Mumias defcribere, quarum prima fignatur litera A in præfenti figura.

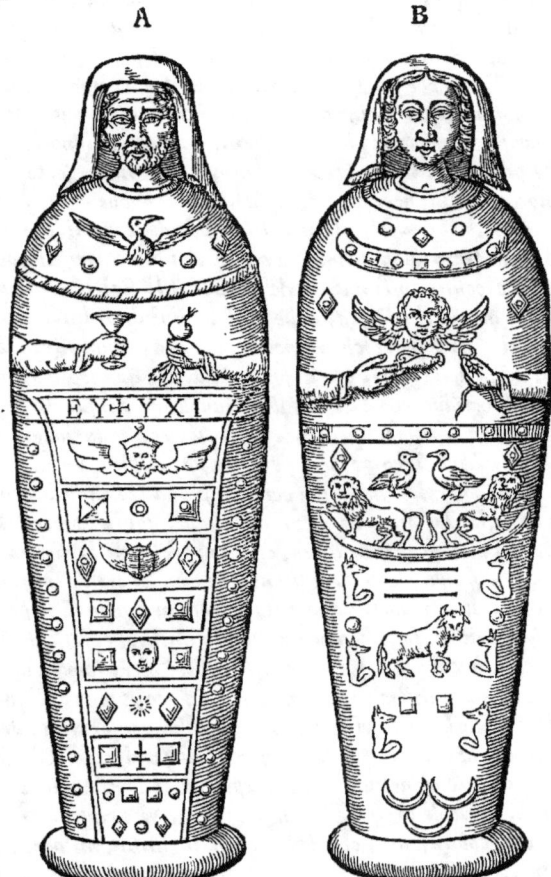

La Mumia dunque fcoperta, fi vedeua effer l'huomo diftefo, e nudo: ma fafciato ftrettamente, & auuolto in vna gran quantità di panni lini, imbalfamati con quel bitume, che incorporato poi con la carne, frà di noi fi chiama Mumia,

mia, e fi dà per medicina. Quelle fafce, e legami mi fecero fouuenir fubito a
Lazaro rifufcitato, che è facil cofa, che fteffe in quefto modo. V'era di più, fo
pra'l corpo attorno attorno, vna copertura de'medefimi panni, tutta dipinta, e
indorata, che era molto ben cucita, & impegolata, come io credo, da tutte le part
e figillata da ogni banda con molti figilli di piombo; cofe tutte, che dauano in
ditio di perfona di rifpetto. Ma, quello che importa, nella parte di fopra del cor
po, che, per la quantità degli auuolgimenti, veniua ad effer piana, quafi come
coperchio di vna caffetta, vi era dipinta vna effigie di huomo, di età giouanile
che fenza dubbio è il ritratto del morto; & era adornata nell'habito, e da cap
à piedi, con tante bagatelle fatte di pittura, e d'oro, con tanti hieroglifici, e carat
teri, e fimili capricci, che V. S. mi può credere, che è la più gratiofa cofa d
Mondo; oltra che gli huomini curiofi di lettere ne poffono cauar mille argoment
per la certezza delle antichità di quei tempi. Il veftir di queft'huomo fi vede e
fer lungo fin'al collo del piede; e moftra, che era di panni lini, de'quali a punt
habbiamo in Herodoto, che gli Egittij antichi del fuo tempo vfauano di veftirfi
però l'habito di coftui, fopra'l bianco del lino, fi vede effer tutto fparfo di piaftre
le d'oro, con varij ornamenti di gioie, e di fegni, ò caratteri ignoti, in quelle imprej
fi. La tefta è pur coperta d'ornamenti d'oro, e di gemme, fotto al quale fi vede
no fpuntar fuori i capelli, neri, e ricciutelli; e così anche nera, ricciuta, e poca
ha la barba: a che, come anche al color del vifo, e delle mani, che è bruno affai, c
a punto di color di terra, non diffimile à quello de i più chiari Ethiopi, mi par
poter credere, che coftui foffe natiuo delle parti dell'Egitto fuperiori, e più mer
dionali, e non di quelle del Delta, doue gli huomini di ordinario non arriuano a
effer tanto bruni. Si conofce chiaramente, che era perfona grande, tanto a gli o
namenti degli ori, e delle gioie, che di fopra hò detti; quanto a quei figilli di pion
bo, che pendono d'ogn'intorno da i lati della inuoltura del fuo corpo, ne i quali
che fi moftri più che ordinaria premura della fua conferuatione; e nella impror
ta di effi, che non bene fi fcorge, par, che vi fia fcolpito vn'animale. E indit
ancora della qualità grande della fua perfona, vna collana di oro, che porta a
collo a guifa de'noftri Tofoni; in mezo alla quale, fopra'l petto, ftà attaccata
come gioiello, vna piaftra grande d'oro, che rapprefenta la figura di vn'vccello
e dentro in mezo è fcolpita con vari fegni non conofciuti. Secondo Diodoro S
culo, i Pretori de'Giudici portauano anticamente in Egitto di sì fatte collane, co
fimolacro della Verità: forfe coftui era vno di quelli: e forfe l'effigiato vccello
che porta al petto, ò vn cotal fegno della Verità, ò altra fomigliante cofa, vuol f
gnificare. Nella man deftra, tiene vna tazza d'oro, piena di liquor roffo, che
fia vino, ò fia fangue (fe ben vino credo io più tofto, conforme a i detti di Herod
to) hò per certo, che denoti qualche libamento di facrificio. Con la finiftra (in
due diti della quale, cioè nell'indice, e nel piccolo, hà vn'anello d'oro per ciafcu
no, negli vltimi articoli preffo alle vnghie) tiene vna certa altra cofa, di forma
come ouata, e di colore fcuro, che, fe io non m'inganno, mi par, che fia vn di qu
frutti, che in buon Tofcano fi chiamano Petronciani, ma da i Lombardi fon det
Melanzane, & in Roma dal volgo Marignani; e, fe mal non mi ricordo, in lu
gua groffa Napolitana Molegnane: e'l tenerlo coftui in mano, haurà pur qualch
mifterio. Le gambe, & i piedi, gli hà nudi, folo con fandalij neri, che non cu
pro-

prono altro, che la pianta del piede; e paſſando vn laccio di eſſi pur nero, che vien di ſotto dalla ſuola, fra'l dito groſſo, e l'altro dito al groſſo più vicino, ſi allacci con due orecchiette, che vengono di dietro dal calcagno, e fà ornamento ſopra'l piede, con vna gratioſa cappietta. Pergit iam deſcribere Author, vocabulum ⲉⲩⲧⲩⲭⲓ in pectorali faſcia deſcriptum, & eſt vox Ægyptiaca, & idem notat, ac *proſperetur*, vti alibi copioſe oſtendimus. Ex quo patet, Ægyptios hieroglyphicis ſuis ſubinde voces quaſdam patrio idiomate immiſcuiſſe; quod cùm multi negent, ij apertè vel ex hoc paradigmate conuinci poſſunt. Vide quæ de hoc argumento varijs huius Operis locis tradidimus, & ipſe Petrus à Valle ſequentibus verbis demonſtrat: *Il più curioſo, che vi ſia, è vna faſcia, come alla cintura; doue con tinta nera, in lettere Egittie, delle quali appreſſo parlerò, è ſcritta queſta parola* ⲉⲩⲧⲩⲭⲓ, *cioè Entiche, ò Entichio, che, come c'inſegna la lingua Greca, ſignifica Buonauentura, che io non poſſo credere altro, ſe non che ſia il ſuo nome proprio, e l'eſſere ſcritto per I in vltimo, e non per HS, come in Greco dourebbe ſtare; ſarà forſe corruttione Egittia; come anche Egittia è la lettera ⳨, che eſſi hora chiamano Dei, vſata quiui in vece della T; & è ſenza dubbio quel famoſo Tau degli antichi Ebrei, e di altre nationi, in forma di Croce, ſecondo Origene, e San Girolamo, che è il ſegno degli eletti, accennato nell' Eſſodo, e nell' Apocaliſſe, ma più chiaramente in Ezechiele, la figura del quale gli Ebrei più moderni, in odio della Croce, come ben dice il dottiſſimo Genebrardo, frà i loro caratteri, in altra figura, nel modo, che l'vſano hoggidì, malitioſamente hanno mutata. Potrebbe eſſere ancora, che quella parola* ⲉⲩⲧⲩⲭⲓ *foſſe Verbo, in modo Imperatiuo, & in ſeconda perſona, ò pur in terza; dato che, per qualche ragione della lingua Egittia, in queſto differente dalla Greca, non ripugnaſſe a ciò la terminatione della vltima ſillaba; e che voleſſe dire: Sia felice: motto vſato per ventura di dirſi all'hora a i morti per vltima cerimonia, quaſi come hoggi il noſtro, Habbia pace, ò Vada in pace: nel modo a punto, che Enea, mandando il corpo di Pallante al Padre & alla ſepoltura, nell'inuiarlo, viene indotto da Virgilio a dir, per vltimo*,

Origenes.
S. Hieron.
Exodi.
Apocalypſis.
Ezech.
Genebrardus

Salue æternùm mihi maxime Palla,
Æternùmque vale.

Virgilius in Aeneid.

Comunque ſia, vedendo io vna coſa tale, hebbi vn guſto grandiſſimo: feci il prezzo co'l contadino, e contentandoſi egli di darmela per trè piſtre, gliele diedi ſubito profumatamente, facendomi quaſi coſcienza, che foſſero troppo poche. Gli domandai, ſe ne haueua più, che di gratia faceſſe preſto, & me le moſtraſſe. Mi riſpoſe che dentro al pozzo ne haueua vn'altra, non men bella: gli diſſi, che la laſciaſſe ſtare, che volua calare io a vederla giù; ma egli, allettato dalla prima vendita, tanta era l'auidità, che haueua di toccar preſto i denari della ſeconda ancora, che non mi volſe dar tempo, e mandato giù nel pozzo vno de' ſuoi compagni con vna corda, la fece ſubito tirar fuori in mia preſenza. Progreditur iam Valleus ad ſecundam Mumiam deſcribendam, quam nos in figura ſignauimus litera B, & fœminæ mentitur figuram. Quibus verò ſymbolis, characteribus,

bus, ornamentis fuerit insignita, sequentibus minuta relatione describit. Era quest'altra ancora parimente bella, & accommodata nel medesimo modo; ma il ritratto di sopra (e questo mi piacque più) era di vna donna giouane, che senz' altro doueua essere, ò la moglie, ò la sorella dell'huomo già cauato; perche i contadini mi dissero, (& io ancora viddi il luogo) che stauano amendue nel medesimo luogo della tomba, vno a lato dell'altro. L'habito della donna è assai più ricco d'oro, e di gioie, che non è quello dell'huomo. Nelle piastre d'oro, che vi sono sparse sopra, oltre degli altri segni, e caratteri, vi sono anche scolpiti certi vccelli, e certi animali, che a me paiano Leoni; & in vna più giù nel mezo, vn Bue, ò Vacca, che sia, che deue esser simbolo di Apis, ò d'Iside. In vn'altra, che pende al petto dalla più bassa collana, perche di collane ne hà molte, vi è l'impronta del Sole. Hà di più i pendenti alle orecchie con gioie: maniglie doppie alle braccia, & anche alle gambe: anelli molti in amendue le mani, cioè nella sinistra, vn per dito, in tutte le dita, fuor che nel grosso; e nell'indice vn'altro ancora nell'vltimo articolo presso al vnghia; e nella destra, due solamente, amendue insieme al luogo solito nel dito, che si chiama dell'anello. Con la man destra tiene vn vasetto d'oro assai piccolo, quasi della forma di quei boccali, co' quali in Roma si suol dar l'acqua alle mani a mensa; e par che lo tenga come scherzando con due sole dita. Nella sinistra tiene come vn mazzo di certe cose lunghe, e rotonde, che io non sò conoscer quel che siano: tanto più, che per far vedere in qual modo le Mumie stiano sepellite nella rena, questa della donna non la hò nettata affatto della rena: anzi a bella posta ve l'hò lasciata in molti luoghi attaccata, il che però in quei luoghi offusca vn tantino la pittura. Il color della donna è vn poco manco bruno di quello dell'huomo: essa ancora hà i capelli neri, e più tosto ricciutelli, che altro, e per tutto intorno al viso scoperto: neri medesimamente gli occhi, e le ciglia, che son grosse, e congiunte, conforme anche hoggidì le amano in questi paesi: così ancora hà gli occhi molto aperti, e grandi, e par che le palpebre siano vn poco infoscate sotto e sopra, che forse deue esser con lo stibio, come pur infin' hoggi è vso molto familiare di portarle fra tutte le Orientali, al modo che conta la Sacra Scrittura dell'antica Iezabel. Del resto, non d'uo tralasciar di dire, che la pittura, tanto dell'huomo, quanto della donna, non par, che sia di buona mano: ma di quella maniera a punto, della quale vediamo in Roma alcune figure di Santi di quei tempi bassi e rozzi. Nè verò quicquam ad subterraneam locorum constitutionem omisisse videretur; magno sanè animo sese, ad singula curiosè obseruanda, intromisit; quænam verò aut qualia in sepulchris obseruauerit, sequentibus verbis describit. Io contai subito al contadino altrettante piastre, prima che egli me le domandasse; e gli dissi, che mi aiutasse a scendere, che io voleua calar nel pozzo in ogni modo. Ma perche era molto alto, (secondo me, da cinquanta, ò sessanta palmi, se non più) & era tanto largo, ch'io, che non son Gigante, dubitaua di non poter stender le gambe, che arriuassero i piedi di quà e di là, e con le mani a tenermi ne i sassi; non fidandomi di vn'huomo solo, che era giù, per sicurezza di non rompermi il collo, feci calare vn'altro, che venisse con me aiutandomi di sotto; e Tomasetto ancora, che andasse prima giù con qualche pezzo di arme, per ogni buon rispetto. Legatomi poi ben bene nella cintura con vna corda, che la raccommandai a quelli di sopra, mi

feci

SYNTAGMA XIII. DE MVMIIS.   CAP. IV.

feci mandar giù allegramente: ma trouai nell'andare, la scesa assai più facile, che io non pensaua; di maniera che, senz'altro aiuto, calai benissimo, e molto presto, da me. Giunto nel fondo, trouai le tombe intorno tutte piene di corpi morti; che veramente, come il contadino diceua, bisognaua che il pozzo allhora allhora fosse stato trouato. I corpi stauano senza ordine, sotterrati, come hò detto a V. S., nella rena, che, come aridissima, gli mantiene, e preserua da corruttione; e giaceuano vn sopra l'altro in quella inuolti, come a punto i maccheroni tra 'l formaggio. Erano accommodati tutti nel medesimo modo, con le stesse fasce e bitumi: ma vi era questa differenza, che con oro, e pittura, oltra de' due, che haueuamo cauati, non ve n'era altro; che vno; e quello ancora non così ben conseruato, perche forse da i contadini era stato guasto nel trouarlo. Gli altri tutti, che erano gran quantità, haueuano solo l'inuoltura de semplici fasce, e bitume, senza oro, senza pittura, e senza altro ornamento. Questo mi fece pensare, che gl'indorati e dipinti fossero di persone di qualità, e de'padroni; e quegli altri, ò di serui, ò di gente di minor conditione; secondo 'l detto di Herodoto, come anche di Diodoro Siculo, che riferiscono esattamente questo modo di condire i corpi degli Egittij di varie sorti, con più, ò manco spesa, conforme alla qualità delle persone; de quibus vide quoque Brasauolum. Quell'vno, che trouai giù con pittura, & oro, oltra del rauuolgimento di tela, fu trouato da i contadini dentro vna cassa di legno, intagliata sopra con vna effigie di donzella; e si conosceua esser tale al portamento della testa con quella benda larga, & vguale attorno al viso, che pende da due bande verso il petto, simile a punto al portamento del capo della Sfinge: la quale, significando la fertilità dell'Egitto per le inondationi del Nilo, che sono a punto quando il Sole in Leone, & in Vergine si troua; tempo, come dice Giulio Solino, da i Sacerdoti Egittij stimato per lo natale del Mondo; vien però finta di figura dal mezo in giù di Leone, e dal mezo in sù di Vergine; onde si fa chiaro, che il portamento suo della testa è portamento di Vergine; il qual portamento haueua la figura intagliata sopra la già detta cassa, differente assai dal portamento della testa di quell'altra della donna, che trouai insieme con quella dell'huomo; che però dobbiamo creder che fosse maritata, e moglie di colui, presso a chi staua sepolta. Dell'vso di conseruarsi in Egitto i cadaueri, in vece di casse, dentro a statue di legno, rappresentanti l'effigie del morto, mi ricordo, che l'istesso Herodoto, Autore antichissimo, ne fa mentione. Hor questa cassa ò statua della donzella era stata aperta là nella medesima tomba, e guardandola io, ci trouai sopra molti hieroglifici intagliati, e piacendomi assai, la volsi, e feci tirar fuori. Ma il corpo, che c'era dentro della donzella (che tale si conosceua essere ancora per la picciolezza sua) non mi curai di cauarlo fuori intero, non essendo, come hò detto, conseruato bene. Ma lo feci spezzare in mia presenza: prima per veder come stauano dentro le fasce, e gli ossi co 'l bitume; poi, per hauer di quella materia, che è medicinale, e stimata, come V. S. sà; e qui dicono, che quella delle donzelle, e de'corpi vergini è la migliore: & anche per veder se dentro, ò attorno frà le fasce, ci hauessi trouato alcuna curiosità d'idoletti, ò cosa simile; perche in Cairo mi diceuano, che questi idoletti, che in gran quantità se ne vedono, & io ne hò di varie sorti, si trouano dentro a queste Mumie, perche quando condiuano i corpi, ce li metteuano, ò dentro al petto, ò a canto, per custodia come Dei tutelari:

Herodotus, Diodorus

Brasauolus de examine terrarum.

Iulius Solinus

& in questa, che era delle più ornate, e ricche, e forse la figliuola delli due già cauati, era verisimile di trouar, più che in ogni altra, qualche cosa di curioso. La spezzai dunque, ma dentro non vi trouai niente: anzi, al modo, che viddi che staua, mi par difficile, che dentro a quei corpi si possano trouare idoletti, massimamente della grandezza d'vno diaspro, che in Cairo mi era stato mostrato: tanto più, che habbiamo in Herodoto, che i corpi non sempre gli sparauano: ma alle volte gli nettauano dentro, e faceuano vscir loro le interiora con christieri di cedria; e'l ceruello lo tirauan fuori dalla testa con ferri per lo naso, condendogli in questa guisa, senza rompere i corpi in parte alcuna. Però di questo particolare degli idoletti, che vi si trouano, ò dentro, ò con essi infasciati, mi rimetto a chi ne hà veduto meglio di me. Io, disfacendo il corpo della donzella, non troua altro, che grandissima quantità di fasce, e di bitume, nel che consiste tutto il massiccio dell'inuoltoglio; perche gli ossi con la carne, son talmente secchi, abbruciati, & impicciliti, che son ridotti a punto come stecchi; da che comprendo, che quel bitume sia molto potente. E così ancora dentro al corpo, ò che fosse intero, e riempiuto cù christieri, ò che fosse sparato, il che non si poteua conoscere, era pieno ogni cosa di bitume, e talmente, che faceua tutto vna massa insieme impastata, che rompendosi a pena si conosceua qual'era il bitume, e quali erano le ossa. Quæ omnia exactè consonant ijs, quæ suprà ex Nardio retulimus. Vna cosa non è da tacere, che era quella materia tanto dura, che volendo io romperla, bisognò dirle con sassi e con ferri di buonissimi colpi, e con fatica la spezzai: dalle quali cose V. S. può comprendere, quanto si affaticauano i poueri Egitij, per conseruare i corpi ancora, insieme con le anime, se possibile fosse stato, alla eternità. Di questa Mumia spezzata, volsi per me la testa tutta intera, & un buon pezzo di bitume, con vna mano di quelle fasce: il resto, perche mi pareua di hauerne d'auanzo per li denari, che spendeua, lo lasciai tutto a quei poueri contadini, che sogliono in quel modo spezzarle, e venire a vender la materia in Cairo a coloro, che la comprano, con gran guadagno, per mercantia. Multa alia curiositate plena reperit ibidem, quæ & in hunc vsque diem in Museo dict Petri à Valle cernuntur; sed vti temporis angustiâ ea incidi non permisit, ita ea consultò omittenda duxi. Sunt autem inter alia, aurea larua capite fœmineo spectabilis, tota hieroglyphicis referta, cum varijs idolis, & capite Apidis, aliaque, quæ apud Authorem tùm leguntur, tùm spectantur; quorum & nos in sequentibus mentionem faciemus.

Atque hæc sunt, quæ, antequam hieroglyphicorum inscriptionem, quæ corporibus Mumiacis inscripta reperiuntur, interpretationem aggrediamur, præmittenda duximus. Nihil igitur restat, nisi vt iam interpretationes eorum hieroglyphicorum, quæ varijs ex Europa locis a me transmissa sunt, subijciamus.

SYNTAGMA XIII. DE MVMIIS.   411   CAP. V.

CAPVT V.

Hieroglyphicarum Mumiarum, quæ partim ex Magni Ducis Hetruriæ, partim ex Ioannis Nardij Museis, extractæ sunt, interpretatio.

Apposuit in aureo illo Commentario in Lucretium in fine nonnullos Mumiarum siue Medicatorum funerum schematismos Ioannes Nardius, Magni Ducis Hetruriæ Medicus, Vir inter primos huius temporis Medicos doctrinâ & eruditione conspicuos minimè secundus; apposuit autem non tam ad eosdem explicandos, quàm vsitatam apud Veteres condendorum corporum rationem demonstrandam. Vnde officij mei esse ratus sum, eorundem hoc loco interpretationem opportunè adducere. Nè verò superuacanei in ijs denuò incidendis sumptus fierent, pro summa sua humanitate laminarum, quibus sua iam impresserat, ectypa transmisit, vt denuò vnà cum interpretatione recusa nouum Reipublicæ literariæ inde emolumentum accederet. Schematismi quos referunt, ex prototypis Mumiarum, quæ partim in Magni Ducis Hetruriæ prædicto Gazophylacio, partim in proprio suo Museo conseruabantur, extracti sunt, vt sequitur. *Nardius. Ioannis Nardij schematismi Mumiarum.*

Mumiarum ex Museo Ducis Hetruriæ extractarum schematismi.

Nota hic Lector, duo considerari posse in Mumiarum constitutione, primò thecas seu capsas, quibus corpora varijs hieroglyphicis insignita reponebantur; deinde ipsam Mumiarum multiplici fasciarum inuolucro vestitarû substantiam: hæc vti omni hieroglyphico apparatu destituta, ita interior tùm capsarum, tùm Mumiarum ornatus solus hieroglyphicis splendescit. Hoc pacto vides in tabula II figuram primam & secundam. Prior exteriorem inuolutæ Mumiæ ornatum refert, quæ ligneæ arcæ includebatur. Figura secunda ostendit capsulam vnà cum inuoluto corpore eidem imposito. Nam vt suprà ex Diodoro probatum fuit, singulis defunctis capsula parabatur pro qualitate & conditione hominum minoris vel maioris pretij; quæ semper aut Numinis, cuius custodiæ tradebatur, aut etiam hominis, qui in ea condebatur, effigiem referebat, vti in prima & secunda figura Tabulæ secundæ præsentis Iconismi patet. Vbi vides foeminæ imaginem velo polymito, & vario striarum ordine veluti Phrygio quodam opere contexto spectabilem; cuius pectus varijs circularibus limbis visendum; infra quos figura foeminea extensis brachijs, cuius manus vtraque pennâ instructa est; sequitur deinde trinus alarum ordo; reliquum corpus turbinato ductu in varias Zonas reticulato opere, & proportionatâ diminutione distributum abit; in cuius medio columnarum discrimen hieroglyphicis symbolis refertum descendit; in tribus primis sex Numinum schemata ponuntur. Sed quidnam tam mystici apparatus sibi velint, exponamus. *Mumiarum thecæ seu capsæ hieroglyphicis ornatæ.*

Hieroglyphica Mumiarû tabulæ II. Nardianæ.

Figura foeminæ Isidem refert, vnà cum apotropæis Numinibus, vti peplum variegatum, sine quo nunquam cernitur, sat superque demonstrat.

CAP. V.   412   OEDIPI ÆGYPT. THEAT. HIEROGL.

ſtrat. Septem limbi circulares, quibus pectus ornatur, ſeptem orbitas
ſeu Zonas cœleſtes notant, in quarum receptacula animam migraturam

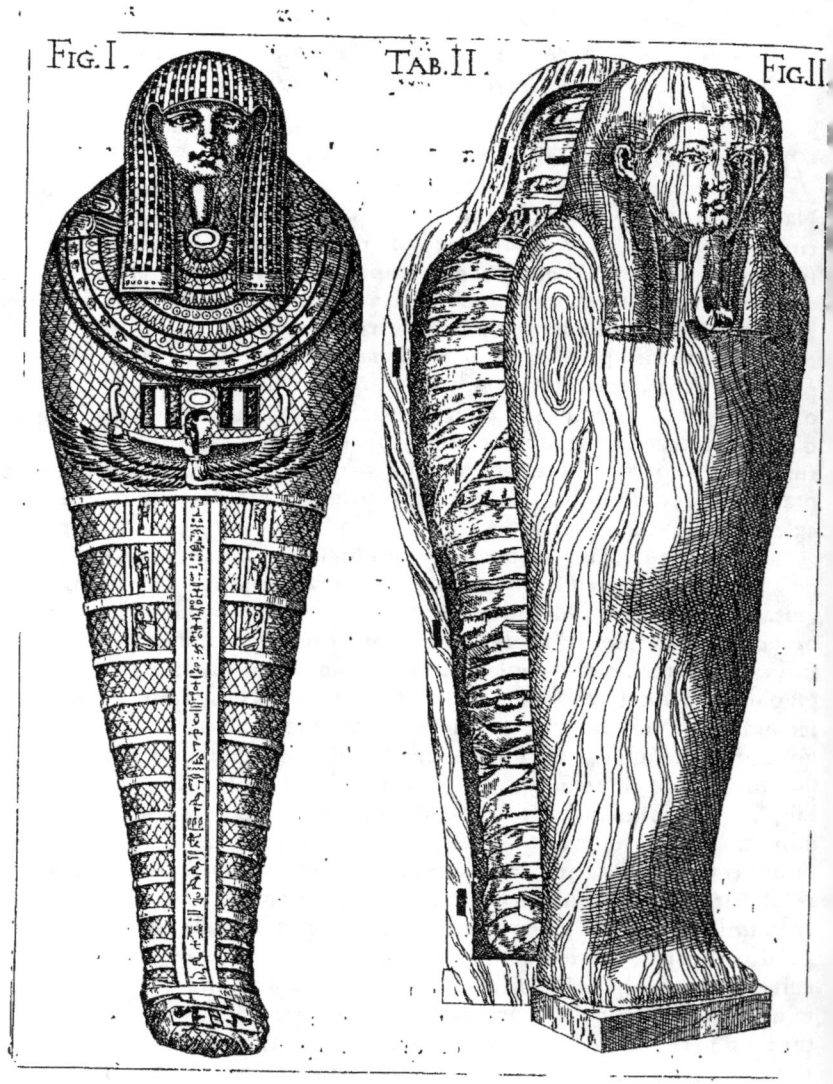

putant. Vltimus limbus plenus eſt phallis oculatis, & notat cœleſte fir-
mamentum geneticarum rationum ideis refertum, quas per reliquos
Orbes vſque ad terram, quæ per circellum apte notatur, tranſmittit.
Totum

SYNTAGMA XIII. DE MVMIIS. 413

Totum corpus reticulato amictu, & turbinato ductu versus inferiora coalescit; quo indicatur, naturam occultis & subtilibus rationibus veluti implicari, & perplexam reddi inaccessamque. Figura verò infra limbos constituta Iyngem, cuius Isis ministra est, siue fundum paternum ex tribus triadibus compositum notat; quæ quidem aptè per trium alarum ordinem, id est, diuersos Intelligentiarum choros, vti in Theologia Ægyptiorum docuimus, signatur, quibus vniuersum Mundum administrat. Brachijs extensis cum reliquo corpore Crucem exprimit, quâ in omnia Mundi membra influxus significatur; pennam vtraque manu tenet, ad celeritatem operationum ostendendam; vbere tumet, quia genitalibus principijs foeta est; sedet, quia dominium in omnia habet; circulum in capite gestat, quia diuinorum maximum: Isidis pectori insidet, quia in natura rerum, quæ Isis est, maximè se spectandam præbet. Infra hanc intra tres Zonas sex auerruncà Numina ponuntur, quorum custodiæ ac tutelæ corpus commissum est, vti laquei, quos manibus tenent, quibus aduersarum potestatum vim ligare dicuntur, monstrant. Quorum prius sub forma pueri Horum notat; secundum sub forma Canina Anubin; tertium ingeniculatum, Nephten; quartum Cynocephalum, siue Isin Lunarem sub forma Cercopitheci; quintum sub forma Accipitris, Osirin; sextum pariter ingeniculatum, Aruerin significat. Atque hæc sunt Numina, quæ animarum per Zonas traductionem perficiunt, vt proinde in omnibus ferè Mumijs ea de causa depicta cernantur. Hisce enim symbolis ea defunctis propitia reddi, & ad tuenda corpora quadantenus allici existimabant. Limbus verò hieroglyphicis intermedijs hymnos seu adiurationem continet, quibus ad corporum tutelam dicta Numina compellere se posse credebant; quas hìc libenter symbolatim explicarem, si fideliter essent descripta; verùm cùm hæc in sequentibus distinctiùs exhibituri simus, eò Lectorem remittimus.

Alteram formam operculi secunda figura tabulæ exhibet, & est cista lignea, hieroglyphicis vacua, nisi quòd foemineum vultum cum velato capite monstret; intra quam ponebatur fascijs inuolutum cadauer, conditumque, vti in figura II Iconismi I suprà positi patet.

§ I.

Hieroglyphicorum quæ in ligneis funerum thecis primæ & secundæ figuræ tabulæ tertiæ depicta spectantur, interpretatio.

Habet eruditissimus Nardius in suo Museo sequentes Mumiarum thecas, quas I & II figura exhibent in tabula III.
 Prior trinum hieroglyphicorum ordinem exhibet, quorum interpretationem paucis accipe. Prima columna hunc sensum conficit. *Aperia-*

CAP. V. 414 OEDIPI ÆGYPTIACI THEAT. HIEROGL.

Hieroglyphica figuræ I. tabulæ III. Nardianæ.
riatur defuncto huic benefica Osiridis porta; baryde in locum constitutum vehatur, per tres potentis sectionis Intelligentias; vita detur ab illo, qui insensibili

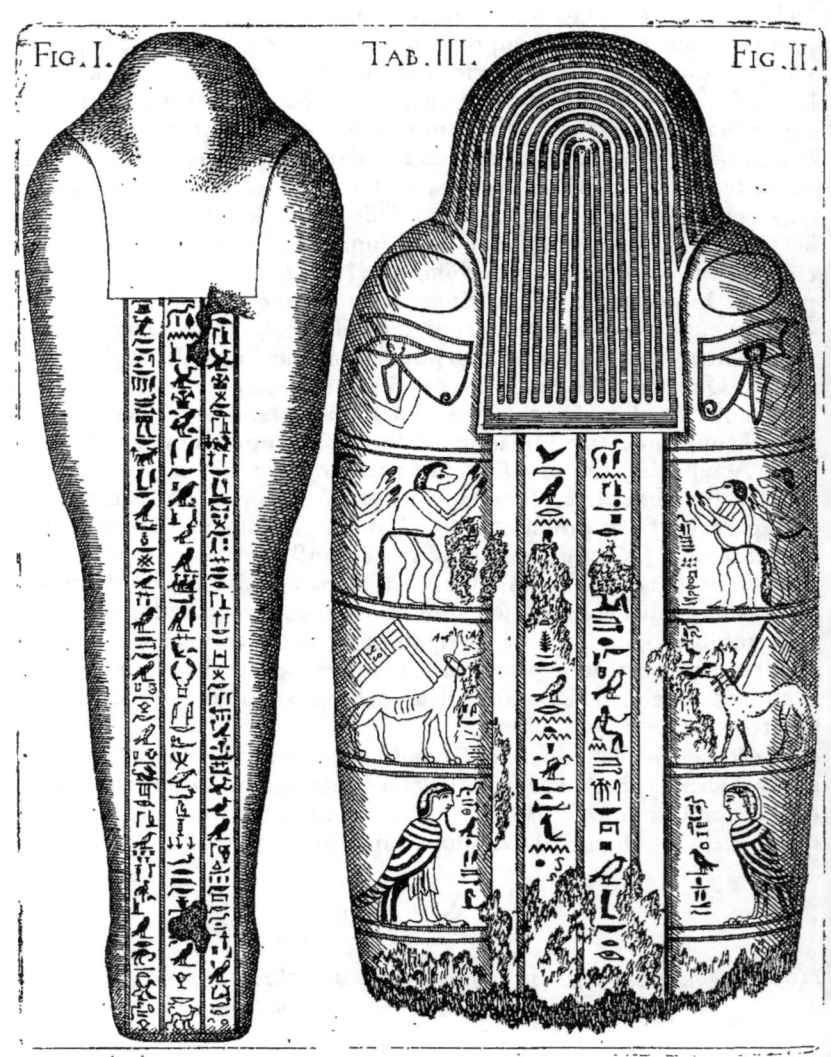

motu omnia percurrit; adsit Apis Numen cum Intelligentia Solari, quorum vehiculis trahatur ad crateris cœlestis scaturiginem, & vigili prouidentiæ Numinis ductu soporem inueniat contemplationis, & inter Numinum choros feliciter degat.
Sc-

SYNTAGMA XIII. DE MVMIIS. 415 CAP. V.

Secunda columna hunc sensum habet: *Vita superna viuat, Numini supremo per contemplationem iunctus & vnitus; omni aduersitate profligata in cratere Hemphta intellectuali submersus, catenæ Numinum inseratur beneficorum; in zonis beatitudinis regnet, ab inferiorum appetitu liber, rore supramundano rigatus, alas acquirat robustas & nunquam reciduas, perpetuò vigil.*

Tertia columna hunc sensum exprimit: *Supremæ prouidentiæ per contemplationem adhæreat; vehiculo supremæ prouidentiæ ad zonam suam reuertatur; absit ab hoc geneticus appetitus, absit corruptibilium desiderium; alæ firmentur vi contemplationis Mundi superioris, si post longum tempus, fato sic constituto, corruptibili sphæræ redditus fuerit, hoc suum inueniat habitaculum.*

Atque hæc est interpretatio Idealis horum trium schematum hieroglyphicorum. Quæ vti partim ex tabula Bembina, partim ex Obeliscis extracta sunt, & huic operculo insculpta, ita quoque in authoritatum allegandarum comprobatione longior esse nolui, cùm hæc symbola passim iam sæpe sæpius explicata sint. Nota tamen, has inscriptiones vti incuriâ transcriptoris nonnullam corruptionem passæ sunt, ita exponi quoque non potuisse, nisi ex Ludouisiana Isidis statua, in qua eædem prorsùs incisæ spectantur, integritatem suam nactæ fuissent. Sed de hoc postea fusiùs.

Altera theca Nardiana figuræ secundæ tabulæ tertiæ exhibet operculum, quod vides peplo venerabile, & reliquo corpore in quatuor Zonas distinctum, cum intermedio columnari limbo hieroglyphicis referto. Intra primam Zonam vtrinque occurrit phallus oculatus, ex quo brachium humanum veluti occultâ machinatione moliturum quidpiam exporrigitur cum penna in manu, & circulo eidem imposito. Quid phallus oculatus indicet, iam innumeris locis sat superque expositum fuit; hoc verò loco quid brachium humanum, quod extra phallum emergit, indicet, videamus. Constat ex præcedentibus, Osirin per oculum & phallum passim indicari; per oculum, quoniam omnia videt, omnia prospicit, omnia omnibus prouidet; per phallum verò, quem Typhon è corpore eius resectû in Nilum proiecit, indicatur genetica rerum fœcunditas, quæ in humido potissimùm consistit; vnde & fabula de Cœlo à Saturno castrato abiectis in mare genitalibus eius, vnde Venerem natam Mythologi fabulantur. Osirin quoque per brachium extensum, beneficentiæ & liberalitatis notam, multis locis ostendimus; atque adeo phallus hic oculatus cum brachio occultè ex eo emergente nihil aliud innuit, quàm prouidentiam beneficam diuini Osiridis, in fœcunda generatione elucescentem, quâ occultâ & insensibili operatione omnia fœcundat; eratque potentissimum apud Ægyptios amuletum, quod non brutis tantùm animalibus, sed & vtriusque sexus hominibus appendebatur, vti ex tabula Bembina patuit. Hanc eandem ob causam hic amuleti loco appositum est, ad absterrendas aduersarum potestatum machinationes. Sequuntur hunc phallum in secunda zona quatuor Cynocephali, seu Simij Cercopitheci, quibus Lunares Genij, quibus corpus committitur, indicantur; de quorum mystica significatione vide Obeliscum

Hieroglyphica figuræ II. tab. III. Nardianæ.

Brachium humanum extra phallum prominens quid significet.

Phallus oculatus amuletum Ægyptiorum.

scum Pamphilium l. 3. de Hierogrammatismo Cynocephali, & fol. 468, vbi hæc figura passim occurrit erecto corpore, quasi ad succurrendum festina. In tertia zona duo Canes occurrunt, flagellis instructi, quibus Anubici seu Mercuriales Genij auerrunci indicantur, quorum vigilantiæ corpus commissum, indicabatur; de quibus in Obelisco Pamphilio consule Hierogrammatismum de Cane. In quarta zona sequuntur duæ Iynges, quarum capita ἀνδρόμορφα, aues reliquum corpus monstrant; quibus Spiritus Mundi seu pantamorpha Mundi anima indicatur, cuius est, Mundi receptacula cuique congrua assignare, vt proinde non incongruè hic eam ad corporis tutelam assumpserint, & minuta scriptura luculenter docet. His itaque quadruplici Numinum choro corpus conseruandum tradebatur, vti hieroglyphica inscriptio limbi intermedij docet, quæ partim ex præcedente, partim ex Obeliscis extracta fuit, vti vnum cum altero comparanti patebit. Patet itaque, hieroglyphicorum symbolorum virtute & efficaciâ operculis inscripta Numina tutelaria ad corporum conseruationem attrahi potuisse, Ægyptios existimasse.

Sequitur modo è Nardianis tabulis IV, cuius I & I I figura demonstrant Mumiarum fascijs inuolutarum modum, qui tanto artificio constitutus est, vt ad simile quid præstandum, tota meritò Chirurgorum modernorum industria deficere videatur. Figura I monstrat fasciatam Mumiam detracto exteriorum ornamentorum apparatu; II verò figura sub priori latitans, artificiosas præfert byssinarum fasciarum circumuolutiones, vti in sequenti typo apparet. Figura III cooperculum capitis exhibet, cuius in I & II figura punctatæ lineæ locum monstrant; Constatque tribus tabellis ligneis, in quarum media, pantamorphum Numen scuticâ & vncino formidabile apparet, cuius in Canoporum Iconismo figura IV expositionem vide: in reliquis lateralibus tabellis binæ vtrinq; statuæ spectantur, quarum prior in dextro latere Accipitris faciem mentitur, globo candido corusca, sacro chlamyde vestita, & manibus laqueum tenens; altera Cynocephali capite deturpata spectatur, in reliquis priori similis: in sinistro latere prima est humanâ facie, quam altera sequitur socia Caninâ facie spectabilis, seminudæ, & sacris chlamydibus indutæ singulæ laqueos manu gestant. Quibus quidem nihil aliud nisi suprà expositorum Numinum Osiridis, Nephtę, Isis, & Anubis simulachra indicantur; & excubitores funeris, à quo nullibi desunt, spiritusque vagabundi in sibi congruam zonam transportatores putabantur. IV Figura fragmentum Alabastrinum est, & cooperculi loco seruiebat, forsan ex ipsis cryptarum parietibus auulsum: & exhibet ritus & cœremonias, quibus tutelaria funeris Numina paulò antè recensita placare contendebant. A dextra tres I imagines Sacrificulos exhibent, quarum prior manibus erectis Numina follicitare videtur; altera simili priori pyramidem manu sinistrâ gerit,& laqueum; tertia dextrâ vas Niloticum. Quibus innuunt animarum lustrationem per ignem, & per aquam supramundanam ab omni pollutione quam in carne contraxerant, emundationem. Numina sunt, Pantamorphum Numen, & Isis, vti ex symbolis patet, eaque

SYNTAGMA XIII. DE MVMIIS. 417 CAP. V.

que iam sæpius exposuimus. In medio mensa posita est, in adytis semper medium locum, vti suprà fol. 83. docuimus, obtinens, & sine quo nul-

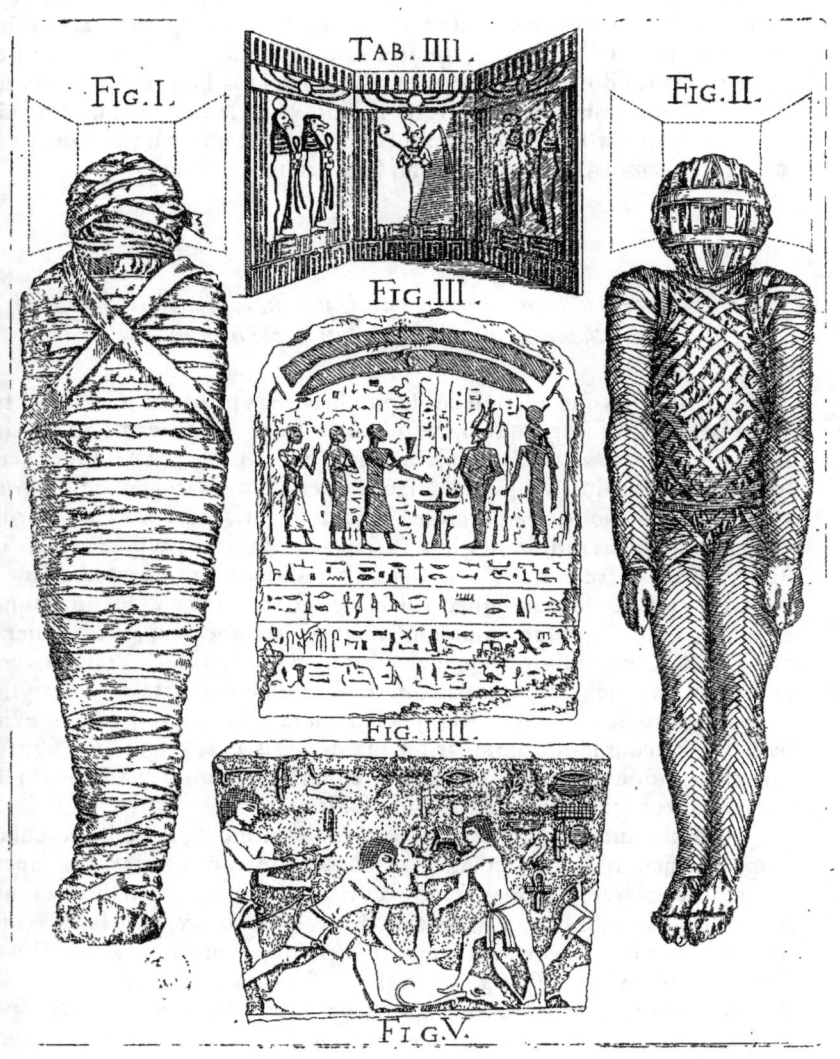

lum penè sacrificium peragebatur. Hieroglyphicæ verò inscriptiones quaternis spacijs exhibitæ, sacrificiorum, quæ Numinibus peracta sunt, vim & efficaciam notant, vbi & charactere minuti sparsim hinc inde, vti

Ggg 2 in

in adytis mos erat, delineati; qui cùm alibi expositi sint, & plerique quoque malè efformati, eorum interpretationem consultò omittendam duxi; sufficiat interim, nihil eos aliud, quàm quod dixi, significasse V Figura dicitur fuisse operculū alabastrinum, quo puteus cryptæ tegebatur; verisimile tamen est, illud non eo fine & data opera factum fuisse sed ex adytis excisum, huic artificio accommodatū fuisse. Exprimit autem leges mactandi Boues in sacrorum vsum, quas quia Herodotus l. 11. tradit, hic libens omitto. Figuræ verò hieroglyphicæ temerè hinc inde insertæ symbola sunt propitiationis Numinum; quæ cùm innumeris locis exposuerimus, operam perdam, si ea denuò repetam.

§ II.

De inuolucris Mumiarum, varijsque hieroglyphicis Iconismis, qui vnà Mumiæ inuoluti reperiuntur.

Idola Mumijs assuebantur.

IDola non tantùm extrinsecus sepulchris Ægyptiorum apponi ad tutelam solita fuisse, quemadmodum in præcedentibus dictum fuit sed & intrinsecùs vnà cum fascijs consuta, ex ijs patet, quæ nuperExcellentissimus Nardius, & olim Nicolaus Peirescius ὁ μακαρίτης, medicatorum corporum dissutione compererunt. Huius generis sunt à dicto Nardio mihi communicata idola figulina variæ magnitudinis, reperta olim in Mumiarum ventre consuta. Iconismum sequenti pagina exhibemus.

Idola Nardiana.

Primum Idolum fœmineo vultu, & velato vertice, decussatisque manibus, sinistrâ quidem vncinum iam sæpe memoratum, altera hieralpham gestat, cum inscriptione hieroglyphica quam vides; reliqua verò vti primæ iam memoratæ quoad omnia simillima sunt, ita & inscriptiones eædem comperiuntur. Reliqua schemata solas inscriptiones exhibent diuersorum idolorum, quarum quæ numeris 1, 2, 3, 4, 5, 11, signantur inscriptiones, eædem prorsus sunt cum inscriptione, quam prima figura præfert; quare hanc exposuisse sufficiat.

Idolum auerruncum tabulæ VII. Nardianæ.

Idolum auerruncum exhibet Agathodæmonem, funerisque custodem, vti vncinus & hieralpha, quæ decussatis manibus gestat, sat superque innuit. Hieroglyphica symbola vti imperitam manum sortita sunt ita ex alio idolo, in quo eadem exactiùs & politiùs expressa sunt, vti sequitur, emendamus, eorumque sensus is est qui sequitur. *Influat Genius tutelaris canalium piscinæ sacræ, iuxta anni dispositionem ordinatorum, in hoc depositum; prouidentia Genij Solaris, id benefico suo influxu ab omni aduersa & potestate conseruet; quod fiet, si debitus cultus Anubidi prouido, & cæteris Genijs piscinæ vitalis custodibus, exhibeatur.*

Inscriptiones tabulæ VII. Nardianæ.

Quæ verò in Iconismo numeris 6, 7, 13, 15, 16, signantur, eandem pariter inscriptionem continent; quare vna exposita, reliquarum significationem facilè subministrabit. Ita autem corrupta inscriptio à nobis ex alijs emendata est, sensumque sequentem exprimit. *Cultu baculorum Hori*

SYNTAGMA XIII. DE MVMIIS. CAP: V.

Hori annorum dominatoris, ad catenam cœlestem euolabit huius depositi spiritus, vita benefici & prouidi Numinis beatus. Inscriptio perpendicularis hunc

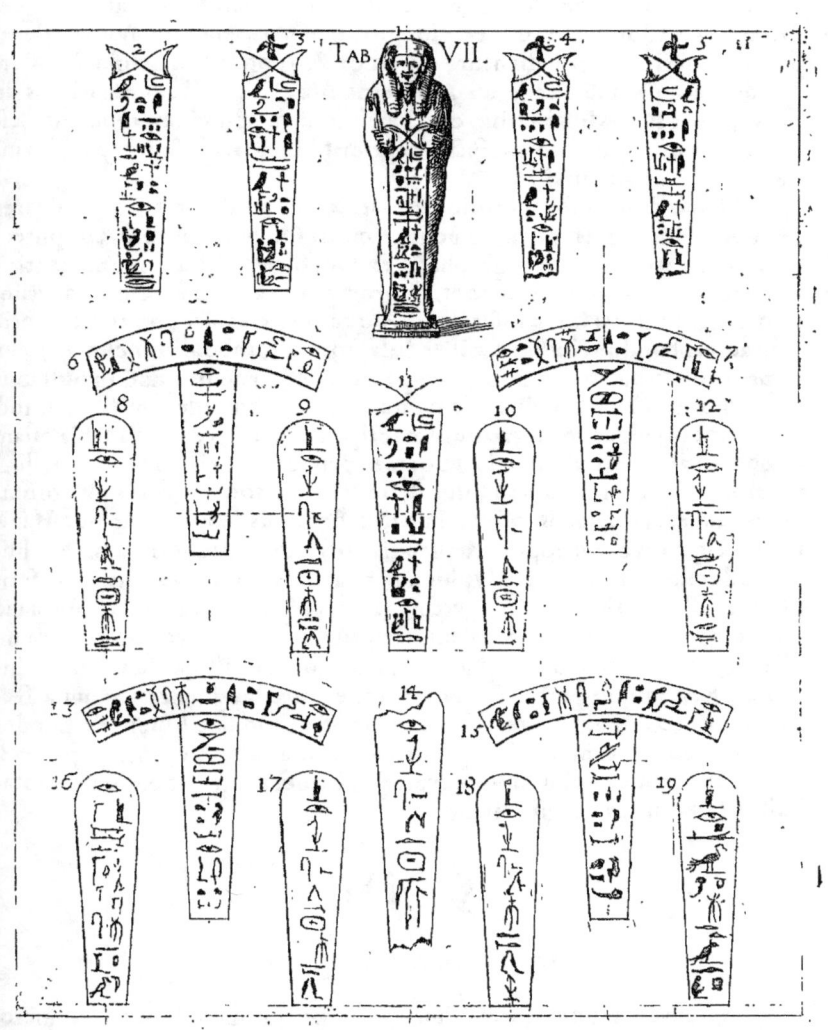

sensum efficit. *Prouidentia Agathodæmonis cœlestis, & beneficentia superni Nili phialâ potabitur, rerum necessariarum vbertate replebitur in zonis supramundanis.* Denique inscriptiones quæ numeris 8, 9, 10, 12, 17, 18, 19, signantur,

tur, quæ eædem sunt, hunc sensum exprimunt. *Cultus prouisoris rerum necessariarum, occulti motus beneficentia vitam per Horum annorum dominatorem influat in hoc depositum.*

Idolum Cedrinum Musei Kircheriani.

Atque hæ sunt interpretationes inscriptionum hieroglyphicarum, quibus idola hîc exposita insignita sunt. Est in meo Museo aliud ex cedrino ligno Idolum, vnius pedis longitudinem habens, in quo eædem prorsùs inscriptiones habentur; quod ex Ægypto mihi attulit P. Marcus de Luca Ord. S. Francisci de obseruantia, Sacræ Congregationis de propaganda fide Missionarius, quod aiebat intra Mumiam repertum esse; cuius figuram cùm perfectè exprimat huius Iconismi typus, eam non apponendam duxi.

Minutiores characteres hieroglyphici non sunt literæ vulgares.

Nemo dum hosce minutiores characteres considerat, eos vulgares Ægyptiorum literas, quemadmodum multi sibi persuaserunt, esse putet; sunt enim pura puta hieroglyphica, ex Obeliscis, alijsque monumentis, in quibus sæpe sæpius occurrunt, deprompta, & primæuorum Sacerdotum opera idolulis hisce inscripta. Atque hoc ita esse, non aliâ authoritate ad probandum indiget, nisi sedula horum symbolorum cum ijs, quæ in præcedentibus tradidimus, comparatione. Accedit quòd in omnibus hîc exhibitis schematismis eædem inscriptiones symbolorum sint; quod non fieret, si vulgarem Ægyptiorum scripturam notarent. Videbis etiam symbola variè permutata esse, vt quæ in primo à dexris collocantur, illa inuerso ordine in alijs ponantur à sinistris; quod hieroglyphicorum proprium est, quemadmodum in præcedentibus copiosè demonstrauimus. Quæ ideo hìc apponere placuit, vt errorem quorundam, qui huiusmodi minutiorem hieroglyphicum characterem vulgò vsitatam scripturam esse existimant, corrigerem. Ægyptij enim præter sacram hanc hieroglyphicam scripturam, aliam scripturam, videlicet Pharaonicam, Clemente teste, habebant, quâ politica negotia, epistolas familiares, historias, Regumque gesta, & inscriptiones quæ laudem & encomia Regum exhibebant, exarabant; quarum nonnullas in hoc Opere ex Diodoro & Herodoto exhibuimus: Libris verò huiusmodi, vtpote papyraceis & corruptibilibus voluminibus exaratis nè frueremur, nobis immemorabilium temporum edacitas inuidit.

Clemens Alexand.

Diodorus. Herodotus.

§ III.

De fascijs Hieroglyphicis.

Fasciæ hieroglyphicæ Mumiarum.

INueniuntur subinde intra Mumias fasciæ quædam innumeris hieroglyphicis signatæ, in voluminum morem contortæ, cuiusmodi binas mihi inclytus Nardius transmisit. Quæ quid indicent, iam tempus est, vt exponam. Iam sæpe sæpius demonstratum est, Ægyptios non solùm hieroglyphica, arcanorum insignium symbola esse, sed & ipsa magnam vim possidere ad Numinum tutelam ijs, quibus infigebantur, accelerandam,

SYNTAGMA XIII. DE MVMIIS. CAP. V.

dam, credidiſſe; vt proinde mirum non ſit, tanto ſtudio in Dijs pro funeris depoſiti tutela propitiandis verſatos eſſe, & ex hiſce papyraceis voluminibus luculenter patet, quæ omnia ferè præcipuis hieroglyphicorum ſchematiſmis exornata vides. Comperies in hiſce præcipuas Numinum ſtatuas, quas aut Obeliſci, aut Iſiaca Menſa refert, expreſſas, eo prorſus ordine, quo eadem ſimulachra in ſolennioribus feſtis Comaſiarum portare ſolebant in morem proceſſionis, vti ex Herodoto, Clemente Alexandrino, alijſque paſſim docuimus; magnum in concinno Deorum ſe conſequentium ordine myſterium reponentes, Deorumque infallibilem ex hoc religionis actu attractum ſibi pollicentes. Eandem ob cauſam, inquam, funeribus huiuſmodi apponebant ſchemata, vt videlicet corpus ab omni aduerſarum poteſtatum violentia ſouereretur immune, animæ verò Deorum benignitate in peracta reuolutione bene eſſet. Faſciæ itaque hîc nihil aliud exhibent, quàm pompam funeris; quam quantum fieri poterat, magnificentiſſimè peragebant, præſertim in Regio, aut Sacerdotali, aliorumque vitæ nobilitate conſpicuorum hominum exequijs. Statuas penè Deorum omnium feretris ſacris impoſitas, ad propitiationem eorum defuncto conciliandam, geſtabant, & ipſi in varias formas transmutati. Quam pompam concinnè ſanè more ſuo deſcribit Apuleius lib. 11. Metamorphoſ. quem paulò poſt allegabimus.

Faſciarum Mumicarum ſchematiſmi.

Faſcijs Mumiarum impreſſa pompa funebris.

Sed iam ſingula exponamus. Faſciæ cùm longiores eſſent, quàm vt libro huic commodè inſeri poſſent figuræ, ideo ſeriem interruptam iuxta numerorum appoſitorum ordinem exhibemus; quas ita ſibi imaginabitur Lector, ac ſi ſecunda ſeries primæ, tertia ſecundæ, & ſic de cœteris, eſſet agglutinata. Sed his præmonitis ad figurarum expoſitionem procedamus.

Faſciarum Mumicarum expoſitio.

In prima ſerie primo loco occurrit Accipiter, ſtolâ & pallio tectus pectori incumbens, eratque Solaris Numinis ſymbolum, vt alibi dictum eſt. Sequitur Iſis Momphtæa, tenijs & vittâ conſpicua, manus & brachium

Faſciarum prima ſeries.

CAP. V.   422   OEDIPI ÆGYPTIACI THEAT. HIEROGL.

chium in formam M'contorquens; quâ Lunaris Genius indicatur, vti alibi expofuimus. Sequuntur deinde parui characteres, qui cùm corrupti fuerint, legi non potuerunt.

Fafciarum fecunda feries.

In fecunda ferie primo loco duæ figuræ ftantes; (quarum prima fœminam Nephten, altera marem fub Anubis forma refert) inftrumentis auerruncis, telis & flagellis, inftructæ. Sequuntur duæ ftatuæ facræ Anubidis & Nephtes, fitu ingeniculatæ, flagellis vncifque pariter inftructæ; binæ autem præcedentes rectà incedentes, videntur effe Sacerdotes in formam Nephtes & Anubidis, quorum facra adminiftrabant, quorumque ftatuas ad Numina placanda fequebantur. Sequitur hafce ftatuas alia auerfo vultu, quam præcedit Afpis illa ab Apuleio, vt paulò poft videbimus, defcripta, furrecto pectore, & fquamato vertice, ftriatoque tumore fublimis, quam fusè tùm in Obelifco Pamphilio fol. 347. tùm in Menfa Ifiaca ex profeffo defcripfimus.

Fafciarum tertia feries.

In tertia ferie fequitur ftatua humanâ facie, & reliquo corpore in Afpidis formam coagmentato, fpiritus Mundani fymbolum; quam fequitur tripus idealis triformis Numinis, ex triangulis conftitutus, cuius innumeris huius Operis locis mentionem fecimus. Sequuntur duo Canes fedentes facrorum cuftodes, intra quos fafciculus ex inftrumentis auerruncis, ad Anubicos tutelares, omnem aduerfam vim profligantes, indicandos, conftitutus ponitur.

Fafciarum quarta feries.

In quarta ferie, primo loco fequitur idem qui antè fafciculus inftrumentorum auerruncorum, & anfata Crux fpectabilis cum globo, ex quo Serpens velatus emergit; cuius expofitionem iam paffim traditam, confultò omittimus. Hunc intra facra fulcra fequitur feretrum, fupra quod duo Accipitres facro velamine tecti, pofiti fpectantur, quorum expofitionem vide in Menfa Ifiaca.

Fafciarum quinta feries.

In quinta ferie continentur facra fulcra, ideo fic dicta, quòd in pompis ea de caufa gererentur, vt Numinum onere ijs impofito, Sacerdotes

SYNTAGMA XIII. DE MVMIIS. 423 CAP. V.

dotes aliquantifper quiefcerent. Sequitur Lectus Momphtæus, & fub eo excubitor Anubis; cuius expofitionem in Obelifco Pamphilio fol. 284. & in Menfa Ifiaca longo difcurfu tradidimus. Sequitur facra vitta Hori, cum fceptro Momphtæ, alijfque figuris vetuftate temporum corruptis.

In fexta ferie vafa ponuntur Nilotica, cum Naui quam Baryn vocant; quorum omnium expofitionem vide in Menfa Ifiaca. Sequuntur iam figuræ perfonatæ, varia Numina variâ gefticulatione mentientes, quos tandem apparatus feretri fequitur, id eft, cadauer feu Mumia, eâ fafciarum & ornamentorum fupellectile, quam defcripfimus, feretro impofita, & triformis Numinis irradiatione perfufa. Funus excipit duo-

Fafciarum fexta feries. Fafciarum reliquæ feries.

rum brachiorum furfum tendentium fymbolum, cum intermedio phallo oculato, quem in pompis circumportatum fuiffe, varijs in locis tradidimus. Sequuntur quatuor ftatuæ ὀφιο-ἱερακομόρφαι, id eft, ex Afpide & Accipitris facie conftitutæ, de quarum fignificatione vide Obelifcum Pamphilium loco paulò antè citato. Agmen tandem claudit Omnipotentis Deæ, vt cum Apuleio loquar, fœcundum Numen, id eft, in octaua & nona ferie feptem Boues facro pallio veftiti; quibus feptem dierum feftiuitas, quibus Apidis natales celebrabantur, innuitur, quâ durante nemo à Crocodilis infeftabatur, id eft, omnis infaufta & infefta vis aduerforum Numinum quiefcebat. In decima ferie continuatur triumphus, vaiâ ftatuarum exhibitione folennis.

Vides itaque hîc abfolutiffimam quandam pompæ funebris formam & rationem, in qua funus ipfum medium, varia Numinum fpectra præcedunt & fequuntur, quam tanquam rem myfticam & plenam myfte-

Hhh rijs

CAP. V. 424 OEDIPI ÆGYPTIACI THEAT. HIEROGL.

rijs, fafcijs hifce infcriptam exhibuerunt, fibi omninò perfuadentes, futurum vt funus hoc ab omni aduerfa vi tutum, horum Numinum præfidio perfifteret; atque adeo non fignificat duntaxat res quas exhibebat, fed & Numinum, pro fymbolorum exhibitorum efficacia, & myftica ratione, ad depofiti tutelam attractionem defideratam.

Pafcia alia Mumiæ, eiufque expofitio

Erat porrò hifce alia appofita fafcia, quarum prima feries Accipitrem & Ibin exhibet, quos fequitur baculus oculo fpectabilis, deinde ae ftipata thyrfis Cucuphomorphis; quæ omnia in Menfa Ifiaca expofita funt. In fecunda ferie occurrunt duæ figuræ humanæ, peffimè tamen expreffæ, vtrinque baculis Cucuphomorphis inftructæ; quas fequuntu minuti characteres corrupti. Et in tertia ferie tandem funus ipfum tr
formis

SYNTAGMA XIII. DE MVMIIS.   425   CAP. V.

formis Numinis irradiatione perfusum, vti in priori fascia ; quod sequitur hydroschema cum baculo oculiformi. In quarta serie mensæ ponuntur sacræ cistæ, seu aræ, in quarum priori Accipitrina statua in Mumiæ morem inuoluta spectatur ; & hoc ipso alludunt ad transmutationem animæ defuncti in Genium Solarem. In altera vas ponitur, quo supramundani Nili liquor connotabatur, quo animas potari credebant, & à fato solui depositi spiritum, vti alibi dictum fuit, & phiala sequens apertè docet. In quinta serie vrnæ Niloticæ species occurrit, & hanc Androsphynges cum intermedia Aspide, & globo Serpente fœto ; quorum expositionem sæpius iam dedimus. In sexta & septima serie ponuntur varia sceptra cum statuis partim recto, partim geniculato situ conspicuis, nec non instrumentis auerruncatiuis instructis ; quas cùm iam varijs locis interpretati simus, ijs diutiùs immorari noluimus.

Verùm, vt quæ diximus, ita se habere pateat, Apulæi hoc loco verba adducemus, quibus totam hanc pompam ita appositè describit, vt ei interfuisse videri possit. *Ecce pompæ magnæ paulatim procedunt anteludia vocibus cuiusque studijs exornata pulcherrimè ; hic incinctus baltheo militem gerebat, illum succinctum chlamyde, copides & venabula venatorem fecerant ; alius soccis obauratis indutus sericâ veste, mundoque pretioso, & adtextis capite crinibus, incessu perfluo fœminam mentiebatur ; porrò alium ocreis, scuto, ferroq́ue insignem, è ludo putares gladiatorio procedere. Nec ille deerat, qui Magistratum purpurâ fascibusq́ue luderet, nec qui pallio baculoq́ue, & baccis, & hircino barbitio Philosophum fingeret ; nec qui diuersis harundinibus alter Aucupem cum visco, alter piscatorem cum hamo induceret ; vidi & Vrsam mansuetam, quæ cultu matronali sellâ vehebatur, & Simiam pileo textili crocotisq́ue Phrygijs catamiti pastoris specie aureum gestantem poculum, & Asinum pinnis agglutinatis adambulantem cuidam seni debili, vt illum quidem Bellerophontem, hunc autem diceres Pegasum, tamen rideres vtrumque. Ibant & dicati magno Serapidi tibicines, qui per oblongum calamum ad aurem porrectum dextram, familiarem templi, Deique modulum frequentabant : sed & Antistites sacrorum Proceres illi, qui candido linteamine cinctum pectorale ad vsque vestigia strictim iniecti potentissimorum Deûm proferebant insignes exuuias.* Cœtera vide in Obelisco Pamphilio fol. 433. Hucusque Apuleius, qui graphicè sanè propositum à nobis in fascijs hisce triumphum descripsit, cuius & vestigia inueniuntur in Horto Mediceo Montis Pinciani, in columna quadam rotunda è regione Obelisci, hoc schematum apparatu, quem paulò post apposita figura exprimit.

Apuleius.
Funebris pompæ descriptio lepidæ ab Apuleio.

Certè veteres Romanos huiusmodi funebres apparatus studiosè imitatos, Gutherius scitè demonstrat lib. de iure Manium. Nam primò quidem tibicines magnificentiam funeris sequentes per compita & fora interuallis paribus personabant ; post tubicines progrediebantur qui munera ferebant proximorum & amicorum, odores, vnguenta, epulas, vestes ; quæ Tibullus recitat l. 2. eleg. 4. & Statius l. 5. Syl. 1.

Funebris pompa Romanorum. Gutherius.

Tibullus. Statius.

- - - *dona malè feralia pompæ*

CAP. V. 426 OEDIPI AEGYPT. THEAT. HIEROGL.

*Proceditque illis stipatum examine longo
Vas Arabum Cilicumque fluit, floresque Sabæi,
Indorumque arsura seges.*

Pompa Isiaca iuxta Apuleij descriptionem, ex hortis Mediceis.
Pars Prior.

Pars Posterior.

Odo-

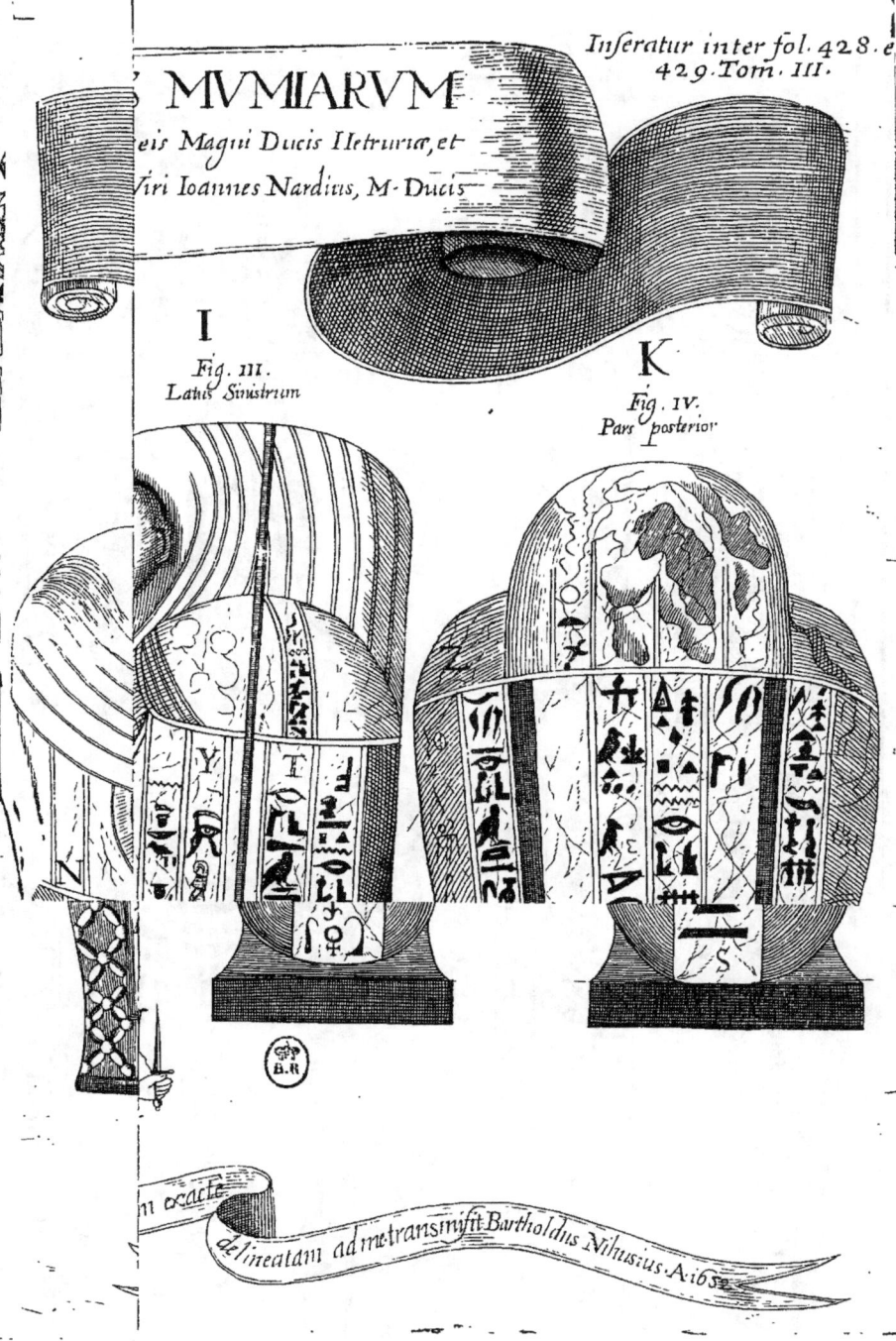

SYNTAGMA XIII. DE MVMIIS. 427 CAP. V.

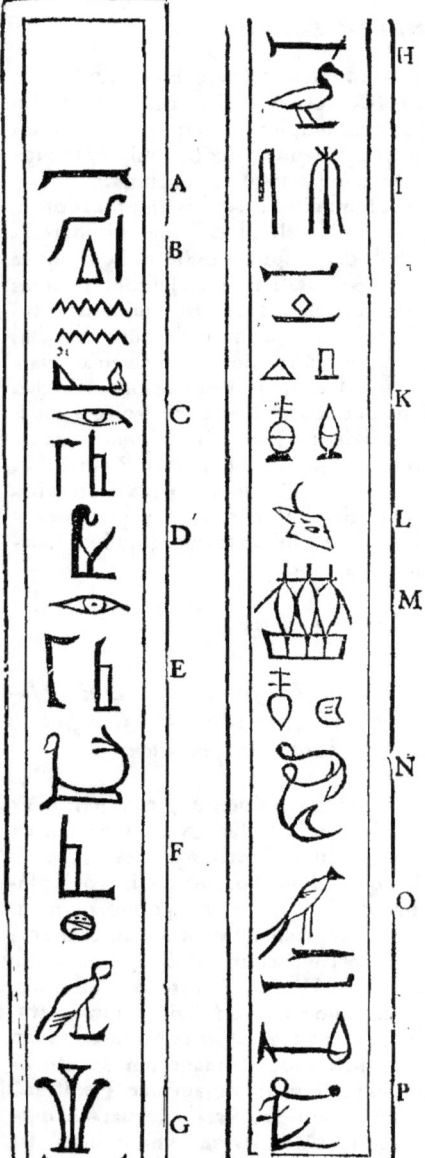

Odores lancibus portabantur, vnguentum vasculis, silicernij epulæ ferculis, vestes fulcris. Post hæc imagines Deorum curribus vehebantur, aut ferculis etiam portabantur. In fronte proposita thoro effigies, quæ mortui vultum exprimeret. ita Polybius l. 6. & Tacitus l. 3. Annalium. Interiectis tubis & cornibus Scribæ, & viatores Magistratibus aderant; quos Senatus Equitesque positis dignitatis insignibus comitabantur. Exin funebres lectuli lentè procedebant; lectuli coronas vectitabant, aliaque Magistratus insignia, & innumera huiusmodi, quæ pompæ amplitudinem commendabant. Quæ omnia fusissimè descripta reperies apud Stuckium lib. de funeribus Antiquorum. Quæcunq; porrò apud veteres Romanos de compositura cadaueris, eiusdemque productione, de cantilenis & lamentationibus, de precibus quæ in mortuorum memoriam fundebantur, & imprecationibus, quêis eorum Manes sedarent, de propitiatione & expiatione Manium, & aris titulisq; sepulchrorum leguntur apud Authores; illa omnia ex Ægypto originem suam accepisse nulli dubium esse debet, qui dicta hucusque rectè inter se contulerit, & variè Authores paulò antè citati probant; quæ quidem cùm vulgaria, & nulli non erudito nota sint, consultò omitto.

Polybius.
Tacitus.

Stuckius.

Fasciæ

Fasciæ Peiresciana expositio.

TRansmisit olim mihi hanc præcedentem fasciam hieroglyphicam, Vir æternâ memoriâ dignus Nicolaus Peirescius, quam intra Mumiam à se dissutam repererat; quæ cùm longior esset, quàm vt libro inseri potuerit, eam in binas columnas diuidendam existimaui, vt in præcedenti folio vides, quam & hoc loco opportunè exponemus.

Hæc fascia nihil aliud ostendit symbolis suis, quàm imprecationem quandam, quâ animæ depositi, ignis vitalis cœlestibus lymphis insiti resocillationem desiderabant, vti symbola ordine posita indicant, eorumque sensus idealis ille est, qui sequitur. A Vitali igni cœlestibus lymphis insito, benefici Numinis ignei prouidentia refocilletur huius depositi spiritus; B & cultu religioso C per ipsius prouidi Numinis statuam, & per statuam D Mophtæ religioso E cultu adornatam ab eo auertantur F omnia infausta typhonia; siquidem in vita operationes G Deo conformes habuit, quibus se Dijs per contemplationem vnire semper curauit; beneficum Numen Mercuriale H I annorum dominator eam K cœlestis Nili lympha perfundat; L Amon triplicis Mundi phialis M inebriet; N cœlestis Osiris igneo calore O foueat, per virtutem beneficæ statuæ P eiusdem efficacem. Symbola cùm iam ex præcedentibus nota sint, neque explicatione, neque authoritatibus, quibus stabiliantur, vtpote iam aliàs susè confirmata, indigent.

CAPVT VI.

De Mumijs hieroglyphicis, partim ex Museis Magni Ducis Hetruriæ, partim Batauorum extractis, & in præsentem Iconismorum congeriem coniectis, vnà cum interpretatione.

IN hoc præsenti Iconismo variæ Mumiæ continentur, quæ partim ex Museis Magni Ducis Hetruriæ ab Excellentissimo Nardio, partim ab officiosissimo Bertholdo Nihusio ex Batauicis Cimeliarchijs extractæ, & Oedipo propositæ sunt. Et primi quidem loco occurrunt hieroglyphica schemata literis G, H, I, K, signata, quæ situ quidem diuersa, vnum tamen Mumiacum idolum efficiunt. Et primò quidem G anteriorem, H dextram, I sinistram, K posteriorem partem exhibet; quod hodie spectatur in domo Hieronymi van Werle Mercatoris Amsterodamensis, idque summo studio depromptum ad me transmisit supra citatus Nihusius. Refert autem capsulam, intra quam cadauer Mumiacum fuit conditum; longitudo eius est octo palmorum Romanorum & octo digitorum. G Anterior capsulæ pars velatam fœminam siue Deastram exprimit, circulis, strijsque, vti L demonstrat, variè exornatam; quorum expositionem vide in præcedentium Mumiarum exhibitione. In pectore signatur triplici illa mystica ala literâ M notata, quam suprà in pri-

SYNTAGMA XIII. DE MVMIIS.

prima figura Mumiæ Mediceæ expofuimus. Sequuntur hieroglyphicæ inſcriptiones, & in extremo quidem limbo cuſtodes funeris Numina polymorpha, in prototypo auro depicta, cum baculis Cucuphomorphis; quæ cùm in præcedentibus iam explicauerimus, & in fequentibus amplius fimus declaraturi, ijs immorari nolumus. Et quoniam hieroglyphicorum inſcriptiones magna ex parte vitiatæ funt, eæ tamen in alijs fimulachris integriores, & politiori fculpturâ exhibitæ reperiuntur; hinc Lectorem remitto ad Iconifmum Canoporum, & Syntagma de ſtatuis Apotropæis Ægyptiorum, vbi hæc eadem ex profeſſo exponentur. Quæ in columnis *a b c* habentur inſcriptiones, adeo detritæ funt & vitiatæ, vt quid referant, vix coniecturâ aſſequi potuerim; quare ijs relictis ad columnam *d* & *e* progrediamur; quarum vna *d*, cùm eadem omninò ſymbola exhibeat, quæ figura IV, in fequenti Iconiſmo Canoporum, in columna G & H, ad ibidem peractam expofitionem Lectorem remittimus. Inſcriptionem verò columna *e* contentam, in ſequentibus quoque melius expreſſam & expofitam vide. Porrò in H dextro latere capfulæ duæ columnæ ponuntur, P O. In priori columna P hæc ſymbola funt, incipiendo ab X (reliqua enim duo quid referant, diſpicere non potui, ob malam eorundem formationem) ſtatua cum ara, Noctua, fauiſſa, baculus papyraceus cum phiala anſata, hydroſchema, ſtatua, hemicyclum, duæ columnæ quadripartitæ, laqueus, vrna, Anſer, Noctua, Barys, baculus papyraceus, cum ramo triplici inuerſo, fegmentum, piſcina, duo brachia extenſa, tetrapyrgum, hydroſchema, oculus, tres termini, cum ſtatua. Quorum fenſus hic eſt. *Statuæ facræ cultu Typhonia vis expellatur à fauiſſa, & aqua Nilotica, rerum neceſſariarum largitrice, virtute octo legalium conſtitutionum quas in vita feruauit; Chenoſiris cuſtos profliget Noctuam Typhoniam Bary inſidiantem; dominator temporum introducat eam in piſcinam fupramundanam, vbi tetrapyrgicâ regione, & aquis Niloticis triformis Numinis prouidentia præparatis fruatur.* Secundæ columnæ O inſcriptio compoſita eſt partim ex præcedenti, partim ex lateris finiſtri L inſcriptione, quæ notatur literâ T, vt proinde vnam expliaſſe fufficiat.

Tertia figura I latus finiſtrum exhibet, cuius columna T V, quemadmodum paulò antè diximus, eandem prorſus inſcriptionem habet, quam habet columna P lateris dextri, vti vnum cum altero comparanti patebit; & quæ fequitur columna S, compoſita eſt ex columna *d* primæ figuræ G anterioris partis, & ex columna O dextri lateris figuræ H, vt proinde femper ferè eadem ſymbola repetantur.

Quarta figura K poſticam Idoli partem exhibet, cuius columna Z A, eandem prorſus inſcriptionem exhibet, quam figuræ I. columna T V; Præterea columnæ S, T, V, W, prorſus eandem quoque inſcriptionem continent cum dictis; verùm cùm illæ corruptiſſimæ ſint, tempus perdam, fi diutius ijs recenfendis inhæſero; curioſum Lectorem fingula cum fingulis conferendo, vera eſſe quæ dixi, comperturum nihil dubito; vt proinde eandem epigraphen toties non alia de cauſa repetiuerint, quàm ornatus gratiâ, & fupplendis limbis Idoli vacuis. Eandem

ob

Hieroglyphi-
ca capſulæ Hi
Mumiæ
VVerlianæ.

Eædem figu-
ræ fæpius re-
periuntur in
eadem Mu-
mia.

ob causam crepidiné statuæ circumcirca ijsdem semper figuris expresserunt, quæ sunt bina sceptra Cucuphomorpha, quæ Crucem ansatam intercipiunt ; quo mysticè indicant, influxum superni Numinis, quo Vniuerso dominatur, varietatis rerum causam esse, tam in Mundo Intelligibili, quàm Sidereo, & Elementari. Sed hæc alibi exposuimus. Et vt tandem concludam, sciat Lector, hisce inscriptionibus minimè vitam & res gestas defuncti, vt nonnulli sibi falsò persuaserunt, indigitari, sed Deorum obsecrationes & adiurationes per symbola effectiua expressas, quibus Numina motum iri credebant, ad tutelam funeris suscipiendam, vt ex inscriptionibus ijsdem semper & identidem repetitis patet ; quod non fieret, si res gestas, aut laudes defuncti continerent. Lector mentem meam ex his paucis satis percipiet; quare ad alia progrediamur.

Symbola Mumijs impressa non significant res gestas defuncti.

Figuræ, quæ signatur litera Υ, expositio.

Expositio figuræ 2 tabulæ VVerlianæ.

Figura secunda capsulam simul & statuam refert, ac fœminam vultu & velato capite exhibet, quæ decussatis manibus, hâc flagellum, illâ hieralpham gestat, quæ auerrunci Agathodæmonis symbola sunt, vti alibi explicauimus. Hieroglyphica inscriptio quam in antica parte præsefert, hæc est. Duo vncini, Horus puer cum oculo, Serpente, & globo; quo ostenditur Horum prouidentia Numinis è Nilo extractum ad vitam reuocatum. Sequuntur postea globus dorso volucris baculum incuruum pedibus gestantis superimpositus, quem sequitur ouum cum puero Horo ; & culter cum manu contracta ; deinde baculus papyraceus, cum triplici ramo inuerso ; claudit tandem agmen volucris cum hydroschemate, quorum sensus est ille : *Intellectualis potentia ex Ideali Mundi ouo educit Horum, id est, Vniuersum, quod efficaciter dominium suum in tripartiti anni periochen exerit, virtute & dominio Osiris humidæ substantiæ dominatoris.* Volunt autem hoc indicare, quòd sicuti Mundus ex ouo diuinæ prouidentiæ archetypo emersit, atque adeo tempus hinc emanans, omnium mutationum causa est, Solis potissimùm virtute, ita omnia educta ex corporis ergastulo, temporum reuolutionibus pro meritis suis immutanda reseruantur.

Figuræ D ex Museo Hieronymi van VVerle extractæ interpretatio.

Expositio figuræ D Mumiæ VVerlianæ.

Exposuimus in præcedentibus quadripartitam capsulam Mumiaco corpori reseruatam, iam corpus quoque, quod eidem imponebatur, inspiciamus. Et capsulam quidem refert ambitus signatus literis A C D F H K L I G E B : & nigra quidem spacia C D F H K exprimunt foramina capsulæ, quibus per paxillos L I G E capsulæ superior pars inferiori committebatur ; intra quam & Mumia suis inuoluta fascijs complicata reponebatur, eo quo vides modo. Forma cadaueris fœminam

nam capillis panfis mentitur; in pectore Iynx picta cernitur, eius prorsùs formæ, quam fuprà in primæ Mumiæ fol. 413. expositæ corpore expanfam cernis; quam & infra pedes luculentiùs expreffam denuò appofuimus. Sequitur deinde reliquum pectoris, fex tutelarium Numinum fimulachris infignitum; quæ quidem eadem funt cum ijs, quæ fupra fol. 413. expofuimus; & nunquam ab huiufmodi Mumiarum adornamentis abfunt. Iyngis expofitionem myfticam vide fuprà loco citato.

Figuræ A, ex Magni Ducis Hetruriæ Mufeo extractæ, expofitio.

Pictum cernitur huius Mumiæ inuolucrum mirâ ornamentorum varietate concinnatum, vti patet; quorum myfticam fignificationem vide fol. 412. Infcriptio hieroglyphica N M, etfi ferè eadem fit cum ea, quæ habetur in columna B finiftræ partis Mumiæ I suprà expofitæ, eam tamen hoc loco repetendam duxi. Symbola funt, Serpens, ara binis circumdata fceptris, oculus, quatuor phialæ connexæ, ex quibus liquor effluit, fegmentum, cum Accipitre, baculo papyraceo infidente; quem fequitur fceptrum cum capite Hircino, cratere cycloide, tria item brachia quæ Capreoli cingunt, bina fegmenta, corona, pyramis; eorumque fenfus hic eft. *Vitale prouidi Numinis dominium, quadruplicem Mundani liquoris fubftantiam dominio confert Ofiridis, cuius vnà cum Mendefio fœcundi Numinis dominio, beneficâ virtute influente, omnia quæ in Mundo funt, vegetantur, animantur, conferuantur.* Innuunt autem hoc ænigmatico dicendi genere, animam huius depofiti, fi rectè vixerit, per quadruplicis Mundani liquoris refrigerium, Numinis prouidentia transferendam, vitamque mentalibus operationibus fœcundam Mendefij Numinis affiftentiâ, inter cœleftes poteftates traducturam.

Sequitur Mumiacum Idolum B, priori haud abfimili ornamentorum varietate concinnatum, ex Magni Ducis Hetruriæ Mufeo pariter extractum, cuius tamen hieroglyphicam infcriptionem pectori infertam, cum detrita & corrupta fit, confultò omittendam putauimus. Habet verò aliam dorfo infertam, quam columna feorfim pofita, atque literâ C fignata, exhibet. Verùm cùm figuræ partim peffimè expreffæ, partim etiam detritæ fint, eam hoc loco omittimus; præfertim cùm eandem hanc in Syntagmate de Idolis auerruncis politiùs expreffam vnà cum eiufdem expofitione exhibeamus.

De ftatua lignea ex Mufeo Ernefti Brinckij, & alia fimillima ex M. Ducis Hetruriæ Mufeo extracta.

Habet hæc ftatua lignea, tefte Nihufio, duarum fpithamarum longitudinem, quam ex Ægypto quondam à Paludano Medico Enkufano allatam, modò Hæredes Ernefti Brinckij Harderuici in Geldria poffident. Eft autem facie obaurata, velato vertice, corymbis, ftrijs aureis,

reis, cœterisque ornamentis diuersicoloribus, quibus insignitur, spectabilis, cum inscriptione hieroglyphica duplici, antica, & postica, literis E & F signata. Antica E hunc sensum efficit. *Vitale prouidi Numinis dominium, per cultum Mendetis iuxta tripartitum anni tempus piscinas hylæas fœcundo influxu animat, sauissam cœlesti influxuum benefica vbertate beat, & ne ab vbertate deficiant, Mercuriale Numen, per sceptrum Caninum indicatum, influxu suo salutifero sauissæ supramundinæ domum contra aduersam vim munit ac protegit*. Alludunt autem hisce, ad animam depositi funeris, cui sauissas ad eam, si bene vixerit, resocillandam, præparatas credunt, à Mercurio verò vigili istarum custode illuc traductam contra omnes aduersas sortes muniri.

Postica inscriptio hunc sensum efficit: *Vnde cœlestis liquoris vehiculo seu Bary porta aperitur benefica, per quam pronidum Numen, animas post transactam religiosi cultus in vita operationem, transuectas Osiri supremo sistit, hic in sauissis cœlestibus purgatas, vitâ imbuit supramundaná*. Huic statuæ ligneæ prorsus similem, ex Magni Ducis Hetruriæ Museo, nobis subministrauit Nardius, in quibus nulla prorsus differentia est, nisi quòd illa, vt diximus, statuam ligneam, hæc medicatum funus referat; cœterùm siue ornamenta, siue inscriptiones hieroglyphicas spectes, pares sunt.

De Mumijs ex Museo Petri à Valle extractis.

Petrus à Valle amicus, dum viuebat, cumprimis singularis, & cui multùm, ob summa in hoc Opus merita, obstrictum me esse fateor, dum vniuersum ferè Orientem peragrasset, Ægyptumque summo studio ad antiquitates omnes maximè cognoscendas perlustrasset, inter alia Ægyptiacæ magnificentiæ monumenta cryptas subterraneas audacissimo mentis æstu penetrauit; ex quibus nobis duas deprompsit Mumias, seu condita corpora; prior A septem cum dimidio palm. longitudinem habet, & Virum refert; altera fœminam septem palmorum longitudinis cum duobus digitis. Prior varijs per totum contexta veluti gemmis & pretiosis lapidibus fictis, pectore protensis alis Ibin gestat, pateram dextrâ tenens, sinistrâ fructum, infra quam veluti in diaphragmate quodam vox ⲉⲥϯⲟⲩⲓ vulgaribus characteribus olim Ægyptijs vsitatis inscripta cernitur; deinde per totam superficiem in varios quadratos, rhombos, circulos diuisam, varia passim Numinum Ægyptiacorum effigies interseruntur. Quæ omnia meliùs ex ipso schemate paulò post apposito, quàm multis verborum ambagibus, cognosci possunt.

Altera Mumia B, quæ fœminam refert, maiori adhuc rerum varietate conspicua est, vt ex sequenti eius Icone patet: in quo cùm nihil sit hieroglyphicum, quod interpretatione indigeat (sunt enim iam sæpius exposita, & funeribus imprimi solita tutelarium Numinum simulachra, quorum assistentiâ & præsidio deposita hæc ab aduersa sorte immunia futura existimabant) ita in ijs repetendis vlteriorem laborem impendere, superuacaneum esse ratus sum. Vnde qui minutiorem horum omnium

SYNTAGMA XIII. DE MVMIIS. 433 CAP. VI.

nium deſcriptionem deſiderat, is epiſtolam 11. ſuprà allegatam Itinerarij dicti Petri à Valle conſulat, vbi innumera circa Mumiarum conditionem,

A   B

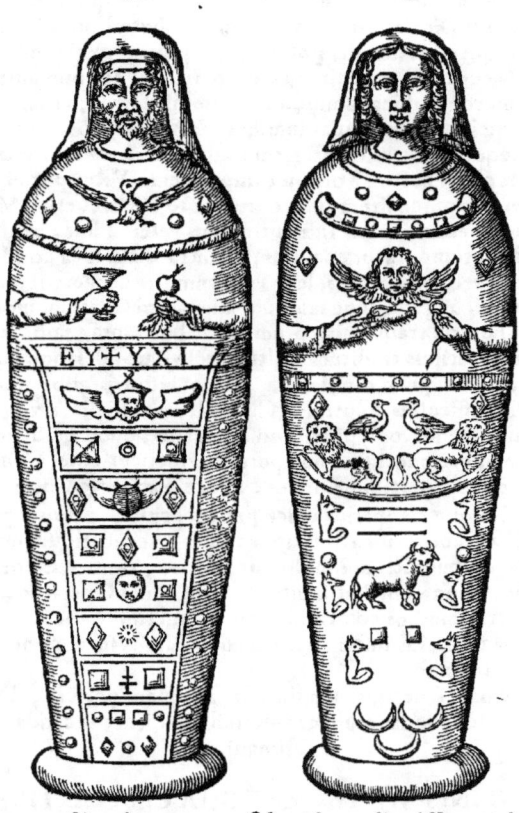

& cryptarum conſtitutionem, conſideratione digniſſima, minutim & ſingulari curâ, & diligentiâ, nec non ſummâ eruditione deſcripta reperiet.

Quonam verò tempore condita ſint hæc cadauera, num veræ hieroglyphicæ literæ ijs impreſſæ ſint, non leue dubium eſt. Putant nonnulli, antiquitatis Ægyptiacæ ignari, ea nullo non tempore ad noſtram vſque ætatem fuiſſe condita; quod verum eſt de ijs hominum cadaueribus, quæ intra Lybicos arenarum aceruos calore Solis & arenæ ſiccitate excoctæ, ſubinde inueniuntur. Verùm has minimè Mumias dicendas, ſuprà ſat ſuperque demonſtratum fuit. De veris itaque Mumijs, quæ intra pyramides & cryptas ſubterraneas, vario hieroglyphicorum apparatu adornatæ reperiuntur, dubium eſt. Quod vt explanetur,

Notandum, quod & varijs locis huius Operis oſtendimus, Camby-

Iii 2   ſis

sis in Ægyptum irruptione, vti omnes ritus & cœremoniæ veterum Sacerdotum vnà abolitæ fuerunt, ita hieroglyphicæ quoq; literaturæ vsum perijsse, ritibus Persarum in patriarum consuetudinum locum introductis; atque adeo certum sit, post hæc tempora, paulatim omnia dicta expirasse, Sacerdotibus partim occisis, partim in exilium amandatis; omnia quoq; hieroglyphica monumenta flammis ferroq; vitiata fuisse; odij ingentis indicium sanè luculentum, quo Ægyptios, eorumque doctrinam Persæ persequebantur. Contigerunt autem hæc eo ferè tempore, quo Numa Pompilius II Rex Romanorum, rerum in Vrbe potiebatur. Cùm itaque hieroglyphica literatura eo tempore esse desierit, Mumiæ verò quasi omnes hieroglyphicis inscriptionibus refertæ sint; consequens est, eas ante dicta tempora præparatas, & intra dicta loca conditas fuisse; non verò posteris temporibus, lege Persarum Græcorumque, nè similia fierent, obstante, Ægyptijsque iam tùm alienarum Gentium moribus imbutis: tametsi patria traditio in eorum mentibus tantas radices fixerit, vt Deorum à Veteribus traditum cultum vel vsque ad Romanorum Cæsarum tempora nunquam dimiserint, vti ex historijs alibi traditis patet. Vnde & alia difficultas soluitur, Characteres videlicet vulgares Ægyptiorum subinde hieroglyphicis fuisse insertos; quod quidem alio, quàm diximus, tempore contigisse non potuit, videlicet ante Cambysis irruptionem; & vel apertissimè liquet ex voce ⲉⲛⲧⲟϫⲓ, quæ in pectore Mumiaci inuolucri superiùs descripti reperitur. Si enim posteris temporibus dicto corpori ea inscripta fuisset, necessariò sequeretur, hieroglyphica, quibus dictum inuolucrum scatet, tunc temporis quoque in vsu fuisse; quod cùm amplissimè in varijs huius Operis locis, tanquam Historicis ferè omnibus contrarium, repudiauerimus, luculenter patet, & hanc Mumiam, & eius inscriptionem ante Cambysis tempora conditam, inscriptamque fuisse.

 Atque hæc sunt, quæ longiori forsan, quàm par erat, discursu
  de Mumiacorum cadauerum conditura dicenda
   existimauimus.

FINIS SYNTAGMATIS DECIMITERTII.

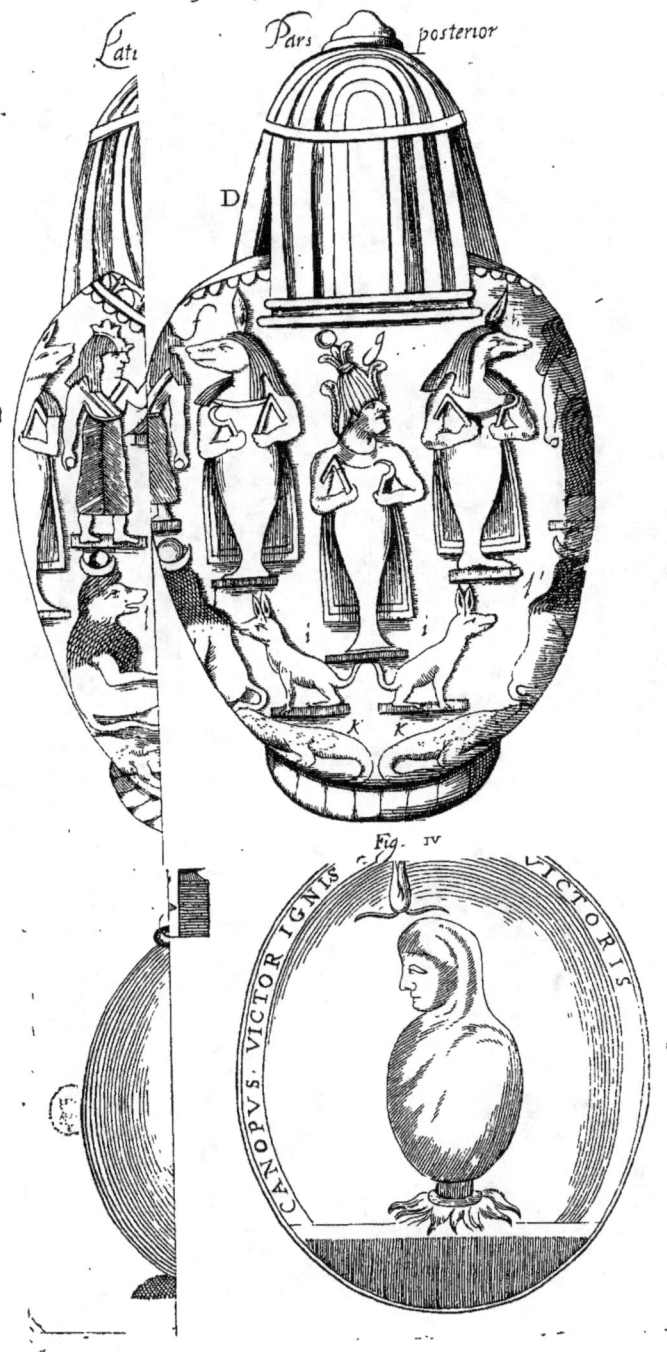

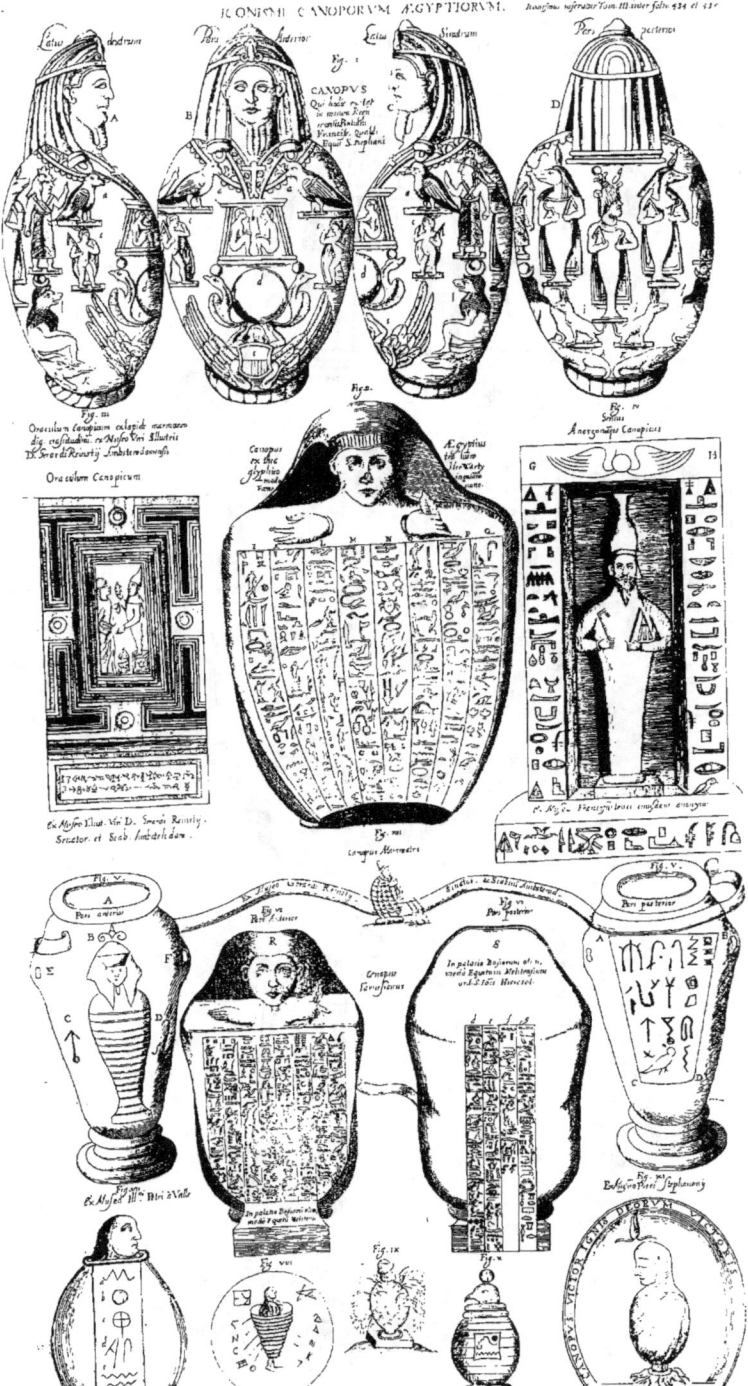

SYNTAGMA XIV.
DE CANOPIS HIEROGLYPHICIS.

EMINENTISSIMO AC REVERENDISSIMO
PRINCIPI
FRANCISCO MARIAE
S. R. E. CARDINALI BRANCACCIO,
Episcopo Viterbiensi & Tuscanensi.

INGVLARIS illa Tua omnium rerum diuinarum humanarumque cognitio, Eminentissime Princeps, exigit iure suo locum in Ægyptio hoc theatro, in quo literarum abditarum scena recluditur. Et profectò quem spectatorem gratiorem habere potest hæc arena quàm Te, abditæ antiquitatis, linguarumque Græcæ & Latinæ notitiâ instructissimum; qui vti artis, quam tracto, peritissimus iudex es, ita quoque nosti quàm sit difficile ac laboriosum in hac scena gestum facere. Ægyptios Canopos offerimus, hoc est, primaria veteris eruditionis simulachra, quæ tanto fastu, veluti præcipua Mundi Numina, veriùs monstra & portenta, simpliciùs celebrauit Antiquitas. Sed hæc nôsse plurimùm refert ad Christianæ Religionis excellentiam, veritatemque firmandam. Dum enim hæc rudera vetustæ superstitionis eruuntur in lucem, liquidius sanè constat, quanta fuerit Ægyptiæ Theologiæ Nox, & quantum Cœlo Roma debeat, quæ extra has tenebras longè semota veri Numinis interpres, sinceræ Theologiæ Magistra, & germana Oraculorum sedes constituta fuit. Qualecunq; tamen fuerit hoc munus, eo nomine velim Tibi placeat, quòd proficiscitur ab homine, qui Te & singulariter amat, & amare debet. Certè ob insolitam beneuolentiam, quam dum Viterbiensis agri naturam scrutarer, tenuitati meæ benignè exhibuisti, adeo me obligatum Tibi sentio, vt non nisi monimento quodam perenni virtutum Tuarum veluti trophea quæpiam, & in me meosq; partus merita sanè amplissima, posteritati testificanda duxerim. Vale Cardinalis Eminentissime, & quem plenis Charitum effusis visceribus prosecutus es, eum porrò prosequi non desistas.

SYN-

SYNTAGMA XIV.

De Canopis hieroglyphicis, eorumque interpretatione.

CAPVT I.

Quid sit Canopus.

Canopus quid.

ANOPVS, Ægyptiacè κανοβ, simulachrum erat in vasis formam tumidum, sacri Nili, aquarumque præsidis Numinis simulachrum præseferens; de quo tùm varijs in huius Operis locis, tùm potissimùm in Tomo I. Syntag. III. fol. 208. ex professo egimus; ad quod Lectorem remittimus, hoc loco mysticas duntaxat Canopicorum Numinum, quorum ingens nullibi non copia occurrit, significationes exposituri. Inueniuntur autem huiusmodi simulachra sub varia forma fuisse exhibita, quemadmodum in sequenti Iconismo patet, vbi omnia, quantum fieri potuit, in vnum collecta vnà cum singulorum interpretatione exhibuimus; nè quicquam Oedipus noster rerum recondicarum omisisse videatur.

Canopi Fig. I. in Iconismo exhibiti expositio.

Canopi Gualdiani expositio.

INuenitur in prædiuite Gazophylacio Pinciano Francisci Gualdi Equitis S. Stephani, Canopus eius magnitudinis, quâ hîc expressus est, ex subuiridi seu porracei coloris lapide efformatus; & tametsi vasis formam præseferat, intus tamen minimè concauus est, sed ex solido lapide elaboratus; cuiusmodi & fragmentum simile huic in meo extat Museo. Est autem totum hieroglyphicis figuris refertum; quæ vt distinctiùs paterent, totum simulachrum in quatuor partes, hoc est, in anteriorem, posteriorem, dextram, & sinistram portionem, diuidendum duximus; quemadmodum ex figuris A, B, C, D, præsentis Iconismi luculenter patet.

Canopi pars anterior.

Itaque simulachrum mirâ quâdam hieroglyphicorum metamorphosi concinnatum spectatur; caput fœmineum refert, nescio quo mysterioso velamine ornatum; pectus Cruce ansatâ, alijsque periaptis præmunitum, quod vtrinque stipant primò duo Accipitres, quos Thaustos nominant; secundò, duo Harpocrates; tertiò, duo Cynocephali sedentes super Crocodilos, in quorum medio globus, è quo duo vtrinque tumido pectore striati Aspides assurgunt, infra quæ Rana Testudinis crustâ te

Pars posterior cta, & ridiculo quodam alarum remigio spectabilis occurrit. Posteriorem deinde partem obtinent duo Cynocephali Anubidis in habitum desinentes; in quorum medio αιδεφμοϱϱον simulachrum pari habitu, symbolis-

SYNTAGMA XIV. DE CANOPIS.

lisque auerruncis, si tutulum, & humanam, quâ notatur, faciem excipias, instructum; infra quod duo Canes in contrarias partes nitentes constituuntur. Quid verò hoc oppidò mysteriosum spectaculum sibi velit, aperiamus.

Constat Veteres Aquam rerum omnium principium existimasse, imò Deorum omnium Matrem, quam & Oceanum siue Nilum dixerunt. Ita Homerus: *Aqua rerum omnium principium iuxta Veteres.*

Ὠκεανόν δε Θεῶν γένεσιν, καὶ μήτερα Τηθύν.
Oceanum Deorum genituram, & Matrem Tethyn.
Deorum scilicet, qui sub cœlo sunt, omnium.

Homerus.

Homerus stirpis suæ vetustissimum Orpheum secutus est, dum ita canit:

Ὠκεανός ὅσπερ γένεσιν πάντεσσι τέτυκται,
Ὠκεανός πρῶτος καλλιρρόου ἤρξατο γάμοιο,
Ὅς ῥα κασιγνήτην ὁμοπάτορα Τηθύν ὄπυιεν.
Oceanus qui genituram cunctis profert,
Oceanus primus pulchrifluas cœpit nuptias,
Qui sororem eadem Matre genitam Tethyn &c.

Orpheus.

Sed nullo mystico velamine aliter sic:

Ἔστιν ὕδωρ ψυχῇ θάνατος, δ' ὑδάτεσσιν ἀμοιβή
Ἐκ δ' ὕδατος γαῖα τὸ δ' ἐκ γαίας πάλιν ὕδωρ
Ἐκ τῆ δ' ἡ ψυχὴ ὅλον αἰθέρα ἀλλάσσεται.
Est aqua animus, mors aquis est permutatio,
Ex aqua terra, ex terra aqua rursum,
Ex quo animus totum æthera mutat.

Orpheus hanc doctrinam haud dubiè ab Hermete didicerat, qui in Pimandro expressè primum rerum omnium principium Aquam fuisse docet, dum σκότος εἰς ὑγρὰν τινὰ φύσιν ἀφάτως τεταραγμένην, id est, *tenebras in humidam quandam naturam ineffabiliter turbatam mutatas fuisse* dicit, ex qua omnia postmodum emerserunt. Sine aqua enim nihil videbant subsistere posse; aquam omnia rigare, fœcundare, animare, transmutare Mundi corpora, experientia docebat. Vnde mirum non est, Homerum Oceanum Deorum patrem & matrem vocasse; cuius prima incunabula sunt tenebræ, vti iam ex Hermete ostensum fuit, id est, materia prima, ex qua immediatum elementum primumque aqua, ex aqua terra, ex terra denique aër, & dein ignis eruperunt, vt ipsi arbitrantur, & ex contextu Hermetis colligitur; quam & Oceanum dixerunt Veteres ab Ægyptijs docti, qui Nilum primò non alio quàm Oceani nomine nuncuparunt, vti Tomo I. Cap. 1. dictum est. Vnde & Ægyptus Oceaniæ terræ nomen inuenit. Cùm itaque Nilum tam admirandis proprietatibus præditum viderent, eum aliquid naturâ sublimius existimarunt; vnde diuinis eum mox honoribus primùm extollebant, sacra instituebant, statuas erigebant,

Trismegistus.

Aquam Veteres vocabāt Oceanum.

Nilum venerabantur Ægyptij.

cuius

cuiusmodi praesentes Schematismi praeseferunt, vasa videlicet tumidis ventribus praedita, quae à Temonario Osiridis Canopos appellabant; de quibus vide quae citato supra loco amplissimè tradidimus. Sed vt ad institutum reuertamur,

Hieroglyphica anterioris partis Canopi Gualdiani.

Erat primi huius Iconismi figura vna ex Canopicis statuis, quà arcanè Canopici Numinis in aqueam substantiam praesidium expresserunt. Et per foemineum caput simulachri, passiuum rerum omnium principium physicum, supramundanam verò Mentem illam foecundam, vnde veluti ex perenni scaturigine quâdam omnia emanant, indigitarunt. Velato vertice conspicitur, quia natura eius abscondita est, & humanis mentibus inaccessa. Tumido ventre distenditur, quia panspermiâ quâdam rerum praegnans est. Collo Crucem ansatam, quae in binos testiculos desinit, & amuletum, intra quod gemini pueri nudi pyramides in manibus gerentes, & sedentium habitu ponuntur, affixum habet; quibus quidem nihil aliud indigitatur, nisi foecundus influxus per Crucem testiculatam, in Mundum hunc sensibilem, per *b* geminos pueros indicatum. Pueros geminos in Astrologia Horum & Helitominum appellauimus, id est, filios Osiris. Et Horus quidem Mundum sensibilem, alter eundem multis imperfectionibus adhuc obnoxium, teste Plutarcho, indicant, quem Mens Canopica ad perfectionem instaurat. Pyramides portant ignis symbola, quia Mundus sensibilis caloris diuini receptaculum est, quem Osiriacae Mentes, id est, Solares Intelligentiae per *a* binos Accipitres indicatae Mundo dispertiunt; quas sequuntur vtrimque Isiacae Mentes, quae per bina foeminea simulachra Accipitribus postposita indicantur. Symmetriam & harmoniam praestant *c* Mentes Harpocrateae, quae signantur per binos vtrimque Harpocrates digitis silentia suadentes, & gnomones manibus gerentes, vt quemadmodum impolitum corpus gnomone seu amussi adhibita suam perfectionem nanciscitur, ita Mentium Harpocraticarum sapienti dispositione Mundus multis adhuc imperfectionibus obnoxius suam nanciscatur symmetriam, occulto quodam motu & insensibili, quae silentij nota est, digito ori admoto, peractam. Quoniam verò Intelligentiae Solares arctâ catenâ Intelligentijs Lunaribus connectuntur, vtpote sine quarum concordia nihil confici possit; hinc aptè sanè binos Cynocephalos supra Crocodilos sedentes, & Lunâ sextili conspicuos apposuerunt, quibus Intelligentiae Lunae-Solares intelligûtur, vti in Obel. Pamph. dictum est. Supra Crocodilos sedent, quia, Eusebio teste, motus Solis & Lunae in humido ad rerum generationem fit: & per Crocodilum quidem aquam dulcem quam suo Sol calore purificat, notant. Hanc eandem ob causam, Eusebio teste, Solis imaginem in naui collocabant, quae Crocodilos ferebat. Sequitur globus *d*, è quo vtrimque duo emergunt surrecto pectore striati Aspides, quibus vita foecunda, seu vitalis foecunditas, quâ Mundus ad rerum omnium generationem, vti alibi dictum est, ingrauidatur tùm per recensitos, tùm per Ophionios Agathodaemones

Renae in Canopo Gualdiano.

Canopicae Mentis supremae administros, signatur. Sequitur deinde Rana alarum remigio spectabilis, & Testudinis crustâ, ridiculo sanè amictu,

cir-

SYNTAGMA XIV. DE CANOPIS.

circumdata; quæ arcanâ quâdam similitudine notat materiam sublunarem, in quantum Osiridis virtute, quæ per crustam Testudinis indicatur, adiuncta, innumerabilium formarum fœtura, quæ per alas multiplici pennarum ordine exporrectas signatur, imbuitur, ex quibus Mundus deinde κόςμος dictus est. Vides quomodo Rana materiæ symbolum ex cœlesti vita, id est, globo Serpentigero omne suum nutrimentum exsugendo acquirat; de quibus cùm in Mensa Isiaca fusè actum sit, eò Lectorem remittimus.

Vides quoque quomodo materia, quæ per Ranam indicatur, primum sit influxuum supernorum subiectum. Cùm enim diuina Mens, & Canopica prouidentia omnium rerum formis sit decorata, & apprimè fœcunda; magnâ quâdam beneficæ naturæ pronitate efficit, vt suæ perfectionis vmbras alijs impertiatur corporibus; quod sanè fieri minimè poterat, sine communi aliquo subiecto, quod efficienti subderetur, vmbrasque idearum reciperet. Ideo congruè sanè globo cœlesti vitalibus influxibus referto supposuerunt Ranam crustâ Scarabæi tectam, id est, materiam sublunarem cœlestibus influxibus fœtam, ex quo deinde omnium formarum pulchritudo existit.

Materia prima per Ranam significata.

Vides denique quomodo in quadruplicem Mundum ventrosus hic Deaster distinctus sit. Et caput quidem velatum, Mundum Archetypum; Accipitres, Harpocrates, Horus, & Helitominus, Mundum Genialem; globus cum binis Serpentibus, Sidereum; Rana denique alata, Materialem seu Hylæum Mundum indicat, atq; adeò vtrumque extremum, mens in efficiendo, materia in recipiendo, infinitudinis quandam rationem habet.

Quoniam verò beneficis formis à Canubica Mente aquis impressis se opponunt ἀντίτεχνοι malitiâ insignes, hinc contra eos in dorso vasis non sine ratione insculpserunt triadem Anubicam, quæ sunt tres statuæ *f, g, h,* in figuræ posteriori parte D incisæ, quarum media *g* Anubicæ triadis Patrem, *f* Mentem, & *g* Potentiam eiusdem indicant. Vestibus induuntur turbinatâ superficie deorsum vergentibus, quo influxus ex superiori in inferiora notatur. Vnâ manu gnomonem, alterâ falcem tenent; per gnomonem symmetriæ in Mundano corpore conseruatio, per falcem verò inconcinnorum notatur abscissio. Canino capite exprimuntur, quia sagacissimi, & inuentionis humanæ præsides sunt, & apotropæi, rerum fidei suæ commissarum conseruationi summo studio, vti duo Canina simulachra demonstrant, inuigilantes. Atque huius Canopi, seu Vrnæ mentionem facit Apuleius l. 11. Met. quam in Isiaca pompa circumferre solebant, his verbis: *Sed & ad istum Mundum fulgente auro figurata Vrnula faberrimè cauata, fundo quàm rotundo, miris extrinsecus simulachris Ægyptiorum effigiata; quam contorto nodulo superfedebat Aspis squameæ ceruicis striato tumore sublimis*; quæ Aspides sanè apertè in vase delineatæ spectantur. Sed de hoc Canopo hæc pauca sufficiant.

Posterior pars Canopi explicatur.

CAPVT II.

Canopi figura II. signati interpretatio.

Canopus ex theatro hieroglyphico Herwartij.

FVit hic Canopus ex Theatro Hieroglyphico Georgij Herwartij depromptus, cui & quo ad figuram, & inscriptionem hieroglyphicorum prorsùs similis est Canopus ille, qui in hunc vsque diem superstes spectatur in palatio Legati Ord. Equitum Melitensium, & indicatur per figuram VI. bipartitus in anteriorem & posteriorem. Est autem effigiatus vterque in modum vasis ventroso tumore conspicui, cui supraponitur caput fœminæ velo spectabilis; per vasis verò concauum duæ manus decussatis brachijs foras porriguntur, quarum vna pennam Ibidis in manu tenet; in anteriori verò parte per octo columnas hieroglyphicæ descriptiones ponuntur, quæ Ibimorphorum Dæmonum vires, effectus, & influxus signant; quorum expositione ne Lectori tædium pariamus, omissis authoritatibus iam in præcedentibus non semel adductis, solùm idealem, seu symbolicum sensum iuxta totidem columnas apponemus. Quoniam verò columnæ hieroglyphicæ in Canopo figuræ II, infidâ manu ex Archetypo depromptæ sunt; hinc Canopi figura VI exhibiti hieroglyphicas inscriptiones, quæ si pauca excipias, cum priori quasi eædem sunt, vt vnum cum altero comparanti patebit, hoc loco priùs interpretabimur.

CAPVT III.

Interpretatio Canopi figuræ VI. exhibiti.

Canopus palatij Legati Melitensis.

Columna prima hunc sensum habet: *Ibimorphus Agathodæmon Momphtæ minister intellectu dirigat piscinam sacram, & Niloticos canales benefico suo dominio per tres anni partes suffulciat; Osiridis dominium viuificum in dodecapyrgo promoueat in vitam & fœcunditatem rerum.*

Columna II. *Sacræ humorem piscinæ gubernet, à fausa aduersa propulset, influxum suum ad archetypi rationes adaptet, occulto humidæ naturæ motu irroret vegetabilia, Ibimorphus phialam Niloticam humore vitali impleat, quorum executores sint Momphtæ Intelligentia, & Mercurius vitalis humoris præses.*

Columna III. *Prouidentia humoris piscinæ sacræ ex dodecapyrgo aquas influet, si sympathicis ritibus & cæremonijs vitales in eas potentias Sacerdotes euocauerint, & aduersa depulerint per statuas trium triadum, Patrem, Potentiam, Mentem.*

Columna IV. *Hinc piscinæ sacræ occulta agitatio, materiam occulto motu ad formarum conceptionem in natura rerum disponit, per motum Solis virtutem suam sympathicam in quas, ipsam Mundi plagam diffundentis, quo fœcundum Momphtæ seu Canubicæ Mentis impetum ligatur ad vitam Mundo concedendam per benefica humoris vim, quem dodecapyrgon fundit.*

SYNTAGMA XIV. DE CANOPIS.

Columna V. *Fauiſſæ beneficum Numen Typhonem propulſabit, vnde vitalis humoris dominator Oſiris vitali fulcimento cuncta complebit, Nilometrium occultis Deorum ritibus beneficam rerum vbertatem exhibebit.*

Columna VI. *Incrementis Niloticis agri irrigabuntur arcano aquæ dominio; catenæ Numinum per hymnos & preces Sacerdotum trahentur; ad benefaciendum, pantamorphus Dæmon influxu ſuo & potenti dominio omnia inferiora aquarum receptacula fœcundabit.*

Columna VII. *Thauſtus ſiue Oſiris prouidentia virtute ſacri vaſis Nilotici fauiſſam rerum neceſſariarum abundantia replebit, & profligata Noctua Bebonia quadrifidus Mundus fulcietur, vita cum abundantia incrementi conferetur, humida Mundi dodecapyrgi & fauiſſæ magnæ ſubſtantia, quadrifido Mundo dominabitur.*

Columna VIII. *Per igneam vim polymorphi Dæmonis, per portas dodecapyrgi, per trabam Oſiridis, per Ammonis influxum in fauiſſas & canales Niloticos, per brachium Thauſti, per vaſa Nilotica, per Baryn ſacram Hermanubis.*

Quid verò penna Ibidis in manu Idoli ſibi velit, aperiamus. Iam ſæpe ex Horo oſtenſum fuit, Ibidis pennam ſolo tactu ſuo Crocodilum ſiderare. Cùm itaque per Crocodilum Typhon ſignetur omnium malorum origo, hoc ſignum in manu Canubicæ Mentis ponebatur; ad ſignificandum eam omnes aduerſarum poteſtatum inſidias diſſipare, & ab aqueæ ſubſtantiæ fidei ſuæ commiſſæ œconomia propulſare. Pennam itaque Ibidis auerruncatiui Canubici Numinis aquarum Præſidis ſymbolum eſſe, ex dictis patet.

Penna Ibidis in manu Idoli Canopici.

Atque hic eſt ſenſus ſymbolicus inſcriptionum in octo Canopi figurâ VI. exhibiti columnis contentarum; quarum quidem ſymbola cùm in præcedentibus paſſim ſint expoſita, ſuiſque authoritatibus ſtabilita, ſuperuacaneum eſſe cenſui, eaſdem irrito labore hîc denuò repetere.

Nota tamen Lector, inſcriptiones Canopi, quem figurâ II. refert, quoad ſubſtantiam, quoad numerum columnarum, & ſymbolorum ſignificationem, prorſus eſſe eaſdem; ſymbola quoque prorſus eadem eſſe, cum illis, quæ iam expoſuimus, niſi quòd peſſimè transformata ex Archetypo extracta ſint, & nonnulla ibi ponantur, quæ inter hieroglyphica nunquam reperiuntur; vnde in ſuſpicionem veni, tranſcriptorem cùm aliqua ſymbola ferè in Canopo exeſa non caperet, quicquid ipſi imaginatio ſuggerere potuit, effinxiſſe. Et tametſi valdè in prototypum ad figurarum veritatem explorandam inquiſiuerim, nullâ tamen diligentiâ id conſequi licuit. Sextæ tamen figuræ Canopus cum ſuo prototypo ſummo ſtudio à me priùs fuit comparatus, vndè eum primo quoque loco interpretandum ſuſcepi; cum alio quoque Canopo, qui in Muſeo Pinciano Franciſci Gualdi continetur, hunc contulimus, prorſúſque eadem ſymbola exhibuerunt. Porrò inſcriptiones, quæ dorſo huius Canopi quaterna columnarum ſerie inſcribuntur, cùm vnuſquiſque ex iam dictis illas exponere poſſit, eas exercitij gratia ſtudioſo Lectori explicandas reliqui.

Kkk 2

CAPVT IV.

Figuræ III, quæ Canopicum Oraculum exhibet, interpretatio.

Canopicum Oraculum GerardiReinstij.

Figuræ tertiæ schematismus Canopicum exhibet Oraculum, ex Museo Perillustris Viri Domini Gerardi Reinstij, Senatoris, & Scabini Amstelodamensis, patrocinante doctissimo Viro, & amico singulari, Domino Bertholdo Nihusio extractum, transmissumque. Lapis est parallelogrammus quatuor digitos crassus, architecturam templorum Ægyptiacorum exhibens, in cuius medio instar aræ ponitur Canubicæ Mentis simulachrum, manu flammam ignis euentilans, & è regione eius statua in consultantis morem effigiata; basis cui Canubicus Genius insistit, quadrata est, duobus triangulis, sibi mutuò in formam hexanguli insertis, singulis in lateribus insculptis, cum lucerna apposita. In abaco verò lapidis triginta characteres ponuntur, qui sunt triginta Numinum vniuersæ terræ Ægypti, in triginta Nomos distributæ, indices. Quid autem hæc omnia & singula indicent, aperiamus.

Oraculum in Vrbe Canopo Ægypti. Plutarchus.

In Vrbe Canopo Oraculum fuisse celeberrimum Pausanias refert, & Suidas, ad quod vndique confluebant de rebus futuris consulturi Ægyptij; de quo & Plutarchus: Καὶ ὁ Ποντικὸς Ἡράκλειτος τὸ χρησήριον ἐν Κανώβῳ Πλούτωνος ἡγεῖται τό. id est, *Et Ponticus Heraclitus Oraculum in Canobo Plutonis fuisse existimat.* Plutonem autem Græcorum cum Serapide Ægyptiorum passim confundi, multis iam locis dictum fuit. Serapidem autem

Serapis & Canub idem sunt.

& Canubum idem esse, inde patet, quòd quem Ægyptij communi voce Serapim, eum Sacerdotes & Mystæ arcano nomine κενεβ dicunt, quasi diceres, subterraneum aquarum Numen. Et quoniam aqua igneis spiritibus seclusis vim fœcundatiuam obtinere non potest; hinc dictum Numen igneo cultu prosequebantur, vti ex statua satis apparet, quæ pileum in cucurbitæ formam adaptatum portat, signum humoris abundantiæ, cui præest; præterea amictu simplici & nullis rugarum plicis asperato induitur, quo simplicis elementi ratio exprimitur; manu dextra flammam euentilare videtur, quo ignea portio, quæ aquis Numinis beneficio inseritur, notatur, vtpote sine qua nulla rerum generatio effectum suum sortiatur. Cultum verò igneum eidem exhibendum, lucerna apposita notat. Vniuersum verò suâ virtute calido-humidâ ad vitam rebus omnibus concedendam peruadere, hexagona figura abaci impressa lateribus abundè docet, quod Vniuersi Elementaris symbolum esse in Arithmetica ostendimus, & confirmat quod Oraculum Serapidis de seipso dicit, teste Opsopæo fol. 69. in lib. de Oraculis.

Opsopæus

Σφαιρὸν μὲν κατ᾽ ῶ σῶμα Θεοῦ καταλάμπες αὐγὴ,
Ἡλάθι γὰρ, ὡ τιβάλησι μέγας Θεός, εἰδ᾽ ἐν ἐμεῖο
Κάρτος ἀμαιμάκετον λαμπηδόνα φλογμεντύχαννον,
Βόσρυχον ἐκ κεφαλῆς νεότης χαριτοῖσι μετώποις
Ἀμφὶς ἰαινόμενον πλοχμοῖς θ᾽ ἱεροῖσι γενείς.

Cla-

SYNTAGMA XIV. DE CANOPIS.

Clara quidem per domum Dei splendet lux,
Venit enim, occurrit magnus Deus, vidit meum
Robur inexpugnabile, lampadem urentem Tyrannos,
Cincinnum ex capite summo, iucundo vultu
Vndique exhilaratum, cirrisque sacris menti.

Canubicum verò Numen, teste Suida, omnium Deorum maximum habebatur, eò quòd quæcunque in cœtera Ægypto Numina essent, in hoc vno exhiberentur, quemadmodum de seipso loquitur per Oraculum teste Opsopæo in Oraculis Veterum fol. 7.

> Ἥλιος, Ὧρος, Ὄσιρις, Ἄναξ, Διόνυσος, Ἀπόλλων,
> Ὡρῶν καὶ καιρῶν ταμίης, ἀνέμων δὲ καὶ ὄμβρων,
> Ἠοῦς καὶ νυκτὸς πολυαστέρος ἡνία νωμῶν
> Ζαφλεγέων ἄστρων Βασιλεὺς ἠδ' ἀθάνατον πῦρ.

Ego Sol, Horus, Osiris, Rex, Bacchus, Apollo,
Tempestatum & temporum promus, ventorum & imbrium,
Auroræ & noctis multùm stellatæ habenas regens,
Valdè flammantium astrorum Rex, & immortalis ignis.

> Ὕδωρ πολύγονον κόλποις γαίας διασπείρων,
> Αὐτοφυὴς, ἀδίδακτος, ἀμήτωρ, ἀσυφέλικτος,
> Οὔνομα μηδὲ λόγῳ χωρούμενον, ἐν πυρὶ ναίων.
> Τοῦτο Θεὸς· μικρὰ δὲ Θεοῦ μερὶς ἄγγελοι ἡμεῖς.

Aquæ liquor omnigenis seminibus refertus, & sinus terræ penetrans,
Ex seipso ortus, à nemine doctus, sine matre, inconcussus,
Nomen ne verbo quidem capiendum, in igne habitans.
Hoc Deus est; modica autem Dei portio Angeli nos.

Patet itaque in Canubico Numine omnia dicta Numina veluti diuersos in sua causa effectus includi. Quæ omnia patent ex triginta characteribus, qui in basi lapidis incisi sunt; quorum vnusquisque certum Numen significat. Et sunt ijdem characteres, quos in Magia hieroglyph. fol. 484, & sequentibus exposuimus; videlicet mystica quædam signa Deorum, ex Hermeticis Planetarum characteribus, vti in Astrologia docuimus, composita. Hinc duodecim Præsides δωδεκαπύργα, & septem Præsides Planetarum, totidem characteribus hieroglyphicis, quorum ferè plerique ex vnico charactere Hermetico seu Tautico sigillo emerserunt, exprimebant; quorum figuras simulachro auerrunco incisas vide citato loco in Magia hieroglyphica antè citata. Sed iam singulos characteres exponamus.

Primus character Mercurij figuram exprimit, & denotat Hermanubin. Secundus Serpentem pendentem, & significat Ophionium Numen, Ægyptiacè ΝΙΟΦΙΩΝ, apud Horum corruptè Vræum. Tertius character ex triangulo & Cruce Tautica compofitus Deiræ Niloticæ Præfidem notat; Ibis enim inceſſu fuo hanc exprimit. Quartus iterum Δ exhibet cum duabus Crucibus Tauticis, quibus Ibiacum Numen exprimitur. Quintus Serpentis non erecti, fed iacentis fitum exprimit, & vitam feu vitæ præfidium notat. Sextus Leonis incedentis formam notat, de quo vide in Hierogrammatifmo Leonis Obelifci Pamphilij, vbi de eo fuse actum eſt. Septimus triangulum cum Cruce Tautica aliquantulum inclinatum; idem quod tertius character fignat. Octauus character pifcem ſtipite portat Tautico, & Ichtonium Numen fignificat; de quo vide in Aftronomia hieroglyphica fol. 167. Nonus Sagittarij figuram exhibet, cuius & Præfidem notat, Solis videlicet vim in terra abditam. Decimus ex circulo & duabus Crucibus Tauticis componitur, & Solis fulcrum dicitur. Vndecimus character ex circulo & femicirculo, feu Sole & Luna componitur, cum Sigillo Tautico ei à latere affixo; & tutelam Sole-Lunarem indicat. Duodecimus ex circulo maiori & minori cum Cruce Tautica, quo Solari-Venerea vis exprimitur; circulus enim maior Solem, reliquus ♀ Venerem exprimit: de quo fuse in Alchimia Ægyptiorum fol. 401. tractatum vide. Decimus tertius ex femicirculo & nota Tautica compofitus eſt, & Lunæ influentiam notat. Decimus quartus character ex duabus notis Tauticis, & Veneris figura componi, & Nephtæ Venereæ Ægyptiæ motum fignificat. Decimus quintus triangulum Tautico figno impofitum eſt; idem quod tertius character fignificat. Decimus fextus ſtipiti Tautico Serpentem circumuolutum indicat, cuius in Menfa Ifiaca expofitionem vide. Decimus feptimus characterem Momphtæ exhibet, quem innumeris paſſim locis expofuimus. Decimus octauus Sagittarij character iacens idem eſt ac noni characteris figura. Decimus nonus idem fignificat quod character vndecimus. Vigefimus character Hermeticus Lunæ-Solaris, de quo fuprà in decimo charactere, cui æquiualet. Vigefimus primus character idem cum tertio, fitu tantùm differens. Vigefimus fecundus idem cum fecundo, à quo fitu tantùm differt. Vigefimus tertius idem cum decimo. Vigefimus quartus ex tribus notis Tauticis, & circulo in formam tripodis effigiatur, vnde & tripus Solis dicitur. Vigefimus quintus idem cum decimo tertio, a quo fitu tantùm differt. Vigefimus fextus idem cum fecundo, & vigefim fecundo. Vigefimus feptimus idem cum vigefimo quarto eſt. Vigefimus octauus idem cum fexto. Vigefimus nonus idem cum decimo. Trigefimus idem cum decimo.

Characteres hi quid fignificent.

Tota igitur illa myſtica characterum congeries nihil aliud indicat, nifi diuerforum Numinum vires effectusque, quos tùm in fuperiori, tùm in inferiori Mundo fub Canubicæ Mentis præfidio operantur. Vides quoque, inferiores characteres ferè plerofque, tametfi ijdem fint cum fuperioribus, fitu tamen differre, ficuti operationes Deorum in fuperioribus corporibus ab inferioribus differunt, dum hæc fe habent per modum principij paſſiui, illa per modum principij actiui, quorum coniunctione omnia in Vniuerfo perpetrantur. Verùm, cùm hæc omnia citatis

locis

SYNTAGMA XIV. DE CANOPIS.

locis fusè descripta sint, hic longiores esse noluimus. Lector ex his pauculis mentem Veterum facilè percipiet.

In hoc itaque præsenti Oraculo Canopico incidebantur, quia dum Canubicum inuocant, omnia cœtera eius præsidio subdita Numina implicitè inuocare censebantur; & pulchrè id ipsum Oraculum Canubicum docet, quod habetur inter cœtera Oracula ab Opsopæo collecta fol. 55. vbi Oraculum iubet inuocare Numina temporibus opportunis, alijsque cœremonijs, vt sequitur.

Κλήζων Ἑρμέω ἠδ᾽ ἥλιον ᾧ ταῦτα
Ἡμέρη ἤξεις, μίαν δ᾽ ὅτε τᾶς δὲ παρείω
Ἡμέρη ἠδε Κρόνον, ἠδ᾽ ἑξῆς Ἀφροδίτην
Κλήσεσιν ἀφθίτοις, ἃς εὗρε μάγων ὀχ᾽ ἄριστος
Τῆς ἑπταφθόγγυ Βασιλεύς, ὃς πάντες ἴσασιν.

Voca Mercurium, & Solem eodem pacto
Die Solis; Lunam verò, cum huius adfuerit
Dies; ac Saturnum, & consequenter Venerem,
Vocationibus non sonoris, quas reperit Magorum optimus
Septies Jonantis Rex, quem omnes nôrunt.

Atque hæc sunt, quæ de hoc schematismo dicenda putaui.

CAPVT V.

Figura IV. Genius Apotropæus Canopicus, eiusque interpretatio.

Figura IV. in Iconismo Canoporum exhibet Genium Apotropæum Canopicum, quem ad me non ita pridem Francofurto ad Mænum misit Anonymus quidam Architectus & Mathematicus insignis, ex saxo nigro. In quo primò globus alatus occurrit: deinde simulachrum, in cuius capite cydaris in vasis Nilotici formam effigiata spectatur, vnco & flagello formidabile. Limbi verò lapidis hieroglyphicas inscriptiones continent, vti in ectypo patet.

Per globum alatum Hemphta seu supremum triforme Numen indicatur, vti iam sæpe declaratum est; simulachrum, ministrum Hemphta, Canubicum Genium tutelarem indicat. Cydarin in vasis seu cucurbitæ Niloticæ formam adaptatam capiti impositam habet, quia in aqueam substantiã potestatem habet. Vncum manu dextrâ tenet, quia is Osirin à Titanibus in Nilum proiectum dum extrahere dicitur, Nilum, quem cum Osiri passim confundunt, supra terram aridam, siccam, & inaquosam, per inundationem eius ad necessariam vitæ sustentationem educit, omnibus Typhonijs potestatibus profligatis; quod flagellum indicat, & inscriptiones hieroglyphicæ G, H, sat superque demonstrant. Nôrant enim, quantopetopere Dæmones ἀιτίτιχνοι, flagellis arcanâ quâdam ratione confectis, & in manibus Deorum pofitis, terreantur; dum fuftinere nequeunt id, quod potentiæ fuperioris figillo munitum,tam ipfis eft contrarium; vt proinde Oraculum confulturis Ægyptijs, quânam ratione ab infauftis potentijs tuti effe poffent, Oraculum refponderit:

Δαίμονες οἱ φοιτῶσι περὶ χθόνα καὶ περὶ πόντον,
Ἀκάματοι δάμαται ὑπαὶ μάστιγι Θείᾳ.

Dæmones qui ambulant circa terram, & circa pontum Indefeſſi, domantur ſub flagello DEI.

Sed ad propofitum. Itaqué in hoc fchematifmo primo loco G, occurrit pyramis cum fceptro papyraceo, iugum bilancis, quadratum, cum ouo, & oculo; fequuntur hæc phialæ Niloticæ, facrum Alpha, brachium extenfum, pifcina facra cum veftigio pedis; & binis vafis Niloticis; fequuntur deinde caput Accipitris, cum Luna fextili pyramidi infiftente; poft hæc brachium extenfum, ouum, fceptrum papyraceum, fphæra, oculus, pyramis, altare. In latere H eadem prorsùs, fi tria fymbola excipias, occurrunt. Sed hæc omnia exponamus.

Interpretatio Rectè itaque pyramis primo loco ponitur cum fceptro papyraceo, quia Canubica Mens aqueæ fubftantiæ præfes fine ignea portione rerum neceffariarum abundantiam producere non poteft, neque temperare ad iuftitiæ leges Mundum Elementarem; vti pulchrè indicat iugum bilancis, & quadratum cum ouo, quorum illud iuftitiæ exactam menfuram, hæc duo Mundum hylæum indicant. Canubicæ itaque Mentis prouidentia per oculum indicata, neceffaria eft, & per cultum facrum, quod Altare fequens notat, ad id, quod neceffarium fuerit, concedendum, dum occulto motu Niloticis fe vafis mifcet; quæ aptè indicantur per brachium extenfum, veftigium pedis, & Nilotica vafa vtrimque appofita. Sol enim Lunæ commixtus influxu precibus Sacerdotum impetrato, quæ per caput Accipitrinum, & Lunam fextilem pyramidi innexam, & duo brachia furfum porrecta indicantur, prouidâ benignitate rerum omnium neceffariarum abundantiam confert, per facri ignis cum fubftantia aquea miftu. râ, conceffam. Atque hic eft idealis hieroglyphicorum in latere G pofitorum fenfus. Eftque hæc infcriptio eadem cum ea, quæ suprà in Iconifmo Mumiarum, figura G, col *d*, exhibetur.

Ponebantur autem hæc fymbola ex vtroque latere eadem, quoniam efficaciam magnam habere credebantur, ad Canubicum Genium Apotropæum alliciendum, & ad id quod volebant, impetrandum, vti in Magiâ fufe docuimus. Ex his characteribus præterea Sacerdotes precatoriam formulam ponebant, quâ Numen Canubicum adiuratum fe conftringere, compellere, & fui iuris facere poffe credebant; eratq; ferè huiufmodi; *Per Hemphta triforme Numen, per facrum ignem, per fceptrum Pantamorphi, per bilancem Omphta, per oculum omnia videntis Osiridis, per facram*

aram,

SYNTAGMA XIV. DE CANOPIS. 447

aram, & sacri Nili phialis &c. *te adiuramus & obsecramus, vt id quod intendimus, nobis concedas.*

Porrò in abaco huius monumenti alia hieroglyphicorum series occurrit; & primo loco, æquilibrium cum gnomone, Serpens volans, duæ pennæ, volucris cum transuerso baculo, circulus cum quadrato, oculus cum figura aræ; quadratum cum brachio extenso, quæ sequitur sceptrum papyraceum, denique canalis Niloticus. Per æquilibrium indicatur iustitiæ lex, per Serpentem volantem igneæ virtutis efficacia, quâ omnia inferiora per tres globos indicata penetrat; quia verò hæc effectum suum habere nequit, nisi aëreâ Intelligentiâ patrocinante, hinc congruè duas pennas cum volucri, & sceptro, quæ decussim exprimunt, posuerunt, vt ostenderent, hanc totius Vniuersi membra motu suo peruadere, calidi-humidi influxu veluti vehiculo quodam: hæc enim ritè culta, omnibus, vt ara cum suprapofito oculo indicat, prouidet, & hylæo Mundo hâc beneficentiâ rerum omnium necessariarum abundantiam per Niloticos canales confert, quæ quadratum, brachium extensum, thyrsus papyraceus, & canalis Niloticus aptè designant. Atque hæc est huius nobis propositi monumenti interpretatio. Quorum omnium veritas cùm in præcedentibus passim per varias authoritates demonstrata sit, hinc easdem repetere superuacaneum duximus.

Hieroglyphica in abaco Apotropæi Genij.

CAPVT VI.

Figuræ V. vasis Canopici interpretatio.

Figura V. vasis Nilotici binas facies ostendit, anteriorem & posteriorem, quæ ligaculo connectuntur; quod vas inter alia quæ passim hoc Opere adducuntur, ab humanissimo Viro Bertholdo Nihusio ex Museo Gerardi Reinsij Senatoris Ambstelodamensis extractû, mihi transmissum fuit. Et est vas Canubicum portatile, vti ansæ E, F, & A, B, apertè demonstrant, quo sacram Nili aquam Fanis Adytisque inserebant. In cuius anteriori facie figura B infantulus, id est, Horus hoc apparatu mystico, vt aliàs docuimus, exhibetur. Binas notas C, D, vtrinque appositas habet, quarum prior C in sagittæ formam effigiata indicat curam huius Genij esse, nimiam siccitatem à Typhonia potestate immissam, virtute suâ omnium attemperatiuâ destruere; altera in formam vncini efformata, indicat, Osirin Horum, aqua suffocatum, id est, nimiam humiditatem quâ Mundus subinde opprimitur, extrahere, & ad temperiem reducere. Est enim Horus, teste Plutarcho, hoc loco nihil aliud, quàm spiritus quidam virtute suâ omnia alens & conseruans, estque ipsa aëris temperies virtute Solis calefactiua attemperata; quem & ideo circa Butum in paludibus educatum fabulantur Ægyptij. Et profectò ita est: vliginosa enim tellus & aquis redundans vapores alit, qui ariditates & siccitates perimunt.

Vas Canopicum.

Vasis anterior facies explicatur.

LII   Alte-

Vasis poste-rior pars explicatur.

Altera facies signata literis A B C D, characteres hieroglyphicos, omnis generis promiscuos, quos suprà in Oraculo Canopico figura III. exposuimus, continet; qui tametsi pessimè transformati sint, ex alijs tamen inscriptionibus facilè innotuerunt. Primus character est ramus inuersus, cuius significationem integro capite exposuimus suprà in Obelisco Flaminio, & in Obelisco Pamphilio Hierogrammatismo de plantis sacris. Sequuntur hunc duo thyrsi ad inuicem inclinati, qui passim in Tabula Bembina occurrunt; deinde duo characteres, tametsi oppidò corrupti, ex Obelisco tamen Flaminio, vbi sæpius occurrunt, nihil aliud sunt, quàm Serpens, sceptrum Hircinum, duo quadrata; vltimo denique loco, figura sagittæ, Serpens globo caudam inserens, & laqueus, quibus supponuntur Noctua cum hydroschemate. Quorum omnium hic sensus est; *Cæremoniæ Thyrsianaclibus Genijs iuxta tres anni stationes ritè peractæ, Momphtam Niloticum Numen alliciunt, ad vitam rebus omnibus fœcundam in hylæú Mundo concedendam, ariditate Typhoniâ ab aquis profligatâ.* Ponebanturque in vase veluti prophylactica, ad id quod significant, efficiendum.

CAPVT VII.

Figuræ VII. interpretatio.

Vas Nilotici eiusque interpretatio.

Figura VII. ex Museo Petri à Valle habetur, & nihil aliud quàm Canopum notat, vti ventrosum vas, & hieroglyphica eidem inscripta expressè docent, vti *a*, hydroschematis figura, sub figura ☥; *b* sub figura ⲟ; *c* sub figura ⳨; qui tres characteres sunt Coptici, vti in Alphabeto hieroglyphico docuimus, & idem significant ac ⲙⲟ⳨⳽ Numen aqueum; ☥ enim aquam significat, ⲟ Numen, ⳨ verò sphæram indigitat amoris, quo omnia Mophtæa virtute connecti indicantur. Porrò hieralpha Agathodæmonem, baculus incuruus regimen & potestatem influxiuam, C hydroschema aquam, denique *f* vasis figura, aquam Niloticam indicat, vt iam innumeris locis docuimus; atque adeo tota hæc inscriptio hunc sensum refert: *Mophta Agathodæmon cum potestate summa, aqueæ substantiæ & Nilo præsidet.*

CAPVT VIII.

Figurarum VIII. XI. XII. interpretatio.

Figura VIII. ex Museo Hippolyti Vitelleschi extracta fuit, quam & apud Petrum Stephanonum olim me vidisse memini; figura vasi foraminoso & aquas spargenti imposita, & varijs characteribus insignita, quos paulò post exponemus. Figura XI. ex Museo Petri Stephanoni, &

SYNTAGMA XIV. DE CANOPIS.

CAPVT VIII.

XII. Canopus μαςοιδνὶς mammatus ex eodem extractæ fuerunt. Atque hæ omnes figuræ historiam illam exhibent, quam apud Suidam legimus, & ita se habet. *Olim vt fama fert, Chaldæi suum Deum, qui est ignis, magnificis verbis extollentes, passim circumferebant, vt cum omnium Prouinciarum Dijs compararetur, & vt ille, qui cæteros vicisset, ab omnibus indicaretur Deus. Cæterarum autem Prouinciarum & Nationum Dij, quòd ex ære, vel argento, ligno, aut lapide, vel alia huiusmodi materia confecti, & in templo, locisq́ sacris essent collocati, & huiusmodi materia facilè ab igne consumeretur; necesse erat, vt vbique ignis semper vinceret; hoc audito Canopi Sacerdos, quoddam huiusmodi callidum consilium inijt: in varijs Ægypti partibus fictiles hydriæ minutis, & continuis foraminibus interpunctæ fieri solebant, vt per illa foramina aqua turbida percolata, pura redderetur & limpida. Canopi Sacerdos cum harum vnam accepisset, & illa foramina obturasset cera, & varijs coloribus depinxisset, in Græco est,* καὶ διαφόροις ζωγραφίζας χρώμασι, *hoc est, varijs animalium hieroglyphicis figuris, coloribusq́ delineatis, aquâ repletum, vt Deum collocauit; cumq́ veteris statuæ caput amputasset, quæ Menelai cuiusdam Gubernatoris fuisse dicebatur, id illi suæ nouæ statuæ imponens accuratè accommodauit. Aduenerunt posteà Chaldæi: accensus est ignis, & cera quâ obturata erant illa foramina, liquescebat; hydria autem sudante, & aquam eyciente per foramina, ignis extinguebatur. Hâc igitur calliditate & versutia, Canopus victor Chaldæorum declaratus est, & ab eo tempore vt Deus colitur.* Atque hanc quidem historiam exactè referunt numismatum paulò antè propositorum figuræ VIII. IX. XI. XII. Sed exponamus præ reliquis mysteriosam, quæ numero VIII. signatur. Et figura quidem vasi imposita Canopicam Mentem indicat humoris copiam omnibus rebus largientem, quam & Canopus μαςοιδνὶς mammatus fig. XII. notat, vt alibi exposuimus; hunc Ægyptij postmodum more suo in omne superstitionis genus præcipites, iuxta relatæ historiæ seriem in certa materie effingentes, inter sacra symbola collocarunt, eoque phylacterij loco postmodum illos contra ignis flammarumque violentiam vsos, τυῦλαφα seu τυῦγερμυον à latere ei adiunctum abundè docet; hoc enim, eò quòd hanc vocem Græcam, ΥΓΕΙΑ, quæ salutem significat, vario situ referat, prosperitatis symbolum apud Ægyptios fuisse, tritum est ex historia Antiochi Soteris, qui contra Galatas decertaturus, huius symboli vexillis impositi subsidio, de quo faciendo in somno monitus fuerat, insignem victoriam reportasse fertur. Quadratum autem ex altera parte nihil aliud quàm μονόγραμμα nominis Kanub, hoc est, Canopi esse, ostendunt literæ κ ᾱ ν ȣ β quæ omnes in dicto monogrammate continentur. Et ratio scribendi fuit Ægyptijs propria, vt alibi dicetur. Atque hisce duobus symbolis Canopi Numinis contra ignis flammarumque nocumenta prophylacticam imaginem adhibendam esse, ἱερογλυφικῶς significarunt. Literas verò singulis vasis canalibus appositas Coptas esse, alia quidem ad id probandum authoritate opus esse non arbitror, nisi parallela quadam dictorum characterum inter se factâ comparatione, quam Lectori relinquo ex hac tabula iudicandam.

Historia & origo Canopi.

Monograma Canopi.

CAPVT VIII.

450 OEDIPI ÆGYPTIACI THEAT. HIEROGL.

Literæ capitales earum vocum, quæ 10 entium gradus indicant.

ⲋⲁⲧ	Mineralia
ⲛⲓϩⲣⲓⲡⲓ	Flores metallici
ⲥⲁⲗⲕ	Mare
ⲃⲏⲣⲱⲧ	Arbores
ⲟⲥⲓⲣⲟ	Natura spermatica
ⲁⲫⲑⲏⲣⲓⲟⲛ	Sensitiua natura
ⲁⲓⲟⲍⲧⲩⲓ	Reptilia
ⲉⲉⲱⲓⲥ	Aquatilia
ⲕⲁⲗⲉⲓ	Volatilia
ⳅⲁⲗⲩⲧⲓ	Quadrupedia

Literas verò 10 vasi circumsitas, tametsi in Prodromo Copto ignorabiles fassus sim; multorum tamen annorum labore in hieroglyphica disciplina exercitatus, tantùm abest vt ignorabiles iudicem, vt potiùs nihil illis explicatu faciliùs mihi fuerit. Indicant enim 10 entium gradus, de quibus in Arithmetica hieroglyphica, quibus Canopica Mens bonitatis suæ affluentiam affundit,

ⲋ	Prima litera, Mineralia indicat.
ⲛ	Flores, succos ad metallorum generationem ordinantes, vti in Obelisco Pamphilio docuimus.
ⲥ	Mare, lacus, flumina &c.
ⲃ	Natura vegetabilis.
ⲟ	Vires & semina singulis indita.
ⲁ	Natura sensitiua.
ⲁ	Insectorum & reptilium natura.
ⲉⲉ	Aquatilium natura.
ⲕ	Volucrium natura.
ⳅ	Quadrupedium natura.

Atque in 10 entium gradus Canopica Mens humoris sui fœcundi abundantiam spargit, eosq; in suo esse conseruat. Quòd autem hæ literæ dictorum entium gradus indicent, inde docetur, quòd hæ literæ sint capitales literæ vocabulorum, quæ dictos gradus indicant, vti in præcedenti tabula ostenditur.

Statua Canopica ex musæo Smithij.

Inter alias statuas Canopicas & hæc non infimum locum occupat, à Clarissimo Nihusio ex Batauico Museo Clarissimi Viri Ioannis Smithij extracta. Vas marmoreum est, caput coopérculi loco seruiens, testaceum quid olet; mystico illo velaminis amictu fœminam mentitur barbâ è mento prominente spectabilem, more cœterarum velatus cum prominente

barba

SYNTAGMA XIV. DE CANOPIS.   451   CAPVT VIII.

barba vultus deformatus; cœterùm toto corpore venter est, in cuius antica parte hieroglyphica tribus columnis contenta spectatur inscriptio, quorum sensus is est, qui sequitur. (nos notas rudi & imperitâ manu exaratas in prototypo, paulò politiùs hìc exhibuimus.)

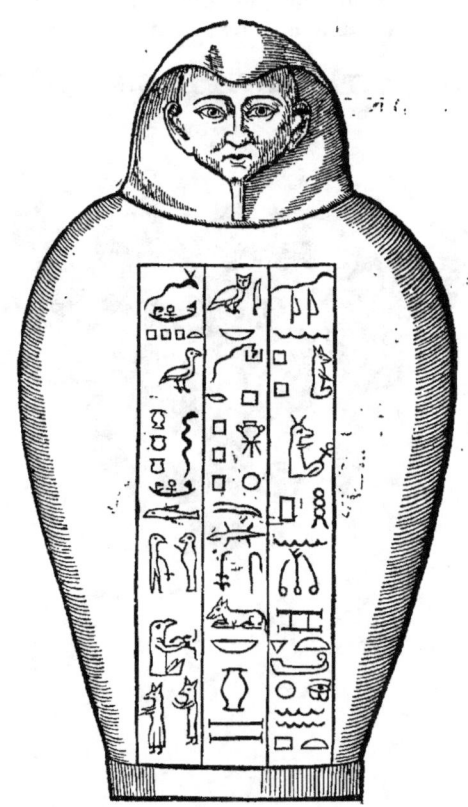

    Prima columna. *Huius virtute simulachri vita superna Barydis Thauflicæ vehiculo defertur in tres inferiores Mundos, vbi eam Hermanubis Niloticus inserit liquoris claustris, per Baryn malorum propulsatricem, & auerruncam, sequentium simulachrorum virtute & efficaciâ.*
    Secunda columna. *Infausta & aduersa à Nilometrio remouentur; Hylæi Mundi liquore Hemphtæo, à triformis supremi Numinis influxu participato, malis depulsis, rerum omnium necessariarum abundantia confertur, Anube Horizontis, & humidæ naturæ custode inuigilante.*

Ter-

CAPVT VIII.

Tertia columna: *Vitalis liquor in inferiores Mundos defertur, vi statuarum sequentium, quarum concatenatus influxus humorem congruum tripartitis anni temporibus confert; vnde religioso semper cultu obseruandæ, beneficentia enim earum, quâ Mundus seminalis humoris copia repletur, vnicum felicitatis complementum sequitur.* Verùm cùm omnia symbola iam sæpe, vtpote notissima, exposita sint, ijs authoritatibus stabiliendis non immorabimur.

FINIS SYNTAGMATIS DECIMIQVARTI.

SYNTAGMA XV.
DE SPHYNGIBVS NILOTICIS.

EMINENTISSIMO AC REVERENDISSIMO
PRINCIPI
BERNARDINO
S. R. E. CARDINALI SPADAE,
Sabinorum Episcopo.

NON habet Sapientia nobiliores Heroës, Eminentissime Princeps, quàm doctos Purpuratos, quorum doctrina Solis instar in Ecclesiæ Cœlo refulget; vnde suam haurit lucem Orbis terrarum, & vniuersa generis humani amplitudo accipit disciplinæ iubar. Quare non immeritò Ægyptiam meam Sphyngem euoluturus, ad Te accedo, eamque volo in Tuo nomine apparere, vt eiusdem abstrusa interpretatio non aliunde quàm ex insigni Tuæ Purpuræ lumine illustretur. Roma illa Sapientum, ingeniorumque æstimatrix satis testatur, quo in Viros Sapientiæ studio deditos sis animo, quàm impensè eorundem conatus promouere studeas. Nec mirum; æstimare non potest is, qui quod æstimat, non possidet. Vt vel ex hoc capite meritò suspiciant & admirentur viuidam Tuæ indolis energiam in omni prudentiæ, sapientiæque genere, in omnibus arcanarum artium mysterijs, atque in vniuersis penè Reipublicæ officijs amabiliter simul & magnificè versantem. Quamquam, vt ingenuè fatear, alia me non minùs ratio commouit, vt hanc mei Operis partem Tibi repræsentare iamdudum obæratus auderem; singularis videlicet illa Tua benignitas, quà me semper excepisti, meáq; complectens effecisti vt crederem non futura alijs ingrata, quæ Tibi probarentur; ac reuera in hoc Sphyngem meam superasti, dum Sapientiæ Tuæ, cui nonnisi summa quæque probantur, haud ingratas esse meas myricas ostendisti. Vale omni Sapientiæ laude Eminentissime Princeps, meisq; conatibus faue.

SYNTAGMA XV.
De Sphyngibus Niloticis, earumque vera significatione.

Sphynx Nilotica quid significet.

PHYNX Nilotica, compositæ naturæ hieroglyphicum, vti toto paſsim Opere indicatum fuit; cuius quidem anagogicam ſeu myſticam ſignificationem nihil aliud eſſe dicimus, quàm arcanæ Sapientiæ ſymbolum: nam vti Plutarchus dicit, Περὶ τῶν ἱερῶν ὁπηνικῶς ἱςάντες, ὡς αἰνιγματώδη σοφίας δ Θεολογίας αὐτῶν ἐχέσης. *Ante templa Sphynges plerumque collocantes, quo innunt, ſuam ſacrarum rerum doctrinam conſtare perpetua, & ſub inuolucris latente Sapientia:* Οὐδὲν γὸ ἄλογον, ὀδ὇ μυθῶδες, ὀδ’ἐ ὑπὸ δεισιδαιμωνίας, ὥσπερ ἔνιοι νομίζυσι εἶσα τερσυγεῖτο ἱερεργίαις, ἀλλὰ τὰ μὲν ἠθικὰς ἔχοντα καὶ χρεωδης αἰτίας, τὰ δὲ ἀμοιρα κομψότητ᾽ ἱςορικῆς, καὶ φυσικῆς ἐςιν. *Neque enim irrationabile, neque fabuloſum, neque ſuperſtitioni ſubditum hoc doctrinæ genus; ſed Ethicas ſuas & obſequentes cauſas habet, argutiæ hiſtoricæ & Phyſicæ expers.* Sphynx itaque erat arcanæ Sapientiæ, virtutumque à materia abſtractarum ſymbolum, & hoc pacto in templis paſsim eam collocabant, vt monerentur, ad Θεομόρφωσιν impetrandam nihil efficacius eſſe poſſe quàm per occulta huiuſmodi ſymbola animum ad diuinitatis conſortium præparare. Hæc verò ſub phyſica ratione conſiderata, nil aliud indicat, quàm incrementum Nili. Ponitur autem ab Ægyptijs ſub duplici ratione: vel enim illam ſub Leonis abaco incubantis figura, vel ſub figura quæ corpore Leonem, facie Virginem exhibet, exprimunt. Priori modo indicat Momphta incrementi Nilotici præſidem Agathodæmonem; cuius vires, effectus, officiaque fuſe tùm in præcedentibus, tùm in Obeliſco Pamphilio fol. 282. deſcripſimus, ad quæ Lectorem remittimus. Poſteriori, ipſum incrementum Nili, quod potiſsimùm Sole Leonem & Virginem tranſeunte durat, indicat; de quo in ſequentibus fuſiùs. Verùm vt res ab ouo demonſtretur, de Nilo primò, deinde de Niloſcopijs, & demùm de Sphyngum ſignificatione, quantum ingenij vires permittent, tractabimus.

CAPVT I.

De Nilo, eiuſque cultu ab Ægyptijs vſurpato; vti & de Niloſcopijs, eorumque vſu.

DE Nilo, eiuſq; origine, eiuſq; maximis inter cœtera flumina prærogatiuis, ex profeſſo dictum eſt in primo Tomo fol. 48. Quare hoc loco tantùm nobis de cultu eius agendum eſt, vt cur Ægyptij tanto eum

SYNTAGMA XV. DE SPHYNGIBVS. 455

to eum nullo non tempore cultu affecerint, Lectori curioso patefiat; atque adeo hieroglyphicorum structura, quæ huic magna ex parte innititur, luculentiùs demonstretur. E cœlo itaque à Ioue lapsum Nilum non Ægyptij duntaxat, sed & posteri Græcorum Philosophi existimabant; vnde alij eum Iouis donum, alij Deorum lachrymam, alij venam Paradisi, Deorum semen, Prothei piscinam, maritum Isidis appellabant, alijsque Epithetis, vti citato loco ostensum fuit, cohonestabant. Siquidem Nilum non tantùm veluti diuinum quiddam, & à Deo singulari fauore concessum, sed & veluti ipsum Osiridem venerabantur, & diuino cultu prosequebantur, teste Plutarcho, qui libro de Iside & Osiride, *Sacerdotum*, ait, *Sapientiores non Nilum duntaxat Osiridis, mare Typhonis nomine accipiunt, sed Osiridem in vniuersum omne principium facultate humectandi præditum, vtpote causam ortus, & substantiam seminis censuerunt. Typhoné verò omne siccum, igneum, & quidquid denique exsiccandi vim habens aduersum est humori.* Hinc Hecatombarum frequentia circa exundationis initium, quas in honorem Nili fœcundi Numinis faciebant Ægyptij. Principem verò causam incrementi Protheus aperuit, cùm dixit, Ioui hecatombas faciendas, iuxta illud:

> Ægypti donec fluuius Iouialis ad vndas
> Rursus eas, faciesque Dijs sacras hecatombas.

Et flumen Diapetes appellauit, id est, è Cœlo delapsum. Si enim hecatombæ offerendæ cuipiam Deorum, illi certè maximè, cui augmentum fluminis præcipuè acceptum ferebatur. Is igitur cùm Iuppiter siue Osiris ille toties à nobis decantatus sit, quis non videt apertè denotari à Ioue incrementum profluxisse? Quæ verò aquæ à Ioue proueniunt, nisi illæ quæ pluuijs è Cœlo veniunt? Quamuis igitur in Ægypto non pluat, Nilus tamen non incongruè ideo Diapetes vocatur, quòd imbribus crescat. Igitur Ioui hecatombas faciendas putabant, eò quòd is pluuijs è Cœlo cadentibus præsideat, quibus Nilus augeatur.

Erat autem hoc Ægyptijs, teste Eusebio, Plutarcho, Diodoro, Herodoto citatis Tomo I. locis vsitatum, vt eas res, è quibus insignem aliquam vtilitatem atque sustentandæ vitæ emolumentum perciperent, præcipiti quodam zelo, & insana stolidaque superstitionis Religione colerent; hinc æstro perciti vanissimam Religionem non ad Ibides tantùm, Crocodilos, Accipitres, Canes, Scarabæos, aliosque immundos, quos portentorum Mater Ægyptus ferebat, Deastros, sed & ad stulta illa & ridicula hortorum Numina, cæpas, allia, pepones, extendebant, in quæ non immeritò Satyricè inuehitur Iuuen;

> O Sanctas gentes, quibus hæc nascuntur in hortis
> Numina.

Hæc inquam cùm colerent, Nilum quoq; quia vtilitate, commodis, alijsque diuinitatis argumentis cœteros Orbis fluuios excellebat, singula-

Nilus donum Deorum putabatur.

Nilo cultus diuinus exhibebatur.

Plutarchus.

Nilo fiebant hecatombæ.

Nilum cur coluerint Aegyptij.

gulari quodam cultu colebant & venerabantur; præsertim cùm primos hominum assererent apud se creatos, tùm bonitate soli felicitateque, tùm Nili multa generantis, ac suapte natura, quæ genuit, facilè nutrientis, fœcundo genio, cùm ab eo vno veluti à perenni fonte omnem suam felicitatem pendere perspicerent. Hunc enim terram cœteroquin sterilem, arenosam, infructuosamque fœcundi limi profluuio veluti bonorum omnium alluuione fœcundare videbant. Hunc herbarum, fructuum, plantarum, frumentorum, animalium terrâ marique copiosi prouentus vnicam causam cognoscebant. Huius præter dictas vtilitates lympham non gustui tantùm gratam, sed & medendis corporibus saluberrimam nôrant; quin amplius non bestiarum tantùm, sed & hominum fœ-

Nilus fœcunditatis causa.

cunditati multùm prodesse, atque proinde non malè fœtiferum dixere, adeo vt prodigiosam hominum multiplicationem (qua Plinius mulieres subinde quaternos fœtus excludere solitas asserit, quod & alij confirmant Authores) nulli alteri rei quàm Niliacæ lymphæ fœcunditati adscribere sint ausi: ac proinde huic omnia sacrificia deputabantur; huic veluti Deorum omnium, & superstitiosorum Numinum parenti omnes ritus ac solennitates festorum exhibebantur, vti paulò post videbimus; vt proinde Phallophoria, Pammelia, aliaque execranda solennia non aliunde quàm hinc originem duxerint. Hinc per Nilotica incrementa iurat Apuleius, quasi per diuini Numinis reuerentiam. Nilum ergo veluti Numen quoddam Ægyptij colebant, imò veluti ipsum Osiridem, vt quem & Mompta dicebant, vti Plutarchus verbis suprà citatis testatur.

Sicut verò Deorum origo mortalibus incognita, & difficilis inuen-

Herodotus. Nili comparatio ad diuinas virtutes. Nili encomia & commoda.

tu Deus; sic & Nili originem nulli vnquam perspectam, testatur Herodotus. Sicut Deus maximam mortalibus præstat animis corporibusq; illapsus voluptatem; sic & Nilum cœlitùs delapsum omnis felicitatis suæ causam confitebantur. Iterum sicut Dij in inferiora illapsi ea suo aduentu ditant; ita & ille. Vnde vt Elias Cretensis scribit, sicuti omne Deorum genus ab cœlesti illa Iside Luna, hominum Deorumque (vt cum Apuleio loquar) matre descendit; sic & Nilus. dicitur descendisse è montibus Lunæ. Sicut cœlestis Osiris, seu Iuppiter ille cœlestis, Sol inquam 365. dierum spacio vltro citròque cutrendo rerum omnium in sublunari Mundo productionem causatur; sic & Nilus paulatim crescendo decrescendoque ad exemplar Solis, totam Ægypti regionem fœcundo limi profluuio beat; quod & numeris in nomine suo reconditis monstrare videtur. Numerus enim è nomine Νᾶλͧ collectus 365, tot nimirum, quot dies in anno, constituit. Præterea, quemadmodum Luna à Sole aspecta certa quædam præbet terrestribus virtutis suæ incremen-

N	50
E	5
I	10
Λ	30
O	70
Σ	200
	365

Nili incrementa ac decrementa.

ta vel decrementa, siquidem nunc cornuta, nunc integra, nunc per eosdem gradus descendens penitùs euanescit; sic & Nilus, teste Plutarcho, iuxta Elephantinam Vrbem ad viginti octo cubitos excrescens nobis periodicum motum Lunæ, seu Lunæ & Solis Syzigiam refert; ad hos verò gradus pertingens totum euanescit. plenitudine fluminis Nilometrium, iuxta Mendesium verò & Xoin quatuordecim cubitos excrescens

ple-

SYNTAGMA XV. DE SPHYNGIBVS. 457 CAP. I.

plenam nobis Lunam exactè demonstrat, tùm enim instrumenti Nilometrij medium infra, medium supra aquas eminebat. Iuxta Memphim verò, vbi ad septem excrescebat cubitos, Lunam cornutam maximè referebat. Porrò sicut has phases Lunæ mirabilium in sublunaribus effectuum causam credebant, & ex ijs veluti ex infallibilibus quibusdam indicijs de constitutione temporum, de fœcunditate aut sterilitate rerum diuinabantur; sic & de incremento decrementoque Nili. Sicut enim cornuta Luna & imperfecta, inter malignos reputabatur aspectus, teste Ptolomæo; sic & septem cubitorum incrementum sterilitatem minabatur. Et sicut Luna plena pro configuratione mediocri futura & fœcunda reputabatur; sic & quatuordecim cubitorum incrementum. Denique sicut Luna 28 dierum maximos præstat coniuncta Soli effectus, & efficacissimè agit; sic & Nilus 28 cubitorum incrementum excedens coniungitur terræ, hoc est, Isidi, ad eam vegetabilibus principijs fœcundandam. Quæ omnia pulchrè Plutarchus lib. de Osir. & Iside indigitat.

Nilus phases Lunæ, eiusq; effectus simulatur.

Misit non ita pridem ad me ex Batauia Sphyngis figuram ex Museo Gerardi Reinstij, Senatoris & Scabini Ambsterodamensis extractam, Bertholdus Nihusius. Simulachrum ex marmore subnigro fabrefactum est, fœmineo vultu, reliquo corpore in Leonem transformatum, in quo maximè elucet, quod paulò antè indigitauimus, V amuletum seu sacra tabula, Accipitrinâ Statua, Hircino sceptro, & Nilometrio eidem subiecto, vti sequens figura docet, conspicua: quod & in præcedentibus passim

Plutarchus. Sphyngis simulachrum ex Museo Reinstij.

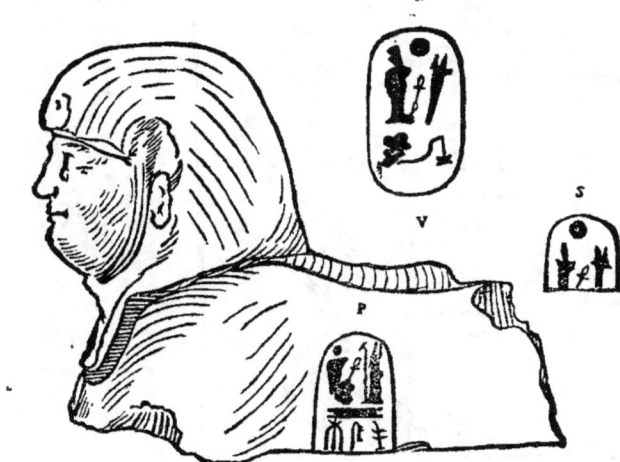

tabulam Momphto-Mendesiam appellauimus. Vt proinde nemo miretur, si Ægyptij ad trahendum Numen, similia sacra amuleta adhibuerint. Et sacra quidem tabula V dextro Sphyngis lateri incisa spectatur; P, verò sinistro, vt apparet, quam & Osiriacam tabulam vocamus; quæ duæ

Mmm 2   tabu-

CAP. I.   458   OEDIPI AEGYPT. THEAT. HIEROGL.

tabulæ in omnibus paſſim Obeliſcis ſpectantur ſimul iunctæ, vti hìc in appoſitis figuris AB & CD patet; apertum ſignum, magnæ eas apud Ægyptios virtutis fuiſſe, cùm nulli non loco, nulli non ſtatuæ, aut Obeliſco ipſas inciderint; quarum proinde ſignificationes myſticas ſingulari tractatu Obeliſco Flam. præfixo proſecuti ſumus, ad quem Lectorem remitto. Figura verò S medietatem figuræ V exhibens, pectori Sphyngis inciſa ſpectatur.

Sphyngis fragmentum.

Alterius Sphyngis fragmentum, quod literâ X notatur, in dorſo hieroglyphicam habet inſcriptionem; quæ hieroglyphica cùm in ſequentibus expoſituri ſimus (ſint enim eadem quæ in Sphynge Burgheſiana occurrunt) ea ſuo loco reſeruauimus.

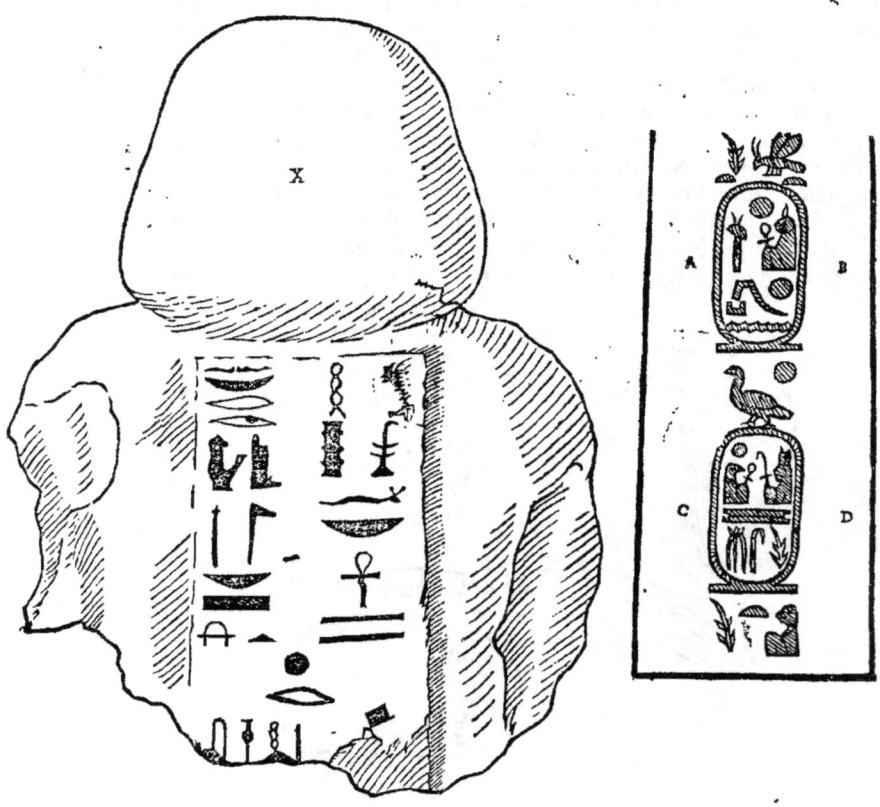

Sphyngis Reinſtianæ expoſitio.

Sed ad ſacri huius præſentis amuleti, quod in Sphynge ſignatur, expoſitionem reuertamur. Statua eſt Leontomorpha, Oſiridis Mophtæi

ver-

SYNTAGMA XV. DE SPHYNGIBVS. 459

Vide figuram A B.

vertice pennigero conspicua, cum Hircini capitis sceptro apposito, quibus subiungitur seretrum, & sub hoc Niloscopij figura. Quid enim aliud pinnatus ille Osiridis Leontomorphi vertex, nisi impenetrabilis Momphteæ naturæ vis, & ab intellectu longè remotissima? Quid aliud mysteriosum illud symbolum ansatæ Crucis, nisi rerum omnium creatarum fœcundo influxu suo conseruatio? Caput verò Hircinum nihil aliud significare videtur, nisi fœcundum dicti Numinis influxum, & igneam quandam vim; quæ quidem non nisi per radiorum, qui sunt veluti cornua quædam, diffusionem, omnia penetrat. Capiti verò immediatè supponitur symbolum Nili, indicans quòd ex ignea illa Solis virtute, & calore mixto aquæ seu humido, rerum omnium generatio resultaret; cùm tota generationis vis non nisi in humido & calido consistat, id est, omnia Momphto-Mendesia virtute perficiantur. Certè non incongruè symbolum Nili immediatè sub Hircini capitis canalem posuerunt, vt ex ignea virtute seu colore & humido vegetali, hoc est, è Sole & Nilo rerum omnium resultare generationem monstrarent. Sicut verò, vt fœcunda illa Solis & Nili vis effectum habeat, necessariò requirat vti subiectum, quod cœlesti Soli correspondeat, virtutis receptiuum, Lunam inquam, seu Isidem cœlestem, in quam vegetabilia principia seminet; ita & subiectum terrestre, quod terrestri Osiridi correspondeat, id est, terram seu Isidem terrestrem, quam fœcundaret, requirere videbatur; vt ex aqua & terra, id est, ex Osiris & Isis congressu & copula, intenta inferioris Mundi generatio prodiret, quod in Nili inundatione potissimùm contingit; vt proinde Isis non malè à Plutarcho dicta sit ea naturæ pars, quæ quasi fœminea omnes in se recipit ortus, tanquam nutrix quædam, & omnium commune receptaculum, πανδέχης à Platone dicta, à plerisque μυριώνυμ(Ο)., id est, innumeris prædita nominibus, quòd eam in omnes formas speciesque vertat rerum generandarum. Sed ad Niloscopium hircino capiti infrapositum quod attinet; est illud idem instrumentum, quod Aben Vaschia & Abenephius Nili mensuram appellat. Verba eius Arabica suprà in Obel. Flam. allegata vide, interpretatio eorum sequitur.

Symbolum Nili quid significet.

Niloscopium

Vt fœcundam naturam Nili monstrarent, illam structuram ponunt, quæ incrementa Nili mensurantur sub forma Leonis. Cuius vestigia adhuc aliquibus in locis videntur. Apparet autem in similitudine animalis caudati & iacentis fuisse. Nilometrium Strabo hisce verbis describit: Συήνης ὑπὸ ἧ μὲν σάδιον, ϗ ἐν ταύτῃ πόλις ἐχθρατίερον Κνεφίω., ϗ νειλομέτριον ἐν μονολίθῳ κατασκουασμένον ἐπὶ τῇ ὀχθῇ τοῦ νείλου σημειούντα τὰς μεγίςας δὲ, ϗ ἐλαχίςας, ϗ τὰς μέσας. hoc est, *Altera Insula dimidium stadium in Nilo ante Sienem posita, in qua ea Vrbs, quæ Knuphides templum, & Nilometrium habet; hic autem est puteus quidam in ripa Nili ex integro lapide constructus, in quo & maxima, & minima, & mediocria Nili incrementa denotantur.* Meminit huiusmodi instrumenti quoque post Herodotum, Diodorum, Apuleium, Plutarchum Ioannes Leo Aphricanus, qui huius structuræ se oculatum testem dicit; sic enim ait: *E regione Ciuitatis Veteris in medio Nili Michios, hoc est, mensuræ videtur Insula, ex qua pro ratione inundationis Nili, eius anni*

Ioan. Leo Africanus l. 8.

pra-

prouentum per totam Ægyptum certißimá ratione à priscis Ægyptijs adinuenta, colligant. Diodorus Siculus Nilometrij his quoque verbis meminit: *Quoniam enim,* inquit, *curá molestiáq, vrgebat accolas Nili inundatio, excogitata est in Memphi incrementi mensurandi à Regibus antiquis obseruatio: nam quibus id negotij demandatum est, per epistolam Vrbibus vicisque significant, quot cubitis, quotue digitis fluuius auctus sit, & simul quo tempore cœperit decrescere; hoc modo vacuus redditur à solicitudine populus, & incrementi magnitudine decrementique nota, vbertatem futuram euestigio ab inundationis modo, notatis prioribus temporibus, noscit.* Quam exactiùs adhuc describit Geographia Nubiana lib. 2. quam nos I. Tomo fol. 33. vnà cum figura Nilometrij adducimus.

Verùm de Niloscopio, vtpote re paßim notißimá, non moror; vnum me in Arabico textu Auen Vaschia Arabis de Ægyptiorum cultura suspensum perplexumque summoperè reddidit, neque quid per iacentis & caudati animalis imaginem voluerit, intelligere valui; donec variam antiquitatem consulendo, tandem id, quod erat, subolfaciens, occultum verborum contextum inuestigauerim. Vult autem Auen Vaschia hisce verbis nihil aliud dicere, nisi quòd fuerit in similitudinem Sphyngis, quod apud Authores inundationis Nili symbolum reperitur. Erant autem Sphynges (sicuti apparet ex ijs, quæ Romam ex Ægypto deductæ paßim hinc inde in Vrbe videntur) biformes statuæ, quarum prior humanam faciem, cœtera Leonem referebant, vti paulò antè sat superque docuimus. Erant autem hæ figuræ ab Ægyptijs expreßæ, non quòd crederent, similia animalia vllibi reperiri, sed ad connotanda reconditiora mentis sensa. Sphynges itaque sic expreßæ stationem Nili Ægyptum inundantis denotabant. Cùm enim in toto Iulio & Augusto Nili incrementa durarent, Sol autem dictis mensibus maxima ex parte Leonem & Virginem peragraret; genti ad portentosas & polymorphas rerum compositiones cœteroquin propensißimæ facile fuit ex Virgine & Leone formare monstra, quas Sphynges appellabant, erantque propriè statuæ Nilo consecratæ, ventribus incumbentes, quibus stationem inundantis Nili repræsentabant. Huiusmodi Sphynges hodierno adhuc die ad Thermas Diocletiani aquæ felicis, vndas magno faucium hiatu vomentes, item in horto Quirinali, ad fontem Capitolij, & in Villa Burghesia, vti & in Principis Iustiniani ante Flaminiam Portam horto omnigenæ antiquitatum supellectile celeberrimo, quarum interpretationem hoc in Syntagmate molimur, spectantur. Earumque Sphyngium magnus numerus, teste Plinio, in Aegypto erat; quarum aliquæ ingentis molis in celebrioribus Aegypti locis, maximè verò circa loca, in quibus solet inundare Nilus, sicuti Heliopoli, & Sai, & in deserto Memphitico, collocabantur; in quo inter cœteras vna prodigiosæ magnitudinis 143 pedes longa, & 62 pedes lata. Videntur autem habuiße simul officium designandi incrementa Nili, vti ex verbis Aben Vaschia apparet. Imò dicam aliquid ampliùs. Certè ipsa figura Nilometrij, quam hic Aegyptij pro symbolo fœcunditatis Nili posuerunt, rudi suâ effigie nil aliud insinua-

Sphynges quales figuræ & cur ita effictæ.

Sphyngium simulachra varia Romæ.

Plinius l. 36. c. 13.

Sphynges in diuersis locis Ægypti.

SYNTAGMA XV. DE SPHYNGIBVS. 461

Sphyngium officium Nili incrementa notare.
L. 1. Pierius.

nuare videtur. Confirmat opinionem nostram Pierius, qui ait, Aegyptios ad incrementum Nili, quod Aegyptia lingua Nun significat, Leonis iacentis hieroglyphico vsos esse, eò quòd cùm Sol Herculei Leonis terga adit, Nili diluuium excitet, duplumque recentis aquæ Sole in eo signo commorante sæpius exundet; quæ vis aquæ per spatiosam Aegypti planitiem latè diffusa, solum ea fertilitate grauidum reddit, quâ non tantùm indigenæ sibi alimentum colligant, sed magnam Orbis partem fame leuent. Quæ aptissimè sanè omnia exhibentur in gemma quâdam Petri Stephanoni Ciuis Romani, quam hic exhibere visum fuit.

Vides in hac Sphyngem aligeram, & mammis turgidam, supra duos Leones, qui taurum vehementi impetu dilacerare videntur. Certè per Sphyngem nihil aliud nisi Genius Nili inundationis præses designatur; per Leones astrum illud, quod cùm subit Sol, Nili incrementum incipit; per Taurum Terra seu agriculturæ opera insinuantur, quæ à Leone Momphtæo aquarum diluuione veluti absorbetur. Sed hæc cùm potiùs Græcanicum, quàm Ægyptiacum ingenium sapiant, relinquamus.

Propter eam verò aquarum redundantiam, quam Leonis beneficio consequi se quotannis experiuntur, institutum est, & apud omnes Gentes vsu iam receptum, vt canales, tubique & siphones, qui aquam eructant, per terebrata foramina in Leonina capita ad id locis opportunis adsculpi solita aquam immittant, quæ inde Leoninis rictibus euomi videatur. Atque hæc ita sese habere, testantur non pauci, qui in hunc diem Romæ visuntur Leones, vt dixi, ad radices Capitolij, & fontem iuxta Ædem Diuæ Virginis de Victoria, qui plenis rictibus aquam eructant. Ne verò in hieroglyphicis inscriptionibus semper integram Leonis aut Sphyngis fig. ad Nili incrementu denotandum ponere cogerentur, hinc

per

Characteres Astronomici ♌ & ♒

per ipsum eundem characterem, quo Ægyptij Astrologi Leonis figuram præfigurabant, id est, per ♌ caudam Leonis, illud ponere consultiùs iudicarunt. Characteres enim Astronomicos signorum & planetarum ab Ægyptijs primò excogitatos suprà ostensum fuit, & Decnus in Monade hieroglyphica fusè probat; de quibus & nos ex professo in Astronomia Ægyptiorum. Sed & signum infra positum ♒ id manifestè monstrat; hoc enim symbolum aquæ esse, à similitudine figuræ aquæ vndulatæ depromptum, alibi copiosissimè demonstratum fuit; & ob eandem causam ab Ægyptijs, & communi Astrologorum consensu & approbatione pro symbolo aquarum assumptum fuit. Quod & proinde vbicunque in hieroglyphicis occurrit, humidum refert, & vel aquam, vel humorem quemuis indicat. Sed de his fusiùs suis locis.

Aquarij signū Leoni cur apposuerint Ægyptij.

Verùm posset quis hîc obijcere, quid Aquario cum Leone? Huic respondeo. Cùm Ægyptij excellentiam alicuius rei vellent demonstrare, eos id maximè per contrariorum appositionem fecisse. Nam cùm Nilum præ cœteris Mundi fluminibus mirandis quibusdam naturæ dotibus ditatum perspicerent, vtpote qui non tantùm totius anni decursu maxima fœcunditatis argumenta monstret, sed maximè eo ipso tempore, quo Sol Leonino æstu inflammatus omnia adurit, & cùm reliqua omnia flumina humoris quoque inopiâ deficiunt, ille omnia plenitudine suâ adimplere videatur; & contra, in Aquario maximum habeat suæ diminutionis statum, reliqua verò flumina non nisi in Aquario Leoni opposito signo diluuijs sint obnoxia; ideo vt hanc præeminentiam Nili symbolicè exprimerent, Leonis signo supponere voluisse videntur signum oppositum Aquario.

Quare siue hoc symbolum Nilometrium, siue Sphyngem, siue Leonem referat, perinde est, errare non poterit Lector, quodcunque elegerit; nam & Nilometrium, & Sphyngem, & Leonem singula inundationis hieroglyphica fuisse, paulò antè demonstrauimus, & potuit fieri, eas structuras illos construxisse, quæ & Sphyngem, ac Leonem referentes, Nilometrij munere fungerentur; quod sanè simile quid fuisse & verba Authoris non tacitè, & Strabo, lib. 17. Herodotus, alijque Antiqui, imò quotquot modò Nili statuæ inueniuntur, innuunt. Sed hæc omnia subtili Lectori vlteriùs inuestiganda relinquimus.

CAPVT II.

De Sphyngibus Ægyptiacis, earumque interpretatione.

Sphynges aquæ Felicis Romæ

DE Sphyngibus, & cur facie Virginem, & reliquo corpore Leonem referant, sat superque innumeris iam in locis actum fuit. Quare nihil superest modò, nisi vt exactam eorum hieroglyphicorum, quæ abacis Sphyngium vtplurimùm circumscriptæ spectantur, interpretationem exhibeamus. Quas inter principem non immeritò locum occu-

SYNTAGMA XV. DE SPHYNGIBVS.

occupant, duorum Leonum simulachra, quæ olim ex Ægypto vnà cum Obeliscis adducta fuerunt, & modò ad fontes aquarum felicium iuxta Thermas Diocletiani, è regione Ecclesiæ Carmelitarum Discalceatorum, quæ à Victoria nomen habet, aquarum vomitu celebria spectantur; quorum figuras hìc apponendas duxi vnà cum hieroglyphicorum inscriptione, quæ in abacis Leonum habetur.

Leones Nilotici seu Momphtæi, quorum limbi sequentibus hierogl phicis insigniuntur, & extant ad aquas felices, iuxta Campos Thermarum Diocletianæarum.

CAP. II.   464   OEDIPI ÆGYPTIACI THEAT. HIEROGL.

Latus dextrum Leonis B.

A fronte Leonis B.

Latus sinistrum Leonis B.

Leo Momphtam Nilotici incrementi præsidem significat.

Et primò quidem simulachrum Leonis A dextrum, in abaco suo hieroglyphica tenet, quæ nos signauimus literis C D E F, à dextris incipiendo vsque ad finem, videlicet ad retortam Leonis caudam; quorum significationem antequam exponam, Notandum est, Leonem hunc mysticè nihil aliud significare nisi Momphtam, incrementi Nilotici præsidem, vti suprà ostensum fuit, ad cuius virtutem, efficaciam, effectusque omnes mysticæ notarum significationes alludunt. Hunc enim si quandoque minùs se beneuolum propitiumque ostenderet, huiusmodi arcana notarum efficientia placari, & ad id, quod desiderabant obtinendum, videlicet felix Nili incrementum, pellici posse sibi imaginabantur. Hinc tot sacræ tabulæ seu amuleta Mophtæ attrahendo apta in abaco positæ cernuntur. Totius inscriptionis argumentum nihil aliud est, quam dictum Momphtam sacrorum huiusmodi symbolorum virtute ad fœcundum Nilotici fluminis incrementum, vnde meritò totius Ægypti salus pendebat, concedendum, propitiari, sacrisque ritibus & cœremonijs ad votis eorum obsecundandum attrahi.

Amuleta varia ad Momphtam attrahendum.

§ I.

SYNTAGMA XV. DE SPHYNGIBVS.

§ I.

Interpretatio hieroglyphicorum, quæ in primi Leonis Abaco inscripta cernuntur.

PRimo loco Crux ansata literâ *a* signata; deinde sacra tabula *b*; postea segmenta bina obuersa *c*, cum tribus terminis; quæ excipit Anser *d*; hunc sacra tabula *e*; tandem hæc excipiunt ordine sequentia symbola *f*, *g*, *h*, *i*, *k*. Quoniam itaque nihil in hoc Mundo sine influxu Numinum prosperari potest, hinc aptè primo loco Crucem ansatam ponunt magnæ virtutis periapton, & diuinum in vniuersum Mundum influxum indicat, vti alibi copiosè ostendimus. Hanc sequitur tabula sacra cum Accipitre, brachium extensum cum segmento circuli; quibus indicatur memoratum influxum in Nilum non impetrari, nisi ab Osiri summo bonorum largitore, quæ aptè per Accipitrem, brachium, & segmentum indicantur. Hinc enim omnia inferiora per triplicem anni portionem bonorum augmentum acquirunt, & per bina segmenta, & tres terminos pulchrè indicatur. Quia verò ea durare non possunt, obsistente aduersarum potestatum violentia, nisi continuâ protectione custodiantur; hinc sequitur Anser sacer, seu Chenosiris, qui per sequens amuletum perpetuæ custodiæ alligari posse putatur. Continet autem sacra tabula *e* amuletaria duo brachia erecta, cum Scarabæo, & globo: per brachia erecta Sacerdotum in precibus Numini fundendis occupatorum cœremoniæ faciendæ indicantur; per Scarabæum & globum, Osiridis in terrestris Mundi œconomia labores, dum influxu suo spermatico omnia animat & conseruat. Pantamorphus verò Agathodæmon per *f* & *g* indicatus, omnia inferiora in formas rerum vniuscuiusque naturæ congruas dispescit, ad necessariarum rerum abundantiam & varietatem producendam. Verùm cùm & huius operationibus vtplurimùm aduersæ potestates obsistant; hinc *h* trium potentiarum efficacium prouidentiæ supplicandum præcipitur: harum enim virtute crater Osiridis, id est, humidæ naturæ receptaculum, ab omnibus inimicis potestatibus defenditur, videlicet triplicis dominij iam trium recensitorum Numinum Osiridis, Chenosiris, & Pantamorphi Agathodæmonis virtute; & per tria sceptra Lotifera scitè signantur, quæ sicuti Lotus ad Solem continuò conuertitur, ita sympathicâ quâdam vi hæc tria Numina ad res fidei suæ commissas tutandas, iuxta ideas à triformi supremo Numine præscriptas, conuertuntur.

 Sequitur iam fronti Leonis expositum aliud magnæ virtutis synthema, quod Thausticum ab Accipitre vocant; & sunt Aspis surrecto capite, cum Accipitre contracto collo veluti dormituriente, quæ sequuntur *m* brachium extensum, canalis sacer cum figura piscinæ, claudit tandem agmen Accipiter cum *n* Crucibus ansatis mediante fasce funiculorũ. Quæ quidem symbola retrogrado ordine eadem & eodem ordine ad Crucem terminantur & indicant, machinationes Typhonias, nè canalibus sacris noceant, per sacri Osiridis influxum, ligatis quodammodo, Thauticæ Crucis sigillo-stipatas, interceptasque sisti. Notandum tamen est, Ægyptios non tantùm multum virtutis hieroglyphicis symbolis, ob arcanam quandam eorundem compositionem, tribuisse, sed & ordini, eorumque dispositioni. Nam Dijs maximè rerum ordinem arridere, iam dudum cognórant. Hinc summo studio satagebant, nè symbola temerè, aut tumultuaria quâdam congerie tùm Obeliscis, tùm cœteris monimentis inciderentur, sed ordine quodam Dijs beneplacito & peraccepto; quem hoc loco maximè obseruasse visi sunt, dum vides symbola *l m n*, illa eadem *q p o n* retrogrado ordine recurrere; ita vt bini Accipitres Crucem ansatam, mysteriosissimum omnium symbolum, veluti in medio tenerent, & cœtera omnia ad eam veluti ad supremi Numinis influxus symbolum, vtpote à quo originaliter omnes reliquæ concatenatarum mentium series vim suam haurirent, conuerterentur. Vnde non incongruè magnæ virtutis amuletum & Thausticum à Thausto Intelligentia Solari indigitatur; siquidem supremi Numinis influxus, qui per hanc Crucem, vti iam sæpius indigitatum fuit, in Solaris Intelligentiæ mentem diffusus, hinc atque illinc piscinas sacras, sacrosque canales munificentia, quæ aptè per figuras *m* indicantur, replet; quibus Ophionium Numen, & Accipitrinum, quæ per Aspidem surrecto pectore, & dormiturientem Accipitrem indicantur, vitam & motum illis præstat. Nota tamen, Accipitrem hoc loco oscitantia sculptoris non congruè exhibitum, sed potiùs Coturnicem referre; at perperam; siquidem in omnibus Obeliscis nunc Maleagridem, nunc Accipitrem refert, vti patet ex Obelisco Pamphilio fol. 514. vbi &; veram huius symboli significationem fusè expositam inuenies.

Porrò ponitur hoc hieroglyphicum synthema in fronte abaci Leonis; quod mysterio non caret; siquidem Idealis supremi Numinis Momphtæi influxus ex intellectu supramundano originem suam habet, ex quo veluti perenni quadam scaturigine in omnes Mundi partes, & hinc in omnes Mundi plagas, corporaque ijs subiecta diffusus, omnia bonitate suâ, vitâ, motu, replet.

Sequitur iam sinistri lateris hieroglyphica inscriptio EF. Verùm cùm ea retrogrado ordine considerata prorsùs eadem sit cum ea, quæ recto ordine ponitur in dextro latere Leonis, cuius explicatio iam innotuit; ideo eiusdem expositionem iterare superuacaneum esse ratus sum. Causam verò, cur toties eadem symbola repeterent, paulò antè indicauimus. Quare ad alterius Leonis B hieroglyphicam epigraphen describendam nos conferamus.

§ II.

SYNTAGMA XV. DE SPHYNGIBVS.

§ II.

Simulachrum Leonis B finistri, abaco insistentis, eiusque significatio.

IN abaco Leonis finistri B in ouata figura, & in formam sacræ tabulæ contorto, hieroglyphica inscriptio literis EF notata spectatur. Quæ quidem vti priori inscriptioni prorsus similis est, imò eadem, quemamodum vnam cum altera comparanti patebit; ita quoque eandem significationem continere certum est. Quare qui prioris inscriptionis interpretationem ritè intellexerit, eum quoque huius significatio latere non potest.

Notæ in factam interpretationem.

Væritur primò, cur abacus Leonum in sacræ tabulæ ouatam figuram contortus sit? Respondeo, id à Sacerdotibus mysterij causâ factum esse: nam quo mysteriosior structura alicuius monimenti hieroglyphici existebat, tantò maiorem vim obtinere putabant, ad Numen illud Momphtæum, cui dedicabatur, alliciendum. Cùm itaque sacræ tabulæ seu amuletariæ sequentes in hac inscriptione ponantur; vel ipsam Leonis, cui incubabat, basin in sacræ tabulæ ouatam figuram, nè quicquam mysteriorum deesset, adaptandam existimabant; adeoque Leo Momphtæus sacræ tabulæ incubans, eandem tabulam referret, quam passim inter hieroglyphyca reperimus huius figuræ, id est, Mundi fœcundâ geniturâ imprægnati.

Quæres secundò, cur in binis hîc expositis abacis, singula ferè repetantur? Respondeo id factum esse tùm mysterij causâ, vt quemadmodum ouata figura Mundum refert, ita Numina Mundi præsides ex omni parte harum notarum occultâ proprietate attraherentur; tùm etiam vt ipsa concinna characterum dispositio, quâ delectantur, Numina facilius alliceret, vt paulò antè innuimus; potissimùm autem Momphtam totius humidæ substantiæ, quam Niloticus humor refert, præsidem.

Notandum verò, hanc periochen hieroglyphicam, non tantùm Nilotici liquoris beneficium significare; sed & liquorem illum supramundanum in Ideali supremi Numinis essentia latentem, ex qua veluti ex vberrimo quodam fonte omnium bonorum affluentia redundat. Quam primò quidem Genij supremi Numinis administri participatam in omnia mundana corpora deriuant. Sed ex his facilè Lectori patebit verus huius hieroglyphicæ inscriptionis sensus & ratio. Quare iam ad Sphyngum interpretationem procedamus.

CAPVT III.

Sphyngum quæ in Villa Burghesia spectantur, interpretatio.

Sphynges Burghesiæ Villæ.

Spectantur hæ duæ Sphynges in Villa Burghesia retro Palatium, è sinistra regione areæ, hieroglyphicis conspicuæ, quibus è regione dextra duæ aliæ respondent, sed nullis hieroglyphicis insignitæ. Quare ijs relictis ad propositas nobis primo loco Sphynges exponendas conuertamur.

Sphynges hæ denotant incrementa Nili.

Notandum verò, has Sphynges propriè Nili incrementum referre; sunt enim ex corpore Leonino, & vultu Virgineo compositæ, abacis suis in sacræ tabulæ ouatam figuram fabrefactis, & hieroglyphicis eleganter incisis, conspicuis, incubantes. Sinistra Sphynx sequentem hieroglyphicorum seriem in dextro latere inscriptam habet, literis terminalibus V X signatam; frons eam, quam literæ X T continent; sinistri verò lateris inscriptio literis S R comprehenditur, quæ quidem inscriptio retrogrado ordine eadem est cum priori, quæ literis V & X comprehenditur, si pauca quædam symbola excipias. Quare ad huius lateris significationem exponendam, priorem explicasse sufficiet. Notæ denique quæ literis R, P, continentur, posteriorem abaci partem obtinent. Sed hisce præmissis, iam interpretationem ordiamur.

Sphyngis sinistræ interpretatio.

Differentia inter Sphynges & Leones Momphtæos.

Aduertendum porrò, inter Leonem Momphtæum & Sphyngem nonnullam differentiam existere. Leo enim Momphtæus, nihil aliud nisi Osirin, in quantum Nilotico humori præest, signat. Sub figura Leonis pingitur, quia Sole Leonem ingrediente, maximum virtutis suæ robur exhibet, vti iam passim docuimus. Sphynx verò compositæ naturæ simulachrum ex Leone & Virgine transformatum, hoc loco nihil aliud nisi congressum Osiridis Momphtæi seu Nilotici cum Iside signat, vti innumeris passim locis ostensum est. Nam vt rectè Plutarchus ait:

Plutarchus.

Τὸν δὲ ἀστερον τὸν σείειον Ἴσιδος νομίζουσι, ὑδραγωγὸν ὄντα, καὶ τὸν λέοντα τιμῶσι, καὶ χάσμασι λεοντείοις τὰ τῶν ἱερῶν θυρώματα κοσμοῦσιν, ὅτι πλημμυρεῖ Νεῖλος, ἡλίου τὰ πρῶτα συνεφαπτομένοιο λέοντι· ὡς δὲ Νεῖλον Ὀσίριδος ἀπόρροιαν, οὕτως Ἴσιδος σῶμα γῆν ἔχουσι, καὶ νομίζουσιν οὐ πᾶσαν· ἀλλ' ἧς ὁ Νεῖλος ἐπιβαίνει σπερμαίνων, καὶ μιγνύμενος. ἐκ δὲ τῆς συνουσίας ταύτης γεννῶσι τὸν Ὧρον· ἔστι τε Ὧρος ἡ πάντα σώζουσα, καὶ τρέφουσα τοῦ περιέχοντος ὥρα, καὶ κρᾶσις ἀέρος. *Et de sideribus Sirium Isidi adscribunt, vtpote qui aquam ducat; Leonem verò venerantur, rictibusque Leoninis ianuas templorum ornant, quia Nilus exundat Titanis primum curru tangente Leonem. Sicuti autem Nilum Osiridis defluxum, ita corpus Isidis terram putant, non vniuersam, sed quam Nilus in undans ac coiens fœtam reddit; hoc ex coitu Horum nasci perhibent. Est autem Horus tempestas ac temperies aëris ambientis, omnia seruans & alens.* Sole siquidem Leonem & Virginem subeunte, Osiris dicitur cum Iside concumbere, id est, Nilus cum terra, ex quo concubitu meritò fœcundum & omnia nutriens Numen Horus nascitur. Ex Nilo enim terram Ægyptiam fœcunditate & humore suo imprægnante, totius felicitatis

Ægy-

SYNTAGMA XV. DE SPHYNGIBVS.

Ægyptiacæ origo refultat; vt proinde nemo miretur, tot tamque diuerfis cœremonijs & ritibus Nilum nullo non tempore cultum, tam impensâ follicitudine, hunc falutiferum Ofiridis & Ifidis concubitum, qui per Sphyngem ex fœminino Ifidis vultu, & Ofiri Leonino occultâ & myfticâ ratione transfigurabatur, fuiffe expreffum. Elucet hic concubitus maximè in hieroglyphico fchemate, quod Tabula Bembina exhibet, & illud eft quod fequitur. Vbi vides Niloticum Leonem feu Ofirin Momphtæum in formam lecti compofitum, cuius anteriora pedes Leonis referunt; intus autem reticulato cooperculo inuoluta Ifis Ofiri mifta Horum producit. Sed vide interpretationem citato loco adductam, vbi quæ ad hunc locum pertinent, luculentiùs expofita comperies. Sed iam ad interpretationem.

Sphynges cum abacis hieroglyphicis fequentibus infignitæ funt, & extant hodie in Villa Burghefia retro Palatium, è regione fontis finiftra.

Sphyngis finiftri latus dextrum.

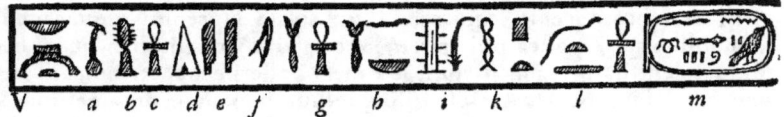

A fronte Sphyngis.

Sphyngis latus finiftrum.

CAP. III.   470   OEDIPI ÆGYPT. THEAT. HIEROGL.

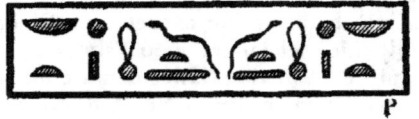

Hierogliphica dextro lateri abaci Sphyngis incifa. Niloticorum canalium confecratio.

Herodotus.

In infcriptione itaque Lateris dextri finiftræ Sphyngis, primo loco occurrit fegmentum cum abaco canalium Niloticorum ; quo quidem fymbolo nihil aliud indicatur, nifi Niloticorum canalium confecratio, quod in Ægypto vnum è celebrioribus feftis habebatur. Menfe fiquidem vltimo Mefori, & inundationem futuram præcedente, Sacerdotes conueniebant(Herodoto tefte, in Clio) in Adytis, & impofitis in abacum canalium figuris, eas confuetis ritibus & cœremonijs confecrabant. Nam Horo tefte l. 1. c. 21. *Tubos canalefque facrorum fontium folent ij, qui facris præfunt operibus, Leonis figurâ fabricare ; quapropter in hodiernum vfq; diem, qui pro ingenti inundatione fe in preces effundunt, Leonis figno vti folent.* Diuinum obteftantes influxum, quem tunc obtenturos fperabant, cùm facris amuletis *a b c d e f g h* ordine circumgeftatis, facra Numina placaffent. Amuletum *a* prius Accipitrino capite infigne, anfâ inferiùs circulari ad geftandum aptum, quo Ofiridis cœleftis poteftas innuitur. Secundum eft palma Solaris vbertatis fymbolum, & fummas, quas Solare Numen per huiufmodi aquarum incrementum Ægypto conferebat, vtilitates denotabat, quarum 365, tot quot dies in anno, palmam largiri Plutarchus docet. Sequitur, *c*, Crux anfata fupremi Numinis influxum follicitans ; poftea pyramis, *d*, igneam vim & qualitatem, quâ fi humidum deftituatur, nihil parturit, fed iners ac fterile manet, indicans ; fequuntur, *e*, binæ pennæ Accipitris, perpetuum Numinum ornamentum, & fublimis Intelligentiæ Agathodæmonis, quem Sphynx refert, fymbolum. Has excipit, *g*, Crux anfata inter duo lotifera fceptra pofita, fympathici

Amuleta quibus vtebantur Ægyptij ad Niloticum incrementũ obtinendum.

fupremi Numinis dominij in inferiora fymbolum, ex quo vita inferiorum refultat, vti Serpens cum fegmento, *h*, notant. Atque hifce amuletis Sacerdotes vtebantur in facris cœremonijs rite obeundis, ad obtinendum felix Niloticum incrementum, & rerum omnium neceffariarum abundantiam, vti Nilometrium, *i*, & thyrfus papyraceus ei adiunctus, dictorum fymbolum, fatis docet : hifce enim *k* catena Numinum mota inferiori hylæo Mundo vitam largitur per diuini Numinis influxum, id eft, anfatæ Crucis virtute, & per fequentis tabulæ facræ potentem efficaciam ; in qua primò Serpens cum hydrofchemate, deinde alius Serpens in formam vafis Nilotici transformatus cum fceptro, Accipitre ; & tribus terminis, quibus Capreolus apponitur. Per Serpentem & hydrofchema vitalis liquor innuitur ; per vas Niloticum, quod Serpens effingit, fignatur

SYNTAGMA XV. DE SPHYNGIBVS. 471 CAP. III.

tur vita humorem Niloticum vndequaque penetrans, virtute & dominio Osiris, vegetabilium tribus anni stationibus congruorum præsidis; quæ aptè per Accipitrem, sceptrum, tres terminos, & Capreolum indicantur; ad quam vitam attrahendam sequens quoque amuletum positum est: Anser sacer, id est, Chenosiris, vitalis memorati liquoris custos. Amuletum verò *n* tres secures continet cum feretro supposito, quod sequitur sacer Apis sub forma Tauri, cum hydroschemate; quibus indicatur trium efficacis sectionis potestatum, quos Hypozocos Ægyptij vocant, cultu, Apin sacrum humore concesso in agriculturæ opera influere. His quoque in inferiora dominium polymorphi Dæmonis *o* attractum rerum necessariarum abundantiam confert, recisa omni potestate aduersa.

Porrò in fronte aliud amuletum continetur, quod literis X T comprehenditur; & sunt baculus in formam literæ, sceptrum ægomorphum, & Accipiter siue Thaustus cum Cruce ansata; cui ex altera parte eadem symbola ordine retrogrado respondent, & indicant influxum supremi Numinis à Thausto, fœcundo & harmonico quodam dominio in omnes Mundi partes diffundi. Cur verò eadem symbola repetantur, suprà dictum fuit. *Hieroglyphica fronti abaci Sphyngis incisa.*

Restat sinistri lateris S R inscriptio exponenda. Verùm cùm illa ordine retrogrado eadem prorsùs sit cum ea, quam iam exposuimus, inter literas V X comprehensa, superuacaneum esse ratus sum ijs repetendis tempus perdere. In posteriori denique abaci parte, inter R & P, hæc symbola continentur, scilicet segmenta bina, globus cum parallelogrammo, globus ansatus, Serpens cum segmento & sceptro; quæ symbola retrogrado ordine explicantur, vt vides; quibus quidem nihil aliud indigitatur, nisi quòd vita Mundi huius virtute periapti, in omnia Mundi corpora transfundatur. *Hieroglyphica sinistro lateri abaci Sphyngis incisa.*

Dextræ Sphyngis interpretatio.

Notæ quas in antica & postica abaci parte hæc sequens Sphyngis figura continet, eædem prorsùs sunt cum notis in præcedentis abaci antica & postica parte positis; & anterior quidem pars in hoc abaco comprehenditur literis QR; posterior verò AB; reliqua intermedia symbola vti differunt, ita eorundem expositionem non negligendam duximus. Omissis itaque symbolis in antica & postica parte positis, reliqua à B incipiendo ita exponimus. Primo loco se offert palma; secundo Crux ansata; tertio pyramis; quarto duæ pennæ; quinto sacrum Alpha; sexto tres thyrsi linei; septimo duo segmenta; octauo duæ catenæ intermedio globo; nono statua Accipitrina cum tutulo ὀφι-κυκλοετῆς ἐρμόρφῳ in capite; decimo brachium extensum, figura sauissæ, & hydroschema; vndecimo sceptrum lotiferum cum Cruce ansata. Symbola quæ primò sequuntur, vti ab imperito huius temporis incisore ad verorum corruptorum defectum supplendum, posita sunt, ita quoque non genuinam hieroglyphicorum rationem obtinent, atque adeo consultiùs *Sphyngis dextræ interpretatio.* *Hieroglyphica fronti abaci incisa.*

O o o ea,

CAP. III.   472   OEDIPI ÆGYPTIACI THEAT. HIEROGL.

Sphyngis dextræ hieroglyphica.
In postica parte.

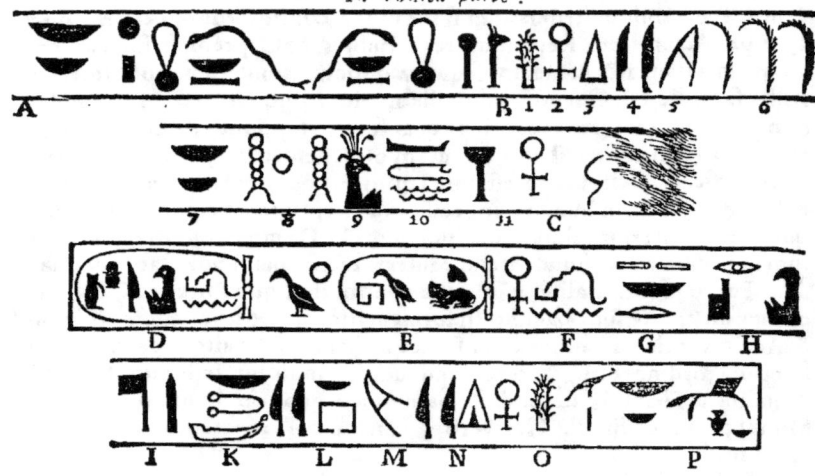

In fronte Sphyngis dextræ.

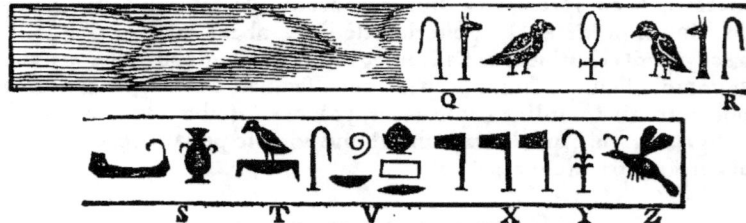

ea omittenda, quàm exponenda duximus. Symbola itaque paulò antè recensita nihil aliud indicant, quàm vtilitates immensas, quas supremi Numinis influxus mediantibus Agathodæmonum catenis, legitimarumque cœremoniarum exhibitione, præstat; quorum quidem symbolorum significationem cùm in præcedentibus exposuerimus, ea Lectori euoluenda relinquere visum fuit.

Sacræ tabulæ D & E.

Binæ sacræ tabulæ, quæ signantur literis D & E, restant exponendæ. Prior ordine E Crucem ansatam cum Nilometrio F sibi præpositam habet; quibus luculenter signatur, influxum supremi Numinis, felix Nili incrementum minimè concedere, nisi per præcedentes immediatè sacras tabulas E & D; quarum prior E continet Leonis procumbentis signum cum phallo eidem superposito, quem sequitur Ibis cum piscinæ sacræ figura. Quibus indicatur fœcundus Momphtæ, & Mercurij sacræ piscinæ custodis, influxus. D verò seu tabula primo loco posita cum vase Nilotico, pennâ, statuâ Accipitrinâ, Niloscopij figuram continet;

tinet; quibus indicatur, ad felix Nili incrementum statuam Accipitrinam cum penna & sacro Nili vase ponendam, vt Momphta exoretur ad id concedendum. Mysticas rationes Niloscopij amplè descriptas, vti & reliquorum, vide in præcedentibus.

Ex his itaque fusiùs, quàm par est, deductis, luculenter patet, has Sphynges hieroglyphicas eo fine positas, vt per occultam symbolorum cum suprema diuinitate connexionem, Numina quæ inferioribus præsunt, ad necessariarum rerum omnium abundantiam, per felix Nili incrementum concedendam, vel irata placarent, vel propitia veluti sympathicis quibusdam illicijs, ad votis eorum obsecundandum, attraherent. Hinc toties eadem symbolorum repetitio; hinc mysteriosa in ouatam figuram singularum inscriptionum deductio. Quæ omnia sagaci Lectori vlteriùs ex præcedentibus iam instructiori, consideranda relinquo.

FINIS SYNTAGMATIS DECIMIQVINTI.

SYNTAGMA XVI.
DE PENATIBVS, LARIBVS,
ET SERAPIBVS AEGYPTIORVM.

ILLVSTRISSIMIS, NEC NON EQVESTRIS ORDINIS
DIGNITATE CONSPICVIS VIRIS DD.
CASSIANO, ET CAROLO ANTONIO,
DEL POZZO
Germanis Fratribus apprimè colendis.

ERITA Vestra, Illustrissimi Viri, *in Rempubl. Lit. nullo non tempore collata, tanta sunt, vt ex literatis Viris nemo sit, qui in suam rem, quæ est Vestra singularis humanitas, comitas, & beneuolentia, à Vobis insignia literarum promouendarum subsidia se adeptum non fateatur. Testis & ego in huius Operis Ægyptiaci editione iam à multis lustris Vestræ huius in bonis artibus promouendis solicitudinis esse possum; dum Bibliothecam Vestram omni librorum antiquitatisque reconditioris supellectile instructissimam, benigno voluntatis affectu semper apertam esse voluistis. Nè itaque præstitorum beneficiorum immemor esse videar, ecce hoc præsens de Penatibus Ægyptiorum argumentum, honori Vestro inscribendum duxi, vt si quid in hoc Opere rarum & singulare, id Vestrâ curâ & diligentiâ collectum, grata posteritas recognoscat. Valete.*

CAPVT I.

De Penatibus, Laribus, & Serapibus in genere.

Penates &
Lares ac
Serapes apud
Ægyptios
quid.

GYPTII nullo non tempore in summa veneratione habuerunt statuas quasdam, quas Serapes, Latini Penates seu Lares appellarunt. Et primò quidem quid Penates & Lares apud Latinos, deinde quid Serapes fuerint apud Ægyptios, exponemus. Referunt nonnulli, Penates nihil aliud esse, quàm Genios seu Deastros illos, per quos
spi-

spiramus, per quos cognoscimus, per quos videmus, per quos Solem intuemur, Iouem videlicet, Iunonem, Mineruam, & Vestam. Nam Iouem æthera medium, imum Iunonem, Mineruam summam ætheris partem, quæ vis est diuinæ Intelligentiæ, Vestam terram esse dixerunt. Hos & Deos Patrios, & Genethlios, & Ciuitatum præsides, & priuatarum domuum custodes nominarunt, & crediderunt. Dionysius Halicarnassæus: *Dionys. Halic*

Τὲς δὶ Θεὺς τύτες Ῥωμαῖοι μδὺ Πενάτας καλῦσιν, οἱ δ' ἐξερμυνεύοντες εἰς τὴν ἰλλάδα γλῶσσαν τύνομα, οἱ μδὺ πατρῴυς ὑποφαίνεσι, οἱ δὲ γενεθλίες, εἰσὶ δ' οἳ κτήσιυς, ἄλλοι δὲ ἐρκίυς, οἱ δὲ μύχιυς. Deos autem hos Romani Penates vocant, atque nonnulli in Græcam linguam transferentes, genethlios seu genitales interpretati sunt; alij vocant Deos domesticos ac familiares, alij possessionum præsides, alij Arcanos. At cur dicuntur Genethlij? quia custodiæ hominum, mox ac nascerentur, destinari putabantur; vel quia ipsorum vigilantiâ omnia generantur, vnde & Genij dicuntur, rerum generandarum præsides. Cur Patrij? quia ijs solummodò rebus, quæ Regno alicui aut Prouinciæ communes sunt, præsidere credebantur; in qua non modò Ciuitates singulas, sed & singulas domus, atque adeo singulos homines, plantas, animalia, pro cura sibi commissa, summâ diligentiâ administrabant; hinc & tutelares appellati sunt. Penates à Laribus non officio, sed origine discrepant; officia enim vtriusque communia in cura priuatarum rerum. Verùm de his consule fusiùs primum Tomum Syntagmate III. *Serapes Ægyptiorum quid*

Genethlij quid;

Serapes verò Ægyptiorum nihil aliud erant, quàm imagines sine vlla membrorum eminentia; veluti fascijs quibusdam inuolutæ, quarum magna ex Ægypto copia, differentisque magnitudinis deportatur, partim ex appropriato lapide, partim metallo, ligno, aut testa confectæ. Harum nonnullæ veluti tutelares publicis locis ad custodiam eorundem ponebantur; aliæ verò horum custodiæ destinabantur, erantque tutelares statiui; quædam aliæ portatiles, quas quòcunque tenderent, secum portabant; quasdam etiam loco amuletorum collo, cingulis, manibusque portabant. Porrò variâ vultus figurâ exprimebantur. Quædam enim vultu fœmineo, & vertice velato; quædam sub forma pueri vittati; aliæ alijs modis exhibebantur, vt postea videbitur. Instrumentis quoque differebant: nonnullæ, quas Auerruncos seu Apotropæos dicebant, varijs instrumentis, vti scuticis, flagellis, retibus ab humeris dependentibus figurabantur. Omnia tamen huiusmodi simulachra anticâ & posticâ facie variâ hieroglyphicorum sculpturâ exornabantur, vti postea in explicatione eorundem patebit.

Theraphin Hebræorum

Atque hæc sunt simulachra quæ Hebræi Theraphin vocant, quæ Rachelem patri suo Laban suratam sacer textus Genes. cap. 31. testatur; de quibus integro tractatu Tomo primo, Syntagmate IV. fol. 254. egimus, & ex Ægypto per seruos Abrahæ in Palæstinam portata, propagataque ibidem docuimus. Theraphim dicebant, quia cùm S pronunciare non possent, mutato S in T, more Chaldæis solito, & mutato vltimo S in im, Theraphim ea simulachra dicebant, quæ Ægyptij Serapes dicebant.

Erant autem Penates Ægyptiorum ijdem, qui Osiris, Isis, Nephte,

Ho-

CAP. I. OEDIPI ÆGYPTIACI THEAT. HIEROGL.

Penates Ægyptiorum qui?

Horus, Harpocrates, Arueris, Apopis, & innumeri huius farinæ Deastri; qui tametsi vniuersales totius naturæ Genij haberentur, & ijdem quoad substantiam, effectibus tantùm differentes; in quantum tamen ij priuatarum rerum custodiæ deputabantur, in tantum Tutelarium nomen obtinebant, & pro priuatis Numinibus colebantur. Verùm cùm de hisce amplissimè locuti simus Syntagmate III. & IV. primi Tomi, eò Lectorem remittimus.

Penates Ægyptiorum cur informes.

Hoc loco solùm meritò quispiam dubitare posset, cur omnes Ægyptiorum statuæ ita constructæ sint, vt nullum corporis membrum exstitium sit, sed omnia corpori ita incisa, vt vnum truncum efficere videantur? Respondeo, Ægyptios maximam curam habuisse integritatis statuarum: putabant enim statuas Deorum immortalium tanto ritu & cœremonijs consecratas tam diu vim & efficaciam suam habituras, quàm diu debitam integritatem conseruarent; quæ si vel membri alicuius læsuram, aut nocumentum, aut fracturam accepissent, eodem quoque tempore omnem simul Deorum assistentiam influxumque desituram superstitiosiùs credebant. Hinc non tantùm è durissimo lapide & quasi incorruptibili statuas suas conficiebant, sed & membra ita corpori adaptabant, vt impossibile esset, membrum aliquod, sine totius statuæ fractura, frangi posse.

Ægyptij statuas Deorum fere informes Græci contra effingebant.

Hinc quoque soluitur illud sculptorum dubium, cur Ægyptij soli sine exstitijs membris statuas confecerint, contrà Græci; quia Græci artis peritiam ambientes, simulachra Deorum, eâ maiestate & decore, quo ea decere putabant, viuum exemplar naturæ intuentes; constituebant; Ægyptij verò superstitiosiores, nimium de indignatione aut offensâ Deorum, si quandoque mutilarentur, solliciti, ea tali construebant modo & ratione, quæ ab omni ruptura aut mutilatione immunia, integritate suâ Deorum per sacrificia attractorum assistentiam & influxum continuò conseruaret; quod minimè futurum rebantur, si vel minimum membrum, aut incuriâ, vel malitiâ hominum vitiaretur. Cùm præterea simulachra sua prophylactica secum, quòcunque pergerent, portarent; si membris exstitijs essent, facilè fieri poterat, vt aut brachium, manus, digitus, aut pes, vel aliud instrumentum, quod vtplurimùm manibus gerebant, continuo vsu & circumlatione frangeretur. Hinc talibus incommodis præuidentes, eas eo sculpturæ apparatu faciebant, quem sequentes imaginum, quarum ingens multitudo ex Ægypto translata nullo non tempore fuit, typi luculenter ostendunt; hæ enim saccis, cistisque sine vllo rupturæ alicuius membri periculo inclusæ, non exiguam etiam violentiam facilè sustinebant. Vnde patet etiam Labanis idola, quæ Rachelê patri suo furatâ Sacra scriptura dicit, huius farinæ idola fuisse ex Ægypto translata, aut ad imitationem eorum in Chaldæa constructa, cubitales nimirum statuas, membrorum eminentiâ destitutas, quæ facilè de loco in locum transferrentur, & etiam intra fœnum, paleas, ligna, saxa sine periculo absconderentur. His itaque præmissis, iam tandem propositam nobis materiam prosequamur.

CA-

CAPVT II.

De hieroglyphica Penatum seu Tutelarium Ægyptiorum Numinum significatione.

COndebatur in pyramidibus genus quoddam statuarum tutelarium, quas corporibus custodiendis, animabusque in sphæras suas transferendis destinabant, cuiusmodi duæ sequentes statuæ sunt; quæ quomodo ad me peruenerint, paucis accipe.

Anno 1632 cùm Marsiliæ negotiorum causa morarer, recens ex Ægypto secum adduxerat duo ingentia simulachra Mercator istius Vrbis, quæ cùm dignissima visa essent, quæ Oedipo insererentur, eorum effigiem, eâ quâ fieri potuit, diligentiâ exprimendam curaui, quam vnà cum historica relatione postmodum ad me Auenionem destinauit Pater Ludouicus Brusettus Societatis nostræ Sacerdos, cuius verba hic ex Gallico in Latinum traducta ad totius negotij authenticationem apponenda duxi. *Penatum Ægyptiorum statuæ binæ, earumque explicatio.*

Reuerende Pater in Christo.

ECce mitto tandem duorum simulachrorum, quorum R. V. desiderabat effigiem, vnà cum hieroglyphicorum in iisdem contentorum exacta delineatione.

I. Norit itaque primo R. V. Statuam nigram ex phario lapide exsculptam esse, alteram ex communi marmore; illam fæmineum, hanc masculinum vultum referre.

II. Idola memorata fuerunt inuenta in Prouincia Said, in loco non adeo remoto à mari rubro, intra magnam quandam pyramidem, quæ edacitate temporis ex vno latere corruptionem passa, adytum aperuerat, per quam Turcæ intrantes inuenerant dicta idola, credebantque ea esse, quæ olim Pharao huius Prouinciæ adorabat, adorarique ab omnibus suis subditis præceperat; qui & post mortem eius hanc ei pyramidem extruxerunt, intra quam vnà cum binis hisce idolis sepultus fertur. Et dicunt Sapientes huius Prouinciæ, hunc Pharaonem sedulo horum cultu confisum, animalium, quæ in dictis simulachris hieroglyphicè expressa cernuntur, operâ se in Paradisum portatum iri credidisse. Atque hic vetusta Gentis huius mos erat, magnos suos vnà cum idolis paruis, cuiusmodi hodiernâ die intra Mumias adhuc reperiuntur, sepelire.

III. Hæc idola ex Said in Cairum summo cum labore allata fuerunt, siue ob distantiam itineris longitudine sexaginta dierum, siue ob pericula latrocinantium Turcarum, qui huius Prouinciæ deserta passim oberrare solent.

IV. Pondus singulorum idolorum inuentum fuit esse octingentarum librarum; quæ naui imposita opportunè Genuam primùm appulerunt; vbi Princeps Doria raritatem idolorum admiratus magnam pecuniæ summam, si Mercator ei vendere voluisset, obtulit.

Agyptiorum Numinum
Typus
Quæ nunc Serapes, nunc Ephori aut Lares uocabantur,
et erant Numina Ἀποτρόποξα, siue maloru auersiua.
Extant Marsiliæ apud Mercatoz dictæ urbis.

Fig. prima *Fig. Secunda*

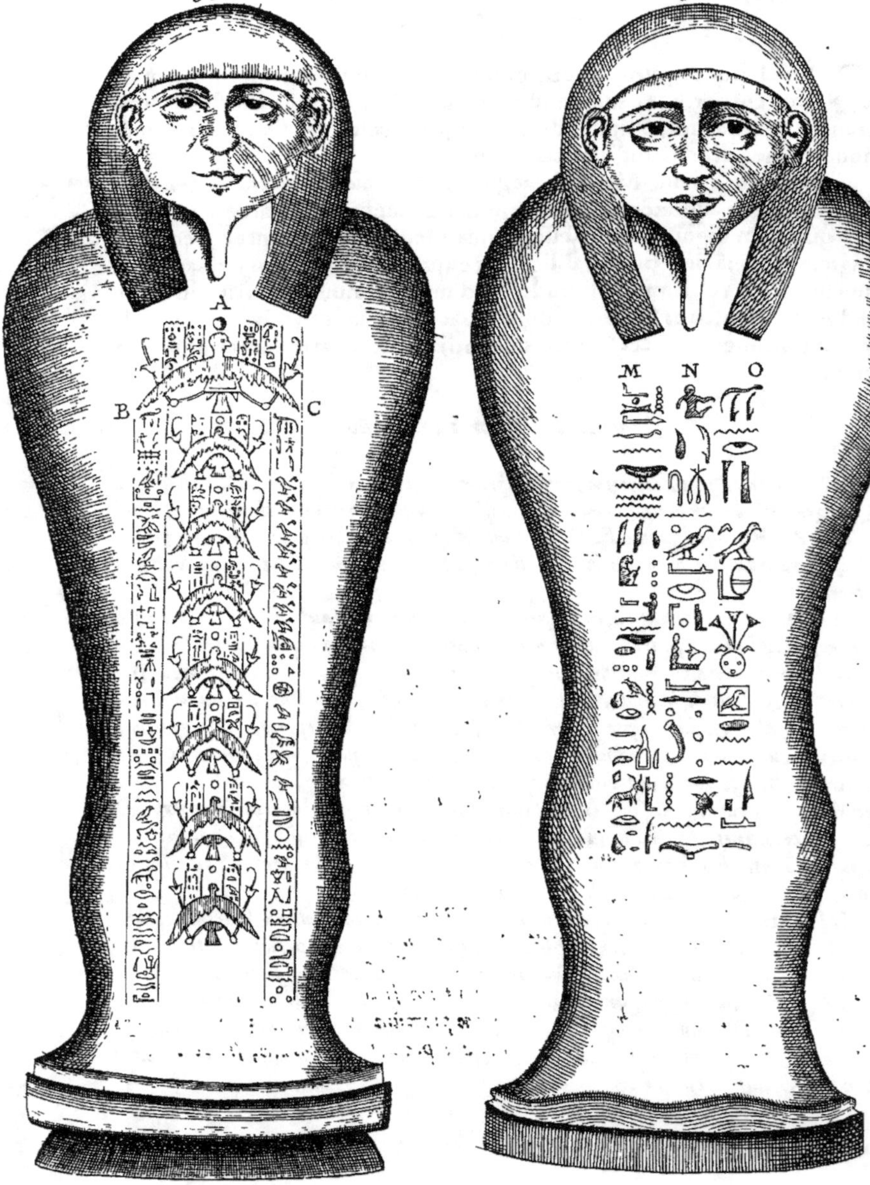

V. Altitudo idolorum est septem pedum, quæ tandem feliciter in portum Marsiliensem appulerunt 4. Septemb. 1632. vbi & in hunc diem cum Spectatorum admiratione ostenduntur.

Atque hæc sunt quæ R. V. paucis intimare volui circa dictorum idolorum historiam: si plura huius generis mihi occurrerint, de singulis R. V. propediem certiorem me facturum promitto; atque hisce vnà me R. V. sacrificijs & orationibus commendo. Marsiliæ 28. Decemb. 1632.

R. V. Seruus in Christo

Ludouicus Brusset.

Figuras memoratorum idolorum æri incisas hîc, vnà cum eorundem hieroglyphicæ inscriptionis interpretatione, apponere visum est.

Interpretatio primæ figuræ A.

PRima figura ex lapide phario existit, velato capite, fœmineo vultu, reliquo corpore turbinato habitu in basin desinente; cuius anteriori parti inscripti sunt hieroglyphici Iconismi hoc ordine. *Primæ figuræ seu statuæ Serapis explicatio.*

Primo loco figura latè expansis alis, Accipitrino capite, & lotiferis sceptris vtrique pedi insertis conspicua occurrit, & vtraque ala in duas extremas hieroglyphicas columnas A B terminat. In medio verò, recto ordine descendendo, septem similes priori figuræ sequuntur, quarum singulæ hieroglyphica schemata adiuncta habent. Quid verò mysteriosus horum hieroglypnicorum apparatus sibi velit, eâ quâ potero breuitate aperiam.

Diximus in Theologia & Medicina Ægyptiorum, Ægyptios certas quasdam Deorum catenas, quas σειρας, appellabant, constituisse, quibus totius Mundi cura & administratio commissa esset, per continuum vnius in alteram influxum. Hæ catenæ initium sumebant à prima omnium Mente, & per Mundi sphæras deriuatæ, singulæ suum ducem & ministrum habebant, primæ Menti similem. Quas quidem catenas tantæ efficaciæ & potestatis esse credebant, vt mox ac mystici eorum characteres, iuxta legum sacrarum præscriptionem, simulachro fuissent insculpti, hoc ipso virtutem acquirere admirandam contra omnes aduersarum potestatum machinationes putarent. Atque talem quoque catenam exhibet præsens hieroglyphica inscriptio, quam catenam Iyngæam vocabant. *Catenæ seu Siræ Ægyptiorum.*

Erat autem Iynx nihil aliud apud Hieromantas, quàm Mens prima solo intellectu comprehensibilis, in intimo Deitatis recessu abscondita, cuius & ineffabilem incompræhensæ naturæ caliginem appositè sanè per nigri coloris marmor, per velatum simulachri verticem, & turbinatum habitum indicabant, veluti ab omni corporeæ materialisque contagionis labe longè remotissimum. Character verò hieroglyphicus, quem litera A signat, eius naturam & proprietatem abditis symbolis oppidò luculenter expri- *Iyngæa catena. Iynx quid apud Ægyptios.*

exprimit. Globum capiti superpositum gerit, ad diuinitatem eius exprimendam; Accipitrino capite fingitur, ad intellectus ignei vim & potestatem indicandam; alas extensas habet, vt indicetur, nihil esse, quod non eius virtute foueatur & conseruetur; sub alis nescio quid triangulare elucet, ex cuius duobus angulis loco pedum canales se duo extendunt in circulum desinentes; ex circulo verò bina sceptra exsurgunt loti flore insignita; sub triangulo demum cauda volucris, cum extremo pedum veluti Crucem quandam ansatam efformat. Quæ omnia ordine mysterijs fœta hoc pacto interpretamur. Triangulum notat hanc Iyngem omnem vim suam & potestatem ex archetypo trigono accipere. Et primò quidem Mundum, quem circuli notant, vnà secum ex eiusdem vberrimis canalibus profluxisse, adeoque omnia quæ in Mundo sunt, ad huius exemplar producta esse, cuius symbolum loti flos est: sicuti enim lotus ad Solem, sic omnes Mundorum substantiæ ad archetypum suum conuertuntur, in idem reflexæ. Ex quo satis apparet, cur Ægyptij volucrem loco pedum mysterioso canalium in Mundos dispositorum apparatu exhibuerint; cùm enim pedes hieroglyphicè manifesta & sensibilia Deorum in Mundis vestigia, quæ in mirifica rerum ad diuinas virtutes analogia consistunt, notent; Iyngis autem supremæ vires effectusque non nisi mentis flore attingantur; hinc mirum non est, ipsos Iyngis effigiem non nisi symbolis abditis, & non nisi profunda mentis contemplatione attingibilibus exhibere voluisse.

Septem Iynges sibi inuicem concatenatæ.

Quoniam verò in catena Iyngica omnia ex primæ Iyngis mente participatam virtutem habent, hinc septem Iynges, quæ septem Mundi sphæris præesse dicuntur, ordine sibi inuicem concatenatæ, & similibus prorsùs symbolorum schematis adornatæ spectantur: quarum officium est, primæ Iyngis ideis in omnibus sese in Mundi administratione conformare, defluxusque ab altissima omnium Iynge per medias in infimam Mundi sphæram concatenatâ quâdam propagine in omnium, quæ Mundi ambitu continentur, membrorū bonum deducere. Nam vt rectè Zoroaster:

Zoroaster.

Σύμβολα γὸ πατρικὸς νοὸς ἔσπειρε κ᾽ κόσμοις ὃς τὰ νοητὰ νοεῖ, καὶ ἄφραστα κάλλη), ὁ λεπτὴς μειςμὸς, καὶ ἀμέριςος. *Symbola enim paterna mens seminauit per Mundum, quæ intelligibilia intelligit, & ineffabilia exornat tota partitio & impartibilis.* Quænam sunt paternæ mentis semina secundùm Zoroastrum & veteres Hieromantas, nisi Intellectus secundus, immediatum Dei opus? Et quænam sunt in sidereos hylæosque Mundos sparsa semina, nisi paternus ex intellectualibus mentibus emanantium virtutum in commissarum sibi sphærarum œconomiam influxus? Quæ sunt illa intelligibilia & ineffabilia, quæ paterna mens & intelligit & exornat, nisi ideæ rerum omnium possibilium in diuina mente existentes, in exemplari suo sempiterno impartibiles, partibiles cum diffusione virtutum earum ad extra? Atque hæc sunt semina illa Zoroastræa diuinæ mentis, in vniuersas Mundorum series diffusa per Iynges. Nam vt in Zoroastræis Oraculis docuimus:

Paternæ Mentis semina quæ?

Zoroaster.

Ἴϋγγες γὰρ πολλαὶ ἐπεμβαίνουσι φαεινοῖς κόσμοις ἐνθρώσκουσαι, καὶ ἐν αἷς ἀκρότητες ἔασι τρεῖς ὑποκάτω αὐταῖς ἀρχομένη, καὶ ὑποκειμέναι ἄλλαι αἱ πατρὸς ἔργα νοήσαςαι νοητὰ ὥκτω αἰωνητοῖς ἴε-

SYNT. XVI. DE PENAT. LARIB. ET SERAP. 481 CAP. II.

τοις, καὶ σώμασιν ἀσφαλλήξιν. *Iynges enim multæ ascendunt lucidos Mundos insilientes, & in quibus summitates tres sunt, subiectum ipsis princeps, sub hoc aliæ, quæ patris opera intelligentes intelligibilia sensibilibus operibus & corporibus reuelarunt.* Quid aliud hisce signatur, nisi trium summitatum profundum paternum, quod Aegyptij adorabant, cuius immediatus conceptuum in eo latentium executor Iyngicus chorus est, ipsis subiectus, qui hosce trium triadum paterni fundi Mundos empyreos contemplatione dum intelligunt, eos sensibilibus operibus & corporibus reuelant, id est, iuxta diuinarum legum præscripta Mundi membris per ineffabiles quasdam virtutes inserunt; & vti Zoroaster ait: Διαπορθμοι ἐς ὦτες φαίνη τῳ πατρὶ, καὶ τῇ ὕλῃ, καὶ τὰ ἐμφανῆ μιμήματα τῶν ἀφανῶν ἐργαζόμεναι. *Transuectrices stantes dicere patri, & materiæ, & manifesta imitamina latentium operantes.* καὶ τ᾽ἀφανῆ κοσμοποιϊαν, ἐγγράφοντες. *Et latentia in manifestam Cosmopæian inscribentes.*

Verùm rem ita sese habere, hieroglyphica apertè docent. Vides figuram A, Iyngem cœteris vti primam in ordine, ita maiorem quoque esse, imò Iyngicæ veluti hierarchiæ choragum; vides in ventre eius trigonum, ex cuius angulis canales in globum deducuntur, & hinc in sceptrum lotiferum reflectuntur;quo quidem nihil aliud indicatur,nisi Iyngem immediatum fundi paterni triadici opus ex trigono archetypo per occultos & ineffabiles quosdam canales opera patris & fundi eius deducere in Mundos, & hinc in ipsum patrem perenni quâdam contemplatione & amoris affectu reflecti: Mens enim suprema, vt Hermes ait, vtriusque sexus fœcunditate plenissima, in seipsum suum reflectit amorem. Fœcunda itaque paterna Mens non ad intra tantùm, sed ad extra, dum ex trigono suo archetypo Mundum genuit, teste Platone, in eum quoque perenni virtutum suarum emanatione influens, Iyngici chori administratione conseruat; quæ omnia per Crucem Tauticam sub trigono emergentem scitè signantur. Præterea Iynx prima à prima Mente igne imprægnata, calore omnia Mundorum membra implet; vnde non sine causa sub Accipitris alis extensis, veluti omnia fouentis figura expressa cernitur. Nam vt rectè Zoroaster: τροφὴ δὲ τῳ νοοῦντι τὸ νοητόν. *Cibus enim intelligenti intelligibile est.* Μάνθανε τὸ νοητὸν ἐπεὶ νοῦ ἔξω ὑπάρχει, καὶ τῳ νῷ, ὃς τὸν ἐμπύρειον κόσμον ἄγει· νῷ γὰρ νοῦς ἐξεῖν ὁ κόσμος τεχνύτης σπεῖν. *Disce intelligibile, quia extra Mentem existit, & Mentis, quæ extra empyreum Mundum ducit; Mentis enim Mens est Mundi ignei opifex*; & deinde igneam amoris vim in omnia Mundi membra diffusam sequentibus verbis docet: Νοεραῖς ἀστραπαῖς τὸ πῦρ ἵετο, δ᾽ἐνέπλησε τὰ πάντα, ἄμορφα μορφῶζε, σμήνεσσιν ἐοικυῖαι φέρονται ῥηγνύμεναι κόσμου περὶ σώμασι. *Mentalibus sectionibus fulget, amoreq́; impleuit omnia, insfigurata figurans, examinibus similes feruntur perrumpentes per Mundi corpora.* Iynx verò suprema sui ordinis choraga, vti à fundo paterno immediatè emanauit, intellectum paternæ Mentis simillimum adepta, sic in subsequentes se Iynges septem sphærarum præsides simili igneæ Mentis influxu agit, ita quidem, vt ipsa suprema Iynx in stellato cœlo, in intelligibili Mundo omnis generis ideis referto sedem suam figens, in octauum cœlum igneo influxus vigore secundùm analogiam quandam agat; & deinde hinc in

Prima septem Iyngium cœteris maior.

Hermes.

Plato.

Iynx suprema in cœteras influit.

ordine sequentem Iyngium Chorum, hic in sphæram Saturni, & hoc pacto ordine Iynges in correspondentes sibi sphæras Siderei Mundi vsque ad Lunam influxum suum pandant. Nam vt appositè Zoroaster:

Zoroaster.

Νὂς μὲν κατέχει Ἴυγξ ὃ νοητὰ, αἴσθησιν δ'ἐπάγει κόσμοις· νῶ μὲν κατέχει ὃ νοητὰ, ψυχὴν δ'ἐπάγει κόσμοις. *Mente quidem Iynx continet intelligibilia, sensum verò inducit Mundis; Mente quidem continet intelligibilia, animam verò inducit Mundis.* Nam vti in Theologia docuimus, omnes à paterna Mente Pantamorphis ideis referta emanant, mentali igne disponuntur, dispertitis septem Mundi canalibus vitam largiuntur & motum. Quæ omnia adeo luculenter descripsit Zoroaster, vt eius verba interpretationis loco esse possint; verba eius allego. Νοῦς πατρικὸς ἐρρήζησε νοήσας ἀκμάδι βουλῇ· παμμόρφες ἰδέας πηγῆς δ'ἄπο μιᾶς ἐποτῆσαι ἐξέτορον· παξιώθεν ὁ ἕως βουλήτε τῆς τε δι' ὧν συνήτε̣) τῷ παξὶ ἄλλω κατ' ἄλλω ζωὶω ὑπο μεριζωδίων ὀχετῶ, ἀλλ' ἐμεριώδης νοερῶ παρὰ μοιρηθεῖσας εἰς ἄλλας νοερας, κόσμω δὲ ἀνὰξ πολυμόρφω προύθηκεν νοερὸν τύπον ἄφθιτον, Ἴχνος ὑπηρομφῆς μορφῆς καθ' ἃ κόσμος ἐφαίθη παντοίας ἰδέαις κεχαρισμένος, ὡς μία πηγὴ ἐξ ἧς ῥίζεν θ. μεριζωμέναι ἄλλαι, ῥινυμήναι κόσμες ὑπεί σώματος καὶ κολπος σμερδαλίοις. *Mens paterna stridit intelligens vigente consilio; omniformes ideas fonte ab vno euolantes exilierunt. A patre enim erat consilium, & finis; per quæ coniunguntur patri per aliam atque aliam vitam à compartitus canalibus, sed partitis & mentali igne dispositis in alius mentales; Mundo namque Rex multiformis proposuit mentalem typum incorruptibilem, vestigitiumque promouens formæ per quæ Mundus apparuit omnifarijs ideis gratiosus, quarum vnus fons, ex quo strident aliæ dispertitæ perrumpentes circa Mundi corpora & sinus ἐμερίτες.* Quæ &

Hieroglyphicæ columnis B & C simulachri Serapis incisa.

hieroglyphicæ inscriptiones in columnis B & C, satis indicant; nihil enim aliud significant, quàm effectus & operationes, quas in Sidereo Mundo, & deinde in Elementari præstant. In columna C primo loco Serpens occurrit cum pennis Accipitrinis, quæ sequuntur octo Accipitres; quibus indicatur Iyngem primò in Solem influere, per quem deinde reliquis octo sphæris, per totidem octo Accipitres indicatis, virtutem Solarem diffundit; hæ verò virtute Iyngica Solari imprægnatæ, inferiorem Mundum pariter virtute suâ in Mundi bonum imbuunt. Minutiorum hieroglyphicorum significationem consultò omitto, partim nè Lectorem intricatissimis characteribus confunderem, partim, quia nihil aliud, quàm quod dixi, continent, & facilè Lectori curioso, hasce inscriptiones cum alijs ijsdem passim in hoc opere occurrentibus, comparanti constare possunt.

Cur simulachro Serapis tot hieroglyphica insculpta.

Hoc loco solùm quæri posset, cur præsenti Idolo tam sublimem Philosophiam insculpserint? Respondeo, hoc ideo factum esse, quia quemadmodum suprà demonstrauimus, cùm Iynges immediatæ diuinæ seu paternæ voluntatis executrices essent, animas verò post exuta corporis inuolucra suis singulas sphæris vnde defluxerunt, quarum mentes Iynges, restituendas crederent; hinc Idolo, quod supremam Mentem indicabat, Iynges paternæ Mentis administras, eo consilio insculpserunt, in sepulchrisque collocauerunt, vt sacrorum symbolorum tam eximia mysteria in se continentium ornatu aduersarum potestatum insultus infringerentur, atque adeo hoc religioso cultu anima, cuius corpus sepulchro

chro continebatur, post varias reuolutionum permutationes tandem sphæræ suæ Iyngum ope restitueretur. Iynx enim religiosi operis exhibitione, id est, hieroglyphico hoc sacramento concitata, mox se, vti opinabantur, coram sistebat, & corpus ab omni noxa tuebatur, donec anima iuxta fatales Adrastæ leges, varijs transmigrationibus agitata, eidem restituta, beatamque in eo vitam ducendo, soluta denique in sphæram vnde defluxerat, Iyngis ope deportaretur. Hinc non incongruè illas Zoroaster διαπορθμίους, id est, transuectrices vocat, vti suprà visum fuit. Nam dum in Mente paterna leges fatales contemplantur, καὶ ἀυταῖς φυλαῖς ἀφθέγκτοισι κινέμεναι, Et ipsæ consilijs ineffabilibus mouentur, vt animabus, quarum curam habent, congrua habitacula præparentur. Atque hinc patet cur hæc Iyngis figura in nullo non Mumiarum inuolucro expressa cernatur, vti ex Mumiarum Syntagmate luculenter patet. *Iynges animarum transuectrices.*

Cùm itaque hæc statua pyramidi inclusa fuerit, vti relatio historica hoc Syntagmate proposita docet ; certè ad nihil aliud, nisi ad ea quæ exposuimus, hâc mysteriosâ Iyngum exhibitione allusisse videtur. Est enim Iynx hoc loco nihil aliud, quam Intelligentia illa Deo proxima, cuius munere animæ paterno fonti restituuntur, & vt Psellus ait, δεσμὸν μεταξὺ τῆ πατρὸς, καὶ τ῀ Ψυχῆς. *Vinculum inter patrem & animam.* Octo verò Iynges ponuntur, quarum prima choraga cœterarum septem ; vt octo sphæræ indicarentur, quibus animæ pro meritorum congruitate nunc huic, nunc illi, ab Iyngibus singulis suæ curæ commissis sphæris insererentur. *Iynx Intelligentia Deo proxima. Psellus. Iyngos octo cur inserte idolo Serapis.*

Quid verò minuti characteres Iyngibus circumpositi ? Dico explicare effectus Iyngum ; quas quidem libenter hoc loco exponerem, verum cùm ij infidelem pictoris manum in designando experti, & insignem mutilationem passi sint, vti passim in omnibus alijs minutioribus figuris videre est ; consultiùs eos intactos relinquere volui, quàm eos mea industria substituere. Accessit quòd eadem passim in alijs & alijs simulachris repræsentata spectentur, de quibus singulis suis locis tractabitur inferiùs. *Characteres minuti Iyngibus circumpositi.*

§ II.

Secundæ figuræ interpretatio.

Est hoc præsens secundùm simulachrum, priori quoad figuram, si hieroglyphica & colorem excipias, prorsùs simile. Quid verò id significet, hieroglyphica nos docent anticæ simulachri parti triplici ordine inscripta. Dicimus itaque hoc Tutelaris pariter Numinis, sensibilis Mundi administratoris simulachrum esse. Quod vt intelligatur, Notandum est, quòd sicuti primum simulachrum ex intelligibili Mundo Numinis, vt ex hieroglyphicis patuit, simulachrum est, ita hoc sensibilis Mundi præsidis simulachrum esse : siquidem quæcunque mens Iyngæa sapienter disposuit, hæc sensibilis Mundi mens iuxta participatum Iyngum influxum in executionem deducit, Mundum sensibilem supernorum *Secundæ figuræ seu statuæ Serapis explicatio. Secundum hoc simulachrum ex Mundi Sensibilis præsidibus.*

rum influxuum ideis impraegnando. Hinc aptè Iyngaeo Numini coniungitur, veluti rerum ab eo fibi commiffarum executrix. Nam hos fontanorum craterum ideales influxus ab Iynge impreffos in fingulas fphaeras deriuat. Sicuti etiam ab Iynge fuprema catena efficitur Iyngaea, fic ab hac Zonaea, id eft, Numinum fphaeris affiftentium catena deriuatur; illa Intelligibilem, haec Sidereum Mundum fpectat; ita vr Siderei Mundi praefides fuperintelligibilis Mundi praefidibus paralleli veluti inferiores fuperioribus fubdantur, vti in Theologia Aegypt. fusè deduximus; hinc illa nigro faxo, ob inacceffae caliginis profunditatem, intellectui inexplorabilem; haec candido, ob Siderei Mundi fulgorem conftituta fuit.

Hieroglyphica fecundo fimulachro incifa.

Sed haec ita effe, iam ex hieroglyphicorum ftructura pandamus. Sunt in hoc fimulachro tres hieroglyphicorum feries, quae totidem literis M, N, O, fignantur. In primae feriei columna, brachium confpicitur cum catena & circulo, feretrum, alterum brachium, Serpens cum hydrofchemate & cratere, quem fequuntur quatuor hydrofchemata. Quid brachium, feretrum, Serpens cum hydrofchemate, & reliqua fignificent, iam faepe faepius expofitum eft; vnde omiffa vlteriori defcriptione fenfum tantùm affignemus, qui is eft vt fequitur in prima columna M. *Benefica Numinum Sidereo Mundo praefidum catena vitalem humorem in crateres fontanos deriuat*; vti Genius Solaris, & ftatua Accipitrina notant; *eos committit Ifi beneficae*, quemadmodum fequens ftatua docet; *humidam fubftantiam crateri inferiorum & hylaeorum Mundorum inferit, catena Genij Solaris ope, cuius prouidentiâ porta aperitur Mendefio Genio per Hircum indicato, & omnia inferiora animantur*.

Columna M.

Columna N.

In fecunda columna N occurrit ftatua Genij alterius, cuius officium eft & dominium in tripartitas anni partes affluxus fupernos deducere, vnicuique fuam congruam proportionem affignando, cuius fymbolum Columba eft, tefte Horo, & nos in Obelifco Pamphilio fusè oftendimus. Primò enim beneficâ quâdam prouidentiâ, quae confuetis religionis ritibus concitatur à Sacerdotibus, ad exemplar Archetypum adaptatâ attractâ, flos Loti in manu ftatuae indicat; rerum omniû vbertatem inferioribus Mundis indit, & cornucopiae cum tribus circulis luculenter docent; catena quoque Solaris Numinis inde mota, humore replet fontanos inferioris Mundi crateres.

Columna O.

In tertia columna O Serpens occurrit cum duabus pennis, hydrofchemate, oculo, fceptris, Columba, gnomone, cui fphaera infiftit, & vafe è quo emergunt tres Loti flores; fequitur quadratum, cui Accipiter includitur, cum cycloide, hydrofchematis binis, cycloide, Scarabaeo, penna, brachio extenfo; quorum hic fenfus eft: *Vitalis Intelligentiae humidi prouifor, omnia mirâ quâdam ratione temperat per fymmetriam & amorem, quem fingulis rebus in hoc Mundo indit*. De qua amoris fphaera cùm amplè

Amor rerum in quo confiftat.

differuerimus in Geometria hieroglyphica, eò Lectorem remittimus. Confiftit autem amor rerum in conformatione, quâ omnia archetypum fuum appetunt, vt tres Loti flores aptè docent; hi enim ab Ortu, Meridie, & Occafu conftanti motu, Solè, veluti Sideris amore conciti, fequuntur

vtpo-

vtpote à quo vitam & alimentum omne habent. Hâc enim conformatione Ofiris ille fupramundanus Mundo inferiori includitur, veluti fympathicâ quâdam operatione attractus; ex hoc denique beneficâ rerum omnium vbertas. Atque hæc omnia non tantùm ad phyficas confiderationes traduci poffunt, fed & moralibus & phyficis quàm maximè applicari; oftenditur enim hifce ijfdem, quomodo anima piè fanctèque corpore foluta per catenas Numinum ad fupramundani crateris delicias transferatur, & ab Ofiri, Ifi, Ammone, vitâ, motu, fœcunditate cœlefti imbuatur; quomodo bonis omnibus repleatur, fi præfentis vitæ rationem Numinibus conformem inftituerit. Quare vel ex hoc patet, huiufmodi hieroglyphica non alio fine huic præfenti fimulachro fuiffe incifa, quàm vt Numen ijs motum primò corpus ab omni noxa conferuet, animam verò bonis omnibus repleat, fuæ fphæræ reftitutam.

Atque hæc funt quæ de binis hifce fimulachris paucis indicanda duxi.

FINIS SYNTAGMATIS DEGIMISEXTI.

SYNTAGMA XVII.

De magnæ efficaciæ Idolis, siue de Dijs Auerruncis primi ordinis.

ADMODVM REVERENDO AC RELIGIOSISSIMO
PATRI,
P. VINCENTIO FANO,
ORDINIS PRAEDICATORVM,
SS. Theologiæ Magistro, & Reuerendissimi S. Apostol. Palatij Magistri, Socio meritissimo.

APIENTIA, quâ Tu, Religiosissime Pater, oppidò polles, lux est, tantæ virtutis, vt nullum non radiorum suorum fulgore trahat; radij huius lucis sunt magna animæ Tuæ ex eodem Sapientiæ fonte deducta talenta, ingenij sublimitas, iudicij limatissimi perspicacitas, diuinarum humanarumque rerum absoluta notitia, cum insolita beneuolentia & humanitate ita aptè connexa, vt inde mira quædam resultet harmonici animi Tui temperies, quâ corda rapis omnium. Censuisti hoc Opus cœteroquin sanè difficile, & intellectu arduum; & ita quidem censuisti, vt nihil quod ad debitum decorem splendoremque consequendum vllatenus necessarium ei videretur, omiseris. Quo virtutum omnium & humanitatis complexu adeo me non tantùm vicisti, sed ita deuinxisti, vt Tuum me penitus ex asse feceris. Et cùm meum in Te affectum aliâ re commonstrare non liceat, hoc Tibi argumentum inscribendum duxi, veluti perenne quoddam Tuorum in me meritorum mnemosynon. Vale.

SYNTAGMA XVII.
De magnæ efficaciæ Idolis, siue de Dijs Auerruncis primi ordinis.

CAPVT I.

Auerrunci Dij qui dicantur.

INTER cœtera Ægyptiorum simulachra, quàm plurima eorum Deorum, quos Græci ἀποτροπαίους, Latini Auerruncos, alij Curetas vocant, reperiuntur. Dicebantur autem Auerrunci, eò quòd omnes malorum impendentium occursus auertere crederentur; vnde à Græcis ἀποτροπαῖοι, ἀπὸ τῦ ἀποτρέπειν, id est, *auertere*, dicuntur. Sunt autem huiusmodi simulachra in varias diuisa Classes. Quorum omnium interpretationem hoc loco opportunè sanè adducemus.

Primo quidem loco ea occurrunt, quæ magnæ efficaciæ dicuntur, eò quòd situ, gestu, ἀντιτέχνοις potestatibus formidinem incutere videantur; cuiusmodi præsens statua est ex Museo Hippolyti Vittelefchi extracta, minax vultu & manibus; cuiusmodi præ foribus delubrorum ponere solebant, ad assultum contrariarum potestatum impediendum. In hac velatus vertex latentis diuinitatis indicium est; vultum minacem præseferat, & brachijs pendulis, manibusque validè contractis, stimulis quos manibus gestat, ad terrorem incutiendum intenta, pedibus quoque ad resistendum cum impetu compositis, plena minarum & indignationis nescio quid ferociter exhibeat. Spectantur huius generis gyganteâ magnitudine in hunc vsque diem Tibure, ante Cathedralis Ecclesiæ vestibulum, bina simulachra, quos Goeios vocant. Hos vide in Iconismo Obelisci Barberini, genuinâ delineatione exhibitos, eiusdem prorsùs formæ & habitus, quo præsentem intueris, nisi quòd Canophoræ sint.

CAP. I. 488 OEDIPI AEGYPT. THEAT. HIEROGL.
De Statua loquente.

Dæmones non tantùm ex statuis varijs, veluti Oraculis quibusdam, sed & vel ipsos Sacerdotes ad populum maiori erga Deos cultu & veneratione detinendum locutos, plebi simpliciori callida arte imposuisse, varijs huius Operis locis ostendimus; suitq; adeò huiusmodi loquentium statuarum vsus in Ægypto frequens, vt vix Nomus esset, qui ijs careret. Atque adeò principalis Sacerdotum finis in hoc constitutus fuisse videtur, Dæmones per Magicas adiurationes variaque incantamenta, in statuas legitimis ritibus in adytis priùs consecratas attrahere, atque attractos varijs deinde quæsitis consulere. Et quoniam Dæmones non semper responsa dabant veritati consentanea, sed consulentes varijs modis illusos prorsùs dementabant; hinc factum est, vt Sacerdotes officio Dæmonis functi, & ad fraudes conuersi, eo artificio statuas adornarent, vt per occultos meatus deductis vsque ad caput statuæ syphonibus per eos, quæ vellent ad superstitiosæ plebi imponendum, quasi Deorum voces & pronunciata immurmurarent; quemadmodum de Sphynge Memphitica in Mechanica, & in Magia de Oraculorum ratione, statuarumque loquentium constitutione fusè disseruimus.

Ex Museo Francisci Serræ.

Atque talis fuit statua hæc præsens, quæ in Museo Illustrissimi Equitis Francisci Serræ Romani, Viri & nobilitate, omniumque bonarum artium cultura eximij, spectanda exhibetur, adeo præcedenti similis, vt nulla prorsùs differentia inter illas dignosci possit, nisi quòd illa ex nigro, hæc ex fusci coloris lapide sit efformata. Habet hæc præterea os patulum & vsq; ad occiput pertusum, ab occipite verò vsque ad medium dorsi meatum habet, per quem haud dubiè canalis ex bucca Deastri meatui huic insertus per parietem inabditum quoddam receptaculum deducebatur, in quo per eum Sacerdotes immurmuratis compendiosi sermonis effatis, de varijs consulentibus responsa dabant; hoc enim pacto contingebat, vt à responso dato, veluti à Numinis ore pronunciato pendentes, non tantùm in Numinis istius (veriùs Dæmonis) cultu superstitiosiores obstinatioresque fierent, sed & hoc impio Sacerdotum dolo illusi ad oblationes & munera Dijs debita, vti ipsi putabant, veriùs dolosis Mystis offerenda magis magisque animarentur, magnum quidpiam

SYNTAGMA XVII. DE DIIS AVERRVNCIS.   CAP. I.

piam se patrasse opinati, si illud, quod fraudulenti ingenij astutiâ actum erat, in simplicioris plebis animis, diuinæ Numinum operationis, & miraculi cuiusdam existimationem obtineret.

Auerruncorum Deorum statuæ varijs auerruncationis symbolis conspicuæ spectantur. Sunt quæ vncinos & harpagones manibus decussatis portant; aliæ flagellis ex sacrorum animalium caudis instructæ; nonnullæ retibus ab humeris dependentibus; quædam hieralpham manu gestant. Quæ omnia ordine exponentur.

Auerruncorū Deorum instrumenta auerruncatiua varia.

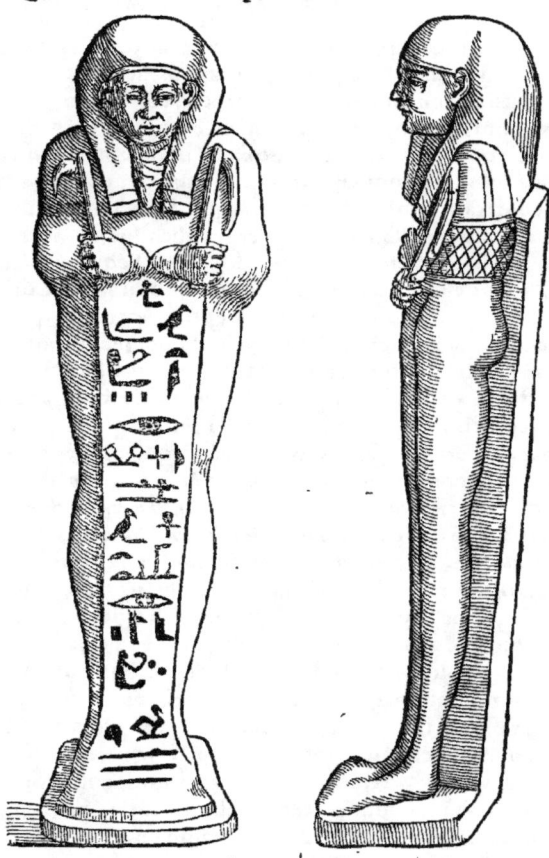

Et primò quidem in præsenti figura, antica & laterali, vides fœminæ vultum velato vertice conspicuæ, & manibus decussatis harpagones gestantis, cuius in dextra harpago annexum habet rete ab humero dependens; quæ quid significent, aperio.

Isis Dea auerrunca.

Iam passim hoc Opere ostensum fuit, Isidem Auerruncum Numen ab ab vniuerſa Ægypto creditam eſſe; quæ, Plutarcho teſte, cadauer Oſiridis à Typhone in Nilum proiectum, vncino 'extra Nili fluenta reti excepiſſe memoratur. Atque hoc eſt, quod aptè ſanè hoc loco exprimitur per vncinum & rete ab humeris dependens. Iſis Nili Genius eſt, aduerſas ab eo poteſtates ſiſtri ſono prohibens, citato Plutarcho teſte; ſiſtrum itaque proprium Iſidis ſymbolum. Et nè Typhoniæ poteſtates denuò *Hieroglyphi-* nonnihil contra Oſiridis corpus, id eſt, Nilum (Oſirin enim iam ſæpe *cæ ſtatuæ* dictum fuit pro Nilo ſumptum fuiſſe) vel immodicâ ſiccitate, aut humi-*Auerruncæ.* ditate ſuffocatiuâ, in damnum totius Ægypti machinarentur; ſtatuam hanc vncinis & harpagonibus, vti & reti terribilem, αἰτίτιχγον ſtatuerant; vt ſymbolis poteſtati eorum contrarijs, à nocendo lædendoque deſiſterent, magnæ, vt vocant, ad eas cohibendas efficaciæ; & hieroglyphica anticæ parti ſtatuæ inciſa luculenter docent; vbi primò ſtatua ſedentis in morem expoſita, manibus extenſis, infra ſe fauiſſam cum canali Nilotico & Accipitre continet; ſequitur mox alia ſtatua, malè tamen efformata, cum tribus terminis, cum vncini figura, quæ tamen non, vt hìc, ſeparata eſt, ſed edacitate temporis detrita, atque adeo nihil aliud quàm ſtatua eſt manu vncinum geſtans; quod verum eſſe, ſimiles inter hieroglyphica vncino inſtructæ ſtatuæ paſſim docent. Sequitur hemicyclum cum penna; deinde oculus; quem ſequuntur bini flores Loti cum Cruce & penna; hos verò duo piſtilla cum ſceptro, Accipiter quoque crateri inſiſtens, cum Cruce; deinde hemicyclum cum ſecuri inter duos terminos locata, quam ſequitur oculus, vas Niloticum, ſecuris, altare, vas Nili, altera ſtatua vncino inſtructa, & denique Ibis cum appoſito vaſe Nilotico, & ſceptris. Quorum omnium ſenſus eſt qui ſequitur : *Statua Iſidis auuerrunca malorum à fauiſſa & canalibus eius, vti & crateris Oſiridis nutrix; Iſis auerrunca malorum à tribus hyleis Mundis; prouidentia ad archetypum adaptat omnia, quadrifido in Mundum inferiorem influxu cohibet Typhonias poteſtates, Oſiridis craterem in quadrifidum Mundum deriuat; noxia & perniciosa auertit, prouidentia humidæ ſubſtantiæ omni honore veneranda; Iſis extractrix ex Nilo Oſiridis, humiditatis Lunaris domina & Alia ſtatua adminiſtratrix.* Huic congruunt complures ſtatuæ, ex diuerſis do-*Auerrunca.* ctorum Virorum Muſeis extractæ, & inter cœteras haud abſimilis eſt ſtatua, quam olim eruditiſſimus Medicus Bartholus Bartholinus Danus mihi communicauit, & ferè eadem eſt cum ea quæ ſequitur, vti & hieroglyphica inſcriptio eadem eſt, vt proinde ob ſimilitudinem denuò incidendam non duxerim; quare conſule ſequentem. Fœmina velato vertice, ſiniſtrà vncinum cultriformem, dextrâ hieralpham, cui annexum eſt rete, geſtat, in antica parte hieroglyphicâ inſcriptione inſignita. Vncinum & hieralpham, cui rete annexum eſt, manibus portat, & indicant Agathodæmonem auerruncum, quem ſtatua refert; velatus vertex diuinitatis latentis ſymbolum eſt; hieroglyphica verò ea ſunt quæ ſequuntur : Sceptrum, oculus, ſed cuius pupilla deſit, ſtatua Accipitrina, Altare, brachium extenſum, canalis ſacer, Crux, baculus incuruus, ramus triplex inuerſus, oculus, tria quadrangula cum

hemi-

SYNTAGMA XVII. DE DIIS AVERRVNCIS. 491 CAP. I.

hemicyclo, cycloides, baculus incuruus cum Coturnice: quorum sensus est; *Prouidentia Numinis venerandi, canales beneficâ vi suâ imbuat, tres anni partes prouidentia dirigat, à tribus Mundis hyleis auertat omnia Typhoniarum potestatum molimina.* Nota has notas meliùs in sequenti simulachro

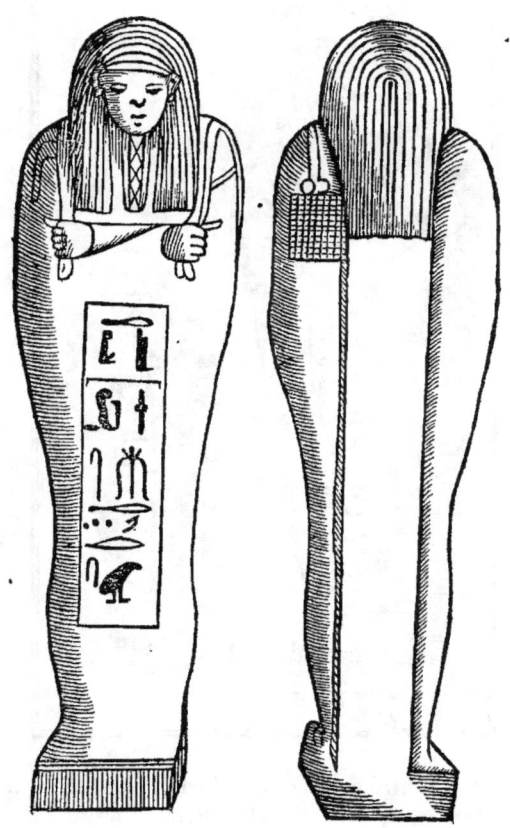

exprimi. Huic prorsùs similis est, quam non ita pridem ad me propriâ manu delineatam per Nihusium transmisit Clarissimus Vir Philippus Cæsius, quam & apud hæredes Ioannis Volckeschen ex testa fictili subcærulei coloris extraxit.

Tertiò sequuntur statuæ binæ prorsùs præcedentibus similes, quarum maior manu dextrâ, hieralpham & rete à tergo dependens, sinistrâ verò cultrum tenet; quæ quidem symbola nihil aliud quàm potentis sectionis Agathodæmonem notant. Hieroglyphicorum inscriptio

cùm

Aliæ binæ statuæ Auerruncatiuæ.

CAP. I.   492   OEDIPI ÆGYPT. THEAT. HIEROGL.

cùm prorsùs eadem sit cum præcedenti, vti vnam cum altera comparanti patebit, ita eundem quoque sensum refert. Simulachrum minus fo-

lium perseæ manu sinistrâ tenet, dextrâ hieralpham, cœterùm vti præcedentia velato vertice; quæ quid indicent, iam dictum est. Perseæ folium sapientiæ symbolum est, habet enim fructum perseæ cordi, folium linguæ simile, teste Horo, gestabaturque ad Mercurium attrahendum, cui perseæ dicabatur, vti ad eiusdem potestates ἀντίχρυς profligandas apta.

Alia statua Auerruncatiua.

Sequitur aliud simulachrum pariter vertice velato, quod superiori anno summâ diligentiâ delineatum mihi Illustrissimus Dominus Guilielmus Hustlerus Anglus communicauit; manibus hieralpham & vncinum gestans cum barba reticulari, totum reliquum corpus anticum varijs hieroglyphicorum schematis insignitum est, vt in subiuncta figura apparet; quam nihil aliud esse dicimus, nisi Agathodæmonem Auerruncum, vt ipsa

auer-

SYNTAGMA XVII. DE DIIS AVERRVNCIS.

CAP. I.

auerruncationis symbola abundè testantur. Quid verò velatus vertex, quid symbola velint, iam suprà dictum est; quid hieroglyphica signent, aperiamus.

Primus ordo continet Serpentem cum quatuor lineolis, quæ tamen quid repræsentent, dispici non potuit; hæc sequitur ampulla sacra cum hemicyclis, & brachio extenso (tale enim exhibere debet, licet depictor id non exactè assecutus sit). Sequuntur Ibides binæ mediante quadrato, postea ramus triplex inuersus, post hunc sequitur figura, quæ vti ex alijs hieroglyphicis schematis patet, aliud non refert, nisi statuam sedentem; hanc pyramis piscinæ sacræ insistens, quam denuò Ibis cum securi, & Altari, oculo, Serpente, & baculo nodoso; agmen claudit thyrsus. Quorum sensus hic est. *Vitalis humor inferioris Mundi beneficentiâ Mercurialium Geniorum Mundo hylæo præsidentium, tripartito anni tempore communicatur per statuam quæ sacræ piscinæ influit; quâ Mercuriale Numen attractum prouidentiâ suâ vitam largitur suæ curæ commissis.*

Hieroglyphica huius statua.

Secundus ordo hunc sensum efficit. *Mercuriale Numen tripartitum anni tempus influit; & posita sibi statua propitiatoria, canales laxat, aduersa repellit, Mercuriale Numen debito honore cultum, aërem inferiorisq́ Mundi substantiam fœtura rerum imbuit, per statuas sibi appropriatas religiosè cultas.*

Tertius, vti ex symbolis patet, hunc sensum efficit; *Typhonicæ potestates per Ibiacas intelligentias, supremi Numinis influxum in inferiora propagantes religioso cultu Sacerdotum, profligantur, vnde hylæo Mundo magnum stabilimentum nascitur.*

Quartus. Hâc symbolorum serie hic sensus efficitur: *Mundi superiores inferioresque Ibiacorum, id est, Mercurialium Numinum catena dominatrice, malis expulsis conseruantur.*

Quintus. *Vita datur Crateri magni Osiridis per statuas mysticas, & Momphtæas ipsum circumstantes, & beneficâ vi fouentes.*

Sextus. *Cœlestis Crater ope Intelligentiarum magnam vim acquirit ad abundantiam inferioribus conferendam.*

Reliquas tres series non expono, tùm quia ex figuris ipsis notæ sunt, tùm etiam vt nonnihil exercitij curioso indagatori relinquatur: continent enim symbola nota, & iam sæpe sæpius explicata.

CA-

CAPVT II.

De simulachris Aegyptiorum portatilibus.

Simulachra portatilia Aegyptiorum.

Nihil his simulachris vulgarius est, cùm vix sit Museum in quo non reperiantur; & magna eorundem quotannis ex Aegypto multitudo adfertur. Sunt autem longitudine vnius digiti, aut etiam cubitales, & eodem penè habitu, quo maiores statuae, exornantur. Quaeritur itaq; quid Deastri huiusmodi significent? Respondeo ex eorum numero esse, quos Auerruncos siue Apotropaeos diximus, & quos Hebraei Theraphim, vocabant. Atque hoc itaesse, symbola quibus exornantur, apertè docent; sunt enim vt plurimùm hieralphis, harpagonibus, vncinis, flagellis, scuticis, similibusque auerruncationis symbolis instructa. Sunt etiam partim ex testa, partim ex ligno, & metallo subinde sabrefacta. Horum simulachrorum tria in Museo meo spectantur; quorum prius testaceum pro suis in Rempublicam literariam meritis donauit Clarissimus ac summè eruditus Vir Nicolaus Heinsius; alterum metallicum priori prorsus simile Illustrissimus Hispaniae Inquisitor; tertium ex cedrino ligno, in Aegypto Mumiae fascibus inuolutum eruerat P. Marcus Ord. S. Francisci, à S. Congregatione propagandae fidei in Aegypto Missionarius, quod & pro sua in me humanitate sanè singulari, ex Aegypto translatum in Museo meo constituit. Singula decussatis manibus arma ferunt malorum auersiua. Inscriptio quoque hieroglyphicorum cùm eadem sit, vnam hîc explicasse sufficiat.

	Hieroglyphica.	*Lectio.*
1	Serpens	1 Vitalis 2 trium elementarium
2	Tres termini	Mundorum
3	Hydroschema	3 humor
4	Brachium extensum	4 beneficus
5	Ara cum penna	5 cultu religioso allicit
6	Ibis	6 Mercurium, qui
7	Serpens cum duobus terminis	7 vitam deriuat in hylaeos Mundos,
8	Vas Niloticum cum catena	8 in aquam Niloticam, ope catenae Numinum aquaticorû.
9	Hieralpha	9 Agathodaemon humorem naturae deducit
10	Hemisphaerium	10 in inferiores
11	Figura piscinae	11 piscinas adytorum;
12	Musca Aegyptia, cum thyrso papyraceo.	12 Vbi polymorphus Daemon singulis distributâ suâ portione, inde necessariarum rerum abundantiam confert.

Com-

SYNTAGMA XVII. DE DIIS AVERRVNCIS.

Conplura huiusmodi in Museo Gualdi, Angelomi, Barberinorum, cæterisque priuatis domibus spectantur. Melitæ tres bipalmares huius generis statuas possidet Clarissimus Vir Io. Francis. Abela, Ordinis Vicecancellarius, quas hoc loco libenter proponerem; verùm cùm eædem prorsùs sint cum ijs, quas paulò antè descripsi, nè temporis iacturam paterer, eas consultò omisi.

Atque hæ quidem statuæ nihil aliud sunt, quàm Hebræorum Theraphim, quas Rachelem patri suo furatas, abscondisse sacræ literæ testantur; de quibus cùm primo Tomo in Pantheo Hebræorum, capite de Theraphim, amplissimè egerimus, eò Lectorem remittimus.

Teraphim Hebræorum.

Ad hanc quoque Classem reuocantur eæ statuæ, quæ Mumiarum inuolucris insutæ reperiuntur, de quibus cùm posteà Syntagmate XVIII. fusè acturi simus, Lector id consulere poterit.

CAPVT III.

De statuis Auerruncis alia forma, quas Μεσίτας vocant.

Occurrunt complures Deastrorum Ægyptiacorum statuæ quas μεσίτας, id est, mediatrices vocant; & ita dicuntur, quia maioris ordinis Numina ab inferioris ordinis Numinibus supremæ Menti ad id, quod prætendebant, obtinendum, sollicitanda exhibebantur. Meminit horum Chrysippus in Libro de Antro Mythræ; Τὰ τείχη τȣ̃ σπυλαίȣ παντοποικίλοις εἰκόσι κοσμήσθω, καὶ ἐπὶ τῶν Θεῶν, ἐς μεσίτας καλȣ̃σι, ἀγάλματα ἐσεισάμθμα. *Muri speluncæ omnigenis imaginibus ornati, & Deorum, quos mediatores dicunt, simulachra circumstantia.* Et sunt iterum in varias Classes diuisæ: nonnullæ ingeniculatæ, quædam stantes, aliæ sedentes Deorum μεσιτῶν simulachra ante se posita exhibent; quibus quidem figuris omnes Obelisci referti sunt, vti suo loco patuit; quæ & seorsim lapidibus appropriatis incisæ adytis, delubris, ædibus priuatis auerruncationis malorum causa imponebantur, & maximam habere putabantur ad superna charismata adipiscenda virtutem & efficaciam.

Statuæ auerruncæ dictæ μεσίται.

Chrysippus.

Spectatur in hunc diem Romæ in Palatio Farnesiorum simulachrum ingeniculatum formâ fœmineâ, quod ante se gestat aliud simulachrum Numinis turbinato habitu indutum; manu sceptrum tenet, capite cydari in cucurbitæ formam adaptata, cui globus insidet, spectabilis, vti in sequenti figura patet. Fœminea forma Isidem, id est, tellurem indicat; Idolum verò quod ante se tenet, Canopicum Numen exprimit, cuius proprium est, terram fœcundo humore beare, cuius cucurbitalis tiara quam capite gestat, symbolum est, quam & duo cornua ambiunt cum globo intermedio, quibus humorem, nisi radiorum cœlestium virtute haberi minimè posse, indicabant. Sed vide quæ de hoc Idolo fusiùs locutis sumus in Syntagmate de Canopis, in expositione figuræ VI. Iconismi Canopici, vbi huic haud absimile exhibuimus. Habet hoc simulachrum

CAP. III. 496 OEDIPI ÆGYPTIACI THEAT. HIEROGL.

in dorso sequentem hieroglyphicam epigraphen, duabus columnis comprehensam. Prioris columnæ sensus hic est. *Ignea* A *vis & potestas* B *Osiris ad supremi Numinis* C *archetypon disposita,* D *vitam Mundo inserit,* E *precibus & cæremonijs Sacerdotum;* queis Ammonia *vita attrahitur Typhonijs malis eliminatis dispulsisque;* G *catena Deorum occulto motu concitata, vitam largitur.* H *beneficâ vegetabili naturæ;* I *occultus Deorum motus* K *beneficus iterum vitam influit Mundo aqueo,* vnde L *rerum necessariarum vbertas;* M *vitali Nilotici liquoris fæcunditate, quadrifidi Mundi facies repletur,* N *Osiris Mundi inferioris præsidis favore.*

Nota, inter D *& E omissa esse à sculptore 2 brachia cum capite Aristmo.*

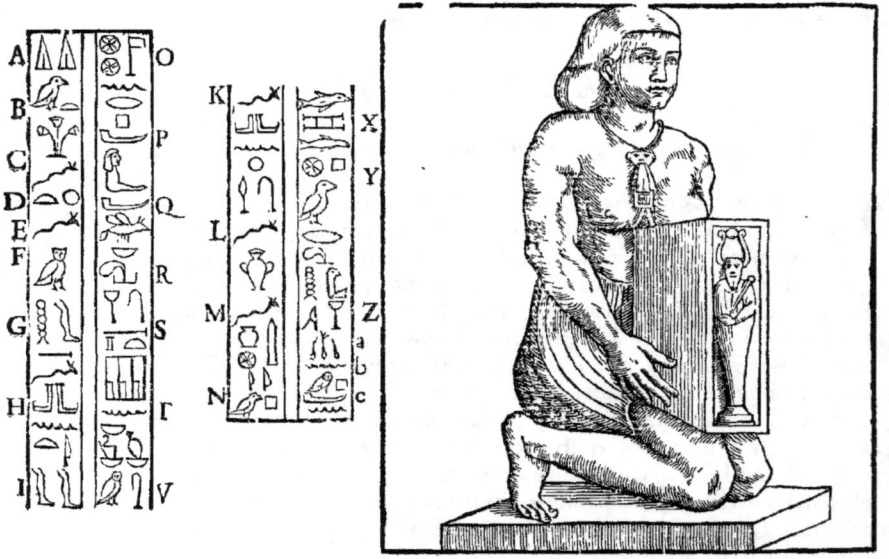

Statua Farnesiana.

Secundæ columnæ sensus hic est. O *Quadrifidæ Mundorum facies cælesti & elementari liquore replentur,* P *beneficio statuæ Isiacæ,* Q *cuius cultu Polymorphus Dæmon* R *cælestem vtrem exonerat in inferioris Mundi piscinas, potestate cui omnia substant, portas Mundorum inferiorum* S *portas* T *natura humida vegetabili naturæ summo* V *dominio & sapientia aperit;* vnde T *religione à Sacerdotibus ei ritè peractâ,* V *dispulsis malis, &* X *Typhonia sobole,* Y *quadrifidi Mundi inferioris facies* Y *Osiridis luce repleta cælestis vter in inferiora exoneratur;* Z *catena Geniorum Solarium & Agathodæmonum, ad eius ideam conformata,* a *tres anni stationes benefico & fæcundo* b *humore pro cuiusque exigentia replentur,* c *bubone profligato.*

De

SYNTAGMA XVII. DE DIIS AVERRVNCIS. CAP. III.

De statua Mesitica Orignana, quæ in Orignano Oppido spectanda exhibetur.

Est Orignanum Oppidum ad radices montis Soractis 24 mill. pass. Roma dissitum, in cuius cœmiterio, quod est ante dicti Oppidi Ecclesiam, statua cernitur ex phario lapide, ingeniculata situ, prorsùs & per omnia similis præcedenti, nisi quòd multò maior sit; neque enim maiorem, si Tyburtinæ Basilicæ appositas statuas excipias, Ægyptiam statuam me vidisse memini: genibus enim nixa iuxta corporis humani proportionem, septem palmorum altitudinem habet; iniuriâ temporis capite, & aliquantum pectore mutilata est; ante se tenet aliam statuam quadrangulo impositam, prorsùs eandem, quam statua Farnesiana superiùs apposita, cum duobus alijs Idolis & Serpentibus, obtinet; retrò ingentem hieroglyphicorum congeriem tribus columnis digestam exhibet; quæ quidem à me transcripta, attamen ob temporis breuitatem & angustiam non licuit incidere. De qua statua in epistola quadam Fabius Ghisius olim in Germania Nuncij Apostolici munere functus, modò S. R. E. Cardinalis longè Eminentissimus dignissimusque, dum illac transiret, & de statua certior factus eam examinasset, ita scribit.

Statua Orignana.

Ad-

CAP. III. OEDIPI ÆGYPTIACI THEAT. HIEROGL.

Admodum R. P. Athanasio Kirchero Soc. IESV Fabius Episcopus Neritonensis. S. P. D.

Discessi Roma die XVI. peruenique subnoctem ad Rignani Oppidum, quod est sub ditione Excellen. Principis Burghesij (modò Ducis Muti) XXIII. ab Vrbe lapide. Inueni ibidem signum perantiquum, licet non integrum, hominis sedentis, è lapide nigro, ni fallor, substinentisque duas paruulas figuras, & circumquaque arcanis distinctum notis, quales tu; eruditissime Vir, rimaris & conspicis in vnaquaque Pyramidum: Opus ego iudico Ægyptium, & multa eruditione refertum: ideo volui indicare tibi, vt accedas aliquando ad locum, & vberem inde copiam habeas doctissima volumina, quæ moliris, exornandi &c. Clueriti die 19. Iunij 1639.

Aliud ex Museo Excellentissimi Viri Ioannis Rhodij Medici Patauini.

Simulachrā auerruncum à Rhodio missum.

Quadruplicem tibi huius simulachri faciem exhibemus; anteriorem, posticam, sinistram, & dextram. Anterior fœminam tibi exhibet velato vertice, more Ægyptiaco, conspicuam, quæ ante se aliud exponit Idolum sine capite stans, & decussatis brachijs binas clauas gestans. Figura fœminea Isis est, fœmineum sexum mentiens, & masculina quâdam virtute præditum, vti in tabulæ Bembinæ exposi-

tione demonstratum fuit. Quod repræsentat, simulachrum Hori est, filij Isidis; sine capite est, quia quem Typhon diuinitatem eius abolitam cupiens, occiderat, Isis ad immortalitatem restauratam resuscitauit: nam vt rectè Plutarchus, Isis est vis illa fœminea, & totius susceptrix generationis

SYNTAGMA XVII. DE DIIS AVERRVNCIS. 499 CAP. III.

tionis, & non incongruè τιθλωή & παιδ'εχμς, nutrix & fusceptrix inde dicta fuit; habet enim congenitum amorem erga id quod primum ac summum est inter omnia, ipsum scilicet bonum, ad hoc enim rapitur, hoc optat, hoc sequitur; quod verò malum est, fugit & aduersatur. Hinc non abs re Osiridis animam incorruptam & sempiternam testantur, corpus verò à Typhone dilaceratum, Isidem verò id quærere, atque in artus restaurare. Nam quod perpetuum est, id desultorio ac mutabili multò præstantius, & quas à mutabili imagine sumit, nec perennant, nec semper eædem sunt, sed quasi è cera sigilla & impressiones vestigiaque delentur. Cùm has itaque præter rationem admittit ac mutuatur, tunc aduersus Horum manus conserere dicitur, eumque conficere Typhon, quem Isis ceu sensibilem intelligibilis Mundi imaginem progenuit. Habentur huius vestigia in Museo Gualdino montis Pinciani, vbi bina simulachra spectantur Isidis sedentis genibus Horum puerum exceptum lactantis, quæ omnia ad dicta alludunt. Quid verò partes Hori ex Iside & Osiride? Quid sine oculis & capite mutilatum corpus Hori, nisi primam adhuc & imperfectam generationem factam, vti putabant, ante visibilem Mundi constitutionem, aut rude quoddam, vt cum Plutar. loquar, & imperfectum Mundi nascentis simulachrum? Quæ simulachrum Hori, quod Isis exhibet, nudum & ἀκέφαλον satis superque demonstrat. Isis itaque Horum veluti μύσττω exhibet Osiridi Patri, vt dissipatis Typhonis moliminibus, sensibilem Mundi imaginem, quam Isis natura rerum, & passiuum principium vtero produxit, tueatur, instauret, atque perficiat. Hinc Sacerdotes huiusmodi simulachrum mysticis hisce rationibus adornatum, magnam potestatem obtinere ad Typhonias potestates eliminandas arbitrabantur. Hieroglyphica verò in abaco & postica parte posita, effectus indicant rerum, quas huius cultu simulachri se consecuturos sperabant; quæ libenter hoc loco ordine exponerem, verùm eùm adeo malè efformatæ sint, & magna ex parte mutilatæ, malui expositionem intactam relinquere, quàm illas varijs coniecturis supplere. Hæc autem quæ dixi, ita se habere, confirmat

Aliud huiusmodi apud Petrum Stephanonium, Idolum, & est Isis sedens, & Horum μύστω tabulæ insculptum exhibens, ijs symbolis adornatum, quibus passim eum exhiberi in hoc Opere vidimus. Horus turbinatæ vesti inuolutus, & vittâ redimitus, manibus baculum Cucuphomorphum gerit, vt sequitur. Quorum omnium symbolorum significationes, cùm varijs huius Oedipi locis passim expositæ sint, Lectorem eò remittimus. Huiusmodi Idolum quoque se offert in Hortis Quirinalibus PP. Theatinorum, quod olim ijs Marcus Milesius Iurisconsultus Romanus legârat, aliaq; similia innumera passim in celebrioribus Museis spectantur, quæ huc alludunt; quæ quidem omnia si hîc adducere vellem, illud non aliud foret, quàm tomos tomis addere: Lector curiosus ex his paucis, quid de similibus, si quæ alicubi occurrerint, statuendum sentiendumque sit, nullo labore discernet. Est & in ædibus Cardinalis Verospij in Sarcophago excisa statua μύστης; cuius hieroglyphica cùm tem-

temporis iniuria exesa sunt, consulto omittenda duxi; vbi foemina comparet exhibens statuam auribus cornibusque pectore tumido, spectabilis, coetero corpore Hermarum more in conum abeunte.

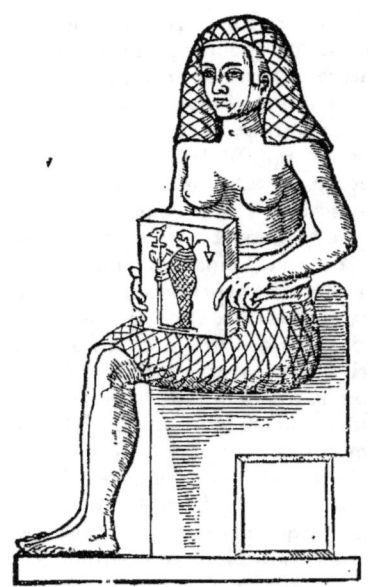

Ex Museo Francisci Serræ.

Est & alia statua in ædibus Francisci Serræ Equitis Romani, quem supra laudaui, ingeniculata, ante se positam habens sacram tabulam, cuiusmodi passim in Obeliscis occurrunt; cuius in postica parte hieroglyphica inscriptio hunc sensum habet: *Ignea vis dominatrix humidi, huius Genÿ vi & efficaciâ, vti & Sacerdotum ritibus, vitam inserit Momphtæam tribus Mundi elementaribus; piscinam sacram benefico liquore implet; craterem supernis influxibus fœcundat.*

CAPVT IV.

De statuis Polymorphis, & Auerruncis omnis generis.

Polymorphæ statuæ quæ

Polymorphæ statuæ vocantur, eò quòd humanâ formâ in varios sacrorum animalium vultus transformatæ spectentur; quarum iterum magna, pro Numinum exprimendorum varietate, multitudo reperitur, cùm vix vllus Obeliscus aut monumentum Ægyptiacum sit, in quo non insculptas reperias; vt proinde vel ex hoc capite constet, Obeliscos nihil aliud fuisse, quàm idolorum quandam hieroglyphicas descriptorum con-

SYNTAGMA XVII. DE DIIS AVERRVNCIS.   501   CAP. IV.

congeriem, ex quibus deinde veluti ex archetypis quibusdam Sacerdotes & Sacri Scribæ in publicum, atque priuatum vſum ſimulachra ſeorſim excerpta formarent. Ex quorum numero ſequentia quoque ſunt, partim ſtantium, partim ſedentium ſitu, varia transformatione conſpicua ſimulachra. Sequens ſtatua hodierno die in Muſeo Palatij Barberini aſſeruatur, ex ruderibus Eccleſiæ PP. Dominicanorum, quæ vulgò Minerua dicitur, egeſta; quæ vti olim delubrum Iſiacum extitit, ita nullus in

Simulachrũ ex templo Mineruæ erutum.

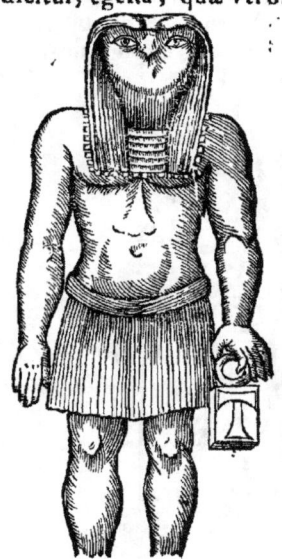

Vrbe locus, maiorem Ægyptiacorum monumentorum copiam nobis ſuppeditauit. Simulachrum eſt ἱερακόμορφον, id eſt, Accipitrinâ facie conſtans, velato vertice, ſitu recto, manibus pendulis, quarum vnâ Crucem anſatam geſtat, corpore nudo, ſi velamen, quo verenda teguntur, excipias. Hæc ſtatua Oſiridem auerruncum exhibet; cuius ſymbolum eſt Accipitrina facies, & Crux anſata, nullis non idolis ei conſecratis annexa; cuius myſteria cùm innumeris huius Oedipi locis expoſita ſint, hìc ijs repetendis non immoror. Similis huic in Hortis Barberinis Monti Quirinali adnexis ſpectatur, altitudine decem palmorum, & Cruce anſata ſpectabilis.

De Polymorphi Dæmonis ſimulachro.

Mſit non ita pridem ad me, pro ſumma ſua erga Remp. Lit. quouis modo ditandam, beneuolentiâ, & affectu incredibili, Sereniſſimus Princeps Magnus Dux Hetruriæ, ſimulachri Ægyptiaci, vndique & vndique innumeris hieroglyphicis exornati ectypon; cuius litera A anteriorem, B poſteriorem partem ſignificat. Huic iam aliqua ſimilia hìc Romæ repereram: quorum prius ex Ergaſterio Barberino extractum, in Obeliſco Pamphilio expoſuimus; alterum habebatur in Muſeo Franciſci Angelomi, quo mortuo, & Ergaſterio ſubhaſtato, id poſſeſſorem obtinuit Torquatum de Alexandro Capitaneum. Tertium prorſus ſimillimum continetur in Muſeo Regio Montis Pinciani Franciſci Gualdi. Verùm cùm nullum hoc præſente Mediceo integrius repererim, id hoc loco minutim exponendum cenſui.

Polymorphi Dæmonis ſimulachrum

Statuæ anterior portio formam fœmineam toto corpore nudam, mammis turgentibus, binis Crocodilis inſiſtentem, ſexu androgynam exhibet, capitis cincinnus in Arietinum cornu contortus; capiti verò im-

Anterior ſimulachri pars.

mi-

CAP. IV. 502 OEDIPI ÆGYPTIACI THEAT. HIEROGL.

minet Leoninum caput, cui in superiori parte, vti in secunda figura patet, globus alatus imminet; præterea vtráque manu binos Serpentes cum Scorpione continet, dextrâ Canis quoque figuram appositam habet, sinistrâ verò caudâ Leonem quasi efferatum sustinet. Consistit verò intra duos baculos, quorum vterque in florem Loti desinit; horum primus Androsphyngem sustinet, alter plantam, quam Ægyptij Motmuti dicunt; circumdant in superiori parte imaginem iam descriptam Genij varij, dicti Numinis asseclæ; denique per totam interiorem superficiem complura passim hieroglyphica inserta spectantur. Sed quid insolitus hic polymorphorum Numinum apparatus sibi velit, exponamus.

A

Simulachri hieroglyphica explicatio.

Totum hoc complexum magnæ efficaciæ amuletum est apud Ægyptios, in quo simulachrum exhibet Polymorphum Dæmonem, siue Mentem supremi Numinis omnium executricem, dum in totius naturæ amplitudinem descendit. Capite gestat Leoninum caput, cornibus Lunam sextilem mentientibus insertum; quo potestas & dominium in Solem & Lunam demonstratur: cincinnum capitis gerit in Arietis cornu contortum, ad fœcunditatem & Ammoniam vim, quam rebus confert, indican-

SYNTAGMA XVII. DE DIIS AVERRVNCIS.   CAP. IV.

candam; vberibus tumet, ad rerum vbertatem, quam præsidio suo præstat, signandam; vtrâque manu binos Serpentes cum Scorpionibus tenet, quibus absolutum eius in vitam & mortem, in bona & mala, in generationes & corruptiones dominium docetur; sinistrâ Leonis renitentis caudam, dextrâ Canem tenet, quibus potestas in Momphta & Anubin signatur, quos inhibere videtur, nè nimiâ suâ potestate vtantur, sed in tantum, in quantum legibus à suprema Mente præscriptis conforme est.

B

Per Scorpiones, exitialia animalia, mors & interitus, siue malorum paratio, teste Horo l. 2. c. 34. indicatur: per binos Serpentes duplex Mundi, *Horus*.

di, cœlestis & elementaris, vita: per Leonem, Momphta humidæ naturæ præses; per Anubin vigil craterum mundialium custos significatur, vnde & dextrum pedem crateri impositum habet. Androgynam exhibet, quia respectu inferiorum fidei suæ commissorum se habet per modum principij actiui; in quantum verò supramundanis influxibus subslat, per modum principij passiui. Binis Crocodilis insistit, eosque quasi conculcare videtur; siquidem hoc Numen, omnem Typhoniam vim virtute suâ domat & exterminat. Bina sceptra vtrinque apposita habet, in Loti florem desinentia, in quorum dextro Androsphynx collocata videtur, & Mentem supramundanam exprimit, iuxta cuius idealium rationum influxus operationes suas efformatas dirigit & gubernat; alterum sceptrum plantam impositam habet, quam ⲙⲟⲧⲉⲉⲥⲧⲓⲕ appellarunt Veteres, eò quòd liberet à morte, cuius virtutes descriptas vide in capite de Herbis Ægyptiacis; & erat antidoti symbolum, quo contra pestiferas & contagiosas Typhoniarum virtutum antitheses vtebantur. In superiori parte varios Numinum asseclarum typos vides, qui tutelares rerum Genios, & pantamorphi Numinis ministros denotant, quorum expositionem in Obelisco Pamphilio fol. 464. fusè peractam vide. Reliqua verò hieroglyphica, intermedio spatio sparsim interiecta, non tam ad significandum, quàm ad aduersos Genios occulta mysteriorum, quæ exprimunt, allusione absterrendos sunt posita. His enim & similibus non Adyta tantùm, sed & Obeliscos, statuas, cœteraque monumenta, vt in huius contextu Operis sat superque patuit, signabant.

ⲙⲟⲧ-
ⲉⲉⲥⲧⲓⲕ
herba.

Posterior Simulachri pars.

Figura hæc Momphtæ reperitur in Palatio Excellen. Ducis Muti.

Posterior Amuleti pars.

PRimo loco continet cyclum ὀφιπτεοριμορφον supremi triformis Numinis indicem, vt iam innumeris locis dictum fuit; quem sequuntur Genij rerum præsides, varia vultus habitusque transformatione, id est, Accipitrinâ, Hircinâ, Leoninâ, Caninâ, humanaque specie depicti, ac baculis, Serpentibus, flagris, vncinis, clauis muniti; quorum significationes cùm in præcedentibus vberrim intepretati simus, superuacaneum esse ratus sum ijs diutiùs inhærere. Videtur autem inter cœteras in ordine septima Serpentibus variè, vti & Leoninâ facie terribilis figura, quæ Momphram exhibet, cuiusmodi simulachrum non ita pridem in Horto domestico Eccellentissimi Ducis Muti, prope Villam Ludouisianam sito, reperi. Figuram hic appono Leoninâ facie, iubarumque diffusione formidabilem. Binis clauibus
quas

SYNTAGMA XVII. DE DIIS AVERRVNCIS.　　CAP. IV.

quas vtrâque manu geftat, in omnia Mundi arcana receptacula poteftatem iurifdictionemque fe habere demonftrat. Serpens cuius gyris inuoluitur, & globus cui infiftit, luculenter docent, vitali calore Momphtam omnia quæ in Mundo funt, fouere ac fuftentare. Atq; hâc quidem formâ Ægyptij, Momphtam illum fuum exprimere folebant. Sed iam filum dimiffum repetamus. Sequuntur modò 16 ordines infcriptionum hieroglyphicarum, quibus quidem nihil aliud notant, quàm effectus & operationes, quas finguli dicti Genij in Mundo perficiunt: quorum fignificationem libenter hoc loco adducerem; verùm cùm peffimè fint efformatæ figuræ, & vix nifi anxijs coniecturis dignofci potuerint, ijs exponendis longior effe nolui, cùm ex ijs figuris, quæ cognofcuntur, facilè mihi reliquarum fignificatio innotuerit; adeoque nihil aliud funt, quàm Geniorum, vt dixi, Pantamorphæ Mentis affeclarum effectus & operationes, & prorfùs eædem, quas in Ifiacæ tabulæ expofitione Pantamorphæ naturæ eiufque miniftris affignauimus; quare Lector citatum locum adeat. Spectantur & aliæ ftatuæ polymorphæ fub larua Accipitris, Ibidis, Canis, Lupi, Leonis, Cercopitheci: verùm cùm hafce omnes partim in Obelifco Pamphilio, partim in hoc tertio Tomo varijs in locis expofuerimus, eò Lectorem remittimus.

FINIS SYNTAGMATIS DECIMISEPTIMI.

SYNTAGMA XVIII.
De Statuis Aegyptiacis Polycharacteristicis, id est, toto corpore hieroglyphicorum contextu conspicuis.

EMINENTISSIMO PRINCIPI
ADALBERTO S. R. E. TIT.
S. Praxedis Presbytero Cardinali ab Harrach, Archiepiscopo Pragensi, & Boëmiæ Primati.

TIBI vni, Cardinalis Eminentissime, Principi verè πολυχαρακτήρῳ hoc meum de polycharacteristicis Ægyptiorum simulachris debebatur argumentum. Siquidem inter paucos Te summum nullo non tempore obseruaui, qui non duntaxat literarij negotij dignitatem ex æquo dignoscere & æstimare soleas, sed & datâ opportunitate eruditorum hominum labores impensè promouere studeas. Est Tibi non solùm ob politicæ disciplinæ notitiam animus ad ardua quæuis peragenda idoneus; sed & in penetrandis naturæ adytis, atque in diuinarum humanarumque rerum scientia mirè capax ingenium: vt interim sileam Tuum ad diuinam gloriam propagandam zelum ardentissimum, in pastoralis Tibi commissi officij cura sollicitudinem, in Lupis à Dominica caula coërcendis vigilantiam. Quibus cœlitùs Tibi concessis muneribus, tantò virtutum Tuarum ramos cæteris extollis sublimiùs, quantò altiùs emines. Suscipe itaq́; hoc mei in Te affectus perenne quoddam velut symbolum. Quod si ingenij Tui limatissimo iudicio in huius Operis decursu minus quidpiam responderit, veniam à Tua benignitate vel ex hoc capite facilè me obtenturum confido, si præstita operæ causam non meæ tenuitatem personæ, sed magni Cæsaris imperium fuisse intellexeris.

CAPVT I.
De statuis Aegyptiacis Polycharacteristicis, id est, toto corpore hieroglyphicorum contextis conspicuis.

Statuæ πολυχαρακτηριστικαί

INVENIVNTVR in antiquissimis Romanæ Vrbis ruderibus nonnulla statuarum fragmenta, miro hieroglyphicorum ornatu per totum corpus contexta, quas ea de causa πολυχαρακτηριστικάς appellamus; cuiusmodi duæ in Museo meo ab Antiquarijs amicis donatæ reperiuntur. Quæ quid indicauerint, paucis aperiamus.

SYNT. XVIII. DE STATVIS POLYCHARAC. 507 CAP. I.

Notandum itaque, Ægyptijs nonnulla simulachra, quibus primæ Classis Numina, & quæ immediatè supremo triformi Numini subderentur, cœterorum Numinum veluti quoldam Archichoragos exhibebant, extitisse. Quæ quidem Numina vti vniuersalem non intellectualis tantùm, sed & sensibilis Mundi curam sortiebantur, ita peculiari quoque sacrarum sculpturarum cultu exornabantur, vt hoc pacto & Numinum, & rerum mundialium arcana symbola, vniuersali dictorum Numinum intellectui aptiùs quadrarent. Hinc arcanorum quæuis symbola tùm ex Obeliscis, tùm ex alijs monumentis deprompta dictorum Numinum simulachris eo ingenio incidebant, vt nullus ferè ijs in simulachris locus vacuus appareret; quemadmodum ex præsentis statuæ fragmento videre est, vbi vides primò truncum statuæ sine capite, totum hieroglyphicis exornatum. Amuletum verò F ligaculo pectori appensum, est omninò idem cum eo, quod in præcedentibus folijs descripsimus. Figura præ-

Numina primæ Classis Ægyptiorum

Truncus statuæ sine capite.

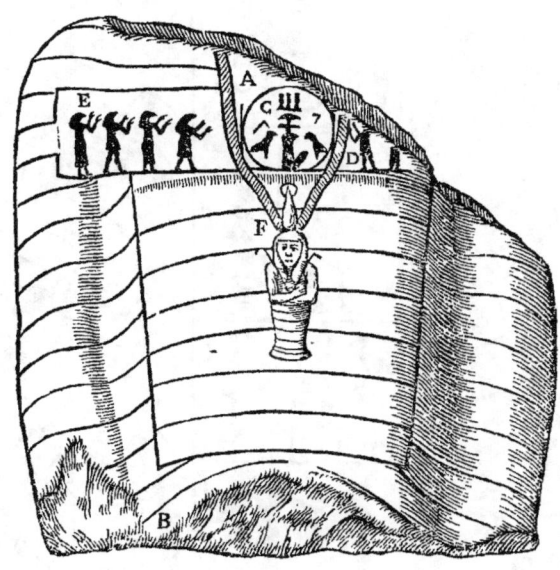

terea pectori incisa, & C literâ signata, statua est auerrunca, tutulo polymorpho insignis, ingeniculata, & forma fœminina, quam vtrinque duo stipant Accipitres, versus humeros verò octo Genij Solares ἱερακόμορφοι ordine ponuntur, Pantamorphæ naturæ administri, cui & expansis brachijs supplicare videntur; quorum expositio hæc est. Simulachrum fuit Pantamorphæ naturæ, cuius principalis ministra figura est pectori incisa & ingeniculata, immediatè inferioris Genialis ordinis choraga, vti tutulus globo ἐφιμόρφῳ, & tribus cucurbitis, id est, signaculo triformis Numinis, & fundi paterni, id est, Pantamorphæ naturæ signaculo

Hieroglyphicorum dictæ statuæ explicatio.

culo conspicuo significat. Accipitres E assidentes Intelligentias Solares eiusdem administras notant. Circulo imponitur, quia in Vniuersum dominium suum exerit; cui & octo Genij Solares Accipitrino capite transformati, manibus extensis veluti supplicare, eiusq; iussa, rerumq; fidei suæ commissarum influxûs executionem operiri videntur. Reliqua hieroglyphica tùm quia nota sunt (nihil enim aliud quàm effectus & operationes dictorum monstrant,) tùm quia minutiora sunt quàm vt dignosci possint, ob magnam corruptionem quam, vti in huiusmodi ferè omnibus minutioribus characteribus vsu venit, passa sunt, omittenda duxi. Quare ad ea tantùm hieroglyphica maiora, quorum figuræ certò sibi constant, exponenda nos accingamus.

Duo

SYNT. XVIII. DE STATVIS POLYCHARAC.   CAP. I.

Dorsum statuæ pariter innumeris hieroglyphicis ornatum est; inter quæ medium spatium continet figuras in varias Classes diuisas: verùm cùm statua truncata sit, prima & vltima hieroglyphica schemata desunt; medias autem schematum Classes signauimus literis A B C D E. In spacio A ponitur figura Bouis alati humanâ facie, cuius capiti flammas euibranti globus imminet, Serpentique vndulato insistit. Bos humanâ facie flammas capite euib ans cum globo superposito, indicat Mentem Apidis, vitalis motûs per quatuor Mundi stationes propagati præsidem, cuius symbolum Serpens est, cuius 4 gyris 4 pedibus insistit; globus diuinitatem, flammæ igneam vim, ala velocitatem quâ omnes peruadit Mundi semitas, significant. Quem sequitur paulò post in spacio B principalis eius minister Cynocephalum Numen, Scarabæum in capite globis intermediũ pro tutulo habens, manibus binos Serpentes, infra pedes pariter vndulatum Serpentem continens; quibus symbolis vita Lunæ-solaris indicatur, quam in inferioris Mundi portiones distribuit; è regione Crocodilus receptaculo inclusus cum phallo oculato, quem sequitur globus Serpente fœtus cum alio Crocodilo; quo indicatur Typhonia vis, vitalis, & fœcundæ propagationis destructrix, quâ Cynocephalus vi suâ antitechna dissipat & eliminat. Porrò in plano C sequitur Scarabæus raniformis Accipitrino capite conspicuus, pedibus anterioribus tutulum è tribus phialis Niloticis compositum continens, posterioribus pedibus aræ insistens; quo significatur Solaris vis materiali potentiæ, quæ in humida Nili substantia consistit, dominans, quæ per Scarabæum raniformem & tres phialas indicatur; quem Ibis Mercurialis, siue Lunaris Agathodæmon stipite in hieralpham transformato, promouet. Figura verò humana pennam in capite gestans, & manibus bina vasa præferens, ei quasi supplicare videtur, ad humidam substantiam virtute suâ imbuendam. In plano D sequuntur Momphtææ Numina Leoninis capitibus transformata, quorum prius Crucem portat, alterâ manu alteram statuam ingeniculatam, manu capiti eius imposita, veluti protegere videtur, quæ omnia symbola sunt Momphtææ Potentiæ aquæ inferioris Præsidis, & notæ sunt imperij & dominationis. Figura verò quæ immediatè sequitur ingeniculata, calathum in capite gestans Serpente fœtum, indicat auerruncum Momphtæi Numinis administrum, quem ponere oportebat ad eas, quæ vitæ, bonorumque inde resultantium vbertati insidiantur, potestates aduersas reprimendas. Quæ denique in vltimo plano E continentur, trium Numinum effigies sunt, Agathodæmonis ministri polymorphi Numinis, Anubis, & Osiridis; quæ cùm aliàs sæpe sæpius expositæ sint, ijs non immoror.

Quæ verò è latere ponuntur vtrimque quaterna Numina, omnia ansatis Crucibus instructa, & miris modis transformata, hucusque dictorum Numinum administri sunt, qui omnia Mundi corpora peruagantes, quæ ad bonum Vniuersi sunt, exequuntur, omnibus aduersis Potestatibus profligatis. Verùm cùm hæ figuræ in Mensa Isiaca fusè expositæ sint, vti & in alijs Obeliscis, tempus perdam si ijs diutiùs inhæsero.

Hieroglyphica dorso præ dictæ statuæ inclusa.

Bos' humanâ facie flammas capite euibrans.

Nota pictorem capita Leoninarum non bene expressisse, iuxta originale.

Momphtææ Potentiæ symbolum.

Con-

Consectarium.

Simulachrū supremi Chorragi Mundi Genialis.

EX his itaque patet, simulachrum hoc præsens totum hieroglyphicis ex omnibus naturæ ordinibus compositis inscriptum, nihil aliud expressisse, nisi supremum Genialis Mundi choragum; reliqua verò recensita Numina eius administratores, dicuntur Mundi duces siue rectores, quia dicto archichorago substant, & ad imperium eius mouentur. Quæ omnia pulchrè sanè describuntur à Psello in Zoroastræorum Oraculorum expositione his verbis: Δυνάμεις ἐν τῷ κόσμῳ οἱ Χαλδαῖοι τίθενται, καὶ ὀνομάτεσιν αὐτὰς κοσμηαγὰς, ὡς ἐν κόσμον ἀγούσας προνοητικαῖς κινήσεσι. Ταύτας οὖν τὰς δυνάμεις αὶοχίας καλεῖ ὁ λόγιος, ὡς ἐν παντα κόσμον αἰσχούσας, καὶ τῷ παντάρχῳ ὑποκεῖν.

Psellus.

Potentiæ Mundi Duces & Rectores iuxta Chaldæos.

Chaldæi posuerunt Potentias in Mundo, quas nominarunt Mundi Duces & Rectores, quòd Mundum motibus cum prouidendi curâ regant; quas Potentias Oraculorum sustentatores vocant, eò quòd Mundum vniuersum sustineant; & hæ subduntur imperio supremi Ducis, quem Pantarchum vocant. Stant, quia vt Psellus ait, Τῷ μὲν ἀκαμπεῖ & sταθερᾷ αὐτῶν δυνάμεως δυνάμεως, immobili videlicet statione illarum vis firma & stabilis declaratur. Τῷ δ' ὑοχικῷ & φρουρητικῷ, Sustentatione verò custodiæ atque conseruationis curâ. Ταύτας δ' τὰς δυνάμεις ἐξ μόνης τῷ κόσμον αἰτίας καὶ ἀκλινῶς δεῖζον. Istas autem Potestates per solas Mundorum causas & immobilitatem designant. His enim vti subsunt omnes inferiores Dæmones, ita veluti ipsis supplicare videntur, ab ijs benignas imperiorum executiones depostentes, vti figuræ vltimæ post quatuor hinc inde cosmogagos, genibus inclinatis luculenter demonstrant. Nam vt rectè Psellus in libello de Dæmonibus, sicuti sese habet Princeps in regno suo ad officiales suos, ita Numina maiora ad sibi subditos Dæmones. Hoc itaque simulachro ab Ægyptijs posito, & rectè culto, omnem sibi felicitatem, ob infandorum symbolorum potestatem & efficaciam, spondebant. Hieroglyphica minora, cùm, vt dixi, vix discernantur, non explico, cùm nihil aliud quàm effectus & operationes dictorum Numinum contineant. Quare hæc pauca de statuis Polymorphis sufficiant, & Lector curiosus ex huius vnius expositione, quid de similibus statuendum sit, facilè iudicabit.

Psellus.

Græci Deorum simulachra literis exornabant.

Ægyptios secuti Græci, & sua pariter simulachra simili literarum contextu exornare sunt soliti, quemadmodum in Magia Hieroglyphica de Diana Ephesia dictum fuit; quam literis, quæ ea de causa Ephesiæ dictæ sunt, exornare consueuerunt; imò in Circis positas passim huius modi polygrammatismis exornatas Bulingerus l. de Circis docet; verba eius sunt: *Circum non modò statuis & columnis ornatum fuisse, sed eas statuas vt plurimùm literis exaratas, quæ aliquid significarent, & à Magis Philosophisq; positas, quibus verbis fatum contineretur.* Græcos secuti Arabes, quibus cùm ex legis præscripto statuas fabricari non liceret, vtensilia sua, vti vrnas, pocula, conchas, innumeris literis passim exornare solent, sententijs ex Alcorano deductis, Magicisque characteribus, quos ex Cabala deprompserant, admistis. Quæ quidem consuetudo tantum potuit, vt & in vltimas terrarum partes, vti Chinam & Iaponiam, ramos suos extenderit,

Bulingerus.

Arabes vtensilibus literas insculpebant.

vbi

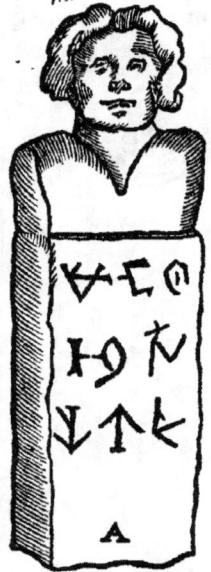

vbi in hunc vsque diem huius farinæ polygrammatica simulachra spectantur, & in Europam passim transportantur. Huius generis Idolum quoque illud est quod sequitur, à Gerardo Reinstio mihi communicatum, cuius characteres ex eorum numero sunt, quos suprà in Syntagmate de Canopis figura IV. exposuimus, ad quod Lectorem remitto.

Est autem ex eorum numero simulachrorum, quos Hermas Ægyptij nuncupabant, quorum Martialis meminit: *Truncoq̀ simillimus Hermæ*; Hebræi מרקולים *Marcolis* vocant, dicebanturque à Mercurio viarum Numine Hermæ, de quibus amplè discurrimus Tomo I. fol. 388. quorum rationem pulchrè sanè Empedocles apud Tzezem 11. Chiliad. ostendit, dum Hermas ita describit.

Non enim mortali capiti membra adiuncta sunt,
Non quidem ab humeris duo rami emicant,
Non pedes, non cita genua, nec pudenda lanuginosa,
Sed mens sacra, atque immensa est solùm
Cutis Mundum omnem quâ mouet celeriùs.

CAPVT II.

De prophylacticis Statuis, seu Amuletis portatilibus.

MInorum simulachrorum, quæ secum gestare solebant Ægyptij, quæ & prophylactica, à conseruando & custodiendo ab omni malorum occursu, dicebant, maxima quoque copia in Cimeliarchijs diuersis reperitur; ex quorum numero nonnulla medicatis funeribus vtplurimùm insuebantur; quædam collo, brachijs, cingulis alligata gestabantur; de quibus hoc loco nonnihil dicemus, à prophylacticis funerum initium ducturi. *Prophylacticæ statuæ.*

Excellentissimus Medicus Ioannes Nardius Lucretio suo annectit Iconismos quosdam, in quibus simulacra aut Mumijs insuta, aut tumbis circumposita spectantur, vt sequens Iconismus siue Tabula V. docet, vbi omnes imagines eo ferè cultu & ornatu, quo Mumias ipsas amictas fuisse suprà docuimus, manibus & pedibus destitutas, solo turbinato habitu, figurarumque varietate spectabili decoratas vides. Quorum mysteria citato loco exposita vide Lector. Vides hîc figuras signatas numeris 1, 2, 3, 4, reliquasque, eodem ornatu figurisque hieroglyphicis insignitas esse, quibus inuolucra Mumiarum suprà fol. 421. exposita; vt proinde expositionem eorum hîc iterare superuacaneum ducam. Quod verò in Tabula V. figura II, schema exprimitur, id modum rationemque *Nardius.*

CAP. II.   512   OEDIPI ÆGYPTIACI THEAT. HIEROGLY:

que corporum tùm secandorum, tùm condiendorum, quo typo nonnulla medicata corpora insigniri solebant, docet ; sunt autem hic linteus pectoris amictus, varijs coloribus distinctus, quem in vna è suis Mumijs spe-

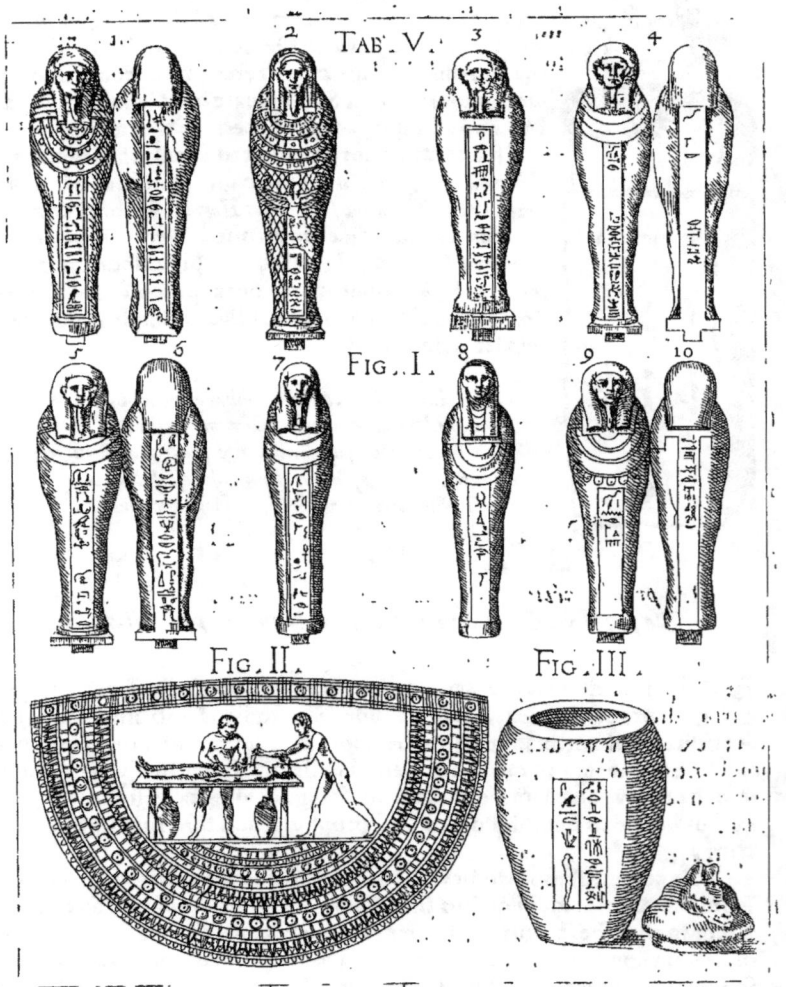

&ari scribit sæpe laudatus Ioannes Nardius. Figura simulachrorum præsens est Tabula V. tribus figuris distincta.

SYNT. XVIII. DE STATVIS POLYCHARAC. CAP. III.

CAPVT III.

De vasis sacris:

Figura III eiusdem Tabulæ V, Vas indicat asphalto refertum, quo ad corpora condienda vtebantur. Hieroglyphicæ verò binæ inscri- **Vas sacrum eiusque hieroglyphica.**

ptiones 2 columellis comprehensæ, hanc imprecationem continent. Prior: *Dominator Osiris humore cælesti lotas transmigrare faciat in ideam suam.* Posterior:

sterior: *Vitâ cœlesti imbuantur ob supremi Numinis cultum temporum dominatoris, cuius prouidentiâ locum sortiantur ex præscripto Deorum debitum.* Alludunt ad mysticas operationes asphalti ab incorruptione seruantis, quasi dicerent: *Sicuti asphaltum à corruptione inmunia facit corpora, ita prouidentia Numinis Anubici seu Mercurialis, quod operculum Canino capite insignitum indicat, hoc animæ habitaculum conseruet incorruptum ad immortalitatem.*

Vasa sacra à Nihusio missa.

Similia huic Clarissimus Nihusius ex Batauorum Museis extracta ad me transmisit; quorum prius vas eooperculum habet κυνοκέφαλον, vti præcedens; hieroglyphicam verò sculpturam paulò maioribus notis expressam in paulò ante posita figura seorsim exhibemus. Quatuor columnis A B C D notæ continentur, quarum prior, A, hanc imprecationem efficit.

A I. *Cœlestis Intelligentia inferiorum dominatrix & custos, auertat aduersam Beboniam vim ab hoc deposito.*

B II. *Cœlestis Intelligentia ex hylæis Mundis, eorumque contagione transferat per Mercuriale Numen ad lucidam Zonam Osiridis dominatoris temporum.*

C III. *Per cultum Numinis septo inclusi, per influxum Osiris, per sceptra Potestatum grandium, per Ibiforme Numen aquæ præsidis, per pennam Arueris, per Momphtæum Numen, triformi dominio & prouidentiâ omnia sibi subijciens.*

D IV. *Per vitam piscinæ influentem, per Thaustum auerruncum malorum Typhoniorum auersorem, per Ibin & Accipitrem auerruncos malorum à piscina sacra.*

Atque hæc est idealis lectio inscriptionis in vase positæ, vti ex symbolis iam sæpenumero expositis patet, & nihil prorsus difficultatis habet.

Vas sacrum ab Heurnio transmissum.

Aliud vas cum operculo Accipitris capite insignito, cineritij coloris, ad me per Nihusium transmisit Clarissimus Vir Otho Heurnius. Verùm vt ipsius conditio & ratio vasis liquidiùs patesiat, hîc eius ad Nihusium verba vnà cum figura vasis addere visum fuit.

Literæ Clarissimi Viri D. Othonis Heurnij ad Nihusium datæ.

VRna feralis Ægyptia, Canopum Ægyptiacum repræsentans, in qua prisca Ægyptiorum artificiosa encheiresi ante illustratam Ægyptum almo Christianæ religionis lumine (quod contigit anno 300 à Saluatoris nostri salutiferâ Natiuitate sub Constantino Magno) repositus fuit aromatibus in Mumiæ massam conditus fœtus humanus, isque, vt corporis exiguitas ostendit, abortiuus, lethali Matris profluuio muliebri præcipitatus. Hoc designat hieroglyphicum capitis Noctuæ in operculo conspicuum, cruentis stigmatibus respersum, præcipuè latere sinistro. Nam apud Ægyptios Sacerdotes mystico solemni ritu Noctua mortem designabat, eamque (vt coniectura abblandiri videtur) cruentam, cùm sanguinolen-

SYNT. XVIII. DE STATVIS POLYCHARAC. 515 CAP. III.

nolentis notis latere sinistro insigniretur. Adiacet Mumiæ huic latere sinistro fi-
ctilis Icuncula Isidis , aromatum conditura im-
pacta, & bona sui parte immersa ; quod so-
lenne fuit Ægyptijs in omni huiusmodi cadaue-
rum adornatione. Extrinsecus vrnæ insculptus
est casus miserabilis historia à Sacerdotibus con-
scripta vetustissimis characteribus hieroglyphi-
cis. Est hæc vrna columnæ apex, nam inferiùs
manifestè apparet quòd sit à saxi soliditate re-
scissa. Hanc ex subterraneis concameratis la-
tebris eruit quatuor milliar. à Cayro vltra Ni-
lum in Pyramidum vicinia Vir præstantissimus
D. Dauid de Willem anno 1619, *& in Thea-*
tri Anatomici ornamentum ibidem loci repo-
suit. D. Otho Heurnius, Med. Anat. & Chirurg. Prof.

Dicit itaque eruditissimus Vir, statuam Canopum exprimere, vetu-
stâ Sacerdotum literaturâ exaratam; quod verum est. Dicit præterea
Ægyptum Christianæ religionis lumine illustratam post Christum anno trecentesimo sub Constantino Magno; de quo dubito, cùm ab ipsa
primæuæ Ecclesiæ origine, id est, a S. Marco Euangelista, vsque ad irruptionem Saracenorum nullo non tempore Ecclesia Ægyptiaca mirum in
modum, vti ex tot SS. Patribus, Anachoretis, Monasterijs in Ægypto
florentibus abundè constat, floruerit, eo videlicet tempore, quo iam
dudum Ægyptiaca literatura defloruerat, imò prorsus perierat. In vrnula quoque cadauer nescio cuius abortiui conditum fuisse non abnuo,
sed casum in ea hieroglyphicis descriptum, id nullà ratione, bonâ Viri
eruditi veniâ, approbare possum. Quare vt veritas dictorum pateat, hìc
expositionem scripturæ ordiar ; quod optimè fiet, si quædam ad veritatem penitiùs dilucidandam, præmisero.

Ostendimus innumeris huius Oedipi locis, Literaturam Ægyptiacam, non temporibus Romanorum Cæsarum, aut immediatè ante Christi
in carne aduentum, multò minùs tempore Constantini Magni, vsitatam
fuisse, sed iam tùm à Cambysis Ægyptiacum Imperium inuadentis impietate & temulantiâ destructam & deperditam esse; quod verum esse, ex
innumeris Authoribus passim tùm in Obelisco, tùm in præsentis Operis,
vti diximus, contextu docuimus. Dicimus itaque hanc vrnulam priscis
temporibus, quibus hieroglyphica literatura, vti & conditura corporum, quas Mumias vocant, iuxta Sacerdotales leges, adhuc in vsu erant,
in cryptis subterraneis cum eo hieroglyphicorum apparatu, quem exhibet, conditam fuisse; cadauer verò fœtus humani in ea conditum, fuisse
aut Regis, aut ex Proceribus Regni filium. Nam supra in tractatu de
Mumijs diximus, omnia medicata Ægyptiorum cadauera tanto studio
condita, tot fasciarum inuolucris amicta, tam denique artificioso hieroglyphicorum contextu adornata, non plebeiorum hominum, sed vel Regum, vel Procerum, aut Sapientiæ laude conspicuorum hominum, quibus

Ægyptus fi-
dem suscepit
statim à Chri-
sti passione.

Hieroglyphi-
ca literatura
Cambysis
temporibus
perijt.

Vas ab Heur-
nio missum,
priscis tempo-
ribus sculptū.

CAP. III. 516 OEDIPI ÆGYPTIACI THEAT. HIEROGL.

bus folis ad Regni gubernacula fpes erat, fuiffe, idque ex Herodoto, & Diodoro, alijfque Hiftoriographis, oftendimus. Quòd verò Mumiacum in vrnula conditum, foetum abortiuum fuiffe, ex pufilla corporis quantitate colligi poffe afferat, id nihil probat, cùm experientia diuturna iam innotuerit, Mumiarum conftrictiua afphalti vi, quæ vel ipfa offa peruadit, corpora fucceffu temporum ita contrahi, tantumque à naturali ftatu dimoueri, vt quæ in vita iuftæ ftaturæ hominem referrent, iam pueros referre videantur. Quod experimento mihi in multis Mumiarum partibus, fcilicet manuum, pedum, capitis, quarum magna in pharmacopolijs Romanis copia eft, quas fummo ftudio dimenfus cum viui corporis proportione comparaui, innotuit. Quem itaque Vir eruditus embrionem putat, illum ego puerum fuiffe affero, fiue Regis, fiue alterius cuiufpiam Primatis filium. Accedit hifce, quòd fi foetus fuiffet abortiuus, nunquam ab Ægyptijs folito hoc coeremoniarum apparatu fuiffet cohoneftatus. Cùm enim omne abortiuum tanquam maligni Dæmonis opus execrarentur, illud vel comburebant, vel in Nilum proijciebant, veluti maledicto boni Dæmonis fubiectum, vti alibi à me demonftratum fuit. Puerile itaque corpus id effe, & afphalti qualitate in tenerrimum corpufculum maiorem vim obtinente, in huiufmodi paruitatis ftatum temporis diuturnitate contractum, imaguncula quæ corpufculi tutelarem Genium exprimit (quæ omnibus ferè Mumijs appofita videtur) fat fuperque docet; imò & hieroglyphica infcriptio, cuius interpretatio vera & genuina ea eft, quæ fequitur. Coperculum non Noctuæ, fed Accipitris caput exhibet Cùm enim Noctua Typhoniarum peruerfæ & exitialis naturæ Poteftatum fymbolum fit, eam neutiquam in facrorum fimulachrorum vfum adhibebant: neque enim inter omnia hieroglyphica ftatuam facram reperies, aut Noctuæ, aut Coturnicis, aut Crocodili capite infignitam; foret enim hoc contra propofitum finem, ad quem collimabant. Omnes igitur ftatuæ facrorum tantummodo animalium vultibus, ad terrorem *αἰτιτέχνοις* ijs incutiendum, transformatæ conficiebantur. Cuiufmodi & hoc vas eft, cuius operculum Accipitrino capite infignitum; Accipitre autem Solare Numen innuebant, vti ex innumeris huius Operis locis conftat, cuius tutelæ corpufculum vafi inditum committebatur. Infcriptio verò hieroglyphica vafi incifa quatuor columnas habet, quæ fignantur literis N O P Q, quarum duæ priores N & O, eadem prorfùs fymbola habent, reliqua verò duo P & Q differunt.

In prima itaque columna primo loco vas occurrit, ex quo Serpens emergit; cui fupponitur Hori caput, cú penna; fequitur cycloides cum figura oculi; deinde gnomon, cum figura Altaris; quem excipit oculus, cum

Marginalia: Afphaltus cadauera contrahit. — Abortiua Ægyptij proijciebant, non fepeliebant. — Hieroglyphica interpretatio prædicti vafis. — Statuæ Ægyptiorum facrorum tantum animalium vultibus ornabantur.

cum tribus terminis; hos sequitur cycloides; & hanc phœnicopterus, cum tribus vasis; sequitur deinde sceptrum, cum brachio extenso, & Ibis cum quadrangulo; claudit agmen in prima columna sacrum vas piscinæ canalibus suis instructum, cum quadrato. In secunda verò columna omnia sunt eadem, excepta vltima figura, quæ est statua Accipitrina cum duabus pennis. Hanc inscriptionem inuenies quoque suprà in Mumiarum tractatu adductam. Symbola porrò hunc sensum efficiunt: *Liquor crateris Intelligentiæ Horææ cœlestis prouidentiæ religioso cultu & ritibus attractus, huic deposito superaffundatur; liquor prouido Numine in hylæorum Mundorum vasa deriuetur ope Chenosiris, id est, Osiridis conseruatoris rerum, & Ibimorphi Numinis Mercurialis, beneficorum dominatorum; hi enim liquorem per canales deriuatum in piscinam sacram in humanarum mentium lustrationem deriuant.* Columna O eandem, vt dixi, quam prima, inscriptionem habet, exceptis duabus vltimis figuris.

In columna P primò Anser occurrit, cum Serpente, Sceptro, & Hydroschemate, & duobus apicibus angulatis; quem sequitur eadem statua cum ea quæ in secunda columna vltima est, Accipitrino capite conspicua; cui subditur Hydroschema, cum duobus Rhomboidibus, & hemicyclo; sequitur deinde Ibis cum baculo incuruo; denique statua Ibimorpha cum figura septi; quorum sensus hic est: *Chenosiris custos liquore diuino depositi Spiritum cœlesti influxu beet, Solaris intelligentia liquore cœlesti reficiat, Hermanibis influxu suo dominatiuo Osiridis septo introducat.*

In columna Q primum locum obtinet Serpens cum hemicyclo, & brachio extenso; statua auerrunca, cum ara; funiculus contortus, cum tribus floribus Loti; auis cirrata volatum affectans insistens duobus sceptris; sequitur fauissa sacra, sceptrum, cycloides, oculus, auis volatum affectans, baculus incuruus, cum pede humano. Quorum sensus est: *Huic vitam largiatur tutelare Numen, sacrificijs & congruis sympathicisque ritibus attractum; Spiritum huius corporis cœlestibus sphæris inuehat, Numinum occulto consortio beatum.*

Atque hic est sensus huius inscriptionis. Quod verum esse, monstrat alia prorsus huic similis inscriptio, quam Iconismo de Mumijs figuræ II. dorso insculptam seorsim exhibuimus, ex qua & hanc non adeo bene formatam correximus; vt proinde in hac inscriptione nequaquam casus huius pueri contineri putandus sit, sed is, quem expressimus, sensus verus & genuinus. Cur verò primis duabus columnis eandem inscriptionem imposuerint, id efficaciæ causa factum est, cùm nihil ferè frequentius occurrat huiusmodi inscriptionum symbolorumque repetitione in vno & eodem subiecto, vti in præcedentibus fusè demonstratum est.

Eadem inscriptio hieroglyphica cur aliquando repetatur in eodē loco.

FINIS SYNTAGMATIS DECIMIOCTAVI.

CAP. I. 518 OEDIPI ÆGYPTIACI THEAT. HIEROGL

SYNTAGMA XIX.

De Amuletis, & Periaptis, coeterisque portatilibus Icunculis, quibus Aegyptij vtebantur.

CELEBERRIMO VIRO
BERTHOLDO NIHVSIO
THEOLOGO EXIMIO.

T Tuorum *in hoc præsens Opus meritorum amplitudinem grata posteritas cognoscat,* Tuo *huius* Syntagmatis *argumentum honori dicandum statui. Quid enim mei causa non egisti, mi* Nihusi ? *Si Tua interfuisset, vereor vt plura fecisse dici potueris. Tu vnus omnes penè Septentrionis literatos in Operis auxiliares manum sollicitasti; mei causa Batauiæ Musea, nullis sumptibus aut laboribus, non grandæuæ parcens ætati, adisti ; vt si quid, quod ad meam rem faceret, reperires, excerptum in Lit. Reipub. bonum Oedipo transmitteres. Verba, omnes sinceri amici partes explesti. Sit itaque hoc, qualecunque tandem, meæ in* Te *gratitudinis symbolum; meritis* Tuis *quidem impar, at ex animo depromptum.*

CAPVT I.

De varijs Aegyptiorum Amuletis, & Periaptis.

VID Amuleta seu periapta Ægyptiorum fuerint, innumeris huius Operis locis dictum est ; quare remisso Lectore ad iam tradita, nos in particulari eorundem interpretationem hoc loco adornandam censuimus, vt si quando in huiusmodi Antiquitatis studiosus inciderit, quid de ijs sentiendum sit; sibi constare possit.

Amuletorum variæ Classes. Fuerunt autem variæ horum amuletorum classes: nonnulla simplicem sacrorum animalium, Deorumque formam referebant ; quædam

mistæ

mistæ seu compositæ naturæ rationem exhibebant; non desunt quæ insecta, vti Scarabæum, exhibeant; quorum ingens iterum varietas est. Fuerunt & humani corporis partes in vsum Amuletorum assumptæ, imò instrumenta omnis generis in sacrorum vsum adhibita; adeo quidem, vt nihil sit in omnibus serè Obeliscis ita minutum, quod non in Amuletorum vsum cesserit; adeoque clarè mihi innotuerit, sacram hieroglyphicorum literaturam nihil aliud, quàm Amuletariæ artis Syntagma quoddam summâ diligentiâ, nec minori ingenij industriâ dispositum indicasse, ex quibus veluti prototypis quibusdam Amuleta, seu magnæ virtutis hierogrammatismi, in peculiarem priuatumque vsum decerperentur. De singulis itaque dictorum Amuletorum Classibus nonnihil dicamus.

CAPVT II.

De Amuletis quæ Deorum & sacrorum animalium formam referunt.

INter Amuleta, quæ collo, brachijs, cingulis, fœmoribus, & cuilibet corporum parti alligabantur, erant primò Scarabæi sacrorum animalium formâ expressi; vti sunt Ibides, Accipitres, Arietes, Feles, Boues, Canes, Cynocephali, & complura alia, quorum imagines hic apponimus. Quæ quidem omnia periapta fuerunt in certos fines ab Ægyptijs destinata, qui vti diuersos Nomos sortiebantur, ita diuerso quoque cultu Nomorum Numina venerabantur.

Amuleta Deorum, & sacrorum animalium formam referentia.

Ibidis Mercurialis Numinis Periapton ad dona Mercurio propria ab eodem obtinenda gestabatur, vti donum intellectus, & assiduum in notitia rerum naturalium obtinenda subsidium.

Amulera ad bonorum impetrationem.

Accipiter Solis symbolum, tùm ad perfectam sanitatem, & vitalem cordis vigorem obtinendum, tùm ad contrarias cordis infirmitates dispellendas gestabatur.

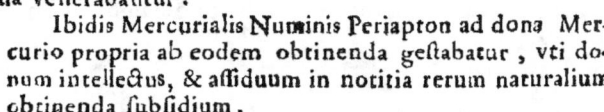

Aries, & Hircus, Amuleta ad fœcunditatem obtinencam adhibebantur, vtpote Ammoni & Mendeti consecrata.

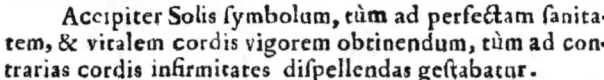

Bouis figuram ad Apidis influxum obtinendum seruire sibi persuadebant; in publicis verò eadem figura posita ad agriculturæ bonum promouendum.

Canis Amuletum, siue homo κυνοκέφαλ۞, ad sagacitatem in scientijs, & vigilem rerum custodiam obtinendam passim à Sacerdotibus in Anubidis honorem gestabatur.

Vuu

CAP. II.   520   OEDIPI ÆGYPTIACI THEAT. HIEROGL.

Amuleta ad malorum propulsationem.

Ad malorum verò propulsationem sequentia Crocodili, Piscis, Lupi, efficacissima Periapta portabantur. Nam vt in Magia diximus, sicuti Numinibus beneficis, vt varijs beneficijs prodessent, varij honores exhibebantur; ita malignis Dæmonibus nè nocerent, summo feruore sacrificabatur. Tanti autem momenti sacra literarum synthemata putabant, vt se sine ijs à nullis infaustis occursibus immunes esse posse arbitrarentur. Hinc de hoc consulturis Oraculum respondisse fertur:

Κλυθι μθμ' ἐκ ἐθέλοντ@· ἐπεί μ' ἐπεδ'ή[σα] αὐα[σκη]
Οὐνομ' ἀπαίκαης ὃδε καρτερον ἠδ' ἐτι βειδυ
  *   Μολὲ δ' ἐασυμβίως [ἴσι δὲ μύθεις]
Οὓς ἀπ' ἐμῆς κραδίης αἰάγω ἱεροῖσι τύποισι.

Audi me nolentem, quia me illigastis necessitate,
Nomen necessitatis hoc validum, imò etiam graue
  * *Veni autem festinanter his verbis*
Quæ è corde meo educo sacris notis.

Amuleta alia diuersa.

Sequuntur iam Amuleta Iouis Accipitrini, Hori, Panos, Canopi, Isidis, Harpocratis, quorum gestatione diuersos sibi fauores pro Numinum proprietate obuenturos sperabant; de quibus qui plura desiderat, is adeat Obeliscum Pamphilium, vbi libro tertio de Hierogrammatismis omnia amplissimè exposita reperiet.

Sunt & alia Parte Secunda Secundi Tomi Oedipi
K

fol. 450. expressa phylacteria, puer perseæ folio inclusus, Harpocratem exprimens, quem sequuntur K Osiris ἱερακόμορφ@, & Ammon κριόμορφ@, quorum expositionem citato loco vide. Est & figura S pueri ad instar alati, pharetrâ instructi, baculo Serpente inuoluto innixi, pedibus adiunctis Leone, Scarabæo, & Accipitre. Puer Horum notat Solarem Genium; ala motus pernicitatem, pharetra cum spiculis, Solarium radiorum efficaciam, virtute suâ omnia penetrantem; Luna capiti insidens vim influxiuam in dictam Lunam; baculus Serpente inuolutus annuum motum, quo omnibus influxu suo salutifero vitam præbet; Leo pedibus appositus Momphtam refert; Accipiter Solarem Genium, & Scarabæus

SYNT. XIX. DE AMVLETIS, PERIAPTIS, &c. CAP. III.

rabæus Solem hylæum, qui sunt dicti Hori ministri. Hoc autem potentissimum Amuletum fuisse, ansula dorso affixa vnâ cum dicto hieroglyphicorum apparatu luculenter demonstrat. Vide in Magia hieroglyphica à fol. 445: vsque ad finem huiusmodi prophylactica schemata magno numero proposita.

CAPVT III.

De mixtæ & monstruosæ rationis Amuletis.

Proposuit sæpe laudatus Nardius in fine sui Lucretij è Museo suo peculiarem phylacteriorum figulinorum coloris varij, vitro obductorum, tabulam; quorum expositionem hoc loco opportunè apponendam duximus. Tabulam sequenti pagina contemplare.   *Amuleta mixta & monstruosa.*

Tabula dicta mixtæ & monstruosæ naturæ phylacteria exhibet; quæ quid ex mente Ægyptiorum signent, paucis explicandum duxi. Notandum itaque, phylacteria à Græco φυλάττειν, id est, à custodiendo dicta, eò quòd qui ea portarent, contra aduersarum potestatum insidias immunes esse crederentur. Et quia nouerant, Agathodæmones terribiles luctas cum antitechnis Dæmonibus perpetuò exercere, terrorem hunc non meliori ratione, quàm per formidandas species exprimendum duxerunt; siquidem formidinem vel ipsa bonorum Geniorum terribili quâdam & monstrificâ architecturâ concinnata simulachra dictis aduersis Genijs incutere putabant; vnde & conceptis verbis, & adiurationibus horrore quodam ex barbararum vocum minis plenarum eadem in adytis consecrabant, quemadmodum amplè in Magia Hieroglyphica deduximus.   *Phylacteria vnde dicta.*

Hinc 1. 2. 3. 4. 7. 8. 9. statuæ combinatis manibus & horrendâ facie tùm hominum, tùm animalium transformata, minas nescio quas intentant; vnde & ἀμιλίκτεια Græcis, Coptis ⲛⲓⲧⲟⲗⲙⲏⲣⲁ ab audacia dicebantur. Et prima quidem, ac nona, Leonino vultu terribilis, Mophtæos Genios referunt; secunda & octaua, Caninâ facie instructæ, Anubicos; tertia & septima, monstruosis capitibus & barbis, Isiacos; quarta & sexta, Nephtæos; quinta tandem puerum monstruosi capitis Horum indicat; duodecima & 14, vti & 21, & 25, eosdem quos prima & nona, Genios videlicet Mophtæos signant; vndecima & 15 eosdem quos 4 & 6; decima sexta, terrificâ facie ingens saxum humeris gestans, vti & 11. 23, 19. minas intentant antitechnis, quas Demophilus describit l. de Sacrificio & Sacerdotum exorcismis; *Nisi cesseris, montibus te inuoluam, rupibus iniectis sepeliam, Baryn sistam, Osiridis claustra perfringam*, &c. Nam vt Psellus, lib. de Dæmonibus, nullis verborum minis maligni Dæmones adeò, quàm carcerum & exterminij, percelluntur; non quòd exterminari possint, aut carceribus claudi, sed quia sunt contra ordinem ijs à naturæ authore præscriptum, cuiusmodi sunt perpetua ad vnum locum condemnatio: adeo enim huiusmodi minis terrentur, vt   *Statuæ minas intentantes.*   *Minæ Dijs antitechnis intentatæ. Demophilus*   *Psellus. Minas Dæmones abominantur.*

ipsi

ipsi putant, vt sustinere nequeant, neque imagines quippiam horum exprimentes tolerare. quæ omnia susè prosecuti sumus in Magia hieroglyphica fol. 454.

Serapis statua Alexandriæ.

Figura decima octaua omnium monstruosissima modium in capite gestat, cœtera tota aut caput, aut venter; notatque Serapidem; cuiusmodi statua fuisse legitur Alexandriæ, ex omnibus naturalium rerum classibus adornata, & tam prodigiosæ magnitudinis, vt amplitudine corporis molisque vastitate vtrumque delubri seu Serapæi latus attingeret,

SYNT. XIX. DE AMVLETIS, PERIAPTIS, &c.   523

ret, de quo plura adducta vide Tomo I. fol. 199. Phallus verò oculatus numero 13 fignatus, quid fignificet, iam innumeris penè locis expoſitum fuit, vnumque ex præcipuis amuletis contra ſterilitatem portabatur. 26 figura Harpocratem notat, de quo pluribus egimus Tomo I. fol. 212. & in Magia hieroglyphica fol. 448. & fequentibus. Figura 27 Apidem refert, de quo conſule Tom I. fol. 199. & fequentia. Figura 28 Iſidis Horum filium lactantis fimulachrum exprimit, de qua vbertim Tomo I. Synt. III, c. 4. Figuræ numeris 17 & 20 fignatæ Crocodilorum ſunt, & paſſim Typhonis placandi gratia geſtabantur ; ſiquidem, vt paſſim docuimus; Ægyptij non tantùm Agathodæmonum fauorem huiuſmodi phylacteriorum geſtatione procurare intendebant, ſed & aduerſarum poteſtatum molimina, nè nocerent, ſymbolis ijſdem congruis auertere omnibus viribus ſtudebant. Atque hæc ſunt periapta Ægyptijs propria ; & portatilia fuiſſe anſulæ, quibus ſingula inſtructa videntur, apertè monſtrant.

CAPVT IV.

De Scarabæis prophylacticis.

NVlla frequentiora in toto hieroglyphicorum ambitu Periapta reperio, quàm Scarabæorum figuris inſignita, vt proinde illa magna in æſtimatione apud Ægyptios fuiſſe, ipſa frequentia ſatis ſuperque doceat. Sunt qui coronas integras ex eorundem contexuerunt multitudine. Amuleta nullis non Muſeis obuia, eaque variæ magnitudinis : ſunt minima, mediocria, prægrandia : differunt & antiquitate, cùm nonnulla Gnoſticorum, alia verè Ægyptiorum partus ſint, vt hieroglyphicorum quibus ſignati ſunt, varietas ſatis docet ; quorum quantum ingenio nobis permiſſum fuerit, expoſitioné hoc loco ordiemur. Primi quatuor ex Muſeo Reinſtiano extracti ſunt, vt ſequitur. Qui literâ A ſignatur, eius quam

Scarabei Prophylactici

Scarabæi ex Muſeo Reinſtij.

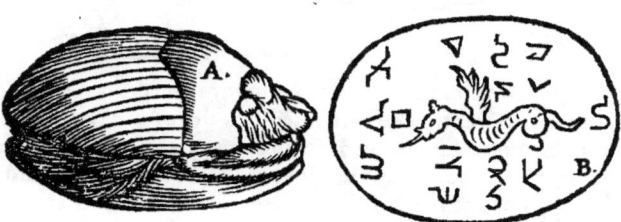

vides, magnitudinis eſt. A, Scarabæum refert, in cuius ventre in planam ſuperficiem elaborato, Draco ſpectatur, circulo B demonſtratus, Gnoſticiſque characteribus circumdatus. Per Scarabæum maſculus regis animus, vti alibi docuimus, notatur. Cui geſtatione huius Periapti fortitudo,

Primus Scarabæus.

CAP. IV.   524   OEDIPI AEGYPT. THEAT. HIEROGL.

do, robur, & vigilantia, quas Draco siue Ophionium Numen indicat, promittitur. Characteres verò Gnostici sunt, qui cùm pessimè formati sint, eorum interpretationem omittere malui, quàm fallaci coniecturâ in ijsdem resoluendis tempus perdere.

Secundus Scarabæus.

Alter eiusdem speciei C, superiori parte Scarabæum, inferiori D Draconem pariter exhibet, quem duo circumstant Genij, Ophionij Numinis nimbo illustrati asseclæ; & est, vti prius, Gnosticorum Amuletum; quod docent characteres Crucibus misti supra infraq; Draconem exhibiti. Characteres vocem IAAI exprimunt, quod idem est corrupta lingua Hebræa, aut Arabica, quod Deus; Cruces verò influxum Numinis indicant. Reliquam schedæ intermediæ factam inscriptionem nè penetraremus, pessima nobis characterum corruptio inuidit. Posita autem est dicta inscriptio ea in Scarabæi parte, quam E litera signat.

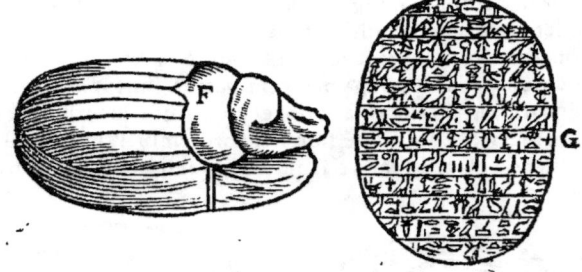

Tertius Scarabæus.

Tertium Amuletum F Scarabæi figurâ purè hieroglyphicum est, vti G inscriptio ventri eiusdem insculpta docet: quæ tametsi pessimè sit efformata, neque figuræ aut instrumenta dignosci possint; quantum tamen colligere ex varijs circumstantijs licuit, illa nihil aliud indicat, quem Regem perpetuis Osiridis, quem Scarabæus indicat, influxibus substare; quem si Rex religionis amore ritè coluerit, Genios in eo hieroglyphicè expressos ei perpetuò adfuturos, regnumque ab omni aduersa fortuna liberaturos. Huic prorsùs simile, olim ad me transmisit Reuerendissimus & Illustrissimus D. Georgius à Buchaim Episcopus Laubacensis, & Metropolitanæ Ecclesiæ Salisburgensis meritissimus Canonicus;

Scarabæus à D Buchaim transmissus.

SYNT. XIX. DE AMVLETIS, PERIAPTIS, &c. 525 CAP. I.

cus,& Excellentiff. quidam è Gallia Philologus non ita pridem transmisit, quorum vtrumque quia eandem inscriptionem habet, in tertio schemate immediatè antè expositam, reiterandam non duxi.

Quartum Amuletum pariter Scarabæi figura H, in ventre inscriptionem portat, signatam literâ I, & est Eques gladio euaginato minax; quem ambiunt characteres hieroglyphici, sed eius formæ, quas currentes vocant; quorum genuina interpretatio est, vt sequitur. Prima & octaua figura indicat statuam Cynocephali seu Genij Anubici; Secunda duos pedes exhibet hemicyclo insistentes, quo occultus Numinis inferioribus se insinuantis motus notatur; Tertia & Sexta Accipitrinos Osiridis ministros indicant; Quarta Dæmonem polymorphum; Quinta Crucem ansatam diuini influxus indicem; Septima Isidis caput refert. Horum itaque Numinum præsidio, in bello (quod per Equum & armatum hominem notatur) Regi stipato victoria contra inimicos promittitur.

Quartus Scarabæus.

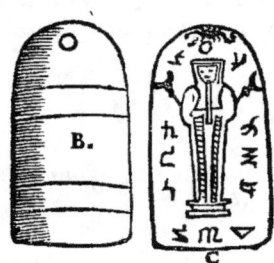 

Præsentes binæ figuræ C & D, ex Reinstiano Museo extractæ sunt; quarum prior Isidem auerruncam notat, vti instrumentum docet; cuius capiti Scorpionis insidet figura, Typhoniæ potestatis symbolum, quam ipsa profligat, vnà cum asseclis suis, quos characteres, quibus circumdatur, indicant.

Figuræ ex Reinstiano Museo.

Altera D, Canopum nobis exhibet, similem illi, quem suprà in Iconismo Canoporum expressimus, binis Scorpionibus circumdatum in superiori parte; Serpente tortuoso infrà posito; quod Amuletum contra vim adustiuam Typhonis, quâ omnis Canopici humoris copia exsiccata consumitur (quod fit Mense Athyr, Sole Scorpionem subeunte) constitutum

CAP. V.   526   OEDIPI ÆGYPTIACI THEAT. HIEROGL.

tutum eſt; Serpens verò vitalem humentis naturæ vigorem Typhoniâ vi ſuppreſſum medio Canopico Numine αἰτιτέχνῳ vi ſuâ reſuſcitare putatur. Reliquos characteres ob ſummam eorundem transformationem penetrare non licuit. Habent autem hæ figuræ ex Achate lapide ſculptæ, in poſtica parte concauitatem quandam, vti ſigna *O O* monſtrant,

cœterùm planæ, huius, quam vides, magnitudinis; quæ geſtationi idonea fuiſſe, foramina immediatè ſupra capita vtriuſque excauata ſatis oſtendunt. His adiecta eſt gemma vtrinque modicè conuexa, teſte Nihuſio, ligamine argenteo inaurato circumdata, quaſi pellucida, obſcuri cryſtalli inſtar rubedine quâdam perfuſæ, duobus perfoſſa foraminibus, vti duo circuli monſtrant in facie X; in Y verò latere ſcriptura tenetur, quam ob malè formatos characteres dignoſcere non licuit. Huic adiungere libuit aliud huius farinæ Numiſma, quod præterlapſo anno pro ſumma ſua humanitate ad me tranſmiſit Clariſſimus, idemque doctiſſimus Drepanitanæ in Sicilia Vrbis Secretarius Iacobus Scaphilus, vt ſequitur.

CAPVT V.

Phylacterium lapideum ex Muſeo Clariſſimi Viri Iacobi Scaphili.

Phylacterium à D. Scaphilo miſſum.

Eſt hoc Phylacterium Gnoſticorum, quod contra febres calidas & malignas, quas vis quædam maligna Solis, quam vim Typhoniam vocabant, tribus anni temporibus, videlicet Sole in ♈, ♌, ♐, ignei trigoni ſignis conſtitutus efficiebat, geſtare præcipiebant. Tacitè itaque Solare Numen ternâ inuocatione tribus ſignis correſpondente obteſtabantur; quod & corrupta vocabula Græca & Hebraica, quibus vt plurimùm in ſuis ſuperſtitioſis ſacrificijs vti conſueuerant, ſat ſuperque demonſtrant: ΙΑΙ ſiquidem Ægyptiaca vox eſt, à Græco ἥλιος deriuata, quâ Solem innuebant; voce verò ΙΑω ab Hebræo Iehoua corrupta Deum inuocabant, hâc verborum formulâ, quam ſchemati inſertam vides. D A ✡ ſcilicet ſubſidium Δωc ✡ ΙΑΙ ΙΑΙ ΙΑΙ *Sol, Sol, Sol,* ΙΑω, Numen Iehoua,

SYNT. XIX. DE AMVLETIS, PERIAPTIS, &c. CAP. V.

πολιμινς *polimins*, id est, contra inimicum Draconem, qui est Typhon, atq; in ♈ ♌ & ♐ potissimùm sæuientem. Quæ omnia Vir Leonem equitans, Arietem ante se constitutum veluti conculcans, manu spiculo armatus, sub pedibus Draconem habens, signat. Lateris verò postici characteres sic leguntur: DEVN EDNVMAV IAOLPDO KOLPOTOP MNPLAP. Quæ quidem verba ficta sunt, & certum numerum ὅ τῆς ἰσοψηφίας resoluta monstrant, ad virtutes peculiares alicuius Numinis alludentem; de quibus omnibus fusè actum vide in Magia hieroglyphica.

Phylacterium lapideum ex Museo Drepanitano Excellentissimi Viri Domini Iacobi Scaphili.

Sequitur aliud schema Scarabæum exhibens à Tito Liuio Burattino transmissum, cuius postica pars reddit hoc quod sequitur ectypon. Et

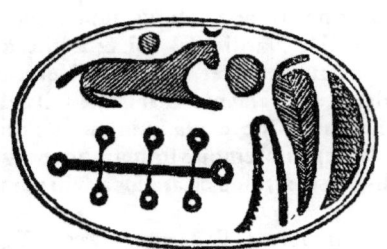

continet Aspidem Ophioniam caudâ insignem, quæ tamen sculptoris vitio à corpore separata spectatur, cum Canis iacentis forma & sistro; & erat Amuletum, quo vigilantiâ Anubidis, & sistri motu, illa aduersa vis & potestas, quæ calori Solis vitali insidiatur, profligatur. Vide quæ de Aspide, Anubi, & sistrorum Ægyptiorum variâ formâ & significatione, varijs huius Operis locis tractauimus.

Præsens figura ex Museo Magni Ducis Hetruriæ extracta Dianam exhibet, cornucopiæ, temone, & tutulo, Caninisque auribus insignem.

Xxx

Verùm cùm hæc Græcanicam potiùs quàm Ægyptiacam literaturam sapiant, & symbola trita sint, illis explicandis tempus non terendum duxi.

CAPVT VI.

De humani corporis partibus in vsum Periaptorum ab Aegyptijs assumptis.

Amuleta quæ humani corporis partes repræsentant. Phallus varijs modis ab Ægyptijs efformatus.

INter cœtera hieroglyphica, quibus Obelisci turgent, Phallus celeberrimus ac frequentissimus est. Est autem phallus imago ad veretri humani similitudinem efficta. Et inter phallos potissimùm locum obtinet phallus oculatus, nullibi non obuius; de quo vide, quæ amplissimè tractauimus in primo Tomó, in Pantheo Hebræorum de Phegore seu Priapo, vbi & totius superstitionis originem tradidimus. Consule quoque Indices trium huius Operis Tomorum, vbi innumeris locis de eo actum reperies. Fuit autem multiplici schematum ornatu adaptatus: modò sub forma simplici, vt in Canoporum Iconismo in VI. figura videre est; modò ὀφθαλμοειδής, id est, *oculari figurâ*, quemadmodum in præcedenti Iconismo Nardiano 13 figura ostendit; & hoc pacto innumeris locis inter hieroglyphica Ægyptiorum monumenta occurrit. Fuerunt qui eum sub Serpentis alati, triplici pennâ, in cauda, capite, & loco naturali conspicui, forma fingerent, cuiusmodi non ita pridem mihi communicauit amplissimus idemque doctissimus Vir Dominus Franciscus Serra Eques Romanus, Reipublicæ Literariæ promouendæ ardentissimus zelotes; cuius tamen effigiem nè ponerem, pudor & verecundia inhibuerunt. Alij humano brachio eundem inseruerunt. Hoc pacto conspicitur apud Laurentium Pignorium in Mensæ Isiacæ expositione. Huius quoque vestigium apparet in Iconismo seu tabula III. Nardiana, vbi & mysteriosi schematis rationem dedimus. Tempus me deficeret, si ridicula Veterum circa tam propudiosi simulachri cultum deliramenta & insaniæ falsæ describendæ forent. Sufficiat Lectori, non alia de causa huiusmodi periapta, nisi ad fascinum prohibendum, fœcunditatemque impetrandam, gestata atque adhibita fuisse. Sed de his, vt dixi, vide citata loca, vbi omnia exactè descripta reperies.

Hieroglyphicum quod sequitur numero 1 signatum, Græco Ægyptiacum est, & notat Mercurium totius Sapientiæ Præsidem. Canino capite est, quia sapiens sagacitate multa ad res inuestigandas valet. Lunam sextilem, cui Noctua, quæ hoc loco malè expressa est, insidet, capite gestat, vt innuatur sapientiam silentio, & nocturnis ab omni hominum strepitu semotis lucubrationibus, comparandam. Pennam manu gestat prægrandem, qua literarum scriptionis indefessum studium signatur. Manu gestat Pauonem Serpente bicipiti & ventroso implicatum; quo notatur, Sapientem perpetuò memorem esse debere, pulchritudinem mentis quam Sapientiæ studio acquisiuit, terrenorum affectuum, quæ per

Ser-

SYNT. XIX. DE AMVLETIS, PERIAPTIS, &c. 529   CAP. VI.

Serpentes notantur, mortificatione in vberrimos fructus tandem excrescere. Secunda & tertia figura manum indicant, ex Magni Ducis He-

truriæ Museo extractam, eandem prorsùs cum illa, quam in Magia hieroglyphica fol. 451. exposuimus; quare Lector eius interpretationem citato loco videre poterit.

FINIS SYNTAGMATIS DECIMINONI.

SYNTAGMA XX.
DE LVCERNIS VETERVM AEGYPTIORVM.

EXCELLENTISSIMO ATQVE ILLVSTRISSIMO COMITI
DOMINO
FRANCISCO DE NADASD
Equiti Aurato, S. C. Regiæque Mai. Cubiculario, Consiliario, ac per Vngariam Curiæ Regiæ Magistro, &c.
Domino meo vnicè colendo.

V M hafce veterum Ægyptiorum Lucernas è tenebris euolutas in lucem vindico, Lucerna non dicam Cleanthæa, sed vel Diogenis opus fuit, vt nonneminem, cui tam dignum argumentum appositè congrueret, reperirem. Tu inter paucos vnus occurristi, Illustrissime Comes, *cuius celebre, & iamdudum Mundo notum nomen, harum splendore Lucernarum illustraretur. Tu siquidem Lucerna es, in qua tam illustre fidei lumen accendit Deus, vt augustissimus Catholicæ veritatis splendor, curis Tuis verè cælestibus, complures à densa Ægypti caligine prouocarit ad lucem. Cui luci exaggerandæ Sopronij veluti igniarium (veriùs Prytanæum sacrum) auxisti adeò, vt Societatis* IESV *istic Fundatori* Te *immortalium lychnuchorum Collegam Dei & Patriæ amor adiunxerit. Vt quemadmodum Magni Nicolai Esterhasij Soceri Tui Proregis affinitas* Te *Generum haud constituit degenerem; ita is vnà cum* Ladislao Tuo, Te *heroicarum virtutum exemplis hortatur, vt intermicantium tenebris cœli Lucernarum imitatus mores, pergas inclytæ pandere vela virtuti, & sacrosanctum æterni honoris thema Tibi Tuoque in spes excelsas nuper nato Hæredi, factis luculentissimis conscribas. Vt dum Hungariam sua fata canentem audis, adjicis in gloriæ societatem alijs Patriæ Patribus, quoties nobilem & generosam animam illustrissimo anhelitu reciprocas, toties* Te, Tuos, *ac Patriam æterno diuinæ gloriæ sacramento authoratam, sacris religionis legibus, & empyreâ quâdam* Nadasdiani & Esterhasiani *nominis, sanguinis, virtuti indole, granditate, immortalitate illustres. Vale Lucerna Deo ardens, lucens Patriæ; cuius elychnium seu pretiosum vitæ filum, affuso abundè diuini sui nominis & Numinis oleo diu & semper prosperè foueat Deus, ac perpetuâ diuinitatis flammâ in lucem asserat gratiarum, & omnium gloriarum.*

SYN-

SYNTAGMA XX.
De Lucernis veterum Aegyptiorum.
CAPVT I.

De origine Lucernarum.

IGNEM subterranei Osiridis, quem Græci Plutonem vocant, alij Vulcanum, symbolum fuisse, alibi copiose docuimus. Quemadmodum enim singulis Mundis Osirin preponebant, Archetypum in Intelligibili, in Intellectuali Pantamorphon, in Sidereo Solarem; ita iuxta analogiam quandam ignis, id est, Solis hylæi præsidem in Hylæo Mundo ponebant; qui quidem ita ad inuicem disponebantur, vt influxus supernus per intermedios in infimo terminaretur. Et vti nihil igneo colore in inferiori natura rerum præstantius est, & magis necessarium, vtpote Soli analogo; ita summo quoque studio, contentis viribus, ac miro cultu cœremonijsque eum, ne quandoque deficeret, aut Numen muneri suo in eo conseruando deesset, prosequebantur. Hinc celeberrimum illud Lucernarum festum & solennitas originem inuenit, quo certis anni diebus tota Ægyptus Lucernarum fulgore illustrabatur; cuius mentionem amplam facit Herodotus in II. libro, quem Euterpen inscripsit. Ἐς Σάϊν δὲ πόλιν ἐπεάν συλλεχθῶσι τῇσι θυσίῃσι ἐν τῇ νυκτὶ λύχνα καίουσι πάντες πολλὰ ὑπαίθρια περὶ τὰ δώματα κύκλῳ, τὰ δὲ λύχνα ἐστὶ ἐμβάφια ἔμπλεα ἁλὸς, καὶ ἐλαίου ἐπιπολῆς δ' ἔπεστι αὐτὸ τὸ ἐλλύχνιον, καὶ τοῦτο καίει πάννυχιον, καὶ τῇ ὁρτῇ οὔνομα κέεται λυχνοκαΐη· οἱ δ' ἂν μὴ ἔλθωσι τῶν Αἰγυπτίων ἐς τὴν πανήγυριν ταύτην, φυλάσσοντες τὴν νύκτα τῆς θυσίης καίουσι, καὶ αὐτοὶ πάντες τὰ λύχνα. καὶ ἕτω οὐκ ἐν Σάϊ μόνῃ καίει, ἀλλὰ καὶ ἀνὰ πᾶσαν Αἴγυπτον, ὅτευ δὲ εἵνεκα φῶς ἔλαχε, ἡ τιμὴ ἡ νύξ αὕτη ἱρὸς λόγος λέγεται. id est, *Vbi verò Sain Vrbem sacrificatum conuenerunt, noctu sub dio vniuersi circa domos frequentes lucernas accenderunt, imbutas sale, & oleo plenas, cu n multo lychno, quod tota nocte ardet; cui festo nomen impositum est, accensio lucernarum* λυχνοκαΐη. *Ad hunc conuentum quicunque Ægyptiorum non ierint, obseruantes sacrificij noctem & ipsi vniuersi lucernas accendunt, atque ita accenduntur lucernæ non in Sai modò, sed per vniuersam Ægyptum. Qua verò gratia nox hæc lumen & honorem sortita sit, sacra quædam ratio commemoratur.* Ita Herodotus. Quænam verò sacra ratio, ob quam tantum festum institutum fuerit, Manethon apud Syncellum docet, Typhonem occiso Osiri vniuersam Ægyptum tenebris & densa caligine offudisse; quo portento exterriti Sacerdotes Ægyptij Oraculum consuluêre, quod respondit, caliginem terræ obfusam non desituram, nisi Osirim à Typhone occisum frequenti lucernarum fulgore placarent; quod vbi factum fuit, caligine mox discussa, desiderata lux redijt, atque adeò Lucernarum accensionis festum institutum, maximo imposterum ardore celebratum fuit. Non desunt tamen qui velint, accensionis Lucernarum festum originem suam

Ignis symbolum subterranei Osiridis.

Ignis cultus apud Antiquos Ægyptios.

Lucernarum festum apud Ægyptios.

Herodotus.

Lucernarum festum cur institutum.

suam traxisse à decem plagis Ægypti, quibus Ægyptum Moyses diuinâ virtute percussit, inter quas tenebræ propè palpabiles vna fuit; quibus non dissentio, præsertim cùm passim toto hoc Opere ostenderimus, pleraque Ægyptios ab Hebræis mutuata sui iuris fecisse, tametsi alijs & alijs fabulis commentisque deprauata, vti ex dictis patet. Hieromantas tamen mysticis rationibus inuolutum negotium Osiri cœlestium lucium astrorumque rectori id potissimùm instituisse, verisimilius videtur: fuit enim nullo non tempore & loco, vti passim docuimus, Osiris veluti Numen quoddam Solare, in summa veneratione habitus, & cùm Soli, quem ignem cœlestè dicebant, nihil in inferiori Mundo similius sit igne, non alia meliori ratione eum, quàm Lucernarum frequentium vsu colendum censuerunt; adeo quidem, vt lucerna, Seneca teste de beata vita c. 27. & Suida, religionis hieroglyphicum euaserit, idque scitè exponit Beroaldus in 11. cap. Asini Aurei apud Apuleium. Imò Plutarcho Authore l. 7. Symp. 14 c. lucernam extinguere violentâ quâdam extinctione, summæ sibi religioni ducebant; vnde oleo posito inextinctam Lucernam dimittebant, quousque ignis oleum totum consumpsisset, & deficiente nutrimento, ipsa quoque deficeret Lucerna seipsa; quo facto, nouum suppeditabant nutrimentum, idque sacri reuerentia ignis præstabant, vti apud Plutarchum Cosenus refert, vel vt ibidem Lucius, nè necem inferre elemento quodammodo animato, vel vt Florus ibidem existimabat, nè Lucernam extinguentes lucem alijs inuidere viderentur. Sed vt eò, vnde digressi, redeamus; de festo siue solennitate accensionis Lucernarum varij variè sentiunt: alij ad inquirendum cum Iside Osiridem Lucernas accendere Ægyptios consueuisse existimant; quæ quidem inuestigatio Isidis vti magnâ lachrymarum profusione contigisse fertur, ita luctus quoque Isiacus, lamenta, ploratusque nunquam ab huiusmodi solennitate deerant; siquidem, Plutarcho teste, in plenilunio sub dio inter tenebras quasi Lunam, id est, Isidem comitaturi Lucernis accensis magno cum luctu Osirin quærebant, magnam sibi ex vana huius cultus obseruatione rerum abundantiam spondentes. Sed audiamus Pausaniam: *Ægyptij festum Isidi celebrare consueuerunt, quando ipsi Osiridem lugere dicunt; & illis quidem diebus Niliacum incipere incrementum, argumentum fluminis, agrorumque inundationem non nisi Isidis lachrymis procurari*, iuxta illud Statij lib. 1. Theb.

- - *melius vobis mareotica fumat*
Coptos, & arisoni lugentia flumina Nili.

Quidquid sit, ille nunquam satis quæsitus Osiris, vt cum Lucano loquar, nihil aliud nisi Solem indicabat, quem veluti vitæ authorem cùm sibi palpabilium tenebrarum diuinitùs immissâ caligine ereptum putarent, tenebrasque mors primogenitorum Aegypti secuta fuisset, magnus mox in Aegypto clamor, teste Sacro textu, exortus est; neque enim erat domus in qua non erat mortuus; vnde non est dubium quin ex tam

memo-

SYNT. XX. DE LVCERNIS ÆGYPTIORVM.   533   CAP. II

memorabili & inaudito euentu Lucernarum solennitas ad Osirin placandum quotannis per vniuersam Aegyptum instituta apud posteros viguerit ; nam id Apuleius citato paulò antè loco apertè ostendit his verbis : *Magnus præterea sexus vtriusque numerus lucernis, tædis, & alio genere faciam luminis siderum cœlestium stipem propitiantes*. Qui verò plura de superstitioso Lucernarum cultu desiderat, is legat Clem. Alexandr. l. 1. Strom. Eusebium l. 10. de præparatione. Lactantium l. 6. diuin. instit. Sideribus quoque quibuscunque ignis cultum, ex analogia quadam ignei fulgoris ad ignium cœlestium lucem, exhibitum, vide si placet, Tom. I. Synt. 3. de Sacrificijs & ritibus Aegyptiorum. Verùm ante omnia consulat rarum, doctissimum, & omnigenâ eruditione refertum Opus, quod non ita pridem in lucem summo Reipub. liter. bono emisit Excellentissimus Fortunius Licetus de Lucernis Veterum ; in cuius vberrimam messem nè falcem immitteremus nostram, hoc loco tantùm, quæ ad instituti nostri argumentum propriè spectant, id est, Aegyptiacas Lucernas aut ibi omissas, aut non nisi superficie tenus expositas, hoc Syntagmate prosequamur.

Apuleius.

Fortunius Licetus.

CAPVT II.

De loco, figura, alijsque lychnuchorum, Lucernarumque Aegyptiarum proprietatibus in genere.

LOca in quibus Lucernæ poni solebant, erant Delubra, Adyta, Cryptæ seu cœmiteria subterranea, de quibus singulis ordine dicemus. In Delubris pro qualitate Numinis, cui litabant, Lucernam ponere consueuerunt. Ita in Fano Anubidis Lucernam ponebant vel Canino capite, vel integrâ Canis figurâ conspicuam, vt postea ostendemus. In Delubro Osiridis vt plurimùm Accipitrino vultu, aut etiam totius volucris habitu spectabilem. In Fano Isidis, ipsam Isidem Lunari hemicyclo, & flammis è vertice surgentibus venerabilem. In Templo Canopi, Canopici Numinis ventripotentis, & dolij instar protuberantis similitudinem adumbrabant. Haud secus in cœteris Deorum Fanis, eo ornatu Lucernas adornabant, quo ipsa Numinum in ijs coli solitorum simulachra effigiabant. Quæ omnia vera esse, testantur Lucernæ in hunc vsque diem superstites ex Ægypto deportatæ, quas postea adducemus. Hanc consuetudinem Græci, Romanique, qui nullo non tempore Ægyptiacæ religionis, veriùs superstitionis, veluti Simiæ quædam fuerunt, imitati sunt, vti ex Lucernarum à Clar. Fort. Liceto adductarum inscriptione patet, quæ eas nunc Ioui, modò Dianæ, aut Mineruæ, cœterisque Numinibus consecratas apertè docent.

Loca in quibus Lucernæ apud Ægyptios ponebantur.

Figuræ variæ Lucernarum apud Ægyptios.

In Adytis quoque secretioribus Sacerdotum conuenticulis, præter Lucernas, ignes quoque mirâ industriâ adornatos adhibuisse comperio ; nam ignes non ex cuiuslibet materiæ nutrimento, sed Dijs sacrificijsque appropriato deputabant. Sic Horo ignis ex perseæ lignis, Osiri ex lauri,

Ignes quales in adytis Ægyptiorum.

CAP. II. 534 OEDIPI ÆGYPT. THEAT. HIEROGL.

Lucernæ in Cryptis & Sepulchris.

Isi ex seriphij, alijsque ex alijs lignis adhibebant; & ex fumo & fuligine, qui in hunc vsque diem,teste Burrattino, similium Adytorum fornicibus adhæret,luculenter apparet. In Cryptis denique mortuorum depositis destinatis in hunc vsque diem Lucernæ vario hieroglyphicorum apparatu ornatæ in magna quantitate, teste Vallæo, & Burrattino, reperiuntur; apertum signum, ibidem proprium fuisse locum Lucernarum depositioni deputarum, de quibus nunc aliquantulum fusiùs disceptare visum est.

Ignibus cœlestes Deos colebant Ægyptij.

Ægyptios vt floribus, fructibusque terrenos Deos, ita ignibus cœlestes coluisse, aliàs dictum fuit. Fuit autem ignis diuinæ naturæ, immortalis, incorruptibilis, insectilisque symbolum; atque eam ob causam Deorum capitibus, vti Mensæ Isiacæ simulachra monstrant, vtplurimùm imponebant, igneam in diuina Mente vim & efficaciam mysticè indigitantes. Hinc pyramides,ignis pariter symbolum,conficiebant eius soliditatis, quæ & omnes temporum iniurias facilè superare possent,& mentium immortalitatem vel ipsâ figurâ suâ demonstrarent. Verùm cùm de hisce in Geometria hieroglyphica copiosè disseruerimus, eò Lectorem remittimus.

Quæ quidem colendi ignis consuetudo tantū in exterarum Gentium pectoribus obtinuit admirationis, vt nulla non natio hanc ab Ægyptijs edocta πυρολατρείαν omnibus modis receperit ad se propagatā. Quid enim Mythræ sacrificia aliud sunt quam ignis illius cœlestis, Solis inquam cultus, qui apud Persas potissimùm magnum sumpsit incrementum? Nam vt rectè de Perseo Gregorius Monachus: Ἐδίδαξε δὲ αὐτοὺς καὶ τὴν μυσαρὰν θρῃσκείαν, καὶ μαγίαν ἣ λεγομένης Μεδούσης· ἐφ᾽ ἧς καὶ πῦρ ἐκ τοῦ οὐρανοῦ κατῆλθεν ἐν τῇ Περσίδι, ἐξ οὗ καὶ ἀνάψας, καὶ κτίσας ἱερὸν ἔθηκεν αὐτὸ ἐν αὐτῷ καλέσας τὸν ναὸν πυρὸς ἀθανάτου, καθιστᾶς, ἀνδρας δ᾽ ἄυξειν δυναμένους αὐτῷ, καὶ φυλάττειν ἐκάλεσε, (ἢ ἐπὶ ἐκάλεσε) ὧν μάγους ὅπερ ἕως ἄρτι ἐν πολλῇ τιμῇ ἔχοντες οἱ Πέρσαι πυρολαβοῦσι. id est, Docuit Persas ipsos execrandas cæremonias & magiam, quæ dicitur Medusa, quæ regnante in Persia ignis è Cœlo delapsus est, ex quo ignem alium accendens ei fanum extruens in eo reposuit, vocauitque templum ignis immortalis, & constituens viros prudentes, vt seruirent seruarentque ignem, Magos eos appellauit, quos ritus in multa dignatione habentes Persæ ignem colunt. Sed ignem multò ante Perseum cultum, & à Zoroastro introductum, Cedrenus his verbis notat. Ἐκ τοῦ γένους τοῦ Βήλου καὶ Ζωροάστρης ὁ περιβόητος ἐν Πέρσαις ἀστρονόμος, ηὔξατο ὑπὸ πυρὸς ἀερίου κεραυνωθῆναι, καὶ ἐιαλωθῆναι ἐντειλάμενος τοῖς Πέρσαις τὰ ὀστᾶ αὐτοῦ ὑπὸ τὸ καῦσιν ἀναλαβεῖν, καὶ φυλάττειν, καὶ τιμᾶν. Is à Belo ipso duxit originem, & inter Persas clarissimus Astronomus fuit, qui cùm nouisset, optassetque igne de cœlo tangi, præcepit Persis, vt ossa sua post exustionem legerent, seruarent, & colerent. Hunc Zoroastrum ex Chamo seu Belo filium Misraim nullum alium fuisse, quàm corruptâ à Persis voce Mithram (quem & Osirin dictum fuisse, constat) in Obelisco Pamphilio amplè deduximus. Hic enim primus fuit, qui ignis cultum Ægyptios Chaldæosque docuit; vt proinde quæcunque de Osiri, Mythra, Zoroastro ibidem diximus, exactè ijs, quæ hìc tradimus, congruant. Quemadmodum enim Ægyptij in Adytis, ita Persæ in speluncis, ignis cultum magno cœremoniarum apparatu docebant, his verbis,

Cedrenus.

Zoroafter docuit Persas cultum ignis.

vti

SYNT. XX. DE LVCERNIS ÆGYPTIORVM. CAP. II.

vti Firmicus Maternus l. 5. testatur, Μιξοβρ μυσακῷ ὁ πλοπίης σωίδιτε πυρὸς ἀγενῆ *Firmicus Maternus.*
adeoque huius πυρολαξείας insania dementabantur, vt non ignem modò,
sed & omnia ea, quæ vel ignis speciem referrent, sacro cultu, teste Dio- *Dionysius Geographus, Strabo.*
nysio de situ Orbis, πάντα πυραγδῆ σέφυσι, prosecuti sint; vnde & pyropo
quasi flammas emittenti honorem habebant Authore Strabone l. 15.
quem neque ad mortuum admouebant, non magis quàm ignem ipsum.
Ex quo & illa superstitio nata videtur, vt ijs nihil denegiretur, qui ignem
in fluuium detulissent; & ni compotes fierent, ignem se mersuros aquâ
minarentur, vti Plutarchus asserit. Ignis inter prima primò in Perside,
non autem à plebecula tantùm, sed maximè à Regibus in ædibus ad eam *Theodorus.*
rem sanctè comparatis, Theodoreto teste l. 5. Eccles. histor. colebatur;
vnde ædes istæ πυρεῖα dictæ, ignis verò πῦρ ἄσβεσον; inextinctus; in Pyræo
verò ignem seruabant ad diuinationes, eo eum loco habentes, quo Ve- *Procopius, Strabo.*
stam Romani, ait Procopius l. 2. Strabo l. 15. Ο᾽ τς δὲ ἀν θύζωσι θεῷ πρώτῳ τῷ
πυρὶ ἔχον. Cuicunque Deo sacrificarent, primò igni vota nuncupabant, τιάρας
ἐπικείμενοι πιλωτὰς καθαπας ἱκατέρωθεν μέχρει τῇ καλύπτειν τὰ χείλη, καὶ τὰς παραγνάθίδας,
Tiaris operti ex lana densâ vtrinque demissis, vt labra & genas tegant, καὶ πυρὶ
θύοντες ὑποφωνοῦσιν αὐτῷ, τἰω πυρὸς τροφὴν ὑπλέγοντες, πῦρ δέσποτα, ἔδιε. Sacrificaturi
igni, ei pabulum præbentes dicebant, Ignis Domine comede. Quæ quidem omnia ab Ægyptijs ad Persas, & hinc ad Græcos, Romanosque propagata,
maximum semper incrementum habuere.

Sed vt ad propositam nobis de Lucernis Veterum narrationem re- *Lucernæ Veterum variæ fuerunt figuræ.*
deamus, Notandum est, Lucernas variæ omninò figuræ fuisse, siue Iychnos
spectes, siue figuram ipsam Lucernarum. Fuerunt ijs μονόμυξοι, πολύμυξοι,
id est, vnius, & plurium, pro ratione Numinum quæ colebant, ellychniorum seu myxorum Lucernæ; ξιμυξοι id est, ellychniorum in triangula formam concinnatæ supremo triformi Numini, τεβάμυξοι, quatuor Elemen-
torum præsidibus Dijs; quorum vnusquisque eâ figurâ animalis, quæ Nu- *Nota Lector, huius Lucernæ figuram ex Ægypto à Schatta transmissam ob angustiam temporis succidi non potuisse.*
mina referebant, concinnabatur. Non defuerunt in honorem septem
Planetarum ἑπάμυξοι, septem ellychniorum Lucernæ constitutæ; δωδεκά-
μυξοι, duodecim Zodiaci Genijs ordinabantur, cuiusmodi vnius ad me ex
Ægypto transmisit delineationem Michaël Schatta, quem suprà citaui,
meus olim in Copticis Amanuensis. Scribit Demophilus peruetus Au- *Demophilus. Lucerna in templo Heliopolitano. Athenæus.*
thor, in Templo Solis Heliopolitano Lucernam fuisse tot lychnorum,
quot diebus annus constituitur. Quos secuti videntur Tarantini tempore Dionysij Iunioris, Athenæo teste l. 15. Ταραντίνοις εἰς τὸ πρυτανεῖον ἀνάθλωκε
λυχνεῖον διμύριον καὶ τοσέτες λύχνες, ὅσος ὁ τῶν ἡμερῶν ἐςὶν ἀριθμὸς εἰς τὸν ἐνιαυτόν.
Tarantinis in curia lychnuchum positum fuisse, tot instructum ardentibus lychnis, quot dies essent in anno. Et tametsi Athenæus nuperum inuentum
lychnum dicat, Παλαιὸν δ᾽ ἄρημα λύχνος· φλογὶ δέ οἱ παλαιοὶ ἀπὸ τῆ δαδὸς, καὶ τῆ ἄλλων
ξύλων ἔχροντο. Veteres enim igne tædâ & aliorum lignorum vtebantur; negan- *Lucernæ antiquissimis temporibus in vsu fuere.*
dum tamen minimè est, iam primæuis temporibus vsum lychnorum fuis-
se, siquidem in hunc vsque diem in abditissimis Cryptarum recon-
ditorijs inueniuntur huiusmodi πολυλύχνοι, siue Lucernæ, tùm vnico, tùm pluribus myxis instructæ, hieroglyphico ornatu spectabiles, quas

Yyy   non

non nisi ante Romam conditam impositas fuisse, suprà in Syntagmate de Mumijs fusè docuimus. Voco autem lychnum ellychnium, lineam & papyraceam stupam, oleo imponi solitam, ignis quoddam nutrimentum, quæ scitè sanè describit Prudentius in hymnis:

Prudentius.

> *Viuax flamma viget seu caua fistula,*
> *Succum linteolo suggerit ebrio,*
> *Seu pinus piceam fert alimoniam,*
> *Seu ceram teretem stuppa calens bibit.*

Ægyptij itaque non Lucernis tantùm, ellychnijs stupeis, papyraceis, iunceis instructis, sed & cereis, facibus seu tædis è cortice, quam λοφνίας vocat Athenæus (Alexidi dicitur ξυλολυχνεχΘ- Ciceroni lychnuchus ligneolus & obeliscolychnus, cùm lignum in verruculo pro lampade ardet) thyrsis iunceis, quas λύχνυ θρυαλλίδας vocat Aristophanes in Vespis; thyrsis lotinis cera & resina circumductis, vt interim varias lignorum strues in Adytis omittam, vtebantur; accensionem verò ipsam vocat Aristophanes λυχνοκαυτίας, λυχναφίαν φωρφίρες, Herodianus l. 4. δαδυχίας. Sed & in hisce omnibus magna differentia intercedebat. Erant aliæ Lucernæ pendulæ, aliæ posititiæ; de ijs Virgil. l. 1. Æneid.

Aristophanes.
Herodotus.
Virgilius.

> *dependent lychni laquearibus aureis*
> *Incensi, & noctem funalia vincunt.*

Paul. Nat. 9.

> *Tectoque supernè*
> *Pendentes lychni spiris retinentur ahænis,*
> *Et medio in vacuo laxis vaga lumina nutant*
> *Funibus, vndantes flammas leuis aura fatigat,*

De hisce idem Nat. 3. Paulinus

> *Clara coronantur densis altaria lychnis.*
> *Lumina ceratis adolentur odora papyris,*
> *Nocte diuque micant.*

Ex his, ni fallor, luculenter patet, ratio Lucernarum Ægyptiarum; quare iam ad particularem earundem descriptionem paulò propiùs accedamus.

SYNT. XX. DE LVCERNIS ÆGYPTIORVM.

CAPVT III.

De Lucernis Aegyptijs in peculiari.

§ I.

Ycerinum Regem tùm sibi, tùm filiæ suæ Lucernas affabrè factas posuisse ante Bouem, cui cadauer filiæ incluserat, Herodotus ad longum describit; sed quoniam historia digna est, quæ ex ipso Authore percipiatur, verba eius hic apponam :

Post hunc Chephrenem *regnasse in Ægypto dicebant Mycerinum Cheopis filium, eumque paterna perosum facta, & templa reserasse, & populo ad vltimum calamitatis afflicto fecisse potestatem res agendi & sacrificandi : quin etiam super omnes Reges iustitiam exercuisse. Quo nomine ex vniuersis Regibus hunc Ægyptij maximè prædicabant, tùm ob alia quæ benè iudicabat, tùm verò quòd conquerenti de ipsius sententia, de suo donabat, vt indignationi hominis satisfaceret. Cùm autem esset in ciues ita clemens Mycerinus, atque ita studiosus, principium ei malorum contigisse obitum filiæ, quæ domi vnica soboles erat. Quâ clade supra modum dum doleret, velletq́ filiam excellentiori aliquo genere sepeliri quàm cæteros, fecisse ligneam Bouem cauam ; quam cùm inaurasset, in ea filiam sepelisse defunctam. neque humo Bos hæc condita est, sed ad meam vsque memoriam in propatulo fuit in vrbe* Sai *apud regiam, in conclaui quodam exornato posita, cui singulis diebus omnifary odores inferuntur : noctibus autem perpetuò incensa Lucerna astat. In altero contiguo conclaui imagines stant Concubinarum Mycerini, vt in vrbe Sai Sacerdotes aiebant. Stant enim Colossi, id est, grandia simulachra, circiter viginti, è ligno fabricati, nudi plerique : qui quarum sint mulierum, non possum dicere, præterquam quæ narrantur. Sunt qui de hac Boue & Colossis hæc referant : Mycerinum amore filiæ suæ captum, vim ei intulisse : deinde illam cùm præ mærore se suspendisset, patrem in hac Boue sepelisse : matrem autem cuius manus ministrarum quæ filiam patri prodidissent, præcidisse : & nunc earum hæc esse simulachra eius mali quod viuæ passæ fuissent. Hæc (vt ego opinor) dicunt nugatores, vt alia, ita & de manibus Colossorum: quippe quas ipsi vidimus temporis diuturnitate delapsas, quæ ad meam vsque ætatem ad pedes eorum stratæ visebantur. Bos quoque cum cæterum corpus operta est Phæniceo pallio, tùm verò ceruicem & caput crasso admodum auro : cuius inter media cornua circulus annexus inest, Soli assimilatus. Neque stans est Bos, sed in genua cubans, magnitudine quanta est grandis Vacca viua. Effertur autem è conclaui quotannis. & postquam Ægypty verberarunt Deum quendam, quem in tali negotio non puto mihi nominandum, tunc & Bouem in lucem proferunt. Aiunt enim eam orasse patrem Mycerinum, vt defuncta quotannis semel Solem intueretur. Huic Regi, post calamitatem filiæ, secundo loco hoc accidisse : ex vrbe Buti venisse Oraculum, fore vt sex omninò annos viueret, septimo defucturus. Id hunc ægrè serentem, vicissim misisse ad Oraculum contumeliosas querimonias : quòd, cùm pater suus & patruus, qui Deorum immemores templa clau-*

Lucernæ à Rege Myceri-no filiæ posita.

Herodotus.

CAP. III. 538 OEDIPI AEGYPT. THEAT. HIEROGL.

clauserant, hominesque perdiderant, tamdiu vixissent, ipse piè faciens tam citò foret vita defuncturus. Rursus ei venisse dicuntur ex Oraculo responsa, eapropter ipsum properè vitam finiturum, quòd non id faceret quod deberet. Oportuisse enim Ægyptum centum quinquaginta annis affligi : idque duos qui ante eum fuissent Reges didicisse, ipsum verò nequaquam. Hæc ubi accepit Mycerinus, se iam à Numinibus damnatum, Lucernas fecisse permultas, quibus cùm noctesceret accensis, potaret ac se oblectaret, neque diu neque noctu intermittentem quin per palides perque nemora vagaretur, utque audiretur, iuuenilibus in rebus studiosissimè versari. Hæc autem idcirco excogitarat, quòd vellet Oraculum conuincere mendacij, vt duodecim pro sex fierent anni, diebus factis ex noctibus. Vtrum verò Herodotus Lucernas perpetuò ardentes habuerit, vti inclytus Licetus existimat, dubium est; quid nos sentiamus, in sequentibus patebit.

§ II.

De Lucernis Ægyptiorum in sacra animalia transformatis.

Lucernæ à Duce Hetruriæ missæ.

Misit pro suo in Rempub. Literar. affectu iam dudum sapientissimus Princeps, Magnus Dux Hetruriæ, è suis Museis omni antiquitatis

Lucerna Bouis figura in Apidis Fano.

genere instructissimis, nonnullas veterum Ægyptiorum Lucernas, quas hoc loco opportunè inserendas existimaui. Quarum prima Bouis procumbentis figuram refert, cum puero dorso eius incumbente, & folijs fici, vti præsens figura docet. Bouem Apidis figuram, Apidem verò agriculturæ præsidem Genium expressisse, passim hoc Opere docuimus. In Fano itaque Apidis Lucernam ponebant in honorem huius Numinis adornatam ; & per Lucernam quidem pium & religiosum erga Numen affectum, per ignem verò calorem vitalem notabant; qui si ab agricultura abesset, omnia in vltimum exitium ruitura existimabant. Numen itaque tacitè, vt hunc vitæ calorem agris campisque concederet, hoc symbolo sollicitabant. Puer dorso Bouis incubans, cum folio fici, vitam vegetabilem notat, cuius calore vitali à Numine communicato omnia re-

iuue-

SYNT. XX. DE LVCERNIS ÆGYPTIORVM.

iuuenescere videbantur per vim fœcundatiuam, quam folium fici, quam Ægyptiacè thrio vocant, notat; siquidem hoc folium, eò quòd pudendorum virilium formam exprimeret, non incongruè, teste Plutarcho, pro fœcundæ generationis symbolo assumpserunt. Huiusmodi autem Lucernas in Apidis Fano positas expressè docet Demophilus de priscorum religione; Ἐν τῷ ναῷ Ἄπιδος ἔθηκεν τὸν λυχνοῦχον βώμοςραν, τὸ δ᾽ γεωπονίας σύμβολον. *In templo Apidis ponebant Lucernam sub Bouis forma, symbolum culturæ agrorum.* Rectè igitur Numini agrorum præsidi Lucernam hanc mysticam ponebant, eâ spe freti, futurum vt Numen religiosâ ignis cœremoniâ sollicitatum attractumque maiori vigilantiâ in rerum fidei suæ commissarum curam incumberet. Aliam Bouino capite conspicuam vidi apud laudatissimum Licetum in Opere de Lucernis Veterum fol. 906.

Plutarchus. Demophilus.

Lucernam Apidi cur posuerint Ægyptij. Licetus.

§ III.

Lucerna Aegyptia tetralychna.

Hanc Lucernam vnà cum Mumijs ex Ægypto Magno Duci Hetruriæ allatam refert Nardius, & est τεςράλυχνος; quâ quidem nihil aliud, quàm eorum Numinum, quæ quatuor anni stationibus præerant,

Lucerna tetralychna.

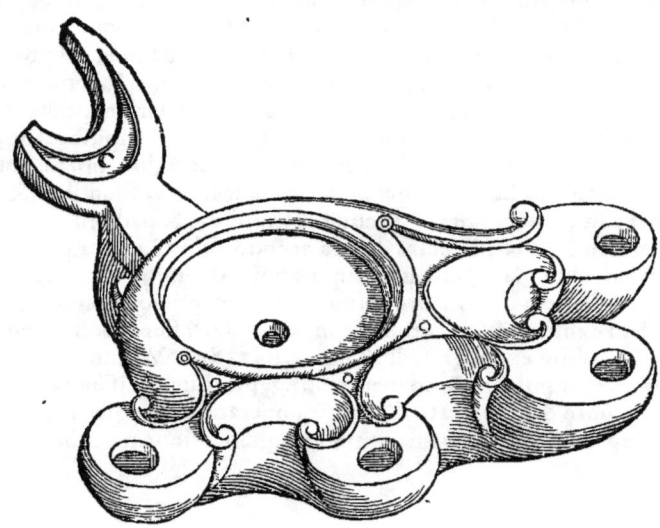

cultum indigitasse videntur. Hanc in solenni Comasiarum pompa, & Adytorum consecratione adhibitam fuisse, refert Scholiastes in 11. lib. Metam. Apuleianæ. *Præferebatur,* inquit, *& Lucerna* τεςράμυξος *in quatuor*

Numi-

Numinum, quæ in Comasijs circumferre solebant, honorem accensa; & ea indigitabant eorum Deorum, qui quatuor annis tempestatibus præsidebant, propitiationem. Cùm enim totius Reipublicæ salus & prosperitas à rerum vbertate, cui quatuor dicta Numina, in quadripartiti anni curriculum distributa, præerant, dependeret; aptè sanè τετράμυξον hanc Lucernam, nè quicquam mysteriosarum cœremoniarum deesset, præferebant. Nam vt suprà diximus, Ægyptij Lucernas suas tot lychnis instruebant, quot numerus Numini alicui consecratus vnitates contineret.

§ IV.

De Lucerna Canubica seu Canina, aut Κυνομόρφῳ.

Nihil frequentiùs fuit Ægyptijs, quàm Lucernas suas Canis figurâ exprimere: erat enim Anubis inter tutelares eorum Deos præcipuus. Huius farinæ Lucernam, vnà cum alijs, Serenissimus Dux Hetruriæ transmisit vnam, integrâ Canis iacentis figurâ expressam. Reperiuntur & aliæ Lucernæ loco lychni Canino capite conspicuæ; quæ quidem omnes ad tutelaris Numinis vigilantiam alludunt, quâ deposita in Cryptis subterraneis corpora custodire putantur. Hinc eadem de causa omnibus ferè Mumiarum inuolucris Canis figura impressa cernitur. Verùm cùm hæc omnia amplissimè exposita sint in Syntagmate de Mumijs, hìc non immorabimur. Hæc dum tracto, occurrit mihi in eximio Opere Fortunij Liceti de Veterum Lucernis fol. 1178. ex gemma depromptus schematismus, in quo si vllibi, sanè in illo Ægyptiorum ingenium maximè elucescit. Tres in eo figuræ conspiciuntur, quarum prima nuda ξίποδ@, ῃ ξικέφαλ@, id est, trium femorum, cum tribus capitibus, quorum vnumquodque vni corporis adnexum trunco, Loti flore insignitum est, quæ binis manibus Lucernas gestat, tænijs hinc inde volitantibus, & Mercurium Trismegistum notat. Secunda feminuda, & palliolo tecta, in capite modium gestat, in cuius dextra arundo, vel vt Licetus putat, thyrsus liliaceus, cum Cane adstante, eique abblandiente; & Serapidem signat; cui similem à nobis propositam vide in primo Tomo fol. 198. Tertia Isin exhibet, sistro, situlâ, & in capite Loti flore spectabilem, de qua simili habitu exposita vide Tom. I. fol. 189. Verùm cùm eruditissimus Licetus pulchrâ, & ad mentem Ægyptiorum aptissimâ expositione singula libro & folio citato illustràrit, operam meritò perdam, si vlteriori interpretatione arcanam eorundem significationem euoluere attentauerim.

SYNT. XX. DE LVCERNIS ÆGYPTIORVM. 541 CAP. III.

§ V.

De Lucerna Sphyngis.

INter cœteras Lucernarum figuras, quas Sereniſſimus Magnus Hetru- *Lucerna*
riæ Dux Oedipo communicauit, Sphyngis integræ figura ſpectabilis *Sphyngis.*
eſt, quæ tamen vtrum Lucernæ vſum habuerit, dicere nequeo, cùm foramina lychnorum non compareant; & illa eſt quæ ſequitur. Quamuis

non-ignorem, Ægyptios Lucernas ſuas ſubinde in Sphyngis figuram adaptaſſe, cuius ſignificationem cùm ex profeſſo tradiderimus Syntagmate de Sphyngibus, eò Lectorem remitto. Protulit & nobis huius generis Lucernas binas in eximio ſuo de LucernisOpere Licetus, cuiuſmodi eſt illa, quam folio 997. exponit, & alia inSphyngis formam effida, quam fol. 822. exhibet, quæ neſcio quid Ægyptiaco-hieroglyphicum oleant. Nam vt alibi docuimus, ſolebant Ægyptij Sphynges paſſim Delubrorum coronidi, teſte Clemente Alexand. incidere, tanquam intellectualium Po-
teſta-

testatum symbola; in Lucernas verò eadem adaptabant symbola, vt innuerent vel ipso lumine igneæ mentis ingentem, qua inferiora omnia illustrat, virtutem; vsusq; harum maximè in Adytis, insolenti mysteriorum exhibitione celeberrimis, fuisse videtur. Sed de his passim in toto hoc Opere actum vide.

§ VI.

De Lucernis phallicis.

Lucernæ phallicæ.

QVanto honore Ægyptij nullo non tempore propudiosum phalli cultum prosecuti sint, innumeris huius Operis locis ostensum est. Hunc enim non duntaxat in phallophorijs siue pammelijs Osiri dedicatis festiuitatibus semper primo pompæ loco portabant, sed & eundem vtriusque sexus homines collo, fœmori, brachijs alligatum, contra fascinum, sterilitatisque opprobrium gestare solebant; quin & sacris animalibus, Deorumque simulachris passim adnexum spectamus; quid mirum, si hunc Lucernis quoque impresserint? Nam vt sæpe diximus, Lucernæ pro Numinis, cui sacrificabant, ratione efformabantur: Anubi enim Lucernam Cynomorpham, Osiri Solari, Accipitrino vultu transformatam, ita & Osiri Nilotico fœcundo Numini, Lucernam φαλλόμορφον statuebant, & sic de cœteris Numinibus idem iudicium esto, vniuscuiusque videlicet effectibus & operationibus congruam. Harum nonnullas Licetus exposuit fol. 910. & fol. 1142.

§ VII.

De Lucerna Typhonia.

Lucernæ Typhoniæ.

ÆGyptij non Dijs tantùm beneficis, sed & maleficis, illis vt prodessent, hisce nè obessent, Lucernas statuebant; cuiusmodi ex Ægypto olim allatam, ex Museo Mediceo transmisit inclytus Nardius, Asinino capite, quod Silenus tenet, vt sequitur, ridiculam. Asinum Typhonis symbolum fuisse, passim docuimus; & Plutarchus refert, Typhonem vocem habuisse, Asininum ruditum proximè referentem, vnde & tubæ clangorem tolerare nequibant, vtpote ruditui & Typhoniæ voci similem; imò Mense Payni pœnas luisse Asinos, execrandi Typhonis gratia, quem Asinum tùm inertia, stoliditateque, tùm colore retulisse narrant: Καὶ πόπανα ποιοῦντες ἐπιπλάττουσι, verba Plutarchi sunt, ὁδηγμον ὄνον δεδεμένον. Placentas facientes ijs Asini figuram imprimunt. Cur verò Lucernam hoc Typhonij Asini symbolo exornârint, explicemus.

Lucernæ Asini figura cur exornatæ.

Constat ex passim dictis, Typhonem omne id malum ab Ægyptijs habitum, quod sterilitatem, contagionem, adustionem, vim quandam ad cor-

SYNT. XX. DE LVCERNIS ÆGYPTIORVM. 543 CAP.III.

corruptionem aptam, omniumque destructionem referret. Hanc vt amolirentur à fœcundo Nili profluuio, Lucernas hoc ei apparatu, quem vi-

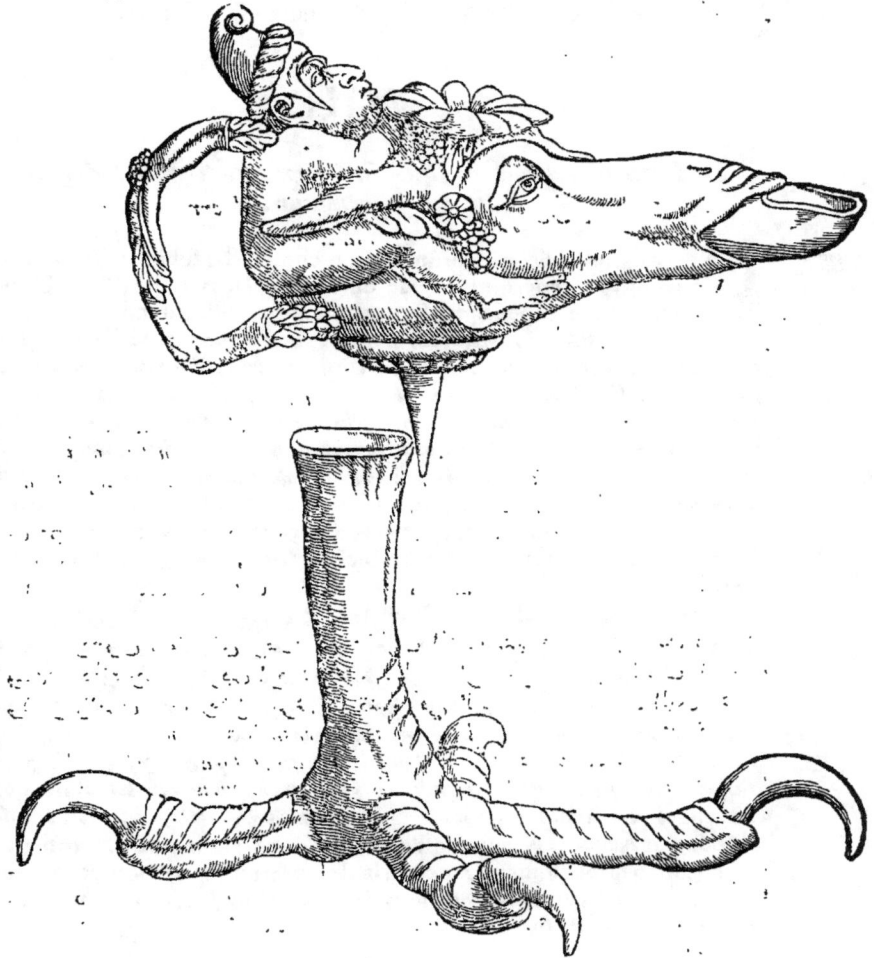

des, adornabant, spe freti futurum, vt imagine sui cognità à malis perpetrandis cessaret. Hinc Silenum eidem veluti inequitantem, & caput Asini constringentem aptè apposuerunt, eò quòd Silenus fœcundi Numinis symbolum, & Osiridis stipator potentiam malignitate & adustiuà vi refertam quadantenus, ob insitam ei αἰτιτεχνίαν, cohibeat. Insistit autem Lucerna hoc typo adornata pedi Aquilino, seu Accipitrino, vt ostenderetur, Typhonia vis nociua & adustiua in Sole latens, quam Silenus Bacchi

Z z z   seu

Plutarchus.

seu Osiris Dionysij assecla, humore cui praeest, temperat. Nam vt recte Plutarchus, Isis non omninò interemptum Typhonem, sed vinctum esse voluit, quia adustiua seu ignea vis tametsi subinde ob nimiam siccitatem perniciosa est, humori tamen nimio temperando suo tempore confert. Patet itaque Lucernae Typhoniae vis & genuina significatio.

§. VIII.

De Lucernis polylychnis, quae in Cryptis subterraneis Aegypti passim reperiuntur.

Lucernae in Cryptis Aegypti repertae.

Lucernae multiplici myxorum ordine constructae subinde in coemiterijs Aegypti reperiuntur; de quibus oculatus testis Titus Liuius Burrattinus, quem saepe saepius in praecedentibus allegauimus, literis ad me datis ita scribit: *In queste caue si trouano ancora gran quantità di vasi di creta cotta, fatti in guisa di Lucerne, mà capaci alcuni di quattro, & altri di sei, otto, e dodici stuppini; li quali dicono li Arabi, che erauo lumi perpetui, mà io credo che fossero lumi ordinarij, poiche tutte le caue sono nella volta affumate. Affermano però li Arabi, di ritrouare spesse volte di detti lumi perpetui, quando s'apreno li sepolcri nuoui; mà non hauendone io mai veduto, non posso affermare cosa nissuna.* Quae quidem ea quae de polylychnis Aegyptiorum Lucernis suprà diximus, apprimè comprobant, & Michaël Schatta suprà memoratus in suis ad me Arabicis literis datis apertè docet, his verbis:

وتعرف أبونا لأني وجدت في مغارات المنف عتيقه كثيرين من الاسراخ
وحدهم ثلثة ومن احرين اربعة وثمنة سبعة النار وصورتهم بصورة الكلب والانسان
والثور والبزي ولهيد ومثل غيرهم كما تنظر في الصوره التي سلمت اليك ٭

Scias quoque Pater, quod in cryptis subterraneis Memphis antiquae inueni multas Lucernas, quarum aliquae tres, aliae quatuor, octo, aut duodecim lychnos habebant, in similitudinem Canis, Hominis, Tauri, Accipitris, & Serpentis effigiatas, & caetera similia hisce, vti vides ex figura quam misi ad te. Et est illa, quae ob angustiam temporis incidi non potuit, δωδεκάλυχ۞, haud dubiè duodecim Aegypti Numinum Principum honori consecrata. Non parua hoc loco nobis difficultas occurrit de Lucernis, quas perpetuo lumine fulgere in Cryptis subterraneis Burrattinus ex Arabum mente dicit; quae vt decidatur, sit

§ IX.

§ IX.

Utrum Aegyptij verè in subterraneis Cryptis Lucernas perpetuo lumine ardentes constituerint; & quod eorum fuerit artificium.

Quamuis Licetus in suo de Lucernis Opere fusè & doctè hanc materiam tractet, nè tamen nos tam luculentæ dignitatis argumentum transisse videamur, nostram hoc loco de eo sententiam apponendam duximus. Multi hucusque ex nonnullis Lucernis, quas in Cryptis subterraneis, indicio nescio cuius apparentis luminis repererunt, Veteres magnum hoc perpetui luminis secretum calluisse, firmiter sibi persuaserunt, idque varijs exemplis docent, ex quibus duas adducunt Lucernas proauorum nostrorum memoria detectas. Prima est Lucerna Pallantis, quæ temporibus Henrici tertij Imperatoris anno 1401 ab Agricola quodam non procul ab Vrbe ad Tyberim, vnà cum prodigiosa & gygantæa corporis Pallantini magnitudine reperta fuit, perpetuo igne à bis mille & amplius annis ardens, quæ nec flatu, nec aquæ, alteriusue liquoris superaffusione extingui potuerit; sed simul ac nescio quo casu fundo perforata & rupta ab importunis miræ lucis osoribus fuit, statim effuso liquore flamma euanuit. Illud autem corpus Pallantis Arcadis fuisse, filij Euandri, & à Turno olim interfecti, Volaterranus refert, cum hac inscriptione:

Filius Euandri Pallas, quem lancea Turni
Militis occidit, mole suâ iacet hìc.

Altera Lucerna in via Appia reperta fertur tempore Pauli III. Pontificis Maximi, in sepulchro Tulliolæ Ciceronis filiæ, vti inscriptio tumbæ docet.

TVLLIOLÆ FILIÆ MEÆ.

Hæc inquam Lucerna inuenta, dicitur à mille septingentis ferè annis perpetuo igne succensa, & ad patrum nostrorum memoriam perdurauit, sed ad aëris subeuntis ingressum, vix dum flamma comparuit, ecce disparuit. Ita Quido Pancirolus in suo de memorabilium rerum deperditarum libro tradit, & fusiùs totum negotium examinat Licetus.

Certè lubricum, & vix satis à quoquam explicatum argumentum de lumine perpetuo aggredimur; quod si neges, habebis, adductas hoc loco authoritates tanti esse momenti, vt ijs fidem non adhibere, idem sit, ac tantorum Authorum sinceritatem tacito quodam dissensu reprobare. Quid itaque de hoc negotio sentiendum sit, & quem modum Ægyptij in Lucernis perpetuo lumine fouendis adhibuerint, tùm exponemus, vbi priùs nonnulla ad inceptum argumentum luculentiùs demonstrandum, supposuerimus.

Lucernæ perpetuæ dictæ, diuersis modis constructæ.
Nempe primo miraculosè.

Suppono itaque primò, inter Veterum Lucernas, quas perpetuo lumine fulsisse Authores referunt, earumque ingentem numerum ex omni antiquitate extractarum adducit Fortunius Licetus, scriptor sanè fortunatissimus, diuersâ ratione & modo constructas fuisse. Fuerunt quæ præternaturali & miraculoso lumine perpetuò arserunt, vti fuit Lucerna Antiochena, quæ ad quingentos annos lumen in propatulo & publico loco supra portam Ecclesiæ conseruasse fertur, vt Author est Cedrenus apud Franciscum Citesium Pictauiensem Medicum in Opusculo, quod nuncupatur *Abstinens consolentanea*. Verùm qui stellas perpetuo lumine animat, eidem minimè quoq; difficile est, materialem Lucernarum ignem omnipotenti dextrâ suâ, non in quingentos duntaxat annos, sed in perpetuas æternitates conseruare; vt proinde de huiusmodi Lucernis minimè nobis sermo sit.

Cedrenus.

Secundò frau de Dæmonis.

Suppono secundò, non paucas quoque earum Lucernarum, quæ perpetuo lumine ardere repertæ sunt, opera Dæmonum, ad malè seriatorū hominum siue curiositatem, siue auaritiam, siue falsorum Deorum cultum in animis eorum accendendum, per mille fraudes, quarum Diabolus artifex est, fuisse repræsentatas. Ita S. Augustinus l. 21. cap. 5. & 6. de Ciuit. Qui enim legit, quanta prodigia & pseudodogmata in Veterum consultatione Oraculorum ope Dæmonum contigerint, is apertè fatebitur, hanc ijs in Lucernis perpetuo igne putaticio lucentibus conseruandis potestatem minimè esse denegatam. Est enim proprium Cacodæmonum, homines primò prodigiosarum rerum obiecto, veluti illicio quodam trahere, tractis ad superstitionem, & falsum Deorum cultum viam sternere, & sic tandem sui iuris facere. Hominibus itaque Deorum sepulchra explorantibus, nihil faciliùs fuit, quàm earum rerum specie, quæ diuinum quid saperent, vti Lucernæ ab immemorabili tempore conditæ viuâ flammâ primò in admirationem, deinde etiam in illius Numinis, cuius beneficio Lucerna perpetuo igne constituta fuisset, cultum & venerationem trahere. Potuit itaque ad primum Cryptæ cuiuspiam introitum Dæmon hominibus flammam, vel aliam quampiam fulgidæ rei speciem oculis hominum obgerere, quam dum viribus naturæ altius quiddam existimant, soli illius Deastri, cui Lucerna consecrata fuerat, potestati adscriberent; qui quidem primus est ad idololatriam gradus. Atque tales ego puto fuisse omnes eas Lucernas, quas in sepulchris Gentilium ad certi alicuius Numinis cultum positas, & deinde casu repertas perpetuo igne flagrantes, tradunt Authores; non quòd perpetuo igne arserint, sed quia Dæmon vel ad primum ingressum, vti dictum est, talem speciem obtulit, quæ illis veluti quidam ad impium Deorum cultum lapis foret offensionis. Quod idem in Chimicis operationibus præstare solet, eâ intentione, vt homines incautos auaritiæ, χρυσολαψείας perpetua sibi deuinciat mancipia, quorum proprium est, dum irrito conatu ad abditum artis Sacramentum pertingere nequeunt, stygium mouere Acherontem, Dæmones, qui artis secretum doceant, prouocare, ac tandem cum æterno animarum exitio ijsdem se deuouere. His itaque suppositis, iam discutien-

S. Augustinus.

Lucernæ perpetuæ putatitiæ, a Dæmone constitutæ.

SYNT. XX. DE LVCERNIS ÆGYPTIORVM.

CAP. III.

cutiendum nobis restat, vtrum vi quâdam naturali tam mirificum perpetui luminis machinamentum confici possit.

Lucerna perpetuo lumine vtrum naturaliter confici possit.

Magnam de hoc argumento inter Authores controuersiam reperio. Sunt qui id fieri posse naturaliter, apertè negent; atque ita argumentantur: Omne quod in vaporem fumi resolutum tandem contabescit, perenne esse non potest: sed ignis nutrimentum pingue quodcunque dum accenditur, in vaporem mox resolutum contabescit; ergo ignis nutrimentum perenne esse nequit.

Negatiuæ sententiæ argumentum.

Aduersæ verò sententiæ sectatores, negant hoc loco minorem, aiuntque dari in natura rerum certas quasdam species, quæ ad æqualitatem resistunt igni, neque vnquam ab eodem penitùs superantur; vrgentque argumentum inductione empyricâ, Asbesti, Amianti, auri potabilis nescio cuius; & talibus adminiculis paulò antè citatas Lucernas perpetuo lumine fulgidas fuisse. At mirum est, à tot adeoque curiosis rerum scrutatoribus huiusmodi Asbestinos lychnos, quibus dictæ Lucernæ instruebantur, nunquam fuisse repertos. Fateor & ego, si vlla res in rerum natura perpetui luminis τέχνασμα præstare posset, id Asbestum, & Amiantum præstare debere, quorum lychnus stupaceus vri inconsumptibilis est, ita ex eo extractum oleum irresolubile esse nemo negare potest, qui naturam vtriusque penitiùs inspexerit. Et lychnus quidem ex Amianto confectus (quem iam à biennio Lucernæ meæ ardentem video, nec in minimo quidem defecisse reperio, neque desiturum puto) ἀφθορσίας luculenter probat inditia; de oleo tantummodo irresolubili difficultas est, quòd si quis mihi ex Asbesto extraxerit, eum vnà mihi perpetui ignis nutrimentum suppeditaturum esse, nullum dubium est; at quis est hic? & laudabimus eum. Certè iam dudum cum summis Chimicæ artis magistris & insignibus distillatoribus de hoc negotio suscipiendo à me transactum fuit; nec defuerunt, qui in eo extrahendo nullum non lapidem mouerunt; at frustra; oleum enim inde extractum, vel non concepit ignem, vtpote aquæ substantiæ quàm oleagineæ similius; vel adeo fæculentum euasit, vt igni concipiendo prorsùs ineptum inidoneumque existeret; vnde desperato negotio in eam opinionem deueni, huiusmodi olei extrahendi mysterium si non ἀδύνατον, saltem difficilius esse, quàm vt ad illud humanæ operationis industria pertingat. Quare meritò, vti τετραγωνισμός, perpetuus motus, lapis Philosophorum, similiaque hucusque inaccessæ materiæ argumenta, ita & ignis perpetui artificium, pro desperatis habenda sunt.

Affirmatiuæ sententiæ argumentum.

Ellychnium inconsumptibile dari potest.

Oleum inconsumptibile dari non potest.

Lucerna perpetua dari non potest.

Sed dices, quod aliquando fuit, & factum est, id & modò esse & fieri potest; at irrefragabiles authoritates suprà allatæ apertè monstrant, huiusmodi Lucernarum apparandarum rationem priscis fuisse cognitam; ergo & moderno tempore eam à sagacibus ingenijs peruestigari posse, non est ἀδύνατον. Respondeo nullâ ratione euinci posse, Lucernas suprà allegatas fuisse perpetuo lumine instructas, cùm subitanea illa lux varijs modis se se operarum oculis ingerere potuerit, vel ex Dæmonum præstigijs, vel etiam naturali causâ. Cùm enim aër temporum longitudine

Obiectio.

Responsio. Flammæ subitaneæ ex Cryptis apertis subinde erumpuat.

inclu-

inclusus, exhalantium corporum pinguedine infectus fuerit, nihil facilius esse potuit, quàm vt is vel ad primum subeuntis noui aëris accessum per antiperistasin accenderetur; idque experientia docet quotidiana in Cœmiterijs, vbi huiusmodi flammæ plerumque cernuntur; imò fossores metallorum, quibuscum sæpè hac de materia consultò transegi, fassi sunt, vix vnquam se nouas cauernas aperire, quin huiusmodi flammæ erumperent. Accedit quòd in huiusmodi prodigiosis luminibus primò detectis, imaginatio magna efficacia polleat ad quidlibet sibi imaginandum, præterquàm quod fuit. Hoc pacto, quòd fossores suprà memorati perpetuæ Lucernæ effectum putabant, ego subitaneum meteorologicæ impressionis effectum fuisse assero; fumum se vidisse putant, at nullũ alium quàm proprij oris halitum, quem vtplurimùm in crassiore aëre diffundere solent. Verùm cùm hanc materiam integro libro, & ex professo in Mundo subterraneo, Deo dante, discussuri simus, hìc diutiùs non immorabor. De lumine itaque perpetuo Ægyptijs vsitato, & quomodo id instruxerint, nonnihil dicendum restat.

Ægyptij Lucernas perpetuo fulgentes lumine qui construxerint

Ægyptios Sacerdotes Lucernas perpetuo lumine fulgentes habuisse in Adytis, Cryptisque sepulchralibus reconditas, non tamen ex Asbesto concinnatas, sed alio summo sanè ingenij conatu adornatas, tùm ex Burrattini, tùm ex Arabum Scriptorum authoritate constat, vti posteà videbitur. Sed vt omnes videant, quem in dicta Lucernarum adaptatione modum tenuerint, rem ab ouo demonstrare aggredior.

Prisci Sapientes vti summo ingenij acumine, nec minori naturalium rerum peritiâ instructi erant, ita nihil quoque aggrediebantur, nisi altum, arduum, insolens, & diuinis operibus proximum. Inter cœtera quoque machinamenta, cùm animarum statum extra omnes mortis limites, ab omni contagione immunem cognoscerent, defunctorum corporibus Lucernas quasdam constituebant, quas, vt quantum fieri posset, animarum naturæ responderent, perpetuo igne animare conati sunt. Verùm cùm nulla res in natura rerum reperiretur, quæ hunc effectum præstare posset, id naturæ perennis operationibus & auxiliatrice manu perfici posse cogitarunt, eo quo sequitur modo.

Bituminosa loca Ægypti.

Sunt in Ægypto multa loca bitumine & petroleo, vti omnes Ægyptiacarum rerum exploratores, Bellonius, Radziuilius, Vallæus, & Burrattinus testantur, inexhaustæ multitudinis referta, & abdito naturæ consilio ibidem constituta. Ægyptij itaque occulta naturæ molimina penetrantes, è puteis similibus occultos canales deriuabant in ipsas subterraneas corporum sepulchris destinatas Cryptas, vbi & Lucernam adaptabant, quæ canali pinguedinis vehiculo inserto, continuò aliunde deuecti liquoris, quo Asbestinus & inconsumptibilis lychnus seu myxus Lucernæ inditus inebriabatur, suctu nutriebatur. Cùm itaque liquoris oleacei affluxus perennis esset, & stupa Asbestina inconsumptibilis, perpetuum lumen ex consequenti durare necessarium erat. Atque hoc ita esse, Schiangia Arabs in historia memorabilium Ægypti testatur his verbis:

وكان

SYNT. XX. DE LVCERNIS ÆGYPTIORVM. 549 CAP. III.

وكان في مضر بقاع .مملوا بقار وبتفر والفلسفه كان يعرفون هذه قوه
الطبع واعدوا لدول منه حتي المغارانهم وقيهم السرخ الذي يتصل بالجدول
مدكورين وكان في السرخ الخيط من الفتيل الذي لا يمكن ان هو يحترق
من النار وهكذا السرخ كان يشرق ابدا من اجل القفر الذي هو يجري ابدا
ومن اجل الفتيل الذي هو لا يحترق من النار ※

    Fuit autem in Ægypto campus, cuius fossæ plenæ picis & liquidi bitumi-   *Schiangta.*
nis, unde Philosophi vim naturæ cognoscentes constituebant canales quosdam ex
huiusmodi locis vsque ad cryptas subterraneas, in quibus Lucernam ponebant,
quæ coniungebatur cum canalibus memoratis; Lucerna verò habebat filum ex
lino, quod ab igne comburi non potest; & hoc pacto Lucerna semel accensa
perpetuò ardebat, ob perpetuum bituminis affluxum, & ob Lini filum
incombustibile.

    Atque hæc, meâ quidem sententiâ, verissima perpetui luminis con-
struendi ratio est; quæ cùm purè naturalis sit, non magnâ, præsertim in locis
quæ petroleo abundant, ad similes Lucernas construendas, difficultatem
habet; vt proinde Arabes de lumine perpetuo inter Cryptas dispositis
ardentibus Lucernis non sine fundamento ratiocinentur. Scopus deni-   *Lucernas per-*
que & finis, ob quem Lucernas huiusmodi concinnabant, alius non fuit,   *petuo arden-*
quàm vt monstrarent, quòd sicut ignis natura Deorum operationibus si-   *rint Ægyptij*
millima est, ita Numina quoque custodiæ corporis deputata, ob abdi-   *in Cryptis.*
tam quandam sympathiam consensumque, quem ad eundem obtinent, veluti sensibili quodam diuinitatis symbolo, tùm ad depositi tutelam, pe-
rennemq; præsentiam, tùm ad animæ perpetuam illustrationem,
attractâ hisce assistere putarentur. Atque hæc de Veterum
Ægyptiorum Lucernis sufficiant.

FINIS SYNTAGMATIS VIGESIMI.

ANA-

ANACEPHALAEOSIS TOTIVS OPERIS.

ILLVSTRISSIMO ET REVERENDISSIMO
LVCAE HOLSTENIO
Bibliothecæ Vaticanæ Cuſtodi,
NEC NON
LEONI ALLATIO
ΦΙΛΟΛΟΓΩ ΠΟΛΥΣΟΦΩ,
Viris merito ſuo celeberrimis, & vndiquaque doctiſsimis.

ΧΑΡΙΣΤΟΣ καὶ ἀπρόσιτ@· non immeritò videri poſſem, Viri doctiſſimi, ſi honori meritiſque Veſtris longè ampliſſimis non aliquam mearum lucubrationum partem conſtituerem, quorum auxilijs, conſilijſque plurimùm me debere ingenuè fateor. Vos enim me Herculeâ argumenti mole vacillantem fulciuiſtis, difficultatum ſcopulis implexum extricaſtis, neceſſarijs librorum ſubſidijs inſtituiſtis, & quod caput eſt, authoritate quâ polletis maximâ contra Criticaſtros vindicaſtis. Ardui, fateor, auſu forſan temerario aggreſſus videri poſſim; ſed noſtis τὴν σοφίαν ἐν τοῖς γόνασι σωτεθεμιδρίαν τοῖς πόνοις πωλεῖσαι οὐχὶ δὲ τῇ κακοζηλούντων κριτηρίᾳ φοβητέα; μηδεμιῶς, Ἄκμων μέγιςος ἡ φοβᾷ ὁ ψόφος· ὑμῶν παριςαύτων, ἅπαν ἄπορον πόριμον ἔςι· μᾶλλον δ᾽ ἐ τῇ τόλμῃ δικαίᾳ, καὶ Θεὸς συλλαμβάνει. Veſtris itaque meritis hæc totius Operis, tanquam peritis rerum in ea digeſtarum Cenſoribus, debebatur ἀνακεφαλαίωσις: quam ſi haud Vobis diſpliciuiſſe cognôrim, oppidò gaudebo, ὀλιγωρήσων τ᾽ δοκεῖν τῆς ἄλλων, aliorum nunquam veriturus iudicium, ſi Veſtro vndiquaque limatiſſimo reſponderit.

ANACEPHALAEOSIS TOTIVS OPERIS,

Quà abditarum, abstrusissimarumque rerum expositionem & interpretationem ab Authore verè iuxta Veterum Aegyptiorum mentem factam esse, Aegyptiosque nihil aliud per celebres hieroglyphicorum notas, quàm quod dictum est, intellexisse, varijs ijsque irrefragabilibus argumentis & rationibus demonstratur.

PRAEFATIO.

NTEQVAM *ex immenso huius Operis Oceano, & pelago prorsùs inexhausto, contractis velis portui nos committeremus, hoc loco ostendere visum fuit, nos hoc in Opere veri, genuini, & ab omni fuco alieni Oedipi munere functos, interpretationem nostram ita Veterum Sacerdotum menti accommodasse, vt ipsa præter id, quod ipsi senserunt, nihil aliud diuersum, aut commentitia ingenij impostura fucatum exhibeat; sed hanc, quam interpretati sumus, veram priscorum seculorum doctrinam esse, ab Ægyptys primùm inuentam, à cæteris deinde propagatam, ac tandem, quæ est ineuitabilis temporum inconstantia & vicissitudo, perditam abolitamque, denuò à nobis singulari Dei beneficio instauratam, quemadmodum contra nescio quos Zoilos & Sycophantas paulò post demonstrare conabimur.*

Rogo autem ante omnia Lectorem beneuolum, vt ea quæ de hoc argumento tradidimus vberrimè in Epistola parænetica, quam Obelisco Pamphilio præfiximus, consulat, vbi Lector occasionem, quâ primò in huius molitionem Operis deuenerimus, reperiet; modum quoque quem in eruderanda euoluendaque omnium disciplinarum abstrusissima obseruauimus, mirabitur; Authores Latinos, Græcos, Hebræos, Chaldæos, Arabes, Armenos, Æthiopes, Coptos, Persicos, innumerorumque Orientalium idiomatum monumentis celeberrimos Scriptores, quorum vsu & lectione profecimus, ordine allegatos contemplabitur; Antiquitatum quoque Cimeliarchia totius Europæ celeberrima, quorum scrutinio vsi sumus, inueniet; Obiectiones denique Philologorum quorundam, & Nasutulorum imperitas censuras confutatas intuebitur. Hanc itaque paræneticam epistolam antequam Canino nos dente, & præpostero liuoris æstu agitatus impetat, adeundam censeo, vt tandem æquiori iudicij trutina operam meam in hoc Opere præstitam ponderet. Nè itaque eadem cum nausea Lectoris repetere cogamur, remisso ad citatam parænesim Lectore, hoc loco tantùm ex expositarum rerum conditione, & hieroglyphicæ literaturæ contextu & proprietate, doctrinam à nobis expositam, eandem esse quæ olim à Sacerdotibus intenta fuit, Deo dante demonstrabimus.

Tria sunt, quæ maximè Oedipum Ægyptiacum scire oportuit. Primum

<small>Epistola parænetica Obelisci Pamphilij legenda.</small>

<small>Oedipum Ægyptiacum tria oportet scire.</small>

est, veræ & genuinæ Veterum Ægyptiorum doctrinæ seu sapientiæ notitia: Secundum, Obeliscorum cæterorumque monimentorum, quibus hieroglyphica doctrina incisa fuit, in hunc vsque diem, ab immemorabili antiquitatis tempore superstitum, duratio; Tertium, modus tùm doctrinæ Ægyptiacæ cum Obeliscis, tùm horum cum illa exactè combinandi peritia. Quibus instructus Oedipus, tantæ molis Opus, diuinâ cooperante gratiâ aggressus, ni fallor, perfecit. Verùm singula, per totidem Capita, non vti nonnulli sibi persuadere possent, demonstratione Mathematicâ; sed illâ, quam moralem vocant, & veterum authoritate Scriptorum potissimùm innititur, cum bono Deo demonstrare conabimur.

CAPVT I.

De veterum Aegyptiorum doctrina & sapientia.

Ægyptiorum Veterum doctrina hoc Opere restaurata.

Nihil passim toto hoc Opere egimus, quàm quòd ex Vetustorum monimentis Authorum, hanc sapientiam ab omni æuo memorabilem venati, longè sublimiori carpento quàm quo Triptolemum vectum legimus, per omnium artium & scientiarum Hieromantis vsitatarum adyta diuagati inquisiuerimus. Quo quidem intenso studio, speculatione pertinaci, & Herculeo prorsùs labore id consecuti esse videmur, vt hanc doctrinam vetustate temporum veluti abolitam, aut non nisi sparsim Veterum Authorum monimentis insertam, ac veluti in mille frusta discerptam, studiosè collectam suæ integritati restituerimus; vt proinde superuacaneum esse rear, illam hoc loco repetere.

Huius incunabula in primo Tomo tradunt Syntagmata ferè omnia; hanc in secundo Tomo per Sphyngem Mystagogam reconditis Veterum effatis definitam, ac sub vario scientiarum cortice veluti medullam latentem eruimus; hoc vltimo tandem Tomo hieroglyphicis symbolis expressam, integram exposuimus; scopumque ac finem, quo Prisci impulsi Mystæ, eam adeò abditis notis obuelarunt, enucleauimus. Vt proinde modò nihil aliud restet, nisi vt nos recto tramite, & ad filum Ariadnæ, quæ est Sapientum Ægypti mens & ratio, adyta à bis mille annis clausa inaccessaque adijsse, claustra reserasse, thesaurum abditum, tanto tempore conditum, non fucatum, aut in minimo adulteratum, sed veris genuinisque veteris Sapientiæ sigillis obsignatum, eruisse demonstremus.

Obelisci superstites continent doctrinam Veterû Ægyptiorum

Si non superfuissent Obelisci, aut cætera monimenta hieroglyphica, certum est, omne studium in hieroglyphica doctrina instauranda irritum fuisse. Cùm verò illos in hunc vsque diem à bis mille annis & ampliùs durasse tùm in Ægypto, tùm hîc Romæ cernamus; certè in illis quidquid hieroglyphicorum à Priscis prolatum fuit, contineri nullus inficiabitur, qui nostrum hoc Opus studiosè peruoluerit. Si itaque doctrina paulo antè indigitata, atque in Authoribus sparsim hinc inde dissipata cum hisce assidua mentis trutina ritè comparetur combineturque; nulli dubium esse debet, quin sagaci mentis scrutinio Oedipus ad veram eorundem significationem sit penetraturus; quemadmodum nos, vti totius

tius huius Operis perioche docet, diuinâ gratiâ præstitimus. Nam sicuti in phrenoschematis seu impressis, nec sententia sine adiuncta symbolicâ figura, nec symbolicæ figuræ sine adiunctæ sententiæ vocibus intelligi possunt, sed ad latentis argutiæ vim penetrandam vtriusque positione opus est; ita prorsùs in hieroglyphicis vsu venit. Doctrina seu Sapientia hucusque incorrupta ad nos veluti per fragmenta quædam & frusta hinc inde dispersa, propagata fuit, at sine symbolis: symbola quoque solis Obeliscis cœterisque monimentis incisa extiterunt quidem, at nemo hucusque fuit, qui symbola cum doctrina combinaret, combinando examinaret; vt proinde mirum non sit, à tanto tempore, veram hieroglyphicorum significationem latuisse. Ego ab ineunte ætate, nescio quo instinctu agitatus, Opus tandem aggressus, symbola cum doctrina spacio viginti annorum, continuo mentis scrutinio fatigatus, combinaui, singula singulis iuxta combinatoriæ artis regulas scitè adaptando comparaui, & tandem adytis reseratis, corticibusque ruptis, nucleum inueni, id est, veram & infallibilem hieroglyphicæ significationis veritatem adeptus sum; quam & hoc ingenti Opere posteritati consecrandam statui. Sed vt Critici imperiti videant, dictarum rerum irrefragabiles rationes, nonnulla argumenta, quibus dictorum veritas luculentiùs patefiat, primò proponam.

Authoris studium in erudienda Ægyptiorum doctrina ex monumentis hieroglyphicis.

ARGVMENTVM I.

Symbolorum Hieroglyphicorum multitudinem non esse innumerabilem, vti nonnulli Censores obijciunt.

FVerunt nonnulli, qui in hanc opinionem deuenêre, hieroglyphicorum doctrinam, ob innumerabilem symbolorum multitudinem, ἀδύνατον esse; contra quos hîc decertandum duxi. Verumtamen cùm tota hæc ab exhibitione figurarum dependeat demonstratio, exhibitio autem in singulari & specifica consistat rerum omnium enumeratione; fieri non potest, vt proposito fini satisfiat, nisi omnes Anatomici partes probè expleam: explebo itaque.

Hieroglyphica non sunt innumerabilia.

Totus sacrarum sculpturarum contextus ex triplici potissimùm ordine constitutus absoluitur. In primo ordine diuersa constituuntur animalia, ex hominum, quadrupedum, volucrium, Serpentum, insectorumque Republica in symbolorum fabricam assumpta. Quæ quidem vario ac diuerso significandarum rerum munere funguntur: vel enim significant integra per se posita, vel per positas eorum partes, vel per assumptam alterius diuersi animantis portionem, cum quo vnum quid constituant multiforme, quales sunt sculpturæ ἱερακόμορφοι, κυναιθέρωποι, ἱερακοκύφηες, aliaque sexcenta monstra, quæ passim in Obeliscis nostris exhibuimus.

Hieroglyphicorum triplex ordo.

In secundo ordine diuersi generis res continentur, veluti sunt herbæ, bæ, flores, vafa, baculi, fceptra, cruces, aræ, fedilia, inftrumenta artificum, habitus varij, ornamenta capitis, mitræ, calathi, tutuli, inftrumenta Mufica, figuræ Geometricæ; verbo, omnia ea, quibus vel in feftis & folennitatibus Deorũ paffim vtebantur, aut quæ Ofiridem, vel Ifidem, vel reliquorum Deorum progeniem aliquando vfurpaffe credebant, tanquam facra ad fignificandum fymbola affumebant.

In tertio ordine ea continentur, quæ à Clemente Alexandrino κυριογραφικα dicuntur, hoc eft, quæ fimilitudinem quandam ad res, quas denotant, obtinent, vti figura Solis & Lunæ, portuum, murorum, coronarum, limitum, flammarum, ignis, aquæ, craterum, pifcinarumque figuræ, fimiliaque plurima; quæ quidem nihil aliud, quàm rem, quam referebant, fignificabant; quæ omnia hoc libro paffim expofita vide. Præmiffa itaque hac Anatomia videamus iam, quænam fit infinita animalium, ferarumque in hieroglyphicis Obelifcis occurrentium multitudo, quam nobis ceu fcitu ἀδύνατον imprudentes obtrudere poffunt. Ac primò quidem fupponendum eft, Ægyptios rarò, vel etiam nunquam philofophandi gratiâ patriũ folum egredi folitos; vt qui, tefte Strabone & Herodoto, reliquas gentes veluti barbaras, ignaras, & fapientiæ fuæ indigas reputarent; artes quoque & difciplinas, veramque philofophandi rationem nullibi nifi in Ægypto, ficuti prima terrarum, fic prima quoque rerum productrice quærendas exiftimarent. Atque ex hoc fupponendum fecundò, nullam quoque animalium extra Ægypti limites degentium fingularem cognitionem habuiffe Ægyptios, fed eorum tantùm, quæ fœcunda Mater Ægyptus illis producebat. Quod inde luculenter apparet, quia cùm Ægyptij toti effent in animalium virtutibus, proprietatibus, indole, ingenio, fympathicis & antipathicis eorum affectionibus, alijfque naturæ dotibus perfcrutandis, omnes eorum nutus, tefte Plutarcho, & geftus, minimafque actiunculas ad fuperftitionem vfque obferuarent, imò maximam in hifce cognofcendis fecretioris Philofophiæ fuæ partem ponerent; certè earum virtutum proprietatumque obferuationem, nifi in animantibus maximè obuijs, ijfque familiaribus minimè fieri potuiffe verifimile eft. Quod fi ita, fanè nulla alia animalia præterquàm Ægyptia, quorum virtutes & proprietates ex quotidiana infpectione cognitæ erant, ad fymbolorum feu hierogrammatum ftructarum affumpta fuiffe, ex dictis patet. Vnde fatis mirari non poffum, quid Ammiano Marcellino l. 17. in Conft. & Iulian. in mentem venerit, quòd in Obelifcis præter formarum innumeras notas, volucrum ferarumque etiam alieni Mundi genera multa Ægyptios infculpfiffe, audeat dicere. Mihi certè huiufmodi alterius Mundi animalia in Obelifcis noftris Romanis nunquam deprehendere licuit; nifi forfan Ammianus hic nobis vtopiam aliquam, eiufque tùm Obelifcos, tùm animalia defcribat; quod ipfe viderit. Quid enim inter hæc fymbola, ignota animalia, veluti Gulo Septentrionalis, & Americus Vulpilupus, quorum indolem ingeniumque nè famâ quidem percepiffent, agerent? Fruftra fanè Scarabæus pro Solis fymbolo poneretur, nifi actiones eius ad operum Solis fimilitudinem conformes

cogno-

Ægyptij non egrediebantur patrio folo philofophandi gratiâ Strabo.

Quadrupedia Ægyptia tantùm affumpta ad fignificandum ab Ægyptijs.

Plutarchus.

Ammianus Marcellinus.

ANACEPHALÆOSIS TOTIVS OPERIS.

cognoscerentur. Gratis quoque Ibis, aut Simia v. g. pro symbolo Lunæ, nisi in actionibus suis omnibus Lunæ Simias experti essent, assumerentur. Nam quòd in sacris sculpturis nunquam & nusquam intueri liceat Elephantes, Camelopardales, Rhinocerotes, Lynces, Ceruos, Bisontes, Alces, Vrsos, Struthiones, Apodes Paradisiacas, Psittacos, similiumque virtutibus maximis pollentium animalium imagines; certè nulla alia ratio esse potest, nisi quòd nullam huiusmodi animalium habuerint intimam cognitionem. Eandem ob causam species piscium veluti ignotas, & quorum virtutes difficile esset inquirere, veluti hieroglyphicis symbolis ineptas, repudiabant, præter Oxyrynchum & Phagrum, genus quoddam piscium, quod in omnibus passim hieroglyphicis monimentis obuium est. Cùm enim Sapientes Solaria & Lunaria maximè inquirerent, aut quæ dotibus naturalibus Deorum suorum proprietates referrent; timebant, nè si incognita animalia admitterent, Arimania seu Typhonia pro Oromasdæis & Osiriacis selecta, quod fugere deberent, allicerent; & ideo magnâ cautione in symbolis per animalia constituendis vtebantur. Hinc etiam Gallum gallinaceum in hieroglyphicis videntur neglexisse, non alia de causa, nisi quòd Leoni, Solari nimirum animali, esset contrarius & inimicus, Typhonio spiritu plenus. Quòd si verò in multis antiquis fragmentis figuræ superiùs indicatorum animalium, veluti Ceruorum, Elephantum, Gallorum, Vrsorum, similiumque incisæ reperiantur; nequaquam Ægyptiorum, sed Græcorum figmenta censenda sunt. Totam igitur infinitam illam quadrupedum in sacris symbolis vsitatorum multitudinem nobis superiùs obiectam vel vnico hoc versiculo comprehendimus:

Simia, Bos, Ariesq̃, Hircusq̃, Leoq̃, Canisq̃,
Ælurus, Lepus.

quibus ex amphibijs accedunt Crocodilus, & Hippopotamus. Inter Simiarum verò genus ponimus Cynocephalum quoque. Atque præter hæc inquirat quicunque & quantumcunque velit, columnas omnes discutiat, nulla alia in toto hieroglyphicorum ambitu inueniet siue integra, siue ex alijs mista.

Sed quæret fortassis quispiam, quæ causa fuerit tantæ quadrupedum in Ægypto raritatis? huius ego sanè aliam rationem reddere nequeo, nisi quòd nullam in ea, siue ob crebras Nili inundationes, siue ob maxima incommoda, quæ à Muscis, Culicibus, Serpentibus, alijsque noxijs bestiolis stagnantis Nili reliquijs patiuntur, inuenirent stationem. Vnde ex hoc capite mihi admodum suspectus redditur Horus, vt qui eas animantium species passim in hieroglyphicorum referat album, quæ nusquam tamen in vllis hieraticis schematismis occurrant; quæque non dicam Ægypto, sed nec alijs quidem nationibus, vt Hyæna, Phœnix, similiaque, cognita reperiantur; nisi forsan ipse Horus propriâ authoritate suâ eas hoc ἀποθεώσεως honore cohonestasse dicatur; quod verisimile est. Non negauero tamen, multa passim animalia in Ægyptum fuisse aliunde

intro-

introducta; sed cùm eorum virtutes & proprietates Ægyptijs essent incognitæ, pro symbolis nequaquam fuisse assumpta: Ægyptias enim notas non decebant, nisi Ægyptiæ soboles. Exiguus itaq; fuit & omnium opinione minor quadrupedum numerus; volucrum aliquantùm maior, non tantus tamen, quantum ignari rerum sibi imaginantur. Nam si Accipitres, Ibides, Columbas, Anseres, Ciconias, Vpupas, Meleagrides, Hirundines, Phœnicopteros, Cornices, Noctuas, Coturnices, Passeres, & ex insectorum familia Scarabæum, Muscam, Papilionem δρακοντόμορφον cognôris; omnem volucrum hieroglyphicarum notitiam complexus fueris. E reptilium verò numero Serpentes, Ranas, Aspides, Dracunculos si adsciueris; totam animantium hieroglyphicorum summam conseceris.

Volucres paucæ inter hieroglyphica numeratæ.

Altera porrò classis symbolorum tanta quoque non est, nec tam difficilis, vt earum significatio ex Authoribus antiquis haberi non possit. Et ad plantas quidem quod attinet, illarum certè, si Perseam, Palmam, Lotum, Colocasiam, Satyrium, Seriphium, Hederam, Omomi, Papyrum, Arundinem, Acaciam, Motmuti, Iuncos, folia Querus & Ficus excipias; nullæ aliæ inter sacras notas conspiciuntur, de quibus vide Diatribem de herbis hieroglyphicis suprà fol. 65. propositam.

Kyriologica symbola pauca sunt.

Tertiæ denique Classis symbola cùm κυριολογικά sint, eaque, quæ referunt, significent; superuacaneum esse existimaui de ijs hìc fusiùs loqui; quis enim Solis, aut Lunæ imaginem conspiciens, non subitò conceptum Solis & Lunæ in animo exprimit? sunt enim eiusmodi symbola talia, vt ea vidisse tantùm, explicasse sit.

Atque ex his omnibus positis colligo primò, non tantum esse sacrarū notarum, quantam ad nobilia ingenia à tam egregio conatu absterrenda, ignari rerum censores passim obtrudunt, multitudinem. Quare idem ijs contingere videtur in sua censura, quod rudiori plebi, quæ stellatam Cœli faciem intuens, Astronomos, eò quòd innumerabilem stellarum multitudinem ad calculum reuocare audeant, nescio cuius temeritatis insimulant, cùm tamen tantum abest, vt sint innumerabiles quo ad visum, vt etiam quotquot hactenus astra libero humani oculi acumine conspici potuerunt ab Astronomis, non nisi ad 1022 (exceptis ijs, quæ hisce nouissimis temporibus telescopij ope in galaxia & in nouo Orbe notata sunt) reducantur. Pari ratione illa hieroglyphica, quæ multi, cùm pyramides tanta scriptilium elementorum varietate insignitas intuentur, in infinitum excurrere falsò sibi persuadent, mihi rem ad calculum reducenti, corrasis hinc inde ex Asia, & Africa, atque è celebrioribus Germaniæ, Galliæ, Italiæ, ac Romanæ Vrbis Antiquarijs, sacris sculpturis, instituta singulari industriâ comparatione, certaque combinatoriæ artis adhibita methodo, destincta hieroglyphicâ vltra trecenta deprehendere non licuit; quod quidem παράδοξον videri posset.

Hieroglyphica vltra 300 non extant.

Colligitur ex hoc secundò, symbola hæc non ad quamuis materiam, & quosuis animi conceptus indifferenter significandos exprimendosque, sicuti in reliquis literarum notis fieri videmus, vniuersali ratione fuisse accommodata; sed solùm à Sapientibus ad sublimia de Deo,

Hieroglyphica ad res sublimes significandas adhibita.

de

ANACEPHALÆOSIS TOTIVS OPERIS.

de Genijs Mundi, de Dæmonibus, de Aſtris & Elementis, myſteria indicanda, fuiſſe inſtituta. Maiorem quoque hieroglyphicorum partem nihil aliud eſſe, niſi amuleta quædam ſeu philacterica, ad malorum incurſus ab Aegypto arcendos poſita, vti paſſim in hoc theatro oſtendimus. *Hieroglyphica multa ſunt amuleta.*

Quare maximopere falluntur ij, qui ſub hieroglyphicis inſcriptionibus res geſtas, diuitias, itinera, victorias, redditus annuos Seſoſtris, Pſammetici, Rameſſis, aliorumque Regum Aegypti, contineri fabulantur. Non parum quoque errant ij, qui Aegyptios nullam aliam præter ſcripturam hieroglyphicam primis temporibus habuiſſe, eàque proinde geſta Regum expreſſiſſe arbitrantur. Quæ ſanè opiniones ijs, qui vel pauxillum de reconditiori Ægyptiorum literatura hauſerunt, ridiculæ videbuntur, nulloque nixæ fundamento. Si enim ad æterni nominis gloriam conſequendam, hæc veluti ſuæ apud poſteros excellentiæ teſtimonia relinquere ſtatuiſſent ; quid opus erat, rerum geſtarum gloriam ex ſe ſuaque natura lucis appetentem, adeo obſcuris & abditis ænigmatum innoluncris, qualia hieroglyphica erant, obſcurare? Irritum enim, nè dicam, ſtolidum foret, egregie peractas à quopiam Rege aut Imperatore res geſtas, incognito omnibus velle characterum genere explicare. Quòd ſi res geſtæ, Regumque potentiſſimorum admiranda molimina ijs referebantur, cur nulli profanorum communicabantur ? Cur ab earum lectione plebs (cui tamen maximè ad admirationem & reuerentiam erga Reges concitandam prælegi debebant) arcebatur ? Vides igitur non hîc hiſtorias ſcriptas, non vitas Principum, non præclarè geſta Regum, ſed myſteria nulli, niſi ijs, qui rerum in Ægypto potiebantur, quique ea applicare nôrant, communicata fuiſſe. *Hieroglyphica non continent res geſtas Regum.*

Quod porrò Herodotus dicat, in pyramidibus nihil aliud contineri, niſi ſumptus in earum erectione factos, & ſexcenta talenta in allium, cœpas, aliaque cibaria operarum expenſa literis hieroglyphicis ſcripta; omnes ſuperat fabulas. Et apparet ſanè hunc Herodotum ſimplici ingenio fuiſſe, & nimis ad cuiuſuis etiam leuiſſimæ narratiunculæ credendum facili, obuia quæuis etiam ioco dicta pro veris & certiſſimis arripientem, quemadmodum alibi quoque de ridicula illa Nili è duobus montibus Crophi & Mophi ſcaturientis origine, à ſacro Scriba iocosè narrata & credita apparet. Hermapionis denique apud Ammianum Marcellinum interpretationem hieroglyphicam magna ex parte confictam eſſe, ex eo patet, quòd ille plurima in ea ponat ab hieroglyphicorum ratione penitùs aliena, quorū nè concipi quidem poteſt ex Obeliſci ſacris notis veritas. Sed quia hæc omnia fuſe in Obeliſci Pamphilij interpretatione oſtendimus, de ijs plura dicere modò ſuperſedemus. *Herodoti error.*

De

De requisitis ad Hieroglyphicorum interpretationem.

Requisita ad hieroglyphicorum interpretationem.

CVm hieroglyphica symbola non idem semper significent, sed pro diuersitate situs, partium, aliarumque notarum ijs adiunctarum diuersam sortiantur significationem (aliud enim v. g. Accipiter sedendo, aliud volando, aliud solo capite, pennâ, tutulo, aliud in alio habitu refert, vti in hoc theatro hieroglyphico visum fuit) Sysiphi saxum absque dubio hoc in negotio voluet Oedipus, nisi duobus maximè ad negotium expediendum conducentibus probè fuerit instructus. Ac primò quidem, vt sacrorum animalium virtutes & proprietates, item plantarum, seu herbarum, quas Ægyptus profert Dijs consecratarum, instrumentorum ad hæc occurrentium qualitates & accidentia non optimè tantùm perspecta habeat, verùm aptè quoque ac congruè iuxta intentam à priscis αἰνιγίαν secretiori Philosophiæ & Theosophiæ, quæ in trium Mundorum similitudine & concatenatione consistit, dextrè nouerit applicare. Ad quod cum ea, quâ par est, sagacitate præstandum, alterum continuò requiritur, Philosophiæ nimirum & Theosophiæ dictæ omnimoda cognitio, vt in quo eius ratio, & quod dicitur, essentia potissimùm consistat, quis eius in rebus humanis vsus, quis in sacrificijs, quis in diuinatorijs artibus, quis in coniurandis Dæmonibus, & alliciendis Mundi Genijs, similibusque abditis actionibus modus & ratio. Quæ quidem nequaquam haberi poterunt, nisi ex occultis totius Philologiæ penetralibus; ex varia quoque antiquorum Poëtarum, Mythologorum, Historicorum collatione summo ingenio, & studio pertinaci facta; quin ex Hebræorum etiam, quorum (vti suprà diximus) æmuli fuerunt Ægyptij, ex Arabum quoque, Æthiopum, Persarum, Græcorum, qui in ea præ alijs Gentibus hæreditate successisse videntur, relictis monumentis deducantur. Nisi itaque quispiam mediocri saltem linguarum Orientalium, Hebraicæ, Græcæ, Arabicæ, Chaldaicæ, vtpote ex eorum fontibus petendâ cognitione fuerit imbutus, nisi totius Antiquitatis consultus, nisi eximia reconditioris Philosophiæ notitiâ præditus; ad perfectionem requisitam Opus deducere minimè poterit, vt ex præsenti Opere satis patet. Quicquid enim in Masura Hebræorum, Chaldæorum Cabala, Persarum Magia, Astrologia Phœnicum, Græcorum Philosophia, Pythagoræ Mathematica, Arabum Chimia, Theologia denique Platonis arcanum & reconditum, hoc vnicè sibi sacra & symbolica Ægyptiorum Sapientia vendicare videtur. Vides igitur quantus apparatus necessarius, quot monumenta peregrina adeunda fuerint. Ex quibus, ni fallor, clarè liquet, Oedipum non nisi dicta artium reconditarum suppellectile institutum, intentam hieroglyphicæ doctrinæ veram significationem exhibuisse; cùm hæc omnia, non nisi ex Ægyptiorum Gymnasio, vti vberrimè docuimus, prodierint.

AR-

ANACEPHALÆOSIS TOTIVS OPERIS.

ARGVMENTVM II.

Hieroglyphica non syllabis, vocibus, ac periodis constare, vti reliqua idiomata, sed idealium rerum cognitionem esse.

MVlti perperam opinati sunt, Aegyptios, non secùs ac in reliquis idiomatis vsu venit, alphabetaria quâdam methodo hieroglyphica, quæ voces reddat, periodos distinguat, & non secùs atque orationem quandam oculis legentium præfigat, concinnasse. Quod falsum esse, passim toto hoc Opere demonstratum fuit, & ex suppositionibus huic Tomo præfixis satis patet. Siquidem ex Obeliscorum inscriptione prorsùs patet, hieroglyphica symbola, non secùs ac Chinensium literaturam, quomodocunque posita semper suum sensum integrum conseruare. Patuit hoc ex varijs tùm Obeliscorum, tùm cæterorum monimentorum inscriptionibus in hoc Tomo adductis, quæ vti prorsùs eædem sunt, ita nullam situs differentiam seruant, cùm eæ in alijs iam perpendiculari, modò sursum, modò deorsum, iam situ decliui, nunc dextro, paulò post sinistro ordine descriptæ exhibeantur; quod minimè fieret, si ex alphabeticis elementis contextæ fuissent; in quibus tamen sinistra lectio nil aliud docet, quàm quod dextrâ exhibetur; nam hieroglyphica, quomodocunque lectio instituatur, semper integrum ac perfectum sensum obtinent.

Hieroglyphica non sunt literæ.

Hieroglyphica literatura est symbolica.

Præterea hanc literaturam minimè ex Alphabeto quopiam compositam, sed purè symbolicam esse, ex eo patet, quòd omnes ferè Obelisci in superiori parte eandem quasi inscriptionem figurarum exhibeant. Primò enim semper spectatur hæc epigraphe simulachris symbolicè adornatis mirè trásformata; quas literas esse, nullâ ratione dici aut debet, aut potest. Vel enim tota figura, v. g. Accipitrinus homo sceptro Cruceque armatus, vnam vocem, vel multas simul, quæ deinde vocem reddant, indicat: neutrum dici potest: si enim singulæ figuræ eandem literam figurant (loquor semper de elementis seu literis Alphabeticis) & in singulis lateribus Obelisci quinque prima schemata, vti in apposita figura liquet, ferè semper eadem sunt; necessariò inde pentasyllaba vox emergeret, quæ in singulis lateribus ter posita eadem prorsùs foret, sine vllo fructu duodecies repetitâ. Sic hæc vox v. g. *Anima*, duodecies repetita, nullum prorsùs in legentis animo conceptum formaret, nec quicquam determinaret, sed otiosa foret, sine vlla determinata significatione; quod vti ridiculum stolidumque figmentum foret, ita longè à priscæ Sapientiæ Mystarum instituto abesse is solus nescire potest, qui quæ in hoc Opere tradidimus, penitiùs non ponderauerit. Neque dicas, sensum deter-

CAP. I.   560   OEDIPI ÆGYPTIACI THEAT. HIEROGL.

terminari consequentium literarum contextu : cùm enim in vel maxima columna, vna normalis inscriptio nunquam vltra centum literas contineat ; fieri non potest, vt tot ac tanta mysteria, quæ Ægyptij in huiusmodi inscriptionibus exhibebant, tam exiguo literaru numero contineantur. Literæ itaque Alphabeticæ nullâ ratione dici possunt. Neque dici potest, figuras huiusmodi complurium literarum congerie adornatas, ita, vt aliam literam corpus humanum aut belluinum, aliam tutulus, sceptrum denique, aut Crux ansata aliam, aliam sedes constituat : si enim ex pluribus huiusmodi literis constitueretur hierogrammatismus, quæri iam posset, quemnam locum prima, quem secunda, quem tertia, & sic de cœteris, ad vocem quampiam constituendam, obtineat ; cùm litera nulla certo ordine, vti ex ipsis columnarum solidibus patet, vbi nunc recto, nunc inuerso ordine exhibentur, constet. Nullâ itaque ratione fieri potest, vt schematismi hi ex alijs literis veluti ex syllabis conflatæ voces constructi componantur. Accedit quòd sacræ tabulæ seu amuleta, quæ oualibus inclusa figuris in nullis non Obeliscis spectantur, nullâ ratione Alphabeticum sensum constituere possint ; frustra enim toties vel in vno Obelisco repeterentur. Magna itaque illa virtutis symbola censenda sunt, Numinum attractiua, & idealibus rationibus expressa, quibus veluti ad occulta & appropriata symbola Numina sese sisterent, & votis supplicum fauerent. Hinc ea non Obeliscis tantùm, sed & reliquis simulachris Sphyngibusque, quin & Mumiarum inuolucris inscripta eadem de causa fuerunt. Symbolica itaque & mystica quædam scriptura est, in qua, vt rectè Iamblichus docet, *dimitte voces, & accipe sensus*. Nam sicuti, vti antè diximus, & Tomo secundo de institutione phrenoschematon seu Impresiarum fol. 8. affatim docuimus, in Impresia quauis duo continentur, symbolum, & sententia, quarum coniunctione in abditam tandem eius, quod præsefert, symboli significationem deuenimus; Verbi gratia in hoc Phrenoschemate præsente Magnetem vides, à quo concatenata annulorum series trahitur ; vidisti symbolum, considera gnomen, quæ est, *Arcanis nodis* : quæ verba nisi apposita fuissent, nihil in symbolo certi innotuisset, sed gnomen addita symbolo, iam Parthenia Congregatio Collegij Romani Soc IESV, cui inscripta est, hoc veluti occulto interioris animi incitamento docetur, incrementum dictæ Congregationis non nisi occulto quodam diuinæ inspirationis tractu perfici ; in qua dum quisq; boni exempli, sanctæ conuersationis, ac mutuæ ædificationis attractu proximos quosque allicit, fit vt omnes fraternæ dilectionis & concordiæ vinculis colligati, vberrimam iunctis viribus frugem eo in statu, ad quem eos diuina bonitas constituit, reportent, ac tandem cum beatis mentibus socientur æternùm beati. Ecce quanta significationum & contemplationum vel sub vno phrenoschemate copia latet. Eodem prorsus pa-

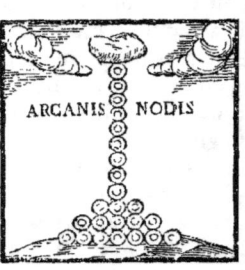

Tabulæ oualæ Obeliscorum non sunt literæ.

Hieroglyphica similia Phrenoschematis.

ARCANIS NODIS

ANACEPHALÆOSIS TOTIVS OPERIS. CAP. I.

pacto, dico, in hieroglyphica doctrina contingit, in qua per abstractos conceptus, vel in vnico symbolo, integræ alicuius Philosophicæ speculationis materia & argumentum comparet, vt in sequenti figura, vbi vides statuam variegato throno insidentem Accipitrino vultu transformatam, cidari calathoide, cucurbita, & capreolo ei insertis spectabilem, dextrâ thyrsum præ se ferentem, sinistrâ imperiosè aliquid mandantem; quo quidem mysterioso symbolorum apparatu supremi intellectus operationes occultè, non per verborum in discursum quendam concinnatorum modum, sed per idealem quendam conceptum, virtutes in suprema Mente latentes signantem, intellectus contemplatiui vi, veluti in speculo quodam repræsentatum innuuntur; ita vt literaturæ hieroglyphicæ peritus dum schematismum hunc præsentem intuetur, mox diuinæ mentis operationes, in Mundorum œconomiam imperium, lucis, vitæ, & caloris copiam, quâ omnia producit, animat, conseruat, infinitâ maiestate & potestate corruscans, Numen cognoscat; hîc comparet idealium fœtura conceptuum; hîc vitæ, lucis, calorisque in omnes Mundi semitas diffusa potestas; hîc Mundi sensibilis & elementaris varietas rerum, ac summa consono-dissonorum harmonica miscella, ex immensâ diuini intellectus vnitate resultans, aliaque innumera, quæ cùm alibi exposuerimus, Lectorem eò amandamus.

OSIRIS SIVE
Hemept   Archetypus Intellectus

Iterum in omnibus ferè Obeliscis epigraphes loco vides sequentes ideales diuinarum virtutum schematismos, quos sequitur tandem Accipiter, deinde Bos, iam in singulis lateribus vnus, iam triplicatus; quibus quidem nihil aliud, quam diuinæ vnitatis in trium Mundorum ordines diffusa vis & influxus, vti passim in hoc Opere demonstrauimus, indicatur. Atque hanc minimè syllabicam esse literaturam, sed intellectualem, vel ipse Aristoteles cognouit, & his verbis docet in sua Theologia Ægyptiaca l. 14. c. 14. *Conceptus animorum acceptos Ægyptij Sapientes scribebant, vti oculatâ fide legimus, in lapides per figuras, idem in omnibus scientijs artibusque facientes, quos locabant in templis, tanquam paginas perlegendas, talesque erant eorum libri vtensiles; quod fecerunt, vt indicarent etiàm, quòd intellectus agens immaterialis creauit omnia secundùm propriam essentiæ cuiuslibet rationem similitudinemque; quod optimum fuit, pulcherrimumque documentum,* &c. Deinde l. 1. c. 1. prorsùs huius paulò antè insinuatæ interpretationis rationem his verbis attingit. *Nostra in hoc Opere intentio est, considerare Vniuersum secundùm mentem eorum, qui docuerunt per notas figurarum adeo occultas, vt non alius possit ad secreta huiusmodi scientiæ peruenire citra difficultatem, quantumuis ingenij sit subtilis & recti, nec vtatur negligentiâ.* Indi-

Aristote'es.

cant

CAP. I.   562   OEDIPI ÆGYPTIACI THEAT. HIEROGL.

Ægyptiorum sapientia à sacra Scriptura commendatur.

A cant itaque hisce Sapientes, quomodo Deus differt ab alijs, quòd Mundus & tempus existant sub eo; ampliùs quòd Deus est author causarum, quódque creauit singula pro ratione singulorum: & quòd in ijs illuminat Intelligentias, per eas autem medium intellectum, per intellectum verò mediam animam vniuersalem, cœle-
B stemque, & per animam mediam illustrat naturam generabilium corruptibiliumque. Quis non videt, hæc aptissimè huic præsenti Iconismo congruere? Vbi globus diuinæ mentis ac triformis Numinis symbolum exhibet, quod pyramidij vertici proximum,
C ostendit diuinæ Mentis veluti ex centro quodam in omnes Mundorum series ordine consequentes effusionem, primò in Intellectualem seu Angelicum, vti figuræ B docent; deinde in Sidereum C, quem Accipiter Solaris Numinis symbolum
D exprimit; ac tandem in Hylæum D, cuius Bos typus est, videlicet, Osiris Archetypus & Supramundanus, in Osirin Pantamorphum, Intellectualis Mundi choragum, & hic in Osirin Solarem Siderei Mundi animam, & hic in Hylæum Osirin, Elementaris Mundi præsidem, mirâ quâdam analogiâ diuinorum influxuum communicationem continuat.

Ex quibus, ni fallor, luculentissimè patet, nihil aliud hac interpretatione, quàm quod dixi, innui posse & debere. Quod adeo ipse Plato, & Aristoteles, eorumq; sectatores non tantùm asseruerunt, sed tanquam dogma sacrosanctû amplexati sunt. Authoritates circa hoc negotium propositas, vide in huius Tomi vestibulo folio secundo, & in Classe Sexta Systematica Mundorum circa finem allatas, ex quibus

bus apertè constat, hanc doctrinam non aliam, quàm mysticam & arcanam Supremæ & Archetypæ Mentis explicatricem fuisse. Quod si quis negare audeat, is eadem audaciâ summorum humani generis ingeniorum apertè id asserentium authoritati, imò dicam ampliùs, vel ipsis sacris literis, se obtrectaturum nôrit, in quibus Sapientiæ Aegyptiacæ frequens fit mentio, Moysemque in ea institutum manifestè docetur ; notum autem est omnibus sublimiorum palæstrarum exedris, Sapientiam non aliam scientiam esse posse, nisi altissimarum rerum in abdito diuinitatis recessu latentium inuestigatricem, prout allata huius Operis fol. 2. prima docet definitio ; vt proinde frustra quis sub hisce symbolis rerum à Regibus Aegypti gestarum historias inquirat : vti enim sapientia artium omnium & scientiarum regina est, ita sibi omnes quoque subditas habet ; vnde & ordinis necessitate sic postulante in hieroglyphicam doctrinam ex consequenti præter Theologiam, Medicina quoq; Magia, atque Mathematicæ scientiæ irrepserunt, tanquam à fonte vnde omnia scaturiunt dependentes riui. Sed iam hæc omnia luculentiùs ostendamus.

ARGVMENTVM III.

Hieroglyphica ex mente Aegyptiorum non tantùm symbola significatiua rerum altissimarum, sed & ob occultam quandam cum supramundanis causis connexionem, attractiua Numinum, atque ab aduersis præseruatiua fuisse.

Symbola hieroglyphica vti ex omnibus mundialium rerum Classibus assumpta fuerunt, ita magnæ quoque virtutis & efficaciæ, ob miram & occultam cum supramundanis causis connexionem fuisse, ex Aegyptiorum opinione amplè in hoc Opere demonstratum ex omnigena eruditione fuit: neque enim quilquam sibi persuadeat, primos huius literaturæ institutores temerè & fortuitò quarumlibet obuiarum rerum imagines ad sacræ sculpturæ institutum adhibuisse, sed eas sibi potissimùm, quas longo studio & experientiâ ex abditis naturalium characterismorum sigillis, ad mundanas Geniorum catenas magnam habere similitudinem, proprietatem, & analogiam nôrant, assumendas duxerunt. Quæ quidem tantò putabantur efficaciores, quantò maiorem ad mundanæ alicuius catenæ Numen choragum similitudinem exprimebant; vt proinde hinc Numinum catenæ, quas Syras vocant, originem traxerint ; ad quas omnia ea, quæ siue in Sidereo siue Hylæo Mundo, in quadrupedibus, volatilibus, vegetabilibus, mineralibus, ad Numen certæ catenæ cuiuspiam præsidem, analogiam quandam virtutibus suis præseferre videbantur, tanquam Numini istius catenæ tutelæ commissa, assumerent. Hoc pacto catena Osiriaca, Hermetica, Isiaca, Serapica, Momphtæa, atque innumeræ aliæ, quas in Astrologia & Medicina adduximus, erant

Hieroglyphica ad Numina attrahenda vim habere putabantur.

Catenarum quas Syras vocant, origo.

cer-

certæ quædam rerum ex diuersorum Mundorum ordinibus assumptarum Classes, in quibus singulæ res, quantumuis etiam disparatæ, Numinis catenæ alicui præsidentis virtutes & proprietates exprimebant. Et quemadmodum dictas res ab istiusmodi catenæ Archichorago profluxisse autumabant, ita eam quoque sympathiam cum Numine illo habere credebant, vt illâ positâ Numen infallibiliter & necessariò, tanquam ad rem vehementer sibi symbolam & maximè appropriatam, afficeretur,

Magiæ origo. attrahereturque; vnde Magia nata est, quâ per magicam inferiorum cum supernis Entibus veluti passiuorum cum actiuis applicationem mirificos effectus producere se posse credebant. Ex hoc fonte quoque

Oraculorum Oraculorum architectura profluxit, quâ per dictam Magicam peritiam Dæmones in statuas compingebant, eorumque verbis barbaris & prodigiosis ad quæstiones propositas responsa extorquebant; vnde diuinatoria ars natales suos inuenit. Ex hoc denique capite ars Amuletaria

Amuletaria artis origo. reperta, quâ sacra symbola dicto modo catenis mundialibus accommodata, loco periaptorum, ad bonum, quod ambibant, assequendum, ad malum verò, quod fugiebant, auertendum, portabant. Quæ quidem magnæ efficaciæ symbola summâ connexione ad rationes in idearum idea contentas primò quidem in Obeliscorum durissimis saxis, veluti prototypa quædam æternùm duratura insculpebant; ex quibus deinde quisque sibi deprometet in priuatos vsus, siue bonorum attractiua, siue malorum auersiua periapta prophylactica. Sacerdotes quoque iuxta ideales rationes, quas multiplex symbolorum in simulachris apparatus exhibebat, sacrificia sua, in ordine ad θεομόρφωσιν obtinendam, in Adytis peragebant. His itaque suppositis

Hieroglyphica literatura quid.

Dico primò, Hieroglyphicam literaturam in Obeliscis exhibitam, nihil aliud fuisse, quàm scientiam theoricam & practicam de Deo, diuinisque ordinibus Mundorum Præsidibus, ex quorum concatenato influxu omnia in Mundorum œconomia administrarentur. Atq; hanc Theorica sectabatur; Practica verò Numinum quam Theoria demonstrabat, quâ propitiandorum, quâ sui iuris faciendorum rationem suppeditabat. Sed hoc ita esse, sic ostendo.

Si Obelisci, præter hanc Theosophiam aliud quidpiam, vti historias, prophetias, laudes Regum, similiaque continerent; certum est, Obeliscos singulos vti diuersa exhibebant, sic diuersis symbolis, diuersoque eorundem contextu fuisse insignitos: quod tamen nullâ ratione dici potest, & res ad oculum patet; siquidem vix Obeliscus est, qui non eadem quasi contineat; in singulis non tantùm symbola eadem, sed & integra figurarum syntagmata, vti in actuali interpretatione demonstrauimus, ex vno in alium translata spectantur. Et vt paulò propiùs rem adoriar; Mi-

Obelisci minores inter se similes sunt. nores Obelisci, quos Monti-cœlium, Mahutæum, Mediceum nuncupauimus, adeo similes sunt, vt eos sine iniuria eosdem dicere possis. Obeliscos quoque maiores, tametsi fusiori pro argumenti ratione contextu signati sint, ad eundem tamen scopum, ad eandem prorsus metam tendunt, in quam minores. Iterum Obeliscus Flaminius & Sallustius, vti ostensum

fuit

ANACEPHALÆOSIS TOTIVS OPERIS.

fuit fuis locis, prorsùs ijdem funt. Patet id quoque ex epigraphe omnium ferè Obeliscorum, quæ influxum supremæ Mentis veluti ex centro quodam in vniuersas Mundorum sibi subiectorum Classes diffusum indigitant. Atque adeo idem Ægyptijs contigisse videtur, quod moderno tempore in nostræ Christianæ religionis mysterijs exhibendis præstari videmus ;. in quibus tametsi diuinitatis mysteria, vt SS. Triadis, Incarnationis Verbi æterni, sub alia & alia ratione depicta videas, vnum tamen semper & idem, quoad essentialem significationem, exhibent. Quemadmodum itaque Ægyptij supremam causarum causam pro virtutum ab ea promanantium varietate vnà cum Fundo Paterno, Verbo suo, diuersis omninò modis & symbolorum structura exhibebant;ita hodie SS. Triadis, & Christi in terris peracta mysteria pro conceptu cuiusque passim varia & differenti pictura exprimuntur;ita tamen,vt nullus fere sit,qui dum huiusmodi, tametsi differentes picturas penitiùs inspicit, non mox quò colliment, intelligat. Idem de Geniorum, Secundeorumque, quos Orthodoxa doctrina Angelos nominat,ectyporum varietate sentiendum est. Vt proinde Obeliscos nihil aliud,quàm quod dixi,repræsentare ex dictis pateat.

Dixi supra, Obeliscos non Theosophiæ duntaxat maxima quæuis sacramenta symbolis suis expressisse, sed & insuper fuisse apud Ægyptiorum existimationem magnæ virtutis sigilla, ad Numina non placanda tantùm, sed & eadem attrahenda, & sui iuris facienda, à Sacerdotibus constituta. Quod adeo verum est,vt ad id demonstrandum nihil aliud requiri videatur, nisi vt quæ supra in Syntagmatis proprijs, de Mumijs, Canopis, Sphyngibus, cœterisque auerruncis simulachris tradidimus, assiduâ comparatione examines: nam ipso facto, nullam ferè siue simulachri formam, siue symboli alicuius ectypon seorsim extare, quod non in ipsis etiam Obeliscis spectatur, reperies ; Argumentum sanè prorsus irrefragabile, omnia symbola nō tantùm significatiua, sed & effectiua apud in ipsos fuisse, id est, magnæ efficaciæ Sigilla, quæ Amuleta, Periapta, Phylacteria, vel Alexiteria ab Authoribus passim nuncupantur. Cùm verò huiusmodi Amuleta non nisi ad supernas potestates propitiandas dirigantur ; certum est, præter hanc, altissimarum quoque rerum, diuinarumque virtutum fuisse symbola, quæ mirum cum supramundanis causis ordinem & proportionem dicebant. Ita dictorum ordinum Choragos, quos exprimebant, ad id quod intendebant impetrandum, reciprocæ & occultæ actionis proprietate, solis Sacerdotibus nota, mirè sollicitari opinabantur, eo ferè pacto (si superstitiosa veræ religionis nostræ ritibus comparare fas est) quo hodierno die laudabili sanè Christi fidelium instituto sacrosanctæ Crucis, Beatissimæ Virginis, & Agni Dei ceræ sacræ impressas imagines, medalia, sacrasancta lipsana collo, brachijs, lateribus, tùm ad perpetuam beneficiorum in nos collatorum memoriam, tùm ad honorem & reuerentiam cultumque Deo, Christo, Beatæ Virgini, Sanctisque debitum attestandum, tùm denique in aduersis succursum viuâ fide impetrandum, laude dignissimâ consuetudine, portare consueuimus: sunt enim hæc efficacia conceptæ in Deum Sanctosque fiduciæ sigilla

Hieroglyphica ad Numina attrahenda putabantur efficacia.

quædam, mirè Deo beneplacita, & quæ Deum ad gratiam animæ amorosis in Deum actibus agitatæ conferendam, hâc veluti dispositione prænia follicitant. Differentia itaque priscæ religionis in hoc tantùm intercessit, quòd Sapientes vero fidei lumine destituti, ac proinde Satanicæ illusionis versutia in transuersum acti, latricum soli Deo debitum cultum ipsis creaturis & insensatis rebus attribuerint. Sed ad institutum nostrum reuertamur.

Continebant itaque Obelisci, non tantùm symbola rerum diuinarum significatiua, sed & effectiua Numinum attractûs; quin ipsi singuli Obelisci, tùm in templis, tùm locis publicis, veluti prototypon quoddam seu catholicum ex innumeris particularibus constitutum Amuletum, mysteriosa pyramidis figura spectabile præseferebant; quod quàm diu duraret, tamdiu tellurem Ægyptiam, Deorum immortalium, quos referebant, munere, ab omni hostium assultu, bellorumque sinistris euentibus immunem fore sibi persuadebant, vti alias passim docuimus.

Ægyptiorum intentio in Obeliscis erigendis.

Cùm itaque Obelisci tales sint; certè hinc concluditur, aliam priscos Sacerdotes in Obeliscis tùm erigendis, tùm tanto figurarum apparatu insigniendis intentionem nullam habuisse, nisi eam, quam tùm paulò antè, tùm in operosis apparatibus huius Oedipi passim demonstrauimus. Manet itaque, interpretationem nostram verè & genuinè ad Veterum mentem esse institutam.

Sed obijciet hoc loco forsan nonnemo hisce verbis: Fuisse hanc Veterum Myftarum sapientiam, & in hoc constitisse, minimè abnuo; verùm cùm hæc tantùm sub vniuersalibus quibusdam conceptibus demonstrata sit, non proinde video, quomodo ad particularia, aut quibus subsidijs descenderis, aut singula verè ad mentem Veterum descripseris. Sed

Hieroglyphicorum interpretatio difficilis.

qui huius Operis contextum ritè examinauerit, & Epistolam parenæticam attentè legerit; apertè videbit, nihil eorum me, siue vniuersalia, siue particularia spectes, præterijsse, quorum rationem non reddiderim. Fateor tamen, nonnullorum symbolorum typos adeo primâ fronte mihi ignotos visos esse, vt parum abfuerit, quin cum Apuleio ignorabiles dixerim. Quia tamen constans & impertæsus animus omnia vincit; hinc factum est, vt omnia cum omnibus, & singula cum singulis combinando, quod primò incomprehensibile, id vnda trudente vndam, non dicam

Hieroglyphicorum notitiâ quibus subsidijs acquisiuerit Auctor.

ἀδυνατον, sed facile diuini Numinis gratiâ, visum fuerit. Et prima quidem difficultas sanè maxima, tùm in instrumentis, vasis, sceptris, similibusque, tùm in animalium specie genuina dignoscenda, quæ omnia rudi tantùm Mineruâ saxis incisa spectantur, occurrebat. Verùm diuinâ potiùs, quàm humanâ dispositione factum est, vt nihil ferè in monumentis Ægyptiacis ruditer tantùm expressorum symbolorum occurreret, quod inter Museorum latibula idolis & fragmentis, vti & Amuletis hieroglyphicis, politissimè incisum non repererim: vt proinde genuinæ animalium species, vti & dictorum instrumentorum, sub simili figurarum, quo in Obeliscis exhibebantur, Syntagmate, mox innotuerint. Accessit hisce non Latinorum duntaxat, Græcorumque, sed & Hebræorum, Chaldæorum, Arabumque,

que, vti & Coptitarum authoritas, quâ dictæ res ita confirmabantur, vt eorum verba adduxisse, vel totum mysterium explicasse, prout toto hoc Opere passim demonstratum vides, sufficeret. Fontibus itaque vniuersalium detectis, nihil facilius fuit, quàm riuulos vndiquaque diffusos, id est, particularia, detegere; cùm hæc ab ijs tanquam effectus à causa, ideatum ab idea, signatum à sigillo dependerent; adeoque fieri non potuerit, vt diligenti mentis indagine ex vno in alterum transilientes, tandem in particularium notitiam non deueniremus. Vides itaque Lector beneuole, quibus subsidijs, quâ arte in vniuersalem paulatim hieroglyphicorum notitiam deuenerim; atque adeo verè inferre possum, hanc, quam hoc Tomo protulimus hieroglyphicorum expositionem, non fictam aut commentitiam, sed veram & genuinam, à Priscis intentam, esse. Quod ita ostendo.

Hieroglyphica Ægyptiorum Sapientia, testantibus omnibus Veterum Scriptorum monumentis, nihil aliud erat, quàm scientia de Deo, diuinisque virtutibus, scientia ordinis Vniuersi, scientia Intelligentiarum Mundi præsidum, quam Pythagoras & Plato, teste Plutarcho, ex Mercurij columnis, id est, ex Obeliscis didicerunt. At hanc nos toto hoc Opere non tractauimus tantùm, sed & eam, quæ abditis hieroglyphicorum inuolucris in dictis columnis comprehendebatur, exposuimus: Ergo. Si enim aliam contineret præter dictam scientiam Theosophicam, illa vel Mathematica, aut Historica, aut Physica, aut Moralis foret: sed iam in præcedentibus demonstratum fuit, nihil horum in Obeliscis contineri, & non contineri quidem posse. Aliam itaque non exposuimus, nisi quam diximus, veram & genuinam Ægyptiorum sapientiam, in cognitione Dei, diuinarum virtutum, eiusque in vniuersas Mundorum series diffusione consistentem: reliquas enim scientias Mathematicas, Physicas, Morales, Diuinatorias, quas in publicis palæstris tradere solebant, non hieroglyphicis, sed linguâ omnibus notâ, & idiomaticâ, quam Pharaonicam & Coptam appellamus, Ægyptij consignabant. Et vti hieroglyphica Sapientia maximarum rerum arcanarumque sacramenta continebat, ita quoque non nisi ijs, quibus ad Regni solium spes erat, Sacerdotalis ordinis hominibus, sub arcto & rigoroso silentio in Adytis, vti probatum fuit, tradebatur. Cùm enim totius Regni spes & salus, in sola Numinum tutela, posita videretur, Numina verò hieroglyphicæ sapientiæ cultu & religione, mirum in modum in Regni conseruationem sollicitari crederentur; certè nulli maiori iure ad eam addiscendam tenebantur, quàm Sacerdotalis ordinis homines, è quorum numero primus Rex erat, qui per sacrificia, iuxta hieroglyphicas leges instituta, consortio Deorum beati, vel ipsis Numinibus imperare, mala Regno imminentia auertere, atque adeo Regnum ab omni hostili assultu tutum securumque solis hieroglyphicorum Amuletorum præsidijs reddere se posse credebant. Sed vide quæ de hisce copiosè in Politica Ægyptiorum, & alibi tractauimus. Quòd si quispiam versutioris ingenij, aliam nostrâ hâc præsenti traditâ meliorem, magisque Ægyptiorum ingenio mentique consentaneam attulerit, ei non tantùm me subscripturum, sed ambobus illam brachijs me amplexurum polliceor.

ARGVMENTVM IV.

Consensus omnium Philosophorum, & Poëtarum, circa Theologiam Aegyptiorum, demonstratur.

Trismegistus hieroglyphicorum institutor.

Ermes Trismegistus, Ægyptius, vti primus Hieroglyphicorum institutor, ita meritò totius Theologiæ & Philosophiæ Ægyptiacæ Princeps & Parens, primus fuit omnium & vetustissimus inter Ægyptios qui de diuinis rebus rectè sensit; suamque de ijs opinionem veluti æternùm duraturis lapidibus & ingentibus saxorum molibus insculpsit, vti fusè aliàs probatum fuit. Ab hoc, quidquid Orpheus, Musæus, Linus, Pythagoras, Plato, Eudoxus, Parmenides, Melissus, Homerus, Euripides, coeterique laude dignum de Deo, diuinisque rebus protulerunt, profectum esse, non Ethnici tantùm veteris Philosophiæ commentatores, sed & orthodoxa Sanctorum Patrum monimenta sat superque demonstrant. Et primò quidem Trismegistus in Pimandro & Asclepio Deum vnum & bonum essentialiter asserit, quem deinde reliqui Philosophi secuti sunt. Verùm vt hæc omnia pateant, totidem singula paragraphis expediemus.

§. I.

De vnitate & bonitate Dei, vti & rerum omnium causa, & rerum principio productiuo.

Trismegistus Dei Vnitaté cognouit.

Trismegistus.

Rismegistus ex Ethnicis primus diuinam descripsit Vnitatem. A Patriarchis enim primitùs didicerat vnum esse Deum, coeli terræque Conditorem omnium supremum; ob id in secunda parte Pymandri sermone primo sic loquitur Mens ad Mercurium. *Quòd autem hæc omnia genita sint, ò dulcissime mi Mercuri, nequaquam opus est, vt me disserente perdiscas; nam corpora sunt, habentq́; animam, & mouentur. Hæc autem in vnum congredi absq́; congregantis virtute impossibile est. Oportet igitur aliquem esse talem, & penitus vnum. Nam cùm multi varijque sint motus, & dissimilia corpora, vnus autem ordo velocitatis in omnibus; impossibile est duos, aut plures esse factores: neque enim ordo vnus seruaretur in multis. Præterea qui inter illos imbecillior esset, potentiori nimium inuideret, ex quo seditio quædam exoriretur. Itaque si vnus eorum Author mutabilium animantium extitisset, cuperet quoque immortalia gignere, quemadmodum genitor immortalium affectaret mortalia. Quinetiam vna existente anima, vnaque materia; ad quemnam illorum potissimùm fabricatio pertineret? Quòd si ad vtrumque, ad quem Prouincia maior?* &c. Et paulò inferiùs: *Esse itaque horum omnium vnum Authorem præ cæteris, est conspicuum: nam anima vna, vita vna, vnaque materia.*

ria. *Quisnam iste? Quis alter præter vnicum Deum? Num alteri cuipiam, quàm soli Deo conuenit procreare viuentia? Vnus itaque Deus Mundum vnum esse confessus est, Solem vnum, vnicam Lunam, vnam quoque diuinitatem, ipsum verò Deum quotum vis esse? Vnus igitur singula facit in multis. Sic ibi. Subdit autem quasi horum rationem reddens. Num censes arduum quiddam & laboriosum Deo, vitam, animam immortalem, mutationemque efficere? Dum enim tu tot tantaque potes, vides, audis, odoras, gustas, tangis, loqueris, graderis, spiras, intelligis, nec alter est in te qui videt, quiue audit alter, nec loquitur vnus, graditur alius, hic odorat, ille gustat, hic spirat, intelligit ille, at vnus hæc omnia præstat, neque etiam possibile est illa sine Dei numine fieri. Vt enim qui cessat ab his, non est ampliùs animal, sic qui ab illorum constructione cessaret, minimè Deus; id autem suspicari nefarium. Quòd si concessum est, nihil in rerum natura consistere, cui non insit naturalis quidam agendi vigor, simulque certi operis exequutio: quantò magis asseuerandum est Deo non deesse potestatem omnium & effectum? Nam quicquid otiosum, imperfectum; imperfectum dicere Deum nefas. Facit igitur vnus omnia Deus.* Sic ille.

<small>Deus vnus iuxta Trismegistum.</small>

 Altissima & profundissima est hæc Mercurij Theologia, quandoquidem viuis rationibus diuinam probat vnitatem; quotquot verò alij de Dei vnitate disputarunt, ijsdem vsi sunt rationibus, vt Xenophanes Colophonius, Zeno Citticus, & Aristoteles Stagirites. Hinc Parmenides, hinc Melissus omnia quoad vnitatem Dei desumpserunt. Ab hoc Empedocles didicit, omnia ab vno profecta visibilia, inuisibilia, præsentia, præterita, & futura, quicquid mari terraque nascitur, feras, aues, pisces, demum & Deos ipsos; intellige, Angelos. Huius igitur vetustissimæ Philosophiæ primum Sacramentum fuit Dei vnitas, quod admiratus & imitatus Pythagoras ab Ægypto reuersus, sub ænigmatica numerorum significatione propalauit dicens. *Vnitas radix omnium, fons & origo,* Vnitatem appellans Deum, quod Syrianus Simplicij Præceptor in Metaphysicis apertissimè scripsit, vbi collaudans & defendens sententias Pythagoræ & Platonis de numeris, sic perhibet. Archemachus & diuinus Plato, quos secutus est Plotinus; qui quidem Viri Vnitatem dicebant Deum, vt Vnitatis in rebus omnibus causam, omnisque rei vitæque Authorem. Eudoxus etiam referens placita vetustæ Theologiæ, præcipuè Pythagoræorum, Authore Simplicio primo Physic. ait: *Et secundùm alium modum principium dixerunt omnium rerum ipsam Vnitatem, quòd ab ea nata sint omnia, etiam materia prima.* Damascius Platonicus ad aures Pythagoræ de Vnitate differens scripsit. *Vnitas tanquam Sol procul obscurè quasi videtur; si propiùs accesseris, obscurius; demum cæterarum rerum tollit apprehensionem. Verè igitur est lux incomprehensibilis, inaccessibilis, & profundè Soli comparatur, in quem quò magis intuearis, eò magis cæcutias & caliges, oculosque stupefactos reportes.* Rursus ait Damascius. *Vnitas honoretur silentio.* Et alibi. *Vnitas omnia producit. Ferax rerum omnium Vnitas.* Hæc autem, & si quæ alia sunt, à Trismegisto desumpta cognoscuntur, qui eodem pariter modo de Vnitate philosophatus est, dum in quarto sermone Pymandri sic scripsit: *Monas, id est Vnitas, omnium principium, radix, atque origo, absque*

<small>Philosophi Veteres Dei Vnitatem à Trismegisto didicerunt.</small>

<small>Pythagoras.</small>

<small>Vnitas secundùm Pythagorā Deus est.</small>

<small>Damascius. Vnitas, id est, Deus rerum omnium principium.</small>

<small>Trismegistus.</small>

verò

vero principio nihil. *Initium autem ex nullo, nisi ex se ipsa dependens. Initium autem non est principij, sed alterius.* Monas ergo principium omnem numerum continet, à nullo contenta. Et paulò inferiùs. *Id sanè quod augescit, virtute Monadis augescit: euanescit autem imbecillitate propria, cùm alterius Monadem capere nequeat.* Hinc non sine causa circulo vsus est veluti hieroglyphico quodam Vnitatis diuinæ. Quæ omnia fusè prosecuti sumus in 12 Classe Tomo II. quæ est Theologia Ægyptiorum, & in Geometria hieroglyphica. Hunc secutus Anaxagoras Clazomenius, cuius hæc est sententia; *Mens author vna omnium quæ cernimus. Omnia inquit simul erant, deinde accessit Mens, eaque composuit.* Scitiùs sanè Pythagoras Deum absolutè Monadem dixit; *Ipse,* inquit, *extra Mundum est, quia infinitus est, in ipso etiam est totus in toto, omnes circumquaque considerans generationes;* quæ omnia hieroglyphicâ ratione inuoluta ab Ægyptijs iam sæpe exposuimus.

Pythagoræ sententia de Deo.

Sed audiamus aurea Pythagoræ Carmina.

Si quis Deus præter vnum? is debet
Mundum hunc parem condere, & dicere, hic meus est,
Nec solùm condere, & dicere, hic meus est, sed habitare
Ipse in eo quem fecerit, hic autem ab eo factus est.

Digna sanè Pythagorâ sententia. Cùm enim opus Dei sit Mundus, quisquis se Deum dicit præter vnum illum Deum Mundi effectorem, alterum Mundum producat necesse est, vt se Deum comprobet. Quem secutus Parmenides, tanta de Deo sublimitate discurrit, vt Christianus Theologus altiora dicere vix possit. Hic Socratis Præceptor, & Ægyptiorum Discipulus cùm diuinam considerasset naturam rerum omnium fontem, altiùs eleuatus Deum ipsum congruentissimâ vocis significatione, *Id quod est,* appellauit, atque id ipsum, vnum, immobile, immateriale, inuariabile, infinitum, æternum, ingenitum, & independens esse voluit, atque hanc ob causam omnia vnum esse, & vnum omnia arbitratus est; contra quem temerè inuehitur Aristoteles 1. Physic. damnans eum quòd omnia confuderit. Etenim nec de materialibus rerum principijs egit Parmenides eo in loco, in quo reprehenditur, quæ constat alibi explicasse; sed de principio principiorum omnium Deo, qui vnus quidem est, & solus, & in quo omnia sunt vnum. Etenim in eo sunt omnia, & in omnibus ipse est solus.

Parmenidis de Deo sententia.

Deum igitur per id, quod est, intellexit Parmenides, atque illud ingenitum, & ab interitu alienum, sine principio, sine fine asseuerat, integrum item & vnigenum, seu totum & vnum. Ei etiam conuenire illud simul totum, & quòd in eo nullum locum habeat id, quod non est, & præterea quod diuidi nequeat, sitque immobile in omni specie diuisionis & motus, & quod eodem modo & similiter se habeat, & quod sit extremum, id est, finis omnium; qua de re illud finitum appellat, quasi dicat, absolutum, perfectum, & completum. Finitum enim perfectionem quandam & absolutionem indicare consueuit, ex eo quòd imperfectum quod habe-

Parmenides quo sensu vocet Deum finitum.

betur, id infinitum, hoc est, sine frustrari & egere dici consueuerit. Vnde à posterioribus Theologis infinitum priuatiuè dici solet, quia priuatum est congruenti fine, quo modo infinitam primam materiam dixere multi, hoc est, debita forma & termino suapte natura carentem. Deum autem, cuius virtutis & potestatis nullus terminus, nullus limes, finis est nullus, negatiuè dixêrunt infinitum. Quare prima illa acceptione infiniti, qua infinitum pro carentia perfectionis capitur, Parmenides primum illud Ens noluit infinitum haberi, sed finitum & perfectum; vnde cecinit:

Parmenides.

    Permanet id firmum, valida illud namque coërcet
      Vu finis.

Quasi nihil ei perfectionis addi possit, cùm nulla re indigeat. *Si enim Deus* (vt inquit Simplicius 1. Physic. comm. 3.) *est id quod est, nulla re indiget, & est perfectus; quod autem perfectum est, habet finem, & non est expers finis; quòd autem finem habet, finitum est*. Finitus ergo est, id est, completus, *in essentia perfectione, licet virtute infinitus*. Atque hoc modo à Parmenide & Melisso, modò finitus, modò infinitus appellatur. Quod etiam à Bessarione obseruatum est primo libro contra Trapezuntium, licet id optimè explicet citato loco Simplicius, vbi Xenophanis ac Parmenidis sententiam, dicentium vnum esse & finitum principium, cum Melisso concordat asserente illud vnum esse & infinitum; illi enim finitum appellarunt perfectum, quod omnibus finis & termini causa sit, sicut est etiam omnium principium; ille verò pronunciauit infinitum, quia infinitam in eo consiserauit tùm in vigore, tùm in duratione potentiam. Indiuisibile etiam illud esse voluit, & simile sibi vndique totum; quod desumpsit à Trismegisto, qui 2. parte Pymandri, sermone primo sic inquit: *Nihil quippe simile eius est, quod dissimile, solumque & vnum est*.

Simplicius.

Finitus quo sensu dicatur Deus.

Trismegistus.

Sed vide quò Parmenidis cognitio peruenerit, vt id quod est, idem manens, & positum quoque per se esse dixerit, non indigum, non egenum? non enim bonorum nostrorum eget Dominus, suumque intelligere idem esse contendit cum Intellectu, & re quæ intelligentia percipitur. Ex omni etiam vndiq; parte integrum nominat, & in totis finibus æquum, instar circuli, qui circumferentiam habet lineis omnibus æqualem. Quâ fortasse ratione moli orbis benè tornati illud persimile asseuerat, vt eius perfectionem, & absolutam in omnibus monstret æqualitatem: sicut enim æqualis est vndique circulus, sic etiam vndequaque vniformis est DEVS. Id autem ab eo poëticè dictum putat Simplicius, sicut etiam ab Orpheo dictum existimat.

Circulus est DEVS, ex Parmenidis & aliorum sententia.

Sed & alij quoque Deum vel circulum, vel circulo similem esse designarunt. Primus enim omnium Trismegistus Deum dixit esse Sphæram Intellectualem. Democritus quoque Deum in igneo circulo contineri demonstrauit ex Gal. lib. de hist. Philosophica. Aegyptij Deum etiam ex circuli hieroglyphico intelligebant, sicut & Persæ Iouem Cœli circulum nuncupabant. Verùm Parmenides id habuit à Xenophane

Præ-

Præceptore, qui Dei substantiam rotundam esse & globosam asseruit, nihilque cum hominibus habere commune, ex Laërtio in vita Xenophanis; omnes ab Hermete, qui hieroglyphicè Deum diuinaque semper per circulum expressit.

Parmenidis Theologia nostræ similis est.

Hæc igitur altissima illa est Parmenidis Theologia, nostræ quidem valde consimilis, quæ credit Deum à se, ex se, & per se esse, esseque ingenitum sine principio, sine fine, immaterialem, indiuisibilem, perfectum, æternum, esse in omnibus, esse omnia, idem ipsum, per se positum, independentem, inuariabilem, impermixtum, incomprehensibilem, inæstimabilem, quod nec substineri, nec ferri, nec indagari possit. Vnde enim, & quò, & vbi, aut quomodo, aut qualis sit, ignotum est, vt præter nostros Mercurius etiam in Asclepio scriptum reliquit. Ex quibus patet Parmenidem non inter Physicos, sed inter Theologos esse numerandum; sua enim dogmata profundo indigent natatore, vel Platone ipso teste in Parmenide. Theologum autem appellant eum, & Xenophanem eius Præceptorem Theophrastus ex Simplicio, Nicolaus similiter Damascius, & Alexander Aphrodisæus ex eodem; vt profectò accusandus sit Aristoteles, qui scripta illius de Deo vno, ingenito, incorruptibili, æterno, inuariabili, infinito, ad principia naturalia traduxerit, eumque reprehenderit, quòd dixerit principium rerum omnium vnum & immobile.

Aristoteles malè reprehendit Parmenidem.

Melissi de Deo sententia.

Melissus igitur Parmenidis Præceptoris vestigia secutus eadem profectò de Deo protulit, quem similiter, id quod est, appellauit; hoc vnum addidit, quòd nihil de Deo definiendum censuit, neque enim illius certam dicebat à nobis haberi cognitionem ex Laërtio. Ipse autem primum omnium Ens, quod vnum, verum, ingenitum, incorruptibile, infinitum, independens asseruit, hac methodo rationis inuestigauit. Sic enim incepit opus suum, vt primo Physic. refert Simplicius comm. 18. *Si nihil quidem est, quomodo de eo dicitur aliquid tanquam sit aliquid? Si autem est aliquid, aut est genitum, aut semper est. Sed si est genitum; vel genitum ex eo quod est, vel ex eo quod non est: sed neque fieri potest, vt ex eo quod non est, fiat aliquid, nec aliud quidem nihil quod est, multò autem magis id quod est absolutè: neque ex eo quod est; ita enim illud fuerit id, quod est, non autem fiet, aut gignetur. Non gignitur ergo id quod est; est ergo semper id quod est. Neque interibit id quod est; neque enim fieri potest, vt id quod est, mutetur in id quod non est, neque in id, quod est: ita enim manserit, & non interierit. Non ergo genitum est id quod est, neque interierit; semper ergo fuit, & erit. Sed quoniam quod genitum est, habet principium; quod non genitum est, non habet principium. Id autem quod est non genitum, non habuerit ergo principium. Præterea quod interit, habet finem; si quid autem est, quod non possit interire, finem non habet. Quod autem non habet principium, neque finem, est infinitum; est ergo id quod est, infinitum; si autem infinitum, vnum est; si enim duo fuerint, fieri non poterit vt sint infinita, sed inter se fines habuerint. Infinitum autem est id quod est. Non sunt ergo plura quæ sunt. Vnum est ergo id quod est. Atqui si vnum est, est immobile. Id enim quod est, est sibiipsi semper simile; quod est autem simile, neque perierit, neque maius euaserit, neque in alium ornatum conuerti poterit;*

Melissus.

ANACEPHALÆOSIS TOTIVS OPERIS.

terit, neque vllo dolore aut molestiâ afficietur. Si quid enim horum in eum caderet, nequaquam vnum esset. Quod enim aliquo motu mouetur, ex aliquo & in aliquid aliud mutatur. Nihil autem erat aliud præter id quod est, id ergo non mouebitur, cùm præsertim nihil sit vacuum eo quod est: non mouetur igitur id quod est, secedere enim non potest, cùm nusquam sit quod est vacuum. Vacuum autem nihil est. &c.

Vniuersam profectò Hebræorum & Christianorum Theologiam in his licuit agnoscere. Deum enim appellat Melissus, sicuti & Præceptor eius Parmenides; id quod est, secutus non tantùm Moysem Exodi tertio, verùm etiam & Trismegistum in Asclepio cùm dixit; *Solus Deus est, & meritò solus ipse in se, & à se, & circum se totus, plenus atque perfectus. Isque sua forma stabilitus est, nec alicuius impulsu, nec loco moueri potest, cùm in eo sint omnia, & in omnibus ipse sit solus.* Sic ille. Hac de causa Melissus id quod est, principio & fine carere asseruit, quia ingenitum & à se est. Quod si ingenitum, & nunquam interiturum sit, infinitum meritò dicitur: si infinitum, vnum; neque enim duo, vel plura potuerunt esse infinita, cùm inter se fines habeant: & si infinitum, immobile & sibi semper simile, non diuisum, non fluens, non distinctum, sed totum simul, semper idem, semper plenum, semper perfectum; non igitur mouetur, quia ex aliquo in aliud non mutatur, nec de loco transit in locum, cùm impleat omnia, contineat omnia, ad omnia se extendens: vt enim dicebat Trismegistus. *Extra Deum nihil; extra nihil Deus.*

Hæc est illa altissima Melissi Theologia de Deo, quam reprehendit Aristoteles, eam deducens ad Physica. Hoc est illud Ens vnum, quod & Plato quoque tradidit in Parmenide, eius excellentiam celebrans. Hoc etiam est illud vnum, quod Aristoteles, parum sibi constans, in opere quod dicitur Metaphysica, adeo celebrauit exclamans, Deos plures esse non posse, & necesse esse vnum esse Deum. *Multorum,* inquit, *haud bonus est principatus, nolunt enim Entia malè disponi. Vnus ergo sit Princeps, vnus sit Rex.* Hoc idem est Ens illud vnum, cuius Intelligere & Intellectus idem est cum re quæ intelligentiâ percipitur, sicut dixit Parmenides, & à quo illud ipsum mutuatus est Aristoteles tertio de Anima tex. 19. Hoc est illud Ens vnum Parmenidis intransmutabile, simplex, purum, sincerum, & quod nullius eget, à quo mutuatus Aristoteles 1. de Cœlo tex. 100. scripsit, *Diuinum ipsum intransmutabile esse necesse est omne primum, ac maximè summum; neque enim habet prauitatem vllam; neque indigens suorum bonorum vllo est.*

Sed & Plato in Parmenide hæc eadem ab horum Theologorum fontibus hausta confirmauit, vt vel ex his agnoscas altissimè hos Viros de Deitate locutos. In eo enim Dialogo, in quo de vno edisserit Plato, similia profectò docet, quæ Parmenides & Melissus de Deitate statuerunt. Hæc autem hinc inde per Dialogum illum sparsa sic in vnum collecta sonant ex Camperio libro tertio de Platonica Philosophia cap. primo. *Vnum ipsum* (inquit Plato) *non multa est, nec partem, nec totum, nec principium, nec finem, nec medium habet, infinitum, informeque est, nullo loco circumscribitur,*

bitur, nusquam permanet, nullo siue loci, siue alterationis motu mouetur, nec vllo modo fit, nec sibi alterius idem aut diuersum est, nec simile aut dissimile, nec æquale aut inæquale, nec antiquum aut nouum, nec in tempore vllo, sed omnino sine tempore, quamobrem nec generatum, nec generatur, nec erat vnquam, nec modo factum est, nec sit, nec est, nec post fiet, nec generabitur, nec erit, nec substantiæ particeps seu Princeps est. Ista enim verba, erat, fiebat, generatum est, præteritum tempus significant; erit autem, & fiet, & generabitur, futurum; est verò, & generatur, & fit, præsens. Quod autem nulli subiacet tempori, id nec erat, nec est, nec erit. Ex quo fit, vt nullum etiam nomen ei inditum sit, nulla definitio detur, nulla scientia, nec dicitur, nec cogitatur, nec cognoscitur, nec ab aliquo ente sentitur. Hæc Platonis verba sunt in Parmenide, licet ex multis pauca collecta.

Plotini de Deo sententia.   Sed & Plotinus libro quinto Enneadis 6. hoc ipsum multis confirmauit, probans quòd Ens vnum idemque existens simul sit vbique totum. Quæ profectò à Parmenide & Melisso deprompta, Plato primus accepit, atq; ipse postmodum tanquam à Theologicis fontibus haustâ propalauit. Multis etiam ibi probat, omnia vnum esse, vt Parmenides Melissusque dicebant, non quidem indiuidualis essentiæ vnitate; id enim nullus dixisset; sed quia omnia sint in vno tanquam in idea, & ab vno tanquam à principio effluant, & ad vnum tanquam ad finem naturali quadam desiderij inclinatione reducantur & confluant. Plura ibi de his, quæ altissimæ huic Theologiæ consona, reperies, quam Parmenides & Melissus tradiderunt.

Delphici templi inscriptio.   Templum Delphicum, Plutarcho teste, hanc inscriptionem præferebat, Εἰ: id est, Es; in quod ingredientes Deum salutantes dicebant εἶ, id est, Tu es; quasi dicerent, Tu solus vnum es, in quo nihil prius est, nihil posterius, nihil futurum, nihil præteritum, nihil antiquius, nihil recentius; sed vnum cùm sis & verum Ens, in vnico nunc sempiternam imples durationem, & huius ratione quod esse dicitur, verè es, non futurum, non præteritum, neque ortum, neque desiturum. Quibus omnibus Orthodoxi Scriptores consentiunt.

Non sine causa itaque Ægyptij incomprehensam Dei naturam expressuri Sigalionem pingebant puerum digito silentium suadentem, quo innueretur, Deum incomprehensum non tam curiosâ inuestigatione, quàm sacro silentio colendum & adorandum. Verùm qui hæc omnia luculentiùs cognoscere desiderat, is adeat Sphyngem Mystagogam, Arithmeticam, & Geometriam, vti & Musicam, & Theologiam hieroglyphicam, vbi omnia de Deo, de bonitate, prouidentia eius, & quomodo ab vno igne omnia, quomodo in creaturas influat, amplissimè iuxta mentem Veterum hieroglyphicè descripta reperiet. Quæcunque enim dicti Authores de diuina natura fusè tradiderunt, illa omnia ex columnis Mercurij processisse is solus nescire poterit, qui interpretationes hoc Opere allatas non penetrauerit.

Con-

ANACEPHALÆOSIS TOTIVS OPERIS.

Consectarium.

EX dictis patent Illationes illæ sequentes. Si Deus bonum, vnum, principium & primum est, ergo ante primum nihil, post primum omnia, à principio omnia, à bono omnia, à supremo triuno Numine omnia: ab vno vnitas primæua, ab vnitate primùm vnitates omnes, ab vnitatibus essentiæ, ab essentijs vitæ, à vitis mentes, à mentibus animi, ab animis naturæ, à naturis qualitates, à qualitatibus formæ, à formis corpora; hæc omnia in Mundana hac vniuersi domo continentur; per quæ quidem omnia à primo ad vltimum descensus, & ex vltimo ad primum ad Deum ascensus reditusque paratur. Ecce totius Ægyptiacæ Philosophiæ compendium.

Theologiæ Ægyptiorum compendium

§ II.

De triuno principio Aegyptiorum dogmate.

ÆGyptios triunum rerum omnium principium credidisse, quod & triforme Numen vocant, è Suida passim ostendimus, quod & globo alato Serpente fœto hieroglyphicôs exprimebant. Hoc dogma omnes ferè Pythagoricæ & Platonicæ Scholæ sectatores amplexati sunt. Quo modo autem triunum in vno cognouerint, aperiam.

Triunum Deum Ægyptij cognouerunt.

Ex Hermeticis fragmentis colligitur, à principio, ab vno, à Deo facta esse omnia; sine principio enim factum est nihil; principium autem ex nullo, nisi ex seipso; at principium, vt demonstratum est, vnum ipsum est, vnum quoque & μονὰς apud eundem Hermetem idem sunt, ἡ γὰρ μονὰς πάντων ἔςα ἀρχὴ, καὶ ῥίζα, ἐν πᾶσιν ἐςί. *Est enim Monas omnium principium, & radix in omnibus existens*. Monas ergo cùm principium sit, omnem numerum continet, à nullo contenta; omnem numerum generat, à nullo alio numero genita. Vnde non sine ratione ab Hermete μονὰς πατρικὴ, *Monas paterna* dicitur; si paterna est, ergo generat; at quid? id nimirum, quod post ipsum primum est natura, duo videlicet. Duo ergo ante omnia generat Monas. Ταθαὴ ἐςὶ μονὰς, ἡ δύο γεννᾷ, *protensa est Monas, quæ duo generat*, dicit Zoroaster; quam & dyadem nominat apud Patrem sedentem, δύας γὰ ὦρα τῷ κάθη, *Dyas verò apud hunc sedet*; Monas itaque dyadi iuncta triadem constituit, quam vbique fulgere docet, παντὶ γὰ ἐν κόσμῳ λάμπᾳ τριάς, ἧς μονὰς ἀρχὴ, *Toto enim Mundo trias fulget; cuius Monas Princeps est*. Tota autem hæc Monas iuxta eos tria principia euadit (quia tria hæc vnum principium sunt: quæ Mundo dominantur, vt omnia eis seruiant: ἀρχαῖς γὰ ἐςὶ τ᾽ δὲ λάβεις δῳδ᾽λων ἅπαντα, tribus enim hisce principijs, accipias, seruire omnia. Hinc Monadem illam sæpe patrem vocat, & primum principium, secundum verò πατρικὸν νόον αὐτογένεθλον

Monas omnium principium & radix quomodo.

Dyadem generat Monas.

Zoroaster. Zoroastri de Trinitate sententia.

po-

CAP. I. 576 OEDIPI AEGYPT. THEAT. HIEROGL.

potentiam patris nominat, his verbis, ὁ δ' ἐν τῇ δυνάμει κλήσας ἴδιον πῦρ. *Neque in sua potentia clausit proprium ignem.* Tertium verò principium Mentem secundam vocat, πάντα γὸ ἐξετέλεσε πατὴρ, καὶ νῷ παρέδωκε δευτέρῳ. *Omnia perfecit Pater, & Menti tradidit secundæ.* Mentem vocat secundam, quia illa αὐτογένεθλος. per se & ex se genita est prima, estque terminus fundi paterni, ita tamen vt maneat in fundo paterno, μήτε περιῆλθεν ἀλλ' ἔμεινεν ἐν τῷ πατρικῷ βυθῷ· Hanc præterea αὐτεργὸν καὶ τῆς συνέσεως τεχνίτην κόσμου, καὶ τῆς νοῦ νόον. *Ex se ipso operantem, Mundi artificem, Mentem Mentis vocat.* Trismegistus

Trismegisti de Trinitate sententia.

verò πάντων τὸν κύριον, καὶ Θεὸν, καὶ ἄγγελον, καὶ ζωὴν, καὶ δύναμιν, καὶ φῶς, καὶ νοῦν, καὶ πνεῦμα, vocat, & in vnitate trinum his verbis asserit: *Vna sola lux fuit intellectualis ante lucem intellectualem, & fuit semper Mens Mentis lucida: & nihil aliud fuit huius vnio, quàm Spiritus omnia connectens, semper in se existens,* ἀεὶ τὸν ἑαυτὸν νῷ, καὶ φωτὶ, καὶ πνεύματι πάντα περιέχων· *Semper sua Mente, & luce, & spiritu cuncta continens.* Vbi sanè per mentem, lucem, spiritum nihil aliud innuere videtur, nisi Patrem, Filium, & Spiritum sanctum. Et hoc ita eum sentire, expressè docet citato loco. *Ex mente,* inquit, *prima lucidum Verbum Filius Dei, idem cum Patre,* ἢ γὸ δύσανται ἀπ' ἀλλήλων· ἕνωσις γὸ τούτων ἡ ζωή. *Neque enim distant à se inuicem, sed vnio eorum est vita,* & alibi quoque eam τοῦ δημιουργῷ ὁμοούσιον, id est, Patri consubstantialem dixit. Mentem verò

Trismegisti de Mundi creatione sententia.

cum Verbo septem condidisse, ait, Rectores, qui sensibilem Mundum circulis continent. Ὁ γὸ λόγος αὐτῆς προῆλθον παντελῶς ὢν καὶ γόνιμος, καὶ δημιουργὸς ἐς γονίμου φύσεως ζῶν, καὶ γονίμῳ ὕδατι, ἔγκυον τὸ ὕδωρ ἐποίησε. *Verbum enim ex eo procedens perfectissimū existens, in fœcundam naturam decidens, generatuam aquam grauidam fecit.* Τὸν πάντα κόζμον ἐποίησεν ὁ δημιουργὸς ὁ πατὴρ, ἢ χέρσιν, ἀλλὰ λόγῳ. *Vniuersum fecit Mundum Conditor Pater, non manibus, sed verbo.* Atque hæc sunt vetustissima omnium sacræ Theologiæ dogmata, à Zoroastre & Hermete (quos nos tamen in Obelisco Pamphilio confudimus) Mundo primæuo propalata; vt proinde hanc doctrinam non immeritò Proclus

Proclus.

Θεοπαράδοτον, καὶ θεόδοτον, *à Deo traditam & datam* asserat. Hanc SS. Patres nullo non tempore veluti ab hominibus diuino spiritu afflatis eructatam admirati sunt. Orpheus deinde huius doctrinæ illustratus splendore, &

Orphei & Platonis de Trinitate sententia.

is triadem hanc agnouit, quam Phanetam, Vranum, Cronum, vnum Numen tribus distinctum nominibus, asserit; Plato verò tres Reges appellauit, & Theologia Ægyptiaca, à Platone oretenus tradita, ab Aristotele

Aristoteles.

propalata, his verbis dicta confirmat. *Ideo nos asserimus, quòd Deus creauit Intellectum primum, & constituit eum Procreatorem aliarum rerum; creauit autem eum medio Verbo; quomodo? neque enim inter Deum & Intellectum aliud medium intercedit nisi Verbum, quod & fuit coagens Intellectus.* Atque ex hisce Authoribus plerique Platonici sequentium sententiarum

Platonicorum de Trinitate sententia.

suorum de tribus principijs tractatuum occasionem sumpserunt; vti Porphyrius, Plotinus, Iamblichus, Proclus, Syrianus, & Damascius; in quibus tametsi inter se in tribus hisce principijs dissenserunt, omnes tamen in hoc consensisse videntur, quòd hæc tria rerum omnium, & Mundi totius facerent principia seu tres substantias conditrices.

Sed

ANACEPHALÆOSIS TOTIVS OPERIS. 577 CAP. I.

Sed quomodo primi isti Theosophi ad tantam ingenij illustrationem prouecti fuerint, meritò cuipiam mirum videri posset. Sed qui nostra passim in hoc Opere tradita legerit, is facilè à concepto dubio liberabitur. Cùm enim Hermetem è Chananæa stirpe, & Abrahamo σύζχρνον passim demonstrauerimus, fieri non potuit, quin multa curiosum & omniscium ingenium, ab ijs de vera & recta Theologia, quam oretenus à protoplasto profectam, & continuâ successione vsque ad Noëmum deriuatam habebant (inter quæ diuinæ reuelationis sacramenta non infimum erat, Sacrosanctæ Triadis mysterium) expiscatus fuerit: quæ deinde varijs symbolorum inuolucris vestita, posteris tradiderit. Triunum hoc Sacrosanctæ Triadis Numen omnes Veteres Philosophi, insuperabilem, incomprehensibilem, semper & vbique existentem, æternam, infinitam potentiam & mentem dixerunt, Ægyptios secuti. Insuperabilis potentia est, quia infinita virtute pollet, ideòq;comprehendi non potest. vbique & semper existit,qui omnia implet infinitâ suâ existentiâ.Hinc Orpheus,*Qui omnes Mundi partes contines, generationis expers*; & Virgilius, *Iouis omnia plena*. Cùm itaque omnia vi suâ impleat; omnibusque insit, vitam motumque præbendo singulis Mundi corporibus; hinc non sine ratione Dionysius eundem κόζμον, ἐπικόζμον, ὑπερκόζμον, ὑπερκόζμον, ὑπερκόζμον, ὑπερκόζμον, Mundanum, circamundanum,supramundinum, supercœlestem, *& supersubstantialem* vocat; quem & Astrum, Solem, Ignem, Aquam, Spiritum, Rorem, Nubem, Lapidem,omnia existentia, & nihil existentium appellat, & sic omnia implens, omnia circumsonare facit. Quod idem & Ægyptij senserunt.

Triunum Sanctæ Triadis Numen, quale secundùm Aegyptios.

Dionysius Areopagita.

Quomodo verò Deus Optimus Maximus in triplicem Mundum, Angelicum, Sidereum, & Hylæum, per concatenationem Numinum euoluatur; quomodo eadem, & quibus cœremonijs singula catenarum Mundialium Numina allicienda sint; quibus ritibus ac sacrificijs, si quandoque irata fuerint, placanda sint; ex omnigena Orientalium tùm Theologorum, Philosophorumque, tum Poëtarum eruditione passim toto hoc Opere declaratum est.

Cùm itaque hieroglyphicæ doctrinæ institutores alium scopum & intentionem non habuerint, nisi per occultum hunc sacrorum symbolorum contextum, ad supremum Numen, mundialesque Intelligentiarum catenas analogum, id efficere, vt diuinitatis Geniorumque eidem connexorum influxum per ritus & sacrificia simillima, non in publicum duntaxat, sed & priuatum bonum deriuarent, atque adeo hæc totius Sapientiæ Ægyptiacæ, id est, hieroglyphicæ doctrinæ summa omnium consensu fuerit, eamque nos in hoc Opere exposuerimus, vti ex innumeris authoritatibus constat; certum est, hanc nostram interpretationem veram & genuinam esse, neque ab intentione Hieromantarum diuersam.

Dddd 2 I. *Ex-*

I.

Expiatio Mentium apud Aegyptios ad diuinorum influxuum receptionem necessaria.

<small>Animi purgandi cura apud Aegyptios.</small>

Quoniam verò finem propositum, quæ Θεομόρφωσις seu Θεολήψια erat, quâ Deo penitus se conformatos, bonorum omnium scientiarumque felicitate beari credebant, sine castis & religiosis actionibus, bonorumque operum exercitio, nullâ ratione se consequi posse nôrant; hinc tanto studio ijs incubuerunt, quanto nullam aliam Nationem fecisse legimus. Verùm hæc omnia ex varia eruditione probemus, eo ordine, quo ea Pansa, non ignobilis Author, retulit.

<small>Pansa.</small>

Cœterùm purgandum esse à vitijs animum, vt similis Deo quis efficiatur, prisci omnes monent Sapientes. Sic enim diuinorum nobis innotescet cognitio. Extat Lysidis Pythagorei epistola ad Hipparchum de purgatione ante Philosophiam necessaria, quâ docet omnia vitia ab animis expellenda, vt quis veram nanciscatur humanarum diuinarumque rerum cognitionem. Plato certè existimauit necessariam esse successiuam & continuatam quandam animi purgationem, antequam ad altissima philosophiæ admittamur mysteria: quod in principio Septimi de Republica docuit, dum homines in tenebrosa specu nutritos ad splendidissimum Solis iubar aspiciendum protrahere volebat. Clariùs autem in Sophista vniuersam hanc purgationem declarauit atque distinxit, vbi purgationem hanc nihil aliud esse demonstrauit, quàm quod prauum est, ab animo eijcere, reliquum verò seruare; discurritque ibidem, quomodo duæ sint prauitatis species in anima, Improbitas scilicet & Ignorantia, quibus animi impediuntur, nè ad altissimarum rerum cognitionem ascendant. Primus autem omnium id Trismegistus asseruit, dum in primo sermone Pimandri interrogatus, quo pacto quis ad vitam possit ascendere, respondit, id fieri posse, cùm homo mentis particeps seipsum animaduerterit: neque enim omnibus esse mentem, sed ijs tantùm, qui pij, boni, puri, religiosi, sanctique sunt, quique concedunt corpus morti suæ, sensuum illecebras fastidientes, lethifera putantes sensuum lenocinia, aditum turpibus blanditijs intercludentes, libidinumque fomites extinguentes; contra verò abesse ab ignaris, inuidis, improbis, ignauis, iniquis, homicidis, & impijs, & ab eis procul admodum habitare.

<small>Animi purgatio necessaria ante Dei illuminationem.</small>

Quibus ex verbis habemus clarissimè, ante Dei illuminationem, necessariam esse animi purgationem quandam, quæ ab affectu in Deum directo, exordium sumere solet. siquidem apud Platonem quinto de Repub. Philosophia nihil aliud, quàm ipsum Deum meditatur; nec enim in alijs, quàm in ipsius Boni, Verique scientia Philosophia versari debet, cùm sit ipsa Dei donum, vt Plato ait in Timæo.

I I.

Silentium necessarium.

COnsistit autem hæc animorum purgatio non solùm in vitiorum ab animis expulsione, verùm etiam in conuenienti mysteriorum taciturnitate. Secreta enim Philosophiæ non omnibus sunt diuulganda. Vulgarium etenim animarum oculi nequeunt radios diuinitatis sufferre, vt dicebat Melissus. Ob id Pythagoras æquè impios & iniustos putabat, qui Sapientiæ dona ijs, qui nè per somnium quidem mundati purgatiq; essent animis, communia fecissent, illos quoque qui Eleusinæ Deæ mysteria prophanis exposuissent. Non enim fas est quibusuis offerre, quæ tantis laboribus comparata seruantur. Quod & Christus Dominus docuit dicens, non esse dandum Sanctum Canibus, nec proijciendas Margaritas ante Porcos, Matthæi 7. Hanc ob causam Hipparchum Pythagoricum ferunt accusatum, & expulsum ex Schola, & propter ipsum tanquam propter mortuum factam esse columnam, quòd apertè scripsisset decreta Pythagoræ, quæ ipse semper celauerat, vt testis est Clemens lib. 5 Stromatum, & Nazianzenus in epistola ad Nissenum, nec non Cantherus libro primo variarum lectionum cap. 12. Quin etiam & Plato in epistola secunda ad Dionysium idem asseuerat, quo in loco de non vulganda omnibus Sapientia, & de habenda animi purgatione luculenter edisserit. Ait enim *inuestigationem diuinorum non rectè factam, id est, non debitis tùm purgationis, tùm disciplinarum gradibus instructam, malorum omnium esse causam, quod videlicet qui sic inuestigant Deum, tandem eò perueniant, vt vel negent Deum esse, vel de Deo affirment, quæ non sunt Dei.* Sic ille. Hac de causa Pythagoras, quem Plato in omnibus veneratur, sacra doctrinarum mysteria ab exactissima mentis expiatione exordiebatur, & Plato similiter præcipit, nè arcana efferantur in vulgum, nè vulgus accepta peruersè vel contemnat, vel incidat in errores. Arcana autem Deitatis tutiùs ibidem censet verbis committenda quàm literis, literæ namque cuiuis communia faciunt. Quibus verbis Plato antiquam Iudæorum consuetudinem secutus videtur, qui mysticum legis sensum ab ipso Deo per Moysem non tam literis traditum, quàm animis commendatum asseuerant. Pythagorici certè id obseruabant, & Pythagoras ipse publicè vetuit philosophari, vt Author est Lysias in epistola ad Hipparchum. Quinimò Damæ filiæ suæ propositis monumentis, ea cuipiam extra familiam tradere vetuit. Illa verò cùm multis pecunijs vendere huiuscemodi libros posset, noluit, sed egestatem & parentis mandatum auro potius esse & antiquius iudicauit. Aiunt autem eandem morituram Bistaliæ filiæ suæ hoc idem præceptum dedisse, atque id omne, nè Deitatis mysteria omnibus communia fierent.

Animi purgatio in quo consistat.

Mysteria diuina sunt celanda.

Clemens. Nazianzen. Cantherus. Plato.

III. *Mo-*

III.

Modus & ratio in purgatione seruanda.

Animus quo-
modo purgan-
dus.
Trismegistus.

Verùm nunc quomodo purgandus sit animus, disseramus, vt diuinorum nobis innotescat cognitio. Audiendus itaque imprimis est Trismegistus in 7. Serm. Pimandri, dum in hunc modum loquitur. *Imprimis autem oportet* (inquit) *vestem, quam circumfers exuere, quod est indumentū inscitiæ, prauitatis fundomentum, corruptionis vinculum, velamen opacum, viuam mortem, sensitiuum cadauer, sepulchrum circumuectile, domesticum denique furem; qui, dum blanditur, odit; dum odit, inuidet. Huiuscemodi est quod circumfertis vmbraculum inimicum. Ad se ipsum te d orsum raptat, nè forte conspiciens veritatis decorem ac proximum bonum; huius oderis prauitatem, nè huius insidias, quas in te assiduè machinatur, aliquando persentias. Hoc aciem interiorum sensuum hebetat atque obtundit, crass. illam materia suffocat, abominab:li fastidiosaque inebriat voluptate, ne audias vnquam, neue perspicias ea, quæ iure & audienda sunt, & imprimis inspicienda*. Sic ille. Exuere igitur oportet veterem hominem, deponereque corporis sensualitatem, vt quis purgatus animo diuina valeat intueri; sed nec ista sufficiunt, attollendus est in Deum animus, atque vt ita dixerim, deificandus, vt quis Deum intelligere valeat. Ob id rursus in secunda parte Pymandri Serm. 1. sic exclamat Trismegistus. *Nisi*, inquit, *te Deo æquaueris, Deum nunquam intelliges. Nam simile semper à suo simili cognoscitur.*

Trismegistus.

Sic ille. Quid est autem Deo se æquare, nisi Deo inhærere, & vnum cum Deo fieri? *Qui adhæret Deo*, inquit Paulus, *vnus spiritus sit cum Deo*. 1.Corint.6. Adhæremus autem Deo maximè per animi rectitudinem, non vt Stoici voluerunt, & præsertim Chrysippus, qui in lib. de Natura voluit nullum Sapientem à Ioue superari, atque ob id rectitudinem, quâ vir bonus operatur, Dei æqualitatem existimans, sed vt per gratiam Deo coniunctus ea faciat, quæ Deus iubeat, quæue fieri iudicet & exoptet. Pythagoras autem adæquationem hanc traxit ad transmutationem in Deum, dum sic in aureis suis Carminibus cecinit.

Mortificatio-
nis studio pur-
gatur animus.

Pythagoras.

Cùm autem relicto corpore ad æthera liber iueris,
Eris immortalis Deus incorruptibilis, non autem mortalis.

Hoc autem sumpsit a Trismegisto, qui in primo Serm. Pymandri sic scriptum reliquit. *Atque*, inquit, *id est, summum bonum eorum, quibus cognoscendi sors competit, Deum scilicet fieri*. Exuendus igitur à corpore animus, non per veram separationem, sed per voluptatum sensibilium mortificationem, vt diuina quis valeat intelligere: & vt in Deum possit transmutari, deificandus est animus, hoc est reddendus Deo quàm simillimus; vnde & Zoroaster in Oraculo dixit. *Homo quodammodo Deum trahit in seipsum, quando nihil retinens mortale, totus diuinis haustibus ebriatur.*

Tran-

ANACEPHALÆOSIS TOTIVS OPERIS. 581 CAP. I.

Transit igitur in Deum homo per separationem à carnis illecebris, transit etiam & per fidem, iuxta Ioannis Theologiam, *Dedit eis potestatem filios Dei fieri, his qui credunt in nomine eius,* Ioan. 1. Vnde & hi filij Dei dicuntur per adoptionem, iuxta illud ad Romanos 8. *In quo clamamus Abba pater.* Pulchrè autem id Mercurius edisserit in 2. par. Pymandri Serm. 1. vbi de hac adæquatione cum Deo verba faciens sic loquitur. *Extende te ipsum in magnitudinem sine termino, emerge ex corpore, totum supergredere tempus, æternitas esto. Sic Deum denique noueris.* Quo in loco non solùm animi purgationem insinuat, verùm etiam & realem animi separationem à corpore, quam Græci extasim, Hebræi verò osculum mortis appellant. Sequitur autem purgatio hæc secunda priorem. Verùm quod attinet ad vitia deponenda, animumque in altissima subleuandum, audi quomodo id Mercurius expresserit in decimo Serm. Pymandri. *Impossibile ò fili,* inquit, *animam hominis in corporis fæce iacentem diuinam assumere formam, neque licet etiam Dei pulchritudinem intueri, nisi quis inde in Deum fuerit reformatus.* Vide quomodo à corporis fæce resurgendum asserat, & in Deum hominem reformare iubeat, vt diuina valeat intelligere. Zoroaster animi expulsores aduocandos voluit in Oraculis, vt quis diuinam assumere formam possit; sic enim scripsit. *Animi expulsores aduoca.* Quod dictum est, quia cùm duo præcipuè animi morbi sint, ignorantia videlicet, & malitia seu improbitas, quod in Sophista docuit Plato; duo quoque requiruntur expulsores, aut Medici constantes, doctrina videlicet atque vitæ puritas; doctrina autem non omnis, sed cœlestis & diuina, qua accedente DEI in nos descendit cognitio, propulsatâ ignorantiâ. Hæc maximè consistit in Fide, nam diuina nisi credantur, non intelliguntur.

Trismegistus.

Zoroaster.

Animi expulsores duo requiruntur ad purgandum ipsum.

Et nè quis in hac expositione eum existimet somniare, audiendus est etiam Proclus qui hæc ita confirmat. *His qui ad summum bonum peruenire cupiunt, non scientiâ & exercitatione ingenij opus est, sed animi firmitate, quiete & tranquillitate, quæ quidem diuina Fides est, quæ nos ad summum bonum diuinaque omnia, ineffabili ratione trahit atque coniungit. Profectò non per scientiam aut actionem vllam ingenij exquirere summum bonum, aut ad ipsum aspirare debemus, sed offerre commendareque nos diuinæ luci, & præclusis sensibus in illa cognita & occulta Entium Vnitate quiescere. Hoc enim fidei genus omni doctrinâ antiquius est.* Hæc Proclus altissimè de fide ad Deum cognoscendum necessaria scripsit, vt proinde multi à S. Paulo eruditum, vtpote ei synchronû, opinentur, verùm idipsum veriùs accepit à Trismeg. qui in nono Serm. Pymandri, Fidem volenti Deum intelligere necessariam docet, non secùs ac Paulus, qui captiuandum in fide intellectum voluit; sic enim habet Mercurius. *Intelligere enim Deum, credere est; & non credere, procul dubio ignorare.* & paulò inferiùs. *Nam quæ de diuinis dicuntur, intellecta creduntur quidem, non intellecta negantur.* Plato certè in Theæteto fugiendum à Mundo in Cœlum docuit, vt Deo quis simillimus euadat; sic autem habet. *Quippe tentandum est, vt hinc eò quàm ocyssimè fugiamus,* & seipsum, quid per fugam intelligat, declarans, subdit.

Proclus.

Trismegisti de credendo sententia.

Plato.

Fuga è Mundo quid secundùm Platonem.

dit. *Est autem fuga ipsa Dei similitudo, quantum in nobis est: similitudo autem, vt cum prudentia sancti & iusti simus*. Hæc est altissima Platonis Theologia de præparatione ad intelligendum Deum, & ea quæ Dei sunt, necessaria, scilicet vt iusti & sancti simus; & in sexto de Repub. dixit, *Hominem reddi Deo similem, cùm diuina imitatur*. Hinc Deo similem dixit hominem temperatum, intemperatum verò dissimilem in suo de legibus libro. Quo factum est, vt Theodoretus lib. Græcarum affection. 11. dixerit, finem bonorum statuisse Platonem, vt quantum in nobis sit, Dei similitudinem acquireremus, sic enim Deum poterimus intelligere.

IV.

Crater purgationi necessarius.

Trismegisti locus enodatur.

POstquam autèm in id incidimus, enodandus est Mercurij locus in quarto serm. Pymandri, quem in Timæo secutus est Plato. Scribit enim ibi Mercurius, *Deum sermonem quidem omnibus hominibus fuisse impartitum, Mentem verò nequaquam, non quia inuiderit, omnis enim ab eo liuor abest, sed quia voluit eam tanquam certamen præmiumque animarum in medio proponere. Craterem igitur patulum Mente implens, præconem misit iubens talia quædam animis hominum nuntiare: Mergat seipsam in hanc pateram quæcunque potest, quæ videlicet credit craterem animam ad eum, qui dimiserat reducturum; quæue finem noscit, cuius gratiâ nata fuerit. Quicunque igitur præconium exaudierunt, seque merserunt in Mentem, ij cognitionis participes effecti sunt, Mentemque suscipientes in homines perfectos euasère. At qui præconium neglexerunt, ij sermonis quidem participes, Mentis autem expertes relicti sunt, ignorantes, & cuius gratiâ, & à quo geniti fuerint*. Sic ille. Sublimis hæc est Mercurij Theologia & omni speculatione dignissima. Etenim Mentem nominat radium diuinum, quo præter rationalem discursum à quo sermo prouenit, illustrantur homines, de quo Ioannes ait cap. 1. *Erat lux vera quæ illuminat omnem hominem*. Aristoteles 3. de anima vocat Intellectum agentem. Plotinus verò Intellectum simpliciter, & ante hos Dauid lumen, cùm dixit Psalmo 35. *In lumine tuo videbimus lumen*. Pythagoras eodem similiter luminis nomine nuncupauit. Augustinus verò vocat portionem superiorem. Hebræi Nessemah, vel spiraculum vitarum. Hæc igitur Mens, radius seu lux non data est omnibus, licet vt Mercurius edisserit 4. serm. Pymandri, vna habitet cum animis hominum mente carentibus, nam etsi omnibus insit, non tamen ab omnibus deprehenditur, vt cap. 9. de Pulchro Plotinus testatur, vbi eam vocat oculum, dicens: *Quem oculum habent quidem omnes, vtuntur verò pauci*. Quod Ioannes ante dixerat capite primo. *Et lux in tenebris lucet, & tenebræ eam non comprehenderunt*. Vocatur & à Christo Regnum Dei, quod nihil aliud est, nisi habitatio diuinitatis in nobis, per lumen & amorem Dei nobis reuelatum. Quod profectò lumen cùm Christus nobis attulerit, non immeritò de se
ipso

ipso loquens dixit Ioannis 17. *Regnum Dei intra vos est*. Quod quidem Regnum ante omnia quærendum esse idem monuit dicens Matthæi 6. *Quærite primùm Regnum Dei, & hæc omnia adijcientur vobis*; Lumen autem istud vocatur Regnum, quia diuinum illud, quod in nobis habitat, à loco venit, qui apud secretiores Theologos Hebraicè dicitur Malchùt, quod Regnum significat, nam per virtutem in nobis habitantis Deitatis Reges sumus, & omnibus dominari & imperare possumus, iuxta illud Lucæ 9. *Ecce dedi vobis* (per communicationem videlicet diuinitatis) *potestatem calcandi super Serpentes & Scorpiones, & super omnem virtutem inimici*. Vocatur etiam vita æterna, iuxta illud: *Hæc est vita æterna, vt cognoscant te Deum, & quem misisti IESVM Christum*, Ioan. 17. Cognitio ergo Deitatis Mens est, seu lumen diuinum, lux inquam, quâ omnes homines illuminantur; vnde Dauid; *Signatum est super nos lumen vultus tui Domine*. Hâc igitur Mente seu Lumine Craterem patulum impleuit Deus, inquit Mercurius, præconemque misit, vt animis nunciaret sese in illum mergerent, vt sic & Mentem & Sapientiam nanciscerentur. Est autem Crater patulus, affluens & superabundans diuinarum humanarumq; rerum cognitio, quem in Verbo condidit Pater, *in quo* (vt inquit Paulus) *sunt omnes thesauri scientiæ* & sapientiæ Dei. Præco autem clamans ille nobis innatus est appetitus & cupiditas sciendi, de qua dictum est ab Aristotele 1. Metaphys. Omnes homines naturâ scire desiderant, vel est Veritas ipsa, quæ sola est pabulum animæ, incredibili quâdam iucunditate refertum; vel est synderesis hortans & impellens ad bonum. Quicunque igitur se in Cratere immerserunt, Mentem consecuti Deum cognouerunt. In hoc igitur Cratere immergendus & abluendus est animus, vt ad diuina valeat peruenire. Et vt apertè & detecto velamine loquar, Crater Mentis plenus, est Filij cognitio, per quem solum ad Patrem ascendimus; *Nemo enim nouit Patrem nisi Filius, & cui voluerit Filius reuelare*; & rursus: *Nemo venit ad Patrem, nisi per me*, Ioann. 14. Hunc igitur priùs cognoscendum, ad hunc animum priùs applicandum monet Mercurius, vt cœtera, quæ de Deo sunt, valeamus intelligere. Hoc enim Verbum Dei, Dei Nuncius & Interpres non aliam ob causam venit in Mundum, nisi vt nomen Patris manifestaret hominibus. Hic potest animam reducere, vnde venit, vt Mercurius edisserit.

Malchùt quid

Constat autem Mundus duobus Crateribus, vt prisci monent Sapientes, quorum vnus superior est, in quo omnia munda sunt, estque Mundus ille intelligibilis & exemplaris, ad cuius similitudinem factû hunc Mundum sensibilem testatur Plato in Timæo, de quo dixit Christus Ioann. 8. *Regnum meum non est de hoc Mundo*. Regnum suum illius Mundi superioris affirmans, quod alibi vocat Regnum amicis præparatum. Crater alius est inferior, rerum sensibilium cognitione plenissimus, de quo qui plùs bibunt, plùs sitiunt, & in quo omnia immunda sunt, veluti bona malis admixta. Qui igitur ex primo Cratere biberit, ad quem inuitat Mercurius, *fiet in eo fons aquæ salientis in vitam æternam*. Qui verò ex secundo, sitiet iterum. In primo autem Cratere quis bibere non potest, nisi priùs suum

Mundus constat duobus Crateribus superiori, in quo omnia munda, inferiori, in quo omnia immunda sunt.

Mercurius.

cor-

corpus oderit atq; conculcârit, quod ibidem innuit Mercurius dicens: *Nisi priùs, ò fili, tuum corpus oderis, teipsum amare poteris, quàm primum verò teipsum dilexeris, Mentem protinus consequeris.* Quod sic accipiendum est, vt quis verum hominem, qui est anima rationalis iuxta Platonem, amare non possit, nisi suum contrarium hominem scilicet animalem odio habuerit, quod & Christus ipsemet docuit Ioann. 12. *Qui amat animam suam, perdet eam, & qui odit animam suam in hoc Mundo, in vitam æternam custodit eam.* Huius autem rei illa adducitur ratio à Mercurio ibidem, quod impossibile sit, vtrisque simul intendere mortalibus atque diuinis, vnde & Christus ipsemet dixit Matthæi 6. *Non potestis Deo seruire & Mammonæ.* In hoc igitur Cratere diuinitatis immergendus est animus.

Ex hac ablutione in Cratere quam posuit Mercurius, morem ablutionis traxêre Gymnosophistæ, quibus interdiu ter, noctu verò bis lauari aquâ frigidâ sanctum fuit, priusquam possent veneranda sacrorum penetralia ingredi. Erat ijs pariter linea vestis quotidie recens abluta, nam lanam prophanum vestitum arbitrabantur, quippe tanquam belluinæ sordis excrementum pecori detractum. Idem obseruarunt Indiæ Sapientissimi, quos Brachmanas vocant. His enim in quodam fonte lauari mos fuerat exutis vestibus, oblito priùs capite guttis electricis & odoribus ei rei aptis, deinde postquam se pro ritu satis mundos putârant, exibant circa meridiem quantocyùs ad sacra illic in Chori speciem, vestiti lino candido, & mitra alba, in digitis ferentes anulos, & baculos gestantes manibus, quæ munditia corporis & amictus, aliaq; similia, animi quoque puritatem adiuuare non parum credebantur. Hinc cecinit Hesiodus in libro, cui nomen est *Opera & Dies.*

Hesiodus.

> *Mane Ioui, ac reliquis superis libare cauetò*
> *Illotis manibus. Dij sordida sacra recusant.*

Homerus.

Morem hunc diligentissimè in suo Opere obseruauit Homerus, dum enim describit Thelemachum Palladi supplicaturum, illum in æquore priùs inducit manus lauare, & dum matrem Achillis Thetidem Iouem producit exoraturam, illam maris fluctus exuere facit. 6. etiam Iliados sic cecinit.

> *Non decet illotis manibus libare superno*
> *Vina Ioui, pudor hoc prohibet fecisse, cruore*
> *Turpatum me, & cæde Virum Dijs fundere vota.*

Maro.

Sed & Maro noster Homeri Simia id ipsum varijs in locis sui Operis obseruauit, 2. præsertim Æneidos, dum cecinit.

> *Tu genitor cape sacra manu, patriosque penates*
> *Me bello è tanto digressum & cæde recenti*
> *Attrectare nefas, donec me flumine viuo*
> *Abluero.*

Ablu-

ANACEPHALÆOSIS TOTIVS OPERIS.

Ablutiones igitur corporis apud gentes symbolum erant ablutionis in mente, vt ex his quæ scripsimus, elici potest. Existimarunt enim Antiqui eandem esse animi & corporis purgationem, vt cùm quis in flumine manus aut corpus abluisset, purus statim efficeretur. De hac autem re sic scribit Anticlides lib. 74. reddituum. *Erat*, inquit, *Antiquorum mos, qui nunc etiam seruatur, vt qui cædem hominum vel aliorum animalium commisissent, perenni aquâ manus abluerent ad commissi piaculi lustrationem. Non modò autem ad aras accedere pollutis non licebat, sed neque Deos quidem precari, qui omnem iracundiam siue indignationem in impurè precantes conuertebant.* Cuius rei testis est Tymarchides in libro de Coronis, qui Asterium fulmine fuisse percussum cecinit, quia manibus impuris aram Iouis attigisset. Sic autem habet.

Illotis manibus libans Iouis attigit aram
Quo pater hunc vssit flagrantis fulminis igne
Egregiè purum fas est contingere sacra.

Sed & hi omnes Gentium ritus tracti sunt ab Hebræorum monumentis, quibus dictum est, *Lauamini, mundi estote, & purgamini ab omnibus inquinamentis vestris*, Isaiæ 1. Ozam autem quia Arcam Domini tangere ausus est, ante ipsam mortuum cecidisse sacra testatur Historia 2 Regum 6.

Puris igitur purgatisque animis se Deus præbet cognoscendum. Purgandus autem à vitijs & sensibus animus est; vnde iussit Pythagoras, nudis pedibus Deo esse sacrificandum, id est, affectus esse deponendos, cùm à Deo aliquid impetrare volumus; affectus enim nostri per pedes denotati discalciandi sunt, dum Deo sacrificamus. Sic Dominus mandauit Moysi, vt discalciaret pedes, quando ei loquebatur in rubo Exodi 3. Plato autem alas suscipiendas & affibulandas in Phædone animis nostris edocuit, vt quodammodo corpore exuti ad altiora conscendamus. Sunt autem alæ hæ ad Platonis contemplatiua scientia, & moralis, speculatio scilicet & operatio; secundùm Christianam verò Theologiam, Fides & Charitas, vel Dei dilectio & proximi. Quod igitur per ablutionem in Cratere faciendam censet Mercurius, id ipsum per alas animis nostris affibulandas fieri posse Plato contendit. Quod profectò dogma Zoroastris prius fuit, quem Chaldæi quidam solitum dicere asseuerant; alatam esse animam, fractis verò alis in Elementa serri præcipitem, tum illis succrescentibus ad superos reuolare; quod profectò dogma secutus est etiam Pythagoras & Plato, & à magno fuit Plotino confirmatum lib. 8. Enneadis 4. de descensu animarum in corpora. Geminas autem alas geminum instinctum menti ingenitum ad superna significare Rhodiginus est Author lib. 9. lectio. antiqu. cap. 39. in intellectu quidem instinctum ad diuinum Verum, in voluntate instinctum ad diuinum Bonum pro viribus conuertentem: his verò remissis è cœlo labi animam Pythagoricis placet.

Sed audiendus est nunc Plotinus in lib. de Pulchro qui quàm elegantissimè hanc puræ mentis necessitatem indicauit. *Efficiatur igitur*, inquit

Eeee 2 Plo-

Puritas Mentis necessaria. Exemplum de puritate Mentis.

Plotinus, *quis diuinus, pulcher, atque Deiformis, necesse est, si modò Deum, sit & pulchritudinem inspecturus*. Et paulò superiùs. *Si nondum cognoscis te mundum & pulchrum, statuarium imitabere, hic enim vbi statuam optat pulchram, partim abscindit, partim quoque dirigit & expoliturus abradit, partim leuigat & abstergit, donec faciem in statua exprimat speciosam: ita & tu tolle superuacua, obliqua dirige, obscura purgando colluitra, neque desinas circa statuam tuam elaborare, quousque diuinus virtutis fulgor tibi subrutilet. Si hoc ipsum enaseris, ac purus iam habitaueris ipse tecum, nihil habens impedimenti, nec duce amplius indiceque egeas; tunc solitarius effectus ingentem poteris aspicere pulchritudinem. Oportet enim visurum videndo cognatum similemque effici*. Hactenus Plotinus.

Orpheus.

Verùm audiamus & Orpheum, qui in Carminibus, quæ de virtute descripsit, quia abdita de Deo referare proposuerat, eos tantùm inuitat, qui purgati mente virtutem excolunt, prophanos verò arcet quàm longissimè. Sic enim cecinit.

Vos qui virtutem colitis, vos ad mea tantum
Dicta aures adhibete, animosque intendite vestros.
Contra qui sanctas leges contemnitis, hinc vos
Effugite, & procul hinc miseri, procul ite prophani.

Maro.

Similia & Maro cecinit in 6. vbi Sybillam mox Oracula redditurum exclamantem inducit:

- - - Procul ô procul este prophani.
Conclamat Vates.

Hac de causa vt de Zoroastri secreta sapientia aliquid etiam attingamus, conscendendum esse vehiculum quoddam Zoroaster asseruit, vt illuc redeat anima, vnde venit. Vehiculum autem hoc nihil aliud est, quàm mentis eleuatio in Deum, quæ oratione perficitur; quasi dicas, est boni operis cum oratione coniunctio, vt Gemistio placet.

Plato.

Plato certè currum quendam in Phædro statuit ab Equis hinnientibus tractum, quo vnaquæque fertur anima, sed ab auriga regendum & moderandum dicit, nè in præceps feratur. Cuius dicti expositorem habemus Philonem lib. de agricultura.

Philo.

Equi, inquit, *sunt furor & concupiscentia, ille mas, hæc fœmina; ideoque ille vt mas gestit elatâ ceruice, libertatem appetens, hæc verò seruilior & callidior domum depascit ac deuorat vt fœmina. Insessor autem & auriga vnus est, nempe intellectus; sed auriga tunc, quando ascendit cum prudentia, quando autem cum imprudentia, insessor est*.

Plutarchus.

Plutarchus in 8. quæst. Platonica hos Equos concupiscibilem & irascibilem vim similiter interpretatur: concupiscibilem appellans Equum omninò contumacem, refractarium, hirtum, circa aures surdum, & qui vix flagello stimulisque pareat. Irascibilem verò facilè rationi obsequentem eiusque adiutricem.

Philoponus.

Scio Philoponum aliter 1. de anima vtrumque Equum explicasse, quippe qui credidit

ANACEPHALÆOSIS TOTIVS OPERIS.

dit eos esse facultatem ad superiora & ad inferiora deducentem. Hoc igitur vehiculum quo vehimur semper & ducimur, conscendendum esse fortasse monuit Zoroaster, quem explicans Plato in Phœdro Aurigam & Rectorem apposuit, vt recte possit gubernari. Crater ergo seu Patera Mercurij, Platonis alæ, Zoroastri vehiculum, exutio corporis Pythagorica, & ablutio Gymnosophistica idem sonare videntur, mysteriumque indicant subigendas esse corporis passiones, vt quis diuina valeat intelligere. Quæ ideò fusius deduximus, vt hieroglyphica doctrina ex omnium Scriptorum quà sacrorum, quà profanorum consensu sibi constet.

Verùm vt quæ hucusque dicta sunt, Hebræorum sententiâ confirmentur; subiungam hic discursum Rabbi Schabthe, quo SS. Triadem eiusque in Mundanos ordines influxum & emanationem satis apposite describit: ita autem dicit. *Et ecce nobis perspicuum est id quod explicauimus in capitibus prioribus mysterium nempe, quod dixerint Sapientes Cabalæ seu Theologiæ tres primarias Numerationes, quæ sunt Corona summa, Sapientia, & Intelligentia in æquali dignitate quasi summè vnum quid esse. Animaduertendum quoque est, quare dixerint eas in æquali dignitate quasi summè vnum quid esse; & non dixerint vnum proprie et simpliciter, cùm tamen omnes Numerationes sunt Vnitas, ob hanc rationem. Licet enim tres primariæ, Corona summa, Sapientia, Intelligentia, quæ sunt tres Mentes, non sint, nisi patefactio & diffusio centri, quod comprehenditur tribus delubris in mysterio luminis primordialis, luminis splendidissimi, & luminis splendidissimorum omnium splendidissimi, quæ vniuntur ipsi centro in mysterio nominis radicalis & essentialis, sicuti explicauimus in cap. I. eâ ratione, quòd illud centrum sit simpliciter & absolutè vnum ex omnibus partibus, & omnia comprehendantur in eo, nempe in vnitate eius. Tres tamen Mentes quæ diffunduntur de eo non sunt nisi patefactio centri, quod patefacit absconditum, reconditum, & occultum, quod est in ipseitate eius, & nulla differentia est inter eas, nisi quòd centrum sint tria delubra, quæ comprehenduntur in abscondito, in vnitate nempe centri. Verum in tribus Mentibus diffunduntur & patefiunt, quod quælibet illarum sit Mens per se, & propter hoc sunt illæ in æquali dignitate, quasi summè Vnum quid: verùm non vnum propriè & simpliciter, vti sunt in ipso centro; quia in ipso centro nullum cernitur delubrum, sed tantùm vnitas centri. Verùm hæc tria delubra iam antè prodierunt & distincta iam sunt in tria delubra, quæ sunt Corona summa, Sapientia, Intelligentia, tria inquam delubra distincta. Nec est obijciendum: Si ita? non erunt itaque in æquali dignitate quasi summè Vnum quid, sed erunt in dignitate æquali vt tria. Hæc nulla est obiectio. Quia hæ tres (Mentes inquam) non sunt nisi manifestatio Vnitatis centri, & illæ vniunt se radici suæ, eo modo, quod illæ nihil aliud sint nisi Vnitas centri; & manifestum nihil est, nisi id quod in abscondito latuit, propter hoc illæ sunt in æquali dignitate quasi summè vnum quid; ac si diceret æquales dignitate sicuti Vnitas centri, quia de centro vno prodierunt, & centrum patefactum est in illis. Et inde percipitur quoque Vnitas omnium Numerationum, quoniam licet hæ tres Mentes propinquæ sint emanatino suo (illi scilicet, qui fecit emanare eas) ecce propter*

pro-

Rabbi Schabthe.

Descriptio SS. Triadis eiusque in mundanos ordines influxus & emanationes.

propinquitatem earum lumen earum magnum valde; ita vt impossibile sit creatis frui lumine earum. Hanc igitur ob causam necesse sunt in ramos sese extendere & diffundere, in Caput, Medium & Finem, qui sunt septem Numerationes, Magnificentia seu Misericordia, Fortitudo seu Seueritas, Pulchritudo, Victoria, Triumphus seu Æternitas, Gloria, Fundamentum, Regnum ad manifestandum Delubra earum creatis, vt fruantur ijs, quatenus sunt tres gradus seu ordines. Ordo primus est mysterium centri; Ordo secundus mysterium trium Mentium; Ordo tertius mysterium diffusionis Mentium in septem Numerationes (id est attributa tribus Mentibus communia) quæ omnes conficiunt decem Numerationes; & sunt vnum, tria, & septem. Et ecce hac ex parte omnes simul sunt Vnitas perfecta, quia centrum manifestauit delubra sua in tribus Mentibus, & tres Mentes manifestatæ sunt in septem Numerationibus, & quidquid inuenitur in septem Numerationibus, inuenitur quoque in tribus Mentibus, & quidquid inuenitur in tribus Mentibus, inuenitur quoq; in vnitate centri, inuenitur etiam in infinitudine; benedicta sit illa. Et nulla differentia est inter illas, inter Numerationes, inquam, nisi quòd in septem Numerationibus illæ sunt in manifesto, & in tribus Mentibus præ magnificentia luminis earum illæ in abscondito latent. Et etiam in tribus Mentibus respectu centri præ magnificentia luminis eius, illæ (Mentes scilicet) sunt in manifesto, & in ipso centro illæ latent in abscondito. Et sic quoque centrum respectu infinitudinis, benedicta sit illa; eò quòd infinitudini respectu luminis sui magnificentissimi, nullus est finis nec terminus: illæ verò sunt in manifesto. At in infinitudine, benedicta sit illa, illæ in abscondito latent vsque in omnem non finem infinitatis & non termini. Omnes sunt virtus vna vnitatis suæ summæ, perfectissimæ & absolutissimæ quæ absq; fine et termino comprehendit totum numerum decem in mysterio vnitatis infinitudinis, benedicta sit illa, & patefacit virtutem vnitatis suæ in mysterio Recessus per mysterium decem, & nihil est in manifesto, nisi quod & latet in abscondito & sicuti in abscondito illa est virtus vna, sic etiam in manifesto est virtus vna. Atque hæc ad intentionem nostram Lectori insinuandam sufficiant.

EPILOGVS.

TAndem per immensos Oceani inexhausti anfractus, per rapidas immensi pelagi voragines; per scopulos & inaccessa præcipitia, per inuios & incognitos vastissimi maris recessus, ferocibus monstrorum portentis diuinâ assistente gratiâ domitis, monstrosâ extinctâ Sphynge, contractis velis portum diu concupitum, anxiæ mentis inquietudine quæsitum, & tandem singulari diuini Numinis præsidio inuentum, viginti annorum æstu perfunctus, portum inquam vnicum voluntatis complementum ingredimur; cuius desiderio, quot labores, quot perplexitates, quot sudores, quot pericula, quod rerum discrimina exantlauerimus, grata, ni fallor, posteritas ex præsenti Operis hucusque à nemine, quod sciam, tentato specimine recognoscet. Prudentes & iudicio exquisito

pol-

pollentes Viri, quorum in similibus incognitis eruendis industria quandoque desudauit, veluti propriâ experientiâ docti, quam difficile & plenum aleæ opus sit, incognitas tentare vias, omnique monstrorum genere refertis solitudinibus sine duce se committere, ingenuè fatebuntur; atque adeo si non omnia, saltem in omnibus eruendis conatum extollent.

Atque hæc sunt, quæ de Ægyptiorum Sapientia, hieroglyphicis velata symbolis quantum imbecilles ingenij mei vires permiserunt, dicenda duxi; nihil porrò restat, nisi vt oculis manibusque ab interpretationum tabula submotis, atque in cœlum sublatis Tibi Triuni bonorum omnium largitori DEO & beneficentissimo luminum Patri, pro tanto beneficio non hecatomben, non Taurorum aut Vitulorum holocausta, sed puræ mentis diuino amore institutum sacrificium, humili cordis obsequio instituam. Tu enim solus es, qui linguam infantium facis esse disertam; Tu solus humanæ menti igniculos ex vena lucis tuæ, & vitæ scaturigine emanantes indis, quibus ad incomprehensam operum Tuorum magnitudinem rimandam incenditur; hisce incensus Opus hoc aggressus Tuæ benignitatis ope perfeci, inspirasti necdum volenti, vt vellem; adiuuisti bonæ voluntatis conatus, vt facerem, qui in Tuis & velle & perficere operaris. Redeat ergo in Te Opus, quod à Te profluxit. Si bonum quicquam in eo, Tuum est, si malum, meum est. Qualecunque tandem fuerit id supremæ interminæ, ac incomprehensibili bonitati Tuæ, ego humilis & abiecta creatura Tua, cinis & fauilla & nihilum, vti acceptum fero, ita quoque, vt ad superexcelsæ Maiestatis Tuæ honorem & gloriam vnicè cedat, omnibus animæ meæ votis expostulo; promptus mihi semper fuit animus, ad quam emendatissimè philosophandum, si itaq; indignum consilijs Tuis quidpiam à me prolatum fuerit, id quoque inspirare pro infinita bonitate Tua, vt emendem, digneris; si Ethnicæ Theologię sacramenta prosecutus, in incomprehensa iudiciorum Tuorum abysso scrutanda, in temeritatem lapsus sum, aut propriam laudem, in Opere gloriæ Tuæ destinato sectatus sum, pro ea quæ infinita es clementia mihi condones, obnixè deprecor; si denique quicquam Orthodoxæ Fidei ac Sacrosanctæ Romanæ Ecclesiæ Sponsæ Tuæ non vsquequaque consonum ignoranter attulerim, id totum expunctum, repudiatum, reuocatumque volo. Restat nunc, vt quod olim Trismegistus, idem ego Tibi Trisagion, mei erga Te amoris veluti sempiternum trophæum statuam.

Hymnus Mercurij Trismegisti in Pymandro.

Quamobrem omnibus animi viribus Patri Deo gratias ago.
    Sanctus Deus Pater omnium.
      1. *Sanctus Deus cuius voluntas à proprijs potestatibus adimpletur.*

Sanctus Deus qui tuis familiaribus innotescis.
Sanctus es, qui Verbo cuncta constituisti.
Sanctus es, cuius imago est omnis natura.
Sanctus es, quem nunquam natura superauit.
Sanctus es omni potestate validior.
Sanctus es omni excellentia maior.
Sanctus es omni laude melior.
Excipe verborum sacrificia sancta, quæ ab animo & corde deuoto in te, vnde profluxerunt, redundant.

Omnia ad maiorem DEI gloriam, & Orthodoxæ Ecclesiæ, nec non Reipub. Literariæ emolumentum.

Hoc vno arcana recludo.

F I N I S.

CATALOGVS AVTHORVM,

Quorum authoritates afferuntur hoc Tertio Tomo.

A

Benephius
Aben Sina
Abenuaschia
Abulfeda Geographus Arabs
Ælianus
Ali Arabs
Ammianus Marcellinus
Antonius Musa
Apocalypsis Liber
Apollodorus
Apuleius
Aratus
Aristophanes
Aristoteles
Arnobius
Auctor Scalæ Magnæ
S. Augustinus

B

Baronius
Belonius
Beroaldus
Betrillus
Brasauolus
Bulengerus

C

Antherus
Cælius Rhodiginus
Cedrenus
Centir Arabs
Chrysippus

Cicero
Clemens Alexandrinus
Columella
S. Cyrillus

D

Damascius
Deenus
Demophylus
Diodorus Siculus
S. Dionysius
Dionysius Geographus
Dionysius Halicarn.
Dionysius Laërtius
Dioscorides
Donatus

E

Elias Leuita
Eucherius
Eusebius
Exodus Liber
Ezechiel Propheta

F

Festus
Firmicus Maternus
Fortunius Licetus

G

Gaza
Genebrardus
S. Gregorius Nazianzenus
Gutherius

Haly

H

Haly
Heliodorus
Hermes Trismegistus
Hermolaus
Herodotus
Hesiodus
Hesychius
D. Hieronymus
Homerus
Horus
Hyginius

I

Iamblichus
Iehuda Rabbinus
Iochaides
Ioannes Leo Africanus
Ioannes Nardius
Ioseph à Costa Soc. IESV
Isaias Propheta
Iulius Solinus
Iustinus Martyr

L

Liber 2. Regum
Lucianus

M

Macrobius
Manethon
Manilius
Marsilius Ficinus
Matthiolus
Mela
Melissus
Michaël Mercatus
Mor Isaac

N

Natalis Comes
Numenius

O

Oppianus
Opopæus
Origenes
Orpheus
Ouidius

P

Pancirolus
Pansa
Pausanias
Petrus de Valle
Petrus Gyllius
Philo Byblicus
Philo Iudæus
Philostratus
Phornutus
Pierius Valerianus
Plato
Plinius
Plotinus
Plutarchus
Pollux
Polybius
Porphyrius
Proclus
Procopius
Prosper Alpinus
Prudentius
Psellus
Ptolomæus
Pythagoras

S

Samuel Purchas
Schabde Rabbinus
Schiangìa Arabs
Seneca
Serapion Arabs
Simeon Ben Iochai
Simplicius
Statius
Strabo
Stuckius
Suidas

T

Tacitus
 Thargum Vziclidis
Theodorus
Theogenes
Theophrastus
Tibullus
Trismegistus

X

Xenophon

Z

Zohar
Zoroaster

V

Valerius Maximus
 Virgilius
Volaterranus

Reliquorum Scriptorum nomina, quorum authoritatibus dicta hoc Tomo Tertio stabiliuntur, citata reperies in præcedentibus Libris.

INDEX
Diatribarum, Syntagmatum, Capitum, aliorumque Titulorum Tomi III.

 Onnullæ Authoritates Doctrinæ hieroglyphicæ in huius decursu Operis exponendæ. 2
Artis Hermeneuticæ, siue interpretatiuæ Hieroglyphicorum Suppositiones. 4

PRÆFATIO. 5

DIATRIBE I. PRÆLVSORIA DE HIEROGLYPHICIS in genere. 8

Caput I. *De etymo, origine, & propagatione hieroglyphicæ doctrinæ.* Ibid.
    II. *Quomodo hieroglyphica à cœteris diuersarum Gentium literis distinguantur, & potissimùm in quo characteres Sinensium ab hieroglyphicis differant.* 10
    Characteres hieroglyphici Sinensium. Ibid.
    Veterum Sinicorum characterum anatomia. 12
    Differentia inter Sinenses & hieroglyphicos Ægyptiorum characteres. 13
    Characterum antiquissimorum Chinensium explicatio. 16
    III. *De literis Brachmanum, siue Gymnosophistarum.* 21
    IV. *De literatura Mexicanorum, & an propriè hieroglyphica dici possit.* 28
    Mensium nomina. 30
    V. *Tabulæ æneæ ex Museo Clarissimi Viri Ioannis Galuani Iuris Consulti Patauini extractæ interpretatio.* 36
    VI. *Characterum quorundam in Cruce descriptorum interpretatio.* 38

INDEX.

Caput VII. *De Armenorum characteribus hieroglyphicis .* 40
VIII. *De alijs falsorum hieroglyphicorum Schematismis .* 41

DIATRIBE II. PRÆLVSORIA. 42

De Alphabeto mystico Aegyptiorum, & lingua Copta . Ibid.
Primæua literarum Aegyptiorum fabrica, & institutio facta, à Tauto siue Mercurio Trismegisto . 47

DIATRIBE III. PRÆLVSORIA. 55

Quòd literæ Aegyptiacæ à Cadmo primùm in Græciam traductæ, & de linguæ Coptæ antiquitate . 55
Vtrum hieroglyphica lectionem quandam vt in alijs scripturis consiciant, & quomodo lectio instituenda . 61

DIATRIBE IV. PRÆLVSORIA. 62

Hierogrammatismorum reliquorum quæ in Obelisco Pamphilio expositi non fuerunt, interpretatio . Ibid.
Caput I. *Meleagridis, & Anseris hierogrammatismus .* 63
II. *De herbis & plantis hieroglyphicis .* 65

SYNTAGMA I. MENSÆ ISIACÆ SIVE TABVLÆ BEMBINÆ interpretatio. 80

ΠΡΟΟΙΜΙΟΝ. Ibid.
Caput I. *De nomine & origine huius Tabulæ Isiacæ .* Ibid.
II. *Quæritur quem hæc Tabula vsum habuerit apud Aegyptios .* 81
III. *Argumentum huius Tabulæ, seu Mensæ Isiacæ .* 85
IV. *Tabulæ seu Mensæ Isiacæ diuisio .* 87
V. *Anatomia Tabulæ, siue de habitibus, ornamentis, tutulis, baculis, & tota πολυμόρφωσι hierogrammatismorum, eorundemque differentijs .* Ibid.
Vera & genuina Mensæ Isiacæ, siue Tabulæ Bembinæ interpretatio. 89
Diuisio I. *Figurarum mediæ regionis Tabulæ expositio .* Ibid.
Diuisio II. *Quomodo fundum paternum, id est, vniuersalis Mundi anima in hac Tabula in tres Triades secundùm Aegyptios diuidatur, interpretatio .* 94
Diuisio III. *Explicatio Triadum Agoniarum .* 100
Trias Agonia Hecatina . 101
Trias Serapæa . 103
Trias Osiriaca . 105

Di-

INDEX.

Diuisio IV. *Quòd septem Triades in media regione explicatæ nihil aliud sint, quàm septem Mundorum Genialium Systemata.* 107
   I. *Trias, siue Mundus Archetypus igneus, & vtiarum Mundus triformis; Hebræis אין סוף, Mundus increatus, ex quo prodeunt.* 108
Diuisio V. *Supremæ Regionis Tabulæ interpretatio.* 111
Diuisio VI. *Regionis tertiæ interpretatio.* 117
   Trias fontana Horæa, siue Porta magna Orientis. 119
   Trias Fontana, siue Porta magna Occidentis. 120
   Trias Pandochæa, quod Numen apotropæum Portæ magnæ Septentrionis est. 123
   Trias Thaustica Austri domina. 125
Diuisio VII. *Limbi seu ambitus Tabulæ Isiacæ interpretatio.* 129
   Expositio Limbi Tabulæ Isiacæ. 134
   Superioris Limbi interpretatio. 135
   Interpretatio Limbi sinistri. 142
   Interpretatio inferioris Limbi. 145
   Limbi dextri lateralis interpretatio. 148
   Auctarium de sensu Anagogico, Magico, Ethico, alijsque vsibus, quibus seruiebat hæc Tabula. 152
   §. I. *De sensu Anagogico sub Tabula latente.* Ibid.
   §. II. *De vsu Idearum huius Tabulæ, & emolumento inde in Medicina, Physica, Astrologia, Ethica, emergente.* 153
   §. III. *De Theurgico seu Magico sensu, quo Sacerdotes in hac Isiaca Tabula sacrificiorum instituendorum rationem, rituum adhæc cæremoniarumque dispositionem per occultum symbolorum contextum exhibebant.* 156
   §. IV. *De significatione minuti characteris hieroglyphica, quem simulachra passim appositum habent; quoque interiores duo Limbi inscripti conspiciuntur.* 158

SYNTAGMA II. OBELISCVS RAMESSÆVS SIVE Lateranensis. 162

PRÆFATIO. Ibid.
Caput I. *Historica relatio Obelisci Ramessæi siue Lateranensis.* Ibid.
   Inscriptiones Obelisci factæ à Sixto V. Pontifice Maximo. 166
   II. *Obelisci Lateranensis interpretatio.* 168
   Argumentum Obelisci Lateranensis. Ibid.
   III. *Nota ad Lectorem de interpretationis statuendæ ratione.* 171
Prælusio. *Quâ nonnulla ad meliorem rerum in Obelisco tractandarum notitiam præmittuntur.* 172
   IV. *De inscriptione & diuisione Obelisci.* 178
Prælusio. Ibid.
   §. I. *Primæ Columnæ primi Lateris Borealis interpretatio.* 182

INDEX.

§. II. *Secundæ columnæ lateris Borealis interpretatio. Siderei Mundi Numinum connexionem monstrat.* 186
§. III. *Tertiæ columnæ lateris Borealis interpretatio. Politicum Mundum exhibet.* 188
Caput V. *Interpretatio secundi lateris Meridionalis Obelisci Lateranensis.* 193
§. I. *Interpretatio primæ columnæ secundi lateris Australis, quæ Politicum Mundum exprimit.* 194
§. II. *Secundæ columnæ lateris secundi Australis interpretatio, & continet Niloticas leges.* 198
§. III. *Tertiæ columnæ lateris secundi Australis interpretatio.* 201
Caput VI. *Interpretatio lateris tertij Occidentalis, in quo infestæ Typhoniæ potestates, & Reipub. perturbatrices exhibentur, & quomodo eæ superandæ sint.* 202
§. I. *Lateris tertij Occidentalis columnæ primæ expositio.* Ibid.
§. II. *Interpretatio secundæ columnæ tertij lateris Occidentalis.* 205
§. III. *Tertiæ columnæ tertij lateris Occidentalis interpretatio; & continet leges, quibus Numina sollicitantur ad Ægypti salutem.* 207
Caput VII. *Quarti lateris Orientalis Obelisci Ramessæi interpretatio.* 208
§. I. *Interpretatio primæ columnæ lateris quarti Orientalis.* 208
§. II. *Secundæ columnæ quarti lateris Orientalis interpretatio.* 209
§. III. *Tertiæ columnæ lateris quarti Orientalis interpretatio, & continet malorum originem.* 210

SYNTAGMA III. OBELISCVS FLAMINIVS, OLIM Sennesertæus. 214

Caput I. *Historica relatio Obelisci Flaminij.* Ibid.
Inscriptiones Obelisci Flaminij. 215
II. *Argumentum Obelisci Flaminij.* 217
III. *Prodroma quarundam rerum, quæ sæpe sæpius in hoc Obelisco occurrunt, interpretatio.* 220
§. I. *Tabulæ sacræ Mompho-Mendesiæ expositio.* Ibid.
§. II. *Niloscopij expositio.* 223
§. III. *Secunda tabula sacra Osiriaca expositio.* 226
De duabus statuis. Ibid.
De Ferculo, seu Feretro. 227
De Ramo inuerso. 228
De sceptro recuruo. 231
De Iunco Nilotico. 234
Caput V. *Singulorum Obelisci laterum interpretatio.* 235
§. I. *Epigraphes siue inscriptionis Obelisci interpretatio.* Ibid.
§. II. *Columnæ primæ lateris Meridionalis interpretatio.* 238
§. III. *Columnæ secundæ lateris Meridionalis interpretatio.* 239
§. IV. *Columnæ tertiæ secundi lateris Meridiani interpretatio.* 240

§. V.

INDEX.

§. V. *Columnæ primæ secundi lateris Borealis interpretatio.* 241
§. VI. *Columnæ secundæ lateris secundi Borealis interpretatio.* 242
§. VII. *Tertiæ columnæ secundi lateris interpretatio.* 244
§. VIII. *Columnæ primæ lateris tertij Occidentalis interpretatio.* Ibid.
§. IX. *Columnæ secundæ lateris tertij Occidentalis interpretatio.* 245
§. X. *Columnæ tertiæ lateris tertij Occidentalis expositio.* 246
§. XI. *Columnæ primæ lateris quarti Orientalis expositio.* Ibid.
§. XII. *Columnæ secundæ lateris quarti Orientalis expositio.* 247
§. XIII. *Columnæ tertiæ lateris quarti Orientalis expositio.* Ibid.
Anacephalæosis totius expositionis. 248
Consectarium de interpretatione facta ab Hermapione. 250
Interpretatio Obelisci Sennesertei facta ab Hermapione Grammatico. 251

SYNTAGMA IV. OBELISCVS SALLVSTIVS, SIVE Ludouisius. 258

Caput I. *De origine, erectione, translatione Obelisci Sallustij.* Ibid.
II. *Argumentum Obelisci.* 259
III. *Obelisci Sallustij diuisio, & interpretatio.* 260
IV. *Hierogrammatismorum qui in quaternis lateribus continentur, & secundum præcedentem diuisionem prorsus ijdem, si minutiora quædam excipias, sunt, interpretatio.* 261
§. I. *Columnæ primæ lateris primi Obelisci expositio.* 264
§. II. *Columnæ secundæ lateris primi expositio.* 266
§. III. *Columnæ tertiæ lateris primi expositio.* Ibid.
§. IV. *Columnæ primæ lateris secundi expositio.* 167
§. V. *Columnæ secundæ lateris secundi expositio.* 268
§. VI. *Columnæ tertiæ lateris secundi interpretatio.* Ibid.
§. VII. IIX. IX. *Columna prima, secunda, tertia, lateris Borealis.* ib.
§. X. XI. XII. *Columna prima, secunda, tertia lateris quarti.* ibid.
Consectarium primum. 269
Consectarium secundum. ibid.

SYNTAGMA V. OBELISCVS VERANVS, SEV Barberinus. 272

Caput I. *Historica Relatio Obelisci Barberini.* 272
II. *De huius Obelisci Erectoribus.* 273
III. *Argumentum Obelisci Barberini.* ibid.
IV. *Breuis quatuor primorum & principalium Obelisci Systematum interpretatio.* 276
Schematismus I. *Genius Ignis.* 277
Schematismus II. *Aëreus Genius.* 279
Schematismus III. *Aquæ Genius.* 280

Sche-

INDEX.

Schematismus IV. *Terræ Genius*. 281
Caput V. *Interpretatio primi lateris Meridionalis*. Ibid.
    Nota *in lateris primi Meridionalis schemata, quæ stationes Deorum Meridionalium continent*. 282
  §. I. *Columnæ primæ lateris primi expositio, & continet stationes Geniorum Omphtæ, Ammonis, Osiris, Anubis, Momphtæ bonorum terrenorum affluxu fœcundas*. Ibid.
  §. II. *Secunda columna lateris primi Australis, eiusq́ interpretatio.* 286
Caput VI. *Lateris secundi Obelisci Barberini interpretatio*. 290
  §. I. *Primæ columnæ expositio*. 291
  §. II. *Secundæ columnæ lateris secundi Orientalis interpretatio*. 292
Caput VII. *Tertij lateris Occidentalis Obelisci Barberini interpretatio*. 294
  §. I. *Columnæ primæ interpretatio*. Ibid.
  §. II. *Secundæ columnæ tertij lateris expositio*. 299
Caput VIII. *Lateris quarti Septentrionalis Obelisci Barberini interpretatio*. 298
  §. I. *Primæ columnæ quarti lateris Septentrionalis expositio*. Ibid.
  §. II. *Secundæ columnæ quarti lateris expositio*. 299
    Consectarium primum. 300
    Consectarium secundum. 301
    Consectarium tertium. Ibid.
    Conclusio. Ibid.

SYNTAGMA VI. OBELISCVS CONSTANTINOPOLITANVS
à Theodosio Imperatore in Hippodromo Byzantino olim erectus. 304

Caput I. *Historica relatio de origine & erectione Obelisci Constantinopolitani.* Ibid.
  Exemplar literarum Excellentissimi Viri Domini Simonis Renigeri Cæsarei apud Turcarum Imperatorem Legati. Ibid.
  Literæ Panaiotis Nicusij, Cæsarei apud dictum Imperatorem Turcarum Interpretis. 305
Caput II. *Argumentum Obelisci*. 309
  §. I. *Lateris primi explicatio*. 311
    Scholium. 313
  §. II. *Secundi lateris expositio*. Ibid.
  §. III. *Tertij lateris expositio*. 314
  §. IV. *Lateris quarti expositio*. 315

SYNTAGMA VII. OBELISCI MINORES, ET SVNT
Monticœlius, Mediceus, & Mahutæus. 318

Caput I. *De origine horum Obeliscorum*. Ibid.
  II. *Argumentum trium minorum Obeliscorum*. 319

INDEX.

Caput III. *Obeliscus Monticalius, eiusque explicatio.* 320
Caput IV. *Obeliscus Mediceus, eiusque interpretatio.* 325
Caput V. *Obeliscus Mahutæus, eiusque interpretatio.* 327

SYNTAGMA VIII. OBELISCVS HELIOPOLITANVS, QVI IN hunc diem adhuc iuxta Mataréam, Vicum Cayro Ægypti vicinum, erectus conspicitur. 330

Caput I. *De origine Obelisci Heliopolitani.* Ibid.
 II. *De erectione & mensura Obelisci.* 331
 III. *Argumentum huius Obelisci.* 332
  Obeliscus Heliopolitanus. 333
 IV. *Interpretatio Obelisci.* 334

SYNTAGMA IX. OBELISCVS ALEXANDRINVS, eiusque interpretatio. 339

Caput I. *De origine & primo erectore huius Obelisci.* ibid.
 II. *De mensura & symmetria huius Obelisci Alexandrini.* ibid.
  Epilogismus totius Obelisci Alexandrini ex literis Titi Liuij Burattini. 341
  Obelisci symmetria. 342
 III. *Interpretatio Obelisci Alexandrini.* 343
  Consectarium I. 345
  Consectarium II. ibid.

SYNTAGMA X. OBELISCVS FLORENTINVS, eiusque interpretatio. 348

Caput I. *De Obelisci huius origine, inscriptionis ratione, & argumento.* ib.
  Diuisio Obelisci. 349
 II. *Primi lateris expositio.* 350
 §. I. *Columnæ primæ lateris primi characteres, & expositio.* 351
  Characteres seu figuræ. 351
  Expositio figurarum. 352
  Scholion in explicationem factam.
 §. II. *Columnæ secundæ lateris primi figuræ, & expositio.* 353
  Characteres seu figuræ. ibid.
  Expositio figurarum. 354
  Scholium in expositionem. ibid.
Caput III. *Secundi lateris expositio.* 355
 §. III. *Columnæ primæ lateris secundi anatomia, & expositio.* 356
  Characterum anatomia. ibid.
  Anatomiæ factæ expositio. 356
  Scholium in expositionem factam. 357
    §. I.

INDEX.

§. IV. *Columnæ secundæ lateris secundi expositio.* 357
 Anatomica descriptio. ibid.
 Exhibitorum symbolorum interpretatio. 358
 Scholium. ibid.
Caput IV. *Tertij lateris expositio.* 359
 §. V. *Columna prima lateris tertij.* ibid.
 Anatomia characterum. ibid.
 Expositio Anatomiæ. 361
 Scholium. 361
 §. VI. *Columnæ secundæ lateris tertij declaratio.* 362
Caput V. *Quarti lateris expositio.* ibid.
 §. VII. *Columna prima lateris quarti.* ibid.
 Anatomia. ibid.
 Expositio. 364
 Scholium, ibid.
 §. VIII. *Columna secunda lateris quarti.* 395
 Conclusio. 366

SYNTAGMA XI. OBELISCI RASI, ET SVNT EXQVILINVS & Vaticanus. 368

Caput I. *Obeliscus Claudianus, siue Exquilinus.* 368
 Symmetria & proportio Obelisci Exquilini. 369
 Inscriptiones Obelisci. ibid.
 II. *Obeliscus Moncorius seu Vaticanus, qui vnus ex omnium maximis est.* 370
 Erectionis Obelisci Vaticani modus & ratio. 372
 De Ergatarum potentia ad Obelisci pondus comparata. 374
 Epilogismus exactissimè, quantum fieri potuit, symmetriam & proportionem totius Obelisci, singularumque partium, vnà cum ornamentis exhibens in palmis Romanis. 375

SYNTAGMA XII. DE FRAGMENTIS VARIORVM Obeliscorum, quæ in Vrbe hodie supersunt. 378

Caput I. *De Obelisco Campomartio subterraneo.* ibid.
 II. *De Obelisci fragmento quod reperitur in Insula Tyberis.* 379
 III. *De nonnullorum Obeliscorum fragmentis, quæ circa Collegium Romanum spectantur.* 382

SYNTAGMA XIII. DE MVMIIS, EARVMQVE CONDITORIIS, & hieroglyphicorum, quibus inscribuntur, significatione. 387

Caput I. *De Metempsychosi.* ibid.
 II. *Cur tanto studio cadauerum incorruptioni studuerint Ægyptij.* 390

INDEX.

Caput III. *De Mumiarum præparatione, id est, de modo condiendi cadauera.*
§. I. 395
§. II. *De Mumia.* 396
Caput IV. *De cryptis, locisque subterraneis, in quibus condi solebant Mumiæ, siue medicata corpora.* 399
Caput V. *Hieroglyphicarum Mumiarum, quæ partim ex Magni Ducis Hetruriæ, partim ex Ioannis Nardij Museise extractæ sunt, interpretatio.* 411
§. I. *Hieroglyphicorum quæ in ligneis funerum thecis primæ & secunda figura tabulæ tertia depicta spectantur, interpretatio.* 413
§. II. *De inuolucris Mumiarum, varijsque hieroglyphicis Iconismis, qui vna Mumiæ innoluti reperiuntur.* 418
§. III. *De fascijs hieroglyphicis.* 420
Pompa Isiaca iuxta Apuleij descriptionem, ex hortis Mediceis. 426
Fasciæ Percisianæ expositio. 428
Caput VI. *De Mumijs hieroglyphicis, partim ex Museis Magni Ducis Hetruriæ, partim Batauorum extractis, & in præsentem Iconismorum congeriem coniectis, vna cum interpretatione.* 428
Figuræ, quæ signatur litera Y, expositio. 430
Figuræ D ex Museo Hieronymi Van Werle extractæ interpretatio. Ibid.
Figuræ A, ex Magni Ducis Hetruriæ Museo extractæ, expositio. 431
De statua lignea ex Museo Ernesti Brinckij, & alia simillima ex M. Ducis Hetruriæ Museo extracta. Ibid.
De Mumijs ex Museo Petri à Valle extractis. 433

SYNTAGMA XIV. DE CANOPIS HIEROGLYPHICIS,
eorumque interpretatione. 437

Caput I. *Quid sit Canopus.* Ibid.
Canopi Fig. I. in Iconismo exhibiti expositio. Ibid.
Caput II, *Canopi figura II. signati interpretatio.* 440
III. *Interpretatio Canopi figuræ VI.* Ibid.
IV. *Figuræ III. quæ Canopicum Oraculum exhibet, interpretatio.* 442
V. *Figura IV. Genius Apotropæus Canopicus, eiusque interpretatio.* 445
VI. *Figuræ V. vasis Canopici interpretatio.* 447
VII. *Figuræ VII. interpretatio.* 448
VIII. *Figurarum VIII. XI. XII. interpretatio.* Ibid.

SYNTAGMA XV. DE SPHYNGIBVS NILOTICIS,
earumque vera significatione. 454

Caput I. *De Nilo, eiusque cultu ab Ægyptijs vsurpato, vti & de Niloscopijs, eorumque vsu.* Ibid.

Ca-

INDEX.

Caput II. *De Sphyngibus Ægyptiacis, earumque interpretatione.* 463
Leones Nilotici feu Momphtæi, quorum limbi fequentibus hieroglyphicis infigniuntur, & extant ad aquas felices, iuxta Campos Thermarum Diocletianæarum. 463

§. I. *Interpretatio hieroglyphicorum, quæ in primi Leonis Abaco infcripta cernuntur.* 465

§. II. *Simulachrum Leonis B finiftri, abaco infiftentis, eiufque fignificatio.* 467
Notæ in factam interpretationem. Ibid.

Caput III. *Sphyngum quæ in Villa Burghefia fpectantur, interpretatio.* 468
Sphynges cum abacis hieroglyphicis fequentibus infignitæ, & exftant hodie in Villa Burghefia retro Palatium, è regione fontis finiftra. 469
Dextræ Sphyngis interpretatio. 471

SYNTAGMA XVI. DE PENATIBVS, LARIBVS, ET
Serapibus Ægyptiorum. 474

Caput I. *De Penatibus, Laribus, & Serapibus in genere.* ibid.
II. *De hieroglyphica Penatum feu Tutelarium Ægyptiorum Numinum fignificatione.* 477

§. I. *Interpretatio primæ figuræ A.* 479
§. II. *Secundæ figuræ interpretatio.* 483

SYNTAGMA XVII. DE MAGNÆ EFFICACIÆ IDOLIS, SIVE
de Dijs Auerruncis primi ordinis. 487

Caput I. *Auerrunci Dij qui dicantur.* ibid.
De Statua loquente. 488
II. *De fimulachris Ægyptiorum portatilibus.* 492
III. *De ftatuis auerruncis alia forma, quas Μυσίας vocant.* 495
De ftatua Mefitica Orignana, quæ in Orignano Oppido fpectanda exhibetur. 497
Simulachrum ex Mufeo Excellentiffimi Viri Ioannis Rhodij Medici Patauini. 498
IV. *De Statuis Polymorphis, & auerruncis omnis generis.* 500
De Polymorphi Dæmonis fimulachro. 501
Pofterior Amuleti pars. 504

SYNTAGMA XVIII. DE STATVIS ÆGYPTIACIS POLYCHA-
racterifticis, id eft, toto corpore hieroglyphicorum contextu confpicuis. 506

Caput I. *De Statuis Ægyptiacis &c.* ibid.
Corollarium. 510

Ca-

INDEX.

Caput II. *De prophylacticis Statuis, seu Amuletis portatilibus.* 511
III. *De vasis sacris.* 513
Literæ Clarissimi Viri D. Othonis Heurnij ad Nihusium datæ. 514

SYNTAGMA XIX. DE AMVLETIS, ET PERIAPTIS, COETE-
risque portatilibus Icunculis, quibus Ægyptij vtebantur. 518

Caput I. *De varijs Ægyptiorum Amuletis, & Periaptis.* ibid.
II. *De Amuletis quæ Deorum & sacrorum animalium formam referunt.* -519
III. *De mixtæ & monstruosæ rationis Amuletis.* 521
IV. *De Scarabæis prophylacticis.* 523
V. *Phylacterium lapideum ex Museo Clarissimi Viri Iacobi Scaphili.* 526
& 527
VI. *De humani corporis partibus in vsum Periaptorum ab Aegyptijs assumptis.* 528

SYNTAGMA XX. DE LVCERNIS VETERVM
Ægyptiorum. 531

Caput I. *De origine Lucernarum.* ibid.
II. *De loco, figura, alijsque lychnuchorum, lucernarumque Aegyptiarum proprietatibus in genere.* 533
III. *De lucernis Aegyptijs in peculiari. §. I.* 537
§. II. *De lucernis Aegyptiorum in sacra animalia transformatis.* 538
§. III. *Lucerna Aegyptia tetralychna.* 539
§. IV. *De lucerna Canubica seu Canina, aut* Κυνομόρφω. 540
§. V. *De lucerna Sphyngis.* 541
§. VI. *De Lucernis phallicis.* 542
§. VII. *De lucerna Typhonia.* ibid.
§. VIII. *De lucernis polylychnis, quæ in cryptis subterraneis Aegypti passim reperiuntur.* 544
§. IX. *Vtrum Aegyptij verè in subterraneis cryptis lucernas perpetuo lumine ardentes constituerint; & quod eorum fuerit artificium.* 545

ANACEPHALÆOSIS TOTIVS OPERIS. 551

PRÆFATIO. ibid.
Caput I. *De veterum Aegyptiorum doctrina & sapientia.* 552
Argumentum I. *Symbolorum hieroglyphicorum multitudinem non esse innumerabilem, vti nonnulli Censores objiciunt.* 553
De requisitis ad hieroglyphicorum interpretationem. 558
Argumentum II. *Hieroglyphica non syllabis, vocibus, ac periodis constare, vti reliqua idiomata, sed idealium rerum cognitionem esse.* 559
Argumentum III. *Hieroglyphica ex mente Aegyptiorum non tantum symbola*

INDEX.

bola significatiua rerum altissimarum, sed & ob occultam quandam cum supramundanis caulis connexionem, attractiua Numinum, atque ab aduersis præseruatiua fuisse. 563

Argumentum IV. Consensus omnium Philosophorum, & Poëtarum, circa Theologiam Aegyptiorum, demonstratur. 568

§. I. De vnitate & bonitate Dei, vti & rerum omnium causa, & rerum principio productiuo. 568

Consectarium. 575

§. II. De triuno principio Aegyptiorum dogmate. ibid.

I. Expiatio Mentium apud Aegyptios ad diuinorum influxuum receptionem necessaria. 578
II. Silentium necessarium. 579
III. Modus & ratio in purgatione seruanda. 580
IV. Crater purgationi necessarius. 582

Epilogus. 588

Hymnus Mercurij Trismegisti in Pymandro. 589

INDEX
Rerum notabilium locupletissimus
ORDINE ALPHABETICO.

A

ABACI throno tabulæ Bembinæ subiecti schemata explicantur. 92
Ablutio corporis symbolum ablutionis mentis. 585
Abortina non sepeliebant Ægyptij. 516
Absynthium marinum. 77
Acatia herba. 137
Accentus reperti ab Europæis, ad Sinicos characteres pronunciandos. 15
Accipiter quas literas dederit Ægyptijs. 45
    Volans in tabula Bembina explicatur. 97
    Solem significat. 125
    Sacer. 148
    Tutulatus. 186. dormiens. Ibid, & 198
    Quadrangulo insidens. 198
    209
    Heliopoli cultus. 265
    Est symbolum Intelligentiæ Solaris. 334
Accipitres bini concordiæ symbolum. Accipitres tres mitrati. 237
Accipitrina capita duo quid significent? 191
Accipitrinum simulachrum est Intelligentia Solaris. 334
Accipitris caput & baculum quid significent? 277
Adyta Ægyptiorum. 81. in ijs docebatur Theologia Ægyptiaca. 82
hieroglyphicis instructa. 83

Adyta Ægyptiorum omnia continebant. 156
Adyta Hebræorum. 82
Ægyptij rerum excellentiam per contrariorum appositionem denotabant. 225
Ægyptij putabant, animas piorum migrare in animalia sacra; impiorum in immunda. 389. Deos, Regesque sub laruis animalium cognoscere satagebant. 390. eorum cura in humandis mortuis. 393. eorundem dogma de reuolutione animarum. Ibid. non egrediebantur patrio solo philosophandi gratia. 554
Ægyptia quadrupedia tantùm assumpta pro hieroglyphicis. Ibid.
Ægyptij in hieroglyphicis instituendis Deos imitabantur. 81. manifestis symbolis occulta mysteria significabant. Ibid.
Ægyptij cur hieroglyphicis figuris vterentur ad significanda diuina mysteria. 132. 133
Ægyptij ad Deorum fabricam omne animal vnà cum homine assumpserunt. 134
    Ante consultationes placabant Deos. 170
    Eorum lingua duplex. 42. eorum literæ desumptæ ex animalium formis, incessu &c. Ibid.
Ægyptiorum Veterum doctrina hoc Opere restauratur. 552
Ægyptiorum sapientia à sacra Scriptura commendatur. 562
Ægyptiorum intentio in Obeliscis erigendis. 564

Ægy-

INDEX.

Ægyptus μεγάγσαν dicitur. 128
Ægyptus fidem Christi suscepit statim ab eius passione. 515
Aëreæ potestates Ægyptijs notæ. 292
Africæ solitudo dicta mare fabulosum. 597. in ea rupes Austro consecrata. Ibid. in ea Sphynges. Ibid.
Agathodæmon Ibiacus & Ophionius. 239
Agathodæmon per literam, A, significatur. 183
Alphabetum mysticum Ægyptiorum. 42
Amilëti. 86. 242
Ammoniæ Intelligentiæ Minister ingeniculatus in tabula Bembina. 141
Amor rerum in quo consistat. 484
Amuleta ad Momphtam attrahendum. 464. ad Nili incrementum obtinendum. 470
Amuletariæ artis origo. 564
Amuletorum gestatio. 219
Amuletorum variæ classes. 518. & seqq. & 528
Amuletum ad alliciendum Dæmonem polymorphum. 335
Anagogicus sensus tabulæ Bembinæ. 150
Androsphynx mitrata. 236
Androsphynx tabulæ Bembinæ. 97. 138. eius Potentiæ. 97
Angeli 12 Mundi præsides, eorumque termini ex Iochaide. 118
Angeli exemplar Aristocratici status. 169
Angelus omnia in se complicat, sed modo angelico. 152
Animalia sacra Ægyptijs quatuor. 45
Animam Mundi per sacrificia trahendi ritus. 157
Animas de sphæra in sphæram transmigrare credebant Ægyptij. 393. eorum modus sepeliendi. 395. 396. funerum species tres habebant. Ibid.

Animi purgandi cura apud Ægyptios. 578. necessaria. Ibid. in quo consistat. 579. 580. 581
Anser sacer. 242
Anser sacra tabulæ insidens. 201
Anseris figurâ nauium puppes ornabantur. 64
Antiquissimorum characterum Sinensium explicatio. 16. 17. & seqq.
Anubis apud Ægyptios idem quod Hecate apud Græcos. 122. eius simulachrum ante templorum fores. Ibid.
Apidis solemnitas. 285. eius delubra. ibid. in eius solennitate Crocodili mansuescebant. ibid.
Apopas Dæmon Solaris ex tribus dodecadibus compositus. 296
Apotropæum Numen Borealis regionis. 123
Aqua rerum omnium principium iuxta Veteres. 437
eam vocabant Oceanum. ibid.
Aquarij signum Leoni cur apponatur. 462
Aqueæ naturæ præsides 12 in Obelisco Barberino. 294
Arabes vtensilibus literas insculpebant. 510
Archetypi Mundi virtutes latentes. 185
Archontes rerum præsides. 300
Aries biceps Ammonem refert. 146
Aristocratici status exemplar Angeli. 169
Aristolethia. 71
Aristotelis doctrina de Ideis secundum Ægyptios. 133
Armenorum characteres hieroglyphici. 40. & 42
Artemisia herba. 71
Arundinem Crocodili auersantur. 285
Arundo cur Baccho tribuatur. 233
eius duo genera. ibid.
Asphaltus cadauera contrahit. 516

Hhhh   Aspi-

INDEX.

Aspidis cultus apud Ægyptios. 187
Aspido-Sphynx quid significet. 144
Aspis è globo emergens & Cruci ansatæ se insinuans. 182. *caudam mordens.* 183
Aspis è circulo emergens. 201
Aspis Ophionius. 120
Asseclæ throno medio tabulæ Bembinæ adstantes. 90
Astronomici charačteres ♌ & ♒. 462
Aučtoritates pro doctrina hieroglyphica. 2. 3. 4.
Auerrunci Dij. 487. *Statuæ variæ auerruncæ.* Ibid. & seqq.
eorum instrumenta varia. 489
auerrunca Dea Isis. Ibid.
auerruncæ statuæ, dičtæ Mefita. 495 & seqq.
Auis Numidica australium influxuum symbolum. 127
Author Romam accersitur ad interpretandum Obeliscum Barberinum. 272. *eius scopus in Obeliscis interpretandis.* 275
Authoris studium in eruenda Ægyptiorum doctrina. 553
Azonij Dij. 101

B

Baeth idem quod Accipiter, seu Tauslus. 286
Barra sacra quid? 358
Barys nauis. 164. 196
Betonica. 78
Bitumine liniebant Ægyptij mortuorum corpora. 394
Bituminosa loca Aegypti. 548
Bonum primum & imparticipatum Deus. 151
Borealis plaga pars Mundi dextra, Australis sinistra, iuxta Aegyptios. 127
Bos albo-niger quid significet. 105 106
Bos Apidem significat. 186

Bos humana facie flammas euibrans. 509
Bos Mneuius. 146
Bos Solaris Numinis symbolum. 311
Bouem loco Accipitris ponebant Aegyptij. Ibid.
Boues duodecim in Obelisco Flaminio 237. *& in Obelisco Sallustio.* 263
Brachium humanum extra phallum prominens quid significet. 415
Brachmanes 21. *eorum viuendi ratio* Ibid. *literæ.* Ibid: *vtrum sint hieroglyphica* 22. *rebus cœlestibus appropriatæ.* Ibid. *ad planetas spectantes* 23 *& seqq: ad Cœlos & sidera.* 26.
Bryonia. 77
ברא *quid significet in lingua Phœnicum.* 45
Buglossa. 78

C

Cabalistæ exprimunt per literas, quod Aegyptij per hieroglyphica. 136
Cabalisticum effatum de Mundorum productione. 110
Cadmus ex Aegypto literas traduxit in Græciam 56 *Græcarum literarum inuentor.* Ibid. *erat Aegyptius.* Ib.
Cæpas quas abhorruerint Aegyptij. 75
Camephytis. 71
Canis quas literas dederit. 45
Canis Anubin significat. 135
Canes cum flagellis quid significent. 416
Canophoræ. 226
Canopus idem cum Mompbta. 295
Canopus quid. 436
Canopi Gualdiani expositio. Ibid. & 438. 439
Canopus ex thesauro hieroglyphico Herwartij. 440
Canopus palatij Legati Melitensis. Ibid.
Canopicum oraculum. 442

Cano-

INDEX.

Canopici oraculi characteres 443. quid ij significent. 444
Canopicus Genius Apotropæus. 445. 446. 447
Canopicum vas. 447
Canopi historia & origo. 449
Canopi monogramma. Ibid.
Canopica statua ex Museo Smithij. 450
Canubicum Numen omnium maximum. 443
Caput bouinum tabulæ Bembinæ. 137
Catenæ heracleoticæ vnde originem ducant. 155
Catenæ apud Aegyptios. 249
Catena Geniorum Lunæ-Solarium. 337
Catenæ seu Siræ Aegyptiorum. 479
Catena Iyngæa quid. Ibid.
Catenarum quas Siras vocant, origo. 563
Cauernæ Mumiarū, earumq́; descriptio. 400. & 401. *numerus ingens.* Ibid.
Causatum est in causa, à causa, ad causam. 152
Cecrops Aegyptius. 56
Centauria. 69
Chamælea. 27
Chamæmilla. 75
Chami posteri colonias misisse videntur in Sinas. 10
Characteres significatiuos conceptuum omnes ferè gentes habent. Ibid.
Characteres Sinensium quando instituti. Ibid.
Characteres Sinensium ijdem cum Iaponiorum, & aliarum adiacentium Nationum. 15. *idem character Sinensium diuersa significat pro accentus diuersitate.* Ibid.
Characteres hieroglyphici Armenorum. 40
Characteres Brachmanum. 21. *vtrum sint hieroglyphica.* 22. *triplici Mundo appropriati.* 23
Characteres planetarum effectus significantes. 23. & seqq.

Characterum Seruianorum Cruci inscriptorum interpretatio. 38. 39
Characteres minuti Isidi throno insidenti adscripti explicantur. 93
Characterum minutorum tabulæ Bembinæ interpretatio. 158
Characteres hieroglyphici conceptuum nota. Ibid. *ex omnibus ad sacrificia spectantibus assumpti.* Ibid. *eorum vsus varij.* Ibid. *interpretatio.* 159
Characteres Numinum monogrammatici. 362
Chenosiris sacer. 242
Choragi Genialis simulachrum. 510
Cidaris seu mitra Sacerdotalis sapientiæ signum. 179
Cistophori cistæ sacræ. 226
Cœlorum effectus & influentiæ secundùm Brachmanas. 26. 27
Cæremoniæ attractiuæ Deorum. 86
Cæremoniæ faciendæ Dæmoni Polymorpho. 289
Columba aërem significat. 291
Concordia Regnorum vnde? 170
Concordiæ symbolum bini Accipitres. 198
Coniugia idealia decem Deorum. 145 *coniugium Horeæ Intelligentiæ cum Momphta.* Ibid. *Mentis Mneuiæ cum Horo.* 146. *Mentis Isiacæ cum Momphta.* Ibid. *Animæ Mundi cum Mundo sensibili.* Ibid.
Constantinus Magnus Constantinopoli Circum fabricatur. 162. *mittit in Aegyptum ad quærendum Obeliscum.* Ibid. *curat deferri Ramessæum Alexandriam.* 163
Constantius Imperator Romam venit. 163. *iubet portari Romam Obeliscum Alexandriâ.* Ibid. *& erigi in Circo Maximo.* 164
Coriandrum. 78
Cornucopia tribus modis pingitur ab Aegyptijs. 287

Hhhh 2 Coro-

INDEX.

Corona papaueribus & perseæ folijs ornata. 200
Coturnicis antipathia cum Sole & Luna. 124
Coturnix symbolum tyranni. 203
 eius proprietates. Ibid.
Crater beneficus Osiridis. 199. eius mysteria. Ibid.
Crocodili throno Pantamorphi Numinis subiecti. 46
Crux ansata inter characteres Sinenses. 13
Crux ansata Genij ignei. 277. mysteria eius grandia. Ibid. & 278
Cucurbita cur Mercurio oblata. 288
Cuscuta. 78
Cyclamius. 75.77
Cynocephalus manus ad Lunam eleuans. 104. 114
Cynocephalus cum psilio Lunaris Genij symbolum. 142. significat Mentem Lunæ-Solarem. 147

D

Dæmones boni & mali Mundo dominantur ex Trismegisto. 202
Dæmonis polymorphi symbolum. 334
Decusses binæ symbolum numericum. 318
Dei cultus adhibendus ad conseruationem Regnorum. 195
Dei effectus cerni, natura minimè à nobis potest. 222
Delphici templi inscriptio. 574
Democratici status exemplar Mundus sensibilis. 169
Deo trinam potentiam attribuebant Ægyptij. 89
Deorum magna porta in tabula Bembina. 90
Deorum cultus publicus alia dona postulabat, alia priuatus. 219
Deorum occultus ingressus per vestigia pedum significatur in Obeliscis. 283
Deorum in firmamento stationes. 300
Deus bonum primum & imparticipatum. 151. omnia continet, & est omnia in omnibus. Ibid. & 152 omnia producit. Ibid. eius vis fœcundatiua in omnibus. Ibid.
Deus exemplar Monarchici status. 169
Deus cœruleâ veste indutus cur pingatur. Ibid.
Dictamnus. 75
Differentia inter characteres Sinenses & hieroglyphica. 13
Differentia inter Sphynges & Leones Momphtæos. 468
Dij mundi ab Aegyptijs culti. 218
Dij sub figuris animalium comparebant hominibus. 389
Discordiæ symbolum. 202
Dissidia Regnorum vnde. 170
Dissidium rerum sublunaris Mundi. 209
Diuinandi scientiam quomodo inquisiuerint Aegyptij. 157
Diuinitatem per omnia diffusam dupliciter considerabant Aegyptij. 89
Diuisio varia tabulæ Bembinæ. 87 & seqq.
Dominicus Fontana erigit Obeliscum Vaticanum. 372
Dracontæa. 73
Duodenarij numeri prærogatiua. 217

E

Effectus ex placatione Deorum per ritus Sacerdotum. 289
Elementa ex internis elementis profecta. 155. eorum fructus vegetabilia. Ibid. eorum virtutes & qualitates. 217. eorum hieroglyphica. 276
Ellychnium incombustibile dari potest. 543
Enneados sigillum. 127

Epi-

INDEX.

Epilogus huius Operis. 588
Erectio Obelisci Vaticani. 372. 375
Ergatæ pro Obelisco Vaticano erigendo. 373
Ergatarum potentia pondus superare debet. 375

F

Fabula de Rege Ægypti sub Leonis forma circumeunte. 390
Fascia hieroglyphica Mumiarum. 420. 421
Fasciæ Peirescianæ explicatio. 428
Fati hieroglyphicum. 206
Fato non subijcitur anima nostra. 205
Fauissæ sacræ. 200
Felis Lunæ hieroglyphicum. 121
 eius simulachrum Heliopoli. Ibid.
Ferculum seu feretrum, eiusque significatio hieroglyphica. 226
Ferula cur Baccho tribuatur. 232
Ferula à ferendo dicta. Ibid.
Ferulaceis thyrsis cur vtantur Ægyptij pro symbolis. Ibid. & 232
Figura medio throno tabulæ Bembinæ insidens. 90
 eius assecla. Ibid.
Finis cuius gratiâ conditus à Deo homo, optimus. 194
 consistit in actione circa optima. Ib.
Flammæ subitaneæ è cryptis apertis subinde erumpunt. 547
Flos Loti. 280
Folia & flores numeros Dijs congruentes exhibentes dicabant Ægyptij. 61
Fontanæ summitates Ægyptiorum. 259
Fontes septem quos venerabantur Ægyptij. 111
Fontium patres. 85. 117
Fons vitigineus. 114
Fuga è Mundo quid secundùm Platonem? 581
Fundum paternum quid sit? 94
 Geniorum cœtus diuisit in tres triades. Ibid. eius varia nomina. 99
Funebris pompa descriptio lepida ex Apuleio. 425
Funebris pompa Romanorum. Ibid.

G

Gallus gallinaceus cur non reperiatur inter hieroglyphica. 515
Genethlij quid? 475
Genij multi in singulis triadibus. 100
Genij occiduæ plagæ. 122
Genij Solares duodecim. 218
Genius Boreæ plagæ, eiusque nouem signacula. 124
Geniorum ignis & aquæ idealia schemata. 142
Genius Horæus, & Niloticus. 148
Genios per res ipsis analogas trahebant Ægyptij. 157
 quomodo eos placabant. 288
Genij concordiæ duæ Cornices. 184
Genios duodecim cur elegerint Ægyptij. 219
Genij singulis Mundi plagis assignati ab Ægyptijs. 244
Genij intellectualis Mundi, malorum auerruncatores. 245
Genij 48 Pantamorphi Numinis Ministri. 274
 quibus placandi ritibus. 275
 quibus amuletis colendi. Ibid.
 repræsentati sub figuris 48 constellationum. 276
 præcipui naturæ præsides. Ibid.
Genius ignis. 277
 Systema rituum, quibus colendus. Ibid. circulus in capite eius quid significet. 278
 sedes quadrata. Ibid.
 Tutulus. Ibid.
Genius aëris. 279
 eius habitus & ornatus. Ibid.
Genius aquæ. 280
 eius habitus & ornatus. Ibid.

Ge-

INDEX.

Genius terræ. 281
 eius habitus & ornatus. Ibid.
Genij sex in qualibet columna Obelisci
 Barberini. 282
 eorum sacrificia apta. 286
Genius agriculturæ. 282
 Oeconomiæ spermaticæ. 286
 Mercurialis. 287
 Polymorphus. 289
 Terrestris. Ibid.
 Mompthio Ammonius. 290
 Anubicus. Ibid.
 Bebonius. 292
 Tutelaris nubium. Ibid.
 Auerruncattuus malorum. 293
Genij tutelaris Lunaris & Solaris hieroglyphicum. 295
Geniorum 48 stationes respondent 48 stationibus Deorum in cœlo. 300
Genij Obelisci Monticœlij. 321. & seqq.
Geniorum Solarium simulachra. 335
Geniorum humidi & calidi symbola. 344
Globus alatus cum serpentibus quid significet. 136
Globus è cuius fundo duo pedes emergunt. 196
Globus serpente circumdatus. 138
Globus serpentibus fœtus. 353
Græci Deorum simulachra literis exornabant. 510
Gratitudo erga Deum pro beneficijs. 226

H

Habitus fœmineus Sacerdotum Aegypti. 281
Harpocratis statio. 297
Hebræorum figmentum de animarum transmigratione. 390
Hecate quid? 100. 126
 eius simulachrum. 101
 ornatus & habitus eius. Ibid.
 Genij asseclæ eiusdem. 102
 Tæniæ eius. Ibid. Tutuli. Ibid.

Hecatæ azonæ tres. 183
Hecaticæ triadis regnum tripartitum. 102
Heliopolis antiquæ situs. 331
Heliotropium. 75
Hemphta supremum Numen. 181. 217
Herbæ & plantæ Aegyptiacæ. 65. 69
 earum vires per somnia inquirebant Aegyptij. Ibid.
 de ijs libri scripti ab Ægyptijs. 68
Herba Motmutis. 148
Hermapionis interpretatio Obel. Flaminij. 250. & seqq.
 falsa est. 253. & seqq.
Herodotus arguitur circa argumentum Obeliscorum. 354
Herodoti error. 558
HerWartius in tabula Bembina interpretanda à scopo aberrat. 255
Hieroglyphicum quid sit? 8
Hieroglyphicè quid inciderint Aegyptij. Ibid.
Hieroglyphica non saxis tantùm, sed alijs etiam materijs incisa. Ibid.
Hieroglyphica doctrina solis Sacerdotibus communicata. 9
 eius origo. Ibid.
 eâ imbutus Moyses. Ibid.
 Author eius Trismegistus. Ibid.
Hieroglyphica quomodo à cœterarum Gentium characteribus distinguantur. 10
Hieroglyphicorum falsorum Schematismi. 41
Hieroglyphicum Peirescianum. 54
Hieroglyphica lectio quomodo instituenda. 67
Hieroglyphica doctrina non continet laudes Regum. 253
Hieroglyphica pyramidio & lateribus Obelisci Sallustij insculpta. 260
Hieroglyphica Obeliscorum continent Theologiam Aegyptiorum. 269
Hieroglyphica cum ordine insculpebantur. 466

Hie-

INDEX.

Hieroglyphica eadem cur repetantur eodem in loco. 467. 517
Hieroglyphica literatura Cambysis temporibus perire cœpit. 515
Hieroglyphica non sunt innumerabilia. 555.
   eorum triplex ordo. Ibid. & 554
Hieroglyphica diuersa vltra 300 non reperiuntur. 556
Hieroglyphica ad res sublimes significandis adhibita. Ibid.
Hieroglyphica multa sunt Amuleta. 557
Hieroglyphicorum interpretationi necessariò requisita quæ? 558
Hieroglyphica non sunt literæ. 559
Hieroglyphica literatura quid. 564
   est symbolica. 559
   similis est Phronoschematis. 560
Hieroglyphica putabantur habere vim ad Numina attrahenda. 563
Hieroglyphicorum interpretatio difficilis. 566
   eorum notitiam quibus subsidijs acquisiuerit Author. Ibid.
Hieroglyphica doctrina quid sit. 567
   verè in hoc Opere exposita. Ibid.
   solis Sacerdotibus tradebatur. Ibid.
Hieroglyphicæ figuræ quid sint? 133
Hierogrammatismi varij explicantur. 62
   Meleagridis & Anseris hierogrammatismi. 63
Hirci caput aræ impositum in tabula Bembina. 140
Hircini sceptri significatio. 220
Hircus hieroglyphicè quid significet? 112
Hirundo symbolum beneficiorum Osiridis & Isidis. 241
Historia de Persa Scarabæum calcante. 391
Homoscorpius. 149
Horæum caput Obelisci Sallustij quid denotet. 262
Horoscopus. 120

Horus. 119
   eius assecla. Ibid.
Horus nauis gubernator in tabula Bembina. 139
Horus ingeniculatus Osiritem herbam tenens. 143
   lecto incubans. 145
Horus Hippopotamum configens. 146
   cum lituo quid significet. 173
   duplex, inferior & superior. 197
Horus cur pueri forma exprimatur. 262
Hori sacrificia. 296
Humidum omne Osiridis affluxus. 228
Hyena symbolum inconstantis. 357
Hydroptium schema. 220
Hymnus Trismegisti. 589
Hyoschiamus. 72
Hypozoci. 86

I

I Bimorpha figura tabulæ Bembinæ. 95
   eius explicatio. Ibid. & 96
Ibimorphus Nilotici incrementi Numen. 96
Ibis cur Agathodæmon dictus. Ibid.
   primam Ægyptiorum literam dedit. Ibid.
   in honore apud Ægyptios. 44
   Mercurio dicata. 45
Ibis Lunæformis significat Intelligentiam Lunarem. 147
Ibis Mercurium significat. 178
   gnomoni insidens. Ibid. & 179
Ibis throno insidens. 148
Ibium in Serpentes immissio. 43
Ichtiphallia. 226
Ideæ quid sint iuxta Veteres. 129
   earum assertores primi Ægyptij. Ib.
Ideæ rerum omnium in mente Dei. Ibid.
Imparticipata in mente Diuina, participata in alijs. Ibid.

Idea

INDEX.

Idea extra mentis terminos non reperitur . 130
Ideas paterna mens produxit. 131
Idealia decem Deorum coniugia. 145
Idearum tabulæ Bembinæ vſus & vtilitas. 153
earum tres gradus. Ibid. & 154
Ideæ conferunt ad nexum rerum. 154
ad generationem rerum. Ibid.
ad intelligendum. Ibid.
ad diuinationem. Ibid. & 155
Idola Mumijs aſſuebantur, 418
Idola à Nardio tranſmiſſa. Ibid.
Idolum cedrinum Muſei Kircheriani. 420
Ignis ſymbolum ſubterranei Oſiridis. 131.
eius cultus apud Ægyptios. Ibid & 532
Ignes quales in adytis Ægyptiorum. 533
Ignibus cæleſtes Deos colebant. 534
Impia diuinatio ex 48 Aſteriſmis. 301
Inferiora continentur in ſuperioribus. 151. 152. 153
per inferiora Ægyptij aſcendebant ad ſuperiora. Ibid.
Inferiora gaudent ſuperioribus. 156
Intelligentiæ hylææ duodecim. 238
Intelligentia Mercurialis. 239
Iouis Labradæi ſimulachrum. 184
Iſis Mater vniuerſæ naturæ. 92
Iſis ſubterranea. 126
Nilotica. 127
Iſis in ſomno apparens docet medendi rationem. 157
Iſis Momphtæa Mundi Domina. 261. 262
Iſis Genius terræ. 281
Iſis ſedens velata & baculum tenens. 282
Iſis totius generationis ſuſceptrix. 499
Iuncus Niloticus quid?. 234
eius ſignificata. Ibid. & 135
Iynges & Sphynges vocabant Ægyptij ideas. 130

Iynges ſeu Ideæ examini apum comparantur à Zuroaſtro. 131
eas Ægyptij varijs ſymbolis expreſſerunt. 132
inteligunt à Patre intellectæ. 136
Iynges ſeptem ſibi inuicem concatenatæ. 480. 481
prima cæteris maior. Ibid.
ſuprema in cæteras influit. 482
Iynges animarum tranſuectrices. 483
Iynges octo inſertæ idolo. Ibid.
Iynges Andromorphæ quid ſignificent. 416
Iyngis Pantamorphæ ſymbola. 91
Iyngis Pantamorphæ throno exprimitur rerum mundanarum viciſſitudo. 92
Iynx Pantamorpha idearum mundialium penuarium. Ibid.
Iynx Verbum diuinum. 144
Iynx quid apud Ægyptios. 479
Iynx Intelligentia Deo proxima. 483

K

KTriologica ſymbola pauca ſunt. 555

L

LEcti Momphtæi aſſecla. 145
Lecythi. 286
Leges humanæ ad diuinæ legis normam conditæ vim habent. 169
neceſſariæ hominū ſocietatibus. 170
eas dat Deus hominibus. 171. 177
neceſſariæ vnà cum ſcientijs ad Regnorum conſeruationem. 172
earum obſeruatio in quo conſiſtat. 177
Leges octo Hermeticæ. 189
quatuor ex Herodoto. Ibid. & 190
earum hieroglyphica. Ibid.
quinque leges portis inciſæ. 197
earum hieroglyphica. Ibid.

Le-

INDEX.

Leges Nilotica. 200
Leges sacræ in Obelisco Flaminio contentæ. 218
Leges de sacrificijs ritè instituendis ab Ægyptijs Sacerdotibus condita. Ib.
Leo ignem significat. 143
Leo Momphtam significat. 464
Leoninæ statuæ significatio. 221
Leonis capita cur fontibus adhibita. 224
Leonis & Aquarij signa seu characteres. 225
cur Nili inundationem significent. Ib.
Lepus vigilantis Regis symbolum. 202
Libri de herbis & plantis Aegyptijs. 68
Libri Magici Aegyptiorum Sacerdotum. 82
Lineum amiculum Sacerdotum puritatis signum. 179
Lineus habitus quid denotet. 278
Linguæ genus duplex Aegyptijs vsitatum. 42
Lingua Græca num ab Aegyptia. 57
Lini mysteria. 279
Literæ Aegyptiorum ex varijs animalibus desumptæ. 43. & seqq. 46. 47
inseruiebant etiam inscriptionibus hieroglyphicis. 55
Literæ Aegyptiacæ à Cadmo in Græciam traductæ. Ibid.
Litera △ quid significet. Ibid.
Literæ Cæsarei Oratoris apud Turcam ad Authorem. 304
item Interpretis eiusdem. 305
Litui ex ferulaceis thyrsis. 232
Lituus seu baculus incuruus. 173
in Hori manibus quid significet. Ib.
dominij signum. 179
Loti flos Solem sequitur. 135
Loti flore Solem sequente Aegyptij quid indicent? Ibid.
Lotus. 75
Lucernarum festum apud Aegyptios. 531 & 532

Lucernæ quibus locis ponerentur. 533 & 534
variarum figurarum. Ibid. & 535
antiquissimis temporibus in vsu. Ib.
Lucernæ variæ in particulari explicatæ. 537. & seqq.
Lucernam Apidi cur posuerint Aegyptij. 539
Lucerna tetralychna in Comasijs circumferebatur. 540
Lucernæ perpetuæ putatæ. 545
diuersis modis constructæ. 546
vtrum naturaliter possint fieri. 547
Lucernas perpetuas quomodo Aegyptij construere tentarint. 548
cur eas posuerint in cryptis. 549
Ludouisius Obeliscus. 258
Lunaris statuæ habitus. 221
Luna Solis vicaria. 121
Sol nocturnus. Ibid.

M

MAgia naturalis originem duxit à cognitione sympathiæ & antipathiæ rerum. 154
Magiæ naturali Diabolus se miscuit.
Magiæ origo. 564
Mala punica seu papauera offerebant Aegyptij Sacerdotes. 144
Mala mundi siderei, eorumque antidota. 205
Malchut quid? 583
Mali punici symbolum. 193
Malogranata & papaueracea capita, regnorum vnionem denotant. Ibid.
Mandarinorum Sinensium lingua. 15
Marrubium. 74
Matarèa Aegypti. 330
Materia prima per ranam significata. 439
Melchitæ quinam fuerint. 37
Melissi de Deo sententia. 572
eius Theologia nostræ similis. 573
malè reprehenditur ab Aristotele. Ib.

Iiii Me-

INDEX.

Meleagris. 63
  Isidi sacra. Ibid.
  vnde dicta. Ibid.
  qualis. Ibid.
  eius caput trigonum. Ibid.
Memphis multa antiquitatis vestigia retinet. 400
  cauernæ circa illam. Ibid.
Mendesia tabula sacra. 335
Mendes ab Ammone in quo differat. 336
Mensæ in adytis Aegyptiorum. 83
Mensarum sacrarum vsus. Ibid.
  appellabantur Auclabræ. Ibid.
  Dijs dedicatæ. Ibid.
  diuersæ materiæ. Ibid. & 84
  erant Aræ. Ibid.
  earum origo ab Aegyptijs. Ibid.
Mensa sacra. 279. 280
Mens suprema triformis quomodo se mundo communicauerit. 91
Mens hypozoca. 96
  eius habitus fœmineus. Ibid.
  hieroglyphica inscriptio. 97
Mentastrum. 77
Mercurialis herba. Ibid.
Mercurij munus. 201
Meridionalis plaga ab Aegyptijs in veneratione habita. 127
Metempsychosis quid. 388
  eam credebant Aegyptij. Ibid.
  ab illis eam hausit Pythagoras. 390
  circa illam error Platonis & Iuliani Apostatæ. Ibid.
  opinio Orphei & Zoroastri. Ibid.
  hius dogma latissimè fuit diffusum. 391
  de ea Mahumetis opinio. Ibid.
Mexicana lingua & literæ. 28
Mexicani picturis loco characterum vtuntur. Ibid.
  eorum characteres non sunt hieroglyphica. Ibid.
  numerorum notæ apud illos. Ibid.
  annorum notæ apud eosdem. Ibid.

Mexicani annum in 18. Menses diuidebant. 28
  seculorum classes apud illos. 29
  singulis seculis suis mundi interitum expectant. Ibid.
  eorum anni initium. 30
Mexicanorum mensium nomina. Ibid.
Mexicanarum picturarum interpretatio. 31. & seqq.
Minæ Dijs antitechnis intentatæ. 521
  eas Dæmonones abominantur. Ibid.
Minuti characteres hieroglyphici non sunt literæ vulgares. 420
Momphta naturæ humidæ præses. 98
Mompht æum Numen. 184
Mompht a duplex. 221
Mompht æ habitus. 222
  penna in eius capite quid significet. Ibid.
  cur sedens. 223
Mompht a summus influit in mundum per 12 Genios. 218
Mompht a seu Nilotici humidi præses. 323
Mompht æ statua. 504
Mompht æa Potentiæ symbolum. 509
Monarchici status exemplar Deus. 169
Monarchicum statum Aegyptij approbabant. 169. 195
  eius membra Rex, Sacerdotes, populus. Ibid.
Monas omnium rerum principium. 575
  Dyadem generat. Ibid.
Monogrammata Phta & Muth. 181
Mons Pagodum in India. 22. 27
Morphei Regnum in elementari mundo elucet. 324
Mos condiendi cadauera apud Aegyptios. 387
Moyses instructus doctrinâ hieroglyphicâ. 9
Mumiæ, earumque conditoria & hieroglyphicorum, quibus inscribuntur, significatio. 387. & seqq.

ea-

INDEX.

earum schematismi, pictura, hieroglyphica, forma &c. 388
Mumia vox Persica. 396
non sunt cadauera Sole exsiccata. 397
solo asphalto condiebantur. Ibid. & 398
Mumiarum capsæ è saxo aut ligno. 400
Mumiarum sub linguis lamina aurea. Ibid.
Mumiarum schematismi à Ioanne Nardio ad Authorem missi. 411. & seqq.
Mumijs idola assuebantur. 418
Mumiarum fasciæ hieroglyphicæ. 420
Mumiæ variæ ex varijs Museis exceptæ. 425. & seqq.
Mundum triplicem statuunt Sapientes. 22
Mundi triplicis characteres iuxta Brachmanas. 23
Mundi Angelici symbola. 91
Sensibilis. Ibid.
Mundus triformis. 107
Mundi octo primarij iuxta Ægyptios. 107. 108
Platonicorum de ijs sententia. Ibid.
Cabalistarum de ijsdem sententia. Ib.
Mundi singuli habent suas Potentias in triades distinctas. 109
Mundus conseruatur humidi & calidi temperie. 141
quadruplex Ægyptijs. 150
Mundus est vmbra Dei. 151
Mundus visibilis imago est inuisibilis Dei. 153
Mundus Sensibilis exemplar status Democratici. 169
Mundi Sublunaris dissidium. 209
Mundus archetypus nullum continet malum. 210
Mundum in duodecim plagas diuidebant Ægyptij. 217
Mundus constat duobus Crateribus. 583

Murus dodecapyrgus, heptapyrgus &c. 174. 175
Muri figura significat Regnum aut Ciuitatem in Obeliscis. 175
Musica in Ægypto inuenta. 233
Mysteria diuina celari debent. 579
Mythras Persarum quid? 100

N

Nasturtium herba. 75
Naui impositæ figuræ in tabula Bembina. 138
Nauis Barys. Ibid.
Nauis puppis Accipitrino capite insignita. Ibid.
Nauis hieroglyphica. 139
Ammonia. 156
Nephta tabulæ Bembinæ. 98
eius habitus & gestus. Ibid.
Nephte seu Proserpina. 289
Nilometriæ columnæ. 200
Niloscopij expositio. 223
Nilum venerabantur Ægyptij. 437
Nilus donum Deorum putabatur. 455
cultus ipsi exhibitus. Ibid.
fœcunditatis causa. 456
encomia & commoda. Ibid.
æmulatur phases Lunæ. 457
eius symbolum. 459
Niloscopium. Ibid.
Niloticorum canalium consecratio. 470
Noctua Typhonis symbolum. 187
in somno visa malum omen. 196
quid significet. 288
Noctuæ & Cornicis dissidium. 203
Nufar, seu Nilusar. 76
Numeri xxxvi. mysteria. 296
Numerus nouenarius Boream significat apud Ægyptios. 124
Septenarius Soli dicatus. 125
Numeros Dijs suis dicabant Ægyptij.
Numina Zonia & Azonia. 85
Numina sua exprimebant sub vtroque sexu Ægyptij & Græci. 98

Iii 2   Nu-

INDEX.

Numina sub habitu masculino principium activum; sub foeminino passiuum significant. 98
Numina apotropæa seu Auerrunca. 148
Numina singula similibus donis placabant Aegyptij. 219
Numina primæ Classis Aegyptiorum. 507
Numismata è Museo Stephanoni. 248
Nymphæa. 75

O

Obeliscus Ramessæus siue Lateranensis. 162
  eius historia. Ibid.
  est omnium maximus. Ibid.
  liberatur ab incendio à Cambyse. 163
  defertur Alexandriam primùm, deinde Romam. Ibid.
  erigitur in Circo Maximo. 164
  eius mensuræ. Ibid.
  à Gothis deijcitur. Ibid.
  à Sixto V. erigitur in Campo Lateranensi. 165
  symmetriæ epilogismus. Ibid. & 166
  inscriptiones. 166. 167
  interpretatio. 168
  continet rationem ordinandi mundum politicum ad archetypum. 168 169
  eius interpretandi ratio. 171
  interpretatio difficilis. Ibid.
  diuisio Obelisci. 172
  Epigraphe. Ibid.
Obeliscus Sennesertæus siue Flaminius. 214
  à quo fuerit erectus. Ibid.
  eius basis. 215
  mensuræ. Ibid.
  inscriptiones. 216
  argumentum. 217
  Epigraphe. 235. & 236
  Anacephalæosis. 248

Obeliscorum figura cur ruditer elaboratæ. 221
Obeliscus Sallustius seu Ludouisius. 258
  eius symmetria. Ibid.
  argumentum. 259
  diuisio & interpretatio. 260. & seqq.
  compendium est Flaminij. Ibid.
  differentia inter eum & Flaminium. 269
Obeliscus Veranus seu Barberinus. 272
  repertus in agro Verano. Ibid.
  erector eius Sothis & Ramesses. 273
  vbi Romæ primùm erectus. Ibid.
  eius magnitudo. Ibid.
  argumentum. Ibid.
  quibus Numinibus dicatus. 274
  continet 48 stationes Deorum. Ib.
  finis cur erectus. 276
Obeliscus Constantinopolitanus, eiusque interpretatio. 304. & seqq.
Obelisci minores, & sunt Monticælius, Mediceus, & Mahutæus, eorumque interpretatio. 318. & seqq.
Obeliscus Heliopolitanus, eiusque interpretatio. 330. & seqq.
Obeliscus Alexandrinus, eiusque interpretatio. 339. & seqq.
Obeliscus Florentinus, eiusque interpretatio. 348. & seqq.
Obelisci rasi. 368
Obeliscus Exquilinus, seu S. Mariæ Maioris. 369
Obeliscus Vaticanus. 370
Obeliscorum variorum fragmenta, eorumque interpretatio. 378. & seqq.
Obeliscus Campomartius subterraneus. 378. & 379
Obelisci minores 44 olim Romæ erecti. 383
Obelisci superstites continent doctrinam veterum Aegyptiorum. 552
Obelisci minores inter se sunt similes. 564

Oedi-

INDEX.

Oedipi Aegyptiaci adornandi occasio.

Oedipum Ægyptiacum tria scire oportet. 551
Olea. 280
Oleum inconsumptibile dari non potest. 547
Ophionia Mens. 148
Ophionius Agathodæmon. 199
Ophionium Numen. 335
Opertanea sacra. 226
Oraculorum origo. 564
Origanum. 77
Orphei de Trinitate sententia. 576
Orpheus in hymnis precatorijs Ægyptios imitatus. 159
Osiris inferiorem Ægyptum reddidit habitabilem. 42
Osiris & Isis Sol & Luna. 139
Osiris, Isis, Horus, Typhon, in mundo sensibili quid? 170
Osiridis catena. 187
Osiris agriculturam inuenit. 190
Osiris multipliciter consideratur. 237
Osiridis brachium. 280
Oualis figura in Obelisco Ramesseo. 172
Ouum Zoroastræum. 274. 275
Ouum quid referat. 280
Ouum liquorem stillans. 299

P

Pandoches, eiusque assecla. 124
Papauer terræ symbolum. 193
Papaueraceum sceptrum significat politicam administrationem. 198
Papilio Dracontomorphus. 183. 195 196. 206
Papyraceus thyrsus. 183
abundantiam notat. 197
Parabolarum genus duplex apud Ægyptios. 8
Parmenidis sententia de Deo. 570
quo sensu vocet Deum finitum. Ibid.

& Circulum: 571
eius Theologia nostræ similis. 572
Passer simplicem populum denotat. 203
Pastophororum officium. 238
Paterna Mens. 85
paternum fundum. Ibid.
Paterni fundi tribus triadibus compositi nota. 282
Paternæ Mentis semina quæ? 480
Penates quid? 474
qui, & cur informes apud Ægyptios. 476
eorum statuæ binæ. 477
Penna in hieroglyphicis quid significet. 295
Penna Ibidis in manu Idoli Canopici. 441
Pentaphyllum. 70
Perseæ ramus triplex inuersus. 173
Persea semper viridis. 230
Perseæ ramus triplex & quatuor vniuscuiusque folia, quid significent. 230
Perseæ folia quid hieroglyphicè significent. Ibid.
rami inuersi. Ibid.
cur seminationis & plantationis symbola Persea. Ibid.
Persæ Mystas vocabant Leones. 390
Persea arbor. 135. 229
eius ramo cur vterentur Ægyptij in solennitatibus. 229
Phallus oculatus. 137. 279
Phallus oculatus amuletum Ægyptiorum. 415
Phallus variè ab Ægyptijs formatus. 528
Phœnicopterus Horum significat. 291
Phylacteria vnde dicta. 521
Phylacterium à Dom. Scaphilo missum. 526
Pisces in Obeliscis quid significent. 381
eos abominabantur Ægyptij Sacerdotes. Ibid.
sunt symbolum odij. Ibid.
Pisces non assumebantur ab Ægyptijs
pro

INDEX.

pro hieroglyphicis. 555
Planetarum effectus qui significent characteres. 23. & seqq.
Plantago herba. 70
Platonis de Deo legifero sententia. 173
Platonis opinio de reuolutione animarum. 392. 393
Platonis de Deo sententia. 573
Plotini sententia de Deo. 573
Politici status idea. 168
Politica documenta. 191. 209
Politico statui subinde prosunt aduersa. 192
Polymorphi Dæmonis officia. 502
Polymorphæ statuæ. 500. & seqq.
Pondus Obelisci Vaticani quomodo exploratum. 374
Porta magna Orientis. 119
  Occidentis. 120
  Septentrionis. 123
  Austri. 125
Porta mundi. 120
Portatilia simulachra Ægyptiorum. 494
Portulaca herba. 78
Potentiæ mundi Duces & Rectores. 510
Prothyræum Mercuriale. 288
Prouidentiæ Dei argumentum. 170
Prouidentia hydrothea. 297
Psammirtaus Rex Ægypti. 214
Pulegium herba. 77
Puritas mentis necessaria. 586
Pyramides duæ & tres circuli quid denotent. 282
Pythagoras quo tempore fuerit in Ægypto. 214
Pythagoræ sententia de Deo. 570

Q

Quadrangula duodecim Obelisci Flaminij. 237
Quadrans Astronomicus tabulæ Bembinæ signum temporis. 106
Quadrupedum raritas in Ægypto. 555

R

Radius mentis diuinæ omnia implet. 143
Ramesses erexit Obeliscum omnium maximum 20000 hominum operâ. 162
  alligat filium eius apici. Ibid.
  iubet adornari hieroglyphicis ad politicam spectantibus. 168
Ramis Perseæ & Loti Horum venerabantur Ægyptij. 229
Ramorum festum in honorem Bacchi.
Ramus Acatiæ. 139
Ramus triplex & inuersus in Obeliscis. 229
Rana flori Perseæ insidens. 104
Rana aræ insidens. 137
Ranam pingebant Ægyptij pro luto. Ib.
  eam Isidi consecrabant. 138
Rana. 280
Ranæ in Canopo Gualdiano. 438
  significant materiam primam. 439
Rectores Mundorum. 85. 111. & seqq.
  eorum triades & officia. Ibid.
Rectores Mundi præsident mensibus & signis Zodiaci. 112
Reges Ægyptiorum Sacerdotes. 180
Regiones diuersæ tabulæ Bembinæ, earumque explicatio. 87. & seqq.
Rex omnibus Regni sui rebus adesse debet. 170
Rex Solem imitari debet. 191
  omnia in subditis suis operari debet.
Ritus quibus inaugurabantur Sacerdotes Ægyptij. 181

S

Sacerdotibus solis hieroglyphica doctrina communicata à Trismegisto. 9
Sacerdotes Ægyptij quid petiuerint in Deorum inuocatione. 86

Sa-

INDEX.

Sacerdotes Aegyptij mitrati. 179
  erant Reges. 180
  quibus ritibus inaugurabantur. 181
Sacerdotum Aegypti ritus in adytis. 206
Sacerdotes nudi in Obelisco quid significent. 249
Sacerdos Isiacus linteatus. 278
Sacrificia quâ ratione instituerint Aegyptij. 267
Sacrificaturi ad quid attenderint. 155
Sacrificantium habitus. 156
Sacrificandi rationem continet tabula Bembina. Ibid.
Sacrificiorum ritè peractorum vis. 155
Salis copia conditis corporibus adiuncta non reddit illa incorruptibilia. 398
Sanguinaria herba. 75
Sapientiæ studium semper floruit apud Antiquos. 8
Satyrion herba. 70
Scarabæus. 147. 176. 179
  sculptus in annulo. Ibid.
  Regem denotat. 191
Scarabæi volantis significatio. 320
Scarabæi prophylactici varij. 522. & seqq.
Sceptrum recuruum. 231
Sceptro in thyrseo Osiridis tria consideranda. 234
Sceptrum Luniforme & Accipitriforme. 282
Scolopendrion herba. 77
Scylla herba seu cæpa muris. 74
Septa sacrorum animalium. 241. 283 & 299
Serapidis caput à Sole salutatum. 103
  quid hieroglyphicè significet in tabula Bembina. Ibid.
  eius assecla. 104
Serapis & Canub idem. 442
Serapes quid? 472
Serapis simulachro cur tot hieroglyphica incisa? 482
Serapis statua secunda explicatur. 483

Serapis statua Alexandriæ. 522
Serpentes stipantes thronum tabulæ Bembinæ quid significent. 92
Serpens globo circumfusus. 140
  è globo emergens. 182
  caudam mordens. 183
Serpentis symbolum varia significat. 352
Seruianorum characterum Cruci inscriptorum interpretatio. 38. 39
Sexu vtroque Numina sua exprimebant Aegyptij & Græci. 98
Sigillum Enneados. 123
Silex sacer quid? 335
Simendes idem Aegyptijs, quod Græcis Pan. 140
Simulachrum Accipitrino capite. 235
Sinensium characteres quomodo institutii. 10
Sinensem Regionem Chami posteri incoluisse videntur. Ibid.
Sinensium characteres hieroglyphicis similes. 11
  eorum multitudo ingens. Ibid.
  singuli singulis vocibus respondent. Ibid.
Sinensium character idem cum Iaponiorum & aliarum adiacentium Regionum. 15
  idem character pro diuersitate accentus diuersa significat. Ibid.
Sinensium characterum antiquissimorum explicatio. 16. 17. 18. 19
  ex varijs rebus desumpti. Ibid.
Sinica lingua difficillima. 15
Sinicorum characterum veterum exempla. 12. 13
  ex omnibus rebus efformati. Ibid.
  inter illos Crux ansata, & statua Serapidis. 13
  , inter illos & hieroglyphica Aegyptiorum differentia. Ibid.
Situs figurarum hieroglyphicarum attendendus. 142
Sothis stella incrementi Nilotici prænun-

INDEX.

nuntia. 116
Sothis Isidi tribuitur. 127
Sothis & Ramessis figuræ in Obelisco Ramesseo. 180
Sphynges quid fuerint apud Ægyptios. 224
   quâ occasione consulta. Ibid.
Sphynges in delubrorum & adytorum crepidinibus, 130
   earum descriptio ex Proclo. Ibid.
Sphynges in desertis Africæ. 397
Sphynges quales figuræ. 460
   earum varia simulachra Romæ & in Ægypto. Ibid.
   earum officium indicare incrementa Nili. 461
Sphynges Villæ Burghesiæ. 468. & seqq.
Sphynges aquæ felicis Romæ. 462. & seqq.
Sphyngis simulachrum. 457
Sphyngis fragmentum. 458
Sphynx Nilotica. 115
   eius habitus hieroglyphicus. Ibid.
Sphynx Accipitri-Leuniformis. 141
Sphynx Nilotica quid significet. 454
Stationes 48 Deorum in cœlo. 274
Statua lignea, eiusque expositio, 431 & 432
Statuas Deorum informes faciebant Ægyptij. 476
   earum binæ. 477. & seqq.
Statuæ polymorphæ. 500. & seqq.
Statuæ characteristicæ. 506. & seqq.
Statuæ truncus sine capite. 507
   eius explicatio. Ibid. & seqq.
Statuæ prophylacticæ. 511
Statuæ Ægyptiorum ornabantur figuris animalium sacrorum tantùm. 516
Statuæ minas intentantes. 521
Stella in hieroglyphicis quid significet. 291
Stellis arbitrium humanum supposuisse videntur Ægyptij. 205
Stolistarum officium. 188

Strigilis sacra. 240
Suppositiones pro doctrina hieroglyphica. 4
Symbola Mumijs impressa non significant res gestas defuncti. 430
Synochæ quid? 100

T

Tabulæ æneæ ex Museo Patauino interpretatio. 36. 37.
Tabula Isiaca seu Bembina, cur ita dicta. 80
   perijt in direptione Mantuana. Ibid.
   eius magnitudo, materia, ornamenta. Ibid.
   ex Ægypto Romam translata. 81
   eius usus apud Ægyptios. Ibid.
   erat mensa in Adytis. 83
   eius argumentum. 85
   Theologiam Ægyptiorum continet. Ibid.
   finis ipsius. Ibid.
   in ea exponenda Authoris protestatio. 86
   diuisio varia. 87. & seqq.
   Anatomia ipsius. Ibid.
   in ea octo consideranda. Ibid.
   interpretatio genuina. 89. & seqq.
   eius simulachra omnia sunt amuleta. 157
   sacrificandi rationem continet. 156
Tabula sacra Hermetica. 174
   eius interpretatio. Ibid.
   significata. 177
Tabulæ sacræ in Obeliscis. 220
   celebriores duæ explicatæ. Ibid. & 221
   alterius explicatio. 226. 242
Tabulæ ouatæ Obeliscorum non sunt literæ. 560
Tauticus character quid apud Ægyptios significarit. 226
   ab Hebræis mutuatus. Ibid.
Templum Isidis olim Romæ. 383

Te-

INDEX.

Teraphim Hebræorum. 475. 495
Termini tres in Obelisco Rameſſæo ſignificant leges. 174. 176
Termini Mercurio ſacri. Ibid.
Teſſulata ſedes Ibimorphi Numinis tabulæ Bembinæ. 95
Tetradice qualis herba. 352
Thauſtus cur Accipitriformis. 128
Theologiæ Aegyptiorum compendium. 575
Thermutis ſignificatio hieroglyphica. 116
Theurgicus ſeu Magicus ſenſus tabulæ Bembinæ. 155
Thyrſiphorus cur dictus Dionyſius. 280
Thyrſorum ferulaceorum ſymbolum. 233
Thyrſus ferulaceus. 231
   Niloticus. 280
Titus Liuius Burattinus multa hieroglyphica miſit ad Authorem. 330
Traha quale inſtrumentum. 358
Triades ſeptem tabulæ Bembinæ. 107 & ſeqq.
   applicari poſſunt tribus Mundis. 111
Triades quatuor Rectorum Mundi. Ib.
Triadum Patres explicantur. 95
   Mentes earundem explicantur. 96
   Potentiæ explicantur. 97
   Azoniæ triades explicantur. 100
Triangulum rectangulum geneticæ virtutis ſymbolum. 358
Trias quælibet conſtat Potentia, Patre, & Mente. 85. 94
   quæ tria explicantur. 95
Trias Azonia Hecatina. 101
   Serapæa. 103
   Oſiriaca. 105
   eius Pater & Aſſeclæ. 106
   Horæa trias. 109. 259. 261
   Fontana. ibid.
Trias in toto Mundo fulget. 107
Trias Mendeſia. 112
   Ammonia. 113
   Momphtæa. 115

Omphtæa. 117
earundem Aſſeclæ. Ibid.
maſculus & fœmina in ſingulis. 113
Trias Horæa, eiuſque Aſſeclæ. 119. 120
Trias Fontana, eiuſque Aſſeclæ. 120 & 121
Trias Pantochæa, eiuſque Aſſeclæ. 123 & 124
Trias Thauſtica, eiuſque Aſſeclæ. 121 & 126
Trinitatis ſanctiſſimæ myſterium ab Antiquis expreſſum. 100
Trinitatis deſcriptio. 587
Tripus cum cucurbitis in delubris Mercurij. 287. 288
Triſmegiſtus condidit doctrinam hieroglyphicam. 168
   eamque tradidit Sacerdotibus. ibid.
   prohibet ne alijs tradant. ibid.
Triſmegiſtus hieroglyphicorum inſtitutor. 568
   Dei Vnitatem cognouit. Ibid.
   ab illo veteres Philoſophi eandem didicerunt. 569
Triſmegiſti de Trinitate ſententia 576
   eiuſdem ſententia de creatione Mundi. Ibid.
Triſmegiſti de credendo ſententia. 581
   eius locus enodatur. 582
Triunum Deum Aegyptij agnouerunt. 575
Triunum Trinitatis Numen quale ſecundùm Aegyptios. 577
Tutelarium Aegypti duratio regiminis. 393
Tutelares ſex, eorumque nomina. 286
Typhonem cur non occiderit Iſis. 209
Tyrannis ex Ariſtotele. 204

V

Vaſa ſacra à Nihuſo miſſa. 524
Vaſis Nilotici fragmentum ex Muſeo Authoris. 384

Kkkk   Vas

INDEX.

Vas Canopicum, eiusq; expositio. 447 & 448
Vas Niloticum funiculo appensum. 191
Vas Niloticum, eiusque interpretatio. 448
Vas sacrum, eiusque hieroglyphica. 513
Verbenaca. 73
Vnitas secundùm Pythagoram est Deus rerum omnium principium. Ibid.
Volucres paucæ inter hieroglyphica repertæ. 556

Vrbs regia qualis esse debeat ex Platone. 175
Vultur Cœlum significat. 334

Z

Zoolatria Aegyptiorum. 389
Zoroaster docuit Persas cultum ignis. 534
Zoroastri de Trinitate sententia. 575

F I N I S.

AVTHOR
LECTORI.

Nullum hic errorum typographicorum Catalogum adtexo, quia nulli in hoc III. Tomo occurrunt, qui te offendere possint, aut quos, si offenderint, non facilè corrigas. Quod quidem iam sæpe laudati Typothetæ nostri Zachariæ Dominici Acsamitek à Kronenfeld Germano-Boëmi Pragensis diligentiæ acceptum feras. Vale.

REGISTRVM.

A B C D E F G H I K L M N O P Q R S T V X Y Z.

Aa Bb Cc Dd Ee Ff Gg Hh Ii Kk Ll Mm Nn Oo Pp Qq Rr Ss Tt Vu Xx Yy Zz.

Aaa Bbb Ccc Ddd Eee Fff Ggg Hhh Iii Kkk Lll Mmm Nnn Ooo Ppp Qqq Rrr Sss Ttt Vuu Xxx Yyy Zzz.

Aaaa Bbbb Cccc Dddd Eeee Ffff Gggg Hhhh Iiii Kkkk.

Omnes sunt duerniones præter Kkkk.

R O M AE,
Ex Typographia Vitalis Mascardi, M DC LV.
SVPERIORVM PERMISSV.

www.ingramcontent.com/pod-product-compliance
Lightning Source LLC
Chambersburg PA
CBHW071154230426

43668CB00009B/946